Handbuch
Urheberrecht und Internet

Schriftenreihe
Kommunikation & Recht

Herausgegeben von

Professor Dr. Bernd Holznagel, LL.M., Münster
Professor Dr. Christian König, LL.M., Bonn
Professor Dr. Joachim Scherer, LL.M., Frankfurt am Main
Dr. Thomas Tschentscher, LL.M., Frankfurt am Main

Handbuch Urheberrecht und Internet

Herausgegeben von

Prof. Dr. Dr. Jürgen Ensthaler
TU-Berlin

Dr. Stefan Weidert, Rechtsanwalt
Berlin

Mit Beiträgen von

Prof. Dr. Dr. Jürgen Ensthaler, Prof. Dr. Dagmar Gesmann-Nuissl, Dr. Nicolas Lührig, Dr. Alexander Molle, Prof. Dr. Stefan Müller, Dr. Lars Hendrik Riemer, Dr. Stefan Weidert, Dr. Ann Marie Welker, Dr. Kai Welp, Dr. Matthias Werner

3., überarbeitete und erweiterte Auflage 2017

Fachmedien Recht und Wirtschaft | dfv Mediengruppe | Frankfurt am Main

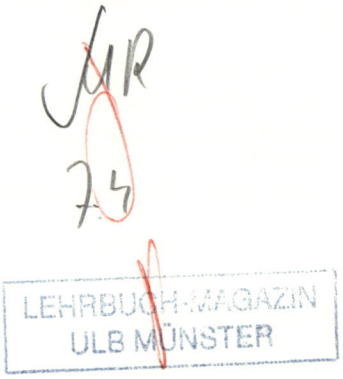

Bibliografische Information der Deutschen Nationalbibliothek

Die Deutsche Nationalbibliothek verzeichnet diese Publikation in der Deutschen Nationalbibliografie; detaillierte bibliografische Daten sind im Internet über http://dnb.de abrufbar.

ISBN 978-3-8005-1606-3

dfv Mediengruppe

© 2017 Deutscher Fachverlag GmbH, Fachmedien Recht und Wirtschaft, Frankfurt am Main

Das Werk einschließlich aller seiner Teile ist urheberrechtlich geschützt. Jede Verwertung außerhalb der engen Grenzen des Urheberrechtsgesetzes ist ohne Zustimmung des Verlages unzulässig und strafbar. Das gilt insbesondere für Vervielfältigungen, Bearbeitungen, Übersetzungen, Mikroverfilmungen und die Einspeicherung und Verarbeitung in elektronischen Systemen.

Satzkonvertierung: Lichtsatz Michael Glaese GmbH, 69502 Hemsbach

Druck und Verarbeitung: Appel & Klinger, Druck und Medien GmbH, 96277 Schneckenlohe

Printed in Germany

Vorwort

Das Internet ist zum wohl bedeutsamsten Medium für die urheberrechtlich geschützten Werke geworden. Alles was sich an Werkarten digital aufbereiten lässt bzw. in digitalisierter Form geschaffen wurde, kann über das Internet transportiert und damit verbunden, beliebig vervielfältigt und öffentlich zugänglich gemacht werden. Durch die mit dem Internet verbundenen technischen Möglichkeiten hat das Urheberecht an Bedeutung gewonnen; die Verletzungsmöglichkeiten und die Wahrscheinlichkeit, dass verletzt wird, sind ganz erheblich gestiegen. Das hatte bereits zahlreiche materiell-rechtliche Konsequenzen, auch und insbesondere auf dem Gebiet der Leistungsschutzrechte, der sog. verwandten Schutzrechte. Das Datenbankrecht schützt zwar nicht nur, aber auch digitalisierte und über das Internet transportfähige Datensammlungen, das Recht der Presseverleger auf Schutz der ins Netz eingestellten Daten hat den Beinamen „lex google" erhalten; der bereits vor Jahren eingeführte Schutz vor einer unberechtigten öffentlichen Zugänglichmachung hat die vorhandenen Schutzbereiche im Hinblick auf die Nutzungsmöglichkeiten des Internets ergänzt. Hinzu kommen aus jüngerer Zeit auf nationaler Ebene der neu eingefügte § 8 III TMG zur Haftung für öffentliche WLAN-Netze, die gesetzlichen Neuregelungen zu den Verwertungsgesellschaften und auch die EU-Kommission hat vor Kurzem ihre Pläne für eine weitere umfangreiche Regelungsinitiative zum Urheberrecht und Internet vorgestellt.

Dennoch verbleiben (teilweise bewusst) Lücken, die dann von der Rechtsprechung geschlossen werden müssen, was von den Gerichten auch umfassend getan wird. Belegt wird das nach einer ersten Welle von Urteilen zur Haftung insbesondere im Zusammenhang mit Plattformen jüngst durch die zahlreichen Entscheidungen des EuGH und des BGH zur Haftung für Links und Frames. Allerdings werfen diese Entscheidungen und die dabei auftretenden Friktionen ihrerseits häufig auch wieder umfangreiche Folgeprobleme auf; man denke nur an das Verhältnis zwischen § 8 III TMG und der McFadden-Entscheidung des EuGH.

Das Internet und das Urheberrecht haben somit eine ungebrochene, ja sogar stetig wachsende Dynamik beibehalten, die sich auch in der nunmehr bereits 3. Auflage dieses Handbuchs widerspiegelt. Es gab Überlegungen, ob man dieser Dynamik nicht auch durch eine grundlegend neue Gliederung und Strukturierung des Buches Rechnung tragen müsse. Davon haben wir letzten Endes aber abgesehen, um bewusst den zahlreichen Irrungen und Wirrungen um vermeintlich neue Entwicklungen ein festes Gerüst und eine stabile Struktur entgegenzusetzen, zugleich aber in den einzelnen Kapiteln alle Neuerungen aufzugreifen und darzustellen.

Berlin, im Februar 2017   *Die Herausgeber dieses Bandes*

Inhaltsverzeichnis

Vorwort V
Abkürzungsverzeichnis XXV

Kapitel 1: Einführung
Nicolas Lührig

A. **Internet** 1
    I.   Das Internet heute 1
    II. Entstehung und Geschichte des Internets 2
        1. Ursprünge des Internets 2
        2. Vom Arpanet zum Internet 3

B. **Rechtsquellen im Bereich des Internets** 5
    I.   Deutsche Gesetze (insb. Urheberrechtsgesetz) 5
        1. Urheberrechtliche Vorschriften 5
        2. Sonstige Regelungen 8
    II. Internationale Verträge und Abkommen 8
        1. Übersicht 8
        2. Revidierte Berner Übereinkunft zum Schutz von Werken der Literatur und Kunst (RBÜ) 9
        3. Wipo-Urheberrechtsvertrag (WCT) und Wipo-Vertrag über Darbietungen und Tonträger (WPPT) 10
        4. Trips-Übereinkommen (TRIPS) 12
        5. Welturheberrechtsabkommen (WUA) 13
        6. Internationales Abkommen über den Schutz der ausübenden Künstler, der Hersteller von Tonträgern und der Sendeunternehmen (Rom-Abkommen) 14
        7. Sonstige Abkommen 15
    III. Einflüsse des Gemeinschaftsrechts 15

Kapitel 2: Urheberrechtlich geschützte Gegenstände/Werke im Internet
Jürgen Ensthaler/Nicolas Lührig

A. **Der urheberrechtliche Werkbegriff** *(Jürgen Ensthaler)* 20
    I.   Einführung 20

Inhaltsverzeichnis

	II.	Bedeutung des Werkkatalogs	21
	III.	Persönliche Schöpfung	22
		1. Loslösung von bestehenden Konventionen	22
		2. Anforderungen an die Schöpfungshöhe	22
		3. Individualität	24
		4. „Kleine Münze"	27
	IV.	Die Interessen der Allgemeinheit als Sozialschranke des Urheberrechts	29
		1. Ausgegrenzte Gegenstände	29
		2. Ausgrenzungsmethoden	30
		a) Inhalt und innere Form	30
		b) Schutz der wissenschaftlichen Werke nach der Lehre vom „Verwobensein" (Schutz des „Gewebes")	33
		c) Differenzierung zwischen Schutzbegründung und Schutzumfang	35
	V.	Urheberrecht und Internet	37
		1. Problemsituation	37
		2. Schützbare Produkte im Internet	38
		a) Homepages/Webpages	38
		b) Bulletin Board Systeme	39
		c) Weitere Werkarten	39
		3. Schutzfreie Produkte im Internet	39
		a) Netzgenerierende Werke	39
		b) Public-Domain-Software; Shareware	40
		4. Anzuwendendes Recht	41
		a) Grundsätze	41
		b) Bestimmung des Gerichtsstands	43
B.	Besondere Bestimmungen für Computerprogramme *(Jürgen Ensthaler)*		44
	I.	Einführung	44
	II.	Zustimmungsbedürftige Handlungen	49
		1. Vervielfältigungsrecht	49
		2. Bearbeitungsrecht	53
		3. Verbreitungsrecht	54
		4. Öffentliche Zugänglichmachung	55
		5. Erschöpfung	55
	III.	Dekompilierung von Computerprogrammen, § 69e UrhG	57
		1. Einleitung	57
		2. Grundlagen des Revers Engineering	57
		3. Die Essential-facility-Rechtsprechung	60
	IV.	„Open Source Software" und „Free Software"	62

	1. Open Content	65
	2. Lizenzentwurf: Grundlizenz	69
	3. Lizenzentwurf: Nicht kommerzielle Nutzung	73
	4. Lizenzierung ohne Bearbeitungsrecht	73
	5. Share Alike Lizenzierung	74

C. Multimediawerke *(Nicolas Lührig)* 75

I.	Einleitung und Begriff des Multimediawerkes	75
II.	Urheberrechtlicher Schutz gemäß § 2 Abs. 1 UrhG	78
	1. Zusammentreffen mehrerer Werkarten	78
	2. Multimediawerk als eigenständige Werkart	81
III.	Schutzvoraussetzungen im Einzelnen (§ 2 Abs. 2 UrhG)	82
	1. Persönliche Schöpfung	82
	2. Wahrnehmbare Formgestaltung	85
	3. Individualität	86
	4. Nicht schutzbegründende Merkmale	87
IV.	Gegenstand und Umfang des Schutzes	87
V.	Urheberschaft	88
VI.	Die Rolle des Herstellers des Multimediawerkes	91

D. Datenbanken *(Nicolas Lührig)* 94

I.	Einleitung	94
	1. Erscheinungsformen der Datenbanken	94
	2. Rechtlicher Rahmen für Datenbanken	96
	3. Europäische Datenbankrichtlinie	98
	4. Übergangsregelung und frühere Rechtslage	100
	a) Übergangsregelung	100
	b) Frühere Rechtslage	102
II.	Datenbankwerke als Sammelwerke i. S. v. § 4 Abs. 2 UrhG	104
	1. Einleitung	104
	2. Schutzvoraussetzungen	105
	a) Sammelwerk	105
	aa) Sammlung von Werken, Daten oder anderen unabhängigen Elementen	105
	bb) Persönlich geistige Schöpfung bei der Auswahl oder Anordnung der Elemente	109
	b) Systematische oder methodische Anordnung der Elemente	113
	c) Zugänglichkeit der Einzelelemente mit Hilfe elektronischer Mittel oder auf andere Weise	115
	d) Bedeutung der einem Datenbankwerk zugrunde liegenden Programme	116

Inhaltsverzeichnis

		3. Schutzgegenstand der Datenbank	118
		a) Struktur der Datenbank	118
		b) Inhalt der Datenbank	119
		4. Urheberschaft	120
		5. Rechtsposition des Urhebers	121
		a) Urheberpersönlichkeitsrecht	122
		b) Verwertungsrechte	122
		c) Schranken	124
	III.	Leistungsschutzrecht an Datenbanken gemäß §§ 87a ff. UrhG	127
		1. Einleitung	127
		2. Schutzvoraussetzungen gemäß § 87a Abs. 1 Satz 1 UrhG.	129
		a) Sammlung von Werken, Daten oder unabhängigen Elementen	130
		b) Systematische oder methodische Anordnung	131
		c) Zugänglichkeit der Einzelelemente mit Hilfe elektronischer Mittel oder auf andere Weise	132
		d) Wesentliche Investitionen nach Art oder Umfang für Beschaffung, Überprüfung oder Darstellung	133
		e) Neuheitsbegriff i. S. v. § 87 Abs. 1 Satz 2 UrhG	141
		3. Inhaber des Leistungsschutzrechts	142
		4. Rechte des Datenbankherstellers	145
		a) Grundsätzliches	145
		b) Verwertungsrechte des Datenbankherstellers	146
		c) Übernahme wesentlicher Teile sowie die wiederholte und systematische Vervielfältigung	149
		5. Schranken des Rechts des Datenbankherstellers	154
		6. Dauer des Leistungsschutzrechts an Datenbanken	157
		7. Vertragliche Regelung mit dem Benutzer einer Datenbank	158
		8. Parallelität von Datenbankwerken und dem Leistungsschutzrecht an Datenbanken und andere Schutzmöglichkeiten	159
E.	Leistungsschutzrecht für Presseverleger *(Jürgen Ensthaler)*		160

Kapitel 3: Urheberrechtliche Bewertung der Vorgänge im Internet
Matthias Werner

A.	Historische Entwicklung		167
	I.	Internationale Verträge	167
		1. WIPO-Urheberrechtsvertrag (WCT)	167

Inhaltsverzeichnis

		2. WIPO-Vertrag über Darbietungen und Tonträger (WPPT)	168
	II.	Europäische Union	169
	III.	Bundesrepublik Deutschland	171

B. Urheberrechtliche Bewertung von Vorgängen auf der Anbieterseite 174

	I.	Digitalisierung	176
		1. Begriff	176
		2. Bewertung	177
	II.	Uploading	180
		1. Begriff	180
		2. Bewertung	180
	III.	Öffentliche Zugänglichmachung	181
		1. Begriff	181
		2. Bewertung	181
	IV.	On-Demand-Dienste	183
		1. Begriff	183
		2. Urheberrechtliche Bewertung der Anbieterseite	184
	V.	Internet-Radio und Internet-TV	185
		1. Begriff	185
		2. Bewertung	185
	VI.	Online-Videorecorder	186
		1. Begriff	186
		2. Bewertung	186
	VII.	Vorschaubilder (Thumbnails)	189
		1. Begriff	189
		2. Bewertung	189
	VIII.	Verlinkung	192
		1. Begriff	192
		2. Bewertung	192
	IX.	Framing	193
		1. Begriff	193
		2. Bewertung	194
	X.	Push-Dienste	195
		1. Begriff	195
		2. Bewertung	195

C. Urheberrechtliche Bewertung von Vorgängen auf der Nutzerseite 197

	I.	Browsing	197
		1. Begriff	197
		2. Bewertung	197
	II.	Wiedergabe auf Bildschirm oder durch Lautsprecher	198

XI

Inhaltsverzeichnis

	III.	Downloading	199
		1. Begriff	199
		2. Bewertung	199
	IV.	Empfang von Streaming-Diensten	200
		1. Begriff	200
		2. Bewertung	201
	V.	Ausdruck durch Drucker	203

D. Urheberrechtliche Bewertung von Vorgängen im Zusammenhang mit der Datenübertragung ... 203

I.	Routing	203
	1. Begriff	203
	2. Bewertung	203
II.	Caching	204
	1. Begriff	204
	2. Bewertung	205
III.	E-Mail und sonstige Individualkommunikation	206
	1. Begriff	206
	2. Bewertung	208

E. „Urheberpersönlichkeitsrecht" und Internet ... 209

I.	Einführung	209
II.	Veröffentlichungsrecht (§ 12)	210
III.	Anerkennung der Urheberschaft im Internet (§ 13)	213
IV.	Schutz vor Entstellungen	214
	1. Allgemeines	214
	2. Entstellung oder andere Beeinträchtigung von Werken im Internet	215
	a) Digitalisierung	215
	b) Sonstige Änderungen des Werks	216
	3. Interessenabwägung	217

Kapitel 4: Schranken urheberrechtlicher Befugnisse
Stefan Müller

A. Einführung ... 219

I.	Urheberrechtliche Schrankenbestimmungen im Gefüge des Urheberrechts	219
II.	Arten von Schranken	222
III.	Innere Begründung und Festlegung von Schrankenbestimmungen	223

	IV.	Auslegung von Schranken 227
	V.	Bedeutung der Schrankenbestimmungen für die Zukunft ... 229
B.	**Die Begünstigung des eigenen Gebrauchs**.................... 231	
	I.	Die Regelung über die Privatkopie, § 53 UrhG 231
		1. Überblick.. 231
		2. Aufbau der Vorschrift 232
		3. Maßgebliche Nutzungshandlungen................. 232
		4. Voraussetzungen der Privilegierung zum privaten Gebrauch (§ 53 Abs. 1 UrhG) 234
		5. Sonderfall: Private Online-Videorekorder (gleichbedeutend: virtuelle Videorekorder, Internet-Videorekorder) .. 236
		6. Eigener wissenschaftlicher Gebrauch (§ 53 Abs. 2 Satz 1 Nr. 1 UrhG)...................................... 238
		7. Aufnahme in ein eigenes Archiv (§ 53 Abs. 2 Satz 1 Nr. 2, Satz 2 UrhG) 238
		8. Unterrichts- und Prüfungsgebrauch (§ 53 Abs. 3 UrhG) .. 239
		9. Elektronische Datenbankwerke (§ 53 Abs. 5 UrhG) 240
		10. Ausschluss der Weitergabe oder öffentlichen Wiedergabe (§ 53 Abs. 6 UrhG) 240
		11. Allgemeine Ausnahmen (§ 53 Abs. 7 UrhG)........... 240
		12. Sonderfall: Virtuelle Bibliotheken (am Beispiel „Google Book Search")................................... 241
	II.	Vergütungsansprüche (§§ 54–54h UrhG) als Rechtsfolge der gesetzlichen Lizenz nach § 53 Abs. 1–3 UrhG............ 242
		1. Der (neue) gesetzliche Rahmen.................... 242
		2. Voraussetzungen des Vergütungsanspruchs nach § 54 Abs. 1 UrhG................................. 243
		3. Höhe der Vergütungsansprüche gem. § 54 UrhG, § 54a UrhG 244
		4. Exkurs: Betreibervergütung (§ 54c UrhG) 245
		5. Schuldner und Gläubiger der Vergütungsansprüche 246
		6. Weitere Ansprüche 247
	III.	§ 53a UrhG... 248
C.	**Die Begünstigung der geistigen Auseinandersetzung**........... 249	
	I.	Zitatrecht (§ 51 UrhG).............................. 250
	II.	Zeitungsartikel und Rundfunkkommentare (§ 49 UrhG).... 252
		1. Allgemeines 252
		2. Elektronische Pressespiegel 254
	III.	Katalogbildfreiheit (§ 58 UrhG)....................... 255

XIII

Inhaltsverzeichnis

D. Privilegierungen in Wissenschaft und Unterricht 255

    I.   Öffentliche Zugänglichmachung für Unterricht und
         Forschung (§ 52a UrhG)............................ 256
    II.   Wiedergabe von Werken an elektronischen Leseplätzen
         in öffentlichen Bibliotheken, Museen und Archiven
         (§ 52b UrhG)..................................... 258

E. Vorübergehende Vervielfältigungshandlungen................ 260

F. Besondere Schrankenregelungen hinsichtlich einzelner Werkkategorien 262

    I.   Computerprogramme (§§ 69c, 69d und 69e UrhG) 262
    II.   Datenbanken (§§ 87c und 87d UrhG).................. 264
    III. Benutzung eines Datenbankwerks (§ 55a UrhG) 264

G. Der urheberrechtliche Erschöpfungsgrundsatz als Schrankenregelung (§ 17 Abs. 2 UrhG)............................... 265

    I.   Der Grundsatz 265
    II.   Anwendung des Erschöpfungsgrundsatzes
         im Zusammenhang mit IT 266
         1. Gegenständlich wirkende Beschränkungen des
            Verbreitungsrechts............................. 266
         2. Erschöpfung bei Online-Erstverbreitung.............. 268

H. Die zeitliche Begrenzung des Urheberrechts (§§ 64 ff. UrhG) 270

J. Technische Schutzmaßnahmen (§§ 95a–d UrhG) und Schrankenregelungen 271

    I.   Grundfragen und rechtlicher Rahmen 271
    II.   Schutzgegenstände und Verletzungshandlungen
         bei §§ 95a ff. UrhG................................ 272
         1. Technische Maßnahmen 272
         2. Schutz der zur Rechtewahrnehmung erforderlichen
            Informationen 274
         3. Rechtsfolgen bei Verstößen...................... 274
    III. Die Durchsetzung urheberrechtlicher Schrankenbestimmungen (§ 95b UrhG) 275
         1. Die rechtliche Regelung 275
         2. Auslegungs- und Folgefragen zur gesetzlichen Regelung . 276

Kapitel 5: Urheberrechtliche und kartellrechtliche Probleme in Verträgen über die Nutzung urheberrechtlich geschützter Werke im Internet
Ann Marie Welker

A. Erfassung der Internetnutzung in Verträge über urheberrechtlich geschützte Werke. 279
    I.   Die vertragliche Erfassung der Internetnutzung. 279
        1. Einführung 279
        2. Ausschließliche Lizenzen 283
        3. Verträge über unbekannte Nutzungsarten 289
    II. Einbeziehung der Internetverwertung bei älteren Verträgen . 289
        1. Auslegung nach § 31 Abs. 5 UrhG (Zweckübertragungslehre). 290
        2. Klarstellung durch § 31a UrhG 292
           a) *„Unbekannte Nutzungsart"* 293
           b) Bis wann waren Internet-Nutzungsarten unbekannt?. . 295

B. Kartellrechtliche Aspekte vertraglicher Regelungen zur Verbreitung urheberrechtlich geschützter Werke im Internet . . . 299
    I.   Einführung. 299
    II. Die Anwendbarkeit der Wettbewerbsregeln des EU-Kartellrechts und des deutschen Kartellrechts auf Beschränkungen in Werknutzungsverträgen. 300
        1. Anwendungsbereich und Wirkung des Art. 101 AEUV/ § 1 GWB 300
        2. Wettbewerbsbeschränkungen in Werknutzungsverträgen . 302
    III. Zusammenfassung 303

Kapitel 6: Recht der Verwertungsgesellschaften
Riemer/Welp

A. Einleitung. 304

B. Allgemeine Rahmenbedingungen für die Tätigkeit von Verwertungsgesellschaften 306
    I.   Funktionen von Verwertungsgesellschaften. 306
    II. Gesetzliche Grundlagen. 307
    III. Die Staatsaufsicht über Verwertungsgesellschaften 310
        1. Grundlagen der Staatsaufsicht. 310

Inhaltsverzeichnis

		2. Erlaubnispflicht	310
		3. Aufsicht	312
	IV.	Derzeit bestehende Verwertungsgesellschaften	313

C. **Die Beziehungen der Verwertungsgesellschaften zu Rechtsinhabern** 317

    I.   Arten von Rechtsinhabern 317
    II.   Vertragliche Beziehungen zwischen Verwertungsgesellschaften und Rechtsinhabern 319
          1. Wahrnehmungsverträge 319
               a) Gesetzliche Grundlagen 319
               b) Wahrnehmung von Onlinerechten am Beispiel von GEMA und GVL 323
                   aa) Betroffene Rechte 323
                   bb) Berechtigungsvertrag der GEMA 324
                   cc) Wahrnehmungsverträge der GVL 327
          2. Sonstige Verträge 328
    III. Die Verteilung der Einnahmen an die Rechtsinhaber 328
          1. Gesetzliche Grundlagen 328
               a) Verteilungsplan 328
               b) Verteilungsfrist 329
               c) Abzüge von den Einnahmen 330
          2. Die Verteilung der Einnahmen aus Onlinenutzungen am Beispiel der GEMA 331
    IV. Mitwirkung der Rechtsinhaber: Binnenorganisation der Verwertungsgesellschaften 332
          1. Allgemeiner Mitwirkungsgrundsatz 333
          2. Mitgliederhauptversammlung 334
          3. Aufsichtsgremium 336

D. **Kooperation zwischen Verwertungsgesellschaften: Repräsentationsvereinbarungen** 337

          1. Gesetzliche Grundlagen 338
          2. Traditionelles System der Gegenseitigkeitsverträge 339
          3. Besonderheiten im Onlinebereich 341

E. **Die Beziehung der Verwertungsgesellschaften zu Nutzern** 342

    I.   Abschlusszwang 342
    II.   Gleichbehandlungsgebot 344
          1. Lizenzierung zu angemessenen Bedingungen 344
          2. Neuartige Online-Dienste 344
    III. Tarife 345

		1. Aufstellungspflicht	345
		2. Bemessung	346
		3. Regel- und Mindestvergütung	348
		4. Einzelne Tarife	349
		a) Music-on-Demand-Download	349
		b) Music-on-Demand-Streaming	349
		c) Video-on-Demand	350
		d) Ruftonmelodien, Hintergrund- und Funktionsmusik auf Webseiten sowie Podcasts	350
		e) Webradios	351
		f) Leistungsschutzrechte / Tarife der GVL	351
	IV.	Gesamtverträge (§ 35 VGG)	352
F.	**Gebietsübergreifende Lizenzen (paneuropäische Lizenzierung)**		**352**
	I.	One-Stop-Shop für Eingebietslizenzen	354
	II.	Erste Ansätze zur Schaffung eines One-Stop-Shops für Mehrgebietslizenzen	356
	III.	Online-Empfehlung der Generaldirektion Binnenmarkt und Repertoireabzug	357
	IV.	Die „Option 3"	359
		1. „Option 3"-Gesellschaften	359
		2. Lizenzierungsinitiativen	360
		3. Fragmentierung des Repertoires	360
	V.	Die CISAC-Verfügung der Generaldirektion Wettbewerb	361
	VI.	Neuer Rechtsrahmen durch die VG-Richtlinie und das Verwertungsgesellschaftengesetz	362
		1. Anwendungsbereich der Vorschriften über die gebietsübergreifende Lizenzierung	362
		2. Die Bildung von Lizenzierungshubs	363
		a) Kontrahierungszwang bzw. „tag on"-Verpflichtung	363
		b) Sonderrecht der Berechtigten zur anderweitigen Vergabe der Online-Rechte für paneuropäische Lizenzen	365
		c) „Passport"-Kriterien	366
		aa) Bestimmbarkeit des Repertoires und der Rechtsinhaber	367
		bb) Nutzungsmeldungen	368
		cc) Abrechnung	369
		dd) Verteilung	369
		3. Einheitliche Wahrnehmungsbedingungen („level playing field")	370

		a) Wettbewerbsnachteil deutscher Verwertungsgesellschaften als Ausgangspunkt	371
		b) Internationales Privatrecht	372
		c) Herabsenkung des Regulierungsniveaus bei der Vergabe von Mehrgebietslizenzen an Werken der Musik	374
		aa) Ausnahmen vom Wahrnehmungszwang	374
		bb) Ausnahmen vom Abschlusszwang	375
		cc) Ausnahmen bei Tarifaufstellung, Gesamtverträgen und Hinterlegung	376
	VII.	Ein neues paneuropäisches Hub: Die International Copyright Enterprise (ICE)	377

Kapitel 7: Haftungsfragen
Stefan Weidert / Alexander Molle

A.	Einleitung			378
B.	Anspruchsberechtigte			382
	I.	Vermutungen		382
	II.	Urheber/Miturheber		384
	III.	Dritte		384
		1. Vererblichkeit		385
		2. Übertragung		386
		3. Einräumung von Nutzungsrechten		387
		a) Inhaber eines ausschließlichen Nutzungsrechts		387
		b) Urheber/ursprünglicher Rechteinhaber neben ausschließlich Nutzungsberechtigtem		388
		c) Inhaber eines ausschließlichen Nutzungsrechts zweiter Stufe		388
		d) Inhaber eines einfachen Nutzungsrechts		388
C.	Anspruchsverpflichtete			389
	I.	Kreis potenzieller Anspruchsverpflichteter		390
	II.	Vorfilter: Die Haftungsregeln des TMG		391
		1. Die Entwicklung zum TMG		392
		2. Die Vorgaben der E-Commerce-Richtlinie		396
		3. Haftungsregelungen der §§ 7–10 TMG		398
		a) Vorfilterfunktion		399
		b) Anwendungsbereich		399
		aa) Telemedien		399
		bb) Diensteanbieter		400
		cc) Vertragliche Ansprüche und gesetzliche Unterlassungsansprüche		402

		c) Die allgemeinen Grundsätze für die Verantwortlichkeit der Diensteanbieter (§ 7 TMG)	404

c) Die allgemeinen Grundsätze für die Verantwortlichkeit der Diensteanbieter (§ 7 TMG) 404
    aa) Eigene Informationen (§ 7 Abs. 1 TMG) 404
    bb) Keine allgemeinen Prüfpflichten (§ 7 Abs. 2 TMG) 406
d) Verantwortlichkeit für die Durchleitung von Informationen (§ 8 TMG) 407
    aa) Durchleitung/Zugangsvermittlung 408
    bb) Zwischenspeicherung 409
e) Zwischenspeicherung (Caching) (§ 9 TMG) 410
f) Speicherung (Hosting) (§ 10 TMG) 413
    aa) Keine Kenntnis von der rechtswidrigen Handlung oder der Information (§ 10 Satz 1 Nr. 1 Alt. 1 TMG) 414
    bb) Kenntnis der Umstände (§ 10 Satz 1 Nr. 1 Alt. 2 TMG) 416
    cc) Handlungsobliegenheit (§ 10 Satz 1 Nr. 2 TMG)/ Kriterium der Zumutbarkeit?................... 419
    dd) Ausschluss der Haftungsfreistellung (§ 10 Satz 2 TMG) 420
g) Darlegungs- und Beweislast..................... 421

III. Anwendung der allgemeinen Grundsätze................ 422
  1. Haftung für unmittelbare Urheberrechtsverletzungen.... 422
  2. Haftung für mittelbare Urheberrechtsverletzungen...... 423
    a) Haftung als Täter 423
    b) Haftung als Teilnehmer 424
    c) Haftung als Störer 425
        aa) Entwicklung der Störerhaftung außerhalb des Internets 426
        bb) Voraussetzungen der Störerhaftung 428
        cc) Einschränkung der Störerhaftung (Hauptfilter) ... 429
        (1) Verletzung von Prüfpflichten.................. 429
        (2) Umfang der Prüfpflichten: Kriterium der Zumutbarkeit................................ 432
        (3) Sonderproblem: Vorsorgemaßnahmen/ Vorsorgepflichten 435
        (4) Provokation 439
    d) Beweislast 441
  3. Haftung mehrerer 442
  4. Zurechnung fremden Verhaltens/Verschuldens......... 443
    a) §§ 31, 831, 278 BGB 443
    b) § 99 UrhG.................................... 443
  5. Anspruchsgegner nach § 98 UrhG.................... 445
IV. Fallgruppen 446

Inhaltsverzeichnis

      1. Nutzer, der selbst Inhalte aus dem Internet abruft   446
      2. Öffnung des Internetzugangs für Dritte   448
          a) Gemeinsame Nutzung des Internetzugangs durch die
             Familie   449
          b) Eröffnung des Internetzugangs für Arbeitnehmer   451
          c) Eröffnung eines unzureichend geschützten WLAN-
             Anschlusses   452
          d) Betreiber von WLAN-Netzwerken   453
          e) Überlassung eines eBay-Accounts   455
      3. Netzbetreiber   456
      4. Access Provider   456
      5. Ersteller und Content Provider   461
      6. Host Provider   462
          a) Internetauktionsplattformen   463
          b) Haftung von Webforenbetreibern   466
          c) Sharehosting   468
          d) Videoplattformen   470
      7. Vermittlung von Zugang zum Usenet   472
      8. Haftung bei Peer-to-Peer(P2P)-File-Sharing-Systemen . .   473
          a) Haftung desjenigen, der Dateien herunterlädt   474
          b) Haftung desjenigen, der Dateien in Netzwerke einstellt   475
          c) Haftung desjenigen, der den Index-Server betreibt . . .   475
          d) Haftung der Hersteller von Software für dezentrale
             P2P-Netzwerke   476
      9. Haftung für Links   477
          a) Haftung für das Link-Setzen   478
          b) Haftung für den verlinkten Inhalt   483
             aa) Allgemeine Grundsätze   483
             bb) Grundrechtsrelevanz von Hyperlinks   484
          c) Haftung desjenigen, auf dessen Webseite ein Link
             gesetzt wird   486
    10. Domainparking   486
    11. Haftung der Betreiber von Suchmaschinen   487
          a) Täterschaftliche Haftung   488
          b) Störerhaftung   489
    12. Drittwerbung auf Webseiten mit urheberrechtsverletzen-
        dem Inhalt   492
    13. Haftung des Admin-C   492

D. Rechtswidriger Eingriff   494

     I.   Umfang der geschützten Rechtsposition   495
    II.   Rechtmäßige Ausübung eines Nutzungsrechts/Schranken . .   498

		1. Vorübergehende Vervielfältigungshandlungen (§ 44a UrhG).................................	499
		2. Vervielfältigung zum privaten Gebrauch (sog. Privatkopie) (§ 53 Abs. 1 UrhG).............................	503
		3. Datenbankwerke, Datenbanken (§§ 53 Abs. 5, 87c UrhG)	508
		4. Rechtfertigungsgründe...........................	509
		a) Stillschweigende (konkludente) Einwilligung, insb. gegenüber Links und Thumbnails?...............	510
		b) Verfügungsbefugnis...........................	511
		c) Kein „Interesse der Internetgemeinde"............	512
		d) Informationsfreiheit/Presse- und Meinungsfreiheit......	512
E.	Anspruchsarten und -voraussetzungen......................		513
	I.	Unterlassung...................................	513
		1. Begehungsgefahr..............................	513
		a) Erstbegehungsgefahr, vorbeugender Unterlassungsanspruch (§ 97 Abs. 1 Satz 2 UrhG)...............	514
		b) Wiederholungsgefahr, (Verletzungs-)Unterlassungsanspruch.................................	517
		2. Erfordernis einer Abmahnung?.....................	522
		3. Erfordernis einer strafbewehrten Unterlassungserklärung für Verstöße im Internet; Kosten einer Abmahnung.....	523
	II.	Beseitigung, Vernichtung, Rückruf, Überlassung..........	526
		1. Beseitigungsanspruch...........................	526
		2. Anspruch auf Vernichtung, Rückruf und Überlassung ...	527
		a) Vernichtung rechtswidriger Vervielfältigungsstücke..	528
		b) Vernichtung von Vorrichtungen..................	529
		c) Überlassung von Vervielfältigungsstücken.........	531
		d) Rückruf oder Entfernung aus den Vertriebswegen....	532
		e) Ausschluss bei Unverhältnismäßigkeit, schonendere Mittel......................................	533
		f) Durchsetzung der Ansprüche....................	535
	III.	Schadensersatz..................................	536
		1. Verschulden.................................	536
		2. Materieller Schaden	540
		a) Konkrete Schadensberechnung..................	541
		b) Herausgabe des Verletzergewinns................	542
		c) Lizenzanalogie...............................	547
		d) Verhältnis der Berechnungsarten zueinander........	552
		3. Immaterieller Schaden	554
	IV.	Sonstige Zahlungsansprüche........................	556
		1. Entschädigungsanspruch (§ 100 UrhG)...............	556

Inhaltsverzeichnis

		2. Ansprüche aus anderen gesetzlichen Vorschriften (§ 102a UrhG)	556
V.		Auskunftsanspruch	558
		1. Akzessorischer Auskunftsanspruch als Gewohnheitsrecht	559
		2. Auskunftsanspruch nach § 101 UrhG	562
		a) Handeln und Rechtsverletzung in gewerblichem Ausmaß	563
		b) Auskunftsanspruch gegen den Verletzer	566
		c) Auskunftsanspruch gegen (nichtverletzende) Dritte	567
		d) Verhältnismäßigkeit des Auskunftsverlangens	569
		e) Umfang der Auskunftsansprüche, Haftung	570
		f) Richtervorbehalt bei Verkehrsdaten	572
		g) Prozessuale Besonderheiten	574
VI.		Anspruch auf Vorlage und Besichtigung	576
VII.		Veröffentlichung, Bekanntmachung eines Urteils	579
VIII.		Ablösungsrecht (§ 100 UrhG)	580
IX.		Abmahnungen, Prozesse und Kosten dafür	584
		1. Erstattungsfähigkeit von Abmahnkosten; inhaltliche Anforderungen an Abmahnungen	585
		2. Erstattungsfähigkeit von Abmahnkosten	586
		2. Beschränkung der Pflicht zur Erstattung von Rechtsanwaltskosten (§ 97a UrhG)	588

F. Verjährung 591

I.	Regelmäßige Verjährungsfrist	591
II.	Verjährung bei Bereicherung	593
III.	Verjährung vertraglicher Ansprüche	594
IV.	Verjährungshemmung	594
V.	Prozessuales, Verjährungsvereinbarungen	595

Kapitel 8: Außervertragliches Kollisionsrecht und Internationale Zuständigkeit
Dagmar Gesmann-Nuissl

A. Einleitung 596

B. Anzuwendendes Kollisionsrecht 597

C. Deutsches Kollisionsrecht und internationales Urheberrecht 598

I.	Maßgeblichkeit des Rechts des Schutzlands	601
	1. Schutzlandprinzip	601

	2. Territorialprinzip		602
	3. Bedeutung des Schutzlandprinzips für die Bestimmung des Begehungsorts		604
	4. Notwendigkeit und Probleme bei der Lokalisierung der Verletzungshandlung		606
		a) Uploading	608
		aa) Uploading als Vervielfältigung	608
		bb) Handlungsort	608
		b) Digitale Übermittlung, insbes. Zugänglichmachen	609
		aa) Zugänglichmachen als öffentliche Wiedergabe	609
		bb) Handlungsort	610
		c) Browsing	612
		aa) Browsing als Vervielfältigung	612
		bb) Handlungsort	613
		cc) Exkurs: Push-Dienste	614
		d) Downloading	615
		aa) Downloading als Vervielfältigung	615
		bb) Handlungsort	615
		e) Ergebnis	616
	5. Weitere Konsequenzen des Schutzlandprinzips für Urheberrechtsverletzungen im Internet		617
		a) Entstehung des Urheberrechts	617
		b) Inhaberschaft und Übertragbarkeit des Urheberrechts	619
		c) Inhalt und Umfang der Verwertungsrechte	621
		d) Schutzdauer	622
	6. Ergebnis		623
II.	Alternative Lösungsansätze		624
	1. Country of upload-Regel		624
	2. Ursprungslandprinzip		628
	3. Lex fori-Regel		630
	4. Lösungsansatz von Jane Ginsburg		631
	5. „Internetvertrag" im Rahmen der RBÜ		634
	6. Annäherung an das wettbewerbsrechtliche Vorgehen?		635
	7. Ergebnis		636

D. Internationale Zuständigkeit deutscher Gerichte bei Urheberrechtsverletzungen im Internet 637

I.	Bestimmung und Eingrenzung des Gerichtsstands	637
II.	Rechtsfolge für Schadensersatz und Unterlassung	642
III.	Vollstreckung und Anerkennung	643
	1. Rechtsdurchsetzung im Ausland	643

Inhaltsverzeichnis

	2. Anerkennung gerichtlicher Entscheidungen in Deutschland	645
	3. Alternative: Schiedsgerichtsbarkeit?	645
IV.	Ergebnis	646

Literaturverzeichnis 647

Sachregister... 671

Abkürzungsverzeichnis

a	anno/Jahr
a. A.	andere(r) Ansicht
Abb.	Abbildung
ABl.	Amtsblatt
ABlEG C	Amtsblatt der Europäischen Gemeinschaften, Teil C: Mitteilungen und Bekanntmachungen
ABlEG L	Amtsblatt der Europäischen Gemeinschaften, Teil L: Rechtsvorschriften
Abs.	Absatz
abw.	abweichend
AcP	Archiv für die civilistische Praxis *(Zeitschrift)*
a. E.	am Ende
ÄndG	Änderungsgesetz
ÄndVO	Änderungsverordnung
a. F.	alte Fassung
AfP	Archiv für Presserecht *(Zeitschrift)*
AG	Amtsgericht, Aktiengesellschaft
AGB	Allgemeine Geschäftsbedingungen
AGICOA	Association de Gestion Internationale Collective des Œuvres Audiovisuelles
allg.	allgemein
AllMBl.	Allgemeines Ministerialblatt
Alt.	Alternative
a. M.	andere(r) Meinung
amtl.	amtlich
Anh.	Anhang
Anl.	Anlage
Anm.	Anmerkung(en)
AnwBl.	Anwaltsblatt *(Zeitschrift)*
Anz.	Anzeiger
AO	Abgabenordnung
AöR	Archiv des öffentlichen Rechts *(Zeitschrift)*
AP	Arbeitsrechtliche Praxis, Nachschlagwerk des Bundesarbeitsgerichts
API	Application Programming Interface
APR	Arbeitsgemeinschaft Privater Rundfunk
aPR	allgemeines Persönlichkeitsrecht
ArbG	Arbeitsgericht
ArbGG	Arbeitsgerichtsgesetz

Abkürzungsverzeichnis

ArbSchG	Arbeitsschutzgesetz
ArchPF	Archiv für Post- und Fernmeldewesen *(Zeitschrift)*
ARSP	Archiv für Rechts- und Sozialphilosophie *(Zeitschrift)*
Art.	Artikel
ASCAP	American Society of Authors, Composers and Publishers
ASCII	American Standard Code for Information Interchange
AT	Allgemeiner Teil
ATM	Asynchronous Transfer Modus
Aufl.	Auflage
AuR	Arbeit und Recht *(Zeitschrift)*
ausf.	ausführlich
Ausg.	Ausgabe
AWG	Außenwirtschaftsgesetz
BAG	Bundesarbeitsgericht
BAGE	Entscheidungen des Bundesarbeitsgerichts
BAnz.	Bundesanzeiger
BAPT	Bundesamt für Post und Telekommunikation
BayObLG	Bayerisches Oberstes Landesgericht
BayVBl	Bayerische Verwaltungsblätter *(Zeitschrift)*
BayVerfGH	Bayerischer Verfassungsgerichtshof
BayVGH	Bayerischer Verwaltungsgerichtshof
BB	Betriebs-Berater *(Zeitschrift)*
BBS	Bulletin Board Systems
Bd., Bde.	Band, Bände
BDI	Bundesverband der Deutschen Industrie
BDSG	Bundesdatenschutzgesetz
Bearb.	Bearbeiter
Begr.	Begründung
Beil.	Beilage
bej.	bejahend
Bek.	Bekanntmachung
Bem.	Bemerkung
ber.	berichtigt
bes.	besonders
Beschl.	Beschluss
betr.	betreffend
BetrVG	Betriebsverfassungsgesetz
BFH	Bundesfinanzhof
BFHE	Sammlung der Entscheidungen und Gutachten des Bundesfinanzhofes
BGB	Bürgerliches Gesetzbuch
BGBl. I (II, III)	Bundesgesetzblatt Teil I (II, III)

Abkürzungsverzeichnis

BGH	Bundesgerichtshof
BGH LM	Nachschlagwerk des Bundesgerichtshofs, *Lindenmaier/Möhring*, u.a. (Hrsg.)
BGHSt	Entscheidungen des Bundesgerichtshofs in Strafsachen
BGHZ	Entscheidungen des Bundesgerichtshofs in Zivilsachen
BHO	Bundeshaushaltsordnung
BIEM	Bureau International des Sociétés gérant les Droits d'Enregistrement et de Reproduction Mécanique
BKartA	Bundeskartellamt
Bl.	Blatt
BMI	Broadcast Music, Inc.
BND	Bundesnachrichtendienst
BR	Bundesrat
BReg.	Bundesregierung
BRFG	Gesetz über die Errichtung von Rundfunkanstalten (Bundesrundfunkgesetz) vom 29.11.1960
BSG	Bundessozialgericht
BStBl.	Bundessteuerblatt
BT	Besonderer Teil
BT-Drs.	Bundestags-Drucksache
Btx	Bildschirmtext
Buchst.	Buchstabe
Bull.	Bulletin
BUMA	Vereinigung Buma
BVerfG	Bundesverfassungsgericht
BVerfGE	Entscheidungen (Amtliche Sammlung) des Bundesverfassungsgerichts
BVerfGG	Gesetz über das Bundesverfassungsgericht
BVerfSchG	Bundesverfassungsschutzgesetz
BVerwG	Bundesverwaltungsgericht
BVerwGE	Entscheidungen (Amtliche Sammlung) des Bundesverwaltungsgerichts
bzw.	beziehungsweise
ca.	circa
CD	Compact Disk
CD-R	CD Recordable
CD-ROM	Compact Disk – Read Only Memory
CELAS	Centralized European Licensing and Administrative Service
cic	culpa in contrahendo
CIS	Common Information System

Abkürzungsverzeichnis

CISAC	Confédération Internationale des Sociétés d'Auteurs et Compositeurs
CM	Computer Magazin *(Zeitschrift)*
CR	Computer und Recht *(Zeitschrift)*
c't	Magazin für Computertechnik *(Zeitschrift)*
DB	Der Betrieb *(Zeitschrift)*
D.E.A.L.	Direct European Administration and Licensing
ders.	derselbe
DES	Data Encryption Standard
DFG	Deutsche Forschungsgemeinschaft
DGB	Deutscher Gewerkschaftsbund
d.h.	das heißt
dies.	dieselbe/n
DIHT	Deutscher Industrie- und Handelstag
DIN	Deutsches Institut für Normung
DIN-Mitt.	DIN-Mitteilungen (Zentralorgan der deutschen Normung)
Diss.	Dissertation
DM	Deutsche Mark
DN	Domain Name
DNS	Domain Name System
DOI	Digital Object Identifier
DPMA	Deutsches Patent- und Markenamt
DRiZ	Deutsche Richterzeitung *(Zeitschrift)*
DRM	Digital Rights Management oder digitales Rechtemanagement
DStZ	Deutsche Steuer-Zeitung *(Zeitschrift)*
DTB	Deutsche Termin Börse
DVBl.	Deutsches Verwaltungsblatt *(Zeitschrift)*
DVD	Digital Versatile Disk
DVO	Durchführungsverordnung
DZWir	Deutsche Zeitschrift für Wirtschaftsrecht *(Zeitschrift)*
E	Entscheidungssammlung
EBU	European Broadcasting Union
ECMS	Electronic Copyright Management Systems
EDI	Electronic Data Interchange
EDIFACT	Electronic Data Interchange For Administration, Commerce and Transport
EDV	Elektronische Datenverarbeitung
EEA	Einheitliche Europäische Akte
EFTA	European Free Trade Association

Abkürzungsverzeichnis

EG	Europäische Gemeinschaft, Vertrag zur Gründung der Europäischen Gemeinschaft vom 25.3.1957 i.d.F. von Amsterdam
EGBGB	Einführungsgesetz zum Bürgerlichen Gesetzbuch
EGStGB	Einführungsgesetz zum Strafgesetzbuch
EGV	Vertrag zur Gründung der Europäischen Gemeinschaft vom 25.3.1957
einf.	einführend
Einl.	Einleitung
E-Mail	Electronic Mail
Entsch.	Entscheidung
entspr.	entsprechend
Entw.	Entwurf
EP	Europäisches Parlament
erg.	ergänzt
ErgBd.	Ergänzungsband
Erl.	Erlass, Erläuterung
ES	Entscheidungssammlung
EStG	Einkommensteuergesetz
et al.	und andere
etc.	et cetera
EU	Europäische Union
EuG	Europäisches Gericht erster Instanz
EuGH	Gerichtshof der Europäischen Gemeinschaften
EuGHE	Sammlung der Rechtsprechung des Gerichtshofes der Europäischen Gemeinschaften
EuR	Europarecht *(Zeitschrift)*
EUV	Vertrag über die Europäische Union (Maastricht-Vertrag) vom 7.2.1992
EuZPR	Europäisches Zivilprozessrecht
EuZVR	Europäisches Zivilverfahrensrecht
EuZW	Europäische Zeitschrift für Wirtschaftsrecht *(Zeitschrift)*
e.V.	eingetragener Verein
evtl.	eventuell
EWG	Europäische Wirtschaftsgemeinschaft
EWGV	Vertrag zur Gründung der Europäischen Wirtschaftsgemeinschaft vom 25.3.1957
EWR	Europäischer Wirtschaftsraum
EWS	Europäisches Wirtschafts- und Steuerrecht *(Zeitschrift)*, Europäisches Währungssystem
f.	folgende

Abkürzungsverzeichnis

FAZ	Frankfurter Allgemeine Zeitung
ff.	fortfolgende
Fn.	Fußnote
FR	Frankfurter Rundschau
FS	Festschrift
FTC	Federal Trade Commission
FTP	File Transfer Protocol
FuR	Film und Recht *(Zeitschrift)*
G	Gesetz
GB	Giga-Byte
GBl.	Gesetzblatt, Gesetzblätter
gem.	gemäß
GEMA	Gesellschaft für musikalische Aufführungsrechte und mechanische Vervielfältigungsrechte
ESAC	Gewerbearchiv *(Zeitschrift)*
GewO	Gewerbeordnung
GEZ	Gebühreneinzugszentrale
GG	Grundgesetz
ggf.	gegebenenfalls
GmbHG	Gesetz betreffend die Gesellschaften mit beschränkter Haftung
GMBl.	Gemeinsames Ministerialblatt
grdl.	grundlegend
GRUR	Gewerblicher Rechtsschutz und Urheberrecht *(Zeitschrift)*
GRUR Int.	Gewerblicher Rechtsschutz und Urheberrecht, Auslands- und internationaler Teil *(Zeitschrift)*
GRUR-Prax	Gewerblicher Rechtsschutz und Urheberrecht, Praxis im Immaterialgüter- und Wettbewerbsrecht *(Zeitschrift)*
GS	Gesetzessammlung, Gedächtnisschrift
GSG	Gerätesicherheitsgesetz
GüFa	Gesellschaft zur Übernahme und Wahrnehmung von Filmaufführungsrechten mbH
GVBl., GV	Gesetz- und Verordnungsblatt
GVG	Gerichtsverfassungsgesetz
GVL	Gesellschaft zur Verwertung von Leistungsschutzrechten mbH
GVO	Gruppenfreistellungsverordnung
GWB	Gesetz gegen Wettbewerbsbeschränkungen
GWFF	Gesellschaft zur Wahrnehmung von Film- und Fernsehrechten mbH

HGB	Handelsgesetzbuch
h.L.	herrschende Lehre
h.M.	herrschende Meinung
Hrsg.	Herausgeber
Hs.	Halbsatz
HTML	Hypertext Markup Language
HTTP	Hypertext Transport Protocol
IANA	Internet Assigned Numbers Authority
ibd.	ibidem
i.d.F.	in der Fassung
i.d.R.	in der Regel
i.E.	im Erscheinen, im Ergebnis
IFPI	International Federation of the Phonographic Industry
IFRRO	International Federation of Reproduction Rights Organisations
IFV	Internationaler Fernmeldevertrag
IGH	Internationaler Gerichtshof
insb.	insbesondere
InterNIC	Internet Network Information Center
IP	Internet Protocol/Internationales Privatrecht/int. Privatrechte
IPG	Internet Phone Gateway
IPR	Intellectual Property Right
IRC	Internet Relay Chat
i.S.	im Sinne
i.S.v.	im Sinne von
ISAN	International Standard Audiovisual Number
ISDN	Integrated Services Digital Network
ISO	International Organization for Standardization
ISP	Internet Service Provider
IT	Informationstechnik
it	Informationstechnik *(Zeitschrift)*
i.Ü.	im Übrigen
IuKDG	Informations- und Kommunikationsdienstegesetz
iur	Informatik und Recht *(Zeitschrift)*
i.V.m.	in Verbindung mit
i.w.S.	im weiteren Sinne
IZPR	Internationales Zivilprozessrecht
IZVR	Internationales Zivilverfahrensrecht
JA	Juristische Arbeitsblätter *(Zeitschrift)*
Jg.	Jahrgang

Abkürzungsverzeichnis

JÖSchG	Gesetz zum Schutze der Jugend in der Öffentlichkeit (Jugendschutzgesetz)
JR	Juristische Rundschau *(Zeitschrift)*
jur.	juristisch
Jura	Juristische Ausbildung *(Zeitschrift)*
JuS	Juristische Schulung *(Zeitschrift)*
JZ	Juristenzeitung *(Zeitschrift)*
Kap.	Kapitel
KB	Kilo-Byte
KES	Kommunikations- und EDV-Sicherheit *(Zeitschrift)*
Kfz	Kraftfahrzeug
KG	Kammergericht, Kommanditgesellschaft
KMU	kleine und mittelständische Unternehmen
krit.	kritisch
KSchG	Kündigungsschutzgesetz
KUG	Gesetz, betreffend das Urheberrecht an Werken der bildenden Künste und der Photographie (Kunsturhebergesetz)
K&R	Kommunikation und Recht *(Zeitschrift)*
KWG	Gesetz über das Kreditwesen
LAG	Landesarbeitsgericht
LAN	Local Area Network
Lfg.	Lieferung
Lit.	Literatur
lit.	Buchstabe/littera
LRG	Landesrundfunkgesetz
LS	Leitsatz
LUG	Gesetz, betreffend das Urheberrecht an Werken der Literatur und der Tonkunst
m.	mit
m.a.N.	mit ausführlichen Nachweisen
Mat.	Materialien
m.a.W.	mit anderen Worten
MB	Mega-Byte
MBl.	Ministerialblatt
MCPS	Mechanical Copyright Protection Society
MDR	Monatsschrift des Deutschen Rechts *(Zeitschrift)*
MedG	Mediengesetz
MIME	Multipurpose Internet Mail Extensions
Mio.	Million

MMR	Multimedia und Recht *(Zeitschrift)*
MODEM	Modulator – Demodulator
MR	Medien und Recht *(Zeitschrift)*
Mrd.	Milliarde
MSN	Microsoft Network
m.w.N.	mit weiteren Nachweisen
n.F.	neue Fassung, neue Folge
NJW	Neue Juristische Wochenschrift *(Zeitschrift)*
NJW-CoR	NJW – Computerreport *(Zeitschrift)*
NJW-RR	NJW – Rechtsprechungs-Report *(Zeitschrift)*
Nr.	Nummer(n)
n.v.	nicht veröffentlicht
NVwZ	Neue Zeitschrift für Verwaltungsrecht *(Zeitschrift)*
NVwZ-RR	Neue Zeitschrift für Verwaltungsrecht-Rechtsprechungs-Report *(Zeitschrift)*
NZA	Neue Zeitschrift für Arbeitsrecht *(Zeitschrift)*
NZA-RR	Neue Zeitschrift für Arbeitsrecht – Rechtsprechungsreport *(Zeitschrift)*
o.g.	oben genannt
OLG	Oberlandesgericht
ONP	Open Network Provision
OSIS	Open System for Information Services
OTA	Office for Technology Assessment
OVG	Oberverwaltungsgericht
PatG	Patentgesetz
PC	Personal Computer
PDA	Personal Digital Assistant
PEDL	Pan-European Digital Licensing
PIN	Persönliche Identifikationsnummer
PRS	Performing Rights Society
RabelsZ	Rabels Zeitschrift für ausländisches und internationales Privatrecht *(Zeitschrift)*
RAM	Random Access Memory
RBÜ	Revidierte Berner Übereinkunft zum Schutz von Werken der Literatur und Kunst
RdA	Recht der Arbeit *(Zeitschrift)*
Rdnr.	Randnummer(n)
RDV	Recht der Datenverarbeitung *(Zeitschrift)*
RefE	Referentenentwurf

Abkürzungsverzeichnis

RegE	Regierungsentwurf
RegTP	Regulierungsbehörde für Telekommunikation und Post
RfGebStV	Rundfunkgebührenstaatsvertrag
RGZ	Entscheidungen des Reichsgerichts in Zivilsachen
RIW	Recht der Internationalen Wirtschaft *(Zeitschrift)*
RL	Richtlinie(n)
ROM	Read Only Memory
Rspr.	Rechtsprechung
RStV	Rundfunkstaatsvertrag
S.	Satz, Seite
s.	siehe
SACEM	Société des Auteurs, Compositeurs et Editeurs de Musique
SGAE	Sociedad General de Autores y Editores
SIAE	Società Italiana degli Autori ed Editori
SigG	Gesetz zur digitalen Signatur
SigV	Verordnung zur digitalen Signatur
SMTP	Simple Mail Transport Protocol
s.o.	siehe oben
sog.	so genannt
SPA	Sociedade Portugesa de Autores CRL
STEMRA	Stichting Stemra
StGB	Strafgesetzbuch
StGH	Staatsgerichtshof
STIM	Sveriges Tonsättares Internationella Musikbyrå
StPO	Strafprozessordnung
str.	streitig, strittig
st. Rspr.	ständige Rechtsprechung
s.u.	siehe unten
SUISA	Schweizerische Gesellschaft für die Rechte der Urheber musikalischer Werke
SZ	Süddeutsche Zeitung
TA	Technische Anleitung
TAN	Transaktionsnummer
TCP/IP	Transmission Control Protocol/Internet Protocol
teilw.	teilweise
TKG	Telekommunikationsgesetz
TKO	Telekommunikationsordnung
TPM	Technical Protection Measures
TRIPS	Agreement on Trade-Related Aspects of Intellectual Property Rights
TVG	Tarifvertragsgesetz

u. a.	unter anderem
UA	User Agent
UDP	User Datagram Protocols
UFITA	Archiv für Urheber-, Film-, Funk- und Theaterrecht *(Zeitschrift)*
UN	United Nations
UrhG	Gesetz über Urheberrechte und verwandte Schutzrechte (Urheberrechtsgesetz)
URL	Uniform Resource Locator
Urt.	Urteil
US/USA	United States (of America)
usw.	und so weiter
u. U.	unter Umständen
UWG	Gesetz gegen den unlauteren Wettbewerb
v. a.	vor allem
Var.	Variante
Verf.	Verfasser
VerfGH	Verfassungsgerichtshof
VFF	Verwertungsgesellschaft der Film- und Fernsehproduzenten mbH
VG	Verwaltungsgericht
VG	Verwertungsgesellschaft
VG Bild – Kunst	Verwertungsgesellschaft Bild – Kunst
VGF	Verwertungsgesellschaft für Nutzungsrechte an Filmwerken mbH
VGH	Verwaltungsgerichtshof
vgl.	vergleiche
VG Media	Gesellschaft zur Verwertung der Urheber- und Leistungsschutzrechte von Medienunternehmen mbH
VG TWF	Verwertungsgesellschaft Treuhandgesellschaft Werbefilm GmbH
VG WORT	Verwertungsgesellschaft Wort, vereinigt mit der Verwertungsgesellschaft Wissenschaft
VO	Verordnung
VwGO	Verwaltungsgerichtsordnung
VwV	Verwaltungsvorschrift
VwVfG	Verwaltungsverfahrensgesetz
WCT	WIPO Copyright Treaty
WiB	Wirtschaftsrechtliche Beratung *(Zeitschrift)*
WIPO	World Intellectual Property Organization
WIPR	World Intellectual Property Report

Abkürzungsverzeichnis

Wir	Wirtschaftsrecht *(Zeitschrift)*
wistra	Zeitschrift für Wirtschaft, Steuer, Strafrecht *(Zeitschrift)*
WM	Wertpapiermitteilungen *(Zeitschrift)*
WPHG	Wertpapierhandelsgesetz
WPPT	WIPO Performances and Phonograms Treaty (Vertrag über Darbietungen und Tonträger)
WTO	World Trade Organization
WUA	Welturheberrechtsabkommen
WuB	Entscheidungen zum Wirtschafts- und Bankrecht *(Zeitschrift)*
WWW	World Wide Web
WZG	Warenzeichengesetz
z.	zum, zur
ZAW	Zentralverband der Deutschen Werbewirtschaft
z. B.	zum Beispiel
ZBB	Zeitschrift für Bankrecht und Bankwirtschaft *(Zeitschrift)*
Ziff.	Ziffer
ZIP	Zeitschrift für Wirtschaftsrecht *(Zeitschrift)*
Zit.	Zitat
ZPO	Zivilprozessordnung
ZPT	Zeitschrift für Post und Telekommunikation *(Zeitschrift)*
ZRP	Zeitschrift für Rechtspolitik *(Zeitschrift)*
z. T.	zum Teil
zugl.	zugleich
ZUM	Zeitschrift für Urheber- und Medienrecht *(Zeitschrift)*
zust.	zustimmend
zutr.	zutreffend

Kapitel 1
Einführung

A. Internet

I. Das Internet heute

Das Internet gehört heute ganz selbstverständlich zum Leben. Es hat längst alle Bereiche der Arbeitswelt und des privaten Daseins durchzogen. Aus der digitalen Revolution sind längst viele Revolutionen geworden, die eher an eine digitale Evolution denken lassen. Längst genügt es nicht mehr, einfach nur im Internet zu sein, mehrere E-Mail-Adressen zu haben, vielleicht einen Blog zu führen und gelegentlich ein Foto zu posten. Die Vernetzung durchzieht alle Bereiche der Gesellschaft und in einer globalisierten Wirtschaftswelt sind die Möglichkeiten des Netzes längst der Treiber von Innovationen und Wandel. Die technischen Möglichkeiten der Kommunikation und des Datenaustausches entwickeln sich nach wie vor rasant. Die Hardware wird immer leistungsfähiger und kleiner, inzwischen können auch große Datenmengen übertragen werden und die Software ist immer bedienungsfreundlicher geworden – und mobiles Nutzen des Internets und mobiles Arbeiten im Netz sind längst Standard. Das Internet ist ein kommerzieller Erfolg. Suchmaschinenbetreiber wie Google oder ein soziales Netzwerk wie Facebook haben bewiesen, dass im Internet mit reinen netzbezogenen Dienstleistungen Geld zu verdienen ist. Kurzum: Das Internet ist längst eine eigene Welt geworden, die sich selbst genug sein kann.

Das weltweit zugängliche Internet hat die Kommunikation zwischen den Menschen verändert. Auch wenn mit solchen Vergleichen vorsichtig umzugehen ist: Durch das Internet ist die Massenkommunikation ähnlich stark verändert worden, wie die Erfindung des Buchdrucks durch *Gutenberg* vor rund 500 Jahren den Zugang der Menschen zum Wissen auf neue Grundlagen gestellt hat. Der individuelle E-Mail-Verkehr hat zwar zunächst lediglich zu einer Beschleunigung – auch bei der Übertragung großer Datenmengen – geführt. Revolutionär am Internet war und ist aber das World Wide Web. Aus dem ursprünglich nur für wissenschaftliche und private Zwecke von Forschern und Computerfreaks genutzten World Wide Web ist ab 1993 ein kommerziell nutzbares Netz geworden, das von nahezu jedem Ort der Welt – inzwischen auch mobil – den Zugriff auf Wissen und Information beliebiger Art ermöglicht. Die problemlosen Zugangsmöglichkeiten haben nicht nur weltweit agierende Unternehmen in das Netz gebracht, inzwischen

Kap. 1 Einführung

läuft auch ein großer Teil der privaten Kommunikation über das Word Wide Web. Dienten die Angebote in der Anfangszeit des World Wide Web vor allem der Selbstdarstellung der Unternehmen und Organisationen, sind sie inzwischen Teil der eigenen Geschäftstätigkeit. Über die Web-Präsenzen werden Waren, Software, Musik, Videos und Dienstleistungen aller Art angeboten oder Datenbanken zugänglich gemacht. Das Versteigern und Ersteigern von Waren und Dienstleistungen über das Internet ist heute so üblich wie der Gang in den Supermarkt. Zugleich können die Anbieter im Netz so viele Daten über ihren Kunden sammeln, wie selten zuvor.

3 Unter dem Schlagwort Web 2.0 hat sich im ersten Jahrzehnt des 21. Jahrhunderts eine Gründergeneration gefunden, die neue Kommunikationsmöglichkeiten unter Beteiligung der Webnutzer auslotet und entwickelt. Zugleich wird durch neue Smartphones und Tablets, leistungsfähige Funknetze und sinkende Preise für Telekommunikationsleitungen immer mehr Menschen ermöglicht, ständig im Netz zu sein. Auch wenn das Internet traditionelle Kommunikations- und Vertriebsformen (noch) nicht ersetzt hat, so ist es doch zu einem eigenständigen Medium geworden. Das Internet hat seinen Weg in Gesellschaft und Wirtschaft endgültig gefunden.

II. Entstehung und Geschichte des Internets

1. Ursprünge des Internets

4 Die Wurzeln des Internets reichen fast vier Jahrzehnte zurück: Der Vorgänger des Internets, das Arpanet, ist ein Kind des Kalten Krieges. Das Arpanet wurde in den 1960er Jahren für das Verteidigungsministerium der USA entwickelt. Die Streitkräfte wünschten ein Kommunikationssystem, das nicht von einem zentralen Rechner gesteuert wird. Das System sollte auch beim Ausfall eines oder mehrerer Rechner – zum Beispiel in Folge eines nuklearen Angriffs – noch funktionsfähig sein. Die Rand Corporation entwickelte die Idee eines dezentralen Netzwerks. Das Leitungsnetz sollte aus unzähligen untereinander mehrfach vernetzten Rechnern bestehen. Die Rechner sollten alle den gleichen Status beim Empfang und Weitergeben von Daten sowie beim Versenden eigener Daten haben. Durch diesen Kunstgriff war zunächst sichergestellt, dass bei Ausfall eines einzelnen Rechners das Netz nicht vollständig funktionsunfähig werden konnte.

5 Die Entwickler beließen es nicht dabei, sondern gingen noch einen Schritt weiter. Auch die Kommunikation zwischen den Rechnern sollte durch eine neuartige Methode bei der Übermittlung von Daten für Störungen unanfällig werden. Das Versenden einer Nachricht im Ganzen führt bei einem – auch teilweisen – Ausfall des Netzes unweigerlich dazu, dass die gesamte

Nachricht verloren gehen kann. Aus diesem Grunde entschieden sich die Entwickler dafür, die Nachrichten selbst in eine Vielzahl von kleinen Einzelpaketen aufzuteilen. Jedes Teilpaket sollte getrennt adressiert und versendet werden. Die bei einem Computer abgeschickten Pakete sollten dabei über die unterschiedlichsten Wege im Netz zu ihrem Zielcomputer wandern. Der Vorteil dieser auf den ersten Blick sehr komplizierten Lösung lag auf der Hand. Der Verlust einzelner Teilpakete infolge von Störungen konnte die Kommunikation zwar behindern, aber nicht lahm legen. Die Entwickler gingen davon aus, dass stets in ausreichender Zeit Teilpakete ankommen. Der wesentliche Gehalt einer Nachricht sollte den Empfänger auf jeden Fall erreichen.

Die in den 1960er Jahren entwickelte Idee eines dezentralen Netzes, bei dem Nachrichten in Teilpaketen verschickt werden, wurde Ende der 1960er Jahre sowohl in Großbritannien als auch in den USA in die Praxis umgesetzt. Auf Initiative des amerikanischen Verteidigungsministeriums wurde dann 1969 die Advanced Research Project Agency (ARPA) als eine Abteilung des Verteidigungsministeriums gegründet. Die ARPA ließ im Herbst 1969 den ersten Knoten bei der Universität von Los Angeles einrichten. Schnell kamen in dem kleinen Netzwerk weitere Knoten dazu. Das zunächst sehr kleine Netzwerk erhielt nach dem Namen seines Initiators die Bezeichnung Arpanet. Das Arpanet wuchs zunächst langsam, aber stetig. Es diente vor allem der Kommunikation zwischen Wissenschaftlern und Forschern in den verschiedensten universitären Einrichtungen. Die Kompatibilität zwischen den Rechnern wurde durch einen einheitlichen Kommunikationsstandard sichergestellt. Das sog. Network-Control-Protocol (NCP) stellte die Kommunikation sicher.

2. Vom Arpanet zum Internet

Das Arpanet wurde in den 1970er Jahren verfeinert. Lokale Netzwerke wurden über das Arpanet zu einem weltweiten Netzwerk verbunden. Ein wichtiges Datum für die Geschichte des Internets ist das Jahr 1983. Das ursprünglich für militärische Zwecke vorgesehene und zunehmend von Forschern und Wissenschaftlern genutzte Arpanet wurde aufgeteilt. Das Arpanet ging an Wissenschaftler und Forscher. Gleichzeitig wurde das sog. Milnet für die militärische Kommunikation geschaffen. Parallel zu dieser Entwicklung schlossen sich immer mehr Einrichtungen in aller Welt mit ihren lokalen Netzen an das Arpanet an und übernahmen das TCP-IP als Kommunikationsstandard. So wurde 1983/84 das Internet als Netz der Netze geboren. Die amerikanische National Science Foundation (NSF) schuf das „National Science Foundation Network" (NSF-NET) und übernahm die Organisation des neu entstandenen Internets. Das Arpanet war zum Teil des weltweiten

Kap. 1 Einführung

Internets geworden. Das Netz der Netze wuchs sehr schnell. Aus den 320 Rechnern aus dem Jahr 1983 wurden in innerhalb von vier Jahren 20.000. 1990 waren angeblich bereits 200.000 Rechner und lokale Netze an das Internet angeschlossen. Der Erfolg des Internets führte 1990 zur endgültigen Auflösung des Arpanets. Das noch als Teilnetz bestehende Netzwerk wurde in die bedeutendere Struktur des Internets vollständig integriert. Das Arpanet wurde so ein Opfer seines eigenen Erfolgs.

8 Der Vormarsch des Internets ist eng mit der Erweiterung des Leistungsangebotes verbunden. Entsprechend der ursprünglichen Absicht der Entwickler, ein Kommunikationsnetz zu schaffen, stand zunächst die bloße Datenübertragung im Vordergrund. Die ersten im Internet verfügbaren Dienste waren das sog. FTP (File-Transfer-Protocol zur Übertragung von Daten) sowie E-Mail. Das World Wide Web wurde Ende der 80er Jahre als allgemein zugängliches Informationsmedium entwickelt. Das World Wide Web kannte zunächst keine graphischen Elemente. Es wurden nur sog. Hypertexte ins Netz gestellt. So entstand ein Netz, bei dem praktisch jedes Angebot im World Wide Web mit anderen Angeboten verknüpft werden konnte (und in der Anfangszeit auch verknüpft wurde). Das World Wide Web als allgemein zugängliches Medium stellte so neben der Individual-Kommunikation durch E-Mail sehr schnell einen neuen Hauptanwendungsbereich des Internets dar.

9 Das World Wide Web war in der Anfangszeit etwas für Forscher, Wissenschaftler und Computerfreaks. Populär wurde es erst 1993/94. In den USA wurde ein Web-Browser mit einer graphischen Benutzeroberfläche entwickelt. Der kostenlos zur Verfügung gestellte Browser fand im Netz sehr schnell Verbreitung. Die Nutzung des World Wide Web wurde damit für die Nutzer stark erleichtert. Im gleichen Zuge wurden die Web-Angebote technisch immer perfekter. Aus rein textorientierten Hypertexten wurden komplexe Strukturen unter Berücksichtigung von Fotografien, Laufbildern, Tönen und Musikstücken. Das World Wide Web diente nicht mehr nur dazu, textorientierte Angebote zugänglich zu machen.

10 Die Nutzerfreundlichkeit des Internets sorgte zusammen mit den verbesserten Nutzungsmöglichkeiten für die sehr schnelle Verbreitung ab 1994. 1995 wurde das Internet von der amerikanischen Regierung schließlich endgültig für den kommerziellen Gebrauch freigegeben.[1] Der Siegeszug des Internets begann. Seit 1998 verwaltet ICANN (Internet Corporation for Assigned

---

[1] Wer sich für die Geschichte des Internets interessiert, findet inzwischen eine Vielzahl von Darstellungen. Sie sind zum Teil sehr technischer Natur oder unterscheiden zwischen der (guten) nicht kommerziellen, und der (schlechten) kommerziellen Zeit. Für juristisch vorgeprägte Leser nach wie vor interessant: *Kuner*, Internet für Juristen, 2. Aufl. 1999, S. 3.

Names and Numbers)² das Namenssystem der Domains und sorgt für die Sicherheit des Netzes. Zugleich setzte ab Mitte der 90er Jahre des vergangenen Jahrhunderts die Verrechtlichung des Internets an. Ging es in der kommerziellen Goldgräberzeit vor allem um die Sicherung attraktiver Domains, hat sich inzwischen ein umfassendes Internetrecht herausgebildet. Die urheberrechtlichen Probleme behandelt dieses Werk.

B. Rechtsquellen im Bereich des Internets

I. Deutsche Gesetze (insb. Urheberrechtsgesetz)

1. Urheberrechtliche Vorschriften

Die wichtigste Rechtsquelle für den Bereich des Urheberrechts stellt im Bereich des nationalen Rechts das Gesetz über Urheberrecht und verwandte Schutzrechte (Urheberrechtsgesetz) vom 9.9.1965 dar.³ Das Urheberrecht hat in den vergangenen Jahren zahlreiche Ergänzungen erfahren, die insb. für den Bereich des Internets von Bedeutung sind. 11

Die urheberrechtlich geschützten Werke sind in § 2 UrhG definiert. Es handelt sich vor allem um Werke der Literatur, Wissenschaft und Kunst. Seit 1998 ist das Datenbankwerk gem. § 4 Abs. 2 UrhG geschützt. Gleichzeitig ist ein Leistungsschutzrecht gem. §§ 87a ff. UrhG für den Hersteller einer Datenbank geschaffen worden.⁴ Das Leistungsschutzrecht der Presseverleger ist zum 1.8.2013 in den §§ 87f bis 87h UrhG eingeführt worden.⁵ Ebenso von Bedeutung im Bereich des Internets sind die 1993 eingeführten Regelungen des §§ 69a ff. UrhG für den Schutz von Computerprogrammen.⁶ 12

Die Entstehung und Nutzung der Rechte an urheberrechtlich geschützten Werken werden im UrhG umfassend geregelt. Das Urheberprinzip findet sich in den §§ 7 ff. UrhG. Urheber ist stets der Schöpfer des Werkes. Der Urheber wird Inhaber des grundsätzlich nicht übertragbaren Urheberrechts. 13

---

2 Informationen zu ICANN (Internet Corporation for Assigned Names and Numbers) unter www.icann.org.
3 BGBl. I, S. 1273, zuletzt durch Art. 7 des Gesetzes zur Änderung des Designgesetzes und weiterer Vorschriften des gewerblichen Rechtsschutzes vom 4.4.2016 (BGBl. I, S. 558) geändert; nicht mehr berücksichtigt wurde das Gesetz zur verbesserten Durchsetzung des Anspruchs der Urheber und ausübenden Künstler auf angemessene Vergütung und zur Regelung von Fragen der Verlegerbeteiligung vom 20.12.2016 (BGBl. I, S. 3073).
4 Siehe dazu ausführlich Kap. 2 Rn. 209 ff.
5 Gesetz v. 7.5.2013, BGBl. I, S. 1161; siehe Kap. 2 Rn. 343 ff.
6 Siehe dazu ausführlich Kap. 2 Rn. 71 ff.

Kap. 1 Einführung

Eine Übertragung des Urheberrechts sieht § 29 UrhG nur im Todesfall vor. Eine nähere Definition des Urheberrechts findet sich in den §§ 11 ff. UrhG. Die §§ 12 bis 14 UrhG regeln das Urheberpersönlichkeitsrecht. Dieses steht dem Urheber stets unmittelbar zu. Die dem Urheber zustehenden Verwertungsrechte sind in den §§ 15 ff. UrhG festgelegt. Für diese Verwertungsformen kann der Urheber ausschließliche oder einfache Nutzungsrechte an Dritte einräumen. Mit dem Gesetz zur Regelung der Urheberrechte in der Informationsgesellschaft[7] wurde ab dem 11.9.2003 in dem neuen § 19a UrhG das Recht der öffentlichen Wahrnehmung (salopp formuliert das „Internetverwertungsrecht") als ein Unterfall des Rechts der öffentlichen Wiedergabe in unkörperlicher Form (§ 15 Abs. 2 UrhG) aufgenommen.[8]

14 Die Einräumung von Nutzungsrechten ist in den §§ 31 ff. UrhG geregelt. Das Urhebervertragsrecht – lange nur lückenhaft im Urheberrechtsgesetz geregelt – ist durch das Gesetz zur Stärkung der vertraglichen Stellung von Urhebern und ausübenden Künstlern[9] ab dem 1.7.2002 neu gefasst worden und wird zum 1.3.2017 reformiert.[10] Vor allem die Stellung der Urheber ist gestärkt worden. Mit dem Zweiten Gesetz zur Regelung des Urheberrechts in der Informationsgesellschaft (Zweiter Korb)[11] ist ab dem 1.1.2008 die früher in § 31 Abs. 4 UrhG ausgeschlossene Einräumung von Nutzungsrechten über unbekannte Nutzungsarten unter gewissen Voraussetzungen möglich geworden (§ 31a UrhG, § 32c UrhG). Für den Bereich des Internets ist vor allem der § 137 l Abs. 1 UrhG wichtig. Unter gewissen Voraussetzungen erfolgt nun ab dem 1.1.2008 auch für Nutzungsrechtseinräumungen ab dem

---

7 Gesetz vom 10.9.2003, BGBl. I, S. 1774.
8 Siehe dazu *v. Ungern-Sternberg*, in: Schricker/Loewenheim, Urheberrecht, 4. Aufl. 2010, § 19a Rn. 1 ff.; der § 19a UrhG setzt Art. 3 der Richtlinie 2001/29/EG des Europäischen Parlaments und des Rates vom 22.5.2001 zur Harmonisierung bestimmter Aspekte des Urheberrechts und der verwandten Schutzrechte in der Informationsgesellschaft (GRUR Int. 2001, 745) um. Vor 2003 hat die h. M. jedoch ein vergleichbares Verwertungsrecht dem damaligen § 15 UrhG entnommen, zur Literatur vor 2003 siehe die Nachweise bei *v. Ungern-Sternberg*, in: Schricker/Loewenheim, Urheberrecht, 4. Aufl. 2010, § 19a Rn. 34 ff.
9 Gesetz vom 22.3.2002, BGBl. I, S. 1155; zu den Neuregelungen und zur Kritik siehe *Schricker/Loewenheim*, in: Schricker/Loewenheim Urheberrecht, 4. Aufl. 2010, Vor §§ 28 ff. Rn. 6 ff.; siehe auch zur Geschichte des Gesetzes den – auf Anregung des Bundesjustizministeriums – von *Dietz, Löwenheim, Nordemann, Schricker* und *Vogel* vorgelegten ersten Entwurf vom 22.5.2000 in der überarbeiteten Fassung vom 17.8.2000; vgl. zur Diskussion *Däubler-Gmelin*, GRUR 2000, 764; *Dietz*, ZUM 2001, 276; *Flechsig*, ZUM 2000, 484; *Reber*, ZUM 2000, 729; *ders.*, ZUM 2001, 282; *Schack*, ZUM 2001, 453.
10 Gesetz zur verbesserten Durchsetzung des Anspruchs der Urheber und ausübenden Künstler auf angemessene Vergütung und zur Regelung von Fragen der Verlegerbeteiligung vom 20.12.2016 (BGBl. I, S. 3037).
11 Gesetz vom 26.10.2007, BGBl. I, S. 2513.

1.1.1996 eine Einräumung von Nutzungsrechten an unbekannten Nutzungsarten durch den Urheber, sofern der Urheber nicht widerspricht. Die Schranken des Urheberrechts werden in den §§ 45 ff. UrhG geregelt. Mit dem Neunten Gesetz zur Änderung des Urheberrechtsgesetzes – in Kraft getreten am 6.7.2013 – wurde eine EU-Richtlinie zur Schutzdauer des Urheberrechts und bestimmter verwandter Schutzrechte umgesetzt.[12] Kurz danach folgte mit dem am 1.1.2014 in Kraft getretenen Gesetz zur Nutzung verwaister und vergriffener Werke und einer weiteren Änderung des Urheberrechtsgesetzes[13] eine weitere Umsetzung einer EU-Richtlinie. Aus Gründen der Vollständigkeit ist auch noch das Gesetz gegen unseriöse Geschäftspraktiken zu nennen, mit dem die Durchsetzung urheberrechtlicher Ansprüche in § 97a und § 104a UrhG geregelt wird.[14]

Die verwandten Schutzrechte sind in den §§ 70 ff. im zweiten Teil des Urheberrechtsgesetzes aufgenommen worden. Die verwandten Schutzrechte werden häufig auch als Leistungsschutzrechte bezeichnet. Es werden Leistungen geschützt, die nicht als persönliche geistige Schöpfung im Sinne von § 2 UrhG aufgefasst werden können, die gleichwohl jedoch als persönliche geistige Leistungen einem gewissen Schutz zugänglich sein sollen. So gewährt § 73 UrhG dem ausübenden Künstler ein Leistungsschutzrecht, da dessen Leistung auch einen „künstlerischen" Gehalt hat.[15] Das gilt jedoch nicht durchgängig. Beim Leistungsschutzrecht des Filmherstellers wird gemäß § 94 UrhG nicht dessen künstlerische Tätigkeit mit einem zusätzlichen Schutzrecht belohnt, sondern allein die Tatsache, dass mit der Filmproduktion stets eine erhebliche wirtschaftliche Investition verbunden ist.

Neben dem Urheberrechtsgesetz ist auch noch das Verwertungsgesellschaftsgesetz (VGG)[16] zu erwähnen, das seit April 2016 das Gesetz über die Wahrnehmung von Urheberrechten und verwandten Schutzrechten (Urheberrechtswahrnehmungsgesetz) vom 9.9.1965 abgelöst hat. Dieses Gesetz setzt die Verwertungsgesellschaften-Richtlinie[17] um und regelt die Bildung

---

12 Gesetz vom 2.7.2013, BGBl. I, S. 1940.
13 Gesetz vom 1.10.2014, BGBl. I, S. 3728.
14 Gesetz vom 1.10.2013, BGBl. I, S. 3714.
15 *Krüger*, in: Schricker/Loewenheim, Urheberrecht, 4. Aufl. 2010, § 73 Rn. 21.
16 Gesetz zur Umsetzung der Richtlinie 2014/26/EU über die kollektive Wahrnehmung von Urheber- und verwandten Schutzrechten und die Vergabe von Mehrgebietslizenzen für Rechte an Musikwerken für die Online-Nutzung im Binnenmarkt sowie zur Änderung des Verfahrens betreffend die Geräte- und Speichermedienvergütung vom 24.5.2016, BGBl. I, S. 1190.
17 Richtlinie 2014/26/EU des Europäischen Parlaments und des Rates vom 26.2.2014 über die kollektive Wahrnehmung von Urheber- und verwandten Schutzrechten und die Vergabe von Mehrgebietslizenzen für Rechte an Musikwerken für die Online-Nutzung im Binnenmarkt, ABl. Nr. L 84, S. 72.

Kap. 1 Einführung

von Verwertungsgesellschaften zur kollektiven Wahrnehmung von Urheberrechten und verwandten Schutzrechten.[18]

2. Sonstige Regelungen

17 Im Bereich der urheberrechtlich relevanten Leistungen können neben den primär urheberrechtlichen Vorschriften auch sonstige gesetzliche Regelungen Anwendung finden. Möglicherweise können bestimmte Gestaltungen auch einem designrechtlichen Schutz zugänglich sein. Neben den urheberrechtlichen Unterlassungs-, Auskunfts- und Schadensersatzansprüchen (§§ 97 ff. UrhG) können unter Umständen auch noch Vorschriften des bürgerlichen Rechts eingreifen. Von großer praktischer Bedeutung sind vor allem die bereicherungsrechtlichen Ansprüche nach §§ 812 ff. BGB. Auch das allgemeine Persönlichkeitsrecht sowie das Recht am eigenen Bild können unter gewissen Umständen von Bedeutung sein. Gewerbliche Schutzrechte wie Patente oder Gebrauchsmuster spielen, anders als der Designschutz, dagegen im Bereich der urheberrechtlich geschützten Leistungen keine sonderliche Rolle. Allein in Grenzbereichen kann bei Computersoftware unter Umständen die Unterscheidung zwischen dem Urheberrecht und dem Patent- bzw. Gebrauchsmuster von Bedeutung sein.[19] Berührungspunkte gibt es darüber hinaus zwischen dem Urheberrecht und dem Markenrecht, insb. dem Recht des Werktitelschutzes (§ 5 MarkenG).

18 Sofern urheberrechtliche Vorschriften nicht eingreifen, kann unter gewissen Umständen auch das UWG hilfsweise mit einem ergänzenden Leistungsschutz anwendbar sein.[20]

II. Internationale Verträge und Abkommen

1. Übersicht

19 Im deutschen Urheberrecht gilt das Territorialitätsprinzip. Das Urheberrechtsgesetz gilt nur in Deutschland. Grundsätzlich genießen den Schutz des Urheberrechtsgesetzes auch nur deutsche Staatsangehörige für alle ihre

---

18 BGBl. I, S. 1294, aufgehoben mit Ablauf des 31.5.2016 durch Art. 7 Nr. 1 G v. 24.5.2016 (BGBl. I, S. 1190).
19 BGH, GRUR 2000, 498 – Logikverifikation; BGH, Bl. für PMZ 2000, 276 – Sprachanalyseeinrichtung.
20 Für die Einzelheiten wird auf entsprechende wettbewerbsrechtliche Kommentarliteratur verwiesen. Siehe dazu auch *Schricker/Loewenheim*, in: Schricker/Loewenheim, Urheberrecht, 4. Aufl. 2010, Einleitung Rn. 50 ff.; *Dreier*, in: Dreier/Schulze, UrhG, 5. Aufl. 2012, Einleitung Rn. 35 ff.

Werke (§ 120 Abs. 1 UrhG). § 120 Abs. 2 UrhG stellt die Angehörigen eines anderen Mitgliedstaates der Europäischen Union oder eines anderen Vertragsstaates des Abkommens über den europäischen Wirtschaftsraum Deutschen gleich. Darüber hinaus ist der Anwendungsbereich des deutschen Urheberrechtsgesetzes durch internationale Abkommen auch auf andere Ausländer ausgedehnt worden. Im Gegenzug genießen auch Deutsche in anderen Ländern urheberrechtlichen Schutz für ihre Werke. Für diese Schutzausdehnung spielen eine ganze Fülle von multilateralen und bilateralen Abkommen eine Rolle. Darüber hinaus ist die Staatengemeinschaft bestrebt, durch multilaterale internationale Abkommen die Urheberrechte in der Welt weiter zu harmonisieren und das Schutzniveau zu heben.

2. Revidierte Berner Übereinkunft zum Schutz von Werken der Literatur und Kunst (RBÜ)

Der älteste internationale Vertrag auf dem Gebiet des Urheberrechts ist die Berner Übereinkunft zum Schutz von Werken der Literatur und Kunst (RBÜ) vom 9.9.1886 mit Zusatzartikel, Schlussprotokoll und Vollziehungsprotokoll vom gleichen Datum.[21] Zu den Verbandsstaaten des RBÜ gehörten am 27.11.2015 insgesamt 168 Länder, die überwiegend die letzte Pariser Fassung akzeptiert haben.[22] Die Mitgliedsländer bilden einen Staatenverband (Art. 1 RBÜ). Dieser wird auch als Berner Union bezeichnet.   20

Das RBÜ schützt Werke der Literatur und Kunst (Art. 2 RBÜ). Geschützt werden veröffentlichte und unveröffentlichte Werke von Urhebern, die einem Verbandsland angehören oder in einem solchen Land ihren gewöhnlichen Aufenthaltsort haben (Art. 3 Abs. 1 lit. a Abs. 2 RBÜ). Ferner sind solche Werke einem Schutz zugänglich, die zum ersten Mal in einem Verbandsland oder gleichzeitig in einem Verbandsland oder einem verbandsfremden Land veröffentlicht werden (Art. 3 Abs. 1 lit. b RBÜ), auch wenn der Urheber selbst einem Verbandsland nicht angehört.   21

Das RBÜ statuiert den Grundsatz der Inländerbehandlung. Dieser Grundsatz besagt, dass die Urheber für alle verbandseigenen Werke in allen Verbandsländern mit Ausnahme des Ursprungslandes des Werkes diejenigen Rechte in Anspruch nehmen können, die diese Länder ihren inländischen   22

---

21 Die Übereinkunft wurde vervollständigt in Paris 1896, revidiert in Berlin 1908, vervollständigt in Bern 1914, revidiert in Rom 1928, revidiert in Brüssel 1948, revidiert in Stockholm 1967 und nochmals revidiert in Paris 1971. Die Pariser Fassung ist dokumentiert in: Urheber- und Verlagsrecht, 11. Aufl. 2008 (Beck-Texte in dtv); zu den Nachweisen der Vervollständigung und Revisionen siehe *Katzenberger*, in: Schricker/Loewenheim, Urheberrecht, 4. Aufl. 2010, Vor §§ 120 ff. Rn. 41.
22 Siehe im Einzelnen die Auflistung unter www.wipo.int (Stand 27.11.2015).

Kap. 1 Einführung

Urhebern auch gewähren (Art. 5 Abs. 1 RBÜ). Darüber hinaus statuiert das RBÜ einen Mindeststandard an besonderen Rechten, die einem Urheber gewährt werden müssen.[23] Dabei handelt es sich um das Urheberpersönlichkeitsrecht (Art. 6 bis RBÜ), das Übersetzungsrecht (Art. 8 RBÜ), das Vervielfältigungsrecht (Art. 9, 13 RBÜ), das Aufführungsrecht (Art. 11 RBÜ), das Senderecht (Art. 11 bis RBÜ), das Vortragsrecht (Art. 11 ter RBÜ), das Bearbeitungsrecht (Art. 12 RBÜ) und das Verfilmungsrecht (Art. 14, 14 bis RBÜ). Das RBÜ gewährt dem Urheberrechtsschutz grundsätzlich für eine Dauer von 50 Jahren bis nach dem Tod des Urhebers (Art. 7 Abs. 1 RBÜ). Unter gewissen Voraussetzungen gibt es jedoch Ausnahmen und Sonderregelungen.[24] Das RBÜ gehört zu den bedeutendsten internationalen Übereinkommen im Bereich des Urheberrechts.

3. Wipo-Urheberrechtsvertrag (WCT) und Wipo-Vertrag über Darbietungen und Tonträger (WPPT)

23 Der Wipo-Urheberrechtsvertrag (Wipo Copyright Treaty – WCT) und der Wipo-Vertrag über Darbietungen und Tonträger (Wipo Performance and Phonograms Treaty – WPPT) sind von der Wipo initiierte Verträge zur Fortentwicklung der Berner Union. Auslöser für die Ausarbeitung war, dass die RBÜ seit 1971 nicht mehr revidiert worden ist. Zudem sollte der internationale Schutz verwandter Schutzrechte vervollständigt werden. Dieser beruht nach wie vor auf dem aus dem Jahre 1961 stammenden Rom-Abkommen.[25] Die Ausarbeitung der Wipo-Verträge lief zeitweise parallel zur Gatt-Initiative. Diese führte 1994 zu dem TRIPS-Übereinkommen.

24 Beide Wipo-Verträge wurden am 20.12.1996 in Genf beschlossen. Das WCT wurde innerhalb der Frist bis zum 31.12.1997 von insgesamt 51 Staaten, das WPPT von 50 Staaten unterzeichnet. Zu den Unterzeichnern gehören die Staaten der EU, die EU sowie die USA. Das WCT ist am 6.3.2002 in Kraft getreten, nachdem mit Gabun am 6.12.2001 der 30. Staat seine Ratifikationsurkunde hinterlegt hat. Inzwischen haben weitere Staaten den Vertrag unterzeichnet und er ist nach Ratifikation in insgesamt 93 Staaten in

---

23 *Katzenberger*, in: Schricker/Loewenheim, Urheberrecht, 4. Aufl. 2010, Vor §§ 120 ff. Rn. 47.
24 Siehe dazu *Katzenberger*, in: Schricker/Loewenheim, Urheberrecht, 4. Aufl. 2010, Vor §§ 120 ff. Rn. 48.
25 Internationales Abkommen über den Schutz der ausübenden Künstler, der Hersteller von Tonträgern und der Sendeunternehmen (Rom-Abkommen) vom 26.10.1961, siehe dazu *Katzenberger*, in: Schricker/Loewenheim, Urheberrecht, 4. Aufl. 2010, Vor §§ 120 ff. Rn. 75.

B. Rechtsquellen im Bereich des Internets **Kap. 1**

Kraft.[26] Das WPPT ist am 20.5.2002 mit der Vorlage der 30. Ratifikationsurkunde in Kraft getreten. Inzwischen haben weitere Staaten den Vertrag unterzeichnet und er ist nach Ratifikation in insgesamt 94 Staaten in Kraft.[27] Das WCT und das WPPT haben inzwischen Deutschland, viele weitere Staaten der EU und die EU auch ratifiziert und beide Verträge sind für Deutschland seit dem 14.3.2010 in Kraft.[28]

Die Wipo-Verträge sind dem Ansatz der RBÜ verpflichtet. Es handelt sich auch ausdrücklich um ein Sonderabkommen im Sinne der RBÜ. Zum Teil wird auch auf grundlegende Regelung der RBÜ verwiesen. Gleichzeitig wird jedoch im WCT das internationale Urheberrecht fortgeschrieben. So werden in Art. 4 des WCT ausdrücklich Computerprogramme dem urheberrechtlichen Schutz unterstellt. Der Schutz von Datenbanken findet sich in Art. 5 WCT. Ein ausschließliches Verbreitungsrecht ist als allgemeines Mindestrecht in Art. 6 Abs. 1 WCT aufgenommen worden. Das Verbreitungsrecht bleibt dem Urheber vorbehalten. Das Vermietrecht wird in Art. 7 aufgenommen. Insgesamt ergänzt das WCT die RBÜ. Es handelt sich um eine behutsame Modernisierung. **25**

Im Bereich des Internets wird vor allem Art. 8 WCT von zentraler Bedeutung sein. In Art. 8 ist das Recht der öffentlichen Wiedergabe dem Urheber vorbehalten. Die öffentliche Wiedergabe von Werken mit oder ohne Draht umfasst dabei auch die öffentliche Zugänglichmachung von Werken in einer Weise, die es Angehörigen der Öffentlichkeit erlaubt, an einem von diesem individuell gewählten Ort und zu einer von diesem individuell gewählten Zeit Zugang zu diesem Werk zu haben. Damit ist vor allem die Abrufbarkeit von Werken über das Internet mit umfasst.[29] **26**

Der WPPT dagegen greift nicht unmittelbar auf ein bereits bestehendes internationales Abkommen zurück. Faktisch soll er jedoch die Weiterentwicklung des Rom-Abkommens sicherstellen. Die Rechte der ausübenden Künstler sowie der Hersteller von Tonträgern werden in dem Vertrag vereinheitlicht. Ähnlich wie im Rom-Abkommen gilt die Inländerbehandlung (Art. 4 Abs. 1 WPPT). Darüber hinaus wird im WPPT für die ausübenden Künstler sowie die Tonträgerhersteller eine Fülle von Mindestrechten gesichert.[30] **27**

---

26 Siehe dazu die Angaben auf der Website der Wipo unter www.wipo.int (Stand 29.12.2015).
27 Siehe dazu die Angaben auf der Website der Wipo unter www.wipo.int (Stand 29.12.2015).
28 Siehe dazu die Angaben auf der Website der Wipo unter www.wipo.int.
29 Siehe dazu Kap. 3 Rn. 38.
30 Siehe zum WPPT ausführlich: *Katzenberger*, in: Schricker/Loewenheim, Urheberrecht, 4. Aufl. 2010, Vor §§ 120 ff. Rn. 84.

Kap. 1 Einführung

4. Trips-Übereinkommen (TRIPS)

28 Eines der wichtigsten multilateralen internationalen Abkommen stellt das Trips-Übereinkommen (TRIPS) dar. Es handelt sich um das Übereinkommen über handelsbezogene Aspekte der Rechte des geistigen Eigentums (Trade Related Aspects of Intellectual Property Rights).[31] Das Übereinkommen ist im Rahmen des Übereinkommens zur Errichtung der Welthandelsorganisation (World Trade Organisation – WTO) 1994 abgeschlossen worden. Neben der RBÜ gehört TRIPS zu den bedeutendsten internationalen Urheberrechtsabkommen. Am 30.11.2015 gehörten TRIPS 162 Mitglieder an (darunter auch Deutschland und die Europäische Union).[32] TRIPS ist in Deutschland am 1.1.1995 in Kraft getreten.[33]

29 Das Neue am Trips-Schutz ist die Verknüpfung mit einem auf Nichtdiskriminierung und Liberalisierung ausgerichteten internationalen Handel. TRIPS soll Mängel des herkömmlichen internationalen Schutzes des geistigen Eigentums beseitigen. In seinen Art. 41 ff. enthält TRIPS auch eingehende Vorschriften zur Durchsetzung der Rechte zum Schutz des geistigen Eigentums.

30 Gegenstand des TRIPS-Abkommens sind das Urheberrecht sowie bestimmte verwandte Schutzrechte (Art. 1 Abs. 2, Art. 9 bis 14 TRIPS). TRIPS ergänzt dabei die RBÜ sowie das Rom-Abkommen, ersetzt diese jedoch nicht. TRIPS berührt nicht die Verpflichtungen der Mitglieder aus diesem Abkommen. Das gilt nicht nur im Verhältnis gegenüber Trips-Staaten, sondern auch untereinander (Art. 2 Abs. 2 TRIPS). Der Anwendungsbereich von TRIPS wird darüber hinaus durch die RBÜ bestimmt. Auch durch TRIPS sind daher in jedem Mitgliedstaat dessen eigene Angehörige nicht geschützt (Art. 1 Abs. 3 S. 1 TRIPS).[34] Ferner übernimmt TRIPS den Schutzgehalt der RBÜ in der Pariser Fassung von 1971. Lediglich die Regelungen zum Urheberpersönlichkeitsrecht sind ausgenommen.[35] Im Falle des Rom-Abkommens erfolgt jedoch keine Übernahme des Schutzgehaltes.[36]

31 Auch TRIPS sieht im Grundsatz die Inländerbehandlung vor. Eine Neuerung im Bereich des Urheberrechts ist das Prinzip der Meistbegünstigung (Art. 4 TRIPS). Die Meistbegünstigung soll sicherstellen, dass Benachteili-

---

31 BGBl. II 1994, S. 1565 (englisch)/1730 (deutsch).
32 Siehe im Einzelnen die Auflistung der Mitgliedsländer unter www.wto.org.
33 BGBl. II 1995, S. 456.
34 Siehe zur RBÜ *Katzenberger*, in: Schricker/Loewenheim, Urheberrecht, 4. Aufl. 2010, Vor §§ 120 ff. Rn. 47.
35 *Katzenberger*, in: Schricker/Loewenheim, Urheberrecht, 4. Aufl. 2010, Vor §§ 120 ff. Rn. 18.
36 *Dünnwald*, ZUM 1996, 725, 726; *Reinbothe*, GRUR Int. 1992, 707, 709; *Katzenberger*, GRUR Int. 1995, 447, 457.

gungen im Vergleich mit anderen Ausländern verhindert werden. Dieses Prinzip geht weit über den Grundsatz der Inländerbehandlung hinaus, der vor allen Dingen eine Benachteiligung gegenüber Inländern vermeiden soll. Sofern also einzelne Trips-Mitglieder zum Beispiel aufgrund bilateraler Vereinbarungen Ausländern eine völlige Gleichstellung ermöglichen, müssen sie diese – sofern Art. 14 TRIPS nicht gewisse Ausnahmen rechtfertigt – auch anderen Ausländern gewähren.[37] Über die Regelung in der RBÜ hinaus wird in TRIPS der Urheberrechtsschutz von Computerprogrammen sowie von Datensammlungen bei Zusammenstellung von Daten oder sonstigem Material aufgrund schöpferischer Auswahl oder Anordnung ihres Inhalts geschützt. Ein Leistungsschutzrecht des Datenbankherstellers sieht jedoch TRIPS, anders als die §§ 87a ff. UrhG (basierend auf der EU-Richtlinie für Datenbanken), nicht vor. Darüber hinaus gewährt TRIPS ein Vermietrecht in Bezug auf Computerprogramme und Filmwerke. Sonderbestimmungen enthält TRIPS auch zum Bereich der verwandten Schutzrechte. Die 2005 beschlossene Ergänzung von TRIPS für den Bereich Pharmaka gilt nach wie vor nicht, da die Ergänzung noch immer nicht von zwei Drittel der Mitglieder akzeptiert worden ist.

5. Welturheberrechtsabkommen (WUA)

Das Welturheberrechtsabkommen hat durch den Beitritt der USA zur revidierten Berner Übereinkunft im Jahre 1989 erheblich an Bedeutung verloren.[38] Das multilaterale internationale Welturheberrechtsabkommen wurde am 6.9.1952 in Genf unterzeichnet. Mit drei Zusatzprotokollen wurde es 1971 in Paris revidiert. Die ursprüngliche Fassung ist 1955, die revidierte Fassung 1974 in Deutschland in Kraft getreten.[39] Mitgliedstaaten des Welturheberrechtsabkommens waren am 31.12.2004 insgesamt 101 Staaten.[40] 32

Soweit zwischen zwei Staaten die RBÜ Anwendung findet, greift das WUA nicht.[41] Darüber hinaus kommt dem WUA anders als dem RBÜ nach dem Beitritt eines neuen Mitgliedstaates keine rückwirkende Kraft zu. Werke von Urhebern des neuen Mitgliedstaats, die zum Zeitpunkt des Inkrafttretens in den anderen Vertragsstaaten ungeschützt waren, sind daher einem 33

---

37 Siehe dazu *Katzenberger*, in: Schricker/Loewenheim, Urheberrecht, 4. Aufl. 2010, Vor §§ 120 ff. Rn. 20.
38 Siehe dazu *Katzenberger*, GRUR Int. 1995, 447, 454.
39 Siehe dazu *Katzenberger*, in: Schricker/Loewenheim, Urheberrecht, 4. Aufl. 2010, Vor §§ 120 ff. Rn. 58.
40 Siehe BGBl. 2005 II v. 4.2.2005 – Fundstellennachweis B, S. 366; vgl. *Katzenberger*, in: Schricker/Loewenheim, Urheberrecht, 4. Aufl. 2010, Vor §§ 120 ff. Rn. 58, 60.
41 *Katzenberger*, in: Schricker/Loewenheim, Urheberrecht, 4. Aufl. 2010, Vor §§ 120 ff. Rn. 61.

Kap. 1 Einführung

Schutz nicht zugänglich. Umgekehrt gilt das Gleiche.[42] Gegenstand des Schutzes durch das WUA sind Werke der Literatur, Wissenschaft und Kunst. Auch im Bereich des WUA gilt das Prinzip der Inländerbehandlung. Darüber hinaus werden gewisse Mindestrechte gewährt. Anders als bei der RBÜ kann der Schutz veröffentlichter Werke jedoch von der Erfüllung von Förmlichkeiten abhängig gemacht werden. Dazu wird insb. der Copyright-Vermerk in Verbindung mit dem Namen des Inhabers des Urheberrechts und der Jahreszahl der ersten Veröffentlichung auf dem Werkstück angebracht (Art. 3 Abs. 1 WUA).

6. Internationales Abkommen über den Schutz der ausübenden Künstler, der Hersteller von Tonträgern und der Sendeunternehmen (Rom-Abkommen)

34 Das Pendant zur RBÜ auf dem Gebiet der mit dem Urheberrecht verwandten Schutzrechte ist das multilaterale internationale Abkommen über den Schutz der ausübenden Künstler, der Hersteller von Tonträgern und der Sendeunternehmen (Rom-Abkommen) vom 26.10.1961. Dem Abkommen gehörten am 29.12.2015 insgesamt 92 Staaten an.[43] Das Rom-Abkommen schützt ausübende Künstler, Hersteller von Tonträgern sowie Sendeunternehmen. Nicht erfasst dagegen sind die Filmhersteller. Auch im Rom-Abkommen wird der Grundsatz der Inländerbehandlung festgelegt. Um für Leistungsergebnisse Schutz zu genießen, erlaubt das Rom-Abkommen – ähnlich wie das Welturheberrechtsabkommen – den Rückgriff auf gewisse Formerfordernisse. Darüber hinaus wird im Rom-Abkommen den ausübenden Künstlern ein gewisser Mindestschutz eingeräumt. Gleiches gilt für die Tonträgerhersteller und die Sendeunternehmen. Art. 12 des Rom-Abkommens enthält eine Mindestschutzregelung für den Vergütungsanspruch im Rahmen der sog. Zweitverwertung von Tonträgern.

35 In diesem Zusammenhang ist auch das Übereinkommen zum Schutz der Hersteller von Tonträgern gegen die unerlaubte Vervielfältigung ihrer Tonträger (Genfer-Tonträger-Abkommen) zu nennen. Dieses Abkommen ist als internationales Instrument zur Bekämpfung der Tonträgerpiraterie 1971 in Genf von 23 Staaten unterzeichnet worden. Es sollte das Rom-Abkommen ergänzen. Dem Genfer-Tonträger-Abkommen gehörten am 29.11.2015 insgesamt 78 Staaten an.[44] Das Abkommen soll vor allem den Tonträgerherstel-

---

42 *Katzenberger*, in: Schricker/Loewenheim, Urheberrecht, 4. Aufl. 2010, Vor §§ 120 ff. Rn. 59.
43 Siehe im Einzelnen die Auflistung auf der Website der WIPO unter www.wipo.int (Stand 29.12.2015).
44 Siehe im Einzelnen die Auflistung auf der Website der WIPO unter www.wipo.int (Stand 29.12.2015).

lern Schutz vor unbefugt hergestellten Vervielfältigungsstücken, deren Einfuhr und Weiterverbreitung im geschäftlichen Verkehr bieten. Der Schutz kann ebenfalls an die Erfüllung von Förmlichkeiten gekoppelt werden.[45]

7. Sonstige Abkommen

Zu den sonstigen Abkommen gehört unter anderem die Übereinkunft von Montevideo betreffend den Schutz von Werken der Literatur und Kunst. Diese Übereinkunft ist für Deutschland im Verhältnis zu Argentinien, Paraguay und Bolivien 1927 in Kraft getreten. Nachdem die drei Staaten dem RBÜ (Argentinien 1967, Paraguay 1992 und Bolivien 1993) beigetreten sind, ist das Übereinkommen nach herrschender Meinung nicht mehr anwendbar.[46] Für die Übereinkunft verbleibt nur im Bereich des Übergangsrechts sowie im Hinblick auf bereits erworbene Rechte ein Anwendungsbereich. 36

Neben den multilateralen Abkommen hat die Bundesrepublik Deutschland darüber hinaus eine Fülle von zweiseitigen Staatsverträgen mit anderen Staaten abgeschlossen.[47] 37

III. Einflüsse des Gemeinschaftsrechts

Die deutsche Rechtsentwicklung im Bereich des Urheberrechts wird in den vergangenen Jahren vor allem durch die Initiative auf europäischer Ebene bestimmt. Die Europäische Union (EU) strebt die weitgehende Harmonisierung der einzelnen nationalen Urheberrechte an und hat meist deutlich schneller als der nationale deutsche Gesetzgeber auf neue Kommunikationsformen reagiert. Ziel der EU ist eine europäische Gesamtregelung des Urheberrechts.[48] Das geltende deutsche Urheberrecht ist vor allem von europäischen Richtlinien zu zehn Themen beeinflusst worden, wobei Deutschland bei der Umsetzung der Richtlinien in der Vergangenheit immer sorgfältig vorgegangen ist.[49] 38

---

45 *Katzenberger*, in: Schricker/Loewenheim, Urheberrecht, 4. Aufl. 2010, Vor §§ 120 ff. Rn. 92 ff.
46 *Katzenberger*, in: Schricker/Loewenheim, Urheberrecht, 4. Aufl. 2010, Vor §§ 120 ff. Rn. 67.
47 Siehe dazu ausführlich: *Katzenberger*, in: Schricker/Loewenheim, Urheberrecht, 4. Aufl. 2010, Vor §§ 120 ff. Rn. 68 ff.
48 Siehe *Schricker/Loewenheim*, in: Schricker/Loewenheim, Urheberrecht, 4. Aufl. 2010, Einl. Rn. 76 ff., insbesondere Rn. 78 ff.
49 Vgl. *v. Welser*, in: Wandtke/Bullinger, Praxiskommentar UrhR, 4. Aufl. 2014, vor §§ 120 ff. Rn. 51 ff.

Kap. 1 Einführung

39   Zunächst ist die Richtlinie zu Computerprogrammen zu nennen.[50] Durch die Richtlinie 91/250/EWG aus dem Jahre 1991 ist vor allem die urheberrechtliche Schutzfähigkeit von Computerprogrammen abschließend geregelt worden. Die Richtlinie ist 2009 durch die Richtlinie 2009/24/EG zu Computerprogrammen ersetzt worden.[51] Das Vermiet- und Verleihrecht ist durch zwei entsprechende europäische Richtlinien neu geregelt worden.[52] Die Richtlinie hat zu einer Änderung von §§ 17 und 27 UrhG geführt.[53] Die nächste Richtlinie betraf den Satellitenrundfunk und die Kabelweiterverbreitung.[54] Diese Richtlinie kann im Bereich des Internetrechts weitgehend vernachlässigt werden. Soweit das Internet für die Übertragung von Rundfunksendungen dient, greifen ohnehin die üblichen Regelungen für den Bereich des Rundfunks.[55] Die unterschiedliche Schutzdauer in den nationalen Urheberrechten ist 1993 durch eine entsprechende Richtlinie der Gemeinschaft harmonisiert worden.[56] Diese Richtlinie ist 2006 durch eine – 2011 noch geänderte – Richtlinie ersetzt worden.[57] Ziel war es die Schutzdauer für Urheber sowie für ausübende Künstler und Tonträgerhersteller einheitlich in Europa auf 70 Jahre zu verlängern.

40   Von wesentlicher Bedeutung für das Internet ist die Europäische Richtlinie zu Datenbanken.[58] Durch die Richtlinie sind Datenbankwerke dem urheber-

---

50   Richtlinie 91/250 EWG vom 14.5.1991 über den Rechtsschutz von Computerprogrammen, ABlEG Nr. L 122, 42, abgedruckt in: GRUR Int. 1991, 545.
51   Richtlinie 2009/24/EG vom 23.4.2009 über den Rechtsschutz von Computerprogrammen, ABlEU Nr. L 111, 16.
52   Richtlinie 92/100/EWG vom 19.11.1992 zum Vermiet- und Verleihrecht, ABlEG Nr. L 346, 61 (abgedruckt in GRUR Int. 1993, 144) und ersetzt durch die Richtlinie 2006/115/EG vom 12.12.2006 zum Vermietrecht und Verleihrecht sowie zu bestimmten dem Urheberrecht verwandten Schutzrechten im Bereich des geistigen Eigentums, ABlEU Nr. L 379, 28.
53   Siehe zur Umsetzung in das deutsche Recht: *v. Lewinski*, ZUM 1995, 442 ff.; *Rehbinder*, ZUM 1996, 349 ff.; siehe auch *Loewenheim*, in: Schricker/Loewenheim, Urheberrecht, 4. Aufl. 2010, § 17 Rn. 27 ff. sowie § 27 Rn. 4 ff.
54   Richtlinie 93/83/EWG vom 27.9.1993, ABlEG Nr. L 248, 15, abgedruckt in: GRUR Int. 1993, 936.
55   Zur Umsetzung der Richtlinien in das deutsche Recht siehe *Dreier*, ZUM 1995, 458 ff.
56   Richtlinie 93/98/EWG vom 29.10.1993 über die Schutzdauer, ABlEG Nr. L 290, 9, abgedruckt in: GRUR Int. 1994, 141; siehe auch *Dietz*, GRUR Int. 1995, 670 ff.; *v. Lewinski*, GRUR Int. 1992, 727 ff.; zur Umsetzung: *Vogel*, ZUM 1995, 451 ff.
57   Richtlinie 2006/116/EG vom 16.12.2006 über die Schutzdauer des Urheberrechts und der verwandten Schutzrechte in der Fassung der Richtlinie 2011/77/EU vom 27.9.2011 zur Änderung der Richtlinie 2006/116/EG über die Schutzdauer des Urheberrechts und der verwandten Schutzrechte.
58   Richtlinie 96/9/EWG vom 11.3.1996 über den rechtlichen Schutz von Datenbanken, ABlEG Nr. L 77, 20, abgedruckt in: GRUR Int. 1996, 806.

B. Rechtsquellen im Bereich des Internets Kap. 1

rechtlichen Schutz unterstellt worden. Darüber hinaus ist erstmals ein Leistungsschutzrecht für den Datenbankhersteller geschaffen worden.[59]

Einen sehr großen Einfluss auf das deutsche Urheberrecht hatte die nach heftiger und intensiver Diskussion am 22.5.2001 verabschiedete Richtlinie 2001/29/EG des Europäischen Parlaments und des Rates zur Harmonisierung bestimmter Aspekte des Urheberrechts und der verwandten Schutzrechte in der Informationsgesellschaft.[60] Auf der Grundlage dieser Richtlinie ist das Urheberrecht weitgehend harmonisiert worden, wobei den Mitgliedsländern bei der Umsetzung zum Teil erhebliche Spielräume verblieben. Die Regelungen des WCT wurden bereits berücksichtigt. So findet sich in Art. 3 der Richtlinie ein Recht der öffentlichen Zugänglichmachung.[61] Die Umsetzung erfolgte in Deutschland durch das Gesetz zur Regelung des Urheberrechts in der Informationsgesellschaft vom 10.9.2003.[62]   **41**

Mit der sog. Enforcement-Richtlinie (Richtlinie 2004/48/EG des Europäischen Parlaments und des Rates vom 29.4.2004 zur Durchsetzung der Rechte des geistigen Eigentums[63]) sollte vor allem die Stellung der Rechteinhaber im Kampf gegen Produktpiraterie gestärkt werden. Die Umsetzung der Richtlinie durch das Gesetz zur Verbesserung der Durchsetzung von Rechten des geistigen Eigentums vom 7.7.2008[64] ist vor allem für den Bereich des Internets von Bedeutung. Gerade im Netz werden im Bereich der Musik- und Bildurheberrechte massenhaft Rechtsverletzungen begangen. Das Gesetz schafft – wenn der Verletzer gewerblich handelt – unter gewissen Voraussetzungen einen Drittauskunftsanspruch. Für die Praxis ist ferner die – nicht in der Richtlinie vorgesehene – Beschränkung der Erstattung der Abmahnkosten bei urheberrechtlichen Bagatellverstößen von Interesse.[65]   **42**

Die im Juni 2001 verabschiedete Richtlinie des Europäischen Parlaments und des Rates über das Folgerecht des Urhebers des Originals eines Kunstwerks verfolgte schließlich das Ziel einer Harmonisierung des Folgerechts   **43**

---

59 Siehe dazu ausführlich Kap. 2 Rn. 209 ff.
60 ABlEG Nr. L 167 (abgedruckt in GRUR Int. 2001, 745).
61 Siehe zur Richtlinie *Hoeren*, MMR 2000, 515; *Kröger*, CR 2001, 316.
62 BGBl. I, S. 1774.
63 ABlEG Nr. L 195, 16; siehe zur Richtlinie: *v. Welser*, in: Wandtke/Bullinger, Praxiskommentar UrhR, 4. Aufl. 2014, Vor §§ 120 ff. Rn. 54.
64 BGBl. I, S. 1191 (2070), in Kraft getreten am 1.9.2008.
65 Siehe dazu *Weidert*, AnwBl 2008, 529 (wobei der zugrundeliegende § 97a UrhG durch das Gesetz gegen unseriöse Geschäftspraktiken ab 9.10.2013 deutlich verschärft worden ist).

Kap. 1 Einführung

in der Europäischen Union.[66] Sie ist umgesetzt worden durch das Fünfte Gesetz zur Änderung des Urheberrechts v. 10.11.2006.[67]

44 Auf die besonderen Anforderungen des Internets reagierte die EU im Jahr 2012 mit einer Richtlinie über bestimmte zulässige Nutzungen verwaister Werke.[68] Ziel war ein europa-einheitlicher Rahmen für die Digitalisierung und Veröffentlichung von Werken im Internet, deren Rechteinhaber nicht mehr ermittelt werden können. Die Richtlinie ist in Deutschland durch das Gesetz vom 1.10.2013 umgesetzt worden.[69] Für die Netzwelt von Bedeutung ist auch die zuletzt ergangene Richtlinie der EU zum Urheberrecht. Die Richtlinie 2014/26/EU über die kollektive Wahrnehmung von Urheber- und verwandten Schutzrechten und die Vergabe von Mehrgebietslizenzen für Rechte an Musikwerken für die Online-Nutzung[70] verfolgt das Ziel, den Rechtsinhabern ein Mitspracherecht bei der Vergabe von Rechten an Musikwerken für die Online-Nutzung zu geben. Sie ist durch das Verwertungsgesellschaftsgesetz (VGG) zum April 2016 umgesetzt worden.

45 Die Europäische Union ist bei der Weiterentwicklung eines europäischen Urheberrechts keineswegs untätig. Am 9.12.2015 hat sie Eckpunkte für eine Novellierung des europäischen Urheberrechts vorgelegt.[71] Zur Begründung der Pläne heißt es in der Einleitung: „Digitale Technologien, der Siegeszug der Breitbandverbindungen und der Einzug des Internets in unseren Alltag haben die Art und Weise verändert, wie schöpferische Inhalte erstellt, verbreitet und genutzt werden. Das Internet ist zu einem der wichtigsten Verbreitungskanäle geworden." Die EU hat sich zum Ziel gesetzt, Beschrän-

---

66 ABlEG Nr. L 272, 36, v. 13.10.2001. Siehe auch *Katzenberger*, GRUR Int. 1997, 309; GRUR Int. 2000, 180, 182 f.; *v. Welser*, in: Wandtke/Bullinger, Praxiskommentar UrhR, 4. Aufl. 2014, Vor §§ 120 ff. Rn. 54.
67 BGBl. I, S. 2587.
68 Richtlinie 2012/28/EU vom 25.10.2012 über bestimmte zulässige Formen der Nutzung verwaister Werke, ABlEU Nr. L 299, 5.
69 Gesetz zur Nutzung verwaister und vergriffener Werke und einer weiteren Änderung des Urheberrechtsgesetzes vom 1.10.2013, BGBl. I, S. 728.
70 Richtlinie 2014//EU vom 26.2.2014 über die kollektive Wahrnehmung von Urheber- und verwandten Schutzrechten und die Vergabe von Mehrgebietslizenzen für Rechte an Musikwerken für die Online-Nutzung im Binnenmarkt, ABlEU Nr. L 84, 72; zuvor schon gab die „Empfehlung 2005/737/EG der Kommission vom 18.10.2005 für die länderübergreifende kollektive Wahrnehmung von Urheberrechten und verwandten Schutzrechten, die für legale Online-Musikdienste benötigt werden", ABl. L 276/54, ber. durch ABl. Nr. L 284, 10.
71 Mitteilung der Kommission an das Europäische Parlament, den Rat, den Europäischen Wirtschafts- und Sozialausschuss und den Ausschuss der Regionen: Schritte zu einem modernen, europäischeren Urheberrecht vom 9.12.2015 (COM(2015) 626 final), https://ec.europa.eu/transparency/regdoc/rep/1/2015/DE/1-2015-626-DE-F1-1.PDF (abgerufen am 29.12.2015).

kungen im Binnenmarkt vor allem als Folge des Territorialitätsprinzips des Urheberrechts zu beseitigen und auf den technologischen Wandel zu reagieren. Der Entwurf einer Richtlinie über das Urheberrecht im digitalen Binnenmarkt (COM(2016) 593 final) ist im September 2016 vorgelegt worden. Dazu gehört auch die Portabilität von Online-Diensten in Europa sicherzustellen.[72] Ferner wird ein Entwurf über Maßnahmen gegen Geoblocking und andere Formen der Diskriminierung aufgrund der Staatsangehörigkeit, des Wohnsitzes oder des Ortes der Niederlassung des Kunden innerhalb des Binnenmarktes (COM(2016) 289 final) aus dem Mai 2016 diskutiert. Aber auch die Regeln zur Rechtsdurchsetzung sollen geprüft werden. Außerdem soll der WIPO-Vertrag von Marrakesch vom 27.6.2013[73] umgesetzt werden, der den Zugang zu veröffentlichten Werken für blinde, sehbehinderte oder sonst lesebehinderte Personen durch Ausnahmen im Urheberrecht erleichtern soll. Hier gibt es einen Verordnungsentwurf (COM(2016) 595 final) und einen Richtlinienentwurf (COM(2016) 596 final).

---

72 Vorschlag für eine Verordnung zur Gewährleistung der grenzüberschreitenden Portabilität von Online-Inhaltediensten im Binnenmarkt vom 9.12.2015 (COM(2015) 627 final).
73 Der Vertrag ist am 30.9.2016 in Kraft getreten. Mit Stand vom 27.12.2016 hat kein Staat der EU den Vertrag ratifiziert oder ist ihm beigetreten (siehe Übersicht unter www.wipo.int).

Kapitel 2
Urheberrechtlich geschützte Gegenstände/ Werke im Internet

A. Der urheberrechtliche Werkbegriff

I. Einführung

1   Für den Schutz des geistigen Eigentums im Internet gibt es zwei große Problembereiche. Der eine Bereich hat eine lange Tradition; die Bereitschaft, immaterielle Leistungen unter Missachtung der Rechte ihrer Schöpfer zu übernehmen, war in allen Zeiten erheblich. Für das Internet kommt die Besonderheit hinzu, dass hier lange Zeit Nutzungsrechte grundsätzlich vergütungsfrei eingeräumt wurden. An einer schutzrechtlichen Absicherung in zunächst militärischer und später wissenschaftlicher Kommunikation bestand kein Bedarf. Mit der Einführung gesicherter Abrechnungssysteme und vor allem durch die Kommerzialisierung der Informationsangebote hat sich dies verändert.

2   Das zweite Problem betrifft die Zuordnung des Rechtsgutes Information. Im Vordergrund steht die Zuordnung zum Urheberrecht; schützenswerte Güter, die weder Waren noch Dienstleistungen sind, sind außerhalb der sogenannten Sonderrechte des Immaterialgüterrechtsschutzes im Zivilrecht nicht behandelt. Das einschlägige Urheberrecht hat eine lange Tradition für den Schutz von schöngeistiger Literatur und Musikwerken. Mit der Frage nach dem Schutz der Computerprogramme wurde das Urheberrecht zum Ende der 60er Jahre aus seinem Dornröschenschlaf gerissen, auf die Bedürfnisse einer modernen Informationsgesellschaft ist es aber immer noch nicht hinreichend zugeschnitten. Rechtsprechung und juristische Literatur haben – europaweit – einige Mühe, aus Rechtsbegriffen, die auf den Schutz ästhetisch wirkender Arbeitsergebnisse zugeschnitten sind, einen Schutz für Verstandesleistungen zu konstruieren, und solche Leistungen stehen bei Benutzung des Internet ganz im Vordergrund.

3   Die aus zivilrechtlicher Sicht bestehenden Probleme sind demnach nicht neu, sie erhalten nur durch die elektronischen Kommunikationsnetze ihre besondere Brisanz und Vielfältigkeit. Das gilt in erster Linie für das Urheberrecht, das vom klassischen Recht für Künstler und Literaten zu einem Schutzrecht auch für Informationen verändert bzw. weiterentwickelt werden muss.

A. Der urheberrechtliche Werkbegriff   Kap. 2

II. Bedeutung des Werkkatalogs

Nach § 1 UrhG sind allgemein Werke der Literatur, Wissenschaft und Kunst urheberrechtlich geschützt. Anders als im alten Recht vor 1965 enthält das Urheberrechtsgesetz keine abschließende Aufzählung der Werkarten mehr, sondern in § 2 Abs. 1 UrhG werden nun beispielhaft einzelne Kategorien, die grundsätzlich urheberrechtsschutzfähig sind, genannt. Damit sollte erreicht werden, dass neuen, noch zu schaffenden Werkarten ebenfalls der Schutz des Gesetzes zugutekommt.[1]

Durch das Gesetz zur Änderung von Vorschriften auf dem Gebiet des Urheberrechts vom 24.6.1985[2] wurden auch Computerprogramme in den Werkkatalog des § 2 Abs. 1 UrhG aufgenommen. § 2 Abs. 1 Ziffer 1 UrhG lautet nun: „Zu den geschützten Werken der Literatur, Wissenschaft und Kunst gehören insbesondere: Sprachwerke, wie Schriftwerke und Reden sowie Programme für die Datenverarbeitung." Die Aufnahme der Computerprogramme in den Werkkatalog stellt wohl die bis heute größte Herausforderung an die Auslegung urheberrechtlicher Vorschriften dar. Computerprogramme bestehen aus einer Vielzahl von Algorithmen, das sind logisch aufgebaute Verarbeitungsschritte, die an der Bool'schen Schaltalgebra orientiert sind und deren Konstruktion von einem Wissenschaftsgebiet, der Informatik bzw. dem Softwareengineering begleitet ist. Es fällt sehr schwer, hier originelle Elemente zu finden. Die Probleme und die bislang versuchten Lösungen werden ausführlich behandelt. Die folgenden Ausführungen können aber schon erklären, dass allein die Aufnahme in den Werkkatalog noch keinen Schutz garantiert.

Allein die Zugehörigkeit eines Arbeitsergebnisses zu den Kategorien des Werkkataloges begründet noch nicht deren urheberrechtlichen Schutz. Nach § 2 Abs. 2 UrhG sind Werke im Sinne des Gesetzes nur „persönliche geistige Schöpfungen". Diese Begriffsbestimmung wurde erstmals 1965 gesetzlich festgeschrieben. In den Motiven zur Urheberrechtsreform heißt es erläuternd: Der solcherart gefasste Werkbegriff umgreift Erzeugnisse menschlichen Schaffens, „die durch ihren Inhalt oder durch ihre Form oder durch die Verbindung von Form und Inhalt etwas Neues und Eigentümliches darstellen".[3]

Mit dieser Definition des Werkbegriffs ist nicht allzu viel gewonnen; es fällt nach wie vor Rechtsprechung und Lehre zu, den Begriff des schutzfähigen

---

1 Vgl. BT-Drs. IV/270, 38 vom 23.3.1965; Motive zur Urheberrechtsreform, UFITA 1965, S. 252.
2 BGBl. I 1985, S. 1137.
3 UFITA 1965, S. 242.

Kap. 2 Urheberrechtlich geschützte Gegenstände

Werkes näher zu definieren und von Fall zu Fall zu konkretisieren. Insbesondere der Begriff „schöpferische Leistung" ist ein unbestimmter Rechtsbegriff, der weniger durch Subsumtion als in größerem Maße durch Auslegung des Gesetzes, insbesondere durch Berücksichtigung der seitens Rechtsprechung und Rechtslehre vermittelten Erkenntnisse, erfahrbar wird.

III. Persönliche Schöpfung

1. Loslösung von bestehenden Konventionen

8 Nach h. M. in Literatur und Rechtsprechung sind die urheberrechtlich schützbaren Arbeitsergebnisse (die Werke) die Individualitäten im Bereich der Literatur und Kunst, Gebilde also, die sich als Ergebnis geistigen Schaffens von der Masse alltäglicher Sprachgebilde, gewöhnlicher Bauten, industrieller Erzeugnisse usw. abheben.[4] Das Ergebnis geistigen Schaffens darf sich nicht, zumindest nicht allein, durch bestehende Konventionen erklären lassen, sondern muss Merkmale enthalten, die Ausdruck persönlicher Fähigkeiten, also Merkmale der Persönlichkeit des Schöpfers sind.[5]

9 Die Loslösung von bestehenden Konventionen ist danach für die Schutzbegründung von wesentlicher Bedeutung. Dass das Werk zumindest in einem gewissen Grade von der Persönlichkeit des Urhebers geprägt sein soll, ist im Grunde genommen kein eigenständiges Merkmal, sondern Folge der Loslösung vom Vorbekannten.

2. Anforderungen an die Schöpfungshöhe

10 Durch die genannte Definition ist nicht beantwortet, in welchem Umfang das Werk individuelle Züge des Schöpfers zum Vorschein bringen muss. Das Urheberrechtsgesetz gewährt dem Schöpfer ein Ausschließlichkeitsrecht für Arbeitsleistungen – Literatur, Wissenschaft und Kunst –, die das gesamte Kulturleben der Menschen bestimmen. Die Zeitdauer des Schutzes ist im Vergleich zu den anderen Immaterialgüterrechten groß; urheberrechtlicher Schutz wird 70 Jahre post mortem auctoris gewährt (§ 64 UrhG). Damit ist die Frage aufgeworfen, ob die Belohnung des Schöpfers mit dem urheberrechtlichen Ausschließlichkeitsrecht von einer bestimmten Gestal-

---

4 *Ulmer*, Urheber- und Verlagsrecht, 3. Aufl. 1980, S. 126 ff.; *Rehbinder*, Urheberrecht, 17. Aufl. 2015, Rn. 145 f.; *Loewenheim*, in: Schricker/Loewenheim, Urheberrecht, 4. Aufl. 2010, § 2 Rn. 23 ff., jeweils m. w. N. zur Rechtsprechung.
5 *Ulmer*, Urheber- und Verlagsrecht, 3. Aufl. 1980, S. 133 f.; *Loewenheim*, in: Schricker/Loewenheim, Urheberrecht, 4. Aufl. 2010, § 2 Rn. 11; *Vinck*, in: Fromm/Nordemann, Urheberrecht, 11. Aufl. 2014, § 2 Rn. 10, 12.

tungshöhe abhängig ist und damit verbunden, ob die Schutzwirkung sich gegenüber der Allgemeinheit nur durch bestimmte Anforderungen an den Umfang des individuellen Schaffens rechtfertigen lässt.

Die für den urheberrechtlichen Schutz ausreichende untere Grenze lässt sich generell nur schwer positiv umschreiben, ohne in Leerformeln zu verfallen oder dem Versuch zu unterliegen, qualitative Aspekte in die Betrachtung einzubringen. Qualitative Anforderungen, darüber herrscht in Rechtsprechung und Literatur Einigkeit, werden durch das Gesetz nicht gestellt.[6] Das Gesetz schützt das individuelle geistige Schaffen und stellt nicht die Frage, ob das Ergebnis von gutem oder schlechtem Geschmack zeugt. Dennoch werden seitens der Rechtsprechung Fragen nach der Gestaltungshöhe mit Kriterien beantwortet, die einer qualitativen Bewertung nahe stehen. Der BGH hat für den Bereich der Kunst definiert: „ (…) Der ästhetische Gehalt muss einen solchen Grad erreicht haben, dass nach Auffassung der für Kunst einer künstlerischen Leistung gesprochen werden kann."[7] In der Literatur wird diese Rechtsprechung so erklärt, dass es dem BGH nicht um die Begründung eines qualitativen, sondern eines quantitativen Aspekts gehe, der aber nur durch qualitative Momente gefunden werden kann. Zutreffend meint *Vinck*,[8] ein uneingeschränkter Verzicht auf Werturteile ist im Urheberrecht nicht denkbar, sonst wäre eine Abgrenzung des Kunstwerks vom Allerweltserzeugnis nicht möglich. Qualitative Aspekte sind demnach zumindest Hilfsmittel für die Bestimmung der erforderlichen Gestaltungshöhe.

11

Anlass zu Missverständnissen gibt die Rechtsprechung auch auf dem Gebiet der Verstandeswerke, namentlich im wissenschaftlich/technischen Bereich. In zahlreichen Entscheidungen zum Schutz wissenschaftlicher Werke hat der BGH für die Schutzbegründung eine das Durchschnittskönnen des Fachmanns deutlich überragende Leistung verlangt.[9] Seitens der Literatur wird diese Rechtsprechung überwiegend im Zusammenhang mit der Frage nach der Gestaltungshöhe genannt und konstatiert, dass der BGH für wissen-

12

---

6 *Vinck*, in: Fromm/Nordemann, Urheberrecht, 11. Aufl. 2014, § 2 Rn. 13; *Loewenheim*, in: Schricker/Loewenheim, Urheberrecht, 4. Aufl. 2010, § 2 Rn. 45; BGH, 16.9.1980, I ZR 17/78, GRUR 1981, 267 – Dirlada; BGH, 9.12.1958, I ZR 112/57, GRUR 1959, 289 – Rosenthal-Vase.
7 BGH, 27.1.1983, I ZR 177/80, GRUR 1983, 377 – Brombeer-Muster; BGH, 19.1.1973, I ZR 39/71, GRUR 1973, 478 – Modeneuheit.
8 *Vinck*, in: Fromm/Nordemann, Urheberrecht, 11. Aufl. 2014, § 2 Rn. 17.
9 BGH, 9.5.1985, I ZR 52/83, BGHZ 94, 276 – Inkassoprogramm; BGH, 29.3.184, I ZR 32/82, GRUR 1984, 659 – Ausschreibungsunterlagen; BGH, 21.11.1980, I ZR 106/78, GRUR 1981, 352 – Staatsexamensarbeit; BGH, 27.2.1981, I ZR 29/79, GRUR 1981, 520 – Fragensammlung.

Kap. 2 Urheberrechtlich geschützte Gegenstände

schaftliche Werke allgemein hohe und für die Computerprogramme sogar höchste Qualitätsanforderungen stelle bzw. gestellt habe.[10]

13 Diese Kritik ist nicht gerechtfertigt. Die Rechtsprechung stellt für die wissenschaftlichen Sprachwerke und die Darstellungen wissenschaftlicher/ technischer Art hohe Anforderungen an die Ausgrenzung wissenschaftlicher Lehren und Theorien aus dem urheberrechtlichen Schutz. Es werden hohe Anforderungen an die Abgrenzung zu dem Bereich gestellt, der aus Gründen eines überwiegenden Freihaltungsinteresses der Allgemeinheit nicht geschützt werden soll, namentlich wird das Freihaltungsinteresse an wissenschaftlichen Theorien und Lehren in weitem Maße anerkannt. Fasst man die Rechtsprechung in Übereinstimmung mit der wohl überwiegenden Literaturansicht so auf, dass hohe Qualitätsanforderungen an die nach dieser Ausgrenzung verbleibenden Schöpfungen gestellt werden, wäre sie falsch. Ebenso wenig wie sich mittelmäßige Kunst aus dem Urheberrechtsgesetz verbannen lässt, kann auch dem Werk des nur durchschnittlichen Wissenschaftlers der Schutz versagt werden;[11] es muss nur eine hinreichende Abgrenzung zu den zugrunde liegenden wissenschaftlichen Methoden, Theorien und auch zu deren wissenschaftlicher Weiterentwicklung vorliegen.

14 Individualität wird gerade dort vorliegen, wo allgemeine Qualitätsmerkmale nicht passen. Allgemeine Wertmaßstäbe sind sozial determiniert; das Festmachen der erforderlichen Gestaltungshöhe an allgemeinen Qualitätsstandards ist deshalb ein perplexes Unterfangen. Überspitzt ließe sich formulieren, wer Originalität qualitativ erfassen will, zeigt, dass er ihre Existenz leugnet. Es ist zuzugeben, dass für bestimmte Werkarten, namentlich für die angewandte Kunst, qualitativ orientierte Abgrenzungsmerkmale herangezogen werden müssen. Sie sind dann aber nur Hilfsmittel für die Orientierung, ob die in Rede stehende Leistung überhaupt einer bestimmten Werkart zugeordnet werden kann.[12]

3. Individualität

15 Urheberrechtlich geschützt wird die geistig persönliche Schöpfung; verlangt ist eine die Individualität des Bearbeiters ausdrückende Schöpfung.

---

10 Vgl. nur *Knorr/Schmidt*, IuR 1986, 7, 8; *Bauer*, CuR 1985, 5, 9 f.; *Haberstumpf*, in: Lehmann (Hrsg.), Rechtsschutz und Verwertung von Computerprogrammen, 2. Aufl. 1993, Rn. 79 ff.; *Kindermann*, ZUM 1987, 227 ff.; *Röttinger*, IuR 1986, 12 ff.; *Schulze*, GRUR 1985, 997 ff.
11 *Vinck*, in: Fromm/Nordemann, Urheberrecht, 11. Aufl. 2014, § 2 Rn. 16, 17, 19 f., 23; *Loewenheim*, in: Schricker/Loewenheim, Urheberrecht, 4. Aufl. 2010, § 2 Rn. 31 ff., 81 ff.; *Rehbinder*, Urheberrecht, 17. Aufl. 2015, Rn. 58.
12 So auch *Vinck*, in: Fromm/Nordemann, Urheberrecht, 11. Aufl. 2014, § 2 Rn. 17.

A. Der urheberrechtliche Werkbegriff Kap. 2

Den erforderlichen Mindestgehalt an individueller Prägung eines urheberrechtlich schützbaren Werkes wird traditionell dahin umschrieben, dass die individuellen Züge so weit fortgeschritten sein müssen, dass sie „den individuellen Geist in seiner Entfaltung ausdrücken und zum Gegenstand der Befriedigung eines geistigen Bedürfnisses zu machen vermögen".[13] Das bedeutet aber auch nach traditioneller Auffassung nicht, dass aus dem Werk der Künstler selbst erkennbar sein muss, es soll genügen, wenn dem Werk die Gedanken, Stimmungen, Vorstellungsbilder, die Anschauungsweise eines Schöpfers, eben das, was er auszudrücken in der Lage ist, zu entnehmen sind.[14] Eine eigenpersönliche Äußerung muss soweit fortgeschritten sein, dass aus ihr der individuelle Geist eines Urhebers im Hinblick auf eine bestimmte kulturelle Leistung erkennbar werden kann. Dem Werk müssen, je nach Werkart, Gedanken, Stimmungen, Vorstellungsbilder, Anschauungsweisen, Fertigkeiten eines Schöpfers zu entnehmen sein.

In der gegenwärtigen Rechtsprechung haben diese Anforderungen durchaus Bedeutung, sie werden nur sachlicher einbezogen.   **16**

Eine bloße Idee, die geäußert wird, einzelne Gedankensplitter, ein Werbeslogan, ein Titel kann regelmäßig nicht Ausdruck der Persönlichkeit des Urhebers sein.[15] Die mehr traditionell orientierte Ablehnung würde wohl lauten: Die Verweigerung urheberrechtlichen Schutzes für bloß kurzgriffige Ideen etc. beruht nicht auf einer qualitativen Bewertung der Schöpfung, sondern darauf, dass eine Schöpfung erst als solche erkennbar werden muss, um urheberrechtlichen Schutz zu erfahren.   **17**

Heute würde dahin argumentiert werden, dass der Nachvollzug handwerklicher Leistungen oder die Anwendung wissenschaftlicher Erkenntnisse aus Gründen des Freihaltungsinteresses der Allgemeinheit vom urheberrechtlichen Schutz auszunehmen ist. Der Begriff geistig persönliche Schöpfung hat die Bedeutung, dieses Freihaltungsinteresse durchzusetzen.   **18**

Das Suchen nach weiteren Merkmalen zur positiven Umschreibung der Anforderungen an die Gestaltungshöhe ist wenig erfolgversprechend. Individualität lässt sich nicht übersetzen mit „statistischer Einmaligkeit", wie es insbesondere der Schweizer Rechtslehrer Kummer lehrt.[16] Es ist zweifelhaft, ob bewusstes menschliches Denken derartigen Originalitätsanforderungen überhaupt zugänglich ist. Die Kummersche These wird dann auch damit begründet, dass das Kriterium der statistischen Einmaligkeit eine ver-   **19**

---

13 *Hubmann*, Urheber- und Verlagsrecht, 8. Aufl. 1995, S. 39.
14 *Ulmer*, Urheber- und Verlagsrecht, 3. Aufl. 1980, S. 113.
15 *Loewenheim*, in: Schricker/Loewenheim, Urheberrecht, 4. Aufl. 2010, § 2 Rn. 51; *Pakuscher*, UFITA 1975, 107, 110.
16 *Kummer*, Das urheberrechtlich schützbare Werk, 1968, S. 30 ff., vgl. auch *Troller*, in: FS Kummer, S. 265 ff.

Kap. 2 Urheberrechtlich geschützte Gegenstände

lässliche Grenzziehung zum gemeinfreien Bereich erlaube.[17] Dieses Angebot, zu rechtssicheren Ergebnissen zu gelangen, ist aber vom Gesetzgeber abgelehnt worden. Statistische Einmaligkeit wird sich allenfalls bei künstlerischen Werken nachweisen lassen, kaum jemals bei den ebenfalls im Werkkatalog genannten Verstandeswerken.

20 Die Potenzierung von Individualität, das Suchen nach besonders originellen Leistungen, nach Eigentümlichkeiten, die fernab des täglich sich vollziehenden kulturellen Schaffens liegen, ist mit dem Urheberrechtsgesetz auch aus anderen Gründen nicht in Einklang zu bringen. Ein Werk, das im höchsten Grade originell ist, bedarf des rechtlichen Schutzes nicht mehr. Wer derart originell ist, hat den Bereich verlassen, in dem seine Arbeitsleistung auf soziale Akzeptanz stößt. Dieser Schöpfer kann sich eines natürlichen Schutzes seines Werkes sicher sein. Das Urheberrechtsgesetz will aber einen Konflikt lösen, der zwischen dem Schöpfer eines Werkes und der Allgemeinheit besteht. Dieser Konflikt ist nur denkbar, wenn das individuell Geschaffene noch irgendwie auf soziale Akzeptanz stößt. Der Zweck des Urheberrechtsgesetzes umfasst demnach beides, individuelles Schaffen und soziale Akzeptanz des Arbeitsergebnisses, und damit relativiert sich auch der Begriff des Schöpferischen vom Einmaligen zum gegenwärtig nicht ohne Weiteres Vorhersehbaren.

21 Im Ergebnis muss es deshalb ausreichen, dass das gegenständliche Werk nicht durch bestehende Konventionen erklärbar sein darf, es muss einen Bereich geben, den allein die Person des Schöpfers ausgefüllt hat. Der Umfang dieses Bereiches, die Gestaltungshöhe, braucht nur so groß zu sein, dass in ihm individuelle Züge des Schöpfers zum Vorschein kommen, das Werk braucht nicht den Stempel der Persönlichkeit des Urhebers zu tragen. Die durchaus herrschende Ansicht in Literatur und Rechtsprechung stellt dann auch mit Recht nicht nur geringe Anforderungen an den Umfang der Originalität, sondern kommt, was die Abgrenzung, insbesondere bei den Verstandeswerken, praktikabel macht, zur Begründung von individuellen Schöpfungen durch eine Gegenüberstellung des Werkes zu bereits vorhandenen Arbeitsergebnissen und der Frage, ob das zum Schutz anstehende Werk dem Gesamteindruck nach sich nicht nur aus den für das jeweilige Gebiet vorhandenen Techniken, Lehren etc. erklären lässt.[18]

---

17 Dazu *Loewenheim*, in: Schricker/Loewenheim, Urheberrecht, 4. Aufl. 2010, § 2 Rn. 3; *Ulmer*, Urheber- und Verlagsrecht, 3. Aufl. 1980, S. 127 f.; *ders.* GRUR 1968, 527 ff.; *Brutschke*, Urheberrecht und EDV, 1972, S. 52.
18 *Ulmer*, Urheber- und Verlagsrecht, 3. Aufl. 1980, S. 133 f.; *Hubmann*, Urheber- und Verlagsrecht, 8. Aufl. 1995, S. 36 ff.; *Loewenheim*, in: Schricker/Loewenheim, Urheberrecht, 4. Aufl. 2010, § 2 Rn. 32 ff.; *Vinck*, in: Fromm/Nordemann, Urheberrecht, 11. Aufl. 2014, § 2 Rn. 10 ff.; BGH, 21.4.1953, I ZR 110/52, BGHZ 9, 268 f.; OLG

4. „Kleine Münze"

Stetiges Anliegen vieler Literaturstimmen[19] und bereits der reichsgerichtlichen Rechtsprechung[20] war es, für die Verstandeswerke dort „geringe" Anforderungen an Originalität zu stellen, wo andernfalls schutzbedürftige Werke schutzlos blieben. Mangels eines ausreichenden wettbewerbsrechtlichen Schutzes und des Fehlens von Leistungsschutzrechten hat insbesondere das Reichsgericht besonders großzügig Kataloge, Preislisten, Adressbücher, Formulare, Geschäftsbedingungen und Vertragsvorlagen unter urheberrechtlichen Schutz gestellt (Schutzbereich der sogenannten „kleinen Münze" dazu unten).[21] Der BGH tendierte lange Zeit zur Anlegung strengerer Maßstäbe.[22] Dies ist nachvollziehbar, weil das Argument der Schutzlosigkeit nichts über die urheberrechtliche Schutzwürdigkeit aussagt. Die genannten Werke können urheberrechtlich nicht allein wegen ihrer Anfälligkeit vor Raubkopierern geschützt werden, sondern nur dann, wenn sie wie beschrieben originell sind. Nicht allein das Verhältnis von Produktion zu Reproduktion entscheidet über den urheberrechtlichen Schutz.

Aus gleichen oder ähnlichen Gründen sind auch Aufwand und Kosten, die das Leistungsergebnis forderte, für die Schutzbegründung unerheblich;[23] das Urheberrecht schützt zwar – entgegen verbreiteter Auffassung – Mühe und Investitionen, aber nur unter der Voraussetzung, dass sie für eine originelle Schöpfung aufgewandt wurden.

Unerheblich ist schließlich auch, dass bei gleicher Aufgabenstellung eine Vielzahl von Schaffenden unterschiedliche Arbeitsergebnisse hervorgebracht hätten.[24] Die Unterschiedlichkeit kann auch in der handwerklichen Ausformung liegen. Das lässt sich gerade für den Bereich der Computerpro-

---

Düsseldorf, GRUR-RS 2014, 17559 – Werbetexte für Robe; OLG Frankfurt a.M., GRUR-RS 2015, 10631 – Bedienungsanleitung.
19 *Schmieder*, GRUR 1969, 79 ff.; *Loewenheim*, GRUR 1987, 761, 765, 769.
20 RGZ 116, 292; RG, GRUR 1937, 742; RGZ 143, 416; RGSt 48, 330.
21 Der Begriff „kleine Münze" wurde erstmals im Jahre 1921 von *Elster*, Gewerblicher Rechtsschutz, 1921, S. 40, verwendet. Inzwischen hat sich dieser Begriff allgemein eingebürgert. Man bezeichnet damit die Stiefkinder des Urheberrechts, die im Grenzbereich der einfachen, gerade noch geschützten Werke liegen. Siehe auch *Loewenheim*, CuR 1988, 799.
22 BGH, 25.10.1955, I ZR 200/53, BGHZ 18, 319 – Bebauungsplan; BGH, 23.6.1961, I ZR 105/59, GRUR 1961, 631 – Fernsprechbuch; BGH, 17.10.1961, I ZR 24/60, GRUR 1962, 51 – Zahlenlotto; reichhaltige Rechtsprechungsübersicht *Loewenheim*, in: Schricker/Loewenheim, Urheberrecht, 4. Aufl. 2010, § 2 Rn. 89 ff.
23 H.M., siehe nur *Loewenheim*, in: Schricker/Loewenheim, Urheberrecht, 4. Aufl. 2010, § 2 Rn. 47.
24 H.M., siehe nur *Loewenheim*, in: Schricker/Loewenheim, Urheberrecht, 4. Aufl. 2010, § 2 Rn. 46.

gramme nachweisen, wenn es um den Entwicklungsbereich geht, in dem die logische Struktur des Programms maschinenverständlich aufbereitet wird. Darauf wird zurückzukommen sein.

25 Unerheblich ist auch die quantitative Dimension der Arbeitsleistung, weil auch insoweit das Schutzbedürfnis nichts über die Schutzwürdigkeit besagt.[25]

26 Der BGH war allerdings bei der Schutzgewährung dort großzügiger, wo dem urheberrechtlichen Schutz kein verwandtes Schutzrecht, kein Leistungsschutzrecht zur Seite stand. In seiner jüngeren Rechtsprechung ist der BGH dann noch einen Schritt weitergegangen und hat die Eingangsschwelle zum Urheberrecht auch für Werkarten herabgesetzt, für die ein Schutz über ein Leistungsschutzrecht möglich gewesen wäre. In der Entscheidung „Geburtstagszug"[26] wurde die sogenannte kleine Münze anerkannt, obwohl ein verwandtes Schutzrecht vorhanden ist.

27 Auch für die Musikwerke wurden die Schutzanforderungen abgesenkt.[27] Wobei der BGH dabei aber deutlich herausgestellt hat, dass allein ein handwerkliches Schaffen für den urheberrechtlichen Schutz nicht ausreicht. Der BGH hat auch den Begriff „handwerkliches Schaffen" definiert. Für den Bereich der Musik ist damit die Verwendung formaler Gestaltungselemente, die auf Lehren von Rhythmik, Harmonik und Melodik beruhen gemeint. Mit diesen Begriffen allein wird man allerdings Handwerkliches nicht vom Schöpferischen abgrenzen können. Die Frage, wo das eine aufhört und das andere beginnt, bleibt. So hält der BGH es zur Bestimmung der Eigentümlichkeit eines Musikstückes für unerlässlich, einen Sachverständigen heranzuziehen.[28] Auch bei der obergerichtlichen Rechtsprechung ist eine Absenkung der Schutzvoraussetzungen festzustellen. Werbetexte für Anwaltsroben[29] und die Ausführungen in einer Bedienungsanleitung wurden urheberrechtlich geschützt.[30] Das OLG Köln begründete auch schon einmal den Schutz mit dem Argument, dass die Originalität „über dem unteren Rand der gerade noch schutzfähigen kleinen Münze liege".[31]

28 Das Problem mit der „kleinen Münze" liegt weniger darin, dass zu geringe Anforderungen an die Originalität gestellt werden. Wenn das Werk nur sol-

---

25 H.M., siehe nur *Loewenheim*, in: Schricker/Loewenheim, Urheberrecht, 4. Aufl. 2010, § 2 Rn. 46; *Vinck*, in: Fromm/Nordemann, Urheberrecht, 11. Aufl. 2014, § 2 Rn. 20.
26 Beim „Geburtstagszug" handelt es sich um ein Werk, das der angewandten Kunst zuzuordnen war, § 2 II Nr. 4 UrhG (BGH, GRUR 2014, 175 – Geburtstagszug).
27 BGH, GRUR 2015, 1189 – Goldrapper.
28 BGH, GRUR 2015, 1189 Ls. 3 – Goldrapper.
29 OLG Düsseldorf, GRUR-RS 2014, 17559 – Werbetext für Robe.
30 OLG Düsseldorf, GRUR-RS 2015, 10631 – Bedienungsanleitung.
31 OLG Köln, GRUR-RR 2015, 275 – Airbrush-Urnen.

che eine geringe Originalität hat, wird der Schutzbereich entsprechend klein und die Monopolstellung gering bzw. wenig störend sein; wer wenig zu geben vermag, erhält auch nur einen entsprechend kleinen Schutzbereich.

Die Gefahr liegt eher darin, dass durch die Absenkung der Anforderungen an Originalität der Unterschied zu einer rein handwerklichen Arbeit, zum Wissen, das dem Allgemeingut zuzurechnen ist, nicht mehr hinreichend beachtet wird. Relativ hohe Anforderungen an Originalität können verhindern, dass handwerkliche Leistungsergebnisse zu urheberrechtlich begründeten Monopolstellungen führen. Werden die Anforderungen abgesenkt, besteht die Gefahr, dass das Freihaltungsinteresse nicht mehr genügend beachtet wird. 29

IV. Die Interessen der Allgemeinheit als Sozialschranke des Urheberrechts

1. Ausgegrenzte Gegenstände

Wie sich allgemein kein Recht denken lässt, das nicht irgendwie durch die Interessen Dritter eingeschränkt ist, so ist auch die Gewährung urheberrechtlichen Schutzes nicht ohne die Berücksichtigung gesellschaftlicher Interessen denkbar. Das Urheberrecht ist wie das Sacheigentum und wie die anderen subjektiven Rechte sozial gebunden.[32] Die Sozialbindung des Urheberrechts zeigt sich nicht nur durch die Beschränkung der Verwertungsrechte, wie sie der Gesetzgeber durch die §§ 44a ff. UrhG ausgedrückt hat, sondern beeinflusst schon die Entstehung eines Urheberrechts. Es entspricht herrschender Auffassung in Literatur und Rechtsprechung, dass die in den wissenschaftlichen Werken enthaltenen wissenschaftlichen Lehren, Theorien und Systeme keinen urheberrechtlichen Schutz erfahren dürfen.[33] 30

Die Ausgrenzung erstreckt sich nach h. M. nicht nur auf die Forschungsergebnisse selbst, sondern auch auf die Arbeitsergebnisse, die in den Sinngehalt der Lehre insofern eingreifen,[34] dass sie Handlungsanweisungen für den Vollzug der Lehre sind, also darin unterweisen, die Lehre praktisch nutzbar 31

---

32 *Ulmer*, Urheber- und Verlagsrecht, 3. Aufl. 1980, S. 119; *ders.*, Der urheberrechtliche Schutz wissenschaftlicher Werke, S. 16 ff.; *Rehbinder*, Urheberrecht, 17. Aufl. 2015, Rn. 103 ff.
33 Vgl. nur *Ulmer*, Urheber- und Verlagsrecht, 3. Aufl. 1980, S. 119; BGH, 15.12.1978, I ZR 26/77, GRUR 1979, 464 – Flughafenpläne.
34 *Loewenheim*, in: Schricker/Loewenheim, Urheberrecht, 4. Aufl. 2010, § 2 Rn. 58; *Vinck*, in: Fromm/Nordemann, Urheberrecht, 9. Aufl. 1998, § 2 Rn. 22 f., jeweils m. w. N. zur Lit. u. Rspr.

zu machen. Der Ausschluss erstreckt sich darüber hinaus auf das sogenannte gesellschaftlich bedeutsame Know-how. Wirtschaftliche, politisch bedeutsame Regeln und Programme sollen nach h.M. Gegenstand freier geistiger Auseinandersetzung sein.[35] Auch hier bezieht sich das Freihaltungsinteresse nicht nur auf die Regel oder das Programm an sich, sondern der mit der Freihaltung der Regeln etc. verfolgte Zweck greift auch in die Darstellung der Regel oder in ihre praktische Nutzbarmachung hinein. Der Zweck ist, die Entstehung eines Mitteilungsmonopols dort zu verhindern, wo die jeweilige Lehre oder Regel praktisch nutzbar gemacht wird,[36] weil sie gerade dort die gesellschaftliche Relevanz erhält, derentwegen sie freigehalten wird.

32 Der Grundsatz, dass die in den wissenschaftlichen Werken enthaltenen Gedanken, Erkenntnisse, Theorien oder Lehren als Gegenstand freizuhalten sind, wird dogmatisch und methodisch in unterschiedlicher Weise erfasst, was zu abweichenden Ergebnissen führt. Die näheren Begründungen für den Ursprung und die Reichweite der Ausgrenzung sollen im Folgenden vorgestellt und erörtert werden.

33 Die Diskussion soll nicht zu theoretisch geführt werden, deshalb wird sie auch z.T. anhand einer Werkart, der Computerprogramme, vorgestellt und erörtert. Bei den Computerprogrammen bzw. der Computersoftware handelt es sich um die bis in die heutige Zeit wohl umstrittenste Werkart des Werkkataloges. Das Beispiel soll nur helfen, den schwierigen Stoff leichter verständlich zu machen; alle Ausführungen zur Reichweite des Freihaltungsinteresses gelten uneingeschränkt für alle Verstandeswerke.

2. Ausgrenzungsmethoden

a) Inhalt und innere Form

34 Die Unterscheidung von Inhalt und Form wird in Literatur[37] und Rechtsprechung[38] auch außerhalb der Orientierung am bloßen Ausdrucksmittel ohne

---

35 Vgl. nur *Ulmer*, Urheber- und Verlagsrecht, 3. Aufl. 1980, S. 119; *Loewenheim*, in: Schricker/Loewenheim, Urheberrecht, 4. Aufl. 2010, § 2 Rn. 58 f.; *Vinck*, in: Fromm/Nordemann, Urheberrecht, 11. Aufl. 2014, § 2 Rn. 23.
36 Grundlegend BGH, 15.12.1978, I ZR 26/77, BGHZ 73, 288 – Flughafenpläne; daran anknüpfend: BGH, 21.11.1980, I ZR 106/78, GRUR 1981, 352 – Staatsexamensarbeit; BGH, 27.2.1981, I ZR 29/79, GRUR 1981, 520 – Fragensammlung, und BGH, 9.5.1985, I ZR 52/83, GRUR 1985, 1041 – Inkassoprogramm; OLG Karlsruhe, BB 1983, 986; OLG Frankfurt, BB 1985, 139; abweichend OLG Koblenz, BB 1983, 992, Schutzbedürfnisse können es auch angezeigt sein lassen, inhaltliche Elemente zu schützen.
37 *Rehbinder*, Urheberrecht, 17. Aufl. 2015, Rn. 59 ff.; im Zusammenhang mit den Programmen, *Wittmer*, Der Schutz von Computersoftware – Urheberrecht oder Sonderrecht?, 1981, passim. Nachweise bei *Plander*, UFITA 76, 25 ff., und *Ulmer*, Urheber-

jeden Rückgriff auf den sachlichen Sinngehalt durchgeführt. Unabhängig der dogmatischen Ausgangslage, der Begründung der Ausgrenzung wissenschaftlicher Lehren aus dem Urheberrecht, wird unter dem Begriff der „inneren Form" versucht, den Schöpfungsvorgang nur dann gemeinfrei zu stellen, soweit die in dem Werk hervortretenden logischen Gedankengänge in den Sinngehalt einer wissenschaftlichen Lehre übergreifen. Die schützbare innere Form eines Werkes soll in der Ordnung der Gedanken (Gedankenfolge, Gedankenbewegung, inhaltliche Disposition, Ideengruppierung), in der ein bestimmter Inhalt dargeboten wird, bestehen. Nicht dazugehören soll diejenige Gliederung der Gedanken, die durch die wissenschaftliche Lehre vorgegeben ist bzw. eine wissenschaftliche Lehre ergänzt.[39] Die Schutzfähigkeit von wissenschaftlich/technischen Werken braucht demnach nicht schon dann zu entfallen, wenn es an der Individualität des Ausdrucksmittels fehlt.[40]

Nicht nur der „ästhetische Überschuss", die Ausschmückung eines wissenschaftlichen Sprachwerkes, soll danach für den Schutz entscheidend sein, sondern auch die Gliederung der Gedanken, die logische Struktur des Werkes, nach der die Aneinanderreihung der einzelnen Worte und Sätze sinnvoll erscheint. **35**

In der heutigen Rechtsprechung findet sich die Lehre insofern wieder, als der Schutzbereich des wissenschaftlichen Sprachwerkes in der geistvollen Gedankenführung des dargestellten Inhalts und/oder in der geistvollen Art und Weise der Sammlung, Sichtung, Zubereitung und Anordnung des vorhandenen, vorgegebenen Materials gesehen wird.[41] Der Schutz eines wissenschaftlichen Schriftwerkes erfordert nach Ansicht des BGH dabei aber eine sorgfältige Trennung von wissenschaftlichen Erkenntnissen einerseits und der Darstellung oder Gestaltung der Lehre im Schriftwerk andererseits.[42] **36**

---

und Verlagsrecht, 3. Aufl. 1980, S. 120, ansatzweise auch *Loewenheim*, in: Schricker/Loewenheim, Urheberrecht, 4. Aufl. 2010, § 2 Rn. 50 ff.; *Vinck*, in Fromm/Nordemann, Urheberrecht, 11. Aufl. 2014, § 2 Rn. 24, 28.

38 *Rehbinder*, Urheberrecht, 17. Aufl. 2015, Rn. 58; *Wittmer*, Der Schutz von Computersoftware – Urheberrecht oder Sonderrecht?, 1981, S. 103; *Plander*, UFITA 76, 25 ff.; BGHZ 94, 276 – Inkassoprogramm; OLG Karlsruhe – Inkassoprogramm, GRUR 1983, 300 mit vielen Nachweisen zu Rechtsprechung und Literatur.

39 *Loewenheim*, in: Schricker/Loewenheim, Urheberrecht, 4. Aufl. 2010, § 2 Rn. 58 ff.; *Vinck*, in: Fromm/Nordemann, Urheberrecht, 11. Aufl. 2014, § 2 Rn. 22 ff.

40 *Loewenheim*, in: Schricker/Loewenheim, Urheberrecht, 4. Aufl. 2010, § 2 Rn. 57; BGH, GRUR 1980, 227 – Monumenta Germaniae Historica.

41 Vgl. nur BGH, 21.11.1980, I ZR 106/78, GRUR 1981, 352, 353 – Staatsexamensarbeit.

42 Vgl. BGH, 21.11.1980, I ZR 106/78, GRUR 1981, 352, 353 – Staatsexamensarbeit.

Kap. 2 Urheberrechtlich geschützte Gegenstände

37 Seit seinem Grundsatzurteil vom 5.12.1978[43] verfolgt der BGH konsequent die Ansicht, dass inhaltliche Elemente des zugrunde liegenden Wissenschaftsgebietes aus dem Schutz auszuscheiden haben; die wissenschaftliche Lehre und das wissenschaftliche Ergebnis sind demnach frei und jedermann zugänglich.[44]

38 In der Flughafenpläne-Entscheidung[45] ist der BGH der Betrachtungsweise des Berufungsgerichts, welches auf den sachlichen Inhalt der Bauzeichnung für eine Flughafenanlage des Klägers und die darin zum Ausdruck gelangten – originellen (neuen) – technischen Gedanken abgestellt hatte, folgendermaßen entgegengetreten:[46] „Eine solche Betrachtungsweise wird jedoch der Vorschrift des § 2 Abs. 1 Nr. 7 UrhG nicht gerecht. Diese Bestimmung bezieht zwar Darstellungen wissenschaftlicher und technischer Art (wie Zeichnungen, Pläne, Karten, Skizzen, Tabellen und plastische Darstellungen) in den Kreis der urheberrechtlich geschützten Werke mit ein, wobei nach § 2 Abs. 2 UrhG vorausgesetzt wird, dass diese Werke – also die fraglichen Darstellungen – persönlich geistige Schöpfungen sind. Die persönlich geistige Schöpfung des Urhebers muss aber in der Darstellung selbst, also in ihrer Formgestaltung liegen. Dagegen kommt es nicht (…) auf den schöpferischen Gehalt des wissenschaftlichen oder technischen Inhalts der Darstellung an. Eine solche Auslegung des § 2 Abs. 1 Nr. 7 UrhG würde sich in Widerspruch setzen zum Wesen des Urheberrechtsschutzes und seiner Abgrenzung gegenüber den technischen Schutzrechten. Das wissenschaftliche und technische Gedankengut eines Werkes – die wissenschaftliche und technische Lehre als solche – ist nicht Gegenstand des Urheberrechtsschutzes und kann daher auch nicht zur Begründung der Schutzfähigkeit von Skizzen, die die technische Lehre wiedergeben, herangezogen werden. Die Urheberrechtsschutzfähigkeit solcher Skizzen kann allein ihre Grundlage in der (…)

---

43 BGH, 15.12.1978, I ZR 26/77, GRUR 1979, 464 – Flughafenpläne.
44 Die Rechtsprechung war sowohl unter dem Reichsgericht als auch unter dem BGH zunächst schwankend, fraglich war, ob neben der Darstellungsart auch das Dargestellte Urheberrechtsschutz genießen könne. RGSt 15, 405, 408 schützte bei technischen Zeichnungen auch das Dargestellte; RGZ 172, 29, 30 f. – Gewehrreinigungshölzer, beschränkte den Schutz auf die Darstellungsart. In BGHZ 18, 319, 322 – Bebauungsplan, wurde entgegen RGZ 172, 29 – Gewehrreinigungshölzer, wieder das Dargestellte für schutzfähig erachtet. Ebenso wurde in BGH, GRUR 1956, 284, 285 – Rheinmetall-Borsig II, die darstellerische Form eines „schöpferischen Konstruktionsgedanken" urheberrechtlich geschützt.
45 BGH, 15.12.1978, I ZR 26/77, GRUR 1979, 464 – Flughafenpläne.
46 BGH, 15.12.1978, I ZR 26/77, GRUR 1979, 464 – Flughafenpläne; vgl. die Kritik an der Entscheidung von *Reimer*, GRUR 1980, 572, 578; vgl. auch BGH, 21.11.1980, I ZR 106/78, GRUR 1981, 352– Staatsexamensarbeit; BGH, 29.3.1984, I ZR 32/82, GRUR 1984, 659 – Ausschreibungsunterlagen und BGH, 9.5.1985, I ZR 52/83, BGHZ 94, 276, 285 – Inkassoprogramm.

schöpferischen Form der Darstellung finden." Schöpferisch ist die Darstellung nicht, wenn sie in dem fraglichen Fachgebiet üblich oder notwendig ist. In nachfolgenden Urteilen[47] macht der BGH jeweils deutlich, dass nicht nur die Lehre „an sich" und die für das jeweilige Fachgebiet übliche Darstellungsart der Lehre nicht schutzfähig sind, sondern in weitem Umfang auch die Verwendungen der Lehre zur Lösung praktischer Aufgaben. Erst wenn die Art und Weise der Sammlung, Sichtung und Anordnung des dargebotenen Stoffes außerhalb der für die Lehre üblichen oder jeweils erforderlichen Gedankenführung liegt, ist urheberrechtlicher Schutz möglich.[48]

39 Die Differenzierung zwischen Inhalt und Form, wie sie der BGH-Rechtsprechung zugrunde liegt, soll einerseits dazu führen, die wissenschaftlichen Theorien, Lehren und Erkenntnisse aus dem Schutzbereich auszugrenzen, andererseits ist damit keine Ausgrenzung inhaltlicher Elemente generell aus dem Schutzbereich bezweckt. Der urheberrechtliche Schutz wird demnach auch bei den Verstandeswerken nicht auf die (äußere) Form beschränkt, sondern kann, eigenschöpferisches Arbeiten vorausgesetzt, mit inhaltlichen Elementen begründet werden, die dann im Verhältnis zu den wissenschaftlichen Elementen als „innere Form" erscheinen.

40 Inwieweit ein solches Verstandeswerk tatsächlich dem Schutz zugänglich ist, hängt letztlich von der Wertung ab, welche Werkelemente zur Lehre rechnen (sollen) und welche nicht. Besondere Schwierigkeiten bereitet die Abgrenzung bei der Computersoftware. Algorithmus und Programm sind nicht identisch. Soweit man überhaupt einen Schutzbereich bestimmen kann, geht dies nur über den Weg der Einteilung der Algorithmen in solche, die zur wissenschaftlichen Lehre, zum bedeutsamen Know-how rechnen, und solche, die bei Vorliegen schöpferischer Elemente von geringer Bedeutung sind.

b) Schutz der wissenschaftlichen Werke nach der Lehre vom „Verwobensein" (Schutz des „Gewebes")

41 Nach *Ulmer* kann das Verstandeswerk, insbesondere auch das wissenschaftliche Werk, geschützt werden, weil es auch hier „den Reichtum an Einfällen, eine Fülle von Beispielen und Belegen, eine Vielfalt der gedanklichen Bezüge und Lösungswege" gibt, die trotz des bestehenden Freihaltungsinteresses geschützt werden können, weil freizuhaltende Erkenntnisse und schöpferische Elemente zusammen ein „Gewebe" ausmachen, das in seiner konkreten

---

47 BGH, GRUR 1981, 520 – Fragensammlung; BGH, 21.11.1980, I ZR 106/78, GRUR 1981, 352– Staatsexamensarbeit; BGH, 17.4.1986, I ZR 213/83, GRUR 1986, 739 – Anwaltsschriftsatz.
48 Deutlich BGH, 29.3.1984, I ZR 32/82, GRUR 1984, 659 – Ausschreibungsunterlagen.

Kap. 2 Urheberrechtlich geschützte Gegenstände

Form urheberrechtlichen Schutz erfahren kann.[49] Der Unterschied seiner Lehre zu der, die nach Inhalt und (innerer) Form differenziert, liegt darin, dass ein urheberrechtlicher Schutz der Verstandeswerke auch ohne einen Konzeptschutz, ohne den Schutz eines Gliederungsschemas, nach dem die Anordnung der einzelnen Worte und Sätze sinnvoll erscheint, möglich ist. Das lässt sich vielfach begründen. Ein wissenschaftliches Lehrbuch kann allein wegen der dort aufgeführten Beispiele, die den wissenschaftlichen Text verständlich machen, eigentümlich sein; ein topographisches Werk kann seine Originalität schon durch die Auswahl und Anordnung der Farben erhalten; die Darstellung einer mathematischen Formel kann geschützt sein, weil einzelne Erklärungen originell sind. Ulmers Lehre vom „Verwobensein" oder vom „Gewebe" kann aber schlecht weiterreichen, soweit ein Werk zu beurteilen ist, dessen Sinnhaftigkeit sich ausschließlich durch das zugrunde liegende, klar gefasste Konzept erfassen lässt, wo die Aneinanderreihung der einzelnen Worte und Sätze nur unter Beachtung dieses Konzepts verständlich erscheint.[50] So verhält es sich z.B. bei den Computerprogrammen. Ein Programm bzw. der Teil des Programms, der die auszuführenden Arbeitsproceduren beinhaltet, beruht einzig auf einem Konzept, einem Algorithmus, weil es eben diesen Algorithmus beschreibt und darüber hinaus keine Angaben enthält. Das Werk besteht aus der Verkörperung der gefundenen Struktur und beinhaltet keine diese Struktur ausschmückenden Gestaltungen. Inhalt und Form sind nahezu identisch, weil die Formgebung vom behandelten Gegenstand bestimmt ist.

42 Das Urheberrecht schützt das gegenständliche Werk, wie in „Wort und Strich" vollzogen, wenn es sich um ein künstlerisches, ästhetisch wahrnehmbares Werk handelt. Der Schutzbereich liegt dann im konkreten Arbeitsergebnis, in der Art und Weise, wie der Schöpfer das Thema bearbeitet, einen Gedanken zum Ausdruck gebracht hat. Bei reinen Verstandeswerken ist ein derart auf die gegenständliche Niederlegung konzentrierter Schutz nicht möglich. Hier liegt der Wert der Arbeit zu einem großen Teil im Diskreten. Die Worte lassen sich austauschen, die Zahlen verändern, die Einsatzgebiete verschieben, sinnhaft wird die Arbeitsleistung immer erst durch das Konzept, nach dem die Worte, Zahlen und Zeichen angeordnet werden. Die Worte, Zahlen, Zeichen selbst sind hier nicht Ausdruck des schöpferischen Geistes, sie sind keine Ausschmückung einer bestimmten Logik, sondern

---

49 *Ulmer*, Der Urheberrechtsschutz wissenschaftlicher Werke unter besonderer Berücksichtigung der Programme elektronischer Rechenanlagen, 1967, S. 15; *ders.*, Urheber- und Verlagsrecht, 3. Aufl. 1980, S. 123; *Ulmer/Kolle*, GRUR Int. 1982, 497.
50 Den Begriff „Gewebe" hat *Ulmer* von *Ghirhon*, UFITA 1932, 34 ff., 38, übernommen, der ihn dem Begriff der „inneren" Form untergeordnet hat. *Ghirhon* spricht insoweit „von einem Komplex von Ideengehalten, (…) von einem inneren Zusammenhang eines wissenschaftlichen Werkes."

machen diese Logik nur verständlich. Schöpferisch kann nur die Logik selbst sein.

c) Differenzierung zwischen Schutzbegründung und Schutzumfang

Ulmers Ausführungen zum Schutz wissenschaftlicher Werke reichen aber über die vorgestellte Abgrenzungsmethode hinaus. Nach Ulmer sind auch die wissenschaftlichen Arbeitsergebnisse schöpferische Leistungen. Vom urheberrechtlichen Schutz sind sie ausgeschlossen, soweit das Freihaltungsinteresse der Allgemeinheit reicht,[51] d. h. soweit der Schutz ein Mitteilungsmonopol an wissenschaftlichen Lehren zur Folge hätte. Das ist bezogen auf die „reinsten Verstandeswerke", die Computerprogramme nur dann der Fall, wenn jeder Algorithmus nur in einer ganz bestimmten, durch seinen Zweck vorgegebenen Form ausgedrückt werden könnte, nicht dann, wenn die Ausdrucksform verschieden sein kann. Wenn es sich so verhält, dass ein und derselbe Algorithmus oder ein und dieselbe logische Struktur der Programme unterschiedlich mitgeteilt werden kann, würde ein Schutz der Mitteilungsform nicht den Inhalt der Lehre erreichen. 43

Folgt man der herrschenden Lehre und Rechtsprechung darin, dass die logischen Strukturen der Programme sowie die Mitteilungsform, die aus wissenschaftlichen Gründen geboten wird, frei bleiben müssen, so würde für den Schutz nur eine Darstellungsform in Frage kommen, die handwerklicher Nachvollzug vorhandener Programmierungskonventionen ist. Der Schutz ließe sich wegen § 2 Abs. 2 UrhG nur damit begründen, dass der Formgebung eine originelle Leistung vorausgegangen ist, nämlich die Entwicklung einer neuen logischen Struktur. Ein Schutz wäre somit nur erreichbar, wenn es zulässig ist, zwischen der Schutzbegründung und dem Schutzbereich zu differenzieren. Wenn also die Maßstäbe, anhand derer zu beurteilen ist, ob einem gegebenen Computerprogramm überhaupt Urheberrechtsschutz zukommt, und die Maßstäbe, anhand derer zu beurteilen ist, wie weit der Schutzumfang reicht, unabhängig voneinander sind (siehe dazu Teil B, I). 44

Seitens der Rechtsprechung hat das OLG Karlsruhe[52] in seiner „Inkassoprogramm"-Entscheidung die Auffassung vertreten, dass der Bereich, aus dem die persönlich geistige Schöpfung stammt, nicht mit dem geschützten Bereich deckungsgleich zu sein braucht. 45

Ob diese Differenzierung dem Urheberrecht wesensfremd ist – dies war die Ausgangsfrage – lässt sich durch eine Gegenüberstellung des urheberrechtlichen Schutzes zu den Leistungsschutzrechten beantworten. 46

---

51 *Ulmer*, Urheber- und Verlagsrecht, 3. Aufl. 1980, S. 119, 123.
52 OLG Karlsruhe, 9.2.1983, 6 U 150/81, GRUR 1983, 300 – Inkasso-Programm.

Kap. 2 Urheberrechtlich geschützte Gegenstände

47 Folgt man *Ulmer*, so schützt das Urheberrecht persönlich geistige Schöpfungen bis an die Grenze der Sozialverträglichkeit. Dem Postulat der Sozialverträglichkeit, dem das Prinzip der Freihaltung wissenschaftlicher Lehren und Theorien sowie des gesellschaftlich bedeutsamen Know-hows zugrunde liegt, würde Rechnung getragen, der gedankliche Inhalt der Algorithmen bliebe frei.

48 Andererseits würde aber nicht die persönlich geistige Schöpfung selbst geschützt, sondern nur ihre handwerkliche, praktisch ingenieurmäßig vollzogene Ausführung. Postulate eines reinen Leistungsschutzes wären demnach für den Schutz mitbestimmend. Wegen der dem deutschen Urheberrechtsgesetz selbst zugrunde liegenden Differenzierung zwischen Leistungsschutzrechten einerseits (§§ 70ff. UrhG) und klassischen Urheberrechten andererseits (§ 2 UrhG)[53] erscheint es fraglich, ob allein der durch die Differenzierung bewirkte mittelbare Schutz von schöpferischen Leistungen ausreicht, einen urheberrechtlichen Schutz für handwerkliche Leistungen zu begründen.

49 Rechtsdogmatisch ist die Differenzierung zwischen Schutzbegründung und Schutzumfang durch die Möglichkeit, zwischen Leistungsschutzrechten einerseits und Immaterialgüterrechten andererseits zu unterscheiden, aufgearbeitet. Leistungsschutzrechte werden gewährt oder sind möglich, wenn handwerkliche, praktisch ingenieurmäßige Tätigkeiten auf ein Produkt gerichtet sind, das nicht werthaft materialisiert ist, sondern durch einfache, kostengünstige Techniken übernommen werden kann und durch die Gewährung des Schutzes das Freihaltungsinteresse der Allgemeinheit an gesellschaftlich bedeutsamen Know-how beachtet wird.[54]

50 Solch eine Lösung könnte aus rechtspolitischer Sicht überzeugen, wenn sie der einzig gangbare Weg für den Schutz, z.B. der Programme wäre. Dies ist nicht der Fall. Bei den meisten der auf dem Markt vorhandenen Programme, der Masse der Standardprogramme, lässt sich die jeweils zugrunde liegende Logik durch Softwarekonventionen erklären, sie enthalten Standard-Algorithmen und sind Ausdruck vorgedachter Optimierungsmöglichkeiten.[55] Es

---

53 Die Unterscheidung ist z.B. dem amerikanischen Urheberrecht fremd; Copyright-Act ist nicht gleich Urheberrechtsgesetz, „originality" bedeutet danach nicht Eigentümlichkeit, sondern wird in der amerikanischen Rechtsprechung auf die Anforderung reduziert, dass das Werk des Autors von ihm selbst stammen müsse. Nachweise bei *Scott*, Computer Law, New York 1984, § 3.7.
54 *Ulmer*, Urheber- und Verlagsrecht, 3. Aufl. 1980, S. 510ff.; *Loewenheim*, in: Schrikker/Loewenheim, Urheberrecht, 4. Aufl. 2010, § 71 Rn. 11 und Vor § 70 Rn. 4; *Schulze*, CuR 1988, 181ff.; *Bauer*, CuR 1988, 359; BGH, 4.11.1966, Ib ZR 77/65, GRUR 1967, 316, spricht hinsichtlich der Lichtbilder (§ 72 UrhG) von Leistungen, die im Wesentlichen auf handwerklichem Können beruhen.
55 *v. Gamm*, GRUR 1986, 731; *Jonquères*, GRUR Int. 1986, 458f.

A. Der urheberrechtliche Werkbegriff **Kap. 2**

wäre zudem ein schwieriges Unterfangen, jeweils festzustellen, ob die dem Programm zugrunde liegende Logik auf schöpferischer Tätigkeit beruht oder nur Nachvollzug vorbekannter Lehren, Theorien und Methoden ist.[56] Die Ausbeute aus dieser Erkenntnis wäre auch gering, weil nur der handwerkliche Vollzug der Logik schützbar wäre.

V. Urheberrecht und Internet

1. Problemsituation

Die technische und wirtschaftliche Entwicklung im nationalen und internationalen Bereich fußt in einem bedeutsamen Umfang auf den Möglichkeiten der digitalen Werkverwertung und seiner Verbreitung in Kommunikationsnetzen, wie insbesondere dem Internet. Das insofern relevante Schutzgesetz ist das Urheberrecht, das dadurch bedingt nun zum zweiten Male innerhalb kurzer Zeit mit dem Schutz von insbesondere technisch und betriebswirtschaftlich bedeutsamem Know-how konfrontiert wird. Wie vorhergehend dargelegt, führte die Entwicklung und Weiterentwicklung des Software-Engineering zu einer Ausweitung des urheberrechtlichen Schutzbereiches im Hinblick auf dieses Know-how. Die Entwicklung und die Akzeptanz von weltweit funktionierenden Kommunikationsnetzen wird die Reichweite der Verwertungsrechte, namentlich die des Vervielfältigungs- und Verbreitungsrechts, beeinflussen. Beruhigend ist dabei, dass beide Entwicklungen aus urheberrechtlicher Sicht in einem engen sachlichen Zusammenhang stehen. Der Schutz von Werken in digitalisierter, also dem Netz zugänglicher Form, ist aus heutiger Sicht vielfach verwirklicht bzw. geklärt. Die Diskussion um den Schutz der Computerprogramme hat dies bewirkt. Verändert hat sich durch das Internet die Verbreitung solcher Werke. Die durch das Internet hervorgerufenen neuen urheberrechtlichen Probleme treffen daher zuvörderst die Reichweite der Verwertungsrechte. **51**

Mit dem Stichwort „Globalisierung der Wirtschaft" lässt sich ein weiterer relevanter Problembereich kennzeichnen. Das Internet funktioniert grenzüberschreitend. Die sich daraus ergebenden rechtlichen Probleme sind vielfältig, sie sind für einen wirksamen urheberrechtlichen Schutz fundamental und sie sind aus rechtspolitischer Sicht sehr schwierig zu lösen. Die zunehmende „Europäisierung" des Urheberrechts erreicht nur den Binnenmarkt. Das seit 1994 über die Gründung der WTO in Kraft befindliche TRIPS-Abkommen schützt speziell nur die „Eigentumsrechte" an Computersoftware und Datenbanken. Die international-privatrechtlichen Probleme der Werk- **52**

---

56 *Troller*, CuR 1987, 352, 355; *Schulze*, GRUR 1987, 796, 776.

Kap. 2 Urheberrechtlich geschützte Gegenstände

nutzung in grenzüberschreitenden Netzen sind dagegen noch weitgehend ungelöst.

2. Schützbare Produkte im Internet

53 Im Folgenden werden einzelne zum Internet gehörende Produkte vorgestellt und deren schutzfähige Komponenten dargestellt. Dabei handelt es sich um Produkte bzw. Werkarten die aus technischer Sicht den Internetzugang generieren wie um Produkte und Werkarten, die eng mit der Internetnutzung zusammenhängen.

a) Homepages/Webpages

54 Die zuvor genannten Schutzanforderungen sind von Bedeutung, wenn es um die Beurteilung von Homepages oder Webpages geht. Die Texte in den Webpages sind, soweit sie den allgemeinen urheberrechtlichen Anforderungen an Originalität genügen, als Schriftstücke schutzfähig (§ 2 Abs. 1 Nr. 1 UrhG). Dort aufgeführte Graphiken sind u. U. als Werke der angewandten Kunst, Fotos als Lichtbildwerke oder Lichtbilder, schutzfähig. Webpages sind aber darüber hinaus in besonderer Weise organisiert, d.h. aufgebaut. Sie sind durch diese Organisation Ausdrucksmittel desjenigen Computerprogramms, das die Webpages generiert (vgl. § 69a Abs. 2 Satz 1 UrhG). Wenn nun der Text der einzelnen Webpages selbst urheberrechtlichen Anforderungen nicht genügt, stellt sich immer noch die Frage nach dem Schutz des der Organisation der Webseite zugrunde liegenden Computerprogramms, dabei ist zu differenzieren. Verweisungsstrukturen innerhalb und zwischen den Web-Seiten („Hyperlinks"), also die „anklickbaren" Markierungen vor allem von Textteilen, die auf weitere Seiten mit anderen Inhalten führen und eine nicht lineare Lektüre ermöglichen, haben grundsätzlich nur rein funktionalen, nicht individuell schöpferisch gestalteten Charakter. Diese „Verweisungstechnik" ist vorbekannt bzw. gehört zum gemeinfreien Bereich des Softwareengineerings. Deshalb besteht für das reine Verweisen (linking) grundsätzlich auch kein Vergütungsanspruch des Betreibers des Host-Rechners, auf dem sich das Dokument befindet, auf das im Link verwiesen wird. Der Einsatz der Verweisungstechnik, also die Benutzung von Hyperlinks als solche und deren naheliegende Ausgestaltung, kann keinen urheberrechtlichen Schutz erhalten. Andererseits kann eine durch mehrere Ebenen reichende Verweisungsstruktur zwischen den verschiedenen Webpages selbst wieder originell sein, sie können Teil einer technischen Darstellung i. S. v. § 2 Abs. 1 Nr. 7 UrhG sein.

55 Für die sogenannten Homepages – sie sind das „Entree" zu den einzelnen Websites – gilt grundsätzlich das Gleiche. Wenn ihr Inhalt hinreichend anspruchsvoll ist, kann der Text dieser Homepages als Schriftwerk urheberrechtlich geschützt sein. Daneben besteht die Möglichkeit, sie als Teil einer technischen Darstellung i. S. v. § 2 Abs. 1 Nr. 7 UrhG zu schützen oder eben als Ausdrucksform des Computerprogramms, das diese Homepages mit den einzelnen darauffolgenden Webseiten verknüpft (§ 69a Abs. 2 Satz 1 UrhG).

b) Bulletin Board Systeme

Als weiteres Beispiel für netzbezogene Programme können die Bulletin Board Systeme (BBS) genannt werden. Die BBS übernehmen u. a. das Up- und Downloading von Dateien. Das beim Einloggen präsentierte Menü kann als Darstellung wissenschaftlicher oder technischer Art oder eben als Ausdrucksweise des Programms, das es repräsentiert, geschützt sein.[57]

56

c) Weitere Werkarten

In der Einführung wurde bereits darauf hingewiesen, dass zahlreiche Werke digitalisierbar und somit dem Internet zugänglich sind, aber durch diese Digitalisierung ihre Eigenart als geistig persönliche Schöpfung, als Werk i. S. v. § 2 UrhG, nicht einbüßen. Zu nennen sind insbesondere die Werke der Musik, der Bildenden Kunst, Lichtbildwerke und Lichtbilder, Filmwerke und Laufbilder, die unabhängig ihrer konkreten (digitalisierten) Aufbereitung urheberrechtlich schützbar sind. In Einzelfällen kann aber die digitale Aufbereitung selbst originell sein kann. Dies gilt insbesondere für Multimediawerke, soweit sie auch eine softwaretechnisch eigenartige Verbindung zwischen verschiedenen Werkarten aufweisen. Unabhängig davon, ob diese Verbindung, so wie sie sichtbar wird, geistig-persönliche Schöpfung i. S. d. Urheberrechtsgesetzes ist, kann die programmtechnische Aufbereitung im Rahmen des Softwareschutzes der § 69a UrhG geschützt sein.

57

3. Schutzfreie Produkte im Internet

a) Netzgenerierende Werke

Es wurde bereits darauf hingewiesen, dass es für den Bereich der Verstandesleistungen ein sogenanntes gemeinfreies Gebiet gibt. Allgemeiner ausgedrückt, handelt es sich dabei um Grundlagenwissen bzw. gesellschaftlich bedeutsames Know-how, das der Allgemeinheit nicht durch ein Ausschließlichkeitsrecht vorenthalten werden soll. Für den Bereich der Computerprogramme sind dies die Algorithmen „höherer Entwicklungsstufe", d.h. nach

58

---

57 Vgl. *Koch*, GRUR 1997, 417, 420.

Kap. 2 Urheberrechtlich geschützte Gegenstände

der gesetzlichen Umschreibung (§ 69a Abs. 2 UrhG) die „Ideen und Grundsätze, die einem Element eines Computerprogramms zugrunde liegen".

59 Auch im Bereich der elektronischen Kommunikationsnetze, namentlich dem Internet, gibt es Arbeitsleistungen, die aus Gründen eines übergeordneten Freihaltungsinteresses gemeinfrei bleiben, d.h. außerhalb des Schutzes stehen. Dazu zählen in erster Linie die verschiedenen Internet-Kommunikationsprotokolle. Der Begriff „Kommunikationsprotokolle" steht für eine ganze Gruppe von Protokollen, die in hierarchisch aufeinander aufgebauten Ebenen angeordnet sind. Dabei steht das sogenannte „Internetprotokoll" ganz unten und regelt die eigentliche Verbindung zwischen zwei durch eine beliebige Technik (Netzwerkkarte/Kabel, Modem, ISDN-Standleitung) miteinander verbundenen Rechnern. Hierzu gehören die Verwaltung der Rechneradressen, Aufbau und Abbau der Verbindung sowie die Fehlererkennung. Über IP residieren dann zwei weitere Protokolle, TCP und UDP. Sie garantieren u.a. die netzwerkunabhängige Übertragung von Daten zwischen zwei Prozessen. Diese Protokolle haben – wie etwa technische Schnittstellenspezifikationen von Computersoftware – urheberrechtlich den Charakter von Grundsätzen oder technischen Verfahrensmethoden. Sie sind gemeinfrei, ähnlich wie mathematische oder naturwissenschaftliche Algorithmen, weil sie Grundlagenwissen enthalten, von dem die Gemeinschaft nicht ausgeschlossen werden darf. Das Partizipationsinteresse der Gemeinschaft wiegt hier schwerer als das Alleinverwertungsinteresse des Werkschaffenden. Die Gemeinfreiheit der Protokolle sichert, dass Anbieter nicht mittels Lizenzverweigerung faktisch Zugangssperren zu den Netzen verhängen können.

60 Das Internet Relay Chat (IRC) ermöglicht einen weltweiten textbasierten Informationsaustausch. Überall auf der Welt gibt es IRC-Server, in die man sich mit Hilfe eines speziellen Programms einwählen kann, um anschließend mit anderen Personen per Tastatur zu chatten. IRC-Software ist in den meisten Fällen „share-ware". Die Operatoren kontrollieren bestimmte Channels; wer zuerst einen Kanal aktiviert, erhält Operatorenstatus und kann andere teilnehmen lassen oder ausschließen. Er ist deshalb grundsätzlich auch für die Kontrolle des Uploading urheberrechtsverletzender Beiträge (mit-)verantwortlich. Zu beachten ist jedoch, dass der übergeordnete IRC-Operator zwar das IRC-Network kontrolliert, nicht aber die Kommunikation in den einzelnen Kanälen; er kann also nicht Teilnehmer oder Beiträge ausschließen.

b) Public-Domain-Software; Shareware

61 Public-Domain-Software ist Software, die der Urheber oder ein sonstiger Berechtigter zur allgemeinen Benutzung freigibt. Sie wird regelmäßig zum Download angeboten. Das Angebot bezieht sich auf die Einräumung eines

einfachen Nutzungsrechts. Abzugrenzen ist diese Software von der Open-Source-Software, die zwar auch kostenfrei, aber nur auf der Grundlage bestimmter Lizenzen übertragen wird.

Shareware wird ebenfalls unentgeltlich oder gegen eine geringe Gebühr **62** überlassen, aber nur für eine begrenzte Zeit oder eine begrenzte Anzahl von Benutzungshandlungen. Das Überlassen von Shareware ist regelmäßig Teil eines Marketingkonzeptes; die Erprobung der Software soll zu deren Kauf führen. Dem potenziellen Kunden wird zu Erprobungszwecken ein beschränkt einfaches Nutzungsrecht eingeräumt.

4. Anzuwendendes Recht

a) Grundsätze

Im Bereich der internationalen Datennetze haben die nationalen Grenzen **63** ihre Bedeutung verloren, „Cyperspace knows no national borders".[58] Die Internationalität, als ein besonderes Charakteristikum des Internets sowie die Ubiquität der Werke bedingen, dass bei Werknutzungen und -verletzungen über das Medium Internet häufig mehrere Rechtsordnungen zugleich tangiert sind. Dieser Zustand muss zu kollisionsrechtlichen Fragen führen, wie etwa der nach dem anwendbaren Recht bei grenzüberschreitenden Urheberrechtsverletzungen oder die nach dem zuständigen Gericht im Rahmen der Rechtsverfolgung.

Wie in vielen anderen Staaten findet sich auch im Urheberrechtsgesetz der **64** Bundesrepublik Deutschland keine gesetzliche Regel, welche die Frage nach dem anzuwendenden Urheberrecht bei internationalen Sachverhalten beantwortet. Insbesondere weisen die §§ 120 ff. UrhG nur den sogenannten fremdenrechtlichen Gehalt auf.[59] Geregelt ist, welche Personen unter welchen Voraussetzungen den urheberrechtlichen Schutz nach dem deutschen Urheberrechtsgesetz genießen. Es wird insbesondere festgelegt, inwieweit die Urheber aus fremden Ländern im Inland geschützt sind.

Auch die Revidierte Berner Übereinkunft (RBÜ) regelt die Frage nach dem **65** anwendbaren Recht nicht unmittelbar.[60] Die RBÜ gewährleistet ausländi-

---

58 *Ginsburg*, in: Hugenholtz (ed.), The Future of Copyright in a Digital Environment, 1996, S. 189, 190.
59 H.M., vgl. *Katzenberger*, in: Schricker/Loewenheim, Urheberrecht, 4. Aufl. 2010, vor §§ 120 ff. Rn. 125; *Schiffel*, in: Fromm/Nordemann, Urheberrecht, 11. Aufl. 2014, vor § 120 Rn. 1 f.; BGH, GRUR 1986, 69, 71 – Puccini; NJW 1986, 1253 f. – Bob Dylan.
60 *Katzenberger*, in: *Schricker/Loewenheim*, Urheberrecht, vor § 120 ff., Rn. 41 ff.

Kap. 2 Urheberrechtlich geschützte Gegenstände

schen Urhebern für die von ihnen geschaffenen Werke urheberrechtlichen Schutz auf der Basis des Inländergleichbehandlungsgrundsatzes und durch die Festlegung bestimmter Mindestrechte (Art. 5 Abs. 1 RBÜ).

66 Zur Beantwortung der Frage, welches nationale Urheberrecht über den Schutz eines Werkes entscheiden soll, d.h. nach welcher Urheberrechtsordnung sich die Frage der Entstehung, der Inhaberschaft, des Inhalts, der Schranken und damit der Rechtmäßigkeit der zahlreichen Nutzungshandlungen bestimmt, ist das Internationale Privatrecht (IPR) berufen (Art. 3 Abs. 1 EGBGB).

67 Die Rechtsprechung[61] und die herrschende Meinung[62] zum (autonomen) deutschen IPR folgen dem Schutzlandprinzip (lex loci protectionis) als der ungeschriebenen Anknüpfungsregel bei internationalen Urheberrechtsstreitigkeiten. Dieses Prinzip besagt, dass sich die Entstehung, die erste Inhaberschaft, die Übertragbarkeit, der Inhalt, der Umfang und die Schutzdauer eines Urheberrechts sowie die Ansprüche aus Urheberrechtsverletzungen nach dem Recht desjenigen Landes richten, „für" dessen Gebiet Schutz in Anspruch genommen wird.[63] In der Regel wird es das Land bzw. die Länder sein, in denen eine Urheberrechtsverletzung stattgefunden hat. Daher wird das Schutzland auch als das Land bezeichnet, in dem die Verletzungshandlung vorgenommen wurde.

68 Die allgemeine international-privatrechtliche Grundregel für die deliktische Haftung geht von der Maßgeblichkeit des am Begehungsort geltenden Rechts aus.[64] Dabei kann Begehungsort sowohl der Handlungsort als auch der Erfolgsort sein (vgl. Art. 40 Abs. 1 EGBGB). Fallen Handlungs- und Erfolgsort auseinander (Distanzdelikte) oder tritt der Erfolg an mehreren Orten gleichzeitig ein (Streudelikte), so wird dem Geschädigten grundsätzlich die Wahl zwischen den verschiedenen Tatorten gelassen. Bei unerlaubten Handlungen im Internet handelt es sich regelmäßig um solche Delikte, bei denen Handlungs- und Erfolgsort auseinanderfallen.[65] Der Server wird z.B. im Ausland aufgestellt (Handlungsort). Der deliktische Erfolg (z.B. das Abrufen einer Homepage) tritt weltweit an den verschiedensten Orten ein. Bei einer solchen Konstellation kommen daher beide Orte als Anknüpfungs-

---

61 Vgl. BGH, GRUR 1982, 727, 729 – Altverträge; BGH MMR 1998, 35, 36f. –Spielbankaffäre.
62 *Katzenberger*, in: Schricker/Loewenheim, Urheberrecht, 4. Aufl. 2010, vor § 120 ff. Rn. 124 ff.
63 BGH, MMR 1998, 35, 37 – Spielbankaffäre.
64 BGH, NJW 1992, 3091 ff.; BGH, NJW-RR 1990, 604, 605.
65 BGH, 1992, 3091 ff.

punkte für die Bestimmung des Tatortes in Betracht.[66] Das anzuwendende Deliktsrecht kann daher sowohl das des Handlungsortes als auch das des Erfolgsortes sein. Dieser sogenannte Ubiquitätsgrundsatz, der sich in der deutschen Gerichtspraxis durchgesetzt hat, führt u. U. zur alternativen Anwendbarkeit einer Vielzahl nationaler Rechtsordnungen, unter denen sich der Verletzte dann diejenige heraussuchen kann, die ihm am günstigsten erscheint.[67] Dies führt regelmäßig zur Anwendung des deutschen Deliktrechts, da sich die Prüfung ausländischen Rechts erübrigt, wenn der geltend gemachte Anspruch bereits nach deutschem Recht begründet ist. Natürlich kann sich der Geschädigte angesichts der weltweiten Abrufbarkeit von Homepages auch auf ein anderes nationales Recht berufen; der Anbieter müsste dementsprechend sein Verhalten nach dem aus seiner Sicht jeweils strengsten Recht ausrichten.

b) Bestimmung des Gerichtsstands

Die deutschen Gerichte sind international zuständig in Fällen, in denen der Beklagte seinen Wohnsitz oder seine geschäftliche Niederlassung in Deutschland hat (Art. 2 Abs. 1 EuGVO (Europäische Gerichtsstands- und Vollstreckungsverordnung); §§ 12 ff. ZPO). Bei deliktischen Handlungen, zu denen auch Verletzungen des Urheberrechts zählen, bestimmt sich die internationale Zuständigkeit ferner nach dem Begehungsort als dem Ort, „an dem das schädigende Ereignis eingetreten ist oder einzutreten droht" bzw. „die Handlung begangen wurde" (Art. 5 Nr. 3 EuGVO, § 32 ZPO). Da es im Internationalen Immaterialgüterrecht, das auf das Schutzlandprinzip abstellt (Art. 5 RBÜ), keine echten Distanzdelikte gibt, bei denen alternativ auf den einen oder anderen Handlungs- und Erfolgsort abgestellt werden könnte, erfolgt eine Einschränkung der lex loci delicti dahingehend, dass nur eine im Inland begangene Handlung durch ein deutsches Gericht verfolgt werden kann.[68] Das deutsche Gericht ist danach international zuständig, wenn die konkrete rechtswidrige Verwertungshandlung, die eine Urheberrechtsverletzung begründet, im Inland vorgenommen wurde. **69**

Bei Urheberrechtsverletzungen im Wege der Vervielfältigung, z. B. beim Upload, Browsing und Download, ist ein deutsches Gericht danach international zuständig, wenn sich in Deutschland die rechtswidrige Vervielfältigungshandlung ereignet hat, also die Verkörperung des Werkes dort bewirkt **70**

---

66 Zur Lokalisierung der einzelnen Tathandlungen im Internet vgl. die Darstellung von *Gesmann-Nuissl*, in: Ensthaler/Bosch/Völker, Handbuch Urheberrecht und Internet, 2002, S. 412 ff.
67 Vgl. *Junker*, in: MünchKomm-BGB, Art. 40 EGBGB Rn. 28 f.
68 Dazu ausführlich *Gesmann-Nuissl*, unten, Kap. 8.

Kap. 2 Urheberrechtlich geschützte Gegenstände

wurde. Dies ist auf der Anbieterseite dann der Fall, wenn der Serverstandort als der Ort des Einscannens oder Eingebens von Texten, Bildern, Fotos, Musikwerken und Filmsequenzen oder des Heraufkopierens von Computerprogrammen in Deutschland liegt; auf der Nutzerseite, wenn sich in Deutschland der Ort befindet, an dem das Material aus dem Netz auf die Festplatte oder einen anderen Datenträger heruntergeladen, die Inhalte ausgedruckt oder nur kurzfristig – wie beim Browsen – im Arbeitsspeicher des Nutzerrechners abgelegt werden.

B. Besondere Bestimmungen für Computerprogramme

I. Einführung

71   Im „Grünbuch über Urheberrecht" von 1988 wurde von der Kommission ein urheberrechtlicher Schutz für die Computerprogramme vorgeschlagen. Angestrebt war ein europaweit einheitlicher Schutzmaßstab. Als Schutzvoraussetzung wurde die „Originalität" benannt. 1989 hat die Kommission dann einen Vorschlag für eine entsprechende Richtlinie vorgestellt. Nach zahlreichen Veränderungen kam es dann zur Richtlinie 91/250/EWG vom 14.5.1991.[69] Diese Richtlinie wurde durch das 2. Urheberrechtsänderungsgesetz vom 9.6.1993 umgesetzt und in der bis heute bestehenden Form in das Urheberrechtsgesetz aufgenommen. Die Richtlinie wurde in der Literatur vielfach als Antwort der Europäischen Kommission auf die Rechtsprechung des BGH, insbesondere die Inkassoprogramm-Entscheidung beurteilt. Wie bereits dargelegt, ging auch die Kommission davon aus, dass die höchstrichterliche Rechtsprechung in Deutschland besondere Anforderungen an den Programmschutz stellt. Insofern heißt es auch in Richtlinie und deutschem Gesetzestext, dass Computerprogramme geschützt werden, „wenn sie individuelle Werke in dem Sinne darstellen, dass sie das Ergebnis der eigenen geistigen Schöpfung ihres Urhebers sind". Zur Bestimmung ihrer Schutzfähigkeit sind keine anderen Kriterien, insbesondere nicht qualitative oder ästhetische, anzuwenden. Der Begriff „Ästhetik" ist auch im Hinblick auf die BGH-Rechtsprechung aufgenommen worden. In seiner Inkassoprogramm-Entscheidung aus dem Jahr 1985 spricht der BGH von einem „geistig-ästhetischen" Gehalt,[70] der gerade nicht Voraussetzung für die Schutzfä-

---

69 ABlEG Nr. L 122 vom 17.5.1991, GRUR Int. 1991, 545 ff.
70 BGH, 9.5.1985, I ZR 52/83, GRUR 1985, 1041 – Inkassoprogramm.

higkeit sein soll. Der BGH hat diesen Begriff vielmehr dahingehend verstanden, dass damit Individualität, eigenschöpferische Leistung oder Ähnliches gemeint ist. Eindeutig nicht beabsichtigt sei dagegen, dass hier die „Schönheitssinne" angesprochen werden sollen, also der urheberrechtliche Werkbegriff auf die Bereiche Kunst, Belletristik u. Ä. beschränkt werden sollte.[71]

Richtlinie und deutscher Gesetzestext haben im Hinblick auf das deutsche Urheberrecht nach den gerade zitierten Inhalten nur klarstellende Bedeutung. Qualitative Kriterien sind auch von der höchstrichterlichen Rechtsprechung, wie ausgeführt, niemals im Urheberrecht verlangt worden. Ästhetische Anforderungen gehörten schon zur Zeit der Inkassoprogramm-Entscheidung der Vergangenheit an, im Grunde genommen seit 1907, als Josef Kohler den Begriff der „inneren Form" geprägt hat. Nach dieser Einordnung ist der urheberrechtliche Schutz auch außerhalb des ästhetischen Gehaltes somit bei „reinen Verstandeswerken" möglich. 72

Richtlinie und deutscher Gesetzestext (§ 69a Abs. 2 UrhG) unterscheiden auch zwischen Ideen und Grundsätzen, die einem Element eines Computerprogramms zugrunde liegen und erklären diese für nicht schützbar. Das bedeutet, dass es auch im wissenschaftlichen Bereich bzw. beim gesellschaftlich bedeutsamen Know-how weiterhin die Unterscheidung zwischen der Lehre und der konkreten Art der Anwendung der Lehre gibt. 73

Nun darf man aber Richtlinie und deutsches Ausführungsgesetz nicht dahin interpretieren, dass die Lehre „an sich" schutzunfähig ist, aber ihre konkrete Anwendung in einem lauffähigen Programm Schutz erfahren kann.[72] Das ist schon deshalb nicht richtig, weil eine mathematische Lehre oder eine Lehre, die sich mathematisch darstellen lässt, immer in Form eines konkret im Universalrechner verwendungsfähigen Algorithmus dargestellt werden kann. Eine wissenschaftliche Lehre ist urheberrechtlich aber in jeder Form frei, unabhängig ob sie in Druckform dargestellt wird oder in programmtechnisch aufbereiteter Form. Naheliegender ist die Auslegung, dass entsprechend den allgemeinen urheberrechtlichen Anforderungen die Lehre und die sich aus der Lehre für den Fachmann ergebenden Anforderungen frei bleiben müssen und nur die eigentümliche Verwendung der Lehre geschützt werden kann. So heißt es denn auch in den Standardkommentaren, schutz- 74

---

71 Vgl. insoweit die Darstellung von *G. Schulze*, GRUR 1985, 997, 1001.
72 In diese Richtung könnte allerdings BGH, 4.10.1990, I ZR 139/89, GRUR 1991, 449, 453 – „Betriebssystem" interpretiert werden; der BGH unterscheidet hier zwischen Algorithmus, Ideen und mathematischen Lehren als solchen. Dieses wird dahin ergänzt, dass über den Schutz die Art und Weise der Implementierung entscheidet. Demnach ist es wieder die originelle Art und Weise des Einsatzes der Lehre, die sie in dieser Form schützbar macht.

Kap. 2 Urheberrechtlich geschützte Gegenstände

fähig könne die konkrete Anwendung (der Lehre) in einem Programm, die Art und Weise ihrer Implementierung und Verknüpfung sein.[73]

75 Die grundlegende Voraussetzung für den Schutz ist nach der Richtlinie und nach § 69a Abs. 3 UrhG, dass es sich bei den Computerprogrammen in jedem Fall um „individuelle Werke" des Urhebers handeln muss. Es gibt somit keinen Unterschied hinsichtlich der Werkqualität zwischen Computerprogrammen und anderen Werkarten; § 2 Abs. 2 UrhG ist nach wie vor der Maßstab. Richtlinie und § 69a UrhG haben nur eine klarstellende Bedeutung, nämlich, dass es keine Qualitätsmaßstäbe im Urheberrecht geben darf, und dass auch nicht mehr ein ästhetischer Gehalt (früher: ästhetischer Überschuss) verlangt werden kann.

76 Soweit die technische Möglichkeit für alternative Softwareentwicklung besteht, entfallen die eigentlichen Gründe für die Schutzverweigerung. Diese Betrachtungsweise ist rechtsdogmatisch begründbar. Bei den künstlerischen, ästhetisch wahrnehmbaren, Schöpfungen gibt es deshalb kein berechtigtes Freihaltungsinteresse, weil der künstlerische Formenschatz nicht aufbrauchbar erscheint.

77 Die ursprüngliche Rechtsprechung des BGH hätte sich so, wie durch Inkassoprogramm und Betriebsprogramm begonnen, weiterentwickeln können. Wohl unter dem Eindruck der Literatur, welche dem BGH vorgeworfen hat, hier Qualitätsmaßstäbe, die auch noch weit überzogen sind, angesetzt zu haben, hat der BGH seine Rechtsprechung verändert. Die neue Rechtsprechung steht in Übereinstimmung mit der Literatur, die Richtlinientext und deutschen Gesetzestext vielfach dahin interpretiert, dass nur noch geringe Anforderungen an die Schöpfungshöhe und an die Individualität gestellt werden sollen. Als Maßstab soll die sogenannte „kleine Münze" dienen.[74] In seiner „FASH"-Entscheidung aus dem Jahre 2005 stellt der BGH für die Ge-

---

73 So *Loewenheim*, in: Schricker/Loewenheim, Urheberrecht, 4. Aufl. 2010, § 69a Rn. 10 f. über die dort genannten Freiräume für individuelle Programmentwicklungen: Auswahl der Eingangs- und Ausgangsgrößen, Anpassung, Abwandlung von Algorithmen bei der Strukturierung von Daten und der Formulierung der für die Nutzung, Wartung und Weiterentwicklung nötigen und nützlichen Zusatzinformationen unter Hinweis auf BGH, 4.10.1990, I ZR 139/89, GRUR 1991, 449, 452 – Betriebssystem; BGH, CR 1993, 752, 754 f. – Buchhaltungsprogramm, und schließlich BGH, GRUR 2005, 860, 861 – FASH 2000. Siehe auch *Hoeren*, in: Möhring/Nicolini, Urheberrecht, 3. Aufl. 2014, § 69a Rn. 2 ff., Rn. 10 ff.; *Dreier*, in: Dreier/Schulze, UrhG, 5. Aufl. 2015, § 69a Rn. 19 ff.

74 BGH, 14.7.1993, I ZR 47/91, GRUR 1994, 39 – Buchhaltungsprogramm; BGH, GRUR 2005, 280 – FASH 2000; OLG Karlsruhe, GRUR 1964, 726 – Bildschirmmaske; *Loewenheim*, in: Schricker/Loewenheim, Urheberrecht, 4. Aufl. 2010, § 69a Rn. 19; *Grützmacher*: in Wandtke/Bullinger, Praxiskommentar UrhR, 4. Aufl. 2014, § 69a Rn. 33.

währung des Schutzes auf die „kleine Münze" ab. Lediglich die einfache, routinemäßige Programmierleistung, die jeder Programmierer auf dieselbe oder ähnliche Weise erbringen würde, soll schutzlos bleiben. Er stellt fest, dass eine „besondere" schöpferische Gestaltungshöhe für die Schutzfähigkeit nicht erforderlich ist. Das Gesetz stelle vielmehr darauf ab, dass es sich um eine individuelle geistige Schöpfung handelt und daher, es sei wiederholt, sei auch die „kleine Münze" geschützt. Wo der Bereich der „kleinen Münze" zu suchen ist, wird nicht gesagt. Der BGH kehrt auch hier insofern an die Anfänge der Diskussion über den urheberrechtlichen Schutz zurück und urteilt dahin, dass bei komplexen Computerprogrammen eine tatsächliche Vermutung für eine hinreichende Individualität bei der Programmgestaltung bestehe. In derartigen Fällen sei es dann Sache des Beklagten, darzulegen, dass das fragliche Programm nur eine gänzlich banale Programmierleistung ist.[75] Ähnliches hatte auch *Koehler* schon 1968 in seiner Dissertation ausgeführt. Bereits bei Rechnerprogrammen, die zumindest aus 500 bis 1.000 Befehlsschritten bestehen, sei ein hinreichender Spielraum für individuelle Entscheidungsfreiheit gegeben.[76]

Gelöst ist durch diese Vermutungsregelung im Hinblick auf materiell-rechtliche Fragen selbstverständlich nichts. Es ist, wie zu Beginn erörtert, die Frage zu stellen, wo der Bereich der freizuhaltenden Lehre endet und wo der Bereich beginnt, der zumindest im Sinne der „kleinen Münze" noch hinreichend individuell und nicht lediglich handwerkliches Abarbeiten ist. Insofern hat immer noch das Bedeutung, was in der Literatur noch vor der Inkassoprogramm-Entscheidung von Gernot Schulze zum Bereich der „kleinen Münze" gesagt wurde: Auch im Bereich der „kleinen Münze" des Urheberrechts gibt es kaum Platz für die Computerprogramme; die Zweckbedingtheit und die Befolgung von Anweisungen sind schutzverneinende Indizien.[77] Was aus wissenschaftlichen Gründen in der gebotenen Form notwendig, durch die Verwendung der im fraglichen technischen Bereich regulären Ausdrucksweise üblich oder zur Lösung einer Aufgabe bereits vorgegeben ist, oder was mechanisch-technisch bedingt ist, kann nicht Gegenstand der

78

---

75 BGH, GRUR 2005, 860 – FASH 2000; ebenso BGH FASH, GRUR 2015, 784-Objektcode; noch weitergehend hinsichtlich der Darlegungslast des Beklagten BGH, GRUR 2013, 509, Rn. 24 f., 28 – UniBasic-IDOS: Die Darlegungslast dafür, dass das Programm lediglich banale Programmierleistungen enthalte bzw. nur fremdes Programmschaffen enthält, trägt der Beklagte auch dann, wenn unstreitig vorbekannte Komponenten übernommen wurden.
76 *Koehler*, Der urheberrechtliche Schutz der Rechenprogramme, München 1968, S. 68.
77 Die „kleine Münze" und ihre Abgrenzungsproblematik bei den Werkarten, *Freiburg* 1993, S. 256 ff.; so auch in damaliger Zeit *Zahn*, GRUR 1978, 207; *Betten*, Mitt. 1983, 82, 70 und *Nordemann*, in: FS Roeber, 1982, 297, 304.

Kap. 2 Urheberrechtlich geschützte Gegenstände

„kleinen Münze" sein, sondern hat aus dem urheberrechtlichen Bereich auszuscheiden.

79 Die Weichenstellung für die Schutzbegründung oder die Ablehnung des urheberrechtlichen Schutzes erfolgt regelmäßig im Zusammenhang mit dem Algorithmusbegriff.

80 In der deutschen Literatur wird bei der Interpretation des Richtlinien- und Gesetzestextes der Begriff Algorithmus differenziert ausgelegt. Entsprechend dem Normbefehl, dass Ideen und Grundsätze nicht schützbar sind, werden die Algorithmen höherer Allgemeinheitsstufe[78] von den einfachen, vielfach austauschbaren Algorithmen differenziert. Das ist zutreffend. Ein Ausschluss aller Algorithmen vom Urheberrechtsschutz wäre falsch, weil damit die vollständige Schutzverweigerung für Computerprogramme verbunden wäre; das wäre mit dem Gesetz nicht vereinbar. Ein Programm besteht aus nichts anderem als solchen Algorithmen. Soweit es sich dabei um Algorithmen handelt die nicht Wiedergabe oder Weiterentwicklung mathematischer bzw. informationstechnischer Lehren sind, die auch nicht zum Zwecke der handwerklichen Ausgestaltung dem Softwareengineering entnommen sind, ist der urheberrechtlichen Schutz möglich. Bei alledem bleibt aber die Frage, ob es algorithmische Lösungselemente gibt, die weder handwerklicher Nachvollzug der Lehren des Softwareengineerings und auch nicht Anwendung oder Weiterentwicklung von wissenschaftlichen Lehren sind.

81 Hinsichtlich der Einteilung der Algorithmen könnte wie folgt differenziert werden: Algorithmen mit der Eigenschaft (Fähigkeit) Basisalgorithmen oder Komplexalgorithmen zu sein,[79] also Grundlagen- und vielfach verwendbare Algorithmen, müssen aus dem urheberrechtlichen Schutz regelmäßig ausscheiden. Algorithmen, die sich naheliegend aus der Informatik bzw. dem Software-Engineering ableiten lassen, fehlt die persönlich geistige Schöpfung. Die dann noch verbleibenden Algorithmen müssen zumindest einzelne Elemente originellen Schaffens aufweisen und in Abgrenzung zu den o.g. Basis- bzw. Komplexalgorithmen dürfen sie für ihre Einsatzgebiete nach dem Stand der Informationstechnik keine Monopolwirkung haben; es muss alternative Lösungsmöglichkeiten geben.

82 Das zuletzt genannte Argument hat große Bedeutung für das Immaterialgüterrecht. Bei einer derart langen Schutzdauer, wie das Urheberrecht sie gewährt, gilt es Monopolstellungen zu vermeiden. Im Bereich der Verstandes-

---

78 *Loewenheim*, in: Schricker/Loewenheim, Urheberrecht, 4. Aufl. 2010, § 69a Rn. 12; vgl. auch *Haberstumpf*, Handbuch des Urheberrechts § 69a Rn. 9; *Grützmacher*, in: Wandtke/Bullinger, Praxiskommentar UrhR, 4. Aufl. 2014, § 69a Rn. 27 ff.
79 Zu den Begriffen s. *Ensthaler/Möllenkamp*, GRUR 1994, 151 ff.

B. Besondere Bestimmungen   Kap. 2

werke, zu denen die Computerprogramme gehören, sollte die Schutzfähigkeit davon abhängen, ob es möglich ist, alternative Lösungsmöglichkeiten zu entwickeln. Dies ist sicher keine willkürliche Anforderung, sondern sie entspricht den Grundlagen des Urheberrechts, nach denen die lange Schutzdauer dadurch gerechtfertigt war, dass der ursprünglich nur geschützte ästhetisch wahrnehmbare Bereich quasi unerschöpflich, vielfach austauschbar ist.

II. Zustimmungsbedürftige Handlungen

§ 69c UrhG weist dem Urheber oder seinem Rechtsnachfolger, das ausschließliche Recht zur Vervielfältigung, zur Umarbeitung und Verbreitung der Computerprogramme zu. Durch die Norm wurde Art. 4 der Computerprogramm-Richtlinie der EU in deutsches Recht umgesetzt.[80] § 69c UrhG beinhaltet eine Sondervorschrift für Computerprogramme, welche den Regelungen der §§ 15ff., 19a, 23 UrhG vorgeht. Dies bedeutet, dass § 69c UrhG nicht zur Auslegung der letztgenannten Vorschriften herangezogen werden kann.[81] Das hat insbesondere für die Reichweite des Vervielfältigungsrechts Bedeutung, das in § 69c Nr. 1 UrhG – der besonderen Interessenlage bei den Programmen folgend – sehr weit gefasst wurde.   83

Gemäß § 137d UrhG ist § 69c UrhG auch auf die Programme anwendbar, die vor Umsetzung der Richtlinie (vor dem 24.6.1993) geschaffen wurden. Das Vermietungsrecht nach Nr. 3 erstreckt sich allerdings nicht auf Programmkopien, die zu Vermietungszwecken vor dem 1.1.1993 erworben wurden (§ 137d Abs. 1 Satz 2 UrhG).   84

Die rechtliche Stellung von Urhebern im Arbeits- und Dienstverhältnis ist durch § 69b UrhG geregelt. Dem Arbeitgeber stehen die ausschließlichen Rechte am Programm zu, wenn der Arbeitnehmer das Programm in Ausübung seiner Tätigkeit oder nach den direkten Anweisungen seines Arbeitgebers geschaffen hat.   85

1. Vervielfältigungsrecht

§ 69c UrhG zielt darauf ab, dem Rechtsinhaber einen weitestmöglichen Schutz zu gewährleisten. „Das Gesetz ist ersichtlich um eine wasserdichte Sicherung der Befugnisse des Rechtsinhabers bemüht".[82] Eine eigenständi-   86

---

80 Richtlinie 91/250/EWG, ABlEG Nr. 122 v. 7.5.1991, 42; abgedruckt auch in GRUR Int. 1991, 545.
81 *Loewenheim*, in: Schricker/Loewenheim, Urheberrecht, 4. Aufl. 2010, § 69c Rn. 1.
82 *Vinck*, in: Fromm/Nordemann, Urheberrecht, 11. Aufl. 2014, § 69c Rn. 3.

Ensthaler   49

Kap. 2 Urheberrechtlich geschützte Gegenstände

ge, von § 16 UrhG losgelöste Definition des Begriffs „Vervielfältigung" wird jedoch nicht geboten, sodass zunächst von § 16 UrhG auszugehen ist. Vervielfältigung ist die körperliche Festlegung des Programms auf einem Datenträger. In Übereinstimmung mit § 16 UrhG ist in § 69c Nr. 1 Satz 1 UrhG festgelegt, dass die Vervielfältigung nicht dauerhaft zu sein braucht. Für die Computerprogramme sollte damit klargestellt werden, dass ein Programm – unter Umgehung der entsprechenden Lizenzverträge – nicht etwa gleichzeitig auf mehreren Bildschirmen benutzt werden darf.[83]

87 Nach § 69c Nr. 1 Satz 2 UrhG ist, soweit „das Laden, Anzeigen, Ablaufen, Übertragen oder Speichern des Computerprogramms eine Vervielfältigung erfordert", die Zustimmung des Urhebers erforderlich. Diese Umschreibung ist einerseits schon tautologisch, zeigt aber andererseits deutlich auf, dass der Gesetzgeber keine Einschränkung des Vervielfältigungsrechts im Hinblick auf die Computerprogramme wollte, sondern im Gegenteil eine extensive Auslegung des Begriffs „Vervielfältigung" für richtig hielt.

88 Die h.M. in der Literatur geht deshalb mit Recht davon aus, dass bei allen Zweifelsfragen darauf abzustellen ist, ob durch die erneute körperliche Fixierung des Programms eine zusätzliche Nutzung des Computerprogramms ermöglicht wird; m.a.W.: Die Interpretation des Vervielfältigungsrechts soll sich am Partizipationsinteresse des Urhebers bzw. seiner Rechtsnachfolger an der Verwertung des Schutzrechts orientieren.[84] Eine urheberrechtlich relevante Vervielfältigung liegt vor, wenn durch die körperliche Festlegung des Programms oder seiner schutzfähigen Teile eine zusätzliche Nutzungsmöglichkeit ermöglicht wird.[85]

89 Deutlich in diese Richtung ging auch Art. 5 Abs. 1 des Richtlinienvorschlages zur Harmonisierung bestimmter Bereiche des Urheberrechts und verwandter Schutzrechte in der Informationsgesellschaft vom Dezember 1997 (97[KOM]628), der darauf abstellte, ob technische Vervielfältigungshandlungen eine eigenständige wirtschaftliche Bedeutung haben. Damit sollten die Fälle entschieden werden, bei denen zwar eine erneute Festlegung durchgeführt wurde, diese aber wenig mit einer Vervielfältigung im Sinne des „klassischen" Vervielfältigungsrechts nach § 16 UrhG gemein hatte. Beispielhaft hierfür ist der Fall, dass die Programme durch (vorübergehendes) Einspeichern auf dem Arbeitsspeicher lediglich benutzt oder auf dem Bildschirm sichtbar gemacht wurden, die Speicherung aber nur flüchtig

---

83 Amtl. Begründung BT-Drs. 12/4022, S. 11.
84 Vgl. *Loewenheim*, in: Schricker/Loewenheim, Urheberrecht, 4. Aufl. 2010, § 69c Rn. 6.
85 Vgl. so auch *Lehmann*, FS Schricker, 1995, S. 565; *Dreier*, in: Schricker, Urheberrecht auf dem Weg zur Informationsgesellschaft, 1997, S. 104; *Harte-Bavendamm*, in: Gloy/Loschelder, Handbuch des Wettbewerbsrechts, 3. Aufl. 2005, § 43 Rn. 216.

B. Besondere Bestimmungen Kap. 2

war, das heißt, mit dem Ausschalten des Rechners beendet wurde. Diese Fälle sind eher einer unkörperlichen Verwertung, z.B. bei der Vorführung eines Films nach § 19 Abs. 4 UrhG oder beim verwertungsrechtlich irrelevanten „Blättern" in einem Buch, vergleichbar. Sie sind andererseits wegen der technischen Notwendigkeit, zumindest den Arbeitsspeicher des Computers zu benutzen, dem Vervielfältigungsbegriff grundsätzlich zugänglich und sollten auch Vervielfältigung im urheberrechtlichen Sinne sein, soweit hierdurch eine wirtschaftlich verwertbare Nutzung möglich erscheint. Rechtsdogmatisch sollte § 69c UrhG demnach so ausgelegt werden, dass jede technische Vervielfältigung auch Vervielfältigung im Rechtssinne ist, soweit durch diese Vervielfältigung ein vermarktungsfähiger wirtschaftlicher Nutzen zugunsten des Vervielfältigers entsteht. So jedenfalls sind die Standardkommentierungen zum Urheberrechtsgesetz zu verstehen.[86]

Die Richtlinie „zur Harmonisierung bestimmter Aspekte des Urheberrechts **90** und der verwandten Schutzrechte in der Informationsgesellschaft" vom 22.5.2001[87] sieht eine Anpassung der Vervielfältigungsrechte auf die digitalen und maschinellen Besonderheiten vor und definiert Vervielfältigung in Übereinstimmung mit § 69c UrhG. Es genügt danach auch die nur vorübergehende Übertragung auf den Arbeitsspeicher eines Rechners (Art. 2 RL). Das Vervielfältigungsrecht wird anschließend jedoch – mit Ausnahme der Computerprogramme (Art. 1 (2) a)) – wieder eingeschränkt. Art. 5 (1) RL bestimmt: „Die in Artikel 2 bezeichneten vorübergehenden Vervielfältigungshandlungen, die flüchtig oder begleitend sind (…) und deren alleiniger Zweck es ist, eine Übertragung zwischen Dritten oder eine rechtmäßige Nutzung eines Werkes (…) zu ermöglichen, und die keine eigenständige wirtschaftliche Bedeutung haben, werden von dem Vervielfältigungsrecht ausgenommen."

Durch das Gesetz „zur Regelung des Urheberrechts in der Informationsge- **91** sellschaft"[88] ist diese Regelung nahezu wörtlich als § 44a ins Urheberrechtsgesetz übernommen wurden. Bei richtlinienkonformer Auslegung hilft jedoch § 44a UrhG bei der Problematik der Computerprogramme nicht weiter. Nach Art. 1 (2) der RL bleiben die gemeinschaftsrechtlichen Bestimmungen „über den rechtlichen Schutz von Computerprogrammen" unberührt. § 69c UrhG setzt Art. 4 der sogenannten Computerrichtlinie um und beruht demnach auf Gemeinschaftsrecht, das in „keiner Weise" durch die neue Richtlinie zum Vervielfältigungsrecht „beeinträchtigt" sein soll.

---

86 Vgl. *Loewenheim*, in: Schricker/Loewenheim, Urheberrecht, 4. Aufl. 2010, § 69c Rn. 6 ff.; *Vinck*, in: Fromm/Nordemann, Urheberrecht, 9. Aufl. 1998, § 69c Rn. 3; *Dreier*, in: Dreier/Schulze, UrhG, 5. Aufl. 2015, § 69c Rn. 8.
87 ABlEG Nr. L 167 vom 22.6.2001, S. 10 bis 19.
88 BT-Drs. 15/38 v. 6.11.2002.

Kap. 2 Urheberrechtlich geschützte Gegenstände

92 Zwischen berechtigter Werkinformation und unberechtigter Werknutzung muss anhand der wirtschaftlichen Bedeutung unterschieden werden. In den meisten Fällen wird es sich so verhalten, dass von vorneherein eine berechtigte Nutzung vorliegt. Im Übrigen ist die Sichtung auf dem Bildschirm dem Blättern in einem Buch vergleichbar und stellt somit keine Vervielfältigung dar. Eine lediglich formale Betrachtung führt hingegen zu schwer nachvollziehbaren Ergebnissen.

93 Die Ansicht der herrschenden Meinung, dass auf eine zusätzliche Nutzungsmöglichkeit abzustellen ist, ist durch eine richtlinienkonforme Interpretation des Gesetzes gedeckt, welches dem Urheber einen weitreichenden Schutz einräumen wollte. Einschränkungen können sich aber auch aus einer interessengerechten Abgrenzung der Werkart „Computerprogramme" zu anderen digitalisierten Werken ergeben. Nicht alles, was digital aufbereitet im Arbeitsspeicher geladen werden kann, ist ein Computerprogramm i. S. d. §§ 69a ff. UrhG, auch wenn die Digitalisierung programmierungstechnisch erklärbare Eigenarten enthält. Das Blättern in einem Buch ist sicherlich keine Verletzung eines Urheberrechts, ebenso wenig kann dann das Betrachten eines digital aufbereiteten Manuskriptes auf dem Bildschirm, trotz des Ladevorgangs im Arbeitsspeicher des Rechners, unter § 69c UrhG fallen. Schwierig wird die Beurteilung dann, wenn ein „in gewöhnlicher" Sprache verfasstes Manuskript nicht nur 1:1 digital aufbereitet, sondern programmtechnisch so bearbeitet wurde, dass es dem Leser bei der Suche nach Informationen durch das Setzen bestimmter Links etc. besonders oder jedenfalls anders, als es herkömmliche Register und Stichwortverzeichnisse vermögen, behilflich ist.

94 Schwer zu kategorisieren ist die sogenannte Cad-Software. Lediglich digitalisierte Konstruktionszeichnungen sind sicher keine Programme; soweit die Konstruktionselemente im Rechner nicht nur gezeigt, sondern auch „bewegt" bzw. vielfach verknüpft werden können, sind sie softwaretechnisch bearbeitet und somit Programme. Dies gilt besonders für die im Zusammenhang mit dem additiv generativen Fertigungsverfahren (sogenanntes 3D-Verfahren) digitalisierten Cad-Daten, soweit diese mit der den Drucker anweisenden Treibersoftware verbunden werden.

95 Rechtsdogmatisch ist gefordert, dem besonderen Schutzbedürfnis der Programme, dem der Gesetzgeber in § 69c UrhG nachgekommen ist, eine restriktive Interpretation des Begriffs Computerprogramm gegenüberzustellen, weil andernfalls die Sondervorschrift des § 69c UrhG in weiten Bereichen den § 16 UrhG verdrängen würde, was auch im Hinblick auf das Schutzinteresse des Urhebers vom Gesetzgeber nicht gewollt war. Eine einschränkende Interpretation von § 69c UrhG im Hinblick auf die Abgrenzung digitalisierter Werke und Computerprogramme ist deshalb angezeigt. Am rein tech-

nischen, informations- bzw. softwaretechnischen Geschehen orientierte Abgrenzungen werden hierbei kaum weiterhelfen, weil die Informatik bzw. das Software-Engineering mittlerweile zahlreiche Hilfsmittel für die Darstellung eines Sprachwerkes in digitaler Form zur Verfügung gestellt hat, ähnlich der einer Umgangssprache zugrunde liegenden Grammatik oder vergleichbar den Organisationstechniken, die zum Beispiel einem Stichwortverzeichnis zugrunde liegen. Sachgerecht wäre eine Abgrenzung, nach der in diesem Zusammenhang nur Computerprogramm ist, was menschliche Gedankentätigkeit ersetzt und nicht bloß unterstützt. Ein Rückgriff auf den patentrechtlichen Begriff des Computerprogramms wird insofern hilfreich sein.

2. Bearbeitungsrecht

§ 69c Nr. 2 UrhG privilegiert die an den Computerprogrammen Berechtigten gegenüber den übrigen Urhebern. Untersagt wird bereits die Herstellung von Bearbeitungen, während § 23 UrhG im Wesentlichen nur die Veröffentlichung und Verwertung verbietet. Zu den Bearbeitungen gehören auch die Übersetzungen in eine andere (Computer-)Sprache.[89] Der Begriff bezieht sich u. a. auf das Verbinden von Programmen oder Programmteilen und – weit gefasst – andere Umarbeitungen. Das ausschließliche Umarbeitungsrecht des Urhebers wird durch §§ 69d und 69e UrhG eingeschränkt. Die Umarbeitung ist in § 69c Nr. 2 Satz 1 UrhG der Oberbegriff, Übersetzung, Bearbeitung und Arrangements sind Beispiele für das weit gefasste Verbot. Im Verhältnis zu den §§ 23 und 39 ist § 69c Nr. 2 UrhG lex specialis. § 69c Nr. 2 UrhG bezieht sich ebenso wie § 23 UrhG auf alle Umarbeitungen bzw. Bearbeitungen; und zwar unabhängig davon, ob selbst wieder schöpferische Leistungen hervorgebracht werden oder nicht.[90] Für eine Einschränkung ist im Hinblick auf den weit gefassten Schutzbereich von § 69c UrhG auch gar kein Raum. Würden nur schöpferische Bearbeitungen unter § 69c Nr. 2 UrhG fallen, wäre der Schutzbereich geradezu restriktiv gestaltet. Von den Nutzern werden sehr häufig Umarbeitungen angestrebt werden, die keine schöpferischen Leistungen enthalten: Erweiterungen des Funktionsumfanges, die Übertragung in eine andere Sprache, Änderungen zur Portierung auf eine andere Hardware oder ein anderes, neues Betriebssystem. Die Sonderregelung des § 69c Nr. 2 UrhG macht erst dann Sinn, wenn gera-

96

---

89 *Loewenheim*, in: Schricker/Loewenheim, Urheberrecht, 4. Aufl. 2010, § 69c Rn. 12; die Arrangements, vgl. zur Bedeutung dieses Begriffs für die Software *Koch*, NJW-CoR 1994, 293, 300.
90 *Loewenheim*, in: Schricker/Loewenheim, Urheberrecht, 4. Aufl. 2010, § 69c Rn. 13; a. A. *Vinck*, in: Fromm/Nordemann, Urheberrecht, 11. Aufl. 2014, § 69c Rn. 4.

Kap. 2 Urheberrechtlich geschützte Gegenstände

de solche – häufig einfachen – Änderungsbefugnisse beim Urheber bzw. Rechtsinhaber verbleiben.

97 Von § 69c Nr. 2 UrhG abzugrenzen ist die sogenannte freie Benutzung eines vorgeschaffenen Programms (§ 24 UrhG). Sie liegt vor, wenn die dem geschützten älteren Werk entnommenen individuellen Züge gegenüber der Eigenart des neu geschaffenen Werkes verblassen.[91] Hier gibt es keine spezielle Regelung für Computer-Programme. Für die Praxis werden vor allem die Fälle der Abänderungen der Programme im Hinblick auf bestimmte Benutzerwünsche – außerhalb der Befugnisse, die § 69d UrhG dem Nutzer gewährt – von Bedeutung sein. Wie bereits oben ausgeführt, wird es häufig zu Änderungen kommen, die selbst keine schöpferischen Elemente enthalten. Die Veränderungen nicht schutzfähiger Programmelemente bleiben aber auch im Rahmen von § 69c Nr. 2 UrhG erlaubt.[92]

3. Verbreitungsrecht

98 Der Regelungsgehalt von § 69c Nr. 3 UrhG stimmt im Wesentlichen mit dem des Verbreitungsrechts nach § 17 UrhG überein. Verbreitung bedeutet demnach auch hier sowohl das In-Verkehr-Bringen als auch ein entsprechendes Angebot an die Öffentlichkeit. Der Erschöpfungsgrundsatz ist in § 69c entsprechend dem § 17 Abs. 2 geregelt, § 69c Nr. 3 Satz 2 UrhG.

99 Hinsichtlich der Online-Übertragung orientierte sich die herrschende Meinung am Wortlaut von § 15 Abs. 1, § 17 Abs. 1, § 16 Abs. 2 UrhG, wonach eine Verbreitung nur dann vorliegt, wenn das Werkexemplar auf einen Datenträger fixiert ist und dergestalt in Verkehr gebracht wird.[93] Die Online-Übertragung soll demnach keine Verbreitung darstellen, sondern eine Verwertung in unkörperlicher Form, geregelt in § 19a UrhG.[94] Die Auffassung ist überholt. Es macht weder für die Vervielfältigung noch für die Verbreitung einen Unterschied, ob auf eine CD übertragen bzw. diese CD veräußert wird oder aber, ob durch Fernübertragung von einem Rechnerspeicher auf

---

91 BGH, GRUR 1994, 191, 193; gleiche Abgrenzung bei den Computerprogrammen *Harte-Bavendamm*, in: Gloy/Loschelder, Handbuch des Wettbewerbsrechts, 3. Aufl. 2005, § 43 Rn. 219.
92 *Loewenheim*, in: Schricker/Loewenheim, Urheberrecht, 4. Aufl. 2010, § 69c Rn. 16.
93 *Loewenheim*, in: Schricker/Loewenheim, Urheberrecht, 4. Aufl. 2010, § 69c Rn. 25, und *ders.* § 17 Rn. 4; *Dreier*, in: Schricker, Urheberrecht auf dem Weg zur Informationsgesellschaft, 1997, S. 128; *Hoeren*, in: Kilian/Heussen, Computerrechts-Handbuch, 32. Aufl. 2013, Kap. 141, Rn. 12; *Schricker*, FuR 1984, 63/72; *Schulze*, in: Dreier/Schulze, UrhG, 5. Aufl. 2015, § 16 Rn. 6: Vervielfältigung nur bei körperlicher Fixierung.
94 *Dreier*, in: Dreier/Schulze, UrhG, 5. Aufl. 2015, § 69c Rn. 20, und *Schulze*, in: Dreier/Schulze, UrhG, 5. Aufl. 2015, § 17 Rn. 6.

einen anderen übertragen wird. Auch der Erschöpfungsgrundsatz lässt sich sachgerecht anwenden. Erschöpfung tritt ein, sobald das Programm auf dem Empfangsrechner gespeichert ist und auf dem absendenden Rechner gelöscht bzw. unbrauchbar gemacht wurde. Der BGH[95] hat dem EuGH[96] folgend dahin entschieden, dass die Erschöpfung unabhängig der Übergabe des Speichermediums allein durch die Datenübertragung erfolgen kann. Voraussetzung ist aber die Löschung bzw. Unbrauchbarmachung der Software auf dem Rechner des bisherigen Berechtigten. Der BGH hat weiterhin entschieden, dass im Falle vielfach eingeräumter Lizenzen jedes Recht einzeln übertragen werden kann, bzw. dass die Erschöpfung auf jedes lizensierte Nutzungsrecht wirkt.

4. Öffentliche Zugänglichmachung

Durch das Gesetz zur „Regelung des Urheberrechts in der Informationsgesellschaft" wurde dem § 69c UrhG in Nr. 4 als weitere zustimmungsbedürftige Handlung angefügt: „die drahtgebundene oder drahtlos öffentliche Wiedergabe eines Computerprogramms einschließlich der öffentlichen Zugänglichmachung in der Weise, dass es Mitgliedern der Öffentlichkeit an Orten und zu Zeiten ihrer Wahl zugänglich ist." Diese Regelung der „öffentlichen Zugänglichmachung" ist der Regelung des § 19a gleich.

100

5. Erschöpfung

Im Softwarebereich gibt es zahlreiche Sonderprobleme im Hinblick auf den Erschöpfungsgrundsatz. So hatte der BGH über die Vertriebsstrategie von Microsoft im Zusammenhang mit der sogenannten OEM-Software zu urteilen (OEM: „Original Equipment Manufacturer"). Darunter versteht man Vervielfältigungsstücke eines Programms, die im Hinblick auf Ausstattung und Funktion sich zwar nicht von der auch über den Fachhandel zu beziehenden Softwareversion unterscheiden, aber in verbilligter Form an Hardwarehersteller abgegeben werden, die diese dann auf die neuen PCs installieren. Hier wird dann Software und Hardware zusammen verkauft; dadurch soll der Erwerber eines Rechners von Beginn an eine bestimmte Software gewöhnt und auf Dauer als Kunde gewonnen werden. Microsoft hatte nun mit in Europa ansässigen Vertragspartnern die Herstellung von Vervielfältigungsstücken vereinbart, und diese autorisierten Partner waren dann zur Weitergabe der OEM-Versionen an Hardwarehersteller bzw. Zwischenhändler befugt. Mit diesen Hardwareherstellern und Zwischenhändlern hatte

101

---
95 BGH, GRUR 2014, 264 – UsedSoft II, und BGH, GRUR 2015, 772 – UsedSoft III.
96 EuGH, GRUR 2012, 904.

Kap. 2 Urheberrechtlich geschützte Gegenstände

Microsoft vereinbart, dass diese Software nur zusammen mit der Hardware veräußert werden darf. Ein Zwischenhändler hatte die Version isoliert veräußert und wurde verklagt. Die Entscheidungen der Oberlandesgerichte fielen unterschiedlich aus. Der BGH hat schließlich dahin entschieden, dass das Verbreitungsrecht (§ 69c Nr. 3 Satz 2 UrhG und § 17 Abs. 2 UrhG) erschöpft sei. Die Vereinbarung bewirke zwar eine dingliche Beschränkung des Verbreitungsrechts, diese Beschränkung bezieht sich aber nur auf den „Erstverbreiter" und nicht auf den späteren Weitervertrieb. Da der autorisierte Partner von Microsoft mit der entsprechenden Beschränkung an den Zwischenhändler weitergegeben hat, sei das Verbreitungsrecht für den Weitervertrieb erschöpft. Der Zwischenhändler konnte somit seinen Kunden das Urheberrecht an der Software verschaffen.[97] Der BGH hat damit klargestellt, dass eine dingliche Beschränkung des Verbreitungsrechts auch im Rahmen des § 69c Nr. 3 Satz 2 UrhG lediglich auf der Ebene der „Erstverbreitung" wirkt. In der Entscheidung UsedSoft III hat der BGH auf die OEM-Entscheidung Bezug genommen und aus ähnlichen Gründen dort eine dinglich wirkende Beschränkung abgelehnt.[98]

Kein Inverkehrbringen gegenüber der Öffentlichkeit liegt bei rein konzerninternen Warenbewegungen vor.[99]

In der Literatur wird entgegen der Ansicht des BGH die Ansicht vertreten, dass ein Inverkehrbringen auch dann nicht vorliegt, wenn innerhalb vertikaler Vertriebsnetze auf der Grundlage entsprechender schuldrechtlicher Vertragsbeziehungen vom Hersteller weitergegeben wird und eben auf Grund dieser Vertragsbeziehungen eine weitreichende Kontrolle möglich ist.[100] Diese Ansicht ist abzulehnen. Der Erschöpfungsgrundsatz dient der Marktfähigkeit der Immaterialgüter und damit auch dem Schutz der Verbraucher, diese Güter rechtmäßig erwerben zu können. Es ist deshalb mit diesem Regelungsbereich nicht vereinbar, mittels einer zwischen den Parteien bestehenden Vertriebsvereinbarung das Inverkehrbringen auf eine spätere Stufe zu verlagern, um den Erschöpfungsgrundsatz auszuhöhlen.

---

97 BGH, GRUR 2014, 264 – UsedSoft II, im Anschluss an EuGH, 3.7.2012, C-128/11 – UsedSoft; BGH, GRUR 2015, 772 – UsedSoft III.
98 GRUR 2015, 772 – UsedSoft III.
99 Vgl. BGHZ 81, 228 = GRUR 1982, 100 – Schallplattenexport.
100 Vgl. so wohl *Fezer*, GRUR 1999, 99, 105.

B. Besondere Bestimmungen Kap. 2

III. Dekompilierung von Computerprogrammen, § 69e UrhG

1. Einleitung

Die Zulässigkeit des Reverse Engineering und das damit eng verknüpfte 102
Problem mangelnder Interoperabilität von Computerprogrammen war über
lange Zeit ein zentraler Punkt der Diskussion um einen angemessenen rechtlichen Schutz von Computersoftware.[101] Dementsprechend spiegelte sich
diese schwierige Problematik dann in grundlegend voneinander abweichenden Formulierungen in den einzelnen Vorschlägen der EG-Kommission[102]
zur Richtlinie über den Rechtsschutz von Computerprogrammen und den
entsprechenden Änderungswünschen des Europäischen Parlaments[103] wider. Allerdings kann der gefundene Kompromiss des Art. 6 der Richtlinie[104]
– bzw. dessen wortgetreue Umsetzung in das deutsche Urheberrecht, § 69e
UrhG[105] – kaum zufriedenstellen. Die genannte Regelung lässt einige Fragen unbeantwortet, z.B. die nach einer angemessenen Berücksichtigung des
Allgemeininteresses an der Freihaltung wissenschaftlicher Lehren und insbesondere der zugrunde liegenden Ideen und Grundsätzen der Software-Schnittstellen. Weiterhin sind die Bestimmungen des § 69e UrhG geeignet,
einen freien Wettbewerb nachhaltig negativ zu beeinflussen.

2. Grundlagen des Reverse Engineering

Standardsoftware wird, unabhängig davon, ob es sich um System- oder Anwendungsprogramme handelt, ganz regelmäßig in Form eines direkt ausführbaren Objektcodes auf dem Markt angeboten. Dieser für den betreffenden Rechner- bzw. Prozessortyp einzig zu verarbeitende Objektcode in der
jeweiligen Maschinensprache wird im Rahmen der Softwareentwicklung
aus dem ursprünglich in einer höheren Programmiersprache konstruierten
Quellcode mit Hilfe von Übersetzungssoftware (Compiler, Assembler) gewonnen. Quellcode und Objektcode unterscheiden sich dabei nicht in ihrer
Funktionalität, wohl aber in der Darstellung und ggf. auch in der Struktur.
Layout-Aspekte, wie Zeileneinrückungen oder die Hervorhebung von
Schlüsselwörtern in der jeweiligen Programmiersprache fallen der eben beschriebenen Transformation ebenso „zum Opfer" wie die Kommentierung 103

---

101 Vgl. für das europäische und insbes. das deutsche Schrifttum nur die Aufstellung bei *Haberstumpf*, CR 1991, 129 (dort Fn. 1).
102 Vorschlag vom 5.1.1989, ABlEG 1989 Nr. C 91, 4; geänderter Vorschlag vom 18.10.1990, ABlEG 1990 Nr. C 320, 22.
103 ABlEG 1990 Nr. C 231, 78, und Beschluss vom 17.4.1991.
104 ABlEG 1991 Nr. L 122, 42.
105 Umsetzung der Richtlinie durch Gesetz vom 9.6.1993, BGBl. 29/910.

des Codes oder die mehr oder minder sinnhafte Namensgebung für Funktionen, Datenstrukturen und dergleichen. Auch die zuerst im Quellcode verwendete Programmiersprache selbst kann nicht mehr ohne Weiteres anhand des Objektcodes ermittelt werden; gleiches gilt für die im Rahmen der Kompilierung und Assemblierung möglicherweise optimierten Kontrollstrukturen. Der Quellcode besitzt für den Betrachter nur rudimentären Informationsgehalt.

104 Um die Funktionsweise eines Objektcodes oder auch nur seiner Schnittstellen, d.h. derjenigen Codefragmente, die für die Kommunikation (Interoperabilität und Kompatibilität) des Programms mit der Außenwelt (reale oder potenzielle Hard- und Softwareumgebung) verantwortlich sind, zu verstehen, ist die Umkehrung des dargestellten Transformationsprozesses notwendig – jedenfalls dann, wenn kein entsprechendes Dokumentationsmaterial vorliegt. Für die Analyse und Rückübersetzung des Objektcodes („Reverse Analysis", „Reverse Engineering") stehen dabei verschiedene Softwarewerkzeuge und Hilfsmittel zur Verfügung.[106] Sie ermöglichen unter anderem die Protokollierung der Signalkommunikation, das Anfertigen von Hauptspeicherabzügen („dumps") und schrittweise Programmtestläufe („tracing"),[107] insbesondere aber auch die Disassemblierung des Objektcodes. Disassembler leisten die Umwandlung der für den Menschen unverständlichen Maschinencodes in eine nachvollziehbare Codeform, in der z.B. die Trennung von Daten- und Codebereichen und hier wiederum die Aufteilung in einzelne Strukturen und Befehle zu erkennen ist. Relative oder absolute Sprungadressen des Maschinencodes werden durch geeignete Marken ersetzt, Betriebssystemfunktionen können näher erläutert werden usw. Allerdings ist auch das disassemblierte Programm noch weit von dem originären Quellprogramm entfernt. Dieses Manko vermag auch eine weitergehende Dekompilierung nicht vollends zu beseitigen.

105 Decompiler sind Programme, die den Objektcode in den entsprechenden Quellcode einer höheren Programmiersprache übersetzen. Die dabei auftretenden Probleme, insbesondere hinsichtlich der vom Maschinencode zu er-

---

106 Vgl. ausführlich *Johnson-Laird*, Reverse Engineering of Software: separating Legal Mythology from Modern Day Technology, Tek-Briefs, Jan./Febr. 1991, 7.
107 Tracingfunktionen sind in jedem Debugger implementiert. Debugger sind Programme, die in erster Linie zur direkten Fehlersuche im Maschinenprogramm dienen. Mit ihrer Hilfe können insbesondere auch die verschiedenen Registerinhalte betrachtet oder verändert werden. Sie werden quasi zwischen Prozessor und Objektprogramm geschaltet, so dass mit ihrer Unterstützung eine schrittweise Analyse und Protokollierung des Programmverhaltens möglich wird. Dabei ist die „Schrittweite", d.h. der Detaillierungsgrad der Analyse im Allgemeinen variierbar.

füllenden Beschränkungen,[108] haben jedoch dazu geführt, dass Decompiler im Wesentlichen nur für unternehmensinterne Zwecke konstruiert wurden; eine vollständige Dekompilierung von nicht trivialen Objektprogrammen scheint kaum möglich. Die Hauptarbeit des Reverse Engineering liegt mithin in der weitergehenden Analyse des disassemblierten oder teilweise dekompilierten Programmcodes. Der Charakter dieses vorläufigen Quellprogramms ist in der Literatur mit dem einer Tageszeitung verglichen worden, „in der alle Namen, Berufe oder Positionen, Orte und Gegenstände durch Geburtsdatum, Gehalt, Postleitzahl bzw. Verkaufspreis" substituiert sind.[109] Dieser Vergleich ist zurückhaltend formuliert. Es bedarf großer Anstrengungen sowie einiger Intuition und Erfahrung, um die Funktionsweise eines solchen Programms im Detail zu ermitteln. Das gilt im Besonderen für diejenigen Programmteile, die sich nicht regelmäßig wiederholen oder „alltägliche" Algorithmen widerspiegeln.

Trotz allem kann jedoch davon ausgegangen werden, dass sich der Aufwand für die Analyse ganz regelmäßig geringer bemisst als der für die komplette Eigenentwicklung eines Programms. Das gilt umso mehr, je kleiner der Umfang der detailliert zu analysierenden Codefragmente (beispielsweise bei der Ermittlung von Schnittstellen) ist. **106**

Es ist offensichtlich, dass die vorgestellten Techniken und Hilfsmittel dazu geeignet sind, am Markt erhältliche Computerprogramme rückwärts zu analysieren bzw. zu übersetzen und diese nach einigen mehr oder weniger tiefgreifenden Modifikationen als eigenes Produkt zu vermarkten. Diese Vorgehensweise versucht § 69c UrhG zu sanktionieren. § 69c Abs. 1 UrhG bestimmt, dass eine dauerhafte oder vorübergehende, partielle oder umfassende Vervielfältigung von geschützten Computerprogrammen sowie deren Übersetzung ohne Zustimmung des Rechtsinhabers nur dann über den bestimmungsgemäßen Gebrauch einschließlich der Fehlerbeseitigung hinaus erlaubt ist, wenn diese Handlungen erforderlich sind, um die zur Herstellung der Interoperabilität eines unabhängig geschaffenen Programms mit anderen Programmen notwendigen Informationen zu erhalten. Darüber hinaus dürfen diese Handlungen nur vom Lizenznehmer oder anderen zur Verwendung einer Programmkopie berechtigten Personen vorgenommen werden, soweit ihnen die nötigen Informationen nicht anderweitig zugänglich sind, und sie dürfen sich lediglich auf die zur Herstellung der Interoperabilität notwendigen Programmteile beschränken. Darüber hinaus wird die Verwertungsbefugnis der durch die Vervielfältigung und Übersetzung gewonnenen **107**

---

108 Probleme bereitet hier z. B. die Trennung von Daten- und Codepartionen, vielfach muss der Objektcode auch bereits disassembliert vorliegen etc. Vgl. dazu *Hollander*, Decompilation of object programs, Stanford University, 1973.
109 *Lietz*, CR 1991, 564, 567.

Kap. 2 Urheberrechtlich geschützte Gegenstände

Ergebnisse dahingehend eingeschränkt, dass diese Informationen einzig zur Herstellung der Interoperabilität des unabhängig entwickelten Programms verwendet und darüber hinaus auch nicht an Dritte weitergegeben werden dürfen. Daraus resultiert – § 69e Abs. 2 Nr. 3 UrhG formuliert es explizit – das Verbot der Verwendung jener durch das Reverse Engineering gewonnenen Erkenntnisse zur Entwicklung, Herstellung oder Vermarktung eines Programms mit „im Wesentlichen ähnlicher Ausdrucksform".

108 Diese Regelung ist zumindest hinsichtlich der Schnittstellen verfehlt. Nach deutschem Urheberrecht, das insofern auf europäisches Recht zurückgeht, sind die Schnittstellen einerseits (regelmäßig) frei, dürfen aber andererseits mangels Lizenzierung der Software nicht aus dieser heraus gewonnen werden. Die Dekompilierung zu anderen als den in § 69 e ausdrücklich gestatteten Zwecken ist ausnahmslos von der Zustimmung des Schutzrechtsinhabers abhängig. Das kann zu ganz erheblichen Wettbewerbsbeschränkungen führen, auf die die Rechtsprechung von EuG und EuGH bereits reagiert hat; in Rede steht die sogenannte Essential-facility-Rechtsprechung.

3. Die Essential-facility-Rechtsprechung

109 Besondere Bedeutung erlangen die Schnittstellen von Computersoftware in den Fällen, in denen der Hersteller mit seinem Programm den Markt beherrscht. In diesem Fall werden die Schnittstellen für konkurrierende Softwarehersteller zu einer Einrichtung, welche wesentlich ist, um auf dem Markt für Software derselben Systemart überhaupt bestehen zu können. Diese Problematik wurde aktuell im Fall Microsoft behandelt und ist im Bereich der Essential-facility-Rechtsprechung im europäischen Wettbewerbsrecht einzuordnen. Diese bezieht sich nicht ausschließlich auf Softwaremärkte, sondern eine wesentliche Einrichtung ist von der Europäischen Kommission als eine „Einrichtung oder Infrastruktur, ohne deren Nutzung ein Wettbewerber seinen Kunden keine Dienste anbieten kann" definiert worden.[110] Dem Missbrauch von Marktmacht im Sinne von Art. 102 AEUV soll nach der Doktrin dadurch entgegengetreten werden, indem der Zugang zu der wesentlichen Einrichtung Dritten im Wege einer Zwangslizenz gewährt wird. Die Voraussetzungen hierfür sollen anhand insofern grundlegender Entscheidungen der europäischen Gerichte dargestellt werden.

110 1995 legte der EuGH in der Entscheidung des Falls Magill drei Voraussetzungen fest, bei deren Vorliegen – ausnahmsweise – eine Lizenzverweigerung missbräuchlich sein kann: Erforderlich ist danach, dass die Lizenzverweigerung das Auftreten eines neuen Produktes verhindere und dieses Verhalten nicht gerechtfertigt, sondern vielmehr geeignet sei, den Wettbewerb

---

110 Komm, 21.12.1993, ABl. 1994 L 15/8 – Sea Containers/Stena Sealink.

B. Besondere Bestimmungen   Kap. 2

auf einem abgeleiteten Markt zu verhindern.[111] In seinem Urteil zum Fall der IMS Health GmbH aus dem Jahr 2004[112] legte der EuGH darüber hinaus fest, dass die in der Entscheidung Magill aufgestellten Kriterien kumulativ vorliegen müssen: Durch die Zugangsverweigerung muss verhindert werden, dass die betroffenen Unternehmen auf einem nachgelagerten Markt ein neues Produkt anbieten und es muss jeglicher Wettbewerb auf diesem Markt ausgeschlossen werden.[113]

Im Fall Microsoft schließlich findet sich die Problematik des Zugangs zu Schnittstelleninformationen wieder. In diesem Fall stellte die Kommission fest, der Missbrauch einer marktbeherrschenden Stellung nach Art. 102 AEUV liege darin, dass Microsoft die Kompatibilität seiner Software mit der Software konkurrierender Unternehmen durch Geheimhaltung der Schnittstelleninformationen bewusst eingeschränkt habe. Die Schnittstellen bildeten aus der Sicht der Kommission die wesentliche Einrichtung im Sinne der Essential-facilities-Doktrin und der Zugang zu ihnen die unabdingbare Voraussetzung für die Wettbewerber von Microsoft, um auf dem Markt für kompatible Systeme zu bestehen.[114] Microsoft verweigerte ab der Einführung der Windows-Version 2000 den Zugang zu den Schnittstelleninformationen und berief sich auf den urheberrechtlichen Schutz dieser technischen Daten. Microsoft wurde 2007 vom EuG in Bestätigung der Entscheidung der Kommission zur Offenlegung der Schnittstellen verpflichtet.[115] Der EuG sah das Kriterium des neuen Produktes bzw. des nachgelagerten Markts als erfüllt, da die Wettbewerber im Wege der Offenlegung von Schnittstellen lediglich deren Beschreibung, nicht aber deren Anwendung eröffnet bekämen. Sie könnten daher nur ihre eigenen Produkte verbessern, nicht aber die von Microsoft kopieren.[116]

111

Das Gericht sah es als unerheblich an, dass Microsoft auf dem nachgelagerten Markt bereits mit Windows kompatible Software anbot. Es entschied zutreffend, dass es nicht allein darauf ankommen soll, ob es entsprechende Produkte überhaupt gibt; entscheidend soll sein, ob diese Produkte im Inte-

112

---

111 EuGH, 6.4.1995, Rs. C-241 und 242/91, Slg. 1995, 743 – Magill TV Guide.
112 EuGH, 29.4.2004, Slg. 2004, I-5039 – IMS NDC.
113 Wenn auch die Formulierung in der Entscheidung missverständlich ist: „Ein Missbrauch liegt bereits dann vor, wenn...“; siehe dazu Rn. 38 der Entscheidung; außerdem *Heinemann*, GRUR 2006, 710.
114 Die Kommission stellt dabei auf Arbeitsgruppenserver ab, siehe *Fichert/Sohns*, WuW 2004, 910.
115 Entscheidung abrufbar unter: http://curia.europa.eu/juris/document/document.jsf?text=&docid=62940&pageIndex=0&doclang=de&mode=lst&dir=&occ=first&part=1&cid=610322; Zusammenfassung in den Pressemitteilungen der EU IP/04/382.
116 Entscheidung EuG vom 17.9.2007, T-201/04, Rn. 631 ff., 639 ff.

Kap. 2 Urheberrechtlich geschützte Gegenstände

resse der Verbraucher auch unter Wettbewerbsbedingungen angeboten werden. Der EuG hat im Fall Microsoft dementsprechend einen nachteiligen Effekt für die Verbraucher darin gesehen, dass diese mangels ausreichender Interoperabilität praktisch auf die Microsoft-Betriebssysteme beschränkt und damit von der Auswahl anderer, möglicherweise bevorzugter Systeme ausgeschlossen sind.[117] Darüber hinaus ist zu vermuten, dass ohne die Ausweichmöglichkeit auf kompatible Konkurrenzprodukte die Verbraucherpräferenzen für den marktbeherrschenden Anbieter von Software nicht spürbar und daher auch nicht richtungsweisend für Produktverbesserungen sind.

113 Die Ausnahme der Schnittstellen vom urheberrechtlichen Schutz nach deutschem Recht ist nach dem oben gesagten in der besonderen Konstellation der wesentlichen Einrichtung nicht ausreichend, um die Einschränkung des Wettbewerbs durch den Missbrauch von Marktmacht zu verhindern. Mangels einer über § 69e UrhG hinausgehenden Regelung müssen daher die Wertungen der Essential-facility-Rechtsprechung von EuGH und EuG herangezogen werden, um den urheberrechtlichen Schutz von Software-Herstellern nicht über Gebühr auszuweiten und um Situationen von Marktversagen entgegentreten zu können. Die Einbeziehung dieser Rechtsprechung bildet keinen Fremdkörper in der bestehenden Regelungssystematik: Man kann durchaus die Wesentlichkeit der Einrichtung gleichsetzen mit der erforderlichen Unerlässlichkeit der Dekompilierung und ebenso das Kriterium des neuen Produktes mit der Unabhängigkeit des geschaffenen Computerprogramms nach § 69e Abs. 1 Satz 1 UrhG.

IV. „Open Source Software" und „Free Software"

114 Open Source bezieht sich, wie der Name bereits sagt, auf die Offenlegung des Quellcodes eines Computerprogramms (engl. source code).[118] Unter dem Begriff Open Source ist ausschließlich ein Regelungsbereich im Hinblick auf Computersoftware zusammengefasst.

115 In den Anfängen der Softwareentwicklung in den 60er und 70er Jahren gab es bei den Computerprogrammen nahezu keine geheimen Quellformate. Software wurde zu dieser Zeit fast ausschließlich an den Universitäten entwickelt, die ihre Forschungsergebnisse zum Zwecke der Weiterentwicklung Forschern und Programmierern „quelloffen", also unter Offenbarung der Algorithmen zur Verfügung stellten. Durch die mangelnde Anwenderfreundlichkeit[119] bestand auch wenig Interesse nichtforschender Abnehmer,

---

117 Entscheidung EuG vom 17.9.2007, T-201/04, Rn. 652, 664.
118 *Schiffner*, Open Source Software, 2003, S. 15.
119 *Schiffner*, Open Source Software, 2003, S. 58.

B. Besondere Bestimmungen   Kap. 2

wodurch eine Vermarktung kaum möglich und eine Geheimhaltung überflüssig wurde.[120] Jedem Interessierten wurde daher auch ein völlig freies, bedingungsloses Nutzungsrecht an neuer Software eingeräumt.

Das vorläufige Ende dieses Dialogs brachte die Kommerzialisierung des ursprünglich „offenen" Betriebssystems UNIX.[121]   **116**

UNIX wurde in erster Linie vom Telefonmonopolist AT&T genutzt, der in seiner kommerziellen Vermarktung des Systems aufgrund seiner Stellung am Markt stark eingeschränkt war. Dies machte das System bei Universitäten und dort insbesondere bei den sogenannten Hackern beliebt, die es im offenen Dialog weiterentwickelten.[122] Eine Spaltung des Konzerns AT&T 1984 bedingte den Wegfall wettbewerblicher Beschränkungen. Damit verbunden erhöhten sich die Lizenzgebühren für UNIX beträchtlich.[123]   **117**

Die ehemals von Gegenseitigkeit und Offenheit geprägte „Hacker-Kultur"[124] wurde nun endgültig durch eine neue Mentalität abgelöst. Als eine der Leitfiguren dieser neuen Programmiererkultur wurde schon weit vor dem endgültigen Bruch *Bill Gates* ausgemacht. Dieser bezeichnete in seinem 1976 veröffentlichten „An Open Letter to Hobbyists" die damals gängige Praxis der offenen Weitergabe von Programmen als Diebstahl. Die Personen, die Software frei verbreiteten, waren für ihn dieselben Personen, die die Entstehung von guter Software verhindern.[125] Software wurde anschließend zunehmend vermarktet, d. h. der Quellcode wurde als Betriebsgeheimnis geschützt und Interessierte mussten Lizenzen erwerben, um die entsprechende Software nutzen zu können.[126]   **118**

In dieser Situation gründete *Richard Stallman* 1984 das GNU-Projekt[127] als organisierte Reaktion auf die oben beschriebenen Veränderungen. Er beschloss mit Hilfe anderer Programmierer, die seine Überzeugung teilten, ein UNIX-kompatibles Betriebssystem zu entwickeln, auf dem alle UNIX-Programme laufen können, das aber nicht den Restriktionen des AT&T-UNIX unterliegen sollte.   **119**

Die Fertigstellung von LINUX war der Beginn einer Bewegung, die auf den Grundideen und der Philosophie *Richard Stallmans* fußte, und der Anfang   **120**

---

120 *Schiffner*, Open Source Software, 2003, S. 57.
121 Vgl. *Mantz*, in: Lutterbeck/Bärwolf/Gehring, Open Source Jahrbuch 2007.
122 *Jaeger/Metzger*, Open Source Software, 4. Aufl. 2016, S. 11.
123 *Jaeger/Metzger*, Open Source Software, 4. Aufl. 2016, S. 12.
124 *Jaeger/Metzger*, Open Source Software, 4. Aufl. 2016, S. 9.
125 Bill Gates, An Open Letter to Hobbyists, https://upload.wikimedia.org/wikipedia/commons/1/14/Bill_Gates_Letter_to_Hobbyists.jpg, (zuletzt abgerufen am 28.9.2016).
126 *Jaeger/Metzger*, Open Source Software, 4. Aufl. 2016, S. 12.
127 *Jaeger/Metzger*, Open Source Software, 4. Aufl. 2016, S. 12.

Kap. 2 Urheberrechtlich geschützte Gegenstände

der Free-Software. Kerngedanke der „Free Software" (und der „Open Source Software") war die kostenlose Weitergabe des Quellformats,[128] und zwar unter Einräumung einer umfassenden Nutzungsfreiheit.[129] Damit ist die Freiheit gemeint, die Software zu benutzen, sie zu verändern, zu vervielfältigen oder zu verbreiten. Es sollten den Nutzern über das bloße „Betrachten" hinausgehende Rechte eingeräumt werden.

121 *Stallman* selbst formulierte seine Idee folgendermaßen: „Das große Ziel (des GNU-Projektes) ist es, die Freiheit der Nutzer sicherzustellen, indem man ihnen freie Software zur Verfügung stellt und einen möglichst großen Spielraum für die Nutzung (…) bietet".[130]

122 Die rechtlichen Rahmenbedingungen für die Einräumung dieser relativen Nutzungsfreiheit sind in Lizenzen ausgestaltet. Für den freien Bereich, den „Open Source"- Bereich, hat sich im Wesentlichen die, von Richard Stallman entworfene GNU General Public License (GPL) durchgesetzt. Sie ist die weitverbreiteste Lizenz und kann grundsätzlich als Grundtypus eines Großteils von Open Source Lizenzen angesehen werden.[131]

123 Bei der „Free Software" geht es darum, sich möglichst von der wirtschaftlichen Verwertung von Software abzugrenzen und den Nutzern einen weiten Nutzungsspielraum einzuräumen, ohne die Software allerdings der Public Domain zu unterstellen. Die Software ist nicht „unbedingt" frei, sondern frei bei Beachtung bestimmter Anliegen.

124 Das wesentliche Element von GPL ist demnach auch, dass der Quellcode unentgeltlich zur Verfügung gestellt wird. Jedem Nutzer ist es außerdem erlaubt, Änderungen vorzunehmen. Jeder Nutzer muss sich aber auch verpflichten, die von ihm vorgenommenen Bearbeitungen Dritten wiederum unentgeltlich zur Verfügung zu stellen.[132] Die GPLs gelten im Deutschen Zivilrecht als AGB.[133]

125 Wichtiger als die auf die Computerprogramme bezogenen General Public License (GPL) sind die Lizenzentwürfe, die die open content-Bewegung begleiten, weil sie für alle Bereiche, nicht nur für die Computersoftware eingesetzt werden. Sie sollen daher im Folgenden näher dargestellt werden.

---

128 *Schiffner*, Open Source Software, 2003, S. 62.
129 *Schiffner*, Open Source Software, 2003, S. 62
130 *Glyn Moody*, in: Lutterbeck/Bärwolf/Gehring, Open Source Jahrbuch 2008, S. 300.
131 *Jaeger/Metzger*, Open Source Software, 4. Aufl. 2016, S. 27.
132 Vgl. unter www.gnu.org/licenses.
133 Neben der GPL gibt es weitere Lizenzen dieser Art; sie gehen alle von einer Offenlegung des jeweiligen Quellcodes aus; Nachweise unter www.qnu.org/Licenses/licen se-list.html.

1. Open Content

Der Gedanke, der Open Source zugrunde liegt, wurde weiterentwickelt und auf alle urheberrechtlich relevanten Inhalte[134] jeglicher Art[135] ausgeweitet. Da Open Source mit seinen Lizenzen aber für den Softwarebereich entwickelt wurde, waren spezifische Entwicklungen erforderlich. Für diese Bewegung hat sich ganz allgemein die Bezeichnung Open Content[136] etabliert. Gemeinsamer Ausgangspunkt von Open Source und Open Content ist es, urheberrechtlich geschützte Werke, mit relativ wenigen Beschränkungen, jedoch nicht beschränkungsfrei, Dritten zur Verfügung zu stellen.[137] Grundsätzlich sind also beide Bewegungen von dem gleichen bezeichnenden Gemeinschaftsgedanken geprägt,[138] nämlich zu teilen und einen uneingeschränkten Online-Zugang zu den größten Beständen digitalen Wissens zu ermöglichen.[139]

126

Die Open Content Bewegung geht davon aus, dass ein wichtiger Teil der Kreativität auf alten Inhalten beruht.[140] Ihre Anhänger leiten hieraus eine Notwendigkeit des freien Zugangs zu Wissen und Kultur ab, da dieses schließlich nur einen momentan erreichten Zwischenstand darstelle, der aus dem entstanden ist, was bereits an Erkenntnissen erarbeitet wurde.[141]

127

Ein weiterer Gedanke tritt bei Open Content hinzu: Das Gewinnen von Reputation. Lange sind die Zeiten vorbei, in denen die Verbreitung von freien Inhalten nur Internet-Communities vorbehalten war, die aus reinem Idealismus oder Freude an freiwilliger Arbeit ihre Werke als Open Content zur Verfügung stellen.[142] Vielmehr hat die Erlangung eines guten Rufes für Autoren von Open Content Werken einen enorm hohen Stellenwert, der nicht mit der eher geringen Bedeutung dieses Motivs im Open Source Bereich zu vergleichen ist. Die Gründe hierfür sind häufig verschiedenster Art. In erster Linie geht es Schöpfern bei dem Gewinn an Reputation um eine innovative Selbstvermarktung.[143] Häufig spielt hierbei die Aussicht auf größeren wirtschaftlichen Erfolg eine Rolle. So hat beispielsweise *Lawrence Lessig* seine Bü-

128

---

134 *Jaeger/Metzger*, MMR 2003, 431.
135 *Mantz*, in: Lutterbeck/Bärwolf/Gehring, Open Source Jahrbuch 2007, S. 413.
136 *Jaeger/Metzger*, MMR 2003, 431.
137 *Plaß*, GRUR 2002, 670.
138 *Mantz*, in: Lutterbeck/Bärwolf/Gehring, Open Source Jahrbuch 2007, S. 414.
139 *Glyn Moody*, in: Lutterbeck/Bärwolf/Gehring, Open Source Jahrbuch 2008, S. 300.
140 *John*, Open Content Bestandsaufnahme und der Versuch einer Definition, 2006, S. 4.
141 *Brüning/Kuhlen*, Creative Commons-Lizenzen für Open Access-Dokumente, http://www.kuhlen.name/MATERIALIEN/Publikationen2005/Jb-RK-CC-Juelich-vortrag.pdf (Abruf 21.11.2016).
142 *Jaeger/Metzger*, MMR 2003, 432.
143 *Jaeger/Metzger*, MMR 2003, 432.

cher unter einer Creative Commons Lizenz frei zur Verfügung gestellt, d. h. dem Open Content unterstellt. Die Folge war, dass die Verkaufszahlen der gebundenen, kostenpflichtigen Ausgaben seiner Bücher in die Höhe geschnellt sind.

129 Ein weiterer Aspekt der Eigenvermarktung kann sein, dass Schöpfer, die keinen Verwerter für ihre Werke finden oder eine Eigenverwertung vorziehen, ihre Werke dennoch einem breiten Kreis an potenziellen Interessenten zugänglich machen wollen, indem sie sie unter einer Open Content-Lizenz anbieten.[144]

130 Auch in der Wissenschaft, in der die monetäre Entschädigung für ein Werk eher im Hintergrund steht, ist Open Content eine willkommene Möglichkeit den eigenen Namen zu vermarkten.

131 Die hohe Bedeutung der Reputation und Selbstvermarktung für Autoren von Open Content Werken hat zur Folge, dass die persönlichkeitsrechtlichen Aspekte in diesem Bereich eine gewichtigere Rolle spielen als bei proprietärer Software.[145] Gerade, wenn der eigene Name vermarktet werden soll, ist der Wunsch nach einem unverfälschten Werk besonders verständlich.[146] Die Veröffentlichung von qualitativ minderwertigen Modifikationen hat eine negative Auswirkung auf die Reputation des Schöpfers. Daher kann es im Open Content Bereich im Gegensatz zu Open Source durchaus möglich sein, dass zwar die Bearbeitung eines Werkes ausgeschlossen wird, es aber dennoch sinnvoll ist, das Werk unter eine Open Content Lizenz zu stellen. Auch die Offenhaltung der Möglichkeit einer späteren kommerziellen Distribution von kreativen Werken ist im Open Content Bereich gängig. Eine volle Umsetzung des freien Zugangs in Bezug auf Modifikationen, kommerzielle Nutzung und Verwertung bei Open Content kann nicht analog zu Open Source Software geschehen, da sonst aus den oben beschriebenen Gründen zu wenig Anreize für Autoren geschaffen werden, ihr Werk als Open Content zu veröffentlichen.

132 Vielmehr bedarf es hier einer feineren Abstufung der Lizenzmöglichkeiten, um eine bessere Anpassung an die individuellen Bedürfnisse der Urheber zu gewährleisten. Außerdem ist auf der einen Seite dem öffentlichen Interesse gerecht zu werden, den Bereich des Open Contents und des freien Zugangs zu Werken zu vergrößern und auf der anderen Seite sind Anreize für die Autoren zu schaffen, ihre Werke einer Open Content Lizenz zu unterstellen.[147]

---

144 *Jaeger/Metzger*, MMR 2003, 432.
145 *Jaeger/Metzger*, MMR 2003, 431.
146 *John*, Open Content – Bestandsaufnahme und der Versuch einer Definition, 2006, S. 4 ff.
147 Creative Commons, http://www.creativecommons.org.

B. Besondere Bestimmungen Kap. 2

Ebenso wie im Open Source Bereich kann dies auch bei Open Content nur über allgemeingültige „Standard-Lizenzentwürfe" und nicht über individualvertraglich eingeräumte Lizenzen ermöglicht werden.[148] Nur so kann erreicht werden, dass ein relativ großer Nutzerkreis angesprochen wird. 133

Die ersten Entwürfe für Open Content Lizenzen waren werkübergreifender Natur und wurden 1998 und 1999 unter den Bezeichnungen Open Content License und Open Publication License von *David Wiley* geschaffen. 134

Andere bekannte Open Content Lizenzen bezogen sich nur auf spezielle Werkgattungen, wie beispielsweise die GNU Free Documentation License (FDL)[149] für Softwaredokumentationen, die unmittelbar von der Free Software Foundation, der Dachorganisation des GNU-Projekts herausgegeben wird. Ein weiteres Beispiel ist die EFF Open Audio License[150] für Musik. 135

Diese Vielzahl von Open Content Lizenzen schreckt potenzielle Interessenten aufgrund ihrer Undurchsichtigkeit ab und führt zu einer hohen Rechtsunsicherheit auch auf Seiten der Lizenznehmer.[151] 136

Erst die von Lawrence Lessig entworfenen Creative Commons Lizenzen konnten den Interessenausgleich übersichtlicher und effektiver regeln.[152] Heutzutage kommt ihnen schon überwiegend der Rang zu, den die GNU GPL für Open Source genießt. 137

Es gibt insgesamt vier Lizenzarten bzw. vier Module. Diese Lizenzarten können miteinander kombiniert werden: 138

Von grundlegender Bedeutung ist die z. T. unter dem Namen „attribution" vorgestellte Grundversion der Lizenzentwürfe.[153] Diese Basisversion (auch genannt: CC-BY) legt dem Nutzer die geringsten Beschränkungen auf. Die Basislizenz stellt die weitestreichende Übertragung der Verwertungsrechte am Werk dar. Im Hinblick auf das deutsche Urheberrecht darf der Nutzer den gesamten Bereich der Verwertungsrechte, wie er im § 15 UrhG aufgezählt ist, in Anspruch nehmen. 139

---

148 *Plaß*, GRUR 2002, 670.
149 http://www.gnu.org/copyleft/fdl.html.
150 http://www.everything2.com/title/EFF+Open+Audio+License (zuletzt abgerufen am 28.9.2016).
151 *Cramer*, Vom freien Gebrauch von Nullen und Einsen – „Open Content und Freie Software, http://www1.stuttgart.de/stadtbuecherei/druck/oc/cramer_opencontent.htm, S. 9.
152 *Cramer*, Vom freien Gebrauch von Nullen und Einsen – „Open Content und Freie Software, http://www1.stuttgart.de/stadtbuecherei/druck/oc/cramer_opencontent.htm, S. 18.
153 Auch Basislizenz genannt: *Mantz*, GRUR Int. 2008, 20.

Kap. 2 Urheberrechtlich geschützte Gegenstände

140 Zu den Regelungen im Einzelnen:

Nachdem unter der Ziff. 1 (von insgesamt acht Ziffern) zunächst Begriffsdefinitionen erfolgen, wird in Ziff. 2 auf die Schranken des Urheberrechts und darauf verwiesen, dass diese Lizenz (attribution) „sämtliche Befugnisse unberührt lässt, die sich aus den Schranken des Urheberrechts, aus dem Erschöpfungsgrundsatz oder anderen Beschränkungen der Ausschließlichkeitsrechte des Rechtsinhabers ergeben".

141 Dadurch wird klargestellt, dass durch die Lizenz keine Vereinbarung geschlossen werden soll, die über die Rechtstellung, die das Urheberrecht dem Schöpfer gewährt, hinausgeht. Dies entspricht, wie bereits oben gesagt, den Interessen der Open Commons-Bewegung. Während kommerzielle Anbieter, insbesondere von Software, sich in den Lizenzverträgen regelmäßig nicht nur auf die Urheberrechte berufen, sondern auch darauf, dass im Falle eines nicht so weitreichenden Urheberrechtsschutzes durch den Lizenzvertrag entsprechende vertragliche Pflichten vereinbart werden, wird in der Basislizenz gleich zu Beginn darauf hingewiesen, dass keine Rechtspositionen außerhalb des Urheberrechts aufgebaut werden sollen.

142 Für die Rechtsübertragung ist die Ziff. 3 der Basislizenz (attribution) von Bedeutung. In Ziff. 3 werden dann die Verwertungsrechte, wie sie im Einzelnen übertragen werden, aufgezählt:

- Das Recht zu vervielfältigen, zu verbreiten und auszustellen (§§ 16, 17, 18 UrhG);
- Das Recht der Wiedergabe in unkörperlicher Form (§ 19 UrhG);
- Das Recht der öffentlichen Zugänglichmachung: Dies ist das Recht, das Werk drahtgebunden oder eben auch drahtlos (via Internet) der Öffentlichkeit zugänglich zu machen (§ 19a UrhG wurde durch Novelle vom 10.9.2003 in das deutsche Urheberrechtsgesetz eingeführt);
- Das Senderecht (§§ 20 ff. UrhG), das Recht der Wiedergabe durch Bild- und Tonträger (§ 21 UrhG) und auch das Recht zur Wiedergabe von Funksendungen (§ 22 UrhG).

143 Die Begriffe bei den unter Ziff. 1 aufgeführten Definitionen und die bei der Aufzählung der zu übertragenen Verwertungsrechte unter Ziff. 3 verwandten Begriffe entsprechen den Begriffsbestimmungen der §§ 15 ff. des deutschen Urheberrechtsgesetzes. Bei einer sprachlichen Interpretation würde somit keine Veranlassung bestehen, die Übertragung dieser Rechte als Übertragung der in den §§ 15 ff. UrhG genannten Verwertungsrechte einzuordnen. Auch eine teleologische Interpretation, d.h. eine am Zweck der Übertragung orientierte Auslegung, spricht für diesen Gleichklang zwischen Lizenzentwurf und Urheberrechtsgesetz. Die Open Source-Bewegung hat zum Ziel, Dritten möglichst umfangreich die Nutzungsrechte einzuräumen;

es besteht außerhalb ausdrücklich aufgenommener Einschränkungen keine Veranlassung, die Verwertungsrechte hier anders als im deutschen Urheberrechtsgesetz, zu interpretieren.

Ziff. 3 lit. d) nennt und regelt das Recht zur Bearbeitung und das Recht zur Verwertung dieser Bearbeitung im Rahmen der o.g. Verwertungsarten. Hierdurch wird die Bearbeitung bzw. das Recht zur Verwertung der Bearbeitung i. S. der §§ 23 und 69c Ziff. 2 UrhG behandelt. § 69c Ziff. 2 UrhG ist eine Spezialregelung für die Computersoftware und stellt schon den Bearbeitungsvorgang selbst, nicht erst die Verwertung, unter Erlaubnisvorbehalt. 144

In der Basislizenz geregelt ist nicht etwa nur das sogenannte freie Bearbeitungsrecht bzw. die „freie Benutzung" nach § 24 UrhG, weil zur Ausübung einer solchen Bearbeitung bzw. Verwertung der Bearbeitung (freie Bearbeitung) die Zustimmung des Urhebers nicht erforderlich wäre und Ziff. 2 des Basisvertrages ausdrücklich regelt, dass hier die Schranken des Urheberrechts unberührt bleiben sollen. Soweit also von Bearbeitung die Rede ist, kann es sich nur um eine einwilligungsbedürftige Bearbeitung handeln. Auch diese Einwilligung wird durch Ziff. 3 lit. d) erteilt. 145

2. Lizenzentwurf: Grundlizenz

Nach der Basisversion der Lizenzvereinbarung (attribution) ist der Nutzer auch zur Bearbeitung, (§ 69c Ziff. 2 UrhG) bzw. zur Verwertung der Bearbeitung (§ 23 UrhG) berechtigt. In der Basislizenz werden alle nach § 23 UrhG erforderlichen Einwilligungen zur Verwertung erteilt. Der Nutzer darf demnach umfassend bearbeiten und auch i.S.v. §§ 15 ff. UrhG umfassend verwerten. 146

Hinsichtlich der Verwertung ist dem Bearbeiter auch nicht vorgeschrieben, dass er nach einer bestimmten, z.B. der Basislizenz selbst, wieder seine Bearbeitung verwerten muss. Der Bearbeitungsberechtigte, dem die Verwertung umfassend i.S.v. § 23 UrhG erlaubt wurde, kann demnach auf der Grundlage der Basislizenz selbst im eigenen Namen Verwertungsrechte einräumen; der Dritte erwirbt in diesem Fall sein Nutzungsrecht auf der Grundlage des mit dem Bearbeiter selbst geschlossenen Vertrages nach den in diesem Vertrag vereinbarten Bedingungen. 147

Für den wohl regelmäßig vorliegenden Fall, dass die Bearbeitung selbst eine geistige persönliche Schöpfung und somit wieder ein Werk im urheberrechtlichen Sinne ist, ist diese Regelung auch die einzig sinnvolle. Wenn etwas Anderes verlangt wäre, müsste der Bearbeiter zunächst dem Urheber des Ausgangswerkes die ausschließlichen Rechte an der Bearbeitung übertragen, damit dieser dann wieder einfache Nutzungsrechte an nachfragende Dritte vergeben kann. Eine solche Regelung ergibt sich aus der Basislizenz 148

Kap. 2 Urheberrechtlich geschützte Gegenstände

nicht. In der Basislizenz ist im Zusammenhang mit der Einräumung von Nutzungsrechten nur vom „Schutzgegenstand" die Rede, welcher dann auch bearbeitet werden kann. Es wird also zwischen der ursprünglichen Version und der bearbeiteten Version unterschieden.

149 Für die Computersoftware besteht nach § 69c UrhG außerdem die Besonderheit, dass bereits der Bearbeitungsvorgang selbst zustimmungsbedürftig ist.

150 Im Hinblick auf das umfangreich erteilte Bearbeitungsrecht ist dann der letzte Satz unter Ziff. 3 des Lizenzvertrages nur noch eine Deklaration; dort wird das Recht zur Veränderung bzw. Bearbeitung auch insofern eingeräumt, wie technische Änderungen erforderlich sind, um Werke einer bestimmten Nutzungsart zuzuführen. Genannt ist insofern die Anpassung an andere Medien und andere Dateiformate. Unter Ziff. 4 werden dann die dem Nutzer auferlegten Beschränkungen aufgeführt.

151 Entsprechend dem Open Source-Gedanken beginnen die Beschränkungen mit der Restriktion, dass nur unter der dem jeweiligen Lizenznehmer angebotenen Lizenzvereinbarung weiterverbreitet bzw. angeboten werden darf. Dies erscheint im Hinblick auf den Zweck von Open Source interessengerecht. Der Nutzer soll nicht durch Verwendung einer anderen Lizenz, als sie ihm angeboten wurde, Nutzungsrechte einräumen dürfen. Konkret heißt es insofern: „Sie dürfen keine Vertragsbedingungen anbieten oder fordern, die die Bedingungen dieser Lizenz oder die durch sie gewährten Rechte ändern oder beschränken". Es soll sichergestellt werden, dass ebenso umfangreich weitergegeben (bzw. an der Weiterverbreitung mitgewirkt wird, s.u., Ziff. 2), wie vom Lizenznehmer erworben wurde. Dies bedeutet insbesondere, dass in jedem Fall unentgeltlich bzw. „frei" weitergegeben werden soll.

152 Mit der vorhergehend genannten Beschränkung korrespondiert das Verbot, keine Unterlizenzen einzuräumen. Diese Definition wird nach wohl einhellig vertretener Ansicht in der Literatur dahingehend verstanden, dass der Lizenznehmer selbst nicht berechtigt sein soll, über das ihm gewährte (einfache) Nutzungsrecht weiter zu verfügen, d.h. es auf Dritte zu übertragen. Die Weiterverbreitung soll über den Werkschöpfer erfolgen. Dies geschieht, indem der jeweilige Lizenznehmer eine auf den Werkschöpfer lautende Lizenzversion (diejenige, unter der der Nutzer selbst erworben hat) ins Netz stellt bzw. auf andere Weise dem Werkstück beifügt. Es soll, wie dies in der Literatur beschrieben wird, nicht durch „Ketten", sondern „sternförmig" übertragen werden. Der Lizenznehmer handelt dann als Bote des Schöpfers; er übermittelt dessen Willen auf Abschluss eines Lizenzvertrages.[154] Fraglich ist, ob eine solche Beschränkung dingliche Wirkung, d.h. Wirkung

---

154 Dazu *Plaß*, GRUR 2002, 670, 678.

auch gegenüber Dritten haben kann. Der Erschöpfungsgrundsatz (§ 17 Abs. 2 UrhG) kann zwar mit dinglicher Wirkung eingeschränkt werden; dies ist aber im Hinblick auf den Verkehrsschutz davon abhängig, dass die Einschränkung im Hinblick auf übliche (und somit zu erwartende), technisch und wirtschaftlich mögliche Nutzungsarten bezogen ist.[155] Dies ist hier wohl abzulehnen, weil das Publikum mit solch einer Vertriebsform (noch) nicht rechnet. Soweit die Lizenzvereinbarung nicht dinglich wirkt, kann sie dennoch schuldrechtlich zwischen den Parteien wirken. Davon ist auszugehen; insbesondere gibt es keinen Grund für die Unwirksamkeit gem. § 307 BGB. Hinsichtlich des weiteren Vertriebs der Werkstücke ist von Bedeutung, dass sich der Erschöpfungsgrundsatz nur auf das Verbreitungsrecht (§ 17 Abs. 1 UrhG) bezieht und nicht auf das Recht der „öffentlichen Zugänglichmachung" (§ 19a UrhG). Für die Computersoftware wird dieses noch einmal durch § 69c UrhG klargestellt. Danach hat der Urheber einer Software das ausschließliche Recht das Werk drahtgebunden oder drahtlos wiederzugeben, während sich der Erschöpfungsgrundsatz auch hier nur auf ein bestimmtes Werkstück bezieht (§ 69c Nr. 3 UrhG).

Eine weitere Beschränkung liegt darin, dass der Schutzgegenstand nicht mit Schutzmaßnahmen versehen werden darf, „die den Zugang oder den Gebrauch des Schutzgegenstandes in einer Weise kontrollieren, die mit den Bedingungen dieser Lizenz im Widerspruch stehen". Diese Beschränkung korrespondiert mit der Ersten, nicht unter anderen rechtlichen Bedingungen weiter zu lizenzieren. Es wäre wiederum mit dem Gedanken von Open Content nicht vereinbar, durch technische Sperren die Weiterverbreitung zu verhindern. **153**

Ziff. 4 lit. a) regelt den Fall, dass das jeweils zur Verwertung dem Nutzer übertragene Werk Bestandteil eines Sammelwerkes ist. Insofern wird bestimmt, dass nicht das gesamte Sammelwerk zum Gegenstand der entsprechenden Lizenz (der Basislizenz) gemacht werden muss. Es wird darauf Rücksicht genommen, dass die übertragende Schöpfung nur ein Teil des Sammelwerkes ist. **154**

Korrespondierend mit der zentralen Vorschrift des deutschen Urheberpersönlichkeitsrechts, § 13 UrhG, verlangt Ziff. 4 lit. b) von dem Nutzer die Anerkennung aller Urhebervermerke, in welchem der Name (oder das entsprechende Pseudonym des Urhebers) genannt wird, wenn dieses in der Ursprungsversion angegeben ist. Auch auf den Titeln ist die Rechtsinhaberschaft zu nennen, soweit sie angegeben war; diese Beschränkung wird auch im Hinblick auf die mit dem Schutzgegenstand zu verbindende Internet- **155**

---

155 BGHZ 145, 7, 11; BGH, GRUR 2003, 416, 418.

Kap. 2 Urheberrechtlich geschützte Gegenstände

adresse verlangt. Soweit die Internetadresse auf einen Urhebervermerk verweist, ist dieser Vermerk fortzuführen.

156 Schließlich wird von einem Bearbeiter ein Hinweis darauf verlangt, in welcher Form der Schutzgegenstand in die Bearbeitung eingegangen ist. Die Wirksamkeit einer solchen Regelung steht außer Frage, da sie bei einer derart weitreichenden Einräumung von Nutzungsrechten nur noch einen minimal verbleibenden Rest für den Schöpfer darstellt, der weder unangemessen sein kann, noch ersichtlich gegen irgendeine urheberrechtliche Norm verstößt.

157 Unter Ziff. 4 lit. c) wird ebenfalls auf das Urheberpersönlichkeitsrecht Bezug genommen. Die korrespondierende Norm im deutschen Urheberrechtsgesetz ist im Hinblick auf diese Regelung der § 14 UrhG, also das Verbot, das Werk zu entstellen. Dieses Verbot wird im Lizenzentwurf dahin konkretisiert, dass die weit reichende Nutzungserlaubnis einschließlich des Bearbeitungsrechts ihre Grenzen in den Persönlichkeitsrechten des Urhebers und in dessen berechtigtem geistigen und persönlichen Interesse bzw. dessen Ansehen oder Ruf findet. Ruf, Ansehen etc. dürfen durch die Verwendung, und durch die Umgestaltung nicht gefährdet werden.

158 Ziff. 5 und 6 enthalten Gewährleistungs- und Haftungsausschlüsse. Ziff. 5 will die Gewährleistung auch die für den Bestand des erteilten Rechts generell ausschließen, es sei denn, dass der Mangel arglistig verschwiegen wurde. Nach § 444 BGB kann die Gewährleistung ebenfalls nur ausgeschlossen sein, soweit der Mangel nicht arglistig verschwiegen wurde bzw. eine Beschaffenheitsgarantie übernommen wurde. Die Klausel in der Basislizenz ist insofern auch im Hinblick auf § 309 BGB rechtskonform. Ziff. 6 behandelt den Haftungsausschluss. Über die Gewährleistung hinaus haftet der Lizenzgeber nach Ziff. 6 nur für vorsätzliches und grob fahrlässiges Verhalten. Diese Regelung ist mit § 309 Ziff. 7 BGB vereinbar, soweit es sich um Sach- bzw. Vermögensschäden handelt („sonstige Schäden", § 309 Ziff. 7 lit. b) BGB). Soweit es bei den Schäden um Verletzungen von Leben, Körper und Gesundheit geht, was hier wohl regelmäßig nicht in Betracht kommt, wäre die Norm unwirksam. Zur Unwirksamkeit des gesamten Vertragswerkes würde es hier generell nicht kommen, weil die Wirksamkeit der Haftungsregelung das Recht zur unentgeltlichen umfangreichen Nutzung nicht berührt.

159 Dem Zweck der Lizenzeinräumung, eine möglichst umfangreiche Nutzung durch Dritte zu ermöglichen, entspricht auch die Regelung, dass nur ein einfaches Nutzungsrecht vergeben wird. § 3 des Basisvertrages regelt dies ausdrücklich. Diese Regelung wird noch einmal in Ziff. 7 lit. b) wiederholt, wo es heißt, dass der Lizenzgeber jederzeit auch unter anderen Bedingungen Nutzungsrechte Dritten einräumen kann.

3. Lizenzentwurf: Nicht kommerzielle Nutzung

Dieser Vertragsentwurf beinhaltet alle Regelungen der Basisversion (attribution); enthält aber die ganz wesentliche Einschränkung, dass alle dem Nutzer eingeräumten Rechte, also alle Rechte i. S. d. §§ 15 ff. UrhG und auch die Bearbeitung bzw. die Verwertung der Bearbeitung nur zu nichtkommerziellen Zwecken durchgeführt werden dürfen. Insofern heißt es unter Ziff. 4 lit. b): „Sie dürfen die in Ziff. 3 gewährten Nutzungsrechte in keiner Weise verwenden, die hauptsächlich auf einen geschäftlichen Vorteil oder eine vertraglich geschuldete geldwerte Vergütung abzielt oder darauf gerichtet ist." **160**

In der Literatur wird mit Recht die Ansicht vertreten, dass die Formulierung weitreichender als ein bloßes Verbot gewerblicher Betätigung ist, bei der neben der Gewinnerzielungsabsicht auch eine dauerhafte Tätigkeit erforderlich ist. Auf eine gewerbliche Tätigkeit allein, wie dies etwa für das Handelsrecht von Bedeutung wäre, ist hier demnach nicht abzustellen. Die Klausel umfasst zumindest auch bereits die einmalige Handlung. Dies folgt auch aus dem Zweck der Regelung. Die Werke sollen in jedem Fall kostenfrei zur Verfügung gestellt werden; es kommt nicht darauf an, ob der Erwerber sich dauerhaft über die entgeltliche Weitervergabe eine Einkommensquelle verschaffen will. Es kommt darauf an, jeweils einzelne Werke in jedem Fall kostenfrei weiter zu übertragen. Weiterhin umfasst Ziff. 4 lit. b) nicht nur die Gegenleistung in Geld. Auch das Tauschgeschäft bzw. die Verfolgung „geldwerter Vorteile" ist untersagt.[156] **161**

4. Lizenzierung ohne Bearbeitungsrecht

Ein weiterer Lizenzentwurf gewährt die Rechte der Grundversion (attribution), schließt aber das Bearbeitungsrecht in jeder Form aus. Ziff. 3 des Vertragsentwurfes regelt, wie auch in den anderen Entwürfen, die einzelnen Nutzungsrechte, die übertragen werden sollen, schließt aber in dieser Version das Bearbeitungsrecht aus bzw. erwähnt dieses überhaupt nicht. Dem Dritten, an einer Veränderung des Grundwerks Interessierten, bleibt somit nur die Möglichkeit einer freien Bearbeitung nach § 24 UrhG („freie Benutzung"). Hierzu bedarf es keiner Einwilligung. **162**

Zu beachten ist allerdings, dass aus der gesetzlichen Regelung des § 23 Satz 1 UrhG folgt, dass nur die Verwertung und die Veröffentlichung an die Einwilligung des Urhebers gebunden sind. Die Herstellung der umgestalteten Fassung selbst ist frei. Jeder darf im Rahmen des § 23 Satz 1 UrhG für **163**

---

[156] Vgl. insofern *Mantz*, in: Lutterbeck/Bärwolf/Gehring, Open Source Jahrbuch 2007, S. 63 f.

Kap. 2 Urheberrechtlich geschützte Gegenstände

seinen privaten Bereich das Originalwerk verändern. Es gibt allerdings Ausnahmen. Die wichtigste Ausnahme von dem Recht, auch ohne Einwilligung herzustellen, gilt für den Bereich der Computerprogramme nach § 69c Nr. 2 UrhG. Nach dieser Vorschrift erstreckt sich das Recht des Urhebers auch bereits auf die Herstellung der Bearbeitung.[157]

5. Share Alike Lizenzierung

164 Bei den Share-Alike-Modulen handelt es sich um Restriktionen der Grundversion der CC. Durch Share-Alike-Lizensierung soll erreicht werden, dass im Falle einer Bearbeitung auch das bearbeitete bzw. umgestaltete Werk unter die Bedingungen der „Grundlizenz" gestellt wird. Auch Share-Alike kann mit dem Modul „Nicht-Kommerziell" kombiniert werden. Problematisch gestaltet sich allerdings nur die Auslegung der Kombination Share-Alike/Kommerzielle Nutzung. Bei dieser Version ist es dem Nutzer auch gestattet, die Bearbeitung kommerziell (regelmäßig geschäftlich) zu nutzen; er muss aber dennoch die Bearbeitung unter den gleichen Bedingungen wieder zur Verfügung stellen.

165 Es lassen sich hier eine Reihe von Situationen denken, bei denen kommerzielle Nutzung einerseits und vergütungsfreies Anbieten andererseits nicht miteinander vereinbar sind. Dies ist zum Beispiel dann der Fall, wenn ein körperlicher Gegenstand (z. B. ein Bild) von einem Künstler weiterbearbeitet bzw. überarbeitet wird. Hier verbinden sich Grundwerk und Bearbeitung untrennbar miteinander. In solchen Fällen kann der potenzielle Nutzer einen entsprechenden Lizenzvertrag bei kommerzieller Nutzung nicht abschließen; er könnte aufgrund der Eigenart der Bearbeitung nicht sowohl kommerziell verwerten, wie auch kostenfrei zur Verfügung stellen.

---

157 *Loewenheim*, in: Schricker/Loewenheim, Urheberrecht, 4. Aufl. 2010, § 69c Rn. 12.

C. Multimediawerke

I. Einleitung und Begriff des Multimediawerkes

Welche Werke einem urheberrechtlichen Schutz zugänglich sind, regelt § 2 UrhG. Nach § 2 Abs. 1 UrhG können nur persönliche geistige Schöpfungen Urheberrechtschutz genießen. § 2 Abs. 1 UrhG enthält einen Katalog von geschützten Werken der Literatur, Wissenschaft und Kunst. Er zählt die klassischen Werkformen wie Sprachwerke, Werke der Musik, pantomimische Werke, Werke der bildenden Kunst, Lichtbildwerke, Filmwerke sowie die Darstellung wissenschaftlicher oder technischer Art auf. Der Katalog des § 2 Abs. 1 UrhG ist nicht erschöpfend. Das Wort „insbesondere" vor der Aufzählung macht dies deutlich.[158] Folgerichtig hängt die urheberrechtliche Schutzfähigkeit eines Werkes auch nicht von seiner Einordnung in eine der in Abs. 1 aufgezählten Werkarten ab.[159]

166

Die Offenheit von § 2 Abs. 1 hat dazu geführt, dass in der urheberrechtlichen Literatur als neue Werkform das sogenannte „Multimediawerk" weitgehend anerkannt ist.[160] Zum Teil ist diese neue Werkform auch als „Internetwerk" bezeichnet worden.[161] Die Werkkategorie der Multimediawerke ist als Reaktion auf die neuen technischen Möglichkeiten im Bereich der digitalisierten Medienwelt entstanden. Sie will den Möglichkeiten der Informationsverarbeitung unter Verwendung von Computerprogrammen und der besonderen Ausdrucksformen der dabei entstehenden Werke Rechnung tragen. Völlig zu Recht verweisen die Autoren darauf, dass die Digitalisierung bestehender Werke noch keine neue Werkart rechtfertigt, solange der geistige Inhalt nicht verändert wird, sondern statt einer Verkörperung lediglich

167

---

158 *Loewenheim*, in: Schricker/Loewenheim, 4. Aufl. 2010, § 2 Rn. 4; *Bullinger*, in: Wandtke/Bullinger, Praxiskommentar UrhR, 4. Aufl. 2014, § 2 Rn. 2.
159 BGH, 6.2.1985, I ZR 179/82, GRUR 1985, 529 – Happening.
160 *Loewenheim*, in: Schricker/Loewenheim, 4. Aufl. 2010, § 2 Rn. 77; *Schricker*, in: Schricker, Urheberrecht auf dem Weg zur Informationsgesellschaft, 1997, S. 42 f.; *Bullinger*, in: Wandtke/Bullinger, Praxiskommentar UrhR, 4. Aufl. 2014, § 2 Rn. 4; *Nordemann*, in: Fromm/Nordemann, Urheberrecht, 11. Aufl. 2014, § 2 Rn. 231; *Schack*, Urheber- und Urhebervertragsrecht, 7. Aufl. 2015, Rn. 217; *Hoeren*, CR 1994, 390, 392; vgl. auch *Loewenheim*, GRUR 1996, 830; zweifelnd *Wiebe/Funkat*, MMR 1998, 69, 74; darauf verweisend, dass Multimedia in erster Linie eine neue Nutzung bestehender Werke, nicht aber eine neue Werkart ist, *Schulze*, in: Dreier/Schulze, UrhG, 5. Aufl. 2015, § 2 Rn. 243.
161 *Vinck*, in: Fromm/Nordemann, Urheberrecht, 11. Aufl. 2014, § 2 Rn. 79.

Kap. 2 Urheberrechtlich geschützte Gegenstände

eine unkörperliche Speicherung erfolgt[162] und diese nur eine neue Art der Nutzung darstellt.[163] Im Ergebnis können so schlichte Multimediaprodukte ohne Weiteres klassischen Werkarten zugeordnet werden, zum Beispiel den Computerprogrammen[164] oder den filmähnlichen Werken.[165] Die unendlichen Kombinationsmöglichkeiten von digitalisierten Texten, Bildern, Daten und digitalisierter Musik unter Einsatz von Computerprogrammen haben jedoch die Schaffung einer neuen Werkkategorie nahe gelegt. Ein solches am Computer geschaffenes Werk soll nach der in der Literatur vorherrschenden Auffassung nicht mehr auf einzelne Werkarten zurückzuführen sein. Als Gesamtkunstwerk soll es eigenständigen Schutz genießen.[166]

168 So schlüssig und nachvollziehbar die Auffassungen zum Multimediawerk sind, so handelt es sich doch nach wie vor um ein „juristisches Einhorn". Die Rechtsprechungsdatenbank „juris" wirft bei Eingabe des Stichworts „Multimediawerk" bzw. „Multimedia-Werk" gerade 28 – nur bedingt einschlägige – Treffer aus.[167] Trotz der bereits mehr als fünfzehnjährigen Diskussion in der Literatur hat es die Rechtsprechung nur sehr vereinzelt für notwendig erachtet, auf das Multimediawerk zurückzugreifen.[168] Es sind eher die Parteien, die einen zusätzlichen Schutz von Website-Gestaltungen über das Multimediawerk erreichen wollen, dabei aber auf wenig Gegenliebe bei den Gerichten stoßen.[169] Auffällig ist daher auch, dass in der Literatur

---

162 *Loewenheim*, in: Schricker/Loewenheim, Urheberrecht, 4. Aufl. 2010, § 2 Rn. 75; vgl. *Ahlberg*, in: Möhring/Nicolini, UrhG, 3. Aufl. 2014, § 3 Rn. 31, der von einer Werkart Multimediawerk ausgehen will, wenn verschiedene Werkarten zu einer Einheit verschmelzen.
163 *Schulze*, in: Dreier/Schulze, UrhG, 5. Aufl. 2015, Vor § 31 Rn. 177.
164 *Koch*, GRUR 1995, 459, 462 ff.
165 *Schulze*, in: Dreier/Schulze, UrhG, 5. Aufl. 2015, § 2 Rn. 243, mit Verweis auf LG München I, ZUM-RD 2005, 81, 83.
166 Siehe nur *Nordemann*, in: Fromm/Nordemann, Urheberrecht, 11. Aufl. 2014, § 2 Rn. 231; nach wie vor kritisch *Ahlberg*, in: Möhring/Nicolini, UrhG, 3. Aufl. 2014, § 2 Rn. 46 ff., der die Werkart Multimediawerk nun aber für möglich hält (Ablehnung noch in der 2. Auflage), zweifelnd *Schulze*, in: Dreier/Schulze, UrhG, 5. Aufl. 2015, § 2 Rn. 243.
167 Die Abfrage erfolgte im Dezember 2016. Im Vergleich zur Abfrage im Oktober 2009 (2. Auflage) hat sich die Trefferzahl von acht auf 28 erhöht.
168 *Schulze*, in: Dreier/Schulze, UrhG, 5. Aufl. 2015, § 2 Rn. 243, erwähnt LG München I, ZUM-RD 2005, 81, 83. Die Gestaltung einer Website wurde wegen ihrer sehr ansprechenden Menuführung als geschütztes Multimediawerk nach § 2 Abs. 6, 2. Alt. UrhG angesehen.
169 Den Rückgriff auf ein Multimediawerk schlicht abgelehnt: OLG Hamburg, MMR 2012, 832; die Frage als nicht erheblich offengelassen: LG München I, MMR 2015, 660; ebenso zurückhaltend: OLG Köln, GRUR-RR 2010, 141; auch der EuGH wollte sich mit Blick auf Videospiele von Nintendo nicht festlegen, wo bei Multimediainhalten das Multimediawerk anfangen könnte: EuGH, Urt. v. 23.1.2014, Rs. C-355/12,

C. Multimediawerke Kap. 2

das Multimediawerk stets nur abstrakt beschrieben wird. Konkrete Beispiele für Multimediawerke werden praktisch nicht genannt. Es wird stets von Werken gesprochen, die aufgrund ihrer komplexen Gestaltung von den klassischen Werkformen des Katalogs in § 2 Abs. 1 UrhG nicht erfasst werden. Ein wesentliches Merkmal soll dabei vor allem in der Interaktivität liegen.[170] Für die Werkkategorie der Multimediawerke kommen daher vor allem besondere Formen von Computerspielen in Betracht, bei denen das Spiel aufgrund der Programmierungsleistung der Schöpfer wechselnd und dynamisch auf die Reaktion des Nutzers reagiert. Im Ergebnis handelt es sich dann um ein Werk, das je nach Spielverlauf seine Form ändert. Ähnliche Multimediawerke können auch im Bereich von Websites denkbar sein. So ist es längst keine Phantasie mehr, dass sich eine Website aufgrund der individuellen Nutzung des Users dynamisch verändert und seinen Bedürfnissen anpasst. Das Webangebot unter einer bestimmten Domain ist dann nicht mehr für jeden Nutzer gleich. Vielmehr würde es eine Vielzahl von unterschiedlichen Websites für die unterschiedlichen Nutzungszwecke des Users geben, so dass seine Bedürfnisse möglichst ohne Umwege und entsprechend schnell befriedigt werden. Die Website würde aus dem Nutzungsverhalten des individuellen Users Schlüsse ziehen und quasi dazulernen. Aufgrund der vielfältigen und zum Teil noch nicht absehbaren Möglichkeiten im Bereich der interaktiven Kommunikation über das Internet hat daher die Schaffung einer neuen Werkkategorie zweifellos ihre Berechtigung.

Auf der anderen Seite soll nicht übersehen werden, dass das Urheberrecht nicht zum ersten Mal auf neue Werkformen reagieren muss. Kreative Menschen haben schon immer neue technische Entwicklungen aufgegriffen und diese für geistige und kulturelle Zwecke fruchtbar gemacht. Viele neue Kunstgattungen und Werkformen konnten in den klassischen Katalog des Urheberrechts integriert werden. Zu verweisen sind z. B. auf Ton-Collagen, die sogenannte „Land"-Art (z. B. die Verhüllung von Gebäuden und Landschaften durch *Christo*) sowie die Computerprogramme, die auch im Bereich des Urheberrechts (zunächst ohne entsprechende rechtliche Vorgaben) eingebunden wurden.[171] Auch der Rechtsprechung ist es daher bislang gelungen, das Phänomen Multimediawerk mit den klassischen Kategorien der Werkarten in den Griff zu bekommen – und solange es geht, deutet alles da-

169

ABl. C 093 vom 29.3.2014 (das vorliegende italienische Gericht hatte noch ausweislich der Schlussanträge des Generalanwalts von einem Multimediawerk gesprochen).
170 *Schricker*, in: Schricker/Dreier/Kur, Geistiges Eigentum im Dienste der Innovation, 2001, S. 32 f.; *Loewenheim*, in: Schricker/Loewenheim, Urheberrecht, 4. Aufl. 2010, § 2 Rn. 22.
171 Siehe ausführlich *Nordemann*, in: Fromm/Nordemann, Urheberrecht, 11. Aufl. 2014, § 2 Rn. 11.

Kap. 2 Urheberrechtlich geschützte Gegenstände

rauf hin, dass die Rechtsprechung mit der neuen Werkart eher zurückhaltend umgehen wird.

II. Urheberrechtlicher Schutz gemäß § 2 Abs. 1 UrhG

170 Als Gesamtkunstwerk beruhen Multimediawerke stets auf zugrunde liegenden anderen urheberrechtlich geschützten Gegenständen. Das können Texte, Töne, Bilder, Daten, Computerprogramme, Musik, Filmsequenzen oder Ähnliches sein. Als am Computer geschaffenes Gesamtkunstwerk wird darüber hinaus im Rahmen eines Multimediawerkes stets auf Computerprogramme zurückgegriffen. Zunächst ist daher darzustellen, inwieweit Multimediawerke bereits aufgrund des Katalogs der klassischen Werkarten Schutz genießen und wie das Zusammentreffen mehrerer Werkarten im Bereich des Urheberrechts geregelt ist. In einem zweiten Schritt wird im Einzelnen dargestellt, was das Multimediawerk als eigenständige Werkart auszeichnen kann.

1. Zusammentreffen mehrerer Werkarten

171 Das Zusammentreffen mehrerer Werkarten bei bestimmten Gestaltungsformen ist keineswegs neu. Grundform ist z.B. das Lied als Kombination eines Sprachwerkes und eines Werkes der Musik. Komplexere Formen sind bereits Opern, Operetten oder Musicals, bei denen auch die Bühnenbilder unter Umständen Schutz genießen können.[172] Weitere Mischformen sind Happenings, Fernsehshows oder aber auch das Filmwerk als Gesamtkunstwerk.[173] Auch die Gestaltung einer Website wird dazugehören.[174]

172 Beim Zusammentreffen verschiedener Werkarten innerhalb einer Gesamtgestaltung prüft die Rechtsprechung für jeden der Teile gesondert, ob und wieweit sie aufgrund für die jeweilige Werkart geltenden Maßstäbe einem urheberrechtlichen Schutz zugänglich sind.[175]

---

172 Siehe zum Schutz von Bühnenbildern BGH, 28.11.1985, I ZR 104/83, GRUR 1986, 458 – Oberammergauer Passionsspiele I; BGH, 13.10.1988, I ZR 15/87, GRUR 1989, 106 – Oberammergauer Passionsspiele II; *Loewenheim*, in: Schricker/Loewenheim, Urheberrecht, 4. Aufl. 2010, § 2 Rn. 146.
173 *Nordemann*, in: Fromm/Nordemann, Urheberrecht, 11. Aufl. 2014, § 2 Rn. 230 ff. m.w.N. der Rechtsprechung.
174 *Schack*, MMR 2001, 9, 12.
175 BGH, GRUR 1993, 34, 35 – Bedienungsanweisung; *Loewenheim*, in: Schricker/Loewenheim, Urheberrecht, 4. Aufl. 2010, § 2 Rn. 76.

C. Multimediawerke **Kap. 2**

Auf ähnliche Grundsätze wird auch zurückzugreifen sein, wenn sich die einzelnen Teile einer Gestaltung nicht trennen lassen. Zu denken ist z. B. an bestimmte Kunstwerke oder Darstellungen wissenschaftlicher oder technischer Art. Auch wenn eine tatsächliche Trennung der Werkteile nicht möglich ist, wird doch zumindest im Rahmen der urheberrechtlichen Prüfung eine solche vorgenommen. 173

Werkteile genießen nach der Rechtsprechung selbstständigen Schutz, wenn sie für sich allein als persönliche geistige Schöpfung anzusehen sind.[176] Auch hier ist die Schutzfähigkeit jeweils nach den Maßstäben der in Betracht kommenden Werkarten zu prüfen.[177] Die Differenzierung nach den Kriterien einzelner Werkarten spielt insbesondere dann eine Rolle, wenn für die Begründung des urheberrechtlichen Schutzes keine einheitliche Gestaltungshöhe verlangt wird.[178] Die Zuordnung zu einer bestimmten Werkart kann darüber hinaus auch für die Schranken des Urheberrechts gemäß §§ 45 ff. UrhG von Bedeutung sein. 174

Soweit also Multimediagestaltungen als bloßes Zusammentreffen mehrerer Werkarten aufzufassen sind, ergeben sich bei der Prüfung der urheberrechtlichen Schutzfähigkeit keine Besonderheiten. Sofern sich die Teile der Multimediagestaltung voneinander trennen lassen, können diese jeweils isoliert geprüft werden. Selbst wenn jedoch eine Aufteilung der Multimediagestaltung nicht möglich ist, so können die einzelnen Teile jeweils einzelnen Werkarten zugeordnet und individuell geprüft werden. Bei einer Vielzahl von Multimediagestaltungen im Internet werden es die Gerichte bei einer solchen Prüfung belassen können. Dafür spricht regelmäßig bereits, dass der Verletzer (solange keine vollständigen Produktfälschungen im Internet zum Download angeboten werden) fast nie eine komplette Multimediagestaltung (z. B. eine Website) übernimmt, sondern allenfalls für ihn interessante Bestandteile (z. B. bestimmte Bilder, Bildsequenzen oder Computeranimationen). Die Übernahme einer kompletten Multimediagestaltung liegt meistens schon fern, da diese aufgrund ihrer für den konkreten Zweck vor- 175

---

176 BGHZ 9, 262, 266 – Lied der Wildbahn I; BGHZ 28, 234, 237 – Verkehrskinderlied; *Nordemann*, in: Fromm/Nordemann, Urheberrecht, 11. Aufl. 2014, § 2 Rn. 51.
177 *Loewenheim*, in: Schricker/Loewenheim, Urheberrecht, 4. Aufl. 2010, § 2 Rn. 76; *Schricker*, GRUR 1991, 563, 569.
178 So wird bei Werken der angewandten Kunst nach der Rechtsprechung eine höhere Schutzuntergrenze angenommen, um dem Designschutzschutz einen eigenständigen Anwendungsbereich zu lassen; BGH, GRUR 1995, 581, 582 – Silberdistel; *Loewenheim*, in: Schricker/Loewenheim, Urheberrecht, 4. Aufl. 2010, § 2 Rn. 34; *Nordemann*, in: Fromm/Nordemann, Urheberrecht, 11. Aufl. 2014, § 2 Rn. 30. Dagegen hat *Erdmann* in der Vergangenheit wieder für einen einheitlichen Werkbegriff plädiert, GRUR 1996, 551, 551 ff.; kritisch dazu *Vinck*, in: Fromm/Nordemann, Urheberrecht, 11. Aufl. 2014, § 2 Rn. 19.

Kap. 2 Urheberrechtlich geschützte Gegenstände

genommenen Individualisierung für den Verletzer – solange er kein Produktfälscher ist – in ihrer Gesamtheit nicht verwendbar ist. In diesen Konstellationen bedarf es regelmäßig einer Prüfung, ob die konkret übernommenen Teile einem urheberrechtlichen Schutz zugänglich sind.

176 Das kann auch den Schutz für das der jeweiligen Multimediagestaltung zugrunde liegende Computerprogramm mit umfassen.[179] Ähnlich wie im § 4 Abs. 2 UrhG für Datenbanken wird das Computerprogramm selbst nicht unmittelbar Bestandteil einer Multimediagestaltung sein.[180] Das zugrunde liegende Computerprogramm kann ohne Weiteres von den Inhalten der Multimedia-Anwendung getrennt werden.[181] In der Literatur ist der Versuch unternommen worden, Multimedia-Anwendung als Ausdrucksform des zugrunde liegenden Computerprogramms zu verstehen.[182] Diese Auffassung überzeugt nicht, da das Computerprogramm gerade von den Inhalten der Multimedia-Anwendung getrennt werden kann und die eigentliche schöpferische Leistung des Multimediawerkes nicht erfasst wird.

177 Soweit auf die verwendeten Werkarten zurückgegriffen werden kann, wird darüber hinaus bei vielen multimedialen Gestaltungen im Bereich des Internets keine schöpferische Leistung vorliegen, bei der das Bedürfnis für einen Schutz als Gesamtkunstwerk nahe liegen wird. Die Grundform vieler Websites geht – nach wie vor – kaum über eine Zusammenfassung verschiedener geschützter und ungeschützter Texte, Bilder und Töne hinaus. Die bloße Verknüpfung solcher Teile über Links und Menüs macht jedoch aus den verschiedenen Teilen noch nicht ein eigenständiges Gesamtkunstwerk. Diese nicht über das Durchschnittliche und Alltägliche hinausgehende Verknüpfungsform genügt noch nicht, um einen weitergehenden urheberrechtlichen Schutz zu begründen. Bei der Prüfung kann daher jeweils auch auf die Regelungen zu den klassischen Werkarten sowie den verwandten Schutzrechten (z.B. für Lichtbilder) zurückgegriffen werden.

178 Ein Schutz von einfachen oder komplexen Multimediagestaltungen als Sammelwerk oder Datenbankwerk wird ebenfalls regelmäßig ausscheiden. Selbstverständlich kann zwar in der Auswahl und Anordnung der einem Multimediawerk zugrunde liegenden Teil eine schöpferische Leistung liegen, die einen eigenständigen Schutz nach § 4 Abs. 2 UrhG rechtfertigen könnte.[183] Die Elemente eines Datenbankwerkes müssen jedoch einzeln und individuell abgerufen werden. Bei der für das Multimediawerk erforderlichen Verschmelzung aller Werkteile wird das nicht zu bejahen sein. Kom-

---

179 Vgl. *Wiebe/Funkat*, MMR 1998, 69, 71.
180 *Dreier*, in: Dreier/Schulze, UrhG, 5. Aufl. 2015, § 69a Rn. 18.
181 *Wiebe/Funkat*, MMR 1998, 69, 71.
182 *Koch*, GRUR 1995, 459, 465; a.A. *Schricker*, GRUR 1996, 830, 831.
183 Vgl. *Dreier*, in: Dreier/Schulze, UrhG, 5. Aufl. 2015, § 4 Rn. 20.

plexe Multimediagestaltungen werden daher allenfalls in Teilen einem Schutz als Datenbankwerk zugänglich sein können. Das, was die Schutzfähigkeit eines Multimediawerkes begründet, wird dagegen gerade nicht von § 4 Abs. 2 UrhG umfasst.[184] Aus diesen Erwägungen wird auch ein Schutz von Multimediagestaltungen als Datenbank im Sinne der § 87a ff. UrhG regelmäßig ausscheiden.[185]

2. Multimediawerk als eigenständige Werkart

Bei einem Multimediawerk treffen verschiedene Werkarten zusammen. Um einen eigenständigen urheberrechtlichen Schutz zu begründen, muss dieses Zusammentreffen jedoch über die bloße Verbindung von Werkarten hinausgehen. Dass alle Bestandteile der Multimediagestaltung trotz ihrer Zugehörigkeit zu verschiedenen Werkarten im gleichen digitalen Datenformat festgelegt worden sind, genügt dabei zur urheberrechtlichen Schutzbegründung noch nicht. Aus § 2 Abs. 2 UrhG folgt, dass für die Begründung eines zusätzlichen Schutzes eine entsprechende persönliche geistige Schöpfung verlangt werden muss. Das Multimediawerk muss daher etwas Überschießendes haben, das über die bloße Kombination verschiedener Werkarten hinausgeht. Nur dadurch wird die Schaffung einer neuen Werkart gerechtfertigt, die den bestehenden Katalog von Werken erweitert. Ansonsten könnte die Verknüpfung verschiedener Elemente auch als besonderes Sprachwerk oder Kunstwerk aufgefasst werden.[186]

179

Für die urheberrechtliche Bewertung kann auf die Situation bei Filmwerken zurückgegriffen werden, bei denen gleichfalls mehreren Werkarten zugehörige Werke untrennbar miteinander verschmelzen.[187] Ein unmittelbarer Rückgriff auf die Regelung zum Filmwerk ist jedoch nicht möglich, da Multimediagestaltungen am Computer geschaffen werden. Sie sind daher allenfalls als eine dem Filmwerk verwandte Werkart einzustufen.[188] Für die Begründung eines urheberrechtlichen Schutzes als Multimediawerk kommt es

180

---

184 Ähnlich *Loewenheim*, in: Schricker/Loewenheim, Urheberrecht, 4. Aufl. 2010, § 2 Rn. 77.
185 Vgl. LG München I, MMR 2015, 660.
186 Ähnlich *Ahlberg*, in: Möhring/Nicolini, Urheberrecht, 3. Aufl. 2014, § 2 Rn. 46.
187 *Loewenheim*, in: Schricker/Loewenheim, Urheberrecht, 4. Aufl. 2010, § 2 Rn. 77, mit Verweis auf *Schricker*, in: Schricker/Dreier/Kur, Geistiges Eigentum im Dienst der Innovation, 2001, S. 32.
188 *Schricker*, in: Schricker/Dreier/Kur, Geistiges Eigentum im Dienst der Innovation, 2001, S. 42 ff.; *Schack*, Urheber- und Urhebervertragsrecht, 7. Aufl. 2015, Rn. 217; vgl. *Ahlberg*, in: Möhring/Nicolini, Urheberrecht, 3. Aufl. 2014, § 3 Rn. 46 ff.; vgl. auch *Loewenheim*, GRUR 1996, 830, 83; *Bechthold*, GRUR 1998, 18, 24; *Dreier*, GRUR 1997, 859, 860; kritisch *Zscherpe*, MMR 1998, 404; a. A. *Wiebe/Funkat*, MMR 1998, 69, 74.

Kap. 2 Urheberrechtlich geschützte Gegenstände

auf die persönliche geistige Schöpfung bei der Verschmelzung der verschiedenen Elemente einer Multimediagestaltung an. Schutzbegründend kann insbesondere die interaktive Gestaltung der Multimediaanwendung sein.[189] Ein eigenständiger Schutz für ein Multimediawerk kommt nur in Betracht, wenn gerade die Kombination der verschiedenen Teile der Multimediagestaltung eine über das Übliche hinausgehende schöpferische Leistung darstellt.[190]

181 Im Bereich des Internets kann Websites oder Teilen einer Website der Schutz als Multimediawerk durchaus zugebilligt werden. Für die Prüfung ist dabei zunächst zu untersuchen, inwieweit die einzelnen Teile der Website bereits Schutz im Rahmen des klassischen Katalogs von § 2 Abs. 1 UrhG genießen. Sofern erforderlich, kann dann in einem zweiten Schritt untersucht werden, ob die Verbindung der einzelnen Teile selbst wiederum einem urheberrechtlichen Schutz als Multimediawerk zugänglich ist. Dabei wird im Einzelnen zu benennen sein, worin das eigenständig Schöpferische der Websitegestaltung liegt. Angesichts der Vielzahl von denkbaren Fallgestaltungen im Internet lassen sich hier keine klaren Kriterien festlegen. Mit den nach wie vor wachsenden technischen Möglichkeiten bei der Speicherkapazität von Rechnern, bei der Leistungsfähigkeit von Browsern und der auch über Datennetze möglichen Übermittlung riesiger Datenmengen werden die technischen Grundlagen geschaffen, die auch komplexe Multimediawerke im Internet ermöglichen.

III. Schutzvoraussetzungen im Einzelnen (§ 2 Abs. 2 UrhG)

1. Persönliche Schöpfung

182 Ein Multimediawerk liegt nur vor, wenn es das Ergebnis einer persönlichen geistigen Schöpfung ist. Dieses Merkmal ist im Rahmen der klassischen Werkarten üblicherweise nicht problematisch. Auch Multimediawerke werden regelmäßig auf die menschlich-gestalterische Tätigkeit des Urhebers zurückzuführen sein, der am Computer ein Multimediawerk ersinnt, und zumindest im Mindestmaß einen geistigen Gehalt haben.

183 Probleme können sich jedoch ergeben, wenn in dem Multimediawerk Computerprogramme oder Animationen verwendet werden, die ihrerseits durch

---

189 *Loewenheim*, in: Schricker/Loewenheim, Urheberrecht, 4. Aufl. 2010, § 2 Rn. 77; *Schricker*, in: Schricker/Dreier/Kur, Geistiges Eigentum im Dienst der Innovation, 2001, S. 42 f.
190 *Schricker*, in: Schricker/Dreier/Kur, Geistiges Eigentum im Dienst der Innovation, 2001, S. 41 f.

C. Multimediawerke **Kap. 2**

in das Multimediawerk integrierte Software-Generatorprogramme erzeugt worden sind. Unabhängig von der Frage, ob solche Computerprogramme selbst urheberrechtlichem Schutz zugänglich sind,[191] stellt sich die Frage, ob die auf das Computerprogramm zurückzuführende, am Bildschirm wahrnehmbare Darstellung (z.B. Texte, Bilder oder Töne) noch das Ergebnis einer persönlichen geistigen Schöpfung ist. Angesichts der bei Multimediawerken regelmäßig vorhandenen Interaktivität stellt sich diese Problematik umso mehr. Ein interaktives Programm setzt voraus, dass auf die Eingaben des Nutzers reagiert wird. Denkbar ist in diesem Zusammenhang auch, dass sich das Multimediawerk eigenständig weiterentwickelt. Auch der Einsatz von Zufallsgeneratoren, der gerade im Bereich von Computerspielen häufig vorkommen wird, kommt in Betracht.

Der Einsatz solcher zufallsgesteuerten Elemente kann die urheberrechtliche Schutzfähigkeit von Multimediawerken nicht in Frage stellen. Für die Begründung des urheberrechtlichen Schutzes muss es ausreichen, dass der Urheber das wesentliche Grundmuster des Werkes schafft und die Zufallselemente bewusst an entsprechender Stelle in das Multimediawerk integriert.[192] Diese Integrationsleistung stellt eine menschlich-gestalterische Tätigkeit dar. Im Bereich der Multimediawerke kann es nicht darauf ankommen, dass der Urheber von den per Zufall erzeugten Versionen am Ende eine oder einige als definitiv bestimmt.[193] Entscheidend kommt es darauf an, dass – ähnlich wie bei Computerspielen und anderen interaktiven Gestaltungen –, das Zufallselement Teil einer bewussten Entscheidung im Rahmen der Gestaltung des Gesamtwerkes ist.[194]

184

Eine Grenze wird nur dann zu ziehen sein, wenn die Multimedia-Anwendung in ihrer Gesamtheit oder doch wesentliche Teile davon das bloße Ergebnis des Zufalls sind.[195] Eine generalisierende Betrachtung ist dabei nicht möglich. Entscheidend wird es auf die Gestaltung im Einzelfall ankommen.

185

---

191 Siehe *Loewenheim*, in: Schricker/Loewenheim, Urheberrecht, 4. Aufl. 2010, § 69a Rn. 15.
192 Vgl. *Loewenheim*, in: Schricker/Loewenheim, Urheberrecht, 4. Aufl. 2010, § 2 Rn. 14.
193 So aber die h.M. für andere Zufallswerke, bei der die menschlich-gestalterische Leistung regelmäßig in der am Ende erfolgenden Auswahl durch den Urheber gesehen wird; *Loewenheim*, in: Schricker/Loewenheim, Urheberrecht, 4. Aufl. 2010, § 2 Rn. 14.
194 Vgl. für Computerspiele: OLG Hamm, NJW 1991, 2161; *Nordemann*, GRUR 1981, 891, 893; *Loewenheim*, in: Schricker/Loewenheim, Urheberrecht, 4. Aufl. 2010, § 2 Rn. 188; a.A. *Reupert*, Der Film im Urheberrecht – Neue Perspektiven nach 100 Jahren Film, 1995, S. 63ff. insbesondere S. 65ff.; siehe auch OLG Frankfurt a.M., CR 1993, 29f.
195 Siehe dazu *Nordemann*, in: Fromm/Nordemann, Urheberrecht, 11. Aufl. 2014, § 2 Rn. 25.

Kap. 2 Urheberrechtlich geschützte Gegenstände

Wesentlich wird sein, ob der Urheber des Multimediawerkes aufgrund einer menschlich-gestalterischen Tätigkeit bewusst bestimmte Möglichkeiten der Gestaltung in dem Multimediawerk eingebaut hat. Dass sich Teile des Werkes dann dynamisch – möglicherweise auch ohne weiteres Zutun des Urhebers – verändern können, wird nicht zu einer Schutzunfähigkeit von Teilen des Werkes bzw. des ganzen Werkes führen. Die von dem Benutzer wahrnehmbare Endfassung des Multimediawerkes darf daher nicht völlig dem Zufall überlassen sein. Sie muss vielmehr das Ergebnis einer geistigen und planenden Tätigkeit sein, bei der auch Elemente des Zufalls – sofern sie geplanter Teil des Ganzen sind – integriert werden können. Das entscheidende Kriterium wird darin liegen, ob die wahrnehmbare Fassung des Multimediawerkes – wenn auch vermittelt über Zwischenstufen – auf einer menschlich-gestalterischen Tätigkeit beruht.[196] Angesichts der Fortschritte in der digitalen Informationsverarbeitung könnte sich aber bald schon die Frage stellen, wo die schöpferische Leistung des Menschen aufhört und stattdessen letztlich technische Lösungen entstehen, die eher einem Patentschutz zugänglich sein müssten. Auf jeden Fall liegt es nahe, dass beim Multimediawerk schöpferische Leistung und informationstechnisch getriebene Innovation nahe beieinander liegen.

186   Dagegen unproblematisch sind die Fälle, bei denen sich der Gestalter des Multimediawerkes eines Computerprogramms bedient, um das Werk selbst zu schaffen. Dazu gehören insbesondere Textverarbeitungs-, Grafik-, Bild- oder Tongenerierungsprogramme. Soweit in diesen Fällen das Ergebnis durch entsprechende Anweisung an den Computer eindeutig geplant und festgelegt ist, können Zweifel an einem menschlichen Schaffen nicht bestehen.[197]

187   Das Multimediawerk muss darüber hinaus aufgrund von § 2 Abs. 2 UrhG ebenso wie alle übrigen Werke einen geistigen Gehalt vorweisen. Es muss sich um etwas handeln, das „über das bloße sinnlich wahrnehmbare Substrat hinausgeht, eine Aussage oder Botschaft, die dem Bereich der Gedanken, des Ästhetischen oder sonstiger menschlicher Regungen und Reaktionsweisen zugehört".[198] Bei Kunst- und Musikwerken soll sich der geistige Inhalt auch darin beschreiben lassen können, dass er bestimmt und geeignet sein

---

196 Siehe dazu auch die Streitfrage, inwieweit vollautomatisch aufgenommene Satellitenfotos einem urheberrechtlichen Schutz zugänglich sind. Das LG Berlin hat darauf abgestellt, ob die Bildgestaltung auf einer menschlich-gestalterischen Tätigkeit beruht, LG Berlin, GRUR 1990, 270 – Satellitenfoto.
197 *Loewenheim*, in: Schricker/Loewenheim, Urheberrecht, 4. Aufl. 2010, § 2 Rn. 13; *Schack*, Urheber- und Urhebervetragsrecht, 7. Aufl. 2015, S. 83 Rn. 156; *Erdmann*, in: FS Gamm, 1990, S. 389, 396; *Schricker*, in: Schricker, Urheberrecht auf dem Weg zur Informationsgesellschaft, 1997, S. 45 f.
198 *Loewenheim*, in: Schricker/Loewenheim, Urheberrecht, 4. Aufl. 2010, § 2 Rn. 18.

muss, die Sinne anzuregen und damit auf das durch Auge bzw. Gehör vermittelte geschmackliche Empfinden einzuwirken.[199] Auf der Grundlage dieser Definitionen ist daher auch für Multimediawerke zu verlangen, dass diese zumindest im Mindestmaß auf die Stimmungs- und/oder Gedankenwelt eines Nutzers wirkt. Als Ergebnis einer komplexen Gestaltung wird dies eher unproblematisch sein.

2. Wahrnehmbare Formgestaltung

Für die Begründung des urheberrechtlichen Schutzes muss ein Multimediawerk darüber hinaus eine Form angenommen haben, in der es bereits der Wahrnehmung durch die menschlichen Sinne zugänglich werden kann.[200] Eine körperliche Festlegung ist nicht erforderlich. Auch kommt es nicht darauf an, dass das Werk erst unter Zuhilfenahme technischer Einrichtungen wahrgenommen werden kann. Die Speicherung auf einen Datenträger in digitaler Form genügt. Der Rechtsschutz beginnt bereits dann, wenn das Werk wahrnehmbar gemacht werden kann.[201] **188**

Problematisch im Bereich der Multimediawerke kann jedoch werden, dass solche Werke häufig aufgrund der interaktiven Gestaltung – also des Rückgriffs auf Intervention und Beiträge des Nutzers, die die Gestaltung des Werkes verändern – nach den klassischen Grundsätzen als nicht vollendetes Werk aufgefasst werden können. Es könnte sich um Werke handeln, die erst im Verlauf der Nutzung die für den Nutzer wahrnehmbare Schlussfassung entstehen lassen. Für die urheberrechtliche Schutzfähigkeit ist dies jedoch im Ergebnis unproblematisch. Auch bei klassischen Werkarten sind Skizzen und Entwürfe bereits einem urheberrechtlichen Schutz zugänglich. Entscheidend ist allein, dass die Formgebung so weit fortgeschritten ist, dass der geistige Gehalt bereits Gestalt gewonnen hat und die erforderliche Individualität zum Ausdruck bringt.[202] Nichts Anderes kann jedoch bei einem Multimediawerk gelten. Die erforderliche Gestalt hat dieses regelmäßig bereits dann, wenn es aufgrund der individuellen Vorgaben des Urhebers die verschiedenen Verlaufsformen einer interaktiven Nutzung in sich trägt. **189**

---

199 *Erdmann*, in: FS Gamm, 1990, S. 389, 399 f.
200 Vgl. für Computerprogramme BGH, GRUR 1985, 1041, 1046 – Inkasso-Programm.
201 Siehe dazu m. N. zur Rechtsprechung *Loewenheim*, in: Schricker/Loewenheim, Urheberrecht, 4. Aufl. 2010, § 2 Rn. 20 f.
202 Siehe BGHZ 9, 237, 241 – Gaunerroman; *Loewenheim*, in: Schricker/Loewenheim, Urheberrecht, 4. Aufl. 2010, § 2 Rn. 22.

Kap. 2 Urheberrechtlich geschützte Gegenstände

3. Individualität

190 Für das Multimediawerk wird, ebenso wie für andere Werke, eine gewisse Gestaltungshöhe zu verlangen sein.

191 Die Frage nach der Schutzuntergrenze hat in der Rechtsprechung an Bedeutung verloren, seitdem der mit einem Werk korrespondierende Schutzumfang jeweils auch von der Gestaltungshöhe abhängig ist.[203] Nach der Rechtsprechung ist der Schutzumfang eines Werkes umso geringer, je geringer die Schöpfungshöhe ist. Diese Beurteilung ermöglicht es der Rechtsprechung (auch im Bereich der kleinen Münze), die urheberrechtliche Schutzfähigkeit von Werken zu bejahen. Bei einer flexiblen Nutzung dieses Instrumentariums wird daher auch für einfache Multimediawerke die Schutzfähigkeit zu bejahen sein. Der Schutz der kleinen Münze gilt auch für Multimediawerke.

192 Bei der Prüfung, ob ein Multimediawerk die erforderliche Gestaltungshöhe besitzt, ist – ähnlich wie bei anderen Werken – die von der Rechtsprechung entwickelte Zweistufenprüfung vorzunehmen. Zunächst ist auf der Grundlage des Gesamteindruckes der konkreten Formgestaltung ein Gesamtvergleich mit vorbestehenden Gestaltungen vorzunehmen. Ziel dieser Prüfung ist es, ob der konkreten Formgestaltung überhaupt individuelle Eigenheiten zukommen.[204] In diesem ersten Schritt sind daher die schöpferischen Eigenheiten des Werkes zu bestimmen. Im Bereich von Multimediawerken ist dabei regelmäßig auf den bestehenden Formenschatz zurückzugreifen.

193 Lassen sich nach Maßgabe dieses Vergleichs schöpferische Eigenheiten feststellen, so sind diese bei dem zweiten Schritt daraufhin zu überprüfen, ob sie die nötige Gestaltungshöhe besitzen. Um diese zu ermitteln, bedarf es einer Gegenüberstellung der schöpferischen Eigenheiten mit dem durchschnittlichen Schaffen auf dem jeweiligen Gebiet. Das Durchschnittliche, Banale oder Alltägliche soll dem urheberrechtlichen Schutz nicht zugänglich sein. Rein handwerkliche oder routinemäßige Leistungen sind daher auch im Bereich der Multimediawerke keinem urheberrechtlichen Schutz zugänglich.[205] Nach *Erdmann* soll die urheberrechtliche Schutzfähigkeit noch nicht zu bejahen sein, wenn die schöpferische Leistung über dem durchschnittlichen Schaffen liegt. Die urheberrechtliche Schutzfähigkeit soll vielmehr erst dann zu bejahen sein, wenn das Schaffen gegenüber der Durchschnittsgestaltung deutlich überwiegt. *Nordemann/Vinck* weisen zu Recht darauf hin, dass ein solches Überragen den Schutz der kleinen Münze

---

203 BGH, GRUR 1998, 916 – Stadtplanwerk.
204 BGH, GRUR 1985, 1041, 1047 – Inkasso-Programm.
205 Vgl. BGH, GRUR 1991, 449, 452 – Betriebssystem; BGH, GRUR 1986, 739, 740 ff. – Anwaltsschriftsatz; *Erdmann*, in: FS Gamm, 1990, S. 389, 400; *Erdmann*, GRUR 1996, 550, 551 f.

zur leeren Worthülse macht und ein solches Anforderungsprofil zumindest im Bereich der Computerprogramme und der Datenbankwerke aufgrund der entsprechenden EU-Richtlinien nicht aufrechterhalten werden kann. In diesem Bereich kommt es regelmäßig nur auf die Individualität eines Werkes an. Im Ergebnis sollte daher auch bei anderen Werkarten darauf verzichtet werden, ein deutliches Überragen des Durchschnittsschaffens zu verlangen.[206]

4. Nicht schutzbegründende Merkmale

Ähnlich wie bei anderen Werkarten gemäß § 2 Abs. 1 UrhG sind bei der Frage der urheberrechtlichen Schutzfähigkeit bestimmte Merkmale nicht zu berücksichtigen. Wichtig für das Multimediawerk als noch junge Werkgattung ist dabei, dass die objektive Neuheit als solche den urheberrechtlichen Schutz nicht begründen kann.[207] Allein für den Urheber muss es sich aus seiner Sicht um ein neues Werk handeln, da er ansonsten lediglich ein bestehendes Werk von sich übernommen hätte. **194**

Ebenso wenig kommt es für die urheberrechtliche Schutzfähigkeit darauf an, welchen Zweck das Werk hat und an welche Adressaten es sich richtet. Die literarische, künstlerische oder wissenschaftliche Qualität der Gestaltung ist nicht ausschlaggebend. Auch der quantitative Umfang (z.B. die Datenmenge) kann bei einem Multimediawerk nicht für die urheberrechtliche Schutzfähigkeit begründend sein. Multimediawerke sind häufig mit einem erheblichen Aufwand und entsprechenden Kosten verbunden. Auch dieser Faktor ist für die urheberrechtliche Beurteilung nicht relevant. Aufwand und Kosten sind kein Indiz dafür, dass das Ergebnis des Schaffens über das rein Handwerkliche hinausgeht und damit die erforderliche Schöpfungsruhe aufweist. Auch kommt es nicht auf die Gesetz- oder Sittenwidrigkeit des Werkes an. **195**

IV. Gegenstand und Umfang des Schutzes

Für die urheberrechtliche Beurteilung kann im Rahmen der Multimediawerke nichts anderes gelten als auch für andere Werkarten. Gegenstand des urheberrechtlichen Schutzes ist stets das Werk in seiner konkreten Formgestaltung. Nicht schutzfähig sind daher die bloßen Ideen, die dem Werk zu- **196**

---

206 Vgl. *Axel Nordemann*, in: Fromm/Nordemann, Urheberrecht, 11. Aufl. 2014, § 2 Rn. 30.
207 Vgl. für Computerprogramme BGH, GRUR 1985, 1041, 1047 – Inkassoprogramm; *Loewenheim*, in: Schricker/Loewenheim, Urheberrecht, 4. Aufl. 2010, § 2 Rn. 42.

grunde liegen. Ebenso wenig sind dem Schutz die Methode des Schaffens, der Stil, die Manier und die Technik der Darstellung zugänglich.[208] Im Bereich der klassischen Werkarten sind schutzunfähig Versform, Versmaß und -metrik, musikalische Tonskalen und Klangfärbungen, Melodien, Rhythmus und Harmonie, Maltechniken und Pinselführung.[209] Ebenso wenig kann die Idee dem Schutz zugänglich sein, einen bestimmten Werkstoff zu verwenden.[210] Auch bestimmte Darstellungsmittel (z.B. ein Fragenkatalog zur Arbeitskontrolle in einem medizinischen Fachbuch) ist nicht schutzfähig.[211] Die Verwendung bestimmter Techniken (wie z.B. Computeranimation oder bestimmte Verbindungen von Tonelementen) können nicht urheberrechtlich geschützt sein. Voraussetzung für einen urheberrechtlichen Schutz ist stets, dass eine bestimmte Methode oder Technik in einer bestimmten Werkgestaltung eine konkrete Anwendung gefunden hat. Die konkrete Computeranimation innerhalb eines Multimediawerkes ist daher dem Schutz zugänglich. Unerheblich ist in diesem Zusammenhang, ob eine bestimmte Idee erstmals verwendet worden ist. So ärgerlich dies für viele innovative Urheber und die ihre Werke verwertenden Unternehmen ist, ist der im Bereich des Internets übliche Ideenklau vielfach kaum zu unterbinden. Nur in Ausnahmefällen kann hier über das UWG wegen der unmittelbaren Übernahme einer fremden Leistung geholfen werden, sofern besondere Umstände die Sittenwidrigkeit der Übernahme begründen. Im Ergebnis ist daher festzuhalten, dass lediglich die konkrete Ausgestaltung des Multimediawerkes urheberrechtlichen Schutz genießt. Der Schutzbereich des Multimediawerkes wird umso größer sein, je höher die Gestaltungshöhe ist.

V. Urheberschaft

197 Bei der Urheberschaft in Multimediawerken ist zu differenzieren. Zum einen kommt eine Urheberschaft an den einzelnen, in dem Multimediawerk verwendeten und gesondert geschützten urheberrechtlichen Teilen (z.B. Musikstücke, Texte oder Bilder) in Betracht. Zum anderen sind Urheber eines Multimediawerkes diejenigen, die bei der Herstellung die schöpferische Leistung erbracht haben. Das Urheberschaftsprinzip des § 7 UrhG gilt auch bei Multimediawerken. Darüber hinaus kommt noch eine Urheber-

---

208 *Loewenheim*, in: Schricker/Loewenheim, Urheberrecht, 4. Aufl. 2010, § 2 Rn. 49 ff. m.w.N. der Rechtsprechung.
209 *Ulmer*, Urheber- und Verlagsrecht, 3. Aufl. 1980, § 21 Kap. I; *Loewenheim*, in: Schricker/Loewenheim, Urheberrecht, 4. Aufl. 2010, § 2 Rn. 49.
210 *Erdmann*, in: FS Gamm, 1990, S. 389, 398.
211 BGH, GRUR 1987, 704, 705 – Warenzeichenlexika; BGH, GRUR 1981, 520, 521 – Fragensammlung.

C. Multimediawerke **Kap. 2**

schaft an möglichen Exposés, Treatments, Drehbüchern oder sonstigen Werken, die als vorbestehende Werke für das Multimediawerk gedient haben, in Betracht. Es handelt sich um die zur Herstellung des Multimediawerkes benutzten Werke. Die im Bereich der Filmwerke gemäß §§ 88 und 89 UrhG vorgegebene Trennung hat auch bei den Multimediawerken ihre Berechtigung, ohne dass dafür die Normen analog anzuwenden wären. Nach §§ 88 und 89 UrhG wird zwischen dem Urheber von zur Filmherstellung benutzten Werken (den sogenannten vorbestehenden Werken), den Urhebern von Werken, die unmittelbar mit der Zweckbestimmung für das Filmwerk geschaffen worden sind (z.B. Drehbuch oder Filmmusik), und den Filmurhebern unterschieden, deren schöpferische Leistung im Filmwerk selbst ununterscheidbar aufgehen.[212] Diese Differenzierungen gelten auch bei Multimediawerken.

Die Bestimmung der Urheberschaft an vorbenutzten Werken sowie an Teilwerken innerhalb des Multimediawerkes ist in der Regel vergleichsweise einfach zu bestimmen. Mehr Probleme bereitet die Urheberschaft an dem Multimediawerk selbst. Anders als im Bereich der Filmwerke haben sich bei der Erstellung von Multimediawerken noch keine klaren Berufsgruppen herausgebildet. Ähnlich wie bei einem Film werden jedoch auch bei einem Multimediawerk die verschiedensten Personen gemeinschaftlich an dem Gesamtwerk arbeiten. Als Urheber kommen dabei Redakteure, Designer, Hersteller computeranimierter Darstellungen, Tonbetreuer und Ähnliches in Betracht. Häufig wird es auch – ähnlich wie beim Film – eine Art Regisseur geben, der die künstlerische Gesamtleitung für das Multimediawerk hat.[213] Die an der Herstellung des Multimediawerkes beteiligten Urheber sind regelmäßig Miturheber gemäß § 8 UrhG. **198**

Eine in der Praxis häufig sehr schwierige Frage ist, ob jeder einzelne Beteiligte an der Produktion des Multimediawerkes bereits einen eigenständigen schöpferischen Beitrag leistet. Dies ist stets eine Frage des Einzelfalls. Für die Praxis empfiehlt es sich jedoch, immer umfassend von allen Beteiligten an der Multimediaproduktion die erforderlichen urheberrechtlichen Nutzungsrechte zu erwerben. Zumindest zu Beginn einer Produktion ist fast immer nicht absehbar, welche beteiligten Personen in welchem Umfang tatsächlich urheberrechtlich geschützte Leistungen erbringen werden. Rechts- **199**

---

212 Siehe zu den Differenzierungen ausführlich: *Katzenberger*, in: Schricker/Loewenheim, Urheberrecht, 4. Aufl. 2010, vor §§ 88ff. Rn. 58ff.
213 Vgl. für das Filmwerk: *Loewenheim*, in: Schricker/Loewenheim, Urheberrecht, 4. Aufl. 2010, § 2 Rn. 195; *Katzenberger*, in: Schricker/Loewenheim, Urheberrecht, 4. Aufl. 2010, vor §§ 88ff. Rn. 61 und 62.

Kap. 2 Urheberrechtlich geschützte Gegenstände

inhaberschaft und Rechtserwerb bei Multimediawerken werfen in der Praxis die häufigsten Streitfragen auf.[214]

200 Auch bei Multimediawerken besteht kein Bedürfnis dazu, für alle beteiligten Urheber – gleich, ob sie vorbenutzte Werke, abgrenzbare Werke benutzt oder unmittelbar an dem Multimediawerk mitgearbeitet haben – ein einheitliches Urheberrecht in einem Gesamtkunstwerk anzunehmen.[215] Das Multimediawerk als neue Werkkategorie belegt, dass sehr wohl die einzelnen urheberrechtlich relevanten Beiträge voneinander getrennt werden können. Aufgrund des Prinzips der Urheberschaft, die stets an die persönlich-geistige Tätigkeit einer natürlichen Person anknüpft, wird im Bereich des Urheberrechts auch stets individualisiert zu fragen sein, welcher Urheber welchen urheberrechtlich geschützten Teil geschaffen hat. Die für die Filmwerke entwickelten Kategorien passen auch für das Multimediawerk. Es besteht keine Notwendigkeit, im Bereich der Multimediawerke eine neue Beurteilung der Urheberschaft zu entwickeln. Auch die von *Bohr*[216] entwickelte Lehre vom Doppelcharakter im Bereich des Filmrechts, die den Schöpfer selbstständig zu verwertender Teile sowohl ein Urheberrecht an diesem Teil als auch an dem Filmwerk insgesamt einräumt, überzeugt im Ergebnis nicht. In §§ 88 und 89 UrhG nimmt der Gesetzgeber selbst die Trennung zwischen den vorbestehenden Werken sowie dem Filmwerk vor. § 88 UrhG regelt die Übertragung von Nutzungsrechten an vorbestehenden Werken. § 89 regelt dagegen die Übertragung von Nutzungsrechten am Filmwerk selbst. Aus § 89 Abs. 3 UrhG folgt, dass die Urheberrechte an den zur Herstellung des Filmwerkes benutzten Werken wie Roman, Drehbuch und Filmmusik von der Regelung des § 89 UrhG unberührt bleiben.

201 Darüber hinaus ist die Lehre vom Doppelcharakter zumindest für den Bereich der Multimediawerke abzulehnen. Bei Multimediawerken werden die Ersteller des Werkes regelmäßig auf eine Fülle von vorbestehenden Werken zurückgreifen, die regelmäßig nicht im Hinblick auf die Verwendung in einem Multimediawerk geschaffen worden sind. Es wird vielmehr der Regelfall sein, dass ein Team von Webdesignern, Programmierern und Redakteuren aufgrund vorhandenen Materials eine neue Gestaltungsform liefert. Schon aus diesem Grunde ist es nicht sachgerecht, dass jeder ein volles Urheberrecht an einem Multimediawerk erhält, der auch einen abgegrenzten Teil eines Werkes geschaffen hat. Eine doppelte Urheberschaft kommt dagegen ohne Weiteres in Betracht, wenn der Schöpfer eines benutzten Werkes zugleich auch an dem Multimediawerk in schöpferischer Weise mitgearbeitet hat.

---

214 Vgl. nur *Schulze*, in: Dreier/Schulze, Urheberrecht, 5. Aufl. 2015, § 2 Rn. 243.
215 Siehe dazu *Katzenberger*, in: Schricker/Loewenheim, Urheberrecht, 4. Aufl. 2010, vor §§ 88 ff. Rn. 65.
216 *Bohr*, UFITA 78, 1977, 95, 129 ff.; *ders.*, ZUM 1992, 121, 123 ff.

VI. Die Rolle des Herstellers des Multimediawerkes

Bei der urheberrechtlichen Beurteilung von Multimediawerken wird zum Vergleich regelmäßig auf das Recht an Filmwerken zurückgegriffen. Ein solcher Vergleich liegt nahe, da das Multimediawerk ähnlich wie das Filmwerk ein Gesamtkunstwerk ist. Die Parallele liegt auf der Hand, da in beiden Fällen jeweils eigenständig geschützte Teile in einen neuen Gesamtzusammenhang gebracht werden. Sowohl beim Multimediawerk als auch beim Filmwerk kommt es dabei zu einer Verschmelzung der verschiedenen Elemente. Auch der Produktionsprozess ist – wenn auch nicht identisch – doch ähnlich. Auch für ein Multimediawerk wird es häufig ein Exposé bzw. ein Treatment geben. Auch bei einem Multimediawerk wird es in Form eines Redaktionsleiters oder Kontaktmanagers eine Art Regisseur geben. Aufgrund dieser Besonderheiten wird eine analoge Anwendung der §§ 88 ff. UrhG in Teilen oder insgesamt auf das Multimediawerk diskutiert. Die §§ 88 ff. enthalten besondere Bestimmungen für Filme.

202

Von zentraler Bedeutung ist insbesondere § 94 UrhG. Dort ist das Leistungsschutzrecht des Filmherstellers geregelt. Der Filmhersteller hat das ausschließliche Recht, den Bildträger mit dem Filmwerk zu vervielfältigen, zu verbreiten und zur öffentlichen Vorführung oder Funksendung zu benutzen. Das auf 50 Jahre beschränkte Recht des Filmherstellers ist als Leistungsschutzrecht auch anders als ein Urheberrecht übertragbar (§ 65 Abs. 2 UrhG). Der Begriff des Filmherstellers ist selbst im Gesetz nicht definiert. Der BGH hält für den Filmhersteller denjenigen, der die wirtschaftliche Verantwortung sowie die organisatorische Tätigkeit übernommen hat, die erforderlich sind, um den Film als fertiges, zur Auswertung geeignetes Ergebnis der Leistungen aller bei seiner Schaffung Mitwirkenden herzustellen.[217] In welchem Umfang der Filmhersteller die Rechte von den Beteiligten erwirbt, wird durch die Auslegungsregelung in § 89 UrhG (Rechte am Filmwerk) sowie in § 91 UrhG (Rechte an Lichtbildern) geregelt. Darüber hinaus enthält § 88 UrhG eine Auslegungsregel für Verträge, in denen der Urheber einem anderen ein Recht zur Verfilmung an einem vorbestehenden Werk einräumt.

203

Die Frage einer analogen Anwendung stellt sich insbesondere für das Leistungsschutzrecht des § 94 UrhG. Fraglich ist, ob auch dem Hersteller eines Multimediawerkes ein Leistungsschutzrecht analog zum Leistungsschutzrecht des Filmherstellers zugebilligt werden soll. Das wird ohne weitere Erwägungen im Einzelnen z.B. von *Schack* bejaht.[218] *Katzenberger* lehnt da-

204

---

217 BGHZ 120, 67, 70 f. – Filmhersteller; siehe ausführlich *Katzenberger*, in: Schricker/Loewenheim, Urheberrecht, 3. Aufl. 2006, vor §§ 88 ff. Rn. 31.
218 *Schack*, Urheber- und Urhebervertragsrecht, 7. Aufl. 2015, S. 133 Rn. 248.

Kap. 2 Urheberrechtlich geschützte Gegenstände

gegen eine analoge Anwendung ausdrücklich ab,[219] der darauf verweist, dass das Urhebervertragsgesetz von 2002 in § 11 Satz 2 UrhG ausdrücklich anerkannt habe, dass das Urheberrecht dem Urheber eine angemessene Vergütung für die Nutzung seines Werkes sichern solle.[220]

205 Nach richtiger Auffassung besteht zumindest bei heutigem Kenntnisstand regelmäßig kein Bedürfnis für eine analoge Anwendung des § 94 UrhG. Richtig ist jedoch, dass das UrhG eine Lücke enthält, zumal wegen der fehlenden Unabhängigkeit zwischen den Elementen eines Multimediawerkes ein Leistungsschutzrecht nach den § 87a ff. UrhG ausscheidet. Zudem handelt es sich wohl nicht um eine bewusste Regelungslücke im Gesetz, auch wenn vereinzelt Stimmen eine gesetzliche Regelung zu Multimediawerken gefordert haben. Grundsätzlich ist der Weg für eine Analogie offen. Eine Analogie wäre aber nur zulässig, wenn die zu vergleichenden Sachverhalte im Wesentlichen identisch sind oder ein Bedürfnis für die Analogie besteht. Die Ähnlichkeit zwischen dem Multimediawerk und dem Filmwerk liegt auf der Hand.

206 Gleichwohl kommt eine Analogie nicht in Betracht. In einem wesentlichen Punkt unterscheiden sich – zumindest beim jetzigen Kenntnisstand – nach wie vor Multimediawerke und Filmwerke. Das Leistungsschutzrecht des Filmherstellers wird vor allem damit gerechtfertigt, dass der Filmhersteller als Produzent in einem erheblichen Umfang Geld, Zeit und Mühen in ein Filmprojekt investieren muss. Selbst weniger aufwendige Produktionen für den kommerziellen Markt erfordern regelmäßig erhebliche Investitionen im Millionenbereich. Werden darüber hinaus bekannte Schauspieler beschäftigt und ein erheblicher technischer Aufwand betrieben, belaufen sich die Kosten für Filmproduktionen schnell in einem hohen Millionenbereich. Darüber hinaus ist der Erfolg von Filmwerken häufig nur schwer zu kalkulieren. Bei solchen Investitionen und den damit verbundenen Risiken erscheint es sachgerecht, dem Hersteller des Films ein eigenes Leistungsschutzrecht zuzubilligen. Das Leistungsschutzrecht ist das Spiegelbild für einen besonderen unternehmerischen Aufwand. Ohne diesen Anreiz wären aufwendige Filmproduktionen kaum noch möglich.

207 Ein solcher unternehmerischer Aufwand besteht jedoch bei Multimediawerken in vielen Fällen nicht. Multimediawerke unterscheiden sich im Hinblick auf den Aufwand nicht wesentlich von anderen Werkarten wie Büchern, Kunstwerken, Bauwerken oder Ähnlichem. Anders als bei Filmwerken kön-

---

219 *Katzenberger*, in: Schricker/Loewenheim, Urheberrecht, 4. Aufl. 2010, vor §§ 88 ff. Rn. 44; *Katzenberger*, in: Schricker, Urheberrecht auf dem Weg zur Informationsgesellschaft, 1997, S. 181, 215 f.
220 *Katzenberger*, in: Schricker/Loewenheim, Urheberrecht, 3. Aufl. 2006, vor §§ 88 ff. Rn. 41.

C. Multimediawerke   Kap. 2

nen Multimediawerke auch von sehr kleinen Teams oder gar von Einzelpersonen geschaffen werden. Der unternehmerische Aufwand für die Schöpfung hält sich häufig in Grenzen. Aufwendige Produktionen sind vielfach nicht notwendig, da aufgrund der digitalen Verarbeitungsmöglichkeiten viele künstlerische Gestaltungen unmittelbar am Computer geschaffen werden können (auch wenn unter Umständen für komplexe Softwarelösungen erheblicher Programmieraufwand entstehen kann). In der Regel dürfte aber der Aufwand deutlich unter dem liegen, was für Filmproduktionen üblicherweise notwendig ist.

Gegen eine analoge Anwendung spricht darüber hinaus, dass die Regelungen der §§ 88 ff., insbesondere auch der § 94 UrhG, üblicherweise eng ausgelegt werden. So nimmt die herrschende Meinung z. B. an Live-Sendungen des Fernsehens kein eigenes Leistungsschutzrecht des § 94 UrhG an.[221] Bei einer Live-Sendung existiert kein Filmträger, der zum späteren Zeitpunkt ausgewertet werden soll. Aufgrund der Zielsetzung der §§ 88 ff. UrhG, dem Filmhersteller die wirtschaftliche Verwertung seiner Filme zu erleichtern, ist im Ergebnis nur von einem beschränkten Regelungsinhalt der Vorschriften auszugehen.[222] Als Ausnahmeregelungen im geltenden Urheberrecht sind daher die §§ 88 ff. UrhG nicht analog auf Multimediawerke anzuwenden. Mit ähnlichen Argumenten wird auch eine analoge Anwendung von § 85 UrhG im Hinblick auf das Leistungsschutzrecht des Tonträgerherstellers ausscheiden, auch wenn bei der Tonträgerherstellung der Investitionsaufwand häufig geringer sein wird und eine analoge Anwendung auf Multimediawerke deshalb nicht fern liegt. Eine andere Beurteilung wäre jedoch angesichts der Ähnlichkeit der Sachverhalte angezeigt, falls der Investitionsaufwand in Multimediawerke zukünftig erheblich sein wird. Unter dieser Voraussetzung wäre eine analoge Anwendung von § 94 UrhG möglich; ebenso eine analoge Anwendung von § 85 UrhG.

208

---

221 *Nordemann*, in: Fromm/Nordemann, Urheberrecht, 11. Aufl. 2014, § 94 Rn. 35; Amtliche Begründung BT-Drs. IV/270, 102 zu § 104 (jetzt § 94).
222 *Katzenberger*, in: Schricker/Loewenheim, Urheberrecht, 3. Aufl. 2006, vor §§ 88 ff. Rn. 10.

Kap. 2 Urheberrechtlich geschützte Gegenstände

D. Datenbanken

I. Einleitung

1. Erscheinungsformen der Datenbanken

209 Das Internet und die damit verbundenen Möglichkeiten der elektronischen Verarbeitung haben auf das Sammeln und Zurverfügungstellen von Daten jeder Art weitreichende Konsequenzen. Traditionelle Datensammlungen in Büchern, Karteien und Archiven gibt es seit langem. Die Leistungsfähigkeit solcher Sammlungen war jedoch stets begrenzt. Die elektronischen Medien zeichnen sich dagegen durch ihre nahezu unbegrenzte Speicherkapazität sowie die Möglichkeit aus, gesammelte Informationen wie z.B. Werke aller Art, aber auch Texte, Töne, Bilder, Filme, Zahlen, Fakten und sonstige Daten, in demselben technischen Format elektronisch, elektromagnetisch, elektrooptisch oder auch durch andere Verfahren unter Verwendung von Computerprogrammen zu ordnen, zu speichern und sodann einzeln wieder zugänglich zu machen.[223] Elektronische Datenbanken ermöglichen einen Zugriff auf gesammelte Informationen, der früher kaum denkbar gewesen ist. In Kombination mit dem Internet sind die Nutzungsmöglichkeiten noch attraktiver geworden.[224] Datenbanken können weltweit über jeden Rechner genutzt werden. Zu unterscheiden sind das Datenbankmanagement, insbesondere für das Ablegen und Auffinden von Daten, sowie die der Datenbank zugrunde liegende Datenbasis.[225]

210 Die Erscheinungsformen von Datenbanken sind vielfältig. Eine im Internet veröffentlichte Liste mit 1.100 Gedichten der deutschen Literatur zwischen 1730 und 1900[226] ist genauso eine Datenbank wie ein Spielplan von Fußball-

---

223 Siehe *Vogel*, in: Schricker/Loewenheim, Urheberrecht, 4. Aufl. 2010, vor §§ 87aff. Rn. 1; *Dreier*, in: Becker/Dreier (Hrsg.), Urheberrecht und digitale Technologie, 1994, S. 123 ff.
224 Vgl. *Nippe*, Urheber und Datenbank: Schutz des Urhebers bei der Verwendung seiner Werke in elektronischen Datenbanken, 2000, S. 17.
225 *Grützmacher*, Urheber-, Leistungs- und sui generis-Schutz von Datenbanken: Eine Untersuchung des europäischen, deutschen und britischen Rechts, 1999, S. 26 f.
226 BGH, WRP 2007, 989 = GRUR 2007, 685 – Gedichttitelliste I (zu § 4 Abs. 2 UrhG); siehe auch BGH, WRP 2007, 993 = GRUR 2007, 688 – Gedichttitelliste II (zu § 87a UrhG: Die Vorlagefrage an den EuGH betraf nur die Frage, unter welchen Voraussetzungen eine Übernahme von Daten aus der Datenbank eine Entnahme im Sinne des Art. 7 Abs. 2 lit a) der Datenbankrichtlinie darstellt, jetzt entschieden vom EuGH, GRUR 2008, 1077 = GRUR Int. 2008, 1027 in dem Sinne, dass eine Übernahme von Elementen aus einer geschützten Datenbank in eine andere Datenbank nicht nur beim

D. Datenbanken Kap. 2

begegnungen (mit Angaben zum Spielzeitpunkt, zu den Mannschaften und zum Heimrecht)[227] in elektronischer Form. Eine Datenbank stellt auch eine gedruckte Bodenrichtwertsammlung[228] oder die in einer Zeitschrift veröffentlichen Musikcharts[229] dar, bei denen die Nutzung des Musik-Hit-Repertoires im Hörfunk sowie durch statische Erhebungen die Verkaufszahlen der Tonträger ermittelt werden. Gedruckte Datenbanken können auch in elektronischer Form übernommen werden und umgekehrt,[230] wie das Beispiel des Sächsischen Ausschreibungsblattes zeigt, in dem alle öffentlichen Ausschreibungen in Sachsen in gedruckter und in einer entsprechenden Online-Variante bekannt gemacht werden.[231] Rechtlich gesehen kommt es auf die Form der Datenbank nicht an.[232] Die Grenzen werden aber erreicht sein, wenn die digital gespeicherten Züge einer Schachpartie eine Datenbank darstellen sollen.[233] Als Beispiel für die Leistungsfähigkeit elektronischer Datenbanken seien die juristischen Datenbanken „juris" oder „Beck-online" erwähnt, in denen nicht nur in gedruckten Publikationen veröffentlichte Entscheidungen und Literatur umfassend nach den verschiedensten Suchkriterien und Verknüpfungsmöglichkeiten recherchiert werden können. In der Regel ist ein direkterer Zugriff auf die Rechtsprechung möglich, als dies mit klassischen Kommentaren, Monographien oder Lehrbüchern der Fall ist.[234] Die Nutzungsmöglichkeiten werden überdies dadurch erhöht, dass elektronische Datenbanken wesentlich aktueller als traditionelle Informationsmedien sein können. Das gilt gerade für Online-Datenbanken, die über das

---

bloßen Kopieren, sondern auch bei einer im Einzelnen vorgenommenen Abwägung der darin enthaltenen Elemente eine „Entnahme" sein kann, siehe auch BGH, Beschl. v. 13.8.2009, I ZR 130/04).

227 EuGH, Urt. v. 9.11.2004, C-444/02, Slg. 2004, I-10549 = GRUR 2005, 254, Tz. 35 f. – Fixtures Fußballspielpläne II.
228 BGH, WRP 2007, 88 – Bodenrichtwertsammlung.
229 BGH, WRP 2005, 1267 – Hit Bilanz.
230 Vgl. EuGH, Urt. v. 9.11.2004, C-338/02, GRUR 2005, 252, Tz. 9 – Fixtures Fußballspielpläne I: siehe auch BGH, WRP 2007, 663 = GRUR Int. 2007, 532 – Sächsischer Ausschreibungsdienst (das Vorabentscheidungsersuchen ist vom BGH zurückgezogen worden, so dass der EuGH nicht mehr entscheiden musste, EuGH, Beschl. v. 25.6.2008, Rs. C-215/07); siehe auch zu amtlichen Datenbanken ausführlich: *Thum/Hermes*, in: Wandtke/Bullinger, Praxiskommentar UrhR, 4. Aufl. 2014, § 87a Rn. 142–150, sowie jetzt EuGH, Urt. v. 5.3.2009, Rs. C-545, GRUR Int. 2009, 501 – Apis-Lakorda (wonach eine Datenbank auch grundsätzlich aus amtlichen und öffentlich zugänglichen Elementen bestehen kann).
231 BGH, WRP 2007, 663 = GRUR Int. 2007, 532 – Sächsischer Ausschreibungsdienst.
232 EuGH, Urt. v. 9.11.2004, Rs. C-444/02 = GRUR 2005, 254, Tz. 21 f. – Fixtures Fußballspielpläne II.
233 Daher zurecht abgelehnt von LG Berlin, SpuRt 2011, 166.
234 Zu juristischen Datenbanken siehe EuGH, Urt. v. 5.3.2009, Rs. C-545, GRUR Int. 2009, 501 – Apis-Lakorda.

Kap. 2 Urheberrechtlich geschützte Gegenstände

Internet abgefragt werden können. Zudem können verschiedene Datenbestände nicht nur untereinander (z.B. Entscheidungen aus einem Instanzenzug), sondern auch mit anderen Datenbeständen (z.B. Entscheidungen aus der Rechtsprechung mit Datenbanken der Gesetzestexte oder mit Literaturdatenbanken) verknüpft werden. Das erweitert die Nutzungsmöglichkeiten noch einmal. Aufgrund ihrer Vorteile, komfortabler Suchmasken, schneller Ladezeiten und zeitlich praktisch nicht mehr beschränkter Verfügbarkeit, haben gut gepflegte und stets aktuelle elektronische Datenbanken inzwischen eine besondere wirtschaftliche Bedeutung erlangt.

211 Mit Lexika, Adressbüchern, Katalogen, Statistiken und anderen Nachschlagewerken auf Papier haben elektronische Datenbanken gleichwohl wesensmäßige Gemeinsamkeiten. Auch elektronische Datenbanken sind inhaltlich abgegrenzt, die gesammelten Informationen sind nach bestimmten – nicht notwendig logischen – Prinzipien geordnet, und auf die gesammelten Informationen kann einzeln unter bestimmten Suchkriterien zugegriffen werden.[235] Der Sache nach sind daher Datenbanken nicht auf elektronische Sammlungen beschränkt.[236] Für das Internet sind jedoch ausschließlich elektronische Datenbanken von Bedeutung.[237]

2. Rechtlicher Rahmen für Datenbanken

212 Das Recht an Sammlungen ist vom deutschen Gesetzgeber durch die Umsetzung der europäischen Datenbankrichtlinie[238] 1997 neu gefasst worden. Die Umsetzung in das deutsche Recht erfolgte durch Art. 7 des Informations- und Kommunikationsdienstegesetzes (IuKDG)[239] und trat am 1.1. 1998 in Kraft.[240] Der deutsche Gesetzgeber hat entsprechend den Vorgaben der Richtlinie einen Urheberrechtsschutz für schöpferische Datenbanken sowie ein Leistungsschutzrecht für nicht schöpferische Datenbanken in das

---

235 EuGH, Urt. v. 9.11.2004, Rs. C-444/02 = GRUR 2005, 254 – Fixtures Fußballspielpläne II; *Vogel*, in: Schricker/Loewenheim, Urheberrecht, 4. Aufl. 2010, vor §§ 87a ff. Rn. 1; siehe schon *Mehrings*, NJW 1993, 3102.
236 EuGH, Urt. v. 9.11.2004 – C-444/02, Slg. 2004, I-10549 = GRUR 2005, 254, Tz. 21 f. – Fixtures Fußballspielpläne II; *Loewenheim*, in: Schricker/Loewenheim, Urheberrecht, 4. Aufl. 2010, § 4 Rn. 32.
237 Ausführlich zu den Arbeitsschritten, die für die Erstellung einer elektronischen Datenbank erforderlich sind, *Grützmacher*, Urheber-, Leistungs- und sui generis-Schutz von Datenbanken, 1999, S. 30 ff.
238 Richtlinie 96/6/EG des Europäischen Parlaments und des Rates vom 11.3.1996 über den rechtlichen Schutz von Datenbanken, ABlEG Nr. L 77 vom 27.3.1996, 20, abgedruckt in: GRUR Int. 1996, 806; siehe zu den Vorgaben für Datenbanken durch Art. 10 Abs. 2 TRIPS, *Ahlberg*, in: Möhring/Nicolini, UrhG, 3. Aufl. 2014, § 4 Rn. 3.
239 Gesetz vom 13.6.1997, BGBl. I, 1870.
240 Art. 11 des Informations- und Kommunikationsdienstegesetzes (IuKDG).

D. Datenbanken   Kap. 2

deutsche Urheberrecht eingeführt.[241] Das Gesetz unterscheidet zwischen Datenbankwerken (Schutzfrist 70 Jahre) und Datenbanken (Schutzfrist 15 Jahre). In § 4 Abs. 2 UrhG werden als Unterfall der Sammelwerke die Datenbankwerke geregelt. Es handelt sich dabei um Datenbanken, die eine schöpferische Leistung aufweisen.[242] Geschützt gegen die Übernahme ist aber nur die eigenschöpferische Auswahl und Anordnung.[243] Andere Datenbanken können durch das Leistungsschutzrecht des Datenbankherstellers gemäß den damals neu eingefügten §§ 87a ff. UrhG geschützt sein. Es handelt sich um ein selbstständiges Recht. Das Leistungsschutzrecht an der Datenbank besteht unabhängig von einem Recht an einem Datenbankwerk mit jeweils verschiedenem Schutzgegenstand.[244] Voraussetzung für das Leistungsschutzrecht ist keine schöpferische Leistung, sondern eine nach Art und Umfang wesentliche Investition in Form der Beschaffung, Überprüfung oder Darstellung des Dateninhalts.[245] Das Leistungsschutzrecht an einer Datenbank steht dem Datenbankersteller zu. Es ist unabhängig vom Recht des Urhebers.[246] Beide Schutzrechte können daher nebeneinander bestehen.[247] Ein Datenbankwerk wird daher auch häufig eine Datenbank im Sinne des § 87a UrhG sein, das muss aber nicht der Fall sein.[248] Genauso kann eine Datenbank im Sinne des § 87a UrhG ein Datenbankwerk darstellen, das

---

241 Zur Umsetzung in anderen Ländern der EU: *Gaster*, Der Rechtsschutz von Datenbanken: Kommentar zur Richtlinie 97/9/EG mit Erläuterungen zur Umsetzung in das deutsche und österreichische Recht, 1999, Rn. 4 ff.
242 Die allerdings nicht hoch sein muss: BGH, WRP 2007, 989 = GRUR 2007, 685 – Gedichttitelliste I; zur Abgrenzung siehe EuGH, Urt. v. 1.3.2012, Rs. C-604-/10, ABl. C 118 v. 21.4.2012, 5; vgl. auch *Loewenheim*, in: Schricker/Loewenheim, Urheberrecht, 4. Aufl. 2010, § 4 Rn. 2, 32.
243 *Dreier*, in: Dreier/Schulze, UrhG, 5. Auflage, 2015, vor §§ 87a ff. Rn. 4.
244 BGH, WRP 2007, 989 = GRUR 2007, 685 – Gedichttitelliste I.
245 EuGH, Urt. v. 9.11.2004, Rs. C-203/02, GRUR 2005, 244 Tz. 42 – BHB-Pferdewetten; EuGH, Urt. v. 9.11.2004, Rs. C-338/02, GRUR 2005, 252 Tz. 27 – Fixtures-Fußballspielpläne I; EuGH, Urt. v. 9.11.2004, Rs. C-444/02, GRUR 2005, 254 Tz. 30 – Fixtures-Fußballspielpläne II; EuGH, Urt. v. 5.3.2009, Rs. C-545 = GRUR Int. 2009, 501, Tz. 73 – Apis-Lakorda; *Vogel*, in: Schricker/Loewenheim, Urheberrecht, 4. Aufl. 2010, vor §§ 87a ff. Rn. 7.
246 BGH, WRP 2007, 989 = GRUR 2007, 685 – Gedichttitelliste I.
247 Amtliche Begründung BT-Drs. 13/7934, S. 51; BR-Drs. 966/96, S. 41; zu den Grenzen EuGH, Urt. v. 1.3.2012, Rs. C-604-/10, ABl. C 118 v. 21.4.2012, 5; *Lehmann*, in: Lehmann, Internet- und Multimediarecht (Cyberlaw), 1996, S. 67, 70; *Loewenheim*, in: Schricker/Loewenheim, Urheberrecht, 4. Aufl. 2010, § 4 Rn. 29.
248 Bejaht für eine nach gewissen schöpferischen Vorgaben von Hilfskräften in zweieinhalb Jahren unter Einsatz von 34.900 Euro erstellte Liste mit 1.100 Gedichttiteln („Klassikerwortschatz") BGH, WRP 2007, 989 = GRUR 2007, 685 – Gedichttitelliste I, und BGH, WRP 2007, 993 = GRUR 2007, 688 – Gedichttitelliste II, vgl. EuGH, GRUR 2008, 1077 = GRUR Int. 2008, 1027, und BGH, Beschl. v. 13.8.2009, I ZR 134/04.

Kap. 2 Urheberrechtlich geschützte Gegenstände

wird aber vielfach nicht sein. Beide Schutzrechte können auch verschiedenen Inhabern zustehen.²⁴⁹ Aus urheberrechtlicher Sicht ist daher stets zwischen Datenbankwerk und Datenbank zu trennen. Als Oberbegriff wird gleichwohl meist von Datenbanken gesprochen. Die vom Gesetzgeber gewählte Terminologie führt daher häufig zu Verwirrungen.²⁵⁰

3. Europäische Datenbankrichtlinie

213 Die europäische Datenbankrichtlinie ist auch nach der Umsetzung in das deutsche Recht für die Anwendung der urheberrechtlichen Vorschriften von zentraler Bedeutung. Die Regelung des § 4 Abs. 2 UrhG sowie der §§ 87a ff. UrhG sind als ein Stück des europäischen Urheberrechts innerhalb des UrhG richtlinienkonform auszulegen.²⁵¹ Die Datenbankrichtlinie aus dem Jahre 1996 hat den Schlusspunkt unter eine mehrjährige Diskussion zu einem umfassenden Schutz von Datenbanken gesetzt.²⁵² Sie stellt eine weltweit einzigartige Rahmengesetzgebung zum rechtlichen Schutz von Datenbanken dar.²⁵³ Die zum Erlass der Datenbankrichtlinie führenden Erwägungen sind in 60 Gründen zusammengefasst worden. Art. 1 Abs. 2 der Datenbankrichtlinie definiert den Begriff der Datenbank als eine Sammlung von Werken, Daten oder anderen unabhängigen Elementen, die systematisch oder methodisch angeordnet und einzeln mit elektronischen Mitteln oder auf andere Weise zugänglich gemacht sind. Vom Schutz werden daher auch

---

249 BGH, WRP 2007, 989 = GRUR 2007, 685 – Gedichttiteliste I; BGH, WRP 2007, 993 = GRUR 2007, 688 – Gedichttiteliste II, vgl. EuGH, GRUR 2008, 1077 = GRUR Int. 2008, 1027.

250 Zu den Schwierigkeiten, den Begriff Datenbank zu definieren: *Nippe*, Urheber und Datenbank: Schutz des Urhebers bei der Verwendung seiner Werke in elektronischen Datenbanken, 2000, S. 7.

251 *Loewenheim*, in: Schricker/Loewenheim, Urheberrecht, 4. Aufl. 2010, § 4 Rn. 34; vgl. zur richtlinienkonformen Auslegung und zu den damit verbundenen Problemen *Gebauer*, AnwBl 2007, 314; zu der Umsetzung und Anwendung der Richtlinie in Schweden und Großbritannien siehe *Gaster*, CRi 2001, 74.

252 Zur Vorgeschichte und den verschiedenen Entwürfen siehe ausführlich *Gaster*, Der Rechtsschutz von Datenbanken, 1999, Rn. 8 ff., und *Hornung*, Die EU-Datenbank und ihre Umsetzung in das deutsche Recht: Eine Untersuchung unter besonderer Berücksichtigung des Schutzrechts sui generis nach der EU-Datenbank-Richtlinie, 1998, S. 62 ff.; zur Rechtslage vor Erlass der Richtlinie in den Ländern der EU und im internationalen Recht: *Leistner*, Der Rechtsschutz von Datenbanken im deutschen und europäischen Recht: Eine Untersuchung zur Richtlinie 96/9/EG und zu ihrer Umsetzung in das deutsche Urhebergesetz, 2000, S. 5 ff. und 24 f.

253 *Leistner*, Der Rechtsschutz von Datenbanken im deutschen und europäischen Recht, 2000, S. 1; zur Kritik aus den USA siehe *Hoeren*, MMR 2005, 34, 35.

D. Datenbanken Kap. 2

nichtelektronische Datenbanken erfasst.[254] Sofern aufgrund der Auswahl oder Anordnung des Stoffs eine persönliche geistige Schöpfung des Urhebers angenommen werden kann, gewährt die Richtlinie ein eigenständiges Urheberrecht.[255] Darüber hinaus wird ein sogenanntes"Schutzrecht sui generis" geschaffen.[256] Der Hersteller einer Datenbank genießt Schutz, sofern für die Beschaffung, die Überprüfung oder die Darstellung des Inhalts der Datenbank eine in qualitativer oder quantitativer Hinsicht wesentliche Investition erforderlich war.[257]

Aus dem Erwägungsgrund 31 ergibt sich, dass nicht nur die Zurverfügungstellung von Datenbanken durch die Verbreitung von Vervielfältigungsstücken, sondern auch online (z.B. per Internet) von der Datenbankrichtlinie erfasst wird. Im Falle einer Online-Datenbank soll das Recht an der Datenbank durch den Abrufvorgang und die damit verbundene Vervielfältigung[258] nicht erschöpft werden. Im Erwägungsgrund 43 wird dies noch einmal für das Schutzrecht sui generis klargestellt. **214**

Die Bestimmungen zu dem urheberrechtlichen Schutz von Datenbanken bewegen sich im Bereich des bereits weitgehend durch andere internationale Abkommen Vorgegebenen. Eine Harmonisierung im Bereich der Sammelwerke ist bereits durch Art. 2 Abs. 5 RBÜ sowie durch Art. 10 Abs. 2 TRIPS erfolgt.[259] Der Begriff der Datenbank wird ausdrücklich in der Überschrift von Art. 5 WCT genannt.[260] Bei dem Schutzrecht sui generis ist die Richtlinie dagegen neue Wege gegangen. Entgegen ursprünglichen Planungen ist auf eine wettbewerbsrechtliche Ausgestaltung des Schutzes verzichtet worden.[261] **215**

---

254 Erwägungsgrund 14 der Datenbankrichtlinie; so auch ausdrücklich EuGH, Urt. v. 9.11.2004, Rs. C-444/02, GRUR 2005, 254, Tz. 21 f. – Fixtures Fußballspielpläne II, und schon der BGH, WRP 1999, 831 f., 834 – Tele-Info-CD; *Gaster*, Der Rechtsschutz von Datenbanken, 1999, Rn. 41 ff. und 57; *Czychowski*, in: Fromm/Nordemann, Urheberrecht, 11. Aufl. 2014, § 87a Rn 1; a.A. noch *Hertin*, in: Fromm/Nordemann, Urheberrecht, 9. Aufl. 1998, § 87a Rn. 5.
255 Siehe dazu Art. 3 ff. der Datenbankrichtlinie.
256 Art. 7 ff. der Datenbankrichtlinie.
257 Art. 7 Abs. 1 der Datenbankrichtlinie; siehe dazu die ersten Entscheidungen des EuGH, Urt. v. 9.11.2004, Rs. C-203/02, GRUR 2005, 244 Tz. 42 – BHB-Pferdewetten; EuGH, Urt. v. 9.11.2004, Rs. C-338/02, GRUR 2005, 252 Tz. 27 – Fixtures-Fußballspielpläne I; EuGH, Urt. v. 9.11.2004, Rs. C-444/02, GRUR 2005, 254 Tz. 30 – Fixtures-Fußballspielpläne II.
258 EuGH, Urt. v. 9.11.2004, Rs. C 203/02, GRUR 2005, 244 Tz. 54 – BHB-Pferdewetten; BGH, WRP 2005, 1538 – Marktstudien.
259 *Ahlberg*, in: Möhring/Nicolini, UrhG, 3. Aufl. 2014, § 4 Rn. 3 f.
260 Siehe ausführlich zum Schutz von Datenbanken in internationalen Abkommen: *Vogel*, in: Schricker/Loewenheim, Urheberrecht, 4. Aufl. 2010, vor §§ 87a ff. Rn. 10.
261 *Vogel*, in: Schricker/Loewenheim, Urheberrecht, 4. Aufl. 2010, vor §§ 87a ff. Rn. 8.

Kap. 2 Urheberrechtlich geschützte Gegenstände

216 Die verschiedenen Artikel der Datenbankrichtlinie sind zum Teil mit identischem Wortlaut in das deutsche Urheberrecht übernommen worden. Der ursprüngliche Regierungsentwurf war nach erheblicher Kritik neu gefasst worden.[262] Bei der Auslegung der Vorschriften können die zahlreichen Erwägungsgründe in der Datenbankrichtlinie eine erhebliche Bedeutung erlangen. Zahlreiche Streitfragen sind dort angesprochen.

217 Bei der Umsetzung der deutschen Datenbankrichtlinie hat der deutsche Gesetzgeber versucht, die bestehende Systematik des UrhG zu wahren. Anders als bei der Richtlinie zum Schutz von Computerprogrammen ist für die urheberrechtliche Regelung zum Datenbankwerk kein eigener Abschnitt im UrhG eingefügt worden. Der Gesetzgeber hat sich auf eine Ergänzung des bestehenden § 4 UrhG zu Sammelwerken beschränkt.[263] Das Schutzrecht sui generis ist vom deutschen Gesetzgeber als Leistungsschutzrecht im sechsten Abschnitt des zweiten Teils des UrhG (§§ 87a ff. UrhG) eingefügt worden. Das wird allgemein als rechtsdogmatisch gelungene Lösung aufgefasst.[264]

4. Übergangsregelung und frühere Rechtslage

a) Übergangsregelung

218 Die Übergangsregelungen konnten in der Praxis noch bedeutsam werden, wie die Entscheidungen „Hit Bilanz"[265] und „Michel-Nummern"[266] des BGH belegen. Die Übergangsregelungen für die Umsetzung der Datenbank-

---

262 Siehe dazu *Vogel*, in: Schricker/Loewenheim, Urheberrecht, 4. Aufl. 2010, vor §§ 87a ff. Rn. 15; zur Kritik an dem ersten Entwurf *Vogel*, ZUM 1997, 552 ff.
263 *Vogel*, ZUM 1997, 592, 599; kritisch *Gaster*, CR 1997, 717, 720; zu den Einzelheiten der Umsetzung *Vogel*, in: Schricker/Loewenheim, Urheberrecht, 4. Aufl. 2010, vor §§ 87a ff. Rn. 16 ff.
264 *Vogel*, in: Schricker/Loewenheim, Urheberrecht, 4. Aufl. 2010, vor §§ 87a ff. Rn. 18; *Wiebe*, CR 1996, 198, 202; *Berger*, GRUR 1997, 169, 172; kritisch: *Czychowski*, in: Fromm/Nordemann, Urheberrecht, 11. Aufl. 2014, Rn. 32 vor § 87a–e Rn. 8 ff.; a. A. *Lehmann*, in: Möhring/Schulze/Ulmer/Zweiger, Quellen des Urheberrechts, Stand: 40. EL 1987, S. 4.
265 BGH, WRP 2005, 1267 – Hit Bilanz. In diesem Fall ging es um die Übernahme von Musikcharts ab dem Jahre 1956, die die Klägerinnen aufgrund von ihr erhobener Daten über die Nutzung des Musik-Hit-Repertoires im Hörfunk sowie durch statistische Stichproben bei den Verkaufszahlen der Tonträger erhoben hatte. Der BGH ging davon aus, dass die Daten erst ab 1983 über das Leistungsschutzrecht des Datenbankherstellers geschützt sind.
266 BGH, WRP 2005, 765 – Michel-Nummern. In dem Fall ging es um ein Ordnungssystem für Briefmarken, das der Verfasser des ersten „Michel"-Katalogs ab 1910 geschaffen hat. Das System ermöglicht es, eine umfangreiche, komplexe Datenmenge nach bestimmten Ordnungsprinzipien zu gliedern und übersichtlich darzustellen. In dem konkreten Fall konnte der BGH es offenlassen, ob und ggf. nach welchen zeitlich

D. Datenbanken   Kap. 2

richtlinie finden sich in § 137g UrhG. Zu unterscheiden ist zwischen den Datenbankwerken (§ 137g Abs. 1 UrhG) und dem Leistungsschutzrecht an Datenbanken (§ 137g Abs. 2 UrhG.) Entsprechend Art. 14 Abs. 1 der Richtlinie ergibt sich aus § 137g Abs. 1 UrhG, dass Datenbankwerke auch dann dem urheberrechtlichen Schutz zugänglich sind, wenn diese vor dem Zeitpunkt der Umsetzung der Datenbankrichtlinie zum 1.1.1998 geschaffen worden sind. Dies entspricht dem Rechtsgedanken des § 129 Abs. 1 UrhG.[267] Nach dieser Vorschrift gelten neue Vorschriften auch für Werke, die vor deren Inkrafttreten geschaffen worden sind. Aus diesem Grunde kommen auch die übrigen urheberrechtlichen Bestimmungen bei Datenbankwerken, die vor dem 1.1.1998 geschaffen wurden, zur Anwendung, insbesondere die 70-jährige Schutzfrist nach den §§ 64 ff. bleibt unberührt.[268] Für die mit der Umsetzung der Richtlinie geschaffene Schrankenbestimmung des § 55a UrhG (Benutzung eines Datenbankwerkes) sieht § 137g Abs. 3 UrhG jedoch vor, dass diese Vorschrift nicht auf Verträge anzuwenden ist, die vor dem 1.1.1998 geschlossen worden sind. Sofern sich unter dem Gesichtspunkt der Sittenwidrigkeit, des AGB-Rechts oder des Kartellrechts keine Unwirksamkeit ergibt, sind daher Klauseln in Altverträgen weiterhin zulässig, die den Nutzer des Datenbankwerkes in seiner Freiheit der Nutzung über § 55a UrhG hinaus einschränken.[269]

Beim Leistungsschutzrecht für Datenbanken waren die Übergangsvorschriften bis zum 31.12.2012 von praktischer Bedeutung (sofern sich das Leistungsschutzrecht an einer Datenbank nicht erneuert). Das Leistungsschutzrecht der §§ 87a ff. UrhG wurde vom deutschen Gesetzgeber entsprechend der Datenbankrichtlinie auf Alt-Datenbanken ausgedehnt worden.[270] Nach § 137g Abs. 2 Satz 1 UrhG wurden alle Alt-Datenbanken erfasst, die zwischen dem 1.1.1983 und dem 31.12.1997 hergestellt worden sind. Für vor dem 1.1.1983 erstellte Alt-Datenbanken (und erfasste Daten) schied daher ein Leistungsrecht aus.[271] Bei nach dem 1.1.1983 geschaffenen Datenbanken betrug die Schutzfrist generell 15 Jahre. Sie sollte bei Alt-Datenbanken, die vor dem 1.1.1998 hergestellt wurden, gemäß § 137g Abs. 2 UrhG am 1.1.1998 beginnen. Der Wortlaut der nationalen Vorschrift ist eindeutig, wo-

219

---

anwendbaren Vorschriften das System urheberrechtlichen Schutz genießt, weil die Beklagten jedenfalls keine Störer sein konnten.
267 Siehe dazu *Katzenberger*, in: Schricker/Loewenheim, Urheberrecht, 4. Aufl. 2010, § 129 Rn. 1, § 137g Rn. 2; *Dreier*, in: Dreier/Schulze, UrhG, 5. Aufl. 2015, § 137g Rn. 2.
268 *Dreier*, in: Dreier/Schulze, UrhG, 5. Aufl. 2015, § 137g Rn. 2.
269 *Dreier*, in: Dreier/Schulze, UrhG, 5. Aufl. 2015, § 137g Rn. 6; vgl. auch *Katzenberger*, in: Schricker/Loewenheim, Urheberrecht, 4. Aufl. 2010, § 137g Rn. 4.
270 So auch ohne weitere Erwägungen BGH, WRP 1999, 831, 834 – Tele-Info-CD.
271 BGH, WRP 2005, 1267 – Hit Bilanz; BGH, WRP 2005, 765 – Michel-Nummern.

Kap. 2   Urheberrechtlich geschützte Gegenstände

rauf in der 1. Auflage hingewiesen worden ist. Diese Auffassung hat ohne weitere Begründung auch der BGH vertreten.[272] In der Literatur war die Frage streitig, ob die Schutzfrist erst mit dem Umsetzungsdatum der Datenbankrichtlinie beginnt. Zum Teil war vertreten worden, dass es sich um eine Fehlinterpretation von Art. 14 Abs. 5 der Datenbankrichtlinie handele. Eine Privilegierung von Alt-Datenbanken durch die Einräumung einer erst am 1.1.1998 beginnenden Schutzfrist sollte nicht erfolgen.[273] Letztlich hat dieser Streit aber keine praktische Bedeutung mehr.[274]

220 Für die mit der Umsetzung der Datenbankrichtlinie geschaffene Schrankenbestimmung des § 87e UrhG (Verträge über die Benutzung einer Datenbank) sieht § 137g Abs. 3 UrhG vor, dass diese Vorschrift nicht auf Verträge anzuwenden ist, die vor dem 1.1.1998 über die Nutzung von Alt-Datenbanken geschlossen worden sind. Sofern sich unter dem Gesichtspunkt der Sittenwidrigkeit, des AGB-Rechts oder des Kartellrechts keine Unwirksamkeit ergibt, sind daher Klauseln in Altverträgen weiterhin zulässig, die die Entnahme unwesentlicher Teile untersagt, selbst wenn dies einer normalen Auswertung der Datenbank zuwiderläuft oder die berechtigten Interessen des Datenbankherstellers eben nicht unzumutbar beeinträchtigt werden.[275]

b) Frühere Rechtslage

221 Soweit aufgrund der Übergangsvorschriften für Alt-Datenbanken Ansprüche auf das Urheberrechtsgesetz gestützt werden können, gehen diesen den nach altem Recht möglicherweise bestehenden parallelen Ansprüchen aus § 1 UWG a.F. als speziellere Norm vor.[276] Relevant wird daher die frühere Rechtslage nur für vor dem 1.1.1983 erstellte Datenbanken. Dass solche Fälle auch heute noch eine Rolle spielen können, hat die Entscheidung „Hit-Bilanz" des BGH gezeigt.[277]

222 Für das Verständnis der heutigen Rechtslage soll die frühere rechtliche Einordnung von insbesondere elektronischen Datenbanken kurz geschildert

---

272 BGH, WRP 2005, 1267, Rn. 38–40 – Hit-Bilanz.
273 *Katzenberger*, in: Schricker/Loewenheim, Urheberrecht, 4. Aufl. 2010, § 137g Rn. 3; vgl. *Lauber-Rönsberg/Koch*, in: Möhring/Nicolini, UrhG, 3. Aufl. 2014, § 137g Rn. 3 ff.
274 Siehe zum Streitstand ausführlich die 2. Auflage, S. 80–82.
275 *Dreier*, in: Dreier/Schulze, UrhG, 5. Aufl. 2015, § 137g Rn. 6; vgl. auch *Katzenberger*, in: Schricker/Loewenheim, Urheberrecht, 4. Aufl. 2010, § 137g Rn. 4.
276 Vgl. BGH, WRP 1999, 831 – Tele-Info-CD.
277 BGH, WRP 2005, 1267 – Hit-Bilanz. In der Entscheidung ging es auch um Daten aus den Jahren 1956 bis 1983, die im Ergebnis weder urheberrechtlich noch wettbewerbsrechtlich geschützt waren.

werden. Das UrhG hatte in § 4 UrhG Sammelwerke unter Schutz gestellt. Nach dem ursprünglichen Wortlaut des § 4 UrhG wurden Sammlungen von Werken erfasst, die aufgrund der Auswahl oder Anordnung der in die Sammlung aufgenommenen Werke oder Beiträge eine persönlich geistige Schöpfung dargestellt haben.[278] Nach der überwiegenden Meinung setzte ein Sammelwerk voraus, dass die Beiträge der Sammlung selbst schutzfähig als Werke im Sinne des § 2 Abs. 2 UrhG sein konnten.[279] Sammlungen schutzunfähiger Angaben und Daten sollten nur nach Auffassung weniger urheberrechtlichen Schutz genießen können.[280] Bereits wegen der fehlenden Schutzfähigkeit der zugrunde liegenden Daten waren daher bis Ende 1997 viele Datenbanken von einem urheberrechtlichen Schutz ausgeschlossen. Darüber hinaus ist die Literatur davon ausgegangen, dass der BGH an die Gestaltungshöhe besondere Anforderungen stellen wird. Vielfach dürfte es daher auch an der notwendigen Schöpfungshöhe gefehlt haben.[281] Eine Entscheidung des BGH zur Schutzfähigkeit elektronischer Datenbanken ist jedoch auf der Grundlage des alten Rechts nicht ergangen.[282] Erst unter der Geltung des neuen Rechts hat sich der BGH erstmals damit beschäftigt, welche Anforderungen an die Schöpfungshöhe einer elektronischen Datenbank zu stellen sind. Die Einheitlichkeit der Anordnung und Darstellung großer, vollständig darzustellender Datenmengen unter Beachtung von Zweckmäßigkeitserwägungen hat der BGH noch nicht ausreichen lassen.[283]

Nichtschöpferische Datenbanken waren nach der alten Rechtslage von einem urheberrechtlichen Schutz ausgeschlossen. Gleichwohl waren diese nicht rechtlich völlig ungeschützt.[284] Die Rechtsprechung hat solchen Datenbanken unter gewissen Umständen einen wettbewerbsrechtlichen Schutz über § 1 UWG a. F. zugebilligt, sofern eine unmittelbare Leistungsüber- **223**

---

278 *Hornung*, Die EU-Datenbank und ihre Umsetzung in das deutsche Recht, 1998, S. 33.
279 BGH, GRUR 1987, 704 – Warenlexika; vgl. BGH, NJW-WettbR 1999, 249; *Marquardt*, in: Wandtke/Bullinger, Praxiskommentar UrhR, 4. Aufl. 2014, § 4 Rn. 1; *Ullmann*, in: FS Brandner, 1996, S. 507, 516; *Berger*, GRUR 1997, 169, 170; *Vogel*, in: Schricker/Loewenheim, Urheberrecht, 4. Aufl. 2010, vor §§ 87a ff. Rn. 2.
280 So *Ahlberg*, in: Möhring/Nicolini, UrhG, 3. Aufl. 2014, § 4 Rn. 9 f.; siehe auch *Katzenberger*, GRUR Int. 1983, 895, 899.
281 Zu den Grenzen des früheren urheberrechtlichen Schutzes: *Hornung*, Die EU-Datenbank und ihre Umsetzung in das deutsche Recht, 1998, S. 40 ff.
282 *Hornung*, Die EU-Datenbank und ihre Umsetzung in das deutsche Recht, 1998, S. 34 f.; *Vogel*, in: Schricker/Loewenheim, Urheberrecht, 4. Aufl. 2010, vor §§ 87a ff. Rn. 4.
283 BGH, WRP 1999, 831, 834 – Tele-Info-CD; im Ergebnis ebenso: BGH, WRP 2005, 1267 – Hit-Bilanz.
284 Zur früheren Rechtslage ausführlich *Kappes*, Rechtsschutz computergestützter Informationssammlungen, 1996, insbesondere S. 172 ff. zum Schutz nach dem UWG.

Kap. 2 Urheberrechtlich geschützte Gegenstände

nahme bejaht werden konnte.[285] Der Schutz wurde gleichwohl vielfach als lückenhaft empfunden,[286] da wettbewerbsrechtliche Ansprüche bei einem fehlenden Wettbewerbsverhältnis ins Leere gelaufen sind.[287] Das galt insbesondere dann, wenn Letztverbraucher eine Datenbank erworben hatten.[288] Darüber hinaus fehlten feste Schutzfristen.[289]

II. Datenbankwerke als Sammelwerke i.S.v. § 4 Abs. 2 UrhG

1. Einleitung

224 Der Schutz von Sammelwerken und Datenbankwerken ist in § 4 UrhG geregelt. § 4 Abs. 1 UrhG enthält zunächst die Definition für ein Sammelwerk. Es handelt sich um Sammlungen von Werken, Daten oder anderen unabhängigen Elementen, die aufgrund der Auswahl oder Anordnung der Elemente eine persönlich geistige Schöpfung sind.[290] Auf mögliche Urheberrechte oder verwandte Schutzrechte an den Elementen des Sammelwerkes kommt es dabei nicht an.[291] Nicht die zugrunde liegenden Materialien genießen urheberrechtlichen Schutz, sondern die in der Auswahl und Anordnung zu Tage getretene schöpferische Leistung.[292] Auch geistige Anstrengungen und Sachkenntnis für die Erzeugung von Daten oder der Arbeitsaufwand spielen keine Rolle.[293]

225 Unter bestimmten Voraussetzungen genießen gemäß § 4 Abs. 2 UrhG Sammelwerke einen besonderen Schutz als Datenbankwerk. Das Datenbankwerk stellt damit systematisch einen Unterfall des Sammelwerkes dar.[294] Je-

---

285 BGH, GRUR 1988, 308, 309 – Informationsdienst; BGH, NJW-WettbR 1999, 249; ebenfalls auf § 1 UWG zurückgreifend, jedoch mit sehr strengen Anforderungen: OLG Frankfurt a.M., WRP 1996, 1175 – Telefonbuch-CD-Rom; ähnlich OLG München, AfP 1997, 546 – Gesetzessammlung auf CD-ROM; zu weiteren Nachweisen der Literatur *Vogel*, in: Schricker/Loewenheim, Urheberrecht, 4. Aufl. 2010, vor §§ 87a ff. Rn. 5.
286 Siehe *Gaster*, Der Rechtsschutz von Datenbanken, 1999, Rn. 424 ff.
287 *Vogel*, in: Schricker/Loewenheim, Urheberrecht, 4. Aufl. 2010, vor §§ 87a ff. Rn. 5.
288 *Hornung*, Die EU-Datenbank und ihre Umsetzung in das deutsche Recht, 1998, S. 56.
289 Siehe zur Diskussion um Schutzfristen im Bereich des UWG: *Hornung*, Die EU-Datenbank und ihre Umsetzung in das deutsche Recht, 1998, S. 57 f.
290 BGH, GRUR 2013, 1213 – SUMO.
291 BGH, GRUR 2007, 685 = WRP 2007, 989 – Gedichttitelliste I.
292 BGH, GRUR 2007, 685 = WRP 2007, 989 – Gedichttitelliste I; BGH, WRP 1999, 831, 833 – Tele-Info-CD; *Schack*, Urheber- und Urhebervertragsrecht, 1997, Rn. 258; *Loewenheim*, in: Schricker/Loewenheim, Urheberrecht, 4. Aufl. 2010, § 4 Rn. 3.
293 EuGH, Urt. v. 1.3.2012, Rs. C604-/10, ABl. C 118 v. 21.4.2013, 5.
294 BGH, GRUR 2007, 685 = WRP 2007, 989 – Gedichttitelliste I.

des Datenbankwerk ist auch ein Sammelwerk.²⁹⁵ Die Definition des Datenbankwerkes in § 4 Abs. 2 UrhG setzt zunächst voraus, dass es sich um ein Sammelwerk handelt. Bei der Bejahung des urheberrechtlichen Schutzes einer Datenbank müssen daher auch die Voraussetzungen des § 4 Abs. 1 UrhG vorliegen. Darüber hinaus verlangt § 4 Abs. 2 UrhG, dass die Elemente des Sammelwerkes „systematisch oder methodisch angeordnet und einzeln mit Hilfe elektronischer Mittel oder auf andere Weise zugänglich sind". Aufgrund der Gesetzesfassung kommt es nicht darauf an, ob Datenbankwerke in elektronischer oder nichtelektronischer Form vorliegen.²⁹⁶ Erfasst werden sowohl Offline-Datenbanken wie z. B. ein App-Lösung als auch Online-Datenbanken wie electronic publishing.²⁹⁷

2. Schutzvoraussetzungen

a) Sammelwerk

Ein Datenbankwerk kann nur vorliegen, wenn zunächst die Voraussetzungen für ein Sammelwerk gemäß § 4 Abs. 1 UrhG vorliegen. Es muss sich daher um eine Sammlung von Werken, Daten oder anderen unabhängigen Elementen handeln. Daher wird eine schöpferische Leistung bei der Auswahl oder Anordnung der Elemente verlangt.²⁹⁸   226

aa) Sammlung von Werken, Daten oder anderen unabhängigen Elementen

Das Gesetz unterscheidet nach seinem Wortlaut zwischen Sammlungen von Werken, Daten oder anderen unabhängigen Elemente. Für den Begriff der Sammlung kann auf § 4 Abs. 1 UrhG verwiesen werden. Das Tatbestandsmerkmal Sammlung wird selten problematisch sein. Der Begriff wird regelmäßig weit auszulegen sein.²⁹⁹ Mit dem Verweis auf Werke in § 4 Abs. 1 UrhG wird auf § 2 UrhG Bezug genommen. Es werden daher alle urheberrechtlich geschützten Werke als Ergebnis einer persönlich geistigen Schöpfung erfasst.³⁰⁰ Darunter fallen alle denkbaren urheberrechtlich geschützten   227

---

295 *Marquardt*, in: Wandtke/Bullinger, Praxiskommentar UrhR, 4. Aufl. 2014, § 4 Rn. 8.
296 BGH, GRUR 2007, 685 = WRP 2007, 989 – Gedichttitelliste I.
297 Vgl. *Ahlberg*, in: Möhring/Nicolini, UrhG, 3. Aufl. 2014, § 4 Rn. 18.
298 BGH, GRUR 2013, 1213 – SUMO.
299 Siehe zum Begriff der Sammlung und zu Beispielen: *Czychowski*, in: Fromm/Nordemann, Urheberrecht, 11. Aufl. 2014, § 4 Rn. 13 f. Eine möglicherweise notwendige Einschränkung des Begriffs des Sammelwerkes wird dadurch erreicht, dass die Werke, Daten und Elemente eines Sammelwerkes unabhängig voneinander bestehen müssen. Es ist nicht angezeigt, eine solche Beschränkung bereits im Rahmen des Begriffs der Sammlung vorzunehmen.
300 *Loewenheim*, in: Schricker/Loewenheim, Urheberrecht, 4. Aufl. 2010, § 4 Rn. 6.

Kap. 2 Urheberrechtlich geschützte Gegenstände

Werke gemäß § 2 UrhG. Das gilt auch für über das Internet aufrufbare Datenbanken, da viele Werke digitalisiert bzw. für eine Internet-Anwendung bearbeitet werden können.[301] Entgegen der früheren Gesetzesfassung können jedoch auch nicht urheberrechtlich schutzfähige Materialien in einem Sammelwerk erfasst werden. Das ergibt sich aus dem Wortlaut „Daten" sowie dem Verweis auf andere Elemente. Der Gesetzgeber hat hier die Vorgaben aus der Datenbankrichtlinie umgesetzt. Auch nicht mehr urheberrechtlich geschützte gemeinfreie Werke können Gegenstand eines Datenbankwerkes sein.[302]

228 Von dem Begriff der Daten werden solche Angaben erfasst, denen bloß informationelle Bedeutung zukommt.[303] Das ist z. B. für die Teilnehmerdaten eines Fernsprechverzeichnisses zu bejahen.[304] Als Daten erfasst werden die Zusammenstellung von Nachnamen, Vornamen, Titel, Straße, Hausnummer, Telefonnummer, Beruf und Branche. Der Begriff kann dagegen nach dem Sinn und Zweck der Vorschrift nicht im Sinne der Informatik verstanden werden. Die im Internet verschickten Bytes bzw. die vielen Datenpakete einer E-Mail stellen noch keine Angabe dar, die einem Schutz als Sammelwerk zugänglich sind. Aus dem zusätzlichen Tatbestandselement der unabhängigen Elemente ist zu folgern, dass die informationelle Angabe eine gewisse Eigenständigkeit für den Nutzer haben muss. Ein einzelnes Byte oder ein Datenpaket erfüllen diese Anforderung nicht.

229 Fraglich ist, was im Rahmen von § 4 Abs. 1 UrhG mit anderen Elementen gemeint ist. Der Wortlaut ist zunächst sehr weit. Es kann jede Form von Gegenständen erfasst sein, die einer Sammlung zugänglich sind. Auf einen geistigen Gehalt müsste es aufgrund des Wortlauts nicht ankommen. Auch Sammlungen von Münzen, Briefmarken, Mineralien, Blumen oder Ähnlichem wären erfasst. Bei einer teleologischen Auslegung ist jedoch eine Beschränkung auf Materialien vorzunehmen, die ein Mindestmaß an geistigem Gehalt aufweisen.[305] Dieses Ergebnis ergibt sich auch bei einer richtlinienkonformen Auslegung. Im Erwägungsgrund 17 heißt es, dass unter dem Begriff der „Datenbank" Sammlungen von literarischen, künstlerischen, musikalischen oder anderen Werken sowie von anderem Material wie Texten, Tönen, Bildern, Zahlen, Fakten und Daten verstanden werden sollen. Es

---

301 *Nippe*, Urheber und Datenbank: Schutz des Urhebers bei der Verwendung seiner Werke in elektronischen Datenbanken, 2000, S. 21 ff.; zu den Besonderheiten von Abstracts, also Kurzfassungen von Aufsätzen oder Texten: ebenda, S. 131 ff.
302 Für Gedichte zwischen 1730 und 1900: BGH, GRUR 2007, 685 = WRP 2007, 989 – Gedichttitelliste I.
303 *Loewenheim*, in: Schricker/Loewenheim, Urheberrecht, 4. Aufl. 2010, § 4 Rn. 6.
304 BGH, WRP 1999, 831, 833 – Tele-Info-CD, wobei der BGH offenlässt, ob es sich um Daten und/oder unabhängige Elemente handelt.
305 *Loewenheim*, in: Schricker/Loewenheim, Urheberrecht, 4. Aufl. 2010, § 4 Rn. 6.

werden damit nur Materialien erfasst, die das Ergebnis einer – wenn auch nicht besonderen schöpferischen – geistigen Tätigkeit eines Menschen sind.[306] Für den Bereich von Online-Datenbanken, die über das Internet abgerufen werden, wird das Merkmal der Elemente jedoch regelmäßig nicht problematisch sein. Die elektronische Einspeicherung von Materialien setzt stets voraus, dass diese bereits aufbereitet worden sind. Bloße Gegenstände ohne geistigen Gehalt müssen zumindest fotografiert worden sein. Dann ist zumindest das bestehende Bild, soweit es nicht bereits als Lichtbildwerk geschützt ist, als Element einem Schutz im Rahmen eines Sammelwerkes zugänglich. Zusammenfassend lässt sich damit sagen, dass alle Leistungsergebnisse mit einem geistigen Gehalt als Element erfasst werden. Für die Praxis von untergeordneter Rolle ist die Frage, ob der Begriff des Elementes zugleich noch als Oberbegriff Werke und Daten erfasst.

Sofern die Sammlung keine Werke oder Daten i.S. v. § 4 Abs. 1 UrhG umfasst, die von Haus aus bereits unabhängig voneinander vorliegen, genügt es nicht, dass lediglich „Elemente" in einem Sammelwerk zusammengefasst werden. Aufgrund der Vorgabe der Datenbankrichtlinie wird eine Unabhängigkeit der Elemente verlangt. Es handelt sich um ein eigenes Tatbestandsmerkmal.[307] Die jeweils zugrunde liegenden Daten bzw. Fakten müssen eine gewisse Selbstständigkeit haben.[308] Fraglich ist allein, wo die Grenze liegt.[309] Die Anforderungen der Rechtsprechung sind nicht hoch. So stellen bei einer Gedichttitelliste die Angaben zum Urheber, Titel, Anfangszeile und Erscheinungsdatums des Gedichts jeweils voneinander unabhängige Elemente dar.[310] Das Merkmal der Unabhängigkeit ist allerdings nach dem Erwägungsgrund 17 der Datenbankrichtlinien nicht erfüllt, wenn ein audiovisuelles, cinematographisches, literarisches oder musikalisches Werk aufgezeichnet wird.[311] Ein einheitliches Werk kann also nicht in unabhängige Teilelemente zerlegt werden kann.

230

Aus dem Erwägungsgrund 22 der Datenbankrichtlinie ergibt sich hingegen, dass Vorrichtungen wie CD-ROMs elektronische Datenbanken sein können. Eine Zusammenfassung verschiedener Musikbeispiele bzw. unterschiedlicher Bilder auf einer CD-ROM kann daher sehr wohl eine Sammlung jeweils unabhängiger Elemente sein, sofern die Elemente nicht bereits urhe-

231

---

306 Vgl. *Grützmacher*, Urheber-, Leistungs- und sui generis-Schutz von Datenbanken, 1999, S. 168.
307 *Leistner*, Der Rechtsschutz von Datenbanken im deutschen und europäischen Recht, 2000, S. 47.
308 *Loewenheim*, in: Schricker/Loewenheim, Urheberrecht, 4. Aufl. 2010, § 4 Rn. 36.
309 Auf die Probleme bei der Bestimmung der Grenze verweist zu Recht *Grützmacher*, Urheber-, Leistungs- und sui generis-Schutz von Datenbanken, 1999, S. 170 f.
310 BGH, GRUR 2007, 685 = WRP 2007, 989 – Gedichttitelliste I.
311 Siehe dazu auch *Flechsig*, ZUM 1997, 577, 580.

Kap. 2 Urheberrechtlich geschützte Gegenstände

berrechtlich geschützte eigenständige Werke sind. Aus dem Zusammenspiel von Erwägungsgrund 17 und Erwägungsgrund 22 ergibt sich, dass es im Wesentlichen für die Frage der Unabhängigkeit der Elemente auf die ursprüngliche Zweckrichtung desjenigen ankommt, der ein bestimmtes Element durch Einsatz geistiger Mittel geschaffen hat. Sofern einzelne Elemente nach der Intention des Gestalters isoliert genutzt werden können oder sollen, ist das Merkmal der Unabhängigkeit gegeben.[312] Die bloße Trennbarkeit der Elemente genügt dagegen noch nicht.[313] Möglich ist auch, dass der Urheber oder Dritte erst nachträglich aus einem Werk oder mehreren Werken einzelne unabhängige Elemente extrahieren oder das Werk in unabhängige Elemente zerlegen, sofern die Elemente isoliert genutzt werden können. Zu denken ist z. B. daran, dass bestimmte für sich allein nicht schutzfähige Teile eines Werkes in einer Sammlung zusammengefasst werden. Die Grenze wird dort liegen, wo durch die Bearbeitung ein neues eigenständiges Werk entsteht.[314]

232 Unter Zugrundelegung dieser Beurteilung ist auch eine Antwort auf die Frage zu finden, ob und gegebenenfalls in welchem Umfang Websites[315] oder Multimediaprodukte in ihrer Gesamtheit überhaupt einem Schutz als Datenbankwerk zugänglich sein können. Letztlich wird es hier auf die Gestaltung der einzelnen Websites oder des Multimediaproduktes ankommen. Sofern es sich um eine Website oder ein Multimediaprodukt handelt, bei der im Vordergrund die Sammlung von Werken, Daten oder anderen unabhängigen Elementen steht, wird dies zu bejahen sein. Entscheidend wird es darauf ankommen, dass solche unabhängigen, isoliert nutzbaren Materialien durch eine schöpferische Leistung ausgewählt, eingeteilt und angeordnet worden sind. Es handelt sich dann um eine multimediale Datenbank.[316] Dagegen wird die in ihrer Gesamtheit geschaffene Website, bei der durch den Gestalter Texte, Bilder und Töne in einen neuen einheitlichen Gesamtzusammenhang gebracht worden sind, nicht unter den Begriff eines Sammelwerkes fallen.[317] Bei einer solchen Zusammenfassung verschiedener Werke, Daten

---

312 *Völker/Lührig*, K&R 2000, 20, 24.
313 *Leistner*, Der Rechtsschutz von Datenbanken im deutschen und europäischen Recht, 2000, S. 47.
314 Ebenfalls für eine Prüfung im Einzelfall: *Grützmacher*, Urheber-, Leistungs- und sui generis-Schutz von Datenbanken, 1999, S. 170 f.
315 Siehe zu den urheberrechtlichen Problemen *Völker/Lührig*, K&R 2000, 20, 22 ff.; *Cichon*, ZUM 1998, 897, sowie *Hoeren*, MMR 1999, 733 m. w. N.
316 Vgl. *Ahlberg*, in: Möhring/Nicolini, UrhG, 3. Aufl. 2014, § 4 Rn. 22; *Leistner*, Der Rechtsschutz von Datenbanken im deutschen und europäischen Recht, 2000, S. 52; ähnlich *Gaster*, Der Rechtsschutz von Datenbanken, 1999, Rn. 89.
317 Ebenso *Leistner*, Der Rechtsschutz von Datenbanken im deutschen und europäischen Recht, 2000, S. 50 f.; wohl großzügiger *Gaster*, Der Rechtsschutz von Datenbanken, 1999, Rn. 89.

und Elemente dürfte es auf jeden Fall an der erforderlichen Unabhängigkeit fehlen. Sachgerechter wird es hier sein, zu prüfen, ob durch die Website als Ganzes nicht ein eigenständiges neues Werk (u. U. ein Multimediawerk[318]) entstanden sein könnte.

Für den Verletzungsprozess und die Vertragsgestaltung ist zu beachten, dass für die dem Sammelwerk zugrunde liegenden urheberrechtlich geschützten, nicht gemeinfreien Werke die erforderlichen Nutzungsrechte gesondert beschafft werden. Das Sammelwerk steht zu den darin enthaltenen Einzelwerken in einem ähnlichen Verhältnis wie die Bearbeitung zum benutzten Original.[319] Zu einer Verwertung im Rahmen des Datenbankwerkes ist die Zustimmung des Urhebers oder des ausschließlich Nutzungsberechtigten erforderlich. Es liegt regelmäßig keine Werkverbindung nach § 9 UrhG und erst recht keine Miturheberschaft vor.[320] 233

bb) Persönlich geistige Schöpfung bei der Auswahl oder Anordnung der Elemente

Die rein handwerkliche, schematische oder routinemäßige Auswahl und Anordnung von Werken, Daten oder Elementen genügt nicht zur Begründung eines urheberrechtlichen Schutzes. Vielmehr muss sich aus Auswahl oder Anordnung der Ausdruck einer persönlich geistigen Schöpfung erkennen lassen.[321] Von einer geistigen Schöpfung wird auch im Art. 3 Abs. 1 Satz 1 sowie im Erwägungsgrund 15 der Datenbankrichtlinien gesprochen. Durch die Auswahl oder Anordnung muss daher im Ergebnis die Individualität oder aber die Originalität – wie es in den Erwägungsgründen der Richtlinie heißt – des Urhebers des Sammelwerkes zum Ausdruck kommen.[322] 234

Art. 3 Abs. 1 Satz 2 der Datenbankrichtlinie legt fest, dass bei der Bestimmung der Schutzfähigkeit einer Datenbank keine anderen Kriterien als die in Art. 3 Abs. 1 Satz 1 der Datenbankrichtlinie genannten angewendet werden dürfen. Nur Auswahl oder Anordnung des Stoffes müssen eine geistige 235

---

318 Siehe Kap. 2 Rn. 166 ff.
319 *Nordemann*, in: Fromm/Nordemann, Urheberrecht, 11. Aufl. 2014, § 4 Rn. 5.
320 *Loewenheim*, in: Schricker/Loewenheim, Urheberrecht, 4. Aufl. 2010, § 9 Rn. 6; von einer faktischen Verbindung, die jedoch nicht zur Anwendung von § 9 UrhG führt, spricht *Wirtz*, in: Fromm/Nordemann, Urheberrecht, 11. Aufl. 2014, § 9 Rn. 5.
321 EuGH, Urt. v. 1.3.2012, Rs. C604-/10, ABl. C 118 v. 21.4.2013, 5; BGH, GRUR 2007, 685 = WRP 2007, 989 – Gedichttitelliste I; vgl. BGH, GRUR 1992, 382, 384 – Leitsätze; BGH, GRUR 1990, 669, 673 – Bibelreproduktion.
322 *Marquardt*, in: Wandtke/Bullinger, Praxiskommentar UrhR, 4. Aufl. 2014, § 4 Rn. 5; *Loewenheim*, in: Schricker/Loewenheim, Urheberrecht, 4. Aufl. 2010, § 4 Rn. 38; *Leistner*, Der Rechtsschutz von Datenbanken im deutschen und europäischen Recht, 2000, S. 68 f.; *Ahlberg*, in: Möhring/Nicolini, UrhG, 3. Aufl. 2014, § 4 Rn. 32.

Kap. 2 Urheberrechtlich geschützte Gegenstände

Schöpfung darstellen.[323] Eine Beurteilung der Qualität oder des ästhetischen Werts erfolgt nicht.[324] Diese Regelung ist von dem deutschen Gesetzgeber nicht in das Urheberrechtsgesetz mit übernommen worden.[325] Das überrascht auf den ersten Blick. Eine ähnliche Regelung findet sich in Art. 1 Abs. 3 Satz 2 der Computerprogramm-Richtlinie, diese Regelung hat der deutsche Gesetzgeber ausdrücklich in § 69a Abs. 3 Satz 2 UrhG umgesetzt. Nachdem die Rechtsprechung bei Computerprogrammen sehr hohe Anforderungen an die Gestaltungshöhe gestellt hatte, wollte der Gesetzgeber durch die Fassung des § 69a Abs. 3 UrhG klarstellen, dass es lediglich auf die Individualität eines Computerprogramms zur Begründung der urheberrechtlichen Schutzfähigkeit ankomme.[326]

236 Bei einer systematischen Auslegung könnte argumentiert werden, dass im Bereich der Datenbankwerke die bloße Individualität des Schöpfers nicht genügt. Der Gesetzgeber hat jedoch selbst zum Ausdruck gebracht, dass die nicht ausdrückliche Umsetzung von Art. 1 Abs. 1 Satz 2 der Datenbankrichtlinie keine Bedeutung haben soll. Er hat unterstellt, dass bei Datenbanken keine besonderen Anforderungen an die Schöpfungshöhe gestellt werden.[327] Das Vorhandensein von Individualität reicht damit zur Begründung der Schutzfähigkeit aus.[328] Dieses Ergebnis ergibt sich auch im Rahmen der richtlinienkonformen Auslegung.[329] Es ist daher im Ergebnis auch die kleine Münze, die im Bereich der Datenbankwerke geschützt wird.[330]

237 Die notwendige Individualität kann in der Auswahl oder Anordnung der Daten liegen.[331] Bei der Auswahl kann die schöpferische Leistung in dem Sammeln, Sichten, Bewerten und Zusammenstellen unter Berücksichtigung besonderer Auslesekriterien liegen. Schöpferisch kann dann die Entscheidung

---

323 EuGH, Urt. v. 1.3.2012, Rs. C604-/10, ABl. C 118 v. 21.4.2013, 5.
324 BGH, GRUR 2007, 685 = WRP 2007, 989 – Gedichttitelliste I.
325 Kritisch dazu: *Grützmacher*, Urheber-, Leistungs- und sui generis-Schutz von Datenbanken, 1999, S. 193 f.
326 *Loewenheim*, in: Schricker/Loewenheim, Urheberrecht, 4. Aufl. 2010, vor § 69a Rn. 3; *Ahlberg*, in: Möhring/Nicolini, UrhG, 3. Aufl. 2014, § 4 Rn. 32.
327 Begründung zum Regierungsentwurf des IuKDG, BR-Drs. 966/96, 45.
328 *Vogel*, ZUM 1997, 592, 600.
329 So jetzt auch ausdrücklich BGH, GRUR 2007, 685 = WRP 2007, 989 – Gedichttitelliste I.
330 Siehe OLG Hamburg, GRUR 2000, 319, 320 – Börsendaten; *Kotthoff*, in: Heidelberger Kommentar, UrhR, 2004, § 4 Rn. 8; *Marquardt*, in: Wandtke/Bullinger, Praxiskommentar UrhR, 4. Aufl. 2014, § 4 Rn. 5; *Heitland*, in: Roßnagel, Recht der Multimedia-Dienste, 7. Aufl. 2005, Abschnitt 10, § 4 UrhG Rn. 26; *Hornung*, Die EU-Datenbank und ihre Umsetzung in das deutsche Recht, 1998, S. 37; *Leistner*, Der Rechtsschutz von Datenbanken im deutschen und europäischen Recht, 2000, S. 71.
331 Vgl. BGH, GRUR 1987, 704 – Warenzeichenlexika; vgl. auch BGH, GRUR 1980, 227, 231 – Monumenta Germania Historica.

D. Datenbanken **Kap. 2**

sein, welche Elemente in die Datenbank aufgenommen werden.[332] Der BGH spricht von einem „Spielraum für eine individuelle schöpferische Tätigkeit", der bei der Beachtung reiner Zweckmäßigkeitserwägungen (wie z. B. bei Rückgriff auf eine alphabetische Ordnung bei einem Telefonverzeichnis) noch nicht berührt werde.[333] Nach Auffassung des OLG Hamburg soll richtigerweise die Zusammenstellung von Börsendaten nicht schöpferisch sein, wenn alle deutschen Aktien und bestimmte nahe liegende Börsendaten erfasst werden.[334] Die Grenzen einer schöpferischen Tätigkeit sind auf jeden Fall dann erreicht, wenn dem Auswählenden kein Entscheidungsspielraum verbleibt, wie bei einer Entscheidungssammlung, die sämtliche Entscheidungen bestimmter Gerichte sammeln soll oder das Verzeichnis aller Fernsprechteilnehmer.[335] In diesen Fällen besteht kein Raum für eine individuelle Auswahl.[336] Darüber hinaus sind die Anforderungen nach der Rechtsprechung jedoch nicht hoch: Eine besondere Konzeption für die Auswahl kann genügen. Auch schlichte Ideen reichen, wie zum Beispiel die Entscheidung eines ordentlichen Professors, die „wichtigsten" Gedichte der Zeit zwischen 1730 und 1900 anhand weniger Anthologien, ausgesucht unter Tausenden solcher Sammlungen, sowie einer Standardbibliographie zu ermitteln und dabei ein statisches Kriterium anzuwenden.[337] Auch die Instanzgerichte liegen auf dieser Linie.[338]

Daneben kommt eine schöpferische Leistung bei der Anordnung der Daten **238** in Betracht. Während es bei der Auswahl der Daten keine Rolle spielt, ob es sich um eine elektronische oder nichtelektronische Datenbank handelt, macht sich der Unterschied bei der Anordnung der Daten bemerkbar. Eine „räumlich-gegenständliche" Anordnung, wie bei Sammelwerken nach § 4

---

332 *Loewenheim*, in: Schricker/Loewenheim, Urheberrecht, 4. Aufl. 2010, § 4 Rn. 38; *Berger*, GRUR 1997, 169, 173.
333 BGH, WRP 1999, 831, 834 – Tele-Info-CD.
334 OLG Hamburg, GRUR 2000, 319, 320 – Börsendaten; vgl. auch OLG Düsseldorf, MMR 1999, 729, 732.
335 Siehe BGH, WRP 1999, 831, 834 – Tele-Info-CD.
336 Weitere Beispielsfälle aus der internationalen Rechtsprechung: *Gaster*, Der Rechtsschutz von Datenbanken, 1999, Rn. 181 ff.
337 Dieses Kriterium bestand in der Mindestzahl von drei Abdrucken oder der Nennung in der Standardbibliografie, wobei es für den BGH keine Rolle spielte, dass mehr als die Hälfte der in die Gedichttitelliste aufgenommenen Werke auch in der Standardbibliografie nachgewiesen werden, BGH, GRUR 2007, 685 = WRP 2007, 989 – Gedichttitelliste I.
338 Bejaht für ein medizinisches Lexikon im Internet: OLG Hamburg, MMR 2001, 533, oder eine pharmazeutische Datenbank OLG Frankfurt, MMR 2002, 687, sowie OLG Frankfurt, MMR 2003, 45, verneint für eine Fachdatenbank über Baumarktprodukte: OLG Düsseldorf, CR 2000, 184; vgl. *Marquardt*, in: Wandtke/Bullinger, Praxiskommentar UrhR, 4. Aufl. 2014, § 4 Rn. 12.

Kap. 2 Urheberrechtlich geschützte Gegenstände

Abs. 1 UrhG, von der eine geistige oder ästhetische Wirkung ausgehen kann, scheidet bei der Speicherung digitalisierter Werke von vornherein aus.[339] Die Anordnung der Daten in einer elektronischen Datenbank ist vielfach technisch bedingt. In den meisten Fällen wird die Anordnung auf einem Computerprogramm beruhen, welches nach § 4 Abs. 2 Satz 2 UrhG gerade nicht Bestandteil des Datenbankwerkes ist.[340] Dass gleichwohl auch die Anordnung durch ein Computerprogramm für die Schaffung eines Datenbankwerkes ausreichend ist, ergibt sich aus Erwägungsgrund 21. Die physische Speicherung selbst muss nämlich nicht in geordneter Form erfolgen. Es genügt, dass die Datenbank aufgrund entsprechender Programme für den Nutzer eine bestimmte Ordnung aufweist. Gerade das dem Computerprogramm zugrunde liegende Datenmodell kann das Resultat einer schöpferischen Leistung sein.[341]

239 Die elektronische Datenbank unterscheidet sich durch die technischen Gegebenheiten bei der Anordnung von herkömmlichen nichtelektronischen Datenbanken. Bei nichtelektronischen Datenbanken wird es an einer schöpferischen Leistung bei der Anordnung häufig schon deswegen fehlen, weil gängige Ordnungskriterien verwendet worden sind. Was allgemein üblich oder durch Gebote der Zweckmäßigkeit oder Logik vorgegeben ist, wie z.B. alphabetische, numerische oder chronologische Prinzipien, kann kein individuelles Schaffen begründen.[342] Bei elektronischen Datenbanken kann dagegen das Zugangs- und Abfragesystem, welches zu einer Anordnung der Werke, Daten und unabhängigen Elementen führt, durchaus das Ergebnis einer schöpferischen Leistung sein, soweit zusätzliche, individuelle Suchkriterien und Verknüpfungsformen verwendet werden.[343]

240 Jedes Zugangs- und Abfragesystem kann jedoch noch nicht eine individuelle Leistung darstellen. Wie bei nichtelektronischen Datenbanken sind banale Ordnungskriterien wie die alphabetische oder numerische Anordnung in auf- oder absteigender Folge gemeinfrei.[344] Auch die für Datenbanken früher verwendeten Abfragezeichen (sogenannte Trunkierungssymbole) wie

---

339 *Loewenheim*, in: Schricker/Loewenheim, Urheberrecht, 4. Aufl. 2010, § 4 Rn. 39.
340 Siehe *Berger*, GRUR 1997, 169, 174; *Dreier*, GRUR Int. 1992, 739, 745; *Hoebbel*, CR 1993, 12, 15; *Wiebe*, CR 1996, 198, 201.
341 *Leistner*, Der Rechtsschutz von Datenbanken im deutschen und europäischen Recht, 2000, S. 77; im Ergebnis so auch ohne jede weitere Begründung: BGH, GRUR 2007, 685 = WRP 2007, 989 – Gedichttitelliste I.
342 BGH, WRP 1991, 831, 834 – Tele-Info-CD; OLG Hamburg, GRUR 2000, 319, 320 – Börsendaten; *Loewenheim*, in: Schricker/Loewenheim, Urheberrecht, 4. Aufl. 2010, § 4 Rn. 39.
343 Vgl. *Loewenheim*, in: Schricker/Loewenheim, Urheberrecht, 4. Aufl. 2010, § 4 Rn. 39; *Berger*, GRUR 1997, 169, 174 f.
344 Siehe *Dreier*, GRUR Int. 1992, 739, 741.

Ersetzungszeichen, oder logische Verknüpfungen für die Abfrage sind ebenso wie Schaltflächen, Suchmasken und dergleichen noch keine individuellen Leistungen.[345] Für die Begründung eines urheberrechtlichen Schutzes kommt es daher im Ergebnis auf die Art und Weise der Zugangs- und Abfragemöglichkeiten an, die durch das Computerprogramm ermöglicht werden. Während das Computerprogramm aufgrund von § 4 Abs. 2 Satz 2 UrhG für die urheberrechtliche Beurteilung des Datenbankwerkes nicht zu berücksichtigen ist, bleibt darüber hinaus in einem erheblichen Umfang bei der Art und Weise der Zugangs- und Abfragemöglichkeiten Raum für schöpferisches Schaffen. Die Eleganz, Leichtigkeit und Benutzerfreundlichkeit der Abfrage, die sowohl in der Methodik des Zugangs als auch in der Darstellung auf dem Bildschirm ihren Ausdruck finden kann, aber auch in für den Nutzer unsichtbar im Hintergrund ablaufenden Suchroutinen liegen kann, kann den urheberrechtlichen Schutz begründen.[346]

Im Einzelfall wirft jedoch die Abgrenzung zu den notwendigen und üblichen Zugangs- und Abfragemethoden weitreichende Fragen auf. Die Gerichte haben – soweit ersichtlich – diese Fragen bisher nicht entschieden. Es wird in der Praxis vor allem darauf ankommen, anhand verschiedener Beispiele von Datenbanken im Einzelnen nachzuweisen, welche Bestandteile eines Zugangs- und Abfragesystems allgemein üblich sind und für welche Individualität in Anspruch genommen werden kann. Schon um den Nutzern einer Datenbank Abfragen zu erleichtern, werden die Anbieter vielfach auf Standardabfragesysteme mit möglichst schlichter Suchlogik zurückgreifen. Nur ein leicht verständliches und intuitiv zu bedienendes Abfragesystem sichert den kommerziellen Erfolg eines elektronischen Datenbankwerkes. Das gilt insbesondere für den Bereich des Internets. Es wird daher davon auszugehen sein, dass zumindest im Bereich der elektronischen Datenbanken im Internet die urheberrechtliche Schutzfähigkeit regelmäßig nicht durch das Zugangs- und Abfragesystem begründet werden wird. Für das Vorliegen einer persönlich geistigen Schöpfung wird es regelmäßig auf die schöpferische Auswahl von Werken, Daten und unabhängigen Elementen ankommen. **241**

b) Systematische oder methodische Anordnung der Elemente

Erste eigenständige Voraussetzung für das Vorliegen eines Datenbankwerkes (neben dem Vorliegen der Voraussetzungen für ein Sammelwerk) ist gemäß § 4 Abs. 2 Satz 1 UrhG, dass die „Elemente systematisch oder methodisch angeordnet" sind. Aufgrund dieses zusätzlichen Elementes könnte der **242**

---

345 *Loewenheim*, in: Schricker/Loewenheim, Urheberrecht, 4. Aufl. 2010, § 4 Rn. 39.
346 Vgl. *Loewenheim*, in: Schricker/Loewenheim, Urheberrecht, 4. Aufl. 2010, § 4 Rn. 39.

Kap. 2 Urheberrechtlich geschützte Gegenstände

Eindruck entstehen, als wenn Datenbankwerke letztlich strengeren Voraussetzungen als Sammelwerke unterliegen. Das ist jedoch nicht der Fall.[347] Dieses Tatbestandsmerkmal geht unmittelbar auf Art. 1 Abs. 2 der Europäischen Richtlinie zu Datenbanken zurück. Der Begriff „Datenbank" wird in dieser Vorschrift als eine Sammlung von Werken, Daten oder anderen unabhängigen Elementen beschrieben, die systematisch oder methodisch angeordnet worden sind.[348]

243 Aus dem Wortlaut der Datenbankrichtlinie ergibt sich zunächst, dass es für die Auslegung von § 4 Abs. 2 Satz 1 UrhG unerheblich ist, dass dort lediglich von systematisch oder methodisch angeordneten „Elementen" die Rede ist. Werke und Daten werden ausdrücklich nicht erwähnt. Gleichwohl sind nicht nur die Elemente i. S. v. § 4 Abs. 1 UrhG gemeint, sondern auch Werke und Daten. Der Begriff „Element" ist bei einer richtlinienkonformen Auslegung als Oberbegriff aufzufassen. Er ist nicht i. S. v. § 4 Abs. 1 UrhG zu verstehen.

244 Das Merkmal der systematischen oder methodischen Anordnung verlangt, dass die Werke, Daten und unabhängigen Elemente der Datenbanken nach bestimmten Ordnungsgesichtspunkten zusammengestellt worden sein müssten.[349] Besondere Anforderungen an die Ordnung werden dabei nicht gestellt.[350] Alphabetische, numerische oder chronologische Anordnungen oder Kombinationen dieser Kriterien können bereits genügen.[351] Aber auch andere Anordnungen oder Verknüpfungen der gesammelten Daten sind denkbar. Für eine methodische Ordnung des Datenbankinhaltes kann auch die Sachlogik in Betracht kommen.[352]

245 Im Ergebnis dient das Merkmal allein dazu, das Datenbankwerk von der reinen Anhäufung von Daten abzugrenzen.[353] Solche Datenhaufen oder Rohdaten werden häufig im Vorstadium der Schaffung einer Datenbank vorliegen. Auch reine Datenpools oder Datenbasen, also die Zusammenfassung von Daten, die (noch) nicht nach einzelnen Kriterien recherchiert werden können, werden aufgrund dieses Merkmals vom Schutz als Datenbankwerk ausgegrenzt. Nicht erforderlich ist jedoch für das Vorliegen einer systemati-

---

347 *Ahlberg*, in: Möhring/Nicolini, UrhG, 3. Aufl. 2014, § 4 Rn. 18.
348 *Hornung*, Die EU-Datenbank und ihre Umsetzung in das deutsche Recht, 1998, S. 74.
349 *Loewenheim*, in: Schricker/Loewenheim, Urheberrecht, 4. Aufl. 2010, § 4 Rn. 41.
350 BGH, GRUR 2007, 685 = WRP 2007, 989 – Gedichttitelliste I; *Hornung*, Die EU-Datenbank und ihre Umsetzung in das deutsche Recht, 1998, S. 74; *Leistner*, Der Rechtsschutz von Datenbanken im deutschen und europäischen Recht, 2000, S. 53.
351 BGH, GRUR 2007, 685 = WRP 2007, 989 – Gedichttitelliste I; *Vogel*, in: Schricker/Loewenheim, Urheberrecht, 4. Aufl. 2010, § 87a Rn. 6.
352 *Vogel*, in: Schricker/Loewenheim, Urheberrecht, 4. Aufl. 2010, vor § 87a Rn. 6.
353 *Flechsig*, ZUM 1997, 577, 580.

D. Datenbanken Kap. 2

schen und methodischen Anordnung, dass die Abspeicherung auf dem Datenträger in entsprechender Anordnung erfolgt. Zumindest bei elektronischen Datenbanken, die für den Bereich des Internets allein von Bedeutung sind, genügt es, dass die ungeordnet abgespeicherten Daten aufgrund entsprechender Abfragemöglichkeiten einer Ordnung zugeführt werden. Ein nicht geschützter Datenhaufen kann durch den Einsatz eines einfachen Computerprogramms in eine schutzfähige Datenbank umgewandelt werden.[354] Das wird auch ausdrücklich im Erwägungsgrund 21 der Europäischen Richtlinie klargestellt.

Dem Merkmal einer methodischen oder systematischen Anordnung kommt zumindest im Bereich der Datenbankwerke nur eine untergeordnete Funktion zu. Sofern die Elemente eines Sammelwerkes zu bejahen sein werden, dürfte es auch hier regelmäßig nicht an einer systematischen oder methodischen Anordnung fehlen.[355] Sofern die Anordnung bereits eine persönliche geistige Schöpfung darstellt, ist dies ohne Weiteres einsichtig. Aber auch in den Fällen, in denen der Schutz als Sammelwerk allein durch die persönliche geistige Schöpfung bei der Auswahl begründet sein wird, wird üblicherweise auch das Material nach bestimmten Ordnungskriterien zusammengestellt werden. 246

c) Zugänglichkeit der Einzelelemente mit Hilfe elektronischer Mittel oder auf andere Weise

Als weitere Voraussetzung verlangt § 4 Abs. 2 UrhG, dass die Einzelelemente mit Hilfe elektronischer Mittel oder auf andere Weise zugänglich sein müssen. Dieses ebenfalls auf Art. 1 Abs. 2 der Europäischen Datenbankrichtlinie zurückgehende Tatbestandsmerkmal stellt zunächst klar, dass sowohl elektronische als auch nichtelektronische Sammelwerke dem Schutz als Datenbankwerk zugänglich sind.[356] Als nichtelektronische Datenbankwerke kommen z.B. Bücher, Karteien oder Mikrofilm-Sammlungen in Betracht.[357] 247

Die Elemente müssen einzeln zugänglich sein. Für das Zugänglichsein genügt es, dass unter Berücksichtigung der Ordnungsprinzipien auf die Teile der Datenbank zuzugreifen ist und diese abgefragt werden können. Dass die Elemente der Datenbank einzeln zugänglich sein müssen, betont nur noch einmal, dass die der Datenbank zugrunde liegenden Werke, Daten und Ele- 248

---

354 *Hornung*, Die EU-Datenbank und ihre Umsetzung in das deutsche Recht, 1998, S. 74.
355 So ausdrücklich *Ahlberg*, in: Möhring/Nicolini, UrhG, 3. Aufl. 2014, § 4 Rn. 18.
356 *Grützmacher*, Urheber-, Leistungs- und sui generis-Schutz von Datenbanken, 1999, S. 173.
357 Vgl. *Vogel*, in: Schricker/Loewenheim, Urheberrecht, 4. Aufl. 2010, § 87a Rn. 17.

Kap. 2 Urheberrechtlich geschützte Gegenstände

mente unabhängig voneinander bestehen müssen.[358] Für das Vorliegen eines Datenbankwerkes genügt es daher nicht, dass einzelne Teile eines einheitlichen Werkes (z.B. eines Filmwerkes) gezielt aufgerufen werden können.[359] Der auf einer DVD gespeicherte Spielfilm ist daher kein Datenbankwerk, selbst wenn aufgrund eines bestimmten Suchprogramms von dem Nutzer gezielt auf bestimmte Szenen (z.B. Dialoge, Personen, Musikeinspielungen oder Ähnliches) zugegriffen werden kann. Einem zusätzlichen Schutz als Datenbankwerk rechtlich bereits geschützter Werk soll damit vorgebeugt werden.[360] Eine Musik-CD mit verschiedenen Musikstücken kann ein Datenbankwerk sein, muss es aber nicht sein. Es wird auf eine Einzelfallprüfung angekommen.[361]

249 Für die Art und Weise des Zugriffs macht das Gesetz keine Vorgaben. Diese kann sowohl elektronisch als auch auf andere Weise geschehen. Aus dem Erwägungsgrund 13 der Datenbankrichtlinie ergibt sich, dass der Zugang über elektronische, elektromagnetische, elektrooptische oder ähnliche Verfahren erfolgen kann. An dieser Stelle ist sowohl die Richtlinie als auch damit § 4 Abs. 2 UrhG für technische Fortentwicklungen offen.

d) Bedeutung der einem Datenbankwerk zugrunde liegenden Programme

250 Im Bereich der Datenbankwerke kann die Abgrenzung zwischen dem Datenbankwerk sowie dem für das Datenbankwerk verwendeten Computerprogramm[362] Probleme bereiten. Aufgrund des ausdrücklichen Wortlauts in § 4 Abs. 2 Satz 2 UrhG sind die zur Schaffung oder zur Ermöglichung des Zugangs zu den einzelnen Elementen verwendeten Computerprogramme nicht Bestandteil eines Datenbankwerkes. Das gilt selbst dann, wenn dieses Computerprogramm zwingende Voraussetzung dafür ist, dass überhaupt eine Datensammlung zu einem Datenbankwerk werden kann.[363] Gleichwohl sind solche Computerprogramme nicht schutzlos. Auch wenn sie einem Schutz als Datenbankwerk selbst nicht zugänglich sind, so fallen sie doch unter den Schutz der §§ 69a ff. UrhG. Die Computerprogramme sind als eigenständige

---

358 Vgl. *Leistner*, Der Rechtsschutz von Datenbanken im deutschen und europäischen Recht, 2000, S. 55.
359 So auch *Hornung*, Die EU-Datenbank und ihre Umsetzung in das deutsche Recht, 1998, S. 75.
360 *Marquardt*, in: Wandtke/Bullinger, Praxiskommentar UrhR, 4. Aufl. 2014, § 4 Rn. 10.
361 *Hornung*, Die EU-Datenbank und ihre Umsetzung in das deutsche Recht, 1998, S. 79.
362 *Grützmacher*, Urheber-, Leistungs- und sui generis-Schutz von Datenbanken, 1999, S. 174, spricht von dem zugrunde liegenden Datenbankmanagementsystem.
363 *Leistner*, Der Rechtsschutz von Datenbanken im deutschen und europäischen Recht, 2000, S. 60; vgl. auch für das Leistungsschutzrecht nach §§ 87a ff. UrhG an einer Datenbank EuGH, Urt. v. 5.3.2009, Rs. C-545, GRUR Int. 2009, 501 – Apis-Lakorda.

D. Datenbanken **Kap. 2**

Software geschützt. Diese auf den ersten Blick nicht zwingende Differenzierung beruht darauf, dass bei der Schaffung der Europäischen Richtlinie zu Datenbanken der zuvor geschaffene gemeinschaftsrechtliche Schutz für Computerprogramme nicht berührt werden sollte.[364]

Aufgrund der Differenzierung sind Schwierigkeiten in der Praxis möglich. Bestimmte Abfragesysteme können – obwohl sie erst durch ein eigenständig geschütztes Computerprogramm ermöglicht werden – selbstständig im Rahmen des Datenbankwerkes geschützt sein.[365] Da Computerprogramme regelmäßig geschützt sind, sobald sie ein gewisses Maß an Individualität aufweisen, wird jedoch regelmäßig auch das dem Datenbankwerk zugrunde liegende Computerprogramm insgesamt selbstständig urheberrechtlich geschützt sein. **251**

In der Praxis werden diese Abgrenzungsprobleme bei Verletzungsfällen vielfach von geringerer Bedeutung sein. Die Übernahme eines Datenbankwerkes einschließlich des Programms würde in diesen Fällen sowohl die Rechte an dem Datenbankwerk als auch an der Software verletzen. Auf die oben skizzierten Abgrenzungen kommt es nicht mehr an, wenn die ausschließlichen Nutzungsrechte bei der gleichen Person liegen. Problematisch sind die Konstellationen, in denen der Urheber des Datenbankwerkes bzw. der Inhaber der ausschließlichen Rechte an dem Datenbankwerk lediglich einfache Nutzungsrechte an der zugrunde liegenden Software hat. Das kann bei der Verwendung von Standardsoftware vorkommen. In diesem Fall kann der jeweils Berechtigte die ihm zustehenden Rechte geltend machen. Entschärft wird dieses Problem häufig jedoch dadurch, dass auf der Grundlage der Standardsoftware eigenständige Programme für das Datenbankwerk geschrieben worden sind. An diesen hält der ausschließlich Nutzungsberechtigte des Datenbankwerkes, der diese Programme in Auftrag gegeben hat, häufig auch die ausschließlichen Nutzungsrechte. Das gilt zumindest im Anwendungsbereich des § 69b UrhG. **252**

Bei der Vertragsgestaltung, insbesondere bei der Übertragung von Nutzungsrechten an einer Datenbank, ist § 4 Abs. 2 Satz 2 UrhG dagegen unbedingt zu beachten. Der Erwerber benötigt nicht nur die Nutzungsrechte an dem Datenbankwerk, sondern ebenso im vollen Umfang an der zugrunde liegenden Software. Die urheberrechtliche Situation ähnelt der Trennung zwischen dem urheberrechtlichen Schutz an Werk und Schutz an dem Datenbankwerk, in dessen Rahmen das Werk verwendet wird. Auch hier liegt – **253**

---

364 Siehe Art. 2 lit a) der Europäischen Richtlinie zu Datenbanken.
365 *Hornung*, Die EU-Datenbank und ihre Umsetzung in das deutsche Recht, 1998, S. 76.

Lührig

Kap. 2 Urheberrechtlich geschützte Gegenstände

ähnlich wie bei Filmwerken und den im Rahmen dessen verwendeten einzelnen Werken – keine Werkbindung nach § 9 UrhG vor.[366]

3. Schutzgegenstand der Datenbank

a) Struktur der Datenbank

254 Die Rechte an einem Datenbankwerk geben allein Schutz für die Struktur der Datenbank hinsichtlich der Auswahl und Anordnung des Stoffs, die das Sammelwerk als eine persönliche geistige Schöpfung im Sinne des § 4 UrhG ausweist.[367] Bei einer vollständigen Übernahme einer Datenbank ist die Feststellung einer Urherberrechtsverletzung leicht feststellbar. Schwierigkeiten bereiten in der Praxis, wenn nur ein Teil der Datenbank entlehnt wird. Die Rechtsprechung stellt darauf ab, ob die Kombination der übernommenen Elemente besondere Strukturen in deren Auswahl und Anordnung aufweist und darin das Gewebe der persönlichen geistigen Schöpfung des Sammelwerkes erkennen lässt.[368] Nur dann kann eine Urheberrechtsverletzung angenommen werden. Das kann im Einzelfall zu schwierigen Prüfungen führen. Relativ einfach hatte es der BGH in dem Fall „Gedichttitelliste I". Aus der Gedichtsammlung „Die 1.100 wichtigsten Gedichte der deutschen Literatur zwischen 1730 und 1900" hatte der Beklagte für seine Gedichtsammlung „1.000 Gedichte, die jeder haben muss" für die Zeit von 1720 bis 1900 insgesamt 856 Gedichte entnommen und lediglich 20 Gedichte zusätzlich ausgewählt. Damit hatte der Beklagte einen sehr großen Teil unverändert übernommen.[369] Unerheblich war es für den BGH, dass aus Sicht des Beklagten dieser auf mehr als 240 Gedichte in der klägerischen Sammlung verzichtet hatte.

255 Neben der Struktur der Datenbank sind jedoch auch die Elemente geschützt, die für den Betrieb oder die Abfrage bestimmter Datenbanken erforderlich sind, beispielsweise der Thesaurus oder die Indexierungssysteme. Der Wortlaut von Erwägungsgrund 20 der Europäischen Datenbankrichtlinie ist hier eindeutig.[370] Voraussetzung für einen Schutz ist allein, dass es sich auch bei diesen Teilen um persönliche geistige Schöpfungen handelt.[371]

---

366 *Loewenheim*, in: Schricker/Loewenheim, Urheberrecht, 4. Aufl. 2010, § 9 Rn. 6.
367 BGH, GRUR 2007, 685 = WRP 2007, 989 – Gedichttitelliste I.
368 BGH, GRUR 2007, 685 = WRP 2007, 989 – Gedichttitelliste I mit Verweis auf Erwägungsgrund 15 der Datenbankrichtlinie.
369 BGH, GRUR 2007, 685 = WRP 2007, 989 – Gedichttitelliste I.
370 Siehe dazu ausführlich *Gaster*, Der Rechtsschutz von Datenbanken, 1999, Rn. 68 ff.
371 Siehe auch *Berger*, GRUR 1997, 169, 175.

b) Inhalt der Datenbank

Die Werke, Daten und unabhängigen Elemente, die Bestandteile eines Datenbankwerkes sind, werden – wie sich aus dem Erwägungsgrund 15 der Datenbankrichtlinie ergibt – selbst nicht über § 4 Abs. 2 UrhG geschützt.[372] Der Inhalt einer Datenbank ist daher selbst nicht über § 4 Abs. 1 und 2 UrhG geschützt. Der Gesetzgeber hat bei der Umsetzung der Europäischen Richtlinie zu Datenbanken dies ausdrücklich dadurch klargestellt, dass er Sammelwerken gemäß § 4 Abs. 1 UrhG einen Schutz zubilligt, unbeschadet eines an den einzelnen Elementen gegebenenfalls bestehenden Urheberrechts oder verwandten Schutzrechts. Das Recht am Datenbankwerk ist daher streng von den Rechten an den einzelnen Elementen der Datenbank zu trennen. Für im Sammelwerk verwertete Einzelwerke sind daher die erforderlichen Nutzungsrechte zu beschaffen.[373]

256

Die nicht genehmigte Benutzung von urheberrechtlich geschützten Inhalten einer Datenbank stellt daher noch keine Verletzung des Rechts an der Datenbank dar. Das wird nur zu bejahen sein, wenn nicht nur der Inhalt der Datenbank, sondern auch die in der Auswahl oder Anordnung liegende schöpferische Leistung übernommen wird. Ebenso kann der urheberrechtlich nicht geschützte Inhalt einer Datenbank jederzeit verwendet werden, sofern die eigenständig geschützten Elemente des Datenbankwerkes selbst nicht benutzt werden. Umgekehrt stellt die Übernahme der in der Anordnung und Auswahl liegenden schöpferischen Leistungen noch nicht eine Verletzung der Rechte an den in das Datenbankwerk aufgenommenen urheberrechtlich geschützten Werken dar. Die Trennung zwischen den Inhalten des Datenbankwerkes und der Datenbank selbst kommt auch in den Erwägungsgründen 25 und 26 der Europäischen Richtlinie zu Datenbanken zum Ausdruck.

257

Da durch die Schaffung eines Datenbankwerkes die zur Aufnahme in die Datenbank vorgesehenen urheberrechtlichen Nutzungsbefugnisse nicht berührt werden, ist für die Aufnahme eines Werkes in ein Datenbankwerk und die Zurverfügungstellung zur Nutzung selbstverständlich die Zustimmung des Urhebers bzw. des Inhabers der urheberrechtlichen Nutzungsbefugnisse erforderlich.[374] Der Urheber soll nach dem Erwägungsgrund 18 der Datenbankrichtlinie in der Entscheidung frei bleiben, ob und in welcher Form er die Aufnahme seiner Werke in eine Datenbank gestattet. Sofern der Urheber

258

---

372 *Ahlberg*, in: Möhring/Nicolini, UrhG, 3. Aufl. 2014, § 4 Rn. 34 f.
373 *Kotthoff*, in: Heidelberger Kommentar, UrhR, 2004, § 4 Rn. 19.
374 Vgl. *Czychowski*, in: Fromm/Nordemann, Urheberrecht, 11. Aufl. 2014, § 4 Rn. 39; ähnlich für die Eingabe von Werken in Datenbanken: *Nippe*, Urheber und Datenbank: Schutz des Urhebers bei der Verwendung seiner Werke in elektronischen Datenbanken, 2000, S. 173 f. und 188 ff. (anders aber im Hinblick auf die Eröffnung der Recherchier- und Abrufmöglichkeit bei Online-Datenbanken, S. 232 und 353).

Kap. 2 Urheberrechtlich geschützte Gegenstände

oder Inhaber eines verwandten Schutzrechts in einem nicht ausschließlichen Lizenzvertrag die Aufnahme einiger seiner Werke oder Leistungen in eine Datenbank gestattet, bedeutet dies noch nicht, dass der Inhaber des Datenbankwerkes die Nutzung des in seine Datenbank aufgenommenen Werkes generell untersagen kann.

4. Urheberschaft

259 Für die Urheberschaft an Datenbankwerken gelten die allgemeinen urheberrechtlichen Bestimmungen. Inhaber des Urheberrechts an Datenbankwerken ist gemäß § 7 Abs. 1 UrhG der Schöpfer des Werkes. Nicht erforderlich ist, dass der Urheber selbst auch die Umsetzung seiner Konzeption selbst vorgenommen hat. Wird die schöpferische Konzeption zur Erstellung der Datenbank von Hilfskräften umgesetzt, ändert dies nichts an seiner Urheberschaft (zugleich begründet die nicht schöpferische Arbeit der Hilfskräfte eine Miturheberschaft).[375]

260 Anders liegt der Fall, wenn eine Datenbank von einer Gruppe natürlicher Personen gemeinsam geschaffen worden ist. Diesen Schöpfern steht nach Art. 4 Abs. 3 der Europäischen Datenbankrichtlinie das ausschließliche Recht an der Datenbank gemeinsam zu. Zur Umsetzung dieser Vorgabe der Richtlinie ist davon auszugehen, dass § 8 UrhG mit seiner Regelung zur Miturheberschaft uneingeschränkt Anwendung findet.[376] Die Vermutung des § 10 UrhG findet grundsätzlich Anwendung.[377] § 10 Abs. 2 UrhG sowie § 10 Abs. 3 UrhG n. F. gilt auch.[378] Unter den Urhebern der Einzelwerke besteht dagegen eine Werkbindung, die zumeist lediglich faktischer Natur ist.[379]

261 Für Urheber von Datenbankwerken in Arbeitsverhältnissen gelten die Regelungen des § 43 UrhG. Eine § 69b UrhG entsprechende Regelung existiert für Datenbankwerke nicht. Eine entsprechende Harmonisierung sieht die Datenbankrichtlinie nicht vor.[380] Aufgrund von § 69b UrhG wird bei Computerprogrammen widerleglich vermutet, dass die vermögensrechtlichen Befugnisse an einem von dem Arbeitnehmer in Wahrnehmung seiner Aufgaben oder nach den Anweisungen seines Arbeitgebers geschaffenen Com-

---

375 BGH, GRUR 2007, 685 = WRP 2007, 989 – Gedichttitelliste I.
376 *Loewenheim*, in: Schricker/Loewenheim, Urheberrecht, 4. Aufl. 2010, § 4 Rn. 45; *Flechsig*, ZUM 1997, 577, 582.
377 *Ahlberg*, in: Möhring/Nicolini, UrhG, 3. Aufl. 2014, § 4 Rn. 41.
378 § 10 Abs. 3 UrhG ist in Kraft getreten am 1.9.2008.
379 *Wirtz*, in: Fromm/Nordemann, Urheberrecht, 11. Aufl. 2014, § 9 Rn. 5.
380 *Leistner*, Der Rechtsschutz von Datenbanken im deutschen und europäischen Recht, 2000, S. 84.

D. Datenbanken **Kap. 2**

puterprogramm ausschließlich bei dem Arbeitgeber liegen. Diese Vorschrift hat sich in der Praxis bereits bewährt. Der Arbeitgeber kann regelmäßig von einem umfassenden Erwerb der ausschließlichen Nutzungsrechte ausgehen. Dieses Ergebnis ist wirtschaftlich auch angemessen, da der Arbeitgeber üblicherweise die für die Softwareentwicklung erforderlichen Investitionsmittel umfassend zur Verfügung stellt. Diese Vorschrift wird darüber hinaus der Tatsache gerecht, dass an Computerprogrammen regelmäßig nicht einzelne Urheber, sondern eine Vielzahl von Personen schöpferisch mitwirken. In der Praxis vereinfacht daher § 69b UrhG den Erwerb der erforderlichen Nutzungsrechte für den Arbeitgeber.

Trotz der unübersehbaren Parallelen zu den Computerprogrammen hat der **262** bundesdeutsche Gesetzgeber jedoch von einer entsprechenden Vorschrift für den Bereich der Datenbankwerke abgesehen. Das überrascht umso mehr, als im Erwägungsgrund 29 der Europäischen Richtlinie zu Datenbanken eine solche Regelung ausdrücklich als Möglichkeit erwähnt wird. Offensichtlich hat es dem Gesetzgeber genügt, dass besondere wirtschaftliche Investitionsleistungen bereits durch das Leistungsschutzrecht an Datenbanken geschützt werden.[381] Da eine mit § 69b UrhG vergleichbare Vorschrift fehlt, empfiehlt es sich, regelmäßig mit den Schöpfern eines Datenbankwerkes ausdrückliche Regelungen zur Übertragung der Nutzungsrechte zu treffen. Allerdings kann vielfach eine stillschweigende Nutzungsrechtseinräumung bejaht werden.[382]

5. Rechtsposition des Urhebers

Bei Datenbankwerken handelt es sich um Werke, die den vollen Urheber- **263** rechtsschutz als Sammelwerk genießen. Für die in Art. 5 der Europäischen Richtlinien zu Datenbankwerken enthaltenen Verwertungsrechte kommen die §§ 15 ff. UrhG zur Anwendung. Für die Schrankenbestimmungen in Art. 6 der Europäischen Richtlinien zu Datenbanken hat der deutsche Gesetzgeber die §§ 45 ff. UrhG eingreifen lassen. Darüber hinaus gibt es vereinzelt zusätzlich eingeführte Schrankenregelungen. Ebenso gilt das Urheberpersönlichkeitsrecht auch für Datenbankwerke.

---

381 Auf diesen Punkt weist *Leistner*, Der Rechtsschutz von Datenbanken im deutschen und europäischen Recht, 2000, S. 86, hin.
382 So das KG in einem Fall, bei dem der Leiter einer Dokumentationsstelle eine Datenbank für fachspezifische Zeitschriftenartikel entwickelt hat. Das Kammergericht hat eine stillschweigende Einräumung von Nutzungsrechten an den Dienstherren bejaht, KG, AfP 1996, 148.

Kap. 2 Urheberrechtlich geschützte Gegenstände

a) Urheberpersönlichkeitsrecht

264 Das Urheberpersönlichkeitsrecht fällt nicht in den Anwendungsbereich der Europäischen Richtlinie zu Datenbanken.[383] Im Erwägungsgrund 28 heißt es, dass für die Urheberpersönlichkeitsrechte der natürlichen Personen, die die Datenbank geschaffen hat, und deren Ausübung die Rechtsvorschriften der Mitgliedstaaten im Einklang mit den Bestimmungen der Berner Übereinkunft zum Schutz von Werken der Literatur und der Kunst zu gelten haben. Einzelne Vorgaben werden durch die Richtlinie nicht gemacht. Für Datenbankwerke gelten daher die üblichen Urheberpersönlichkeitsrechte der §§ 12 ff. UrhG. Die allgemeinen urheberrechtlichen Regelungen sind anzuwenden.[384] Allzu starke Restriktionen mildert § 39 Abs. 2 UrhG. Ähnlich wie im Bereich der Werbung werden die finanziellen und betriebswirtschaftlichen Interessen des Datenbankbetreibers vor allem bei Datenbankwerken zu berücksichtigen sein, die einem Zwang zur Aktualisierung und Überarbeitung unterliegen.

b) Verwertungsrechte

265 Die dem Urheber vorbehaltenen Verwertungsrechte finden sich in Art. 5 der Europäischen Richtlinie zu Datenbanken. Dieser Richtlinienartikel bedurfte keiner vollständigen Umsetzung. Aufgrund der Einordnung der Datenbankwerke als ein Unterfall der Sammelwerke konnte der deutsche Gesetzgeber auf die bereits bestehenden Vorschriften im deutschen UrhG zurückgreifen.

266 Dem Urheber kommt das ausschließliche Vervielfältigungsrecht am Datenbankwerk zu. In Art. 5 lit. a) der Datenbankrichtlinie wird von der vorübergehenden oder dauerhaften Vervielfältigung, ganz oder teilweise, mit sämtlichen Mitteln und in jeder Form gesprochen. Diese Formulierung entspricht Art. 4 lit a) Satz 1 der Europäischen Richtlinie zu Computerprogrammen. Für die Auslegung des Vervielfältigungsbegriffes ist daher auf § 69c Ziff. 1 UrhG zurückzugreifen. Der Vervielfältigungsbegriff des § 16 UrhG gilt daher. Ferner ist genauso wie bei § 69c Ziff. 1 UrhG von einer weiten Auslegung auszugehen. Da auch eine vorübergehende Vervielfältigung erfasst wird, dürften auch Kopien im Arbeitsspeicher eines Computers sowie das Aufrufen von Teilen einer Datenbank über einen Internet-Browser in den Bereich des Vervielfältigungsrechts fallen.[385]

---

383 *Leistner*, Der Rechtsschutz von Datenbanken im deutschen und europäischen Recht, 2000, S. 89.
384 *Loewenheim*, Schricker/Loewenheim, Urheberrecht, 4. Aufl. 2010, § 4 Rn. 47; zu den urheberpersönlichkeitsrechtlichen Vorschriften des deutschen Urhebergesetzes wird auf die zahlreichen Kommentierungen zu den §§ 12 ff. UrhG verwiesen.
385 *Loewenheim*, in: Schricker/Loewenheim, Urheberrecht, 4. Aufl. 2010, § 4 Rn. 49; *Lehmann*, in: Möhring/Schulze/Ulmer/Zweigert, Quellen des Urheberrechts, Stand:

D. Datenbanken **Kap. 2**

Das ausschließliche Recht zur Übersetzung, Bearbeitung, Anordnung und **267** jede andere Umgestaltung behält Art. 5 lit b) der Europäischen Richtlinie zu Datenbanken ebenfalls dem Urheber vor. Im Bereich der Bearbeitung greift § 23 UrhG. Entgegen dem Grundkonzept des Gesetzgebers in § 23 Satz 1 UrhG ist jedoch aufgrund des im Zuge der Datenbankrichtlinie neu gefassten Satzes 2 der Vorschrift bereits die Herstellung einer Bearbeitung eines Datenbankwerkes von der Zustimmung des Urhebers abhängig.[386] Die Änderung war notwendig, da Art. 5 lit b) der Europäischen Richtlinie zu Datenbankwerken nicht nur die Veröffentlichung und Verwertung einer Bearbeitung von der Zustimmung des Urhebers, sondern bereits die Bearbeitung als solche abhängig macht.

Das Verbreitungsrecht wird dem Urheber in Art. 5 lit c) der Datenbankricht- **268** linie vorbehalten. Auch dieser Teil der Datenbankrichtlinie entspricht der korrespondierenden Vorschrift in der Europäischen Richtlinie zu Computerprogrammen. Der Begriff des Verbreitungsrechts ist weit auszulegen. Zu den Verbreitungshandlungen gehört sowohl das In-Verkehr-Bringen als auch das Angebot von Vervielfältigungsstücken an die Öffentlichkeit. Aufgrund des Rückgriffs auf § 17 UrhG wird nur die Verbreitung von Werkstücken in körperlicher Form erfasst. Aus Art. 5 lit c) Satz 2 der Europäischen Richtlinie zu Datenbanken folgt, dass sich das Verbreitungsrecht erschöpfen kann. Das Urheberrecht erschöpft sich jedoch nur gemeinschaftsweit.[387] Der Grundsatz der internationalen Erschöpfung ist – ähnlich wie auch im Markenrecht – nicht aufgegriffen worden.

Das Recht der öffentlichen Wiedergabe findet sich in Art. 5 lit d) der Daten- **269** bankrichtlinie. Das ausschließliche Recht der öffentlichen Wiedergabe liegt bei dem Urheber. Es umfasst das Recht, dass Datenbankwerk unkörperlich zugänglich zu machen. Die Verbreitung per Internet ist keine Verbreitung im Sinne von § 17 UrhG. Das Einstellen eines Datenbankwerkes im Internet zur Online-Nutzung in unkörperlicher Form wird jetzt von dem neuen § 15 Abs. 2 UrhG in Verbindung mit dem neuen § 19a UrhG als öffentliche Zugänglichmachung erfasst.[388] Die Vorschriften sind durch die Urheberrechtsnovelle vom 10.9.2003[389] in das UrhG eingefügt worden. Damit ist der Streit beendet, wie die Zugänglichmachung zum Download als Verwertungshand-

---

40. EL 1987, S. 9; auf die geringe praktische Relevanz der Frage weist *Leistner*, Der Rechtsschutz von Datenbanken im deutschen und europäischen Recht, 2000, S. 96 f., nicht zu Unrecht hin.
386 Das kann dazu führen, dass der Einsatz von Werbeblockern im Internet per se unzulässig ist, sofern ein Datenbankwerk vorliegt, *Apel/Steden*, WRP 2001, 112, 116.
387 Vgl. EuGH, Urt. v. 12.9.2006, Rs. C-479/04 = GRUR Int. 2007, 237.
388 Siehe *Flechsig*, ZUM 1997, 577, 584; *Vogel*, ZUM 1997, 592, 600; *Loewenheim*, in: Schricker/Loewenheim, Urheberrecht, 4. Aufl. 2010, § 4 Rn. 50.
389 BGBl. I 2003, S. 1774.

Kap. 2 Urheberrechtlich geschützte Gegenstände

lung einzuordnen ist.[390] Bei der unkörperlichen Verbreitung über das Internet tritt keine Erschöpfung ein.[391] Das Downloading selbst stellt jedoch nach wie vor eine Vervielfältigung dar.[392]

270 Nicht geregelt in der Europäischen Richtlinie ist das Vermiet- und Verleihrecht. Hier gelten gemäß Art. 2 lit b) der Europäischen Richtlinie zu Datenbanken die bereits erlassenen Vermiet- und Verleihrichtlinien.[393] Für das Vermietrecht gilt daher im deutschen Urheberrecht der aufgrund der Richtlinie zum Vermiet- und Verleihrecht geänderte § 17 UrhG. Anders als beim Vermietrecht hat der Gesetzgeber das Verleihrecht nicht als ein Verbotsrecht in das deutsche UrhG übernommen. Er hat vielmehr in § 27 Abs. 2 UrhG einen gesetzlichen Vergütungsanspruch für das öffentliche Verleihen aufgenommen. Diese allgemeinen Regelungen gelten auch für Datenbankwerke.[394]

c) Schranken

271 Ausnahmen von zustimmungsbedürftigen Handlungen sieht Art. 6 der Datenbankrichtlinie vor. Der neu geschaffene § 55a UrhG setzt Art. 6 Abs. 1 der Europäischen Richtlinie zu Datenbanken um.[395] § 55a UrhG unterscheidet drei Varianten. Die Offline-Nutzung eines Vervielfältigungsstückes des Datenbankwerks durch den Eigentümer, durch einen sonst Berechtigten sowie die Onlinenutzung.[396] Die Vervielfältigung oder Bearbeitung eines Datenbankwerkes kann nach § 55a UrhG dem berechtigten Nutzer nicht untersagt werden, soweit die Vervielfältigung oder Bearbeitung für den Zugang zu den Elementen des Datenbankwerkes und für dessen übliche Benutzung erforderlich ist. Ziel der Vorschrift ist es, dem rechtmäßigen Benutzer eines Datenbankwerkes die üblichen Benutzungshandlungen zu ermöglichen. Allerdings auch nur diese: Durch das Merkmal der Erforderlichkeit ist klargestellt, dass zwar sinnvolle, aber für eine bestimmungsgemäße Benutzung nicht notwendige Benutzungshandlungen ausgeschlossen sind. Dazu gehört zum Beispiel die dauerhafte Vervielfältigung des ganzen Datenbankwerks oder großer Teile davon, die nur in seltenen Fällen notwendig sein wird.[397]

---
390 Vgl. dazu *Berger*, GRUR 1997, 169, 178 f.; ausführlich zum inzwischen überholten Diskussionsstand: *Leistner*, Der Rechtsschutz von Datenbanken im deutschen und europäischen Recht, 2000, S. 103 ff.
391 Kritisch zum Fehlen der Erschöpfung *Leupold*, CR 1998, 234, 238.
392 *Loewenheim*, in: Schricker/Loewenheim, Urheberrecht, 4. Aufl. 2010, § 4 Rn. 50.
393 Siehe dazu auch Erwägungsgrund 24 der Europäischen Richtlinie zu Datenbanken.
394 *Grützmacher*, Urheber-, Leistungs- und sui generis-Schutz von Datenbanken, 1999, S. 248.
395 *Lüft*, in: Wandtke/Bullinger, Praxiskommentar UrhR, 4. Aufl. 2014, § 55a Rn. 1.
396 *Lüft*, in: Wandtke/Bullinger, Praxiskommentar UrhR, 4. Aufl. 2014, § 55a Rn. 3.
397 *Lüft*, in: Wandtke/Bullinger, Praxiskommentar UrhR, 4. Aufl. 2014, § 55a Rn. 7.

D. Datenbanken **Kap. 2**

Neben der Vervielfältigung ist darüber hinaus in § 55a UrhG auch die Bearbeitung des Datenbankwerkes freigestellt worden.[398] Dazu gehört zum Beispiel die Änderung von Ordnungssystemen, die Hinzufügung von Dateien sowie das Anbringen von Markierungen.[399] Mögliche technische Beschränkungen bei der Nutzung regelt § 55a UrhG nicht.[400]

Das Gesetz sieht in § 55a Satz 2 UrhG vor, dass die Nutzung eines Datenbankwerkes auf bestimmte Teile beschränkt werden kann. Die Rechte an einem Datenbankwerk können daher auch nur partiell vergeben werden. Entsprechende Beschränkungen in Nutzungsverträgen haben daher eine dingliche Wirkung. Dies stärkt die Position des Urhebers gegenüber dem Nutzer.[401] 272

Gefährlich für den Urheber kann jedoch § 55a Satz 3 UrhG werden. Vertragliche Vereinbarungen mit dem Nutzer, die die Berechtigung oder die Möglichkeit der in § 55a UrhG genannten Nutzungen einschränken, sind nichtig. Anders als in § 87e UrhG im Bereich des Leistungsschutzrechts des Datenbankherstellers ist die vertragliche Vereinbarung nicht nur partiell, sondern insgesamt nichtig. Ein Verzicht auf die gesetzlich bestimmten Nutzungsmöglichkeiten ist daher durch den Nutzer gegenüber dem Urheber nicht möglich. Der Nutzer wird daher durch § 55a UrhG weitgehend geschützt.[402] Es besteht aber die Möglichkeit, die Beschränkungen, die dem Nutzer durch vertragliche Vereinbarung nicht auferlegt werden können, durch technische Schutzmaßnahmen nach § 95a UrhG herbeizuführen (zumal § 96b UrhG den § 55a UrhG nicht aufzählt und somit der § 95a UrhG für Datenbankwerke uneingeschränkt gilt).[403] Unklar ist, welche Nichtigkeitsfolge eintritt, wenn sowohl ein Datenbankwerk als auch eine Datenbank i. S. v. § 87a UrhG vorliegt. In diesem Fall spricht jedoch einiges dafür, von einer Gesamtnichtigkeit auszugehen. 273

Eine Reihe von Schranken sieht darüber hinaus Art. 6 Abs. 2 der Europäischen Richtlinie zu Datenbanken vor. Es handelt sich um eine „Kann-Bestimmung", so dass die Mitgliedstaaten frei sind, ob sie die Schranken übernehmen. Zugleich handelt es sich jedoch um einen abschließenden Schran- 274

---

398 *Grübler*, in: Möhring/Nicolini, UrhG, 3. Aufl. 2014, § 55a Rn. 4.
399 *Lüft*, in: Wandtke/Bullinger, Praxiskommentar UrhR, 4. Aufl. 2014, § 55a Rn. 5.
400 *Grübler*, in: Möhring/Nicolini, UrhG, 3. Aufl. 2014, § 55a Rn. 14.
401 Die Literatur geht dagegen davon aus, dass § 55a Satz 2 nur klarstellende Funktion hat: *Loewenheim*, in: Schricker/Loewenheim, Urheberrecht, 4. Aufl. 2010, § 55a Rn. 11, *Dreier*, in: Dreier/Schulze, UrhG, 5. Aufl. 2015, § 55a Rn. 9, *Lüft*, in: Wandtke/Bullinger, Praxiskommentar UrhR, 4. Aufl. 2014, § 55a Rn. 7.
402 Siehe ausführlich *Grübler*, in: Möhring/Nicolini, UrhG, 3. Aufl. 2014, § 55a Rn. 14.
403 *Loewenheim*, in: Schricker/Loewenheim, Urheberrecht, 4. Aufl. 2010, § 55a Rn. 13; *Dreier*, in: Dreier/Schulze, UrhG, 5. Aufl. 2015, § 55a Rn. 11.

Kap. 2 Urheberrechtlich geschützte Gegenstände

kenkatalog, so dass bei der Umsetzung der Gesetzgeber nicht über den Katalog hinausgehen darf.[404]

275 Die Vervielfältigung einer nichtelektronischen Datenbank zu privaten Zwecken (freigestellt durch Art. 6 Abs. 2 lit a) der Datenbankrichtlinie) hat der deutsche Gesetzgeber in § 53 Abs. 5 UrhG gestattet, soweit dies § 53 Abs. 1 bis Abs. 3 UrhG zulässt. Für den Bereich der Datenbanken im Internet spielt diese Vorschrift jedoch keine Rolle. Für elektronisch zugängliche Datenbankwerke hat der Gesetzgeber entsprechend der Vorgabe der Datenbankrichtlinie dagegen die Privatkopie beschränkt.[405] § 53 Abs. 1, Abs. 2 Nr. 2 bis Nr. 4 sowie Abs. 3 Nr. 2 finden gemäß § 53 Abs. 5 UrhG auf elektronische Datenbankwerke keine Anwendung. Die Privatkopie ist nur mit Zustimmung des Urhebers zulässig.[406]

276 Für Unterrichtszwecke sowie für Zwecke der wissenschaftlichen Forschung lässt Art. 6 Abs. 2 lit b) der Datenbankrichtlinie eine Schrankenbestimmung zu. Voraussetzung für die freigestellte Benutzung ist jedoch stets eine Quellenangabe sowie die Verfolgung nichtkommerzieller Zwecke. Diese Regelung hat der deutsche Gesetzgeber in § 53 Abs. 2 Satz 1 Ziff. 1 und Abs. 3 Ziff. 1 UrhG (jeweils in Verbindung mit § 53 Abs. 5 Satz 2 UrhG) aufgenommen. Die Vervielfältigung für den wissenschaftlichen Gebrauch und für den Gebrauch im Unterricht ist auf nicht-gewerbliche Zwecke beschränkt worden. Die Pflicht zur Quellenangabe wurde in dem geänderten § 63 UrhG vorgesehen.

277 Eine ausdrückliche Schranke für die Verwendung zu Zwecken der öffentlichen Sicherheit oder eines Verwaltungs- oder Gerichtsverfahrens (siehe Art. 6 Abs. 2 lit c) der Europäischen Richtlinie zu Datenbanken) ist dagegen bei der Umsetzung nicht erforderlich gewesen. Eine entsprechende Regelung existiert bereits in § 45 UrhG.

278 Der Schrankenkatalog des Art. 6 Abs. 2 der Europäischen Richtlinie zu Datenbanken sieht darüber hinaus in lit d) eine Freistellung sonstiger Ausnahmen vor, die traditionell im innerstaatlichen Recht vorhanden sind. Daraus hat der Gesetzgeber geschlossen, dass die Schrankenbestimmungen der §§ 44a bis 63 UrhG im Übrigen analog auf Datenbankwerke angewendet werden können.[407] Es ist allerdings im Einzelnen zu prüfen, ob und inwieweit die Schrankenbestimmungen der §§ 44a bis 63 UrhG jeweils tatsächlich bei Datenbankwerken Anwendung finden können. Regelmäßig ist nur

---

404 Ausführlich mit Fallkonstellationen: *Dreier*, in: Dreier/Schulze, UrhG, 5. Aufl. 2015, § 53 Rn. 49 f.; vgl. *Gaster*, CR 1997, 717, 721.
405 *Vogel*, ZUM 1997, 592, 601.
406 OLG Hamburg, GRUR 2001, 831 – Roche Lexikon Medizin.
407 Siehe *Loewenheim*, in: Schricker/Loewenheim, Urheberrecht, 4. Aufl. 2010, § 4 Rn. 55; Regierungsentwurf des IuKDG, BR-Drs. 966/96, 46.

die Struktur der Datenbank (u.U. auch noch der Thesaurus bzw. das Indexierungssystem) geschützt. Ein Großteil der Schrankenbestimmungen wird daher auf Datenbankwerke nicht passen.[408]

III. Leistungsschutzrecht an Datenbanken gemäß §§ 87a ff. UrhG

1. Einleitung

Das Gesetz schützt in den §§ 87a ff. UrhG neben den sogenannten Datenbankwerken auch Datenbanken. In der europäischen Richtlinie zu Datenbanken wird in der Überschrift zu Kapitel III von einem Schutzrecht sui generis gesprochen. Der deutsche Gesetzgeber hat dieses Schutzrecht als Leistungsschutzrecht gedeutet und die entsprechenden gesetzlichen Regelungen in den zweiten Teil des UrhG bei den verwandten Schutzrechten aufgenommen.[409]

279

Das dem Datenbankhersteller zustehende – weltweit neuartige – Leistungsschutzrecht stellt eine wesentliche Verbesserung des rechtlichen Schutzes von Datenbanken dar.[410] Dieses Leistungsschutzrecht hat vor allem im Bereich des Internets eine herausgehobene Bedeutung. Die veröffentlichten Entscheidungen zu Datenbankwerken und Datenbanken zeigen, dass das Leistungsschutzrecht des Datenbankherstellers in der Praxis eine größere Bedeutung hat als das Recht des Urhebers an einem Datenbankwerk.[411] Hin-

280

---

408 *Loewenheim*, in: Schricker/Loewenheim, Urheberrecht, 4. Aufl. 2010, § 4 Rn. 55.
409 Kritisch: *Czychowski*, in: Fromm/Nordemann, Urheberrecht, 11. Aufl. 2014, vor §§ 87 a–e Rn. 8 ff.
410 Vgl. *Vogel*, in: Schricker/Loewenheim, Urheberrecht, 4. Aufl. 2010, vor §§ 87a ff. Rn. 24; siehe zur Vorgeschichte der Datenbankrichtlinie zum Schutzrecht sui generis: *Hornung*, Die EU-Datenbank und ihre Umsetzung in das deutsche Recht, 1998, S. 87 ff.
411 Siehe die folgenden Entscheidungen zum Leistungsschutzrecht an Datenbanken: EuGH, Urt. v. 29.10.2015, Rs. C-490/14, ABl. C 429 v. 21.12.2015, 5; EuGH, Urt. v. 15.1.2015, Rs. C-30/14 (zur Nichtanwendbarkeit des Datenbankrechts), ABl. C 73 v. 2.3.2015, 8; EuGH, Urt. v. 19.12.2013, Rs. C-202/12, ABl. C 052 v. 22.2.2014, 10; EuGH, Urt. v. 18.10.2012, Rs. C-173/11, ABl. C 379 v. 8.12.2012, 7; EuGH, Urt. v. 12.7.2012, Rs. C-138/11, ABl. C 287 v. 22.9.2012, 11; EuGH, Urt. v. 5.3.2009, Rs. C-545, GRUR Int. 2009, 501 – Apis-Lakorda; EuGH, GRUR 2008, 1077 = GRUR Int. 2008, 1027 (zum Vorlagebeschluss des BGH, WRP 2007, 993 = GRUR 2007, 688 – Gedichttitelliste II), EuGH, Urt. v. 9.11.2004, Rs. C-338/02, GRUR 2005, 252, Tz. 9 – Fixtures Fußballspielpläne I; EuGH, Urt. v. 9.11.2004 – C-444/02, Slg. 2004, I-10549 = GRUR 2005, 254, Tz. 35 f. – Fixtures Fußballspielpläne II; EuGH, Urt. v. 9.11.2004, Rs. C-203/02, GRUR 2005, 244 Tz. 42 – BHB-Pferdewetten; BGH, GRUR 2014, 1197 (Vorabentscheidungsersuchen an EuGH); BGH, GRUR 2011, 724

Kap. 2 Urheberrechtlich geschützte Gegenstände

tergrund dafür sind insbesondere die Möglichkeiten der digitalen Speicherung von Informationen. Computersysteme ermöglichen es, nahezu beliebig große Datenbestände zu speichern, zu verwalten und Nutzern zugänglich zu machen. Lag bei den klassischen Sammelmethoden (z.B. im Rahmen eines Karteikartensystems) häufig gerade der Schwerpunkt darin, aus den zur Verfügung stehenden Daten die bedeutendsten und wichtigsten auszuwählen und geordnet abzulegen, bietet die moderne Datentechnik die Möglichkeit, nahezu alle Informationen zu einem bestimmten Gebiet zu erfassen. Durch entsprechend ausgeklügelte Abfragesysteme können diese Datenbestände gleichwohl von dem Benutzer ohne erheblichen Aufwand recherchiert werden. Aufgrund dieser besonderen Umstände hat sich – wie auch die Praxis belegt – der wirtschaftliche Schwerpunkt von schöpferischen Sammelwerken auf elektronisch organisierte, umfangreiche Sammlungen von Werkdaten, Fakten und anderen Elementen verschoben.[412]

281 Bei solchen Datensammlungen bleibt jedoch aufgrund der von den Erstellern angestrebten Vollständigkeit des Datenbestands häufig kein Raum für eine schöpferische Auswahl von Werken, Daten oder anderen Elementen.[413] Durch die häufig schon aufgrund der Benutzerfreundlichkeit vorgegebenen schematischen Ordnungskriterien wird bei solchen elektronischen Datenbanken die Anordnung des Materials keine schöpferische Leistung darstellen. Auf der Grundlage des § 4 UrhG wären daher solche elektronischen Datenbanken in vielen Fällen schutzlos. Diese Lücke wird durch das Leis-

---

– Zweite Zahnarztmeinung II; BGH, NJW 2011, 3443 – Automobil-Onlinebörse; BGH, NJW-RR 2010, 1633 – Autobahnmaut; BGH, NJW 2010, 778 – Gedichttitelliste III; BGH, NJW-RR 2009, 1558 – Elektronischer Zolltarif; BGH, WRP 2007, 663 = GRUR Int. 2007, 532 – Sächsischer Ausschreibungsdienst (Vorabentscheidungsersuchen vom BGH zurückgezogen, EuGH, Beschl. v. 26.6.2008, Rs. C-215/07); BGH, WRP 2007, 88 = GRUR 2007, 137 – Bodenrichtwertsammlung; BGH, WRP 2005, 765 – Michel-Nummern; BGH, WRP 2005, 1267 – Hit-Bilanz; BGH, WRP 2005, 1538 – Marktstudien; BGH, GRUR 2003, 958 = WRP 2003, 1341 – Paperboy; BGH, WRP 1999, 831, 835 – Tele-Info-CD; OLG Köln, WRP 2014, 977 – Photovoltaik-Datenbanken; OLG Dresden, ZUM 2014, 145; OLG München, WRP 2013, 1253; KG, WRP 2012, 1002; OLG Köln, Urt. v. 30.10.2002 – 6 U 123/02 (zitiert nach Juris); OLG München, MMR 2003, 593; OLG Karlsruhe, OLG Report Karlsruhe/Stuttgart 2000, 107; LG Köln, MMR 2006, 52; LG Berlin, Urt. v. 29.6.2004 – 16 O 580/03 (zitiert nach Juris); LG Köln, MMR 2002, 689; LG München I, MMR 2002, 760; LG München I, MMR 2002, 58; LG Köln, ZUM 2001, 714; LG Köln, CR 2000, 400 – Linksammlung als Datenbank; LG Köln, ZUM-RD 2000, 155 – Online-Immobilienanzeigen-Datenbank; LG Berlin, CR 1999, 388.

412 *Vogel*, in: Schricker/Loewenheim, Urheberrecht, 4. Aufl. 2010, vor §§ 87a ff. Rn. 20.
413 Siehe für Telefonbuchdaten nur BGH, WRP 1999, 831 – Tele-Info-CD; vgl. aber auch für Fußballspielpläne EuGH, GRUR 2005, 252 – Fixtures Fußballspielpläne I; EuGH, GRUR 2005, 254 – Fixtures Fußballspielpläne II, sowie für juristische Datenbanken EuGH, Urt. v. 5.3.2009, Rs. C-545, GRUR Int. 2009, 501 – Apis-Lakorda.

tungsschutzrecht des Datenbankherstellers geschlossen. Der Richtliniengeber sowie der deutsche Gesetzgeber haben damit anerkannt, dass die Schaffung, die Aktualisierung sowie die Pflege einer urheberrechtlich nicht geschützten Datenbank gleichwohl regelmäßig einen erheblichen wirtschaftlichen Aufwand verursachen. Eine solche wirtschaftliche Tätigkeit lohnt nur, wenn das Ergebnis von Dritten nicht ohne Zahlung eines Entgeltes bzw. die Zustimmung des Rechteinhabers übernommen werden kann.

Das Leistungsschutzrecht des Datenbankherstellers spielt gerade im Internet für die dort zugänglichen elektronischen Datenbanken eine überragende Rolle, wenn auch das Leistungsrecht nicht nur elektronische, sondern auch herkömmliche Datenbanken mitumfasst.[414] Das über das Internet angebotene Datenmaterial ist in einer besonderen Weise der Gefahr ausgesetzt, vollständig oder teilweise von Dritten kopiert zu werden. Das gilt umso mehr, als eine digital erstellte Kopie dem Original in nichts nachsteht und ohne erheblichen zusätzlichen wirtschaftlichen Aufwand auch den Bedürfnissen des Vervielfältigers angepasst werden kann. Angesichts dieser Gefahren überrascht es auch nicht, dass in dem Erwägungsgrund 11 und 12 der europäischen Datenbankrichtlinie ausdrücklich als Zielsetzung für die Einführung eines Schutzrechts sui generis genannt wird, dass Investitionen in moderne Datenspeicher und Datenverarbeitungssysteme nur dann erfolgen, wenn ein solides einheitliches System zum Schutz der Rechte der Hersteller von Datenbanken geschaffen wird. Ein solcher Investitionsanreiz bestand jedoch bis zum Erlass der europäischen Richtlinie zu Datenbanken nicht. Bis zur Einführung des Schutzrechts sui generis waren Datenbanken nur eingeschränkt aufgrund der Vorschriften des unlauteren Wettbewerbs geschützt.[415]

2. Schutzvoraussetzungen gemäß § 87a Abs. 1 Satz 1 UrhG

Die Begriffsdefinition für eine Datenbank im Sinne des Leistungsschutzrechts findet sich im § 87a Abs. 1 Satz 1 UrhG. Nach dieser Legaldefinition ist eine Datenbank eine Sammlung von Werken, Daten oder anderen unabhängigen Elementen, die systematisch oder methodisch angeordnet und einzeln mit Hilfe elektronischer Mittel oder auf andere Weise zugänglich sind und deren Beschaffung, Überprüfung oder Darstellung eine nach Art oder Umfang wesentliche Investition erfordert. Die Definition deckt sich in wesentlichen Teilen mit der Begriffsbestimmung des Datenbankwerkes in § 4

---

414 BGH, WRP 1999, 831, 834 – Tele-Info-CD; *Czychowski*, in: Fromm/Nordemann, Urheberrecht, 11. Aufl. 2014, § 87a Rn.1; a. A. noch *Hertin*, in: Fromm/Nordemann, Urheberrecht, 9. Aufl. 1998, § 87a Rn. 5.
415 Siehe dazu BGH, NJW-WettbR 1999, 249.

Kap. 2 Urheberrechtlich geschützte Gegenstände

Abs. 2 i.V. m. Abs. 1 UrhG. Wesentlicher Unterschied ist, dass Auswahl oder Anordnung der Elemente keine persönliche geistige Schöpfung darstellen müssen.[416] Dafür wird jedoch eine wesentliche Investition gefordert. Erst diese Investition rechtfertigt ein besonderes Leistungsschutzrecht. Geschützt ist die wirtschaftliche und organisatorische Leistung.

a) Sammlung von Werken, Daten oder unabhängigen Elementen

284 Das Tatbestandsmerkmal der Sammlung von Werken, Daten und anderen unabhängigen Elementen ist im Bereich des Leistungsschutzrechts identisch mit demjenigen für Datenbankwerke.[417] Erfasst werden nicht nur elektronische Datenbanken, sondern auch Datensammlungen, die in Form eines Printmediums zusammengestellt sind.[418] Voraussetzung für das Vorliegen einer Sammlung ist wiederum, dass es sich jeweils um eigenständige Werke, Daten oder Elemente handelt.[419] In Betracht kommen selbstständig geschützte oder ungeschützte Werke aller Art. Darüber hinaus werden jedoch auch schutzunfähige geistige Leistungen (z.B. kurze Tonfolgen, Lichtbilder, kleinste Pressemeldungen oder Wirtschaftsnachrichten) erfasst.[420] Aber auch sonstige Daten jeder Art können innerhalb einer Datenbank gesammelt werden. Unerheblich ist auch, ob die Daten aus amtlichen oder öffentlich zugänglichen Quellen stammen.[421] Bei einer elektronischen Datenbank ist richtigerweise davon auszugehen, dass der Inhalt stets Gegenstand einer Sammlung sein kann. Lediglich körperliche Gegenstände sind nach dem Gesetzeswortlaut ausgeschlossen. Bei elektronischen Datenbanken wird dieses Problem jedoch nie auftauchen, da jedes Element unkörperlich in die Datenbank eingestellt worden ist.

285 Wesentlicher ist dagegen, dass die Elemente einer Datenbank unabhängig voneinander sein müssen, also selbst Werke sind bzw. unabhängig voneinander bestehen.[422] Die Anforderungen an die Unabhängigkeit der Elemente sind jedoch nicht hoch. Das hat der Europäische Gerichtshof bereits in seiner Entscheidung vom 9.11.2004 klargestellt. So sind bei Fußballspielplänen das Datum, die Uhrzeit und die Identität der beiden Mannschaften (konkret der Heim- und der Gastmannschaft) jeweils unabhängige Elemente.[423]

---

416 *Thum/Hermes*, in: Wandtke/Bullinger, Praxiskommentar UrhR, 4. Aufl. 2014, vor §§ 87a ff. Rn. 30.
417 Siehe dazu oben ausführlich zum Datenbankwerk Kap. 2 Rn. 226 ff.
418 Siehe BGH, WRP 1999, 831, 834 – Tele-Info-CD; OLG Dresden, ZUM 2001, 595.
419 EuGH, GRUR 2005, 254 – Fixtures Fußballspielpläne II.
420 *Vogel*, in: Schricker/Loewenheim, Urheberrecht, 4. Aufl. 2010, § 87a Rn. 16.
421 EuGH, Urt. v. 5.3.2009, Rs. C-545 = GRUR Int. 2009, 501 – Apis-Lakorda.
422 Siehe dazu Kap. 2 Rn. 230.
423 EuGH, GRUR 2005, 254 – Fixtures Fußballspielpläne II.

D. Datenbanken Kap. 2

Sie besitzen einen selbstständigen Informationswert. Sie können daher Gegenstand einer Datenbank sein. Auch geografischen Daten, die von einem Dritten aus einer topografischen Landkarte herausgelöst werden, um eine andere Landkarte herzustellen und zu vermarkten, bleibt nach dem EuGH ein hinreichender Informationswert, so dass sie „unabhängige Elemente" sind.[424] Von der Datenbank i. S. v. § 87a Abs. 1 UrhG sind – ebenso wie bei § 4 Abs. 2 UrhG – jedoch große Datenansammlungen bzw. Rohdaten abzugrenzen.

286 Ein praktisches Problem kann darin liegen, dass Datenbanken regelmäßig gepflegt und aktualisiert werden. Sie unterliegen damit ständigen Veränderungen. Es ist daher empfehlenswert, den Stand einer Datenbank im Hinblick auf Verletzungsfälle regelmäßig zu dokumentieren.[425]

b) Systematische oder methodische Anordnung

287 Das Merkmal der systematischen oder methodischen Anordnung wird im Rahmen von § 87a Abs. 1 Satz 1 UrhG ebenso ausgelegt wie in § 4 Abs. 2 UrhG.[426] Eine besondere Ordnung auf dem physischen Speicher wird dabei nicht verlangt.[427] Es genügt, dass der Datenbestand aufgrund z. B. eines Suchprogramms nach gewissen Ordnungskriterien durchsucht werden kann. Die häufigsten Suchkriterien werden dabei die alphabetische, numerische oder chronologische Anordnung sein. Auch Kombinationen dieser Kriterien sind denkbar. Es gilt ähnlich wie bei dem Merkmal der Unabhängigkeit der Elemente: Die Anforderungen des Europäischen Gerichtshofs sind nicht hoch. Auch einem Fußballspielplan liegt eine systematische und zugleich methodische Anordnung zugrunde. In dem Urteil vom 9.11.2004 heißt es: „Die Anordnung der Daten, Uhrzeiten und der Mannschaftsnamen für diese einzelnen Fußballbegegnungen in Form eines Spielplans erfüllt die Voraussetzungen der systematischen und methodischen Anordnung."[428]

288 Datenbank i. S. v. § 87a Abs. 1 UrhG sind – wie bereits erwähnt – keine Datenansammlungen bzw. Rohdaten. Das spielt vor allem für Printmedien eine Rolle. Datenansammlungen werden nicht nach vorgegebenen Ordnungskriterien zusammengestellt sein, selbst wenn ihnen wie bei einem in einer Tageszeitung veröffentlichten Stellenmarkt eine gewisse Grobgliede-

---

[424] EuGH, Urt. v. 29.10.2015, Rs. C-490/14, ABl. C 429 v. 21.12.2015, 5.
[425] Siehe *Decker*, in: Möhring/Nicolini, UrhG, 2. Aufl. 2000, § 87a Rn. 1.
[426] Siehe dazu Kap. 2 Rn. 242 ff.
[427] Vgl. *Czychowski*, in: Fromm/Nordemann, Urheberrecht, 11. Aufl. 2014, § 87a Rn. 4 (mit Ausführungen zur technischen Entwicklung bei elektronischen Datenbanken).
[428] EuGH, GRUR 2005, 254 – Fixtures Fußballspielpläne II; vgl. auch EuGH, Urt. v. 19.12.2013, Rs. C-202/12, ABl. C 052 v. 22.2.2014, 10.

rung eigen sein können.[429] Das gilt aber nur, solange die Daten nicht mit Hilfe elektronischer Mittel oder auf andere Weise zugänglich gemacht werden können. Das Merkmal der Recherchierbarkeit ist daher für das Leistungsschutzrecht schutzbegründend.[430] Bei der Verwendung von elektronischen Suchsystemen ist eine systematische und methodische Anordnung fast immer zu bejahen, solange nicht nur ganz einfache sequenzielle Suchbefehle verwendet werden.[431]

c) Zugänglichkeit der Einzelelemente mit Hilfe elektronischer Mittel oder auf andere Weise

289 Dieses Tatbestandsmerkmal taucht gleichlautend ebenfalls in § 4 Abs. 2 UrhG bei dem Datenbankwerk auf. Im Rahmen der Datenbank wird dieses Merkmal nicht anders auszulegen sein. Dass die Elemente einzeln zugänglich sein müssen, ist eine unmittelbare Folge der Tatsache, dass nur unabhängige Elemente bzw. eigenständige Daten oder selbstständig geschützte Werke Inhalt einer Datenbank sein können. Diese jeweils einzeln eingegebenen Datensätze müssen auch einzeln wieder abrufbar sein. Das wird aber, wenn die Unabhängigkeit der zum Abruf bereitstehenden Elemente bejaht worden ist, immer der Fall sein.[432] Bei einer nichtelektronischen Datenbank genügt z. B. die alphabetische Anordnung, die es erlaubt, die einzelnen Daten auf einfache Weise wiederzufinden.[433]

290 Der isolierte Aufruf einzelner Teile eines Gesamtkunstwerkes (z. B. Film- oder Multimediawerk[434]) reicht daher noch nicht aus, um das Tatbestandsmerkmal zu erfüllen.[435] Eine einheitlich gestaltete Website eines Unternehmens kann daher häufig ein eigenständiges Multimedia-Werk darstellen, jedoch keine Datenbank.[436] Anders könnte es jedoch aussehen, wenn z. B. eine Nachrichtenagentur auf ihrer Website den Meldungsbestand der vergangenen Jahre eingestellt hat und diese über ein Suchprogramm nach einzelnen Stichworten durchsucht werden kann. In diesem Fall werden die einzelnen

---

429 KG, K&R 2000, 459; ähnlich OLG München, ZUM 2001, 255, 256.
430 *Vogel*, in: Schricker/Loewenheim, Urheberrecht, 4. Aufl. 2010, § 87a Rn. 19.
431 Vgl. EuGH, GRUR 2005, 254 – Fixtures Fußballspielpläne II.
432 EuGH, GRUR 2005, 254 – Fixtures Fußballspielpläne II.
433 BGH, WRP 1999, 831, 835 – Tele-Info-CD.
434 Nicht identisch mit dem von *Grützmacher* geprägten Begriff der Multimedia-Datenbanken, der eine besondere Form von Datenbanksystem beschreibt, *Grützmacher*, Urheber-, Leistungs- und sui generis-Schutz von Datenbanken, 1999, S. 63 f.
435 EuGH, GRUR 2005, 254 – Fixtures Fußballspielpläne II; *Vogel*, in: Schricker/Loewenheim, Urheberrecht, 4. Aufl. 2010, § 87a Rn. 24; großzügiger für Multimediawerke *Hornung*, Die EU-Datenbank und ihre Umsetzung in das deutsche Recht, 1998, S. 80 m. w. N.; siehe auch S. 113.
436 A. A. m. w. N. *Apel/Steden*, WRP 2001, 112, 114.

D. Datenbanken   Kap. 2

Elemente als selbstständige Werke bzw. als voneinander zu trennende Daten bzw. Elemente sehr wohl im Ergebnis Teil der gesamten Datenbank sein können.[437]

Aufgrund der Fassung des Tatbestandsmerkmals werden von dem Leistungsschutzrecht des Datenbankherstellers nicht nur elektronische Datenbanken, sondern auch klassische Datenbanken erfasst (z. B. Bücher, Karteien, Mikrofilme u. Ä.).[438]   291

d) Wesentliche Investitionen nach Art oder Umfang für Beschaffung, Überprüfung oder Darstellung

Der wesentliche Unterschied der Datenbank zu dem Datenbankwerk besteht darin, dass für Datenbanken eine wesentliche Investition gefordert wird. Auf einer wie auch immer gearteten schöpferischen Leistung des Herstellers der Datenbank kommt es nicht an. Es ist aber möglich, dass neben einem Leistungsschutzrecht des Datenbankherstellers zugleich auch der Schöpfer der Datenbank ein Urheberrecht an einem Datenbankwerk erwirbt. Die Rechte an einem Datenbankwerk und das Leistungsschutzrecht an einer Datenbank bestehen unabhängig voneinander.[439]   292

Die Auslegung des Merkmals der wesentlichen Investitionen hat in der Praxis eine zentrale Bedeutung. Während der Europäische Gerichtshof bei der Frage, ob eine Sammlung von Daten eine Datenbank ist, großzügig ist,[440] stellt er an die schutzbegründende wesentliche Investition im Grundsatz deutlich höhere Anforderungen.[441] Als wesentliche Investition zählen nicht die Mittel, die zur Erzeugung der Daten (Elemente) selbst eingesetzt werden.[442] Die deutsche Rechtsprechung tendierte bisher jedoch zu einem wei-   293

---

437 Siehe dazu ausführlich Rn. 229 ff.
438 BGH, WRP 1999, 831, 834 – Tele-Info-CD; siehe zu den verschiedenen Formen von Datenbanken: *Vogel*, in: Schricker/Loewenheim, Urheberrecht, 4. Aufl. 2010, § 87a Rn. 25.
439 BGH, GRUR 2007, 685 = WRP 2007, 989 – Gedichttitelliste I.
440 EuGH, GRUR 2005, 254 – Fixtures Fußballspielpläne II.
441 Von einer Reduzierung des sachlichen Anwendungsbereichs des sui generis-Rechts spricht *Thum/Hermes*, in: Wandtke/Bullinger, Praxiskommentar UrhR, 4. Aufl. 2014, § 87a Rn. 41; in EuGH, Urt. v. 5.3.2009, Rs. C-545, GRUR Int. 2009, 501, Tz. 68 – Apis-Lakorda, legt der EuGH aber dar, dass das Zusammentragen von nicht öffentlich zugänglichen Quellen eine wesentliche Investition darstellen kann, die sogar so wesentlich ist, dass die Übernahme dieser Teile einen in qualitativer Hinsicht wesentlichen Teil der Datenbank ausmachen kann.
442 EuGH, GRUR 2005, 252 – Fixtures Fußballspielpäne I; EuGH, GRUR 2005, 254 – Fixtures Fußballspielpläne II; EuGH, GRUR 2005, 244 – BHB-Pferdewetten; die Konsequenzen können weitreichend sein: Bei den „amtlichen" Telefonbüchern hatte der BGH das Merkmal der wesentlichen Investition noch ohne weitere Erwägungen

Kap. 2 Urheberrechtlich geschützte Gegenstände

ten Investitionsbegriff.[443] Der Wortlaut von § 87a Abs. 1 UrhG greift im Wesentlichen auf unbestimmte Rechtsbegriffe zurück. Eindeutig ist nach der Rechtsprechung des Europäisches Gerichtshofes, dass sich die Investition auf die Beschaffung, Überprüfung oder die Darstellung der in die Datenbank eingestellten Materialien beziehen muss.[444] Insoweit hat der deutsche Gesetzgeber die Formulierung in Art. 7 Abs. 1 der Europäischen Richtlinie zu Datenbanken übernommen.

294 Die Beschaffung erfasst die wichtigste Form des Zusammentragens und Sammelns von Werken, Daten oder anderen unabhängigen Elementen. Dazu gehören das Sichten und die Gewinnung von Material, auch wenn für das Material Lizenzgebühren gezahlt werden.[445] Der Europäische Gerichtshof trennt beim Merkmal der Beschaffung sorgfältig zwischen der Erzeugung der Elemente und der anschließenden Beschaffung für die Datenbank. Nicht entscheidend kommt es auf die Wesentlichkeit der Erzeugung der Elemente (zum Beispiel bei Fußballspielplänen) an. Das Leistungsschutzrecht wird nur dafür gewährt, dass die Ermittlung von vorhandenen Elementen und deren Zusammenstellung in einer Datenbank eine wesentliche Investition darstellt.[446] Die vollständige Übernahme zuvor erzeugter Daten reicht danach nicht. Selbst wenn die Beschaffung ohne weitere Mühe möglich gewesen ist, kann allein durch die Überprüfung des Materials ein Leistungsschutzrecht entstehen. Damit akzeptiert der Gesetzgeber, dass auch die redaktionelle Tätigkeit bei der Erstellung einer Datenbank eine über das Leistungsschutzrecht geschützte Tätigkeit darstellt. Zur Überprüfung gehört z. B. die Prüfung auf Richtigkeit und Vollständigkeit.[447] Auch die regel-

---

bejaht, weil die Tochtergesellschaft der Deutschen Telekom AG die Daten gegen eine Lizenzzahlung erworben hatte (WRP 1999, 831, 835 – Tele-Info-CD; vgl. *Thum/Hermes*, in: Wandtke/Bullinger, Praxiskommentar UrhR, 4. Aufl. 2014, § 87a Rn. 46); im Lichte der EuGH-Rechtsprechung erscheint das nicht mehr eindeutig, denn die Erzeugung der Daten für den Betrieb des Telefonnetzes ist zwar mit einer wesentlichen Investition verbunden, die Aufnahme in das Telefonbuch wäre dann aber durch die Deutsche Telekom AG keine wesentliche Investition mehr.

443 BGH, WRP 1999, 831, 835 – Tele-Info-CD; OLG Dresden, ZUM 2001, 595 f.; LG Köln, CR 2000, 400 – Linksammlung als Datenbank; LG Berlin, CR 1999, 388.

444 EuGH, Urt. v. 5.3.2009, Rs. C-545, GRUR Int. 2009, 501 – Apis-Lakorda; EuGH, GRUR 2005, 252 – Fixtures Fußballspielpäne I; EuGH, GRUR 2005, 254 – Fixtures Fußballspielpläne II; EuGH, GRUR 2005, 244 – BHB-Pferdewetten.

445 *Thum/Hermes*, in: Wandtke/Bullinger, Praxiskommentar UrhR, 4. Aufl. 2014, § 87a Rn. 46; ausführlich: *Leistner*, Der Rechtsschutz von Datenbanken im deutschen und europäischen Recht, 2000, S. 150 ff.

446 EuGH, GRUR 2005, 252 – Fixtures Fußballspielpäne I; EuGH, GRUR 2005, 254 – Fixtures Fußballspielpläne II; vgl. EuGH, GRUR 2005, 244 – BHB-Pferdewetten.

447 *Leistner*, Der Rechtsschutz von Datenbanken im deutschen und europäischen Recht, 2000, S. 152 f.

D. Datenbanken Kap. 2

mäßige Pflege und Aktualisierung einer Datenbank kann als Überprüfung erfasst werden.[448] Allerdings werden an diese redaktionellen Tätigkeiten gewisse Anforderungen zu stellen sein. Die Übernahme von Fußballspielplänen in die Datenbank soll nach der Rechtsprechung des Europäischen Gerichtshofs nicht reichen, auch wenn hier eine gewisse Kontrolle bei Übernahme der Daten und regelmäßige Korrekturen und Anpassungen notwendig sind.[449] Als drittes Merkmal kann auch die Darstellung im Rahmen der Datenbank Teil einer wesentlichen Investition sein. Damit hat der Gesetzgeber der Tatsache Rechnung getragen, dass häufig Datensätze nicht nur unverändert in eine Datenbank eingepflegt werden, sondern häufig auch durch entsprechende Zusammenfassungen für den Nutzer aufbereitet werden oder aber spezielle Computerprogramme entwickelt werden müssen.[450]

Unklar bleibt jedoch aufgrund des Wortlauts, was nach Art oder Umfang eine wesentliche Investition sein soll.[451] Dieses Merkmal hat auch der Europäische Gerichtshof bisher nicht weiter konkretisiert.[452] Die Auslegung des Urheberrechtsgesetzes wird auch dadurch erschwert, dass der deutsche Gesetzgeber die Formulierung in Art. 7 Abs. 1 der europäischen Richtlinie zu Datenbanken nicht wörtlich übernommen hat. Dort wird in Art. 7 Abs. 1 von einer in qualitativer oder quantitativer Hinsicht wesentlichen Investition gesprochen. Aufgrund der richtlinienkonformen Auslegung ist zunächst zu bestimmen, in welcher Weise eine Investition in eine Datenbank erfolgen kann. Damit ist nicht die Frage nach der Tätigkeit (Beschaffung, Überprüfung oder Darstellung) gemeint, sondern worin die Investition besteht. In einem nächsten Schritt ist zu untersuchen, wann eine solche Investition qualitativ wesentlich bzw. quantitativ wesentlich sein kann. Weniger glücklich ist es, bereits im Zusammenhang mit der Investition die Wesentlichkeit zu prüfen. Die Wesentlichkeit hängt gerade von Art und Umfang der von dem Datenbankhersteller erbrachten Leistungen ab. Das Merkmal der Wesent-

295

---

448 Zutreffend LG Berlin, CR 1999, 388; ähnlich LG Köln, ZUM-RD 2000, 155.
449 Vgl. EuGH, GRUR 2005, 252 – Fixtures Fußballspielpäne I; EuGH, GRUR 2005, 254 – Fixtures Fußballspielpäne II; vgl. auch EuGH, GRUR 2005, 244 – BHB-Pferdewetten.
450 *Leistner*, Der Rechtsschutz von Datenbanken im deutschen und europäischen Recht, 2000, S. 153 f.
451 Die Schwierigkeiten bei der Auslegung zeigt das Fallgruppensystem, welches *Leistner*, Der Rechtsschutz von Datenbanken im deutschen und europäischen Recht, 2000, S. 156 ff., entwickelt hat.
452 Der Europäische Gerichtshof hat in EuGH, GRUR 2008, 1077 = GRUR Int. 2008, 1027, keinen Grund gehabt, die Entscheidung des vorlegenden BGH in Frage zu stellen, dass die Gedichttitelliste eine Datenbank im Sinne der §§ 87a ff. UrhG war. Ähnlich EuGH, Urt. v. 5.3.2009, Rs. C-545 = GRUR Int. 2009, 501 – Apis-Lakorda, zu einer juristischen Datenbank.

Kap. 2 Urheberrechtlich geschützte Gegenstände

lichkeit sollte daher nicht zugleich mit dem Merkmal der Investition geprüft werden.[453]

296 Der Begriff der Investition deutet nach dem Wortlaut zunächst darauf hin, dass ausschließlich finanzielle Leistungen des Datenbankherstellers erfasst werden. Dem ist jedoch nicht so. Aus dem Erwägungsgrund 40 der Europäischen Richtlinie zu Datenbanken ergibt sich, dass nicht nur die Bereitstellung von finanziellen Mitteln eine Investition darstellt, sondern auch der Einsatz von Zeit, Arbeit und Energie.[454] Auch wenn der Begriff „Energie" in diesem Zusammenhang unklar ist (eine wörtliche Auslegung im Sinne von Energie in Form von Strom macht wenig Sinn); zeigt doch dieser Erwägungsgrund, dass als Investition jede Form von Aufwendung in Betracht kommt.[455] Diese Aufwendung muss sich auf die Beschaffung, Überprüfung oder Darstellung des Datenmaterials beziehen. Dabei werden sowohl die Kosten für die Beschaffung, Überprüfung und Darstellung erfasst, als auch sonstige Mühen mit der Erstellung einer Datenbank.[456] Für die Begründung eines Leistungsschutzrechts wird es daher genügen, wenn eine oder mehrere Personen vor allem durch die Investition von Zeit eine aufwendige Datenbank erstellen, selbst wenn sie einfachste technische Möglichkeiten dabei verwenden.[457] Letztlich kann es nicht darauf ankommen, ob unmittelbar Geld in eine Datenbank investiert wird oder aber durch die Aufwendung von Zeit oder Mühen mittelbar finanzielle Mittel aufgewendet werden. Eine solche Auslegung des Begriffs „Investitionen" ergibt sich auch aus dem Erwägungsgrund 39 der Europäischen Richtlinie zu Datenbanken. Dort wird als Zielsetzung der Richtlinie geschildert, dass die Hersteller von Datenbanken in Bezug auf die widerrechtliche Aneignung der Ergebnisse der finanziellen und beruflichen Investition geschützt werden sollen. Wesentlich ist damit, dass das Ergebnis der Datenbank ein schützenswertes Wirtschaftsgut ist und auf entsprechenden Investitionen beruht. Auf die Gewinnerwartungen kommt es nicht an.[458]

297 Aus diesem Grunde können im Rahmen der Beschaffung des Datenbankinhalts auch die Kosten für Lizenzzahlungen eine Investition darstellen. Solche Lizenzzahlungen sind regelmäßig notwendig, um von urheberrechtlich geschützten Werken die für die Benutzung in der Datenbank erforderlichen

---

453 So aber *Vogel*, in: Schricker/Loewenheim, Urheberrecht, 4. Aufl. 2010, § 87a Rn. 40 f.
454 EuGH, Urt. v. 5.3.2009, Rs. C-545 = GRUR Int. 2009, 501, Tz. 68 – Apis-Lakorda.
455 Vgl. EuGH, Urt. v. 5.3.2009, Rs. C-545 = GRUR Int. 2009, 501, Tz. 68 – Apis-Lakorda, zur Beschaffung von Elementen aus nicht öffentlich zugänglichen Quellen.
456 Vgl. LG Köln, ZUM-RD 2000, 155.
457 BGH, GRUR 2007, 688 = WRP 2007, 993 – Gedichttitelliste II.
458 Siehe *Decker*, in: Möhring/Nicolini, UrhR, 2. Aufl. 2000, § 87a Rn. 11.

D. Datenbanken **Kap. 2**

Nutzungsrechte zu erwerben. Auch Kosten für die Datenaufbereitung sowie die Bereitstellung fallen unter den Begriff der Investition.[459] Dazu gehören auch die Kosten für eine Software, mit der die Daten für Zwecke der Datenbank erfasst werden sowie Personalkosten für die Überprüfung der Daten.[460]

298 Bis zu den Urteilen des Europäischen Gerichtshofs aus dem Jahre 2004[461] war offen, ob auch die Kosten für die Gewinnung der Daten Teil einer Investition in eine Datenbank sein können. Das wurde in der Literatur für die Fälle abgelehnt, in denen diese Kosten nicht mit der sammelnden, sichtenden und ordnenden Tätigkeit bei der Erstellung der Datenbank zusammenfallen.[462] Nach dieser Auffassung sollte die Generierung lediglich eine dem Aufbau der Datenbank vorgelagerte Tätigkeit darstellen. Sie sollte daher vom Schutzzweck der §§ 87a ff. UrhG nicht mehr erfasst werden. Diese Sicht vermag – auch wenn sich ihr der Europäische Gerichtshof zunächst angeschlossen hat – in vielen Fällen nicht zu überzeugen. Die Generierung der Daten wird spätestens, wenn aufgrund dieser Daten eine Datenbank angelegt wird, als Kosten der Beschaffung zu berücksichtigen sein, da ohne die Generierung der Daten der Aufbau der Datenbank unmöglich wäre.[463] Das gilt zumindest so lange, wie die Erzeugung der Daten gerade für den Aufbau der Datenbank erfolgt. Der Begriff der Beschaffung muss hier entgegen dem Europäischen Gerichtshof weit ausgelegt werden. Die Trennung zwischen Generierung der Daten und ihrer Aufbereitung erscheint gekünstelt und wird nur in Fällen sachgerecht sein, in denen auf einen bestehenden und bereits anderweitig genutzten Datenbestand zurückgegriffen wird, der lediglich neu aufbereitet wird.[464] In diesem Fall ist die Investition in die Generierung der Daten auch möglicherweise bereits durch ein vorher entstandenes Leistungsschutzrecht geschützt gewesen. Die Rechtsprechung des EuGH läuft aber leer, wenn die Lizenzkosten für nicht urheberrechtlich geschütztes Material eine Investition darstellen, also das von einem Dritten er-

---

459 *Vogel*, in: Schricker/Loewenheim, Urheberrecht, 4. Aufl. 2010, § 87a Rn. 48 und Rn. 51.
460 BGH, GRUR 2011, 724 – Zweite Zahnarztmeinung II; es reicht aber nicht der bloße Erwerb einer von anderen bereits erstellten fertigen Datenbank: BGH, NJW-RR 2009, 1558 – Elektronischer Zolltarif.
461 GRUR 2005, 252 – Fixtures Fußballspielpäne I; EuGH, GRUR 2005, 254 – Fixtures Fußballspielpläne II; EuGH, GRUR 2005, 244 – BHB-Pferdewetten.
462 So ausdrücklich *Vogel*, in: Schricker/Loewenheim, Urheberrecht, 4. Aufl. 2010, § 87a Rn. 49; a. A. *Hornung*, Die EU-Datenbank und ihre Umsetzung in das deutsche Recht, 1998, S. 111.
463 So auch schon OLG Dresden, ZUM 2001, 595, für die Kosten der Informationsbeschaffung.
464 Vgl. für eine Datenbank mit Urteilen und Vorschriften aus zum Teil nicht öffentlich zugänglichen Quellen: EuGH, Urt. v. 5.3.2009, Rs. C-545, GRUR Int. 2009, 501 – Apis-Lakorda.

zeugte Material an einen Datenbankbetreiber lizenziert wird, damit bei diesem ein Leistungsschutzrecht an der Datenbank entstehen kann.[465] Neben den Kosten für die Generierung der Daten können darüber hinaus nach der Rechtsprechung auch die Kosten für den Betrieb der Datenbank Teil der Investition und damit zu berücksichtigen sein.[466]

299 Aufgrund des Wortlauts der Richtlinie sowie des Gesetzes ist durchaus zweifelhaft, ob die Kosten für den Erwerb von Nutzungsrechten am Computerprogramm für den Betrieb der Datenbank ebenfalls zu den berücksichtigungsfähigen Investitionen gehören.[467] Dagegen spricht auf den ersten Blick, dass das Computerprogramm selbst einem eigenständigen Schutz zugänglich ist, dass es nicht vom Leistungsschutzrecht des Datenbankherstellers erfasst wird und dass es auch bei der Frage, ob eine Entnahme aus einer Datenbank vorliegt, keine Rolle spielt.[468] Richtigerweise ist jedoch davon auszugehen, dass die Computerprogramme bei elektronischen Datenbanken für die systematische oder methodische Anordnung und für den Abruf der Daten notwendig sind. Da Anordnung und Zugänglichmachung von dem Wortlaut in § 87a UrhG erfasst werden, müssen daher auch dafür erforderliche technische Hilfsmittel wie Computerprogramme berücksichtigt werden. Obwohl das Computerprogramm urheberrechtlich gesehen ein anderes Schicksal hat als die Datenbank, kann das Computerprogramm aus einer Sammlung von Daten tatsächlich eine Datenbank werden lassen. Nach richtiger Auffassung muss es daher für das Merkmal Investition genügen, dass unter Umständen allein die Entwicklung des Computerprogramms zur Erschließung des Datenbestandes eine wesentliche Investition ist.[469]

300 Sofern die für die Datenbank erforderliche Investition identifiziert worden ist, ist in einem zweiten Schritt zu fragen, ob es sich um eine qualitativ bzw. quantitativ wesentliche Investition handelt. Nicht jede Investition genügt.[470] Die quantitativ wesentliche Investition wird bei Datenbanken mit Sicherheit

---

465 Siehe dazu *Thum/Hermes*, in: Wandtke/Bullinger, Praxiskommentar UrhR, 4. Aufl. 2014, § 87a Rn. 45 ff., die darauf verweist, dass über die Lizenzierung von Daten die Beschaffung von Daten zur wesentlichen Investition werden kann. Das spielt vor allem dann eine Rolle, wenn die Erzeugung der Daten als solches nach der Rechtsprechung des EuGH keine berücksichtigungsfähige Investition darstellt.
466 Vgl. OLG Dresden, ZUM 2001, 595, 596.
467 Siehe dazu *Vogel*, in: Schricker/Loewenheim, Urheberrecht, 4. Aufl. 2010, § 87a Rn. 51.
468 EuGH, Urt. v. 5.3.2009, Rs. C-545, GRUR Int. 2009, 501 – Apis-Lakorda.
469 OLG Dresden, ZUM 2001, 595 f.; *Vogel*, in: Schricker/Loewenheim, Urheberrecht, 4. Aufl. 2010, § 87a Rn. 51; *Thum/Hermes*, in: Wandtke/Bullinger, Praxiskommentar UrhR, 4. Aufl. 2014, § 87a Rn. 109.
470 Vgl. *Thum/Hermes*, in: Wandtke/Bullinger, Praxiskommentar UrhR, 4. Aufl. 2014, § 87a Rn. 5.

die häufigere Form einer nach § 87a Abs. 1 UrhG schutzbegründenden Investition sein.[471] Für den Umfang sind dabei alle Aufwendungen – seien sie finanziell oder sachlicher Art gewesen – zusammenzunehmen. Auch der Zeitaufwand ist zu berücksichtigen, sofern dieser nicht bereits durch die Vergütung dritter Personen berücksichtigt worden ist. Bei der Berücksichtigung des Gesamtaufwands kann es nicht darauf ankommen, ob die einzelnen Leistungen zeitlich auseinanderliegen oder mehr oder weniger gleichzeitig erbracht worden sind.[472] Fraglich ist allein, wann der quantitative Aufwand die Schwelle zur Wesentlichkeit überschritten hat. Für diese Schwelle gibt es keinen festgelegten Wert. Der Gesetzgeber hat diese Frage offen gelassen.[473] Auch die Erwägungsgründe der Europäischen Richtlinie zu Datenbanken schweigen hier. Den Gerichten wird es daher obliegen, die entsprechende Schwelle zu bestimmen. Da jedoch aufgrund des Erwägungsgrunds 40 der Europäischen Richtlinie zu Datenbanken das Ziel des Schutzrechts sui generis der Schutz einer Investition ist, wird es im Ergebnis vor allem darauf ankommen, ob tatsächlich eine Investition vorliegt. Dabei wird vor allem darauf abzustellen sein, ob mit der Investition ein unternehmerisches Risiko verbunden gewesen ist, das im Ergebnis ein Leistungsschutzrecht rechtfertigt. Dabei gilt der Grundsatz einer Gesamtbetrachtung. Sämtliche berücksichtigungsfähigen Investitionen sind zusammenfassen, die in die Herstellung der Datenbank geflossen.[474]

Da die Erstellung und Pflege von Datensammlungen heute regelmäßig mit einem erheblichen Aufwand verbunden ist, werden die Schwellen nicht allzu hoch liegen können.[475] Es reicht aus, wenn bei objektiver Betrachtung keine ganz unbedeutenden, von jedermann leicht zu erbringenden Aufwendungen erforderlich waren, um die Datenbank zu erstellen; nicht notwendig sind Investitionen von substanziellem Gewicht.[476] Das Anlegen und Pflegen einer Linksammlung von 251 Links zu speziellen Eltern-Kind-Initiativen kann genügen.[477] Gleiches gilt für einen Online-Immobilienanzeigenteil für

301

---

471 Ähnlich auch, mit Verweis auf die Rechtsprechung des EuGH, *Vogel*, in: Schricker/Loewenheim, Urheberrecht, 4. Aufl. 2010, § 87a Rn. 29.
472 *Vogel*, in: Schricker/Loewenheim, Urheberrecht, 4. Aufl. 2010, § 87a Rn. 41.
473 Siehe BR-Drs. 966/96, 47.
474 *Thum/Hermes*, in: Wandtke/Bullinger, Praxiskommentar UrhR, 4. Aufl. 2014, § 87a Rn. 62.
475 Im Hinblick auf eine mögliche Monopolisierung von Datenbank wird vertreten, dass die Schwelle vergleichsweise hoch liegen soll, *Czychowski*, in: Fromm/Nordemann, Urheberrecht, 11. Aufl. 2014, § 87a Rn. 9. Angesichts des eingeschränkten Schutzumfangs des Leistungsschutzrechts, besteht dafür jedoch kein Bedürfnis. Es bleibt anderen frei, selbst die für die Schaffung einer Datenbank erforderlichen Investitionen aufzubringen.
476 BGH, GRUR 2011, 724, Rn. 23 – Zweite Zahnarztmeinung II.
477 LG Köln, CR 2000, 400 – Linksammlung als Datenbank.

eine bestimmte Region[478] oder ein Telefonverzeichnis.[479] Keine Zweifel an einer wesentlichen Investition bestehen auch, wenn der jährliche Aufwand für Aufbau und Pflege bei mehr als 700.000 DM liegt.[480] Der BGH sprach in einem Fall von einen beachtlichen Datenbestand, bei dem es um die Überprüfung von 3.500 Bewertungen von Patienten für 800 registrierte Zahnärzte durch eigens beschäftigtes Personal ging und Kosten für die Beschaffung, Betreuung und Weiterentwicklung der Datenbanksoftware in Höhe von 3.500 bis 4.000 Euro in Rede standen.[481] Bei einer zu engen Betrachtung des Merkmals der Wesentlichkeit wird das Leistungsschutzrecht des Datenbankherstellers im Ergebnis ins Leere laufen.

302 Eine qualitativ wesentliche Investition wird dagegen nur in Ausnahmefällen zu bejahen sein.[482] Ein qualitatives Element erfordert, dass die Datenbank sich durch qualitative Merkmale auszeichnet, die sie schutzwürdig werden lassen. Zu denken ist z.B. an die Zusammenstellung von Datensätzen unter bestimmten, bisher einmaligen wissenschaftlichen Kriterien, eine besondere Gliederungsdichte der Schlagwörter von Thesaurus und Index oder ein besonderer Komfort beim Abfragesystem.[483] Dazu kann aber auch die Beschaffung von nicht öffentlich zugänglichem Material gehören, „je nach Umfang der menschlichen, technischen oder finanziellen Mittel, die der Hersteller eingesetzt hat", wie der EuGH schreibt.[484] Am Ende zählt vor allem der Aufwand. Da es bei dem Merkmal der qualitativen Investition nicht auf die tatsächlich verarbeitete Datenmenge ankommt, wird aber vor allem die geistige Tätigkeit bei der Konzeption der Datenbank geschützt. Für dieses Merkmal wird jedoch im Ergebnis nur ein eher enger Anwendungsbereich bleiben, da solche Datenbanken häufig bereits als Datenbankwerke geschützt sein werden. Zumindest ist davon auszugehen, dass eine Datenbank mit solchen qualitativen Anforderungen häufig auch im Hinblick auf Auswahl und Anordnung möglicherweise eine schöpferische Leistung darstellt.

303 Von praktischer Bedeutung sind allein die Mischfälle, bei denen sowohl qualitativ wesentliche als auch quantitativ wesentliche Aufwendungen zu-

---

478 LG Köln, ZUM-RD 2000, 155; LG Berlin, CR 1999, 388.
479 BGH, WRP 1999, 831 – Tele-Info-CD; OLG Karlsruhe, OLG Report Karlsruhe/Stuttgart 2000, 107 (Revision vom BGH nicht angenommen).
480 LG Berlin, NJW-CoR 1999, 244.
481 BGH, GRUR 2011, 724, Rn. 24, 25 – Zweite Zahnarztmeinung II.
482 Die aber durchaus vorkommen können, wie der Fall in EuGH, Urt. v. 5.3.2009, Rs. C-545 = GRUR Int. 2009, 501, Tz. 68 – Apis-Lakorda, für eine juristische Datenbank zeigt.
483 So *Vogel*, in: Schricker/Loewenheim, Urheberrecht, 4. Aufl. 2010, § 87a Rn. 33.
484 EuGH, Urt. v. 5.3.2009, Rs. C-545, GRUR Int. 2009, 501, Tz. 68 – Apis-Lakorda.

sammenfallen. Hier sind durchaus Mischungen denkbar, die bei einer Gesamtschau die Wesentlichkeit der Investition begründen.[485]

e) Neuheitsbegriff i. S. v. § 87 Abs. 1 Satz 2 UrhG

304 Eine in der Praxis wesentliche Vorschrift findet sich in § 87a Abs. 1 Satz 2 UrhG. Nach dieser Vorschrift stellt eine in ihrem Inhalt nach Art und Umfang wesentlich geänderte Datenbank eine neue Datenbank dar. Dadurch wird eine erneute Schutzfrist in Gang gesetzt. Durch die kontinuierliche Pflege und Ergänzung der Datenbank kann daher das Leistungsschutzrecht immer wieder verlängert werden, indem das Entstehen einer neuen Datenbank fingiert wird. Das gilt zumindest bei dynamischen Datenbanken, die stets fortlaufend in allen Bereichen aktualisiert und ergänzt werden, so dass jeweils die aktuellste Investition geschützt ist.[486] Abzugrenzen sind davon die statischen Datenbanken, bei denen die Datenbank selbst nicht mehr verändert wird, sondern allenfalls Erweiterungen vorgenommen werden.[487]

305 § 87a Abs. 1 Satz 2 UrhG erfasst dabei jedoch nicht jegliche inhaltliche Änderung, auch wenn dies der Wortlaut nahelegt. Die pauschale Erhöhung von Tarifen um 10 % in einer Tarifdatenbank ändert zwar den Inhalt der Datenbank wesentlich, soll jedoch noch kein neues Leistungsschutzrecht auslösen.[488] Die Vorschrift des § 87a Abs. 1 Satz 2 UrhG muss unter Berücksichtigung von Art. 10 Abs. 3 der Datenbankrichtlinie richtlinienkonform ausgelegt werden. Nach Art. 10 Abs. 3 der Datenbankrichtlinie wird jede in qualitativer oder quantitativer Hinsicht wesentliche Änderung des Inhalts der Datenbank erfasst, wobei auch Zusätze, Löschungen oder Veränderungen eine Änderung im Sinne der Datenbankrichtlinie darstellen. Im Ergebnis sind damit die typischen Formen der Datenbankpflege gemeint. Ein erneuter Schutz soll nach Art. 10 Abs. 3 der Datenbankrichtlinie aber nur möglich sein, wenn die Änderungen der Datenbank einer qualitativen oder quantitativen wesentlichen Neuinvestition gleichkommen. Die inhaltliche Änderung reicht daher nicht. Vielmehr wird – ähnlich wie der Neuanlage einer Datenbank – wiederum ein Aufwand gefordert, der einer wesentlichen Investition gleichkommt. Im Ergebnis wird es daher weniger auf den Nachweis ankommen, dass sich der Inhalt der Datenbank verändert hat, sondern allein darauf, dass der Datenbankhersteller im wesentlichen Umfang Zeit, Geld und Energie in die Datenbank erneut oder kontinuierlich investiert

---

485 Siehe dazu EuGH, Urt. v. 5.3.2009, Rs. C-545, GRUR Int. 2009, 501 – Apis-Lakorda.
486 *Czychowski*, in: Fromm/Nordemann, Urheberrecht, 11. Aufl. 2014, § 87a Rn. 31, wobei ein ständiger investiver Aufwand gefordert wird.
487 Siehe dazu *Hornung*, Die EU-Datenbank und ihre Umsetzung in das deutsche Recht, 1998, S. 173 f.
488 *Vogel*, in: Schricker/Loewenheim, Urheberrecht, 4. Aufl. 2010, § 87a Rn. 60.

Kap. 2 Urheberrechtlich geschützte Gegenstände

hat.[489] Dafür spricht auch, dass nach Erwägungsgrund 55 der Datenbankrichtlinie eine eingehende Überprüfung der Datenbank bereits eine Neuinvestition darstellen kann.[490] Allerdings wird es der für Neuinvestition nach Erwägungsgrund 54 der Richtlinie beweispflichtige Hersteller regelmäßig leichter haben, wenn zumindest in einem gewissen Umfang augenfällige Änderungen im Inhalt der Datenbank nachzuweisen sind.[491] Auf jeden Fall sollte der Datenbankhersteller stets alle Arbeiten an der Datenbank dokumentieren.[492]

306 Kein Fall des § 87a Abs. 1 Satz 2 UrhG ist es, wenn sich der Verletzer eines Leistungsschutzrechts darauf beruft, selbst mit Hilfe der übernommenen Teile eine neue Datenbank geschaffen zu haben. An dieser neuen Datenbank mag ein eigenes Leistungsschutzrecht entstanden sein. Dadurch verliert die ursprüngliche Investition aber nicht ihren Schutz. § 87a Abs. 1 Satz 2 UrhG regelt nur den Fall, dass der Berechtigte eine Neuinvestition vornimmt.[493]

3. Inhaber des Leistungsschutzrechts

307 Das Leistungsschutzrecht gemäß § 87a Abs. 1 UrhG entsteht in der Person des Datenbankherstellers. Gemäß § 87a Abs. 2 UrhG ist dies derjenige, der die wesentlichen Investitionen vorgenommen hat.[494] Dieser Datenbankhersteller wird originärer Inhaber des Schutzrechts an der Datenbank. Ähnlich wie auch bei anderen unternehmensbezogenen Leistungsschutzrechten soll letztlich derjenige Schutzrechtsinhaber werden, der das organisatorische und wirtschaftliche Risiko trägt, welches mit dem Aufbau der geschützten Datenbank verbunden ist. Für den Inhaber des Leistungsschutzrechts gilt nun gemäß § 87b Abs. 2 UrhG n.F. die Vermutung von § 10 Abs. 1 UrhG entsprechend.[495]

308 Inhaber des Schutzrechts ist im Ergebnis nicht die natürliche Person, die die sammelnde, sichtende und prüfende Tätigkeit selbst vorgenommen hat, sei

---

489 Ähnlich *Thum/Hermes*, in: Wandtke/Bullinger, Praxiskommentar UrhR, 4. Aufl. 2014, § 87a Rn. 120 f.; *Vogel*, in: Schricker/Loewenheim, Urheberrecht, 4. Aufl. 2010, § 87a Rn. 65.
490 *Hornung*, Die EU-Datenbank und ihre Umsetzung in das deutsche Recht, 1998, S. 171 f.
491 *Vogel*, in: Schricker/Loewenheim, Urheberrecht, 4. Aufl. 2010, § 87a Rn. 65.
492 *Hornung*, Die EU-Datenbank und ihre Umsetzung in das deutsche Recht, 1998, S. 172 f.
493 OLG Dresden, ZUM 2001, 595, 597.
494 *Hornung*, Die EU-Datenbank und ihre Umsetzung in das deutsche Recht, 1998, S. 100.
495 § 87b Abs. 2 UrhG ist in Kraft getreten am 1.9.2008.

D. Datenbanken Kap. 2

sie im Angestelltenverhältnis oder im Lohnauftrag tätig geworden.[496] Inhaber wird vielmehr die natürliche oder juristische Person, die z. B. im eigenen Namen und für eigene Rechnung die Nutzungsrechte für die in der Datenbank verwendeten urheberrechtlich geschützten Werke und Leistungen erwirbt und den Aufbau der Datenbank ermöglicht, insbesondere das Investitionsrisiko trägt.[497] Hier sind im Ergebnis ähnliche Kriterien anzulegen wie bei dem Leistungsschutzrecht des Filmherstellers.[498] Letztlich ist daher danach zu fragen, wem die Leistung der Erstellung einer Datenbank als Ergebnis seiner wesentlichen Investition zuzuordnen ist. Das wird regelmäßig der Arbeitgeber sein, da Datenbanken regelmäßig im Rahmen von Arbeitsverhältnissen geschaffen werden. Die Frage nach dem work made for hire-Grundsatz stellt sich damit nicht.[499] Das Leistungsschutzrecht ist frei übertrag- und abtretbar, kann also verkauft werden.[500]

Eine gewerbliche Tätigkeit ist nicht erforderlich, um als Datenbankhersteller Rechtsinhaber zu werden.[501] Auch an einer (möglicherweise nur vorläufig) rein privat erstellten Datenbank kann daher ein Leistungsschutzrecht erworben werden. Darüber hinaus können auch öffentlich-rechtliche Einrichtungen (z. B. die Justizverwaltung) – auch im Rahmen ihrer hoheitlichen Tätigkeit[502] – Inhaber eines Leistungsschutzrechts an einer Datenbank werden. Für eine von einem Gutachterausschuss zur Ermittlung von Bodenrichtwerten herausgegebene Bodenrichtwertsammlung hat der BGH ein Leistungsschutzrecht bejaht, dessen Inhaberin in dem konkreten Fall die Stadt Karlsruhe geworden war.[503] Eine andere Frage ist es, inwieweit diese Register durch die öffentliche Hand wirtschaftlich verwertet werden dürfen.[504] Grenze bildet hier der § 5 UrhG für amtliche Werke.[505] Ob dieser § 5 UrhG als Beschränkung des Leistungsschutzrechts im Einklang mit der Datenbankrichtlinie steht, hat der Europäische Gerichtshof nicht mehr entschei-

309

---

496 Es gilt hier nichts anderes als für Datenbankwerke: BGH, GRUR 2007, 685 = WRP 2007, 989 – Gedichttitelliste I; siehe auch BGH, GRUR 2007, 688 = WRP 2007, 993 – Gedichttitelliste II, und BGH, Beschl. v. 13.8.2009, I ZR 130/04.
497 *Thum/Hermes*, in: Wandtke/Bullinger, Praxiskommentar UrhR, 4. Aufl. 2014, § 87a Rn. 133.
498 Vgl. dazu BGH, GRUR 1993, 472, 473 – Filmhersteller.
499 Vgl. *Vogel*, in: Schricker/Loewenheim, Urheberrecht, 4. Aufl. 2010, § 87a Rn. 70.
500 Siehe *Decker*, in: Möhring/Nicolini, UrhR, 2. Aufl. 2000, vor §§ 87a ff. Rn. 7.
501 *Vogel*, in: Schricker/Loewenheim, Urheberrecht, 4. Aufl. 2010, § 87a Rn. 71.
502 EuGH, Urt. v. 12.7.2012, Rs. C-138/11, ABl. C 287 v. 22.9.2012, 11.
503 BGH, GRUR 2007, 137 = WRP 2007, 88 – Bodenrichtwertsammlung.
504 Vgl. BGH, WRP 2007, 663 = GRUR Int. 2007, 532 – Sächsischer Ausschreibungsdienst; BGH, CR 1989, 984, 985 – Handelsregister; siehe zu amtlichen Datenbanken ausführlich: *Thum*, in: Wandtke/Bullinger, Praxiskommentar UrhR, 4. Aufl. 2014, § 87a Rn. 143–150.
505 BGH, GRUR 2007, 137 = WRP 2007, 88 – Bodenrichtwertsammlung.

Kap. 2 Urheberrechtlich geschützte Gegenstände

den müssen, nach dem ein Vorabentscheidungsersuchen des BGH wieder vom BGH zurückgezogen worden ist.[506] Daran bestehen große Zweifel, nachdem der EuGH inzwischen klargestellt, dass grundsätzlich auch amtliche und öffentlich zugängliche Elemente Gegenstand eines Leistungsschutzrechts an einer Datenbank sein können.[507]

310 Für die Inhaberschaft eines Leistungsschutzrechts in der Datenbank ist es auch nicht erforderlich, dass der Datenbankhersteller die wirtschaftliche Verwertung der Datenbank selbst vornimmt. Es ist durchaus möglich, dass die wirtschaftliche Auswertung der Datenbank selbst einem Dritten übertragen wird.[508] Dies führt noch nicht zum Verlust einer Herstellereigenschaft. Entscheidend ist jedoch, dass der Datenbankhersteller stets das Risiko der wirtschaftlichen Amortisation trägt.[509]

311 Ähnlich wie bei der Miturheberschaft ist es auch denkbar, dass die Investitionsleistung mehreren natürlichen oder juristischen Personen zusteht.[510] Eine solche Mitdatenbankherstellereigenschaft setzt jedoch voraus, dass sämtliche wesentlichen Entscheidungen gemeinsam getroffen und das wirtschaftliche Risiko gemeinsam getragen werden.[511] Die Rechte können auch nacheinander in der Hand verschiedener Personen entstehen.[512] Das Verhältnis unter den Herstellern ist gesetzlich nicht geregelt. Meist werden sie als Gesellschaft bürgerlichen Rechts nach §§ 705 ff. BGB auftreten. Die Datenbank wird dann gesamthänderisch verwaltet. Möglich ist jedoch auch

---

506 BGH, WRP 2007, 663 = GRUR Int. 2007, 532 – Sächsischer Ausschreibungsdienst (das Vorabentscheidungsersuchen ist vom BGH zurückgezogen worden, siehe EuGH, Beschl. v. 25.6.2008, Rs. C-215/07); siehe zu amtlichen Datenbanken ausführlich: *Thum/Hermes*, in: Wandtke/Bullinger, Praxiskommentar UrhR, 4. Aufl. 2014, § 87a Rn. 142–150.
507 EuGH, Urt. v. 5.3.2009, Rs. C-545 = GRUR Int. 2009, 501 Tz. 73 – Apis-Lakorda. In dem entschiedenen Fall war die Datenbank allerdings nicht vom Staat betrieben worden. Offen bleibt damit, ob sich auch der Staat unmittelbar auf ein Leistungsschutzrecht berufen kann oder nur Anbieter, die amtliches Material sammeln und aufbereiten. Für Ersteres spricht EuGH, Urt. v. 12.7.2012, Rs. C-138/11, ABl. C 287 v. 22.9.2012, 11. In dem Urteil sah der EuGH keine Probleme darin, dem österreichischen Staat im Rahmen seiner hoheitlichen Tätigkeit bei Errichtung und Betrieb eines Firmenregisters auch ein Leistungsschutzrecht des Datenbankherstellers einzuräumen (allerdings ging es in der Entscheidung nicht um Ansprüche aus dem Leistungsschutzrecht, sondern um die Frage, ob das Kartellrecht auf eine Monopol-Datenbank Anwendung finde).
508 BGH, WRP 1999, 831 – Tele-Info-CD.
509 *Vogel*, in: Schricker/Loewenheim, Urheberrecht, 4. Aufl. 2010, § 87a Rn. 72.
510 *Thum/Hermes*, in: Wandtke/Bullinger, Praxiskommentar UrhR, 4. Aufl. 2014, § 87a Rn. 138.
511 *Vogel*, in: Schricker/Loewenheim, Urheberrecht, 4. Aufl. 2010, § 87a Rn. 73.
512 *Thum/Hermes*, in: Wandtke/Bullinger, Praxiskommentar UrhR, 4. Aufl. 2014, § 87a Rn. 141.

D. Datenbanken **Kap. 2**

bei Fehlen entsprechender Vereinbarungen, dass eine Bruchteilsgemeinschaft nach § 741 BGB vorliegt.[513]

Im Rahmen der richtlinienkonformen Auslegung ist davon auszugehen, dass Rechte als Datenbankhersteller nur solche natürlichen Personen erlangen können, die Staatsangehörige eines EU-Mitgliedstaates sind oder ihren gewöhnlichen Aufenthalt im Gebiet der Europäischen Union haben (Art. 11 Abs. 1 der Datenbankrichtlinie). Juristische Personen müssen nach den Rechtsvorschriften eines Mitgliedstaates gegründet worden sein und ihren satzungsmäßigen Sitz, ihre Hauptverwaltung oder ihre Hauptniederlassung in der EU haben (Art. 11 Abs. 2 der Datenbankrichtlinie).[514] Eine Ausdehnung des Kreises der Schutzberechtigten ist durch Vereinbarungen mit Drittstaaten möglich, wobei der Grundsatz der Reziprozität beachtet werden muss.[515] 312

4. Rechte des Datenbankherstellers

a) Grundsätzliches

Das Leistungsschutzrecht gewährt keine in jeder Beziehung umfassenden Rechte an der Datenbank, sondern es bedarf einer schutzgegenstandsbezogenen Auslegung.[516] Es bietet keinen Schutz für die in die Datenbank aufgenommenen Materialien in Form von Werken, Daten oder anderen unabhängigen Elementen. Durch die Schaffung einer Datenbank können daher keine Rechte an den zugrunde liegenden, urheberrechtlich als solche nicht geschützten Daten (z. B. Angaben zu Fernsprechteilnehmern, zu den Spielpaarungen und -daten bei Fußballspielplänen[517] oder zu amtlichen Informatio- 313

---

513 *Vogel*, in: Schricker/Loewenheim, Urheberrecht, 4. Aufl. 2010, § 87a Rn. 73; *Thum/Hermes*, in: Wandtke/Bullinger, Praxiskommentar UrhR, 4. Aufl. 2014, § 87a Rn. 140 f.; *Czychowski*, in: Fromm/Nordemann, Urheberrecht, 11. Aufl. 2014, § 87a Rn. 25; nur für die Gemeinschaft nach § 741 BGB: *Hertin*, in: Fromm/Nordemann, Urheberrecht, 9. Aufl. 1998, § 87a Rn. 11.
514 *Hornung*, Die EU-Datenbank und ihre Umsetzung in das deutsche Recht, 1998, S. 102; *Bensinger*, Sui generis-Schutz für Datenbanken: Die EG-Datenbankrichtlinien vor dem Hintergrund des nordischen Rechts, 1999, S. 182 f.
515 *Hornung*, Die EU-Datenbank und ihre Umsetzung in das deutsche Recht, 1998, S. 102 ff.; *Bensinger*, Sui generis-Schutz für Datenbanken, 1999, S. 182; siehe zur Rechtmäßigkeit des Gegenseitigkeitserfordernisses sowie zu einer internationalen Konvention zum sui generis-Schutz für Datenbanken: *Gaster*, Der Rechtsschutz von Datenbanken, 1999, Rn. 695 ff.
516 *Leistner*, Der Rechtsschutz von Datenbanken im deutschen und europäischen Recht, 2000, S. 171.
517 EuGH, GRUR 2005, 252 – Fixtures-Fußballspielpläne I; EuGH, GRUR 2005, 254 – Fixtures-Fußballspielpläne II.

Kap. 2 Urheberrechtlich geschützte Gegenstände

nen[518]) begründet werden. Auch wird die für die Herstellung der Datenbank aufgewendete Investition nicht als solche geschützt. Ferner wird von dem Leistungsschutzrecht auch nicht die vom Aufbau und zur Nutzung der elektronischen Datenbank erforderliche Software erfasst.[519] Geschützt ist jedoch die Datenbank als Gesamtheit des unter wesentlichem Investitionsaufwand gesammelten, geordneten und einzeln zugänglich gemachten Inhalts als immaterielles Gut.[520] Aus dem Erwägungsgrund 20 der Europäischen Richtlinie zu Datenbanken ergibt sich in diesem Zusammenhang, dass auch die für den Betrieb oder die Abfrage bestimmter Datenbanken erforderlichen Elemente, insbesondere ein Thesaurus oder ein Indexierungssystem, dem Schutz als Datenbank zugänglich sind. Auch hier sind die Parallelen zu den Datenbankwerken unverkennbar.

314 § 87b Abs. 1 Satz 1 UrhG regelt die dem Datenbankhersteller zugewiesenen ausschließlichen Verwertungsbefugnisse. Diese Vorschrift setzt Art. 7 Abs. 1 und 2 der Europäischen Richtlinie zu Datenbanken um. Die wirtschaftlich bedeutsamen Nutzungen der Datenbank sind dem Datenbankhersteller im Ergebnis zugewiesen. Das ausschließliche Recht zur Vervielfältigung, Verbreitung und öffentlichen Wiedergabe beschränkt sich jedoch nur auf die Datenbank in ihrer Gesamtheit oder nach Art oder Umfang wesentlichen Teil der Datenbank. Die Übernahme unwesentlicher Teile ist daher noch keine rechtlich relevante Benutzungshandlung. Das ergibt sich aus Art. 8 Abs. 1 der Europäischen Richtlinie zu Datenbanken. Anderes gilt nur bei einer wiederholten und systematischen Vervielfältigung, Verbreitung oder öffentlichen Wiedergabe unwesentlicher Teile, wenn dies einer normalen Auswertung der Datenbank zuwiderläuft und die Interessen des Datenbankherstellers unzumutbar beeinträchtigt (§ 87b Abs. 1 Satz 2 UrhG).

b) Verwertungsrechte des Datenbankherstellers

315 In der Europäischen Richtlinie zu Datenbanken wird im Art. 7 zum Schutzrecht sui generis nicht von einer Vervielfältigung oder Verbreitung bzw. öffentlichen Wiedergabe gesprochen, sondern in Abweichung von der übrigen Terminologie von einer Entnahme oder Weiterverwendung der Datenbank.[521] Diese Begrifflichkeiten sind vom deutschen Gesetzgeber im Inte-

---

518 EuGH, Urt. v. 5.3.2009, Rs. C-545, GRUR Int. 2009, 501, Tz. 71–73 – Apis-Lakorda.
519 Vgl. EuGH, Urt. v. 5.3.2009, Rs. C-545, GRUR Int. 2009, 501, Tz. 68 – Apis-Lakorda; *Vogel*, in: Schricker/Loewenheim, Urheberrecht, 4. Aufl. 2010, § 87a Rn. 30f.
520 EuGH, GRUR 2005, 254 – Fixtures-Fußballspielpläne II; EuGH, GRUR 2008, 1077 = GRUR Int. 2008, 1027.
521 Siehe zur Definition der Begriffe Art. 7 Abs. 2a und b der Europäischen Richtlinie zu Datenbanken; vgl. EuGH, Urt. v. 19.12.2013, Rs. C-202/12, ABl. C 052 v. 22.2.2014, 10; EuGH, Urt. v. 5.3.2009, Rs. C-545, GRUR Int. 2009, 501 – Apis-Lakorda; vgl.

D. Datenbanken Kap. 2

resse der Klarheit des deutschen UrhG nicht übernommen worden. Für die Auslegung spielt dies keine Rolle.

Die Entnahme steht der Vervielfältigung gleich. Das Vervielfältigungsrecht wird gemäß § 87b Abs. 1 Satz 1 UrhG dem Datenbankhersteller vorbehalten. Erfasst werden daher jegliche Übertragungen der Datenbank in ihrer Gesamtheit oder wesentlicher Teile auf andere Medien.[522] Aufgrund der Definition des Begriffs „Entnahme" kann es auch nicht darauf ankommen, ob eine Vervielfältigung dauerhaft oder nur vorübergehend[523] und ob sie physisch oder in anderer Weise erfolgt.[524] Für eine Entnahme reicht es auch aus, dass eine Datenbank bestimmungsgemäß auf einem Computer als Kopie installiert wird, um die Daten dazu zu nutzen, im Rahmen eines Datenabgleichs ein Konkurrenzprodukt zu aktualisieren.[525] 316

Das Recht der Weiterverwendung gemäß Art. 7 Abs. 2g der Europäischen Richtlinie zu Datenbanken umfasst das Verbreitungsrecht des Datenbankherstellers.[526] Der Verbreitungsbegriff bezieht sich sowohl auf das Angebot von Vervielfältigungsstücken an die Öffentlichkeit als auch das In-Verkehr-Bringen. Es ist von dem weiten Verbreitungsbegriff des § 17 Abs. 1 UrhG auszugehen.[527] Die Erschöpfung für das Leistungsschutzrecht des Datenbankherstellers hat der Gesetzgeber in § 87b Abs. 2 aufgenommen. Für die Erschöpfung wird auf § 17 Abs. 2 UrhG verwiesen. Das bedeutet, dass sich das Verbreitungsrecht mit Ausnahme des Vermietrechts im Falle einer Erstveräußerung eines Vervielfältigungsstückes der Datenbank europaweit erschöpft. Der Erstverkauf eines Vervielfältigungsstücks der Datenbank durch den Rechtsinhaber erschöpft gem. §§ 87b Abs. 2, 17 Abs. 2 UrhG aber nur das Recht, den weiteren Vertrieb dieses Vervielfältigungsstücks zu kontrollieren, nicht aber das Recht, die Entnahme und Weiterverwendung des Inhalts dieses Vervielfältigungsstücks zu unterbinden.[528] Der Erwerber der Datenbank hat also nicht das Recht, die Daten in einer Zeitschrift öffentlich verfügbar zu machen. 317

---

auch schon *Hornung*, Die EU-Datenbank und ihre Umsetzung in das deutsche Recht, 1998, S. 117.
522 *Vogel*, in: Schricker/Loewenheim, Urheberrecht, 4. Aufl. 2010, § 87b Rn. 30. 1
523 EuGH, Urt. v. 5.3.2009, Rs. C-545, GRUR Int. 2009, 501, Tz. 42–44 – Apis-Lakorda; *Vogel*, in: Schricker/Loewenheim, Urheberrecht, 4. Aufl. 2010, § 87b Rn. 31, a. A. *Lehmann*, in: Lehmann, Internet- und Multimediarecht (Cyberlaw), 1996, S. 57, 58 ff.
524 BGH, NJW 2010, 778 – Gedichttitelliste III.
525 BGH, NJW-RR 2009, 1558 – Elektronischer Zolltarif.
526 *Hornung*, Die EU-Datenbank und ihre Umsetzung in das deutsche Recht, 1998, S. 126.
527 *Vogel*, in: Schricker/Loewenheim, Urheberrecht, 4. Aufl. 2010, § 87b Rn. 44.
528 BGH, WRP 2005, 1538 – Marktstudien; vgl. EuGH, GRUR 2005, 244 – BHB-Pferdewetten.

Kap. 2 Urheberrechtlich geschützte Gegenstände

318 Die Weiterverwendung umfasst auch das Recht der öffentlichen Wiedergabe.[529] Fraglich könnte allein sein, ob das ausdrücklich als Teil der Weiterverwendung in Art. 7 Abs. 2 lit b) der Datenbankrichtlinie erwähnte Recht der Online-Übermittlung von dem Recht der öffentlichen Wiedergabe gem. § 15 Abs. 2 UrhG in Verbindung mit § 19a UrhG erfasst wird. Davon ist jedoch jetzt richtigerweise nach dem Urteil des EuGH v. 19.12.2014 auszugehen.[530] Die in § 15 Abs. 2 UrhG darüber hinaus benannten Verwertungsrechte der öffentlichen Wiedergabe werden dagegen zumindest bei elektronischen Datenbanken keine besondere Rolle spielen. Das Recht des Vortrags und der Aufführung sind für das Recht an einer Datenbank praktisch ohne Bedeutung.[531]

319 Art. 7 Abs. 2b der Europäischen Richtlinie zu Datenbanken behält dem Datenbankhersteller das Vermietrecht ausdrücklich vor.[532] Der Gesetzgeber hat dem mit § 87b UrhG Rechnung getragen. § 87b UrhG verweist auf § 17 Abs. 2 UrhG, wonach die Erschöpfung nicht das Vermietrecht mitumfasst.[533] Dagegen klammert Art. 7 Abs. 2b letzter Satz der Europäischen Richtlinie zu Datenbanken den öffentlichen Verleih von der Entnahme und Weiterverwendung aus. Aufgrund von Art. 2b der Europäischen Richtlinie zu Datenbanken wird jedoch durch die Richtlinie die Europäische Vermiet- und Verleihrechtsrichtlinie nicht berührt. Das wird auch durch Erwägungsgrund 24 bestätigt. Es blieb dem deutschen Gesetzgeber daher unbenommen, in § 87b UrhG auf die § 27 Abs. 2 und 3 UrhG zu verweisen und so dem Datenbankhersteller für den Verleih einen Vergütungsanspruch einzuräumen, auch wenn die Richtlinie dies nicht ausdrücklich vorsieht.[534] Ein Verstoß gegen die Richtlinie liegt darin nicht, da Datenbanken nach dem Erwägungsgrund 42 der Datenbankrichtlinie umfassend geschützt sein sollen.[535]

---

529 *Vogel*, in: Schricker/Loewenheim, Urheberrecht, 4. Aufl. 2010, § 87b Rn. 6; ähnlich Beschlussempfehlung und Berichte BT-Drs. 13/7934, S. 44; ablehnend dagegen *Gaster*, CR 1997, 717, 720; ähnlich auch *Kotthoff*, GRUR 1997, 597, 602.
530 Ansonsten liefe EuGH, Urt. v. 19.12.2013, Rs. C-202/12, ABl. C 052 v. 22.2.2014, 10, auch leer; vgl. *Vogel*, in: Schricker/Loewenheim, Urheberrecht, 4. Aufl. 2010, § 87b Rn. 6.
531 *Vogel*, in: Schricker/Loewenheim, Urheberrecht, 4. Aufl. 2010, § 87b Rn. 50; *Dreier*, in: Becker/Dreier, Urheberrecht und digitale Technologie, 1994, S. 132.
532 *Hornung*, Die EU-Datenbank und ihre Umsetzung in das deutsche Recht, 1998, S. 127.
533 Vgl. *Grützmacher*, Urheber-, Leistungs- und sui generis-Schutz von Datenbanken, 1999, S. 337.
534 Vgl. *Gaster*, Der Rechtsschutz von Datenbanken, 1999, Rn. 518.
535 *Grützmacher*, Urheber-, Leistungs- und sui generis-Schutz von Datenbanken, 1999, S. 337, im Ergebnis ebenso: *Czychowski*, in: Fromm/Nordemann, Urheberrecht, 11. Aufl. 2014, § 87b Rn. 32; a. A. *Leistner*, Der Rechtsschutz von Datenbanken im

D. Datenbanken **Kap. 2**

c) Übernahme wesentlicher Teile sowie die wiederholte und systematische Vervielfältigung

Neben der vollständigen Übernahme ist nur die Übernahme von wesentlichen Teilen der Datenbank dem Datenbankhersteller als ausschließliches Nutzungsrecht vorbehalten worden. Die Nutzung unwesentlicher Teile ist daher grundsätzlich urheberrechtlich irrelevant.[536] Eine Definition des Begriffs der Wesentlichkeit i.S. v. § 87b Abs. 1 Satz 1 UrhG ist unterblieben, obwohl dies für die Reichweite des Leistungsschutzrechts von zentraler Bedeutung ist.[537] Die Abgrenzung hat der Gesetzgeber den Gerichten überlassen.

320

Für die Auslegung kann angesichts des unklaren Wortlautes der Erwägungsgrund 49 der Europäischen Richtlinie zu Datenbanken fruchtbar gemacht werden. Nach Satz 2 des Erwägungsgrundes darf der Benutzer die berechtigten Interessen des Inhabers des Rechts sui generis nicht in unzumutbarer Weise beeinträchtigen. Für die Auslegung ist daher wiederum auf den Investitionsschutz abzustellen und damit im Ergebnis auf die Umstände des Einzelfalls.[538] Eine wesentliche Übernahme wird daher zu bejahen sein, wenn der übernommene Teil im Verhältnis zu der gesamten Datenbank einen eigenständigen wirtschaftlichen Wert darstellt und durch die Übernahme die Interessen des Datenbankherstellers beeinträchtigt werden.[539] Diese Auslegung ist auch aufgrund von § 87b Abs. 1 Satz 2 UrhG geboten. Auch die wiederholte und systematische Verwendung unwesentlicher Teile kann eine Verletzung der Rechte des Datenbankherstellers darstellen, wenn dies einer normalen Auswertung der Datenbank zuwiderläuft und dadurch die Interessen des Datenbankherstellers in unzumutbarer Weise beeinträchtigt werden. Diese Regelung geht auf Art. 7 Abs. 5 der Europäischen Richtlinie zu Datenbanken zurück. Es genügt, dass eine spezialisierte Metasuchmaschine

321

---

deutschen und europäischen Recht, 2000, S. 308; *v. Lewinski*, in: Roßnagel, Recht der Multimedia-Dienste, 7. Aufl. 2005, Abschnitt 10, § 87b UrhG Rn. 23; a. A. wohl auch *Hornung*, Die EU-Datenbank und ihre Umsetzung in das deutsche Recht, 1998, S. 142.

536 *Thum/Hermes*, in: Wandtke/Bullinger, Praxiskommentar UrhR, 4. Aufl. 2014, § 87b Rn. 21.

537 Siehe dazu *Flechsig*, ZUM 1997, 577, 588; kritisch dazu *Hoeren*, NJW 1998, 2849, 2850.

538 *Kotthoff*, GRUR 1997, 597, 602; *Vogel*, in: Schricker/Loewenheim, Urheberrecht, 4. Aufl. 2010, § 87b Rn. 12.

539 EuGH, GRUR 2008, 1077 = GRUR Int. 2008, 1027; insoweit zu eng BGH, NJW 2011, 3443 – Automobil-Onlinebörse, der bei Vervielfältigungen durch mehrere Nutzer, die zu einer wesentlichen Übernahme führen, darauf abstellen will, ob diese in bewusstem und gewolltem Zusammenwirken die Vervielfältigungen vorgenommen haben.

auf die Gesamtheit oder wesentliche Teile des Inhalts der Datenbank zugreift, indem ein vergleichbares Suchformular genutzt, in Echtzeit gesucht wird und die Trefferausgabe der Ausgangsdatenbank gleicht.[540] Es müssen auch keineswegs die Strukturelemente der Datenbank übernommen werden, damit eine wesentliche Übernahme vorliegt.[541] Eine wesentliche Übernahme liegt nach dem Erwägungsgrund 44 der Datenbankrichtlinie auch vor, wenn für Darstellung eines unwesentlichen Teils der Datenbank auf einem Bildschirm die ständige oder vorübergehende Übertragung der Datenbank oder eines wesentlichen Teils erforderlich ist. Letztlich muss das Merkmal der unzumutbaren Beeinträchtigung der berechtigten Interessen des Datenbankherstellers auch im Rahmen von § 87b Abs. 1 Satz 1 UrhG Berücksichtigung finden.

322 Wann von einer unzumutbaren Beeinträchtigung und damit einer wesentlichen Übernahme auszugehen ist, hängt vom Einzelfall ab.[542] Das kann insbesondere dann zu bejahen sein, wenn im Hinblick auf die Quantität der übernommenen Daten oder im Hinblick auf die Qualität des Abfragesystems, des Indexes oder Thesaurus Teile der Datenbank übernommen worden sind,[543] die für sich genommen eine eigenständige wirtschaftliche Verwertung ermöglichen und die Auswertung der wesentlichen Investition des Datenbankherstellers erschweren.[544] Es kann ausreichen, dass die Entnahmehandlungen darauf gerichtet sind und im Fall ihrer Fortsetzung dazu führen würden, dass die Datenbank insgesamt oder im Wesentlichen vervielfältigt, verbreitet oder öffentliche wiedergegeben wird.[545] Eine rein quantitative Betrachtung wird daher – entgegen einer verbreiteten Auffassung in der Literatur[546] – nicht genügen. Erst recht kann nicht auf feste Grenzen abgestellt werden, so dass bei der Übernahme von mindestens 50 Pro-

---

540 EuGH, Urt. v. 19.12.2013, Rs. C-202/12, ABl. C 052 v. 22.2.2014, 10; vgl. BGH, GRUR 2011, 724 – Zweite Zahnarztmeinung II, sowie BGH, NJW 2011, 3443 – Automobil-Onlinebörse.
541 BGH, GRUR 2011, 724 – Zweite Zahnarztmeinung II.
542 *Leistner*, Der Rechtsschutz von Datenbanken im deutschen und europäischen Recht, 2000, S. 181.
543 Auf jeden Fall kann das als Indiz für eine Entnahme im Sinne von Art. 7 der Datenbankrichtlinie gedeutet werden, EuGH, Urt. v. 5.3.2009, Rs. C-545, GRUR Int. 2009, 501, Tz. 51 – Apis-Lakorda.
544 EuGH, Urt. v. 19.12.2013, Rs. C-202/12, ABl. C 052 v. 22.2.2014, 10; EuGH, GRUR 2008, 1077 = GRUR Int. 2008, 1027; zur Schutzwürdigkeit von Indexierung und Thesaurus: *Koch*, in: Möhring/Nicolini, UrhG, 3. Aufl. 2014, § 87a Rn. 12.
545 BGH, GRUR 2011, 724 – Zweite Zahnarztmeinung II; auch schon in diese Richtung: BGH, NJW-RR 2010, 1633 – Autobahnmaut.
546 *Kappes*, GRUR 1997, 338, 342; *Raue/Bensinger*, MMR 1998, 507, 511; *Strömer*, Online-Recht, 2. Aufl. 1999, S. 197.

zent der Daten[547] oder möglicherweise erst bei einem Anteil zwischen 75 und 90 Prozent[548] von einem wesentlichen Teil gesprochen werden kann. In qualitativer Hinsicht kann es genügen, dass ein Teil übernommen wird, der bei der Beschaffung, Überprüfung oder der Darstellung eine wesentliche Investition erforderlich machte, selbst wenn der Teil quantitativ gering ist.[549] Es genügt, dass in einem Datenbankabgleich nur die Veränderungen in einer Datenbank bestimmt und herausgelesen werden, um sie für ein Wettbewerbsprodukt zu nutzen.[550]

Im Ergebnis wird es daher auf eine Wechselwirkung zwischen der qualitativen Art und dem quantitativen Umfang des übernommenen Teils und der Höhe der Investition ankommen, um einen wirksamen Schutz des Leistungsschutzrechts sicherzustellen.[551] Auch wenn der Europäische Gerichtshof im Grundsatz schulmäßig zwischen der quantitativen und der qualitativen Hinsicht bei der Übernahme unterscheidet,[552] wird – wenn eine Übernahme in quantitativer Hinsicht nicht bereits auf der Hand liegt – die qualitative Beurteilung entscheidend sein.[553]

323

---

547 *Raue/Bensinger*, MMR 1998, 507, 511.
548 *Kappes*, GRUR 1997, 338, 342; vgl. BGH, GRUR 2007, 688 = WRP 2007, 993 – Gedichttitelliste II.
549 EuGH, GRUR 2005, 244 – BHB-Pferdewetten: für den BGH sind ein Anteil von zehn Prozent des Datenvolumens der gesamten Datenbank kein wesentlicher Teil, BGH, GRUR 2011, 724 – Zweite Zahnarztmeinung II.
550 BGH, NJW-RR 2009, 1558 – Elektronischer Zolltarif.
551 EuGH, GRUR 2005, 244 – BHB-Pferdewetten (Leitsatz 3); vgl. EuGH, GRUR 2008, 1077 = GRUR Int. 2008, 1027.
552 Siehe dazu EuGH, Urt. v. 5.3.2009, Rs. C-545, GRUR Int. 2009, 501, Tz. 59–65 – Apis-Lakorda: Wenn im Gesamtbestand einer nach den §§ 87a ff. UrhG geschützten Datenbank eine Untergruppe eine eigene leistungsschutzrechtlich geschützte Datenbank darstellt, muss für den Vergleich in quantitativer Hinsicht der Gesamtinhalt der Untergruppe ins Verhältnis zum Volumen der angeblich entnommenen Elemente gesetzt werden. Wenn die Untergruppe keine eigene Datenbank darstellt, ist für den Vergleich auf das Volumen des Gesamtbestandes abzustellen. Das bedeutet, dass eine Übernahme in quantitativer Hinsicht eher in Betracht kommt, wenn die Untergruppe selbst das Leistungsschutzrecht genießt.
553 In diese Richtung deutet jetzt auch EuGH, Urt. v. 19.12.2013, Rs. C-202/12, ABl. C 052 v. 22.2.2014, 10, der vor allem auf den direkten, systematischen Zugriff abstellt. Siehe auch EuGH, Urt. v. 5.3.2009, Rs. C-545, GRUR Int. 2009, 501, Tz. 66 – Apis-Lakorda: Der EuGH stellt fest, dass auch in qualitativer Hinsicht eine Übernahme vorliegen kann, wenn Elemente aus nicht öffentlich zugänglichen Quellen übernommen werden. Das stützt die hier vertretene Auffassung, dass sich quantitative und qualitative Elemente mischen können. Vgl. auch *Thum/Hermes*, in: Wandtke/Bullinger, Praxiskommentar UrhR, 4. Aufl. 2014, § 87b Rn. 12 fff.

Kap. 2 Urheberrechtlich geschützte Gegenstände

324 Entgegen einer weitverbreiteten Meinung in der Literatur sind dabei keine besonders strengen Anforderungen zu stellen.[554] Die freie Beschaffung und Verwertung von Daten wird durch das Leistungsschutzrecht an der Datenbank nicht monopolisiert. Dritten bleibt es unbenommen, einzelne Daten zu entnehmen bzw. eigenständig aufgrund einer neuen Investition die gleichen Daten zu sammeln.[555] Ein strenger Maßstab würde im Ergebnis nur dazu führen, dass die Datenbankherstellern zugewiesenen Verwertungsrechte ins Leere laufen. Der Europäische Gerichtshof hat daher zu Recht 2008 entschieden, dass es für eine „Entnahme" im Sinne des Art. 7 der Datenbankrichtlinie nicht darauf ankommt, ob eine geschützte Datenbank schlicht in eine andere Datenbank kopiert wurde oder aber eine Datenbank abgefragt wird und dann jeweils im Einzelnen aufgrund einer Abwägung entschieden wird, welche Elemente übernommen werden. Im Ergebnis kommt es alleine darauf an, ob es sich bei der Übertragung um einen qualitativ oder quantitativ wesentlichen Teil handelt (oder um einen unwesentlichen Teil, der durch eine wiederholte und systematische Abfrage dazu geführt hat, dass ein wesentlicher Teil wiedererstellt wird).[556] Damit wird nach den Entscheidungen des Europäischen Gerichtshofs zu den Fußballspielplänen aus dem Jahre 2004[557] nun ein Konzept sichtbar: Während der Europäische Gerichtshof sehr strenge Anforderungen an das Entstehen einer über das Leistungsschutzrecht geschützten Datenbank stellt und das Leistungsschutzrecht des Datenbankherstellers nicht dazu dienen kann, die zugrunde liegenden Elemente faktisch zu schützen, ist er umso großzügiger, wenn es um den Schutz einer berechtigten wesentlichen Investition und der damit entstandenen Datenbank geht. Eine weite Auslegung des Begriffs der Entnahme ist – so der

---

554 So schon EuGH, GRUR 2005, 244 – BHB-Pferdewetten: Der Begriff Entnahme und Weiterverwendung setzt keinen direkten Zugang zu der betreffenden Datenbank voraus. Der Umstand, dass der Inhalt der Datenbank der Öffentlichkeit durch die Person, die sie erstellt hat, oder mit deren Zustimmung zugänglich gemacht worden ist, berührt deren Recht nicht, Entnahme und/oder Weiterverwendungshandlungen, die sich auf die Gesamtheit oder auf einen wesentlichen Teil des Inhalts einer Datenbank erstrecken, zu untersagen.

555 Ob eine bloße Übernahme oder eine Neusammlung vorliegt, lässt sich auch leicht anhand von bewussten Fehlern prüfen, die Datenbankhersteller inzwischen in ihren Datenbanken verstecken, um Verletzer zu überführen, BGH, NJW-RR 2009, 1558 – Elektronischer Zolltarif.

556 EuGH, GRUR 2008, 1077 = GRUR Int. 2008, 1027; EuGH, GRUR 2005, 244 – BHB-Pferdewetten; in diese Richtung auch bereits BGH, WRP 2005, 1267 – Hit-Bilanz: ähnlich jetzt auch EuGH, Urt. v. 19.12.2013, Rs. C-202/12, ABl. C 052 v. 22.2.2014, 10.

557 EuGH, GRUR 2005, 252 – Fixtures-Fußballspielpläne I; EuGH, GRUR 2005, 254 – Fixtures-Fußballspielpläne II.

D. Datenbanken **Kap. 2**

Europäische Gerichtshof – geboten, weil bei einer Beschränkung auch das bloße technische Kopieren das Leistungsschutzrecht leerlaufen würde.[558]

Angesichts der abstrakten Abgrenzung zwischen dem wesentlichen und unwesentlichen Teil kommt es nicht darauf an, dass der Nachweis einer konkreten wirtschaftlichen Beeinträchtigung des Datenbankherstellers infolge der Übernahme des Teils erbracht wird. Es ist vielmehr von der unwiderleglichen Vermutung auszugehen, dass die Übernahme eines wesentlichen Teils der Datenbank die wirtschaftlichen Interessen des Datenbankherstellers berührt.[559] **325**

Für die Fragen der Beweislast ist davon auszugehen, dass der Hersteller einer Datenbank gegenüber einem Dritten gegebenenfalls darlegen und beweisen muss, dass dieser einen wesentlichen Teil der Daten vervielfältigt und in seine Datenbank integriert hat, wobei auch die Möglichkeit des Abrufs genügt.[560] Die Beweislast bezieht sich sowohl auf die Identität der Daten als auch auf die Wesentlichkeit i. S. v. § 87b Abs. 1 Satz 1 UrhG. Das folgt schon daraus, dass der Datenbankhersteller auch die Beweislast dafür trägt, dass er eine wesentliche Investition erbracht hat (vgl. Erwägungsgrund 53 und 54).[561] Die Übernahme der materiellen und technischen Merkmale aus einer geschützten Datenbank, kann dabei ein Indiz für eine Entnahme sein, sofern sich eine solche Übereinstimmung nicht durch andere Faktoren erklären lässt.[562] Ebenso kann Indiz für eine Entnahme sein, dass sich die nicht öffentlichen Elemente einer Datenbank auch in der Datenbank eines anderen Herstellers finden, auch wenn dies als Beweis noch nicht genügt.[563] Der Beklagte hat dagegen zu beweisen, dass er sich die strittigen Daten anderweitig besorgt hat.[564] **326**

Die Voraussetzungen einer unzulässigen systematischen und wiederholten Verwendung gem. § 87b Abs. 1 Satz 2 UrhG sind stets dann zu bejahen, wenn die Leistungen der Datenbank auf eine Art und Weise genutzt werden, die über eine übliche Nutzung hinausgeht.[565] Das wird insbesondere dann der Fall sein, wenn über Meta-Suchmaschinen im Internet auf die Daten- **327**

---

558 EuGH, GRUR 2008, 1077 = GRUR Int. 2008, 1027 (Tz. 49); vgl. BGH, WRP 2007, 1267 – Hit-Bilanz.
559 *Vogel*, in: Schricker/Loewenheim, Urheberrecht, 4. Aufl. 2010, § 87b Rn. 21.
560 EuGH, Urt. v. 19.12.2013, Rs. C-202/12, ABl. C 052 v. 22.2.2014, 10; vgl. BGH, NJW-RR 2010, 1633 –Autobahnmaut.
561 Vgl. *Thum/Hermes*, in: Wandtke/Bullinger, Praxiskommentar UrhR, 4. Aufl. 2014, § 87a Rn. 151 und § 87b Rn. 111.
562 EuGH, Urt. v. 5.3.2009, Rs. C-545, GRUR Int. 2009, 501, Tz. 51 – Apis-Lakorda.
563 EuGH, Urt. v. 5.3.2009, Rs. C-545, GRUR Int. 2009, 501, Tz. 52 – Apis-Lakorda.
564 *Vogel*, in: Schricker/Loewenheim, Urheberrecht, 4. Aufl. 2010, § 87b Rn. 63.
565 BGH, NJW 2011, 3443 – Automobil-Onlinebörse; BGH, GRUR 2005, 244 – BHB-Pferdewetten.

Kap. 2 Urheberrechtlich geschützte Gegenstände

bank wiederholt Zugriff genommen wird und die Ergebnisse systematisch ausgewertet und für eigene Zwecke angeboten werden.[566] In diesen Fällen macht sich der Suchmaschinenbetreiber eine fremde Leistung zunutze. Zulässig und keinen Verstoß gegen § 87b Abs. 1 Satz 2 UrhG stellt es aber dar, wenn aus Zeitungs- und Zeitschriftenartikeln, die in einer Datenbank gespeichert sind, durch einen Internet-Suchdienst einzelne kleinere Bestandteile auf Suchwortanfrage an Nutzer übermittelt werden, um diesen einen Anhalt dafür zu geben, ob der Abruf des Volltextes für sie sinnvoll wäre. Das soll nach dem BGH auch dann gelten, wenn der Suchdienst dabei wiederholt und systematisch auf die Datenbank zugreift. Aus dem Einstellen einer Website ins Internet folgt nach der Rechtsprechung des BGH das konkludente Einverständnis, dass dritte Internetanbieter die Seite für Links jeder Art nutzen können.[567] Darin liegt auch kein Wettbewerbsverstoß.[568]

328 Mit der „Paperboy"-Entscheidung[569] hat der BGH einen Weg eingeschlagen, den er in der Entscheidung „Michel-Nummern" bestätigt hat. Eine Auswertung von Datenbanken will der BGH ohne Schwierigkeiten ermöglichen. So kann der Verleger eines auch als CD-Rom erschienenen Briefmarkenkatalogs, in dem die katalogisierten Briefmarken nach einem bestimmten, in der Branche durchgesetzten Nummernsystem geordnet sind, einem Konkurrenten nicht verbieten, ein eigenes Produkt mit einer Import- und Exportfunktion zu vertreiben, mit der der Nutzer Konkordanzlisten zwischen den beiden Systemen erstellen kann.[570]

5. Schranken des Rechts des Datenbankherstellers

329 Die Schranken des Rechts sui generis sind in der Europäischen Richtlinie zu Datenbanken in Art. 9 abschließend geregelt worden. Dieser Artikel ist in § 87c UrhG vom deutschen Gesetzgeber umgesetzt worden. Ein Rückgriff auf die § 45 ff. UrhG kommt daher nicht in Betracht.[571] Die drei in der Richtlinie erwähnten Ausnahmen sind bei Verwendung der Begrifflichkeit des deutschen UrhG vollständig übernommen worden. Bei allen drei Ausnahmen handelt es sich um Kann-Bestimmungen – wie auch Erwägungsgrund 50 der Europäischen Richtlinie zu Datenbanken deutlich macht –, welche

---

566 EuGH, Urt. v. 19.12.2013, Rs. C-202/12, ABl. C 052 v. 22.2.2014, 10; vgl. BGH, NJW-RR 2010, 1633 – Autobahnmaut, vgl. auch schon BGH, GRUR 2003, 958 = WRP 2003, 1341 – Paperboy.
567 BGH, GRUR 2003, 958 = WRP 2003, 1341 – Paperboy.
568 BGH, GRUR 2003, 958 = WRP 2003, 1341 – Paperboy.
569 BGH, GRUR 2003, 958 = WRP 2003, 1341 – Paperboy.
570 BGH, WRP 2005, 765 – Michel-Nummern.
571 *Thum/Hermes*, in: Wandtke/Bullinger, Praxiskommentar UrhR, 4. Aufl. 2014, § 87c Rn. 2.

D. Datenbanken Kap. 2

jedoch der deutsche Gesetzgeber aufgenommen hat. Bemerkenswert ist allein, dass entgegen Art. 9 der Europäischen Richtlinie zu Datenbanken die Ausnahmetatbestände des § 87c nicht nur für veröffentlichte, sondern generell für alle Datenbanken gelten soll. Der Wortlaut des § 87c UrhG ist daher richtlinienkonform einschränkend dahin auszulegen, dass er nur auf veröffentlichte Datenbanken anzuwenden ist.[572]

Die Vervielfältigung eines wesentlichen Teils (nicht der gesamten Datenbank) ist gemäß § 87c Abs. 1 Nr. 1 UrhG für den privaten Gebrauch zulässig.[573] Diese Vorschrift spielt jedoch im Bereich des Internetrechts keine Rolle. Der Wortlaut schließt eine Anwendung auf elektronische Datenbanken aus. Hier ist der Gesetzgeber davon ausgegangen, dass solche Datenbanken durch das Vervielfältigen besonders gefährdet sind.[574] Es wird also nach dem analogen bzw. digitalen Erscheinungsbild der Datenbank unterschieden.[575]

330

Von praktischer Bedeutung ist dagegen § 87c Abs. 1 Nr. 2 UrhG. Die Vervielfältigung eines wesentlichen Teils ist zum eigenen wissenschaftlichen Gebrauch zulässig, wenn und soweit die Vervielfältigung zu diesem Zweck geboten ist und der wissenschaftliche Gebrauch nicht zu gewerblichen Zwecken erfolgt. Auffällig ist im Vergleich zu dem Wortlaut von Art. 9 der Europäischen Richtlinie zu Datenbanken, dass hier nur der eigene wissenschaftliche Gebrauch gemeint ist. Eine wesentliche Abweichung zum Richtlinientext ist darin jedoch nicht zu erblicken. Der deutsche Gesetzgeber hat hier nur die in der deutschen Rechtsformulierung vertraute Bezeichnung aus § 53 Abs. 2 Nr. 1 UrhG wieder aufgenommen. Ebenso wenig wird die Abweichung zum Richtlinienwortlaut im Hinblick auf den Zusatz „soweit die Vervielfältigung zu diesem Zweck geboten ist" der Schrankenbestimmung einen anderen Inhalt geben. Eine Einschränkung gegenüber der Richtlinie ist darin nicht zu sehen.[576] Wesentlicher ist die Einschränkung, dass die Schrankenbestimmung nicht für den wissenschaftlichen Gebrauch zu gewerblichen Zwecken vorgesehen ist. In der Richtlinie heißt es, dass die Vervielfältigung durch einen nichtkommerziellen Zweck gerechtfertigt sein muss. Damit können sich weder die gewerblich tätige Auftragsforschung

331

---

572 v. Lewinski, in: Roßnagel, Recht der Multimedia-Dienste, 7. Aufl. 2005, Abschnitt 10, § 87c UrhG Rn. 14; Vogel, in: Schricker/Loewenheim, Urheberrecht, 4. Aufl. 2010, § 87c Rn. 7.
573 Koch, in: Möhring/Nicolini, UrhG, 3. Aufl. 2014, § 87c Rn.2; a. A. Decker, in: Möhring/Nicolini, UrhR, 2. Aufl. 2000, § 87c Rn. 1, der den Gebrauch der Datenbank in ihrer Gesamtheit dem Gebrauch eines wesentlichen Teils gleichstellt.
574 v. Lewinski, in: Roßnagel, Recht der Multimedia-Dienste, 7. Aufl. 2005, Abschnitt 10, § 4 UrhG Rn. 27.
575 Koch, in: Möhring/Nicolini, UrhG, 3. Aufl. 2014, § 87c Rn. 3.
576 Vogel, in: Schricker/Loewenheim, Urheberrecht, 4. Aufl. 2010, § 87c Rn. 12.

Kap. 2 Urheberrechtlich geschützte Gegenstände

noch Forschungsabteilungen in Wirtschaftsunternehmen auf diese Schrankenbestimmung berufen.[577] Das gilt selbst dann, wenn die wissenschaftliche Nutzung nur langfristig darauf gerichtet ist, ein Wirtschaftsgut zu schaffen und kommerziell zu verwerten.[578] Die Regelung entspricht der parallelen Lösung bei Datenbankwerken (§ 53 Abs. 2 Ziff. 1 UrhG i.V. m. § 53 Abs. 5 UrhG).[579]

332 Eine weitere Schrankenbestimmung findet sich in § 87c Abs. 1 Nr. 3 UrhG. Eine Vervielfältigung auch eines wesentlichen Teils der Datenbank ist für die Benutzung zur Veranschaulichung des Unterrichts zulässig, sofern dies nicht zu gewerblichen Zwecken erfolgt.[580] Auf die Schranken können sich insbesondere öffentlich zugängliche Schulen, nichtgewerbliche Einrichtungen der Aus- und Weiterbildung sowie die Einrichtung der Berufsbildung berufen. Universitäten und Hochschulen sollen nicht erfasst sein.[581] In vielen Fällen wird jedoch § 87c Abs. 1 Nr. 2 UrhG greifen.

333 Sowohl im Rahmen der Schranken des § 87c Abs. 1 Nr. 2 als auch Nr. 3 UrhG ist aufgrund von § 87c Abs. 1 Satz 2 UrhG jeweils die Quelle deutlich anzugeben. Damit ist die Datenbank gemeint.[582] Ein Verstoß gegen das Gebot der Quellenangabe macht die Nutzung als solche noch nicht unzulässig. Auch begründet sie noch keine Strafbarkeit. Sie führt jedoch zu einem Unterlassungsanspruch aus § 97 Abs. 1 UrhG dahingehend, dass die konkrete Form der Benutzung ohne Quellenangabe nicht fortgesetzt werden darf. Darüber hinaus kommt ein Schadensersatzanspruch in Betracht.[583]

334 Einen weiteren Ausnahmetatbestand sieht § 87c Abs. 2 UrhG vor. Die Vervielfältigung, Verbreitung und öffentliche Wiedergabe eines wesentlichen Teils einer Datenbank ist zur Verwendung in Verfahren vor Gericht, einem Schiedsgericht oder einer Behörde sowie für Zwecke der öffentlichen Sicherheit zulässig.[584]

---

577 *Thum/Hermes*, in: Wandtke/Bullinger, Praxiskommentar UrhR, 4. Aufl. 2014, § 87c Rn. 29.
578 Vgl. *Thum/Hermes*, in: Wandtke/Bullinger, Praxiskommentar UrhR, 4. Aufl. 2014, § 87c Rn. 29.
579 *Koch*, in: Möhring/Nicolini, UrhG, 3. Aufl. 2014, § 87c Rn. 3.
580 *Thum/Hermes*, in: Wandtke/Bullinger, Praxiskommentar UrhR, 4. Aufl. 2014, § 87c Rn. 30.
581 *Vogel*, in: Schricker/Loewenheim, Urheberrecht, 4. Aufl. 2010, § 87c Rn. 19.
582 *Thum/Hermes*, in: Wandtke/Bullinger, Praxiskommentar UrhR, 4. Aufl. 2014, § 87c Rn. 32 ff.
583 *Vogel*, in: Schricker/Loewenheim, Urheberrecht, 4. Aufl. 2010, § 87c Rn. 17, mit Verweis auf *Dietz/Spindler*, in: Schricker/Loewenheim, Urheberrecht, 4. Aufl. 2010, § 63 Rn. 20 ff.
584 Siehe ausführlich *Decker*, in: Möhring/Nicolini, UrhR, 2. Aufl. 2000, § 87d Rn. 10 ff.

Soweit ein Ausnahmetatbestand des § 87c UrhG greift, entsteht keine Ver- 335
gütungspflicht. Insoweit unterscheidet sich § 87c UrhG von § 53 Abs. 1 bis
3 UrhG.[585]

Ob die Schrankenregelungen des § 87c UrhG abschließend sind, ist zurzeit 336
in der Rechtsprechung noch ungeklärt. Vor allem die Anwendung von § 5
UrhG auf amtliche Werke ist im Bereich der Datenbankrichtlinie streitig.
Der BGH hält dies für möglich, hat aber die Frage dem Europäischen Gerichtshof im Rahmen eines Vorabentscheidungsersuchen vorgelegt, das er
dann zurückziehen musste.[586] Aufgrund des Wortlauts von Art. 9 der Richtlinie spricht aber einiges dafür, dass die Schrankenregelungen in der Datenbankrichtlinie abschließend sind.[587] Einer Anwendung des § 5 UrhG auf das
Leistungsschutzrecht des Datenbankherstellers bedarf es auch nicht, da zumindest die Vervielfältigung und Verbreitung amtlicher Werke, soweit nicht
in das Leistungsschutzrecht als solches eingegriffen wird, frei bleibt.

6. Dauer des Leistungsschutzrechts an Datenbanken

Die Dauer des Leistungsschutzrechts ist in § 87d UrhG auf eine Frist von 15 337
Jahren beschränkt worden. Die 15-jährige Frist beginnt mit der Veröffentlichung der Datenbank, endet jedoch bereits 15 Jahre nach der Herstellung,
wenn die Datenbank innerhalb dieser Frist nicht veröffentlicht worden ist.
Für die Fristberechnung verweist die Vorschrift auf § 69 UrhG. Die maximale Schutzdauer kann daher bei einer unveränderten Datenbank maximal 30
Jahre betragen, wenn sie erst im 15. Jahr nach ihrer Herstellung veröffentlicht worden ist.[588] Der Zeitpunkt der Veröffentlichung einer Datenbank
richtet sich nach § 6 Abs. 1 UrhG. Daneben kommt bei unveröffentlichten
Datenbanken der Zeitpunkt der Herstellung für die Schutzfristberechnung
in Betracht. Von der Herstellung einer Datenbank kann nur gesprochen werden, wenn diese tatsächlich fertiggestellt ist. Der Begriff der Fertigstellung
wird auch im Erwägungsgrund 53 der Europäischen Richtlinie zu Daten-

---

585 *Vogel*, in: Schricker/Loewenheim, Urheberrecht, 4. Aufl. 2010, § 87c Rn. 11.
586 BGH, WRP 2007, 663 = GRUR Int. 2007, 532 – Sächsischer Ausschreibungsdienst
(zum Ende des Vorabentscheidungsersuchen siehe EuGH, Beschl. v. 25.6.2008, Rs.
C-215/07); vgl. auch schon BGH, WRP 1999, 831, 835 – Tele-Info-CD; für eine Anwendung von § 5 UrhG: *Nordemann*, in: Fromm/Nordemann, Urheberrecht, 11. Aufl.
2014, § 5 Rn. 44, *Czychowski*, in: Fromm/Nordemann, Urheberrecht, 9. Aufl. 1998,
§ 87a Rn. 35 (nur in Fällen der Veröffentlichung im amtlichen Interesse); siehe zu
amtlichen Datenbanken ausführlich: *Thum/Hermes*, in: Wandtke/Bullinger, Praxiskommentar UrhR, 4. Aufl. 2014, § 87a Rn. 142–150.
587 So überzeugend: OLG Dresden, ZUM 2001, 595, 597; *Vogel*, in: Schricker/Loewenheim, Urheberrecht, 4. Aufl. 2010, § 87c Rn. 1 f.
588 So auch *Vogel*, in: Schricker/Loewenheim, Urheberrecht, 4. Aufl. 2010, § 87d Rn. 4.

Kap. 2 Urheberrechtlich geschützte Gegenstände

banken verwendet. Von der Fertigstellung kann gesprochen werden, wenn aus Sicht des Datenbankherstellers eine praktisch einsetzbare und wirtschaftlich tatsächlich verwertbare Datenbank vorliegt.[589] Das ist nach subjektiven Gesichtspunkten aus Sicht des Datenbankherstellers zu beurteilen. Dafür spricht auch, dass der Zeitpunkt der Herstellung gegebenenfalls vom Datenbankhersteller zu beweisen ist, wie sich aus dem Erwägungsgrund 53 der Europäischen Richtlinie zu Datenbanken ergibt.[590]

338 Eine Besonderheit findet sich in § 87 Abs. 1 Satz 2 UrhG. Die Schutzfrist von 15 Jahren beginnt regelmäßig erneut zu laufen, wenn eine bestehende Datenbank wesentliche Änderungen erfährt. In diesem Fall gilt sie als neue Datenbank aufgrund der Fiktion des § 87a Abs. 1 Satz 2 UrhG. Diese Vorschrift beruht auf Art. 10 Abs. 3 der Europäischen Richtlinie zu Datenbanken.[591]

7. Vertragliche Regelung mit dem Benutzer einer Datenbank

339 § 87e UrhG entspricht den Regelungen zu den Datenbankwerken in § 55a UrhG und beruht auf Art. 8 Abs. 1 und 2 der Datenbankrichtlinie. § 87e UrhG beschränkt die vertraglichen Gestaltungsmöglichkeiten des Datenbankherstellers gegenüber dem rechtmäßigen Nutzer. Die Vorschrift findet keine Anwendung, sofern die Datenbank weder durch das Urheberrecht (§ 4 UrhG) noch durch Leistungsschutzrecht sui generis (§ 87a ff. UrhG) geschützt ist.[592] Die Norm nennt Kategorien von rechtmäßigen Nutzern. Der rechtmäßige Nutzer bei nichtelektronischen und elektronischen Datenbanken auf Datenträgern ist regelmäßig der Eigentümer des mit Zustimmung des Datenbankherstellers durch Veräußerung in Verkehr gebrachter Vervielfältigungsstücke der Datenbank (§ 87e Var. 1 UrhG). Darüber hinaus kann bei solchen Datenbanken die Berechtigung zum Gebrauch auch in sonstiger Weise eingeräumt werden (§ 87e Var. 2 UrhG). Für die Internetnutzung von Bedeutung sind vor allem Online-Datenbanken. § 87e UrhG spricht hier von der Berechtigung desjenigen, dem eine Datenbank aufgrund eines mit dem Datenbankhersteller oder eines mit dessen Zustimmung mit einem Dritten geschlossenen Vertrags zugänglich gemacht wird (§ 87e Var. 3 UrhG). Dabei handelt es sich regelmäßig um die für die Benutzung der Datenbank per Datenübermittlung erforderlichen Nutzungsrechte.

---

589 So auch *Vogel*, in: Schricker/Loewenheim, Urheberrecht, 4. Aufl. 2010, § 87d Rn. 3.
590 Vgl. *Czychowski*, in: Fromm/Nordemann, Urheberrecht, 11. Aufl. 2014, § 87d Rn. 6.
591 Siehe dazu Rn. 304 ff.
592 EuGH, Urt. v. 15.1.2015, ABl. C 73 v. 2.3.2015, 8.

D. Datenbanken **Kap. 2**

Die Vorschrift selbst hat das Ziel, dem berechtigten Nutzer der Datenbank einen ungehinderten Zugang zu der Datenbank sicherzustellen.[593] So sollen Verpflichtungen des rechtmäßigen Nutzers durch den Datenbankhersteller unwirksam sein, welche die Vervielfältigung, Verbreitung oder öffentliche Wiedergabe von nach Art und Umfang unwesentlichen Teilen der Datenbank einschränken. Der Datenbankhersteller darf eine solche Nutzung unwesentlicher Teile nur dann beschränken, wenn dies einer normalen Auswertung der Datenbank zuwiderlaufen würde bzw. die berechtigten Interessen des Datenbankherstellers unzumutbar beeinträchtigen würde. Als Ergebnis ist damit festzuhalten, dass der Hersteller die Nutzung unwesentlicher Teile der Datenbank nur einschränken darf, wenn ihm dazu ein berechtigtes Interesse zusteht.[594] Die schuldrechtliche Beschränkung der Nutzung auch unwesentlicher Teile ist daher – sofern der Datenbankhersteller dafür keine triftigen Gründe hat – unwirksam. Damit wird sichergestellt, dass sich der Datenbankhersteller schuldrechtlich keine weiteren Rechte beschafft, als ihm urheberrechtlich durch § 87b UrhG zugewiesen worden sind. Die Vorschrift ist damit ein Korrelat zu § 87b Abs. 1 Satz 2 UrhG.[595] Als urheberrechtliche Sondervorschrift hat sich der EuGH dagegen entschieden, sie auf andere Datenbanken analog anzuwenden.[596] 340

8. Parallelität von Datenbankwerken und dem Leistungsschutzrecht an Datenbanken und andere Schutzmöglichkeiten

Datenbankwerke und Datenbanken unterliegen unterschiedlichen Schutzvoraussetzungen. Beide Schutzrechte können aus diesem Grunde auch nebeneinander bestehen.[597] Weiterhin können die Rechte an dem Datenbankwerk als auch an dem Leistungsschutzrecht an einer Datenbank verschiedenen Inhabern zustehen. Hier sind im Einzelnen die unterschiedlichsten Konstellationen möglich. In der Praxis wird es jedoch zumeist so sein, dass entweder die besonders vollständige Sammelleistung das Leistungsschutzrecht begründet oder aber gerade die bei der Auswahl der Daten erbrachte schöpferische Leistung für den urheberrechtlichen Schutz ausschlaggebend ist. Bei Datenbankwerken kann aber ein paralleler Schutz über das Leistungs- 341

---

593 *Thum/Hermes*, in: Wandtke/Bullinger, Praxiskommentar UrhR, 4. Aufl. 2014, § 87e Rn. 1; *Leistner*, Der Rechtsschutz von Datenbanken im deutschen und europäischen Recht, 2000, S. 310 f.
594 *Koch*, in: Möhring/Nicolini, UrhG, 3. Aufl. 2014, § 87e Rn. 9.
595 *v. Lewinski*, in: Roßnagel, Recht der Multimedia-Dienste, 7. Aufl. 2005, Abschnitt 10, § 87e UrhG Rn. 12; *Czychowski*, in: Fromm/Nordemann, Urheberrecht, 11. Aufl. 2014, § 87e Rn. 6.
596 EuGH, Urt. v. 15.1.2015, ABl. C 73 v. 2.3.2015, 8.
597 BGH, GRUR 2007, 685 = WRP 2007, 989 – Gedichttitelliste I.

Kap. 2 Urheberrechtlich geschützte Gegenstände

schutzrecht möglich sein.[598] Darüber hinaus kann es natürlich auch Datenbanken geben, die weder über das Urheberrecht noch über das Leistungsschutzrecht geschützt sind; für sie gelten dann die üblichen Regeln.[599]

342 Neben urheberrechtlichen Vorschriften bleiben aufgrund von Art. 13 der Datenbankrichtlinie bei einer richtlinienkonformen Auslegung andere Rechtsvorschriften zum Schutz von Datenbanken bestehen. Vor allem wettbewerbsrechtliche Vorschriften können daher parallel angewendet werden. Das gilt gerade auch, soweit das Leistungsschutzrecht des Datenbankherstellers betroffen ist.[600] Aufgrund des Vorrangs der Richtlinie bleibt jedoch für das UWG nur dort ein Anwendungsbereich, wo investitionsfremde, die Unlauterkeit begründende Merkmale vorliegen.[601] Das kann z. B. eine Rufausbeutung sein.[602]

E. Leistungsschutzrecht für Presseverleger

343 Der Normzweck des neuen Leistungsschutzrechts wird im Regierungsentwurf sehr gut nachvollziehbar dargestellt. Durch die gesetzliche Regelung soll „sichergestellt werden, dass Presseverleger im Onlinebereich nicht schlechter gestellt sind als andere Werkvermittler".[603] Es soll dem „neu entstandenen Schutzbedürfnis der Presseverleger" vor der „Ausbeutung ihrer verlegerischen Leistung" Rechnung getragen werden.[604] Die Rechte und Interessen anderer Nutzer sowie der Informationsfluss im Internet soll durch die Regelung nicht berührt oder eingeschränkt werden. Das Bundesministerium der Justiz hat in der Begründung des Referentenentwurfs herausgestellt, dass mit Hilfe des neuen Leistungsschutzrechts keine veralteten Geschäftsmodelle von Verlagen geschützt werden sollen, sondern dass es im Umfeld der „digitalen Revolution" vielmehr dem Gesetzgeber obliegt, wieder einen Ausgleich zwischen den wirtschaftlichen Interessen von Presseverlegern auf der einen Seite und den wirtschaftlichen Interessen gewerblicher Nutzer von Verlagserzeugnissen auf der anderen Seite herzustellen.[605]

---

598 BGH, GRUR 2007, 685 = WRP 2007, 989 – Gedichttitelliste I; BGH, GRUR 2007, 688 = WRP 2007, 993 – Gedichttitelliste II.
599 EuGH, Urt. v. 15.1.2015, ABl. C 73 v. 2.3.2015, 8.
600 *Kindler*, K&R 2001, 265, 266; *Hornung*, Die EU-Datenbank und ihre Umsetzung in das deutsche Recht, 1998, S. 176 ff.
601 *Kindler*, K&R 2001, 265, 266.
602 BGH, WRP 1999, 831, 836 – Tele-Info-CD; OLG München, ZUM 2001, 255, 256 f.
603 BMJ, BT-Drs. 17/11470, 14.11.2012.
604 BMJ, BT-Drs. 17/11470, 14.11.2012, A II, S. 6.
605 BMJ, BT-Drs. 17/11470, 14.11.2012, A II, S. 6.

E. Leistungsschutzrecht für Presseverleger Kap. 2

Zur Erreichung dieses Ziels wurde das Gesetz über Urheberrecht und verwandte Schutzrechte nach § 87e UrhG um einen Abschnitt 7 (Schutz des Presseverlegers) ergänzt, welcher die §§ 87f „Presseverleger", 87g „Übertragbarkeit, Dauer und Schranken des Rechts" sowie 87h „Beteiligungsanspruch des Urhebers" enthält. Im Rahmen dieses Abschnitts wird dem Presseverleger das ausschließliche Recht eingeräumt, „das Presseerzeugnis oder Teile hiervon zu gewerblichen Zwecken öffentlich zugänglich zu machen".[606] Das Recht erlischt ein Jahr nach erfolgter Veröffentlichung.[607] Jedoch ist die öffentliche Zugänglichmachung durch Dritte zulässig, „soweit sie nicht durch die Anbieter von Suchmaschinen oder gewerbliche Anbieter von Diensten [...], die Inhalte entsprechend aufbereiten",[608] erfolgt. 344

Ein Presseverleger ist definiert als der „Hersteller eines Presseerzeugnisses" bzw. als „Inhaber des Unternehmens", in welchem das Presseerzeugnis hergestellt wurde.[609] Unter einem Presseerzeugnis ist die „redaktionell-technische Festlegung journalistischer Beiträge im Rahmen einer unter einem Titel auf beliebigen Trägern periodisch veröffentlichten Sammlung, die bei Würdigung der Gesamtumstände als überwiegend verlagstypisch anzusehen ist und die nicht überwiegend der Eigenwerbung dient"[610] zu verstehen. Es ist also nicht das Presseerzeugnis selbst Schutzgegenstand des Leistungsschutzrechts, sondern vielmehr die „zur Festlegung des Presseerzeugnisses erforderliche wirtschaftliche, organisatorische und technische Leistung des Presseverlegers".[611] 345

Im Rahmen der öffentlichen Zugänglichmachung des Presseerzeugnisses kommt es nicht auf die Art und Weise der Veröffentlichung an (online, offline oder kombiniert).[612] Auch sind in den Presseerzeugnissen enthaltene eigenständige Elemente und unter Umständen individuell urheberrechtlich geschützte Werke wie Schriftwerke oder Lichtbildwerke nicht durch das Leistungsschutzrecht geschützt. Der Presseverleger kann einem anderen Nutzungsrechte am Presseerzeugnis einräumen.[613] 346

---

606 BMJ, BT-Drs. 17/11470, 14.11.2012, § 87f I 1.
607 BMJ, BT-Drs. 17/11470, 14.11.2012, § 87g II.
608 BMJ, BT-Drs. 17/11470, 14.11.2012, § 87g IV 1. Gemeint sind Suchmaschinen wie *Google* oder *Bing* sowie Nachrichten-Aggregatoren wie *Rivva*. Andere Nutzer, wie z. B. Blogger, werden nicht erfasst. Vgl. BMJ, BT-Drs. 17/11470, 14.11.2012, S. 10.
609 BMJ, BT-Drs. 17/11470, 14.11.2012, § 87f I.
610 BMJ, BT-Drs. 17/11470, 14.11.2012, § 87f II 1.
611 BMJ, BT-Drs. 17/11470, 14.11.2012, § 87f, S. 8.
612 BMJ, BT-Drs. 17/11470, 14.11.2012, S. 9.
613 BMJ, BT-Drs. 17/11470, 14.11.2012, § 87g I.

Ensthaler

Kap. 2 Urheberrechtlich geschützte Gegenstände

347 Ein bedeutsamer Kritikpunkt an der gesetzlichen Regelung ist darauf gerichtet, dass es hier überhaupt an der Rechtfertigung eines Leistungsschutzrechts fehlen würde. Man kann sicher dahingehend argumentieren, dass dieses Leistungsschutzrecht für manche hier einschlägige Situationen bereits besteht und es insoweit nur aus Rechtssicherheitsgründen in das Urheberrechtsgesetz aufgenommen wurde. Das Lauterkeitsrecht schützt auch nach der Novellierung des UWG in 2004 nach – nicht unbestrittener Ansicht – nicht nur vor sklavischer Nachahmung in den durch § 4 Nr. 3 UWG benannten Fällen, sondern auch vor der sogenannten unmittelbaren Leistungsübernahme auf der Grundlage der Generalklausel des § 3 UWG. Auch wenn in § 4 Nr. 3 UWG die unmittelbare Leistungsübernahme nicht erwähnt ist, so ist sie deshalb nicht ausgeschlossen;[614] § 4 UWG verdrängt nicht die Generalklausel des § 3 UWG; weiterhin wird die unmittelbare Leistungsübernahme regelmäßig eine gezielte Behinderung der Mitbewerber im Sinne von § 4 Nr. 4 UWG darstellen.

348 Wettbewerbsrechtlicher Leistungsschutz wird aber nur unter wettbewerbsrechtlichen Voraussetzungen gewährt, d. h., er muss erforderlich sein, um Marktstörungen abzuwenden, die im Falle einer Herkunftstäuschung, im Falle einer Rufausbeutung oder eben dadurch eintreten, dass z. B. durch das Bestehen preisgünstiger Vervielfältigungstechniken Nachahmungsmöglichkeiten bestehen, durch die das Original relativ aufwandslos unmittelbar übernommen werden kann und dadurch ein Konkurrenzverhältnis zum Erhersteller entsteht, das dieser wegen seiner Entwicklungskosten nicht durchhalten kann bzw. wodurch er in „unbilliger Weise" um die Früchte seiner Arbeit gebracht wird.[615] Der wettbewerbsrechtliche Leistungsschutz ist wegen dieser zum Teil recht schwierig festzustellenden Tatbestandsvoraussetzungen unsicher und wird durch die Begründung von sondergesetzlichen Vorschriften sicher gemacht, wenn dies rechtspolitisch gewünscht ist; dies war gegenständlich der Fall.

349 Der Gesetzgeber hat sicher bei der Einrichtung eines Leistungsschutzrechts einen größeren Abwägungsspielraum als die Gerichte es auf der Grundlage von § 3 UWG haben. Eine wirtschaftliche Beeinträchtigung der Verlage sollte aber schon feststellbar sein, um im System der Leistungsschutzrechte zu bleiben; eine Beeinträchtigung im Umfang eines Marktversagens braucht nicht vorzuliegen. Der Gesetzgeber kann Leistungsschutzrechte einführen, um einen Ausbeutungsmissbrauch zu verhindern, auch wenn diese Ausbeutung den Geschädigten (wahrscheinlich) nicht in schon erheblichem Umfang wirtschaftlich beeinträchtigen würde. Soweit der wirtschaftliche Schaden weniger gewichtig ist, wäre aus juristischer Sicht dann auch wieder über

---

614 Offengelassen in *BGH*, GRUR 2011, 436 – Hartplatzhelden.de.
615 *BGH*, GRUR 1969, 186, 188 – Reprint.

E. Leistungsschutzrecht für Presseverleger Kap. 2

die Verbraucherinteressen, die Internetnutzer, nachzudenken. Der Verbraucher hat Vorteile, wenn die Informationen weiterhin durch die Suchmaschinenbetreiber im Netz zur Verfügung gestellt werden und diesen Vorteilen stünde nicht der Verlust der Informationsbeschaffung überhaupt oder in zumindest doch spürbarem Umfang gegenüber.

Es kann nun aber nicht zu den durch das Recht geschützten Interessen der Verbraucher gehören, diese Informationen zusätzlich noch durch diejenigen zu erhalten, die sich durch schlichtes Kopieren die Informationen verschaffen. Anderes könnte nur dann gelten, wenn der Pressemarkt wettbewerbsrechtlich schlecht strukturiert wäre, also (enge) Informationsoligopole auf dem Nachrichtenmarkt bestehen würden und den Suchmaschinenbetreibern die Beteiligung an den Beschaffungskosten nicht zumutbar wäre; beides ist sicher nicht der Fall. Andererseits wären im Falle kaum spürbarer Beeinträchtigungen der Verlage und bei der gegebenen Situation, dass die Suchmaschinenbetreiber dieses Geschäftsfeld selbst als nebensächlich bezeichnen, ein erheblicher Freiraum für die Beachtung der Verbraucherinteressen geschaffen. Ein Freiraum, den man mit rechtspolitischen Erwägungen beurteilen könnte. Zu bedenken ist aber, dass ein Leistungsschutzrecht regelmäßig und auch hier nur einen geringen Schutzbereich hat. Es wurde schon darauf hingewiesen, dass die Informationen selbst, um die es geht, nicht geschützt sind. Jeder könnte sie erheben und ins Netz stellen. Wenn die Verbraucher erkennbar an solchen Informationsseiten interessiert sind, würde der Markt auch für ihre Bereitstellung sorgen, finanziert durch Werbung, bzw. für die Suchmaschinenbetreiber wären die nun wahrscheinlich anfallenden Beiträge kein Hindernis. Aus rechtsdogmatischer Sicht jedenfalls dürfte das Freihaltungsinteresse der Allgemeinheit bei einem Leistungsschutzrecht eine eher untergeordnete Rolle spielen. 350

Es verhält sich bis in die heutige Zeit so, dass keine gesicherten Erkenntnisse darüber vorliegen, ob das Leistungsschutzrecht für die Verlage erforderlich ist, um zumindest einen nicht unbedeutenden wirtschaftlichen Schaden abzuwehren, z. B. weil durch die Übernahme der Informationen und Kurztexte durch die Suchmaschinenbetreiber den Verlagen Werbekunden verloren gehen. Im Folgenden sollen deshalb die im Zusammenhang mit der Schaffung des Leistungsschutzrechts vorgetragenen Meinungen wirtschaftlicher aber auch allgemein rechtspolitischer Art zusammengetragen werden. 351

Ob neben dem Urheberrecht noch ein Leistungsschutz überhaupt möglich ist, ist eine Frage nach dem Schutzgegenstand. Das ist dann keine Selbstverständlichkeit mehr, wenn die Begrenzung des Urheberrechts, also die Freihaltung des nun durch den Leistungsschutz einzubeziehenden Schutzbereichs aus Gründen berechtigter Interessen der Allgemeinheit an der Frei- 352 haltung dieses Bereichs geschehen ist, also das bestehende Urheberrecht den Leistungsschutz bereits überlagert.

353 Diese beiden Bedeutungen des urheberrechtlichen Schutzes für die Schaffung eines Leistungsschutzrechts haben einen gemeinsamen Nenner, was häufig übersehen wird. Ein Freihaltungsinteresse, das wurde bereits oben ausgeführt, hat eine geringere Bedeutung, wenn die Leistungsübernahme die erforderliche Amortisation verhindert bzw. den Verlagen erheblichen Schaden zuführt, also einen Schaden, der nicht nur in Einzelfällen und auf bedeutsamen Arbeitsbereichen die Verlagsarbeit erheblich belastet, weil dann der Produzent der Informationen etc. in seiner Arbeit erheblich behindert wird oder sogar ausfällt und vom Plagiator diese Arbeitsleistung nicht zu erwarten ist. *Eugen Ulmer*[616] hat bereits in den dreißiger Jahren verständlich gemacht, dass der Wettbewerbsprozess nicht nur ein dynamischer, sondern – was für die juristische Beurteilung von ebenso großer Bedeutung ist – ein sozialer Prozess ist. Damit ist gemeint, dass bei der Beurteilung eines bestimmten Sachverhalts nicht einzelne Prozessabschnitte, sondern Prozessabläufe zu beachten sind; Phänomene sind zu Ende zu denken und nicht anhand von Kriterien zu bewerten, die gerade einmal auf einzelne Prozessabschnitte passen.

354 Wer dies bedenkt wird mit dem Grundsatz vom freien Zugang zu allen im Netz befindlichen Informationen vorsichtiger umgehen. Was nützt der freie Zugang, wenn es wegen der Verwirklichung dieses Grundsatzes auf freien Zugang zu den Informationen nun in nur noch eingeschränktem Maße Informationen im Netz gibt. Daraus folgt: der erhebliche wirtschaftliche Schaden des Leistungserbringers rechtfertigt das Leistungsschutzrecht regelmäßig und zwar unabhängig davon, dass der Konsument der Leistung an einer komfortableren bzw. preisgünstigeren Erlangung der Leistung Interesse haben wird.

355 Wenn die Leser auf Seiten wie „Google News", welche aktuelle Nachrichten auf der Basis von Inhalten verschiedenster Nachrichtenanbieter zusammenstellen, einen Großteil ihres Informationsbedürfnisses befriedigen könnten, wären die negativen wirtschaftlichen Auswirkungen auf Verlage und ihr Geschäftsmodell beträchtlich. Insbesondere die Werbeeinnahmen würden auf Grund sinkender Besucherzahlen auf den verlagseigenen Internetportalen in erheblichem Maße zurückgehen. Für den Erhalt des Qualitätsjournalismus' und die Aufrechterhaltung der Anreize zur Investition in die Erstellung solcher Inhalte sei es notwendig, das geistige Eigentum in Form von Presseerzeugnissen besser zu schützen.[617]

---

616 S. *Ulmer*, GRUR 1973, 469.
617 Vgl. *Stühmeier*, ZfW 2012, 83.

E. Leistungsschutzrecht für Presseverleger Kap. 2

Als besondere Bedrohung wird in diesem Zusammenhang die Verwendung sogenannter Snippets wahrgenommen. News-Aggregatoren nutzen diese Textausschnitte für ihre eigenen Angebote. Dadurch sehen sich die Verlage ihrer mit erheblichem journalistisch-redaktionellem Aufwand hergestellten Presseprodukte beraubt.[618] Denn die Verhandlungsposition der Verlage reichte nicht aus, um gegen „die leider oft hartleibigen und destruktiven Aggregatoren"[619] vorgehen zu können. Als Urheber kommen, unabhängig von eventuell bei der Entstehung notwendigen finanziellen und wirtschaftlichen Ressourcen, nur die Schöpfer eines Werkes (in diesem Fall die Journalisten und Redakteure), mithin natürliche Personen in Betracht.[620] Infolgedessen profitieren die Presseverleger nicht von einer Rechtsposition, wie sie originären Rechteinhabern zusteht. Sie müssen umfangreiche Nutzungsrechte von den angestellten und freien Journalisten erwerben, um Ansprüche auf Unterlassung oder Schadensersatz gegenüber Suchmaschinen oder Aggregatoren geltend machen zu können.[621] Diese Situation führte auf Grund oftmals unterschiedlich gelagerter Interessen von Verlagen und Autoren auf ein „Nullsummenspiel" hinaus.[622]

356

Eine wirtschaftliche Grundlage für die Existenz der Presse im Internet konnte daher auf Grund der genannten Rahmenbedingungen nicht gefunden werden.[623] Ein tragfähiges Geschäftsmodell für die Online-Presse ist nur dann denkbar, wenn für elektronische Presseprodukte im Internet ein wirksames rechtliches Rahmengerüst vorhanden ist.[624] Gemeint ist damit die Einführung eines eigenen Schutzrechts, welches Verlage in die Position versetzt, auf der Basis eines von den Urhebern unabhängigen Rechtsanspruchs gegen Rechtsverletzungen im Internet vorzugehen, wie es durch das gegenständliche Leistungsschutzrecht geschaffen wurde.

357

Da anderen Werkvermittlern wie etwa Musikproduzenten, Filmherstellern oder Konzertveranstaltern ein solcher Rahmen zugestanden wird, sei es nur

358

---

618 Vgl. *Schwarz*, Leistungsschutzrecht für Zeitungs- und Zeitschriftenverleger – Eine Außenansicht, http://www.titelschutzanzeiger.de/medienundrecht/detail.php?rubric =Medien+%26+Recht&nr = 62653 (Abruf: 21.11.2016), Punkt 7.
619 *Keese*, Debatte: Brauchen wir ein Leistungsschutzrecht?, http://debatare.de/debatte/ brauchen-wir-ein-leistungsschutzrecht/ (Abruf: 23.8.2012).
620 Vgl. *Thum*, in: Wandtke/Bullinger, Praxiskommentar UrhR, 4. Aufl. 2014, § 7 Rn. 1.
621 Vgl. auch *Hegemann/Heine*, AfP 2009, 201, für Ausführungen zum bestehenden Urheberrechtsschutz von Presseprodukten.
622 *Keese*, Debatte: Brauchen wir ein Leistungsschutzrecht?, abrufbar unter: http://deba tare.de/debatte/brauchen-wir-ein-leistungsschutzrecht/ (Abruf: 23.8.2012).
623 Vgl. *Keese*, MW 2010, 42, 44.
624 Vgl. *Schwarz*, Leistungsschutzrecht für Zeitungs- und Zeitschriftenverleger – Eine Außenansicht, http://www.titelschutzanzeiger.de/medienundrecht/detail.php?rubric =Medien+%26+Recht&nr = 62653 (Abruf: 21.11.2016), Punkt 9.

Kap. 2 Urheberrechtlich geschützte Gegenstände

folgerichtig und „etwas Normales im Urheberrecht",[625] die bisher als „systemwidrig" bezeichnete „Leerstelle im deutschen Schutzsystem"[626] zu schließen. Immerhin würde die Schutzbedürftigkeit der Verleger durch die sich abzeichnende Verbreitung elektronischer Lesegeräte und dem damit verbundenen Handel mit Verlagserzeugnissen in naher Zukunft weiter rasant zunehmen.[627] Ebenso spräche sich in der juristischen Kommentarliteratur die Mehrheit der Autoren für ein Leistungsschutzrecht der Verleger aus.[628] Die Schaffung eines solchen rechtlichen Gerüsts sei vor dem Hintergrund der Gefährdung des Vielfalts- und Freiheitsverlustes der Presse[629] als eine Pflicht des Staates anzusehen.[630]

359 Um diese Position zu untermauern, wird von den Unterstützern eines Leistungsschutzrechts für Presseverlage auch gern der Vergleich mit der Rechtslage in anderen Ländern bemüht, in denen ein vergleichbarer Schutz gewährt würde. So existiere in Großbritannien bereits seit dem Jahr 1965 das sogenannte „Publisher's Right", auf dessen Grundlage die typografische Gestaltung veröffentlichter Werkausgaben geschützt wird.[631] Auch in anderen Ländern würden vergleichbare Diskussionen um die Einführung eines Leistungsschutzrechts für Verleger geführt.[632]

---

625 BDZV, FAQ zum Leistungsschutzrecht für Verlage, http://www.bdzv.de/recht-und-politik/leistungsschutzrecht-verlage/leistungsschutzrecht-faq (Abruf: 27.8.2012).
626 Vgl. *Schwarz*, Leistungsschutzrecht für Zeitungs- und Zeitschriftenverleger – Eine Außenansicht, http://www.titelschutzanzeiger.de/medienundrecht/detail.php?rubric =Medien+%26+Recht&nr = 62653 (Abruf: 21.11.2016), Punkt 3.
627 Vgl. *Schwarz*, Leistungsschutzrecht für Zeitungs- und Zeitschriftenverleger – Eine Außenansicht, http://www.titelschutzanzeiger.de/medienundrecht/detail.php?rubric =Medien+%26+Recht&nr = 62653 (Abruf: 21.11.2016), Punkt 3 sowie Punkt 6.
628 Vgl. *Hegemann/Heine*, AfP 2009, 201. Der Fokus der Diskussionen um ein Leistungsschutzrecht für Verleger lag jedoch bislang auf den Buchverlegern.
629 Vgl. *Keese*, MW 2010, 42, 44.
630 Vgl. *Schwarz*, Leistungsschutzrecht für Zeitungs- und Zeitschriftenverleger – Eine Außenansicht, http://www.titelschutzanzeiger.de/medienundrecht/detail.php?rubric =Medien+%26+Recht&nr = 62653 (Abruf: 21.11.2016), Punkt 9. Der Autor leitet diese Schutzpflicht für die Presse aus Art. 5 Abs. 1 GG ab.
631 Vgl. *Hegemann/Heine*, AfP 2009, 207, sowie Chapter 1, Section 1 c) Copyright, Designs and Patents Act.
632 Vgl. *Hegemann/Heine*, AfP 2009, 207.

Kapitel 3
Urheberrechtliche Bewertung der Vorgänge im Internet

A. Historische Entwicklung

Noch bis vor wenigen Jahren enthielt das deutsche Urheberrecht keine spezifischen Regelungen für die urheberrechtliche Beurteilung der Vorgänge im Internet. Daher war die Frage, ob Vorgänge im Internet in die Rechte des Urhebers bzw. anderer Inhaber urheberrechtlicher Befugnisse an einem Werk oder einem sonst urheberrechtlich geschützten Gegenstand eingreifen, nach den allgemeinen Vorschriften des UrhG zu beurteilen. Dasselbe galt für die Rechtsordnungen vieler anderer Staaten. **1**

In den 1990er Jahren wurde jedoch erkennbar, dass die herkömmlichen Urheberrechtsgesetze den elektronischen Verkehr mit urheberrechtlich geschützten Leistungsergebnissen im Internet nicht mehr hinreichend erfassten. Unsicherheit herrschte vor allem über die rechtliche Einordnung des öffentlichen Verfügbarmachens, von vorübergehenden technischen Vervielfältigungshandlungen sowie von neuen Formen der Werknutzung, wie etwa Web- und Simulcasting. Es wurden daher Konsultationen auf internationaler Ebene aufgenommen, die zu den nachfolgend dargestellten Verträgen und Umsetzungsakten führten. Ziel der Vertragsstaaten war es dabei, einen sachgerechten Ausgleich zwischen dem Schutz des Urhebers einerseits und der Freiheit des Informationszugangs andererseits zu schaffen. **2**

I. Internationale Verträge

1. WIPO-Urheberrechtsvertrag (WCT)

Der WIPO Copyright Treaty[1] – WCT – wurde anlässlich einer Konferenz mit Delegierten von mehr als 120 Staaten am 20.12.1996 verabschiedet.[2] Bis zum 30.6.2016 sind 94 Staaten dem Vertrag beigetreten.[3] Die für ein **3**

---

[1] Englischer Originaltext abrufbar unter: http://www.wipo.int/treaties/en/text.jsp?file_id=295166.
[2] Zu Entstehungsgeschichte und Hintergrund: *Katzenberger*, in: Schricker/Loewenheim, Urheberrecht, 4. Aufl. 2010, vor §§ 120 ff. Rn. 50 ff.; *Walter*, in: FS für Robert Dittrich, 2000, S. 363, 369 ff.
[3] Siehe http://www.wipo.int/treaties/en/ShowResults.jsp?lang=en&treaty_id=16.

Kap. 3 Urheberrechtliche Bewertung der Vorgänge im Internet

Wirksamwerden des WCT erforderlichen 30 Ratifizierungen wurden am 6.12.2001 durch den Beitritt Gabuns erreicht. Der WCT konnte damit am 6.3.2002 in Kraft treten. Die Vorgaben des WCT sind EU-einheitlich durch die am 22.6.2001 in Kraft getretene Richtlinie 2001/29/EG des Europäischen Parlaments und des Rates vom 22.5.2001 zur Harmonisierung bestimmter Aspekte des Urheberrechts und der verwandten Schutzrechte in der Informationsgesellschaft[4] umgesetzt worden.[5]

4 Für den Bereich der Werknutzung im Internet ist vor allem Folgendes relevant: Eine an sich geplante ausdrückliche Regelung, wonach Vervielfältigungen von kürzester Dauer (z.B. beim Browsing und Caching) als vom Vervielfältigungsrecht erfasst anzusehen gewesen wären, war letztlich nicht konsensfähig und wurde wieder gestrichen.[6] Dagegen wurde Einigung erzielt, ein besonderes „Online-Verwertungsrecht" zu schaffen, das einen Bestandteil eines neuen allgemeinen Rechts der Wiedergabe bildet (Art. 8 WCT). Dieses allgemeine Recht der Wiedergabe wird in der Überschrift der Bestimmung als „Right of Communication to the Public" beschrieben; es ist definiert als das Recht der Urheber „of authorising any communication to the public of their works, by wire or wireless means". Als ein Unterfall dieses allgemeinen Rechts der „Werkkommunikation an die Öffentlichkeit" wird das Verfügbarmachen definiert als „the making available to the public of their works in such a way that members of the public may access these works from a place and at a time individually chosen by them".

5 Dieses „Online-Recht" (in Deutschland umgesetzt in § 19a) lässt die dem Urheber vorbehaltene Wiedergabehandlung also bereits mit dem Anbieten der Werke und Leistungen an die Öffentlichkeit beginnen. Voraussetzung für das Eingreifen dieses „Online-Rechts" ist demgemäß, dass der Abruf der Werke und Leistungen *individuell* erfolgt. Dies grenzt das „Online-Recht" insbesondere von klassischen Sendevorgängen (vgl. § 20) ab.

2. WIPO-Vertrag über Darbietungen und Tonträger (WPPT)

6 Zeitgleich wurde bei der oben erwähnten Konferenz auch der WIPO Performances and Phonograms Treaty[7] (WPPT) verabschiedet.[8] Der Vertrag ist, nachdem die erforderliche Zahl von 30 Ratifizierungen am 20.2.2002 er-

---

4 ABlEG Nr. L 167, S. 10 ff.
5 Vgl. dazu näher unten Rn. 9 ff.
6 Näher *v. Lewinski/Gaster*, ZUM 1997, 607, 614.
7 Englischer Originaltext abrufbar unter: http://www.wipo.int/wipolex/en/treaties/text.jsp?file_id=295578.
8 Näher *Katzenberger*, in: Schricker/Loewenheim, Urheberrecht, 4. Aufl. 2010, vor §§ 120 ff. Rn. 84 ff.

reicht worden ist, am 20.5.2002 in Kraft getreten.⁹ Der WPPT regelt den Schutz der ausübenden Künstler und der Hersteller von Tonträgern, die Angehörige der jeweils anderen Vertragsstaaten sind. Auch dieser Vertrag wurde EU-einheitlich durch die Richtlinie 2001/29/EG umgesetzt.

Für Verwertungsvorgänge im Internet sind zunächst Art. 7 und 11 von Relevanz, durch die ausübenden Künstlern und Tonträgerherstellern ein umfassendes Recht „of authorising the direct or indirect reproduction of their performances fixed in phonograms, in any manner or form" eingeräumt wird. Im Hinblick auf Art. 7 und 11 WPPT bestand zwischen den Delegierten der diplomatischen Konferenz Einigkeit, dass dieses umfassend formulierte Vervielfältigungsrecht auch im digitalen Bereich („in the digital environment") voll anwendbar ist. Insbesondere betrifft es auch Tonträger in digitaler Form bzw. die elektronische Speicherung in digitaler Form.¹⁰   7

Ähnlich wie der WCT sieht auch der WPPT ein „Online-Recht" vor, welches besondere Bedeutung für die Internet-Verwertung von Werken durch das Verfügbarmachen zum Individualabruf hat.¹¹ Insoweit wortgleich mit Art. 8 WCT, sehen Art. 10 und 14 WPPT für ausübende Künstler und Tonträgerhersteller das Recht vor „of authorising the making available to the public of their phonograms/performances fixed in phonograms, by wire or wireless means, in such a way that members of the public may access them from a place and at a time individually chosen by them".   8

II. Europäische Union

Die Europäische Union wirkt bereits seit einigen Jahrzehnten mit wachsender Intensität auf das deutsche Urheberrecht ein.¹² Neben Bestimmungen des primären Gemeinschaftsrechts zum freien Warenverkehr (Art. 28 ff. AEUV), zur Dienstleistungsfreiheit (Art. 56 ff. AEUV) und zum EG-Kartellrecht (Art. 101 ff. AEUV) zielen die Bemühungen der EU insbesondere auf eine immer weiter fortschreitende Harmonisierung des Urheberrechts in den einzelnen Mitgliedstaaten ab. Von den bislang ergangenen   9

---

9 http://www.wipo.int/treaties/en/ShowResults.jsp?lang=en&search_what=N&treaty_id=20.
10 *Katzenberger*, in: Schricker/Loewenheim, Urheberrecht, 4. Aufl. 2010, vor §§ 120 ff. Rn. 88. Im „Agreed Statement" der Vertreterkonferenz heißt es hierzu wörtlich: „It is understood that the storage of a protected performance or phonogram in digital form in an electronic medium constitutes a reproduction within the meaning of these Articles."
11 *Katzenberger*, in: Schricker/Loewenheim, Urheberrecht, 4. Aufl. 2010, vor §§ 120 ff. Rn. 54.
12 Übersicht bei *Schricker*, in: in: Schricker/Loewenheim, Urheberrecht, 4. Aufl. 2010, Einleitung Rn. 76 ff.

Kap. 3 Urheberrechtliche Bewertung der Vorgänge im Internet

Richtlinien sind für das Internet insbesondere die Richtlinie 91/250/EWG,[13] die Richtlinie 96/9/EG[14] und die Richtlinie 2001/29/EG[15] von Bedeutung, die auch im deutschen Urheberrecht umgesetzt wurden.[16]

10 Dabei trug insbesondere die am 11.3.1996 ergangene Richtlinie 96/9/EG über den rechtlichen Schutz von Datenbanken bereits den besonderen Verwertungsvorgängen im Internet Rechnung, indem die dem Datenbankhersteller vorbehaltene „Weiterverwendung" der Datenbank oder eines Teils davon in Art. 7 Abs. 2b definiert wurde als „jede Form öffentlicher Verfügbarmachung der Gesamtheit oder eines wesentlichen Teils des Inhalts der Datenbank durch die Verbreitung von Vervielfältigungsstücken, durch Vermietung, durch Online-Übermittlung oder durch andere Formen der Übermittlung".

11 Von großer Bedeutung für die urheberrechtliche Beurteilung der Vorgänge im Internet ist schließlich die am 22.6.2001 in Kraft getretene Richtlinie 2001/29/EG, durch welche die oben genannten Verträge der WIPO umgesetzt wurden. Nach Ziffer 25 der Erwägungsgründe soll insbesondere auch die Rechtsunsicherheit hinsichtlich der Art und des Umfangs des Schutzes der netzvermittelten Übertragung urheberrechtlich geschützter Werke auf Abruf durch einen harmonisierten Rechtsschutz auf Gemeinschaftsebene beseitigt werden. Für diesen Bereich sieht Art. 3 Abs. 1 ein ausschließliches Recht für die Urheber vor, die öffentliche drahtgebundene oder drahtlose Wiedergabe von Originalen und Vervielfältigungsstücken ihrer Werke einschließlich der öffentlichen Zugänglichmachung der Werke in der Weise, dass sie Mitgliedern der Öffentlichkeit an Orten und zu Zeiten ihrer Wahl zugänglich sind, zu erlauben oder zu verbieten. Hierdurch wird auch das Verfügbarmachen von Werken im Internet zum Zwecke des individuellen Online-Abrufs erfasst. Für Inhaber bestimmter verwandter Schutzrechte (ausübende Künstler, Tonträger- und Filmhersteller, Sendeunternehmen) sieht Art. 3 Abs. 2 in entsprechender Weise das ausschließliche Recht vor, zu erlauben oder zu verbieten, dass die geschützten Gegenstände drahtgebunden oder drahtlos in einer Weise der Öffentlichkeit zugänglich gemacht

---

13 Richtlinie 91/250/EWG des Rates vom 14.5.1991 über den Rechtsschutz von Computerprogrammen, AB1EG Nr. L 122, S. 42; aufgehoben mit Wirkung vom 25.5.2009, siehe jetzt Richtlinie 2009/24/EG des Europäischen Parlaments und des Rates vom 23.4.2009 über den Rechtsschutz von Computerprogrammen.
14 Richtlinie 96/9/EG des Europäischen Parlaments und des Rates vom 11.3.1996 über den rechtlichen Schutz von Datenbanken, AB1EG Nr. L 77, S. 20.
15 Richtlinie 2001/29/EG des Europäischen Parlaments und des Rates vom 22.5.2001 zur Harmonisierung bestimmter Aspekte des Urheberrechts und der verwandten Schutzrechte in der Informationsgesellschaft, AB1EG Nr. L 167, S. 10ff.
16 Für Computerprogramme, insbesondere in § 69a ff. und für Datenbanken, insbesondere in § 4 sowie §§ 87a ff. Zur Umsetzung der Richtlinie 2001/29/EG Rn. 14.

werden, dass sie Mitgliedern der Öffentlichkeit von Orten und zu Zeiten ihrer Wahl zugänglich sind. Dies entspricht dem Wortlaut der entsprechenden Regelungen in WCT und WPPT.

Diese Regelung erfasst somit eine Reihe von Verwertungsvorgängen im Internet, insbesondere das Verfügbarmachen zum Online-Abruf (einschließlich Video-on-Demand und Audio-on-Demand).[17] Die Richtlinie geht dabei teilweise sogar über die WIPO-Verträge hinaus, soweit etwa auch Filmhersteller und Sendeunternehmen einbezogen werden. Sie bleibt aber hinter Art. 8 WCT insoweit zurück, als kein generelles Recht der „Communication to the public" formuliert wird. Nicht erfasst werden von dieser Regelung der Richtlinie Formen der Verwertung, bei denen der Benutzer nicht den Zeitpunkt des Abrufs selbst bestimmt, sondern sich lediglich in ein unabhängig von seinem Abruf laufendes Programm einschalten kann,[18] wie z.B. Pay-TV, Pay-per-View und Near-Video-on-Demand (auch im Internet).

III. Bundesrepublik Deutschland

Das deutsche Urheberrecht ist durch das Gesetz zur Regelung des Urheberrechts in der Informationsgesellschaft vom 10.9.2003[19] und durch das Zweite Gesetz zur Regelung des Urheberrechts in der Informationsgesellschaft vom 26.10.2007[20] an die europäischen und internationalen Vorgaben angepasst worden.

Mit dem Gesetz zur Regelung des Urheberrechts in der Informationsgesellschaft vom 10.9.2003 wurden im Wesentlichen die zwingenden, fristgebundenen Vorgaben der Richtlinie 2001/29/EG umgesetzt.[21] Im UrhG wurde mit § 19a das Recht der öffentlichen Zugänglichmachung eingeführt.[22] Durch die Neufassung des § 15 UrhG wurde klargestellt, dass es sich bei dem Recht der öffentlichen Zugänglichmachung um einen Unterfall des Rechts der öffentlichen Wiedergabe handelt (§ 15 Abs. 2 Satz 2 Nr. 2). Ferner wurden die Schrankenregelungen des Urheberrechtsgesetzes, die bestimmen, in welchen Fällen Urheber es hinnehmen müssen, dass ihre Werke ohne ihre ausdrückliche Zustimmung genutzt werden, den Vorgaben der

---

17 Näher dazu Rn. 46 ff.
18 v. Lewinski, MMR 1998, 115, 116.
19 BGBl. I 2003, S. 1774. Vgl. dazu *Czychowski*, NJW 2003, 2409 ff.; *Klett*, K&R 2004, 257 ff.; *Lauber/Schwipps*, GRUR 2004, 293 ff.; *Schippan*, ZUM 2003, 378 ff.
20 BGBl. I 2007, S. 2513.
21 BT-Drs. 15/38, S. 1.
22 Vgl. dazu näher Rn. 38 ff.

Kap. 3 Urheberrechtliche Bewertung der Vorgänge im Internet

Richtlinie angepasst.[23] So wurde klargestellt, dass auch die digitale Privatkopie grundsätzlich zulässig ist (Neufassung des § 53). Für den Bereich des Internets hervorzuheben ist § 44a, der bestimmt, dass vorübergehende Vervielfältigungshandlungen unter bestimmten Voraussetzungen zulässig sind. Dazu zählen beispielsweise die ständigen Speichervorgänge auf den Datenspeichern (Servern) der Zugangsvermittler, über die ein Nutzer Werke und Schutzgegenstände weltweit abrufen kann, sowie der Bereich des „Caching".[24]

15 Diejenigen Punkte, bei denen die Richtlinie 2001/29/EG keine zwingenden Vorgaben macht, wurden dem Zweiten Gesetz zur Regelung des Urheberrechts in der Informationsgesellschaft vom 26.10.2007 vorbehalten (auch „Zweiter Korb" genannt).[25] Das Gesetz enthält im Wesentlichen drei Regelungskomplexe, die mit der urheberrechtlichen Beurteilung der Vorgänge im Internet allerdings nur wenig zu tun haben. Dies sind die Ausgestaltung fakultativer Schrankenbestimmungen, insbesondere der Privatkopie (§§ 53, 53a), eine flexible Anpassung der Pauschalvergütung an den Stand der Technik (Neufassung der §§ 54–54h UrhG)[26] sowie eine Neuregelung des Rechts der unbekannten Nutzungsarten (Aufhebung des § 31 Abs. 4 a.F. und Neueinfügung der §§ 31a, 32c).[27]

16 Auf Anregung des Rechtsausschusses hatte der Bundestag das Bundesministerium der Justiz aufgefordert, weitere Fragen des Urheberrechts, die mit dem Zweiten Korb nicht beantwortet wurden, daraufhin zu überprüfen, ob gesetzgeberischer Handlungsbedarf besteht, und gegebenenfalls entsprechende Lösungsmöglichkeiten zu unterbreiten (sog. „Dritter Korb").[28] Für das Internet relevant sind insbesondere die Prüfung eines gesetzlichen Verbots intelligenter Aufnahmesoftware, mit der gezielt Musiktitel automatisiert aus dem Webradio-Angebot herausgefiltert und aufgenommen werden können, die Überprüfung der bestehenden Regelungen der Kabelweitersendung (§ 20b) sowie die Überprüfung der bestehenden Regelung hinsichtlich der öffentlichen Zugänglichmachung für Unterricht und Forschung (§ 52a i.V.m. § 137k). Die Verabschiedung eines dritten Korbs wurde im Koalitionsvertrag der Bundesregierung 2009 zwar in Aussicht gestellt, ist derzeit aber nicht mehr in Sicht. Als Grund dafür wird insbesondere die Schwierig-

---

23 Vgl. dazu näher Kap. 4.
24 BT-Drs. 15/38, S. 18. Vgl. zum Caching näher Rn. 96 ff.
25 BT-Drs. 16/1828, S. 1. Vgl. dazu *Czychowski*, GRUR 2008, 586 ff.; *Flechsig*, ZRP 2006, 145 ff.; *Klett*, K&R 2008, 1 ff.; *Ory*, AfP 2004, 500 ff.
26 Vgl. dazu *Niemann*, CR 2008, 205 ff.; *v. Ungern-Sternberg*, GRUR 2008, 247 ff.
27 Vgl. dazu *Berger*, GRUR 2005, 907 ff.; *Grohmann*, GRUR 2008, 1056 ff.; *Haupt*, MR-Int. 2008, 1 ff.
28 Vgl. BT-Drs. 16/5939, S. 3 f.

A. Historische Entwicklung **Kap. 3**

keit bei der Konsensfindung zwischen den vom Urheberrecht betroffenen Gruppen genannt. Zu diesen gehören inzwischen neben den klassischen Gruppen der Urheber, Verleger und Inhaber der verwandten Schutzrechte auch die Internet-Provider, Telekommunikationsunternehmen und Endnutzer.[29]

Eine der medienpolitisch umstrittensten Änderungen des Urheberrechts der letzten Jahre war die Einführung eines Leistungsschutzrechtes für Presseverleger. Initiiert wurde sie durch die „Hamburger Erklärung" vom 8.6.2009, in der sich unter anderem die Axel Springer AG, der Heinrich Bauer Verlag und der Zeit Verlag ausdrücklich für die Schaffung eines Leistungsschutzrechts aussprachen.[30] Diese Forderung wurde von der Bundesregierung mit der Begründung in den Koalitionsvertrag aufgenommen, dass Verlage im Online-Bereich nicht schlechter gestellt sein sollten als andere Werkvermittler. Außerdem solle der Schutz von Presseerzeugnissen im Internet zugunsten der Presseverleger verbessert werden.[31] Trotz starker rechtspolitischer Kritik beschloss der Bundestag Anfang März 2013 die Schaffung eines solchen Leistungsschutzrechts für Presseverleger.[32] Dieses wurde als neuer Abschnitt 7 (§§ 87f–87h) in den zweiten Teil des Urheberrechtsgesetzes bei den verwandten Schutzrechten mit Wirkung ab dem 1.8.2013 eingefügt.[33] Mit dieser Einordnung sollte deutlich gemacht werden, dass es sich bei dem Schutzgegenstand des Leistungsschutzrechts gerade nicht um die persönliche geistige Schöpfung des Urhebers oder das Presseerzeugnis selbst handelt. Geschützt werden solle vielmehr „die zur Festlegung des Presseerzeugnisses erforderliche wirtschaftliche, organisatorische und technische Leistung des Presseverlegers".[34] Konkret ausgestaltet wurde dieser Schutz durch die Schaffung eines Ausschließlichkeitsrechts, das den Herstellern eines Presseerzeugnisses (Presseverleger) ein ab Veröffentlichung einjähriges Recht einräumt, das Presseerzeugnis oder Teile davon zu gewerblichen Zwecken öffentlich zugänglich zu machen (vgl. § 87f Abs. 1 Satz 1). **17**

Das Leistungsschutzrecht der Presseverleger ist nicht verwertungsgesellschaftenpflichtig, sodass es von jedem Verleger individuell ausgeübt werden kann. Eine Reihe von Verlegern – darunter Springer, Burda und zahlreiche **18**

---

29 Vgl. *Dreier*, in: Dreier/Schulze, UrhG, 5. Aufl. 2015, Einl. Rn. 57.
30 Vgl. *Graef*, in: BeckOK UrhG, Stand: 1.7.2015 Ed. 10, § 87f Rn. 1.
31 Koalitionsvertrag „Wachstum.Bildung.Zusammenhalt" zwischen CDU, CSU und FDP, S. 104; abrufbar unter: http://www.fdp.de/files/565/091024-koalitionsvertrag.pdf.
32 Vgl. *Dreier*, in: Dreier/Schulze, UrhG, 5. Aufl. 2015, § 87f Rn. 2.
33 Vgl. *Graef*, in: BeckOK UrhG, Stand: 1.7.2015 Ed. 10, § 87f Rn. 6; *Dreier*, in: Dreier/Schulze, UrhG, 5. Aufl. 2015, § 87f Rn. 2.
34 BT-Drs. 17/11470, S. 8; *Graef*, in: BeckOK UrhG, Stand: 1.7.2015 Ed. 10, § 87f Rn. 6.

Kap. 3 Urheberrechtliche Bewertung der Vorgänge im Internet

private Hörfunk- und Sendeunternehmen – haben ihre Rechte jedoch in die VG Media eingebracht und sind dieser als Gesellschafter beigetreten.[35]

19 Die Einführung des Leistungsschutzrechts für Presseverleger sieht sich nach wie vor starker Kritik ausgesetzt. Dabei wird vor allem das Argument der Lückenschließung als nicht überzeugend erachtet. Denn würde das Leistungsschutzrecht lediglich Handlungen erfassen, die bereits zuvor vom Urheberrechtsschutz erfasst waren, so wäre es faktisch wirkungslos. Geht man jedoch davon aus, dass es den ausschließlichen Rechtsschutz in Bezug auf redaktionelle Beiträge und Nachrichten erweitert, so birgt es die Gefahr einer Monopolisierung des Nachrichteninhalts. Dies gilt vor allem dann, wenn – in Anlehnung an BGH, GRUR 2008, 693 – *TV-Total* und BGH, GRUR 2009, 403 – *Metall auf Metall* – bereits die Übernahme selbst „kleinster Fetzen" vom Ausschließlichkeitsrecht erfasst ist.[36]

B. Urheberrechtliche Bewertung von Vorgängen auf der Anbieterseite

20 Das UrhG gewährt dem Urheber bekanntlich kein allumfassendes Monopol für alle nur erdenklichen Verwertungsarten. Vielmehr sind bestimmte, zunächst dem Urheber vorbehaltene und allein ihm zustehende Verwertungsrechte im UrhG ausdrücklich geregelt. Die mit Abstand wichtigste Regelung findet sich dabei in §§ 15 ff., wobei § 15 in allgemeiner Form das ausschließliche Recht des Urhebers zur Verwertung des Werks in körperlicher Form und sein ausschließliches Recht, das Werk in unkörperlicher Form öffentlich wiederzugeben, statuiert. §§ 16 ff. enthalten Einzelausprägungen dieser grundlegenden Verwertungsrechte. Für das Internet relevante werkartbezogene Sonderregelungen finden sich in § 69c für urheberrechtlich geschützte Softwareprogramme, in § 87b für Datenbanken und in § 87f für Presseerzeugnisse. Diese Vorschriften finden auch auf alle entsprechenden Verwertungsvorgänge im Internet Anwendung.

21 Wie aus § 15 hervorgeht, trifft das geltende deutsche Urheberrecht eine grundlegende Unterscheidung zwischen der Werkverwertung in „körperlicher" und in „unkörperlicher" Form. Nach § 15 Abs. 1 steht dem Urheber im Prinzip unbeschränkt das ausschließliche Recht zur Werkverwertung in „körperlicher" Form zu. Aus der Verwendung des Worts „insbesondere" in dieser Vorschrift ergibt sich auch, dass die in ihr aufgeführten Einzelverwer-

---

35 Vgl. *Dreier*, in: Dreier/Schulze, UrhG, 5. Aufl. 2015, § 87f Rn. 7.
36 Vgl. *Dreier*, in: Dreier/Schulze, UrhG, 5. Aufl. 2015, § 87f Rn. 4.

B. Urheberrechtliche Bewertung von Vorgängen auf der Anbieterseite   **Kap. 3**

tungsrechte[37] lediglich beispielhaft und nicht abschließend zu verstehen sind. Demgegenüber ist das Recht des Urhebers zur Werkverwertung in „unkörperlicher" Form nach dem Wortlaut von § 15 Abs. 2 auf die „öffentliche Wiedergabe" des Werks beschränkt; auch hier sind aber die konkret aufgeführten Formen der unkörperlichen Wiedergabe[38] lediglich beispielhaft und nicht abschließend. Diese scheinbar klare Unterscheidung zwischen „körperlichen" und „unkörperlichen" Vorgängen hat im digitalen Zeitalter einiges an Konturenschärfe verloren. Dabei wurde zur Wahrung der Rechte des Urhebers insbesondere eine extensive Auslegung der „körperlichen" Verwertungshandlungen erforderlich, etwa durch Qualifikation elektronischer Vervielfältigungsexemplare im binären Zeichencode auf digitalen Speichermedien als „körperliche Vervielfältigungsexemplare".

Im Ganzen ist eine deutliche Tendenz der Rechtsprechung und Literatur erkennbar, dem Urheber durch eine den Erfordernissen der aktuellen technischen Entwicklung Rechnung tragende Anwendung der vorhandenen Tatbestände auch im Hinblick auf Vorgänge im Internet einen möglichst umfassenden Schutz einzuräumen. Dies ist auch erforderlich, da es gerade zum Wesen des Internets gehört, jedem Benutzer eine weltweite Nutzung digitalisierter Werke (insbesondere zur Schaffung und Verbreitung einer nahezu unbeschränkten Vielzahl von Werkkopien) zu ermöglichen.   22

Dabei sind die meisten grundlegenden Internet-Vorgänge, die zu einer – dauerhaften oder auch nur vorübergehenden – körperlichen Fixierung von Daten auf einem Speichermedium führen (sei es USB-Stick, CD-R, sei es ein Arbeits- oder Festspeicher des Computers) als Spielarten der körperlichen Werkverwertung i. S. v. § 15 Abs. 1 (nämlich jeweils konkret als Vervielfältigung i. S. v. § 16) einzuordnen. Eine Vielzahl wichtiger Internet-Vorgänge ohne körperliche Fixierung können nunmehr unter § 19a gefasst werden. Bei neueren Internet-Anwendungen wie „Internet Radio" und „Web TV", die sich zunehmend an die klassische Werkverwertung durch Rundfunksendungen annähern, zeichnet sich eine Tendenz in der Praxis ab, sie dem Senderecht i. S. v. § 20 zu unterwerfen.   23

Die folgende urheberrechtliche Untersuchung der Vorgänge im Internet setzt selbstverständlich voraus, dass die von diesen Vorgängen jeweils betroffenen Gegenstände (Daten) einen dem Urheberschutz zugänglichen In-   24

---

37 Vervielfältigungsrecht, § 16 (für Computerprogramme § 69c Nr. 1; für Datenbanken § 87b Abs. 1); Verbreitungsrecht, § 17 (für Computerprogramme § 69c Nr. 3; für Datenbanken § 87b Abs. 1); Ausstellungsrecht, § 18.
38 Vortrags-, Aufführungs- und Vorführungsrecht, § 19; Recht der öffentlichen Zugänglichmachung, § 19a; Senderecht, § 20; Recht der Wiedergabe durch Bild- und Tonträger, § 21; Recht der Wiedergabe von Funksendungen und von öffentlicher Zugänglichmachung, § 22.

Kap. 3 Urheberrechtliche Bewertung der Vorgänge im Internet

halt aufweisen.[39] Soweit Vorgänge im Internet Daten betreffen, die nicht urheberrechtlich geschützt sind, handelt es sich selbstverständlich von vornherein um urheberrechtlich nicht relevante Vorgänge.

25 Wenn im Folgenden bestimmte Vorgänge im Internet als Eingriff in die dem Urheber vorbehaltenen Verwertungsrechte qualifiziert werden, bedeutet dies in der Praxis selbstverständlich nicht stets, dass bei derartigen Vorgängen stets auch eine Verletzung des Urheberrechts vorliegt. Vielmehr ist jeweils im Einzelfall zu prüfen, ob eine Urheberrechtsverletzung nicht doch durch eine der Schranken des Urheberrechts ausgeschlossen ist.[40] Gerade im Bereich des Internets kommt eine (konkludente oder explizite) Zustimmung des Rechtsinhabers zur Nutzung von im Internet zur Verfügung gestellten Daten in Betracht.[41] Zu beachten ist insbesondere auch § 44a.

26 Schließlich geht das nachfolgend Ausgeführte stets von der unausgesprochenen Voraussetzung aus, dass auf den betreffenden Vorgang im Internet deutsches Urheberrecht zur Anwendung kommt. Gerade im Internet ist die Inzidenz grenzüberschreitender Vorgänge (insbesondere transnationaler Datentransfers und weltweit abrufbarer Dateien) besonders hoch. Soweit daher der betreffende Sachverhalt bzw. Vorgang im Internet Berührungspunkte mit mehr als einem Staat aufweist, ist selbstverständlich stets als Vorfrage zu prüfen, nach Maßgabe welcher Rechtsordnung bzw. Rechtsordnungen (also nach welchem nationalen Urheberrecht) der Vorgang zu bewerten ist.[42]

27 Im Interesse einer praxisnahen Darstellung geht die folgende Untersuchung im Prinzip nicht etwa von den einzelnen Verwertungsrechten im Katalog der §§ 15 ff. aus. Es werden vielmehr die einzelnen relevanten Vorgänge im Internet kurz vorgestellt. Anschließend wird jeweils untersucht, wie diese Vorgänge im Hinblick auf die dem Urheber vorbehaltenen Verwertungsrechte zu bewerten sind. Der abschließende Abschnitt ist dem Urheberpersönlichkeitsrecht und seiner Tragweite für typische Vorgänge im Internet gewidmet.

I. Digitalisierung

1. Begriff

28 Der Begriff „Digitalisierung" umfasst alle Vorgänge, bei denen (urheberrechtlich geschützte) Gegenstände in eine Form gebracht werden, in der sie

---

39 Dazu näher Kap. 2 Rn. 1 ff.
40 Dazu näher Kap. 4.
41 Dazu näher Kap. 7 Rn. 265 ff.
42 Dazu näher Kap. 8.

durch Computer verarbeitet werden können. Die Digitalisierung erfolgt durch Umsetzung von Schriftzeichen, Zahlen, Bildern und Bildfolgen, Tönen und Klängen in den computerlesbaren Binärcode. Eine praktisch besonders wichtige Variante der Digitalisierung ist das sog. „Scannen", bei dem z. B. ein Text ohne erneute Eingabe in den Computer mit Hilfe einer entsprechenden Software vom Computer selbst – gewissermaßen durch „Ablesen" vom Papier – aufgenommen und in eine digitale (durch den Computer weiterverwertbare) Form gebracht wird. Weitere Instrumente zur Digitalisierung sind etwa Webcams bzw. digitale Kameras.

Die Digitalisierung geht in der Regel mit einer elektronischen Speicherung 29 der neu hergestellten digitalisierten Version einher. Die Speicherung erfolgt entweder auf einem mobilen Datenträger oder im Computer (Arbeitsspeicher bzw. Festspeicher).

2. Bewertung

Die ganz h. M. sieht in der Digitalisierung im Regelfall eine Verwertung in 30 körperlicher Form i. S. v. § 15 Abs. 1 UrhG, nämlich eine Vervielfältigung gemäß §§ 15 Abs. 1 Nr. 1, 16 Abs. 1 UrhG (und bei Computerprogrammen gem. § 69c Satz 1 Nr. 1).[43]

Der Begriff der Vervielfältigung wird von jeher weit verstanden: Er umfasst 31 jede körperliche Festlegung eines Werks, die geeignet ist, das Werk den menschlichen Sinnen auf irgendeine Weise unmittelbar oder mittelbar wahrnehmbar zu machen.[44] Daher ist eine Digitalisierung jedenfalls dann eine Vervielfältigung, wenn im Zuge der Digitalisierung die digitalisierte Version auch gleich auf einem Datenträger (z. B. Festplatte eines Computers, CD-R, USB-Stick usw.) gespeichert wird[45] (was in aller Regel der Fall ist). Aber auch eine lediglich vorübergehende Festlegung des digitalisierten Werks im Arbeitsspeicher des Computers ist als Vervielfältigung zu wer-

---

43 Etwa OLG Jena, MMR 2008, 408 – Thumbnails; OLG Hamburg, GRUR-RR 2002, 251 – Handy-Klingeltöne; *Loewenheim*, in: Schricker/Loewenheim, Urheberrecht, 4. Aufl. 2010, § 16 Rn. 18; *Schulze*, in: Dreier/Schulze, UrhG, 5. Aufl. 2015, § 16 Rn. 13.
44 St. Rspr seit BGH, GRUR 1955, 492, 494 – Grundig-Reporter; ferner BGH, GRUR 1991, 449, 453 – Betriebssystem; KG, GRUR-RR 2004, 228 – Ausschnittdienst; *Loewenheim*, in: Schricker/Loewenheim, Urheberrecht, 4. Aufl. 2010, § 16 Rn. 5.
45 BGH, GRUR 1999, 923, 925 – Tele-Info-CD; BGH, K&R 1999, 225, 227 – Elektronisches Pressearchiv m. Anm. *Völker*; BGH, GRUR 1994, 363, 365 – Holzhandelsprogramm, für Softwarespeicherung auf Computer; OLG München, ZUM 1998, 413, 415; OLG Düsseldorf, ZUM-RD 1997, 380, 383; LG Berlin, NJW-RR 1999, 1273, 1274 für § 87b Abs. 1 Satz 2; *Dustmann*, in: Fromm/Nordemann, Urheberrecht, 11. Aufl. 2014, § 16 Rn. 12; *Schulze*, in: Dreier/Schulze, UrhG, 5. Aufl. 2015, § 15 Rn. 25.

Kap. 3 Urheberrechtliche Bewertung der Vorgänge im Internet

ten.[46] Dementsprechend stellt auch der Vorgang des Scannens regelmäßig eine Vervielfältigung dar.[47] In allen Fällen der Digitalisierung ist zwar das Werk für den Menschen nicht unmittelbar wahrnehmbar (nämlich zunächst nur in Form des Binärcodes auf einem Datenträger). Es handelt sich jedoch um eine Festlegung des Werks, die im Sinne der oben genannten Definition geeignet ist, das Werk den menschlichen Sinnen mittelbar – nämlich insbesondere über den Computermonitor, durch Computerausdruck oder akustisch über Lautsprecher – wahrnehmbar zu machen. Da das durch die Digitalisierung hergestellte neue Werkexemplar (das in aller Regel auch gespeichert wird) also eine Vervielfältigung darstellt, besteht kein Bedürfnis, für die Digitalisierung als solche daneben auch noch ein eigenes, durch § 15 nicht ausdrücklich geregeltes Verwertungsrecht des Urhebers anzunehmen.[48]

32 Für die Digitalisierung von Bild- oder Tonfolgen ergibt sich dies zusätzlich aus § 16 Abs. 2. Jedenfalls bei gleichzeitiger Speicherung einer Digitalisierung handelt es sich um die Übertragung des Werks auf eine Vorrichtung zur wiederholbaren Wiedergabe von Bild- oder Tonfolgen (also um einen Bild- oder Tonträger) im Sinne dieser Vorschrift.[49]

33 Werden nur einzelne bzw. kleinere Teile eines Werks zur Übernahme in das Internet digitalisiert – insbesondere im Wege des Sampling – ist es eine Frage des Einzelfalls, ob eine urheberrechtlich relevante Vervielfältigung des Werks vorliegt. Allgemeingültige Regeln lassen sich kaum aufstellen. Je mehr von einem Werk übernommen wird – insbesondere an prägenden und schöpferischen Elementen – und je höher der Schutzumfang des Werks, desto eher wird eine Urheberrechtsverletzung in Betracht kommen.[50]

---

46 *Loewenheim*, in: Schricker/Loewenheim, Urheberrecht, 4. Aufl. 2010, § 16 Rn. 20. Der frühere Streit, ob auch die nur vorübergehende Speicherung im Arbeitsspeicher von § 16 Abs. 1 erfasst ist, hat sich durch die Neufassung des § 16 Abs. 1 durch das Gesetz zur Regelung des Urheberrechts in der Informationsgesellschaft vom 10.9.2003 erledigt. Zu beachten ist aber die Schrankenbestimmung des § 44a. Vgl. näher Rn. 82.
47 BGH, GRUR 2002, 246, 247 – Scanner; BGH, GRUR 1999, 923, 925 – Tele-Info-CD; BGH, K&R 1999, 225, 227 – Elektronisches Pressearchiv m. Anm. *Völker*; OLG Düsseldorf, ZUM-RD 1997, 380, 383; OLG Frankfurt a. M., CR 1997, 275, 276; LG Hamburg, NJW-RR 1997, 878, 879; *Ernst*, in: Hoeren/Sieber/Holznagel, Multimediarecht, 42. EL 2015, Teil 7.1 Rn. 50.
48 So etwa *Lehmann*, Internet- und Multimediarecht (Cyberlaw), 1997, S. 58 ff.
49 *Loewenheim*, in: Schricker/Loewenheim, Urheberrecht, 4. Aufl. 2010, § 16 Rn. 27; *Schulze*, in: Dreier/Schulze, UrhG, 5. Aufl. 2015, § 16 Rn. 17.
50 Näher zum Sampling, *Bortloff*, ZUM 1993, 476 ff.; *Dougherty*, GRUR Int. 2007, 481 ff.; *Hoeren*, GRUR 1989, 11 ff., 580 ff.; *Müller*, ZUM 1999, 555; *Schwarz/Hansen*, in: Schwarz/Peschel-Mehner, Recht im Internet, Kap. 4, Abschn. 3 Rn. 14; *Spieß*, ZUM 1991, 524 ff.; *Tyra*, ZUM 2001, 49 ff.; *Weßling*, Der zivilrechtliche Schutz gegen digitales Sound-Sampling, 1995, S. 75 ff.; vgl. aber BVerfGE, Urt. v. 31.5.2016 1 BvR

B. Urheberrechtliche Bewertung von Vorgängen auf der Anbieterseite **Kap. 3**

Ferner stellt sich die Frage, ob die Digitalisierung eines urheberrechtlich geschützten Werks eine Bearbeitung dieses Werks i. S. v. § 23 darstellt. Dies würde zwar in der Regel nicht dazu führen, dass die Digitalisierung selbst der Einwilligung des Urhebers bedürfte (außer bei Computerprogrammen, § 69c Nr. 2, und in manchen Fällen bei Datenbankwerken, § 55a), wohl aber deren Veröffentlichung oder Verwertung. Die Bearbeitung eines Werks i. S. v. § 23 setzt begrifflich *eine Veränderung* des Originalwerks voraus.[51] Zudem kommt eine urheberrechtlich relevante Bearbeitung nur in Betracht, wenn die Veränderung nicht nur in völlig unerheblicher Weise erfolgt.[52] Bei der reinen Digitalisierung z. B. eines Texts oder von Bildern/Tönen ändert sich im Normalfall am geistigen bzw. gedanklichen Inhalt, welcher im digitalisierten Material verkörpert ist, wenig bis nichts. Die Digitalisierung dient lediglich dem Zweck, das Werk den Benutzern in einem anderen Format – insbesondere über zusätzliche Medien – zugänglich zu machen. Ziel ist es nicht, dass die Benutzer das Werk nachher in anderer Weise wahrnehmen als in seiner ursprünglichen Form. Daher handelt es sich bei der reinen Digitalisierung nicht um eine Bearbeitung des Werks i. S. v. § 23.[53] Da die Digitalisierung als solche das Werk (insbesondere in der dem Benutzer letztlich zugänglichen Form) nicht verändert, handelt es sich auch nicht um eine „andere Umgestaltung" des Werks im Sinne dieser Vorschrift.

34

Dies gilt i. d. R. auch dann, wenn im Rahmen der Digitalisierung eine rein technische Verbesserung im Hinblick auf die Wiedergabequalität stattfindet (z. B. bei Bildern und Filmen eine Beseitigung von Bildkratzern, bei Tonaufnahmen bzw. Soundtracks die Abmilderung von Verzerrungen, Halleffekten, Rauschen, Knistern usw.).[54] Soweit allerdings das Werk im Zuge der Digitalisierung auch in seiner Substanz verändert wird – also z. B. bei einer Fotografie durch Retuschen Bildelemente hinzugefügt oder entfernt werden

35

1585/13. Die Verwendung von Samples zur künstlerischen Gestaltung kann einen Eingriff in Urheber- und Leistungsschutzrechte rechtfertigen.
51 BGH, GRUR 2002, 532, 534 – Unikatrahmen; BGH, GRUR 1994, 41, 43 – Videozweitauswertung II; BGH, GRUR 1990, 669, 673 – Bibelreproduktion; *Loewenheim*, in: Schricker/Loewenheim, Urheberrecht, 4. Aufl. 2010, § 23 Rn. 6.
52 BGH, GRUR 1990, 669, 673 – Bibelreproduktion.
53 So auch *Klett*, Urheberrecht im Internet aus deutscher und amerikanischer Sicht, 1998, S. 63; *Loewenheim*, in: Schricker/Loewenheim, Urheberrecht, 4. Aufl. 2010, § 23 Rn. 6; *Schippan*, Harmonisierung des Urheberrechts in Europa im Zeitalter von Internet und digitaler Technologie, 1999, S. 84; *Schwarz/Hansen*, in: Schwarz/Peschel-Mehner, Recht im Internet, Kap. 4, Abschnitt 3 Rn. 13.
54 *Schwarz/Hansen*, in: Schwarz/Peschel-Mehner, Recht im Internet, Kap. 4, Abschnitt 3 Rn. 13 f.; vgl. zur Retrodigitalisierung auch *Spindler*, ZUM 2013, 349; *Euler*, AfP 2008, 474 ff.; *Heckmann*, AfP 2007, 314 ff.; *Spindler/Heckmann*, GRUR Int. 2008, 271 ff.

Kap. 3 Urheberrechtliche Bewertung der Vorgänge im Internet

(sog. Photocomposing) – liegt regelmäßig eine Bearbeitung i. S. v. § 23 vor.[55] Entsprechendes gilt auch, wenn ein Werk bei der Digitalisierung mit anderen Elementen – etwa anderen Werken – verbunden wird.[56]

II. Uploading

1. Begriff

36 Beim Uploading werden Dateien eines Internetteilnehmers von dessen Rechner auf den Server-Rechner „heraufgeladen", um dort auch für andere zum Abruf verfügbar zu machen. Bei diesem Vorgang des „Heraufladens" wird auf dem Server-Rechner eine digitale Kopie der Datei hergestellt und gespeichert.

2. Bewertung

37 Da beim Uploading eine oder mehrere zusätzliche digitale Kopien der Datei entstehen, die in der Regel – insbesondere auf dem Server-Rechner – auch fixiert bzw. gespeichert werden, handelt es sich urheberrechtlich – ähnlich wie beim ursprünglichen Vorgang der Digitalisierung[57] – um eine Vervielfältigung i. S. v. § 16.[58] Soweit es sich bei den vom Uploading betroffenen Daten um ein Computerprogramm handelt, liegt ebenfalls eine Vervielfältigung vor, die unter § 69c Nr. 1 fällt. Entsprechendes gilt auch für Datenbanken (§ 87b Abs. 1).

---

55 Näher für die elektronische Bildbearbeitung *Maaßen*, ZUM 1992, 338 ff.
56 *Schwarz*/Hansen, in: Schwarz/Peschel-Mehner, Recht im Internet, Kap. 4, Abschnitt 3 Rn. 14; *Schack*, JZ 1998, 753, 754.
57 Vgl. Rn. 28 ff.
58 Allgemeine Meinung, z. B. OLG München, GRUR 2001, 499, 503; *Klett*, Urheberrecht im Internet aus deutscher und amerikanischer Sicht, 1998, S. 74; *Koch*, GRUR 1997, 417, 425; *Intveen*, Internationales Urheberrecht und Internet, 1999, S. 31; *Loewenheim*, in: Schricker/Loewenheim, Urheberrecht, 4. Aufl. 2010, § 16 Rn. 23; *Nordemann/Goddar/Tönhardt/Czychowski*, CR 1996, 645, 648; *Ott*, ZUM 2008, 556, 557; *Schwarz/Hansen*, in: Schwarz/Peschel-Mehner, Recht im Internet, Kap. 4, Abschnitt 3 Rn. 17; *Schwarz*, GRUR 1996, 836, 841; *Schippan*, Harmonisierung des Urheberrechts in Europa im Zeitalter von Internet und digitaler Technologie, 1999, S. 85; *Waldenberger*, ZUM 1997, 176, 179 f.; *Wimmers/Schulz*, CR 2008, 170, 175; *Zscherpe*, MMR 1998, 404, 408.

B. Urheberrechtliche Bewertung von Vorgängen auf der Anbieterseite Kap. 3

III. Öffentliche Zugänglichmachung

1. Begriff

Ein Wesenselement des Internet besteht darin, dass Dateien (mit Texten, Tönen und/oder Bildern) entweder für alle Internet-Benutzer oder für bestimmte Personenkreise zugänglich bzw. verfügbar gemacht werden. Begrifflich ist diese „öffentliche Zugänglichmachung" von den hierfür erforderlichen vorherigen Schritten der Anbieter (also insbesondere Digitalisierung[59] und Uploading[60]) sowie von den Vorgängen zu unterscheiden, die sich aus der Inanspruchnahme der Dateien durch Internet-Benutzer ergeben.[61] Die „Zugänglichmachung" beschreibt also lediglich die Situation bzw. den Zustand, dass eine bestimmte Datei für potenzielle Benutzer zum Abruf bereit ist. Ein besonders praxisrelevantes Beispiel ist das Bereitstellen von Werken in einer Internet-Tauschbörse (sog. File-Sharing, z.B. über Bit-Torrent, eDonkey, Gnutella oder FastTrack).[62]

38

2. Bewertung

Durch das Gesetz zur Regelung des Urheberrechts in der Informationsgesellschaft vom 10.9.2003[63] ist das Recht der öffentlichen Zugänglichmachung in § 19a neu in das UrhG eingefügt worden.[64] Die Regelung erfolgte in Umsetzung von Art. 3 Abs. 1 und 2 der Richtlinie 2001/29/EG.[65] Nach Art. 3 Abs. 1 der Richtlinie sehen die Mitgliedstaaten vor, dass den Urhebern das ausschließliche Recht zusteht, die drahtgebundene oder drahtlose öffentliche Wiedergabe ihrer Werke einschließlich der öffentlichen Zugänglichmachung der Werke in der Weise, dass sie Mitgliedern der Öffentlichkeit von Orten und zu Zeiten ihrer Wahl zugänglich sind, zu erlauben oder zu verbieten. Die Richtlinienbestimmung geht ihrerseits auf Art. 8 WCT zurück.[66]

39

---

59 Vgl. Rn. 28 ff.
60 Vgl. Rn. 36 ff.
61 Vgl. Rn. 76 ff.
62 Vgl. dazu OLG Köln, MMR 2012, 184; OLG Düsseldorf, ZUM 2008, 866; *Forch*, GRUR-Prax 2014, 193; *Hohlweck*, GRUR 2014, 940.
63 Vgl. Rn. 13 ff.
64 Vgl. zur Rechtslage vor Inkrafttreten des § 19a: BGH, GRUR 2003, 958 – Paperboy; *Dreier*, in: Dreier/Schulze, UrhG, 5. Aufl. 2015, § 19a Rn. 3; *v. Ungern-Sternberg*, in: Schricker/Loewenheim, Urheberrecht, 4. Aufl. 2010, § 19a Rn. 32.
65 Vgl. Rn. 11.
66 Vgl. Rn. 4.

Kap. 3 Urheberrechtliche Bewertung der Vorgänge im Internet

40 Der Streit, ob es sich bei der öffentlichen Zugänglichmachung um eine Verwertung des Werks in körperlicher Form (§ 15 Abs. 1) oder in unkörperlicher Form (§ 15 Abs. 2) handelt,[67] hat sich mit Inkrafttreten des Gesetzes erledigt. § 15 Abs. 2 Satz 2 Nr. 2 stellt nunmehr klar, dass das Recht der öffentlichen Zugänglichmachung systematisch dem Recht der öffentlichen Wiedergabe zuzuordnen ist.

41 Nach Art. 19a ist das Recht der öffentlichen Zugänglichmachung das Recht, das Werk drahtgebunden oder drahtlos der Öffentlichkeit in einer Weise zugänglich zu machen, dass es Mitgliedern der Öffentlichkeit von Orten und zu Zeiten ihrer Wahl zugänglich ist. Maßgebliche Verwertungshandlung ist damit bereits das Zugänglichmachen des Werkes für den interaktiven Abruf, wodurch ein frühzeitiger Schutz zugunsten des Urhebers sichergestellt wird.[68]

42 Das Recht der öffentlichen Zugänglichmachung ist technologieneutral gefasst und damit nicht ausschließlich auf den Bereich des Internets begrenzt (wenngleich dies den Hauptanwendungsbereich bildet).[69] Ein Zugänglichmachen setzt lediglich voraus, dass Dritten der Zugriff auf das betreffende geschützte Werk oder einen geschützten Werktitel eröffnet wird.[70] Unerheblich ist, ob die Zugänglichmachung drahtgebunden oder drahtlos erfolgt.[71]

43 Der Begriff der Öffentlichkeit ist in § 15 Abs. 3 Satz 2 definiert. Die Vorschrift wurde durch das Gesetz zur Regelung des Urheberrechts in der Informationsgesellschaft neu gefasst, entspricht aber im Wesentlichen der alten Rechtslage. Zur Öffentlichkeit gehört danach jeder, der nicht mit demjenigen, der das Werk verwertet, oder mit den anderen Personen, denen das Werk in unkörperlicher Form wahrnehmbar oder zugänglich gemacht wird, durch persönliche Beziehung verbunden ist. Durch das Merkmal der Verbundenheit durch persönliche Beziehung sollen Beziehungen, die im Wesentlichen nur in einer technischen Verbindung zu einer Werknutzung liegen, etwa im Rahmen von File-Sharing-System, aus dem Anwendungsbereich der Vorschrift herausgenommen werden.[72] Die persönliche Verbundenheit muss unabhängig von einer rein technischen Verbindung bestehen, um eine Öffentlichkeit auszuschließen.[73] Auch das Einstellen von Werken in

---

67 Vgl. dazu die Vorauflage, Kap. 3, B. III.
68 BT-Drs. 15/38, S. 17.
69 BT-Drs. 15/38, S. 17.
70 BGH, GRUR 2011, 415 Rn. 10 – Kunstausstellung im Online-Archiv; BGH, GRUR 2010, 628 Rn. 19 – Vorschaubilder; *Dreier*, in: Dreier/Schulze, UrhG, 5. Aufl. 2015, § 19a Rn. 6.
71 *Dreier*, in: Dreier/Schulze, UrhG, 5. Aufl. 2015, § 19a Rn. 6.
72 BT-Drs. 15/38, S. 17.
73 BT-Drs. 15/38, S. 17.

ein Intranet kann daher dem Tatbestand des § 19a unterfallen, nicht dagegen die Übertragung per individueller E-Mail.[74]

Nach altem Recht war streitig, ob das für den klassischen Bereich der öffentlichen Wiedergabe geforderte Kriterium der Gleichzeitigkeit auf das Vorhalten von Werken zum Abruf in digitalen Netzen zu übertragen ist.[75] Dies hätte zur Folge, dass die Verfügbarmachung gegenüber der sukzessiven Öffentlichkeit, also gegenüber mehreren Personen nacheinander, in diesem Bereich nicht als öffentliche Wiedergabe zu qualifizieren wäre. Art. 3 Abs. 1 der Richtlinie 2001/29/EG gewährt jedoch entsprechend Art. 8 WCT den Urhebern das ausschließliche Recht der öffentlichen Zugänglichmachung der Werke in der Weise, dass sie Mitgliedern der Öffentlichkeit von Orten und *zu Zeiten ihrer Wahl* zugänglich sind. Danach kommt es nicht auf eine gleichzeitige Öffentlichkeit an. § 19a Halbsatz 2 stellt daher durch die Worte „zu Zeiten ihrer Wahl" klar, dass auch die sukzessive Öffentlichkeit für eine öffentliche Zugänglichmachung im Sinne der Vorschrift ausreicht.

44

Streitig ist ferner, ob der Tatbestand des § 19a neben der bloßen Verfügbarmachung auch den sich daran anschließenden Übermittlungsvorgang zum Abrufenden umfasst. Die herrschende Auffassung bejaht dies, da das Zugänglichmachen zwangsläufig eine Verbindung zum Abrufenden erfordere.[76] Das entscheidende Argument dürfte sein, dass nach Erwägungsgrund 24 der Richtlinie 2001/29/EG das Recht der öffentlichen Zugänglichmachung *alle Handlungen* der Zugänglichmachung für die Mitglieder der Öffentlichkeit umfasst, also auch die Übertragung vom Server des Bereithaltenden zum Endnutzer. Richtlinienkonform ist § 19a daher so auszulegen, dass sowohl das Bereitstellen zum Abruf als auch die Übertragung zum Endnutzer von der Vorschrift erfasst sind.[77]

45

IV. On-Demand-Dienste

1. Begriff

Aus der vielfältigen Auswahl von On-Demand-Diensten sind aus urheberrechtlicher Sicht insbesondere Audio-on-Demand und Video-on-Demand

46

---

74 OLG München, ZUM-RD 2007, 347. Etwas anderes gilt bei der massenhaften Versendung einer identischen E-Mail, vgl. dazu näher Rn. 101 ff.
75 Vgl. *v. Ungern-Sternberg*, in: Schricker, Urheberrecht, 2. Aufl. 1999, § 15 Rn. 59.
76 *Dreier*, in: Dreier/Schulze, UrhG, 5. Aufl. 2015, § 19a Rn. 6a; *Poll*, GRUR 2007, 476, 478; *Schack*, GRUR 2007, 639; a. A. *v. Ungern-Sternberg*, in: Schricker/Loewenheim, Urheberrecht, 4. Aufl. 2010, § 19a Rn. 42.
77 So zutreffend *Poll*, GRUR 2007, 476, 478.

Kap. 3 Urheberrechtliche Bewertung der Vorgänge im Internet

relevant. Als Audio-on-Demand (englisch für Audio auf Abruf) bezeichnet man das Angebot, digitales Audiomaterial auf Anfrage herunterzuladen oder über einen Audio-Stream mit einer geeigneten Software anzuhören.[78] Die Angebote erfolgen teilweise kostenlos, teilweise gegen Entgelt (z. B. Apple iTunes Music Store (iTMS), Apple Music oder Spotify). Video-on-Demand (Video auf Abfrage) beschreibt dieses Angebot im Hinblick auf Videomaterial. Angeboten wird Video-on-Demand beispielsweise von Netflix, Maxdome, Amazon Prime Instant Video, TV Now, T-Home Entertain und der ZDFmediathek.

2. Urheberrechtliche Bewertung der Anbieterseite

47 Das Bereitstellen von Audio- oder Videodateien zum individuellen Abruf im Internet ist eine öffentliche Zugänglichmachung im Sinne von § 19a UrhG.[79] Die Voraussetzungen des § 19a[80] liegen vor, da jeder Nutzer jederzeit und von einem beliebigen Ort (mit Internetzugang) aus Zugriff auf die eingestellten Alben bzw. Einzeltitel hat.[81] § 19a greift auch dann, wenn die Nutzer die musikalischen Inhalte nur zum Anhören – ohne die Möglichkeit zum Herunterladen – abrufen können (Streaming).[82]

48 Demgegenüber handelt es sich bei Audio- bzw. Video-on-Demand in der Regel nicht um eine Sendung im Sinne von § 20. Anders als bei Internet-Radio und Internet-TV[83] fehlt es an der Voraussetzung der zeitgleichen Ausstrahlung.[84] Bei der Sendung wird der Zeitpunkt der Übermittlung ebenso wie die zeitliche Reihenfolge der Programmbestandteile vom Sendenden vorgegeben, indem er zeitgleich für alle möglichen Empfänger das Sendesignal ausschickt. Demgegenüber entscheidet beim öffentlichen Zugänglichmachen der Nutzer über Zeitpunkt, Reihenfolge und Umfang des Empfangs.[85]

---

78 Vgl. allgemein *Wandtke/Schäfer*, GRUR Int. 2000, 187 ff.
79 Allg. M., vgl. etwa OLG Stuttgart, CR 2008, 319; OLG Hamburg, MMR 2006, 173 – staytuned.de; *Wiebe*, in: Spindler/Schuster, Recht der elektronischen Medien, 3. Aufl. 2015, § 19a UrhG Rn. 4.
80 Vgl. dazu näher Rn. 38 ff.
81 OLG Stuttgart, CR 2008, 319.
82 OLG Stuttgart, CR 2008, 319; *Dreyer*, in: Dreyer/Koffhoff/Meckel, HK Urheberrecht, 2. Aufl. 2009, § 19a Rn. 22. Vgl. zur Streaming-Technik näher unten Fn. 86 ff.
83 Vgl. dazu Rn. 49 ff.
84 Vgl. zur Abgrenzung des Rechts der Zugänglichmachung zum Senderecht *Dreier*, in: Dreier/Schulze, UrhG, 5. Aufl. 2015, § 20 Rn. 13 ff.; *v. Ungern-Sternberg*, in: Schricker/Loewenheim, Urheberrecht, 4. Aufl. 2010, § 19a Rn. 58; *Poll*, GRUR 2007, 476, 480 ff.
85 OLG Stuttgart, CR 2008, 319, 320; *Dreier*, in: Dreier/Schulze, UrhG, 5. Aufl. 2015, § 20 Rn. 13; zustimmend auch *Dornis*, CR 2008, 321.

B. Urheberrechtliche Bewertung von Vorgängen auf der Anbieterseite Kap. 3

V. Internet-Radio und Internet-TV

1. Begriff

Während in der Anfangsphase des Internet Vorgänge im Vordergrund standen, die im weitesten Sinne als Individualkommunikation beschrieben werden können (Downloading, Browsen, E-Mail usw.), ermöglichen technologische Verbesserungen inzwischen Verwertungshandlungen, die sich klassischen Formen der Sendung (insbesondere Hörfunk- und Fernsehsendung) immer mehr annähern. Das CTC/IT-Übertragungsprotokoll ermöglicht es, identische Inhalte an eine Vielzahl von Empfängern gleichzeitig zu übertragen und zwar unabhängig von einem individuellen Abruf (sog. Multicasting).[86] 49

In einem weiteren Schritt ist es inzwischen auch möglich, Fernseh- und Radioprogramme zeitgleich oder nahezu zeitgleich im Internet auszustrahlen („Internet-Radio", „Internet-TV"). Die meisten terrestrischen Radiosender senden ihr Signal inzwischen mit Hilfe der Streaming-Technik[87] zeitgleich auch über das Internet („Simulcasting"). Darüber hinaus gibt es viele reine Webradioanbieter („Webcasting").Nach der ARD/ZDF-Onlinestudie 2015[88] nutzen in Deutschland 11% der Internetsurfer mindestens einmal wöchentlich Webradio per Livestream. Auch Internet-TV ist inzwischen weit verbreitet. Web-TV-Angebote wie die ARD- und ZDF-Mediathek sowie ARTE+7 sind nur einige Beispiele.[89] 50

2. Bewertung

Nach überwiegender Auffassung unterfallen Simulcasting und Webcasting dem Senderecht i.S.v. § 20.[90] Dies folgt daraus, dass der Nutzer in beiden Fällen keinerlei Einfluss auf den Zeitpunkt und den Inhalt der Übertragung 51

---

86 *Schwarz/Hansen*, in: Schwarz/Peschel-Mehner, Recht im Internet, Kap. 4, Abschnitt 3 Rn. 30.
87 Der Kern dieser Technik liegt im Anlegen eines Datenpuffers, welcher, je nach Qualität des Kanals, gefüllt wird, bevor mit dem Abspielen begonnen wird. Vgl. dazu *Bortloff*, GRUR Int. 2003, 669, 670; *Rigopoulos*, Die digitale Werknutzung nach dem griechischen und deutschen Urheberrecht, 2004, S. 266 ff.; *Theiselmann*, Geistiges Eigentum in der Informationsgesellschaft, 2004, S. 59.
88 Abrufbar unter http://www.ard-zdf-onlinestudie.de/fileadmin/Onlinestudie_2015/09 15_Koch_Schroeter.pdf.
89 Diese Anbieter sind zugleich On-Demand-Dienste.
90 LG Köln, ZUM 2005, 574; *Schack*, GRUR 2007, 639, 641; *v. Ungern-Sternberg*, in: Schricker/Loewenheim, Urheberrecht, 4. Aufl. 2010, Vor §§ 20 ff. Rn. 7; a.A. *Dreier*, in: Dreier/Schulze, UrhG, 5. Aufl. 2015, § 19a Rn. 10, der sich für eine Zuordnung unter § 19a ausspricht.

Werner

Kap. 3 Urheberrechtliche Bewertung der Vorgänge im Internet

hat.[91] Es handelt sich um eine zeitgleiche Programmübermittlung an eine Öffentlichkeit zu einem vom Sendenden bestimmten Zeitpunkt.[92] Der Abruf entspricht dem Einschalten des Empfangsgeräts bei konventionellen Rundfunk- oder TV-Sendungen.[93]

52 § 19a ist grundsätzlich nicht anwendbar, da die gesendeten Programme den Mitgliedern der Öffentlichkeit nicht zu Zeiten ihrer Wahl zugänglich sind.[94] Etwas anderes gilt aber dann, wenn die Sendungen für einen späteren, zeitversetzten Abruf bereitgehalten werden. Hier liegt ein Fall der öffentlichen Zugänglichmachung nach § 19a vor.[95]

VI. Online-Videorecorder

1. Begriff

53 Unter einem Online-Videorecorder versteht man das Angebot, bestimmte Sendungen aufzuzeichnen und zum späteren Download anzubieten. Nach einer Registrierung kann sich der Nutzer mit einem Passwort einloggen und bekommt von dem Anbieter alle TV-Sender und das dazugehörige Programm aufgelistet. Per Mausklick entscheidet er, was aufgezeichnet werden soll. Die Aufnahmen stehen dem Nutzer in einem persönlichen Online-Archiv zur Verfügung, auf das er weltweit von jedem beliebigen PC zugreifen kann. Sie können auch heruntergeladen und auf seinem persönlichen Rechner gespeichert werden. Die bekanntesten Anbieter von Online-Videorecordern sind Save.TV, OnlineTVRecorder und Shift.TV.[96]

2. Bewertung

54 Zum einen könnte der Anbieter eines Online-Videorecorders in das auch Sendeunternehmen zustehende Recht auf öffentliche Zugänglichmachung (§§ 87 Abs. 1 Nr. 1 Alt. 2, 15 Abs. 2 Satz 2 Nr. 2, 19a) eingreifen. Von der

---

91 *Schack*, GRUR 2007, 639, 641; *v. Ungern-Sternberg*, in: Schricker/Loewenheim, Urheberrecht, 4. Aufl. 2010, Vor §§ 20 ff. Rn. 7.
92 *Poll*, GRUR 2007, 476, 480; *v. Ungern-Sternberg*, in: Schricker/Loewenheim, Urheberrecht, 4. Aufl. 2010, Vor §§ 20 ff. Rn. 7.
93 *v. Ungern-Sternberg*, in: Schricker/Loewenheim, Urheberrecht, 4. Aufl. 2010, § 20 Rn. 45.
94 *Poll*, GRUR 2007, 476, 480.
95 *Schack*, GRUR 2007, 639, 641.
96 Zur Funktionsweise eines Online-Videorecorders siehe auch: *Kianfar*, DSRITB 2011, 211, 211 f.; *dies.*, GRUR-RR 2011, 393, 394.

B. Urheberrechtliche Bewertung von Vorgängen auf der Anbieterseite   Kap. 3

Rechtsprechung wurde dies zum Teil bejaht.[97] Richtigerweise ist jedoch nach der konkreten technischen Realisierung des Dienstes zu differenzieren: Werden die Sendungen von dem Anbieter zunächst in Form einer „Masterkopie" aufgezeichnet und werden von dieser anschließend für jeden Kunden gesonderte Kopien angefertigt, die dann in das jeweilige Serververzeichnis des Kunden eingestellt werden, so verfügt jeder Kunde über seine „eigene Kopie". Die Inhalte werden somit zwar von dem Anbieter gegenüber dem Kunden „zugänglich" gemacht, jedoch jede Kopie nur gegenüber einem und nicht gegenüber der Öffentlichkeit.[98] Anders verhält es sich jedoch dann, wenn eine Datei gleichzeitig mehreren, nicht persönlich miteinander in Verbindung stehenden, Kunden gegenüber zum Abruf bereitgehalten wird. Ein öffentliches Zugänglichmachen i. S. v. § 19a ist (nur) dann zu bejahen.[99]

Eingegriffen wird jedenfalls in das Vervielfältigungsrecht nach §§ 87 Abs. 1 Nr. 2, 15 Abs. 1 Nr. 1, 16. Die Speicherung der Sendungen auf dem Server der Anbieter der Online-Videorecorder über das Internet fällt unter den Begriff der Vervielfältigung i. S. v. § 16.[100] Die Fixierung der digitalen bzw. digitalisierten Sendeimpulse auf den Speichermedien des Servers stellt eine körperliche Festlegung dar, die geeignet ist, das Werk den einzelnen Kunden sinnlich wahrnehmbar zu machen.[101] Es gilt hier nichts anderes als bei jedem sonstigen Upload.[102]   55

Es stellt sich somit die Frage, ob die Vervielfältigung unter das Privatkopien-Privileg aus § 53 fällt. Entscheidend ist dabei vor allem, wer als Hersteller der Vervielfältigungsstücke einzustufen ist. Würde man auf den (privaten) Nutzer abstellen, so käme eine Anwendung von § 53 Abs. 1 Satz 1 in Betracht. Stellt man jedoch auf den Anbieter ab, so käme § 53 Abs. 1 Satz 2 nur zum Tragen, wenn die Vervielfältigungshandlung dem privaten Nutzer zuzurechnen ist und diese unentgeltlich erfolgte.[103]   56

Während bei der Herstellereigenschaft eine rein technische Betrachtung vorgenommen wird, beurteilt sich die im Rahmen von § 53 vorzunehmende Zurechnung nach einer am Zweck des Privilegs ausgerichteten normativen   57

---

97 So OLG Köln, GRUR-RR 2006, 5 – Personal Video Recorder; OLG Hamburg, GRUR-RR 2006, 148 – Cybersky; LG Leipzig, GRUR-RR 2007, 143.
98 BGH, GRUR 2009, 845 Rn. 27 – Internet-Videorecorder I; BGH, GRUR 2013, 618 Rn. 22 – Internet-Videorecorder II; siehe auch die Parallelverfahren BGH, ZUM-RD 2013, 314 – save.tv, und BGH, ZUM-RD 2013, 421 – shift.tv.
99 *Boddien*, in: Fromm/Nordemann, Urheberrecht, 11. Aufl. 2014, § 87 Rn. 29a.
100 OLG Dresden, CR 2007, 458; so auch BGH, GRUR 2009, 845 – Internet-Videorecorder I.
101 OLG Dresden, CR 2007, 458.
102 Vgl. Rn. 36 ff.
103 Vgl. *Boddien*, in: Fromm/Nordemann, Urheberrecht, 11. Aufl. 2014, § 87 Rn. 30a.

Kap. 3   Urheberrechtliche Bewertung der Vorgänge im Internet

Bewertung.[104] Dabei ist darauf abzustellen, ob sich der Hersteller darauf beschränkt, gleichsam „an die Stelle des Vervielfältigungsgeräts" zu treten und als „notwendiges Werkzeug" des anderen tätig zu werden – dann kann dem Nutzer die Vervielfältigung zugerechnet werden – oder ob er eine urheberrechtlich relevante Nutzung in einem Ausmaß und einer Intensität erschließt, die sich mit den Erwägungen, die eine Privilegierung des Privatgebrauchs rechtfertigen, nicht mehr vereinbaren lässt. In letzterem Fall ist die Vervielfältigung dem Hersteller zuzuordnen.[105] Aber auch hier kommt es wieder auf die technische Realisierung an. Bei der unter Rn. 54 erläuterten zweistufigen Kopierhandlung nimmt der BGH auch im Kontext der Schrankenregelung eine Differenzierung vor: Während die zweite Vervielfältigungshandlung – Erstellung einer Kopie von der Masterkopie für den Kunden – von § 53 Abs. 1 Satz 1 erfasst wird, kann dies für die Herstellung der Masterkopie selbst nicht gelten. Diese dient – anders als die Kundenkopie – nicht dem privaten Gebrauch des Nutzers. Somit erfolgt die erste Vervielfältigungshandlung nicht durch eine natürliche Person zum Privatgebrauch und ebenfalls zu Erwerbszwecken.[106]

58   Schließlich kann der Anbieter eines Online-Videorecorders auch in das Weitersenderecht nach §§ 87 Abs. 1 Nr. 1 Alt. 1, 15 Abs. 2 Satz 2 Nr. 3, 20 eingreifen. Dies setzt voraus, dass der Inhalt einer Sendung durch funktechnische Mittel einer Mehrzahl von Mitgliedern der Öffentlichkeit zugänglich gemacht wird.[107] Dabei muss die Weitersendung zeitgleich mit dem Empfang erfolgen und in ihrer Bedeutung als Werknutzung anderen durch öffentliche Wiedergabe erfolgten Werknutzungen entsprechen.[108]

---

104   BGH, GRUR 2009, 845 – Internet-Videorecorder I; BGH, GRUR 1997, 459 – CB-Infobank I; *Boddien*, in: Fromm/Nordemann, Urheberrecht, 11. Aufl. 2014, § 87 Nr. 30a.
105   BGH, GRUR 2009, 845 Rn. 17 – Internet-Videorecorder I; BGH, GRUR 1999, 707 – Kopienversanddienst.
106   BGH, ZUM-RD 2013, 314 Rn. 17 ff. – save.tv; OLG München, ZUM 2014, 813, 816; *Boddien*, in: Fromm/Nordemann, Urheberrecht, 11. Aufl. 2014, § 87 Rn. 30a.
107   BGH, GRUR 2009, 845 Rn. 32 – Internet-Videorecorder I; BGH, GRUR 2010, 530 Rn. 17 – Regio-Vertrag; BGH, GRUR 2013, 618 Rn. 41 – Internet-Videorecorder II.
108   BGH, GRUR 2009, 845 Rn. 29 ff – Internet-Videorecorder I; BGH, GRUR 2013, 618 Rn. 41 – Internet-Videorecorder II.

VII. Vorschaubilder (Thumbnails)

1. Begriff

Als Thumbnails (englisch für Daumennagel) werden verkleinerte und in ihrer Pixelanzahl reduzierte Miniaturansichten bezeichnet, die als Vorschau für eine größere Version dienen. Thumbnails werden hauptsächlich wegen ihrer kürzeren Ladezeit und der Platzersparnis im Vergleich zu der Originalgröße verwendet. Sie sollen dem Betrachter einen schnellen Überblick über eine Auswahl an Bildern verschaffen. Einzelne Bilder können bei Bedarf durch einfaches Klicken auf das Vorschaubild in voller Größe abgerufen werden. Thumbnails werden insbesondere von Suchmaschinen (z. B. Google) verwendet, aber auch Internetlexika wie Wikipedia machen von ihnen Gebrauch.[109]

59

2. Bewertung

Hervorzuheben ist zunächst, dass geschützte Werke im Zusammenhang mit Thumbnails nicht die auf den Vorschaubildern abgebildeten Werke (z. B. der bildenden Kunst) sind. Die digitalisierte Darstellung dieser Werke ist eine bloße Vervielfältigung,[110] die als solche nicht schutzfähig ist.[111] Schutzfähig ist ausschließlich die digitalisierte Fotografie, entweder als einfaches Lichtbild i. S. v. § 72 oder als Lichtbildwerk i. S. v. § 2 Abs. 1 Nr. 5.[112]

60

Die automatische Verkleinerung und digitale Komprimierung von Abbildungen ist in aller Regel keine schöpferische Leistung, die ein Bearbeitungsurheberrecht (§§ 3 Satz 1, 2 Abs. 2) auslöst.[113] Bei Thumbnails handelt es sich daher grundsätzlich nicht um eine „andere Umgestaltung" nach § 23, sondern um eine Vervielfältigung i. S. v. § 16.[114]

61

Darüber hinaus wird durch die Darstellung der Thumbnails im Internet auch in das Recht der öffentlichen Zugänglichmachung nach § 19a eingegrif-

62

---

109 Zum technischen Hintergrund und zur Funktionsweise von Thumbnails siehe auch: *Hüsch*, CR 2010, 452, 452 f.; *Hüttner*, WRP 2010, 1008, 1009.
110 Vgl. Rn. 28 ff.
111 Zutreffend *Schack*, MMR 2008, 414, entgegen OLG Jena, MMR 2008, 408.
112 *Schack*, MMR 2008, 414. Relevant ist dies u. a. für die Aktivlegitimation in einem Verletzungsverfahren.
113 *Schack*, MMR 2008, 414, 415.
114 BGH, GRUR 2010, 628 Rn. 17 – Vorschaubilder I; *Ott*, ZUM 2007, 119, 125; *Schack*, MMR 2008, 414, 415; vgl. auch Rn. 28; a. A. OLG Jena, MMR 2008, 408, 409, welches das Anzeigen der Thumbnails als Umgestaltung des Originalwerks i. S. v. § 23 ansieht.

fen.[115] Dass die Bilder in umgestalteter bzw. verkleinerter Form dargestellt werden, spielt insoweit keine Rolle. Es gelten die gleichen Grundsätze wie zu § 16.[116] Hierzu ist anerkannt, dass unter das Vervielfältigungsrecht nicht nur identische, sondern auch nahezu identische Vervielfältigungen fallen.[117] Selbst in einem weiten Abstand vom Original liegende Umgestaltungen werden vom Vervielfältigungsrecht erfasst, wenn sie ohne eigene schöpferische Ausdruckskraft geblieben sind und noch im Schutzbereich des Originals liegen, weil dessen Eigenart auch in der Nachbildung erhalten bleibt und ein übereinstimmender Gesamteindruck besteht.[118] Dasselbe gilt auch für § 19a.[119]

63 Fraglich ist, ob der Urheber den Betreibern von Bildersuchmaschinen durch das Einstellen eines Werks auf einer Internetseite eine (konkludente) Einwilligung zur Darstellung des Werks als Thumbnails erteilt. Einem Dritten kann grundsätzlich das Recht, ein Werk auf eine bestimmte Art und Weise zu nutzen, auch durch eine konkludente Einwilligung des Urhebers eingeräumt werden.[120] Eine solche Überlassung eines urheberrechtlichen Nutzungsrechts weist jedoch dinglichen Charakter auf, sodass die (konkludente) Willenserklärung, mit der das Nutzungsrecht eingeräumt wird, den Anforderungen an dingliche Verfügungen über Rechte genügen muss.[121] Demnach muss unter Berücksichtigung der gesamten Begleitumstände nach dem objektiven Inhalt der Erklärung unzweideutig zum Ausdruck gekommen sein, dass der Erklärende über sein Urheberrecht in der geschilderten Weise verfügen wollte.[122] Im bloßen Einstellen von urheberrechtlich geschützten Werken ins Internet kommt jedoch lediglich der Wille zum Ausdruck, dass die Abbildungen von anderen Internetnutzern angesehen werden können.[123] Selbst die Aufnahme bestimmter Wortlisten in den Quellcode einer Internetseite, die Suchmaschinen den Zugriff auf ihre Seite erleichtern, kann nicht für sich gesehen als objektiv erkennbarer Erklärungswille zur Einräumung

---

115 BGH, GRUR 2010, 628 Ls. 1 – Vorschaubilder I; BGH, GRUR 2012, 602 Rn. 13 – Vorschaubilder II; *Dustmann*, in: Fromm/Nordemann, Urheberrecht, 11. Aufl. 2014, § 19a Rn. 22.
116 LG Hamburg, GRUR-RR 2004, 313, 316.
117 BGH, GRUR 1991, 529, 530 – Explosionszeichnungen; BGH, GRUR 1988, 533, 535 – Vorentwurf II.
118 BGH, GRUR 2010, 628 Rn. 17 – Vorschaubilder I; BGH, GRUR 1988, 533, 535 – Vorentwurf II.
119 LG Hamburg, GRUR-RR 2004, 313, 316.
120 BGH, GRUR 2010, 628 Rn. 29 – Vorschaubilder I; BGH, GRUR 1971, 362, 363 – Kandinsky II.
121 BGH, GRUR 2010, 628 Rn. 29 – Vorschaubilder I.
122 BGH, GRUR 2010, 628 Rn. 29 – Vorschaubilder I; BGH, GRUR 1971, 362, 363 – Kandinsky II.
123 BGH, GRUR 2010, 628 Rn. 31 – Vorschaubilder I.

von urheberrechtlichen Nutzungsrechten an die Betreiber von Bildersuchmaschinen ausgelegt werden.[124]

Dennoch geht die Rechtsprechung über das Instrument der sog. schlichten Einwilligung, die unterhalb des Niveaus einer konkludenten Einwilligung anzusiedeln ist, von einer Rechtfertigung der Verletzungshandlung aus.[125] Dabei sind jedoch drei verschiedene Konstellationen voneinander zu unterscheiden. In seinem Vorschaubilder-I-Urteil hat der BGH eine schlichte Einwilligung für ein rechtmäßig im Internet öffentlich zugänglich gemachtes Foto angenommen, das im Rahmen der Google-Bildersuche als Thumbnail öffentlich zugänglich gemacht worden war. Demnach ist eine schlichte Einwilligung immer dann gegeben, wenn der Berechtigte eine mögliche Blockierung der Suchmaschinenindexierung seines Werkes gerade nicht vorgenommen hat. Begründet wurde dies damit, dass ein Berechtigter, der Texte oder Bilder im Internet uneingeschränkt frei zugänglich macht, mit den nach den Umständen üblichen Nutzungshandlungen von Bildersuchmaschinen rechnen muss.[126] In seinem Folgeurteil Vorschaubilder II nahm der BGH auch eine Einwilligung im Fall von rechtswidrig im Internet öffentlich zugänglich gemachten Fotos an, die jedoch (auch) an anderer Stelle rechtmäßig öffentlich im Internet zugänglich waren. Hier argumentierte der BGH damit, dass es allgemein bekannt sei, dass Suchmaschinen, die das Internet in einem automatisierten Verfahren nach Bildern durchsuchen, nicht danach unterscheiden, ob ein aufgefundenes Bild von einem Berechtigten oder einem Nichtberechtigten ins Internet eingestellt wurde. Es sei daher widersprüchlich, wenn der Rechteinhaber vom Suchmaschinenbetreiber verlangt, nur Thumbnails solcher Fotos anzuzeigen, die vom Rechteinhaber lizenziert wurden.[127] Keine schlichte Einwilligung kann dagegen angenommen werden, wenn Fotos ohne Zustimmung des Berechtigten im Internet öffentlich zugänglich gemacht werden. Der BGH zieht dabei jedoch die Möglichkeit in Betracht, die Haftung des Suchmaschinenbetreibers auf solche Verstöße zu beschränken, die begangen werden, nachdem der Betreiber auf eine klare Rechtsverletzung hingewiesen worden ist.[128]

---

124 BGH, GRUR 2010, 628 Rn. 31 – Vorschaubilder I; BGH, GRUR 2012, 602 Rn. 15 – Vorschaubilder II.
125 BGH, GRUR 2010, 628 Rn. 31 ff. – Vorschaubilder I; BGH, GRUR 2012, 602 Rn. 18 – Vorschaubilder II; übereinstimmend: *Ohly*, GRUR 2012, 983, 986 f.; kritisch dazu: *Fahl*, K&R 2010, 437; *Wiebe*, GRUR 2011, 888, 890.
126 BGH, GRUR 2010, 628 Rn 36 – Vorschaubilder I; *Nordemann*, in: Fromm/Nordemann, Urheberrecht, 11. Aufl. 2014, § 97 Rn. 25.
127 BGH, GRUR 2012, 602 Rn. 28 – Vorschaubilder II; *Nordemann*, in: Fromm/Nordemann, Urheberrecht, 11. Aufl. 2014, § 97 Rn. 25.
128 BGH, GRUR 2010, 628 Rn. 39 – Vorschaubilder I; *Nordemann*, in: Fromm/Nordemann, Urheberrecht, 11. Aufl. 2014, § 97 Rn. 25.

Kap. 3   Urheberrechtliche Bewertung der Vorgänge im Internet

VIII. Verlinkung

1. Begriff

65 Das Wort „Link" kommt bekanntlich aus dem Englischen und bedeutet so viel wie „Verbindung" oder „Verknüpfung". Im Internet wird damit eine der revolutionären Besonderheiten dieses Mediums und der Multimedia-Techniken allgemein gekennzeichnet, nämlich die besonderen Möglichkeiten der elektronischen „Verknüpfung". Durch Links ist es möglich, unterschiedliche, zunächst voneinander an sich völlig unabhängige Elemente innerhalb eines digitalisierten Werks oder mehrerer solcher Werke (Texte, Bilder, Töne usw.) zueinander in Beziehung zu setzen. Die Link-Technik macht geradezu das Wesen des Internets aus. Mit Hilfe von Links können sowohl einzelne Teile und Elemente einer Website als auch verschiedene Websites elektronisch in der Weise verknüpft werden, dass man elektronisch von einem Inhalt zum anderen „springt" bzw. mehrere Inhalte gleichzeitig wahrnehmbar macht. Diese Vernetzung (engl. „*net*" oder „*web*") spiegelt sich auch in den Begriffen „Inter*net*" bzw. „World Wide *Web*" wider.[129]

66 Technisch ermöglicht der Link den unmittelbaren Aufruf der Datei (also z. B. des Texts oder der Grafik), auf welche der Link verweist. Der Benutzer muss lediglich den Link anklicken, um das Erscheinen der betreffenden Datei auf seinem Bildschirm zu veranlassen. Dabei unterscheidet man verschiedene Spielarten: Der *Hyperlink* führt von der Website, in der man sich zunächst befindet, auf eine fremde Website; die ursprüngliche Website wird also verlassen. Beim Anklicken des Links wird – für den Nutzer erkennbar – der Server gewechselt. Der Benutzer landet auf der Homepage der neuen Website. Führt der Link nicht auf die Eingangsseite der Homepage, sondern auf andere („tieferliegende") Seiten der neuen Website, spricht man vom „Deep-Link".[130]

2. Bewertung

67 Der Link als solcher greift noch nicht in urheberrechtliche Verwertungsrechte der Datei, auf die der Link verweist, ein. Insbesondere stellt der Link als solcher keine Vervielfältigung dar.[131] Durch das Setzen eines einfachen Hyperlinks oder eines Deep-Links wird ein fremdes Werk auch nicht i. S. v.

---

129 Näher zu Links z. B. *Völker/Lührig*, K&R 2000, 20 f.
130 Vgl. *Völker/Lührig*, K&R 2000, 20 f. m. w. N.; *Arezzo*, IIC 2014, 524, 526.
131 BGH, GRUR 2003, 958, 961 – Paperboy; vgl. dazu *Berger*, CR 2004, 360; *Hoeren*, GRUR 2004, 1; *Lapp*, ITRB 2004, 114; *Ott*, WRP 2004, 52.

§ 19a öffentlich zugänglich gemacht.¹³² Wer einen solchen Link setzt, nimmt nach der Rechtsprechung des BGH gerade keine urheberrechtliche Nutzungshandlung vor, sondern verweist lediglich auf das Werk in einer Weise, die den Nutzern den bereits eröffneten Zugang erleichtert. Er hält das geschützte Werk somit weder selbst öffentlich zum Abruf bereit noch übermittelt er es selbst auf Abruf an Dritte. Somit entscheidet nicht derjenige, der den Link gesetzt hat, darüber ob das Werk der Öffentlichkeit zugänglich bleibt, sondern derjenige, der das Werk online gestellt hat.¹³³ Auch der EuGH verneint das Vorliegen einer öffentlichen Wiedergabe im Sinne von Art. 3 Abs. 1 der Richtlinie 2001/29/EG mit der Begründung, dass kein neues Publik vorliegt.¹³⁴ Dies gilt jedoch dann nicht, wenn der Link auf eine Datei auf dem eigenen Server in einem nicht-öffentlichen Ordner verweist.¹³⁵

Die Freiheit des Verlinkens gilt jedoch nur insoweit, als die verlinkten Werke nicht durch technische Maßnahmen gegen den freien Zugriff geschützt sind.¹³⁶ Sowohl nach der Rechtsprechung des BGH als auch nach der Rechtsprechung des EuGH stellt die Verlinkung auf Seiten, die auf diese Weise geschützt sind, einen Eingriff in das Recht der öffentlichen Zugänglichmachung dar.¹³⁷ Dies soll nach dem BGH auch dann gelten, wenn die Maßnahme nicht wirksam im Sinne von § 95a Abs. 3 ist. Begründet wird dies damit, dass bereits eine nicht wirksame Maßnahme den Willen des Einstellenden erkennen lässt, dass er mit einer erneuten öffentlichen Zugänglichmachung nicht einverstanden ist.¹³⁸

68

IX. Framing

1. Begriff

Mit der Internet-spezifischen Link-Technik eng verbunden sind die Frames (englisch für „Rahmen"). Die Frame-Technologie ermöglicht es, den Bild-

69

---

132 BGH, GRUR 2011, 56 Rn. 24 – Session-ID; BGH, GRUR 2003, 958, 961 – Paperboy; *Dreier*, in: Dreier/Schulze, UrhG, 5. Aufl. 2015, § 19a Rn. 6a.
133 BGH, GRUR 2011, 56 Rn. 34 – Session-ID; BGH, GRUR 2003, 958 – Paperboy.
134 EuGH, Rs. C-466/12, Rn. 24 ff. – Svensson; bestätigt durch EuGH, C-348/13, Rn. 15 ff. – Bestwater.
135 BGH, GRUR 2014, 180 – Terminhinweis mit Kartenausschnitt; *Dreier*, in: Dreier/ Schulze, UrhG, 5. Aufl. 2015, § 19a Rn. 6a.
136 BGH, GRUR 2003, 958 – Paperboy; BGH, GRUR 2010, 628 – Vorschaubilder I; BGH, GRUR 2012, 602 – Vorschaubilder II; *Dreier*, in: Dreier/Schulze, UrhG, 5. Aufl. 2015, § 19a Rn. 6a.
137 Vgl. EuGH, Rs. C-466/12, Rn. 24 ff. – Svensson; BGH, GRUR 2011, 56 – Session-ID.
138 BGH, GRUR 2011, 56 – Session-ID.

Kap. 3 Urheberrechtliche Bewertung der Vorgänge im Internet

schirm in mehrere eigenständig aktivierbare Rahmen aufzuteilen. Wenn eine Website aufgerufen wird, erscheint häufig in einem bestimmten Sektor des Bildschirms eine Themenliste. Durch das Anklicken einer Themenbezeichnung wird auf einem anderen Teil des Bildschirms dann eine bestimmte Datei aufgerufen. Dabei kann es sich um Elemente derselben Website handeln, aber auch um Texte oder andere Daten aus einer anderen Website. Bei der letztgenannten Variante hat die Kombination von Link- und Frame-Technologie zur Folge, dass für den Benutzer das Erscheinen von Daten aus einer anderen Website nicht offensichtlich wird. Die Daten der fremden Website erscheinen immer noch im Rahmen (und unter der Internet-Domain) der ursprünglichen Website.

2. Bewertung

70 Soweit die Frame-Technik genutzt wird, um fremde Inhalte in die eigene Website zu integrieren bzw. in der eigenen Website zugänglich zu machen, berührt dies – soweit es geschütztes Material ist – in mehrfacher Hinsicht die Rechte der Urheber: Lädt der Frame-Anbieter die Daten zunächst selbst auf seinen eigenen Server, um sie auf diese Weise im Rahmen der Frames den Internetnutzern anzubieten, handelt es sich bei diesem vorgelagerten Vorgang bereits um eine Vervielfältigung i. S. v. § 16.[139] Soweit die Verknüpfung zu fremdem Material lediglich über Links erfolgt, stellt der Link selbst keine Vervielfältigung dar.[140]

71 Die umstrittene Frage, ob Framing eine eigene Nutzungshandlung des Linksetzenden darstellt,[141] hatte der BGH dem EuGH zur Vorabentscheidung vorgelegt.[142] Nach Ansicht des EuGH stellt Framing keinen Eingriff in das Recht der öffentlichen Zugänglichmachung dar, sofern das auf diese Weise verlinkte Werk bereits auf einer anderen Website mit Erlaubnis der Urheberrechtsinhaber für alle Internetnutzer frei zugänglich ist.[143] Begründet wird dies damit, dass es sich insoweit weder um ein neues technisches Verfahren handele noch ein neues Publikum erreicht werde. Dies soll selbst dann gelten, wenn das Werk beim Anklicken des betreffenden Links in einer Art und Weise erscheint, die den Eindruck vermittelt, dass es von der Website aus gezeigt wird, auf der sich der Link befindet, obwohl es tatsächlich einer an-

---

139 Vgl. oben zum Uploading Rn. 36 ff.
140 Vgl. Rn. 67.
141 Ablehnend: OLG Köln, MMR 2013, 192 – Kirschkerne; OLG Köln MMR 2012, 552; *v. Ungern-Sternberg*, GRUR 2012, 224, 227; bejahend: OLG Düsseldorf, ZUM 2012, 327; LG München I, ZUM 2007, 260, 263 f.; *Schulze*, ZUM 2011, 2, 10.
142 BGH, GRUR 2013, 818 – Die Realität.
143 EuGH, C-348/13 – Bestwater.

deren Website entstammt.¹⁴⁴ Der BGH geht in einer Folgeentscheidung – Die Realität II – davon aus, dass die fraglichen Werke dann für ein neues Publikum wiedergegeben werden, wenn der Urheber die ursprüngliche öffentliche Wiedergabe nicht erlaubt hat.¹⁴⁵ Dafür spreche der Gesichtspunkt, dass es sich bei dem „neuen Publikum" nach der vom EuGH gegebenen Begriffsbestimmung um ein Publikum handele, an das der Inhaber des Urheberrechts nicht dachte, als er die ursprüngliche öffentliche Wiedergabe erlaubte.¹⁴⁶

X. Push-Dienste

1. Begriff

Der Anbieter eines Push-Dienstes ermöglicht es interessierten Nutzern, sich vom Anbieter regelmäßig bestimmte Informationen bzw. Daten zu von ihnen ausgewählten Themen aus dem Internet elektronisch zuschicken zu lassen. Der Benutzer erhält also in diesem Fall Daten aus dem Internet nicht mehr durch eigenes aktives Suchen („Surfen", „Browsen" bzw. gezielte individuelle Abfragen). Vielmehr werden Internet-Daten – gewissermaßen „per Abonnement" – regelmäßig an ihn (bzw. seinen Rechner) übersandt. 72

2. Bewertung

Soweit die durch Push-Dienste übermittelten Daten auf dem Rechner des Benutzers (Arbeitsspeicher oder Festspeicher) gespeichert werden, stellt dies zunächst eine Vervielfältigung i.S.v. § 16 (bzw. bei Computerprogrammen § 69c Abs. 1 Nr. 2 und bei Datenbanken § 87b Abs. 1 Satz 1) dar.¹⁴⁷ 73

Ferner stellt sich die Frage, ob die Übermittlung von Daten im Wege der Push-Dienste auch in das Senderecht i.S.v. § 20 eingreift. Bei der Push-Technik wird vom Anbieter ein bestimmter Datensatz an eine Mehrzahl (häufig Vielzahl) von Empfängern übertragen. Dies kommt der Ausstrahlung einer klassischen Hörfunk- oder Fernsehsendung nahe. Letztlich ist die Situation beim Push-Dienst nicht anders als z.B. bei verschlüsselt ausge- 74

---

144 EuGH, C-348/13, Rn. 15 ff. – Bestwater; *Dreier*, in: Dreier/Schulze, UrhG, 5. Aufl. 2015, § 19a Rn. 6a; in seiner Vorlagefrage war der BGH insoweit noch von einem unbenannten Nutzungsrecht nach § 15 Abs. 2 ausgegangen, vgl. BGH, GRUR 2013, 818 – Die Realität.
145 BGH, GRUR 2016, 171 – Die Realität II.
146 BGH, GRUR 2016, 171, 174 – Die Realität II.
147 Vgl. Rn. 31; zur Wiedergabe der Daten auf Bildschirm oder durch Lautsprecher vgl. Rn. 79 f.; zum Ausdruck der Daten vgl. Rn. 92.

Kap. 3 Urheberrechtliche Bewertung der Vorgänge im Internet

strahlten Sendungen (insbesondere Pay-TV), die auch nur einem Ausschnitt der Öffentlichkeit (bei Push-Diensten den „Abonnenten") zugänglich ist. Somit kommt auch bei Push-Diensten eine Bejahung des Merkmals der Öffentlichkeit in Betracht, soweit im Einzelfall die allgemeinen Voraussetzungen in § 15 Abs. 3 gegeben sind[148] und im konkreten Einzelfall an eine Mehrzahl von Nutzern identische Inhalte zeitgleich übertragen werden.[149] Schließlich stellt sich noch die Frage, ob einer Anwendbarkeit des Senderechts auf diesen Vorgang entgegensteht, dass die übertragenen Daten nicht immer sofort bei Übertragung (und nur dann) vom Empfänger genutzt und abgerufen werden, sondern auch dann, wenn er sich zum Abruf der Daten auf seinem Rechner entschließt. Auch hier liegt jedoch kein grundsätzlicher Unterschied z. B. zu Fernsehsendungen, die auch häufig vom Empfänger zunächst mit einem Rekorder auf Kassette (oder auch digital) gespeichert und erst zu einem späteren Zeitpunkt angeschaut werden. Insgesamt spricht somit Vieles dafür, den Vorgang der Push-Technik – wenn sich das Angebot an eine entsprechend große Mehrzahl von Personen richtet – als Eingriff in das Senderecht i. S. v. § 20 zu qualifizieren, wenn die Übermittlung wie bei klassischen Sendungen zeitgleich und mit identischem Inhalt erfolgt.[150] Bei zeitlich unterschiedlicher Übermittlung der Datensätze ohne Einflussnahme der einzelnen Empfänger ist von einer unbenannten Nutzungsart nach § 15 Abs. 2 auszugehen.[151]

75 Ein Fall des § 19a liegt bei Push-Diensten nur dann vor, wenn das Material vom Anbieter lediglich zum Download bereitgestellt wird und die Empfänger darüber eine Mitteilung erhalten.[152]

---

148 Vgl. auch *Klett*, Urheberrecht im Internet aus deutscher und amerikanischer Sicht, 1998, S. 87.
149 *Schwarz/Hansen*, in: Schwarz/Peschel-Mehner, Recht im Internet, Kap. 4, Abschnitt 3 Rn. 47, und *Koch*, NJW-CoR 1998, 45, verneinen bei Push-Diensten eine Sendung, weil es in der Regel bei den durch Push-Dienste übertragenen Datenpaketen von Empfänger zu Empfänger zeitliche und inhaltliche Unterschiede gebe; *Schippan*, Harmonisierung des Urheberrechts in Europa im Zeitalter von Internet und digitaler Technologie, 1999, S. 88 f.; für eine Anwendung von § 20 auf der Grundlage eines „sukzessiven" Öffentlichkeitsbegriffs *Leupold*, ZUM 1998, 99, 106 f.
150 *Klett*, Urheberrecht im Internet aus deutscher und amerikanischer Sicht, 1998, S. 88.
151 *v. Ungern-Sternberg*, in: Schricker/Loewenheim, Urheberrecht, 4. Aufl. 2010, § 20 Rn. 48.
152 *Dreier*, in: Dreier/Schulze, UrhG, 5. Aufl. 2015, § 19a Rn. 10; *v. Ungern-Sternberg*, in: Schricker/Loewenheim, Urheberrecht, 4. Aufl. 2010, § 20 Rn. 47.

C. Urheberrechtliche Bewertung von Vorgängen auf der Nutzerseite

I. Browsing

1. Begriff

„To browse" heißt im Englischen so viel wie „herumstöbern". Hierunter versteht man im Zusammenhang mit dem Internet das „Herumstreifen" im WWW, also die – mehr oder weniger gezielte – Suche bestimmter Daten und Informationen im Internet, aber auch das eher ziellose Aufrufen von Websites bzw. Internet-Datenangeboten. Das Browsen ist dadurch charakterisiert, dass die aufgerufenen Dateien in der Regel nicht auf dem Festspeicher des Benutzer-Computers, sondern allein – häufig nur für Sekunden oder Sekundenbruchteile – in seinem Arbeitsspeicher eine Festlegung erfahren. Ein wichtiges Hilfsmittel für das Browsen sind entsprechende Softwareprodukte, also die Browser-Software (z.B. Netscape Navigator, Microsoft Internet Explorer).

76

2. Bewertung

Beim Browsing findet auch eine Duplikation der Daten statt, ebenso eine in der Regel kurze Speicherung im Arbeitsspeicher des Benutzerrechners. Bei Zugrundelegung eines weiten Vervielfältigungsbegriffes[153] ist daher auch beim Browsing von einer Vervielfältigung i.S.v. § 16 auszugehen.[154]

77

Das Browsing fällt allerdings unter die Schrankenbestimmung des § 44a, sodass es ohne Zustimmung des jeweiligen Rechteinhabers zulässig ist.[155] Erwägungsgrund 33 der Richtlinie 2001/29/EG nennt das Browsing ausdrücklich als ein Beispiel für eine flüchtige Vervielfältigungshandlung, die nach Art. 5 Abs. 1 der Richtlinie vom Vervielfältigungsrecht ausgenommen ist.

78

---

153 Vgl. Rn. 31.
154 *Dustmann*, in: Fromm/Nordemann, Urheberrecht, 11. Aufl. 2014, § 16 Rn. 13.
155 *Dreier*, in: Dreier/Schulze, UrhG, 5. Aufl. 2015, § 44a Rn. 4; *Loewenheim*, in: Schricker/Loewenheim, Urheberrecht, 4. Aufl. 2010, § 44a Rn. 5, 12.

II. Wiedergabe auf Bildschirm oder durch Lautsprecher

79 Die tatsächliche Nutzung von Daten aus dem Internet setzt voraus, dass diese für den Benutzer wahrnehmbar gemacht werden, insbesondere durch Wiedergabe auf dem Monitor, durch Ausdrucken auf Papier oder (bei Tönen und Klängen) durch Wiedergabe über Lautsprecher. Bei der Wiedergabe von Texten und Bildern auf dem Bildschirm findet keine erneute körperliche Fixierung statt. Es handelt sich also nicht um eine Vervielfältigung i.S.v. § 16.[156] Vielmehr liegt eine Wiedergabe in unkörperlicher Form vor. Durch die private Wahrnehmung der Daten durch einen Einzelnen am eigenen Bildschirm werden daher die Rechte des Urhebers nicht berührt (wenn auch möglicherweise durch die vorangegangene Vervielfältigung auf seinem Arbeitsspeicher oder seiner Festplatte). Soweit es sich allerdings um die Bildschirmwiedergabe eines Werks i.S.v. § 19 Abs. 4 handelt und die Wiedergabe auf dem Bildschirm öffentlich i.S.v. § 15 Abs. 3 erfolgt, wäre hierdurch das Vorführungsrecht i.S.v. § 19 Abs. 4 berührt.[157]

80 Ferner stellt sich die Frage, ob bei einer solchen Wiedergabe von Texten oder Bildern (auch bewegten Bildern) aus dem Internet über den Bildschirm auch das Recht der Wiedergabe durch Bild- oder Tonträger i.S.v. § 21 berührt sein kann. Entsprechendes gilt, soweit Vorträge oder Aufführungen urheberrechtlich geschützter Werke (insbesondere Sprachwerke oder Musikwerke) im Sinne dieser Vorschrift aus dem Internet abgerufen und über einen Lautsprecher am Computer öffentlich wahrnehmbar gemacht werden. Dies würde voraussetzen, dass die Wahrnehmbarmachung mittels Bild- oder Tonträger im Sinne der Legaldefinition in § 16 Abs. 2 erfolgt. Nach heutiger Auffassung stellen auch digitale Speichermedien, wie z.B. Festplatten in Computern, Vorrichtungen zur wiederholbaren Wiedergabe von Bild- oder Tonfolgen, mithin Bild- bzw. Tonträger i.S.v. § 16 Abs. 2 und damit auch i.S.v. § 21 dar.[158] Soweit daher aus dem Internet abgerufene Vorträge oder Aufführungen von Werken über Bildschirm und/oder Lautsprecher i.S.v. § 21 öffentlich wahrnehmbar gemacht werden, berührt dies das dem

---

156 BGH, GRUR 1991, 449, 453 – Betriebssystem; BGHZ 37, 1, 6f. – AKI; *Dustmann*, in: Fromm/Nordemann, Urheberrecht, 11. Aufl. 2014, § 16 Rn. 14; *Flechsig*, ZUM 1996, 833, 835f.; *Loewenheim*, in: Schricker/Loewenheim, Urheberrecht, 4. Aufl. 2010, § 16 Rn. 19; *Schippan*, Harmonisierung des Urheberrechts in Europa im Zeitalter von Internet und digitaler Technologie, 1999, S. 93; *Schwarz/Hansen*, in: Schwarz/Peschel-Mehner, Recht im Internet, Kap. 4, Abschnitt 3 Rn. 24.
157 Zu weitgehend *Maaßen*, ZUM 1992, 338, 345, der in jeder Bildschirmwiedergabe einen Eingriff in § 15 Abs. 2 sieht.
158 *Loewenheim*, in: Schricker/Loewenheim, Urheberrecht, 4. Aufl. 2010, § 16 Rn. 27.

C. Urheberrechtliche Bewertung von Vorgängen auf der Nutzerseite Kap. 3

Urheber durch diese Vorschrift vorbehaltene Recht der Wiedergabe durch Bild- oder Tonträger.[159]

III. Downloading

1. Begriff

Die Online-Benutzung ist der typische Vorgang auf Seiten des Internet-Benutzers. Dieser ruft durch elektronische Datenfernübertragung Daten (von einer Website, z. B. von einer elektronischen Datenbank) ab, um sie über seinen Bildschirm (und/oder Lautsprecher) wiederzugeben, bei Bedarf auch auszudrucken und/oder auf dem Festspeicher (der Festplatte) des eigenen Rechners zu speichern. Dieser Vorgang wird als Downloading bezeichnet. 81

2. Bewertung

Soweit der Benutzer die online abgerufenen Daten auf seiner Festplatte oder einem Datenträger speichert, liegt eine Vervielfältigung i. S. v. § 16 vor.[160] Auch bei einer nur vorübergehenden – selbst kurzfristigen – Speicherung (im Arbeitsspeicher) wird es sich i. d. R. um einen Vorgang der Vervielfältigung i. S. v. § 16 handeln.[161] Das Downloading ist keine nur vorübergehende Vervielfältigung i. S. v. § 44a.[162] 82

Nicht nur die Speicherung auf Festplatte (oder anderen „dauerhaften" elektronischen Speichermedien), sondern auch das vorübergehende Speichern im Arbeitsspeicher stellt eine Vervielfältigungshandlung im Sinne von §§ 16 Abs. 1, 69c Nr. 1 dar.[163] Der diesbezügliche Streit[164] wurde mit der Neufassung des § 16 Abs. 1 durch das Gesetz zur Regelung des Urheber- 83

---

159 *Schwarz/Hansen*, in: Schwarz/Peschel-Mehner, Recht im Internet, Kap. 4, Abschnitt 3 Rn. 24.
160 Vgl. Rn. 31; OLG Köln, AfP 2001, 81, 84; LG München I, ZUM 2001, 263; *Loewenheim*, in: Schricker/Loewenheim, Urheberrecht, 4. Aufl. 2010, § 16 Rn. 23; *Schwarz/Hansen*, in: Schwarz/Peschel-Mehner, Recht im Internet, Kap. 4, Abschnitt 3 Rn. 19, 52; *Schack*, JZ 1998, 753, 757; *Schippan*, Harmonisierung des Urheberrechts in Europa im Zeitalter von Internet und digitaler Technologie, 1999, S. 93; *Ernst*, in: Hoeren/Sieber/Holznagel, Multimediarecht, 42. EL 2015, Kap. 7.1 Rn. 48, 55.
161 *Heerma*, in: Wandtke/Bullinger, Praxiskommentar UrhR, 4. Aufl. 2014, § 16 Rn. 5; *Bosak*, CR 2001, 176, 177.
162 *Dreier*, in: Dreier/Schulze, UrhG, 5. Aufl. 2015, § 44a Rn. 4.
163 Vgl. BGH, GRUR 2011, 418, 419 – UsedSoft; LG München I, CR 2007, 356, 357; *Dreier*, in: Dreier/Schulze, UrhG, 5. Aufl. 2015, § 69c Rn. 8; *Loewenheim*, in: Schricker/Loewenheim, Urheberrecht, 4. Aufl. 2010, § 69c Rn. 6 f.; offengelassen noch von BGH, K&R 1999, 225, 227 – Elektronisches Pressearchiv m. Anm. *Völker*;

Kap. 3 Urheberrechtliche Bewertung der Vorgänge im Internet

rechts in der Informationsgesellschaft obsolet. Eine Vervielfältigung im rechtlichen Sinne liegt demnach immer dann vor, wenn der technische Vervielfältigungsvorgang zu einer gesteigerten Programmnutzung führt.[165] Eine gesteigerte Programmnutzung ist auch dann gegeben, wenn durch das Laden des Programms in den Arbeitsspeicher des Rechners eines Anwenders einem zusätzlichen Anwender die Nutzung ermöglicht wird.[166]

84 Der *individuelle* Datenabruf eines einzelnen Benutzers im Internet stellt keinen Sendevorgang i.S.v. § 20 dar. Zunächst fehlt es bereits an einer aktiven Übermittlung der Daten durch denjenigen, der sie im Internet anbietet. Damit liegt auch eine zeitgleiche Ausstrahlung an eine unbestimmte Vielzahl von Personen, wie sie für eine Sendung typisch ist, nicht vor.[167]

IV. Empfang von Streaming-Diensten

1. Begriff

85 Die Übertragung von Video- und/oder Audiodateien im Wege des Streamings („Streams") erfolgt durch eine kontinuierliche Übertragung komprimierter Video- oder Audiodateien in Form eines Datenstroms über das Internet. Die Daten kommen beim Nutzer schubweise an und werden in Puffern im Arbeitsspeicher des Rechners des Nutzers kurz zwischengespeichert und anschließend wieder gelöscht.[168] Anders als beim Download erfolgt keine dauerhafte Speicherung der Daten auf dem Rechner des Nutzers.

86 Eine auf dem Rechner des Nutzers installierte Software, der sogenannte Media-Player (z.B. Windows Media Player, AIMP, VLC Media Player), dekomprimiert den Datenstrom und ermöglicht dem Nutzer dadurch das Ansehen bzw. Anhören des Werkes. Technisch erfolgt dies dadurch, dass vom Internet-Browser des Nutzers ein asx-File an den Media-Player übermittelt wird, das den Media-Player startet und diesem mitteilt, auf welchem Server

---

BGHZ 112, 264, 278 – Betriebssystem; GRUR 1994, 363, 365 – Holzhandelsprogramm; OLG Köln, AfP 2001, 81, 84.
164 Vgl. Rn. 31 sowie zum Streitstand *Loewenheim*, in: Schricker/Loewenheim, Urheberrecht, 4. Aufl. 2010, § 69c Rn. 7.
165 LG München I, CR 2007, 356, 357; *Dreier*, in: Dreier/Schulze, UrhG, 5. Aufl. 2015, § 69c Rn. 8; *Loewenheim*, in: Schricker/Loewenheim, Urheberrecht, 4. Aufl. 2010, § 69c Rn. 6.
166 LG München I, CR 2007, 356, 357.
167 Nahezu allgemeine Meinung, z.B. *Schwarz/Hansen*, in: Schwarz/Peschel-Mehner, Recht im Internet, Kap. 4 Abschn. 3 Rn. 52; *Flechsig*, in: Becker/Dreier, Urheberrecht und digitale Technologie, 1994, S. 30.
168 Vgl. näher *Enstahler*, NJW 2014, 1553.

die Video- oder Audiosequenz liegt. Der Media-Player beginnt anschließend, den Video- oder Audio-Stream abzurufen.

Unterschieden werden kann zwischen dem „Live-Streaming", bei dem der Nutzer die Streaming-Inhalte nahezu zeitgleich mit der Erstellung erhält, und dem „On-Demand-Streaming", bei dem der Nutzer über den Zeitpunkt des Empfangs der Inhalte entscheidet. 87

2. Bewertung

Da beim Empfang von Video- und Audiodateien mittels Streaming eine kurze Zwischenspeicherung der Daten im Arbeitsspeicher des Benutzerrechners erfolgt, handelt es sich nach herrschender Meinung um eine Vervielfältigung i. S. v. § 16.[169] 88

Entscheidend und äußerst streitig ist die Frage, unter welchen Voraussetzungen die Schrankenbestimmung des § 44a auf den Empfang von Streams anwendbar ist. Bejaht man die Anwendbarkeit, wäre der Empfang von Streams ohne Zustimmung des jeweiligen Rechteinhabers zulässig. § 44a Nr. 1 ist von vornherein nicht einschlägig, da diese Vorschrift lediglich die Übertragung von Daten betrifft. Möglich erscheint jedoch die Anwendbarkeit des § 44a Nr. 2. Danach sind vorübergehende Vervielfältigungshandlungen, die flüchtig oder begleitend sind und einen integralen und wesentlichen Teil eines technischen Verfahrens darstellen, zulässig, wenn deren alleiniger Zweck es ist, eine *rechtmäßige Nutzung* eines Werkes zu ermöglichen, und die *keine eigenständige wirtschaftliche Bedeutung* haben. 89

Unklar ist zunächst, in welchen Fällen eine Nutzung als rechtmäßig i. S. v. § 44a Nr. 2 betrachtet werden kann. Nach Erwägungsgrund 33 der Richtlinie 2001/29/EG, auf welcher § 44a beruht, soll eine Nutzung als rechtmäßig gelten, soweit sie vom Rechtsinhaber zugelassen bzw. nicht durch Gesetze beschränkt ist. Diese Auslegung ist jedoch wenig hilfreich: Wenn eine Nutzung vom Rechtsinhaber zugelassen ist, liegt zugleich seine Einwilligung in die Nutzung vor, sodass es einer Schrankenbestimmung nicht mehr bedarf. Dass eine Nutzung gemäß § 44a Nr. 2 immer dann rechtmäßig ist, wenn sie nicht durch Gesetze beschränkt ist, kann in dieser Allgemeinheit ebenfalls nicht richtig sein. § 44a Nr. 2 käme in diesem Fall keinerlei eigenständige Bedeutung zu.[170] Nach einer Auffassung soll die Rechtmäßigkeit der Nutzung von der Rechtmäßigkeit der Quelle abhängen.[171] Vom Grundgedanken ähnlich wendet das Landgericht Köln in seiner Redtube-Entschei- 90

---

169 Vgl. Rn. 46 ff.
170 So zutreffend *Enstahler*, NJW 2014, 1553, 1555; *Galetzka/Stamer*, MMR 2014, 292.
171 *Wandtke/von Gerlach*, GRUR 2013, 676, 680.

Kap. 3 Urheberrechtliche Bewertung der Vorgänge im Internet

dung § 53 Abs. 1 entsprechend an und stellt darauf ab, ob die Vorlage offensichtlich rechtswidrig hergestellt oder offensichtlich rechtswidrig öffentlich zugänglich gemacht worden ist.[172] Dagegen spricht jedoch, dass § 44a Nr. 2 anders als § 53 Abs. 1 gerade nicht auf die Rechtmäßigkeit der Quelle oder Vorlage abstellt, sondern auf die Rechtmäßigkeit der Nutzung. Nach anderer Auffassung soll der Empfang von Streams stets rechtmäßig sein, da es sich um einen bloßen rezeptiven Werkgenuss handele, der nach der Wertung des Urheberrechtsgesetzes stets frei und rechtmäßig sei.[173] Diese Auffassung kann sich auf die Entscheidung des EuGH in der Rechtssache FAPL ./. Murphy berufen, in der es um die Rechtmäßigkeit des Empfangs von Rundfunksendungen mittels Satellitendecodern ging. Der EuGH entschied, dass der bloße Empfang von Sendungen als solcher, also die Erfassung ihres Signals und ihre visuelle Darstellung im privaten Kreis, keine durch die Regelung der Union beschränkte Handlung darstelle und diese Handlung demzufolge rechtmäßig sei.[174] Hierbei bleibt jedoch unberücksichtigt, dass im digitalen Bereich die Möglichkeiten für eine rezeptive Werknutzung sehr viel größer sind als im analogen Bereich. Ob § 44a den rezeptiven Werkgenuss im digitalen Bereich im gleichen Umfang privilegieren wollte, wie dies im analogen Bereich der Fall ist, erscheint daher keineswegs sicher.[175]

91 Besonderes Gewicht kommt daher dem weiteren Tatbestandsmerkmal zu, dass eine berechtigte Nutzung nur dann zulässig ist, wenn ihr keine eigenständige wirtschaftliche Bedeutung zukommt. Das ist jedenfalls dann nicht der Fall, wenn die Vervielfältigung dem Nutzer neben dem bloßen rezeptiven Werkgenuss einen zusätzlichen wirtschaftlichen Vorteil verschafft, z. B. durch die Erzielung von Eintrittsgeldern.[176] Nach Auffassung des Autors ist eine eigenständige wirtschaftliche Bedeutung i. S. d. § 44a jedoch auch dann zu bejahen, wenn es sich bei der Nutzung um einen vollumfänglichen Werkgenuss handelt.[177] Dies ist beispielsweise dann der Fall, wenn ein Film vollständig angesehen wird und nicht lediglich kurze Ausschnitte daraus. Denn für eine vollumfängliche Werknutzung wird vom Berechtigten regelmäßig ein Entgelt verlangt, sei es durch Verkauf eines Musikalbums, einer Kino-Eintrittskarte oder durch Erhebung einer Gebühr für das Ansehen eines Films über einen Streaming-Dienst. Der vollumfängliche Werkgenuss hat daher eigenständige wirtschaftliche Bedeutung. Es bleibt abzuwarten, wie

---

172 LG Köln, GRUR-RR 2014, 114 – Redtube mit Verweis auf *Busch*, GRUR 2011, 496, 502 f.
173 *Stieper*, MMR 2012, 12, 15.
174 EuGH, verb. Rs. C-403/08 und C-429/08, Rn. 171 – FAPL ./. Murphy.
175 So zutreffend *Enstahler*, NJW 2014, 1553, 1555.
176 EuGH, C-403/08, Rn. 161 ff. – Football Association Premiere League; vgl. *Dreier*, in: Dreier/Schulze, UrhG, 5. Aufl. 2015, § 44a Rn. 10.
177 So *Enstahler*, NJW 2014, 1553, 1555.

V. Ausdruck durch Drucker

Der Ausdruck eines urheberrechtlich geschützten Werks, das aus dem Internet abgerufen wurde, mit Hilfe eines Druckers (also die Herstellung einer sog. „Hard Copy") stellt eine Vervielfältigung i. S. v. § 16 dar.[178] **92**

D. Urheberrechtliche Bewertung von Vorgängen im Zusammenhang mit der Datenübertragung

I. Routing

1. Begriff

Der Begriff „Routing" kennzeichnet die spezifische Technik des Datentransports im Internet: In der Regel wird nicht eine Datei als Ganzes vom Absender an den Empfänger übermittelt, sondern in sehr kleine „Datenpäckchen" zerlegt. Die einzelnen „Pakete" werden über verschiedenste Rechner und Leitungen transportiert (dabei auch teilweise zwischengespeichert) und erst beim Zielrechner wieder zur ursprünglich abgesandten Datei zusammengebaut. **93**

2. Bewertung

Hier stellt sich zunächst die Frage, ob das Routing ein Vorgang ist, der in das Senderecht i. S. v. § 20 eingreift. Dies ist jedenfalls für die im Internet typischen Vorgänge des individuellen Datenabrufs durch einen einzelnen Benutzer (insbesondere im Wege des Downloading, auch im Rahmen des Browsing bzw. des Surfens), aber auch bei einer individuellen Datenübertragung an den Benutzer auf Initiative des Anbieters zu verneinen, da es bei diesen Vorgängen an typischen Wesensmerkmalen einer „Sendung" i. S. v. **94**

---

178 Allgemeine Meinung, z. B. BGH, GRUR 2008, 245 – Drucker und Plotter; *Dustmann*, in: Fromm/Nordemann, Urheberrecht, 11. Aufl. 2014, § 16 Rn. 26; *Ernst*, in: Hoeren/Sieber/Holznagel, Multimediarecht, 42. EL 2015, Kap. 7.1 Rn. 53; *Loewenheim*, in: Schricker/Loewenheim, Urheberrecht, 4. Aufl. 2010, § 16 Rn. 19 m.w.N.; *Plaß*, WRP 2001, 195, 198.

Kap. 3 Urheberrechtliche Bewertung der Vorgänge im Internet

§ 20 fehlt. Eine Ausnahme kommt lediglich bei Push-Diensten in Betracht.[179] Soweit der Vorgang der Datenübertragung durch die Push-Technik im Einzelfall insgesamt als Sendevorgang zu werten ist, gilt dies selbstverständlich auch für das hierbei stattfindende Routing (als Teil des Sendevorgangs).

95 Die einzelnen „Datenpäckchen" sind in der Regel so klein, dass ihnen per se kein urheberrechtlicher Schutz mehr zukommen wird.[180] Sie stellen auch keinen wesentlichen Teil einer Datenbank i. S. v. § 87b Abs. 1 Satz 1 dar. Soweit daher beim Transport Vervielfältigungen stattfinden, handelt es sich nicht um urheberrechtlich relevante Vorgänge. Wenn die Datei am Ende des Transports wieder zusammengesetzt und gespeichert wird, ist jedoch dieses Endergebnis eine Vervielfältigung der transportierten Datei i. S. v. § 16 Abs. 1 (bzw. bei Computerprogrammen i. S. v. § 69c Satz 1 Nr. 1).[181] Diese Vervielfältigungshandlung wird allerdings in der Regel gemäß § 44a zulässig sein.[182]

II. Caching

1. Begriff

96 Unter dem englischen Begriff „Caching" werden technisch bedingte Zwischenspeicherungen verstanden. Zweck ist insbesondere eine technische Entlastung der Kommunikationswege im Internet, aber auch die Beschleunigung des Datenabrufs, insbesondere wenn ein Benutzer bestimmte Daten wiederholt benötigt. Der wichtigste Fall des Caching ist die vorübergehende Zwischenspeicherung von Daten, die von einem Server abgerufen werden, auf einem sog. „Proxy-Server" („proxy" = Stellvertreter), also auf einem Rechner des Online-Dienstes. Der Benutzer kann die Daten vom Proxy-Server dann direkt – und in der Regel schneller und einfacher – abrufen. Durch den Einsatz von Proxy-Servern wird gleichzeitig die Gefahr einer Überlastung der Kommunikationswege im Internet, die immer wieder zu Engpässen

---

179 Näher Rn. 73 ff.
180 *Loewenheim*, in: Schricker/Loewenheim, Urheberrecht, 4. Aufl. 2010, § 16 Rn. 22; a. A. *Schulze*, in: Dreier/Schulze, UrhG, 5. Aufl. 2015, § 16 Rn 12.
181 *Bechtold*, ZUM 1997, 427, 436; *Koch*, GRUR 1997, 417, 425; *Loewenheim*, in: Schricker/Loewenheim, Urheberrecht, 4. Aufl. 2010, § 16 Rn. 22; *Schippan*, Harmonisierung des Urheberrechts in Europa im Zeitalter von Internet und digitaler Technologie, 1999, S. 94 f.; *Schulze*, in: Dreier/Schulze, UrhG, 5. Aufl. 2015, § 16 Rn. 12; *Schwarz/Hansen*, in: Schwarz/Peschel-Mehner, Recht im Internet, Kap. 4, Abschnitt 3 Rn. 33; *Zscherpe*, MMR 1998, 404, 408 f.
182 *Dreier*, in: Dreier/Schulze, UrhG, 5. Aufl. 2015, § 44a Rn. 4.

und Zeitverzögerungen für die Benutzer führt, reduziert. Nicht selten wird auf dem Proxy-Server sogar der vollständige Datenbestand eines anderen Servers bereitgehalten (sog. Mirroring).

Teilweise erfolgt ein solches „Caching" auch durch Zwischenspeicherung von Daten auf dem Rechner des Nutzers. Dies kommt etwa beim „Browsing",[183] also beim „Herumstreifen" in verschiedenen Internet-Websites vor. Mit Hilfe der Browsing-Software werden dann vom Benutzer aufgerufene Websites ganz oder teilweise auf dem Rechner des Nutzers abgespeichert. Der Nutzer kann dann die Daten vom eigenen Rechner erneut aufrufen, ohne jedes Mal die entsprechende Website neu herunterladen zu müssen. 97

2. Bewertung

Das Caching führt in der Regel nur zu einer mehr oder weniger kurzen Festlegung von Daten auf dem Speicher eines Rechners (insbesondere dem Proxy-Server). Begrifflich handelt es sich daher um Vervielfältigungshandlungen i.S.v. § 16 Abs. 1 (bzw. bei Computerprogrammen i.S.v. § 69c Satz 1 Nr. 1 und bei Datenbanken i.S.v. § 87b Abs. 1 Satz 1). 98

Das Caching ist jedoch nach der Schrankenbestimmung des § 44a grundsätzlich zulässig.[184] Nach dieser Vorschrift sind vorübergehende Vervielfältigungshandlungen zulässig, die flüchtig oder begleitend sind und einen integralen und wesentlichen Teil eines technischen Verfahrens darstellen und deren alleiniger Zweck es ist, eine Übertragung in einem Netz zwischen Dritten durch einen Vermittler oder eine rechtmäßige Nutzung eines Werkes oder sonstigen Schutzgegenstands zu ermöglichen, und die keine eigenständige wirtschaftliche Bedeutung haben. Mit der Einführung des § 44a durch das Gesetz zur Regelung des Urheberrechts in der Informationsgesellschaft vom 10.9.2003[185] wurde Artikel 5 Abs. 1 der Richtlinie 2001/29/EG umgesetzt. Es sollte angesichts eines nunmehr sehr weit gefassten Vervielfältigungsbegriffes in § 16 Abs. 1 den Erfordernissen in der Informationsgesellschaft Rechnung getragen werden, gewisse genau bestimmte Vervielfältigungshandlungen, die technisch notwendig und begleitend sind, vom ausschließlichen Verfügungsrecht des Urhebers über die Vervielfältigung auszunehmen.[186] Insbesondere gehört hierzu nach dem Erwägungsgrund 33 der Richtlinie auch der Bereich des Caching. 99

---

183 Vgl. Rn. 76 ff.
184 Vgl. dazu auch Kap. 4 Rn. 89 ff.
185 Vgl. Rn. 14.
186 BT-Drs. 15/38, S. 18.

Kap. 3 Urheberrechtliche Bewertung der Vorgänge im Internet

100 Im Bereich der Computerprogramme und Datenbanken ist § 44a analog anzuwenden.[187]

III. E-Mail und sonstige Individualkommunikation

1. Begriff

101 E-Mail ist die Abkürzung für „Electronic Mail", also elektronische Post. Dies bezeichnet den Vorgang, dass ein individueller Absender über seinen Rechner an einen oder mehrere Empfänger (oder eine Vielzahl von ihnen) digitalisierte Daten (also i. d. R. Text- oder Bilddateien, aber auch Tondateien) verschickt. Für den Empfänger werden die Daten dann im Speicher eines Rechners festgelegt und sind über den Bildschirm oder wahlweise durch Ausdruck per Drucker (oder Wiedergabe durch Lautsprecher) abrufbar.

102 Die Grundvariante und häufigste Erscheinungsform einer E-Mail ist die – dem Brief vergleichbare – individuelle und persönliche Mitteilung eines Absenders an einen Empfänger. Es gibt jedoch auch eine Reihe von Spielarten, welche durch die technischen Möglichkeiten des Internet eröffnet und genutzt werden: Der Absender kann die E-Mail an eine Mehrzahl oder Vielzahl von Empfängern schicken, die aber immer noch individuell bestimmt und benannt werden. Diese Variante findet sich häufig im geschäftlichen Bereich, etwa bei elektronischer Versendung einer Mitteilung an mehrere Mitarbeiter. Teilweise gibt es auch Diskussionsgruppen im Internet, bei denen ein Teilnehmer seinen Beitrag an eine zentrale Stelle (teilweise an einen „Moderator") schickt; von dort aus wird sie dann an die anderen interessierten Teilnehmer nach Maßgabe einer „Mailing List" weitergeleitet.

103 Wie lange E-Mails für den Empfänger gespeichert bleiben, entscheidet dieser selbst. Der Empfänger kann die Speicherung aufrechterhalten, nachdem er die Nachricht gelesen hat. Er kann sie auch löschen, ohne sie zu lesen.

104 Eine weitere Besonderheit des Internets ist die Möglichkeit der schriftlichen „Echtzeit"-Kommunikation, bei welcher also der Empfänger die Nachricht unmittelbar nach Eingabe durch den Absender erhält und auf seinem Bildschirm wahrnimmt (mit der Möglichkeit, auch gleich wieder zu antworten und so ein „virtuelles Gespräch" zu führen). Dies ist zum einen möglich in sog. „Chat-Rooms". In diesen virtuellen „Räumen" unterhalten sich mehrere Nutzer, die ihre wahre Identität zumeist hinter einem Pseudonym, dem sog. „Nickname", verbergen. Der Übersichtlichkeit wegen ist der Aufenthalt in solchen Chats vom jeweiligen Betreiber typischerweise auf eine bestimmte Anzahl Nutzer, z. B. auf 25 oder 50, begrenzt. Zumeist ist eine Anmel-

---

[187] *Dreier*, in: Dreier/Schulze, UrhG, 5. Aufl. 2015, § 44a Rn. 2 (str.).

D. Urheberrechtliche Bewertung von Vorgängen im Zusammenhang Kap. 3

dung zur jeweiligen Teilnahme erforderlich. Die Nutzer eines Chats haben die Möglichkeit, ihre Beiträge an alle weiteren Teilnehmer des jeweiligen Chat-Rooms zu richten, oder aber – über bestimmte technische Funktionen – gezielt einen oder auch mehrere Teilnehmer „anzusprechen". Je nachdem was gewählt wird, sind die Textbeiträge auf dem Bildschirm für alle oder nur für die ausgewählten Teilnehmer sichtbar. Ein neuer Textbeitrag wird dabei in einem neuen Absatz hinter dem letzten bereits erschienenen angefügt. Wegen der möglichen Vielzahl der Textbeiträge sind auf dem sichtbaren Bildschirmfenster jeweils nur die neuesten Beiträge, etwa die letzten zehn bis 15, sichtbar. Ob auch noch ältere Beiträge durch Verschieben des Bildschirminhalts wieder aufrufbar sind, hängt vom jeweiligen Anbieter des Chat-Rooms ab. Typischerweise können auch noch ältere Textbeiträge wieder sichtbar gemacht werden, jedoch in der Regel nicht mehr nach Verlassen des Chat-Rooms.[188]

Ähnlich funktioniert ein Gespräch bei der Benutzung des „Internet Relay Chat" (IRC). Die Teilnehmer kommunizieren hierbei über sog. „Channels", die sich typischerweise an Interessenten eines bestimmten Themas richten (etwa „Linux", „Berlin" etc.). Eine Teilnehmerbegrenzung findet dabei in der Regel nicht statt. Es besteht auch die Möglichkeit, einen neuen IRC-Kanal zu erzeugen. Neben den öffentlichen Kanälen gibt es zudem private Kanäle, in denen eine Kommunikation lediglich zwischen zwei Personen möglich ist.[189]   105

Zwischen der Einzelkommunikation per E-Mail und der Gruppenkommunikation in Chat-Räumen und via IRC sind sog. Instant-Messaging-Dienste einzuordnen, wie sie etwa von Mirabilis (ICQ), Microsoft (Windows Live Messenger) Yahoo (Yahoo Messenger), Tencent (Tencent QQ) oder Skype angeboten werden. Bei diesen besteht die Möglichkeit, zwischen entsprechend registrierten Teilnehmern, elektronische Mitteilungen zu verschicken. Erforderlich hierfür ist, dass sowohl Absender als auch Empfänger online sind, also über eine aktive Verbindung zum Internet verfügen, und sich mit Hilfe eines entsprechenden Computerprogramms beim Messaging-Dienst angemeldet haben. Ob der gewünschte Empfänger online ist, zeigt das Messaging-Programm an, nachdem der Empfänger mit seinem registrierten Namen (dies kann ein Phantasie-Name sein) in eine entsprechende Kontakt-Liste aufgenommen worden ist. Erhält der Empfänger eine elektronische Mitteilung, kann er dem Absender auf gleichem Wege antworten. Die jeweiligen Textbeiträge erscheinen zumeist, insofern besteht eine ge-   106

---

188 Vgl. auch *Klett*, Urheberrecht im Internet aus deutscher und amerikanischer Sicht, 1998, S. 149.
189 Vgl. auch *Klett*, Urheberrecht im Internet aus deutscher und amerikanischer Sicht, 1998, S. 150.

Werner   207

Kap. 3 Urheberrechtliche Bewertung der Vorgänge im Internet

wisse Ähnlichkeit zum Chat, in einem gesonderten Bildschirmbereich, wo sie einsichtbar bleiben, bis das individuelle „Gespräch" beendet wird.

2. Bewertung

107 Das – auch nur vorübergehende – Speichern der per E-Mail übermittelten Daten auf Seiten des Empfängers stellt eine Vervielfältigung i. S. v. § 16 dar,[190] die der Absender veranlasst hat. Ein eventueller Ausdruck der per E-Mail übersandten Daten ist eine weitere Vervielfältigung im Sinne dieser Vorschrift.[191] Dagegen ist die bloße Wiedergabe auf dem Bildschirm keine Vervielfältigung, sondern eine Form der unkörperlichen Wiedergabe, bei der nur ausnahmsweise unter den Voraussetzungen des § 19 Abs. 4 bzw. § 21 ein Eingriff in das Recht zur unkörperlichen Wiedergabe durch öffentliche Vorführung bzw. öffentliche Wiedergabe in Betracht kommt (was bei individueller Korrespondenz per E-Mail aber selten der Fall sein wird). Selbstverständlich liegt ebenfalls eine Vervielfältigung vor, wenn ein geschütztes Werk gleich an eine Mehrzahl von Interessenten (z. B. über eine sog. „Newsgroup") übermittelt wird. Auch beim „Chat" bzw. „Internet Relay Chat" findet auf Seiten des Empfängers eine – wenn auch im Regelfall kurze – Speicherung statt. Damit ist auch hier im Grundsatz von einer Vervielfältigung i. S. v. § 16 auszugehen,[192] die allerdings in der Regel unter die Schrankenbestimmung des § 44a fallen wird.

108 Die Übermittlung eines geschützten Werkes per individueller E-Mail ist keine öffentliche Zugänglichmachung i. S. v. § 19a, da es an dem Erfordernis der Öffentlichkeit fehlt.[193] Aus dem gleichen Grund handelt es sich bei der Individualkommunikation zwischen einem Absender und einem Empfänger auch nicht um einen Sendevorgang i. S. v. § 20.

109 Da § 19a bei richtlinienkonformer Auslegung nicht nur das Bereithalten eines Werkes für eine Öffentlichkeit, sondern auch den Übertragungsvorgang eines öffentlich zum Abruf bereitgestellten Werkes erfasst,[194] ist eine öffentliche Zugänglichmachung aber bei einer massenhaft verschickten E-

---

190 Vgl. *Klett*, Urheberrecht im Internet aus deutscher und amerikanischer Sicht, 1998, S. 148; *Schippan*, Harmonisierung des Urheberrechts in Europa im Zeitalter von Internet und digitaler Technologie, 1999, S. 100; *Schwarz/Hansen*, in: Schwarz/Peschel-Mehner, Recht im Internet, Kap. 4, Abschnitt 3, Rn. 70.
191 Vgl. Rn. 93.
192 A. A. *Klett*, Urheberrecht im Internet aus deutscher und amerikanischer Sicht, 1998, S. 149 f.
193 OLG München, ZUM-RD 2007, 347 – Kopienversanddienst Subito; *Dreier*, in: Dreier/Schulze, UrhG, 5. Aufl. 2015, § 19a Rn. 7; a. A. *Schulze*, ZUM 2011, 2, 6 ff.
194 Vgl. Rn. 45.

Mail gleichen Inhalts zu bejahen, sofern die Empfänger nicht durch persönliche Beziehungen verbunden sind (§ 15 Abs. 3 Satz 2).[195]

Entsprechendes gilt auch für den Internet-Relay-Chat (IRC). Allerdings werden die spontanen Diskussionsbeiträge im IRC selten einem urheberrechtlichen Schutz zugänglich sein. Zudem wird man in der Regel von der Zustimmung des Teilnehmers zur Weiterleitung seines Beitrags ausgehen können. Eine Rechtsverletzung kommt selbstverständlich in Betracht, soweit relevante Teile des Werks eines Dritten in solchen elektronischen Foren der Öffentlichkeit zugänglich gemacht werden.

110

E. „Urheberpersönlichkeitsrecht" und Internet

I. Einführung

In der alltäglichen Praxis des Urheberrechts steht die wirtschaftliche Verwertung urheberrechtlich geschützter Werke eindeutig im Vordergrund. Dies gilt zum einen für den Urheber selbst, für den die Verwertung seiner Werke nicht selten die Grundlage seiner Existenz ist, aber auch für die an der Verwertung der Werke beteiligten Unternehmen (Verlage, Film- und Musikproduzenten, Software- und Bauunternehmen, Anbieter von Datenbanken usw.) sowie – last but not always least – die Produktpiraten. Daher kommt dem Schutz des Urhebers im Hinblick auf die wirtschaftliche Verwertung seiner Werke, denen vor allem die in §§ 15 ff. formulierten Verwertungsrechte dienen, auch in der vorliegenden Darstellung das größte Gewicht zu, zumal die spezifischen Verwertungsmöglichkeiten im Internet Urhebern und anderen Inhabern von Nutzungsrechten einerseits ungeheure neue Märkte erschließen, gleichzeitig aber auch das Risiko von Missbräuchen potenzieren.

111

Daneben stehen Urheber zu ihren Werken – ihren geistigen Kindern – oft in einer ganz besonderen seelischen und emotionalen Beziehung, deren Schutz ebenfalls traditionell ein zentrales Anliegen des deutschen Urheberrechts ist. Dieses Ziel bringt in allgemeiner Form § 11 zum Ausdruck: Das Urheberrecht schützt den Urheber in seinen *geistigen und persönlichen* Beziehungen zum Werk (daneben auch in seiner Nutzung). Im Einzelnen dienen

112

---

195 LG Berlin, ZUM 2002, 836. Lehnt man die Anwendung des § 19a auf den Akt der Werkübertragung ab, ist das Senderecht nach § 20 einschlägig, vgl. dazu auch *Dreier*, in: Dreier/Schulze, UrhG, 5. Aufl. 2015, § 19a Rn. 7. Vgl. zu Push-Diensten Rn. 73 ff.

Kap. 3 Urheberrechtliche Bewertung der Vorgänge im Internet

diesem Schutz vor allem die Bestimmungen in §§ 12 bis 14, die unter der – vielleicht etwas missverständlichen – Überschrift „Urheberpersönlichkeitsrecht" stehen. Dabei geht es allerdings nicht um einen Schutz der Persönlichkeit des Urhebers bzw. einer „Urheberpersönlichkeit" als solcher bzw. im Allgemeinen (dies ist die Domäne des allgemeinen Persönlichkeitsrechts),[196] sondern um den Schutz seines personalen Bezugs zu seinen Werken. Eine klare Trennung „materieller" und „ideeller" Interessen ist dabei im Übrigen nicht möglich. Auch hinter der Entscheidung über den Zeitpunkt der Werkveröffentlichung (also das Timing seiner Erstverwertung), in der Durchsetzung der Benennung eines Urhebers auf der Grundlage von § 13 (die seinen Ruf fördert) und in der Abwehr von Werkentstellungen (§ 14), welche seinen Ruf schädigen können, stehen häufig handfeste ökonomische Interessen.

113 Wie das Urheberrecht als solches sind auch die urheberpersönlichkeitsrechtlichen Befugnisse als unmittelbarster Ausfluss des Urheberrechts nicht unter Lebenden übertragbar, sondern nur im Wege der Rechtsnachfolge von Todes wegen (§ 29). Gewisse vertragliche Einschränkungen des Persönlichkeitsrechts sind zwar im Rahmen der wirtschaftlichen Verwertung des Werks durch Dritte durchaus möglich und üblich. In seinem Kernbereich ist das so genannte Urheberpersönlichkeitsrecht jedoch einem rechtsgeschäftlichen Verzicht nicht zugänglich.[197]

114 Auch bei jeder Verwertung im Internet kommen dem Urheber selbstverständlich die dem Schutz seines Urheberpersönlichkeitsrechts dienenden Vorschriften zugute.

II. Veröffentlichungsrecht (§ 12)

115 Nach § 12 Abs. 1 steht zunächst allein dem Urheber das Bestimmungsrecht darüber zu, ob und wie sein Werk zu veröffentlichen ist. Gemeint ist hier nicht irgendeine bzw. jedwede „Veröffentlichung" im landläufigen Sinn (also z.B. die einer gebundenen Romanausgabe folgende Taschenbuchedition), sondern die erstmalige Veröffentlichung i.S.v. § 6 Abs. 1: Danach ist ein Werk im Sinne des Urheberrechts veröffentlicht, wenn es mit Zustimmung des Berechtigten *der Öffentlichkeit zugänglich gemacht* wurde. Die

---

196 Zur Abgrenzung des Urheberpersönlichkeitsrechts vom allgemeinen Persönlichkeitsrecht *Dietz/Peukert*, in: Schricker/Loewenheim, Urheberrecht, 4. Aufl. 2010, vor §§ 12 ff. Rn. 14 ff.; *Dustmann*, in: Fromm/Nordemann, Urheberrecht, 11. Aufl. 2014, vor § 12 Rn. 12 ff.
197 Näher *Dietz/Peukert*, in: Schricker/Loewenheim, Urheberrecht, 4. Aufl. 2010, vor §§ 12 ff. Rn. 26 ff.

E. „Urheberpersönlichkeitsrecht" und Internet   Kap. 3

Entscheidung, ob dies überhaupt geschieht, sowie das ganze Prozedere (Art, Ort und Zeitpunkt dieser Erstveröffentlichung) liegt zunächst allein beim Urheber.

Eine Verletzung dieses speziellen, in § 12 geregelten Rechts im Internet kommt selbstverständlich nur in Betracht, wenn das Werk nicht bereits vor einer Verwertung im Internet veröffentlicht wurde. Dann kann sich die Frage stellen, ob eine erstmalige Verwertung des Werks im Internet durch den Urheber eine Veröffentlichung im Sinne dieser Bestimmung ist oder ob die unbefugte Verwertung durch einen Dritten im Internet sein Veröffentlichungsrecht verletzt. **116**

Ein Werk ist i. S. v. § 6 Abs. 1 der „Öffentlichkeit" zugänglich gemacht, wenn ein nicht konkret abgegrenzter Kreis von Personen[198] Zugang zu dem Werk erlangt. Dabei ist der Begriff der Öffentlichkeit i. S. v. § 6 eigenständig und insbesondere nicht notwendig identisch mit dem in § 15 Abs. 3 auszulegen, um dem spezifischen Zweck dieser Vorschrift Rechnung zu tragen.[199] Der Vorgang ist nach Sinn und Zweck von § 6 Abs. 1 als Veröffentlichung im Sinne dieser Vorschrift zu werten, da ab diesem Zeitpunkt eine unbestimmte Vielzahl von Personen Zugang zu dem Werk hat.[200] Dagegen ist es nicht erforderlich, dass für eine solche „Veröffentlichung" weitere Maßnahmen wie z. B. Hinweise auf das Werk im Internet oder gar in Printmedien erfolgen.[201] Es kann nicht darauf ankommen, dass eine größere Zahl von Personen gleichzeitig vom Werk Kenntnis erhält bzw. die Öffentlichkeit über die Verfügbarkeit des Werks in besonderer Weise informiert wird. **117**

Anders sind nach Lage des Falls Vorgänge zu werten, bei denen nur bestimmte Personen bzw. bestimmte abgegrenzte Personenkreise im Internet Zugang zu einem Werk erhalten. So stellt die gezielte Versendung eines Werks per E-Mail an einen einzelnen Empfänger – z. B. an einen Freund, Lektor oder Verleger – mit der Zielsetzung, nur diesem Kenntnis vom Werkinhalt zu verschaffen, noch keine Veröffentlichung dar. Dies gilt selbst dann, wenn das Werk unverschlüsselt übersandt und Dritten damit rein technisch die Möglichkeit eröffnet wird, sich im Rahmen des Übertragungsvorgangs unbefugt vom Werkinhalt Kenntnis zu verschaffen. Entsprechendes gilt auch, wenn das Werk per E-Mail nicht nur an einen einzelnen, sondern im Wege eines Verteilers an einen bestimmten intern bekannten Personen- **118**

---

198 *Katzenberger*, in: Schricker/Loewenheim, Urheberrecht, 4. Aufl. 2010, § 6 Rn. 11.
199 *Katzenberger*, in: Schricker/Loewenheim, Urheberrecht, 4. Aufl. 2010, § 6 Rn. 9.
200 *Schwarz/Hansen*, in: Schwarz/Peschel-Mehner, Recht im Internet, Kap. 4, Abschnitt 4, Rn. 4 f.
201 So aber für die Veröffentlichung über FTP-Server *Hoeren/Decker*, in: Hoeren/Sieber/Holznagel, Multimediarecht, 42. EL 2015, Kap. 7.6 Rn. 75.

Kap. 3 Urheberrechtliche Bewertung der Vorgänge im Internet

kreis versandt wird.[202] Wird das Werk dagegen in Internet-Foren zugänglich gemacht, die allgemein und für jeden zugänglich sind (z. B. offene News-Groups), gewinnt eine unbestimmte Vielzahl von Personen Zugang zum Werk; dies stellt wiederum eine Veröffentlichung dar.[203] Dabei ist für das Vorliegen einer Veröffentlichung i. S. v. § 6 bzw. § 12 unerheblich, ob und wie häufig das Werk im Internet tatsächlich abgerufen wird.[204]

119 Eine besondere Form der Veröffentlichung ist das „Erscheinen" des Werks, wofür § 6 Abs. 2 für den Bereich des gesamten Urheberrechts eine Legaldefinition enthält: Danach ist ein Werk erschienen, wenn mit Zustimmung des Berechtigten Vervielfältigungsstücke des Werkes nach ihrer Herstellung in genügender Anzahl der Öffentlichkeit angeboten oder in Verkehr gebracht worden sind; dabei genügt es bei Werken der bildenden Künste, wenn das Original oder ein einziges Vervielfältigungsstück des Werks mit Zustimmung des Berechtigten bleibend der Öffentlichkeit zugänglich ist (Abs. 2 Satz 2). Der Begriff des „erschienenen Werks" bzw. des „Erscheinens" ist unter anderem von Bedeutung für die Urheberschaftsvermutung in § 10 Abs. 1, für das Eingreifen bestimmter gesetzlicher Schranken des Urheberrechts[205] sowie für den Beginn der Schutzdauer bei verschiedenen verwandten Schutzrechten und nachgelassenen Werken.[206] Wird ein Werk im Internet durch Uploading den Internet-Benutzern allgemein zum Abruf zugänglich gemacht, liegt hierin ein Angebot des Werks an die Öffentlichkeit i. S. v. § 6 Abs. 2 Satz 1. In diesem Fall ist bereits eine einzelne körperliche Festlegung des Werks – auf dem Server – im Sinne dieser Vorschrift für das Bejahen eines Erscheinen des Werks „genügend", da die Internet-Benutzer durch Downloading beliebig viele Vervielfältigungsexemplare herstellen und die Nachfrage auf diese Weise gedeckt werden kann.[207]

---

202 *Decker*, in: Hoeren/Sieber/Holznagel, Multimediarecht, 42. EL 2015, Kapitel 7.6 Rn. 95.
203 *Decker*, in: Hoeren/Sieber/Holznagel, Multimediarecht, 42. EL 2015, Kap. 7.6 Rn. 94.
204 *Katzenberger*, in: Schricker/Loewenheim, Urheberrecht, 4. Aufl. 2010, § 6 Rn. 51.
205 §§ 46, 51 Nrn. 1 und 3, 52, 53 Abs. 2 Nr. 4 lit. a.
206 §§ 70 Abs. 3, 72 Abs. 3, 82, 85 Abs. 2, 94 Abs. 3, 95, sowie § 71 für nachgelassene Werke; näher *Katzenberger*, in: Schricker/Loewenheim, Urheberrecht, 4. Aufl. 2010, § 6 Rn. 4.
207 *Katzenberger*, in: Schricker/Loewenheim, Urheberrecht, 4. Aufl. 2010, § 6 Rn 55 m.w. N; *Maaßen*, ZUM 1992, 338, 342 f.

III. Anerkennung der Urheberschaft im Internet (§ 13)

Als Ausfluss des Urheberpersönlichkeitsrechts hat der Urheber das Recht auf Anerkennung seiner Urheberschaft am Werk (§ 13 Satz 1). Die wichtigste Ausprägung dieses Rechts ist ausdrücklich in § 13 Satz 2 geregelt: Der Urheber kann bestimmen, ob das Werk mit einer Urheberbezeichnung zu versehen ist (oder anonym erscheint) und welche Bezeichnung zu verwenden ist (also z. B. der bürgerliche Name oder ein Pseudonym). Diese Bestimmungen gelten im Grundsatz für jede Form der Werkverwertung und damit auch bei jeder Nutzung des Werks im Internet. Eine einschränkende Interpretation dieses Rechts im Internet ist im Prinzip nicht angezeigt,[208] es gibt keinen vernünftigen Grund, das Recht des Urhebers auf Anerkennung seiner Urheberschaft einer vermeintlichen Erleichterung des elektronischen Datenverkehrs zu opfern.

120

Eine Verletzung dieses Rechts kommt im Internet vor allem in Betracht, wenn durch Techniken der Hyperlinks und Frames ein an sich mit Zustimmung des Urhebers im Internet zum Abruf verfügbar gemachtes – und mit einer Urheberbenennung versehenes – Werk (z. B. ein wissenschaftlicher Aufsatz, eine Erzählung, ein Artikel, ein Lichtbildwerk, Software oder ein Multimediawerk) mit Hilfe bestimmter technischer Formen der Hyperlinks und Frames[209] verfügbar gemacht wird, bei dem die Urheberbezeichnung nicht mehr erkennbar ist (z. B. durch Erscheinen auf einer anderen Website bzw. in einem Frame), sodass entweder die Identität des Urhebers nicht mehr erkennbar bzw. feststellbar ist oder sogar der Eindruck entsteht, ein anderer sei der Schöpfer.[210] In solchen Fällen des elektronischen Querverweises bzw. der elektronischen Verknüpfung ist also zur Vermeidung einer Verletzung dieses Rechts erforderlich, dass der Veranlasser eine ausreichende, für die Benutzer erkennbare Benennung des Urhebers sicherstellt.[211] Der aus § 13 resultierende Anspruch auf Anerkennung der Urheberschaft und hieraus resultierende Pflichten bestehen im Übrigen unabhängig davon, ob durch Hyperlinks/Frames anderweitig – etwa durch unzulässige Vervielfältigungen – in die Verwertungsrechte des Urhebers eingegriffen wird.[212]

121

---

208 Zur Benennungspflicht bei Multimediawerken *Kreile/Wallner*, ZUM 1997, 625, 628.
209 Vgl. oben B. VIII. (Rn. 65 ff.) und B. IX (Rn. 69 ff.).
210 Vgl. auch *Schwarz/Hansen*, in: Schwarz/Peschel-Mehner, Recht im Internet, Kap. 4, Abschnitt 4 Rn. 10; *Ernst*, NJW-CoR 1997, 224, 225.
211 Teilweise a. A. für Hyperlinks *Decker*, in: Hoeren/Sieber/Holznagel, Multimediarecht, 42. EL 2015, Kap. 7.6 Rn. 44 f.; dagegen im Bereich der Frames die Schutzbedürftigkeit des Urhebers stärker bejahend in Rn. 48 ff.
212 Dazu oben B. VIII. (Rn. 67 f.) und B. IX (Rn. 70 f.).

Kap. 3 Urheberrechtliche Bewertung der Vorgänge im Internet

IV. Schutz vor Entstellungen

1. Allgemeines

122 Besondere Bedeutung – gerade im Internet – kommt dem urheberpersönlichkeitsrechtlichen Schutz seines Werks vor Entstellungen zu. Nach § 14 hat der Urheber das Recht, eine Entstellung oder eine andere Beeinträchtigung seines Werks zu verbieten, die geeignet ist, seine berechtigten geistigen oder persönlichen Interessen am Werk zu gefährden. Dieses Integritätsinteresse des Urhebers wird in § 39 Abs. 1 sogar noch stärker für den Fall betont, dass der Urheber einem Dritten Nutzungsrechte eingeräumt hat: In diesem Fall darf der Inhaber des Nutzungsrechts das Werk, dessen Titel oder Urheberbezeichnung nicht ändern, wenn nichts anderes vereinbart ist. Allerdings sind in diesem Fall Änderungen des Werks und seines Titels, zu denen der Urheber seine Einwilligung nach Treu und Glauben nicht versagen kann, zulässig (§ 39 Abs. 2). Dagegen findet das Integritätsinteresse der Urheber im Hinblick auf Filmwerke durch § 93 insoweit eine Einschränkung, als die Urheber des Filmwerks und der ihm zugrunde liegenden Werke (sowie Inhaber verwandter Schutzrechte, die bei der Herstellung des Filmwerks mitwirken oder deren Leistungen zu seiner Herstellung benutzt werden) hinsichtlich der Herstellung und Verwertung des Films nur „gröbliche" Entstellungen/Beeinträchtigungen ihrer Werke oder Leistungen verbieten können. Diese Beschränkung gilt selbstverständlich auch bei Verwertungen von Filmwerken im Internet. Bei der Prüfung, ob bei bestimmten, auf das Internet bezogenen, Verwertungsvorgängen, ein Verstoß gegen § 14 vorliegt, ist zunächst festzustellen, ob eine Entstellung oder sonstige Beeinträchtigung des Werks eingetreten ist. Falls ja, ergibt sich hieraus nicht ohne Weiteres eine Verletzung des Urheberpersönlichkeitsrechts, da § 14 und die anderen erwähnten Bestimmungen keinen absoluten Schutz gegen Entstellungen oder andere Beeinträchtigungen gewähren. Vielmehr hat dann – soweit der Urheber nicht ohnehin in zulässiger Weise vertraglich ein Recht zur Vornahme der entstellenden bzw. beeinträchtigenden Modifikation angeordnet hat – eine Abwägung der Interessen des Urhebers mit denen der Werknutzer stattzufinden.[213]

---

213 Näher *Dietz/Peukert*, in: Schricker/Loewenheim, Urheberrecht, 4. Aufl. 2010, § 14 Rn. 28 ff.

2. Entstellung oder andere Beeinträchtigung von Werken im Internet

a) Digitalisierung

Wie bereits erwähnt, setzt die Verwertung eines Werks im Internet dessen Digitalisierung voraus, soweit das Werk nicht ohnehin von vorneherein in digitalisierter Form geschaffen wird. Im Prinzip ist die Digitalisierung lediglich darauf gerichtet, analoge Werke durch Übertragung in den digitalen Code computerverwertbar zu machen. Jedenfalls bei einer Digitalisierung von Texten wird daher im Regelfall (in dem keine Änderung des Textes eintritt) eine Entstellung oder andere Beeinträchtigung durch die Digitalisierung zu verneinen sein.[214] Entsprechendes gilt auch für eine Digitalisierung von Bildern, wenn das Bild ohne nennenswerte qualitative Veränderung (insbesondere Verschlechterung) in ein digitalisiertes Format gebracht wird. Nach der Digitalisierung werden Bilder allerdings häufig mehr oder weniger stark retouchiert, um den wirtschaftlich gewünschten optischen Effekt zu erzielen (z. B. im Bereich der Mode oder allgemein bei werblich eingesetzten Bildern).[215] Soweit es lediglich um eine Verbesserung der technischen Bildqualität geht, die nicht der künstlerischen Intention des Lichtbildners zuwiderläuft, wird hierbei in der Regel keine Entstellung oder andere Beeinträchtigung vorliegen. Soweit stärker in die Substanz der Bildgestaltung eingegriffen wird (z. B. durch Veränderungen der abgebildeten Gegenstände oder der Farben), ist es eine Frage des Einzelfalls, ob die Schwelle zur Entstellung bzw. Beeinträchtigung überschritten wird. Ähnliches gilt für die Digitalisierung von Tonaufnahmen und audiovisuellen Werken. Soweit es sich bei letzteren um Filmwerke handelt, ist allerdings die Sondervorschrift in § 93 zu berücksichtigen.[216]

123

Wenn durch die Digitalisierung eines Werks keine Änderung seiner Substanz stattfindet, die Digitalisierung also lediglich darauf abzielt, das Werk in inhaltlich unveränderter Form zusätzlichen Verwertungen zuzuführen, liegt in der Digitalisierung auch keine Änderung i. S. v. § 39 Abs. 1.[217]

124

---

214 So generell für das Digitalisieren *Schwarz/Hansen*, in: Schwarz/Peschel-Mehner, Recht im Internet, Kap. 4, Abschnitt 4 Rn. 17.
215 Vgl. *Decker*, in: Hoeren/Sieber/Holznagel, Multimediarecht, 42. EL 2015, Kap. 7.6 Rn. 61.
216 Vgl. auch oben B. I. (Rn. 28 ff.); näher *Dietz/Peukert*, in: Schricker/Loewenheim, Urheberrecht, 4. Aufl. 2010, § 93 Rn. 19 ff.
217 A. A. *Decker*, in: Hoeren/Sieber/Holznagel, Multimediarecht, 42. EL 2015, Kap. 7.6 Rn. 63.

Kap. 3 Urheberrechtliche Bewertung der Vorgänge im Internet

b) Sonstige Änderungen des Werks

125 Wie bereits oben angedeutet, eröffnet die Digitalisierung erleichterte Möglichkeiten, in das digitale Format gebrachte Werke zu ändern. Bei Einzelbildern und Laufbildern kann dies z.B. durch eine Änderung des Bildinhalts bzw. -ablaufs geschehen (Photocomposing, Morphing). Neben sonstigen Varianten digitaler Bild- und Tonbearbeitung findet häufig auch eine Verbindung mit anderen Werken oder Elementen statt (z.B. durch die Verwendung von Bildern oder Tonfolgen im Rahmen eines Multimediawerks).

126 Soweit durch diese Vorgänge in die Substanz des Werks selbst eingegriffen wird, liegt eine Beeinträchtigung i.S.v. § 14 jedenfalls dann nahe, wenn hierdurch eine objektiv nachweisbare Änderung des vom Urheber geschaffenen ästhetischen Gesamteindrucks des Werks erfolgt,[218] wobei auch Veränderungen erfasst werden, die nach objektiven Maßstäben keine abwertende Beurteilung verdienen.[219] Ob daneben auch eine Entstellung (als besonders schwerer Fall der Beeinträchtigung) vorliegt, ist eine Frage des Einzelfalls.

127 Eine Beeinträchtigung kann aber auch ohne Substanzeingriff vorliegen, wenn das Werk in einen den Intentionen des Urhebers zuwiderlaufenden Zusammenhang gestellt wird. Im Internet liegt eine solche Konstellation nahe, wenn das Werk in eine seinem Gehalt völlig widersprechende virtuelle Umgebung gestellt wird (also wenn z.B. die Filmmusik eines anspruchsvollen Films als „Soundtrack" für die Website einer radikalen politischen Partei oder eines Anbieters pornographischer Produkte missbraucht wird).[220] Die Herstellung eines solchen unerwünschten und die Rechte des Urhebers beeinträchtigenden virtuellen Zusammenhangs braucht nicht dauerhafter Natur zu sein: Typisch für das Internet sind gerade auch vorübergehende – auch auf Initiative des Benutzers zustande kommende – Verbindungen über die Techniken des Hyperlinks und der Frames.[221] Auch hierdurch kann das Werk in einen seine Integrität beeinträchtigenden Zusammenhang geraten.[222]

---

218 *Dietz/Peukert*, in: Schricker/Loewenheim, Urheberrecht, 4. Aufl. 2010, § 14 Rn. 21.
219 BGH, GRUR 1989, 106, 107 – Oberammergauer Passionsspiele II.
220 Vgl. auch OLG Hamburg, GRUR-RR 2002, 249 – Handy-Klingeltöne, und GRUR 2006, 323 –Handy-Klingeltöne II, nach dem die Nutzung eines Musikstücks als Handy-Klingelton einen Eingriff in das Urheberpersönlichkeitsrecht gemäß §§ 14, 23 UrhG darstellt; vgl. auch *Schwarz/Hansen*, in: Schwarz/Peschel-Mehner, Recht im Internet, Kap. 4, Abschnitt 4 Rn. 16; weitere Beispiele bei *Dietz/Peukert*, in: Schricker/Loewenheim, Urheberrecht, 4. Aufl. 2010, § 14 Rn. 24 bis 26.
221 Vgl. oben B. VIII. (Rn. 65 ff.) und B. IX. (Rn. 69 ff.). Vgl. dazu auch *Libertus*, TMR 2004, 60; *Ott*, ZUM 2004, 357.
222 *Decker*, in: Hoeren/Sieber/Holznagel, Multimediarecht, 42. EL 2015, Kap. 7.6 Rn. 71.

E. „Urheberpersönlichkeitsrecht" und Internet **Kap. 3**

Dagegen wird eine Werkbeeinträchtigung durch die im Internet üblichen **128** kurzen Werbeeinblendungen (Werbebanner) wohl nur in Ausnahmefällen zu bejahen sein; bei Internet-Anwendungen, die sich klassischen Rundfunksendungen (Fernsehen und Radio) annähern, kann insoweit auf die Überlegungen zu Werbeunterbrechungen in diesen Medien zurückgegriffen werden.²²³ Auch die bloße Einrichtung von Hyperlinks innerhalb eines Werks, die auf andere Werke oder Elemente bzw. Websites verweisen und hierzu eine elektronische Verknüpfung darstellen, wird jedenfalls im Normalfall nicht ohne Weiteres eine Beeinträchtigung oder Entstellung des Werks zur Folge haben. Ausnahmen sind jedoch denkbar, soweit nach Lage des Falls für den Benutzer der Eindruck entsteht, der Urheber selbst habe die Hyperlinks angebracht und soweit die Hyperlinks auf andere Texte oder Elemente verweisen, die das Werk in einen seinem Wesen zuwiderlaufenden Zusammenhang stellen.

Schließlich geht die Verwertung im Internet häufig auch mit bestimmten **129** qualitativen Einbußen in der Werkwiedergabe einher, bei Tonaufnahmen hinsichtlich der Klangqualität und bei Bildaufnahmen z. B. hinsichtlich der Farbtreue und Auflösung. Hier wird man im Interesse einer Werknutzung und -verbreitung im Internet sowie im Hinblick darauf, dass vielen Nutzern die qualitativen und technischen Grenzen bestimmter Internet-Anwendungen bekannt sind, keine allzu kleinlichen Maßstäbe anlegen dürfen. Jedenfalls bei internettypischen qualitativen Beeinträchtigungen wird in der Regel eine Beeinträchtigung eher zu verneinen sein. Selbstverständlich kommt eine Beeinträchtigung in Betracht, wenn technische Mängel die Substanz des Werks ändern; dies gilt insbesondere, wenn für die Nutzer nicht ohne Weiteres erkennbar ist, dass bestimmte Defizite rein technisch bedingt sind.²²⁴

3. Interessenabwägung

Wie bereits erwähnt, verstößt nicht jede Beeinträchtigung/Entstellung des **130** Werks per se gegen § 14. Der Urheber wird insoweit nicht absolut geschützt, sondern nur, soweit die Beeinträchtigung geeignet ist, seine berechtigten geistigen oder persönlichen Interessen am Werk zu gefährden. Es hat also eine Interessenabwägung stattzufinden, und zwar zwischen dem Integritätsinteresse des Urhebers einerseits und dem Nutzungsinteresse derjenigen,

---

223 Vgl. *Decker*, in: Hoeren/Sieber/Holznagel, Multimediarecht, 42. EL 2015, Kap. 7.6 Rn. 74; *Dietz/Peukert*, in: Schricker/Loewenheim, Urheberrecht, 4. Aufl. 2010, § 14 Rn. 25.
224 *Decker*, in: Hoeren/Sieber/Holznagel, Multimediarecht, 42. EL 2015, Kap. 7.6 Rn. 66.

Kap. 3 Urheberrechtliche Bewertung der Vorgänge im Internet

die – sei es kraft vertraglicher Vereinbarung, sei es durch eine (im Internet nicht seltene) prinzipielle Zustimmung des Urhebers oder durch Schrankenbestimmungen des Urheberrechts – zur Nutzung des Werks in bestimmten Zusammenhängen prinzipiell befugt sind. Hier sind für die Werknutzung im Internet im Grundsatz dieselben Kriterien maßgeblich wie auch sonst, also namentlich Art und Intensität des Eingriffs und die Gestaltungshöhe des Werks.[225] Dabei wird es bei Werknutzungen im Internet tendenziell eher gegen eine unzulässige Beeinträchtigung der Urheberinteressen sprechen, wenn bestimmte Modifikationen des Werks auf Eigenheiten des Internets zurückgehen bzw. bei einer Internet-Verwertung üblich und von vorneherein absehbar sind.

---

[225] Näher *Dietz/Peukert*, in: Schricker/Loewenheim, Urheberrecht, 4. Aufl. 2010, § 14 Rn. 30 ff.; *Schwarz/Hansen*, in: Schwarz/Peschel-Mehner, Recht im Internet, Kap. 4, Abschnitt 4 Rn. 14.

Kapitel 4
Schranken urheberrechtlicher Befugnisse

A. Einführung

I. Urheberrechtliche Schrankenbestimmungen im Gefüge des Urheberrechts

Den zuvor dargestellten urheberrechtlichen Befugnissen sind urheberimmanente Grenzen gesetzt, die Befugnisse werden nicht schrankenlos gewährleistet. Denn da das Urheberrecht als Ausprägung des verfassungsrechtlich geschützten Eigentums der Inhaltsbestimmung (Art. 14 Abs. 1 Satz 2 GG) durch den Gesetzgeber unterliegt, hat dieser – unter Berücksichtigung der Sozialgebundenheit des Eigentums (Art. 14 Abs. 2 GG) – einen Ausgleich zwischen den Interessen des Urhebers und Rechteinhabers einerseits und den Werkvermittlern und Werknutzern andererseits herbeizuführen. Der Herstellung dieses Ausgleichs dienen die in §§ 44a ff. UrhG niedergelegten gesetzlichen *Schranken* der urheberrechtlichen Befugnisse.

1

Bei urheberrechtlichen Schranken handelt es sich somit – über den geltenden Rechtszustand hinaus verallgemeinert gesprochen – nicht um Ausnahmen zu einem (bestehenden) Recht des Urhebers, sondern um Rechtstechniken, die den Inhalt und die Grenzen des Rechts erst bestimmen.[1] Der Inhalt des Urheberrechts und seine Schranken sind sozusagen zwei Seiten derselben Medaille, deren Gesamtschau das Ausmaß der urheberrechtlichen Befugnisse erst erkennen lässt.[2]

2

---

[1] *Geiger*, in: Hilty/Peukert (Hrsg.), Interessenausgleich im Urheberrecht, 2004, S. 143, 150 f.; str.
[2] *Schack*, in: FS Schricker, 2005, S. 511.

Kap. 4 Schranken urheberrechtlicher Befugnisse

3 Die Funktion dieser Schranken lässt sich schematisch wie folgt abbilden:

Urheberrechtlich geschütztes Werk (§ 2 UrhG)

↓

daraus folgende, primär dem Urheber zustehende urheberrechtliche Befugnisse (vor allem Verwertungsrechte, §§ 15 ff. UrhG)

↓

Immanente Beschränkung dieser Rechte durch die Schrankenregelung dahin gehend, dass die Benutzung des Werks durch den Dritten auch ohne Zustimmung des Urhebers bzw. Rechtsinhabers zulässig ist, der Dritte mithin keine Urheberrechtsverletzung begeht

→ **Folge:** Bei Eingreifen einer Schrankenregelung kommen mangels Urheberrechtsverletzung keine Abwehr- bzw. Schadensersatzansprüche (§§ 97 ff. UrhG) des Urhebers bzw. Rechtsinhabers gegen den Dritten in Betracht

---

Abb. 1: Funktion urheberrechtlicher Schranken

4 Die Schrankenregelungen bezwecken den Schutz beachtenswerter Belange der Allgemeinheit, wobei sich die einzelnen Vorschriften sowohl hinsichtlich des geschützten Personenkreises, des geregelten Lebensbereichs als auch des geschützten Verhaltens unterscheiden.

5 Die betroffenen Belange lassen sich nach Einschätzung des Gesetzgebers aus dem Jahre 1965 auf einen übereinstimmenden Grundgedanken zurückführen, wonach „der Urheber insb. dort im Interesse der Allgemeinheit freien Zugang zu seinen Werken gewähren muss, wo dies unmittelbar der Förderung der geistigen und kulturellen Werte dient, die ihrerseits Grundlage für Werkschaffen sind".[3] Geschützt werden durch die §§ 44a ff. UrhG im Einzelnen

– Belange der Rechtspflege und der öffentlichen Sicherheit (§ 45 UrhG),
– Belange behinderter Menschen (§ 45a UrhG),
– die Interessen des Schulunterrichts und der Liturgie (§§ 46, 47, 53 Abs. 3 UrhG),

---

[3] Amtliche Begr., BT-Drs. IV/270, vor § 45.

A. Einführung Kap. 4

- die Informationsfreiheit und die journalistische Tätigkeit (§§ 48, 49, 50, 12 Abs. 2 UrhG),
- Belange der Allgemeinheit in der geistigen Auseinandersetzung (§§ 51 ff. UrhG),
- Belange insb. der (fach)wissenschaftlichen Öffentlichkeit im Hinblick auf den Zugang zu Informationen (§§ 52, 52a, 52b UrhG),
- der eigene Gebrauch von Geisteswerken durch die Beschränkung des Vervielfältigungsrechts des Urhebers (§§ 53, 60 UrhG sowie § 54 UrhG),
- Belange bestimmter Ausprägungen der Kulturwirtschaft (§§ 55, 56, 42a UrhG),
- bestimmte Eingriffe in urheberrechtliche Befugnisse aufgrund der Geringfügigkeit ihrer Auswirkungen (§§ 44a, 57 UrhG) sowie
- das Interesse an der Freiheit zur Abbildung (§§ 58, 59 UrhG).

Ist aufgrund einer Schrankenbestimmung die Benutzung eines Werkes zulässig, so kann die Ausübung der Schranke ihrerseits Beschränkungen unterliegen. Hierzu zählen vor allem das Änderungsverbot (§ 62 UrhG) und die Pflicht zur Quellenangabe bei der Vervielfältigung bzw. öffentlichen Wiedergabe eines Werkes (§ 63 UrhG). 6

Schrankenregelungen finden sich auch außerhalb der §§ 44a ff. UrhG. Werkspezifische Schranken bestehen für Computerprogramme (§§ 69c, 69d, 69e UrhG) sowie für Datenbanken (§§ 87c, 87d UrhG). Wiederum innerhalb der §§ 44a ff. UrhG geregelt ist eine besondere Schrankenbestimmung für Datenbankwerke, § 55a UrhG. Für die verwandten Schutzrechte (vgl. §§ 70–87 UrhG) mit Ausnahme der Datenbanken gelten die Schrankenbestimmungen der §§ 44a ff. UrhG hingegen weitgehend entsprechend. 7

Die Ausübung urheberrechtlicher Befugnisse wird darüber hinaus noch durch die allgemeinen Rechtsgrundsätze der Verwirkung sowie des Rechtsmissbrauchs begrenzt, im Einzelfall kann eine Benutzung fremder Werke auch nach den allgemeinen Regeln des Privatrechts gerechtfertigt sein (vgl. insb. die Rechtfertigungsgründe der §§ 226, 227 und 904 BGB) und auf diese Weise sanktionslos bleiben. 8

Bei der Betrachtung urheberrechtlicher Schranken muss man sich zunächst vergegenwärtigen, dass der private Werkgenuss selbst im Grundsatz keinen Beschränkungen unterliegt; so darf etwa das käuflich erworbene Buch beliebig oft gelesen werden. Dies gilt zumindest für nicht-digitale urheberrechtliche Werke, da der bloße Werkgenuss hier nicht mit den Verwertungsrechten des Urhebers kollidiert. Doch auch im Internet zugängliche Websites dürfen letztlich beliebig oft abgerufen werden. Denn hierbei kommt es zwar aus technischen Gründen zu Vervielfältigungshandlungen urheberrechtlich geschützter Werke (Computerprogramme), doch sind diese entweder nur vorübergehender Art und aus diesem Grund von der Schrankenbestimmung 9

Müller

Kap. 4 Schranken urheberrechtlicher Befugnisse

des § 44a UrhG erfasst[4] oder aber durch konkludente Zustimmung des Website-Betreibers in die notwendigen Vervielfältigungshandlungen gedeckt. Soweit die konkrete Nutzung über den privaten Werkgenuss hinausgeht, liegt formal regelmäßig ein Eingriff in die dem Urheber zugewiesenen Verwertungsrechte vor und es stellt sich die Frage, ob das Verhalten des Nutzers von einer Schrankenbestimmung gedeckt ist. Im Zusammenhang mit der Nutzung informationstechnischer Systeme sind freilich nicht alle Schranken gleichermaßen von Bedeutung. Eine Auswahl von in besonderem Maße „IT-relevanten" Schrankenbestimmungen wird nachfolgend in den Abschnitten B.–J. im Einzelnen dargestellt.

II. Arten von Schranken

10 Mit Blick auf ihre rechtstechnische Ausgestaltung können die einzelnen Schrankenbestimmungen in folgende Kategorien eingeteilt werden.

11 Bei der gesetzlichen Lizenz wird dem Dritten eine Werknutzung ohne Zustimmung des Berechtigten unmittelbar kraft Gesetzes erlaubt und dem Berechtigten im Gegenzug ein (häufig verwertungsgesellschaftspflichtiger) Vergütungsanspruch gewährt. Der Begriff „gesetzliche Lizenz" ist freilich insoweit ungenau, als der Dritte keine Lizenz erwirbt, die er etwa im Rechtsverkehr weiterveräußern könnte. Beispiele für gesetzliche Lizenzen finden sich z. B. in § 52 UrhG (öffentliche Wiedergaben), § 52a UrhG (öffentliche Zugänglichmachung für Unterricht und Forschung), § 52b UrhG (Wiedergabe von Werken an elektronischen Leseplätzen in öffentlichen Bibliotheken, Museen und Archiven), §§ 53, 54 UrhG (Vervielfältigung zum privaten und sonstigen eigenen Gebrauch) und § 53a UrhG (Kopienversand auf Bestellung).

12 Demgegenüber werden bei der Freistellung einzelne Nutzungshandlungen zustimmungs- und vergütungsfrei gestellt, so etwa in § 44a UrhG (vorübergehende Vervielfältigungshandlungen), § 48 UrhG (Wiedergabe öffentlicher Reden), § 51 UrhG (Zitate) oder §§ 69d und 69e UrhG (Vervielfältigung, Umarbeitung und Dekompilierung von Computerprogrammen). Bei dieser Art der Schrankengestaltung wird das Verwertungsrecht des Urhebers bzw. Rechteinhabers insoweit aufgehoben.

13 Noch weitergehender wirkt die zeitliche Schranke der Befristung der urheberrechtlichen Befugnisse (§§ 64 ff. UrhG; bei Alleinurheberschaft gem.

---

4 Vgl. dazu unten E (Rn. 89 ff.).

A. Einführung **Kap. 4**

§ 64 UrhG: 70 Jahre ab Tod des Urhebers), bei welcher der urheberrechtliche Schutz vollständig wegfällt; das Werk wird gemeinfrei.[5]

Nicht in den Inhalt der urheberrechtlichen Befugnisse greifen dagegen die Zwangslizenz bzw. die Anordnung der Verwertungsgesellschaftspflichtigkeit der Geltendmachung von Vergütungsansprüchen ein; sie betreffen vielmehr (lediglich) die Art und Weise der Ausübung dieser Befugnisse. Während in Fällen der Zwangslizenz ein Kontrahierungszwang geschaffen wird (so z.B. in § 42a UrhG bezüglich der Einräumung von Nutzungsrechten an einem Werk der Musik zur Herstellung von Tonträgern), bewirkt die gesetzliche Anordnung, wonach bestimmte Vergütungsansprüche nur durch Verwertungsgesellschaften geltend gemacht werden können, eine Ersetzung der individuellen Ausübung des Verwertungsrechts durch die kollektive Wahrnehmung durch hierzu berufene Verwertungsgesellschaften. **14**

III. Innere Begründung und Festlegung von Schrankenbestimmungen

Traditionelle Ansätze zur Begründung von Schrankenbestimmungen gehen vom Ziel der Schaffung eines Ausgleichs zwischen den Interessen der Urheber und Rechtsinhaber einerseits und denen der (End-)Nutzer andererseits aus. Als Maßstab für die Bewertung der Interessen der Urheber und Rechtsinhaber dient dabei sowohl nach europäischem und internationalem Recht als auch nach der Interpretation des deutschen Rechts durch die Gerichte die Gewährleistung eines hohen Schutzniveaus: So stellen etwa Begründungserwägungen 9 und 11 der Harmonisierungs-RL 2001/29/EG[6] hierauf mit Blick auf die Wesentlichkeit der Schutzrechte für die schöpferisch Tätigen ab und in der Präambel des WCT wird die herausragende Bedeutung des Urheberrechtsschutzes betont. Die so vorgenommene Verortung des Schutzniveaus muss sich unmittelbar auf die Ausgestaltung des Urheberrechtsschutzes auswirken. **15**

Die den Urhebern und Rechtsinhabern zukommenden Ausschließlichkeitsrechte (§§ 11ff. UrhG) an ihren Werken sind unmittelbarer Ausfluss der grundgesetzlichen Wertung des Art. 14 GG: Die Eigentumsgarantie des **16**

---

5 Einzelheiten dazu unter H. (Rn. 111 ff.); allerdings kann ein auf andere Rechtsgründe gestützter Schutz fortbestehen, so z.B. nach Lauterkeitsrecht, (Sach-)Eigentumsrecht oder aufgrund postmortalen Persönlichkeitsrechts.
6 Richtlinie 2001/29/EG des Europäischen Parlaments und des Rates vom 22.5.2001 zur Harmonisierung bestimmter Aspekte des Urheberrechts und der verwandten Schutzrechte in der Informationsgesellschaft, im Folgenden kurz: Harmonisierungs-RL 2001/29/EG.

Kap. 4 Schranken urheberrechtlicher Befugnisse

Grundgesetzes gilt auch[7] für das geistige Eigentum und sichert dem Urheber umfassende Ausschließlichkeitsrechte. Dem liegt jedenfalls hinsichtlich der vermögensbezogenen Komponente des Urheberrechts die in § 11 Satz 2 UrhG ausformulierte Idee zugrunde, dass der Schöpfer zu seiner materiellen Absicherung an der Verwertung des Werks angemessen beteiligt werden soll. Die grundsätzliche Bedeutung dieses Beteiligungsgrundsatzes wird von der Rechtsprechung seit jeher betont.[8] Im Einzelnen ist es jedoch Sache des Gesetzgebers, im Rahmen der inhaltlichen Ausprägung des Urheberrechts über Art. 14 Abs. 1 Satz 2 GG sachgerechte Maßstäbe für die angemessene Verwertung des Werks festzulegen und dabei auch die Gemeinwohlbindung des Eigentums (Art. 14 Abs. 2 GG) in Rechnung zu stellen.

17 Die Berücksichtigung der Interessen der Werknutzer ist damit bereits in Art. 14 Abs. 1 Satz 2 GG angelegt, auf Ebene des einfachen Rechts findet sie insb. in Gestalt der Schrankenbestimmungen der §§ 44a ff. UrhG statt.[9] Eine Beschränkung der Ausschließlichkeitsrechte kann im Einzelfall auch kollidierendes Verfassungsrecht gebieten. Allerdings kann die Kunstfreiheit (Art. 5 Abs. 3 Satz 1 GG) im Einzelfall eine Schrankenregelung auch verfassungsrechtlich verstärken („aufladen"), indem die Grundrechtsgewährleistung gebietet, einer Schrankenregelung durch Auslegung zu einem Anwendungsbereich zu verhelfen, der für Kunstwerke günstiger ist als für nicht-künstlerische Werke.[10]

18 Die konkrete Ausgestaltung der Schrankenregelungen durch den Gesetzgeber wird durch Abwägungskriterien gesteuert, die in verschiedenen Vorschriften des internationalen Immaterialgüterrechts und des europäischen Gemeinschaftsrechts weitgehend gleichlautend formuliert sind. Art. 9 Abs. 2 RBÜ, Art. 13 TRIPS und Art. 5 Abs. 5 der Harmonisierungs-RL 2001/29/EG enthalten einen sog. Drei-Stufen-Test, nach dessen Vorgaben nationale Schrankenregelungen

- nur bestimmte Sonderfälle regeln (1. Stufe),
- die normale Auswertung des Werkes durch den Urheber nicht beeinträchtigen (2. Stufe) und

---

7 Ebenso wie Art. 17 Abs. 2 der Charta der Grundrechte der EU vom 7.12.2000.
8 Grundlegend BGHZ 17, 266, 282 – Grundig-Reporter; ähnlich BVerfGE 31, 229, 239 – Kirchen- und Schulgebrauch („grundsätzliche Zuordnung des vermögenswerten Ergebnisses der schöpferischen Leistung an den Urheber").
9 Auch im europäischen und internationalen Recht werden Schranken und Begrenzungen des Urheberrechts berücksichtigt, vgl. etwa Art. 5 der Harmonisierungs-RL 2001/29/EG; Art. 9 Abs. 2 RBÜ, Art. 13 TRIPS.
10 BGH, GRUR 2014, 974 Tz. 34 – Porträtkunst; vgl. jetzt auch BVerfG, GRUR 2016, 690 Tz. 110 – Metall auf Metall (zu § 51 UrhG).

– die berechtigten Interessen des Urhebers nicht unzumutbar verletzen (3. Stufe) dürfen.

Der Drei-Stufen-Test gilt für Schrankenregelungen jeder Art. Aus Art. 5 Abs. 5 der Harmonisierungs-RL 2001/29/EG folgt keine materielle Gewährleistung einzelner Schrankeninhalte, sondern eine Grenze, die nationale Gesetzgeber bei der Umsetzung und Ausgestaltung der in Art. 5 Abs. 2 der genannten RL vorgesehenen Schrankenregelungen zu beachten haben.[11] Um beurteilen zu können, ob eine konkrete Schrankenbestimmung diesen Vorgaben entspricht, ist es erforderlich, die mit Schrankenbestimmungen verfolgten **Zwecke** zu berücksichtigen.

19

Unter dem Blickwinkel bestehender Interessenkollisionen greift die vorstehend skizzierte zweiseitige Betrachtung (Urheber vs. Nutzer) für die Praxis häufig zu kurz, da insoweit der Einfluss und die Interessen der Werkvermittler unberücksichtigt bleiben. Strukturell ist daher zumeist von einer tripolaren Situation[12] auszugehen, bei der den Ausschließlichkeitsrechten des Werkschöpfers einerseits die Verwertungsinteressen des Werkvermittlers und andererseits die Interessen der Nutzer auf freien Zugang zum Werk gegenüberstehen. Damit geht eine Potenzierung der Interessen, die im Zuge der politischen Schrankensetzung ins Feld geführt werden, einher. Die zunehmende Komplexität des Inhalts von Schrankenregelungen ist denn bisweilen auch eher Ausdruck politischer Kompromisslösungen als Ergebnis sorgsamer Interessenabwägungen.[13]

20

Einige Schrankenbestimmungen lassen sich mit den divergierenden, zum Ausgleich zu bringenden Interessen der Beteiligten ohnehin nur unvollkommen erklären. So wäre es angesichts des in § 11 UrhG festgeschriebenen Nutzungsrechts des Urhebers folgerichtig, wenn Letzterer auch über die private Nutzung des Werkes, insb. die Vervielfältigung durch Dritte befinden könnte und dafür, falls er die Nutzung gestattet, vom Nutzer angemessen vergütet würde. Die Vorstellung, der Urheber könne in einer solchen Situation die Nutzung durch individuelle Lizenzvergabe und Vereinnahmung der Vergütung regeln, ließe sich praktisch jedoch nicht umsetzen und würde überdies einen erheblichen Eingriff in die Privatsphäre der Nutzer bedeuten. Die in § 53 und §§ 54 ff. UrhG getroffenen Regelungen über Vervielfältigungen zum privaten und sonstigen eigenen Gebrauch nehmen deshalb bestimmte Handlungen aus dem Verbotsrecht des Urhebers aus, indem solche Nutzungen zustimmungsfrei ausgestaltet sind, jedoch einer kollektiven Vergütungspflicht unterliegen. Mit §§ 53, 54 ff. UrhG wird somit zugleich

21

---

11 EuGH, GRUR 2014, 546 Tz. 25 f. – ACI Adam/Stichting de Thuiskopie.
12 Vgl. dazu ausführlich *Hilty*, in: FS Schricker, 2005, S. 325, 330 ff.
13 Vgl. zum Hintergrund *Schack*, in: FS Schricker, 2005, S. 521 („wirkungsmächtige Lobbys").

Kap. 4 Schranken urheberrechtlicher Befugnisse

einem partiellen Marktversagen begegnet,[14] indem die Vergütungsinteressen des Urhebers innerhalb eines Stufensystems zur lediglich mittelbaren Erfassung des Endverbrauchers (hier durch Geräte- und Speichermedienabgaben) verwirklicht werden.

22 Schließlich kann zur Begründung der Schrankenbestimmungen auch auf die ratio des Urheberschutzes selbst zurückgegriffen werden. Urheberrechtlich geschützte Werke entstehen ganz überwiegend nicht isoliert aus sich heraus, sondern bauen in weitem Umfang auf bereits vorhandenem (fremdem) geistigem Eigentum auf. Damit neue Werke geschaffen werden können, muss das Urheberrecht den kreativen Umgang mit bestehenden Werken ermöglichen. Die Schrankenregelungen des Urheberrechts lassen sich daher – auch unter rechtsökonomischen Aspekten – zugleich als Instrumente der Innovationsförderung begreifen. Dies gilt in besonderem Maße für die Entwicklung von Informationsmehrwertprodukten und -dienstleistungen, mit denen immaterielle Güter auf völlig neue Weise vermarktet werden oder gar neue Märkte erschlossen werden können. Soweit diese Kreativitätsfunktion der Schranken in Rede steht, bleibt zu fragen, ob mit Blick auf bestimmte Nutzungshandlungen an geschützten Werken die Verbotsfunktion der urheberrechtlichen Befugnisse nicht sinnvollerweise in einen Vergütungsanspruch umgewandelt werden sollte.[15] Zwar erschöpft sich die Eigentumsgarantie des Urheberrechts nicht in der Gewährung von Vergütungsansprüchen für eine Nutzung durch Dritte, doch ist nicht zu übersehen, dass die Rechtsetzungsorgane der EG die Angemessenheit von Vergütungsansprüchen für die „Schöpfung" medien- und IT-bezogener Produkte und Dienstleistungen in unmittelbaren Zusammenhang zum Amortisationsinteresse hinsichtlich der dabei getätigten Investitionen stellen.[16] Diese (lediglich partielle) Umdeutung der urheberrechtlichen Befugnisse lässt sich bei kommerzieller Betrachtung der Rechte des geistigen Eigentums, deren Schutz und Durchsetzung etwa in Art. 7 TRIPS primär an den Bedürfnissen der Förderung technischer Innovation und der Weitergabe und Verbreitung von Technologien ausgerichtet wird, durchaus begründen.[17]

23 Wie die divergierenden Erklärungsansätze erahnen lassen, zählen Anordnung und Ausgestaltung der Schrankenregelungen zu den umstrittensten Bereichen des Urheberrechts. Zahlreiche Interessengruppen versuchen Einfluss auf den Rechtsetzungsprozess zu nehmen, was zu einer immer weiterreichenden Aufblähung und Verästelung der einschlägigen Vorschriften

---

14 *Dreier*, in: Dreier/Schulze, UrhG, 5. Aufl. 2015, § 53 Rn. 1 m. w. N.
15 *Geiger*, GRUR Int. 2008, 459, 462 ff.
16 Vgl. Begründungserwägung 10 der Harmonisierungs-RL 2001/29/EG.
17 Vgl. zur Rechtmäßigkeit bloßer Vergütungsansprüche umfassend *Hilty*, in: FS Schricker, 2005, S. 339 ff.

A. Einführung **Kap. 4**

führt, die zum Teil kaum mehr aus sich heraus verständlich sind.[18] Angesichts dieser Rahmenbedingungen kann es nicht verwundern, dass eine wirklich umfassende europäische Vereinheitlichung der Schranken trotz verschiedener Anläufe bislang nicht gelungen ist.

Die Geltungskraft der Schrankenbestimmungen hinsichtlich von IT-Produkten wird überdies vermehrt durch vom Rechtsinhaber angebrachte technische Schutzmaßnahmen in Frage gestellt: Digitale Technologien ermöglichen den Rechteinhabern, geschützte Werke und Leistungen gegen den unbefugten Zugriff Dritter zu sichern, wobei die Sicherungsmaßnahme im Einzelfall auch die Ausübung gesetzlicher Schrankenregelungen vereiteln kann. Ein solches Digitales Rechte Management (DRM) wird seit 2003 im UrhG in §§ 95a–d UrhG im Grundsatz anerkannt. Einzelheiten zum Verhältnis zwischen technischen Schutzmaßnahmen und den Schrankenbestimmungen werden später unter Rn. 115 ff. dargestellt. **24**

Nur der Vollständigkeit halber sei erwähnt, dass die im UrhG verwendete Rechtssetzungstechnik ausdifferenzierter Schrankenregelungen zum Ausgleich der divergierenden Interessen keinesfalls zwingend ist. In den USA etwa sind die Verwertungsrechte erschöpfend aufgeführt (in Titel 17 des United States Code (U. S. C.) als § 106 Copyright Act) und Schranken des Urheberrechts nur teilweise einzeln ausgestaltet und im Übrigen in einer offenen Generalklausel des „fair use" (zu Deutsch: angemessene Nutzung) aufgefangen. Die Feststellung, wann ein „fair use" vorliegt, vollzieht sich im Wesentlichen anhand der vier in § 107 Copyright Act genannten Abwägungskriterien (Zweck und Eigenschaft der Nutzung, Art des geschützten Werks, Umfang der Nutzung, wirtschaftliche Auswirkung der Nutzung), wobei stets eine Einzelfallbetrachtung maßgeblich ist.[19] **25**

IV. Auslegung von Schranken

Formal steht die Rechtsprechung noch immer auf dem Standpunkt, dass alle auf der Sozialbindung des Eigentums beruhenden Schrankenbestimmungen grundsätzlich eng auszulegen sind, wobei zur Begründung auf den Beteiligungsgrundsatz und die Bedeutung der Ausschließlichkeitsrechte verwiesen wird.[20] Die Anwendung des Grundsatzes hat jedoch in jüngerer Zeit Präzi- **26**

---

18 Vgl. beispielhaft zur Regelung über die Privatkopie, § 53 UrhG, etwa *Dreier*, in: Dreier/Schulze, UrhG, 5. Aufl. 2015, § 53 Rn. 4.
19 Zum Vergleich der verschiedenen Schutzkonzepte nunmehr umfassend die Monographie von *Förster*, Fair Use, 2008.
20 BGHZ 144, 232, 235 f. – Parfumflakon; BGHZ 150, 6, 8 – Verhüllter Reichstag; BGHZ 151, 300, 310 – Elektronischer Pressespiegel; auch der EuGH folgt im Ansatz

Kap. 4 Schranken urheberrechtlicher Befugnisse

sierungen und Ausnahmen erfahren. So hat der BGH für die konkrete Auslegung eine generell zu beachtende Orientierung am Zweck, den der Gesetzgeber mit der in Frage stehenden Schrankenbestimmung verfolgt, angemahnt.[21] Daneben sei zu berücksichtigen, dass in der Schrankenregelung verwendete Begriffe durch technische Fortentwicklung veralten können, weshalb bei der Auslegung gegebenenfalls neue technische Möglichkeiten mitbedacht werden müssten, was im Einzelfall (wiederum unter Beachtung des Zwecks der Vorschrift) zu einer extensiven Auslegung der Schrankenbestimmung führen könne.[22] Unter Beachtung dieser Vorgaben kann daher – trotz des abschließenden Charakters des Katalogs der Schrankenbestimmungen[23] – im Einzelfall auch eine analoge Anwendung einer Schrankenregelung in Betracht kommen.[24] Dagegen ist für die Anerkennung einer generellen Schranke zugunsten der „Bedürfnisse der Internet-Gemeinde" kein Raum.[25] Für das Vorliegen der Voraussetzungen der jeweiligen Schrankenregelung ist derjenige darlegungs- und beweispflichtig, der sich auf sie beruft.[26]

27 Bei der Auslegung der Schrankenbestimmungen ist schließlich auch der Einfluss der Grundrechte zu beachten. Das BVerfG hat für einen Sachverhalt, bei dem die Auslegung der Zitierfreiheit (§ 51 UrhG) durch die Wertung der Kunstfreiheit (Art. 5 Abs. 3 GG) überlagert war, die Grundrechtsrelevanz der Interessen anderer Künstler und diejenigen der Allgemeinheit hervorgehoben.[27] In der Folge hat der BGH klargestellt, dass Schrankenregelungen verfassungskonform auszulegen und dabei die „verfassungsrechtlich verbrieften Interessen der Nutzerseite" angemessen zu berücksichtigen sind.[28] Im Rahmen der Anwendung der jeweiligen Schrankenregelung soll

---

dem Grundsatz der engen Auslegung von Schrankenbestimmungen, vgl. zuletzt EuGH, GRUR 2014, 654 Tz. 23 – Public Relations Consultants Association (ergangen zu Art. 5 Abs. 1 der Harmonisierungs-RL 2001/29/EG), sowie EuGH, GRUR 2014, 546 Tz. 23 – ACI Adam/Stichting de Thuiskopie (ergangen zu Art. 5 Abs. 2 lit. b) der Harmonisierungs-RL 2001/29/EG).
21 BGH, GRUR 2005, 670, 671 – WirtschaftsWoche.
22 BGHZ 151, 300, 310 f. – Elektronischer Pressespiegel.
23 So jedenfalls nach Begründungserwägung 32 die Zusammenstellung der Ausnahmen und Beschränkungen der Verwertungsrechte in Art. 5 der Harmonisierungs-RL 2001/29/EG.
24 *Schack*, in: FS Schricker, 2005, S. 518, unter Verweis auf die in deren neuere BGH-Judikatur angesprochene Berücksichtigung der Wertigkeit der Interessen des Urhebers einerseits und der durch die jeweilige Schrankenbestimmung geschützten Interessen andererseits.
25 LG Hamburg, GRUR-RR 2004, 313, 317.
26 OLG Stuttgart, NJW-RR 1986, 220, 221 – Arbeitgeber-Leitbild.
27 BVerfG, GRUR 2001, 149, 151 – Germania 3.
28 BGHZ 154, 260, 266 – Gies-Adler.

A. Einführung Kap. 4

dann Raum für eine Güter- und Interessenabwägung sein, die jedoch im Übrigen, d. h. außerhalb der Vorschriften des Urheberrechts, ebenso zu unterbleiben habe wie der Rückgriff auf übergesetzliche Rechtfertigungsgründe. Angesichts der erfolgten „Hochzonung" der Interessen der Beteiligten auf die Ebene des Grundgesetzes dürfte die Bedeutung des Verfassungsrechts für die Auslegung von Schrankenbestimmungen in den kommenden Jahren weiter zunehmen. Im Übrigen wird die Auslegung jedenfalls der Schrankenbestimmungen, die sich auf EG-Richtlinienrecht zurückführen lassen, durch den Methodenkanon des europäischen Privatrechts (hier insb. die Figur der richtlinienkonformen Auslegung) sowie den bereits genannten Drei-Stufen-Test aus Art. 5 Abs. 5 der Harmonisierungs-RL 2001/29/EG[29] geprägt. Die Notwendigkeit, urheberrechtliche Befugnisse in Einzelfällen gegen kollidierende Grundrechte Dritter abwägen zu müssen, hat unlängst auch der EGMR hervorgehoben, wobei der Gerichtshof – trotz Einkleidung in eine Abwägungsentscheidung – im Kern dem Dogma der engen Auslegung urheberrechtlicher Schrankenregelungen ein enges Verständnis bei der Bestimmung der Schranken von Grundrechtsgewährleistungen (hier: der Meinungsfreiheit), mithin ein weites Verständnis des Schutzbereichs des einschlägigen Grundrechts, entgegengestellt hat.[30]

V. Bedeutung der Schrankenbestimmungen für die Zukunft

Die zukünftige Bedeutung von Schrankenbestimmungen ist unklar. Einerseits zählt das Rechtsinstitut der Beschränkung bzw. dasjenige der Ausnahme der urheberrechtlichen Befugnisse de lege lata – wie gesehen – zum gesicherten Bestand auch des europäischen und internationalen Urheberrechts. Der Inhalt der einzelnen Schranken ist freilich nicht letztverbindlich festgelegt, sondern technischen, wirtschaftlichen und gesellschaftlichen Entwicklungen unterworfen. Die unterschiedlichen Schrankenregelungen werden überdies nicht alle in demselben Maße für schutzwürdig erachtet. Dieser Befund lässt sich an der expliziten Trennung zwischen zwingenden und fakultativen Schranken in Art. 5 der Harmonisierungs-RL 2001/29/EG festmachen, ergibt sich jedoch – implizit – auch aus einer Gesamtschau der Begründungserwägungen zu dieser RL, nach der sich Schranken zugunsten kreativer und zur Befriedigung von Informationsinteressen eher rechtfertigen lassen als Schranken, die konsumtiven Zwecken dienen sollen.[31] Die

28

---

29 Und weiteren Vorschriften des internationalen Urheberrechts: Art. 10 WCT, Art. 13 TRIPS, Art. 9 Abs. 2 RBÜ (dort nur für Vervielfältigungshandlungen).
30 EGMR, GRUR 2013, 859, 861, wie hier *Hoeren*, MMR 2013, 797.
31 *Schulze*, in: Riesenhuber, Systembildung im Europäischen Urheberrecht, 2007, S. 181, 204.

Kap. 4 Schranken urheberrechtlicher Befugnisse

rechtspraktische Bedeutung der Schrankenregelungen hängt in hohem Maße von der Reichweite des gewährten Urheberschutzes ab: Je niedriger die Schwelle bei der Gewährung des Urheberschutzes sowie bei den verwandten Schutzrechten angelegt wird, desto nachdrücklicher kann sich in (zumal informationstechnisch geprägten) Einzelfällen die Frage stellen, ob der vom Gesetzgeber gewählte Zuschnitt der Schrankenregelungen geeignet ist, den gerechten Interessenausgleich zwischen Urhebern, Werkmittlern und Werknutzern zu realisieren.

29 Eine andere Frage ist, ob das gesetzlich niedergelegte Modell zur Lösung der bestehenden Interessenkonflikte, und zwar innerhalb und außerhalb der Schrankenregelungen, für die Informationsgesellschaft noch überzeugen kann.[32] Es ist jedenfalls festzustellen, dass unter dem Dogma des hohen Schutzniveaus auch solche Leistungen urheberrechtlichen Schutz genießen, deren kreativer Gehalt durchaus diskutabel erscheint. In dem Maße wie das postulierte hohe Schutzniveau zu einem Schutzmaximum ausufert, drängt sich die Überlegung auf, ob die damit einhergehende Hypertrophie der Schutzrechte dynamische Innovationsprozesse nicht eher behindert als befördert.[33] Ein insoweit denkbarer Ansatz zur Fortentwicklung des geltenden Rechtszustands wäre die Implementierung einer Schutzzweckklausel in das Urheberrecht, die eine entsprechend schutzzweckorientierte Auslegung auch und gerade der Schrankenbestimmungen bedingen würde.[34] Hinsichtlich der Nutzung digital verfügbarer Werke wird zudem die Erweiterung der Schranken- und Vergütungsbestimmungen um eine Content- bzw. Kulturflatrate propagiert.[35] Noch weitergehende rechtspolitische Vorschläge, die eine nicht-kommerzielle (digitale) Nutzung geschützter Inhalte generell zustimmungs- und vergütungsfrei stellen und im Gegenzug die Möglichkeiten freiwilliger, unmittelbar dem Urheber zugutekommender Online-Zahlungen („micropayment") befördern möchten, laufen auf eine Abschaffung des Ur-

---

32 Vgl. dazu jüngst grundlegend *Ohly*, Urheberrecht in der digitalen Welt – Brauchen wir neue Regelungen zum Urheberrecht und dessen Durchsetzung, Gutachten F zum 70. Deutschen Juristentag, 2014, F 63 ff.
33 S. *Bechtold*, GRUR Int. 2008, 484, 485, der zugleich alternative Modelle der Anerkennung schöpferischer Leistungen behandelt.
34 Vgl. dazu etwa die Vorschläge von *Leistner/Hansen*, GRUR 2008, 479, 486.
35 Vgl. dazu das u. a. von der Bundestagsfraktion von Bündnis90/Die Grünen in Auftrag gegebene Kurzgutachten des Instituts für Europäisches Medienrecht (Universität Kassel) vom 13.3.2009, abrufbar unter http://www.gruene-bundestag.de/cms/medien/dokbin/278/278059.kurzgutachten_zur_kulturflatrate.pdf (abgerufen am 1.4.2016); zuvor bereits *Grassmuck*, ZUM 2005, 107 ff.; *Rösler*, GRUR Int. 2005, 995 ff.; *Runge*, GRUR Int. 2007, 130 ff. Mit der Kulturflatrate soll die nichtkommerzielle Weitergabe und Vervielfältigung von digitalen, urheberrechtlich geschützten Werken legalisiert werden, wobei hierfür ein pauschales Entgelt zugunsten der Rechteinhaber zu entrichten ist.

heberrechts bisherigen Zuschnitts sowie auf eine mögliche Entwertung der Rechtspositionen der Werkvermittler hinaus.

B. Die Begünstigung des eigenen Gebrauchs

I. Die Regelung über die Privatkopie, § 53 UrhG

1. Überblick

Unter bestimmten Voraussetzungen erlaubt das Gesetz in §§ 53, 54 bis 54h UrhG die Vervielfältigung zum eigenen Gebrauch auch ohne Zustimmung des Rechteinhabers. Durch die technischen Entwicklungen der letzten Jahrzehnte sind (analoge und digitale) Vervielfältigungen auf ganz unterschiedliche Arten und ohne großen Aufwand herstellbar geworden, sodass sich ein Urheber massenhaften Vervielfältigungen seines Werkes durch andere ausgesetzt sehen kann. Zum Ausgleich für die Privilegierung der Nutzer erhält der Urheber, der getreu dem Beteiligungsgrundsatz in möglichst weitem Umfang an der Verwertung seines Werkes teilhaben soll, daher einen Anspruch auf Vergütung. Die Voraussetzungen für die Privilegierung des Nutzers finden sich in §§ 53, 53a UrhG, das Vergütungssystem ist in §§ 54–54h UrhG geregelt. Durch das Zweite Gesetz zur Regelung des Urheberrechts in der Informationsgesellschaft vom 26.10.2007 wurden die Voraussetzungen für die Zulässigkeit der Nutzung in § 53 UrhG geändert, § 53a UrhG neu eingeführt und das Vergütungssystem völlig neu konzipiert. Auch nach der geltenden Rechtslage ist die Privilegierung der Vervielfältigung zum Eigengebrauch jedoch nicht so weit gediehen, als dass von einem „Recht auf Privatkopie" gesprochen werden könnte. Bei der Ausgestaltung der Privilegierung für den privaten oder sonstigen eigenen Gebrauch hat der nationale Gesetzgeber den unionsrechtlich gezogenen Rahmen zu beachten: Art. 5 Abs. 2 lit. b der Harmonisierungs-RL 2001/29/EG gestattet den Mitgliedstaaten, eine Schranke für Privatkopien vorzusehen, wenn und soweit die Kopie durch eine natürliche Person zum privaten Gebrauch hergestellt wird, dies weder für direkte noch indirekte kommerzielle Zwecke erfolgt und der Rechtsinhaber dafür einen gerechten Ausgleich erhält. In einer Reihe neuerer Urteile hat der EuGH die Rahmenbedingungen für die über § 53 UrhG vermittelte Privilegierung konkretisiert. Danach bedarf etwa der Begriff des gerechten Ausgleichs einer unionsrechtlich autonomen Auslegung[36] und

---

36 EuGH, GRUR 2011, 50 Tz. 32 ff. – Padawan; seither mehrfach durch den EuGH präzisiert.

Kap. 4 Schranken urheberrechtlicher Befugnisse

nach der *Adam ACI*-Entscheidung des EuGH dürfen die Mitgliedstaaten nach Art. 5 Abs. 2 der Harmonisierungs-RL 2001/29/EG nur solche Ausnahmeregelungen für die Privatkopie vorsehen, die sicherstellen, dass keine Privatkopien erfasst werden, die aufgrund einer unrechtmäßigen Quelle erfasst werden.[37] Angesichts des im Vergleich zu dieser Vorgabe enger gefassten Wortlauts des § 53 Abs. 1 Satz 1 UrhG kann es nicht verwundern, dass die EU-Rechtskonformität der deutschen Umsetzung seither kontrovers diskutiert wird.[38]

2. Aufbau der Vorschrift

31 § 53 Abs. 1 UrhG behandelt die Vervielfältigung zum privaten Gebrauch als Unterfall des eigenen Gebrauchs. Hieran anknüpfend regelt Abs. 2 weitere Fälle zulässigen eigenen Gebrauchs. In Abs. 3 finden sich Privilegierungen für Unterricht und zu Prüfungszwecken. Abs. 4 nimmt die zuvor angesprochenen Privilegierungen bezogen auf Musiknoten und weitgehend vollständige Vervielfältigungen von Büchern und Zeitschriften wieder zurück, in Abs. 5 wird die Privilegierung hinsichtlich elektronisch zugänglicher Datenbanken eingeschränkt. Abs. 6 enthält ein Verbot der Verbreitung und öffentlichen Wiedergabe der hergestellten Vervielfältigungsstücke. Abs. 7 regelt schließlich Beschränkungen der Vervielfältigungsfreiheit zum Eigengebrauch bezüglich der Aufnahme öffentlicher Vorträge, Aufführungen und Vorführungen eines Werkes auf Bild- und Tonträger sowie der Ausführung von Plänen und Entwürfen zu Werken der bildenden Künste und hinsichtlich des Nachbaus von Werken der Baukunst. Für Computerprogramme gelten an Stelle des § 53 UrhG die Sondervorschriften der §§ 69d, 69e UrhG.

3. Maßgebliche Nutzungshandlungen

32 § 53 UrhG erfasst ausschließlich Vervielfältigungshandlungen i. S. der §§ 15 Abs. 1, 16 UrhG, d.h., jede körperliche Festlegung, die geeignet ist, das Werk den menschlichen Sinnen irgendwie – unmittelbar oder mittelbar – wahrnehmbar zu machen.[39] Die hierbei verwendete Vervielfältigungstech-

---

37 EuGH, GRUR 2014, 546 Tz. 29 ff. – ACI Adam/Stichting de Thuiskopie.
38 Vgl. dazu jüngst *Leistner*, GRUR Int. 2015, 681, 685 ff. (der freilich § 53 Abs. 1 UrhG nach derzeitigem Stand als europarechtskonform ansieht); die EU-Rechtskonformität des § 53 Abs. 1 UrhG verneinen hingegen *v. Ungern-Sternberg*, GRUR 2015, 205, 213, sowie *Lauber-Rönsberg*, ZUM 2014, 578, 579.
39 Die Vorschrift des § 53 Abs. 1 UrhG vermag hingegen keine Eingriffe in das Urheberpersönlichkeitsrecht (§§ 12 ff. UrhG) zu rechtfertigen, vgl. dazu BGH, GRUR 2014, 974 Tz. 53 – Porträtkunst.

nik ist unmaßgeblich. Im Zusammenhang mit dem Internet kommen zahlreiche Formen der Vervielfältigung in Betracht.

Das gilt zum einen für die Herbeiführung der Verfügbarkeit von Inhalten im Internet: Hier stellt das Heraufspielen von Inhalten in einen Datenspeicher, über den die Datei ins Internet eingespeist werden kann (Upload), eine Vervielfältigungshandlung dar, ebenso ggf. vorgelagerte Tätigkeiten wie das Einscannen von analog verfügbaren Schrift- oder Bildwerken[40] oder das Abspeichern von Daten auf der Festplatte des Rechners.[41] Überhaupt bedeutet das Überspielen digitaler Informationen auf (irgend)ein Speichermedium unabhängig von der dabei angewendeten Übertragungstechnik stets eine Vervielfältigung. 33

Vervielfältigungen ergeben sich aber auch im Zusammenhang mit dem Aufruf von Internetseiten und dem Abruf von gespeicherten Daten. Vom Vervielfältigungsbegriff werden zweifelsohne das Abspeichern von abrufbaren Inhalten auf Festplatte oder anderen Datenträgern sowie deren Ausdruck in Papierform über Drucker etc. erfasst. Ob bereits das Browsen (d.h., die Sichtbarmachung von Inhalten auf dem Bildschirm mittels eines dazu geschaffenen Computerprogramms), bei dem es notwendigerweise zu Zwischenspeicherungen im Arbeitsspeicher (Random Access Memory [RAM]) kommt, zu Vervielfältigungen führt, wird inzwischen durch § 44a UrhG beantwortet: Es handelt sich zwar um Vervielfältigungen, die aber wegen ihrer Flüchtigkeit und fehlenden eigenständigen wirtschaftlichen Bedeutung gem. § 44a UrhG nicht der Zustimmung des Urhebers bedürfen (vgl. dazu im Einzelnen später unter Rn. 89 ff. 34

Die Versendung einer E-Mail stellt ebenfalls eine Vervielfältigung dar, da der zugrunde liegende Datensatz hier zunächst auf der Festplatte des Serverbetreibers und mit Abruf durch den Empfänger auf der Festplatte von dessen Rechner gespeichert wird.[42] 35

Keine Vervielfältigung, sondern unkörperliche Wiedergabe soll hingegen die Ausgabe des Programms auf dem Bildschirm bedeuten.[43] Auch das Setzen von Hyperlinks stellt nach h.M. keine Vervielfältigung dar.[44] 36

---

[40] BGH, GRUR 2002, 246, 248 – Scanner.
[41] KG, ZUM 2002, 828, 830.
[42] OLG Köln, GRUR 2000, 414, 416.
[43] BGH, GRUR 1991, 449, 453 – Betriebssystem.
[44] So BGH, NJW 2003, 3406, 3409 – Paperboy, wo ohne nähere Differenzierung zwischen den verschiedenen Arten von Links auf den mit der Setzung von Links verfolgten Zweck und das Wesen des Internet abstellt; vgl. zu Hyperlinks noch unten bei C. I. (Rn. 74); vgl. zu Art. 3 Abs. 1 der Harmonisierungs-RL 2001/29/EG EuGH, GRUR 2014, 360 Tz. 32 – Nils Svensson.

Kap. 4 Schranken urheberrechtlicher Befugnisse

4. Voraussetzungen der Privilegierung zum privaten Gebrauch (§ 53 Abs. 1 UrhG)

37 § 53 Abs. 1 UrhG privilegiert Vervielfältigungen eines (ggf. noch nicht veröffentlichten[45]) Werkes durch eine natürliche Person zum privaten Gebrauch. Mit privatem Gebrauch ist der Gebrauch in der Privatsphäre der Person zur Befriedigung rein persönlicher Bedürfnisse durch die eigene Person oder die mit ihm durch ein persönliches Band verbundene Person gemeint.[46] Wegen des unauflöslichen Bezugs zur Privatsphäre kann der private Gebrauch, ein Unterfall des eigenen Gebrauchs, nur von natürlichen Personen wahrgenommen werden.

38 Soweit mit der Vervielfältigung – und sei es nur mittelbar bzw. teilweise – Erwerbszwecke verfolgt werden, greift § 53 Abs. 1 UrhG nicht ein, da dann kein privater Gebrauch vorliegt.[47] Deshalb sind Vervielfältigungen, die neben persönlichen auch beruflichen Interessen dienen, ebenso wie solche, die von Studierenden zu Ausbildungs- und Studienzwecken angefertigt wurden,[48] nicht von der Privilegierung des § 53 Abs. 1 UrhG erfasst.

39 Zulässig ist nach der Vorschrift die Herstellung einzelner Vervielfältigungsstücke. Das Gesetz regelt die Anzahl der Exemplare nicht näher, letztlich ist allein entscheidend, wie viele Exemplare zur Deckung des rein persönlichen Bedarfs erforderlich sind.[49] Die Fixierung auf sieben Vervielfältigungsstücke, die einer älteren Entscheidung des BGH häufig entnommen wird,[50] ist jedenfalls für die Nutzung im digitalen Umfeld deutlich überzogen.[51]

40 Da § 53 Abs. 1 UrhG den „Gebrauch auf beliebigen Trägern" gestattet, ist die Art und Weise der Vervielfältigung sowie die Beschaffenheit des Zielmediums nicht entscheidend: Neben analogen sind auch digitale Reproduk-

---

[45] Nach BGH, GRUR 2014, 974 Tz. 13 – Porträtkunst, bedarf die Schrankenregelung des § 53 Abs. 1 UrhG keiner einschränkenden Auslegung dahin, dass sie lediglich die Vervielfältigung veröffentlichter Werke erlaubt, da eine solche Einschränkung weder aus anderen Schrankenregelungen des UrhG noch aus den Vorgaben des Art. 5 Abs. 2 lit. a) der Harmonisierungs-RL 2001/29/EG folge.

[46] In diese Richtung BGH, GRUR 1978, 474, 475 – Vervielfältigungsstücke.

[47] BGH, GRUR 1993, 899, 890 – Dia-Duplikate; BGH, GRUR 1984, 54, 55 f. – Kopierläden; zu Recht verlangt *Dreier*, in: Dreier/Schulze, UrhG, 5. Aufl. 2015, § 53 Rn. 10, einschränkend, dass die konkrete Vervielfältigung zu beruflichen oder Erwerbszwecken verwandt wird.

[48] So nochmals BGH, GRUR 2014, 549 Tz. 72 – Meilensteine der Psychologie, unter Verweis auf BGH, GRUR 1984, 54, 55 f. – Kopierläden.

[49] *Dreier*, in: Dreier/Schulze, UrhG, 5. Aufl. 2015, § 53 Rn. 9.

[50] BGH, GRUR 1978, 474, 476 – Vervielfältigungsstücke.

[51] *Obergfell*, in: Halfmeier, Jahrbuch Junger Zivilrechtswissenschaftler, 2005, S. 101, 118.

B. Die Begünstigung des eigenen Gebrauchs   Kap. 4

tionstechniken und damit die Speicherung auf jeder Art von elektronischen Datenträgern von der Vorschrift erfasst.

Ferner entscheidet auch die verwendete Vorlage über die Zulässigkeit der **41** Vervielfältigungshandlung. Zwar setzt die Privilegierung nach Abs. 1 nicht voraus, dass das Werkexemplar, das als Vorlage für die Vervielfältigung dient, im Eigentum des Nutzers steht.[52] Nach nunmehr geltendem Recht darf die verwendete Vorlage jedoch nicht offensichtlich rechtswidrig hergestellt oder in offensichtlich rechtswidriger Weise öffentlich zugänglich gemacht worden sein (vgl. zu den unionsrechtlichen Vorgaben in der Interpretation des EuGH bereits oben unter Rn. 30). Das einschränkende Erfordernis der offensichtlichen Rechtswidrigkeit der Herstellung der Vorlage wurde im Jahr 2003 mit Blick auf rechtswidrige Nutzungsvorgänge im Internet in den Gesetzeswortlaut aufgenommen. In der Folgezeit hat es sich aus Sicht des Gesetzgebers gezeigt, dass das Abstellen auf die Rechtswidrigkeit der Vorlage allein zu kurz greife, was sich insb. beim Filesharing und in Peer-to-peer-Tauschbörsen zeigen soll, in denen rechtmäßig hergestellte Privatkopien zum Tausch angeboten werden, deren öffentliche Zugänglichmachung (in Form des Angebots zum Download) jedoch rechtswidrig ist.[53] Daher wurde der Wortlaut durch das Zweite Gesetz zur Regelung des Urheberrechts in der Informationsgesellschaft vom 26.10.2007 um die Alternative des rechtswidrigen öffentlichen Zugänglichmachens ergänzt. Umstritten sind seither die Kriterien, nach denen sich die offensichtliche Rechtswidrigkeit der hergestellten Vorlage bzw. ihres öffentlichen Zugänglichmachens bemisst. Nach dem Willen des Gesetzgebers sollen durch die neu aufgenommenen Anforderungen jedenfalls keine Nachforschungspflichten des Nutzers begründet werden.[54] Von einer offensichtlichen Rechtswidrigkeit wird man daher nur dann ausgehen können, wenn die Möglichkeit einer Erlaubnis durch den Rechteinhaber sowie einer Privilegierung unter Berücksichtigung der Begleitumstände aller Wahrscheinlichkeit nach ausgeschlossen werden kann. Sind maßgebliche Rechtsfragen ungeklärt, fehlt es an der Offensichtlichkeit der Rechtswidrigkeit.[55] Leichter nachzuweisen dürfte die nunmehr ausreichende Offensichtlichkeit der Rechtswidrigkeit des öffentlichen Zugänglichmachens sein, das grundsätzlich der Zustimmung des Rechteinhabers bedarf. Für den Online-Bereich bedeutet dies, dass Down-

---

52 BGH, GRUR 1997, 459, 462 – CB-Infobank I.
53 Vgl. RegE, BT-Drs. 16/1828, S. 26; für die Zulässigkeit neuer Musiktauschbörsen am Maßstab des § 53 Abs. 1 UrhG bei einer bloßen „Vernetzung unter Freunden" dagegen *Schapiro*, ZUM 2008, 273, 277 ff.
54 RegE, BT-Drs. 16/1828, S. 26.
55 LG Köln, MMR 2014, 196 zur Frage der Verletzung urheberrechtlicher Vervielfältigungsrechte durch Streaming (ergangen zu § 16 UrhG).

Kap. 4 Schranken urheberrechtlicher Befugnisse

loads aus File-Sharing-Systemen offensichtlich rechtswidrig sind, soweit der Rechteinhaber das Online-Angebot nicht vertraglich gestattet hat.[56] Die Offensichtlichkeit soll stets anhand subjektiver Kriterien fest gemacht werden, sodass der Kenntnis- und Bildungsstand des jeweiligen Nutzers entscheidend ist.[57] Die Beweislast dafür, dass die verwendete Vorlage offensichtlich rechtswidrig hergestellt oder öffentlich zugänglich gemacht worden ist, obliegt dem Rechteinhaber.

42 § 53 UrhG privilegiert nicht nur eigenhändig vorgenommene Vervielfältigungen. Der Nutzer darf sich dazu vielmehr auch eines Dritten bedienen (vgl. Abs. 1 Satz 2 UrhG), soweit die Vervielfältigung durch den Dritten unentgeltlich oder auf Papier oder einem ähnlichen Träger mittels photomechanischer oder vergleichbarer Verfahren erfolgt. Das Merkmal der Unentgeltlichkeit interpretiert der Gesetzgeber nicht zwingend als gänzliches Fehlen eines Entgelts; unentgeltlich i. S. der Vorschrift sind Vervielfältigungen auch dann, wenn der Dritte lediglich die bei der Vervielfältigung tatsächlich entstandenen Kosten in Rechnung stellt.[58]

5. Sonderfall: Private Online-Videorekorder (gleichbedeutend: virtuelle Videorekorder, Internet-Videorekorder)

43 Beim Geschäftsmodell des privaten Online-Videorekorders empfängt der Anbieter der Dienstleistung das Programmsignal bestimmter Fernsehsender, digitalisiert dieses auf (eigenen) Servern, speichert dabei die Sendungen auf speziell dem jeweiligen Nutzer zugewiesenen Speicherplätzen und ermöglicht diesem so den jederzeitigen Abruf. Ob die Nutzung solcher Angebote von § 53 Abs. 1 Satz 2 UrhG gedeckt ist, wird kontrovers diskutiert. Zwar wird für die Bereitstellung des Angebotes keines der in der Vorschrift privilegierten Verfahren verwendet, doch kommt eine Privilegierung aufgrund Unentgeltlichkeit der Vervielfältigung in Betracht. Die umschriebenen Geschäftsmodelle verzichten i. d. R. auf die Erhebung von Vergütungen durch die Nutzer, da sie sich über Werbeeinblendungen finanzieren. Die Berücksichtigung des insoweit maßgeblichen Wortlauts von Art. 5 Abs. 2 lit. b) der Harmonisierungs-RL 2001/29/EG („Vervielfältigungen auf beliebigen Trägern durch eine natürliche Person zum privaten Gebrauch und weder für direkte noch indirekte kommerzielle Zwecke") spricht jedenfalls dafür, auch bei dieser Finanzierungsform des Angebots von einer entgeltlichen Verviel-

---

56 *Dreier*, in: Dreier/Schulze, UrhG, 5. Aufl. 2015, § 53 Rn. 12.
57 RegE, BT-Drs. 16/1828, S. 26.
58 RegE, BT-Drs. 15/38, S. 20 f.

B. Die Begünstigung des eigenen Gebrauchs Kap. 4

fältigung auszugehen.[59] Doch auch wenn man von einer Unentgeltlichkeit der Leistung ausgeht, bleiben Zweifel an der Anwendbarkeit der Vorschrift.

Hersteller der Vervielfältigung nach § 53 Abs. 1 UrhG ist nach höchstrichterlicher Rechtsprechung derjenige, der sich des technischen Vorgangs zum Zwecke der Werknutzung bedient,[60] das Herstellen beschreibt insoweit den technisch maschinellen Vorgang der Vervielfältigung.[61] Die Zuhilfenahme Dritter ist hier nur in dem Maße unschädlich, wie sich der Dritte als lediglich notwendiges Werkzeug des eigentlich privilegierten Privatnutzers darstellt. Bei Anwendung digitaler Vervielfältigungstechnik kann der Herstellerbegriff nicht unter bloßem Rückgriff auf den technischen Vorgang erfolgen, vielmehr sind wertende Elemente, die sich insb. am Schutzziel der gesetzlichen Regelung ausrichten, mit einzubeziehen.[62] Bei dem oben dargestellten Vorgang des Programmabrufs nimmt der Anbieter nach Einschätzung mehrerer Oberlandesgerichte keine nur untergeordnete Rolle im Vervielfältigungsprozess ein, sondern prägt diesen maßgeblich mit, da er eine Leistung als Gesamtpaket darstellt, die sich nicht auf die bloße Zurverfügungstellung eines Speicherplatzes für die Aufzeichnung von Sendungen reduzieren lässt.[63] Hingegen hat das OLG Dresden in einer späteren Entscheidung (insoweit unter nachfolgender Billigung durch den BGH) den nach § 53 Abs. 1 Satz 1 UrhG privilegierten Nutzer des Online-Videorekorders als Hersteller der Aufzeichnung im Sinne der Vorschrift durch einen vom Nutzer qua Programmierung initiierten, im Übrigen rein technisch bewirkten, Aufzeichnungsvorgang angesehen.[64]

44

---

59 So im Ergebnis auch OLG Dresden, ZUM 2007, 385, 386; LG Braunschweig, K&R 2006, 362, 364; Unentgeltlichkeit nehmen dagegen OLG Köln, GRUR-RR 2006, 5, 6 sowie – jedenfalls bei bloßer Finanzierung durch Werbeeinblendungen ohne Bestehen einer Entgeltpflichtigkeit des Nutzers – *Dreier*, in: Dreier/Schulze, UrhG, 5. Aufl. 2015, § 53 Rn. 16, an.
60 Grundlegend BGH, GRUR 1999, 707, 709 – Kopienversanddienst.
61 Grundlegend BGH, GRUR 1997, 459, 462 – CB-Infobank I.
62 OLG Dresden, ZUM 2007, 385, 386; OLG Dresden, MMR 2007, 664; LG Braunschweig, K&R 2006, 362, 365 f.
63 OLG Dresden, ZUM 2007, 385, 386; OLG Dresden, CR 2007, 459, 460; im Ergebnis auch OLG Köln, AfP 2006, 164, 165: Anbieter erledigt die „maßgeblichen technischen Prozesse"; dezidiert a. A. unter Zugrundelegung der bisherigen Kriterien der Instanz-Rspr. *Kamps/Koops*, CR 2007, 581, 582 ff.
64 OLG Dresden, CR 2013, 408 (vgl. dort Leitsatz 1); nachfolgend BGH, GRUR 2013, 618 ff. – Internet-Videorekorder II (mit Ausführungen insbesondere zu § 87 Abs. 5 UrhG); a. A. *Haedicke*, ZUM 2016, 594, 605.

Kap. 4 Schranken urheberrechtlicher Befugnisse

6. Eigener wissenschaftlicher Gebrauch (§ 53 Abs. 2 Satz 1 Nr. 1 UrhG)

45 Zum privilegierten sonstigen eigenen Gebrauch zählt nach Abs. 2 Satz 1 Nr. 1 UrhG der eigene wissenschaftliche Gebrauch, der auch den Gebrauch durch Studierende erfasst, die sich im Rahmen ihrer Ausbildung über den Erkenntnisstand der Wissenschaft informieren möchten.[65] Zweck der Vervielfältigung, zu deren Herstellung nicht zwingend ein eigenes Werkexemplar verwendet zu werden braucht, muss demnach das methodisch-systematische Streben nach Erkenntnis sein. Die Anfertigung der Vervielfältigung ist nur dann zulässig, wenn und soweit dies zur Verfolgung dieses Zweckes geboten, mithin erforderlich ist. Als weitere Grenze und Rückausnahme ist hier Abs. 4 lit. b) zu beachten, der die Vervielfältigung ganzer Bücher und Zeitschriften an besondere Voraussetzungen knüpft (Zustimmung des Berechtigten bzw. seit mindestens zwei Jahren vergriffenes Werk). Nach geltendem Recht wird überdies nur noch der nichtkommerziellen Zwecken dienende wissenschaftliche Gebrauch privilegiert, weshalb neben der unternehmerischen und freiberuflichen Betätigung auch die Auftragsforschung an Hochschulen nicht mehr in den Anwendungsbereich der Vorschrift fällt.

7. Aufnahme in ein eigenes Archiv (§ 53 Abs. 2 Satz 1 Nr. 2, Satz 2 UrhG)

46 Die Privilegierung der Aufnahme in ein eigenes Archiv soll es v. a. Bibliotheken gestatten, ihren vorhandenen Bestand an geschützten Werken durch Vervielfältigungen (namentlich durch Abbildung auf Mikrofilm) zu sichern und den internen Umgang mit den Werken zu erleichtern. Unter Archiv versteht man jede nach sachlichen Kriterien vorgenommene Zusammenstellung von Geistesgut jeder Art.[66] Da nur der Betrieb eines *eigenen* Archives erfasst ist, deckt § 53 Abs. 2 Satz 1 Nr. 2 UrhG nicht die Anfertigung von Vervielfältigungen, die (jedenfalls auch) Dritten zugänglich gemacht werden sollen. Zudem setzt die Privilegierung voraus, dass eigene, d.h. im Eigentum des Archivbetreibers stehende, Werkstücke als Vervielfältigungsvorlage herangezogen werden. Die Vervielfältigung muss wiederum durch den privilegierten Zweck (hier: der Archivierung) geboten sein. Satz 2 schränkt die Zulässigkeit der zustimmungsfreien Aufnahme in ein eigenes Archiv weiter ein, indem er sie an das Vorliegen mindestens einer der drei genannten Voraussetzungen knüpft. Danach muss entweder (Nr. 1) die Vervielfältigung auf Papier oder einem ähnlichen Träger mittels beliebiger fotomechanischer Verfahren oder anderer Verfahren mit ähnlicher Wirkung

---
65 BGH, GRUR 2014, 549 Tz. 70 – Meilensteine der Psychologie.
66 Vgl. *Dreier*, in: Dreier/Schulze, UrhG, 5. Aufl. 2015, § 53 Rn. 27.

vorgenommen werden oder (Nr. 2) eine ausschließlich analoge Nutzung vorliegen oder (Nr. 3) das Archiv im öffentlichen Interesse tätig sein und keinen unmittelbar oder mittelbar wirtschaftlichen Zweck oder Erwerbszweck verfolgen. Ein Vergleich der Alternativen zeigt, dass ein elektronisches Archiv zu Bestandssicherungszwecken unter den zu Nr. 3 genannten Bedingungen auf- und ausgebaut werden darf. Nach Einschätzung des Gesetzgebers sollen Redaktionsarchive angesichts der öffentlichen Aufgaben, die die Medien zu erfüllen haben, im Regelfall im öffentlichen Interesse tätig sein.[67] Zugleich wird man im Regelfall freilich von einem (jedenfalls mittelbaren) wirtschaftlichen Zweck solcher Archive ausgehen müssen.

8. Unterrichts- und Prüfungsgebrauch (§ 53 Abs. 3 UrhG)

Abs. 3 Satz 1 gestattet für den Unterrichts- und Prüfungsgebrauch die Herstellung mehrerer Vervielfältigungsexemplare, wenn und soweit der gebotene Umfang dadurch nicht überschritten wird. Die Vorschrift ermöglicht insb. auch den Rückgriff auf geschützte Inhalte, die – wie im Internet – öffentlich zugänglich gemacht (§ 19a UrhG) worden sind. Die Berechtigung zur Vervielfältigung beschränkt sich allerdings auf kleine Teile eines Werkes, auf Werke geringen Umfangs oder auf einzelne Beiträge. Da auch bei Abs. 3 nur der eigene Gebrauch privilegiert wird, dürfen die hergestellten Exemplare nicht weiterverbreitet werden. 47

Die Privilegierung zum Unterrichtsgebrauch (Satz 1 Nr. 1) umfasst den Einsatz zu Unterrichtszwecken einschl. dessen Vor- und Nachbereitung in allgemein- und berufsbildenden Schulen, nicht jedoch (Volks-)Hochschulen, ferner in nichtgewerblichen Einrichtungen der Aus- und Weiterbildung sowie in anderen Einrichtungen der Berufsbildung. Die Privilegierung der Vervielfältigung zum Prüfungsgebrauch kommt darüber hinaus auch hinsichtlich Hochschulprüfungen und anderer staatlicher (bzw. staatlich anerkannter) Prüfungen zum Tragen. Zur Sicherung des Absatzmarkts für Produkte von Schulbuchverlagen[68] ist gem. § 53 Abs. 3 Nr. 2 UrhG die Vervielfältigung eines Werkes, das für den Unterrichtsgebrauch an Schulen bestimmt ist, stets nur mit Einwilligung des Berechtigten zulässig. 48

Als Rückausnahme ist wiederum insb. Abs. 4 UrhG (Werke der Musik; ganze Bücher oder Zeitschriften) zu beachten. 49

---

67 RegE, BT-Drs. 16/1828, S. 26.
68 Vgl. Beschlussempfehlung und Bericht des Rechtsausschusses, BT-Drs. 16/5939, S. 44 f.

Kap. 4 Schranken urheberrechtlicher Befugnisse

9. Elektronische Datenbankwerke (§ 53 Abs. 5 UrhG)

50 Die Privilegierung der Vervielfältigung zum privaten Gebrauch, zum Eigengebrauch nach Abs. 2 Satz 1 Nr. 2 bis 4 sowie zum Prüfungsgebrauch findet nach § 53 Abs. 5 UrhG keine Anwendung auf Datenbankwerke, deren Elemente einzeln mit Hilfe elektronischer Mittel zugänglich sind. Der Begriff Datenbankwerk bezeichnet nach § 4 Abs. 2 UrhG ein Sammelwerk, dessen Elemente systematisch oder methodisch angeordnet und einzeln mit Hilfe elektronischer Mittel oder auf andere Weise zugänglich sind. Als zustimmungspflichtig wurde etwa das Herunterladen eines ins Internet gestellten Medizinlexikons auf den Arbeitsspeicher des Nutzers zu privaten Zwecken beurteilt.[69] Zu beachten ist freilich, dass die einzelnen Dokumente, die für die Erstellung des Sammelwerks herangezogen wurden, nicht dem Datenbankschutz unterliegen, die Beschränkung nach § 53 Abs. 5 UrhG daher hinsichtlich deren Vervielfältigung nicht greift; allerdings kann insoweit § 87b UrhG einschlägig sein.

10. Ausschluss der Weitergabe oder öffentlichen Wiedergabe (§ 53 Abs. 6 UrhG)

51 § 53 Abs. 6 Satz 1 UrhG sichert den inneren Grund für die Privilegierung (nämlich die Vervielfältigung zum privaten bzw. sonstigen eigenen Gebrauch) ab, indem er die Verbreitung bzw. öffentliche Wiedergabe zulässig hergestellter Vervielfältigungsstücke untersagt. Als Ausnahme hierzu gestattet Satz 2 der Vorschrift das Verleihen rechtmäßig hergestellter Vervielfältigungsstücke von Zeitungen, vergriffenen Werken und solcher Werkstücke, bei denen kleine beschädigte oder abhanden gekommene Teile durch Vervielfältigungsstücke ersetzt wurden und berücksichtigt so insb. das Anliegen der Bibliotheken, auch Werkstücke, die aufgrund von Beschädigungen oder Verfall ausgebessert oder zur Gänze neu hergestellt werden mussten, verleihen zu dürfen.

11. Allgemeine Ausnahmen (§ 53 Abs. 7 UrhG)

52 Abs. 7 untersagt dem Nutzer, auch bei Vorliegen der Voraussetzungen der Abs. 1–6, ohne Zustimmung des Berechtigten Aufnahmen von öffentlichen Vorträgen, öffentlicher Aufführungen oder Vorführungen auf Bild- oder Tonträger herzustellen.

---

69 OLG Hamburg, GRUR 2001, 831 – Roche Lexikon Medizin.

B. Die Begünstigung des eigenen Gebrauchs **Kap. 4**

12. Sonderfall: Virtuelle Bibliotheken (am Beispiel „Google Book Search")

Der Suchmaschinenanbieter Google lässt seit 2004 – außerhalb Deutschlands – in großem Umfang Buchbestände aus amerikanischen Bibliotheken ohne Zustimmung der Rechteinhaber einscannen, um die dabei erzeugten Daten digitalisiert im Wege der Volltextsuche im Internet anzubieten.[70] Soweit der Urheber bzw. Rechtsinhaber nicht an dem eingerichteten „Partnerprogramm" teilnimmt bzw. nicht von die von Google angebotene „Opt-out"-Möglichkeit zur gänzlichen Herausnahme seines Werkes aus der Google-Buchsuche wahrnimmt, wird das Werk bei einer Google-Suche nur in kleinen Ausschnitten (sog. snippets, in der Regel einzelne, z. T. nicht zusammenhängende Seiten) angezeigt, die eine Lektüre des gesamten Werks allerdings nicht ermöglichen. Mit Blick auf den Urheberschutz nach deutschem Recht ist dennoch festzustellen, dass mit den umschriebenen Handlungen regelmäßig in das Vervielfältigungsrecht (§ 16 UrhG) bzw. das Recht der öffentlichen Zugänglichmachung (§ 19a UrhG) der Urheber eingegriffen wird. Eine Privilegierung von Google kommt dabei weder nach § 53 UrhG (wegen des kommerziellen Charakters des Angebots) noch nach § 51 UrhG (da es an einer Verbindung zu eigenen Gedanken fehlt) in Betracht.[71] Falls es beim Abruf der Ergebnisse durch den Internet-User zu Speicherungen kommt, ist eine Privilegierung der dabei entstehenden Vervielfältigungen nach § 53 Abs. 1 Satz 1 bzw. Abs. 2 Satz 1 Nr. 1 UrhG jedenfalls dann denkbar, wenn die gespeicherten Inhalte nur einen sehr kleinen Teil des geschützten Buchwerks ausmachen und (unter Berücksichtigung des Drei-Stufen-Tests) dessen normale Auswertung durch den Urheber nicht beeinträchtigen bzw. die berechtigten Interessen des Urhebers nicht verletzt.[72]

53

Überdies ist zu berücksichtigen, dass sich das anwendbare Recht entsprechend dem geltenden Schutzlandprinzip nach dem Ort der Vornahme der Verletzungshandlung bemisst, sodass hinsichtlich des Einscannens nicht deutsches Urheberrecht berufen ist. Da der Abruf der Buchsuche jedoch auch von Deutschland aus möglich ist, kommt hinsichtlich der Zugänglichmachung der snippets die Anwendung deutschen Rechts in Betracht.[73] Einzelheiten zu den durch das Projekt „Google Book Search" betroffenen Schutzgegenständen sind in Kapitel 2 unter Rn. (A.V. 3b) dargestellt. In

54

---

70 Einzelheiten zu Ausgestaltung und Möglichkeiten der Google-Buchsuche bei *Bohne/Elmers*, WRP 2009, 586, 587 f.
71 *Kubis*, ZUM 2006, 370, 376; vgl. zur Schrankenregelung des § 51 UrhG auch die unten stehenden Ausführungen unter C. I (Rn. 69 ff.).
72 *Kubis*, ZUM 2006, 370, 377.
73 *Ott*, GRUR Int. 2007, 562, 566; *Kubis*, ZUM 2006, 370, 378.

dem Rechtsstreit *The Authors Guild, Inc. et al. vs. Google, Inc.* in den USA, der durch einen Vergleichsvorschlag der Parteien in Ermangelung der erforderlichen gerichtlichen Billigung nicht beigelegt werden konnte,[74] hat das Bundesberufungsgericht für den 2. Bezirk im Oktober 2015 befunden, dass die nicht autorisierte Digitalisierung urhebergeschützte Bestände, die Schaffung von Suchfunktionalitäten und die Anzeige der snippets durch Google vom Schutz der fair use-Klausel (vgl. dazu oben Rn. 25) erfasst und Urheberrechtsverletzungen aus diesem Grund ausgeschlossen sind.[75] Die unterlegenen Kläger haben mittlerweile den Obersten Gerichtshof angerufen, um eine Klärung relevanter Einzelfragen der fair use-Doktrin im Kontext der Google-Büchersuche herbeizuführen.

II. Vergütungsansprüche (§§ 54–54h UrhG) als Rechtsfolge der gesetzlichen Lizenz nach § 53 Abs. 1–3 UrhG

1. Der (neue) gesetzliche Rahmen

55 Durch die Urheberrechtsänderung zum 1.1.2008 wurde das Pauschalvergütungssystem zugunsten der Urheber für Vervielfältigungen ihrer Werke zum eigenen Gebrauch i. S. d. § 53 Abs. 1–3 UrhG, das nunmehr in §§ 54–54h UrhG niedergelegt ist, völlig neu geregelt. Dessen Grundidee der mittelbaren Erfassung der Endnutzer durch Gewährung von (der kollektiven Rechtewahrnehmung durch Verwertungsgesellschaften unterliegenden) Vergütungsansprüchen des Urhebers gegen Hersteller, Händler und Importeure bestimmter Geräte und Speichermedien bzw. gegen Betreiber von zur Vervielfältigung durch Ablichtung geeigneten Geräten wurde beibehalten. Die sich daraus ergebende Belastung von Herstellern, Händlern und Importeuren ist mit den Vorgaben des „gerechten Ausgleichs" nach Art. 5 Abs. 2 lit. a bzw. b der Harmonisierungs-RL 2001/29/EG vereinbar.[76] Kernpunkte der geltenden Fassung sind zum einen die Aufhebung der Trennung der Abgaben nach Vervielfältigungsquellen bzw. -methoden (bisher: Geräte, die zur Vornahme von Bild- und Tonaufzeichnungen bestimmt sind, gegenüber Geräten, die zur Anfertigung von Ablichtungen bestimmt sind), die durch eine technologieneutrale Anknüpfung der Abgabe an zur Vervielfältigung typischerweise genutzten Geräten bzw. Speichermedien ersetzt wurde (§ 54 UrhG). Zum anderen werden die Vergütungssätze nun nicht mehr vom Gesetzgeber festgesetzt (vgl. § 54d Abs. 1 UrhG a. F.), sondern deren Bemes-

---

74 Vgl. dazu näher *Rauer*, GRUR-Prax 2011, 185 ff.
75 GRUR Int. 2016, 56 ff. (mit Leitsätzen in deutscher Sprache).
76 Grundlegend EuGH, GRUR 2011, 50 Tz. 32 ff. – Padawan (auf Vorlage eines spanischen Gerichts ergangen), seither mehrfach bestätigt.

sung den beteiligten Parteien, mithin den Verwertungsgesellschaften und den Herstellerverbänden, überantwortet. Während das – mehrstufige – Einigungsverfahren nunmehr in §§ 40 Abs, 1, 92 ff. VGG geregelt ist, hält ein Katalog in § 54a UrhG materielle Kriterien zur Wahrung der Angemessenheit des Vergütungsanspruchs bereit. Schließlich hat die Neuregelung vereinzelt zur Schaffung neuer Ansprüche und im Übrigen vielfach zu einer bloßen Neuordnung inhaltlich (weitgehend) unveränderter Vorschriften innerhalb der §§ 54 ff. UrhG geführt.

2. Voraussetzungen des Vergütungsanspruchs nach § 54 Abs. 1 UrhG

Der Vergütungspflicht gem. § 54 UrhG unterliegen nach der Neuregelung Geräte und Speichermedien, deren Typ – allein oder in Verbindung mit anderen Geräten oder Speichermedien oder Zubehör – zur Vornahme von Vervielfältigungen zum privaten oder sonstigen eigenen Gebrauch i. S. v. § 53 Abs. 1–3 UrhG benutzt wird. Unter Gerät ist dabei jeder, mit wie auch immer gearteter Technik ausgerüstete, Gegenstand zu verstehen, der zur Vornahme urheberrechtlich relevanter Vervielfältigungen geeignet ist. Der neu ins UrhG eingeführte Begriff der Speichermedien umfasst alle physikalischen Informations- und Datenträger mit Ausnahme von Papier oder ähnlichen Trägern. Hierzu zählen alle elektronischen (z. B. Smart-Card, Memory Stick), magnetischen (z. B. Musikkassette, Magnetband, Festplatte, Diskette) und optischen (z. B. Film, DVD, CD-ROM, CD-RW, Laserdisk) Speicher.[77] Vergütungspflichtig sind die bezeichneten Gegenstände, soweit sie – allein oder in Verbindung mit anderen Geräten, Speichermedien oder mit Zubehör – bei typisierter Betrachtung zur Vornahme urheberrechtlich relevanter Vervielfältigungen benutzt werden.[78] Solche Geräte sind neben (analogen) Aufnahmegeräten wie Video- und Musikkassettenrekordern, digitale Aufnahmegeräte, Personal Computer[79] und tragbare Rechner, CD- und DVD-Brenner, Drucker und Plotter,[80] Telefaxgeräte, Fotokopierer, Scanner sowie Multifunktionsgeräten mit wenigstens einer Vervielfältigungsfunktion, selbst wenn die Vervielfältigung nicht Primärfunktion ist.[81] Dagegen dürften Diktiergeräte nach wie vor nicht als Gerät i. S. der Vorschrift anzusehen sein, da mit ihnen im Regelfall tatsächlich keine Vervielfältigungen vorgenommen werden. Von der Vergütungspflicht

56

---

77 RegE, BT-Drs. 16/1828, S. 29.
78 Bei erforderlicher Kombination eines Geräts oder Speichermediums mit Zubehör fällt die Vergütungspflicht indes nur für das Gerät, nicht auch für das Zubehör an.
79 Vgl. auch BGH, CR 2009, 9 (zu § 54a Abs. 1 UrhG a. F.).
80 Vgl. nunmehr BGH, GRUR 2014, 979 ff. – Drucken und Plotter III, nachfolgend auf EuGH, GRUR 2013, 812 ff. – VG Wort.
81 EuGH, GRUR 2015, 478 Tz. 35 – Copydan Blindkopi (hinsichtlich Speicherkarten von Mobiltelefonen).

Kap. 4 Schranken urheberrechtlicher Befugnisse

ausgenommen sind Geräte, die ausschließlich im Rahmen von DRM-Systemen nutzbar sind, mithin nur vertraglich lizenzierte Vervielfältigungen gestatten.[82] Für den Fall, dass ein DRM-System im Einzelfall umgangen wird, entsteht keine „nachträgliche" Vergütungspflicht, vielmehr ist der Rechteinhaber dann auf die Geltendmachung von Unterlassungs- und Schadensersatzansprüchen zu verweisen.

57 Der Umstand, dass ein Gerät oder ein Speichermedium tatsächlich lediglich in geringem Umfang zur Vervielfältigung verwendet wird, beseitigt dagegen nicht die daran geknüpfte Vergütungspflicht, sondern beeinflusst die Angemessenheit der geschuldeten Vergütung, vgl. dazu § 54a Abs. 1 Satz 1 UrhG.[83] Die Beweislast für die tatsächliche Nutzung als Gerät bzw. Speichermedium zur Vervielfältigung soll nach dem Willen des Gesetzgebers den Verwertungsgesellschaften obliegen. Der Vergütungsanspruch nach Abs. 1 entfällt, wenn nach den Umständen erwartet werden kann, dass die Geräte oder Speichermedien im Geltungsbereich des UrhG nicht zu Vervielfältigungen benutzt werden, § 54 Abs. 2 UrhG. Die Vorschrift ersetzt die „Exportklausel" des § 54c Abs. 2 UrhG a.F.

3. Höhe der Vergütungsansprüche gem. § 54 UrhG, § 54a UrhG

58 Für die Höhe der Vergütung nach § 54 UrhG sind die in § 54a Abs. 1–3 UrhG bezeichneten, sachbezogenen Kriterien maßgeblich. In Abs. 1 wird – als wichtigster Gesichtspunkt – auf die tatsächliche Nutzung der abgabepflichtigen Geräte und Speichermedien für Vervielfältigungen i.S. des § 53 Abs. 1–3 UrhG abgestellt, wobei auch angewendete technische Schutzmaßnahmen nach § 95a UrhG zu berücksichtigen sind. Zur Ermittlung des Ausmaßes der tatsächlichen Nutzung verweist die Gesetzesbegründung auf empirische Untersuchungen (Umfrage- und Verkehrsgutachten) durch fachlich qualifizierte Gutachter.[84] Abs. 2 verpflichtet die Verwertungsgesellschaften zur Berücksichtigung funktionell zusammenwirkender Geräte oder Speichermedien bei der Ausgestaltung der Vergütung, um so einer unangemessen hohen, aus der Zusammenrechnung von Einzelabgaben herrührenden (Gesamt-)Vergütung entgegenzuwirken. Damit soll die Kernaussage einer Entscheidung des BGH aus dem Jahre 2001 nachvollzogen werden,[85] in der

---

82 RegE, BT-Drs. 16/1828, S. 29.
83 Vgl. Beschlussempfehlung des Rechtsausschusses, BT-Drs. 16/5939, S. 45, entgegen RegE, BT-Drs. 16/1828, S. 28 f. und 29 f., der einen Mindestumfang von 10 % vorgesehen hat.
84 Vgl. RegE, BT-Drs. 16/1828, S. 29.
85 BGH, GRUR 2002, 246 ff. – Scanner.

eine Änderung der damals geltenden gesetzlichen Regelung angeregt wurde. Nach Abs. 3 haben die Verwertungsgesellschaften bei der Bestimmung der Höhe auch die nutzungsrelevanten Eigenschaften der Geräte und Speichermedien zu berücksichtigen, wozu beispielhaft die Leistungsfähigkeit von Geräten (in quantitativer und qualitativer Hinsicht) sowie Speicherkapazität und Wiederbeschreibbarkeit von Speichermedien genannt werden. Gem. Abs. 4, der die Verhandlungspartner offenbar zu einer Art abschließender Richtigkeitskontrolle verpflichtet, darf die Höhe der Vergütung die Hersteller der Geräte und Speichermedien schließlich nicht unzumutbar beeinträchtigen. Die Beurteilung der Unzumutbarkeit wird nicht an einen bestimmten Bruchteil des Verkaufspreises gekoppelt,[86] sondern ergibt sich aus einem Vergleich der Abgabe zum Preisniveau des abgabepflichtigen Geräts oder Speichermediums unter dem Gesichtspunkt der wirtschaftlichen Angemessenheit. Da bereits § 54a Abs. 2 UrhG (anhand eines sachbezogenen Kriteriums) die Angemessenheit der Vergütung verlangt, erschließt sich die sachliche Berechtigung des Abs. 4 nicht.[87]

Absolute Maßstäbe zur Bestimmung der Vergütungshöhe lassen sich der Vorschrift des § 54a UrhG nicht entnehmen. Das zum 1.6.2016 in Kraft getretene VGG regelt die Berechnung der Vergütungshöhe – verstanden als gerechten Ausgleich für Privatkopien – neu, vgl. dazu im Einzelnen §§ 38 ff. VGG i.V.m. § 54a UrhG.[88]

4. Exkurs: Vergütungspflicht des Betreibers (§ 54c UrhG)

Zusätzlich zu der aus § 54 Abs. 1 UrhG folgenden Vergütungspflicht insb. der Hersteller von Geräten und Speichermedien sieht § 54c Abs. 1 UrhG eine Vergütungspflicht des Betreibers von Ablichtungsgeräten (sog. Betreibervergütung) vor. Danach schuldet der Betreiber von Geräten zur Herstellung von Ablichtungen in Bildungs- und Forschungseinrichtungen, öffentlichen Bibliotheken oder in Einrichtungen, die solche Geräte entgeltlich bereithalten, eine Vergütung, deren Höhe sich nach den in Abs. 2 aufgezählten Kriterien bemisst. Betreiber ist derjenige, auf dessen Rechnung das Kopiergerät aufgestellt wird.[89] Zu den abgabepflichtigen Geräten zählen insb. Foto-

---

86 So noch RegE, BT-Drs. 16/1828, S. 30: bindende Obergrenze von 5% des Gerätepreises.
87 Vgl. auch *Nordemann*, in: Fromm/Nordemann, Urheberrecht, 11. Aufl. 2014, § 54a UrhG Rn. 5 („sachlich gegenstandslos"); krit. auch *S. Müller*, ZUM 2007, 777, 789.
88 Das in den genannten Vorschriften angelegte Berechnungsmodell hält *Hoeren*, CR 2016, 557 ff. für unvereinbar mit den unionsrechtlichen Vorgaben.
89 *Lüft*, in: Wandtke/Bullinger, Praxiskommentar UrhR, 4. Aufl. 2014, § 54c UrhG Rn. 2 m.w.N.

kopiergeräte.[90] Unter Bildungs- und Forschungseinrichtungen fallen entsprechende Institutionen in öffentlicher oder privater Trägerschaft. Für die ihnen obliegende Vergütungspflicht ist – ebenso wie bei öffentlichen Bibliotheken – nicht Voraussetzung, dass die Geräte entgeltlich betrieben werden. Dies gilt nur für die letztgenannten Einrichtungen, zu denen insb. Copy-Shops zu zählen sind. Ob die gegen Entgelt bereitgehaltenen Geräte in diesen Einrichtungen frei zugänglich sind oder die Kopieraufträge von Mitarbeitern oder sonstigen Dritten für Kunden nicht als Hauptgeschäft, sondern lediglich als Serviceleistung ausgeführt werden, ändert an der bestehenden Vergütungspflicht nichts.[91]

5. Schuldner und Gläubiger der Vergütungsansprüche

61 Die Vergütungsansprüche richten sich gem. § 54 Abs. 1 UrhG primär gegen den Hersteller von Geräten und Speichermedien. Als Hersteller gilt nach gefestigter, auf die neue Terminologie übertragener Rechtsprechung in Übereinstimmung mit dem allgemeinen Sprachgebrauch derjenige, der die Geräte bzw. Speichermedien tatsächlich produziert,[92] wozu etwa der Zulieferer nicht zählt. Daneben trifft gem. § 54b Abs. 1 UrhG gewerblich handelnde (Re-)Importeure („[Wieder-]Einführer") und Händler eine gesamtschuldnerische Haftung (§§ 421 ff. BGB). Der Begriff des Einführers ist in § 54b Abs. 2 UrhG definiert; er umfasst nicht denjenigen, der für den eigenen Gebrauch Waren aus dem Ausland bezieht und in den Geltungsbereich des UrhG verbringen lässt. Der Händlerbegriff ist gesetzlich nicht vorgeprägt und bezeichnet Personen, die – egal auf welcher Absatzstufe – gewerblich Geräte oder Speichermedien erwerben und weiterveräußern. Nach § 54b Abs. 3 UrhG fällt eine Vergütungspflicht des Händlers jedoch weg, wenn derjenige, von dem der Händler die Geräte oder Speichermedien bezieht, an einen Gesamtvertrag § 35 VGG über die Vergütung gebunden ist oder der Händler unaufgefordert halbjährlich Art und Stückzahlen sowie die Bezugsquelle der Geräte oder Speichermedien mitteilt, die er in diesem Zeitraum bezogen hat.

62 Anspruchsinhaber ist sowohl hinsichtlich der Ansprüche nach § 54 Abs. 1 UrhG als auch derjenigen nach § 54c Abs. 1 UrhG der Urheber. Aufgrund ent-

---

90 Vgl. die Stellungnahme der Bundesregierung, BT-Drs. 16/1828, S. 50, die die Anregung des Bundesrates, BT-Drs. 16/1828, S. 43, eine ausdrückliche Beschränkung auf „herkömmliche Fotokopiergeräte" vorzusehen, in der Sache teilte, eine Änderung des Wortlauts gegenüber dem RegE jedoch für entbehrlich hielt.
91 OLG München, GRUR 2004, 324, 325 – Hotelkopiergeräte.
92 Grundlegend BGH, GRUR 1984, 518, 519 – Herstellerbegriff I (zu § 53 Abs. 5 UrhG a. F.).

sprechender Verweisungen auf § 54 UrhG stehen entsprechende Vergütungen darüber hinaus den Verfassern wissenschaftlicher Ausgaben (§ 70 Abs. 1 UrhG), Herausgebern nachgelassener Werke (§ 71 Abs. 1 UrhG), Lichtbildnern (§ 72 Abs. 1 UrhG), ausübenden Künstlern und Veranstaltern (§ 83 UrhG), Tonträgerherstellern (§ 85 Abs. 4 UrhG), Filmherstellern (§ 94 Abs. 4 UrhG) und Herstellern von Laufbildern (§§ 95, 94 Abs. 4 UrhG) zu.

Die bezeichneten Ansprüche nach §§ 54–54c UrhG können gem. § 54h **63** Abs. 1 UrhG – ebenso wie die sogleich unter 6 darzustellenden Hilfsansprüche – allerdings nur durch eine Verwertungsgesellschaft geltend gemacht werden. Nach § 54h Abs. 2 UrhG sind die Anspruchsinhaber an den vereinnahmten Vergütungen angemessen zu beteiligen, was durch § 27 VGG und dem nach dieser Vorschrift aufzustellenden Verteilungsplan konkretisiert wird; von der Beteiligung an der Verteilung ausgenommen sind freilich Urheber und Rechtsinhaber, die ihre Werke und sonstigen Schutzgegenstände mit technischen Schutzmaßnahmen gesichert haben (§ 54h Abs. 2 Satz 2). Auf die Vergütungsansprüche kann der Urheber gem. § 63a UrhG nicht im Voraus verzichten; eine Abtretung an eine Verwertungsgesellschaft im Voraus ist jedoch nach § 63a Satz 2 UrhG möglich.

6. Weitere Ansprüche

Damit die vergütungspflichtigen Gegenstände erfasst werden können, sieht **64** das UrhG Melde- und Auskunftspflichten der Anspruchsschuldner vor. § 54e Abs. 1 UrhG verpflichtet gewerbliche Importeure zur schriftlichen und monatlich erfolgenden Mitteilung von Art und Stückzahl der in Deutschland veräußerten bzw. in Verkehr gebrachten Geräte und Speichermedien zum zehnten eines jeden Kalendermonats. Für Mitteilungen (ebenso für eventuelle Mitteilungen der Händler nach § 54b Abs. 3 UrhG) haben die Verwertungsgesellschaften gem. § 54h Abs. 3 UrhG dem DPMA eine gemeinsame Empfangsstelle zu benennen, die vom DPMA im Bundesanzeiger bekannt gemacht wird. Die Ansprüche nach § 54 UrhG einschl. der zugehörigen Hilfsansprüche werden von der ZPÜ (Zentralstelle für private Überspielungsrechte) wahrgenommen, an der zahlreiche Verwertungsgesellschaften als Gesellschafterinnen beteiligt sind. Die Verwendung der von der zentralen Empfangsstelle entwickelten Mustervordrucke und die Geheimhaltungspflichten der Empfangsstelle sind schließlich Inhalt der § 54h Abs. 4 und 5 UrhG.

In § 54f UrhG sind (wiederum verwertungsgesellschaftliche) Auskunftsan- **65** sprüche der Urheber gegenüber den nach §§ 54, 54b UrhG vergütungspflichtigen Herstellern, Importeuren und Händlern von Geräten und Speichermedien (Abs. 1) bzw. gegenüber den nach § 54c UrhG vergütungspflichtigen Betreibern (Abs. 2) geregelt. Zur Sicherung der Vergütungsansprüche nach § 54c UrhG normiert § 54g UrhG nunmehr das zuvor richterrechtlich geschaffene Recht der Verwertungsgesellschaften, Kontrollbesuche bei den Betreibern der in § 54c UrhG erfassten Geräte durchzuführen.

III. § 53a UrhG

66 Der durch das „Zweite Gesetz zur Regelung des Urheberrechts in der Informationsgesellschaft" neu eingeführte § 53a UrhG regelt den Kopienversand auf Bestellung, indem er – in Anknüpfung an und Ergänzung zu § 53 UrhG – das Vervielfältigungsrecht des Urhebers in verschiedener Hinsicht beschränkt. Die gesetzgeberische Neuschöpfung orientiert sich ausdrücklich an der Grundsatzentscheidung des BGH vom 25.1.1999 zu (analogen) Kopierversanddiensten (BGHZ 141, 13 ff.) und übernimmt im Wesentlichen die dort aufgestellten Voraussetzungen an die Zulässigkeit solcher Dienste. Abs. 1 Sätze 2 und 3 der Vorschrift umschreiben über die Tragweite der o. g. BGH-Entscheidung hinaus die zusätzlichen Anforderungen an den sonstigen elektronischen Kopienversand.

67 Nur öffentliche Bibliotheken sind gem. § 53a UrhG zum Kopienversand berechtigt. Diese Festlegung steht indes einem Geschäftsmodell nicht entgegen, nach dem eine selbst keine Bibliothek vorhaltende „Dachorganisation" den Kopienversand wissenschaftlicher Dokumente koordiniert und abwickelt und dabei auf verschiedene öffentliche Bibliotheken zurückgreift, welche die Kopien selbsttätig anfertigen und versenden.[93] Privilegierte Werke i. S. der Vorschrift sind nur einzelne in Zeitungen und Zeitschriften erscheinende Beiträge sowie kleine Teile eines erschienenen Werkes. Mangels entgegenstehenden Wortlauts kommt es allerdings nicht darauf an, ob sich die Vorlage im Eigentum oder auch nur im Bestand der versendenden Bibliothek befindet, so dass der Dienstanbieter zur Erfüllung des Auftrags auch Fremdbestände heranziehen darf. Während sich die Berechtigung, Kopienversanddienste per Post oder Fax (einschl. Computerfax)[94] in Anspruch zu nehmen, nach § 53 UrhG richtet, legen § 53a Abs. 1 Sätze 2 und 3 UrhG kumulativ zu erfüllende Voraussetzungen für den sonstigen elektronischen Kopienversand fest. Mit diesem Begriff sind in erster Linie der E-Mail-Versand,[95] aber auch FTP-Angebote angesprochen. Zulässig ist der sonstige elektronische Kopienversand lediglich dann, wenn er mittels grafischer Da-

---

93 Fall des auf eine Initiative von Bund und Ländern zurückgehenden „Subito"-Dienstes, vgl. ausdrücklich die Antwort der Bundesregierung auf eine kleine Anfrage, BT-Drs. 16/1356, S. 5.
94 Str., wie hier *Jani*, in: Wandtke/Bullinger, Praxiskommentar UrhR, 4. Aufl. 2014, § 53a UrhG Rn. 21.
95 RegE, BT-Drs. 16/1828, S. 48.

teien und zum Zwecke der Veranschaulichung des Unterrichts bzw. der wissenschaftlichen Forschung erfolgt, und der Unterricht bzw. die Forschung nicht gewerblichen Zwecken dient. Darüber hinaus ist der sonstige elektronische Kopienversand gem. Abs. 1 Satz 3 nur zulässig, wenn der Zugang zu Werken oder Beiträgen den Mitgliedern der Öffentlichkeit nicht offensichtlich von Orten und zu Zeiten ihrer Wahl aufgrund einer vertraglichen Vereinbarung zu angemessenen Bedingungen ermöglicht wird. Diese stark kompromisshafte Züge tragende Subsidiaritätsklausel soll den Rechteinhabern eine eigenverantwortliche Vermarktung ihrer Produkte im Onlinebereich ermöglichen, ohne darin durch unmittelbare Konkurrenz von öffentlichen Bibliotheken beeinträchtigt zu werden.[96] Der von öffentlichen Bibliotheken angebotene Kopienversand darf – unabhängig von der Übermittlungsart – stets nur auf Einzelbestellung erfolgen, was jeweils eine konkrete Auftragserteilung voraussetzt. Da § 53a UrhG keine entgegenstehende Regelung bereithält, darf der Versand auch entgeltlich erfolgen. Gegenüber der den Versand anbietenden Bibliothek steht dem Urheber nach § 53a Abs. 2 UrhG für die entsprechend Abs. 1 erstellten und übermittelten Vervielfältigungsstücke ein (verwertungsgesellschaftspflichtiger) Anspruch auf angemessene Vergütung zu. Was die praktische Relevanz der Vorschrift angeht, bleibt abzuwarten, ob sich der Kopienversand einschließlich der elektronischen Kopienversanddienste angesichts der Herausbildung innovativer Dokumentendienste von Verlagen nicht zum Auslaufmodell entwickelt.[97]

C. Die Begünstigung der geistigen Auseinandersetzung

Einige der urheberrechtlichen Schrankenregelungen lassen sich mit der Bedeutung der geistigen Auseinandersetzung in einer demokratisch verfassten Gesellschaft als Grundlage für die Schaffung neuer Werke erklären. Diese erfordert zum einen die Möglichkeit der Bezugnahme auf (u. U. urheberrechtlich geschützte) Inhalte und setzt zum anderen die Möglichkeit voraus, sich zum Zwecke der Meinungsbildung über Geschehen, Tatsachen und Entwicklungen frei unterrichten zu können. Die Herausbildung des Internets hat zu einer neuen Ordnung der geistigen Auseinandersetzung in der Informationsgesellschaft geführt, indem es den Meinungsaustausch (zeitlich gesehen) beschleunigt, (räumlich gesehen) ausgedehnt und dabei (sachlich) um zahlreiche neue Ausdrucksformen bereichert hat. Die Frage der Schran-

68

---

96 RegE, BT-Drs. 16/1828, S. 27.
97 So die Einschätzung von *Jani*, in: Wandtke/Bullinger, Praxiskommentar UrhR, 4. Aufl. 2014, § 53a UrhG Rn. 5.

Kap. 4 Schranken urheberrechtlicher Befugnisse

ken des Urheberschutzes stellt sich auf diesem Hintergrund mit besonderer Schärfe.

I. Zitatrecht (§ 51 UrhG)

69 Nach § 51 UrhG ist die (vergütungsfreie) Entlehnung aus fremden geschützten Werken – in Abhängigkeit vom Zweck des Zitats in unterschiedlichem Umfang – gestattet. Im Zuge der Umsetzung der Harmonisierungs-RL 2001/29/EG durch den „Zweiten Korb" wurde erwogen, die dort explizit genannte fakultative Schranke der Nutzung zum Zwecke des Zitats entsprechend „den anständigen Gepflogenheiten" (Art. 5 Abs. 3 lit. d der RL) in § 51 UrhG zu übernehmen, was zu einer weiteren Einschränkung des Anwendungsbereichs der Schranke geführt hätte. Die Anpassung an die Vorgabe der EG-Richtlinie unterblieb jedoch letztlich. Das Zitatrecht des § 51 UrhG ist von Art. 5 Abs. 3 lit. d der RL gedeckt.[98]

70 Für die Beurteilung der Schranke ist zunächst zu beachten, dass die Übernahme gemeinfrei gewordener Werke bzw. nicht geschützter Inhalte nicht den Voraussetzungen des § 51 UrhG unterliegt. Ob dessen Voraussetzungen vorliegen, kann überdies dahinstehen, wenn die konkrete Nutzung fremder Inhalte bereits keinen Eingriff in fremde Urheberrechte darstellt, was nach h. M. beim Setzen eines Hyperlinks auf einen urheberrechtlich geschützten Inhalt einer im Internet abrufbaren Website der Fall ist.[99]

71 Die zulässige Entlehnung schränkt das Vervielfältigungs-, Verbreitungs- und das Recht der öffentlichen Wiedergabe (§§ 16, 17, 19 ff. UrhG) des Urhebers bzw. Rechteinhabers ein. Das Werk, aus dem zitiert wird, muss veröffentlicht sein (vgl. § 6 Abs. 1 UrhG; bei Musikwerken ist weitergehend Erscheinen, vgl. § 6 Abs. 2 UrhG, erforderlich).

72 Ob das Werk, in welches die fremden, entlehnten Inhalte übernommen werden, selbst urheberschutzfähig sein, mithin ein selbstständiges Werk darstellen muss, wird zunehmend bestritten. Diese von der bislang h. M. aufgestellte Voraussetzung[100] ist zwar durch die Änderung des Wortlauts durch das Zweite Gesetz zur Regelung des Urheberrechts in der Informationsgesellschaft vom 26.10.2007, durch welche die Beschränkung der Zitierfreiheit

---

98 Vgl. EuGH, GRUR 2012, 166 Tz. 137 – Painer/Standard (auf die Vorlage eines österreichischen Gerichts zum österreichischen Recht ergangen).
99 Grundlegend BGH, NJW 2003, 3406, 3409 – Paperboy: Im Setzen eines Hyperlinks auf eine Website liegt kein Eingriff in das Verwertungsrecht gem. § 16 UrhG.
100 KG, GRUR-RR 2002, 313, 315 – Übernahme nicht genehmigter Zitate, *Schulz*, in: Möhring/Nicoloni (Hrsg.), Urheberrecht, 3. Aufl. 2014, § 51 UrhG Rn. 11; krit. *Dreier*, in: Dreier/Schulze, UrhG, 5. Aufl. 2015, § 51 Rn. 6.

C. Die Begünstigung der geistigen Auseinandersetzung   Kap. 4

auf Sprachwerke aufgehoben wurde, nicht weggefallen. Vielmehr wurde damit lediglich klargestellt, dass Zitate auch anderen Werken, etwa Film- oder Multimediawerken, entlehnt werden dürfen. Der BGH hat die Berechtigung dieser Voraussetzung offen gelassen,[101] EU-rechtlich ist die Urheberschutzfähigkeit des übernehmenden Werkes indes nicht zwingend geboten.[102] Dem Zweck der Vorschrift ist der Belegcharakter des entlehnten Inhalts für referierende oder eigene Ausführungen entscheidend. Das übernehmende Werk muss somit vom zitierten Werk unabhängig sein und eine eigene geistige Leistung des privilegierten Nutzers erkennen lassen. Die bloße Vermengung fremder Inhalte mit eigenen bzw. die schlichte Zusammenstellung gesammelter fremder Inhalte auf einer Website („Sampling"[103]) genügt diesen Anforderungen häufig nicht.

Im Übrigen prägt der Zweck des Zitats auch den zulässigen Umfang der Entlehnung vor; soweit der Zitatzweck überschritten ist, ist freilich das ganze Zitat unzulässig, nicht lediglich der überschießende Teil.[104] § 51 Satz 2 UrhG ergänzt die in der Generalklausel des Satzes 1 getroffene Aussage um drei Regelbeispiele. Während § 51 Satz 2 Nr. 1 UrhG die unveränderte Aufnahme einzelner Werke in ein selbstständiges wissenschaftliches Werk zur Erläuterung des Inhalts gestattet (sog. wissenschaftliches Großzitat), erlaubt Satz 2 Nr. 2 das Anführen von (einzelnen) Stellen eines Werkes in einem selbstständigen Sprachwerk (sog. Kleinzitat). Satz 2 Nr. 3 gestattet schließlich das Anführen eines erschienenen Werkes der Musik in einem selbstständigen Werk der Musik (sog. Musikzitat). Beim wissenschaftlichen Großzitat dürfen daher auch (einzelne) ganze Werke zitiert werden, jedoch nur im Rahmen einer wissenschaftlichen Darstellung und nur, soweit dies zur Erläuterung des Inhalts erforderlich ist. Zur Beurteilung der Zulässigkeit eines Kleinzitats muss einerseits der Umfang des Zitats mit der Länge des Werkes, aus dem entlehnt wurde, verglichen und andererseits der konkrete Zitatzweck berücksichtigt werden. Im Einzelfall kann deshalb auch die Übernahme ganzer Werke („großes Kleinzitat") von § 51 Abs. 2 Nr. 2 UrhG zulässig sein, wenn das Zitat andernfalls seinen Zweck nicht erfüllen kann (so u. U. bei Wiedergabe von Werken der Bildenden Kunst, Lichtbildern oder technischen Darstellungen). Der Zitatzweck darf beim Kleinzitat über die reine Erläuterung des Inhalts hinausgehen, jedoch muss die Belegfunktion des Zitats gewahrt bleiben und eine innere Verbindung zu eigenen Gedanken

73

---

101 BGH, GRUR 2010, 628 Tz. 25 – Vorschaubilder.
102 EuGH, GRUR 2012, 166 Tz. 135 f. – Painer/Standard.
103 Vgl. demgegenüber zum Schutz des „Sampling" als musikalischem Gestaltungsmittel der Verarbeitung von Klängen aus unterschiedlichen Tonquellen (v. a. digitaler Quellen) für bestimmte musikalische Gattungen durch die Kunstfreiheit des Art. 5 Abs. 3 GG nunmehr grundlegend BVerfG, GRUR 2016, 690 ff. Tz. 86 ff. – Metall auf Metall.
104 BGH, GRUR 2012, 819 Tz. 29 – Blühende Landschaften, m. w. N.

Kap. 4 Schranken urheberrechtlicher Befugnisse

hergestellt werden.[105] Daran fehlt es etwa bei der bloßen Darstellung von verkleinerten und in ihrer Pixelanzahl reduzierten Miniaturansichten (sog. Thumbnails) in der Trefferliste einer Suchmaschine.[106] Ebenfalls unzulässig ist daher das Zitieren zum Ersparen eigener Ausführungen oder zwecks Ausschmückung eigener Aussagen. Beim Musikzitat dürfen aus erschienenen Werken (vgl. § 6 Abs. 2 UrhG) im Rahmen des Gebotenen „einzelne Stellen" zitiert werden, wobei nicht nur die Übernahme von Motiven und Themen, sondern auch von Melodien gestattet ist.

74 Das Anbringen von Zitaten ist nur zulässig, wenn das übernommene Werk bzw. der übernommene Werkteil in der eigenen, veröffentlichten Aussage des Nutzers nicht geändert wird (§ 62 Abs. 1 UrhG). Ausnahmen hiervon sehen §§ 39 und 62 Abs. 2 und 3 UrhG vor. Ferner muss die Quelle deutlich angegeben werden (§ 63 Abs. 1 Satz 1 UrhG). Dadurch soll Dritten eine Überprüfung ermöglicht werden, ob das (ggf. nur in Teilen) übernommene Werk in der Vervielfältigung zutreffend wiedergegeben wurde, zugleich dient die Vorschrift dem Schutz der Interessen des Urhebers. Die bloße Bezeichnung der Person des Urhebers, die bereits in § 13 UrhG angelegt ist, reicht daher als Quellenangabe grundsätzlich nicht aus, vielmehr muss auf das Werk und dessen Veröffentlichung verwiesen werden. Hierbei sind allgemeinverständliche, dem Sprachgebrauch entsprechende Abkürzungen zulässig. Bei Übernahme ganzer Sprachwerke bzw. ganzer Werke der Musik muss auch der Verlag genannt werden (§ 63 Abs. 1 Satz 2 UrhG). Wird auf einer ins Internet eingestellten Website auf eine Quelle aus dem Internet verwiesen, ist ein entsprechender Hyperlink zu setzen.[107]

II. Zeitungsartikel und Rundfunkkommentare (§ 49 UrhG)

1. Allgemeines

75 Um die für die freie Willensbildung erforderlichen Informationen über Tagesgeschehen, insb. zu politischen, wirtschaftlichen und religiösen Tagesfragen, zeitnah verarbeiten zu können, gestattet § 49 UrhG unter näher bezeichneten Voraussetzungen die Vervielfältigung, Verbreitung und öffentliche Wiedergabe einzelner Rundfunkkommentare sowie einzelner Artikel

---

105 BGH, GRUR 1987, 34 bzw. 36 – Liedtextwiedergabe I und II; BGH, WRP 2008, 1121 – TV-Total.
106 BGH, GRUR 2010, 628 Tz. 27 – Vorschaubilder (zuvor bereits die Vorinstanz Thür. OLG, ZUM 2008, 523, 525).
107 *Bullinger*, in: Wandtke/Bullinger, Praxiskommentar UrhR, 4. Aufl. 2014, § 63 UrhG Rn. 12.

C. Die Begünstigung der geistigen Auseinandersetzung   Kap. 4

aus Zeitungen und anderen, lediglich Tagesinteressen dienenden Informationsblättern. Je nach Inhalt des Kommentars bzw. Artikels ist die Übernahme vergütungs- und verwertungsgesellschaftspflichtig (Abs. 1) oder vergütungsfrei (Abs. 2).

Unter Abs. 1 fällt die Übernahme von einzelnen Rundfunkkommentaren und einzelnen Artikeln sowie mit ihnen veröffentlichten Abbildungen aus Zeitungen und anderen lediglich Tagesinteressen dienenden Informationsblättern. Rundfunkkommentare sind alle in einem Sprachwerk (§ 2 Abs. 1 Nr. 1 UrhG) zum Ausdruck kommenden Meinungsäußerungen, die gesendet werden i.S. des § 20 UrhG. Ins Internet eingestellte, online abrufbare Kommentare werden indes nicht gesendet i.s. des § 20 UrhG, sondern öffentlich wiedergegeben (§ 19a UrhG) und sind deshalb nicht vom Begriff des Rundfunkkommentars i.S. des § 49 UrhG erfasst.[108] Veröffentlichte Artikel dürfen einschließlich zugehöriger Abbildungen übernommen werden, soweit sie in (Tages-)Zeitungen und anderen lediglich Tagesinteressen dienenden Informationsblättern, zu denen auch wöchentlich oder monatlich erscheinende Printmedien zählen können, erscheinen. Entscheidend ist, dass das Printmedium der aktuellen Berichterstattung dient.[109] Online abrufbare Darstellungen in Sprachform über tagesaktuelle Fragen werden zwar vom Wortlaut des § 49 UrhG („Informations*blatt*") nicht erfasst. Wegen der zunehmenden Bedeutung von online-Formaten gegenüber Printmedienausgaben als zumindest ergänzende Informationsquelle plädiert die vorherrschende Lehre jedoch für eine analoge Anwendung der Vorschrift auf entsprechende online verfügbare Informationsquellen;[110] eine höchstrichterliche Stellungnahme steht noch aus. Abs. 1 des § 49 UrhG gestattet allerdings nur dann die Verwertung, wenn sich der betreffende Rundfunkkommentar oder Artikel auf politische, wirtschaftliche oder religiöse Tagesfragen bezieht. Die Verwertung ist somit nicht zustimmungsfrei, wenn der übernommene Inhalt über tagesaktuelle Themen hinausgeht oder sein Inhalt Tagesfragen auf anderen Gebieten (Kultur, Bildung und Wissenschaft, Technik, Sport, Unterhaltung) betrifft. Die Übergänge können freilich fließend sein; für die Anwendung der Vorschrift genügt es, wenn der Kommentar oder Artikel einen Bezug zu einem der privilegierten Themenbereiche aufweist. Der Urheber kann die in Abs. 1 zum Ausdruck kommende gesetzliche Lizenz ver-

76

---

108 *Dreier*, in: Dreier/Schulze, UrhG, 5. Aufl. 2015, § 49 Rn. 5.
109 Bejaht etwa für ein monatlich erscheinendes Wirtschaftsmagazin, vgl. BGH, GRUR 2005, 670, 671 f. – WirtschaftsWoche.
110 *Dreier*, in: Dreier/Schulze, UrhG, 5. Aufl. 2015, § 49 Rn. 7; *Lüft*, in: Wandtke/Bullinger, Praxiskommentar UrhR, 4. Aufl. 2014, § 49 Rn. 8; *Niemann*, CR 2009, 97, 100 f., zufolge sollen auch Bildersuchmaschinen wegen der ihnen zukommenden Informationsfunktion nach § 49 Abs. 1 UrhG in analoger Anwendung beurteilt werden.

hindern, indem er zum Abdruck seines Werks einen Vorbehalt der Rechte formuliert (z. B. „Nachdruck verboten" etc.).

77 Nach § 49 Abs. 2 UrhG dürfen vermischte Nachrichten tatsächlichen Inhalts und solche bezüglich Tagesneuigkeiten sogar vergütungsfrei vervielfältigt, verbreitet und öffentlich wiedergegeben werden. Im Gegensatz zu Abs. 1 werden von Abs. 2 Nachrichten jedweden Inhalts erfasst. Die Rechte der Nutzer werden dadurch häufig nicht erweitert, da die genannten Gegenstände mangels schöpferischer Qualität in der Regel nicht urheberschutzfähig sind.

78 § 49 UrhG ermöglicht nach h. M. auch die Erstellung von Pressespiegeln (Presseschauen) in Printform, bei dem einzelne Artikel verschiedener Zeitungen und Informationsblätter zusammengestellt und einem begrenzten Kundenkreis, häufig kostenlos, zur Verfügung gestellt werden, obgleich der Pressespiegel als aufnehmendes Informationsblatt dann nicht erscheint i. S. des § 6 Abs. 2 UrhG.[111]

2. Elektronische Pressespiegel

79 Nach herrschender, vom BGH vorgeprägter Meinung sind auch elektronische Pressespiegel, bei denen einzelne Artikel eingescannt und dem Empfänger in elektronischer Form übermittelt werden, dann gem. § 49 UrhG zustimmungsfrei, wenn der Pressespiegel nur betriebs- oder behördenintern verwendet wird („In-House"-Spiegel) und so beschaffen ist, dass er die herangezogenen fremden Presseartikel als graphische Datei oder als Datei übermittelt, in die die Artikel als Faksimile eingebunden sind, mithin keine Volltexterfassung und – in der Folge – keine Indexierung und keine elektronische Archivierung ermöglicht wird.[112] Aus der Grundsatzentscheidung folgt zunächst, dass die Verbreitung elektronischer Pressespiegel an Dritte gegen Entgelt wegen der typischerweise gegebenen höheren Nutzungsintensität nicht unter § 49 UrhG fällt.[113] Dies gilt auch für „individuelle", anhand kundenseitig vorgegebener Suchbegriffe gefertigte Pressespiegel, die gewerblich zusammengestellt und per E-Mail oder Telefax gegen Entgelt versendet werden.[114]

80 Die in der bezeichneten BGH-Entscheidung angelegte Pflicht zur Differenzierung zwischen (vermeintlich) missbrauchsanfälligen und missbrauchsresistenten Datenformaten wird in der Literatur bisweilen kritisch gese-

---

111 OLG München, NJW-RR 1992, 749 („Medienspiegel").
112 Grundlegend BGHZ 151, 300, 306 ff. – Elektronischer Pressespiegel.
113 So – in Erweiterung der Entscheidungsgründe – ausdrücklich die Pressemitteilung Nr. 76/2002 des BGH vom 11.7.2002 zum o. g. Urteil.
114 KG Berlin, CR 2004, 688, 690.

hen.[115] Hinsichtlich der graphischen Dateien werden die Bildformate .gif, .jpg, .tif sowie bitmap-Dateien für zulässig erachtet, pdf-Dateien jedenfalls dann nicht, soweit es sich um Volltext-pdf-Dateien handelt. Für die Praxis ist ein zwischen der VG Wort und der Presse-Monitor GmbH & Co. KG (PMG) geschlossenes Kooperationsabkommen[116] bedeutsam, das zwischen verschiedenen Arten von Pressespiegeln unterscheidet.

III. Katalogbildfreiheit (§ 58 UrhG)

Als eine zugunsten des Informationsinteresses der Allgemeinheit im weitesten Sinne wirkende Schrankenbestimmung lässt sich schließlich die sog. Katalogbildfreiheit des § 58 UrhG einordnen. Sie soll einem bei allen Beteiligten bestehenden Bedürfnis nach erleichterter Herausgabe illustrierter Ausstellungs- und Versteigerungskataloge dienen.[117] Gegenständlich bezieht sich die Vorschrift lediglich auf Werke der bildenden Künste und Lichtbilder, sie wird für Vorgänge im Internet im Zusammenhang mit der Zulässigkeit von Thumbnails in Bildersuchmaschinen diskutiert. Insoweit wird eine Begünstigung der Betreiber von Suchmaschinen jedoch überwiegend abgelehnt, da diese nicht Veranstalter i. S. der Vorschrift, sondern lediglich nicht privilegierte Dritte seien und die mit der Datenkomprimierung einhergehende Umgestaltung (§ 23 UrhG) ohnehin nicht von der Schrankenbestimmung erfasst werde.[118]   **81**

D. Privilegierungen in Wissenschaft und Unterricht

In Ergänzung zu den bereits dargestellten Regelungen der § 53 Abs. 3 UrhG   **82**
und § 51 Satz 2 Nr. 1 UrhG sehen die 2003 bzw. 2007 neu eingeführten, auf die Nutzung moderner Kommunikationsformen zugeschnittenen §§ 52a und 52b UrhG besondere Schranken zugunsten von Unterricht, Forschung und Wissenschaft vor, deren Ausgestaltung im Einzelnen weder von Wissenschaftsvertreter noch von Seiten der Informationsvermittler gepriesen wird. Die Schaffung einer „einheitlichen Wissenschaftsschranke" wird zwar

---

115 *Berger*, CR 2004, 360, 366; *Glas*, Die urheberrechtliche Zulässigkeit elektronischer Pressespiegel, 2008, S. 100ff., die die Anwendbarkeit des § 49 UrhG auf elektronische Pressespiegel generell verneint.
116 Vgl. dazu *Melichar*, in: Schricker/Loewenheim (Hrsg.), Urheberrecht, 4. Aufl. 2010, § 49 UrhG Rn. 34.
117 BGH, GRUR 1993, 822, 823 – Katalogbild.
118 Thür. OLG, ZUM 2008, 523, 525; insoweit zust. LG Hamburg, MMR 2009, 55, 57.

diskutiert,[119] jedoch wurden entsprechende Ansätze bislang gesetzgeberseitig noch nicht aufgegriffen. Unbestritten bleibt freilich die besondere Relevanz von wissenschaftsbezogenen Schrankenregelungen für die Forscher in ihrer Eigenschaft als Urheber wie auch in ihrer Eigenschaft als Rezipienten fremder Werke der Wissenschaft und Kunst, die insoweit auf den Zugang zu Quellen, die zunehmend in digitaler Fassung dargeboten werden, angewiesen sind.

I. Öffentliche Zugänglichmachung für Unterricht und Forschung (§ 52a UrhG)

83 Die Vorschrift enthält in Abs. 1 für die Verwertungsform des öffentlichen Zugänglichmachens (§ 19a UrhG) Privilegierungen zur Veranschaulichung im Unterricht einerseits (Nr. 1) und zum Zwecke der eigenen wissenschaftlichen Forschung andererseits (Nr. 2). Sie zielt auf die Ermöglichung der Nutzung im Rahmen personell überschaubarer Intranets zu Lehr- und Forschungszwecken und gestattet die Nutzungshandlung, wenn keine kommerziellen Zwecke verfolgt[120] werden, im Rahmen des gebotenen Umfangs. Von der Privilegierung sind gem. Abs. 2 für den Unterrichtsgebrauch an Schulen bestimmte Werke sowie Filmwerke, deren reguläre Auswertung in deutschen Filmtheatern vor weniger als zwei Jahren begonnen hat, ausgenommen. Erfolgt die reguläre Auswertung des Filmwerks nicht über Kinos (sondern über Fernsehen, DVD- bzw. Video-Vertrieb oder Online-Abruf), bleibt § 52a UrhG unanwendbar.

84 Im Unterricht an Schulen, Hochschulen, nicht gewerblichen Einrichtungen der Aus- und Weiterbildung sowie Einrichtungen der Berufsbildung (Abs. 1 Nr. 1) dürfen veröffentlichte kleine Teile eines Werkes, Werke geringen Umfangs sowie einzelne Beiträge aus Zeitungen und Zeitschriften zum Zwecke der Veranschaulichung einem bestimmt abgegrenzten Teil von Teilnehmern zustimmungsfrei öffentlich zugänglich gemacht werden. Der BGH hat für den Begriff des „kleinen Teils" eine Höchstgrenze von 12% des Gesamtwerks (unter Einrechnung von Vorwort, Einleitung, Inhalts- und Literaturverzeichnissen sowie Namens- und Sachregister), maximal jedoch 100 Seiten pro Werk gezogen.[121] Zur Veranschaulichung geeignet ist die Zugänglichmachung der Werke bereits dann, wenn anhand deren Lektüre der im

---

119 Vgl. dazu jüngst *Wandtke*, GRUR 2015, 221 ff. sowie *Schack*, ZUM 2016, 266, 273 ff.
120 Was nach BGH, GRUR 2014, 549 Tz. 42 – Meilensteine der Psychologie, nur gegeben ist, wenn weder der Unterricht noch das Zugänglichmachen der Werkteile der Gewinnerzielung dienen.
121 BGH, GRUR 2014, 549 Tz. 25 ff. – Meilensteile der Psychologie.

D. Privilegierungen in Wissenschaft und Unterricht **Kap. 4**

Unterricht behandelte Lehrstoff vertieft oder ergänzt werden kann.[122] Die Eingrenzung des Teilnehmerkreises ist durch wirksame, dem jeweiligen Stand der Technik entsprechende Vorkehrungen sicherzustellen,[123] was i. d. R. Zugangskontrollsysteme wie Passwörter und/oder die Abfrage personalisierter Daten erfordert. Die Wirksamkeit der Zugangssperren erfordert allerdings nicht die effektive Verhinderung jeder bloß erdenklichen Missbrauchsform, sondern lediglich die Reduzierung von Umgehungen auf ein verträgliches Maß.[124] Die Schrankenregelung des § 52a Abs. 1 Nr. 1 UrhG gestattet überdies nicht nur die Bereithaltung kleiner Teile des Werkes zum Lesen am Bildschirm, sondern auch die Vervielfältigung des Inhalts im Wege des Ausdrucks oder des Abspeicherns auf Datenträgern.[125] Der Umfang der Nutzung der betroffenen Werke, die zum Zwecke der eigenen wissenschaftlichen Forschung[126] (Abs. 1 Nr. 2) öffentlich zugänglich gemacht werden dürfen, geht über den zu Abs. 1 Nr. 1 dargestellten insoweit hinaus, als die Beschränkung auf kleine Teile eines Werkes entfällt, was freilich nicht die vollumfängliche Nutzung des Gesamtwerks gestattet.[127] Begünstigt ist das öffentliche Zugänglichmachen gegenüber einem bestimmten abgegrenzten Kreis von Personen zum Zwecke der eigenen Forschung, wobei die Beteiligten auch unterschiedlichen Forschungsorganisationen angehören dürfen, wenn und soweit es sich um eine geschlossene Forschergruppe (orientiert am Leitbild „kleine[r] Forscherteams"[128]) handelt. Die Privilegierung steht wiederum unter dem Vorbehalt des Treffens wirksamer Vorkehrungen gegen unzulässige Nutzungen. Sowohl die Privilegierung nach § 52a Abs. 1 Nr. 1 UrhG als auch diejenige nach Nr. 2 steht unter dem Vorbehalt, dass das öffentliche Zugänglichmachung der geschützten Inhalte in dem gewählten Umfang zu dem jeweiligen Zweck geboten ist. Daran fehlt es, wenn der Rechtsinhaber die Werke oder Werkteile in digitaler Form für die Nutzung im Netz der jeweiligen Institution zu angemessenen Bedingungen anbietet, was jedoch neben der Angemessenheit der Lizenzgebühr selbst auch die einfache Abrufbarkeit des Lizenzangebots sowie die Gewährleistung der Verfügbarkeit des digitalen Angebots voraussetzt.[129]

---

122 BGH, GRUR 2014, 549 Tz. 37 – Meilensteile der Psychologie.
123 RegE, BT-Drs. 15/38, S. 20.
124 *Dreier*, in: Dreier/Schulze, UrhG, 5. Aufl. 2015, § 52a Rn. 8.
125 BGH, GRUR 2014, 549 Tz. 53 ff. – Meilensteile der Psychologie.
126 Insoweit liegt eine Abweichung vom Sprachgebrauch bei § 53 Abs. 2 S. 1 Nr. 1 UrhG vor, der vom „wissenschaftlichen Gebrauch" handelt. Ob der Begriff der „wissenschaftlichen Forschung" enger auszulegen ist als jener, wird uneinheitlich beurteilt.
127 Vgl. dazu die bei OLG München, ZUM-RD 2011, 603 Tz. 215, angegebene Grenze von 33 % des Gesamtwerks.
128 Beschlussempfehlung und Bericht des Rechtsausschusses, BT-Drs. 15/837, S. 34.
129 BGH, GRUR 2014, 549 Tz. 58 – Meilensteile der Psychologie.

Kap. 4 Schranken urheberrechtlicher Befugnisse

85 § 52a Abs. 3 UrhG erklärt schließlich solche Vervielfältigungen für zustimmungsfrei, die zur öffentlichen Zugänglichmachung i. S. d. Abs. 1 erforderlich sind. Dazu können neben Vervielfältigungen in Papierform (Kopien, Ausdrucke) auch Abspeichervorgänge auf dem gemeinsam genutzten Server zählen. Vervielfältigungen, die vom Zweck der Vorschrift nicht erfasst sind, können nach § 53 Abs. 2 und 3 UrhG zustimmungsfrei gestellt sein.[130] Für Nutzungen i. S. d. Absätze 1 und 3 ist gem. Abs. 4 eine Vergütung an die jeweiligen Verwertungsgesellschaften zu entrichten.[131]

86 Die Übergangsvorschrift des § 137k UrhG ist durch das 10. Urheberrechtsänderungsgesetz vom 5.12.2014 (BGBl. I, S. 1974) aufgehoben worden, die zunächst befristete Schrankenregelung wurde somit entfristet.

II. Wiedergabe von Werken an elektronischen Leseplätzen in öffentlichen Bibliotheken, Museen und Archiven (§ 52b UrhG)

87 Mit der durch das Zweite Gesetz zur Regelung des Urheberrechts in der Informationsgesellschaft vom 26.10.2007 eingefügten Vorschrift hat der Gesetzgeber die fakultative Schrankenbestimmung des Art. 5 Abs. 3 lit. n) der Harmonisierungs-RL 2001/29/EG umgesetzt. § 52b UrhG enthält in Satz 1 eine Privilegierung hinsichtlich der Zugänglichmachung von veröffentlichten Werken (sowie ggf. von erforderlichen Vervielfältigungen derselben[132]) aus eigenen Beständen und in den Räumen von öffentlich zugänglichen Bibliotheken, Museen oder Archiven, die keinen unmittelbar oder mittelbar wirtschaftlichen oder Erwerbszweck verfolgen, an eigens dafür eingerichteten elektronischen Leseplätzen zur Forschung und für private Studien, soweit dem keine vertraglichen Regelungen entgegenstehen. Unter vertraglichen Regelungen im Sinne der Vorschrift sind allerdings nur bestehende vertragliche Regelungen zu verstehen und nicht Regelungen in bloßen Vertragsangeboten.[133] Satz 2 verschärft die Voraussetzungen der Zulässigkeit der Nutzung dahingehend, dass die Zahl der gleichzeitig an den eingerichte-

---

130 Beschlussempfehlung und Bericht des Rechtsausschusses, BT-Drs. 15/837, S. 34.
131 Zwar verweist Wortlaut des § 52a Abs. 4 UrhG nur auf Abs. 1, doch sollen nach dem Willen des Gesetzgebers auch die Annex-Vervielfältigungen nach Abs. 3 der Vergütungspflicht unterliegen, vgl. dazu Beschlussempfehlung und Bericht des Rechtsausschusses, BT-Drs. 15/837, S. 34.
132 BGH, GRUR 2015, 1101 Tz. 26 – Elektronische Leseplätze II.
133 BGH, GRUR 2015, 1101 Tz. 20 – Elektronische Leseplätze II; zuvor bereits EuGH, GRUR 2014, 1078 Tz. 32 – Eugen Ulmer zu Art. 5 Abs. 3 lit. n der Harmonisierungs-RL 2001/29/EG.

ten elektronischen Leseplätzen die Anzahl der sich im Bestand befindlichen Exemplare nicht übersteigen darf, wodurch – in Zusammenschau mit Satz 1 – die Nutzung in zweifacher Weise an den vorhandenen Bestand der betroffenen Einrichtung gekoppelt wird. Nach dem Willen des Gesetzgebers soll die gleichzeitige Nutzung eines Werkes überdies auf maximal vier elektronische Leseplätze beschränkt sein.[134] Sätze 3 und 4 des § 52b UrhG erklären die privilegierte Nutzung für vergütungspflichtig, wobei der Anspruch nur durch eine Verwertungsgesellschaft geltend gemacht werden kann. Unter den Voraussetzungen des § 52b Satz 1 und Satz 2 UrhG dürfen Werke auch dann zugänglich gemacht werden, wenn sie von Nutzern nicht nur gelesen, sondern auch ausgedruckt oder abgespeichert werden können; eine Vervielfältigung der Werke kann den Nutzern sodann unter den Bedingungen des § 53 UrhG, deren Auslegung von der Vorschrift des § 52b UrhG nicht beeinflusst wird, gestattet sein.[135]

88 Die mit der Vorschrift beabsichtigte Möglichkeit der „on-the-spot-consultation" soll einerseits die Medienkompetenz der Bevölkerung fördern, andererseits die Ausschließlichkeitsrechte der Urheber weitestgehend wahren. Die stark kompromisshafte Züge tragende, Gesetz gewordene Lösung begünstigt letzlich nur wenige Nutzungsformen: Bereits die Auswahl der privilegierten Einrichtungen bleibt hinter dem von der RL vorgesehenen Rahmen zurück[136] und schließt weitergehend nicht nur Bestände in privater Trägerschaft und solche von Einrichtungen, die kommerzielle Zwecke verfolgen, aus, sondern auch Bestände in öffentlichen Einrichtungen, die nur intern genutzt werden können.[137] Da die Nutzung „aus Räumen der Einrichtung" zu erfolgen hat, wird die Nutzung über Online-Zugänge von außen, gleichviel in welcher technischen Ausgestaltung, nicht begünstigt. Das Erfordernis der schlichten „Wiedergabe an eigens eingerichteten elektronischen Leseplätzen" schließt zudem einen Abruf über Geräte, die von Benutzern mitgebracht werden, ebenso aus wie die Nutzung zusätzlicher Möglichkeiten der digitalen Datenverarbeitung.[138] Angesichts dieses status quo kann es nicht verwundern, dass die angemessene Berücksichtigung der Belange von Bildung, Wissenschaft, Forschung und Kultur weiterhin zu den zentralen Anliegen einer Modernisierung des Urheberrechts zählen, mögen

---

134 Beschlussempfehlung und Bericht des Rechtsausschusses, BT-Drs. 16/5939, S. 44.
135 BGH, GRUR 2015, 1101 Tz. 35 ff., 41 – Elektronische Leseplätze II.
136 Art. 5 Abs. 3 lit. n der Harmonisierungs-RL 2001/29/EG spricht von „Bildungseinrichtungen".
137 Darunter fallen etwa Werks-, Patienten- oder Gefängnisbibliotheken, vgl. *Spindler*, NJW 2008, 9, 13.
138 *Jani*, in: Wandtke/Bullinger, Praxiskommentar UrhR, 4. Aufl. 2014, § 52b UrhG Rn. 18 (z. B. keine Zulässigkeit der Ermöglichung von Volltextrecherchen).

auch die Chancen der Umsetzung eines „Dritten Korbs"[139] zwischenzeitlich geschwunden sein.

E. Vorübergehende Vervielfältigungshandlungen

89 Nach § 44a UrhG sind bestimmte vorübergehende Vervielfältigungshandlungen, die flüchtig oder begleitend sind, einen integralen und wesentlichen Teil eines technischen Verfahrens darstellen und keine eigenständige wirtschaftliche Bedeutung haben, zustimmungs- und vergütungsfrei. Der Zweck der genannten Vervielfältigungshandlungen muss darin bestehen, die online-Übertragung in einem Netz zwischen Dritten durch einen Vermittler oder die rechtmäßige Nutzung eines Werkes oder sonstigen Schutzgegenstandes zu ermöglichen. Die sehr eng an die Vorgabe aus Art. 5 Abs. 1 Harmonisierungs-RL 2001/29/EG angelehnte Vorschrift soll den Erfordernissen der Informationsgesellschaft, gewisse genau bestimmte Vervielfältigungshandlungen, die technisch notwendig und begleitend sind, vom Ausschließlichkeitsrecht des Urhebers nach § 16 UrhG ausnehmen.[140] Beim Streaming kommt es in allen technischen Ausgestaltungen (Live-Streaming, aber auch beim On-Demand-Streaming) zu Vervielfältigungen im Zwischenspeicher oder auf der Festplatte, mögen auch die Daten sogleich wieder automatisch gelöscht werden; ein Eingriff in § 16 UrhG kann daher auch beim Streaming vorliegen. Für Computerprogramme gelten hinsichtlich des Vervielfältigungsrechts die Sondervorschriften der §§ 69c und 69d UrhG.

90 Flüchtig sind Vervielfältigungen, wenn sie nur sehr kurzlebig sind. Begleitend sind Vervielfältigungen, die lediglich beiläufig während des technischen Vorgangs entstehen.

91 Zu den vorübergehenden, flüchtigen oder begleitenden, Vervielfältigungen als Teil eines technischen Verfahrens ohne eigenständige wirtschaftliche Bedeutung soll nach der Einschätzung des Gesetzgebers das „Caching" zählen, also die zeitlich begrenzte Zwischenspeicherung bereits aufgerufener Netzinhalte auf dem Server des Anbieters, um so einen schnelleren Zugriff der Nutzer bei erneutem Abruf zu gewährleisten und zugleich das Netz zu entlasten.[141] Diesem Zweck dient nach überwiegender Meinung neben dem Client-Caching auch das Proxy-Caching. Daneben fällt auch das Browsing unter die flüchtigen oder begleitenden Vervielfältigungen: Ein Browser (ein Computerprogramm) ermöglicht den Aufruf von im Internet abgelegten

---

139 Vgl. dazu noch *Becker*, ZUM 2008, 361 m. w. N.
140 Vgl. RegE, BT-Drs. 15/38, S. 18.
141 RegE, BT-Drs. 15/38, S. 18.

E. Vorübergehende Vervielfältigungshandlungen   Kap. 4

Websites; hierbei kommt es zur Zwischenspeicherung der Informationen im Arbeitsspeicher (RAM), bevor diese auf dem Bildschirm umgesetzt werden. Da die Zwischenspeicherung spätestens mit dem Abschalten des Rechners endet, ist das Browsing durch § 44a UrhG gedeckt.[142]

Dagegen soll die Anzeige von Thumbnails in Trefferlisten einer Suchmaschine[143] nicht unter § 44a UrhG fallen, da die jeweils hergestellte Vervielfältigung nicht lediglich flüchtig oder begleitend (und im Übrigen auch nicht ohne eigenständige wirtschaftliche Bedeutung) ist. Gleiches gilt für das Angebot eines Internet-Musikdienstleisters, der für seine Abonnenten digitalisierte Tonaufnahmen im Streamingverfahren zum Abruf und zur dauerhaften Speicherung bereithält.[144] Da beim Setzen von Hyperlinks auf fremde Websites nach h. M. angesichts eines stillschweigenden Einverständnisses jedenfalls keine Rechtsverletzung vorliegt,[145] spielt die Schrankenregelung des § 44a UrhG insoweit keine Rolle. Die Entstehung sog. Masterkopien und Nutzerkopien, die bei der Aufnahme von Fernsehsendungen mit einem personalisierten Online-Videorekorder anfällt, soll hingegen durch § 44a UrhG gedeckt sein.[146]   **92**

Es kommt bei der Übertragung in Netzen durch einen Vermittler nicht darauf an, ob die Nutzung, in deren Rahmen die Vervielfältigungen nach Nr. 1 auftreten, rechtmäßig ist. Wie sich aus dem Wortlaut der Vorschrift und dem Erwägungsgrund 33 der Harmonisierungs-RL 2001/29/RL ergibt, kann sich nur der Vermittler der Übertragung im Netz, nicht jedoch der Absender oder Empfänger auf § 44a Nr. 1 UrhG berufen.[147] Hingegen ist die Rechtmäßigkeit der Nutzung eines Werks oder sonstigen Schutzgegenstandes ausweislich des Wortlauts Voraussetzung der Privilegierung nach § 44a Nr. 2 UrhG. Die urheberrechtliche Diskussion des Streamings konzentriert sich im Wesentlichen auf das Erfordernis der Rechtmäßigkeit der Nutzung des Werks bzw. sonstigen Schutzgegenstands, welches kontrovers diskutiert wird. Immerhin wurde instanzgerichtlich entschieden, dass es dem Nutzer eines Videostreams im Regelfall nicht möglich sei, die Rechtmäßigkeit der öffentlichen Zugänglichmachung des gestreamten Films zu kontrollieren; das Streaming soll bereits dann nach § 44a Nr. 2 UrhG zulässig sein, wenn kurz-   **93**

---

142 *Ernst*, in: Hoeren/Sieber/Holznagel (Hrsg.), Handbuch Multimedia-Recht, Stand 2015, Teil 7.1 Rn. 57.
143 Thür. OLG, ZUM 2008, 523, 525.
144 OLG Hamburg, ZUM 2009, 414 ff. – staytuned.de.
145 BGH, NJW 2003, 3406 ff. – Paperboy; zweifelnd hinsichtlich sog. Frame-Links *v. Welser*, in: Wandtke/Bullinger, Praxiskommentar UrhR, 4. Aufl. 2014, § 44a UrhG Rn. 28 m. w. N.
146 So nunmehr OLG Dresden, ZUM 2011, 913 Tz. 38; offen gelassen von BGH, GRUR 2013, 618 Tz. 14 – Internet-Videorekorder II.
147 KG, GRUR-RR 2004, 228, 231 – Ausschnittsdienst.

Kap. 4 Schranken urheberrechtlicher Befugnisse

fristig eine nicht offensichtlich rechtswidrige Vorlage gestreamt wird.[148] Im Schrifttum mehren sich die Stimmen derjenigen, die § 44a UrhG auch bei Nutzung rechtswidriger Vorlagen anwenden möchten, wenn und soweit der rezeptive Werkgenuss (mithin das bloße Anschauen), der als solcher urheberrechtsfrei ist, betroffen ist.[149] Festzuhalten bleibt, dass die noch immer offene Frage, unter welchen Umständen eine vorübergehende Vervielfältigung den alleinigen Zweck hat, eine rechtmäßige Nutzung eines urheberrechtlich geschützten Werks zu ermöglichen (vgl. Art. 5 Abs. 1 lit. b der Harmonisierungs-RL 2001/29/EG), letztlich der Klärung durch den EuGH bedarf.

F. Besondere Schrankenregelungen hinsichtlich einzelner Werkkategorien

I. Computerprogramme (§§ 69c, 69d und 69e UrhG)

94 Der 8. Abschnitt des ersten Teils des UrhG (§§ 69a ff.) sieht „Besondere Bestimmungen für Computerprogramme" vor. In § 69c UrhG, einer Sondervorschrift zu den allgemeinen §§ 15 ff. UrhG, sind dem Rechtsinhaber ausschließlich zugewiesene Verwertungsrechte bezeichnet. §§ 69d und 69e UrhG enthalten sodann spezielle Schrankenbestimmungen hinsichtlich der in § 69c UrhG aufgeführten zustimmungsbedürftigen Handlungen. §§ 69c UrhG und 69e UrhG (Dekompilierung zum Zweck der Herstellung von Interoperabilität) sind bereits erschöpfend in Kapitel 2 unter B. II und III. (Rn. 152 ff., 169 ff.). dargestellt worden, weswegen an dieser Stelle auf die genannten Ausführungen verwiesen werden kann.

95 § 69d UrhG enthält Ausnahmen zu den in § 69c UrhG formulierten Ausschließlichkeitsbefugnissen (nur) zugunsten derjenigen, die das urheberrechtlich geschützte Programm berechtigterweise nutzen dürfen. Die Ausnahmen zielen in drei Richtungen.

96 Nach § 69d Abs. 1 UrhG darf der zur Nutzung des Programms Berechtigte selbiges ohne weitere Zustimmungen des Rechtsinhaber tatsächlich nutzen, soweit die entsprechenden Benutzungshandlungen notwendig sind. Damit werden insb. (nicht unter § 44a UrhG) Vervielfältigungshandlungen im Rah-

---

148 LG Hannover, ZUM-RD 2014, 667 Tz. 19 und 16.
149 *Fangerow/Schulz*, GRUR 2010, 677, 681; *Zurth*, InTeR 2014, 134, 142.

men der bestimmungsgemäßen Nutzung des Programms aufgegriffen. Teil der bestimmungsgemäßen Benutzung ist auch die Fehlerberichtigung, unabhängig von der Fehlerursache. Die Beseitigung von Kopierschutzeinrichtungen (beispielsweise durch sog. Dongles) ist indes nicht mehr vom Begriff der Fehlerberichtigung gedeckt, wie im Übrigen auch § 69f Abs. 2 UrhG belegt. Durch besondere vertragliche Bestimmungen kann der in § 69d Abs. 1 UrhG angesprochene Kreis zustimmungsfrei zulässiger Handlungen erweitert oder auch eingeschränkt werden. Letzteres allerdings nur solange wie die vom zwingenden, abredefesten Kern umfassten Nutzungen nicht tangiert werden. Hierzu gehören vor allem die zur Herbeiführung eines elementaren Werkgenusses erforderlichen Handlungen wie das Ablaufenlassen des Programms, ferner das Speichern im Arbeitsspeicher und die notwendigen Maßnahmen zur Fehlerbeseitigung.

§ 69d Abs. 2 UrhG gestattet dem berechtigten Programmnutzer zustimmungsfrei die Anfertigung einer Sicherungskopie des Programms, soweit dies zur zukünftigen Nutzung des Programms erforderlich ist. Daran fehlt es etwa, wenn der Hersteller bzw. Verkäufer bereits eine Sicherungskopie mitliefert. Die zulässige Anzahl von Kopien wird uneinheitlich beurteilt: Während zum Teil, am Wortlaut anknüpfend, nur eine (einzige) Sicherheitskopie für erforderlich und damit zulässig erachtet wird, orientieren sich andere Autoren an der konkreten Situation des Nutzers, die im Einzelfall auch die Herstellung mehrerer Sicherheitskopien gestatten kann. Die letztgenannte Lösung dürfte dem Zweck der Norm, den möglichst ununterbrochenen Gebrauch des Programms zu gewährleisten,[150] am ehesten gerecht werden. 97

Nach § 69d Abs. 3 UrhG ist es dem berechtigten Verwender auch ohne Zustimmung des Rechteinhabers gestattet, das Programm Testläufen zu unterziehen, um auf diese Weise herauszufinden, welche Ideen und Grundsätze, die gem. § 69a Abs. 2 Satz 2 UrhG nicht urheberrechtlich geschützt sind, dem konkreten Programm zugrunde liegen. Da es im Rahmen der Testläufe zu Vervielfältigungen kommen kann, besteht ein Bedürfnis für eine Schrankenregelung des umschriebenen Inhalts. Im Einzelnen gestattet die Vorschrift das Beobachten, Untersuchen oder Testen des Funktionierens des Programms mit Ausnahme derjenigen Methoden, die eine Dekompilierung, also eine Rückübersetzung des maschinenlesbaren Objektcodes in den für Menschen lesbaren Quellcode, darstellen und in § 69e UrhG gesondert geregelt sind. 98

Nach § 69g Abs. 2 UrhG ist § 69d Abs. 2 und 3 UrhG zwingendes Recht. 99

---

150 *Dreier*, in: Dreier/Schulze, UrhG, 5. Aufl. 2015, § 69d Rn. 17 m. w. N.

Kap. 4 Schranken urheberrechtlicher Befugnisse

II. Datenbanken (§§ 87c und 87d UrhG)

100 Der 6. Abschnitt des zweiten Teils des UrhG sieht besondere Vorschriften zum Schutz des Herstellers von Datenbanken vor (§§ 87a ff. UrhG). Der unter den dem Urheberrecht „verwandten Schutzrechten" eingeordnete Schutz wird für die zur Herstellung der Datenbank getätigten Investitionen gewährt und sieht Ausschließlichkeitsrechte hinsichtlich der Datenbank als solcher für einen Zeitraum von 15 Jahren (§ 87d UrhG) vor. Neben der Vorschrift des § 87d UrhG über die Dauer des Schutzrechts sieht § 87c UrhG eine weitere, abschließende und den §§ 44a ff. UrhG vorgehende Schrankenbestimmung für Datenbanken vor. Sowohl § 87c als auch § 87d UrhG sind in Kapitel 2 unter C. III. 5 im Rahmen der Darstellung der Leistungsschutzrechte an Datenbanken ausführlich mitbehandelt, sodass an dieser Stelle weitere Ausführungen entbehrlich sind.

III. Benutzung eines Datenbankwerks (§ 55a UrhG)

101 Für Datenbank**werke** i. S. des § 4 Abs. 2 UrhG enthält § 55a UrhG eine (nach dessen Satz 3 vertraglich nicht abdingbare) besondere Schrankenbestimmung. Die Vorschrift dient der Umsetzung von Art. 6 Abs. 1 und Art. 15 der Datenbankrichtlinie (RL 96/9/EG). § 55a UrhG gestattet die Bearbeitung und Vervielfältigung eines Datenbankwerkes durch den Eigentümer eines mit Zustimmung des Urhebers durch Veräußerung in Verkehr gebrachten Vervielfältigungsstücks des Datenbankwerks, durch den in sonstiger Weise zu dessen Gebrauch Berechtigten oder durch denjenigen, dem ein Datenbankwerk aufgrund eines mit dem Urheber oder eines mit dessen Zustimmung mit einem Dritten geschlossenen Vertrags zugänglich gemacht wird, unter der einschränkenden Voraussetzung, dass die Bearbeitung oder Vervielfältigung für dessen übliche Benutzung erforderlich ist. Die Regelung bezieht sich nur auf das Datenbankwerk selbst und nicht auf die Rechte an dessen Inhalt.[151] Einzelheiten zur Schrankenbestimmung des § 55a UrhG finden sich ebenfalls in Kapitel 2 unter C. im Rahmen der Darstellung von Datenbankwerken (dort unter II. 5. c.).

---

151 *Dreier*, in: Dreier/Schulze, UrhG, 5. Aufl. 2015, § 55a Rn. 2.

G. Der urheberrechtliche Erschöpfungsgrundsatz als Schrankenregelung (§ 17 Abs. 2 UrhG)

I. Der Grundsatz

Der in § 17 Abs. 2 UrhG niedergelegte (und unionsrechtlich u. a. in Art. 4 Abs. 2 der Harmonisierungs-RL 2001/29/EG geregelte) Erschöpfungsgrundsatz bringt zum Ausdruck, dass das ausschließlich dem Urheber zugeordnete Recht zur Verbreitung seines Werks (§ 17 UrhG) durch eigene Nutzungshandlungen verbraucht werden kann und in diesem Fall bestimmte weitere Verwertungshandlungen nicht mehr vom Schutzrecht erfasst werden.[152] Wenn und soweit der Urheber die Möglichkeit hat, für seine Zustimmung zur ersten Verbreitung eines bestimmten Werkexemplars ein Entgelt zu beanspruchen, ist seinen verwertungsrechtlichen Interessen und dem urheberrechtlichen Beteiligungsgrundsatz zumeist hinreichend Rechnung getragen;[153] jede weitere Verbreitung bedarf dann nicht mehr der Zustimmung des Werkschöpfers. Mit dieser Wertung soll der Verkehr von der Notwendigkeit befreit werden, für jede Veräußerung eines Werkexemplars entlang der Wertschöpfungskette die Zustimmung des Urhebers einholen zu müssen. Für Computerprogramme ist in § 69c Nr. 3 Satz 2 UrhG eine § 17 Abs. 2 UrhG vergleichbare Sonderregelung getroffen. Dem Erschöpfungsgrundsatz unterliegt allerdings nur das Verbreitungsrecht, während die anderen Verwertungsrechte wie etwa das Vervielfältigungsrecht[154] oder das Ausstellungsrecht davon nicht berührt werden.[155] Die über den Erschöpfungsgrundsatz bewirkte Begrenzung des Verbreitungsrechts wirkt faktisch als Schranke urheberrechtlicher Verwertungsbefugnisse, was – insbesondere wegen der Besonderheiten des unverkörperten Vertriebs digitaler Güter (dazu sogleich unter II.) – die Erörterung des Grundsatzes auch im Umfeld der Schrankenregelungen nahelegt.

102

Nach § 17 Abs. 2 UrhG muss das konkrete Werkexemplar mit Zustimmung des zur Verbreitung Berechtigten im Wege der Veräußerung in Verkehr gebracht worden sein. Der Erschöpfungsgrundsatz bezieht sich stets auf ein-

103

---

152 BGH, GRUR 1985, 924, 925 – Schallplattenimport II.
153 BGH, GRUR 1995, 673, 676 – Mauer-Bilder.
154 BGH, GRUR 2005, 940, 942 – Marktstudien.
155 Allerdings dürfen die mit Zustimmung des Berechtigten in Verkehr gebrachten Werkexemplare nicht nur weiterverbreitet, sondern auch im Rahmen von Werbemaßnahmen abgebildet, also vervielfältigt werden, vgl. dazu grundlegend BGHZ 144, 232, 238 f. – Parfumflakon.

Kap. 4 Schranken urheberrechtlicher Befugnisse

zelne Werkexemplare und der Eintritt der mit dem Grundsatz verbundenen Folgen ist nur dann gerechtfertigt, wenn der zur Verbreitung Berechtigte dem Inverkehrbringen zugestimmt hat und so darüber entscheiden konnte, ob und auf welche Weise sich die Erstverbreitung vollzieht. Das Werkexemplar muss (auf rechtsgeschäftlicher Grundlage) veräußert, mithin die daran bestehende Verfügungsmacht seitens des zur Verbreitung Berechtigten endgültig aufgegeben werden.[156] Eine leih- oder mietweise Überlassung des Werkstücks genügt daher nicht.

104 Soweit das Verbreitungsrecht an den in Verkehr gebrachten Werkstücken erschöpft ist, kann der zur Verbreitung Berechtigte sein Verbreitungsrecht nicht mehr ausüben. Der Erschöpfungsgrundsatz wirkt somit als urheberrechtliche Schrankenbestimmung. Erschöpfung tritt nicht nur dann ein, wenn das Werkstück innerhalb des Geltungsbereichs des UrhG in Verkehr gebracht wurde, sondern auch bei Inverkehrbringen in der EU und innerhalb des EWR; dabei genügt, dass das Werkstück in Deutschland zu Exportzwecken lediglich abgesendet wird. Die Erschöpfung wirkt ebenfalls im gesamten EU-/EWR-Bereich.

II. Anwendung des Erschöpfungsgrundsatzes im Zusammenhang mit IT

1. Gegenständlich wirkende Beschränkungen des Verbreitungsrechts

105 Die vom Urheber bzw. Rechteinhaber einem Dritten gewährten Nutzungsrechte an einem urheberrechtlich geschützten Werk können, wie § 31 Abs. 1 Satz 2 UrhG (ggf. i.V. m. § 69a Abs. 4 UrhG) klarstellt, räumlich, zeitlich oder inhaltlich beschränkt werden. Nach höchstrichterlicher Rechtsprechung kommt eine nicht nur schuldrechtlich, sondern dinglich wirkende Aufspaltung des Verbreitungsrechts (§ 17 Abs. 1 UrhG) wegen der damit verbundenen möglichen Einschränkung der Verkehrsfähigkeit der betroffenen Werkstücke allerdings nur in Betracht, wenn es sich um übliche, technisch und wirtschaftlich eigenständige und damit klar abgrenzbare Nutzungsformen handelt.[157] Diese Grundsätze gelten auch für den Vertrieb von Software. So kann ein Hersteller von (auf die eigenen Betriebssysteme zugeschnittenen) Computerprogrammen einem Anbieter, mit dem er vertrag-

---

156 *Heerma*, in: Wandtke/Bullinger, Praxiskommentar UrhR, 4. Aufl. 2014, § 17 Rn. 24 f.
157 BGH, GRUR 1959, 200, 202 – Der Heiligenhof; GRUR 1986, 736, 737 – Schallplattenvermietung; GRUR 1990, 669, 671 – Bibelreproduktion; GRUR 1992, 310, 311 – Taschenbuch-Lizenz.

lich nicht gebunden ist, nicht auf Grundlage der § 97 Abs. 1 i.V.m. § 69c Nr. 3 Satz 1 UrhG den isolierten Vertrieb dieser Software in Gestalt sog. OEM-Versionen untersagen.[158] In dem der angeführten Entscheidung zugrunde liegenden Sachverhalt verfolgte der klagende Hersteller einen gespaltenen Software-Vertrieb: Die Software wurde entweder isoliert – also ohne den gleichzeitigen Erwerb von Hardwarekomponenten – als Fachhandelsversionen vertrieben oder aber zur Erstausrüstung neuer Computer als „Bundle" zusammen mit der Hardware in einer einfacheren Ausstattung (Original Equipment Manufacturer, kurz: OEM) zu einem wesentlich günstigeren Preis. Der Hersteller hatte die Koppelung des OEM-Vertriebs an die Veräußerung von Hardware gegen seine Abnehmer vertraglich festgelegt und diese zudem verpflichtet, ihren jeweiligen Vertragspartnern eine entsprechende Verpflichtung aufzuerlegen. Die beklagte Händlerin, die mit dem Hersteller vertraglich nicht verbunden war, hatte nachweislich eine OEM-Version nebst zugehörigem Benutzerhandbuch isoliert vertrieben. Der BGH hat darin keinen Eingriff in das Verbreitungsrecht (§§ 69c Nr. 3 Satz 1, 17 Abs. 1 UrhG) des Herstellers erblickt, da sich das Verbreitungsrecht zuvor angesichts des mit Zustimmung des Herstellers erfolgten Inverkehrbringens des Werkstücks erschöpft hat (§ 69 Nr. 3 Satz 2, § 17 Abs. 2 UrhG). Denn bereits mit der (ersten) durch ihn oder mit seiner Zustimmung erfolgten Veräußerung gibt der Berechtigte die Herrschaft über das Werkexemplar auf, welches damit für jede Weiterverbreitung frei wird.[159] Die genannten Voraussetzungen lagen im Streitfall vor, sodass der klagende Hersteller den weiteren Vertrieb nicht mehr, auch nicht durch entsprechende Vertragsgestaltung, kontrollieren konnte. Die gegenteilige Bewertung hätte aus Sicht des BGH den Interessen der Verwerter und der Allgemeinheit, die in Verkehr gebrachten Werkstücke verkehrsfähig zu halten, nicht entsprochen. Überdies hätte die vom Kläger erstrebte Beschränkungswirkung zur Folge, dass vertraglich eingegangene Bindungen absolute Wirkung entfalten könnten, was dem deutschen Recht fremd sei. Ob im Vertrieb von OEM-Versionen bestimmter Software gegenüber dem Vertrieb von Fachhandelsversionen eine wirtschaftlich und technisch eigenständige Nutzungsform vorliegt oder nicht, hat der BGH in der Entscheidung nicht explizit behandelt.[160]

---

158 BGHZ 145, 7 ff. – OEM-Version, auch zum Folgenden.
159 BGHZ 145, 7, 12 – OEM-Version.
160 Gegen die Annahme einer wirtschaftlich und technisch eigenständigen Nutzungsform beim Vertrieb einer OEM-Version *Leistner/Klein*, MMR 2000, 751, 752; *Wandtke/ Grunert*, in: Wandtke/Bullinger, Praxiskommentar UrhR, 4. Aufl. 2014, § 31 Rn. 17; (vor Erlass des BGH-Urteils) dagegen bejahend OLG Frankfurt, CR 2000, 581, 583.

Kap. 4 Schranken urheberrechtlicher Befugnisse

2. Erschöpfung bei Online-Erstverbreitung

106 Mehrere jüngere Entscheidungen sowohl des EuGH als auch des BGH haben Präzisierungen für die Beurteilung des Erschöpfungsgrundsatzes auf Fälle der Online-Erstverbreitung gebracht, die sich vor allem am Handel mit sog. gebrauchten Softwarelizenzen entzündet hat. Im Grunde basiert dieses Modell darauf, dass ein Gebrauchtsoftwarehändler nicht mehr benötigte Volumenlizenzen von einem Lizenzvertragspartner des Softwareherstellers und -erstveräußerers erwirbt, wobei der Veräußerer notariell bestätigt, dass er rechtmäßiger Inhaber der näher bezeichneten Lizenzen ist, diese Lizenzen vom Softwarehersteller erworben und die entsprechende Anzahl auf seinen Rechnern installierter Kopien der verwendeten Software vernichtet hat. Die so erworbenen Lizenzen veräußert der Gebrauchtsoftwarehändler an Dritte weiter, die in aller Regel bereits Kunde des Softwareherstellers und -erstveräußerers sind und Gebrauchtlizenzen im benötigten Umfang hinzukaufen, um an zusätzlichen Arbeitsplätzen mit der Software arbeiten zu können.

107 Auf Grundlage von Art. 4 Abs. 2 sowie Art. 5 Abs. 1 der Computerprogramm-RL (RL 2009/24/EG) hat der EuGH entschieden, dass Erschöpfung nicht nur beim Vertrieb einer verkörperten Programmkopie eintritt, sondern ggf. auch dann, wenn der Rechtsinhaber dem Ersterwerber das Herunterladen des Programms gestattet hat. Im Fall eines unkörperlichen Erstvertriebs setzt die Erschöpfung des Verbreitungsrechts jedoch weiter voraus, dass der Urheberrechtsinhaber seine Zustimmung zum Herunterladen des Programms (durch den Ersterwerber) gegen Zahlung eines Entgeltes erteilt hat, dem Erstinhaber ein zeitlich unbegrenztes Nutzungsrecht eingeräumt wurde und der Ersterwerber seine Programmkopie jedenfalls zum Zeitpunkt der Weiterveräußerung unbrauchbar macht.[161] Im Anschluss an die Grundsatzentscheidung hat der BGH die Vorgaben des EuGH inhaltsgleich auf das deutsche Urheberrecht übertragen.[162] Für den Weiterverkauf der Programmkopie kommt es nicht darauf an, dass der Zweiterwerber eine Verkörperung (Datenträger) erhält, vielmehr reicht das Herunterladen einer Programmkopie beim Urheberrechtsinhaber aus.[163] Vervielfältigungen i. S. des § 69c Nr. 1 UrhG, die im Zuge des Zweiterwerbs notwendigerweise anfallen, sind unter den genannten Bedingungen nach § 69d Abs. 1 UrhG zulässig.[164]

---

161 EuGH, GRUR 2012, 904 Tz. 70 ff. – Oracle/Used Soft.
162 BGH, GRUR 2014, 264 Tz 58 ff. – Used Soft II; ob der Rechtsinhaber *tatsächlich* eine dem wirtschaftlichen Wert seiner Kopie entsprechende Vergütung erhalten hat, ist hingegen unmaßgeblich (vgl. Tz. 60).
163 BGH, GRUR 2014, 264 Tz. 44 ff. – Used Soft II.
164 BGH, GRUR 2014, 264 Tz. 57 – Used Soft II.

G. Der urheberrechtliche Erschöpfungsgrundsatz Kap. 4

Die Darlegungs- und Beweislast für das Vorliegen aller Voraussetzungen für einen zulässigen Weitervertrieb trägt derjenige, der einen solchen (als Ersterwerber) beabsichtigt.[165] Die Berechtigung des Nacherwerbers zur bestimmungsgemäßen Nutzung der Kopie des Computerprogramms nach § 69d Abs. 1 UrhG kann durch vertragliche Regelungen (zwischen Rechtsinhaber und Ersterwerber) nicht ausgeschlossen werden, der konkrete Inhalt der bestimmungsgemäßen Nutzung ist hingegen einer vertraglichen Bestimmung zugänglich.[166] Dem Erstverkäufer ist es somit nicht gestattet, einem nach den vorgenannten Bedingungen zulässigen Weiterverkauf unter Berufung auf anderslautende vertragliche Regelungen zu widersprechen. **108**

Der Erschöpfungsgrundsatz greift jedoch nicht ein, wenn und soweit Volumenlizenzen, die den eigenen Bedarf übersteigen, vom Ersterwerber aufgespalten werden und das Recht zur Nutzung des betreffenden Computerprogramms nur für eine von ihm bestimmte Nutzerzahl weiterverkauft wird.[167] Überdies ist der Urheberrechtsinhaber befugt, die Unbrauchbarmachung der Programmkopie beim wiederveräußernden Ersterwerber durch technische Maßnahmen sicherzustellen.[168] **109**

Die Grundsatzentscheidung des EuGH ist explizit zur Computerprogramm-RL ergangen, sodass die Frage der Erschöpfung des Verbreitungsrechts an *anderen unverkörperten digitalen Gütern* davon nicht berührt wird. So wurde etwa die Übertragung dieser Rechtsprechung auf Audiodateien (Hörbücher) explizit abgelehnt.[169] Im Schrifttum wird die Erschöpfungsfähigkeit gebrauchter digitaler Güter jenseits von Computerprogrammen freilich noch immer kontrovers diskutiert.[170] Die Unklarheiten rühren im Wesentlichen von den Unterschieden in der Veräußerung einer verkörperten Sache gegenüber der einer (unverkörperten) Datei her, welche den Gesetzgeber **110**

---

165 Konkret sind damit die Voraussetzungen des § 69d Abs. 1 UrhG, die unbefristete Einräumung des Nutzungsrechts, der den Download von Kopien des verbesserten bzw. aktualisierten Computerprogramms abdeckende Wartungsvertrag, die Vernichtung der Programmkopie sowie die Information des Nacherwerbers über das Nutzungsrecht angesprochen, vgl. dazu BGH, GRUR 2014, 264 Tz. 56, 61, 62, 63 f., 68 – Used Soft II.
166 BGH, GRUR 2014, 264 Tz. 31, 67 f. – Used Soft II.
167 EuGH, GRUR 2012, 904 Tz. 69 – Oracle/Used Soft.
168 EuGH, GRUR 2012, 904 Tz. 70, 78 – Oracle/Used Soft.
169 OLG Hamm, GRUR 2014, 853 Tz. 107 – Hörbuch-AGB; im Übrigen keine Erschöpfung i. S. des § 17 Abs. 2 UrhG durch die Wahrnehmung der eingeräumten Möglichkeit zum Download von Dateien, Audiodateien enthalten, bzw. der beim Download entstehenden Kopie durch Kunden (Tz. 46); gegen die Notwendigkeit einer Vorlage zum EuGH zur Klärung der Anwendbarkeit des Erschöpfungsgrundsatzes auf Hörbücher und eBooks ausdrücklich OLG Hamburg, ZUM 2015, 503 f.
170 Vgl. zuletzt *Apel*, ZUM 2015, 640 ff. sowie *Hoeren/Jakopp*, MMR 2014, 646 ff. (dort sehr krit. zur Entscheidung OLG Hamm, GRUR 2014, 853).

Kap. 4 Schranken urheberrechtlicher Befugnisse

vor enorme Schwierigkeiten bei der Festlegung des Anwendungsbereichs des Erschöpfungsgrundsatzes stellen.[171]

H. Die zeitliche Begrenzung des Urheberrechts (§§ 64 ff. UrhG)

111 Der urheberrechtliche Schutz wird zeitlich nicht unbegrenzt, sondern nur zu Lebzeiten des Urhebers und eine gewisse Zeit über seinen Tod hinaus gewährt. Dies ist im Zusammenhang mit Vorgängen im Internet zum einen für die Generierung von Website-Content aus fremden, urheberrechtlich geschützten Quellen wichtig, zum anderen fallen unter die Schutzdauer auch Werke, die durch das Internet selbst hervorgebracht wurden.

112 Nach § 64 UrhG beträgt die allgemeine Schutzdauer nunmehr 70 Jahre nach dem Tode des Urhebers (post mortem auctoris, kurz: p.m.a.). Bei gemeinschaftlichen Werken bestimmt sich die Frist gem. § 65 Abs. 1 UrhG UrhG nach dem Tod des letztversterbenden Miturhebers, wobei unionsrechtlich vorgeprägte Sonderregelungen für Filmwerke (§ 65 Abs. 2 UrhG) und Musikkompositionen (§ 65 Abs. 3 UrhG) gelten. Für anonym oder pseudonym veröffentlichte Werke ist in § 66 UrhG eine Sonderbestimmung getroffen worden. Gem. § 69 UrhG beginnt die Frist jeweils als sog. Jahresfrist mit dem Ablauf des Kalenderjahres (31.12.), in dem der Urheber verstorben ist. Bezüglich Urheber, die vor 1915 gestorben sind, gelten die vor Inkrafttreten des UrhG (1.1.1965) maßgeblichen gesetzlichen Bestimmungen, die eine Schutzdauer von 50 Jahren vorsahen.

113 Die Schutzdauer bei verwandten Schutzrechten variiert von Schutzrecht zu Schutzrecht. So erlöschen etwa Rechte des Datenbankherstellers 15 Jahre nach Veröffentlichung der Datenbank (§ 87d UrhG), die Schutzdauer für Lichtbilder beträgt 50 Jahre, vgl. § 72 Abs. 3 UrhG.

114 Mit Ablauf der jeweils geltenden Schutzfrist wird das Werk gemeinfrei, d.h., die am Werk bestehenden Schutzrechte erlöschen, und jeder darf das Werk fortan zustimmungs- und vergütungsfrei verwerten. Seit einiger Zeit wird zwar die Erhebung einer Kulturabgabe bzw. Urhebernachfolgevergütung für die Nutzung gemeinfrei gewordener Werke (domaine public payant) diskutiert, deren Erlös in einem neu geschaffenen Urheberfonds zusammengefasst und zur Ehrung, Förderung und (materiellen) Unterstützung

---

[171] Vgl. zu den Einzelheiten und zu möglichen Regelungsoptionen für den Gesetzgeber *Ohly*, Urheberrecht in der digitalen Welt – Brauchen wir neue Regelungen zum Urheberrecht und dessen Durchsetzung, Gutachten F zum 70. Deutschen Juristentag, 2014, F 52 ff.

einzelner Urheber verwendet werden könnte.[172] Gesetzliche Grundlagen bestehen dafür bisher allerdings weder im deutschen Recht noch im europäischen Gemeinschaftsrecht.

J. Technische Schutzmaßnahmen (§§ 95a–d UrhG) und Schrankenregelungen

I. Grundfragen und rechtlicher Rahmen

Die Ausübung der in den §§ 44a ff. UrhG geregelten Schrankenbestimmungen kann heute aufgrund der technischen Entwicklung durch Rechteinhaber beschränkt oder ganz außer Kraft gesetzt werden. Insb. DRM-Systeme (Digital Rights Management-Systeme) ermöglichen angesichts der begrenzten Wirkung rein rechtlicher Schutzinstrumente eine systematische Steuerung des Zugangs zu und der Nutzung von urheberrechtlich geschützten digitalisierten Inhalten.[173] Der Einsatz solcher technischen (Schutz-)Maßnahmen ist in den §§ 95a ff. UrhG seinerseits gegen Umgehung geschützt. Den damit verbundenen Konflikt zwischen dem Interesse des Rechteinhabers an der Integrität der von ihm angebrachten technischen Schutzmaßnahmen seiner urheberrechtlich geschützten Inhalte („Schutz von technischen Maßnahmen") und dem Interesse der Allgemeinheit an der Sicherung der urheberrechtlichen Schrankenbestimmungen gegenüber solchen technischen Schutzmaßnahmen („Schutz vor technischen Maßnahmen") sucht insb. § 95b UrhG zu lösen.

115

Die §§ 95a–95d UrhG, mit denen Art. 6 und 7 aus Kapitel III („Schutz von technischen Maßnahmen und von Informationen für die Wahrnehmung der Rechte") der Harmonisierungs-RL 2001/29/EG umgesetzt wurden,[174] lassen sich wie folgt gliedern: § 95a UrhG enthält neben einer Definition der technischen Maßnahme (Abs. 2) eine Umschreibung der verbotenen, die einge-

116

---
172 Vgl. dazu *Rehbinder/Peukert*, Urheberrecht, 17. Aufl. 2015, Rn. 748.
173 Daneben können mit dem Einsatz von DRM-Systemen freilich noch weitere Ziele verfolgt werden, etwa eine Diversifizierung der digitalen Produktpalette eines Anbieters durch ein System abgestufter Nutzungsberechtigungen, vgl. dazu *Dreier/Specht*, in: Dreier/Schulze, UrhG, 5. Aufl. 2015, § 95a Rn. 3.
174 Gemeinschaftsrechtliche Vorschriften über technische Schutzmaßnahmen finden sich ferner in Art. 7 der RL 91/250/EWG über den Rechtsschutz von Computerprogrammen und mit Blick auf Rundfunk und Telemediendienste in Art. 4 der RL 98/34/EG über den rechtlichen Schutz von zugangskontrollierten Daten und Zugangskontrolldiensten.

richteten wirksamen technischen Schutzmaßnahmen unterlaufenden Verhaltensweisen (Abs. 1: Umgehungsverbot, Abs. 3: sonstige verbotene Handlungen). § 95c UrhG ergänzt den den Rechteinhabern nach § 95a UrhG gewährten Schutzstandard um einen Schutz der zur Rechtewahrnehmung erforderlichen Informationen. Im Interesse des Verbraucherschutzes und der Lauterkeit des Wettbewerbs verpflichtet § 95d UrhG denjenigen, der technische Schutzmaßnahmen ergreift, zur Kennzeichnung der so geschützten Werke und Schutzgegenstände. § 95b UrhG dient der Einhaltung bestimmter Schrankenregelungen bei der Nutzung des Werks oder Schutzgegenstands und begründet in Abs. 2 individuelle zivilrechtliche Ansprüche der einzelnen Begünstigten gegen den Rechteinhaber, sofern dieser die notwendigen Mittel i. S. des § 95b Abs. 1 UrhG nicht zur Verfügung stellt, um die Ausübung der jeweiligen Schrankenvorschrift zu sichern.[175]

117 Auf Computerprogramme finden die §§ 95a–95d UrhG keine Anwendung (§ 69a Abs. 5 UrhG), da mit § 69f Abs. 2 UrhG eine Sondervorschrift zum Schutz vor Umgehung von Programmmechanismen besteht; §§ 95a–95d UrhG sind jedoch gegenständlich einschlägig, wenn das geschützte Werk als Gesamtwerk zum Teil aus Computerprogrammen i. S. der §§ 69a ff. UrhG besteht.[176]

II. Schutzgegenstände und Verletzungshandlungen bei §§ 95a ff. UrhG

1. Technische Maßnahmen

118 Nach § 95a Abs. 2 UrhG sind technische Maßnahmen Technologien, Vorrichtungen und Bestandteile, die im normalen Betrieb dazu bestimmt sind, geschützte Werke oder andere Schutzgegenstände nach dem UrhG betreffende Handlungen, die vom Rechteinhaber nicht genehmigt sind, zu verhindern oder einzuschränken. Darunter können auch Systeme fallen, die ihre Funktion erst im Zusammenwirken von physischem Träger des geschützten Werks (z. B. Speichermedium, auf dem sich ein Computerprogramm befindet) und Abspielgerät (z. B. Videospielkonsole) entfalten.[177] Wirksam sind solche technischen Maßnahmen, wenn durch sie die Nutzung des geschützten Werkes bzw. Schutzgegenstandes von dem Rechteinhaber durch eine

---

175 RegE, BT-Drs. 15/38, S. 27.
176 So für dem Urheberschutz zugängliche Videospiele, die u. a. aus Computerprogrammen bestehen, BGH, GRUR 2015, 672 Tz. 40 ff. – Videospiel-Konsolen II.
177 EuGH, GRUR 2014, 255 Tz. 26 ff. – Nintendo/PC-Box; nachfolgend BGH, GRUR 2015, 672 Tz. 40 ff. – Videospiel-Konsolen II.

J. Technische Schutzmaßnahmen Kap. 4

Zugangskontrolle, einen Schutzmechanismus (wie Verschlüsselung, Verzerrung oder sonstige Umwandlung) oder einen Mechanismus zur Kontrolle der Vervielfältigung), die die Erreichung des Schutzziels sicherstellen, unter Kontrolle gehalten wird.

Der Begriff der technischen Maßnahme ist denkbar weit gefasst. Unter Ausschluss rein vertraglicher Beschränkungen ohne jeden Technikbezug erfasst er technische Vorkehrungen zur Kontrolle des Zugangs zum geschützten Werk bzw. Schutzgegenstand und dessen Nutzung, ohne dabei bestimmte Technologien oder technische Verfahren auszuschließen bzw. bestimmte technische Umsetzungen auszuschließen.[178] Die im Einzelfall eingesetzte technische Maßnahme ist nur dann nicht als wirksam i. S. der Vorschrift anzusehen, soweit sie noch nicht einmal einen gewissen Mindeststandard dafür bietet, den Zugang zum bzw. die Nutzung des geschützten Gegenstandes kontrollieren zu können.[179] Die Beurteilung hat einzelfallabhängig und unter Berücksichtigung des Kenntnis- und Erfahrungshorizonts eines durchschnittlichen Nutzers aus dem Personenkreis, für den die Überwindung der konkret gewählten Schutzmaßnahmen von Interesse ist, zu erfolgen.[180] Liegt eine wirksame technische Maßnahme zum Schutz des Werks oder Schutzgegenstands vor, so sind nicht nur Verhaltensweisen verboten, mit denen die Schutzmaßnahme umgangen wird (§ 95a Abs. 1 UrhG), sondern auch nähere bezeichnete Vorbereitungshandlungen, die der Umgehung von technischen Schutzmaßnahmen dienen (vgl. § 95a Abs. 3 UrhG). Die letztgenannten Vorbereitungshandlungen beziehen sich nicht nur auf Hardwarekomponenten, sondern häufig auf Softwareprodukte, die zur Umgehung von technischen Schutzmaßnahmen i. S. des § 95a UrhG eingesetzt werden können.[181] Als Vorbereitungshandlung kommen Handlungen der Bereitstellung und Verbreitung von Werkzeugen zur Umgehung technischer Schutzmaßnahmen (Herstellung, Einfuhr, Verbreitung, Verkauf, Vermietung) ebenso in Betracht wie die Erbringung von Dienstleistungen zum Zwecke der Umgehung technischer Schutzmaßnahmen sowie reine Werbemaßnahmen für solche Werkzeuge oder Dienstleistungen. Wegen der Weite des Verbotstatbestands aus

119

---

178 Eine Darstellung vorhandener technischer Maßnahmen findet sich bei *Wandtke/Ohst*, in: Wandtke/Bullinger, Praxiskommentar UrhR, 4. Aufl. 2014, § 95a UrhG Rn. 18 ff.
179 Ähnlich OLG München, CR 2009, 33, 36, das darauf abstellt, ob durchschnittliche Benutzer durch die Schutzmaßnahmen von Urheberrechtsverletzungen abgehalten werden.
180 OLG Hamburg, CR 2010, 125 Tz. 42 m. w. N.
181 Vgl. etwa LG Köln, MMR 2006, 412, 415 – Brenner-Software „Clone CD" für Kopierprogramm bei Ebay; LG Hamburg, ZUM 2005, 844: Software, die den kostenlosen Empfang von Pay-TV über P2P-Systeme ermöglicht (zu § 2 Ziff. 3 ZKDSG). Nach OLG Celle, GRUR-RR 2010, 282 Tz. 39 ff. – Dienstlicher Laptop, stellen bereits Download und Speicherung von Hackersoftware Vorbereitungshandlungen i. S. des § 95a Abs. 3 UrhG dar.

Kap. 4 Schranken urheberrechtlicher Befugnisse

Abs. 3, der sich nach seinem Wortlaut auch auf Werkzeuge bezieht, die zur Umgehung nicht schutzfähiger Werke und sonstiger Schutzgegenstände verwendet werden, sind Zweifel an der Verfassungsmäßigkeit der Vorschrift geäußert worden, die das BVerfG jedoch nicht geteilt hat.[182] Die rechtspraktische Bedeutung der Vorschrift wird dadurch gesteigert, dass ein Verstoß gegen § 95a Abs. 3 UrhG, der überdies als Schutzgesetz i. S. d. § 823 Abs. 2 BGB in Betracht kommt, nach h. M. kein Verschulden des Verletzers voraussetzt.[183]

2. Schutz der zur Rechtewahrnehmung erforderlichen Informationen

120 § 95c UrhG schützt Informationen, die der elektronischen Rechtewahrnehmung dienen (sog. Metadaten) gegen Veränderung oder Entfernung, indem die Veränderung bzw. Entfernung solcher Informationen verboten wird (Abs. 1) und Werke oder sonstige Schutzgegenstände, bei denen solche Informationen unbefugt verändert oder entfernt wurden, nicht genutzt werden dürfen (Abs. 3). Abs. 2 definiert die relevanten Informationen als alle elektronischen Informationen, die Werke oder andere Schutzgegenstände, den Urheber oder jeden anderen Rechtsinhaber identifizieren sowie Informationen über die Modalitäten und Bedingungen für die Nutzung der Werke oder Schutzgegenstände einschl. der Zahlen und Codes, die solche Informationen repräsentieren.

3. Rechtsfolgen bei Verstößen

121 Die zivilrechtlichen Folgen bei Verstößen gegen §§ 95a bzw. 95c UrhG ergeben sich vor allem über § 823 Abs. 2 BGB, wonach bei Verstößen gegen die genannten Vorschriften Schadensersatzansprüche des Verletzten in Betracht kommen. Da § 95a Abs. 3 UrhG jedoch lediglich Verhaltenspflichten regelt, hingegen kein absolutes geschütztes Recht enthält, bildet die Vorschrift indes keine geeignete Grundlage zur Herleitung von Ansprüchen aus Störerhaftung:[184] Eine persönliche Haftung von Organwaltern für Verstöße der Gesellschaft gegen § 95a Abs. 3 UrhG lässt sich daher nur über die allgemeinen deliktsrechtlichen Regeln von Täterschaft und Teilnahme begrün-

---

182 BVerfG, GRUR 2005, 1032, 1033 – Eigentum und digitale Privatkopie: Nichtannahmebeschluss; keine Verstöße gegen Art. 14 Abs. 1 GG und Art. 5 Abs. 1 GG erkennt BGH, CR 2008, 691 Tz. 28 ff. – Clone-CD.
183 BGH, CR 2008, 691 Tz. 24 f. – Clone-CD; BGH, GRUR 2015, 672 Tz. 68 – Videospiel-Konsolen II.
184 So nunmehr BGH, GRUR 2015, 672 Tz. 84, 67 f. – Videospiel-Konsolen II.

den, wofür die schlichte Kenntnis eines GmbH-Geschäftsführers von der Gesellschaft zurechenbaren Rechtsverletzungen indes nicht ausreicht.[185]

An straf- und ordnungswidrigkeitsrechtlichen Folgen sind insb. die Strafbarkeitsbestimmung in § 108b UrhG sowie die Bußgeldvorschrift des § 111a Abs. 1 Nr. 1 UrhG zu nennen.

III. Die Durchsetzung urheberrechtlicher Schrankenbestimmungen (§ 95b UrhG)

1. Die rechtliche Regelung

§ 95b Abs. 1 UrhG verpflichtet den Rechtsinhaber, der technische Maßnahmen nach §§ 95a ff. UrhG einsetzt, hinsichtlich folgender Schrankenbestimmungen des UrhG dem begünstigten Nutzer diejenigen technischen Mittel zur Verfügung zu stellen, die notwendig sind, um von den Schrankenbestimmungen im erforderlichen Maß Gebrauch machen zu können:

- § 45 (Rechtspflege und öffentliche Sicherheit),
- § 45a (Behinderte Menschen),
- § 46 (Sammlungen für Kirchen-, Schul- oder Unterrichtsgebrauch), mit Ausnahme des Kirchengebrauchs,
- § 47 (Schulfunksendungen),
- § 52a (öffentliche Zugänglichmachung für Unterricht und Forschung),
- § 53 Abs. 1, Abs. 2 Satz 1 Nr. 1, Nr. 2 i.V.m. Satz 2 Nr. 1 oder 3, Abs. 2 Satz 1 Nr. 3 und 4 jeweils i.V.m. Satz 2 Nr. 1 und Satz 3, Abs. 3 (Vervielfältigungen zum privaten und sonstigen eigenen Gebrauch) sowie
- § 55 (Vervielfältigung durch Sendeunternehmen).

Das vom Gesetzgeber in § 95b UrhG verfolgte Konzept basiert in erster Linie auf einer freiwilligen Beachtung der Vorschrift durch die technische Maßnahmen einsetzenden Rechteinhaber und sieht – auf zweiter Ebene – im Zuwiderhandlungsfall ein dreigliedriges Schutzkonzept vor:

In § 95b Abs. 2 UrhG wird jedem einzelnen Begünstigten ein bürgerlich-rechtlicher Individualanspruch auf Zurverfügungstellung der notwendigen technischen Mittel zugesprochen, der ferner als Grundlage weitergehender zivilrechtlicher Ansprüche auf Schadensersatz bzw. Unterlassung/Beseitigung (§§ 823 Abs. 2, 1004 BGB) dienen kann. Demgegenüber wird dem Schrankenbegünstigten ein Selbsthilferecht zur Umgehung der technischen Schutzmaßnahme (konkret gesprochen: ein „right to hack") aus Gründen

---

185 BGH, GRUR 2015, 672 Tz. 82 f. – Videospiel-Konsolen II (hinsichtlich eines Geschäftsführers einer GmbH).

Kap. 4   Schranken urheberrechtlicher Befugnisse

der Sicherung der technischen Schutzsysteme ausdrücklich nicht gewährt.[186]

126   Ferner können die in § 3a UKlaG bezeichneten Verbände gem. § 2a UKlaG bei Verstößen gegen § 95b Abs. 2 UrhG ein Verbandsklagerecht geltend machen, und so das andernfalls einem Individualkläger nach § 95b Abs. 2 UrhG drohende Prozessrisiko auffangen und die Herausbildung einer einheitlichen Spruchpraxis fördern.

127   Schließlich ist ein Verstoß gegen § 95b Abs. 2 UrhG als Ordnungswidrigkeit nach § 111a Abs. 1 Nr. 2 UrhG bußgeldwehrt, wobei der entsprechende Bußgeldrahmen nach § 111a Abs. 2 UrhG nach bis 50.000 Euro reicht.

128   Für die Internetnutzung ist schließlich § 95b Abs. 3 UrhG von Bedeutung, wonach interaktive Dienste, die auf Grundlage vertraglicher Regelungen erbracht werden, nicht in den Anwendungsbereich des Abs. 1 fallen.

2. Auslegungs- und Folgefragen zur gesetzlichen Regelung

129   Wie die vorstehenden Ausführungen gezeigt haben, handelt es sich bei § 95b UrhG um eine zentrale Vorschrift zur Lösung des Konflikts zwischen dem Schutzinteresse des Urhebers einerseits und des Werkzugangs- bzw. -nutzungsinteresses des durch die Schrankenregelung Begünstigten andererseits. Aus dem in Abs. 2 niedergelegten Individualanspruch wird zum Teil ein umfassender „Anspruch auf Nutzung" abgeleitet,[187] während andere die rechtspraktische Bedeutung der Rechtsnorm bezweifeln.[188] Die fortwährende Kontroverse bietet Anlass für einen kurzen Blick auf verschiedene Auslegungs- und Folgefragen, die mit der Vorschrift verbunden sind.

130   Die Ausgestaltung des Individualanspruchs ist in § 95b Abs. 2 UrhG nur fragmentarisch erfolgt: So nennt das Gesetz etwa keine explizite Frist, die der aus den Schrankenbestimmungen Begünstigte in der (ersten) Phase der „freiwilligen Vereinbarung" abwarten muss, bevor er gegen Rechtsinhaber nach § 95b Abs. 2 zwangsweise vorgehen kann. Auch in Begründungserwägung 52 zur Harmonisierungs-RL 2001/29/EG ist lediglich die Rede davon, dass innerhalb angemessener Frist freiwillige Maßnahmen zur Einhaltung der Schrankenbestimmungen erfolgen sollen. Art und Ausgestaltung der Mittel, die dem Anspruchssteller zwecks Verwirklichung der aus der jeweiligen Schrankenbestimmung fließenden Befugnis zur Verfügung zu stellen sind, werden in der Vorschrift ebenso wenig spezifiziert. Unter Berücksich-

---

186   RegE, BT-Drs. 15/38, S. 27.
187   *Geiger*, GRUR Int. 2004, 815, 818.
188   *Götting*, in: Schricker/Loewenheim, Urheberrecht, 4. Aufl. 2010, § 95b UrhG Rn. 4 m. w. N. („zahnloser Tiger").

tigung der typischerweise zwischen Anbieter und individuellem Nutzer bestehenden Marktmachtverhältnisse, der zu erwartenden Verfahrensdauer und des bestehenden Prozessrisikos für den Begünstigten, bleibt fraglich, ob die gesetzliche Regelung das mit ihr beabsichtigte Kooperationsverhältnis zur Problemlösung bewirkt.[189] Allerdings muss eine umfassende Betrachtung der Fragen berücksichtigen, dass sich das legislative Konzept zur Durchsetzung von Schrankenbestimmungen gegen technische Schutzmaßnahmen – wie bereits dargestellt – bewusst nicht in der Schaffung des Individualanspruchs aus Abs. 2 erschöpft.

Auch mit der Urheberrechtsänderung 2007 ist die Durchsetzung der Privatkopieschranke gegen technische Schutzmaßnahmen nicht legifiziert worden. Art. 6 Abs. 4 Unterabs. 2 der Harmonisierungs-RL 2001/29/EG überantwortet diese Entscheidung den Mitgliedstaaten, doch hat der Gesetzgeber des UrhG hiervon ausdrücklich keinen Gebrauch gemacht. Vielmehr hat er von der Etablierung eines Rechts auf eine kostenlose digitale Privatkopie wegen der Tragweite des Art. 14 GG im Bereich des geistigen Eigentums und der wirtschaftspolitischen Bedeutung kreativer Leistungen in einem rohstoffarmen Land bewusst abgesehen, da auch aus der Informationsfreiheit nach Art. 5 GG keine Garantie kostenlosen Zugangs zu allen verfügbaren Informationen folge.[190] **131**

Zahlreiche Schrankenbestimmungen der §§ 44a ff. UrhG sind in § 95b Abs. 1 UrhG indes nicht genannt; dies gilt etwa für die in der online-Kommunikation zentralen Vorschriften § 49 UrhG (Zeitungsartikel und Rundfunkkommentare) und § 51 UrhG (Zitierfreiheit). Aus gemeinschaftsrechtlicher Sicht bedeutet dies keinen Mangel, da Art. 5 Abs. 1 der Harmonisierungs-RL 2001/29/EG nur eine einzige zwingende Schranke vorschreibt (umgesetzt in § 44a UrhG) und im Übrigen (vgl. Art. 5 Abs. 2 und 3) fakultative Schrankenbestimmungen vorsieht. Ob aus dem gemeinschaftsrechtlich gewährleisteten Grundrechtestandard eine Erweiterung des Schrankenkatalogs in § 95b Abs. 1 UrhG abgeleitet werden muss, muss sehr bezweifelt werden. Dies gilt umso mehr als jenseits des Anwendungsbereichs des § 95b UrhG eventuellen Ansätzen von Rechtsinhabern, mit ihren technischen Schutzmaßnahmen, faktisch selbstgesetztes Recht zu schaffen (Stichwort: „Code as law") immerhin mit den allgemeinen Schutzinstrumenten des Zivil- und Lauterkeitsrechts (namentlich § 826 BGB sowie §§ 3, 4 **132**

---

189 Skeptisch auch *Hoeren*, ZUM 2004, 885, 886.
190 Vgl. RegE, BT-Drs. 16/1828, S. 20f. § 95b UrhG wird denn auch weithin als grundrechtskonform angesehen, vgl. *Wandtke/Ohst*, in: Wandtke/Bullinger, Praxiskommentar UrhR, 4. Aufl. 2014, § 95b UrhG Rn. 4 ff. m. w. N.

Kap. 4 Schranken urheberrechtlicher Befugnisse

UWG) begegnet werden könnte.[191] Ein Raum frei von staatlichem Recht steht daher auch jenseits des Anwendungsbereichs des § 95b UrhG nicht zu befürchten.

133 Indem Rechtsinhaber ihre Werke oder sonstigen Schutzgegenstände mit entsprechenden technischen Schutzmaßnahmen versehen, haben sie es zugleich in der Hand, die Verbreitung des Werks oder eines sonstigen Schutzgegenstands trotz eingetretener Erschöpfung (§ 17 Abs. 2 UrhG) in ihrem Sinne zu beeinflussen.

134 Schließlich dürfte die im Schrifttum heraufbeschworene Gefahr von durch die Einführung technischer Schutzmaßnahmen ausgelösten doppelten Vergütungen zugunsten des Rechtsinhabers (aus den Nutzungsbedingungen einerseits, den Vergütungsansprüchen nach UrhG andererseits)[192] durch die Neufassung der §§ 54a Abs. 1 Satz 2, 54h Abs. 2 Satz 2 UrhG mittlerweile gebannt sein.

---

191 *Czychowski*, in: Fromm/Nordemann, Urheberrecht, 11. Aufl. 2014, Vor §§ 95a ff. UrhG Rn. 30.
192 So noch *Davies*, GRUR Int. 2001, 915, 916.

Kapitel 5
Urheberrechtliche und kartellrechtliche Probleme in Verträgen über die Nutzung urheberrechtlich geschützter Werke im Internet

A. Erfassung der Internetnutzung in Verträgen über urheberrechtlich geschützte Werke

Das Internet ermöglicht eine nahezu unbeschränkte Werknutzung. Video-, Bild-, Schrift- und Tonwerke können aufgrund fortschreitender Digitalisierung, Rechner- und Übertragungsnetzkapazität ohne größeren Aufwand in kürzester Zeit einer Unzahl von Nutzern weltweit zugänglich gemacht werden.[1] Gängige, kostengünstige bzw. kostenlose Bearbeitungstools ermöglichen es jedem, urheberrechtlich geschützte Werke oder Teile davon herauszulösen, zu bearbeiten, zu verändern und erneut zu veröffentlichen. Vielfältige Peer-to-peer-Plattformen und soziale Netzwerke erlauben ein spontanes, flüchtiges oder dauerhaftes Teilen von Inhalten in Echtzeit. Hinzu kommen neue wirtschaftliche Auswertungsmethoden wie etwa Video-Einbetten (Framing), Onlinemarketing, Remixing oder in der sich schnell entwickelnden Fahrzeug-Telematik und -Infotainment. 1

Diese Entwicklungen sind eine Herausforderung für die lizenzvertragliche Praxis. Die Vertragsgestaltung muss anspruchsvoller werdende technische Grundlagen und vielschichtige, sich rasch fortentwickelnde wirtschaftliche Verwendungsmöglichkeiten von urheberrechtlich geschütztem Inhalt im Internet berücksichtigen. 2

I. Die vertragliche Erfassung der Internetnutzung

1. Einführung

Bei der Gestaltung von Verträgen über die Nutzung urheberrechtlich geschützter Werke gemäß § 31 UrhG stellt sich die Frage, wie die Internetnutzung berücksichtigt werden soll.[2] 3

---
1 Zur urheberrechtlichen Bewertung einzelner Internet-bezogener Vorgänge vgl. oben Kap. 3 Rn. 20 ff.
2 Diese Frage wird nachfolgend schwerpunktmäßig im Hinblick auf die Einräumung des Nutzungsrechts untersucht.

Kap. 5 Urheberrechtliche und kartellrechtliche Probleme in Verträgen

4 Die Nutzung im Internet ist lediglich im Grundsatz im Urheberrecht gesetzlich geregelt. Seit der Umsetzung der EG-Richtlinie zum Urheberrecht in der Informationsgesellschaft[3] durch das Gesetz zur Regelung des Urheberrechts in der Informationsgesellschaft[4] ist das „Recht der öffentlichen Zugänglichmachung" als Verwertungsart gesetzlich erfasst, § 19a UrhG. Mit dieser Vorschrift wurde damit insbesondere die Veröffentlichung im Internet als unkörperliche Verwertungsart geregelt.[5] Diesen Vorgang kann der Urheber also im Rahmen urheberrechtlicher Nutzungsverträge gemäß § 31 UrhG Dritten gestatten und verbieten.[6] Schuldrechtlich kann er einzelne, mehrere oder alle Nutzungsarten gestatten (§ 31 Abs. 1 Satz 1 UrhG); das jeweilige Nutzungsrecht kann räumlich, zeitlich oder inhaltlich beschränkt werden (§ 31 Abs. 1 Satz 2 Alt. 2 UrhG).[7] Weitere Anpassungen des Verwertungsartkanons an die rasanten technischen Entwicklungen sind allerdings neben § 19a UrhG bisher nicht erfolgt und stehen auch soweit ersichtlich nicht bevor.[8]

5 Die Parteien eines Vertrags über die Nutzung eines urheberrechtlich geschützten Werkes sind vor diesem rudimentären gesetzlichen Hintergrund also auf eine sorgfältige Vertragsgestaltung angewiesen, wenn sie eine Nutzung im Internet rechtssicher vereinbaren oder ausschließen wollen.

---

3 Richtlinie 2001/29/EG des Europäischen Parlaments und des Rates vom 22.5.2001 zur Harmonisierung bestimmter Aspekte des Urheberrechts und der verwandten Schutzrechte in der Informationsgesellschaft, ABlEG Nr. L 167, S. 10.
4 Gesetz vom 10.9.2003, BGBl. I 2003, S. 1774.
5 Nach LG Hamburg, GRUR-RR 2004, 313, ist dieses Recht auch einschlägig, wenn ein Internetangebot deutschen Nutzern zugänglich gemacht wird, mag das Werk auch auf ausländischen Servern liegen. Für die Öffentlichkeit ist nach einem Urteil des OLG Jena, ZUM 2004, 841 – Modell Nacktaufnahmen, auch gegeben, wenn die Seiten passwortgeschützt sind, sofern sie einer begrenzten Öffentlichkeit dennoch zugänglich sind. Das OLG Hamburg, NJOZ 2005, 4332, 4333 – Staytuned.de, hielt § 19a UrhG auch in einem Fall für einschlägig, in dem über das Internet Musikaufnahmen im Streaming-Verfahren verfügbar gemacht wurden. Hingegen keine öffentliche Zugänglichmachung bei Einbettung eines auf einer Internetseite mit Zustimmung des Urheberrechtsinhabers für alle Internetnutzer frei zugänglichen Werkes in eine eigene Internetseite im Wege des „Framing", BGH, K&R 2016, 109–113.
6 Zu den gesetzlich vorgesehenen Arten von Nutzungsrechtseinräumungen *Schricker*, in: Schricker/Loewenheim, Urheberrecht, 4. Aufl. 2010, vor §§ 28 ff. Rn. 51 ff.; grundlegend zur Einräumung von Nutzungsrechten *J. B. Nordemann*, in: Fromm/Nordemann, Urheberrecht, 11. Aufl. 2014, vor § 31 Rn. 1 f., § 31 Rn. 5 ff.
7 Vgl. *Schricker*, in: Schricker/Loewenheim, Urheberrecht, 4. Aufl. 2010, vor §§ 28 ff. Rn. 53 ff. Zu den ausschließlichen Lizenzen unten I. 2. (Rn. 10 ff.).
8 Der ursprüngliche vorgesehene „Dritte Korb" wurde nicht weiter verfolgt. Weder die im Koalitionsvertrag 2013 noch in den beiden aus Industriekreisen vorgelegten Kölner bzw. Münchener Entwürfen zum Urhebervertragsrecht sind entsprechende Änderungen vorgesehen; die beiden letzteren befassen sich mit Vergütungsfragen.

A. Erfassung der Internetnutzung in Verträgen   **Kap. 5**

Besonders für den Erwerber empfiehlt sich eine ausdrückliche, möglichst   6
schriftliche Vereinbarung über die zu gestattenden Nutzungsarten.⁹ Werden
die zu gestattenden Nutzungsarten nicht „einzeln bezeichnet", bestimmt
sich ihr Umfang nach dem mit ihrer Einräumung verfolgten Zweck, § 31
Abs. 5 UrhG.¹⁰ Sofern eine genaue Bezeichnung der erlaubten Nutzungsarten nicht vorgenommen wird, trägt der Erwerber die Darlegungslast, dass die von ihm gewünschten Nutzungsarten vom Vertragszweck umfasst sind.¹¹

Wie detailliert die zu erlaubenden oder auszuschließenden Nutzungsarten   7
bezeichnet werden müssen, hängt von den Umständen des Einzelfalls ab.
Dabei ist zu beachten, dass eine sehr allgemein gehaltene Rechtseinräumung, etwa von „allen bekannten Nutzungsarten", nicht unbedingt zielführend ist. Denn nach der Rechtsprechung des BGH ist eine pauschale Rechtseinräumung auf den zur Erreichung des Vertragszwecks erforderlichen Umfang durch Auslegung des Vertrags zu reduzieren.¹² Aber auch erschöpfende Standardkataloge aller denkbaren Nutzungsarten sind möglicherweise wenig hilfreich, da unklar ist, ob sie § 307 Abs. 2 BGB standhalten.¹³ Bei Anhaltspunkten für eine faktische Einwilligung¹⁴ oder wenn nur einem Einzel-

---

9 Urheberrechtliche Nutzungsverträge über künftige Werke bedürfen zu ihrer Wirksamkeit der Schriftform, § 40 UrhG.
10 Dazu Rn. 24 ff.
11 Vgl. BGH, GRUR 1982, 727, 730 – Altverträge; OLG Hamm, GRUR 2014, 853, 860.
12 BGHZ 131, 8, 14 – Pauschale Rechtseinräumung, m. w. N. Dazu näher unten Rn. 25.
13 *Haberstumpf*, Handbuch des Urheberrechts, 2. Aufl. 2000, Rn. 404, will auf übermäßige Kataloge aller denkbarer Nutzungsarten, die über den primären Vertragszweck hinausgehen und damit § 31 Abs. 5 weitgehend leerlaufen lassen, § 9 AGBG anwenden (jetzt: § 307 Abs. 2 BGB). Allerdings soll nach BGH eine Anwendung der Auslegungsregel des § 31 Abs. 5 UrhG und seines Schutzgedankens als Maßstab einer Inhaltskontrolle von Allgemeinen Geschäftsbedingungen bei bloßen Leistungsbeschreibungen nicht in Betracht kommen, BGH, GRUR 2014, 556. In einem, wenn auch etwas anders gelagerten Fall, hat der BGH allerdings festgestellt, dass zwar bloße Leistungsbeschreibungen der AGB-rechtlichen Kontrolle entzogen sind, jedoch nicht solche Klauseln, die das Hauptleistungsversprechen einschränken oder verändern. In jenem Fall konnte also zwar nicht das urheberrechtliche Nutzungsrecht selbst über die AGBs eingeschränkt werden, jedoch die Ausgestaltung der jeweiligen Nutzungsmöglichkeiten, BGH, GRUR 2003, 416 – CPU-Klausel. Vgl. auch OLG Hamm, GRUR 2014, 853, 861.
14 Ein Online-Händler, der seine Angebote auf der Verkaufsplattform Amazon bewirbt, begeht keine Urheberrechtsverletzung, wenn er in seinen Angeboten Bilder verwendet, die der erste Anbieter des Produkts bei Amazon hochgeladen hatte. Die in den Allgemeinen Geschäftsbedingungen enthaltene Klausel zur Übertragung der Nutzungsrechte aller an Amazon übermittelten Werke ist zwar als unwirksam gemäß § 307 Abs. 2 BGB anzusehen, aber es ist von einer faktischen Einwilligung des Erstanbieters in die Nutzung der Bilder auszugehen, LG Köln, Urteil vom 16.1.2014 – 14 O 378/13.

Kap. 5 Urheberrechtliche und kartellrechtliche Probleme in Verträgen

nen umfassende ausschließliche Nutzungsrechte übertragen, und keinem anderen das Recht auf öffentliche Zugänglichmachung nach § 19a UrhG eingeräumt, kann die Internetnutzung als mit eingeräumt anzusehen sein.[15] Nach Möglichkeit empfiehlt sich also – zumindest zusätzlich zu den üblichen Klauseln – eine auf den Einzelfall abgestimmte Individualvereinbarung, die die beabsichtigten technisch-wirtschaftlichen Verwendungsformen konkret benennt.[16]

8   Neben den konkreten Nutzungsarten können weitere Klarstellungen angebracht sein. Sofern das Werk nicht bereits in digitaler Form vorliegt, eine Digitalisierung des Werkes aber möglich ist, sollte jedenfalls zur Zulässigkeit der Digitalisierung Stellung genommen werden.[17] Besonders wenn eine Digitalisierung gestattet sein soll, sollte der Vertrag ferner festlegen, inwieweit Umgestaltungen des Werkes gemäß § 23 UrhG veröffentlicht und verwertet werden dürfen.[18] Schließlich sollte der Vertrag der Klarheit halber bestimmen, inwieweit das Heraufladen, das Speichern und das Verfügbarmachen auch in anderen Speichermedien erlaubt sind.[19]

9   Der Lizenznehmer wird die ihm einzuräumenden Nutzungsarten in der Regel so weit wie möglich fassen wollen. Für ihn wird sich deshalb regelmäßig empfehlen, das Recht zur Nutzung im Internet zu nennen sowie beispielhaft, aber nicht abschließend, alle konkret gewünschten Vorgänge, insbesondere in technischer Hinsicht.[20] Der Lizenzgeber wird hingegen bemüht sein,

---

15 AG Hamburg, Urteil vom 6.2.2015, 36a C 38/14.
16 Die zu lizenzierende Nutzungsart i.S.d. § 31 UrhG ist nicht auf die urheberrechtlichen Nutzungskategorien der §§ 15ff. UrhG, also auf das Vervielfältigungs-, Verbreitungs- und Ausstellungsrecht beschränkt, sondern hängt von den wirtschaftlich-technischen Gestaltungsmöglichkeiten eines Werkes ab und wird über diese definiert, vgl. BGH, GRUR 1992, 310, 311 – Taschenbuch-Lizenz. Auch deshalb sollten die gewünschten Vorgänge konkret beschrieben werden, sei es beispielhaft, sei es abschließend.
17 In den meisten Fällen der Internetnutzung wird das Werk freilich bereits in digitaler Form vorliegen. Die Frage kann aber beispielsweise relevant werden beim Internet-Vertrieb von nichtdigitalisierten Werken. Zur urheberrechtlichen Bedeutung der Digitalisierung oben Kap. 3 (Rn. 25ff.).
18 Vgl. auch *Freitag*, in: Kröger/Gimmy, Handbuch zum Internet, 2. Aufl. 2013, S. 331 ff.
19 Vgl. den Formulierungsvorschlag im Münchener Vertragshandbuch, Bd. 3 – Wirtschaftsrecht II, 7. Aufl. 2015, in den Mustern für einen Autoren-Verlagsvertrag, einen Herausgebervertrag für Sammelwerke und einen Übersetzervertrag: „Der Autor räumt dem Verlag […] ein: […] das Recht, das Werk in Datenbanken, Dokumentationssysteme oder in Speicher ähnlicher Art (z.B. Internet) einzubringen, und das Recht, das eingebrachte Werk elektronisch oder in ähnlicher Weise zu übermitteln." Nach LG München I, ZUM 2001, 260, 264, umfasst die Formulierung „alle Formen von Online-Diensten" auch die Internetnutzung und Bereitstellung von Dateien zum Download, selbst wenn der Begriff „Datennetze" zwischenzeitlich üblich sei.
20 Vgl. OLG München, CR 1998, 559, 560, zur Auslegung einer solchen Formulierung als umfassende Rechtseinräumung.

die zu gestattenden Nutzungsarten so eng wie möglich zu fassen und sich alle anderen Nutzungsarten vorzubehalten.

2. Ausschließliche Lizenzen

Für ausschließliche Lizenzen im Sinne des § 31 Abs. 3 UrhG gelten Besonderheiten. Der Urheber kann ein Interesse daran haben, verschiedenen Personen ausschließliche Lizenzen an verschiedenen Nutzungsarten einzuräumen. Beim Internet liegen beispielsweise folgende Fälle nahe: A soll ein Foto in Druckmedien und B das Foto im Internet wiedergeben dürfen. C soll einen Film im Fernsehen senden und D den Film im Internet zum Download bereitstellen dürfen. E soll einen Film auf DVD im Ladengeschäft und F denselben Film, ebenfalls auf DVD, im Internet vertreiben dürfen. **10**

In allen diesen Fällen wollen die Erwerber die ihnen gestatteten Handlungen gemäß § 97 UrhG jedem Dritten verbieten können. Sie wollen also ein *gegenüber jedermann durchsetzbares Verbietungsrecht* erhalten.[21] **11**

Ein derart „dinglich", „quasidinglich" oder „gegenständlich"[22] wirkendes Nutzungsrecht erkennt die Rechtsprechung nicht für jede beliebige Nutzungsart an.[23] Vielmehr sollen derartige Rechte nur hinsichtlich solcher Nutzungsarten möglich sein, die „nach der Verkehrsauffassung als solche hinreichend klar abgrenzbar und wirtschaftlich-technisch einheitlich und selbstständig sind".[24] Begründet wird dies damit, dass durch das ausschließ- **12**

---

21 Im Rahmen der Reform des Urheberrechts im Jahre 2002 wurde durch den Abs. 3 Satz 2 des § 31 UrhG eine eingeschränkte Ausschließlichkeit zugunsten des Urhebers normiert. Demzufolge kann die Exklusivität dahingehend eingeschränkt werden, dass sich der Urheber auch gegenüber dem ausschließlich Nutzungsberechtigten die positive Selbstnutzung vorbehalten kann, vgl. BT-Drs. 14/6433; *Schricker*, in: Schricker/Loewenheim, Urheberrecht, 4. Aufl. 2010, § 31 Rn. 4. Das Recht, gegen unberechtigte Dritte negativ selbst vorzugehen, war nach herrschender Meinung schon zuvor immer gegeben.
22 Dazu ausführlich *Schricker*, in: Schricker/Loewenheim, Urheberrecht, 4. Aufl. 2010, vor §§ 28 ff. Rn. 48 ff.
23 BGH, GRUR 1990, 669, 671 – Bibelreproduktion. Einigkeit besteht darüber, dass ein Inhaber einer einfachen Lizenz ein absolutes Verbietungsrecht nicht besitzt. Dies gilt auch für die Vertreter der Auffassung, dass auch einfache Nutzungsrechte dinglicher Natur sind, sodass es auf den Meinungsstreit insoweit hier nicht ankommt, vgl. *Schricker*, in: Schricker/Loewenheim, Urheberrecht, 4. Aufl. 2010, vor §§ 28 ff. Rn. 49; § 97 Rn. 30 m. w. N.; *Ulmer*, Urheber- und Verlagsrecht, 3. Aufl. 1980, § 85, S. 369.
24 BGH, GRUR 1992, 310, 311 – Taschenbuch-Lizenz. Davon unberührt ist die Möglichkeit der Vertragsparteien, im Rahmen der Vertragsfreiheit inter partes schuldrechtliche Vereinbarungen zu treffen, vgl. *J. B. Nordemann*, in: Fromm/Nordemann, Urheberrecht, 11. Aufl. 2014, vor § 31 Rn. 5. Bloße schuldrechtliche Vereinbarungen, die über die Ausübung des Nutzungsrechts getroffen werden, vermögen allerdings den dingli-

Kap. 5 Urheberrechtliche und kartellrechtliche Probleme in Verträgen

liche Verwertungsrecht Interessen Dritter betroffen sein können.²⁵ Mit anderen Worten: Der Inhaber eines dinglich wirkenden Ausschließlichkeitsrechts kann jeden, der sein Recht verletzt (also nicht nur seinen Vertragspartner), auf Unterlassung und Schadensersatz in Anspruch nehmen, § 97 UrhG. Diejenigen Nutzungsarten, die dem Einzelnen zur alleinigen Verwertung unter Ausschluss von jedermann zugewiesen werden, müssen deshalb für andere Verkehrsteilnehmer, insb. für andere Lizenznehmer, erkennbar sein.²⁶ Dazu müssen sie in sich abgeschlossen und von anderen Nutzungsarten abgrenzbar sein. Maßgeblich für die technische Abgrenzbarkeit sollen „äußere Gestaltungsmerkmale", „die Erscheinungsformen der überlassenen Nutzungsart",²⁷ aber auch die Verwendung eines neuen Wiedergabemediums in einem sich abzeichnenden Massengeschäft sein.²⁸ Für eine selbstständige Nutzungsart sprechen ferner qualitative Verbesserungen und quantitative Erweiterungen der Nutzungsmöglichkeiten sowie die Erschließung neuer Nutzerkreise.²⁹ Bloße Differenzierungen im Vertriebsweg ohne eine

---

chen Gegenstand des lizenzierten Rechts nicht festzulegen, BGH, GRUR 1992, 310, 311 – Taschenbuch-Lizenz; BGH, GRUR 2003, 416, 418 – CPU-Klausel.

25 BGH, GRUR 1992, 310, 311 – Taschenbuch-Lizenz; *Schricker*, in: Schricker/Loewenheim, Urheberrecht, 4. Aufl. 2010, vor §§ 28ff. Rn. 52.

26 Den zitierten Urteilen des BGH lagen Fälle zugrunde, in denen es um die Erkennbarkeit für andere Lizenznehmer ging, nicht etwa für die Allgemeinheit oder die Kunden, vgl. BGH, GRUR 1992, 310 – Taschenbuch-Lizenz; BGH, GRUR 1990, 669, 671 – Bibelreproduktion; vgl. auch BGH, GRUR 1959, 200 – Der Heiligenhof.

27 BGH, GRUR 1992, 310, 311 – Taschenbuch-Lizenz; AG Hamburg, GRUR 2014, 657–660.

28 BGH, GRUR 1986, 62, 65 – GEMA-Vermutung I. Von der Rechtsprechung aufgrund des äußeren Erscheinungsbilds anerkannte, eigenständige Nutzungsarten umfassen beispielsweise klassischerweise im Verlagswesen Einzelausgabe, Gesamtausgabe, Ausgabe in Sammelwerken, Luxusausgabe, normale Hardcoverausgabe, Volksausgabe und Taschenbuchausgabe, vgl. *J. B. Nordemann*, in: Fromm/Nordemann, Urheberrecht, 11. Aufl. 2014, § 31 Rn. 10 m.w.N. Bei Zeitungen mit Print- und Onlineversion soll die Online-Nutzung von Inhalt gegenüber dem Abdruck im Printmedium eine klar abgrenzbare wirtschaftlich technische Verwertung sein, bei der allerdings eine stillschweigende Einräumung des Nutzungsrechtes in Betracht kommen kann, wenn die Verwendung in beiden Versionen branchenüblich war und ein dahingehender Parteiwille unzweideutig zum Ausdruck gekommen ist, OLG Zweibrücken, ZUM-RD 2015, 20. Printkataloge und Webseiten werden als selbstständige Nutzungsarten angesehen, OLG Hamm, GRUR-RR 2016, 188ff.

29 BGH, GRUR 1986, 62, 65 – GEMA-Vermutung I, wonach die Zweitauswertung von Spielfilmen für Videozwecke zum persönlichen Gebrauch gegenüber der öffentlichen Aufführung a. E. deshalb eine eigenständige Nutzungsart sein soll, weil die Zweitauswertung von Filmen sich zu einem Massengeschäft mit einer wirtschaftlichen Bedeutung entwickelt hatte, die der Auswertung im Wege der öffentlichen Filmvorführung vergleichbar war. Hingegen ist die DVD gegenüber der Videokassette nach BGH, GRUR 2005, 937, 938 – Der Zauberberg – gerade keine neue Nutzungsart. Dort wird argumentiert, dass durch die DVD die für die Videokassette üblichen Nutzungsmög-

andersartige Erscheinungsform des Werkes sollen hingegen keine eigenständige Nutzungsart begründen.[30]

Das bedeutet, dass bei der Vergabe oder Beschaffung ausschließlicher Lizenzen darauf zu achten ist, inwieweit die vertragsgegenständlichen Nutzungsarten „eigenständig" im Sinne der Rechtsprechung sind.[31] Sind sie dies nicht, kann der Lizenznehmer insoweit kein absolutes Verbietungsrecht aus § 97 UrhG für sich beanspruchen.

Aus den vom BGH entwickelten Grundsätzen lässt sich für die eingangs genannten Beispielsfälle Folgendes ableiten:

Im ersten Fall dürfte die Internetnutzung eine eigenständige Nutzungsart sein.[32] Die unterschiedlichen äußeren Gestaltungsmerkmale eines Druck-

---

lichkeiten durch den technischen Fortschritt zwar erweitert und verstärkt wurden, sich aus der Sicht des Endverbrauchers in ihrem Wesen jedoch nicht entscheidend verändert haben. Zudem habe sich in wirtschaftlicher Sicht gerade kein neuer Markt für die DVD entwickelt, vielmehr werde die Videokassette durch die DVD unter Nutzung derselben Absatzwege kontinuierlich substituiert. Zuvor hatte der BGH in BGH, GRUR 2003, 234 – EROC III, bereits ausgeschlossen, dass die CD gegenüber der LP eine wirtschaftlich eigenständige Verwertung darstelle. Hingegen geht das OLG Hamburg, GRUR-RR 2002, 249, davon aus, dass die Nutzung einer Melodie als Handy-Klingelton gegenüber der herkömmlichen Verwertung eines Musikwerks eine eigenständige Nutzungsart darstelle. Gegen eine auf Branchenübung gestützte, lizenzfreie Online-Veröffentlichung von Rezensionsausschnitten LG München I, ZUM 2014, 596.

30 So soll der Büchervertrieb nur über Kaffeefilialgeschäfte keine eigenständige Nutzungsart sein, BGH, GRUR 1990, 669, 671 – Bibelreproduktion.

31 Rechtsprechung und Literatur widmen sich der Frage, inwieweit Nutzungsarten technisch und wirtschaftlich einheitlich und selbstständig in diesem Sinne sind, oft im Rahmen der Beurteilung, ob und bis wann derartige Nutzungsarten „unbekannt", jetzt i. S. v. § 31a UrhG, waren. Da § 31 Abs. 4 a. F. UrhG nach einhelliger Auffassung nur für verkehrsfähige Nutzungsarten galt, kann man deshalb, soweit die Rechtsprechung bestimmte Internet-relevante Nutzungsarten als „unbekannte" Nutzungsarten einstuft, daraus schließen, dass damit auch ihre wirtschaftlich-technische Eigenständigkeit bejaht wird. Allerdings ist fraglich, ob die unterschiedlichen Zielsetzungen der Rechtsprechung zu „eigenständigen" Nutzungsarten einerseits und „unbekannten" Nutzungsarten andererseits miteinander vereinbar sind. Soweit es um dinglich wirkende Ausschließlichkeitsrechte geht, scheint hingegen aus Gründen des Verkehrsschutzes eher eine einschränkende Auslegung angemessen. Umgekehrt engt aber die neuere Rechtsprechung des BGH den Begriff der „neuen" Nutzungsart zum Schutze des technischen Fortschritts ein, BGH, GRUR 1997, 215, 217 – Klimbim; BGH, GRUR 2005, 937, 938f – Der Zauberberg, mit Anm. *Klett*, K&R 2005, 555, 556. Vgl. *Schulze*, ZUM 2000, 432, 438, sowie *Schricker*, in: Schricker/Loewenheim, Urheberrecht, 4. Aufl. 2010, §§ 31, 32 Rn. 8, der für eine einheitliche Begriffsbildung plädiert. Zu den neuen Nutzungsarten i. S. v. § 31a UrhG näher unten II.2. (Rn. 30 ff.).

32 Ausdrücklich nun bestätigt durch KG, K&R 2002, 148 m. Anm. *Welker*; vgl. auch *Schulze*, ZUM 2000, 432, 440; *Schricker*, in: Schricker/Loewenheim, Urheberrecht, 4. Aufl. 2010, §§ 31, 32 Rn. 48, sowie *Schwarz*, ZUM 2000, 816, 822. Nach KG ist die

Kap. 5 Urheberrechtliche und kartellrechtliche Probleme in Verträgen

mediums einerseits und der Bereitstellung im Internet andererseits liegen auf der Hand. Bei der Beurteilung, ob eine technisch eigenständige Nutzungsart vorliegt, ist nach der Rechtsprechung des BGH auf das abzustellen, was für den Verkehr erkennbar ist. Der wesentliche technische Unterschied, nämlich in den Empfangsmedien (Computer/Druckausgabe), dürfte aus der Sicht des Verkehrs sowohl gut erkennbar als auch erheblich sein. Während ein Druckmedium gegenständlich ist, ist eine Internetveröffentlichung zunächst unverkörpert, nur über den Bildschirm abzurufen.[33] Die Nutzung im

---

„Zugänglichmachung" von Fotografien im Internet bzw. deren „Online-Nutzung" gegenüber der Veröffentlichung in einer Tageszeitung eine eigenständige Nutzungsart. Dem Urteil lag ein Fall zugrunde, in dem ein Zeitungsverlag Fotos, die er vom Bildjournalisten zum Abdruck in der Tageszeitung erworben hatte, zusätzlich auf der Website der Zeitung veröffentlichte. Das Gericht stellt für die technische Eigenständigkeit darauf ab, dass die Zugänglichmachung im Internet für den Endnutzer das Werk anders wahrnehmbar macht und ein anderes, wesentlich größeres Publikum erreichen kann als die Veröffentlichung in einer Tageszeitung. So sei die Online-Ausgabe im Gegensatz zur Printausgabe auf dem Computerbildschirm sichtbar. Die Printfassung könne nur in der durch die Auflage begrenzten Anzahl und in dem durch die Verbreitung begrenzten Gebiet erscheinen, während die Sichtbarmachung per Internet beliebig oft möglich sei. Für die wirtschaftliche Eigenständigkeit der Internetnutzung stellt das KG nicht darauf ab, inwieweit der konkrete Lizenznehmer Umsätze mit der Nutzung erzielte, sondern darauf, dass im Internet generell Einnahmen erzielt werden könnten, etwa über die Schaltung von Werbeanzeigen oder eine entgeltliche Homepage. Das Gericht scheint damit die Klippe umschiffen zu wollen, dass die Nutzung im konkreten Fall unentgeltlich war. Hinsichtlich der wirtschaftlichen Abgrenzbarkeit überzeugt die Argumentation des Gerichts nicht. Angesichts der vielfältigen Nutzungsmöglichkeiten im Internet, die auch eine Vielzahl wirtschaftlicher Modelle umfassen, die teilweise herkömmlichen Vertriebssystemen entsprechen (z.B. Versandhandel), sollte auf die konkrete wirtschaftliche Nutzungsart abgestellt werden. Im vorliegenden Fall hätte das Gericht beispielsweise darauf abstellen können, dass mit dem Internetauftritt ein Werbezweck verfolgt wird und dass damit auf die Druckfassung der Zeitung aufmerksam gemacht werden sollte. Auch wäre m. E. ausreichend, wenn der Verlag Interesse für einen mittelfristig geplanten, entgeltlichen Dienst durch ein zunächst kostenloses Informationsangebot wecken wollte. So hat dann auch der BGH (in einem Fall entgeltlicher Verwendung) festgestellt, dass, auch wenn die Vermarktung noch nicht den gewünschten wirtschaftlichen Erfolg erzeugt habe, dies nicht bedeute, dass es insoweit an dem Merkmal wirtschaftlicher Eigenständigkeit fehle, BGH, WRP 2002, 214, 218 – SPIEGEL-CD-ROM. Demzufolge hat das OLG Hamburg, ZUM 2005, 833, 836 – Yacht-Archiv, entschieden, dass das Zustimmungserfordernis des Urhebers zu einer bei Vertragsschluss nicht bekannten Nutzungsart unabhängig davon besteht, ob die konkrete Werknutzung entgeltlich oder unentgeltlich erfolge. Nach neuer Rechtslage gilt dies fort, es wird lediglich hinsichtlich der erforderlichen Form differenziert, vgl. Fn. 38.

33 Vereinzelt findet sich in der Literatur die Aussage, bereits die Digitalisierung eines in einem herkömmlichen Medium gespeicherten Werkes sei eine technisch und wirtschaftlich eigenständige Nutzungsart, ausdrücklich *Lehmann*, in: Lehmann (Hrsg.), Internet- und Multimediarecht (Cyberlaw), 1997, S. 61; *Schulze*, ZUM 2000, 432, 439

A. Erfassung der Internetnutzung in Verträgen   Kap. 5

Internet ist zugleich als technisch und wirtschaftlich verbessert und erweitert anzusehen, denn das Werk kann jederzeit nahezu beliebig oft weltweit aufgerufen werden und ist nicht durch die Auflage beschränkt.[34]

Im Ergebnis dürfte daher die Einräumung einer dinglich wirkenden ausschließlichen Lizenz zur Wiedergabe eines Fotos im Internet möglich sein.   16

---

mit Hinweis auf *Schwarz/Kreuzer*, in: Schwarz/Peschel-Mehner, Recht im Internet, 1996 ff., Kap. 3-2.2 S. 24, die allerdings an dieser Stelle die Frage der Eigenständigkeit der Nutzungsart nicht berühren, siehe auch dort S. 107. Offengelassen LG München I, CR 2000, 467. Die Vertreter dieser Ansicht verweisen darauf, dass die digitale Werkform neue und zusätzliche – z. B. interaktive – Nutzungsmöglichkeiten eröffnet. Dagegen ist allerdings einzuwenden, dass die Digitalisierung an sich noch kein wirtschaftlich relevanter Vorgang ist, ausdrücklich ablehnend *Schwarz*, in: Schwarz/Peschel-Mehner (s. o.), Kap. 3-2.2 S. 107; *Hoeren*, MMR 1999, 229, 230; *Ostermaier*, CR 2000, 469; sinngemäß *Schricker*, in: Schricker/Loewenheim, Urheberrecht, 4. Aufl. 2010, §§ 31, 32 Rn. 48; *J. B. Nordemann*, in: Fromm/Nordemann, Urheberrecht, 11. Aufl. 2014, § 31 Rn. 1. Die digitale Fassung ist zwar von der analogen Fassung des Werkes technisch ohne Weiteres abgrenzbar (nach OLG Düsseldorf sei die Digitalisierung „das entscheidende Merkmal" der neuen Audio-Technik CD, OLG Düsseldorf, ZUM 2001, 164, 165), losgelöst von einer wirtschaftlichen Verwertungsform kann sie aber keine „Nutzungsart" im Sinne der Rechtsprechung zu den dinglich wirkenden ausschließlichen Nutzungsrechten sein, vgl. auch *Schricker*, in: Schricker/Loewenheim, Urheberrecht, 4. Aufl. 2010, §§ 31, 32 Rn. 48; *J. B. Nordemann*, in: Fromm/Nordemann, Urheberrecht, 11. Aufl. 2014, § 31 Rn. 11 ff. Erst durch die wirtschaftlich relevante Verwendung der digitalen Fassung kann eine derartige Nutzungsart entstehen. So auch BGH, GRUR 2005, 937, 938 – Der Zauberberg. *Hoeren*, MMR 1999, 229, 230, verlangt eine besondere Art der Selektion, Aufbereitung oder Darstellung der Information. Dem ist entgegenzuhalten, dass auch eine solche Tätigkeit nicht zwangsläufig wirtschaftlich relevant ist. Nach hiesiger Auffassung muss das Ergebnis, um wirtschaftlich relevant zu sein, in welcher Form auch immer, auf den Markt gebracht werden.

34 Die Nutzung von urheberrechtlich geschützten Fotografien in der „E-Paper"-Ausgabe eines Printmediums ist grundsätzlich nicht von vornherein – entsprechend den Regeln der Zweckübertragungstheorie (§ 31 Abs. 5 UrhG) – von der erteilten Erlaubnis zur Printnutzung umfasst. Die Online-Nutzung eines Fotos ist gegenüber dem Abdruck desselben im Printmedium eine klar abgrenzbare wirtschaftlich technische Verwertung, sodass hierfür eine Zustimmung des Urhebers erforderlich ist. Eine stillschweigende Einräumung des Nutzungsrechtes kommt jedoch dann in Betracht, wenn die Verwendung der Fotos auch in der „E-Paper"-Ausgabe im Zeitpunkt der Zurverfügungstellung der Lichtbilder an den Zeitungsverlag im Zeitungswesen branchenüblich war, und ein Parteiwille zur Übertragung der über den Vertragszweck hinausgehenden Nutzungsrechten – und sei es lediglich aufgrund der Begleitumstände und des schlüssigen Verhaltens der Parteien – unzweideutig zum Ausdruck gekommen ist, OLG Zweibrücken, ZUM-RD 2015, 20.

Kap. 5 Urheberrechtliche und kartellrechtliche Probleme in Verträgen

17 Im zweiten Fall dürfte eine eigenständige Nutzungsart aus ähnlichen Gründen ebenfalls zu bejahen sein.[35] Noch sind die Empfangsmedien Fernsehen und Computer deutlich erkennbar voneinander getrennt.[36] Die Bereitstellung im Internet ist insoweit auch als technisch und wirtschaftlich wesentlich verbessert und erweitert anzusehen, als das Werk jederzeit nahezu beliebig oft weltweit aufgerufen werden kann und nicht durch die Sendereichweite und -zeit beschränkt ist.

18 Im dritten Fall wären hingegen eigenständige Nutzungsarten abzulehnen mit der Folge, dass Lizenznehmer F den Lizenznehmer E nicht auf Unterlassung eines Internet-Vertriebs in Anspruch nehmen könnte. Beim Vertrieb auf DVD im Ladengeschäft bzw. Internet ist im Wesentlichen nur der Vertriebsweg unterschiedlich. Bloße Besonderheiten des Vertriebswegs sollen aber keine eigenständige Nutzungsart begründen.[37] Die äußere Gestaltung der Verwertungsform (DVD) ist gleich, eine Änderung der technischen und wirtschaftlichen Werknutzung liegt nicht vor.

19 Es ist also nicht davon auszugehen, dass ausschließliche Lizenzen zum Vertrieb eines Werkes in derselben körperlichen Form über herkömmliche Vertriebswege bzw. über das Internet dingliche Wirkung entfalten.

---

35 Nach LG München I ist die Zurverfügungstellung eines Fernsehmagazinbeitrags zum Abruf im Internet eine gegenüber dem herkömmlichen Fernsehen „eigene" Nutzungsart, LG München I, CR 2000, 467. Das Gericht begründet allerdings nicht näher, inwieweit die Internetnutzung technisch-wirtschaftlich eigenständig ist, eine nähere Begründung fehlt auch bei *Schulze*, ZUM 2000, 432, 440. *Hoeren*, CR 1995, 710, 714, sieht – ohne dies näher zu begründen – On-Demand-Dienste und digitalen Rundfunk nicht als eigenständige Nutzungsarten an; anders *Eberle*, GRUR 1995, 790, 798; *Ostermeier*, CR 1998, 539, 544; *ders.*, CR 2000, 469; *Frohne*, ZUM 2000, 810, 813, hält die Übertragung von Filmen über das Internet für eine eigenständige Nutzungsart; ob Live-Webcasting ebenfalls eine eigene Nutzungsart oder lediglich einen neuen Übertragungsweg beinhaltet, lässt er offen.

36 *Schwarz*, ZUM 2000, 816, 826, bejaht nach eingehender Prüfung ebenfalls eine eigenständige Nutzungsart, weist aber darauf hin, dass die technischen Unterschiede zwischen der Fernsehübermittlung einerseits und Internetübertragung andererseits künftig zunehmend verschwimmen werden. Das Internet werde das Breitband erobern; gerade im Bereich der Unterhaltung werde der PC-Bildschirm durch den internetfähigen Fernseher ersetzt werden. Die verwendeten IP-Protokolle würden sich einem kontinuierlichen Datenfluss öffnen und dann möglicherweise schon im Rahmen der allgemeinen Sendetechnik Verwendung finden. Spätestens dann werde es, so *Schwarz*, eigenständige Nutzungsarten des Internet-TV einerseits und des klassischen Fernsehens andererseits nicht mehr geben.

37 BGH, GRUR 1990, 669, 671 – Bibelreproduktion.

3. Verträge über unbekannte Nutzungsarten

Gemäß § 31a UrhG sind vertragliche Vereinbarungen möglich, die eine künftige Verwertung in zum Zeitpunkt des Vertragsschlusses noch unbekannten Nutzungsarten gestatten, wenn diese Vereinbarungen – zur Warnung des Urhebers – in der Schriftform des § 126 BGB getroffen werden.[38] Bis zum Beginn der Verwertung in der neuen Nutzungsart soll der Urheber diese Einräumung jedoch unter bestimmten Voraussetzungen noch widerrufen können. 20

Dieses Widerrufsrecht ist vertraglich nicht abdingbar, § 31a Abs. 4 UrhG, und nicht vererblich, § 31a Abs. 2 Satz 3 UrhG.[39] Es erlischt nur, wenn der Verwender dem Urheber eine Mitteilung an die zuletzt bekannte Adresse zusendet. Auf den Zugang kommt es nicht an.[40] Das Widerrufsrecht gestattet dem Urheber, die vertraglich eingeräumte Nutzung jederzeit pauschal und individuell zu widerrufen. Die übrigen vertraglichen Regelungen bleiben davon unberührt.[41] Klauseln, die den Widerruf des Urhebers erschweren, sind unzulässig.[42] 21

Auch ansonsten wird der Urheber nicht schutzlos gestellt: Durch die Einführung des neuen § 32c Abs. 1 UrhG erhält er einen Anspruch auf eine gesonderte angemessene Vergütung für die neue Verwertung des Werkes. Treffen die Parteien eine Vergütungsvereinbarung für die neue Nutzung oder wird eine Vergütungsregelung vor Kenntnis der neuen Nutzungsmöglichkeit festgelegt, entfällt das Widerrufsrecht des Urhebers, § 31a Abs. 2 UrhG bzw. § 36 Abs. 1 UrhG. 22

II. Einbeziehung der Internetverwertung bei älteren Verträgen

Bei älteren Verträgen, die eine umfassende Nutzung erlauben, die Verwendung im Internet aber nicht explizit erwähnen, kann die Frage entstehen, ob 23

---

38 Keiner Schriftform bedarf es, wenn der Urheber unentgeltlich eine Nutzung durch jedermann im Internet einräumt, § 31a Abs. 1 Satz 2 UrhG. Das Gesetz will auf diesem Wege den sog. Open-Content-Lizenzen Rechnung tragen, bei denen eine Lizenzeinräumung oftmals durch eine elektronische Textdatei erfolgt, vgl. zum Vertragsabschluss bei Open-Content-Lizenzen *Jaeger/Metzger*, MMR 2003, 431, 434; OLG Köln, GRUR 2015, 167.
39 Vgl. *Spindler*, NJW 2008, 9, mit weiteren Anmerkungen.
40 Die Darlegungs- und Beweislast für die *Absendung* trägt allerdings der Verwender, vgl. *Hoeren*, MMR 2007, 615, 616.
41 Begründung des Regierungsentwurfs, BT-Drs. 16/1828, S. 24.
42 Zu denken ist insb. an Vertragsstrafen, Schadens- und Aufwendungsersatzregelungen, *Spindler*, NJW 2008, 9.

die Internetnutzung dennoch vom Vertrag umfasst ist. Der Lizenznehmer wird die Ansicht vertreten wollen, die Internetnutzung sei von der Rechtseinräumung umfasst. Der Urheber hingegen kann ein Interesse daran haben, das Werk selbst im Internet zu nutzen bzw. anderen dies zu gestatten oder zumindest ein zusätzliches Entgelt für die Internetnutzung zu erhalten.

1. Auslegung nach § 31 Abs. 5 UrhG (Zweckübertragungslehre)

24 Ob eine bestimmte Nutzungsart von einem Vertrag umfasst ist, der zwar eine umfassende Rechtseinräumung vorsieht, die in Frage stehende Nutzungsart jedoch nicht ausdrücklich erwähnt, muss durch Auslegung des Vertrags ermittelt werden.[43] Sofern die erlaubten Nutzungsarten im Vertrag nicht „einzeln benannt" sind, bestimmt sich ihr Umfang nach dem mit ihrer Einräumung verfolgten Zweck, § 31 Abs. 5 UrhG. In dieser Auslegungsregel kommt der Grundsatz zum Ausdruck, dass die urheberrechtlichen Befugnisse die Tendenz haben, soweit wie möglich bei dem Urheber zu verbleiben, damit dieser in angemessener Weise an den Erträgnissen seines Werkes beteiligt wird („Zweckübertragungslehre").[44]

25 Diese Regel wendet die Rechtsprechung selbst bei umfassenden Rechtseinräumungen an. Derartige Vereinbarungen werden auf den zur Erreichung des Vertragszwecks notwendigen Umfang durch Auslegung reduziert. Lässt sich dabei nicht feststellen, dass bestimmte Nutzungsarten nach dem Vertragszweck eingeräumt werden sollten, verbleiben diese Nutzungsarten – selbst wenn der Wortlaut des Vertrags eindeutig ist – beim Urheber.[45]

26 Unter Anwendung dieser Grundsätze ist nur dann eine Einräumung des Rechts zur Internetnutzung anzunehmen, wenn die erlaubten Nutzungsarten

---

43 Die Vorschrift bezieht sich nicht auf die in §§ 15 ff. UrhG geregelten Verwertungsrechte, sondern auf die jeweils in Frage stehende konkrete wirtschaftlich-technische Nutzung, vgl. *Schricker*, in: Schricker/Loewenheim, Urheberrecht, 4. Aufl. 2010, §§ 31, 32 Rn. 38 m. w. N. *Schricker* zählt allerdings nur verkehrsfähige Nutzungsarten im Sinne der oben geschilderten Rechtsprechung zu den dinglichen Rechten von § 31 Abs. 5. Ein sachlicher Grund für diese Einschränkung ist aber nicht ersichtlich. Gegen eine forcierte Vereinheitlichung des Begriffs der Nutzungsart innerhalb des § 31 auch oben Fn. 31.
44 Dieser Grundsatz gilt auch für Verträge über abgeleitete Nutzungsrechte, vgl. BGH, GRUR 1960, 197, 199 – Keine Ferien für den lieben Gott, m. w. N.
45 BGHZ 131, 8, 12 f. – Pauschale Rechtseinräumung. Die Darlegungs- und Beweislast dafür, dass eine pauschale Nutzungsrechtseinräumung dem Vertragszweck entspricht, trägt derjenige, der sich darauf beruft, also in der Regel der Erwerber, vgl. BGH, ebenda. Generell soll aber die umfassende Rechtseinräumung, sofern die Nutzungsarten einzeln aufgeführt sind, auch in Allgemeinen Geschäftsbedingungen möglich sein, KG, ZUM 2010, 799 m. w. N.

nicht einzeln benannt oder zumindest nicht eindeutig sind,[46] die Internetnutzung aber zur Erreichung des Vertragszwecks notwendig ist.[47]

Ist der Vertragszweck nicht eindeutig ersichtlich, muss er durch Auslegung ermittelt werden. Hierzu sind die gesamten Umstände nach Maßgabe von Treu und Glauben und unter Berücksichtigung der Verkehrssitte zu würdigen, einschließlich der Branchenübung[48] und der Üblichkeit der gewünschten Internet-Verwertung zur Zeit des Vertragsschlusses.[49] Wenn sich ein Vertragszweck nicht zweifelsfrei feststellen lässt, gilt er als nicht vereinbart.[50]   27

Die Internetnutzung kann also vom Vertragszweck umfasst sein, wenn sie bei Vertragsschluss entweder branchenüblich oder mit Wissen des Lizenzgebers beim Lizenznehmer allgemein für Werke dieser Art im Gebrauch war.[51] Auch könnte die Verwendung eines neuen Mediums vom Vertrags-   28

---

46 Vgl. BGH, GRUR 1984, 45, 48 – Honorarbedingungen; LG Köln, GRUR-RR 2014, 443–448.
47 BGH, GRUR 1984, 528, 529 – Bestellvertrag. Vgl. auch OLG München, CR 1998, 559, 561. Im Bereich der Open Content Lizenzen soll aber die Auslegungsregel des § 31 Abs. 5 UrhG nicht passen, OLG Köln, GRUR 2015, 167.
48 Eine Branchenübung oder eine gewohnheitsrechtliche Handhabung kann grundsätzlich dann eine Rolle spielen, wenn bei einer tatsächlich erfolgten ausdrücklichen oder konkludenten Rechteeinräumung im Rahmen der Zweckübertragungslehre gemäß § 31 Abs. 5 UrhG deren Umfang zu bestimmen ist, LG München I, Teilurteil vom 12.2.2014, 21 O 7543/12, mit Verweis auf *Schulze*, in: Dreier/Schulze, UrhG, 5. Aufl. 2015, § 31 Rn. 125.
49 Sofern eine bestimmte Verwertungshandlung schon vom Werkverwerter in ständiger Übung praktiziert wird, soll nach *Katzenberger*, Elektronische Printmedien und Urheberrecht, 1996, S. 105, diese Nutzungsart vom Vertrag umfasst sein; a.A. BGH, GRUR 1974, 786, 787 – Kassettenfilm. Vgl. auch *Schricker*, in: Schricker/Loewenheim, Urheberrecht, 4. Aufl. 2010, §§ 31, 32 Rn. 40.
50 BGH, GRUR 2004, 938, 939f. – Comic Übersetzungen III; BGH, GRUR 2000, 144, 148 – Comic Übersetzungen II, m.w.N. Die Darlegungs- und Beweislast dafür, dass eine pauschale Nutzungsrechtseinräumung dem Vertragszweck entspricht, trägt derjenige, der sich darauf beruft, vgl. *Schricker*, in: Schricker/Loewenheim, Urheberrecht, 4. Aufl. 2010, §§ 31, 32 Rn. 41; LG Köln, ZUM 2014, 534.
51 Da die Branchenüblichkeit zeitlich in der Regel nicht vor dem Bekanntwerden der Nutzungsart i.S.d. § 31 Abs. 4 eingetreten sein dürfte, dürfte dieses Kriterium nicht auf Verträge anzuwenden sein, die vor 1995 abgeschlossen wurden. Sein Anwendungsbereich dürfte daher zumindest in zeitlicher Hinsicht sehr beschränkt sein. Vgl. auch LG Berlin, ZUM 2000, 73. Nach dem LG Berlin ist es seit Ende 1995/Anfang 1996 üblich, als Tageszeitung im Internet vertreten zu sein. Allerdings ergibt sich die Branchenüblichkeit der Übertragung auch der Online-Rechte nicht daraus, dass dies im (nicht anwendbaren) Manteltarifvertrag für angestellte Fotojournalisten vorgesehen ist, LG Berlin, ZUM 2000, 73, 76. Zum Zeitpunkt des „Bekanntwerdens" der Internetnutzung i.S.d. § 31 Abs. 4 a.F. UrhG siehe unten II.2.b (Rn. 36ff.).

zweck umfasst sein, wenn dieses das alte Medium ersetzt.[52] Schließlich kann die Internetnutzung in Fällen, in denen ersichtlich nur einem Einzelnen umfassende ausschließliche Nutzungsrechte übertragen wurden, umfasst sein.[53]

29 Im Ergebnis ist also die Internetnutzung in der Regel dann von einem Vertrag mit einer umfassenden Rechtseinräumung umfasst, wenn die erlaubten Nutzungsarten im Vertrag nicht einzeln benannt oder nicht eindeutig sind und der Lizenznehmer dartun kann, dass die Internetnutzung branchenüblich war, mit Wissen des Lizenzgebers beim Lizenznehmer allgemein für Werke dieser Art in Gebrauch war oder wenn der Lizenznehmer nachweisen kann, dass die Parteien über die Internetnutzung gesprochen haben und der Lizenzgeber damit einverstanden war.[54]

2. Klarstellung durch § 31a UrhG

30 Eine Auslegung des Vertrags dahin, dass die Internetnutzung umfasst sei, konnte nach § 31 Abs. 4 a. F. UrhG vor Inkrafttreten des zweiten Korbes der Urheberrechtsnovelle am 1.1.2008 ausgeschlossen sein, wenn diese Nutzungsart zum Zeitpunkt des Vertragsschlusses unbekannt war. Nach § 31 Abs. 4 a. F. UrhG waren die Einräumung von Nutzungsrechten für noch nicht bekannte Nutzungsarten sowie Verpflichtungen hierzu unwirksam. Durch das Inkrafttreten des zweiten Korbs wurde § 31 Abs. 4 a. F. UrhG gestrichen und das darin enthaltene Verbot der Einräumung von Nutzungsrechten für noch nicht bekannte Nutzungsarten aufgehoben. § 31 Abs. 4 a. F. UrhG hatte sich für die Medienwirtschaft, sowohl auf Verwerter- als auch auf Urheberseite, als immenses Hindernis bezüglich der wirtschaftlichen Verwertung von Werken in einem neuen technischen Umfeld erwiesen.[55] Große Bestände an urheberrechtlich geschützten Werken konnten nicht ausgewertet werden, da die Kosten des Nacherwerbs zu hoch waren, einzelne Miturheber die Auswertung blockierten oder der Urheber verstorben war

---

52 Vgl. BGH, GRUR 2005, 937, 938 – Der Zauberberg; OLG Hamburg, ZUM 2000, 870, 873.
53 AG Hamburg, Urteil vom 6.2.2015, 36a C 38/14.
54 Dieser Grundsatz dürfte ausgeschlossen sein, wenn der Vertrag die einzuräumenden Nutzungsrechte erschöpfend aufzählt.
55 *Berger*, GRUR 2005, 907, 908. Für die Nutzung älterer juristischer Zeitschriften als CD-ROM *Bornkamm*, ZUM 2003, 1010, 1012; die Zugänglichmachung von Programmbeständen mittels digitaler Medien *Schimmel*, ZUM 2003, 1028, 1031; die Folgeverwertung von Filmen *Schwarz*, ZUM 2003, 1032, 1033; die Folgeverwertung von Fernsehsendungen *Weber*, ZUM 2003, 1037; die digitale Erschließung von Zeitungs- und Zeitschriftenartikeln zurückreichend bis zum 19. Jahrhundert *Sprang*, ZUM 2003, 1035, 1037.

und seine Erben nicht ermittelt werden konnten. Anstelle des § 31 Abs. 4 a. F. UrhG wurde ein neuer § 31a UrhG für Verträge über unbekannte Nutzungsarten, eine Vergütungsregelung in § 32c UrhG und eine Übergangsregelung für Altfälle in § 137l UrhG geschaffen.

Wie dargestellt, sind nach neuem Recht gemäß § 31a UrhG Vereinbarungen 31 über zum Zeitpunkt des Vertragsschlusses noch unbekannte Nutzungsarten unter Wahrung der Schriftform möglich.

Im Hinblick auf Altverträge wurde in § 137l Abs. 1 UrhG eine Übergangs- 32 regelung geschaffen, welche für alle zwischen dem 1.1.1966 und dem Inkrafttreten der Gesetzesnovelle am 1.1.2008 geschlossenen Verträge gelten soll. Nach dieser Vorschrift gelten Nutzungsrechte für mittlerweile bekannt gewordene Nutzungsarten ebenfalls als eingeräumt, sofern der Urheber dem Verwerter zum Zeitpunkt des Abschlusses des Nutzungsrechtsvertrags alle wesentlichen Verwertungsrechte ausschließlich sowie räumlich und zeitlich unbegrenzt eingeräumt hat. Auch in diesem Fall steht dem Urheber ein Widerrufsrecht zu, welches jedoch nur innerhalb eines Jahres nach Inkrafttreten des Gesetzes ausgeübt werden konnte. Gemäß § 137l Abs. 5 UrhG steht dem Urheber auch in diesem Fall eine gesonderte Vergütung zu.

a) „Unbekannte Nutzungsart"

Die Vorschrift des § 31a UrhG spricht von „unbekannten Nutzungsarten". 33 Darunter versteht die herrschende Meinung grundsätzlich „eigenständige" Nutzungsarten im Sinne der oben geschilderten Rechtsprechung zu den dinglichen Nutzungsrechten.[56] Inwieweit sämtliche eigenständige Nutzungsarten jetzt unter § 31a UrhG fallen können, ist weiterhin unklar. Früher forderte der BGH noch eine weite Auslegung des Begriffs der unbekannten Nutzungsart. Danach sollte unter Nutzungsart „jede konkrete technisch und wirtschaftlich eigenständige Verwendungsform des Werkes" verstanden werden.[57] In seiner Klimbim-Entscheidung distanzierte sich der BGH aber von diesem Verständnis der Nutzungsart, um die wirtschaftlich-technische Fortentwicklung der Werknutzung, die auch im Interesse des Urhebers lag, nicht zu behindern. Insbesondere soll eine neue Nutzungsart nicht vorliegen, wenn eine schon bisher übliche Nutzungsmöglichkeit durch den technischen Fortschritt erweitert und verstärkt wird, ohne sich aus der Sicht des Verbrauchers in ihrem Wesen entscheidend zu verändern. Erhebliche Verän-

---

56 BGH, GRUR 1991, 133, 136 – Videozweitauswertung; GRUR 1986, 62, 65 – GEMA-Vermutung I; vgl. auch *J. B. Nordemann*, in: Fromm/Nordemann, Urheberrecht, 11. Aufl. 2014, § 31 Rn. 12; *Schricker*, in: Schricker/Loewenheim, Urheberrecht, 4. Aufl. 2010, §§ 31, 32 Rn. 26. Zum Begriff der eigenständigen Nutzungsart vgl. oben I.2. (Rn. 13 ff.). BGH, GRUR 2012, 496–505.
57 BGH, GRUR 1986, 62, 65 – GEMA-Vermutung I.

Kap. 5 Urheberrechtliche und kartellrechtliche Probleme in Verträgen

derungen des Übermittlungswegs und des Empfangsbereichs sollen allein keine neue Nutzungsart begründen.[58]

34 An dieser Entscheidung ist unter anderem kritisiert worden, dass sie auf die Perspektive des Endverbrauchers abstellt.[59] Trotzdem findet diese Sichtweise in der Rechtsprechung Anklang. So stellt das OLG München für den Betrieb von Online-Videorecordern als eine gegenüber stationären Videorecordern neue Nutzungsart neben der Finanzierung „insbesondere" auf die Auffassung der Endnutzer ab.[60] Ausschlaggebend kann aber nach dem Gesetzeszweck nicht sein, ob es sich aus der Sicht des Verbrauchers um eine wirtschaftlich und technisch neue Verwertungsform handelt, sondern ob es um Verwertungsmöglichkeiten geht, die der Urheber zum Zeitpunkt der Einräumung des Nutzungsrechts noch nicht abschätzen konnte. Dies dürfte bei der der Entscheidung des BGH zugrunde liegenden Nutzungsart (Satellitenfernsehen) angesichts der erheblichen Ausdehnung des Empfangsbereichs und der damit verbundenen Steigerung der Intensität der Werknutzung eher zu bejahen sein.

35 Bleibt der BGH bei dieser Rechtsprechung,[61] hat dies für die Internetnutzung folgende Konsequenz: Selbst wenn der in Frage stehende Internetvorgang als eine „eigenständige Nutzungsart" im Sinne der oben dargelegten Rechtsprechung anzusehen ist und zum Zeitpunkt des Vertragsschlusses „unbekannt" war, könnte diese Nutzung vom jeweiligen Rechtsinhaber in Fortführung der ihm bereits gestatteten Nutzungsart ausgeübt werden, wenn die Internetnutzung lediglich eine Erweiterung und Verstärkung bisher üblicher Nutzungsmöglichkeiten darstellt, ohne sich aus der Sicht des Verbrauchers in ihrem Wesen entscheidend zu verändern. Bloße Änderungen des Übermittlungswegs und der Empfangsreichweite blieben dabei außer Betracht.[62] Veränderte die Internetnutzung die bisher üblichen Nutzungsmöglichkeiten, würde das neu geschaffene Widerrufs- bzw. Widerspruchsmodell greifen.

---

58 BGH, GRUR 1997, 215, 217 – Klimbim; vgl. auch BGH, GRUR 2005, 937, 938 – Der Zauberberg.
59 *Reber*, GRUR 1998, 792, 794; vgl. auch OLG Düsseldorf, ZUM 2001, 164, 165.
60 OLG München, K&R 2011, 108.
61 In BGH, GRUR 2005, 937, 938 – Der Zauberberg, hat er dies getan, jedoch zusätzlich entscheidend auf den wirtschaftlichen Substitutionsgedanken abgestellt, vgl. Fn. 29.
62 Als Beispielfall kommt die Online-Datenbankrecherche von Zeitschriften- und Zeitungsartikeln im Internet in Betracht, sofern der Vertrag die Online-Recherche (ohne Bezug auf das Internet) gestattet und man der Auffassung von *Katzenberger* folgt, die Internetnutzung sei gegenüber der sonstigen Online-Nutzung keine eigenständige Nutzungsart, vgl. Fn. 69. Zu Video-on-Demand *Hoeren*, UFITA 2014, 683, zu E-Books *Kuss*, K&R 2012, 76 ff.

A. Erfassung der Internetnutzung in Verträgen   Kap. 5

b) Bis wann waren Internetnutzungsarten unbekannt?

Sofern bestimmte Verwendungsformen im Internet Nutzungsarten i. S. d. § 31 Abs. 4 a. F. UrhG in ihrer vom BGH entwickelten Prägung sein konnten, stellt sich die Frage, bis wann diese Nutzungsarten „unbekannt" waren. Ob eine Nutzungsart bekannt ist, beurteilt die herrschende Meinung aus der Sicht des durchschnittlichen inländischen Urhebers.[63] Bekannt ist eine Nutzungsart, wenn sie zur Zeit des Vertragsabschlusses dem durchschnittlichen Urheber zwar nicht in allen Einzelheiten, aber doch als praktisch durchführbare und wirtschaftlich nicht unbedeutende Nutzungsart geläufig war. Die bloße technische Möglichkeit einer Nutzung ohne praktische Verwirklichung oder die bloße Kenntnis einiger weniger Fachleute reicht nicht aus.[64]   36

Rechtsprechung zum Zeitpunkt des Bekanntwerdens bestimmter Internet-Vorgänge ist bislang kaum vorhanden. Nach OLG Hamburg war die Veröffentlichung elektronischer Zeitungen im Internet im Jahr 1980 eine unbekannte Nutzungsart.[65] Bezüglich der öffentlichen Zugänglichmachung von Illustrationen im Internet fixiert das OLG München das Jahr des Bekanntwerdens auf 1995.[66] Die Literatur ist sich weitgehend darüber einig, dass die   37

---

63 BGH, GRUR 1991, 133, 136 – Videozweitauswertung; vgl. auch *Nordemann*, in: Fromm/Nordemann, Urheberrecht, 11. Aufl. 2014, § 31 Rn. 10. Differenzierungen finden sich sowohl in der Rechtsprechung des BGH als auch in der Literatur, ausführliche Übersicht der Meinungsunterschiede bei *Reber*, GRUR 1997, 162 ff. Für eine objektive Beurteilung *Reber*, GRUR 1998, 792, 794. OLG Hamburg, ZUM 2000, 870, 873, stellt auf die Verkehrsauffassung ab. Der Entwurf eines Gesetzes zur Stärkung der vertraglichen Stellung von Urhebern und ausübenden Künstlern vom 19.8.2000 sah eine Definition vor: „Bekannt ist eine Nutzungsart, wenn sie zum Zeitpunkt des Vertragsschlusses technisch realisierbar ist und sich aus der Sicht beider Vertragspartner als wirtschaftlich bedeutsam darstellt." Dieser Vorschlag wurde jedoch vom Regierungsentwurf nicht übernommen.
64 BGH, GRUR 1960, 197, 199 – Keine Ferien für den lieben Gott; GRUR 1986, 62, 65 – GEMA-Vermutung I. Ist eine Technik bereits in der Entwicklung, kann die wirtschaftliche Bedeutung aber noch nicht abgesehen werden, soll ein sog. Risikogeschäft möglich sein. Danach würde die neue Nutzungsart konkret benannt, ausdrücklich vereinbart, von den Parteien erörtert und zum Gegenstand des Vertrags gemacht, BGH, GRUR 1995, 212, 214 – Videozweitauswertung III. Risikogeschäfte über eine technisch zwar bekannte, aber wirtschaftlich zunächst noch bedeutungslose Nutzungsart sind zulässig, sofern die neue Nutzungsart konkret benannt, ausdrücklich vereinbart und von den Vertragspartnern auch erörtert und damit erkennbar zum Gegenstand von Leistung und Gegenleistung gemacht wird, BGH, GRUR 1995, 212 – Videozweitauswertung III.
65 OLG Hamburg, ZUM 2000, 870, 873. Das Internet selbst hält das Gericht erst ab 1995 für eine bekannte Verwertungsform.
66 OLG München, GRUR-RR 2004, 33, 34 – Pumuckl-Illustrationen.

Kap. 5 Urheberrechtliche und kartellrechtliche Probleme in Verträgen

kommerzielle Nutzung des Internets allgemein vor 1995 unbekannt war.[67] Zwar existierten frühe Formen des Internets schon in den 1980er Jahren, diese wurden aber weitgehend ausschließlich von Universitäten und dem Militär verwendet. Eine kommerzielle Nutzung des Internet mit seiner heutigen Ausgestaltung (einheitliches Adresssystem [Uniform Resource Locator/URL], Netzwerkprotokoll, das Multimediaanwendungen ermöglicht [Hypertext Transfer Protocol], einheitlicher Code für alle Arten von Werken [HTML]) soll um 1995 begonnen haben.[68]

38   Eine abweichende Meinung vertritt *Katzenberger* zur Online-Nutzung von Zeitungs- und Zeitschriftenbeiträgen, insb. Presseartikeln. Nach seiner Auffassung ist diese Nutzungsart bereits seit 1982–84 bekannt.[69] *Schwarz* favorisiert einen früheren Zeitpunkt für die Online-Übertragung von bewegten Bildern, möglicherweise schon 1986.[70]

39   Nach alter Rechtslage bedeutet dies bei Verträgen, die vor 1995 abgeschlossen wurden, dass eine Übertragung der Rechte zur Internetnutzung nicht möglich war, § 31 Abs. 4 a. F. UrhG. Für die Online-Datenbanknutzung von Zeitungs- und Zeitschriftenbeiträgen bzw. für die Online-Übertragung von

---

67 Nach *Hoeren*, CR 1995, 710, 714, waren das Internet und andere Online-Dienste „frühestens ab 1995" bekannt; *Lehmann*, in: Lehmann, Internet- und Multimediarecht (Cyberlaw), 1997, S. 62, hält die Internetnutzung erst ab 1995 für bekannt; nach *Haberstumpf*, Handbuch des Urheberrechts, Rn. 286, ist die digitale Speicherung von Daten und ihre Verfügbarmachung für die Öffentlichkeit ab 1995/1996 bekannt; nach *Frohne*, ZUM 2000, 810, 813, war die Übertragung von Filmen über das Internet bis 1995 unbekannt.
68 Vgl. *Lehmann*, in: Lehmann, Internet- und Multimediarecht (Cyberlaw), 1997, S. 62; *Reber*, GRUR 1998, 792, 798; *Ernst*, JuS 1997, 776, 779; *Schack*, JZ 1998, 753, 759; *Ostermeier*, CR 1998, 539, 545; *Hoeren*, CR 1995, 710. Zur Entwicklung oben Kap. 1 (Rn. 1).
69 *Katzenberger*, AfP 1998, 479 ff., sowie *ders*. (Fn. 49), S. 99. Diese Ansicht lehnt das OLG Hamburg in ZUM 2005, 833, 836 – Yacht-Archiv – jedoch ausdrücklich ab. Das OLG Hamburg vertritt die Ansicht, dass, selbst wenn man *Katzenbergers* Ansicht aus dem Jahre 1984 im Sinne einer ersten Orientierung für den Zeitpunkt des Bekanntwerdens der Online-Nutzung von Zeitungen und Zeitschriften folge, sich daraus jedenfalls noch keine Bekanntheit im Sinne des § 31 Abs. 4 UrhG ergebe. Im Jahre 1984 sei die Nutzung des Internets durch Privatpersonen hingegen noch nicht einmal in Ansätzen konkret absehbar gewesen. Ohne einen genau feststehenden Zeitpunkt zu nennen, geht das OLG davon aus, dass sich die Online-Nutzungsmöglichkeit von Zeitungen und Zeitschriften spätestens ab 1993 nicht mehr als eine noch unbekannte Nutzungsart darstellte, wobei dies 1986 noch so gewesen sei.
70 *Schwarz/Kreuzer*, in: Schwarz/Peschel-Mehner, Recht im Internet, 1996 ff., Kap. 3-2.2, S. 108 ff. Nach LG München I, CR 2000, 467, 468, stellt die Abrufbarkeit von Fernsehsendungen oder ausgewählten Beiträgen über das Internet „auch heute" die Ausnahme dar (März 1999).

A. Erfassung der Internetnutzung in Verträgen   Kap. 5

bewegten Bildern galt das Gleiche für Verträge, die vor 1982 bzw. 1986 geschlossen wurden.

Lag nach alter Rechtslage eine unbekannte Nutzung nach § 31 Abs. 4 a.F. **40** UrhG vor, war der Erwerber verpflichtet, vor einer Nutzung im Internet die Zustimmung des Urhebers einzuholen. Dass dies für Verlage und andere Verwertungsunternehmen sehr aufwendig sein konnte, liegt auf der Hand. Die gesetzliche Neuregelung versucht einen besseren Interessenausgleich zu schaffen.

Zunächst wird die Unwirksamkeit der Einräumung noch nicht bekannter **41** Nutzungsarten in § 31 Abs. 4 a.F. UrhG aufgehoben. Ferner verpflichtet § 137 UrhG den Verwender bei älteren/bestehenden Verträgen nicht länger zur Einholung einer gesonderten Zustimmung zur Nutzung. Wurde eine umfassende Nutzung vertraglich eingeräumt, darf der Erwerber die geschützten Werke grundsätzlich auch im Internet nutzen; diese Arten der Verwertung gelten als ebenfalls gestattet, es sei denn, der Urheber widerspricht der geplanten Internetnutzung.[71]

War die beabsichtigte Internetnutzung bei Inkrafttreten der Neuregelung am **42** 1.1.2008 bereits bekannt, darf der Urheber dagegen nur innerhalb eines Jahres widersprechen. Sofern die vom Verwender beabsichtigte Internetnutzung am 1.1.2008 nicht bekannt war, erlischt das Widerspruchsrecht des Urhebers zunächst nicht. Das Gesetz hat an dieser Stelle die Position des Urhebers gestärkt. Der Verwender muss versuchen, den Urheber über die beabsichtigte neue Nutzung zu informieren. Er muss diesem an die zuletzt bekannte Anschrift eine Nachricht senden. Widerspricht der Urheber innerhalb einer Frist von drei Monaten der beabsichtigten Nutzung nicht, verliert er hinsichtlich der geplanten Nutzung sein Widerspruchsrecht. Maßgeblich für das Ende der Frist ist das Absenden des Hinweises an den Urheber. Es ist daher im eigenen Interesse des Urhebers, den Verwender über Adresswechsel zu informieren. Ausreichend und zumutbar soll es allerdings sein, wenn der Urheber die aktuelle Adresse des Urhebers bei der Verwertungsgesellschaft erfragen könnte. Interessenausgleich findet dadurch statt, dass die Position des Urhebers dahingehend gestärkt wird, dass er nach Ablauf der Frist ohne erfolgten Widerspruch Rechtssicherheit für die beabsichtigte Nutzung des Werks im Internet hat.[72]

Weiterhin können Interessen Dritter betroffen sein, die sich vor dem ur- **43** sprünglichen Verwender ein Nutzungsrecht an der nunmehr beabsichtigten Internetnutzung vom Urheber haben einräumen lassen. Es ist dem ursprüng-

---

71 Kritisch zur verwendeten Gesetzesformulierung *„wesentliche Nutzungsrechte"* Hoeren, MMR 2007, 615, 617; ebenso *Czychowski*, GRUR 2008, 586, 588.
72 Vgl. Beschlussempfehlung des Rechtsausschusses, BT-Drs. 16/5939, S. 44.

Kap. 5 Urheberrechtliche und kartellrechtliche Probleme in Verträgen

lichen Verwender in diesem Fall nicht möglich, ein Recht auf die Internetnutzung zu erlangen. Das Gesetz schließt in diesem Fall ein Nutzungsrecht des älteren Vertragspartners aus. Eines Widerspruchs bedarf es in diesem Falle nicht. Die Neuregelung will nicht in Verträge eingreifen, die vor Inkrafttreten des Gesetzes über bekannt gewordene Nutzungsarten geschlossen worden sind.[73]

44 Wurde die umfassende Nutzungserlaubnis nach Vertragsschluss vom Verwender auf einen Dritten übertragen, steht dem Dritten das Recht auf unbekannte Nutzung des Werks im Internet zu. Der Urheber hat in diesem Fall der Nutzung durch den Dritten zu widersprechen. Erfolgt der Widerspruch gegenüber dem ursprünglichen Vertragspartner, ist dieser dem Gesetzgeber gesetzlich zur Mitteilung des nunmehr berechtigten Dritten verpflichtet.

45 Grundsätzlich ist bei Altfällen davon auszugehen, dass dem Urheber die beabsichtigte neue Nutzung angezeigt wird und er dieser nicht widerspricht. In diesem Fall gilt die beabsichtigte Nutzung als übertragen; der Verwender hat eine angemessene Vergütung zu zahlen, § 137l Abs. 5 Satz 1 UrhG. Da die Vergütung an die Verwertungsgesellschaften abzuführen und für den Fristablauf die Absendung des Hinweises, nicht dessen Zugang beim Urheber, erheblich ist, ist es belanglos, ob der Urheber nicht reagieren möchte oder kann. Das befristete Widerspruchsrecht schafft in diesem Fall Rechtssicherheit zugunsten des Verwenders.

46 Kein Widerspruchsrecht besteht, wenn sich Urheber und Verwender über die geplante Internetnutzung und deren Vergütung vertraglich einigen. Rechtssicherheit wird in diesem Fall bereits durch die vertragliche Übereinkunft erzielt.

47 Besonderheiten sollen auch für Gesamtheiten von Werken und Werkbeiträgen gelten: Ist eine angemessene Internetnutzung nur dadurch möglich, dass sämtliche Elemente der Gesamtheit, beispielsweise einer Zeitschrift, verwertet werden, soll das grundsätzliche Widerspruchsrecht der einzelnen Urheber nur insoweit gelten, als nicht eine Ausübung hinsichtlich einzelner Werke treuwidrig die Verwendung der Gesamtheit für eine Nutzung im Internet verhindert. Dies trägt dem Informationsinteresse der Allgemeinheit Rechnung.

48 Erfolgt eine Internetnutzung, die zum Zeitpunkt des Vertragsschlusses als unbekannte Nutzung nicht explizit in den Vertrag aufgenommen worden ist, steht dem Urheber eine gesonderte angemessene Vergütung für diese neue Form der Nutzung zu. Grundsätzlich ist eine Vergütung angemessen, wenn sie der gemeinsamen Vergütungsregel der Verbände der Urheber und der Werknutzer entspricht, § 32 i.V. m. § 36 UrhG. Besteht eine solche Vergü-

---

73 Vgl. Begründung des Regierungsentwurfs, BR-Drs. 257/06, S. 73.

tungsregelung für die Art der beabsichtigten Nutzung hingegen noch nicht, so orientiert sich die Höhe der Vergütung an dem, was im Geschäftsverkehr nach Art und Umfang der eingeräumten Nutzungsmöglichkeit üblicherweise und redlicherweise zu leisten ist. Dauer, Zeitpunkt und sonstige Umstände der Internetnutzung sind dabei zu berücksichtigen. Der Urheber kann eine Anpassung der Vergütung fordern, jedoch nicht, wenn tarifvertragliche Abreden entgegenstehen, § 1371 Abs. 5 Satz 2 i.V. m. § 32 Abs. 2–4 UrhG. Die fällige Vergütung ist an die Verwertungsgesellschaft zu entrichten. Sie wird vom Verwender, bzw. einem Dritten, an den dieser das vertraglich vereinbarte Nutzungsrecht veräußert hat, geschuldet. Eine Inanspruchnahme des ursprünglichen Vertragspartners scheidet in letzterem Fall aus.

B. Kartellrechtliche Aspekte vertraglicher Regelungen zur Verbreitung urheberrechtlich geschützter Werke im Internet

I. Einführung

Die Verbreitung urheberrechtlich geschützter Werke im Internet kann vertragliche Verwendungsbeschränkungen für die Nutzung des urheberrechtlich geschützten Werkes notwendig machen. Die Verwertung urheberrechtlich geschützter Werke über das schnelle und nur schwer kontrollierbare Verbreitungsmittel „Internet" verschärft das Bedürfnis des Urhebers, sein Werk durch vertragliche Regelungen besser zu schützen. Die kartellrechtlichen Grenzen sind dabei natürlich identisch mit denjenigen, die für „konventionelle" Werknutzungsverhältnisse gelten. 49

Beschränkungen in Werknutzungsverträgen, die über das Internet abgeschlossen werden, die kartellrechtlich relevant sein können, sind insbesondere Verwendungs- und Weitergabebeschränkungen, beispielsweise die Verpflichtung, das Werk nicht oder nur in geographisch festgelegtem Umfang weiterzuverbreiten, oder aber die Verpflichtung zur Weitergabe bestimmter vertraglicher Regelungen in Werknutzungsverträgen mit weiteren Nutzern (typisches Beispiel in Softwarelizenzverträgen: Weitergabe der Software nur, wenn die Verwertungsbeschränkungen im Lizenzvertrag auch an den nachfolgenden Nutzer weitergegeben werden). Der Rechtsinhaber kann aber auch daran interessiert sein, die Aufspaltung und gesonderte Verwertung von Werkteilen oder Ausdehnungen des vertraglich umgrenzten Verwendungszwecks zu beschränken. 50

Kap. 5 Urheberrechtliche und kartellrechtliche Probleme in Verträgen

51 Das Bedürfnis, die Weiterverbreitung und die weitere Nutzung des Vervielfältigungsstücks des Werkes zu regeln, ergibt sich aus den urheberrechtlichen Schranken des Verbreitungsrechts. Nach § 17 Abs. 2 UrhG (für Software: § 69c Nr. 3 UrhG) ist die Weiterverbreitung des Originals oder eines Vervielfältigungsstücks eines urheberrechtlich geschützten Werkes mit Ausnahme der Vermietung in der Europäischen Union dann zulässig, wenn das Original oder das Vervielfältigungsstück mit Zustimmung des zur Verbreitung Berechtigten in Verkehr gebracht wurde. Diese Erschöpfung des Verbreitungsrechts bringt es mit sich, dass gerade ein Bedürfnis besteht, die beschränkte urheberrechtliche Kontrolle über die Weiterverbreitung vertraglich zu erweitern.

52 So vermochte u. a. Adobe den Weiterverkauf von Software nicht durch die Erteilung von Lizenzen zu rein „internen Zwecken" des Lizenznehmers zu verhindern.[74] Ähnlich scheiterte Microsoft bereits im Jahr 2000 mit einem vertraglichen Aufspaltungsverbot hinsichtlich zusammen vertriebener Hard- und Software.[75] Das Verbreitungsrecht an dem OEM-Softwarepaket sei, so der BGH in jenem Fall, mit der bestimmungsgemäßen Veräußerung an den Zwischenhändler durch In-Verkehr-Bringen nach § 69c Nr. 3 Satz 2 UrhG erschöpft. Der BGH verweist in seiner Begründung[76] Microsoft darauf, Verwendungsbeschränkungen im Rahmen des Zulässigen zu vereinbaren.

53 Im Folgenden wird dargestellt, inwieweit Kartellrecht und Urheberrecht in Werknutzungsverhältnissen kollidieren können, und welche kartellrechtlichen Schranken hinsichtlich vertraglicher Nutzungsbeschränkungen in Werknutzungsverträgen zu berücksichtigen sind. Die Darlegungen beschränken sich dabei auf Werknutzungsverträge zwischen dem Urheber oder sonst umfassend Verwertungsberechtigten und einem Nutzer, also auf das vertikale Verhältnis.

II. Die Anwendbarkeit der Wettbewerbsregeln des EU-Kartellrechts und des deutschen Kartellrechts auf Beschränkungen in Werknutzungsverträgen

1. Anwendungsbereich und Wirkung des Art. 101 AEUV/§ 1 GWB

54 Art. 101 Abs. 1 AEUV erklärt alle Vereinbarungen, Beschlüsse und abgestimmten Verhaltensweisen zwischen Unternehmen für mit dem Binnen-

---
74 BGH, K&R 2015, 490 – UsedSoft III.
75 BGH, GRUR 2001, 153 ff. – OEM-Version; dazu *Metzger*, GRUR 2001, 210 ff.
76 BGH, GRUR 2001, 153, 155 – OEM-Version.

B. Kartellrechtliche Aspekte vertraglicher Regelungen Kap. 5

markt unvereinbar und verboten, die den Handel zwischen Mitgliedstaaten zu beeinträchtigen geeignet sind und eine Verhinderung, Einschränkung oder Verfälschung des Wettbewerbs innerhalb des Binnenmarktes bezwecken oder bewirken. Dabei erfasst Art. 101 Abs. 1 AEUV sowohl Vereinbarungen zwischen Wettbewerbern wie auch Vereinbarungen zwischen Unternehmen verschiedener Marktstufen, also horizontale Vereinbarungen. § 1 GWB hat den gleichen Inhalt für Tatbestandshandlungen, die sich nur in Deutschland und nicht auf den Handel zwischen den Mitgliedstaaten auswirken. Inhaltlich bestehen keine Unterschiede in der Behandlung von Werknutzungsverträgen nach deutschem und europäischem Kartellrecht.

Fraglich ist zunächst, wann Wettbewerbsbeschränkungen in Werknutzungsverträgen überhaupt in den Anwendungsbereich des Art. 101 Abs. 1 AEUV bzw. § 1 GWB fallen können, also als geeignet angesehen werden können, den Handel zwischen Mitgliedstaaten der Gemeinschaft zu beeinträchtigen. Zunächst können überhaupt nur Verträge zwischen Unternehmen nach diesen Vorschriften relevant sein. Verträge zwischen Nicht-Unternehmen oder zwischen Unternehmen und Verbrauchern sind also von vorneherein nicht an diesen Regeln zu messen.[77] Die Beeinträchtigung durch die Vereinbarung muss außerdem spürbar sein.[78] Nach der Bagatellbekanntmachung[79] wird dies bei Vertikalverhältnissen erst der Fall sein, wenn ein Anteil von 10% oder mehr des räumlich und sachlich relevanten Marktes betroffen ist. Dies wird in den meisten Werknutzungsverhältnissen nie der Fall sein, wenn sie isoliert betrachtet werden. Allerdings stellt die Rechtspraxis bei Verträgen, die wirtschaftlich und rechtlich in einem Gesamtzusammenhang stehen, die kumuliert spürbar sind, auf die Gesamtwirkung des Bündels gleichartig abgeschlossener Verträge ab.[80] Bei üblichen Beschränkungen wie ein Verbot der Weitergabe bei Werknutzungsverträgen wird man deshalb davon ausgehen können, dass spürbare Wettbewerbsbeschränkungen möglich sind und deshalb Art. 101 Abs. 1 AEUV/§ 1 GWB anwendbar sein können. Rechtsfolge ist damit zum einen die Nichtigkeit der Vereinbarung nach Art. 101 Abs. 2 AEUV bzw. § 1 GWB/§ 134 BGB, soweit sie gegen Art. 101 Abs. 1

55

---

[77] Zum Unternehmensbegriff *Bechtold*, GWB, 7. Aufl. 2013, § 1 Rn. 6 ff. zu § 1 GWB; *Bechtold/Bosch/Brinker*, EU-Kartellrecht, 3. Aufl. 2014, Art. 101 Rn. 29 ff. zu Art. 101 AEUV.

[78] Siehe EuGH, Slg. 1966, 281, 303 – Maschinenbau Ulm; Slg. 1969, 295 – Völk; s. auch *Bechtold/Bosch/Brinker*, EU-Kartellrecht, 3. Aufl. 2014, Art. 101 Rn. 95 und 109. Für Art. 101 ist zu beachten, dass nicht nur die Wettbewerbsbeschränkung spürbar sein muss, sondern auch die Auswirkung auf den Handel zwischen den Mitgliedstaaten.

[79] ABlEG 2001 Nr. C 368, S. 13.

[80] Sog. Bündeltheorie: Siehe EuGH, Slg. I-1991, 935 Rn. 19–27 – Delimitis; *Bechtold/Bosch/Brinker*, EU-Kartellrecht, 3. Aufl. 2014, Art. 101 Rn. 75.

Kap. 5 Urheberrechtliche und kartellrechtliche Probleme in Verträgen

AEUV/§ 1 GWB verstößt.[81] Zum anderen ist auch die Verfolgung als Ordnungswidrigkeit denkbar.

2. Wettbewerbsbeschränkungen in Werknutzungsverträgen

56 Weiter stellt sich aber die Frage, inwieweit Beschränkungen in Werknutzungsverträgen überhaupt wettbewerbsbeschränkend i. S. d. Art. 101 Abs. 1 AEUV sein können.

57 Der EuGH sieht die Ausübung eines Schutzrechts dann in Konflikt mit Art. 101 Abs. 1 AEUV, wenn sie den Gegenstand, das Mittel oder die Folge eines Kartells darstellt.[82] Damit unterliegt die wirtschaftliche Verwertung von Schutzrechten durch Verträge den Wettbewerbsregeln des EU-Vertrags.[83] Ein Konflikt besteht aber nicht bei Verträgen über die Übertragung oder bei der vollständigen Lizenzierung des Schutzrechts.[84] Wird in Lizenzverträgen die Nutzung des Schutzrechts jedoch nur teilweise gestattet, so muss grundsätzlich geprüft werden, ob die Nutzungsbeschränkung nach Art. 101 Abs. 1 AEUV relevant ist. Territoriale Einschränkungen der Nutzung hat der EuGH für die nichtkörperliche Werkverwertung als mit Art. 101 Abs. 1 AEUV vereinbar akzeptiert.[85] Bei der körperlichen Werkverwertung, also der Verwertung über den Vertrieb von Vervielfältigungsstücken, sind Beschränkungen jedenfalls insoweit an Art. 101 Abs. 1 AEUV zu messen, soweit sie urheberrechtlich wegen Erschöpfung des Weiterverbreitungsrechts nicht mehr durchsetzbar wären.[86] Inwieweit Wettbewerbsbeschränkungen vor Erschöpfung zulässig sind, lässt sich der EU-kartellrechtlichen Praxis jedoch nicht entnehmen. Man wird jedoch davon ausgehen können, dass Verwendungsbeschränkungen wie etwa Weitergabeverbote unterhalb der Erschöpfung des Weiterverbreitungsrechts jedenfalls für den Bereich der unkörperlichen Verwertung noch durch das Urheberrecht gedeckt sind.[87]

58 Für den eingangs beschriebenen Fall der Beschränkung des Vertriebs von OEM-Lizenzen wird man grundsätzlich von einer möglichen Anwendbar-

---

81 Zum Umfang der Nichtigkeit und der Wirkung des § 139 BGB: *Bechtold/Bosch/Brinker*, EU-Kartellrecht, 3. Aufl. 2014, Art. 101 Rn. 134.
82 EuGH, Slg. 1982, 2015, 2061 – Nungesser; Slg. 1982, 3381, 3401 – Coditel II, Rn. 15; *Bechtold/Bosch/Brinker*, EU-Kartellrecht, 3. Aufl. 2014, Art. 101 Rn. 204.
83 EuGH, Slg. 1981, 147, Rn. 12 – GEMA; EuGH, Slg. 1993 I 5145 Rn. 20 ff.
84 EuGH, Slg. 1982, 3381, 3401 – Coditel II; *Bechtold/Bosch/Brinker*, EU-Kartellrecht, 3. Aufl. 2014, Art. 101 Rn. 204.
85 EuGH, Slg. 1982, 3381, 3402 Rn. 20 – Coditel II für Filmverwertungsverträge.
86 *Bechtold/Bosch/Brinker*, EU-Kartellrecht, 3. Aufl. 2014, Art. 101 Rn. 207.
87 *Polley*, CR 1999, 345, 350; *Bechtold/Bosch/Brinker*, EU-Kartellrecht, 3. Aufl. 2014, Art. 101 Rn. 207.

keit des Art. 101 Abs. 1 AEUV ausgehen müssen. Eine Freistellung solcher Beschränkungen in Werknutzungsverträgen nach Art. 101 Abs. 3 AEUV über die GVO 330/2010 scheidet aus: Nach Art. 2 Abs. 3 GVO 330/2010 gilt die nach dieser Gruppenfreistellungsverordnung gewährte Freistellung gerade nicht, wenn die Nutzung von Schutzrechten Hauptgegenstand des Vertrags ist; dies ist aber bei Werknutzungsverhältnissen gerade der Fall. Anderes dürfte für den Softwarevertrieb gelten, soweit es um körperliche Vervielfältigungsstücke geht.[88] Hier kann man sich an den Regelungen der GVO 330/2010 jedenfalls insoweit orientieren, dass Kernbeschränkungen wie Preis- und Konditionen-Bindungen, Gebietsbeschränkungen nur im Bereich der in Art. 4 GVO 330/2010 geregelten Ausnahmen nach Art. 101 Abs. 1 AEUV, § 2 GWB freigestellt sein können.

Ein vertragliches Aufspaltungsverbot hinsichtlich einer verkauften Software an sich soll allerdings dann nicht gegen §§ 1, 2 GWB bzw. Art. 101 AEUV verstoßen, wenn eine Weiterübertragung der gekauften Software als Ganzes möglich bleibt, wenn auch an Bedingungen geknüpft.[89]

III. Zusammenfassung

Werknutzungsverträge, die über das Internet geschlossen werden, und die die Nutzung des Werks über das Medium des Internets betreffen, werfen das Bedürfnis einer Beschränkung der Weitergabe und der Nutzung des zugänglich gemachten Werkes in stärkerem Maße auf, als dies in „konventionellen" Werknutzungsverhältnissen der Fall ist. Die einfache elektronische Weiterverbreitungsmöglichkeit und andere, erst elektronisch mögliche Nutzungsmöglichkeiten verlangen nach vertraglichen Weitergabe- und Verwendungsbeschränkungsregelungen, die – wenn sie zwischen Unternehmen vereinbart werden, kartellrechtlich relevant sein können. Bei Werknutzungsverträgen nach Kartellrecht ergeben sich Probleme bei Weitervertriebs- und Nutzungsbeschränkungen zwischen Unternehmen, die wettbewerbsbeschränkende Vereinbarungen nach Art. 101 Abs. 1 AEUV bzw. § 1 GWB sein können. Grundsätzlich kann davon ausgegangen werden, dass vertragliche Regelungen im Schutzbereich des Urheberrechts nicht kartellrechtlich relevant sind.

59

---

88 Ausführlich zur Anwendbarkeit der alten GVO 2790/1999 auf Softwareverträge: *Polley/Seeliger*, CR 2001, 1 ff.
89 OLG Karlsruhe, K&R 2011, 653 ff.

Kapitel 6
Recht der Verwertungsgesellschaften

A. Einleitung[1]

1 Seit mehr als hundert Jahren[2] zählen Verwertungsgesellschaften[3] zu den zentralen Akteuren auf dem Markt für die Nutzung von Urheber- und Leistungsschutzrechten. Aktuell unterliegt ihre Tätigkeit einem erheblichen Wandel: Digitalisierung und grenzüberschreitende Nutzungen, insbesondere im Internet, erfordern tiefgreifende technische und organisatorische Anpassungen in der Praxis der kollektiven Rechtewahrnehmung. Gleichzeitig – und hiermit in Zusammenhang stehend – wird der Rechtsrahmen für Verwertungsgesellschaften erstmals europaweit durch eine Richtlinie harmonisiert.[4] Aus diesem Anlass hat auch der deutsche Gesetzgeber das nationale Recht der Verwertungsgesellschaften – das sogenannte „Wahrnehmungsrecht" – der ersten umfassenden Reform seit 1965 unterzogen und im Verwertungsgesellschaftengesetz (i.F.: VGG) neu geregelt. Ungeachtet aller Veränderungen und Herausforderungen, die mit diesen Prozessen für die Verwertungsgesellschaften in ihrer herkömmlichen Funktion verbunden sind, zeugen mehrere Initiativen zu Neugründungen gerade in jüngster Vergangenheit[5] von der ungebrochenen Attraktivität, die das Modell der kollektiven Rechtewahrnehmung durch Verwertungsgesellschaften weiterhin genießt.

2 Der vorliegende Beitrag stellt zunächst die allgemeinen Rahmenbedingungen für die Tätigkeit von Verwertungsgesellschaften dar (B.): ihre zentralen

---

1 *Dr. Riemer* ist Stellvertreter des Justitiars, Abteilungsleiter Mitglieder und Regelwerk im Justitiariat der GEMA. *Dr. Welp* ist Abteilungsleiter für operative Rechtsfragen und Lizenzierung im Justitiariat der GEMA. Der Beitrag gibt ausschließlich die eigene Meinung der Verfasser wieder.
2 Zur Geschichte der Verwertungsgesellschaften in Deutschland vgl. *Dümling*, Musik hat ihren Wert. 100 Jahre musikalische Verwertungsgesellschaft in Deutschland, Regensburg 2003.
3 Der durch den europäischen Gesetzgeber geprägte, kompliziertere Begriff „Organisation für die kollektive Rechtewahrnehmung" („Collective Management Organisation", CMO) hat sich im deutschen Recht nicht durchgesetzt.
4 Richtlinie 2014/26/EU des Europäischen Parlaments und des Rates vom 26.2.2014 über die kollektive Wahrnehmung von Urheber- und verwandten Schutzrechten und die Vergabe von Mehrgebietslizenzen für Rechte an Musikwerken für die Online-Nutzung im Binnenmarkt (ABl. L 84 vom 20.3.2014, S. 72); i.F.: VG-RL.
5 GWVR (2014), C3S (Gründung 2013, Zulassung noch nicht erfolgt); vgl. unten Rn. 22.

A. Einleitung **Kap. 6**

Funktionen (B.I.) und gesetzlichen Grundlagen (B.II.) sowie die staatliche Aufsicht über Verwertungsgesellschaften (B.III.). In diesem Zusammenhang soll auch ein Überblick über die derzeit in Deutschland aktiven Verwertungsgesellschaften geliefert werden (B.IV.). In einem zweiten Schritt werden die Beziehungen zwischen Verwertungsgesellschaften und Rechtsinhabern erläutert (C.). Nach einem Überblick über verschiedene Arten von Rechtsinhabern (C.I.) werden die vertraglichen Beziehungen – insbesondere mit Blick auf die Wahrnehmung von Onlinerechten – analysiert (C.II.). Weitere Kapitel sind der Verteilung der Einnahmen an die Rechtsinhaber (C.III.) und der Binnenorganisation der Verwertungsgesellschaften mit ihren umfangreichen Mitwirkungsmöglichkeiten für Mitglieder (C.IV.) gewidmet. Eine Einführung in die Kooperation zwischen Verwertungsgesellschaften in Form von Repräsentationsvereinbarungen schließt sich an (D.). In einem weiteren Schritt stellen die Autoren die Beziehungen der Verwertungsgesellschaften zu den Nutzern dar (E.). Diese sind geprägt durch den Abschlusszwang (E.I.), das Gleichbehandlungsgebot (E.II.) und die Tarifaufstellungspflicht (E.III.). Daran anschließend widmet sich der Beitrag der gebietsübergreifenden Lizenzierung von Onlinerechten, die in der VG-Richtlinie und im Verwertungsgesellschaftengesetz eine besondere Stellung einnimmt (F.). Dabei wird die Entwicklung von der Eingebietslizenz (F.I.) über erste Ansätze zur Schaffung von Mehrgebietslizenzen (F.II.) unter Schilderung der verschiedenen Eingriffe der Europäischen Kommission (F.III. und F.V.) bis zur sogenannten „Option 3" (F.IV.) aufgezeigt. Den Abschluss bildet der neue Rechtsrahmen nach der VG-Richtlinie und dem Verwertungsgesellschaftengesetz (F.VI.).

Besondere Aufmerksamkeit widmet der Beitrag der Tätigkeit von Verwertungsgesellschaften im Zusammenhang mit Onlinenutzungen von Musik. Dies betrifft neben der GVL als der Verwertungsgesellschaft für die Leistungsschutzrechte der ausübenden Künstler und Tonträgerhersteller namentlich die GEMA, die die Urheberrechte für Komponisten, Textdichter und Musikverlage wahrnimmt. Im Massengeschäft der Nutzung von Urheberrechten an Musikwerken ist die kollektive Rechtewahrnehmung durch Verwertungsgesellschaften traditionell besonders stark etabliert, da hier bereits bei der Erstverwertung der Werke eine individuelle Rechtewahrnehmung durch die Urheber kaum praktikabel ist.[6]   3

---

[6] Die besondere Relevanz der kollektiven Rechtewahrnehmung im Musikbereich zeigt sich auch an den Erträgen der einzelnen Verwertungsgesellschaften: Von den rund 1,5 Mrd. Euro, die alle deutschen Verwertungsgesellschaften 2014 zusammen erwirtschafteten, entfielen 894 Mio. (ca. 60%) auf die GEMA und weitere 163 Mio. (11%) auf die GVL; vgl. den Jahresbericht des Deutschen Patent- und Markenamtes für 2015, https://www.dpma.de/docs/service/veroeffentlichungen/jahresberichte/jahresbericht2015_bar rierearm.pdf; S. 38.

Kap. 6 Recht der Verwertungsgesellschaften

B. Allgemeine Rahmenbedingungen für die Tätigkeit von Verwertungsgesellschaften

I. Funktionen von Verwertungsgesellschaften

4 Verwertungsgesellschaften üben eine für Rechtsinhaber und Nutzer gleichermaßen vorteilhafte Vermittlerrolle aus, wo eine individuelle Wahrnehmung von Urheber- und Leistungsschutzrechten aufgrund der Existenz massenhafter, schwer zu kontrollierender Nutzungen nicht möglich ist.

5 Diesen Zusammenhang erhellt bereits die Gründungsgeschichte der ersten Verwertungsgesellschaft im modernen Sinne, der französischen Société des Auteurs, Compositeurs et Editeurs de Musique (SACEM) im Jahr 1851. Dieser liegt ein Rechtsstreit zugrunde, in dem der Betreiber eines Konzert-Cafés verurteilt wurde, den Urhebern der Werke, die er zur Unterhaltung der Café-Besucher hatte aufführen lassen, eine Vergütung zu zahlen (sogenannter „Zuckerwasserfall").[7] Die Erkenntnis, dass weder ein einzelner Wirt mit sämtlichen Rechtsinhabern über die Nutzung ihrer Werke verhandeln und Verträge schließen, noch ein einzelner Urheber sämtliche Nutzungen seiner Werke durch alle Wirte und sonstigen vergütungspflichtigen Nutzer kontrollieren konnte, führte dazu, dass sich Urheber und Verleger im Wege der Selbstorganisation in einer speziellen Einrichtung zusammenschlossen, die die Rolle des Intermediärs zwischen Rechtsinhabern und Nutzern übernahm – einer Verwertungsgesellschaft.

6 An dieser Mittlerrolle hat sich seither grundsätzlich nichts geändert: Auch heute stehen Urheber und Leistungsschutzberechtigte vor dem strukturellen Problem, dass sie zwar ein Interesse an einer möglichst weitreichenden Nutzung ihrer Werke und Leistungen und entsprechenden Vergütungen haben, in vielen Bereichen aber nicht in der Lage sind, individuell mit der grundsätzlich unbegrenzten Vielzahl potenzieller Nutzer Kontakt aufzunehmen, Lizenzbedingungen auszuhandeln, Lizenzverträge zu schließen sowie deren Erfüllung zu kontrollieren und durchzusetzen. Auf der anderen Seite haben Nutzer regelmäßig ein nachvollziehbares Interesse, die Rechte möglichst vieler Urheber oder Leistungsschutzberechtigter – im Idealfall das gesamte sogenannte „Weltrepertoire" der jeweils begehrten Werke und Leistungen – aus einer Hand zu erhalten (sog. „One-Stop-Shop"), um ihrerseits den Re-

---

7 Vgl. hierzu *Dümling*, Musik hat ihren Wert, S. 24 f. Als zentrale Figur des Rechtsstreits und der anschließenden Gründung der SACEM gilt Ernest Bourget (1814–1864), der üblicherweise – so auch bei Dümling – als Komponist bezeichnet wird. Bekannt wurde Bourget allerdings vor allem als Textautor, so etwa als Librettist von Jacques Offenbach.

cherche- und Verhandlungsaufwand im Zusammenhang mit der beabsichtigten Nutzung zu reduzieren. Im Sinne der modernen Transaktionskosten- und Informationsökonomik erfüllt die Bündelung von Rechten bei einer Verwertungsgesellschaft vor diesem Hintergrund eine zentrale ökonomische Funktion hinsichtlich der Reduzierung von Transaktionskosten bei der massenhaften Nutzung von Urheber- und Leistungsschutzrechten.[8]

Neben dieser ökonomischen Funktion erfüllen Verwertungsgesellschaften traditionell auch wichtige kulturfördernde und soziale Aufgaben.[9] Anerkannt ist nicht zuletzt die Relevanz von Verwertungsgesellschaften für den Erhalt kultureller Vielfalt: Im Rahmen eines „One-Stop-Shop" der kollektiven Rechtewahrnehmung haben kleinere, weniger populäre Repertoires dieselben Marktzugangschancen wie stark nachgefragte Werke.[10]   7

II. Gesetzliche Grundlagen

Das Wahrnehmungsrecht – d.h. die gesetzlichen Grundlagen für die Einrichtung und Tätigkeit von Verwertungsgesellschaften – ist aktuell starken Veränderungen unterworfen. Hintergrund ist die Harmonisierung des Rechts der Verwertungsgesellschaften auf europäischer Ebene. Bislang war die kollektive Rechtewahrnehmung in Europa maßgeblich durch nationale, sehr unterschiedlich ausgeprägte Rechtsvorschriften geregelt, in Deutschland insbesondere durch das Urheberrechtswahrnehmungsgesetz von 1965 (UrhWG).[11] Mit der Richtlinie 2014/26/EU vom 26.2.2014 (i.F. VG-Richtlinie) hat sich der europäische Gesetzgeber dagegen zum Ziel gesetzt, bestimmte Anforderungen an die Gründung, Organisation und Tätigkeit von Verwertungsgesellschaften auf europäischer Ebene zu vereinheitlichen. Die Richtlinie war gemäß Art. 43 Abs. 1 VG-RL bis zum 10.4.2016 in das nationale Recht der einzelnen Mitgliedstaaten umzusetzen.   8

Der deutsche Gesetzgeber hat die Umsetzung der VG-Richtlinie zum Anlass genommen, die gesetzlichen Grundlagen der kollektiven Rechtewahrnehmung insgesamt zu überarbeiten. Zu diesem Zweck wurde das Urheber-   9

---

8 Hierzu eingehend *Hansen/Schmidt-Bischoffshausen*, GRUR Int. 2007, 461.
9 Vgl. etwa Entwurf eines Gesetzes zur Umsetzung der Richtlinie 2014/26/EU über die kollektive Wahrnehmung von Urheber- und verwandten Schutzrechten und die Vergabe von Mehrgebietslizenzen für Rechte an Musikwerken für die Online-Nutzung im Binnenmarkt sowie zur Änderung des Verfahrens betreffend die Geräte- und Speichermedienvergütung (VG-Richtlinie-Umsetzungsgesetz), i.F.: RegE VGG; BT-Drs. 18/7223, S. 57; *Katzenberger/Nérisson*, GRUR Int. 2011, 283.
10 Vgl. Erwägungsgrund 3 VG-RL.
11 BGBl. I, S. 1294, zuletzt geändert durch Art. 218 der Verordnung vom 31.8.2015 (BGBl. I, S. 1474).

Kap. 6 Recht der Verwertungsgesellschaften

rechtswahrnehmungsgesetz durch ein neues Verwertungsgesellschaftengesetz (VGG)[12] abgelöst, das neben den Vorgaben der VG-Richtlinie und den teils angepassten Regelungen des Urheberrechtswahrnehmungsgesetzes auch die bislang separat in der Urheberrechtsschiedsstellenverordnung (UrhSchiedsV)[13] geregelten Verfahrensvorschriften für Streitfälle zwischen Verwertungsgesellschaften und Nutzern umfasst. Neu geregelt wurde hierbei insbesondere das Verfahren zur Ermittlung der Privatkopie-Vergütung für Geräte und Speichermedien.

10 Gleichzeitig betont der Gesetzgeber, dass das Verwertungsgesellschaftengesetz „im Wesentlichen die bewährten Mechanismen des deutschen Wahrnehmungsrechts" beibehält.[14] Entsprechende Freiräume bestehen umso mehr, als die VG-Richtlinie in wesentlichen Aspekten des Wahrnehmungsrechts lediglich eine Mindestharmonisierung vornimmt.[15] Die bisherige Rechtsprechung und Literatur zum Urheberrechtswahrnehmungsgesetz sind daher mit Inkrafttreten des Verwertungsgesellschaftengesetzes nicht ohne Weiteres obsolet, sondern können – mit der gebotenen Vorsicht – auch zur Auslegung des Verwertungsgesellschaftengesetzes herangezogen werden. Die nachfolgende Darstellung geht daher zwar von den Regelungen des Verwertungsgesellschaftengesetzes und den Vorgaben der VG-Richtlinie aus, nimmt an relevanten Stellen jedoch jeweils auch Bezug auf die bisherige rechtliche Situation nach dem Urheberrechtswahrnehmungsgesetz.

11 Durch die Beibehaltung diverser Kontrahierungszwänge (Wahrnehmungszwang gegenüber Rechtsinhabern,[16] Abschlusszwang und Tarifaufstellungspflicht gegenüber Nutzern,[17] Repräsentationspflicht gegenüber ausländischen Verwertungsgesellschaften bei der multiterritorialen Lizenzierung von Onlinerechten an Musikwerken)[18] und einer ausgeprägten Staatsauf-

---

12 Gesetz über die Wahrnehmung von Urheberrechten und verwandten Schutzrechten durch Verwertungsgesellschaften (Verwertungsgesellschaftengesetz – VGG), verkündet als Art. 1 des Gesetzes zur Umsetzung der Richtlinie 2014/26/EU über die kollektive Wahrnehmung von Urheber- und verwandten Schutzrechten und die Vergabe von Mehrgebietslizenzen für Rechte an Musikwerken für die Online-Nutzung im Binnenmarkt sowie zur Änderung des Verfahrens betreffend die Geräte- und Speichermedienvergütung (VG-Richtlinie-Umsetzungsgesetz) vom 24.5.2016 (BGBl. I, S. 1190). Das VGG ist gemäß Art. 7 des Umsetzungsgesetzes zum 1.6.2016 in Kraft getreten.
13 Verordnung über die Schiedsstelle für Urheberrechtsstreitfälle vom 20.12.1985 (BGBl. I, S. 2543, zuletzt geändert durch Art. 219 der Verordnung vom 31.8.2015, BGBl. I, S. 1474).
14 RegE VGG, Begr., S. 55, 62 ff.
15 Vgl. Erwägungsgrund 9 VG-RL.
16 Unten Rn. 28 ff
17 Unten Rn. 93 f., 101.
18 Unten Rn. 146 ff.

B. Allgemeine Rahmenbedingungen Kap. 6

sicht[19] wahrt das Verwertungsgesellschaftengesetz den Charakter des Wahrnehmungsrechts als Sonderkartellrecht, das grundsätzlich von einer (faktischen) Monopolstellung der Verwertungsgesellschaften für ihren jeweiligen Tätigkeitsbereich ausgeht.[20] Angesichts zunehmenden Wettbewerbs zwischen Verwertungsgesellschaften nicht nur im Bereich der multiterritorialen Onlinenutzung[21] bleibt abzuwarten, inwieweit diese wettbewerbsfeindliche Ausrichtung des Wahrnehmungsrechts auch künftig noch als sachgerecht zu bewerten sein wird.

Als „Verwertungsgesellschaft" definiert § 2 VGG eine Organisation, die „gesetzlich oder auf Grundlage einer vertraglichen Vereinbarung berechtigt ist und deren ausschließlicher oder hauptsächlicher Zweck es ist, für Rechnung mehrerer Rechtsinhaber Urheberrechte oder verwandte Schutzrechte zu deren kollektiven Nutzen wahrzunehmen". Unerheblich ist, ob die Rechtewahrnehmung in eigenem oder fremdem Namen erfolgt. Zudem wird eine Verwertungsgesellschaft dadurch charakterisiert, dass sie nicht auf Gewinnerzielung ausgerichtet ist und/oder ihre Anteile von den Mitgliedern gehalten werden oder sie von ihren Mitgliedern beherrscht wird.[22] **12**

Das Verwertungsgesellschaftengesetz findet gemäß § 3 Abs. 2 VGG auch auf sogenannte „abhängige Verwertungseinrichtungen" Anwendung, soweit diese Tätigkeiten einer Verwertungsgesellschaft ausüben. Abhängige Verwertungseinrichtungen sind gemäß § 3 Abs. 1 VGG Organisationen, „deren Anteile zumindest indirekt oder teilweise von mindestens einer Verwertungsgesellschaft gehalten werden oder die zumindest indirekt oder teilweise von mindestens einer Verwertungsgesellschaft beherrscht" werden. Hierunter versteht der Gesetzgeber insbesondere gemeinsame Einrichtungen mehrerer Verwertungsgesellschaften wie die Zentralstelle für private Überspielungsrechte (ZPÜ), die als Gesellschaft bürgerlichen Rechts die gesetzlichen Vergütungsansprüche aus privater Vervielfältigung gemäß §§ 54 ff. UrhG für neun Verwertungsgesellschaften wahrnimmt, daneben aber auch Tochtergesellschaften einzelner Verwertungsgesellschaften wie die ARESA GmbH[23] als Tochter der GEMA.[24] **13**

---

19 Unten Rn. 15 ff.
20 So mit Blick aufs UrhWG *Dreier*, in: Dreier/Schulze, UrhG, 5. Aufl. 2015, Einl. UrhG, Rn. 6; vor § 1 UrhWG Rn. 4 f.
21 Vgl. etwa die Initiative zur Gründung der C3S, die sich ausdrücklich als „echte GEMA-Alternative" versteht, https://www.c3s.cc sowie unten Rn. 22, a. E.
22 § 2 VGG dient der Umsetzung von Art. 3a VG-RL. Die Definition entspricht im Wesentlichen dem bisherigen Begriffsverständnis nach dem UrhWG; vgl. RegE VGG, Begr. zu § 2, S. 71 f.
23 Zu dieser unten Rn. 138.
24 Vgl. RegE VGG, Begr. zu § 3, S. 72 f.

Kap. 6 Recht der Verwertungsgesellschaften

14 In begrenztem Umfang ist das Verwertungsgesellschaftengesetz ferner auf sogenannte „unabhängige Verwertungseinrichtungen" im Sinne des § 4 VGG anzuwenden.[25] Unabhängige Verwertungseinrichtungen erfüllen zwar die in § 2 Abs. 1 VGG geregelten Voraussetzungen einer Verwertungsgesellschaft, nicht aber die zusätzlichen Voraussetzungen gemäß § 2 Abs. 2 VGG. Es handelt sich also insbesondere um gewinnorientierte Unternehmen. Für unabhängige Verwertungseinrichtungen gelten gemäß § 4 Abs. 2 VGG bestimmte Vorschriften des Gesetzes, die insbesondere die Transparenz ihrer Tätigkeit betreffen. Angesichts des Aufkommens profitorientierter Verwertungsgesellschaften etwa in den USA[26] gilt es, die Umgehungsrisiken im Blick zu behalten, die aus dem eingeschränkten wahrnehmungsrechtlichen Rechtsrahmen für unabhängige Verwertungseinrichtungen erwachsen können.

III. Die Staatsaufsicht über Verwertungsgesellschaften

1. Grundlagen der Staatsaufsicht

15 Der deutsche Gesetzgeber hat die Verwertungsgesellschaften bereits im Geltungsbereich des Urheberrechtswahrnehmungsgesetzes einer speziellen staatlichen Kontrolle unterworfen, um den aus ihrer faktischen Monopolstellung erwachsenden Missbrauchsrisiken vorzubeugen (vgl. §§ 18 ff. UrhWG). Art. 36 VG-RL schreibt nun auch europaweit die Einrichtung nationaler Behörden vor, die entsprechend dem Sitzlandprinzip zu überwachen haben, dass die Richtlinienvorgaben durch die in ihrem jeweiligen Hoheitsgebiet ansässigen Verwertungsgesellschaften eingehalten werden. In Deutschland liegt die Zuständigkeit für die Staatsaufsicht über die Verwertungsgesellschaften gemäß § 75 Abs. 1 VGG unverändert beim Deutschen Patent- und Markenamt (i.F. DPMA).[27]

2. Erlaubnispflicht

16 Verwertungsgesellschaften bedürfen für ihre Tätigkeit gemäß § 77 VGG einer Erlaubnis durch das DPMA. Indem das Verwertungsgesellschaftengesetz das zuvor in §§ 1 ff. UrhWG geregelte Instrument einer aufsichtsrechtlichen Vorabkontrolle beibehält, geht es über die Vorgaben der VG-Richtlinie

---

25 Die Regelung dient der Umsetzung von Art. 3b und 2 Abs. 4 VG-RL.
26 Die Performing-Rights-Society SESAC (https://www.sesac.com/) ist – im Unterschied zu ihren Konkurrenten ASCAP und BMI – keine Non-Profit-Organisation.
27 Vgl. http://www.dpma.de.

B. Allgemeine Rahmenbedingungen Kap. 6

hinaus, die eine solche Erlaubnispflicht nicht vorschreibt.[28] Auf diese Weise soll nach dem Willen des deutschen Gesetzgebers sichergestellt werden, dass „nur solche Verwertungsgesellschaften Rechte wahrnehmen, die dazu effektiv, wirtschaftlich, zuverlässig und unter fairer Beteiligung der Berechtigten in der Lage sind".[29]

Die Erlaubnispflicht gilt grundsätzlich auch für ausländische Verwertungsgesellschaften, die in Deutschland tätig werden.[30] Verwertungsgesellschaften, die ihren Sitz in einem anderen Mitgliedstaat der EU oder Vertragsstaat des EWR haben, bedürfen allerdings gemäß § 77 Abs. 2 VGG nur insoweit einer Erlaubnis, als sie Rechte gemäß § 49 Abs. 1 VGG (bestimmte gesetzliche Vergütungsansprüche), § 50 Abs. 1 Satz 1 VGG (Kabelweitersendung) oder § 51 Abs. 1 VGG (vergriffene Werke) wahrnehmen. Es handelt sich hier um Tätigkeitsbereiche, bei denen das Gesetz eine gesetzliche Vermutung bzw. Fiktion für die Wahrnehmungsbefugnis der Verwertungsgesellschaften gegenüber allen Rechtsinhabern aufstellt. Eine effektive Rechtewahrnehmung kann in solchen Bereichen nur über die Vorabkontrolle der jeweils tätigen Verwertungsgesellschaften sichergestellt werden.[31]   **17**

Das DPMA kann die Erlaubnis zum Betrieb einer in Deutschland ansässigen Verwertungsgesellschaft gemäß § 79 UrhG nur versagen, wenn das Statut der Verwertungsgesellschaft nicht den Vorschriften des Verwertungsgesellschaftengesetzes entspricht, wenn Tatsachen die Annahme der Unzuverlässigkeit einer zur Vertretung der Verwertungsgesellschaft berechtigten Person rechtfertigen oder wenn die wirtschaftliche Grundlage der Verwertungsgesellschaft eine wirksame Wahrnehmung der Rechte nicht erwarten lässt. Gemäß § 80 VGG kann das DPMA eine bereits erteilte Erlaubnis aus den vorgenannten Gründen sowie bei wiederholten VGG-Verstößen der Verwertungsgesellschaft unter bestimmten Voraussetzungen widerrufen.[32]   **18**

---

28 Die Möglichkeit der Erteilung und des Entzugs einer Zulassung durch die jeweilige nationale Aufsichtsbehörde wird in Erwägungsgrund 50 VG-RL allerdings explizit angesprochen.
29 RegE VGG, Begr. zu § 77, S. 95.
30 Vgl. OLG Köln, GRUR 2008, 69.
31 Vgl. RegE VGG, Begr. zu § 77, S. 95.
32 Die §§ 79, 80 VGG entsprechen im Wesentlichen §§ 3, 4 UrhWG. Auf Grundlage dieser Vorschriften hat das DPMA etwa der in der Voraufl. noch erwähnten Verwertungsgesellschaft VG Werbung + Musik mbH im Jahr 2010 die Erlaubnis zum Geschäftsbetrieb entzogen. Vgl. Deutsches Patent- und Markenamt, Jahresbericht 2010, S. 41; abrufbar unter http://presse.dpma.de/docs/pdf/jahresberichte/dpma-jahresbericht2010_barrierefrei.pdf. Das Haushaltsvolumen der VG Werbung + Musik war in den vorangehenden Jahresberichten des DPMA bereits regelmäßig mit 0 Euro angegeben worden.

3. Aufsicht

19 Gemäß § 76 Abs. 1 VGG hat die Aufsichtsbehörde darauf zu achten, dass die Verwertungsgesellschaft den ihr nach diesem Gesetz obliegenden Verpflichtungen ordnungsgemäß nachkommt. Diese Zuständigkeit hat sich entsprechend dem Regelungsumfang des Verwertungsgesellschaftengesetzes im Vergleich zum Urheberrechtswahrnehmungsgesetz erweitert. So erstreckt sich die Aufsicht des DPMA über die deutschen Verwertungsgesellschaften künftig dezidiert auch auf die Verpflichtungen im Zusammenhang mit der gebietsübergreifenden Vergabe von Onlinerechten an Musikwerken (§§ 59 ff. VGG). Sie umfasst zudem auch die weitreichenden Vorgaben zur Binnenorganisation der Verwertungsgesellschaften, die bislang allein am Vereins- oder Gesellschaftsrecht zu messen waren[33] und den damit verbundenen Kontrollmechanismen wie der Vereinsaufsicht unterlagen. Werden Verwertungsgesellschaften aus dem EU/EWR-Ausland in Deutschland tätig, muss das DPMA gemäß § 76 Abs. 2 VGG darauf achten, dass diese Verwertungsgesellschaften die in ihren jeweiligen Sitzstaaten zur Umsetzung der VG-Richtlinie erlassenen Gesetze einhalten. Ein aufsichtsrechtliches Tätigwerden des DPMA gegen solche Verwertungsgesellschaften ist dagegen nicht vorgesehen. Vielmehr kann das DPMA gemäß § 86 Abs. 1 Satz 2 VGG die Aufsichtsbehörde des jeweiligen Sitzlandes ersuchen, Maßnahmen gegen die betreffende in Deutschland tätige Verwertungsgesellschaft aus dem EU/EWR-Ausland zu ergreifen. Voraussetzung dafür, dass eine solche Aufsicht über die Einhaltung des Rechts eines anderen Mitgliedstaates effizient ausgeübt werden kann, ist der in Art. 37 VG-RL angelegte, und in §§ 86 f. VGG übernommene Informationsaustausch zwischen den Aufsichtsbehörden aller Mitgliedstaaten.

20 Um ihre Tätigkeit wirksam ausüben zu können, hat die Aufsichtsbehörde gemäß § 88 VGG umfangreiche Informationsrechte. So muss die Verwertungsgesellschaft der Aufsichtsbehörde u.a. sämtliche Tarife und Gesamtverträge sowie die Beschlüsse ihrer Mitgliederversammlung und ihres Aufsichtsgremiums übermitteln.

21 Gemäß § 85 Abs. 1 VGG kann die Aufsichtsbehörde – wie bereits nach § 19 Abs. 2 S. 2 UrhWG – im Rahmen ihres Auswahlermessens alle erforderlichen Maßnahmen ergreifen, um sicherzustellen, dass die Verwertungsgesellschaft die ihr nach dem Gesetz obliegenden Verpflichtungen ordnungsgemäß erfüllt. Diese Maßnahmen können von formlosen Hinweisen über formelle Abmahnungen und Verwaltungsakte bis – als *ultima ratio* – zur Un-

---

33 Vgl. *Schulze*, in: Dreier/Schulze, UrhG, 5. Aufl. 2015, § 19 UrhWG Rn. 9.

B. Allgemeine Rahmenbedingungen Kap. 6

tersagung der Tätigkeit als Verwertungsgesellschaft reichen.[34] Ein Selbsteintrittsrecht hat die Aufsichtsbehörde dagegen nicht.[35]

IV. Derzeit bestehende Verwertungsgesellschaften

Das DPMA führt als Aufsichtsbehörde eine aktuelle Liste der in Deutschland zugelassenen Verwertungsgesellschaften.[36] Derzeit sind hiernach die nachfolgend genannten dreizehn Verwertungsgesellschaften zugelassen: 22

– **GEMA**

Gesellschaft für musikalische Aufführungs- und mechanische Vervielfältigungsrechte

Die GEMA, deren Geschichte bis ins Jahr 1903 zurückreicht, nimmt als wirtschaftlicher Verein kraft staatlicher Verleihung Urheberrechte an Musikwerken wahr. Sie vertritt die Rechte von rund 70.000 eigenen Mitgliedern (Komponisten, Textdichter, Bearbeiter und Musikverleger) sowie von über zwei Millionen Rechtsinhabern aus aller Welt. Für diese Berechtigten nimmt die GEMA ein umfassendes Portfolio aus Erst- und Zweitverwertungsrechten[37] sowie gesetzlichen Vergütungsansprüchen wahr. Der Wahrnehmungsumfang umfasst u.a. das Aufführungsrecht, das Senderecht, die Wiedergaberechte gemäß §§ 21, 22 UrhG, das Recht zur Vervielfältigung und Verbreitung sowie die Onlinerechte (hierzu nachfolgend unter Rn. 42 ff.

– **GVL**

Gesellschaft zur Verwertung von Leistungsschutzrechten mbH

Die GVL nimmt seit 1959 Leistungsschutzrechte für ausübende Künstler (z.B. Musiker und Schauspieler), Tonträgerhersteller, Hersteller von Videoclips sowie Veranstalter künstlerischer Darbietungen wahr. Ihre Tätigkeit umfasst Zweitverwertungsrechte und die hiermit im Zusammen-

---

34 Vgl. *Schulze*, in: Dreier/Schulze, UrhG, 5. Aufl. 2015, § 19 UrhWG Rn. 15.
35 *Reinhothe*, in: Schricker/Loewenheim, Urheberrecht, 4. Aufl. 2010, § 19 UrhWG Rn. 2.
36 Die Liste ist auf der Website des DPMA online abrufbar unter http://www.dpma.de/amt/aufgaben/urheberrecht/aufsichtueberverwertungsgesellschaften/listederverwertungsgesellschaften/. Sie enthält Links zu den Websites der einzelnen Verwertungsgesellschaften und deren E-Mail-Kontaktadressen.
37 Unter Zweitverwertungen werden Werknutzungen verstanden, denen bereits eine dem Urheber vorbehaltene Werkverwertung vorausgegangen ist; vgl. *Dustmann*, in: Fromm/Nordemann, Urheberrecht, 11. Aufl. 2014, § 15 UrhG Rn. 7.

hang stehenden gesetzlichen Vergütungsansprüche. Die Erstverwertung wird dagegen durch individualvertragliche Vereinbarungen zwischen Rechtsinhabern und Rechtenutzern geprägt. Gesellschafter der GVL sind die Deutsche Orchestervereinigung e.V. (DOV) und der Bundesverband Musikindustrie e.V. (BVMI). Zur Wahrnehmung von Onlinerechten durch die GVL vgl. nachfolgend unter Rn. 49 ff.

– VG Wort

Verwertungsgesellschaft WORT, rechtsfähiger Verein kraft Verleihung

Die VG Wort (gegründet 1959) nimmt Urheberrechte an Sprachwerken wahr. Es existieren sechs Berufsgruppen:

- Berufsgruppe 1: Autoren und Übersetzer belletristischer und dramatischer Werke
- Berufsgruppe 2: Journalisten, Autoren und Übersetzer von Sachliteratur
- Berufsgruppe 3: Autoren und Übersetzer von wissenschaftlicher und Fachliteratur
- Berufsgruppe 4: Verleger belletristischer Werke und von Sachliteratur
- Berufsgruppe 5: Bühnenverleger
- Berufsgruppe 6: Verleger von wissenschaftlichen Werken und von Fachliteratur

– VG Musikedition

Verwertungsgesellschaft Musikedition

Die VG Musikedition nimmt als wirtschaftlicher Verein kraft staatlicher Verleihung seit 1966 Leistungsschutzrechte (auch für Onlinenutzungen) an wissenschaftlichen Ausgaben (§ 70 UrhG) und nachgelassenen Werken (§ 71 UrhG) sowie bestimmte gesetzliche Vergütungsansprüche wahr. Zu ihren Mitgliedern zählen Verfasser und Herausgeber i.S.d. §§ 70, 71 UrhG (Kammer I), Verleger (Kammer II) sowie Komponisten und Textdichter (Kammer III).

– VG Bild-Kunst

Verwertungsgesellschaft BILD-KUNST

Die VG Bild-Kunst nimmt als rechtsfähiger Verein kraft staatlicher Verleihung seit 1968 Urheberrechte für Bildurheber wahr. Es bestehen drei Berufsgruppen:

B. Allgemeine Rahmenbedingungen **Kap. 6**

– Berufsgruppe I: Bildende Künstler (z. B. Maler und Bildhauer)
– Berufsgruppe II: Fotografen, Bildjournalisten, Grafiker, Illustratoren, Designer, Karikaturisten, Pressezeichner, Bildagenturen, angewandte Kunst
– Berufsgruppe III: Regisseure, Kameraleute, Cutter, Filmarchitekten / Szenenbildner, Kostümbildner, Trickfilmzeichner und Produzenten von freien (Co)Produktionen.

Der Umfang der Rechtewahrnehmung ist je nach Berufsgruppe unterschiedlich ausgestaltet. Onlinerechte nimmt die VG Bild-Kunst lediglich für die Berufsgruppen I und II wahr.

– GÜFA

Gesellschaft zur Übernahme und Wahrnehmung von Filmaufführungsrechten mbH

Die GÜFA nimmt seit 1976 Zweitverwertungsrechte und gesetzliche Vergütungsansprüche für Urheber und Hersteller von erotischen und pornografischen Filmen wahr.

– VFF

Verwertungsgesellschaft der Film- und Fernsehproduzenten mbH

Die VFF nimmt das Leistungsschutzrecht gemäß § 94 UrhG sowie daraus erwachsende gesetzliche Vergütungsansprüche für Filmhersteller wahr. Zu ihren Berechtigten gehören die deutschen Auftragsproduzenten sowie die öffentlich-rechtlichen Rundfunkanstalten ARD und ZDF, die Werbetöchter der ARD und einige private Fernsehveranstalter. Gesellschafter der VFF sind der Bundesverband deutscher Fernsehproduzenten e.V., der Südwestfunk und das ZDF.

– VGF

Verwertungsgesellschaft für Nutzungsrechte an Filmwerken mbH

Die VGF nimmt seit 1981 insbesondere die gesetzlichen Vergütungsansprüche gemäß §§ 20, 27 und 54 UrhG für Filmhersteller und Regisseure wahr. Ausschließlichkeitsrechte zählen nicht zum Tätigkeitsbereich der VGF.

– GWFF

Gesellschaft zur Wahrnehmung von Film- und Fernsehrechten mbH

Kap. 6 Recht der Verwertungsgesellschaften

Die GWFF nimmt seit 1982 bestimmte Wiedergaberechte und Vergütungsansprüche für Film- und Fernsehproduzenten, Filmurheber, Produzenten von Synchronfassungen, Videogramm-Hersteller, Schauspieler und Verleiher wahr. Das Recht der öffentlichen Zugänglichmachung gemäß § 19a UrhG wird der GWFF von ihren Berechtigten nicht zur Wahrnehmung eingeräumt.

– AGICOA

AGICOA Urheber Rechtsschutz GmbH

Die AGICOA nimmt seit 1995 Ansprüche aus der kabelgebundenen oder kabellosen Weiterübertragung von Fernsehprogrammen für in- und ausländische Filmhersteller, Filmverwerter und Filmvertreiber wahr.

– VG Media

Gesellschaft zur Verwertung der Urheber- und Leistungsschutzrechte von Medienunternehmen mbH

Die VG Media nimmt Leistungsschutzrechte privater Sendeunternehmen – insbesondere das Kabelweitersenderecht und den Vergütungsanspruch gemäß § 20b UrhG – wahr. Ferner zählt zu ihrem Tätigkeitsbereich das seit 2013 in §§ 87f–h UrhG gesetzlich geregelte Leistungsschutzrecht für Presseverlage. Die Geschäftsanteile der VG Media liegen seit 2014 zu je 50 % bei 13 privaten Fernseh- und Hörfunk-Sendeunternehmen und zwölf Presseverlagen.

– TWF

Treuhandgesellschaft Werbefilm mbH

Die TWF nimmt seit 2008 das Kabelweitersenderecht und die Vergütungsansprüche gemäß §§ 20b und 54 UrhG für Werbefilmhersteller wahr.

– GWVR

Gesellschaft zur Wahrnehmung von Veranstalterrechten mbH

Die 2014 zugelassene GWVR nimmt das Leistungsschutzrecht des Veranstalters gemäß § 81 UrhG wahr. Alleingesellschafter der GWVR ist der Bundesverband der Veranstaltungswirtschaft (bdv) e.V.

– C3S

Neben den vorgenannten, aktuell in Deutschland zugelassenen Verwertungsgesellschaften bereitet derzeit die Cultural Commons Collecting Society (C3S) einen Zulassungsantrag vor.[38] Die C3S wurde 2013 – u. a. durch Crowdfunding finanziert – als Europäische Genossenschaft mit dem Ziel gegründet, eine weitere musikalische Verwertungsgesellschaft in Deutschland ins Leben zu rufen. Sie versteht sich hiermit ausdrücklich als Alternative zur GEMA und will ihren Mitgliedern insbesondere ermöglichen, bei jedem einzelnen Werk zwischen individueller und kollektiver Rechtewahrnehmung zu wählen.[39] Aktuell sieht sich die C3S in ihrer Tätigkeit durch bestimmte Regelungen des Verwertungsgesellschaftengesetzes behindert, die aus ihrer Sicht nicht mit dem Genossenschaftsrecht kompatibel sind.[40] Ungeachtet dessen zeigt gerade das Beispiel der C3S, dass sich das Modell einer kollektiven Rechtewahrnehmung durch Verwertungsgesellschaften auch im digitalen Zeitalter ungebrochener Attraktivität erfreut.

C. Die Beziehungen der Verwertungsgesellschaften zu Rechtsinhabern

I. Arten von Rechtsinhabern

Je nachdem, wie sich die Beziehung zwischen Rechtsinhaber und Verwertungsgesellschaft gestaltet, unterscheidet das Verwertungsgesellschaftengesetz begrifflich zwischen Rechtsinhabern, Berechtigten und Mitgliedern. 23

„Rechtsinhaber" ist gemäß § 5 VGG[41] zum einen jede natürliche oder juristische Person, die selbst Inhaber eines Urheberrechts oder verwandten Schutzrechts ist. Zum anderen gilt als Rechtsinhaber auch jede natürliche oder juristische Person, die aufgrund eines Rechteverwertungsvertrags Anspruch auf einen Anteil an den Einnahmen aus den Rechten hat. Die Qualifikation als Rechtsinhaber kann sich somit auch aus schuldrechtlichen Vereinbarungen mit einem originären Rechtsinhaber ergeben. Der europäische 24

---

38 Vgl. https://www.c3s.cc. Der Zulassungsantrag war zuletzt (Stand: August 2016) für Frühjahr 2016 angekündigt.
39 Vgl. https://www.c3s.cc/warum-wir-eine-gema-alternative-brauchen/.
40 Vgl. die Stellungnahme der C3S zum Referentenentwurf des VGG unter https://archive.c3s.cc/aktuell/VGG/stellungnahme_referentenentwurf_2015-08-10.pdf.
41 Die Regelung setzt Art. 3 lit. c) VG-RL um.

Kap. 6   Recht der Verwertungsgesellschaften

Richtliniengesetzgeber hat insoweit explizit auch Verleger, die aufgrund ihrer mit Urhebern geschlossenen Verlagsverträge Anspruch auf eine Beteiligung an den Einnahmen einer Verwertungsgesellschaft haben, in den Anwendungsbereich der VG-Richtlinie einbezogen.[42] Verwertungsgesellschaften selbst können gemäß § 5 Abs. 2 VGG keine Rechtsinhaber im Sinne des Gesetzes sein.

25   Als „Berechtigter" wird gemäß § 6 i.V.m. § 1 VGG ein Rechtsinhaber bezeichnet, der in einem unmittelbaren Wahrnehmungsverhältnis zu einer Verwertungsgesellschaft oder einer abhängigen oder unabhängigen Verwertungseinrichtung steht. Ein solches Wahrnehmungsverhältnis kann sich aus Vertrag (durch Abschluss eines Wahrnehmungsvertrags) oder aus Gesetz (aufgrund einer gesetzlichen Fiktion) ergeben.[43] Bei dem „Berechtigten" handelt es sich um eine zusätzliche, nicht durch die VG-Richtlinie vorgegebene Kategorie, die insbesondere die Binnendifferenzierung zwischen den mit einer Verwertungsgesellschaft vertraglich verbundenen Rechtsinhabern erleichtern soll.

26   „Mitglieder" einer Verwertungsgesellschaft sind gemäß § 7 VGG zum einen diejenigen Berechtigten, die die Verwertungsgesellschaft als Mitglied aufgenommen hat, zum anderen – falls die Rechtsform und das Statut der Verwertungsgesellschaft dies erlauben – als Mitglieder aufgenommene Einrichtungen, die Rechtsinhaber vertreten. Mit dem untechnisch zu verstehenden Begriff des „Mitglieds" trägt der Gesetzgeber dem Umstand Rechnung, dass Verwertungsgesellschaften traditionell sehr unterschiedliche Organisationsformen aufweisen. So sind bei einer als Verein organisierten Verwertungsgesellschaft wie der GEMA grundsätzlich diejenigen Berechtigten als

---

42   Erwägungsgrund 20 VG-RL. Demgegenüber soll § 5 VGG die Frage unberührt lassen, ob Verleger an den Einnahmen der Verwertungsgesellschaften zu beteiligen sind, vgl. RegE VGG, Begr. zu § 5, S. 73. Auf eine Stellungnahme des Bundesrates zum VGG-Entwurf hat die Bundesregierung jedoch ausgeführt, dass Rechtsinhaber im Sinne des § 5 Abs. 1 VGG auch derjenige sei, der gesetzlich oder aufgrund eines Rechteverwertungsvertrags Anspruch auf einen Anteil an den Einnahmen aus den Rechten habe. Hierunter könnten auch Verlage fallen. Ein spezieller Klarstellungsbedarf bestehe insoweit nicht, BT-Drs. 18/7453, S. 1, 4. Die Beteiligung von Verlegern an den Einnahmen der Verwertungsgesellschaften ist im Zusammenhang mit mehreren Rechtsstreitigkeiten in die Diskussion geraten, vgl. insbesondere die Entscheidung BGH, 21.4.2016, I ZR 198/13, wo die bisherige pauschale Verlegerbeteiligung bei der VG Wort beanstandet wird. Reichweite und Konsequenzen dieses Urteils sind derzeit nicht absehbar. Ungeachtet dessen hat sich der Deutsche Bundestag im Zusammenhang mit der Verabschiedung des VGG in einer Entschließung vom 28.4.2016 klar dafür ausgesprochen, alle nationalen und europarechtlichen Möglichkeiten zu nutzen, „um die gemeinsame Rechtewahrnehmung von Autoren und Verlegern in gemeinsamen Verwertungsgesellschaften für die Zukunft weiter zu ermöglichen", BT-Drs. 18/8368, S. 5f.
43   Vgl. hierzu RegE VGG, Begr. zu § 6, S. 73 f.

Mitglieder im Sinne des Verwertungsgesellschaftengesetzes zu verstehen, die die vereinsrechtlichen Voraussetzungen einer ordentlichen Mitgliedschaft erfüllen. Als Beispiele für „Einrichtungen, die Rechtsinhaber vertreten", können dagegen die Deutsche Orchestervereinigung e. V. und der Bundesverband Musikindustrie verstanden werden: Diese sind als Gesellschafter der GVL Mitglieder dieser Verwertungsgesellschaft i. S. d. Verwertungsgesellschaftengesetzes.[44]

II. Vertragliche Beziehungen zwischen Verwertungsgesellschaften und Rechtsinhabern

1. Wahrnehmungsverträge

Grundlage der Rechtsbeziehungen zwischen den Verwertungsgesellschaften und ihren Berechtigten ist regelmäßig ein Vertrag, mit dem der Berechtigte der Verwertungsgesellschaft Rechte und Vergütungsansprüche an seinen Werken oder sonstigen Schutzgegenständen zur kollektiven Wahrnehmung einräumt. Diese Verträge werden als Wahrnehmungsverträge oder auch (namentlich im Fall der GEMA) als Berechtigungsverträge bezeichnet. Sie sind im Gesetz nicht als eigener Vertragstyp definiert, sondern werden als Nutzungsverträge eigener Art verstanden, die insbesondere durch Elemente des Auftrags-, daneben aber auch des Gesellschafts-, Dienstleistungs- und Geschäftsbesorgungsvertrags geprägt werden.[45] Zentrale Elemente des Wahrnehmungsvertrags sind nun durch das Verwertungsgesellschaftengesetz gesetzlich geregelt.

27

a) Gesetzliche Grundlagen

§ 9 VGG verpflichtet die Verwertungsgesellschaften dazu, auf Verlangen Rechte jedes Rechtsinhabers zu angemessenen Bedingungen wahrzunehmen. Anders als die bisherige Regelung in § 6 UrhWG konkretisiert § 9 VGG diesen Wahrnehmungszwang in Umsetzung von Art. 5 Abs. 2 VG-RL näher und hebt verschiedene Möglichkeiten des Rechtsinhabers hervor, den Wahrnehmungsauftrag flexibel zu gestalten. Der Rechtsinhaber kann hiernach grundsätzlich frei entscheiden,

28

---

44 Vgl. RegE VGG, Begr. zu § 7, S. 74. § 7 VGG dient der Umsetzung von Art. 3 d) VG-RL.
45 *Schulze*, in: Dreier/Schulze, UrhG, 5. Aufl. 2015, Vor § 31 Rn. 125; *Riesenhuber*, Die Auslegung und Kontrolle des Wahrnehmungsvertrags, Berlin 2004, S. 20 ff.; BGH, 3.11.1967, Ib ZR 123/65, GRUR 1968, 321, 327 – Haselnuss.

Kap. 6 Recht der Verwertungsgesellschaften

- welche Rechte
- an welchen Arten von Werken
- für welche Territorien

er der Verwertungsgesellschaft zur Wahrnehmung einräumt. Voraussetzung für den Eintritt des Wahrnehmungszwanges ist gemäß § 9 Satz 1 Ziff. 1 und 2 VGG lediglich, dass die vom Rechtsinhaber begehrte Wahrnehmung in den Tätigkeitsbereich der Verwertungsgesellschaft fällt und der Wahrnehmung keine objektiven Gründe entgegenstehen.

29 Unter dieser Voraussetzung haben Rechtsinhaber somit zum Beispiel die Möglichkeit, einer Verwertungsgesellschaft allein die für Onlinenutzungen ihrer Werke oder schutzfähigen Leistungen erforderlichen Rechte für ein bestimmtes Territorium zur Wahrnehmung einzuräumen oder ebendiese Rechte vom Wahrnehmungsauftrag auszunehmen. Nimmt eine Verwertungsgesellschaft Rechte an mehreren Werkarten wahr, können die Rechtsinhaber ihren Wahrnehmungsauftrag auch insoweit differenzieren.

30 In der Praxis hatten die Berechtigten der deutschen Verwertungsgesellschaften regelmäßig schon vor Inkrafttreten der VG-Richtlinie die Möglichkeit, den Wahrnehmungsumfang auf bestimmte Nutzungsarten und Territorien zu beschränken.[46] Hintergrund dieser Entwicklung waren zwei Kommissionsentscheidungen aus den Jahren 1971/72.[47]

31 Dagegen gewährt das Gesetz den Rechtsinhabern grundsätzlich nicht die Möglichkeit, die Rechteeinräumung an eine Verwertungsgesellschaft auf einzelne Werke zu beschränken, neben der Verwertungsgesellschaft Dritte mit der Wahrnehmung seiner Rechte zu beauftragen oder individuell Lizenzen für Nutzungen seiner Werke zu erteilen. Ein solches „Rosinenpicken" durch die Berechtigten würde eine wirtschaftlich effektive kollektive Rechtewahrnehmung unmöglich machen, da davon auszugehen ist, dass verhandlungsstarke Rechtsinhaber in diesem Fall gerade die Rechte an den wirtschaftlich erfolgreichsten, am Markt besonders nachgefragten Werken individuell wahrnehmen würden.[48] Das Bedürfnis der Verwertungsgesellschaften, das in ihren Tätigkeitsbereich fallende Repertoire grundsätzlich „exklusiv" wahrzunehmen, ist daher seit den 1970er Jahren von Kommis-

---

46 Vgl. § 16 des GEMA-Berechtigungsvertrags, GEMA-Jahrbuch 2015/2016, S. 195, online abrufbar unter https://www.gema.de/de/die-gema/publikationen/jahrbuch/; § 16 des Wahrnehmungsvertrags der VG Bild Kunst für die Berufsgruppe III in der Fassung vor den Beschlüssen der ordentlichen Mitgliederversammlung vom 2.7.2016.
47 Kommission v. 2.6.1971, 71/224/EWG, ABl. 1971 L 134, S. 15 – GEMA I; Kommission v. 6.7.1972, 72/268/EWG, ABl. 1972 L 166/22 f. – GEMA II.
48 *Staudt*, in: Kreile/Becker/Riesenhuber (Hrsg.), Recht und Praxis der GEMA, 2. Aufl. 2008, Kap. 10, Rn. 38 ff. m. w. N.

C. Die Beziehungen der Verwertungsgesellschaften zu Rechtsinhabern Kap. 6

sion und EuGH anerkannt.[49] Die Verwertungsgesellschaften lassen sich in ihren Wahrnehmungsverträgen dementsprechend regelmäßig ausschließliche Nutzungsrechte i. S. d. § 31 Abs. 3 UrhG an allen bestehenden und während der Vertragslaufzeit geschaffen Werken oder sonstigen Schutzgegenständen des jeweiligen Berechtigten übertragen.[50]

Eine gesetzliche Ausnahme vom Exklusivitätsgrundsatz regelt § 11 VGG. Nach dieser Vorschrift muss es den Berechtigten auch nach Abschluss eines Wahrnehmungsvertrags möglich bleiben, jedermann das Recht einzuräumen, seine Werke oder sonstigen Schutzgegenstände für nicht kommerzielle Zwecke zu nutzen. Die Bedingungen für diese individuelle Rechtewahrnehmung legt die Verwertungsgesellschaft fest. Zuständig hierfür ist gemäß § 17 Abs. 1 Satz 2 Nr. 16 VGG die Mitgliederhauptversammlung. 32

Der Gesetzgeber reagiert mit § 11 VGG, der Art. 5 Abs. 3 und 8 VG-RL umsetzt, auf das Aufkommen freier Lizenzmodelle wie insbesondere der sogenannten Creative-Commons-Lizenzen („CC-Lizenzen").[51] Derartige Modelle können auch für Berechtigte einer Verwertungsgesellschaft im Einzelfall interessant sein, etwa wenn sie einzelne Werke zu Promotionzwecken online frei verfügbar machen wollen. In der Regel werden die Berechtigten aber daran interessiert – wenn nicht darauf angewiesen – sein, für Nutzungen ihrer Werke und Leistungen die ihnen gesetzlich zugesicherte angemessene Vergütung (§ 11 S. 2 UrhG) zu erhalten.[52] Das aktuelle Modell der CC-Lizenzen ist zudem insoweit nur begrenzt attraktiv, als CC-Lizenzen weder räumlich, noch zeitlich, noch auf bestimmte Nutzungsarten beschränkt werden können. Der Rechtsinhaber muss somit unwiderruflich auf eine Vergütung für alle von der CC-Lizenz umfassten Nutzungen seiner Werke in allen Nutzungsarten verzichten. Es bleibt daher abzuwarten, welche praktische Relevanz die Lizenzierung nicht-kommerzieller Nutzungen im Rahmen des § 11 VGG in Zukunft erlangen wird. 33

Der Ansatz der GEMA[53] für eine rechtssichere und praxistaugliche Umsetzung von § 11 VGG sieht ein zweistufiges Modell zur Vergabe vergütungs- 34

---

49 Kommission v. 2.6.1971, 71/224/EWG, ABl. 1971 L 134, S. 15, hier: L 22 f. – GEMA-I; EuGH v. 27.3.1974, Rs. 127/73 BRT./. SABAM und Fonior, Slg. 1974, 313 Rn. 9/11 – BRT II.
50 Zu § 1 des GEMA-Berechtigungsvertrags vgl. insoweit *Staudt*, in: Kreile/Becker/Riesenhuber, Recht und Praxis der GEMA, 2. Aufl. 2008, Kap. 10, Rn. 38 ff. Vgl. ferner § 2 des Wahrnehmungsvertrags der VG Wort und § 1 des Wahrnehmungsvertrags der VG Bild-Kunst.
51 Siehe http://de.creativecommons.org.
52 Vgl. vor diesem Hintergrund die Kritik an § 11 VGG aus Autorensicht bei *George*, ZUM 2016, 102, 105.
53 Die GEMA hat ihren Berechtigungsvertrag in diesem Zusammenhang um einen neuen § 1a ergänzt; vgl. den entsprechenden Antrag nebst Begründung zu TOP 22 der Tages-

Kap. 6 Recht der Verwertungsgesellschaften

freier Lizenzen für nicht-kommerzielle Nutzungen vor: In einer ersten Stufe erteilt die GEMA ihren Mitgliedern auf Antrag eine vergütungsfreie Lizenz, die sogenannte GEMA-Nicht-Kommerzielle-Lizenz („GEMA-NK-Lizenz"). Diese berechtigt das Mitglied zum einen dazu, das von ihm ausgewählte Werk selbst nicht-kommerziell zu nutzen, ohne hierfür eine Vergütung an die GEMA zahlen zu müssen. Zum anderen kann das Mitglied das ausgewählte Werk auf Basis der GEMA-NK-Lizenz in einer zweiten Stufe unter einer vergütungsfreien Lizenz für nicht-kommerzielle Nutzungen an Dritte vergeben und diesen hierdurch ebenfalls die kostenfreie Nutzung ermöglichen. Hierbei wird dem Mitglied eine flexible Entscheidung zwischen verschiedenen vergütungsfreien Lizenzen ermöglicht: Es kann z. B. eine Einzelfalllizenz erteilen, die einen bestimmten Nutzer zu einer bestimmten und zeitlich begrenzbaren nicht-kommerziellen Nutzung des Werkes berechtigt. Nutzungen durch andere Nutzer oder in anderen Nutzungsbereichen bleiben in diesem Fall gegenüber der GEMA vergütungspflichtig. Oder das Mitglied kann eine zeitlich, territorial und inhaltlich unbeschränkte Lizenz (sogenannte „Jedermann-Lizenz") vergeben, die einem unbeschränkten Nutzerkreis die nicht-kommerzielle Nutzung des Werkes erlaubt.[54]

35 Eine Alternative zur Vergabe vergütungsfreier Lizenzen an Dritte und dem damit verbundenen Verzicht auf Vergütungen stellt zudem die sogenannte Eigenpräsentation dar, die die GEMA ihren Mitgliedern bereits seit 2006 ermöglicht.[55] Hiernach können GEMA-Mitglieder im Online-Lizenzshop der GEMA eine Lizenz erwerben, die für sie kostenlos ist und auf deren Grundlage sie Besuchern ihrer Homepage eigene Werke zum kostenfreien Streaming anbieten können. Dieser Service wurde mittlerweile auch dahingehend erweitert, dass einzelne Werke zusätzlich auch zum kostenfreien Download zur Verfügung gestellt werden können. Das Angebot eines solchen „promotional download" auf der persönlichen Homepage des Mitglieds darf auch mit der Bewerbung und dem Verkauf von Merchandise-Artikeln, Konzerttickets, Tonträgern etc. verbunden werden.

36 § 12 VGG regelt in Umsetzung des Art. 5 Abs. 4–6 VG-RL die Bedingungen für die Beendigung der Rechtewahrnehmung. Demnach müssen die Berechtigten die Möglichkeit haben, das Wahrnehmungsverhältnis unter Einhaltung einer angemessenen Frist insgesamt oder für einzelne Rechte, Arten von Werken oder sonstigen Schutzgegenständen sowie Gebiete zu kündigen. Die Kündigungsfrist darf maximal sechs Monate betragen; die Verwer-

---

ordnung für die Versammlung der ordentlichen Mitglieder am 26. und 27.4.2016, S. 53 f.
54 Vgl. den Online-Service der GEMA: https://www.gema.de/musikurheber/online-services-fuer-gema-mitglieder/verguetungsfreie-lizenzen/.
55 https://www.gema.de/musiknutzer/musik-lizenzieren/gema-mitglied/#c535.

tungsgesellschaft kann aber bestimmen, dass die Kündigung erst zum Geschäftsjahresende wirksam wird. In Anlehnung an frühere Kommissionsentscheidungen sahen die Wahrnehmungsverträge der Verwertungsgesellschaften bislang teilweise längere Vertragslaufzeiten von bis zu drei Jahren vor.[56] Sie sind entsprechend an die Vorgaben des Verwertungsgesellschaftengesetzes anzupassen.

b) Wahrnehmung von Onlinerechten am Beispiel von GEMA und GVL

aa) Betroffene Rechte

Für die Frage, welche Rechte für eine Nutzung von Musikwerken im Internet erforderlich sind (sogenannte „Onlinerechte"), ist einerseits nach der Art der Nutzung, andererseits nach der Art des Schutzgegenstands zu differenzieren.[57] 37

Hinsichtlich der Art der Nutzung ist zwischen interaktiven und nicht-interaktiven Nutzungen zu unterscheiden: 38

– Interaktive Nutzungen sind solche, bei denen der Nutzer das Werk oder die geschützte Leistung zu Zeiten und an Orten seiner Wahl abrufen kann. Typische interaktive Nutzungen sind die sogenannten On-Demand-Angebote, z.B. von Musik oder Filmen, unabhängig davon, ob der Nutzer eine Download-Möglichkeit hat (z.B. bei iTunes) oder die Nutzung lediglich im Wege des Streamings erfolgt (z.B. bei clipfish oder Youtube).[58]
– Nicht-interaktive Nutzungen sind dagegen solche, die im Internet für alle Nutzer zur selben Zeit und ohne Möglichkeit der Interaktion auf der Basis eines vorgegebenen Sendeplans stattfinden. Hierzu zählen etwa das

---

56 Vgl. § 10 des GEMA-Berechtigungsvertrags in der Fassung vor der ordentlichen Mitgliederversammlung 2016, GEMA-Jahrbuch 2015/2016, S. 194. Die Regelung wurde durch Beschluss der ordentlichen Mitgliederversammlung vom 26./27.4.2016 angepasst. Für die für interaktive Onlinenutzungen erforderlichen Rechte konnte der Berechtigungsvertrag schon bislang zum Ende eines jeden Kalenderjahres mit einer Frist von drei Monaten gekündigt werden. Eine dreijährige Laufzeit sah bislang beispielsweise auch § 11 des Wahrnehmungsvertrags der VG Bild-Kunst vor. Der Regelung einer dreijährigen Vertragslaufzeit lagen die Kommissionsentscheidungen GEMA I (1971) und GEMA II (1972) zugrunde, vgl. *Staudt*, in: Kreile/Becker/Riesenhuber, Recht und Praxis der GEMA, 2. Aufl. 2008, Kap. 10, Rn. 358 ff.
57 Zum Nachfolgenden vgl. Voraufl., Rn. 78 sowie *Müller*, ZUM 2009, 121, 122.
58 Zur Unterscheidung zwischen Download und Streaming vgl. etwa *Sasse/Waldhausen*, ZUM 2000, 837.

Kap. 6 Recht der Verwertungsgesellschaften

Simulcasting[59] und das Webcasting[60] von Hörfunk- und Fernsehprogrammen.

39 Im Bereich des Urheberrechts berührt die Onlinenutzung die Rechte der Schöpfer des Musikwerkes, also der Komponisten und ggf. der Textdichter, sowie der mit diesen durch Verlagsvertrag verbundenen Musikverleger. Bei interaktiven Nutzungen werden das Recht der öffentlichen Zugänglichmachung (§ 19a UrhG) und das Vervielfältigungsrecht (§ 16 Abs. 1 UrhG) berührt, bei nicht-interaktiven Nutzungen das Senderecht (§ 20 UrhG) und das Vervielfältigungsrecht.

40 Im Bereich des Leistungsschutzrechts berührt die Onlinenutzung die Rechte der ausübenden Künstler (Interpreten) und der Tonträgerhersteller. Bei interaktiven Nutzungen betrifft dies das Recht der öffentlichen Zugänglichmachung und das Vervielfältigungsrecht (§§ 77 Abs. 1, 78 Abs. 1 Nr. 1 UrhG für die ausübenden Künstler bzw. § 85 Abs. 1 UrhG für die Tonträgerhersteller). Bei nicht-interaktiven Nutzungen sind das eingeschränkte Senderecht des ausübenden Künstlers gemäß § 78 Abs. 1 Nr. 2 UrhG und die Vergütungsansprüche der ausübenden Künstler und Tonträgerhersteller für die erlaubterweise erfolgte Sendung gemäß § 78 Abs. 2 i.V.m. Abs. 1 Nr. 2 bzw. § 86 UrhG berührt.

41 Daneben können Onlinenutzungen mittelbar oder unmittelbar weitere gesetzliche Vergütungsansprüche der Urheber und Leistungsschutzberechtigten berühren, so z.B. den Vergütungsanspruch für private Vervielfältigungen gemäß § 54 UrhG, der sich auch auf Vervielfältigungen von Musik erstreckt, die (legal) öffentlich zugänglich gemacht worden ist, oder den Vergütungsanspruch gemäß § 52a Abs. 4 Satz 1 UrhG für die öffentliche Zugänglichmachung für Unterrichts- und Forschungszwecke. Die entsprechenden Vergütungsansprüche sind regelmäßig verwertungsgesellschaftspflichtig (vgl. §§ 52a Abs. 4 Satz 2, 54h Abs. 1 UrhG).

bb) Berechtigungsvertrag der GEMA

42 Die GEMA nimmt über ihren Berechtigungsvertrag (i.F.: BerV) die Rechte ihrer Berechtigten für interaktive und nicht-interaktive Onlinenutzungen sowie die gesetzlichen Vergütungsansprüche gemäß §§ 52a Abs. 4 Satz 1, 54 UrhG wahr.

43 Die für Onlinenutzungen relevanten Bestimmungen des BerV sind in ihrem Kern älter als die Richtlinie 2001/29/EG und deren Umsetzung ins deutsche

---

59 Hiermit ist die Onlinenutzung eines zeitgleich auch auf andere Weise, z.B. terrestrisch, ausgestrahlten und insoweit „vorbestehenden" Programms gemeint.
60 Webcasting meint die originäre Zurverfügungstellung eines Programms im Internet.

C. Die Beziehungen der Verwertungsgesellschaften zu Rechtsinhabern   Kap. 6

Urheberrecht durch das „Gesetz zur Regelung des Urheberrechts in der Informationsgesellschaft" vom 10.9.2003.[61] Sie verwenden daher zum Teil andere Begrifflichkeiten als § 19a UrhG und andere gesetzliche Vorschriften: Die Rechteeinräumung für interaktive Onlinenutzungen wurde im Wesentlichen durch Beschluss der GEMA-Mitgliederversammlung 1996 geregelt.[62] Dies veranschaulicht, dass Verwertungsgesellschaften auf die Entstehung neuer Nutzungsarten regelmäßig schneller reagieren – und reagieren müssen – als der Gesetzgeber, um die Interessen ihrer Berechtigten am Markt zügig und effektiv vertreten zu können.

Die für interaktive Onlinenutzungen erforderlichen Rechte werden der GEMA gemäß § 1 lit. h Abs. 2 und 3 zur Wahrnehmung eingeräumt: 44

- § 1 lit. h Abs. 2 BerV umfasst das Recht, „Werke der Tonkunst (mit oder ohne Text) in Datenbanken, Dokumentationssysteme oder in Speicher ähnlicher Art einzubringen". Hierbei handelt es sich um die für eine öffentliche Zugänglichmachung erforderliche Vorbereitungshandlung des „Uploads" als einer speziellen Vervielfältigung i. S. d. § 16 Abs. 1 UrhG.
- § 1 lit. h Abs. 3 BerV betrifft das Recht, „Werke der Tonkunst (mit oder ohne Text), die in Datenbanken, Dokumentationssysteme oder ähnliche Speicher eingebracht sind, elektronisch oder in ähnlicher Weise zu übermitteln, einschließlich z. B. für mobile Internetnutzung und für Musiktauschsysteme". Hiermit wird – vor dem Hintergrund der technischen Entwicklung Mitte der 1990er Jahre – das Recht der öffentlichen Zugänglichmachung gemäß § 19a UrhG umschrieben.

Aktuell nimmt die GEMA die Rechte gemäß § 1 lit. h Abs. 2 und 3 BerV für mehr als 94 % ihrer Berechtigten über den Berechtigungsvertrag wahr.[63]   45

Das für nicht-interaktive Onlinenutzungen erforderliche Senderecht wird der GEMA über § 1 lit. b (Hörfunk) und d (Fernsehen) eingeräumt. Mit erfasst ist auch das Vervielfältigungsrecht für die im Zusammenhang mit der Sendung erforderlichen Vervielfältigungen.[64] Ausgenommen von der Rechtewahrnehmung ist die Sendung dramatisch-musikalischer Werke wie Opern, Musicals etc., sei es vollständig, als Querschnitt oder in größeren Teilen. Für die Sendung solcher Werke werden die Rechte traditionell von den Berechtigten selbst, zumeist durch die Verlage, wahrgenommen.   46

---

61 BGBl. I, S. 1774.
62 Vgl. *Staudt*, in: Kreile/Becker/Riesenhuber, Recht und Praxis der GEMA, 2. Aufl. 2008, Kap. 10, Rn. 179.
63 Die in der Voraufl. Rn. 81–96 geschilderten Lücken für sogenannte „Altverträge" konnten insoweit durch umfangreiche Aktionen zur Aktualisierung dieser Verträge weitgehend beseitigt werden.
64 *Staudt*, in: Kreile/Becker/Riesenhuber, Recht und Praxis der GEMA, 2. Aufl. 2008, Kap. 10, Rn. 81.

Kap. 6   Recht der Verwertungsgesellschaften

47   Der Wahrnehmungsumfang der GEMA erstreckt sich generell[65] nicht auf die so genannten „graphischen Rechte", also das Vervielfältigungs- und Verbreitungsrecht am Notenmaterial und ggf. dem Textbild. Dies stellt § 1 lit. h Abs. 6 BerV klar. Die graphischen Rechte werden traditionell von den Musikverlagen wahrgenommen.[66]

48   Daneben sieht der BerV folgende weiteren, auch für Onlinenutzungen relevanten Einschränkungen im Wahrnehmungsumfang der GEMA vor, deren Hintergrund jeweils im Urheberpersönlichkeitsrecht liegt:
- Berührt eine Nutzung das Herstellungsrecht – d.h. das Recht, ein Musikwerk mit Werken anderer Gattung, namentlich mit Filmwerken zu verbinden – gilt § 1 lit. i BerV. Demnach wird der GEMA das Herstellungsrecht grundsätzlich unter einer auflösenden Bedingung zur Wahrnehmung eingeräumt. Der Berechtigte kann im Einzelfall entscheiden, ob er das Herstellungsrecht individuell wahrnehmen möchte oder eine Wahrnehmung durch die GEMA bevorzugt.
- Bei Nutzungen zu Werbezwecken wird gemäß § 1 lit. k BerV wie folgt unterschieden: Die Befugnis, die werbemäßige Nutzung im Einzelfall zu erlauben oder zu verbieten, verbleibt stets beim Berechtigten. Die sonstigen Rechte – auch soweit sie für Onlinenutzungen erforderlich sind – werden der GEMA dagegen unter einer auflösenden Bedingung zur Wahrnehmung übertragen. Die Bedingung tritt ein, wenn der Berechtigte die werbemäßige Nutzung im Einzelfall untersagt und dies der GEMA mitteilt.[67]
- Auch das Recht, in die Benutzung eines Werks als Ruftonmelodie oder Freizeichenuntermalungsmelodie einzuwilligen, bleibt beim Berechtigten, während die GEMA die Vervielfältigungs- und Verbreitungsrechte – einschließlich der Rechte für interaktive Onlinenutzungen – kollektiv wahrnimmt (§ 1 lit. h Abs. 4 BerV).[68]

---

65   Eine Ausnahme gilt gemäß § 1 lit. m Abs. 1 BerV lediglich für den Vergütungsanspruch gemäß § 27 Abs. 2 UrhG, die sogenannte „Bibliothekstantieme".

66   Insoweit missverständlich die Voraufl. in Rn. 79. Vgl. zur Abgrenzung etwa *Staudt*, in: Kreile/Becker/Riesenhuber, Recht und Praxis der GEMA, 2. Aufl. 2008, Kap. 10, Rn. 215 ff.; BGH, 4.12.2008, I ZR 49/06, NJW-RR 2009, 1499 – Mambo N° 5.

67   § 1 lit. k BerV wurde durch Beschluss der außerordentlichen Mitgliederversammlung vom 12.3.2010 neu gefasst. Hintergrund hierfür war das Urteil des BGH, 10.6.2009, I ZR 226/06, ZUM 2010, 174 – Nutzung von Musik für Werbezwecke. Hierin hat der BGH festgestellt, dass es sich bei der Nutzung von Musikwerken zu Werbezwecken um eine eigenständige Nutzungsart handle, für die der GEMA aufgrund der damaligen Fassung des BerV keine Rechte eingeräumt worden seien. Als Ausgangsfall lag dieser – zu Recht vielfach kritisierten, vgl. etwa *Riesenhuber*, ZUM 2010, 137 – Entscheidung die Eigenwerbung einer Werbeagentur auf deren Internetseite zugrunde.

68   Ein solches zweistufiges Lizenzmodell ist – entgegen der in der Voraufl. Rn. 92 vertretenen Auffassung – zulässig; vgl. BGH, 11.3.2010, I ZR 18/08, GRUR 2010, 920 – Klingeltöne für Mobiltelefone II.

C. Die Beziehungen der Verwertungsgesellschaften zu Rechtsinhabern   Kap. 6

cc) Wahrnehmungsverträge der GVL

Der Wahrnehmungsumfang der GVL bei Onlinenutzungen ist deutlich enger gefasst als derjenige der GEMA. Das Recht der öffentlichen Zugänglichmachung gemäß §§ 77 Abs. 1, 78 Abs. 1 Nr. 1 bzw. § 85 UrhG wird von den Rechtsinhabern traditionell individuell wahrgenommen.[69] Der Tätigkeitsbereich der GVL umfasst jedoch bestimmte Onlinerechte, überwiegend für nicht-interaktive Onlinenutzungen in Form von Simulcasting, Webcasting und Podcasting.   49

So übertragen die ausübenden Künstler der GVL gemäß § 1 (1) Nr. 1a) ihres Wahrnehmungsvertrags[70] die Vergütungsansprüche gemäß § 78 Abs. 2 Nr. 1 UrhG für die Hörfunk- und Fernsehsendung von Darbietungen auf Ton- und Bildtonträgern auch im Wege des IP-TV sowie des Simulcastings und Webcastings über das Internet oder mobile Netzwerke.   50

Die Tonträgerhersteller übertragen der GVL gemäß § 1 Ziff. 2–6 ihres Wahrnehmungsvertrags[71] ihre über § 86 UrhG hinausgehenden Leistungsschutzrechte zur nicht-interaktiven Übertragung von Tonträgern im Wege des IP-TV, in Mehrkanaldiensten, per Simulcasting, Webcasting und Podcasting sowie das Recht, erschienene Tonträger in Form von Hintergrundmusik auf Websites zugänglich zu machen. Die Rechteeinräumung in diesem Bereich ist nicht-exklusiv, die Tonträgerhersteller können also neben der GVL weiterhin individuell über ihre Rechte verfügen. Gemäß § 1 Ziff. 7 übertragen die Tonträgerhersteller der GVL auch das Recht, zum Zwecke der vorgenannten Nutzungen die Herstellung einzelner Vervielfältigungsstücke von Tonträgern zu erlauben. Bei Bildtonträgern nimmt die GVL gemäß § 1 Ziff. 8 für die Tonträgerhersteller ebenfalls Rechte zur nicht-interaktiven Übertragung im Wege des IP-TV, in Mehrkanaldiensten sowie per Simulcasting und Podcasting wahr, ebenso wie das Recht zur Herstellung der für diese Zwecke erforderlichen Vervielfältigungsstücke. Die Rechteeinräumung ist hier exklusiv gestaltet, jedoch beschränkt auf die auf Tonträgern aufgenommenen Musikdarbietungen oder Auszüge daraus, die keine längere Spieldauer als 10 Minuten haben.   51

---

69 Einen guten Überblick über die Marktentwicklung, die für 2014 zweistellige Wachstumsraten im digitalen Bereich zu verzeichnen hatte, bieten insoweit die vom Bundesverband Musikindustrie herausgegebenen Jahrbücher „Musikindustrie in Zahlen"; online abrufbar unter http://www.musikindustrie.de/jahrbuch-2014-umsatz/.
70 „Wahrnehmungsvertrag Künstler", abrufbar unter https://www.gvl.de/gvl/dokumente-und-formulare.
71 „Wahrnehmungsvertrag Tonträgerhersteller", abrufbar unter https://www.gvl.de/gvl/dokumente-und-formulare.

2. Sonstige Verträge

52 Neben der Einräumung von Rechten über den Abschluss von Wahrnehmungsverträgen haben sich speziell für die Wahrnehmung von Onlinerechten an angloamerikanischen Musikrepertoires andere Vertragsmodelle etabliert, insbesondere die Wahrnehmung durch Tochtergesellschaften im Rahmen der sogenannten „Option 3".[72]

III. Die Verteilung der Einnahmen an die Rechtsinhaber

1. Gesetzliche Grundlagen

a) Verteilungsplan

53 Gemäß § 27 VGG hat die Verwertungsgesellschaft Verteilungspläne aufzustellen, die die Verteilung der aus der kollektiven Rechtewahrnehmung erzielten Einnahmen an die Rechtsinhaber regeln. Die Verteilungspläne werden legal definiert als „feste Regeln (...), die ein willkürliches Vorgehen bei der Verteilung ausschließen".

54 Die Regelung übernimmt die Vorgaben des bisherigen § 7 Satz 1 UrhWG, sodass die hierzu in Rechtsprechung und Literatur entwickelten Grundsätze weiterhin Gültigkeit beanspruchen können. Nach dem Gebot der festen Regeln müssen die Verteilungspläne bestimmt genug sein, damit im Voraus festgestellt werden kann, nach welchen Grundsätzen die Einnahmen verteilt werden.[73] Die Einhaltung des Willkürverbots ist nach dem Maßstab des allgemeinen Gleichheitsgrundsatzes (Art. 3 GG) zu beurteilen: Die Verwertungsgesellschaft darf wesentlich gleiche Sachverhalte bei der Verteilung somit nicht ohne sachlichen Grund ungleich behandeln.[74]

55 Bei der Verteilung sind die Rahmenbedingungen der kollektiven Rechtewahrnehmung zu berücksichtigen. So hat der Berechtigte aufgrund des Wahrnehmungsvertrages zwar grundsätzlich einen Anspruch gegenüber der Verwertungsgesellschaft, mit einem Anteil an deren Einnahmen beteiligt zu werden, der den Erlösen entspricht, die durch die Auswertung seiner Rechte erzielt wurden. Aufgrund der Vielzahl an lizenzierten Werknutzungen lässt sich dieser Anteil jedoch vielfach nicht ohne Weiteres bestimmen. So lassen sich etwa bei der Verteilung in Bereichen wie dem Aufführungs- und Senderecht gewisse Typisierungen, Pauschalierungen und Schätzungen nicht vermeiden. Für die Ermittlung eines möglichst leistungsgerechten Anteils an

---

72 Vgl. hierzu unten Rn. 136 ff.
73 *Schulze*, in: Dreier/Schulze, UrhG, 5. Aufl. 2015, § 7 UrhWG Rn. 3.
74 *Schulze*, in: Dreier/Schulze, UrhG, 5. Aufl. 2015, § 7 UrhWG Rn. 4 m.w.N.

C. Die Beziehungen der Verwertungsgesellschaften zu Rechtsinhabern Kap. 6

den Einnahmen hat die Verwertungsgesellschaft daher ein Leistungsbestimmungsrecht gemäß § 315 BGB, bei dessen Ausübung sie auch den Grundsatz der wirtschaftlichen Verhältnismäßigkeit zu beachten hat. Das Willkürverbot gewährt der Verwertungsgesellschaft vor diesem Hintergrund einen außerordentlich weiten Spielraum beim Aufstellen und Ändern von Verteilungsregeln.[75]

Nicht zuletzt haben die Verwertungsgesellschaften im Rahmen der Verteilungspläne die Interessen der unterschiedlichen in ihnen vertretenen Berufsgruppen zu berücksichtigen. So enthalten die Verteilungspläne von GEMA, VG Wort und VG Bild-Kunst Anteilsschlüssel für die Beteiligung von Urhebern und Verlegern, die ebenfalls am gesetzlichen Willkürverbot zu messen sind.[76] Die Verwertungsgesellschaften sorgen so für einen allgemeinen Ausgleich zwischen den am kreativen Prozess Beteiligten unabhängig von deren jeweiliger individueller Verhandlungsmacht. 56

b) Verteilungsfrist

Gemäß § 28 Abs. 2 VGG haben die Verwertungsgesellschaften die Einnahmen aus den Rechten grundsätzlich binnen neun Monaten nach Ablauf des Geschäftsjahres zu verteilen, in dem sie eingezogen wurden.[77] Einnahmen, die eine Verwertungsgesellschaft aufgrund einer Repräsentationsvereinbarung von einer anderen, im selben Bereich tätigen Verwertungsgesellschaft erhält, müssen gemäß § 46 Abs. 3 VGG spätestens sechs Monate nach Erhalt an die Berechtigten der beauftragenden Verwertungsgesellschaft verteilt werden.[78] 57

Ausnahmen von den vorgenannten Fristen können gemäß § 28 Abs. 3 VGG für den Fall vorgesehen werden, dass die Verwertungsgesellschaft aus sachlichen Gründen an der Durchführung einer fristgerechten Verteilung gehindert ist. Der Gesetzgeber berücksichtigt insoweit insbesondere, dass die Mitwirkung der Nutzer regelmäßig eine unverzichtbare Voraussetzung für die Verteilung darstellt: In vielen Bereichen benötigen die Verwertungsgesellschaften Meldungen der Nutzer, um die erzielten Einnahmen bestimmten Werken und Rechtsinhabern zuordnen zu können.[79] 58

---

75 BGH, 24.9.2013, I ZR 187/12, NJW-RR 2014, 733, 736 – Verrechnung von Musik in Werbefilmen, st. Rspr.
76 Vgl. DPA, UFITA 81/1978, 348, 360 f.
77 Die Regelung setzt Art. 13 Abs. 1 Unterabs. 2 VG-RL um. Das UrhWG enthielt keine Vorgaben für Verteilungsfristen.
78 Die Regelung dient der Umsetzung von Art. 15 Abs. 3 Unterabs. 2 VG-RL.
79 Vgl. RegE VGG, Begr. zu § 28, S. 81. Als weitere sachliche Gründe werden u. a. – in Anlehnung an Art. 13 Abs. 1 Unterabs. 2 VG-RL – Schwierigkeiten bei der Feststel-

c) Abzüge von den Einnahmen

59 Verwertungsgesellschaften werden regelmäßig als Treuhänder ihrer Berechtigten tätig und erwirtschaften daher keine Gewinne für eigene Zwecke.[80] Von den Einnahmen, die sie aus der kollektiven Rechtewahrnehmung erzielen, dürfen sie daher grundsätzlich nur aus zwei Gründen Abzüge vornehmen: zur Deckung ihrer Verwaltungskosten (§ 31 VGG) und für soziale und kulturelle Zwecke (§ 32 VGG).

60 Die Abzüge, die die Verwertungsgesellschaften zur Deckung ihrer Verwaltungskosten vornehmen, dürfen gemäß § 31 Abs. 2 VGG die gerechtfertigten und belegten Verwaltungskosten nicht übersteigen.[81] Bei der Festlegung der im Einzelfall gerechtfertigten Kosten steht der Verwertungsgesellschaft ein Ermessen zu. So können unterschiedliche Kosten für die einzelnen Marktsemente gerechtfertigt sein, in denen die Verwertungsgesellschaft tätig ist.[82] Die GEMA nimmt bei der Verteilung in den Sparten im Nutzungsbereich Online einen Abzug von bis zu 15 % vor.[83] Dies entspricht in etwa dem durchschnittlichen Kostensatz aller Sparten.[84]

61 Entsprechend ihrer kulturellen Funktion sollen die Verwertungsgesellschaften kulturell bedeutende Werke und Leistungen fördern (§ 32 Abs. 1 VGG). Daneben sollen sie Vorsorge- und Unterstützungseinrichtungen für ihre Berechtigten einrichten (§ 32 Abs. 2 VGG). Die Regelungen entsprechen weitgehend den bisherigen §§ 7 Satz 2, 8 UrhWG. In § 32 Abs. 3 VGG hat der Gesetzgeber ferner Art. 12 Abs. 4 VG-RL umgesetzt, indem er vorgibt, dass die kulturellen und sozialen Fördermaßnahmen nach festen, auf fairen Kriterien beruhenden Regeln zu erbringen sind, soweit sie aus Abzügen von den Einnahmen aus den Rechten finanziert werden.

---

lung der Rechte oder der Rechtsinhaber oder der Zuordnung von Werkangaben zu bestimmten Rechtsinhabern genannt.

80 Vgl. etwa § 2 Abs. 1 S. 2 der Satzung der GEMA. Gemäß § 2 Abs. 2 VGG darf eine Verwertungsgesellschaft ihre Tätigkeit nur dann auf Gewinnerzielung ausrichten, wenn ihre Anteile von ihren Mitgliedern gehalten werden oder wenn sie von ihren Mitgliedern beherrscht wird.
81 Die Regelung setzt Art. 2 Abs. 3 Unterabs. 1 VG-RL um.
82 RegE VGG, Begr. zu § 31, S. 82.
83 § 29 Abs. 5 des Verteilungsplans der GEMA. Die GEMA hat ihren Verteilungsplan durch Beschluss der Mitgliederversammlung 2016 mit Wirkung zum 1.1.2017 insgesamt redaktionell neu gefasst und hierbei u. a. die bislang in einem gesonderten „Verteilungsplan C" (GEMA-Jahrbuch 2015/2016, S. 370 ff.) enthaltenen Regelungen zur Verteilung im Onlinebereich mit den Verteilungsplänen für die sonstigen Verteilungspläne zusammengefasst. Zitiert wird i.F. nach dem neuen Verteilungsplan.
84 Vgl. die Entwicklung der Aufwendungen in der Ertragsübersicht von 2005 bis 2014, GEMA-Jahrbuch 2015/2016, S. 48.

C. Die Beziehungen der Verwertungsgesellschaften zu Rechtsinhabern   Kap. 6

Von Einnahmen aus den Rechten, die die Verwertungsgesellschaft auf der 62
Grundlage einer Repräsentationsvereinbarung wahrnimmt, darf sie gemäß
§ 45 VGG nur Abzüge zur Deckung der Verwaltungskosten vornehmen, es
sei denn, die beauftragende Verwertungsgesellschaft hat anderen Abzügen
ausdrücklich zugestimmt.[85] In der Praxis sehen etwa die Gegenseitigkeitsverträge zwischen den Verwertungsgesellschaften im Bereich des Auffüh-
rungs- und Senderechts Abzüge von bis zu 10% der Einnahmen für soziale
und kulturelle Zwecke vor.[86]

**2. Die Verteilung der Einnahmen aus Onlinenutzungen am Beispiel
der GEMA**

Die GEMA hat für die Verteilung der Einnahmen, die sie aus der Vergabe 63
von Nutzungsrechten im Onlinebereich erzielt, je nach Nutzung gesonderte
Sparten gebildet. Derzeit sieht der Verteilungsplan für den Nutzungsbereich
Online[87] Sparten für folgende Nutzungsformen vor:

– Internetradio
– Internetfernsehen
– Ruftonmelodien
– Music-on-Demand (getrennt für Streaming- und Downloadangebote)
– Video-on-Demand (getrennt für Streaming- und Downloadangebote)
– Hintergrund- oder Funktionsmusik auf Internet- und Intranetseiten

Für jeden dieser Nutzungsbereiche wird unterschieden zwischen einer Spar- 64
te für die Nutzung des Rechts der öffentlichen Zugänglichmachung (§ 19a
UrhG) und einer Sparte für die Nutzung der Vervielfältigungsrechte (§ 16
UrhG). So werden z.B. im Bereich Music-on-Demand-Streaming 66,67%
der Einnahmen für die Nutzung des § 19a UrhG in der Sparte MOD S verteilt, die verbleibenden 33,33% für die Nutzung des § 16 UrhG in der Sparte
MOD S VR. Im Bereich Music-on-Demand-Download ist das Verhältnis
umgekehrt.[88]

In den einzelnen Sparten erfolgt grundsätzlich eine sogenannte Direktver- 65
teilung.[89] Hierbei werden die für eine konkrete Nutzung erzielten Einnahmen – nach Vornahme der im Verteilungsplan vorgesehenen Abzüge[90] – un-

---

85 Die Regelung setzt Art. 15 Abs. 1 VG-RL um.
86 Vgl. Art. 8 Abs. II des Mustervertrags im EU-Bereich für das Aufführungs- und Senderecht gemäß CISAC-Standardvertrag, GEMA-Jahrbuch 2015/2016, S. 266.
87 §§ 146–187 des Verteilungsplans der GEMA.
88 §§ 170 bzw. 165 des Verteilungsplans der GEMA.
89 § 147 des Verteilungsplans der GEMA.
90 Dies ist zum einen der Abzug einer Kommission für Verwaltungskosten von bis zu
  15% gemäß § 29 Abs. 5 des Verteilungsplans der GEMA. In den Sparten des Rechts

Kap. 6 Recht der Verwertungsgesellschaften

mittelbar auf die jeweils genutzten Werke und die hieran beteiligten Berechtigten verteilt.[91] Die Direktverteilung spiegelt damit den Zusammenhang zwischen Werknutzung, Inkasso und Verteilung unmittelbar wider und gilt daher als besonders leistungsgerecht.[92]

66 Ausnahmen von der werkbezogenen Verteilung im Wege der Direktverteilung sieht der Verteilungsplan nur für solche Fälle vor, bei denen für Einnahmen aus Onlinenutzungen keine Nutzungsmeldungen vorliegen oder die Kosten für eine Direktverteilung außer Verhältnis zu den Einnahmen stünden.[93] In diesen Fällen findet eine Zuschlagsverrechnung entweder zu den werkbezogen verteilten Einnahmen der jeweiligen Sparte[94] oder zu sachnahen Referenzsparten statt.[95] In der Praxis betrifft dies etwa Nutzungen in Form von Internetradios, bei denen eine werkbezogene Verteilung angesichts der geringen Vergütungshöhe und der Vielzahl der Nutzungen bislang nicht stattfindet. Ein Großteil der Onlineeinnahmen der GEMA, insbesondere in den ertragsstarken Music-on-Demand-Sparten, wird jedoch werkbezogen direkt verteilt.

IV. Mitwirkung der Rechtsinhaber: Binnenorganisation der Verwertungsgesellschaften

67 Die VG-Richtlinie schreibt keine bestimmte Rechtsform für Verwertungsgesellschaften vor.[96] Gleichwohl enthält sie detaillierte Vorgaben zur Binnenorganisation und Governance, die insbesondere die Mitwirkung der Mitglieder an den Entscheidungsprozessen der Verwertungsgesellschaft und deren Kontrolle durch die Mitglieder gewährleisten sollen. Zu diesem Zweck schreibt die Richtlinie für jede Verwertungsgesellschaft insbesondere die Einrichtung zweier Gremien vor: einer Mitgliederhauptversammlung (Art. 3f), 8 VG-RL) und eines Aufsichtsgremiums (Art. 9 VG-RL). Der deutsche Gesetzgeber hat die betreffenden Regelungen, die weitgehend kei-

---

der öffentlichen Zugänglichmachung erfolgt gemäß § 30 Abs. 1 des Verteilungsplans zudem ein 10%-Abzug für soziale und kulturelle Zwecke.
91 Vgl. die allgemeine Definition der Direktverteilung in § 11 Abs. 3 des Verteilungsplans der GEMA.
92 Vgl. etwa KG, Urteil v. 15.11.2010, Az. 24 U 6/10, S. 7 (nicht veröff.).
93 § 147 Abs. 2 des Verteilungsplans der GEMA.
94 So beispielsweise in den Music-on-Demand-Sparten, vgl. §§ 167 Abs. 2 und 172 Abs. 2 des Verteilungsplans der GEMA.
95 So werden die entsprechenden Einnahmen im Bereich Internetradio zugunsten der Sparten des Hörfunks verteilt, § 152 Abs. 2 des Verteilungsplans der GEMA.
96 So ausdrücklich auch Erwägungsgrund 14 VG-RL.

C. Die Beziehungen der Verwertungsgesellschaften zu Rechtsinhabern Kap. 6

ne Entsprechung im Urheberrechtswahrnehmungsgesetz finden, in §§ 16ff. VGG übernommen und zum Teil konkretisiert.

1. Allgemeiner Mitwirkungsgrundsatz

§ 16 Satz 1 VGG schreibt als Generalklausel vor, dass die Verwertungsgesellschaft in ihrem Statut[97] angemessene und wirksame Verfahren zur Mitwirkung von Mitgliedern und Berechtigten an den Entscheidungen der Verwertungsgesellschaft vorzusehen hat. Der deutsche Gesetzgeber hat hierbei von der durch Art. 7 Abs. 2 VG-RL eröffneten Option Gebrauch gemacht, den generellen Beteiligungsanspruch nicht nur auf Mitglieder, sondern auch auf die sonstigen Berechtigten der Verwertungsgesellschaft zu erstrecken. 68

Eine Verpflichtung zur Schaffung gleicher Mitwirkungsmöglichkeiten für Mitglieder und Berechtigte ist hiermit nicht verbunden. Vielmehr hält der Gesetzgeber auch im Rahmen des Verwertungsgesellschaftengesetzes an dem Grundsatz fest, dass die vergleichsweise kleine Zahl von Berechtigten, deren Werke und Leistungen das wirtschaftliche Fundament der Verwertungsgesellschaft bilden, nicht durch die große Zahl an Berechtigten majorisiert werden soll, die nur gelegentlich Werke schaffen oder schutzfähige Leistungen erbringen.[98] 69

Die Mindestanforderungen an die Beteiligung der Berechtigten, die nicht als Mitglieder aufgenommen werden, regelt § 20 VGG. Demnach wählen diese Berechtigten mindestens alle vier Jahre Delegierte aus ihrer Mitte, die zur Teilnahme an der Mitgliederhauptversammlung berechtigt sind und an bestimmten Entscheidungen der Mitgliederhauptversammlung stimmberechtigt, an den anderen mindestens beratend mitwirken können müssen. Es handelt sich hierbei um eine Weiterentwicklung der bereits in § 6 Abs. 2 UrhWG vorgeschriebenen „gemeinsamen Vertretung" der Berechtigten, die 70

---

97 Der Begriff des „Statuts" ist untechnisch zu verstehen. Er meint je nach Rechtsform der Verwertungsgesellschaft die Satzung, den Gesellschaftsvertrag oder sonstige Gründungsbestimmungen, vgl. § 13 Abs. 1 Satz 1 VGG.
98 RegE VGG, Begr. zu § 13, S. 75 f., unter Bezugnahme auf die Gesetzesbegründung zum UrhWG in BT-Drs. IV/271, S. 16, linke Spalte. Die GEMA unterscheidet beispielsweise zwischen ordentlichen, außerordentlichen und angeschlossenen Mitgliedern. Nur die ordentlichen Mitglieder sind Mitglieder i. S. d. Vereinsrechts und des VGG; vgl. § 6 Ziff. 1 der GEMA-Satzung in der von der Mitgliederversammlung 2016 beschlossenen Fassung. Voraussetzung für die ordentliche Mitgliedschaft ist insbesondere ein bestimmtes Mindestaufkommen. Dieses beträgt üblicherweise bei Urhebern 30.000 Euro in fünf aufeinanderfolgenden Jahren, davon in vier aufeinanderfolgenden Jahren mindestens 1.800 Euro jährlich, und bei Verlegern 75.000 Euro in fünf aufeinanderfolgenden Jahren, davon in vier aufeinanderfolgenden Jahren mindestens 4.000 Euro jährlich; §§ 6 und 7 GEMA-Satzung, GEMA-Jahrbuch 2015/2016, S. 171 ff.

nicht Mitglieder sind, unter Berücksichtigung von Art. 7 Abs. 2 VG-RL. In der Praxis gingen die Mitwirkungsmöglichkeiten dieser Berechtigten zum Teil bereits vor Inkrafttreten des Verwertungsgesellschaftengesetzes über die nunmehrigen gesetzlichen Vorgaben hinaus. So wählen die angeschlossenen und außerordentlichen Mitglieder der GEMA aus ihrer Mitte alle drei Jahre bis zu 64 Delegierte, die in der Mitgliederversammlung mit Ausnahme des passiven Wahlrechts dieselben Rechte genießen wie die ordentlichen Mitglieder.[99]

71 § 16 Satz 2 VGG regelt für Verwertungsgesellschaften, die Rechte für unterschiedliche Kategorien von Rechtsinhabern wahrnehmen, dass die jeweiligen Kategorien im Rahmen der Mitwirkung fair und ausgewogen vertreten sein müssen. Hieran ist etwa die Beteiligung der Berufsgruppen der Komponisten, Textdichter und Musikverleger bei der GEMA oder die Beteiligung der Tonträgerhersteller und ausübenden Künstler bei der GVL an den Entscheidungsprozessen der jeweiligen Verwertungsgesellschaft zu messen.

2. Mitgliederhauptversammlung

72 Die Mitgliederhauptversammlung ist das zentrale Gremium der Verwertungsgesellschaft. Der Begriff ist unter Berücksichtigung von Art. 3f) VG-RL rechtsformneutral zu verstehen und wird definiert als das „Organ, in dem die Mitglieder mitwirken und ihr Stimmrecht ausüben". Mitgliederhauptversammlung i. S. d. Verwertungsgesellschaftengesetzes ist somit bei einem Verein die Mitgliederversammlung gemäß § 32 BGB, bei einer GmbH die Gesellschafterversammlung gemäß § 48 GmbHG und bei einer Genossenschaft die Generalversammlung oder die Vertreterversammlung gemäß §§ 43, 43a GenG.

73 § 17 VGG weist der Mitgliederhauptversammlung in Umsetzung und Ergänzung der VG-Richtlinie zentrale Entscheidungsbefugnisse zu. Hervorzuheben sind insbesondere die zwingend bei der Mitgliederhauptversammlung verorteten Befugnisse zur Beschlussfassung über

– das Statut der Verwertungsgesellschaft (§ 17 Abs. 1 Nr. 2 VGG),
– den jährlichen Transparenzbericht (§ 17 Abs. 1 Nr. 2 VGG),
– den Verteilungsplan (§ 17 Abs. 1 Nr. 6 VGG),[100]

---

99 § 12 GEMA-Satzung, GEMA-Jahrbuch 2015/2016, S. 179 ff.
100 Hier geht der deutsche Gesetzgeber über die Vorgaben der VG-Richtlinie hinaus, die der Mitgliederhauptversammlung in Art. 8 Abs. 5a) VG-RL lediglich die Entscheidung über die „allgemeinen Grundsätze für die Verteilung" zuschreibt. Für die Praxis der deutschen Verwertungsgesellschaften wie der GEMA ergeben sich hieraus indes keine Veränderungen.

C. Die Beziehungen der Verwertungsgesellschaften zu Rechtsinhabern   Kap. 6

– die allgemeine Anlagenpolitik in Bezug auf die Einnahmen aus den Rechten (§ 17 Abs. 1 Nr. 8 VGG),
– die allgemeinen Grundsätze für die Abzüge von den Einnahmen aus den Rechten, insbesondere für Verwaltungskosten und soziale und kulturelle Zwecke (§ 17 Abs. 1 Nr. 9 VGG),
– die zum Tätigkeitsbereich der Verwertungsgesellschaft gehörenden Rechte (§ 17 Abs. 1 Nr. 15 VGG).

Die in der Mitgliederhauptversammlung vertretenen Mitglieder haben somit die alleinige Entscheidungshoheit darüber, welche Rechte die Verwertungsgesellschaft wahrnimmt und wie mit den aus der Rechtewahrnehmung erzielten Einnahmen zu verfahren ist. 74

Andere Befugnisse, die das Gesetz primär der Mitgliederhauptversammlung zuweist, kann diese dagegen gemäß § 17 Abs. 2 VGG an das Aufsichtsgremium delegieren.¹⁰¹ Dies betrifft insbesondere Beschlussgegenstände, die häufiger auftreten können und daher nicht an den üblicherweise jährlichen (§ 19 Abs. 1 VGG) Turnus der Mitgliederhauptversammlungen gebunden werden sollen, wie z. B. Entscheidungen über die Gründung von Tochtergesellschaften (§ 17 Abs. 1 Nr. 4 VGG), über Repräsentationsvereinbarungen (§ 17 Abs. 1 Nr. 12 VGG), Wahrnehmungsbedingungen (§ 17 Abs. 1 Nr. 13 VGG) und Tarife (§ 17 Abs. 1 Nr. 14 VGG). 75

In der Mitgliederhauptversammlung müssen die verschiedenen Kategorien von Rechtsinhabern, die die Verwertungsgesellschaft repräsentieren, gemäß § 16 Satz 2 VGG fair und ausgewogen vertreten sein. Dies wird etwa bei der GEMA dadurch gewährleistet, dass Beschlüsse der Mitgliederversammlung über so zentrale Themen wie Änderungen von Satzung, Berechtigungsvertrag oder Verteilungsplan der Zustimmung aller drei Berufsgruppen (Komponisten, Textdichter und Musikverlage) bedürfen.¹⁰² 76

§ 19 Abs. 3 VGG schreibt vor, dass die Mitglieder unter bestimmten, im Statut zu regelnden Voraussetzungen die Möglichkeit haben müssen, an der Mitgliederhauptversammlung im Wege elektronischer Kommunikation zu partizipieren und ihr Stimmrecht auszuüben. Der Gesetzgeber sieht hierin eine Umsetzung von Art. 6 Abs. 4 VG-RL,¹⁰³ der allerdings nur allgemein vorsieht, dass die Mitglieder die Möglichkeit haben müssen, mit der Verwertungsgesellschaft „auch zwecks Ausübung von (nicht näher spezifizierten, d. Vf.) Mitgliedschaftsrechten" elektronisch zu kommunizieren. Indem der Gesetzgeber die Verwertungsgesellschaften verpflichtet, eine elektronische Mitgliederhauptversammlung mit der Möglichkeit einer elektronischen 77

---

101 Hiermit setzt der deutsche Gesetzgeber insbesondere Art. 8 Abs. 6 VG-RL um.
102 Vgl. § 11 b) Abs. 1 der GEMA-Satzung, GEMA-Jahrbuch 2015/2016, S. 179.
103 RegE VGG, Begr. zu § 19, S. 77 f.

Kap. 6 Recht der Verwertungsgesellschaften

Stimmrechtsausübung durchzuführen, unterwirft er sie strengeren Anforderungen als sie etwa für börsennotierte Aktiengesellschaften gelten.[104]

78 Gemäß § 19 Abs. 4 VGG müssen die Mitglieder die Möglichkeit haben, sich in der Mitgliederhauptversammlung vertreten zu lassen, sofern die Vertretung nicht zu einem Interessenkonflikt führt. Die Anzahl der Mitglieder, die sich durch denselben Vertreter vertreten lassen können, darf im Statut auf nicht weniger als zehn beschränkt werden. Diese Regelung, die der Umsetzung von Art. 8 Abs. 10 VGG dient, mag grundsätzlich wünschenswert sein. Bei vereinsmäßig oder genossenschaftlich organisierten Verwertungsgesellschaften bedeutet sie jedoch einen beachtlichen Eingriff in die Verbandsautonomie. So geht das Vereinsrecht gemäß § 38 Satz 2 BGB grundsätzlich von der persönlichen Ausübung von Mitgliedschaftsrechten aus, und § 45 Abs. 5 GenG gestattet nur die Vertretung von maximal zwei Mitgliedern durch denselben Bevollmächtigten.[105] Ein Interessenkonflikt wird beispielsweise stets anzunehmen sein, wenn ein Mitglied durch einen Nutzer vertreten werden soll oder ein Mitglied einer Berufsgruppe (z. B. ein Komponist) die Vertretung eines Mitglieds übernehmen will, das einer anderen Berufsgruppe (z. B. derjenigen der Verleger) angehört,[106] da die Mitgliederversammlung unter anderem auch über die Verteilung und damit über den Anteil der einzelnen Berufsgruppen an der Ausschüttung entscheidet.

3. Aufsichtsgremium

79 § 22 VGG schreibt in Umsetzung des Art. 9 VG-RL die Einrichtung eines Aufsichtsgremiums durch die Verwertungsgesellschaft vor. Erneut handelt es sich um einen rechtsformneutralen Begriff: Verwertungsgesellschaften, die – wie etwa die GEMA – bereits über einen Aufsichtsrat verfügen, können diesen mit den Aufgaben des Aufsichtsgremiums i. S. d. Verwertungsgesellschaftengesetzes betrauen, andere Verwertungsgesellschaften können sonstige Gremien hierfür vorsehen.[107]

---

104 § 118 Abs. 1 Satz 2 AktG enthält eine bloße Kannvorschrift, wonach die AG vorsehen kann, dass die Aktionäre sämtliche oder einzelne ihrer Rechte ganz oder teilweise im Wege elektronischer Kommunikation ausüben können. Vgl. die Kritik bei *Holzmüller*, ZUM 2016, 88, 89.
105 Vgl. insoweit auch die kritische Stellungnahme der C3S, die als europäische Genossenschaft organisiert ist, unter https://archive.c3s.cc/aktuell/VGG/stellungnahme_referentenentwurf_2015-08-10.pdf.
106 Vgl. insoweit § 19 Abs. 4 Satz 2 VGG und Art. 8 Abs. 10 Satz 1 letzter Halbs. VG-RL.
107 Vgl. RegE VGG, Begr. zu § 22, S. 79; Erwägungsgrund 24 Satz 3 VG-RL. Der Aufsichtsrat der GEMA ist in § 13 GEMA-Satzung geregelt; GEMA-Jahrbuch 2015/

Auch bei dem Aufsichtsgremium handelt es sich primär um ein Mitwirkungsorgan der Mitglieder: § 22 Abs. 2 VGG schreibt vor, dass die verschiedenen Kategorien von Mitgliedern in dem Aufsichtsgremium fair und ausgewogen vertreten sein müssen. Im Aufsichtsrat der GEMA ist beispielsweise die mitgliederstärkste Berufsgruppe der Komponisten durch sechs Aufsichtsräte vertreten, die Berufsgruppe der Verleger durch fünf und die Berufsgruppe der Textdichter durch vier Aufsichtsräte.[108]

80

Klar zu trennen ist das Aufsichtsgremium von der Geschäftsführung der Verwertungsgesellschaft, denn die kontinuierliche Überwachung der Personen, die die Verwertungsgesellschaft nach außen vertreten, zählt gemäß § 22 Abs. 1, 3 Nr. 2 VGG zu den zentralen Aufgaben des Aufsichtsgremiums. Daneben können dem Aufsichtsgremium gemäß § 22 Abs. 3 Nr. 1 VGG durch die Mitgliederhauptversammlung weitere Befugnisse übertragen werden. So ist beispielsweise der Aufsichtsrat der GEMA für Entscheidungen über die Aufstellung und Änderung von Tarifen zuständig.

81

Das Aufsichtsgremium unterliegt seinerseits der Kontrolle durch die Mitgliederhauptversammlung: Seine Mitglieder werden gemäß § 18 Abs. 1 Ziff. 2–4 VGG durch die Mitgliederhauptversammlung bestimmt. Gemäß § 22 Abs. 4 VGG hat das Aufsichtsgremium der Mitgliederhauptversammlung mindestens einmal jährlich über seine Tätigkeit zu berichten.

82

D. Kooperation zwischen Verwertungsgesellschaften: Repräsentationsvereinbarungen

Nutzer sind regelmäßig nicht nur an der Lizenzierung von Teilrepertoires interessiert, die von einzelnen Verwertungsgesellschaften gehalten werden, sondern an der Nutzung des jeweils relevanten „Weltrepertoires". Gleichzeitig haben die Rechtsinhaber ein Interesse an der möglichst weitreichenden, idealerweise weltweiten Nutzung ihrer Werke und schutzfähigen Leistungen und somit an einer effizienten internationalen Rechtewahrnehmung. Vor diesem Hintergrund ist die Kooperation zwischen Verwertungsgesellschaften zur Aggregation ihrer jeweiligen Repertoires wünschenswert und in vielen Bereichen unverzichtbar.

83

2016, S. 181 f. Durch Beschluss der ordentlichen Mitgliederversammlung 2016 wurde die Regelung seiner Kompetenzen in § 13 Ziff. 3 in Umsetzung des VGG neu gefasst.
108 § 13 Ziff. 1 Abs. 1 GEMA-Satzung, GEMA-Jahrbuch 2015/2016, S. 181.

Kap. 6 Recht der Verwertungsgesellschaften

84 Traditionell bestehen solche Kooperationen insbesondere auf zwei Ebenen:
 – Zum einen haben Verwertungsgesellschaften aus unterschiedlichen Ländern, die im selben Bereich tätig sind, bilaterale Vereinbarungen (sogenannte Gegenseitigkeitsverträge) geschlossen, mit denen jede beteiligte Verwertungsgesellschaft die jeweils andere Verwertungsgesellschaft mit der Wahrnehmung ihres Repertoires in deren Verwaltungsgebiet beauftragt. Mit dem Aufkommen grenzüberschreitender Nutzungen, speziell im Onlinebereich, bedurfte dieses System einer Anpassung und Weiterentwicklung, für die – nach langwierigen Auseinandersetzungen auf nationaler und europäischer Ebene – die VG-Richtlinie und die jeweiligen Umsetzungsgesetze nunmehr einen gewissen rechtlichen Rahmen vorgeben.
 – Zum anderen kooperieren Verwertungsgesellschaften mit unterschiedlichen Tätigkeitsbereichen auf nationaler Ebene zum Zwecke der Verwaltungsvereinfachung oder zur gemeinsamen Wahrnehmung ihrer Rechte und Vergütungsansprüche gegenüber Nutzern und Vergütungsschuldnern.[109]

85 Beiden Formen der Kooperation ist gemeinsam, dass der Nutzer jeweils nicht mit allen beteiligten Verwertungsgesellschaften gesonderte Verträge abschließen muss, sondern die benötigten Rechte aus einer Hand – über einen sogenannten „One-Stop-Shop" – erhält.

1. Gesetzliche Grundlagen

86 Die besondere Bedeutung der Kooperation zwischen Verwertungsgesellschaften für eine effektive Rechtewahrnehmung wird in der VG-Richtlinie ausdrücklich anerkannt.[110] Zu diesem Zweck sollen Verwertungsgesellschaften nach dem Willen des europäischen Gesetzgebers sogenannte Repräsentationsvereinbarungen abschließen können, mit denen eine Verwertungsgesellschaft eine andere Verwertungsgesellschaft beauftragt, die von ihr vertretenen Rechte wahrzunehmen (vgl. Art. 3j) VG-RL). Zum Schutz der Berechtigten der beauftragenden Verwertungsgesellschaft enthält Art. 14 VG-RL ein allgemeines Diskriminierungsverbot. Dieses gilt namentlich für die Tarifanwendung, die Verwaltungskosten sowie die Bedingungen für die Einziehung der Einnahmen und die Verteilung. Art. 15 VG-

---

109 Beispiele für derartige Kooperationen sind die ZPÜ (Zentralstelle für private Überspielrechte) und die ZBT (Zentralstelle Bibliothekstantieme), in denen sich die deutschen Verwertungsgesellschaften zur Wahrnehmung der gesetzlichen Vergütungsansprüche aus § 54 bzw. § 27 Abs. 2 UrhG zusammengeschlossen haben.
110 Erwägungsgrund 11 VG-RL.

RL enthält zudem Vorgaben für die Vornahme von Abzügen und die Verteilung bei Repräsentationsvereinbarungen, § 19 VG-RL detaillierte Informationspflichten der beauftragten Verwertungsgesellschaft.

Der deutsche Gesetzgeber hat die Regelungen der VG-Richtlinie zu den Repräsentationsvereinbarungen in §§ 44 (Definition, Diskriminierungsverbot), 45 (Abzüge von den Einnahmen), 46 (Verteilung) und 47 (Informationspflichten) umgesetzt. Anders als der Richtliniengesetzgeber, dem ersichtlich nur eine Regelung der internationalen Kooperationen zwischen Verwertungsgesellschaften desselben Tätigkeitsbereichs vorschwebte,[111] will der deutsche Gesetzgeber allerdings auch solche Fälle der Zusammenarbeit als Repräsentationsvereinbarung verstehen, bei denen Verwertungsgesellschaften mit unterschiedlichen Tätigkeitsbereichen untereinander kooperieren, etwa in Form eines Inkassomandats zwischen deutschen Verwertungsgesellschaften.[112]

87

2. Traditionelles System der Gegenseitigkeitsverträge

Die deutschen Verwertungsgesellschaften haben traditionell regelmäßig Gegenseitigkeitsverträge mit ihren jeweiligen ausländischen Schwestergesellschaften abgeschlossen. So verfügen etwa die GEMA,[113] die GVL,[114] die VG Bild-Kunst[115] und die VG Wort[116] über ein engmaschiges Netz aus Gegenseitigkeitsverträgen. Der Inhalt der jeweiligen bilateralen Vereinbarungen kann im Detail voneinander abweichen, folgt jedoch zumeist den Vorschlä-

88

---

111 Dies ergibt sich etwa aus dem Diskriminierungsverbot gemäß Art. 14 VG-RL, das auf Ungleichbehandlungen „hinsichtlich der anwendbaren Tarife, Verwaltungskosten und der Bedingungen für die Einziehung der Einnahmen und die Verteilung der den Rechtsinhabern zustehenden Beträge" Bezug nimmt. Bei Inkassomandaten für Verwertungsgesellschaften aus anderen Tätigkeitsbereichen fehlt es hier bereits an der Vergleichbarkeit.
112 RegE VGG, Begr. zu § 44, S. 86 f.
113 Vgl. die Übersicht über Verträge mit ausländischen Verwertungsgesellschaften und Inkassoorganisationen, GEMA-Jahrbuch 2015/2016, S. 200 ff.
114 Vgl. https://www.gvl.de/gvl/internationales.
115 Vgl. http://www.bildkunst.de/vg-bild-kunst/schwestergesellschaften.html.
116 Vgl. http://www.vgwort.de/international/internationale-vertragsbeziehungen.html.

Kap. 6 Recht der Verwertungsgesellschaften

gen und Musterverträgen internationaler Dachorganisationen wie der CISAC,[117] des BIEM[118] oder der IFRRO.[119]

89 In einem Gegenseitigkeitsvertrag bevollmächtigen sich zwei Verwertungsgesellschaften gegenseitig dazu, das Repertoire der jeweils anderen Gesellschaft in ihrem jeweiligen Verwaltungsgebiet wahrzunehmen. Es handelt sich somit um Geschäftsbesorgungsverträge in der speziellen Form einer Repräsentationsvereinbarung im Sinne des Art. 3 j) VG-RL bzw. des § 44 VGG. Folgende Besonderheiten sind für die traditionellen Gegenseitigkeitsverträge kennzeichnend:

– Der Wahrnehmungsauftrag ist üblicherweise auf das jeweilige eigene Verwaltungsgebiet der beauftragten Verwertungsgesellschaft beschränkt.[120] So wird die GEMA von ihren ausländischen Schwestergesellschaften regelmäßig mit der Wahrnehmung von deren Repertoire für Deutschland beauftragt. Hintergrund dieser territorialen Beschränkung ist, dass eine Verwertungsgesellschaft in der Regel nur in ihrem eigenen Verwaltungsgebiet in der Lage ist, die für eine effektive Rechtewahrnehmung und Kontrolltätigkeit erforderlichen Verwaltungsstrukturen zu etablieren und zu unterhalten.[121]
– Der Wahrnehmungsauftrag umfasst jeweils das gesamte Repertoire der beteiligten Verwertungsgesellschaften, sowohl hinsichtlich der Werke

---

117 Conféderation Internationale des Sociétés d'Auteurs et Compositeurs. Der Mustervertrag im EU-Bereich für das Aufführungs- und Senderecht ist auf Deutsch veröffentlicht in GEMA-Jahrbuch 2015/2016, S. 261 ff. Daneben verfasst die CISAC im Sinne eines Code of Conduct sogenannte Professional Rules und Binding Resolutions für ihre Mitglieder; vgl. http://www.cisac.org/What-We-Do/Governance/Professional-Rules und http://www.cisac.org/What-We-Do/Governance/Binding-Resolutions. Deutsche Mitglieder der CISAC sind die GEMA und die VG Bild Kunst.
118 Bureau International des Sociétés gérant les Droits d'Enregistrement et de Reproduction Mécanique. Der Mustervertrag im EU-Bereich für das Vervielfältigungsrecht ist veröffentlicht in GEMA-Jahrbuch 2015/2016, S. 271 ff. Deutsches Mitglied des BIEM ist die GEMA.
119 International Federation of Reproduction Rights Organisations; zu den Prinzipien für Repräsentationsvereinbarungen zwischen IFRRO-Mitgliedern vgl. http://www.ifrro.org/content/agreements-between-rros. Deutsche Mitglieder der IFRRO sind die VG Wort und die VG Bild-Kunst.
120 Vgl. Art. 6 CISAC-Mustervertrag, GEMA-Jahrbuch 2015/2016, S. 265, und Art. III BIEM-Mustervertrag, GEMA-Jahrbuch 2015/2016, S. 271.
121 Das Netzwerk internationaler Repräsentationsvereinbarungen stellt daher grundsätzlich keinen Wettbewerbsverstoß dar; vgl. EuGH, Rs. 395/87, Slg. 1989, 2521 – Tournier, sowie die hiermit verbundenen Rs. 110/88, 241/88 und 242/88, Slg. 1989, 2811 – Lucazeau.

und geschützten Leistungen als auch hinsichtlich der im Einzelnen wahrgenommenen Rechte.[122]
- Der Wahrnehmungsauftrag beinhaltet eine umfassende Inkassoberechtigung der beauftragten Verwertungsgesellschaft. Diese darf insbesondere auch rechtliche Maßnahmen gegen unrechtmäßige Nutzungen des Repertoires der beauftragenden Verwertungsgesellschaft ergreifen.[123]
- Der Wahrnehmungsauftrag ist nicht-exklusiv. Insbesondere bleibt die beauftragende Verwertungsgesellschaft berechtigt, die Rechte an ihrem Repertoire im Territorium der beauftragten Verwertungsgesellschaft auch selbst wahrzunehmen.[124] Diese Nichtexklusivität schreibt der Gesetzgeber allerdings lediglich für Repräsentationsvereinbarungen über die gebietsübergreifende Vergabe von Onlinerechten an Musikwerken ausdrücklich vor (§ 69 Abs. 3 VGG in Umsetzung von Art. 29 Abs. 1 Satz 1 VG-RL).
- Die Verträge enthalten Diskriminierungsverbote und Informationsverpflichtungen i. S. d. Art. 14, 15 und 19 VG-RL.

Im Ergebnis ermöglichen die herkömmlichen Gegenseitigkeitsverträge den beteiligten Verwertungsgesellschaften die effektive Wahrnehmung des jeweiligen Weltrepertoires, jedoch beschränkt auf das Verwaltungsgebiet der jeweils beauftragten Verwertungsgesellschaft. So kann etwa die GEMA aufgrund der mit ihren ausländischen Schwestergesellschaften geschlossenen Gegenseitigkeitsverträge grundsätzlich die Aufführungs- und Senderechte am Weltrepertoire der Musik an Veranstalter und Sendeunternehmen in Deutschland lizenzieren. Im Gegenzug werden die Aufführungs- und Senderechte an den Werken der Berechtigten der GEMA weltweit von den Schwestergesellschaften der GEMA wahrgenommen. **90**

3. Besonderheiten im Onlinebereich

Das Modell nationaler One-Stop-Shops, bei denen der Nutzer aus der Hand einer Verwertungsgesellschaft die Rechte zur Nutzung des Weltrepertoires, jedoch beschränkt auf das jeweilige Verwaltungsgebiet der Verwertungsgesellschaft erwerben kann, stößt an seine Grenzen, wenn grenzüberschreitende Nutzungen stattfinden und der Nutzer daher ein berechtigtes Interesse an Mehrgebietslizenzen hat. Dies gilt für Onlinenutzungen in besonderem Maße, wird das Recht der öffentlichen Zugänglichmachung durch Art. 3 **91**

---

122 Vgl. Art. 1 CISAC-Mustervertrag, GEMA-Jahrbuch 2015/2016, S. 261, und Art. I BIEM-Mustervertrag, GEMA-Jahrbuch 2015/2016, S. 271.
123 Vgl. Art. 2 CISAC-Mustervertrag, GEMA-Jahrbuch 2015/2016, S. 262 f.
124 So ausdrücklich Art. 1 (I) und (II) CISAC-Mustervertrag, GEMA-Jahrbuch 2015/2016, S. 261.

Kap. 6 Recht der Verwertungsgesellschaften

Abs. 1 der Richtlinie 2001/29/EG doch gerade dadurch definiert, dass Werke und schutzfähige Leistungen den Mitgliedern der Öffentlichkeit „von Orten ... ihrer Wahl" – und damit im Idealfall weltweit – zugänglich sind. Das traditionelle Modell der Gegenseitigkeitsverträge sieht Mehrgebietslizenzen wie gezeigt nicht vor. Der Nutzer war somit nach diesem System grundsätzlich darauf angewiesen, für jedes Territorium, auf das sich sein Onlineangebot erstrecken sollte, eine nationale Lizenz von der jeweils ortsansässigen Verwertungsgesellschaft zu erwerben. Für ein EU-weites Onlineangebot wäre demnach aktuell ein Bündel aus 28 nationalen Lizenzen erforderlich. Gerade im Musikbereich, in dem eine besonders umfassende Rechtewahrnehmung über Verwertungsgesellschaften etabliert ist, wurde das herkömmliche Modell geographisch begrenzter Lizenzen als besonders hinderlich für die Entwicklung eines europäischen Onlinemarktes beurteilt. Am Ende einer rund anderthalb Jahrzehnte dauernden Entwicklung unterschiedlicher Lösungsansätze und Initiativen hat sich der Europäische Gesetzgeber des Themas angenommen: Titel III. der VG-Richtlinie ist allein der Normierung von Grundsätzen für die „Vergabe von Mehrgebietslizenzen für Rechte an Musikwerken für die Online-Nutzung im Binnenmarkt" gewidmet.[125]

E. Die Beziehung der Verwertungsgesellschaften zu Nutzern

92   Verwertungsgesellschaften sind neben der Beziehung zu ihren Mitgliedern maßgeblich durch das Verhältnis zu ihren Nutzern, den Lizenznehmern, geprägt. Für die Lizenzerteilung sind dabei der Abschlusszwang, die Verpflichtung zur Gleichbehandlung und die Tarifaufstellungspflicht von wesentlicher Bedeutung.

I. Abschlusszwang

93   Zu den zentralen Bestandteilen der staatlichen Regulierung zählt der Abschlusszwang, der wortgleich zur bisherigen Regelung in § 11 Abs. 1 UrhWG nunmehr in § 34 Abs. 1 Satz 1 VGG geregelt ist. Nach dieser Vorschrift hat die Verwertungsgesellschaft jedermann auf Verlangen Nutzungsrechte zu angemessenen Bedingungen einzuräumen, d.h. sie unterliegt neben dem Wahrnehmungszwang auf Seiten der Rechtsinhaber[126] auch auf

---
125 Vgl. unten Rn. 143 ff.
126 Oben Rn. 28.

E. Die Beziehung der Verwertungsgesellschaften zu Nutzern Kap. 6

Seiten der Nutzer einem zivilrechtlichen Kontrahierungszwang. Diese erhebliche Beschränkung der Vertragsfreiheit wurde bisher mit der faktischen Monopolstellung der Verwertungsgesellschaften gerechtfertigt und diente dabei der Wahrung des Diskriminierungsverbots nach § 20 GWB. Im Bereich der Online-Nutzung von Werken der Musik kann dieser Gedanke jedoch heute aufgrund der weitgehenden Fragmentierung des Repertoires[127] nur noch eingeschränkt herangezogen werden. Die Verwertungsgesellschaften verfügen insoweit nicht mehr über eine Monopolstellung. Auch der europäische Gesetzgeber hielt einen derart weitgehenden Eingriff in die Privatautonomie nicht für erforderlich und sah davon ab, in die VG-Richtlinie eine Regelung zum Abschlusszwang aufzunehmen.[128]

Ausnahmen vom Abschlusszwang sind nur in engen Grenzen anerkannt. **94** Nach Auffassung des Bundesgerichtshofs besteht der Abschlusszwang ausnahmsweise nicht, wenn sich die Verwertungsgesellschaft auf vorrangige berechtigte Interessen berufen kann, die einer Lizenzerteilung entgegenstehen.[129] Ein vorrangiges berechtigtes Interesse besteht z.B., wenn von vornherein feststeht, dass weitere für die Nutzung erforderliche Rechte nicht eingeholt werden können,[130] oder wenn sich der Nutzer selbst rechtswidrig verhält und wiederholt gegen die von der Verwertungsgesellschaft wahrgenommenen Rechte verstößt.[131] Eine Lizenzierungspflicht kann unter dem Gesichtspunkt der Einheit der Rechtsordnung auch dann nicht bestehen, wenn die Nutzung gegen Strafgesetze verstoßen würde, wie dies im Bereich der Musik z.B. durch eine Verwirklichung des Tatbestandes der Volksverhetzung nach § 130 StGB, der Beleidigung nach §§ 185 ff. StGB oder der Bedrohung nach § 241 StGB der Fall sein kann. Dabei ist allerdings zu berücksichtigen, dass die Verwertungsgesellschaft eine mögliche Strafbarkeit der Nutzungshandlung nicht feststellen kann, da sie das Werk und den Lizenzierungszusammenhang nicht detailliert kennt.

---

127 Unten Rn. 141.
128 *Grohmann*, GRUR-Prax 2014, 145, 146; für den Kommissionsvorschlag *Staats*, ZUM 2013, 162, 166.
129 BGH, 22.4.2009, I ZR 5/07, GRUR 2009, 1052 ff. – Seeing is Believing; OLG Hamburg, 29.1.1998, 3 U 244/94, NJW-RR 1999, 1133 ff.
130 BGH, 22.4.2009, I ZR 5/07, GRUR 2009, 1052 ff. – Seeing is Believing.
131 *Schulze*, in: Dreier/Schulze, UrhG, 5. Aufl. 2015, § 11 UrhWG Rn. 5.

Kap. 6 Recht der Verwertungsgesellschaften

II. Gleichbehandlungsgebot

1. Lizenzierung zu angemessenen Bedingungen

95 § 34 Abs. 1 Satz 1 VGG erweitert den Abschlusszwang um eine Verpflichtung zur Lizenzierung zu *angemessenen* Bedingungen. Damit ist nicht nur das „ob" der Rechteinräumung, sondern auch deren Art und Weise betroffen. Unter der Geltung von § 11 Abs. 1 UrhWG wurde aus der Angemessenheit der Nutzungsbedingungen die Verpflichtung der Verwertungsgesellschaft zur Gleichbehandlung vergleichbarer Nutzungsvorgänge gefolgert.[132] Ob sich dabei der in der Praxis angewendete strenge Maßstab nach Inkrafttreten des Verwertungsgesellschaftengesetzes aufrechterhalten lässt, ist indes fraglich.

96 Die VG-Richtlinie gibt nämlich in Art. 16 Abs. 2 Satz 1 für die Lizenzierung einen weniger engen Maßstab vor. Sie verlangt *objektive* und *diskriminierungsfreie* Lizenzbedingungen. Diesen Maßstab greift § 34 Abs. 1 Satz 2 VGG auf, wonach die Lizenzbedingungen *insbesondere* objektiv und nichtdiskriminierend sein müssen. Nach der Begründung des Regierungsentwurfs handelt es sich hierbei um eine Konkretisierung des Angemessenheitsgebots.[133] Nach hier vertretener Auffassung besteht hingegen ein anderer Maßstab, nämlich der der VG-Richtlinie, die eine Verpflichtung zur Gleichbehandlung nicht vorsieht. Den Verwertungsgesellschaften wird damit in der Zukunft bei der Ausgestaltung der Lizenzbedingungen ein deutlich größerer Ermessensspielraum als bisher zukommen.[134]

2. Neuartige Online-Dienste

97 Eine Sonderregelung enthält § 34 Abs. 2 VGG für sogenannte neuartige Online-Dienste. Hiernach stellt die Verwendung von unterschiedlichen Lizenzbedingungen gegenüber Anbietern von neuartigen Online-Diensten keinen Verstoß gegen das Diskriminierungsverbot dar. Nach der Legaldefinition in § 34 Abs. 2 Satz 2 VGG ist ein Online-Dienst neuartig, wenn er seit weniger als drei Jahren der Öffentlichkeit in der EU oder dem EWR zur Verfügung steht. Die Vorschrift setzt Art. 16 Abs. 2 Unterabs. 1 Satz 2 VG-RL um.

98 Online-Dienste stellen die Verwertungsgesellschaften bei der Tarifierung vor große Herausforderungen. Gerade im Bereich der zunehmend auf den

---

132 *Schulze*, in: Dreier/Schulze, UrhG, 5. Aufl. 2015, § 11 UrhWG Rn. 11; *Reinbothe*, in: Schricker/Loewenheim, 4. Aufl. 2010, § 11 UrhWG Rn. 5; *Gerlach*, in: Wandtke/Bullinger, Praxiskommentar UrhR, 4. Aufl. 2014, § 11 UrhWG Rn. 4.
133 RegE VGG, Begr. zu § 34, S. 83.
134 Vgl. auch unten Rn. 177.

E. Die Beziehung der Verwertungsgesellschaften zu Nutzern Kap. 6

Markt drängenden Musik-Streaming-Anbieter wie z.B. Spotify, Deezer, Apple Music oder YouTube fehlen tiefergehende Lizenzierungserfahrungen. Dabei finanzieren sich die Dienste höchst unterschiedlich. Zum Teil handelt es sich um rein werbefinanzierte Dienste, zum Teil um sogenannte Freemium-Dienste, die über einen werbefinanzierten freien Bereich und einen kostenpflichtigen Premium-Bereich verfügen. Andere Dienste bieten eine zeitlich limitierte Gratisnutzungsdauer an, zum Teil wird Musik auch im Bundle mit anderen Inhalten angeboten.

Da für die Ermittlung der Angemessenheit der Vergütung nach § 39 Abs. 1 **99** VGG die geldwerten Vorteile der Verwertung maßgeblich sind, bedarf es für deren Bestimmung weitergehender Erfahrungen mit dem zu lizenzierenden Geschäftsmodell. Diesem Umstand trägt § 34 Abs. 2 VGG Rechnung, nach dem Verwertungsgesellschaften nach einer Lizenzierung von neuartigen Online-Diensten nicht an die gewährten Lizenzbedingungen gegenüber anderen Anbietern gebunden sind. Eine Verpflichtung zur Gleichbehandlung besteht also nicht; hinsichtlich der Angemessenheit der Vergütung kommt der Verwertungsgesellschaft eine weite Einschätzungsprärogative zu. Widersprüchlich erscheint allerdings die in § 38 VGG vorgesehene Tarifaufstellungspflicht auch für neuartige Online-Dienste.[135] Da insofern keine Gleichbehandlungspflicht besteht, kann einem Tarif keine Bindungswirkung zukommen. So war auch bereits vor Inkrafttreten des Verwertungsgesellschaftengesetzes anerkannt, dass neuartige Online-Dienste für eine Karenzzeit von zwei bis drei Jahren ohne Aufstellung eines Tarifs auf der Basis von Experimentalvereinbarungen ohne präjudizielle Wirkung lizenziert werden konnten.

Ein Online-Dienst ist nach § 34 Abs. 2 Satz 2 VGG neuartig, wenn er der **100** Öffentlichkeit weniger als drei Jahre zur Verfügung steht. Für die Bestimmung der Neuartigkeit ist der Dienst gegenüber bereits am Markt tätigen Diensten abzugrenzen. Hierfür wird nach dem Normzweck maßgeblich sein, inwieweit das Geschäftsmodell wesentliche Unterschiede zu bereits bestehenden Diensten aufweist.

III. Tarife

1. Aufstellungspflicht

Verwertungsgesellschaften unterliegen nach § 38 VGG einer Tarifaufstel- **101** lungspflicht. Diese in der Tradition des Urheberrechtswahrnehmungsgesetzes stehende Verpflichtung stellt eine überschießende Umsetzung der VG-

---
135 Siehe auch RegE VGG, Begr. zu § 34, S. 83.

Richtlinie dar, die zwar Vorgaben für Tarife aufstellt,[136] aber keine Aufstellungspflicht formuliert. Durch die Tarifierung soll die Einhaltung des Gleichbehandlungsgebots gegenüber Lizenznehmern sichergestellt werden.[137] Für einzelne Nutzungsfälle besteht keine Tarifaufstellungspflicht.[138] Tarife werden von der Verwertungsgesellschaft einseitig aufgestellt. Hält ein Nutzer einen Tarif für unangemessen, so kann er nach § 37 VGG den unstrittigen Betrag an die Verwertungsgesellschaft zahlen, während er den strittigen Betrag hinterlegt. Unter diesen Voraussetzungen erwirbt der Nutzer eine gesetzliche Lizenz, die ihm die Fortsetzung der Nutzung während eines Streits um die Höhe der Lizenzvergütung ermöglicht. Der Nutzer kann in der Folge die Angemessenheit des Tarifs durch die Schiedsstelle beim Deutschen Patent- und Markenamt und nach Durchführung des Schiedsstellenverfahrens[139] ggf. durch die ordentlichen Gerichte überprüfen lassen.[140] Zivilrechtlich ist ein Tarif als Antrag auf Abschluss eines Nutzungsvertrages zu qualifizieren. Werden Tarife bereits praktiziert, spricht ein Anscheinsbeweis für ihre Angemessenheit.[141] Der Nutzer muss dann konkrete Anhaltspunkte für ihre Unangemessenheit darlegen und notfalls auch beweisen. Bei einer langjährigen unbeanstandeten Praktizierung des Tarifs trägt er hingegen die volle Beweislast.[142]

2. Bemessung

102 Die Bemessung der Vergütungshöhe richtet sich nach § 39 VGG. Hiernach bilden in der Regel die geldwerten Vorteile, die durch die Verwertung erzielt werden, die Berechnungsgrundlage. Nach § 39 Abs. 1 Satz 2 VGG können auch andere Berechnungsgrundlagen herangezogen werden, sofern diese unter Berücksichtigung der wirtschaftlichen Verhältnismäßigkeit Rückschlüsse auf die durch die Verwertung erzielten Vorteile zulassen. Mit diesen Regelungen setzt das Gesetz den urheberrechtlichen Beteiligungsgrund-

---

136 Vgl. Art. 16 Abs. 2 Unterabs. 2 Satz 2 u. 3 VG-RL.
137 BGH, 29.1.2004, I ZR 135/00, GRUR 2004, 669, 671 – Musikmehrkanaldienst; BGH, 11.5.1973, I ZR 145/71, GRUR 1974, 35, 37 – Musikautomat.
138 BGH, 1.6.1983, I ZR 98/81, 565, 567 – Tarifüberprüfung II.
139 In Fällen, in denen die Angemessenheit des Tarifs bestritten wird, ist die Durchführung des Schiedsstellenverfahrens nach § 128 Abs. 1 u. 2 Satz 1 VGG obligatorisch.
140 Zuständig ist nach § 129 Abs. 1 VGG im ersten Rechtszug ausschließlich das Oberlandesgericht München. Nach § 129 Abs. 3 VGG, §§ 542 ff. ZPO ist gegen dessen Urteil die Revision zum Bundesgerichtshof statthaft.
141 *Melichar*, in: Loewenheim, Handbuch des Urheberrechts, 2. Aufl. 2010, § 48 Rn. 28.
142 BGH, 18.6.2014, I ZR 214/12, ZUM-RD 2015, 89, 91 – Vergütung für Nutzung von Musik in Tanzschulen; bei Auslaufen eines Gesamtvertrages: BGH, 20.2.2013, I ZR 189/11, GRUR 2013, 1037, 1041 – Weitergeltung als Tarif.

satz um, nach dem der Urheber an jeder wirtschaftlichen Nutzung seines Werkes tunlichst angemessen zu beteiligen ist.[143]

Für die Bestimmung des geldwerten Vorteils können die auf der Nutzung beruhenden Bruttoeinnahmen berücksichtigt werden. Eine Gewinnbeteiligung kommt nicht in Betracht, da andernfalls die Urheberbeteiligung eine Risikobeteiligung darstellen würde. Für die Höhe des Anteils an den Bruttoeinnahmen gibt es keine pauschale Beteiligungsgrenze z. B. in Höhe von 10 % der Bruttoeinnahmen, vielmehr ist den Besonderheiten der unterschiedlichen Verwertungsvorgänge Rechnung zu tragen.[144] Zu beachten sind bei Zweitverwertungen auch die Auswirkungen auf die Primärverwertung.[145] Der Beteiligungssatz ist bei einem Tarif für Music-on-Demand-Nutzungen im Verhältnis zu einem Tarif zur Vervielfältigung und Verbreitung von Tonträgern höher, da im Bereich des Music-on-Demand die Werke der Öffentlichkeit an Orten und zu Zeiten ihrer Wahl zugänglich gemacht werden, was gegenüber der physischen Nutzung eine weitergehende Nutzungsform darstellt.[146] **103**

Nach § 39 Abs. 2 Satz 1 VGG ist bei der Tarifgestaltung der Anteil der Werknutzung am Gesamtumfang des Verwertungsvorgangs zu berücksichtigen. Dabei ist einzukalkulieren, ob der Verwertungsvorgang andere Verwertungsrechte, andere Werkarten, das Repertoire einer anderen Verwertungsgesellschaft oder gemeinfreie Werke betrifft. Der Tarif darf selbstverständlich nur das von der lizenzierenden Verwertungsgesellschaft vertretene Repertoire berücksichtigen; insofern muss ggf. die Bemessungsgrundlage anteilig herabgesetzt werden. **104**

Weiter ist nach § 39 Abs. 2 Satz 1 Alt. 2 VGG bei der Tarifierung auch auf den wirtschaftlichen Wert der von der Verwertungsgesellschaft erbrachten Leistungen angemessen Rücksicht zu nehmen.[147] Eine solche Leistung kann etwa die Abgabe einer Freistellungserklärung der Verwertungsgesellschaft für den Fall sein, dass der Nutzer von einem nicht vertretenen Rechteinhaber in Anspruch genommen wird.[148] Durch solche Vereinbarungen wird dem Umstand Rechnung getragen, dass das Repertoire einer Verwertungsgesell- **105**

---

143 BGH, 25.10.2012, I ZR 162/11, GRUR 2013, 717, 719 – Covermount; BGH, 27.10.2011, I ZR 175/10, GRUR 2012, 715, 716 – Bochumer Weihnachtsmarkt; BGH, 27.10.2011, I ZR 125/10, GRUR 2012, 711, 712 – Barmen Live; BGH, 1.12.2010, I ZR 70/09, GRUR 2011, 720, 722 – Multimediashow; BGH, 29.1.2004, I ZR 135/00, GRUR 2004, 669, 670 – Musikmehrkanaldienst.
144 BGH, 18.6.2014, I ZR 214/12, ZUM-RD 2015, 89, 94 – Vergütung für Nutzung von Musik in Tanzschulen.
145 BGH, 29.1.2004, I ZR 135/00, GRUR 2004, 669, 671 – Musikmehrkanaldienst.
146 Schiedsstelle, 11.12.2006, Sch-Urh 36/04, ZUM 2007, 243, 245 f.
147 Die Vorschrift setzt Art. 16 Abs. 2 Unterabs. 2 Satz 2 VG-RL um.
148 RegE VGG, Begr. zu § 39, S. 85.

Kap. 6 Recht der Verwertungsgesellschaften

schaft auch während der Vertragslaufzeit einer ständigen Fluktuation unterliegt.

106 Außerdem ist nach § 39 Abs. 3 VGG bei der Tarifgestaltung auf religiöse, kulturelle und soziale Belange der Nutzer angemessen Rücksicht zu nehmen. Die Regelung entspricht der bisherigen Vorschrift des § 13 Abs. 3 Satz 3 UrhWG. Nach § 39 Abs. 4 VGG sind die Nutzer über die Kriterien, die der Tarifaufstellung zugrunde liegen, zu informieren.[149]

3. Regel- und Mindestvergütung

107 Die Online-Tarife der GEMA unterscheiden zwischen einer Regel- und einer Mindestvergütung. Die *Regelvergütung* besteht in einen bestimmten Anteil bezogen auf die Bemessungsgrundlage. Bemessungsgrundlage bilden dabei die Einnahmen, die kausal auf die Musiknutzung zurückzuführen sind. Hierzu zählen etwa die von dem Endnutzer an den Internetdienst gezahlte Vergütung, aber auch Werbeeinnahmen sowie andere geldwerte Gegenleistungen wie Sponsoring, Tausch-, Kompensations- oder Geschenkgeschäfte. Berücksichtigt werden muss zudem, welchen Anteil das von der GEMA vertretene Repertoire bei der Nutzung ausmacht.

108 Aber auch wenn mit der Nutzung keine oder nur geringfügige wirtschaftlichen Vorteile verbunden sind, sehen die Tarife eine feste *Mindestvergütung* vor. Eine prozentuale Beteiligung des Urhebers an den geldwerten Vorteilen des Nutzers liefe in diesem Fall leer bzw. wäre nicht angemessen im Sinne des Beteiligungsgrundsatzes.[150] Um in solchen Fällen den Urheber vor einer Entwertung seiner Rechte zu schützen, verlangt die Rechtsprechung eine feste Mindestvergütung,[151] die allerdings nicht zu einer unangemessenen Belastung des Lizenznehmers führen darf.[152]

---

149 Die Vorschrift setzt Art. 16 Abs. 2 Unterabs. 2 Satz 3 VG-RL um.
150 BGH, 25.10.2012, I ZR 162/11, GRUR 2013, 717, 719 – Covermount.
151 BGH, 25.10.2012, I ZR 162/11, GRUR 2013, 717, 719 – Covermount; BGH, 27.10.2011, I ZR 175/10, GRUR 2012, 715, 716 f. – Bochumer Weihnachtsmarkt; BGH, 27.10.2011, I ZR 125/10, GRUR 2012, 711, 712 – Barmen Live; BGH, 1.12.2010, I ZR 70/09, GRUR 2011, 720, 722 – Multimediashow; BGH, 28.10.1987, I ZR 164/85, GRUR 1988, 373, 376 – Schallplattenimport III.
152 BGH, 27.10.2011, I ZR 175/10, GRUR 2012, 715, 717 – Bochumer Weihnachtsmarkt; BGH, 27.10.2011, I ZR 125/10, GRUR 2012, 711, 712 – Barmen Live; BGH, 1.12.2010, I ZR 70/09, GRUR 2011, 720, 722 – Multimediashow; BGH, 28.10.1987, I ZR 164/85, GRUR 1988, 373, 376 – Schallplattenimport III.

4. Einzelne Tarife

Die GEMA verfügt im Online-Bereich derzeit über folgende Tarife:[153]   109

a) Music-on-Demand-Download

Für Music-on-Demand Angebote, die den Download von Audio-Musikwerken oder Musikvideos ermöglichen, sieht die GEMA den Tarif VR-OD 7 vor. Über diesen Tarif werden die klassischen Downloadportale wie z.B. iTunes oder Amazon lizenziert. Erfasst werden aber auch Geschäftsmodelle, die eine bestimmte Zahl von Abrufmöglichkeiten für einen bestimmten Zeitraum vorsehen (limitierte Abonnements). Sowohl der dauerhafte als auch der zeitlich beschränkte Download fallen in den Anwendungsbereich des Tarifs. Die Regelvergütung beträgt 10,25% der auf die Musiknutzung zurückzuführenden Nettoeinnahmen (Netto-Endnutzerpreis und Entgelte aus Werbung, Sponsoring etc.). Die Mindestvergütung beträgt 9,1 Cent für den Download eines Einzeltitels. Für Titel im Rahmen eines Albums bestehen nach der Anzahl der Titel gestaffelte Nachlässe. Für das Angebot von Hörproben von bis zu 90 Sekunden ist eine zusätzliche jährliche Pauschale zu zahlen, deren Höhe von der Größe des Dienstes abhängig ist.   110

b) Music-on-Demand-Streaming

Neben dem Tarif Music-on-Demand-Download hat die GEMA zwei weitere Tarife für den Bereich des Music-on-Demand-Streaming aufgestellt. Eine Differenzierung zwischen Download und Streaming ist dabei bei der Tarifierung nach Auffassung der Schiedsstelle geboten, da insofern unterschiedliche Rechte lizenziert werden.[154] Die Streaming-Tarife selbst unterscheiden in ihrem Anwendungsbereich im Wesentlichen danach, ob es sich um entgeltliche Abonnementdienste oder um werbefinanzierte unentgeltliche Dienste handelt.   111

Für entgeltliche unlimitierte Abonnements gilt der Tarif VR-OD 8. Dieser sieht eine Regelvergütung in Höhe von 10,25% der auf die Musiknutzung zurückzuführenden Nettoeinnahmen vor. Die Mindestvergütung beträgt für sogenannte Single-Platforms, bei denen der Zugriff ausschließlich über ein im Wesentlichen stationär genutztes Endgerät erfolgt, 75 Cent pro Monat und Endkunde, bei Multiple-Platforms, bei denen die Nutzung über mehrere auch mobile Endgeräte erfolgen kann, 1,25 Euro pro Monat und Endkunde.   112

Der Vergütungssatz VR-OD 9 betrifft sogenannte Ad-funded-Streaming-Angebote wie z.B. YouTube. Die Regelvergütung beträgt wiederum   113

---
153 Abrufbar auf der Website der GEMA unter der Rubrik „Musiknutzer".
154 Schiedsstelle, 5.5.2010, Sch-Urh 57/08, ZUM 2010, 916, 923.

Kap. 6 Recht der Verwertungsgesellschaften

10,25 % der auf die Musiknutzung zurückzuführenden Nettoeinnahmen. Für die Mindestvergütung unterscheidet der Tarif nach dem Maß der Interaktivität des Dienstes, d. h. z. B. danach ob Musiktitel, Album oder Künstler direkt ausgewählt werden können oder lediglich im Rahmen einer vorgegebenen Wiedergabeliste auf den nächsten Titel gesprungen werden kann. Bei Diensten mit hoher Interaktivität beträgt die Mindestvergütung 0,375 Cent pro Stream, bei Diensten mit niedriger Interaktivität 0,025 Cent pro Stream. Um neuen Diensten Planungssicherheit zu geben, sieht der Tarif für die ersten beiden Jahre des Betriebs optional Pauschalen vor, deren Höhe nach validen voraussichtlich zu erwartenden Abrufzahlen bestimmt wird. Dabei kann das zweite Jahr nur dann in Anspruch genommen werden, wenn die Prognose für das erste Jahr nicht um mehr als 30% überschritten wird.

c) Video-on-Demand

114 Film- bzw. Video-on-Demand-Angebote werden von der GEMA unabhängig davon, ob es sich um Streaming- oder Download-Angebote handelt, über den Tarif VR-OD 4 lizenziert. Zu beachten ist dabei, dass nicht alle audiovisuellen Produktionen unter den Tarif fallen. Musikvideos und Konzertmitschnitte werden über die einschlägigen Music-on-Demand-Tarife lizenziert. Die Höhe der Regel- und Mindestvergütung ist von der lizenzierten Filmkategorie abhängig. Zudem wird zwischen Dowload to own und Streaming unterschieden.

d) Ruftonmelodien, Hintergrund- und Funktionsmusik auf Webseiten sowie Podcasts

115 Die GEMA hat für Ruftonmelodien den Tarif VR-OD 1 aufgestellt, dessen wirtschaftliche Bedeutung stark zurückgegangen ist. Hintergrund- und Funktionsmusik auf Internet- und Intranetseiten wird auf der Basis des Tarifs VR-W I lizenziert. Die Lizenzierung erfolgt weitgehend durch die regionalen Geschäftsstellen der GEMA. Die Regelvergütung beträgt abhängig vom Musikanteil 3,1% bis 9,4% der durch die Wiedergabe erzielten geldwerten Vorteile. Bei mehr als einem 75%igen Musikanteil finden hingegen die On-Demand-Tarife Anwendung. Die Mindestvergütung bemisst sich nach der Anzahl der Zugriffe auf die Website und dem Nutzungszusammenhang. Lizenzen für Podcasts können online im GEMA Lizenzshop[155] erworben werden.

---

155 Siehe https://online.gema.de/lipo/portal.

e) Webradios

Neben den interaktiven On-Demand-Nutzungen lizenziert die GEMA auch lineare Online-Nutzungen. Hierzu zählen Webradios, die auf der Basis der allgemeinen Tarife für den Hörfunk (Tarif Radio und Tarif Premium-Radio S-VR/Phf-Pr) lizenziert werden. Die Regelvergütung beträgt beim Tarif Radio 7,5% der sendungsbezogenen Einnahmen bei einem hypothetischen Musikanteil von 100%. Bei einem niedrigeren Musikanteil wird die Regelvergütung verhältnismäßig herabgesetzt. Die Mindestvergütung richtet sich nach dem weitesten Hörerkreis, d.h. der Anzahl der tatsächlichen monatlichen Nutzer, wobei jede Person nur einmal gezählt wird. Lizenzen für kleinere Webradios mit bis zu 2.700 unterschiedlichen Hörern werden online im GEMA Lizenzshop[156] pauschal angeboten.

116

f) Leistungsschutzrechte / Tarife der GVL

Nach § 78 Abs. 1 Nr. 1 UrhG steht den ausübenden Künstlern und nach § 85 Abs. 1 Satz 1 Alt. 3 UrhG den Tonträgerherstellen als Leistungsschutzrecht das ausschließliche Recht der öffentlichen Zugänglichmachung zu. Diese Rechte werden weitgehend nicht von der GVL, sondern individuell von den Tonträgerherstellern wahrgenommen. Die Tonträgerhersteller lassen sich in der Regel in sogenannten Künstlerexklusivverträgen die On-Demand-Rechte der ausübenden Künstler gegen eine Umsatzbeteiligung abtreten.[157] Für die Lizenzierung bedeutet dies, dass der Diensteanbieter neben den urheberrechtlichen Nutzungsrechten, die er über die GEMA erwerben kann, die Leistungsschutzrechte direkt beim Tonträgerhersteller einholen muss.

117

In den Bereichen Webcasting/Internetradio und Hintergrundmusik auf Websites vertritt die GVL die Leistungsschutzrechte.[158] Sie hat hierfür einen Tarif für die Verwendung erschienener Tonträger für sogenanntes Internetradio/Webcasting (kommerzielle und nichtkommerzielle Webcaster) und einen Tarif für die Verwendung erschienener Tonträger als Hintergrundmusik auf Websites (Automatisches Streaming bei Aufruf der Website) aufgestellt.

118

---

156 Siehe https://online.gema.de/lipo/portal.
157 Vgl. zu den Künstlerexklusivverträgen *Rossbach*, in: Loewenheim, Handbuch des Urheberrechts, 2. Aufl. 2010, § 69 Rn. 12 ff.
158 Vgl. oben Rn. 51.

Kap. 6 Recht der Verwertungsgesellschaften

IV. Gesamtverträge (§ 35 VGG)

119 Ergänzend zum Abschlusszwang regelt § 35 VGG eine Verpflichtung der Verwertungsgesellschaften zum Abschluss von Gesamtverträgen. Die Abschlusspflicht gilt gegenüber Nutzervereinigungen, die über eine ausreichende Mitgliederzahl verfügen.[159] Die Regelung beruht nicht auf der VG-Richtlinie, sondern stellt überschießendes nationales Recht dar. Ein Gesamtvertrag bildet den Rahmen für die mit den einzelnen Mitgliedern des Verbandes abgeschlossenen Einzelverträge. Der Abschluss eines Gesamtvertrages erleichtert die Lizenzierung insoweit, als die einzelnen Lizenzbedingungen mit den Verbandsmitgliedern nicht mehr ausgehandelt werden müssen. Zudem befriedet der Vertrag den Markt. Die Mitglieder einer Nutzervereinigung, die einen Gesamtvertrag abgeschlossen hat, erhalten als Gegenleistung von der Verwertungsgesellschaft auf die Lizenzvergütung einen Gesamtvertragsrabatt, der in der Regel zwischen 10% und 20% beträgt. In der Praxis geht der Abschluss eines Gesamtvertrages häufig der Tarifaufstellung voraus. Nach § 38 Satz 2 VGG gelten die in den Gesamtverträgen vereinbarten Vergütungssätze dabei als Tarife.

120 Die GEMA hat mit dem Branchenverband Bitkom[160] Gesamtverträge in den Bereichen Music-on-Demand-Download (VR-OD 7), Streaming auf Abonnementbasis (VR-OD 8), Video-on-Demand (VR-OD 4) und Klingeltöne (VR-OD 1) abgeschlossen. Mit dem VPRT[161] besteht ein Gesamtvertrag für das werbefinanzierte Streaming (VR-OD 9).

F. Gebietsübergreifende Lizenzen (paneuropäische Lizenzierung)

121 Das Internet eignet sich wie kaum ein anderes Medium für die grenzüberschreitende Kommunikation bzw. das grenzüberschreitende Anbieten von kreativen Inhalten. Im Bereich der Musik bieten zumindest die größeren Services wie z.B. ITunes, Apple Music, Amazon, Spotify, Deezer oder YouTube ihre Dienste inzwischen beinahe weltweit an. Nach dem herkömmlichen System der internationalen Rechtewahrnehmung müssen die Anbieter zum Erwerb der erforderlichen Rechte Lizenzen in nahezu jedem Land der

---

159 Der Bundesgerichtshof hielt insofern 13 Mitglieder einer Nutzervereinigung für nicht ausreichend (BGH, 14.10.2010, I ZR 11/08, GRUR 2011, 61, 62f. – Gesamtvertrag Musikabrufdienste).
160 Bundesverband Informationswirtschaft, Telekommunikation und neue Medien e. V.
161 Verband Privater Rundfunk und Telemedien e. V.

F. Gebietsübergreifende Lizenzen (paneuropäische Lizenzierung) Kap. 6

Welt einholen, da die Rechte für die verschiedenen Territorien in unterschiedlichen Händen liegen. Problematisch ist dabei im Gebiet der Europäischen Union weniger die Territorialität des Urheberrechts. Hiernach gelten in den unterschiedlichen Territorien die Urheberrechtsordnungen des jeweiligen Nationalstaats; im Gebiet der Europäischen Union ist das materielle Urheberrecht jedoch zum Großteil ohnehin vollharmonisiert.[162] Schwierigkeiten bereitet vielmehr der Umstand, dass die erforderlichen Rechte in der Hand von unterschiedlichen Akteuren liegen.

Trotz dieser Situation der territorialen Zersplitterung war der Rechteerwerb in der Vergangenheit verglichen mit dem heutigen Zustand verhältnismäßig einfach, da die nationalen Verwertungsgesellschaften durch ein System von Gegenseitigkeitsverträgen jeweils zumindest für ihr Territorium das Weltrepertoire der Musik anbieten konnten. Für urheberrechtliche Nutzungsrechte war daher unabhängig vom genutzten Repertoire für ein Territorium lediglich eine Lizenz der nationalen Verwertungsgesellschaft erforderlich. Verschärft hat sich die Situation jedoch durch jüngere Entwicklungen, die dazu führten, dass neben der territorialen Zersplitterung eine Fragmentierung des Repertoires hinzutrat. Die nationalen Verwertungsgesellschaften verfügen heute nicht mehr über die mechanischen Online-Rechte am anglo-amerikanischen Repertoire der Major-Verlage. Die einzelnen Verlage haben dieses Repertoire unterschiedlichen sogenannten „Option 3"-Gesellschaften eingeräumt bzw. lizenzieren es über spezielle Initiativen. Um das Weltrepertoire nutzen zu können, muss der Nutzer daher auch von diesen Gesellschaften eine Lizenz erwerben. 122

Die Europäische Kommission hat von Anfang an das Ziel einer gebietsübergreifenden (paneuropäischen) Lizenz aus einer Hand verfolgt. Von einer solchen Lizenz ist der Markt heute jedoch weit entfernt. Realistisch scheint derzeit eine Vereinfachung der Rechteklärung, die an zwei Punkten ansetzen kann. Zum einen muss die paneuropäische Lizenzierung weiter etabliert und administrativ umgesetzt werden. Dies ist letztlich die Weiterführung und Optimierung der Tätigkeiten, die die „Option 3"-Gesellschaften begonnen haben. Zum anderen gilt es, in den paneuropäischen Lizenzen das Repertoire der unterschiedlichen Akteure so weit wie möglich zu bündeln, um so einem europäischen One-Stop-Shop möglichst nahe zu kommen. 123

Nachfolgend wird die Entwicklung zur paneuropäischen Lizenz, die maßgeblich durch Eingriffe der Europäischen Kommission geprägt war, näher 124

---

162 Der EuGH geht von einer Vollharmonisierung im Bereich der Info-Soc Richtlinie (2001/29/EG) aus (EuGH, 13.2.2014, C-466/12, GRUR 2014, 360 Rn. 33 bis 41 – Svensson / Retriever Sverige).

dargestellt.[163] Diese Entwicklung mündete auf europäischer Ebene in der Verabschiedung der VG-Richtlinie, die der Vergabe von Mehrgebietslizenzen an Musikwerken im Online-Bereich einen eigenen Titel widmet und deren Aufstellung durch dieses Thema maßgeblich motiviert war. Auf nationaler Ebene erfolgte die Umsetzung der VG-Richtlinie beinahe zeitgleich mit Erscheinen dieses Buches im Verwertungsgesellschaftengesetz.

I. One-Stop-Shop für Eingebietslizenzen

125 Ausgangspunkt der Entwicklung zur paneuropäischen Online-Lizenz[164] im Musikbereich war der sogenannte nationale „One-Stop-Shop", so wie er in vielen Nutzungsbereichen abseits vom On-Demand-Recht im Internet noch heute besteht. Kennzeichnend für ihn ist die Befugnis der nationalen Verwertungsgesellschaften, das Weltrepertoire der Musik begrenzt auf ihr Verwaltungsgebiet lizenzieren zu können. Die Verwertungsgesellschaften verfügen dabei nicht nur über das Repertoire ihrer eigenen Mitglieder, sondern territorial beschränkt auch über das Repertoire der ausländischen Verwertungsgesellschaften und der Major-Musikverlage. Dienstanbieter, die international operieren, mussten in dieser Konstellation für die urheberrechtlichen Nutzungsrechte für jedes Territorium, in dem sie eine Geschäftstätigkeit entfalten wollten, jeweils eine Lizenz von der jeweiligen nationalen Verwertungsgesellschaft erwerben.[165] Auf der anderen Seite umfasste die nationale Lizenz das gesamte Weltrepertoire der Musik; die Lizenzierung erfolgte also nicht repertoirebezogen, was mit erheblichen Einsparungen an Transaktionskosten verbunden war.

126 Dieses System der nationalen Lizenz für das Weltrepertoire beruht auf zwei für die Rechtewahrnehmung wesentlichen Säulen. Zum einen besteht ein weltweites Netz bilateraler Vereinbarungen zwischen den Verwertungsge-

---

163 Die Entwicklung bis nach der Online-Empfehlung wird ausführlich dargestellt durch: *Alich*, GRUR Int. 2008, 996 ff.; *Müller*, ZUM 2009, 121 ff.; *Spohn/Hullen*, GRUR 2010, 1053 ff.; *Hansen*, in: Enthaler/Weidert (Hrsg.), Handbuch Urheberrecht und Internet, 2. Aufl. 2010, Kap. 6 Rn. 33 ff.
164 Die Entwicklung betrifft die On-Demand-Rechte. Bei den linearen Online-Rechten wie z. B. dem Senderecht ist es nicht zu einer Repertoire-Fragmentierung gekommen.
165 Bei Online-Nutzungen müssen für die Zugänglichmachung von Tonträgeraufnahmen neben den urheberrechtlichen Nutzungsrechten auch die Leistungsschutzrechte der Tonträgerhersteller und der ausübenden Künstler erworben werden. Diese werden in der Regel von den Labels direkt lizenziert. In bestimmten Bereichen werden diese Rechte von eigenständigen Verwertungsgesellschaften (in Deutschland der GVL) wahrgenommen. Vgl. oben Rn. 50 f.

sellschaften. In sogenannten Gegenseitigkeitsverträgen[166] räumen sich die Verwertungsgesellschaften auf nicht-exklusiver Basis jeweils gegenseitig Nutzungsrechte an ihrem Repertoire für das Verwaltungsgebiet der jeweils anderen Verwertungsgesellschaft ein. Eine Verwertungsgesellschaft, die das Repertoire einer ausländischen Schwestergesellschaft im eigenen Territorium lizenziert, überweist die hierfür eingezogene Lizenzvergütung nach Abzug einer Verwaltungskommission an die Schwestergesellschaft, die wiederum die Verteilung an ihre Mitglieder übernimmt.

Dabei bestehen gesonderte Gegenseitigkeitsverträge für die Lizenzierung von Wiedergaberechten und für die Lizenzierung von Vervielfältigungsrechten, die auch als „mechanische Rechte" bezeichnet werden.[167] Diese beiden Rechtekategorien werden im Ausland zum Teil von verschiedenen Verwertungsgesellschaften wahrgenommen. In den USA besteht darüber hinaus die Besonderheit, dass Verwertungsgesellschaften lediglich die „performing rights" lizenzieren, während die „mechanical rights" von den Verlagen administriert werden. Den Hintergrund für diese Aufteilung bildet das anglo-amerikanische Rechtssystem, bei dem im Gegensatz zum Schöpferprinzip des deutschen Urheberrechts der Arbeitgeber bzw. bei Auftragsproduktionen der Auftraggeber originär die Reche an vom Arbeitnehmer bzw. Auftragnehmer geschaffenen Werken erwirbt („work made for hire").[168] Zudem besteht rechtlich die Möglichkeit der Verlage und Produzenten, Rechte pauschal bei den Autoren herauszukaufen (sogenannter „Buy-out"), wodurch sie in die Lage versetzt werden, vollkommen unabhängig von den Autoren über die Rechte zu verfügen.[169]

Kartellrechtlich sind die genannten Vereinbarungen zwischen Verwertungsgesellschaften zumindest dann zulässig, wenn sie nicht exklusiv erfolgen. Der Europäische Gerichtshof hat deren Zulässigkeit in zwei Entscheidungen

---

166 In der Terminologie des Verwertungsgesellschaftengesetzes werden Gegenseitigkeitsverträge unter den Oberbegriff der Repräsentationsvereinbarungen gefasst (vgl. § 44 VGG). Der Begriff ist weiter, da er auch Mandate zwischen Verwertungsgesellschaften umfasst, bei denen die beauftragte Verwertungsgesellschaft Rechte einer anderen Kategorie für die beauftragende Verwertungsgesellschaft wahrnimmt. Dies ist z. B. der Fall, wenn die GEMA von der GVL vertretene Leistungsschutzrechte für öffentliche Wiedergabehandlungen mitlizenziert. Darüber hinaus werden vom Gesetz auch Vereinbarungen nach § 69 VGG im Rahmen des Repräsentationszwangs bei der gebietsübergreifenden Lizenzierung von Online-Musikrechten als Repräsentationsvereinbarungen bezeichnet.
167 Zu den Bereichen Online, Kabel und Satellit siehe unten Rn. 142.
168 Der originäre Erwerb kann in Folge eines Arbeitsverhältnisses oder einer Auftragsproduktion stattfinden.
169 Vgl. auch *Ventroni*, MMR 2012, 565; *Nérisson*, ZUM 2013, 185, 189.

bestätigt.[170] Nach der Argumentation des Gerichts dienen Gegenseitigkeitsverträge zum einen diskriminierungsfrei der Vereinheitlichung der Lizenzbedingungen für das Gesamtrepertoire. Zum anderen ermöglichen sie den Verwertungsgesellschaften ihr eigenes Repertoire ohne den kostspieligen Aufbau von eigenen Lizenzierungsstrukturen vor Ort auch im Ausland verwerten zu lassen. In einer weiteren Entscheidung hatte der Europäische Gerichtshof auch gesetzliche Monopole der nationalen Verwertungsgesellschaft als zulässig erachtet.[171] Das Urteil betraf allerdings einen anderen Nutzungsbereich.

129 Neben den Gegenseitigkeitsverträgen ist für den Rechtefluss ein internationales System von Subverlagen von Bedeutung. Originalverlage unterhalten weltweit Geschäftsbeziehungen zu rechtlich selbständigen Subverlagen, die Mitglied der jeweils nationalen Verwertungsgesellschaft an ihrem Sitz sind. Der Originalverlag räumt dem Subverlag in einem Subverlagsvertrag seine Rechte territorial begrenzt auf das Geschäftsgebiet des Subverlages zur Einbringung in die Verwertungsgesellschaft ein. Die Rechte fließen vom Originalverlag über den nationalen Subverlag in die nationale Verwertungsgesellschaft. Dieses System wurde im Online-Bereich insbesondere von den Major-Verlagen praktiziert, die für ihr anglo-amerikanisches Repertoire die „mechanical rights" über Subverlage in das System der Gegenseitigkeitsverträge einbrachten, während die korrespondierenden „performing rights" über die anglo-amerikanischen Verwertungsgesellschaften in das System der Gegenseitigkeitsverträge flossen.

II. Erste Ansätze zur Schaffung eines One-Stop-Shops für Mehrgebietslizenzen

130 Da dieses international praktizierte System lediglich nationale Lizenzen aus einer Hand ermöglichte, wuchsen zu Beginn des neuen Jahrtausends Bestrebungen nach einer gebietsübergreifenden (paneuropäischen) Lizenz aus einer Hand. Einen ersten Versuch zur Schaffung eines solchen internationalen „One-Stop-Shops" im Bereich der On-Demand-Rechte unternahmen die Verwertungsgesellschaften für die Lizenzierung der Wiedergaberechte im Jahr 2000 mit dem Abschluss des sogenannten Santiago-Abkommens. In Umsetzung dieses Abkommens räumten sich die beteiligten Verwertungsgesellschaften die „performing rights" zur paneuropäischen Lizenzierung ein. Die paneuropäische Lizenz sollte dabei durch die Verwertungsgesellschaft

---

170 EuGH, 13.7.1989, Rs. C-110/88, BeckEuRS 1989, 153543 – Lucazeau; EuGH, 13.7.1989, Rs. 395/87, GRURInt. 1990, 622 ff. – Tourni.
171 EuGH, 27.2.2014, Rs. C-351/12, GRUR 2014, 473, 476 ff. – OSA.

F. Gebietsübergreifende Lizenzen (paneuropäische Lizenzierung)   Kap. 6

erteilt werden, in deren Verwaltungsgebiet der zu lizenzierende Dienst seinen Sitz hatte (sogenannte „customer allocation clause" oder auch „economic residence clause"). Im Jahr 2001 folgte dem Santiago-Abkommen für den Bereich der „mechanical rights" das sogenannte Barcelona-Abkommen.

Die Europäische Kommission sah jedoch insbesondere in der „customer allocation clause" eine kartellrechtlich unzulässige Marktaufteilung zwischen den Verwertungsgesellschaften und damit einen Verstoß gegen das Verbot wettbewerbsbeschränkender Vereinbarungen und Verhaltensweisen nach dem damaligen Art. 81 Abs. 1 EGV (heute Art. 101 Abs. 1 AEUV) und lehnte eine von den Verwertungsgesellschaften beantragte Freistellung vom Kartellverbot nach Art. 81 Abs. 3 EGV (heute Art. 101 Abs. 3 AEUV) in einem Statement of Objections ab.[172] Die Verwertungsgesellschaften befürchteten jedoch, dass ohne die „customer allocation clause", d.h. bei einem Wahlrecht der Nutzer unter den Verwertungsgesellschaften, der damit verbundene Wettbewerb der Verwertungsgesellschaften um Nutzer zu einer Minimalisierung der urheberrechtlichen Vergütung führen würde („race to the bottom"). Dies ließ sich mit dem Schutzgedanken des Urheberrechts nicht vereinbaren. Daher unterließen die Verwertungsgesellschaften eine Verlängerung der Verträge von Santiago und Barcelona, sodass mit deren Auslaufen zum 31.12.2004 wieder der status quo ante eintrat, bei dem jede Verwertungsgesellschaft über das Online-Weltrepertoire territorial begrenzt auf ihr Verwaltungsgebiet verfügte.

131

III. Online-Empfehlung der Generaldirektion Binnenmarkt und Repertoireabzug

Die Generaldirektion Binnenmarkt der Europäischen Kommission reagierte in ihrem Bestreben nach einer paneuropäischen Lizenzierung auf das Auslaufen der Verträge mit einem unverbindlichen Handlungsvorschlag an die Mitgliedstaaten, der sogenannten Online-Empfehlung vom 18.10.2005.[173] In dieser befürwortete sie unter mehreren Optionen für die gebietsübergreifende Lizenzierung von Online-Rechten an Werken der Musik die sogenannte „Option 3". Mit dieser war beabsichtigt, einen Wettbewerb der Verwertungsgesellschaften um Rechteinhaber zu initiieren. Kennzeichnend für die „Option 3" war ein Wahlrecht der *Rechteinhaber* unter den Verwer-

132

---

172 Entscheidung COMP/C2/38.216 v. 29.4.2004; Press release IP/04/586 v. 3.5.2004.
173 Empfehlung 2005/737/EG der Kommission für die länderübergreifende kollektive Wahrnehmung von Urheberrechten und verwandten Schutzrechten, die für legale Online-Musikdienste benötigt werden, ABl. 2005 L 276, S. 54.

Kap. 6 Recht der Verwertungsgesellschaften

tungsgesellschaften für die paneuropäische Lizenzierung von Online-Rechten.

133 „Option 3" stand im Gegensatz zu „Option 2", bei der jede europäische Verwertungsgesellschaft über das Weltrepertoire zur europaweiten Lizenzierung verfügen sollte und bei der ein freies Wahlrecht der *Nutzer* unter den Verwertungsgesellschaften intendiert war. Diese Option, die zu einem Wettbewerb der Verwertungsgesellschaften um Nutzer geführt hätte, verwarf die Kommission jedoch zu recht, da sich ein Wettbewerb um Nutzer zu Lasten der Wahrnehmungsbedingungen ausgewirkt hätte und damit auf Kosten der Urheber ausgetragen worden wäre. „Option 1" sah vor, in den Markt nicht weiter einzugreifen und es damit beim statuts quo des nationalen „One-Stop-Shops" zu belassen.

134 Entgegen den Erwartungen der Kommission bereitete die Empfehlung jedoch nicht den Weg zu einer Bündelung des Weltrepertoires bei einzelnen Verwertungsgesellschaften für die paneuropäische Lizenzierung. Vielmehr sahen die Major-Verlage in der Möglichkeit, die mechanischen Rechte am anglo-amerikanischen Repertoire dem System der Gegenseitigkeitsverträge zu entziehen, die Chance bei einer Wahrnehmung durch eine einzelne Gesellschaft günstigere Wahrnehmungsbedingungen zu erzielen. In der Folgezeit entzogen daher die Majors und andere große Verlage ihren nationalen Subverlagen die mechanischen Online-Rechte am anglo-amerikanischen Repertoire, sodass diese von den Subverlagen nicht mehr in die Verwertungsgesellschaften und das System der Gegenseitigkeitsverträge eingebracht werden konnten. Die Beschränkung des Rechteentzugs auf das anglo-amerikanische Repertoire erklärt sich dabei damit, dass im anglo-amerikanischen Raum die Verlage unabhängig von den Autoren über die Urheberrechte verfügen können.[174] Traditionell werden dabei die mechanischen Rechte in den USA nicht von Verwertungsgesellschaften, sondern von den Verlagen selbst wahrgenommen.

135 Die rechtlichen Rahmenbedingungen ermöglichten es den Majors und anderen großen Verlagen ihre Rechte aus den Subverlagsverträgen herauszuziehen. Im Ergebnis flossen damit die mechanischen Online-Rechte am anglo-amerikanischen Repertoire der großen Musikverlage nicht mehr über die Gegenseitigkeitsverträge der Verwertungsgesellschaften, sodass diese insoweit nicht mehr über das Weltrepertoire verfügten.

---

174 Oben Rn. 127.

IV. Die „Option 3"

Den Verlagen stand es infolge dieser Entwicklung frei, ihr Repertoire durch einzelne Entitäten außerhalb des traditionellen Systems der Gegenseitigkeitsverträge wahrnehmen zu lassen. Einige Majors ließen in der Folge ihre mechanischen Online-Rechte über Töchter von Verwertungsgesellschaften europaweit lizenzieren, andere gründeten zwar keine eigenen Gesellschaften, bildeten aber mit einzelnen Verwertungsgesellschaften Lizenzierungsinitiativen mit speziellen Lizenzbedingungen. Insgesamt bestand folgende Situation: 136

1. „Option 3"-Gesellschaften

Die CELAS GmbH, eine gemeinsame Tochtergesellschaft der GEMA und ihrer britischen Schwestergesellschaften PRS und MCPS (später gemeinsam PRS for Music), lizenzierte die mechanischen Online-Rechte am anglo-amerikanischen Repertoire von EMI Music Publishing Ltd. im eigenen Namen. Die korrespondierenden Wiedergaberechte konnten ebenfalls über die CELAS GmbH erworben werden, die insoweit als Stellvertreterin der GEMA und der britischen Gesellschaften agierte. Die PAECOL GmbH[175] war eine 100%ige Tochter der GEMA. Sie lizenzierte die mechanischen Online-Rechte am Sony/ATV Music Publishing Repertoire. 137

Seit dem Kauf der EMI Music Publishing durch ein Konsortium um die Sony Corporation of America im Jahr 2012 wird das anglo-amerikanische Repertoire beider Verlage durch die SOLAR Ltd. administriert, einer gemeinsamen Tochtergesellschaft der deutschen GEMA und der britischen PRS for Music. Zudem lizenziert die ARESA GmbH,[176] eine 100%ige Tochter der GEMA, europaweit das anglo-amerikanische Repertoire der BMG Rights Management GmbH. 138

Darüber hinaus besteht das Nordisk Copyright Bureau, das von den Verwertungsgesellschaften STIM, STEF (Schweden), KODA (Dänemark), Teosto (Finnland) und Tono (Norwegen) betrieben wird. Zu seinen Aufgaben zählt u.a. auch die paneuropäische Online-Lizenzierung. Eine weitere „Option 3"-Gesellschaft stellte die Kobalt STIM Aggregated Rights AB dar, eine 100%ige Tochter der schwedischen Verwertungsgesellschaft STIM, die das anglo-amerikanische Repertoire des Independent-Verlages Kobalt Music Group für einige Zeit lizenzierte. 139

---

175 Pan-European Central Online Licensing.
176 Anglo-American Rights European Service Agency.

Kap. 6 Recht der Verwertungsgesellschaften

2. Lizenzierungsinitiativen

140 Neben den „Option 3"-Gesellschaften bildeten sich einige Lizenzierungsinitiativen der Musikverlage heraus, in denen diese mit einzelnen Verwertungsgesellschaften zusammenarbeiten. So wird etwa im Rahmen der Initiative D.E.A.L.[177] das anglo-amerikanische Universal-Repertoire in Kooperation mit der französischen Verwertungsgesellschaft SACEM paneuropäisch lizenziert, während das anglo-amerikanische Warner-Chapell Repertoire im Rahmen der Initiative P.E.D.L.[178] zusammen mit der PRS for Music und weiteren Verwertungsgesellschaften (BUMA/STEMRA [Niederlande], SABAM [Belgien], SGAE [Spanien], SACEM [Frankreich], STIM [Schweden] sowie SPA [Portugal]) administriert wird. Zudem schuf die PRS for Music die Lizenzierungseinheit IMPEL,[179] in der das Repertoire einiger Independent-Verlage lizenziert wird. Die Verwertungsgesellschaften ARTISJUS (Ungarn), SABAM (Belgien), SACEM (Frankreich), SGAE (Spanien), SIAE (Italien), SPA (Portugal) und SUISA (Schweiz) kooperieren im Rahmen der Lizenzierungsinitiative Armonia.

3. Fragmentierung des Repertoires

141 Das Resultat der Bemühungen der Europäischen Kommission um einen internationalen „One-Stop-Shop" bestand in einer Fragmentierung des Online-Repertoires in den Händen verschiedener Akteure. Damit hatten sich die Schwierigkeiten bei der Rechteklärung deutlich verschärft. Während vor der Online-Empfehlung internationale Diensteanbieter sichergehen konnten, über die nationalen Verwertungsgesellschaften das Weltrepertoire der Musik – wenn auch jeweils territorial beschränkt – erwerben zu können, müssen sie sich heute von einer Vielzahl von Akteuren Fragmente des Repertoires zusammenkaufen. Dies hat verschärfte Probleme bei der Repertoireabgrenzung mit sich gebracht, wovon insbesondere die Bereiche Dokumentation und Rechnungsstellung der Verwertungsgesellschaften betroffen sind. Der mit Abgrenzungsfragen verbundene administrative Aufwand hat dabei zu einer erheblichen Steigerung der Transaktionskosten geführt, die sich letztlich zu Lasten der Rechteinhaber auswirkt. Auf Seiten der Lizenznehmer stehen ein höherer Aufwand für die Rechteklärung und ein geringeres Maß an rechtlicher Sicherheit, die Rechte für das genutzte Repertoire auch tatsächlich erworben zu haben.

---

[177] Direct European Administration and Licensing.
[178] Pan-European Digital Licensing Initiative.
[179] Independent Music Publishers' European Licensing.

V. Die CISAC-Verfügung der Generaldirektion Wettbewerb

Die bereits eingetretene Fragmentierung des Repertoires verschärfte sich noch durch das erstmalige Einschreiten der Generaldirektion Wettbewerb. Am 16.7.2008 erließ die Generaldirektion Wettbewerb eine Untersagungsverfügung gegen vierundzwanzig europäische Verwertungsgesellschaften, die sich gegen die von den Verwertungsgesellschaften praktizierte gegenseitige territorial beschränkte Rechteeinräumung in den Bereichen Online, Kabel und Satellit richtete. Die Kommission ging zwar nicht von der Wettbewerbswidrigkeit des Systems an sich aus, jedoch machte sie einen Verstoß gegen Art. 81 Abs. 1 EGV (heute Art. 101 Abs. 1 AEUV) wegen eines angeblich abgestimmten Verhaltens geltend. Anlass gab der Mustergegenseitigkeitsvertrag für die „performing rights" des Weltdachverbandes der Verwertungsgesellschaften CISAC. Da Anträge der Verwertungsgesellschaften auf Aussetzung des Vollzugs der Verfügungen beim Gericht Erster Instanz[180] erfolglos blieben,[181] waren die Verwertungsgesellschaften gezwungen, bilateral neue Gegenseitigkeitsverträge für die genannten Bereiche auszuhandeln. Unter dem Eindruck der Online-Empfehlung sowie der CISAC-Verfügung fielen diese Verhandlungen in einen Zeitraum, in dem bei den Verwertungsgesellschaften erhebliche Rechtsunsicherheit über den zulässigen kartellrechtlichen Rahmen bestand. Daher erwiesen sich die Verhandlungen vielfach als schwierig; im Ergebnis entstanden Repertoire-Lücken abseits des anglo-amerikanischen Repertoires bei der Rechtewahrnchmung, die erst in den Folgejahren wieder geschlossen werden konnten. Im Jahr 2013 wurden die Verfügungen der Generaldirektion Wettbewerb durch das Gericht der Europäischen Union für nichtig erklärt.[182] Ein abgestimmtes Verhalten der Verwertungsgesellschaften konnte nicht festgestellt werden. Da die Europäische Kommission gegen das Urteil keine Rechtsmittel einlegte, erlangte die Entscheidung Rechtskraft. Der status quo ante konnte zu diesem Zeitpunkt jedoch nicht wieder hergestellt werden.

142

---

180 Seit dem Vertrag von Lissabon heißt das vormalige Gericht Erster Instanz „Gericht der Europäischen Union (EuG)". Das EuG ist dem Europäischen Gerichtshof nachgeordnet.
181 EuG, 14.11.2008, T-410/08 R, EWS 2008, 518.
182 EuG, 12.4.2013, T-442/08, ZUM-RD 2013, 293 ff.

VI. Neuer Rechtsrahmen durch die VG-Richtlinie und das Verwertungsgesellschaftengesetz

143 Mit der VG-Richtlinie (RL 2014/26/EU) wurde das Thema der paneuropäischen Lizenzierung im Online-Musikmarkt auf europäischer Ebene wieder aufgegriffen. Obwohl der Anwendungsbereich der VG-Richtlinie weder auf die Wahrnehmung von Online-Rechten noch auf Musikverwertungsgesellschaften beschränkt ist, widmet die VG-Richtlinie der „Vergabe von Mehrgebietslizenzen für Online-Rechte an Musikwerken durch Organisationen für die kollektive Rechtewahrnehmung" den gesamten Titel III (Art. 23–32 VG-RL). Auch das nationale Umsetzungsgesetz, das Verwertungsgesellschaftengesetz, das zum 1.6.2016 in Kraft trat,[183] sieht in seinem dritten Teil umfangreiche Vorschriften für die gebietsübergreifende Lizenzierung von Online-Rechten vor (§§ 59–74 VGG).

1. Anwendungsbereich der Vorschriften über die gebietsübergreifende Lizenzierung

144 In den Anwendungsbereich des dritten Teils des Verwertungsgesellschaftengesetzes fällt nach § 59 Abs. 1 VGG die gebietsübergreifende Vergabe von Online-Rechten an Musikwerken durch Verwertungsgesellschaften. *Online-Rechte* sind dabei nach der Legaldefinition in § 59 Abs. 2 VGG die Rechte nach Art. 2 und 3 der Informationsgesellschaftsrichtlinie,[184] die für die Bereitstellung eines Online-Dienstes erforderlich sind. Erfasst sind damit das für Online-Nutzungen erforderliche Vervielfältigungsrecht nach Art. 2 InfoSoc-RL sowie die Rechte der öffentlichen Zugänglichmachung und der öffentlichen Wiedergabe nach Art. 2 Abs. 1 InfoSoc-RL. Folglich fallen neben den On-Demand-Nutzungen auch lineare Nutzungen wie Webcasting und Simulcasting in den Anwendungsbereich.[185] Eine *gebietsübergreifende* Lizenz ist dabei nach ihrer Legaldefinition in § 59 Abs. 3 VGG eine solche, die das Territorium von mindestens zwei Mitgliedstaaten der Europäischen Union oder anderer Vertragsstaaten des EWR umfasst. Die Direktlizenzierung einer Verwertungsgesellschaft in einem einzelnen ausländischen Staat fällt daher nicht unter den dritten Teil des Verwertungsgesellschaftengesetzes. Zudem sind nur die urheberrechtlichen Nutzungsrechte von den Spezialregelungen umfasst. Dies überrascht, da im Online-Bereich bei der Zugänglichmachung von Tonträgeraufnahmen stets auch die Leistungs-

---

183 BGBl. I, S. 1190, 1216.
184 Richtlinie 2001/29/EG zur Harmonisierung bestimmter Aspekte des Urheberrechts und der verwandten Schutzrechte in der Informationsgesellschaft v. 22.5.2001, ABl. L 167 v. 22.6.2001, S. 10.
185 RegE VGG, Begr. zu § 59, S. 91.

F. Gebietsübergreifende Lizenzen (paneuropäische Lizenzierung) **Kap. 6**

schutzrechte der Tonträgerhersteller nach § 85 UrhG und der ausübenden Künstler nach § 78 Abs. 1 Nr. 1 UrhG betroffen sind.[186]

Gebietsübergreifende Lizenzen für Online-Rechte an Musikwerken, die an Sendeunternehmen vergeben werden, sind nach § 74 VGG von den Vorschriften des Verwertungsgesellschaftengesetzes zur gebietsübergreifenden Lizenzierung ausgenommen.[187] Dies gilt allerdings nur für die zeitgleiche oder nachträgliche Zugänglichmachung des Hörfunk- oder Fernsehprogramms und für sogenannte programmbegleitende Online-Nutzungen, die als ergänzendes Material in einem engen sachlichen und zeitlichen Zusammenhang mit der eigentlichen Sendung stehen. Das Gesetz trägt mit dieser Ausnahme dem Bedürfnis der Sendeunternehmen Rechnung, die zu den Senderechten korrespondierenden Online-Rechte gemeinsam mit den Senderechten aus einer Hand erwerben zu können. Der Erwerb aus einer Hand wird durch freiwillige multilaterale Vereinbarungen der Verwertungsgesellschaften ermöglicht. **145**

2. Die Bildung von Lizenzierungshubs

a) Kontrahierungszwang bzw. „tag on"-Verpflichtung

Die VG-Richtlinie und das Verwertungsgesellschaftengesetz sehen für die paneuropäische Lizenzierung ein Modell vor, bei dem eine grundsätzlich freiwillige Bündelung des Online-Repertoires bei einzelnen Verwertungsgesellschaften in sogenannten Hubs erfolgen soll. Diesem Modell liegt die Annahme zugrunde, dass besonders leistungsfähige Verwertungsgesellschaften paneuropäisch lizenzieren, während sich andere kleinere Verwertungsgesellschaften im Online-Bereich auf Eingebietslizenzen, d.h. in der Regel auf die nationale Lizenzierung beschränken. Die Hubs lizenzieren dabei das Repertoire der lediglich national lizenzierenden Verwertungsgesellschaften europaweit mit.[188] Die paneuropäisch lizenzierenden Verwertungsgesellschaften treten insofern als Dienstleister für die übrigen Verwertungsgesellschaften auf. **146**

Um paneuropäisch lizenzieren zu können, müssen die Hubs bestimmte Mindestanforderungen erfüllen, die in Art. 24–28 VG-RL bzw. §§ 61 ff. VGG statuiert sind.[189] Mit diesem sogenannten „*Passport Modell*" trägt der Ge- **147**

---

186 Zu weit dürfte dabei der Ansatz von *Peifer*, ZUM 2014, 453, 465 f. gehen, die Vorschriften des dritten Teils des Verwertungsgesellschaftengesetzes analog auf Leistungsschutzrechte anzuwenden. Für eine planwidrige Regelungslücke bestehen keine Anhaltspunkte.
187 Die Vorschrift setzt Art. 32 VG-RL um.
188 Vgl. Erwägungsgrund 40 VG-RL.
189 Unten Rn. 154 ff.

setzgeber den Erfahrungen aus der Vergangenheit Rechnung; insbesondere die kleineren Verwertungsgesellschaften hatten nicht über die notwendigen Kapazitäten verfügt, um das besonders datenintensive Online-Geschäft europaweit zu administrieren. Trotz der Passport-Kriterien besteht allerdings weder nach europäischem noch nach deutschem Recht eine spezielle Erlaubnispflicht bzw. ein Genehmigungsverfahren für die Bildung eines Hubs.

148 Erfüllt eine Verwertungsgesellschaft die Mindestanforderungen, kann sie ihr eigenes Repertoire europaweit lizenzieren. Lizenziert sie zudem gebietsübergreifend das Repertoire mindestens einer anderen Verwertungsgesellschaft, entsteht ein zivilrechtlicher Kontrahierungszwang, den das Gesetz in § 69 VGG als Repräsentationszwang bezeichnet.[190] Die lizenzierende Verwertungsgesellschaft ist verpflichtet, das Repertoire einer jeden europäischen Verwertungsgesellschaft, die selbst nicht gebietsübergreifend lizenziert, auf deren Verlangen und unter Abschluss einer Repräsentationsvereinbarung ebenfalls gebietsübergreifend zu lizenzieren. Sie kann im Gegenzug nach § 73 Abs. 3 VGG für ihre Tätigkeit Kostenerstattung zuzüglich einer vertretbaren Gewinnmarge[191] verlangen. Die Lizenzierung muss dabei nach § 73 Abs. 1 VGG diskriminierungsfrei, also zu denselben Bedingungen, zu denen das eigene Repertoire lizenziert wird, erfolgen. Das fremde Repertoire ist insofern nach § 73 Abs. 2 VGG zusammen mit dem eigenen Repertoire dem Lizenznehmer anzubieten.

149 Mit dieser für die Regulierung zentralen sogenannten „tag on"- oder „must carry"-Verpflichtung bezweckt der Gesetzgeber, dem Repertoire kleinerer Verwertungsgesellschaften sowie kommerziell unattraktivem Repertoire den Zugang zum paneuropäischen Lizenzierungsmarkt zu öffnen. Nach § 69 Abs. 3 VGG kann dabei die Beauftragung der lizenzierenden Verwertungsgesellschaft nur auf nicht-exklusiver Basis erfolgen.[192] Durch das Verbot exklusiver Repräsentationsvereinbarungen soll die Möglichkeit der Lizenzierung desselben Repertoires durch verschiedene Hubs offengehalten werden. Eine Verpflichtung der beauftragenden Verwertungsgesellschaft, ihr Repertoire verschiedenen Hubs einzuräumen, besteht allerdings nicht.[193]

150 Darüber hinaus enthält das Gesetz eine Reihe von Informationspflichten im Rahmen des Repräsentationszwangs. Die beauftragte Verwertungsgesellschaft hat gegenüber der beauftragenden Verwertungsgesellschaft nach § 68

---

190 Die Vorschrift beruht auf Art. 30 VG-RL.
191 *Holzmüller*, ZUM 2013, 168, 171.
192 Das Verbot der exklusiven Beauftragung ist durch Art. 29 Abs. 1 VG-RL vorgegeben. Hierzu kritisch *Holzmüller*, ZUM 2013, 168, 173, der darlegt, dass auch eine ausschließliche Rechteeinräumung mit europäischem Kartellrecht zu vereinbaren gewesen wäre.
193 RegE VGG, Begr. zu § 69, S. 93.

F. Gebietsübergreifende Lizenzen (paneuropäische Lizenzierung) **Kap. 6**

Abs. 2 i.V.m. Abs. 3 VGG umfassende Angaben über die Nutzungsvorgänge zu machen. Die Pflichten sind insbesondere werkbezogen und gesondert nach einzelnen Online-Diensten zu erfüllen. Zu den Angaben zählen der Zeitraum und das Territorium der Nutzung sowie das erzielte Inkasso unter Ausweisung der von der Verwertungsgesellschaft gemachten Abzüge. Nach § 69 Abs. 2 VGG bestehen zudem vorvertragliche Informationspflichten der zu beauftragenden Verwertungsgesellschaft über die Wahrnehmungsbedingungen. Die beauftragende Verwertungsgesellschaft hat ihrerseits nach § 71 VGG ihre Mitglieder und Berechtigten über die zentralen Bedingungen der Repräsentationsvereinbarungen zur gebietsübergreifenden Lizenzierung zu informieren.

In der Praxis von Bedeutung dürfte eine Regelung zur Qualität der Werkedokumentation sein. Ist die Dokumentation der beauftragenden Verwertungsgesellschaft nicht von ausreichender Qualität, kann die lizenzierende Verwertungsgesellschaft nach § 70 VGG Kostenerstattung für die Erfüllung der nach dem Gesetz erforderlichen Maßnahmen verlangen oder das mangelhaft dokumentierte Repertoire von der Lizenzierung ausschließen. **151**

b) Sonderrecht der Berechtigten zur anderweitigen Vergabe der Online-Rechte für paneuropäische Lizenzen

Um den Druck auf Verwertungsgesellschaften zu erhöhen, ihr Repertoire gebietsübergreifend zu lizenzieren oder zumindest den Hubs zur Verfügung zu stellen, sieht § 72 VGG Sonderrechte der Berechtigten gegenüber solchen Verwertungsgesellschaften vor, die bis zum 10.4.2017 weder gebietsübergreifend lizenzieren noch ihr Repertoire der gebietsübergreifenden Lizenzierung in den Hubs zur Verfügung stellen.[194] Ab diesem Zeitpunkt müssen es diese Verwertungsgesellschaften ihren Berechtigten ermöglichen, die Online-Rechte für die gebietsübergreifende Lizenzierung anderweitig zu vergeben. Die Verwertungsgesellschaften haben also einen Übergangszeitraum, in dem sie die paneuropäische Lizenzierung von Online-Rechten installieren können, bevor sie mit einem Repertoireabzug für paneuropäische Lizenzen rechnen müssen. Zur Vergabe von Eingebietslizenzen bleiben die Verwertungsgesellschaften allerdings auch bei einem Entzug der paneuropäischen Rechte nach § 72 Satz 2 VGG verpflichtet. Im Ergebnis haben damit die Berechtigten unabhängig von ihrer Mitgliedschaft bei einer bestimmten Verwertungsgesellschaft in jedem Fall Zugang zum paneuropäischen Lizenzmarkt. **152**

In welcher Form die Verwertungsgesellschaften ihren Berechtigten nach § 72 UrhG die Vergabe von Online-Rechten an Dritte für die gebietsüber- **153**

---
194 Die Vorschrift setzt Art. 31 VG-RL um.

Riemer/Welp

Kap. 6 Recht der Verwertungsgesellschaften

greifende Lizenzierung ermöglichen, überlässt das Gesetz nach seiner Begründung ausdrücklich den Verwertungsgesellschaften.[195] Naheliegend ist die Einräumung von Sonderkündigungs- oder Widerrufsrechten im Wahrnehmungsvertrag. Denkbar wäre aber auch, dass die Verwertungsgesellschaften nach Weisungen der Berechtigten den Hubs Unterlizenzen für die paneuropäische Lizenzierung erteilen oder auf Basis des Wahrnehmungsvertrages die Ausschließlichkeitsrechte an die Berechtigten zurückfallen, während die Verwertungsgesellschaften einfache Nutzungsrechte weiter wahrnehmen.[196] Zwar geht Art. 31 VG-RL terminologisch von einem Entzug der Rechte aus, allerdings dürfte dem Telos der Vorschrift auch bei den zuletzt genannten Möglichkeiten Genüge getan sein.

c) „Passport"-Kriterien

154 Verwertungsgesellschaften, die im Online-Bereich gebietsübergreifend lizenzieren, müssen bestimmte Mindestvoraussetzungen erfüllen. Ein besonderes Genehmigungsverfahren bzw. eine Erlaubnispflicht sehen VG-Richtlinie und Verwertungsgesellschaftengesetz allerdings nicht vor; die Überwachung der Einhaltung der Kriterien obliegt den Aufsichtsbehörden. Zentral bestimmt § 61 Abs. 1 VGG, dass eine gebietsübergreifend lizenzierende Verwertungsgesellschaft über ausreichende Kapazitäten zur effizienten und transparenten elektronischen Verarbeitung von Online-Daten verfügen muss.[197] In der Tat stellt die Lizenzierung von Online-Diensten die Verwertungsgesellschaften vor gewaltige Datenverarbeitungsaufgaben. Online-Musiknutzungen sind dadurch gekennzeichnet, dass einzelne Nutzungsvorgänge mit einer minimalen Vergütung in der Höhe eines Bruchteil eines Cents verbunden sein können. Erst durch die massenhafte Erfassung von solchen Nutzungen ergeben sich relevante Ausschüttungssummen. Die Verarbeitung der Nutzungsdaten erfordert dabei neben dem notwendigen Know-how substanzielle Investitionen in die IT-Infrastruktur und ausreichende personelle Ressourcen. Diese Anforderungen mögen einer der Gründe gewesen sein, warum sich entgegen den Erwartungen der Europäischen Kommission die gebietsübergreifende Lizenzierung durch Verwertungsgesellschaften bisher nicht vollständig etablieren konnte. Unter dem neuen Rechtsrahmen wird lediglich ein Teil der Verwertungsgesellschaften administrativ zur gebietsübergreifenden Lizenzierung in der Lage sein.[198]

---

195 RegE VGG, Begr. zu § 72, S. 93.
196 Wohl auch *Rupp*, MMR 2014, 217, 219.
197 Die Vorschrift setzt Art. 24 Abs. 1 VG-RL um.
198 Vgl. *Holzmüller*, ZUM 2013, 168, 171.

F. Gebietsübergreifende Lizenzen (paneuropäische Lizenzierung)   Kap. 6

aa) Bestimmbarkeit des Repertoires und der Rechtsinhaber

Im Detail verlangt § 61 Abs. 2 Nr. 1 u. 2 VGG die korrekte Bestimmbarkeit **155**
der einzelnen Werke und vertretenen Rechte bzw. Rechtsinhaber;[199] es ist
ein lückenloses und aktuelles „share picture" für die verschiedenen Territorien zu dokumentieren.[200] Ziel der Vorschrift ist es, die Fehlerfreiheit der
Dokumentation in den für die Lizenzierung und Verteilung verwendeten Datenbanken zu gewährleisten. Aufgrund der Fragmentierung des Repertoires
hat die Frage der Korrektheit der Dokumentation auch im Verhältnis zu den
Lizenznehmern an Bedeutung gewonnen; es gilt insbesondere Doppelabrechnungen durch verschiedene Lizenzgeber zu vermeiden. Fehler in der
Dokumentation können vielfältige Ursachen haben. Verwertungsgesellschaften dokumentieren nicht nur ihr eigenes Originalrepertoire, sondern
benutzen auch für ausländische Werke ihren eigenen Datenbestand. Divergenzen zu den Datenbeständen ausländischer Verwertungsgesellschaften
sind damit nicht ausgeschlossen.[201] Zudem sind an einem Musikwerk regelmäßig mehrere Autoren beteiligt, die an unterschiedliche Verlage gebunden
sein können, deren Kataloge wiederum von unterschiedlichen Akteuren
wahrgenommen werden können.[202] Dies führt zu komplexen Fragestellungen hinsichtlich des administrierten Repertoires. Darüber hinaus besteht bei
Verlagskatalogen eine ständige Fluktuation, deren zeitnahe Erfassung sehr
aufwendig ist.

Gemäß § 61 Abs. 2 Nr. 3 VGG bedarf es für die Bestimmung von Werken **156**
und Rechteinhabern eindeutiger Kennungen. Branchenüblicher Standard ist
die IPI Nummer (Interested Parties Information), die weltweit zur Identifizierung der Rechtsinhaber verwendet wird.[203] Für Werke besteht der ISWC
(International Standard Musical Work Code), der von der internationalen
Dachorganisation der Verwertungsgesellschaften CISAC vergeben und administriert wird. Dem Ziel, Fehler in der Dokumentation zu vermeiden,
dient auch § 63 VGG, wonach Verwertungsgesellschaften Prozesse zur Datenkorrektur für Rechtsinhaber, Lizenznehmer und andere Verwertungsgesellschaften schaffen müssen. Im Hinblick auf Daten anderer Verwertungsgesellschaften, die gebietsübergreifend lizenzieren, müssen Verwertungsge-

---

199 Die Vorschrift setzt Art. 24 Abs. 2 VG-RL um.
200 *Holzmüller*, ZUM 2013, 168, 170.
201 Durch die Beteiligung der GEMA an einer gemeinsamen Online-Rechtedatenbank
    zusammen mit ihren Schwestergesellschaften PRS for Music und STIM im Rahmen
    des Joint Ventures „ICE" sollen solche widersprüchlichen Dokumentationen vermieden werden. Zum Joint Venture unten Rn. 180 ff.
202 Insofern spricht man von „split copyrights".
203 Zuvor CAE – Composers-Authors-Editeurs.

sellschaften nach § 61 Abs. 2 Nr. 4 VGG Prozesse zur Fehlererkennung und Korrektur vorsehen.

157 § 62 VGG sieht einen Auskunftsanspruch der Lizenznehmer und Rechtsinhaber vor, der auf die von der Verwertungsgesellschaft vertretenen Werke gerichtet ist. Das Erfordernis einer hinreichenden Begründung deutet dabei auf ein gesteigertes berechtigtes Informationsinteresse hin. Der Auskunftsanspruch ist nach § 62 Abs. 2 VGG durch das Interesse der Verwertungsgesellschaft an der Integrität der Daten, der Vermeidung einer unkontrollierten Datenweitergabe und dem Schutz wirtschaftlich sensibler Informationen eingeschränkt. Eine weitere Verpflichtung enthält § 64 VGG, wonach eine elektronische Werkanmeldung zu ermöglichen ist, die in der Anmeldepraxis der Musikverlage bereits heute die Regel darstellt.

bb) Nutzungsmeldungen

158 Neben dem Bereich der Werkedokumentation stellt das Verwertungsgesellschaftengesetz für die gebietsübergreifende Online-Lizenzierung auch qualifizierte Anforderungen an die Verarbeitung von Nutzungsmeldungen der Diensteanbieter. § 66 VGG verlangt in Umsetzung von Art. 27 Abs. 2 VG-RL die Fähigkeit der Verwertungsgesellschaften zur Verarbeitung von elektronischen Nutzungsmeldungen. Die Lizenznehmer sind insofern auf branchenübliche Standards verpflichtet. Den Verwertungsgesellschaften steht nach Abs. 2 ein Ablehnungsrecht zu, wenn diese Standards nicht eingehalten werden. Branchenstandard ist das DDEX-Format.[204]

159 Nutzungsmeldungen im Online-Bereich dienen zwei verschiedenen Zwecken. Zum einen bilden sie die Basis für die Verteilung, bei der im Rahmen der sogenannten Direktverteilung das Inkasso, das auf ein einzelnes Werk entfällt, nach Abzug der Kosten an die Rechtsinhaber direkt ausgeschüttet wird.[205] Zum anderen bilden Nutzungsmeldungen schon die Grundlage für die Rechnungsstellung an die Diensteanbieter, da die Tarife zum Teil abrufbezogen gestaltet sind. Darüber hinaus muss in Folge der eingetretenen Fragmentierung des Online-Repertoires ggf. auch der Anteil des vertretenen abzurechnenden Repertoires am genutzten Gesamtrepertoire für die Rechnungsstellung geklärt werden.

160 Die Verarbeitung von Nutzungsmeldungen stellt dabei eine administrativ äußerst aufwendige Tätigkeit der Verwertungsgesellschaften dar. Die Back-Offices müssen die von den Diensteanbietern gelieferten Nutzungsdaten mit der Werkdatenbank der Verwertungsgesellschaft abgleichen, um so einen Zusammenhang zwischen der Nutzung und dem Rechtsinhaber am

---

204 Digital Data Exchange.
205 So zumindest bei der GEMA. Vgl. oben Rn. 65.

Werk herstellen zu können (sogenanntes Matching). Dies ist zum Teil aufgrund der Masse der zu verarbeitenden Daten eine Frage der Kapazität der IT-Systeme, zum anderen entsteht aber auch erheblicher manueller Aufwand, da aus vielfältigen Gründen ein automatisierter Abgleich der Nutzungsmeldungen mit der Werkedatenbank fehlschlagen kann. Solche Fehler können zum Beispiel dadurch verursacht werden, dass in der Nutzungsmeldung ausschließlich der Interpret und nicht Komponist und Textdichter genannt sind oder eine falsche Werkfassung angegeben wird; die Qualität der gelieferten Daten divergiert aber auch insgesamt sehr stark von Anbieter zu Anbieter.

cc) Abrechnung

Nach § 67 Abs. 1 VGG rechnet die Verwertungsgesellschaft unverzüglich **161** nach Erhalt der Nutzungsmeldungen gegenüber dem Online-Dienst ab. Die Verpflichtung entfällt, wenn die Abrechnung aus vom Diensteanbieter zu vertretenen Gründen nicht möglich ist. Dies ist z. B. der Fall, wenn die Qualität der gelieferten Nutzungsdaten für das Matching nicht ausreicht. Die Abrechnung erfolgt elektronisch unter Verwendung von branchenüblichen Standards. Nach § 67 Abs. 4 VGG hat die Verwertungsgesellschaft die genutzten Werke und Rechte bei der Rechnungsstellung anzugeben. Dies ermöglicht es den Diensteanbietern zu überprüfen, ob Repertoire aufgrund von Dokumentationsfehlern von unterschiedlichen Lizenzgebern doppelt in Rechnung gestellt wurde. In der Praxis werden diese Informationen bereits jetzt bei der Rechnungsstellung elektronisch ausgetauscht.[206] Um Rechnungsfehler klären zu können, müssen die Verwertungsgesellschaften nach § 67 Abs. 5 VGG Regelungen zur Beanstandung von Abrechnungen (sogenannte „disputes") vorsehen.

§ 65 VGG sieht zudem eine Überwachungspflicht der Verwertungsgesell- **162** schaften hinsichtlich der Nutzungen der Lizenznehmer vor. In der Praxis werden hierzu entsprechende Audit-Rechte in den Lizenzverträgen vereinbart. Neben der Überwachung der Lizenznehmer gehört selbstverständlich auch die allgemeine Markbeobachtung zur Bekämpfung der Internetpiraterie zu den Aufgaben einer Verwertungsgesellschaft.

dd) Verteilung

Die Verteilung der Einnahmen aus der gebietsübergreifenden Lizenzierung **163** von Online-Rechten hat nach § 68 Abs. 1 VGG unverzüglich nach deren Einziehung zu erfolgen. Bei der Abrechnung gegenüber den Berechtigten

---

[206] Die hierzu verwendete Datei wird „Claim Confirmation & Invoice Details Datei" genannt.

oder gegenüber der beauftragenden Verwertungsgesellschaft sind nach § 68 Abs. 2 und 3 VGG einige Pflichtangaben zu machen. Hierzu zählen der Abrechnungszeitraum und das Territorium der Nutzung. Darüber hinaus sind werkbezogen die eingezogenen Beträge, hiervon gemachte Abzüge sowie die ausgeschütteten Beträge anzugeben. Für die Praxis ist neu, dass die letztgenannten Angaben nach § 68 Abs. 2 Nr. 3 VGG auch nach den lizenzierten Diensten aufzuschlüsseln sind. Eine solche Verpflichtung besteht nur bei der gebietsübergreifenden Lizenzierung, nicht hingegen bei Eingebietslizenzen.

3. Einheitliche Wahrnehmungsbedingungen („level playing field")

164 Ein paneuropäischer Binnenmarkt für die Vergabe von Rechten an Musikwerken im Online-Bereich setzt faire und insbesondere einheitliche Wettbewerbsbedingungen voraus. Verwertungsgesellschaften als faktische Monopolisten unterliegen dabei durch die staatliche Regulierung Beschränkungen, die ihren Handlungsspielraum im Verhältnis zu anderen Akteuren im Musikmarkt einschränken. Längst gehört dabei insbesondere im Online-Markt das Bild der verhandlungsübermächtigen Verwertungsgesellschaft der Vergangenheit an. Verwertungsgesellschaften verhandeln auf Seiten der Rechtsinhaber um Repertoire mit Global Playern wie Sony, Universal oder Warner. Auf Seiten der Nutzer stehen ihnen Weltkonzerne wie Apple, Google oder Amazon gegenüber.

165 In diesem Umfeld ist es für die nationalen Verwertungsgesellschaften von besonderer Bedeutung, gegenüber ihren ausländischen Schwestergesellschaften keinen regulatorischen Wettbewerbsnachteilen zu unterliegen. Rechtsinhaber und Nutzer werden sich nämlich für die Hubs entscheiden, die ihnen die besten Konditionen anbieten können. Die VG-Richtlinie schafft allerdings in Europa keine einheitlichen Wettbewerbsbedingungen („level playing field"), da sie in weiten Bereichen keine Vollharmonisierung vorsieht.[207] Es ist daher vom nationalen Gesetzgeber abhängig, ob dieser richtlinienüberschießendes Recht schafft, das ggf. den nationalen Standort für die Vergabe von gebietsübergreifenden Lizenzen gefährden kann. Nachfolgend wird dargestellt, wie der deutsche Gesetzgeber mit diesen Schwierigkeiten umgegangen ist.

---

207 Nach Erwägungsgrund 9 VG-RL sieht Titel II lediglich eine Mindestharmonisierung vor, d.h. die Mitgliedstaaten können strengere Vorschriften erlassen. Daraus dürfte im Umkehrschluss zu folgern sein, dass für die gebietsübergreifende Online-Lizenzierung von Musikwerken (Titel III) eine Vollharmonisierung gewollt ist.

F. Gebietsübergreifende Lizenzen (paneuropäische Lizenzierung) Kap. 6

a) Wettbewerbsnachteil deutscher Verwertungsgesellschaften als Ausgangspunkt

In dem von der Kommission initiierten Wettbewerb um Rechteinhaber für die paneuropäische Lizenzierung unterlagen die deutschen Verwertungsgesellschaften durch den bisher im Urheberrechtswahrnehmungsgesetz statuierten doppelten Kontrahierungszwang einem deutlichen Wettbewerbsnachteil gegenüber ausländischen Verwertungsgesellschaften. Es galt nach § 6 Abs. 1 UrhWG gegenüber den Rechtsinhabern nicht nur ein Wahrnehmungszwang, d. h. die zivilrechtliche Verpflichtung der Verwertungsgesellschaft die Rechte des Rechtsinhabers zu angemessenen Bedingungen wahrzunehmen, sondern auch eine Verpflichtung zur Gleichbehandlung, die aus dem Kriterium der *Angemessenheit* der Wahrnehmungsbedingungen hergeleitet wurde.[208] Die GEMA konnte damit auf Seiten der Rechtsinhaber lediglich einen einheitlichen Berechtigungsvertrag[209] anbieten, der den Bedürfnissen großer Verlage nicht immer entgegenkam und insgesamt auf Seiten der Rechtsinhaber keinerlei Flexibilität zuließ. 166

Spiegelbildlich dazu bestanden nach § 11 Abs. 1 UrhWG auch auf Nutzerseite ein Abschlusszwang zu angemessenen Bedingungen mit der daraus hergeleiteten Verpflichtung zur Gleichbehandlung aller Lizenznehmer. Die damit eng verbundene Tarifaufstellungspflicht nach § 13 UrhWG führte dabei insbesondere im Online-Markt zu Wettbewerbsnachteilen. Internationale Diensteanbieter wenden sich in der Regel erst unmittelbar vor ihrem Markteintritt in Deutschland an die Verwertungsgesellschaften und stellen diesen zum Zwecke der Lizenzierung ihr geplantes Geschäftsmodell vor. Einblicke werden dabei nur rudimentär gewährt, da die Diensteanbieter kein Interesse daran haben, Dritten vertiefte Informationen über die wirtschaftlichen Grundlagen ihres Dienstes zu geben. Dennoch erwarten sie kurzfristige Vertragsschlüsse, wie diese im Ausland üblich sind, das keine vergleichbaren Regularien bei der Lizenzierung kennt. Da die Geschäftsmodelle im Online-Bereich von Diensteanbieter zu Diensteanbieter stark variieren und Erfahrungen mit ihnen wegen der Schnelllebigkeit des Marktes fehlen, ist der Prozess der Tarifaufstellung komplex und langwierig. Insbesondere der Gleichbehandlungsgrundsatz verhindert in der Praxis oftmals die Berücksichtigung von Besonderheiten einzelner Dienste, was die Lizenzverhandlungen mit Diensteanbietern erschwert. Insgesamt stellte der Prozess der Tarifaufstellung einen nicht zu unterschätzenden Wettbewerbsnachteil deutscher Verwertungsgesellschaften dar. 167

---

208 Statt vieler Dreier/*Schulze*, UrhG, 5. Aufl. 2015, § 6 UrhWG Rn. 16.
209 Der für das Verhältnis zu den Mitgliedern maßgebliche Wahrnehmungsvertrag heißt bei der GEMA „Berechtigungsvertrag".

Kap. 6 Recht der Verwertungsgesellschaften

b) Internationales Privatrecht

168 Die regulatorischen Beschränkungen können sich dabei bei der Vergabe von Mehrgebietslizenzen, aber auch bei Direktlizenzierungen in Deutschland durch ausländische Verwertungsgesellschaften auswirken. Direktlizenzen unter Umgehung der nationalen Verwertungsgesellschaft sind im Online-Bereich relevant, in dem eine Lizenzierung aus dem Ausland administrativ einfacher zu bewältigen ist als in anderen Nutzungsbereichen. Unter Geltung des Urheberrechtswahrnehmungsgesetzes war dabei insbesondere umstritten, inwieweit die in Art. 16 der Dienstleistungsrichtlinie[210] statuierte Dienstleistungsfreiheit auf Verwertungsgesellschaften anwendbar war.[211] Da die Dienstleistungsfreiheit nach Art. 16 Abs. 3 DL-RL im Gegensatz zur Grundfreiheit nach Art. 56 AEUV Beschränkungen nicht aus zwingenden Gründen des Allgemeininteresses, sondern nur bei eng umgrenzten Ausnahmetatbeständen zulässt, hätte eine Anwendbarkeit zur Folge gehabt, dass im Ausland niedergelassene Verwertungsgesellschaften im Inland lizenzieren könnten, ohne den Regulierungen des Urheberrechtswahrnehmungsgesetzes unterworfen zu sein.

169 Während der Kommissionsentwurf noch ausdrücklich die Anwendbarkeit der Dienstleistungsrichtlinie vorsah,[212] enthält die VG-Richtlinie in ihrer verabschiedeten Fassung keinen Hinweis auf ihre Geltung. Nachdem die Kommission den Richtlinienentwurf vorgelegt hatte, hat der Europäische Gerichtshof in der Entscheidung „OSA" geklärt, dass die Dienstleistungsfreiheit nach Art. 16 DL-RL aufgrund der in Art. 17 Nr. 11 DL-RL vorgesehenen Ausnahme für Urheberrechte und verwandte Schutzrechte nicht auf Verwertungsgesellschaften Anwendung findet.[213]

170 Unabhängig von dieser Frage sieht Art. 36 Abs. 1 VG-RL jedoch vor, dass die Einhaltung des Wahrnehmungsrechts durch die Behörden des Sitzlandes sichergestellt wird. Nach Art. 37 Abs. 2 VG-RL kann die Behörde, in deren Hoheitsgebiet eine Verwertungsgesellschaft tätig ist, die ihren Sitz in einem anderen Mitgliedstaat hat, die Behörde des Sitzlandes über Rechtsverletzun-

---

210 Richtlinie 2006/123/EG über Dienstleistungen im Binnenmarkt v. 12.12.2006, ABl. L 376 v. 27.12.2006, S. 36.
211 Vgl. hierzu *Heine/Eisenberg*, GRURInt. 2009, 277, 279 f. m. w. N. Zusammenfassend war strittig, ob die in Art. 17 Ziff. 11 DL-RL vorgesehene Ausnahme für Urheberrechte und verwandte Schutzrechte vom Anwendungsbereich der Dienstleistungsfreiheit auch für das Urheberwahrnehmungsrecht galt.
212 Vorschlag für eine Richtlinie über kollektive Wahrnehmung von Urheber- und verwandten Schutzrechten und die Vergabe von Mehrgebietslizenzen für die Online-Nutzung von Rechten an Musikwerken im Binnenmarkt v. 11.7.2012, COM/2012/0372 final – 2012/0180(COD), S. 3 u. 15.
213 EuGH, 27.2.2014, Rs. C-351/12, GRUR 2014, 473, 477 – OSA.

F. Gebietsübergreifende Lizenzen (paneuropäische Lizenzierung) Kap. 6

gen informieren und um aufsichtsrechtliche Maßnahmen ersuchen. Damit scheint die VG-Richtlinie für aufsichtsrechtliche Maßnahmen vom Sitzlandprinzip auszugehen.[214] Da es sich insoweit aber um rein aufsichtsrechtliche Zuständigkeitsnormen handelt, kann von ihnen nicht auf die Frage des anwendbaren Rechts geschlossen werden. Die VG-Richtlinie lässt damit, wie sich auch aus Erwägungsgrund 56 ergibt, die Frage des anwendbaren Rechts bei grenzüberschreitenden Sachverhalten offen.

Auch das Verwertungsgesellschaftengesetz enthält sich insoweit jeder Aussage. § 86 Abs. 1 VGG unterwirft Verwertungsgesellschaften, die ihren Sitz in einem anderen Mitgliedstaat haben, für ihre Tätigkeiten im Inland den Maßnahmen der Aufsicht des Sitzlandes. Die deutsche Aufsichtsbehörde kann bei Gesetzesverstößen die einschlägigen Informationen an die ausländische Aufsichtsbehörde übermitteln und diese nach § 86 Abs. 1 Satz 2 VGG um Aufsichtsmaßnahmen ersuchen. Die Bestimmung des anwendbaren Rechts bei grenzüberschreitenden Sachverhalten will der Gesetzgeber hingegen ohne spezielle Regelung den Vorschriften des Internationalen Privatrechts überlassen.[215] Dies ist problematisch, da im europäischen und deutschen Recht ausdrückliche Kollisionsnormen fehlen.[216] Im Ergebnis bedeutet dies, dass ausländische Behörden für inländische Tätigkeiten von Verwertungsgesellschaften mit Sitz im Ausland zuständig sind und auf diese abhängig von der Art der betroffenen wahrnehmungsrechtlichen Vorschrift deutsches oder eigenes Recht anzuwenden haben.[217] Dass diese Struktur die Effektivität von Aufsichtsmaßnahmen nicht fördert, liegt auf der Hand.[218]

171

---

214 Allerdings stellt *Drexl* zutreffend fest, dass die VG-Richtlinie eine zusätzliche Kontrolle durch die Behörde in dem Staat, in dem die Verwertungsgesellschaft tätig wird, nicht ausdrücklich ausschließt. Vgl. Stellungnahme des Max-Planck-Instituts für Innovation und Wettbewerb v. 14.8.2015 zum Referentenentwurf, Rn. 16, abrufbar auf der Website des Instituts unter der Rubrik Forschung>Immaterialgüter und Wettbewerbsrecht>Stellungnahmen.
215 So ausdrücklich RegE VGG, Begr. zu § 1, S. 71.
216 Vgl. *Drexl*, Stellungnahme des Max-Planck-Instituts für Innovation und Wettbewerb v. 14.8.2015 zum Referentenentwurf, Rn. 24.
217 *Drexl* kommt dabei zu dem angesprochenen kollisionsrechtlichen Ergebnis, dass für Wahrnehmungs- und Abschlusszwang ausdrückliche europäische und nationale Kollisionsnormen fehlen. Unter diesen Umständen sei das Schutzlandprinzip anwendbar, d. h. Verwertungsgesellschaften unterlägen in Deutschland unabhängig von ihrem Sitzland den Vorschriften der §§ 9, 34 VGG. Vgl. Stellungnahme des Max-Planck-Instituts für Innovation und Wettbewerb v. 14.8.2015 zum Referentenentwurf, Rn. 24.
218 Vgl. auch *Staats*, ZUM 2014, 470, 472.

Kap. 6 Recht der Verwertungsgesellschaften

c) Herabsenkung des Regulierungsniveaus bei der Vergabe von Mehrgebietslizenzen an Werken der Musik

172 Soweit das Urheberrechtswahrnehmungsgesetz eine strengere Regulierung als die VG-Richtlinie vorsah, konnten unter Geltung des Sitzlandprinzips[219] gleiche Wettbewerbsbedingungen nur durch den Gesetzgeber im Wege der Herabsenkung des nationalen Regulierungsniveaus auf die Maßstäbe der VG-Richtlinie geschaffen werden. Dieser Weg ist im Verwertungsgesellschaftengesetz grundsätzlich nicht beschritten worden. Das Gesetz hält insbesondere mit der Beibehaltung des doppelten Kontrahierungszwangs und der Tarifaufstellungspflicht am besonders strengen Maßstab des Urheberrechtswahrnehmungsgesetzes fest. Lediglich im Bereich der gebietsübergreifenden Vergabe von Online-Rechten an Musikwerken wurde auf die Problematik mit einer Herabsetzung des Regulierungsniveaus reagiert.[220] Ob dies rechtlich unter dem Gesichtspunkt der Normenhierarchie ausreichend ist, ist fraglich, da die VG-Richtlinie für ihren Teil III eine Vollharmonisierung vorsieht.[221] Unabhängig von dieser Frage übersieht der Gesetzgeber zudem, dass im Online-Bereich zwischen Verwertungsgesellschaften Wettbewerb um Rechtsinhaber auch bei Eingebietslizenzen besteht. Direktlizenzierungen in ausländischen Territorien sind in der Praxis bereits üblich.

173 Regelungstechnisch senkt das Gesetz das Regulierungsniveau für die Vergabe von Mehrgebietslizenzen ab, indem es bestimmte Vorschriften des Verwertungsgesellschaftengesetzes in diesem Bereich für unanwendbar erklärt. Zentrale Vorschrift ist insofern § 60 VGG, die die Anwendung folgender Regelungen für die Vergabe von Mehrgebietslizenzen ausschließt:

aa) Ausnahmen vom Wahrnehmungszwang

174 Nach § 60 Abs. 1 VGG ist die Teilregelung zum Wahrnehmungszwang in § 9 Satz 2 VGG, wonach die Wahrnehmungsbedingungen angemessen sein müssen, auf die gebietsübergreifende Online-Lizenzierung von Musikwerken nicht anwendbar. Damit gilt der Wahrnehmungszwang gegenüber Rechtsinhabern nur eingeschränkt. Zwar hat die Verwertungsgesellschaft in Übereinstimmung mit den „allgemeinen" Regelungen des Verwertungsgesellschaftengesetzes hinsichtlich des „ob" der Rechtewahrnehmung lediglich insoweit ein Entschließungsermessen, als nach § 9 Satz 1 Ziff. 2 VGG der Wahrnehmung objektive Gründe entgegenstehen. Ein Kontrahierungszwang besteht damit grundsätzlich auch bei der gebietsübergreifenden Lizenzierung. Allerdings unterliegt die Verwertungsgesellschaft hinsichtlich

---

219 Hierzu oben Rn. 170 f.
220 Vgl. RegE VGG, Allgemeiner Teil der Begr., S. 63 und Begr. zu § 60, S. 91.
221 Oben Rn. 165 Fn. 207.

F. Gebietsübergreifende Lizenzen (paneuropäische Lizenzierung) Kap. 6

des „wie" der Rechteeinbringung bei der gebietsübergreifenden Lizenzierung von Online-Rechten an Musikwerken keinen Beschränkungen. Sie ist insbesondere nicht auf *angemessene* Wahrnehmungsbedingungen und damit nicht zur Gleichbehandlung verpflichtet; die Rechteeinbringung in die Verwertungsgesellschaft kann daher auch außerhalb des standardisierten Wahrnehmungsvertrages auf der Grundlage individueller Vereinbarungen erfolgen.

Damit gewährt das Gesetz für den Bereich der Mehrgebietslizenzen den Verwertungsgesellschaften eine größere Flexibilität bei der Rechteeinbringung. Die bisherige Verpflichtung auf einen einheitlichen Berechtigungsvertrag mag eine der Ursachen gewesen sein, die dazu führten, dass die Majors ihre mechanischen Vervielfältigungsrechte in „Option 3"-Gesellschaften und nicht mehr in die Verwertungsgesellschaften einbrachten. Die „Option 3"-Gesellschaften unterlagen nämlich nicht den regulatorischen Beschränkungen des Urheberrechtswahrnehmungsgesetzes, da sie rechtlich nicht als Verwertungsgesellschaften qualifiziert wurden.[222] 175

bb) Ausnahmen vom Abschlusszwang

Neben dem Wahrnehmungszwang modifiziert das Gesetz auch den Abschlusszwang bei der gebietsübergreifenden Lizenzierung. Nach § 60 Abs. 2 Satz 1 VGG ist die Teilregelung zum Abschlusszwang in § 34 Abs. 1 Satz 1 VGG, wonach Verwertungsgesellschaften jedermann auf Verlangen Nutzungsrechte zu angemessen Bedingungen einräumen müssen, auf die gebietsübergreifende Lizenzierung von Online-Rechten an Musikwerken nicht anwendbar. Im Verhältnis zu den Nutzern sind die Verwertungsgesellschaften damit nicht zur Lizenzvergabe verpflichtet; sie unterliegen keinem Kontrahierungszwang. Hinsichtlich des „wie" der Rechteeinräumung erhalten die Verwertungsgesellschaften durch die genannte Ausnahmevorschrift zudem einen größeren Spielraum als unter Geltung des Urheberrechtswahrnehmungsgesetzes und als in den übrigen durch das Verwertungsgesellschaftengesetz geregelten Bereichen der Rechtewahrnehmung. Eine Verpflichtung zur Lizenzierung zu *angemessenen* Bedingungen und damit zur Gleichbehandlung besteht nämlich aufgrund der Ausnahmeregelung nicht. Stattdessen gilt nach der auch auf gebietsübergreifende Lizenzen anwendbaren Vorschrift des § 34 Abs. 1 Satz 2 VGG ein weiterer Maßstab, der den Verwertungsgesellschaften einen großen Ermessensspielraum einräumt. 176

Die Lizenzbedingungen müssen *objektiv* und *nichtdiskriminierend* sein. Damit übernimmt das Gesetz den Lizenzierungsmaßstab der VG-Richtlinie aus 177

---

222 Vgl. *Himmelmann*, in: Kreile/Becker/Riesenhuber, Recht und Praxis der GEMA, 2. Aufl. 2008, S. 829 Rn. 26b.

Kap. 6 Recht der Verwertungsgesellschaften

Art. 16 Abs. 2 Satz 1. Dass es sich bei diesem Maßstab nicht um eine reine Konkretisierung des Angemessenheitsgebots handelt, so wie in der Begründung zum Regierungsentwurf vorgesehen,[223] ergibt sich auch daraus, dass nicht zu erklären wäre, warum für die gebietsübergreifende Lizenzierung die vermeintliche Grundnorm von der Anwendung ausgenommen wird, während die Konkretisierung anwendbar bleiben sollte. Die Verwertungsgesellschaften haben daher bei der gebietsübergreifenden Lizenzierung einen weiten Ermessensspielraum hinsichtlich der Lizenzbedingungen.

cc) Ausnahmen bei Tarifaufstellung, Gesamtverträgen und Hinterlegung

178 Neben den Lockerungen beim Wahrnehmungs- und Abschlusszwang sieht das Verwertungsgesellschaftengesetz für die gebietsübergreifende Online-Lizenzierung von Musikwerken weitere Ausnahmen vor. Nach § 60 Abs. 2 VGG besteht insofern keine Verpflichtung zur Aufstellung von Tarifen. Dies ist konsequent, da Tarife der Durchsetzung des Gleichbehandlungsgrundsatzes im Verhältnis zu den Lizenznehmern dienen. Der Gleichbehandlungsgrundsatz ist aber auf gebietsübergreifende Lizenzen schon nicht anwendbar. Zudem wird durch die Ausnahme berücksichtigt, dass die für die Tarifaufstellung erforderlichen Marktkenntnisse bei Geschäftsmodellen im Internet häufig fehlen. Eine Tarifaufstellungspflicht würde dem Bedürfnis der Diensteanbieter nach einer kurzfristigen Lizenzierung nicht gerecht. Inkonsequent ist es dann allerdings, dass für neuartige Online-Dienste im Bereich der Eingebietslizenzen eine Tarifaufstellungspflicht besteht,[224] obwohl Verwertungsgesellschaften gegenüber neuartigen Online-Diensten nach § 34 Abs. 2 VGG von der Verpflichtung zur Gleichbehandlung ausgenommen sind.[225]

179 Darüber hinaus besteht nach § 60 Abs. 2 VGG bei der Vergabe von gebietsübergreifenden Online-Lizenzen unbeschadet der in § 36 VGG geregelten Verhandlungspflicht keine Verpflichtung der Verwertungsgesellschaften zum Abschuss von Gesamtverträgen nach § 35 VGG. Auch dies ist folgerichtig, da Gesamtverträge ähnlich wie Tarife der Gleichbehandlungspflicht Rechnung tragen und zudem bei einer gebietsübergreifenden Vergabe Verhandlungspflichten gegenüber Nutzerverbänden aus allen betroffenen Territorien denkbar wären. Dies wäre offensichtlich impraktikabel. Eine Hinterlegung mit den Wirkungen einer gesetzlichen Lizenz sowie eine Zahlung unter Vorbehalt nach § 37 VGG sind nach § 60 Abs. 2 VGG für gebietsübergreifende Lizenzen ebenfalls nicht vorgesehen.

---

223 Vgl oben Rn. 96.
224 Vgl. RegE VGG, Begr. zu § 34, S. 83.
225 Oben Rn. 97 ff.

VII. Ein neues paneuropäisches Hub: Die International Copyright Enterprise (ICE)

Ein der VG-Richtlinie entsprechendes paneuropäisches Lizenz- und Verarbeitungszentrum bildet unter der Dachmarke „ICE" (International Copyright Enterprise) ein von der deutschen GEMA, der britischen Verwertungsgesellschaft PRS for Music und der schwedischen Verwertungsgesellschaft STIM gegründetes Joint Venture. Dieses erhielt im Rahmen eines Fusionskontrollverfahrens im Juni 2015 seine Freigabe von der Europäischen Kommission. Im Mai 2016 wurde die erste paneuropäische Onlinelizenz an den Dienst „Google Play" erteilt. Das Joint Venture besteht aus einem Front-Office für die paneuropäische Lizenzierung von Online-Rechten, welches seinen Betrieb zu Beginn des Jahres 2016 aufgenommen hat und einem bereits zuvor bestehenden Back-Office für die technischen Dienstleistungen. Das Front-Office bildet die International Copyright Enterprise Services Ltd. mit Sitz in London, während das Back-Office aus zwei Gesellschaften, nämlich der operativ tätigen ICE International Copyright Enterprise Germany GmbH mit Sitz in Berlin und der Rechte-Holding International Copyright Enterprise Services AB mit derzeitigem Sitz in Stockholm besteht.

180

Das Front-Office verfügt für Europa auf nicht-exklusiver Basis über das Original-Repertoire der drei Gesellschafter und lizenziert das Recht der öffentlichen Zugänglichmachung („right of making available to the public") und die korrespondierenden Vervielfältigungsrechte („mechanical rights"). Der Hub steht dabei auch anderen Verwertungsgesellschaften und Verlagen offen, die als Kunden ihr Repertoire über das Front-Office lizenzieren lassen möchten.

181

Das Front-Office bedient sich für die technischen Dienstleistungen der Services des Back-Offices. Die ICE GmbH verarbeitet dabei insbesondere die Nutzungsmeldungen der Diensteanbieter und stellt ihnen die Rechnungen. Von den Leistungen des Back-Offices haben für bestehende Lizenzen bereits einige Verwertungsgesellschaften Gebrauch gemacht. Kernstück des ausgebauten Back-Offices bildet künftig die gemeinsame Datenbank der drei Gesellschafter, in der das Weltrepertoire der Musik dokumentiert ist. Durch den Betrieb einer gemeinsamen Datenbank werden insbesondere Widersprüche in den Dokumentationen der einzelnen Verwertungsgesellschaften vermieden. Andere Verwertungsgesellschaften und Verlage können über das Back-Office ihre eigene Dokumentation in die gemeinsame Datenbank einbringen.

182

Kapitel 7
Haftungsfragen

A. Einleitung

1   Die Haftung für Rechtsverletzungen im Internet ist eine der zentralen Fragen, die im Vergleich zu anderen Bereichen in besonderem Maß sowohl die Rechtsprechung als auch die Literatur beschäftigt. Das gilt insbesondere für die Haftung für Urheberrechtsverletzungen.

2   Der regulatorische Rahmen durch Vorgaben außerhalb des nationalen deutschen Rechts sei an dieser Stelle nur kurz in einem Überblick angedeutet.[1]

3   Nach Art. 45 **TRIPS**[2] sollen Gerichte befugt sein, einem Rechtsinhaber angemessenen Schadensersatz wegen Verletzung geistigen Eigentums zuzusprechen, wenn der Verletzer wusste oder vernünftigerweise hätte wissen müssen, dass er eine Verletzungshandlung vorgenommen hat. Wann eine Rechtsverletzung vorliegt, wird nicht geregelt. Zudem ist zu beachten, dass es sich beim TRIPS nicht um unmittelbar zwischen Rechtsverletzer und Rechteinhaber anwendbares Recht handelt, sondern um eine die Bundesrepublik Deutschland bindende völkerrechtliche Vereinbarung.

4   Nach Art. 14 Abs. 2 haben die Vertragsparteien des **WIPO-Urheberrechtsvertrags (WCT)**,[3] zu denen auch die Europäische Gemeinschaft zählt,[4] im nationalen Recht Verfahren zu gewährleisten, um ein wirksames Vorgehen gegen jede Verletzung der Vertragsrechte zu ermöglichen. Zudem sollen die Art. 2 bis 4 der **Pariser Fassung der Berner Übereinkunft** vom 24.7.1971 sinngemäß anwendbar sein (Art. 3 WCT), was insb. zur Anwendbarkeit des dort geregelten Grundsatzes der Inländerbehandlung führt. Art und Voraussetzungen der rechtlichen Sanktionen bei Verletzungen sind im WCT allerdings nicht geregelt.[5] Entsprechendes gilt für den **WIPO-Vertrag über**

---

1   Zu Entstehungsgeschichte und Hintergrund der internationalen Verträge siehe supra *Lührig*, Kap. 1 Rn. 19 ff.; *v. Lewinski*, in: Loewenheim, Handbuch des Urheberrechts, 2. Aufl. 2010, § 57; *Hoeren/Sieber*, CR 1997, 438 ff.
2   Übereinkommen über handelsbezogene Aspekte der Rechte des geistigen Eigentums, BGBl. II 1994, S. 1730.
3   ABl. EG 1998 Nr. C 165, S. 9.
4   Beschluss des Rates vom 16.3.2000 über die Zustimmung – im Namen der Europäischen Gemeinschaft – zum WIPO-Urheberrechtsvertrag und zum WIPO-Vertrag über Darbietungen und Tonträger, ABl. EG 2000 Nr. L 89, S. 6.
5   *v. Lewinski*, in: Loewenheim, Handbuch des Urheberrechts, 2. Aufl. 2010, § 57 Rn. 87.

A. Einleitung Kap. 7

Darbietungen und Tonträger (WPPT),⁶ Art. 23. Die Inländerbehandlung ist hier allerdings im Vertrag selbst geregelt, Art. 4. Sowohl WCT als auch WPPT sind im Jahr 2002 in Kraft getreten, nachdem eine ausreichende Anzahl an Staaten ihre Ratifizierungs- oder Beitrittsurkunden hinterlegt hatten.

In der EG war ein Meilenstein der Entwicklung die im Mai 2005 veröffentlichte **Richtlinie zum Urheberrecht in der Informationsgesellschaft**.⁷ Besondere Beachtung fand diese Richtlinie insb. wegen des in Art. 3 geregelten, nicht zur Erschöpfung führenden, „Rechts der öffentlichen Zugänglichmachung"; kritisiert wurden vor allem die umfangreichen Ausnahmeregelungen in Art. 5. Für die Haftung ist insb. Art. 8 von Bedeutung. Nach Art. 8 Abs. 1 sind die Mitgliedstaaten verpflichtet, bei Zuwiderhandlungen gegen Rechte und Pflichten angemessene Sanktionen vorzusehen. Diese Sanktionen müssen – so mittlerweile die Standardformel in EU-Richtlinien zu Sanktionen⁸ – „wirksam, verhältnismäßig und abschreckend sein" und auch die Möglichkeit umfassen, bei Verletzungen Schadensersatz und/oder einstweiligen Rechtsschutz sowie die Beschlagnahme rechtswidrigen Materials zu verlangen, Art. 8 Abs. 2. Im Laufe der Beratungen wurde zudem Art. 8 Abs. 3 ergänzt. Danach muss sichergestellt werden, dass Rechteinhaber gegen Vermittler Unterlassung (nicht: Schadensersatz) verlangen können, wenn die Dienste der Vermittler von einem Dritten zur Verletzung eines Urheberrechts oder verwandter Schutzrechte benutzt werden. Das gilt unabhängig davon, ob der Vermittler selbst eine Urheberrechtsverletzung begangen hat und somit auch in Fällen, in denen die Handlung des Vermittlers eigentlich nach Art. 5 freigestellt ist.⁹ Die Voraussetzungen und die Ausgestaltung des Unterlassungsanspruchs bleiben den Mitgliedstaaten überlassen. 5

Von wesentlicher Bedeutung für die Haftung sind auch die Bestimmungen in Abschnitt 4 (Art. 12 bis 15) der sog. **E-Commerce-Richtlinie**, in denen 6

---

6 ABl. EG 1998 Nr. C 165, S. 13.
7 Richtlinie 2001/29/EG des Europäischen Parlaments und des Rates vom 22.5.2001 zur Harmonisierung bestimmter Aspekte des Urheberrechts und der verwandten Schutzrechte in der Informationsgesellschaft, ABl. EG 2001 Nr. L 167, S. 10. Zur Entwicklung dieser Richtlinie siehe *Reinbothe*, GRUR Int. 2001, 733 ff.
8 Vgl. z. B. Art. 3 Abs. 2 der Richtlinie 2004/48/EG des Europäischen Parlaments und des Rates vom 29.4.2004 zur Durchsetzung der Rechte des geistigen Eigentums, ABl. EG 2004 Nr. L 195, S. 20 (sog. Enforcement-Richtlinie); Art. 13 der Richtlinie 2005/29/EG des Europäischen Parlaments und des Rates vom 11.5.2005 über unlautere Geschäftspraktiken, ABl. EG 2005 Nr. L 149, S. 22.
9 Erwägungsgrund 59.

Kap. 7 Haftungsfragen

die (eingeschränkte) Verantwortlichkeit von Providern geregelt ist.[10] Diese Bestimmungen sollen durch die Richtlinie zum Urheberrecht in der Informationsgesellschaft unberührt bleiben.[11] Die Art. 12 bis 15 ECRL stellen damit die zentralen Normen des Gemeinschaftsrechts für die Haftung im Internet dar. Die Umsetzung der E-Commerce-Richtlinie führte zu Änderungen der Haftungsprivilegierungen, die zunächst im deutschen Recht in § 5 TDG/MDStV und dann in §§ 8 bis 11 TDG und §§ 6–9 MDStV geregelt waren. Mittlerweile sind sie einheitlich in §§ 7 bis 10 Telemediengesetz (TMG)[12] festgelegt. Zu beachten ist allerdings, dass diese Regelungen – sowohl in der Richtlinie als auch im nationalen Recht – keine eigenständigen Anspruchsgrundlagen darstellen, sondern nur als „Filter" dienen bzw. tatbestandsergänzenden Charakter haben.[13] Als Anspruchsgrundlage für die Geltendmachung von Ansprüchen kommen deshalb vor allem **§§ 97 ff. UrhG** in Betracht, auf die sich die nachfolgenden Ausführungen konzentrieren.

7   Die sog. **Enforcement-Richtlinie** von 2004[14] machte weitere wichtige Vorgaben. Dabei lässt sie allerdings die Haftungsprivilegierungen in der E-Commerce-Richtlinie, die Verpflichtungen aus TRIPS und das innerstaatliche Strafrecht ausdrücklich unberührt, Art. 2 Abs. 3. Wesentliche Regelungen sind insb. die Verpflichtung zum Rückruf bzw. zur Entfernung rechtsverletzender Waren aus dem Vertriebsweg, Art. 10 Abs. 1; die Möglichkeit für Gerichte, unter bestimmten Umständen die Herausgabe von Beweismitteln, die sich in der Verfügungsgewalt des Beklagten befinden, anordnen zu können, Art. 6; sowie die Ausdehnung der Auskunftsansprüche auf nichtverletzende Dritte, Art. 8 Abs. 1. In Deutschland wurde die Richtlinie erst mit wesentlicher Verspätung durch das Gesetz zur Verbesserung der Durchsetzung von Rechten des geistigen Eigentums,[15] das am 1.9.2008 in Kraft getreten ist, umgesetzt. Über die Regelungen zur Umsetzung der Enforcement-Richtlinie hinaus regelte dieses Gesetz auch Unterlassungsansprüche bei Erstbegehungsgefahr, § 97 Abs. 1 Satz 2 UrhG; die Lizenzanalogie als eine Art der Schadensberechnung wurde in den Gesetzestext aufgenommen, § 97 Abs. 2 Satz 3 UrhG; und der Rückrufanspruch sowie der Anspruch auf Entfernung aus den Vertriebswegen wurden ergänzt, § 98 UrhG. Zudem wurde § 97a

---

10   Richtlinie 2000/31/EG des Europäischen Parlaments und des Rates vom 8.6.2000 über bestimmte rechtliche Aspekte der Dienste der Informationsgesellschaft, insb. des elektronischen Geschäftsverkehrs im Binnenmarkt, ABl. EG 2000 Nr. L 178, S. 1 (ECRL).
11   Erwägungsgrund 12 der E-Commerce-Richtlinie sowie Erwägungsgrund 16 der Richtlinie 2001/29/EG zum Urheberrecht in der Informationsgesellschaft, jeweils am Ende.
12   Telemediengesetz vom 26.2.2007, BGBl. I, S. 179.
13   Vgl. hierzu ausführlich unten Rn. 33 ff. (C. II.).
14   Richtlinie 2004/48/EG des Europäischen Parlaments und des Rates vom 29.4.2004 zur Durchsetzung der Rechte des geistigen Eigentums, ABl. EG 2004 Nr. L 195, S. 16.
15   Gesetz vom 7.7.2008, BGBl. I, S. 1191, ber. S. 2070.

A. Einleitung Kap. 7

UrhG eingefügt, mit dem einerseits die Erstattungsfähigkeit von Abmahnkosten ausdrücklich geregelt, anderseits aber auch der Anspruch auf Erstattung von Anwaltskosten beschränkt wurde. Seit der Neufassung des § 97a Abs. 3 UrhG durch das Gesetz gegen unseriöse Geschäftspraktiken[16] begrenzt dieser Paragraph den Ersatz der erforderlichen Aufwendungen für eine Abmahnung bei erstmaligen, nicht-gewerblichen Verletzungen durch natürliche Personen auf Gebühren nach einem Gegenstandswert von 1.000 Euro.[17]

Um die nationalen Beschränkungen der Lizenzen für den Vertrieb von Online-Musik innerhalb der EU aufzuheben, wurde am 26.2.2014 die Verwertungsgesellschaften-Richtlinie verabschiedet.[18] Die Richtlinie soll die Rechtsstellung der Urheber gegenüber den Verwertungsgesellschaften stärken und grenzüberschreitende Direktlizenzierung von Musik im Internet ermöglichen. Zur Umsetzung dieser Richtlinie hat der Bundestag im April 2016 das neue Verwertungsgesellschaftengesetz (VGG) verabschiedet.[19] Es löst nunmehr das UrhWahrnG ab und enthält neben den Bestimmungen zur Umsetzung der Verwertungsgesellschaften-Richtlinie auch Reformvorschriften hinsichtlich des Verfahrens zur Ermittlung der Geräte- und Speichermedienvergütung.[20]   7a

Auf EU-Ebene gibt es zudem Bestrebungen, die Vorgaben der in die Jahre gekommenen InfoSoc-Richtlinie zu überarbeiten und die Vereinheitlichung des Urheberrechts voranzutreiben. Das Europäische Parlament hat am 9.7.2015 die erste Entschließung zur Umsetzung der RL 2001/29 zur Harmonisierung bestimmter Aspekte des Urheberrechts und der verwandten Schutzrechte in der Informationsgesellschaft verabschiedet.[21]   7b

---

16 Gesetz vom 1.10.2013, BGBl. I, S. 3714.
17 Dies ergibt bei einer 1,3 Geschäftsgebühr – ohne Umsatzsteuer und Auslagen – gegenwärtig Gebühren in Höhe von 108 Euro, § 13 RVG i.V.m. 2300 VV-RVG.
18 Richtlinie 2014/26/EU des Europäischen Parlaments und des Rates vom 26.2.2014 über die kollektive Wahrnehmung von Urheber- und verwandten Schutzrechten und die Vergabe von Mehrgebietslizenzen für Rechte an Musikwerken für die Online-Nutzung im Binnenmarkt, ABl. Nr. L 84, S. 72.
19 Gesetz zur Umsetzung der Richtlinie 2014/26/EU über die kollektive Wahrnehmung von Urheber- und verwandten Schutzrechten und die Vergabe von Mehrgebietslizenzen für Rechte an Musikwerken für die Online-Nutzung im Binnenmarkt sowie zur Änderung des Verfahrens betreffend die Geräte- und Speichermedienvergütung vom 24.5.2016, BGBl. I, S. 1190.
20 Näheres hierzu siehe *Riemer*, Kap. 6 B. II. (Rn. 9).
21 Bericht über die Umsetzung der RL 2001/29/EC des Europäischen Parlaments und des Rates v. 22.5.2001 zur Harmonisierung bestimmter Aspekte des Urheberrechts und der verwandten Schutzrechte in der Informationsgesellschaft, 24.6.2015; hierzu *Rauer/Kaase*, GRUR-Prax 2015, 364.

Kap. 7 Haftungsfragen

7c Auch die Kommission hat eine ambitionierte Urheberrechtsreform angekündigt.[22] In der „Strategie für einen digitalen Binnenmarkt für Europa" verfolgt sie das Ziel, die grenzüberschreitende Nutzung geschützter Werke und Leistungen zu verbessern und den bestehenden urheberrechtlichen Schrankenkatalog zu überarbeiten.[23]

Die folgenden Ausführungen beschränken sich auf die zivilrechtliche, deliktische Haftung, erfassen also nicht das Strafrecht und auch nicht etwaige Ersatzansprüche aus Vertragsrecht sowie Vergütungsansprüche.

B. Anspruchsberechtigte

8 Ansprüche kann grundsätzlich nur geltend machen, wer in seinen Rechten verletzt ist. Ausnahmen gelten für Verwertungsgesellschaften, soweit dies im VGG geregelt ist (hierzu auch nachfolgend Rn. 10) sowie für Verbände zur Durchsetzung von Schrankenbestimmungen nach § 95b UrhG i.V. m. § 2a UKlaG. Die Anspruchsberechtigung ist, ebenso wie die übrigen Tatbestandsvoraussetzungen, für jeden Einzelfall gesondert zu prüfen. Maßgebend ist, aus welchem Recht von wem Ansprüche hergeleitet werden. Dabei kann es im Einzelfall auch darauf ankommen, ob und welche Rechte übertrag- oder vererbbar sind.

I. Vermutungen

9 Die Anspruchsberechtigung hat grundsätzlich derjenige zu beweisen, der die Ansprüche geltend macht. Allerdings wird ihm der Nachweis dadurch erleichtert, dass zu seinen Gunsten der Fortbestand eines Rechts, das er einmal innegehabt hat, vermutet wird. Darüber hinaus gilt für bereits erschienene Werke die (widerlegbare) Vermutung des **§ 10 UrhG**. Danach gilt bis zum Beweis des Gegenteils derjenige als Urheber eines erschienenen Werkes, der auf einem Vervielfältigungsstück in der üblichen Weise als Urheber bezeichnet ist. Diese Vermutung wurde im Rahmen der Umsetzung der Enforcement-Richtlinie durch § 10 Abs. 3 UrhG auch auf den Inhaber ausschließlicher Nutzungsrechte erstreckt, allerdings nur im Rahmen von Unterlassungsansprüchen oder in Verfahren einstweiligen Rechtsschutzes. Ob diese Vermutung auch für Online-Werke (wie z. B. Datenbanken) gilt, hängt

---

22 Strategie für einen digitalen Binnenmarkt für Europa, COM (2015) 192 final, veröffentlicht am 6.5.2015.
23 Hierzu *Stieper*, GRUR 2015, 1145.

davon ab, welche Voraussetzungen man an das „Erscheinen" solcher Werke stellt. Auch hierfür gibt es eine Legaldefinition, § 6 Abs. 2 UrhG. Danach muss zwischen veröffentlichten und erschienenen Werken unterschieden werden. Das Erscheinen ist eine qualifizierte Form der Veröffentlichung. Erforderlich ist, dass Vervielfältigungsstücke des Werks nach ihrer Herstellung in genügender Anzahl mit Zustimmung des Berechtigten der Öffentlichkeit angeboten oder in Verkehr gebracht worden sind. Problematisch ist insb. das Erfordernis, dass Vervielfältigungsstücke der Öffentlichkeit angeboten werden müssen. Das ist – rein technisch gesehen – nicht der Fall, wenn z. B. die entsprechende Datenbank direkt vom Urheber in das Internet eingestellt wird, wohl aber bei Einspeisung durch einen dritten Host, dem zuvor eine Kopie der entsprechenden Datenbank überlassen wurde.[24] Letzten Endes soll es nach der h. M. auf solche Zufälligkeiten aber nicht ankommen. Nach h. M. ist daher ein Werk auch durch das Einstellen im Internet „erschienen", wenn es öffentlich und dauerhaft oder jedenfalls für eine gewisse Dauer zugänglich ist.[25] Gilt danach ein Werk im Internet als „erschienen", so genügt für die Vermutung der Aktivlegitimation die Benennung als Urheber an jeder nicht ganz versteckten oder außergewöhnlichen Stelle.[26] Insb. genügt ein Hinweis im Impressum bzw. an der Stelle, an der die Anbieterkennung gemäß § 5 TMG angegeben wird.

Die Aktivlegitimation von *Verwertungsgesellschaften* wird nach § 48 VGG **10** für den Auskunftsanspruch und nach § 49 VGG für bestimmte gesetzliche Vergütungsansprüche[27] vermutet. Macht eine Verwertungsgesellschaft solche Ansprüche geltend, so wird vermutet, dass sie die Rechte aller Berechtigten wahrnimmt. Die Rechtsprechung hatte speziell der GEMA schon früh prozessuale Erleichterungen zugestanden, nämlich die Vermutung der Wahrnehmungsbefugnis, der Urheberrechtsschutzfähigkeit und der Rechtsverletzung,[28] und zur Entkräftung der Vermutung konkrete Darlegungen und Beweisantritte für jedes einzelne Werk verlangt. Die gesetzliche Vermu-

---

24 Vgl. *Katzenberger*, in: Schricker/Loewenheim, Urheberrecht, 4. Aufl. 2010, § 6 Rn. 56; *Goebel/Hackemann/Scheller*, GRUR 1986, 355, 357 f.; *Scheller*, CR 1987, 13, 17.
25 *Dreier*, in: Dreier/Schulze, UrhG, 5. Aufl. 2015, § 6 Rn. 16; *Marquardt*, in: Wandtke/Bullinger, Praxiskommentar UrhR, 4. Aufl. 2014, § 6 Rn. 29; a. A. *Schack*, GRUR 2007, 639, 644.
26 *Loewenheim*, in: Schricker/Loewenheim, Urheberrecht, 4. Aufl. 2010, § 10 Rn. 7; *Fromm/Nordemann*, Urheberrecht, 11. Aufl. 2014, § 10 Rn. 16.
27 Vergütungsanspruch nach § 27 UrhG (Vergütung für Vermietung und Verleihen), § 54 Abs. 1 UrhG (Vergütungsanspruch gegenüber Herstellern von Geräten und Speichermedien für private Vervielfältigungen), § 54c Abs. 1 UrhG (Reprographievergütung), §§ 77 Abs. 2, 85 Abs. 4 und 94 Abs. 4 UrhG (Vergütungsansprüche ausübender Künstler, Tonträgerhersteller und Filmhersteller) sowie § 137l Abs. 5 (neue Nutzungsarten).
28 BGH, NJW 1986, 1247 – GEMA-Vermutung II; 1249, 1250 – GEMA-Vermutung III.

Kap. 7 Haftungsfragen

tung der Aktivlegitimation nach § 48 VGG kommt den Verwertungsgesellschaften hingegen nur zugute bei Vergütungsansprüchen, die nach dem Gesetz allein von Verwertungsgesellschaften geltend gemacht werden können,[29] und erfasst von diesen wiederum nur solche, bei denen der einzelne Nutzungsvorgang nicht erfasst werden kann oder aus Kostengründen üblicherweise nicht erfasst wird. Insb. für die VG Wort, die GVL und die VG Bild-Kunst kann die Aktivlegitimation daher nicht generell vermutet werden, da sie in größerem Umfang Rechte betreuen, die auch individuell wahrgenommen werden.[30] Zugunsten der GEMA greifen hingegen über die Regelungen in §§ 48f VGG und § 10 UrhG hinaus die von der Rechtsprechung aufgestellten tatsächlichen Vermutungen.

11 Die Vermutung der Aktivlegitimation erleichtert allein die prozessuale Durchsetzung der Rechte. Sie ist eine Vermutung i. S. v. § 292 ZPO und führt zu einer Beweislastumkehr im Prozess.[31]

II. Urheber/Miturheber

12 Aktivlegitimiert ist grundsätzlich der Urheber bzw. der Inhaber verwandter Schutzrechte. Bei Miturhebern richtet sich die Berechtigung zur Geltendmachung von Rechten nach § 8 Abs. 2 Satz 3 UrhG. Danach kann jeder Urheber allein Ansprüche aus Verletzungen des gemeinsamen Urheberrechts geltend machen; allerdings kann er nur Leistungen an alle Miturheber verlangen. Entsprechendes gilt für verwandte Schutzrechte. Für Künstlergruppen (ausübende Künstler) sieht § 80 Abs. 2 UrhG i.V.m. § 74 Abs. 2 Satz 2 UrhG vor, dass deren Vorstände bzw. der Leiter der Gruppe alleine ermächtigt sein sollen, die Rechte und Ansprüche zur Aufnahme, Vervielfältigung, Verbreitung und öffentlichen Wiedergabe (§§ 77, 78 UrhG) geltend zu machen.

III. Dritte

13 Die Aktivlegitimation Dritter richtet sich nach der Vererblichkeit und Übertragbarkeit von Urheberrechten bzw. sonstigen Schutzrechten.[32]

---

29 Vgl. insoweit allerdings auch BGH, GRUR 1988, 296, 297 – GEMA-Vermutung IV zur Einschränkung der GEMA-Vermutung.
30 *Ahlberg*, in: BeckOK UrhG, 12. Ed. 2016, § 10 Rn. 62.
31 Für Einzelheiten zur Aktivlegitimation von Verwertungsgesellschaften siehe Kap. 6 Rn. 16 ff. B. III. 2.
32 Vgl. auch Kap. 5 Rn. 3 ff. A.I.1.

1. Vererblichkeit

Gemäß § 28 Abs. 1 UrhG ist das Urheberrecht vererblich. Nach § 30 Abs. 1 **14** UrhG rücken die Erben, Vermächtnisnehmer oder Miterben voll in die Rechtsstellung des Urhebers ein, soweit nicht in einzelnen Vorschriften (wie z. B. §§ 42 Abs. 1 Satz 2, 46 Abs. 5, 62 Abs. 4 Satz 2, 115, 116 UrhG) etwas anderes bestimmt ist. Dies gilt sowohl für Verwertungsrechte als auch für Urheberpersönlichkeitsrechte.[33] Verletzungen des Urheberpersönlichkeitsrechts können nach dem Tode des Urhebers seine Erben oder Vermächtnisnehmer oder einer der Miterben geltend machen. Entsprechendes gilt beim Tod des Verfassers wissenschaftlicher Ausgaben oder des Lichtbildners. Nach dem Tod eines ausübenden Künstlers können die Rechte von seinen Angehörigen geltend gemacht werden, § 76 Satz 4 UrhG.

Umstritten ist dagegen, ob Rechtsnachfolger Ansprüche wegen *postmorta-* **15** *ler* Verletzungen der Urheberpersönlichkeitsrechte auf Ersatz *immaterieller* Schäden nach § 97 Abs. 2 Satz 4 UrhG geltend machen können.[34] Dies wird zum Teil mit dem Argument verneint, dass dem Schmerzensgeldanspruch eine Genugtuungsfunktion zukomme, die bei der Verletzung des Persönlichkeitsrechts eines Verstorbenen nicht mehr zum Tragen komme.[35] Die Ge-

---

33 *Hoche*, in: Wandtke/Bullinger, Praxiskommentar UrhR, 4. Aufl. 2014, § 30 Rn. 2; *Fromm/Nordemann*, Urheberrecht, 11. Aufl. 2014, § 30 Rn. 10; *Spautz/Götting*, in: BeckOK UrhG, 12. Ed. 2016, § 28 Rn. 1; *Schricker*, in: Schricker/Loewenheim, Urheberrecht, 4. Aufl. 2010, § 30 Rn. 4; OLG Hamm, ZUM 2006, 641, 647 – Altarraum. Dabei gibt es keine festen Zeiträume (Ausnahme § 22 KUG: 10 Jahre Schutz bei Abbildungen). Insoweit unterscheidet sich das Urheberpersönlichkeitsrecht von dem *allgemeinen Persönlichkeitsrecht*: Soweit Letzteres dem Schutz *ideeller* (immaterieller) Interessen dient, ist es weder übertragbar noch vererblich; der Verstorbene hat aber einen sein Leben überdauernden Anspruch auf Achtung seiner Persönlichkeit auf der Basis seiner Menschenwürde nach Art. 1 Abs. 1 GG, der durch die nächsten Angehörigen – nicht unbedingt die Erben – geltend gemacht werden kann (BVerfGE 30, 173, 194 – Mephisto; NJW 2001, 594, 2001, 2957; GRUR-RR 2008, 206, 207 – Theaterstück „Ehrensache"; BGHZ 107, 384, 391 – Emil Nolde; BGH, GRUR 1984, 907, 908 – Frischzellenkosmetik; GRUR 2009, 83, 84 – Ehrensache). Dagegen hat der BGH (NJW 2000, 2195, 2197 – Marlene Dietrich) – mit Billigung durch das BVerfG (NJW 2006, 3409) – mittlerweile die *vermögenswerten* Bestandteile des allgemeinen Persönlichkeitsrechts als vererblich angesehen, so dass entsprechende Ansprüche von den Erben entsprechend dem ausdrücklichen oder mutmaßlichen Willen des Verstorbenen ausgeübt werden können, wobei es hier eine zeitliche Beschränkung auf einen Zeitraum von 10 Jahren nach dem Tod gibt (BGH, NJW 2007, 685, 686 f. – kinski-klaus. de).
34 Übersicht zum Meinungsstand bei *Hoche*, in: Wandtke/Bullinger, Praxiskommentar UrhR, 4. Aufl. 2014, § 30 Rn. 11.
35 OLG Hamburg, ZUM 1995, 430, 433.

genansicht verweist auf § 30 UrhG sowie darauf, dass der Schädiger andernfalls in ungerechtfertigter Weise entlastet würde.[36]

16 Ansprüche, die bereits *vor* dem Erbfall entstanden sind, gehen gemäß § 1922 BGB auf die Erben über. Das gilt auch für Schadensersatzansprüche aus § 97 Abs. 1 und 2 UrhG.[37]

2. Übertragung

17 Eine Übertragung des Urheberrechts ist mit Ausnahme der Auseinandersetzung unter Miterben sowie der Übertragung zur Erfüllung eines Vermächtnisses nicht möglich,

§ 29 Abs. 1 UrhG.[38] Weitere Ausnahmen gelten für das Datenbankrecht gemäß §§ 87a ff. UrhG, die Leistungsschutzrechte des Tonträgerherstellers, des Sendeunternehmens und des Filmherstellers gemäß §§ 85 Abs. 2 Satz 1, 87 Abs. 2 Satz 1, 94 Abs. 2 Satz 1 UrhG, sowie für die Rechte an nachgelassenen Werken gemäß § 71 Abs. 2 UrhG, die jeweils frei übertragen werden können. Mit der Übertragung erlischt auch die Aktivlegitimation des bisherigen Rechtsinhabers für die Zukunft; an seine Stelle tritt der Erwerber.[39]

18 Reine Zahlungsansprüche[40] sind gemäß §§ 398 ff. BGB abtretbar.[41] Gleiches gilt heute auch für die Ansprüche nach § 97 Abs. 1 und 2 UrhG,[42] wobei allerdings zu beachten ist, dass eine isolierte Abtretung eines Unterlassungs-

---

36 *Schricker*, in: Schricker/Loewenheim, Urheberrecht, 4. Aufl. 2010, § 30 Rn. 4; *Schulze*, in: Dreier/Schulze, UrhG, 5. Aufl. 2015, § 30 Rn. 5.
37 *Wild*, in: Schricker/Loewenheim, Urheberrecht, 4. Aufl. 2010, § 97 Rn. 195; *Reber*, in: BeckOK UrhG, 12. Ed. 2016, § 97 Rn. 21.
38 Gleiches gilt gemäß §§ 70 Abs. 2, 72 Abs. 2 UrhG für den Schutz wissenschaftlicher Ausgaben sowie von Lichtbildern.
39 *Fromm/Nordemann*, Urheberrecht, 11. Aufl. 2014, § 97 Rn. 9; *Wild*, in: Schricker/Loewenheim, Urheberrecht, 4. Aufl. 2010, § 97 Rn. 48; *Reber*, in: BeckOK UrhG, 12. Ed. 2016, § 97 Rn. 24. Beim Leistungsschutzrecht des ausübenden Künstlers, § 78 UrhG, sind gewisse Befugnisse ohne persönlichkeitsrechtliche Komponente frei übertragbar. Anders als im Falle der §§ 85, 87, 94 UrhG endet mit der Übertragung dieser Rechte allerdings nicht die Aktivlegitimation des ursprünglichen Inhabers für die Zukunft, BGH, GRUR 1999, 49, 50 – Bruce Springsteen and his Band m. w. N.
40 Z. B. aufgrund des Folgerechts gemäß § 26 UrhG oder der Vergütungsansprüche nach §§ 27, 54, 54c UrhG.
41 *Spautz/Götting*, in: BeckOK UrhG, 12. Ed. 2016, § 29 Rn. 5; *Schricker*, in: Schricker/Loewenheim, Urheberrecht, 4. Aufl. 2010, vor §§ 28 Rn. 30; § 29 Rn. 10. Eine Einschränkung hierzu enthält allerdings § 20b Abs. 2 Satz 2, 3, § 26 Abs. 3.
42 *Wild*, in: Schricker/Loewenheim, Urheberrecht, 4. Aufl. 2010, § 97 Rn. 195; *Reber*, in: BeckOK UrhG, 12. Ed. 2016, § 97 Rn. 143f; *Fromm/Nordemann*, Urheberrecht, 11. Aufl. 2014, § 97 Rn. 136f.

anspruchs nicht in Betracht kommt, wohl aber eine Umdeutung in eine Ermächtigung, den Anspruch in Prozessstandschaft geltend zu machen.[43]

Eine Übertragung von Urheber*persönlichkeitsrechten* ist ebenso wenig möglich wie eine Übertragung des Urheberrechts ganz oder in Teilen, § 29 UrhG. In Einzelfällen sind allerdings schuldrechtliche Rechtsgeschäfte möglich, durch die einem Dritten erlaubt wird, gewisse urheberpersönlichkeitsrechtliche Befugnisse geltend zu machen. Diese schuldrechtliche Berechtigung geschieht zumeist in Ergänzung zu der Einräumung von Nutzungsrechten;[44] im Einzelnen ist hier jedoch vieles immer noch ungeklärt.[45]

3. Einräumung von Nutzungsrechten

Der Urheber kann einem Dritten nach § 31 UrhG Nutzungsrechte an einzelnen oder mehreren Verwertungsrechten konstitutiv als Tochterrechte einräumen.[46] Bei einer behaupteten Verletzung von Nutzungsrechten muss danach unterschieden werden, in welchem Umfang Rechte übertragen oder lizensiert wurden, d.h. ob eine einfache oder eine ausschließliche Lizenz erteilt wurde.

a) Inhaber eines ausschließlichen Nutzungsrechts

Der Inhaber eines *ausschließlichen* Nutzungsrechts ist bei Verletzung der ihm eingeräumten Nutzungsrechte klagebefugt.[47] Grundsätzlich reicht seine Aktivlegitimation nur so weit, als die ihm zustehenden Rechte und Befugnisse verletzt sind. Wurden dem Lizenznehmer allerdings umfassende ausschließliche Nutzungsrechte eingeräumt, so ist deren Schutzumfang weiter als das positive Benutzungsrecht und schließt auch das Verbietungsrecht gegen eine unfreie Bearbeitung ein, soweit das erforderlich ist, um einen wirksamen Schutz des Rechts zu gewährleisten.[48]

---

43 BGH, GRUR 2002, 248, 250 – Spiegel-CD-ROM.
44 Vgl. *Kreile/Wallner*, ZUM 1997, 625, 627.
45 Vgl. *Schricker*, in: Schricker/Loewenheim, Urheberrecht, 4. Aufl. 2010, vor §§ 28 Rn. 58; vor § 12 Rn. 26 ff.
46 *Schricker*, in: Schricker/Loewenheim, Urheberrecht, 4. Aufl. 2010, vor §§ 28 ff. Rn. 47, 74 ff.
47 BGHZ 118, 394, 398 – ALF; vgl. auch OLG Celle, GRUR 1998, 50 – AMIGA-Betriebssystem; OLG Frankfurt a. M., GRUR 1998, 141, 142 – Macintosh-Entwürfe.
48 BGH, GRUR 1999, 984, 985 – Laras Tochter; BGHZ 118, 394, 398 – ALF.

Kap. 7 Haftungsfragen

b) Urheber/ursprünglicher Rechteinhaber neben ausschließlich Nutzungsberechtigtem

22 Neben dem Inhaber eines ausschließlichen Nutzungsrechts ist der *Urheber/ ursprüngliche Schutzrechtsinhaber* grundsätzlich nicht mehr aktivlegitimiert, soweit er die ausschließlichen Rechte einem anderen eingeräumt hat.[49] D. h., er bleibt (nur) insoweit aktivlegitimiert, als er gegenständlich oder örtlich beschränkte Rechte vergeben hat. Eine Ausnahme gilt allerdings dann, d. h. der Urheber/ursprüngliche Rechtsschutzinhaber bleibt klagebefugt, wenn er ein eigenes schutzwürdiges materielles oder ideelles Interesse darlegen kann. Dies sollte grundsätzlich nicht zu streng beurteilt werden.[50] Ausreichend ist, dass der Urheber die Verletzung von Urheberpersönlichkeitsrechten geltend machen kann oder sich bei der Verwertung seines Rechts eine fortdauernde Teilhabe an dessen wirtschaftlichem Ertrag vorbehalten hat.[51]

c) Inhaber eines ausschließlichen Nutzungsrechts zweiter Stufe

23 Der Inhaber eines ausschließlichen Nutzungsrechts (erste Stufe) kann einem Dritten (*zweite Stufe*) mit Zustimmung des Urhebers einfache oder ausschließliche Nutzungsrechte einräumen, § 35 UrhG. In diesem Fall bleibt der Inhaber des Nutzungsrechts erster Stufe neben dem Inhaber des ausschließlichen Nutzungsrechts zweiter Stufe klagebefugt, sofern er ein eigenes schützenswertes Interesse geltend machen kann.[52]

d) Inhaber eines einfachen Nutzungsrechts

24 Der Inhaber eines *einfachen* Nutzungsrechts hingegen kann nicht aus eigenem Recht klagen. Das bleibt dem Urheber bzw. dem ausschließlichen Nutzungsberechtigten vorbehalten, die zu einer Verfolgung ihrer Rechte gegenüber dem einfachen Lizenzinhaber möglicherweise sogar verpflichtet sind. Dem Inhaber eines einfachen Nutzungsrechts verbleibt aber die Möglichkeit, im Wege gewillkürter Prozessstandschaft zu klagen und damit ein fremdes Recht im eigenen Namen geltend zu machen. Voraussetzung hierfür ist, dass der Rechteinhaber zustimmt und der Lizenznehmer an der Geltendmachung ein eigenes schutzwürdiges Interesse hat.[53] Das ist im Urhe-

---

49 OLG Köln, GRUR-RR 2005, 179 – Standbilder im Internet.
50 BGH, GRUR 1957, 614, 615 f. – Ferien vom Ich.
51 BGH, GRUR 1960, 251, 252 – Mecki-Igel II; BGHZ 118, 394, 399 f. – ALF; BGH, WRP 1998, 406, 408 – Lunette; GRUR 1999, 984, 988 – Laras Tochter.
52 OLG München, GRUR 1984, 524, 525 – Nachtblende; BGHZ 118, 394, 400 – ALF.
53 BGHZ 30, 162, 166; 48, 12, 15; BGH, GRUR 1961, 635, 636 – Stahlrohrstuhl; GRUR 1983, 370, 372 – Mausfigur; GRUR 1994, 800, 801 – Museumskatalog.

berrecht insb. der Fall, wenn die Verletzungshandlung die Rechte berührt, die dem einfachen Lizenznehmer eingeräumt wurden. Eine unwirksame Abtretung von Unterlassungsansprüchen kann in eine Ermächtigung zur Durchsetzung von Ansprüchen in Prozessstandschaft umgedeutet werden.[54]

C. Anspruchsverpflichtete

Bei der Anspruchsverpflichtung bestehen für Handlungen im Internet Besonderheiten gegenüber der Haftung nach herkömmlichen Maßstäben. Das liegt zum einen an der Existenz von privilegierenden Sonderregelungen für die Providerhaftung, die der Gesetzgeber aufgestellt hat, um die weitere Entwicklung des E-Commerce zu fördern. Zum anderen hat aber auch die Rechtsprechung versucht, in einer Vielzahl von Entscheidungen Haftungsgrundsätze für Handlungen im Internet herauszuarbeiten. Dabei bewegen sich Gesetzgeber und Rechtsprechung stets auf einem schmalen Grat: Einerseits sind die Inhaber von Urheberrechten angemessen zu schützen. Andererseits darf der Handel im Internet aber auch nicht dadurch gehemmt werden, dass den Beteiligten Pflichten auferlegt werden, die diese nicht erfüllen können. 25

Die gesetzlichen Beschränkungen der Providerhaftung sind einheitlich für Tele- und Mediendienste im TMG[55] geregelt. Dabei regelt das TMG kein in sich geschlossenes Haftungssystem für Handlungen im Internet, sondern nur einzelne Tatbestände mit Privilegierungen. Auch fehlen insb. Regelungen für die Haftung für Links und die Haftung für Suchmaschinen. Greifen die speziellen Haftungsprivilegierungen des TMG nicht ein, bestimmt sich die Haftung für Handlungen im Internet nach den allgemeinen Gesetzen und Grundsätzen. Dabei hat die Rechtsprechung vor allem versucht, den vom TMG nicht erfassten Unterlassungsanspruch im Fall der Störerhaftung für mittelbare Urheberrechtsverletzungen durch die Entwicklung von Haftungsprivilegierungen angemessen zu begrenzen. 26

Für die Passivlegitimation ergibt sich damit folgende Rechtslage: Vorab ist zu identifizieren, wer überhaupt als Anspruchsverpflichteter für eine Urheberrechtsverletzung im Internet in Betracht kommt (vgl. hierzu unten Rn. 29 I.). Im Anschluss ist zu prüfen, ob zu Gunsten des vermeintlich Anspruchsverpflichteten die §§ 7–10 TMG eingreifen (vgl. hierzu unten Rn. 33 II.). Dabei wirkt das TMG wie ein **Vorfilter**. Besteht nach den §§ 7–10 TMG keine Haftung, erübrigt sich die Prüfung der allgemeinen Haf- 27

---

54 BGH, GRUR 2002, 248, 250 – Spiegel-CD-Rom.
55 Telemediengesetz vom 26.2.2007, BGBl. I, S. 179, zuletzt geändert durch Art. 4 IT-Sicherheitsgesetz vom 17.7.2015, BGBl. I, S. 1324.

tungsgrundsätze. Der Anspruch scheidet aus. Greifen die Haftungsprivilegierungen des TMG hingegen nicht ein, bedeutet dies noch nicht, dass die betroffene Person auch Anspruchsverpflichteter ist. D.h., ist der Vorfilter des TMG passiert, muss in einem dritten Schritt an Hand der allgemeinen Gesetze und Grundsätze die Verantwortlichkeit geprüft werden (vgl. hierzu unten Rn. 104 III.). Dabei ist im Fall mittelbarer Urheberrechtsverletzungen im Wege eines weiteren Filters (**Hauptfilter**) zu prüfen, ob die von der Rechtsprechung entwickelten Grundsätze zur Haftungsbegrenzung eingreifen. Erst wenn auch dieser Filter passiert ist, liegt die Passivlegitimation vor.

28 Diesem Prüfungssystem folgt die weitere Darstellung. Im Anschluss wird die Anwendung der allgemeinen Grundsätze auf spezielle Fallkonstellationen wie u.a. die Haftung des Suchmaschinenbetreibers oder des Internetauktionshauses dargestellt (vgl. hierzu unten Rn. 161 IV.). Trotz der Regelungen im TMG bleiben die allgemeinen Haftungsgrundsätze für die Anspruchsverpflichtung von wesentlicher Bedeutung. Dabei werden diese allgemeinen Grundsätze maßgeblich von der Rechtsprechung geprägt. Im Ergebnis bleibt die Frage der Anspruchsverpflichtung daher in weiten Zügen Fallrecht.

I. Kreis potenzieller Anspruchsverpflichteter

29 Der Kreis potenzieller Anspruchsverpflichteter im Internet deckt sich nicht mit den herkömmlichen Kategorien des Nutzers, Content Providers, Host Providers, Access Providers oder anderen Personen, wenngleich diese Kategorien für eine erste Einordnung durchaus nützlich sein können, etwa im Fall von Social Networks, Weblogs, Gästebüchern, Chats, Auktionsplattformen, Usenet, Tauschbörsen etc. Dabei kommen jeden Tag neue Anbieter und neue Angebotsformen hinzu.

30 Versucht man dennoch eine Kategorisierung, so kommen als Anspruchsverpflichtete insb. in Betracht: Erstens der Nutzer (User), der Onlinedienste nachfragt,[56] indem er Angebote aus dem Internet auf seinen Rechner oder in seinen Arbeitsspeicher lädt und damit jeweils vervielfältigt[57] und möglicherweise im Anschluss daran sogar verbreitet. Zweitens der Content Provider, der eigene oder zu eigen gemachte Informationen oder Produkte auf eigenen Rechnern anbietet. Drittens der Ersteller, der eigene oder zu eigen gemachte Informationen oder Produkte über fremde Rechner, Plattformen oder Foren – wie z.B. Wikipedia, eBay, YouTube, MySpace etc. – verbreitet oder zu-

---

[56] So die Definition in § 3 Abs. 2 TDG.
[57] Zur Relevanz solcher Handlungen als Verwertungshandlungen siehe Kap. 3 Rn. 36 ff. (B. II.) und Rn. 65 ff. (VIII.).

gänglich macht. Viertens der Host Provider (Sharehoster, Plattformen, Foren etc.), der fremde Informationen auf seinen Rechnern speichert, anbietet oder Dritten zugänglich macht. Fünftens der Access Provider, der nur technisch den Zugang zu fremden Informationen vermittelt, die sich auf fremden Rechnern und Speichern befinden. Dem Access Provider können sog. Router gleichgestellt werden, die Datenpakete innerhalb des Internets zwischen Organisationseinheiten transportieren.[58] Sechstens Netzbetreiber, wie z.B. die Deutsche Telekom, welche die technische Infrastruktur anbieten.

Die Diensteanbieter beschränken sich in der Praxis häufig nicht auf einzelne, klar abgrenzbare Funktionen. Insb. die großen Onlinedienste bieten einerseits eigene Informationen an und sind insoweit Content Provider, andererseits bieten sie ihren Kunden aber oftmals zugleich auch Speicherplatz an und sind somit gleichzeitig Host Provider oder vermitteln Kunden als Access Provider den Zugang zum Internet. Die vorstehende Abgrenzung ist deshalb funktionell zu verstehen. Für die Haftung kommt es stets auf die Funktion des Diensteanbieters im jeweiligen Einzelfall an. 31

Allgemein gelten für die Verletzung von Urheberrechten und verwandten Schutzrechten dieselben deliktsrechtlichen Grundsätze wie für alle Verletzungen von immateriellen Rechten, die an ein Erfolgsunrecht anknüpfen. Verantwortlich als „Verletzer" i.S.d. §§ 97 ff. UrhG ist jeder, der durch sein Handeln – bzw. bei entsprechender Verpflichtung zum Tätigwerden durch sein Unterlassen – adäquat kausal ein urheberrechtlich geschütztes Rechtsgut verletzt, an einer solchen Handlung teilnimmt oder für das Verhalten eines Dritten einzustehen hat. Der Kreis potenzieller Anspruchsverpflichteter für Urheberrechtsverletzungen ist deshalb grundsätzlich weit zu ziehen. 32

II. Vorfilter: Die Haftungsregeln des TMG

Ziel des TMG ist die Regelung der rechtlichen Anforderungen für Telemedien. Das TMG regelt, soweit die begrenzte Gesetzgebungskompetenz des Bundes dies erlaubt, die wirtschaftsbezogenen Aspekte der Telemediendienste. Regelungsbereiche des TMG sind die allgemeinen und besonderen Informationspflichten (§§ 5, 6 TMG), der Datenschutz (§§ 11 ff. TMG) und die Verantwortlichkeit (§§ 7–10 TMG). Die wirtschaftlich orientierten Regelungen des TMG setzen im Wesentlichen die E-Commerce-Richtlinie um. Die Haftungsregelungen des TMG dienen dabei als Vorfilter. Nur wenn dieser Filter überwunden ist, kommt es auf die allgemeinen Haftungsregelungen an. 33

---

58 Zum technischen Hintergrund siehe *Hage/Hitzfeld*, in: Loewenheim/Koch, Praxis des Online-Rechts, 1998, Kap. 1.3.3.1.6.

Kap. 7 Haftungsfragen

1. Die Entwicklung zum TMG

34 Bereits frühzeitig hat der deutsche Gesetzgeber Regelungen zur Haftungsprivilegierung im Internet erlassen, um die Haftung von Diensteanbietern bei der Anwendung der allgemeinen Grundsätze zu entschärfen und um den Verkehr im Internet zu fördern. Mit dem Informations- und Kommunikationsdienste-Gesetz (IuKDG)[59] wurde u.a. das Teledienstegesetz (TDG) eingeführt, das in § 5 TDG ausdrücklich Haftungsprivilegierungen für Diensteanbieter vorsah. Zentraler Punkt dieser Regelungen war, dass den Diensteanbieter keine Pflicht zur tatsächlichen Prüfung von fremden Inhalten im Unterschied zur rechtlichen Prüfung bekannter Inhalte treffen, eine Verantwortlichkeit für das Bereithalten fremder Inhalte erst ab positiver Kenntnis dieser Inhalte eintreten und für die bloße Zugangsvermittlung zu fremden Inhalten überhaupt nicht gehaftet werden sollte. Mit dieser Regelung sollte vor allem der Konflikt um die Zumutbarkeit der Kontrolle von Inhalten wesentlich entschärft werden.

35 Parallel zu § 5 TDG wurde in § 5 MDStV die Verantwortlichkeit von Mediendiensten geregelt, wobei die Abgrenzung zwischen Telediensten einerseits und Mediendiensten andererseits von vornherein als verunglückt angesehen wurde[60] und so auch von den maßgeblichen Richtlinien nicht vorgegeben war. Die E-Commerce-Richtlinie kennt diese Unterscheidung nicht. Auch war die Unterscheidung zwischen Tele- und Mediendiensten nicht unproblematisch, da erhebliche Bedenken an der Verfassungsmäßigkeit der Haftungsregelungen im MDStV bestanden. Der Grund für die Skepsis war die fehlende Gesetzgebungskompetenz der Länder für die zivilrechtliche und strafrechtliche Haftung, die in § 5 MDStV mit geregelt war.

36 Nach dem Inkrafttreten der E-Commerce-Richtlinie wurden die Bestimmungen zur Haftungsprivilegierung wesentlich überarbeitet. Umgesetzt wurde die Richtlinie zunächst durch das Gesetz über rechtliche Rahmenbedingungen für den elektronischen Geschäftsverkehr (EEG),[61] das am 15.12.2001 in Kraft trat. Dabei übernahm das EGG für die Haftungsbestimmungen fast wörtlich die Regelungen der Richtlinie und passte die Haftungsregelungen in § 5 TDG und im MDStV entsprechend an. Beide Gesetzestexte enthielten insoweit identische Regelungen, behielten aber noch die missglückte Trennung zwischen Telediensten und Mediendiensten bei.

---

59 Gesetz zur Regelung der Rahmenbedingungen für Informations- und Kommunikationsdienste vom 22.7.1997, BGBl. I, S. 1870.
60 Vgl. z.B. *Kröger/Moos*, ZUM 1997, 462, 466; *Lohse*, Verantwortung im Internet, 2000, S. 178; *Pichler*, MMR 1998, 79, 80; *Waldenberger*, MMR 1998, 124 f. Gegen die Kritik *Tettenborn*, MMR 1999, 516, 517.
61 Elektronischer Geschäftsverkehr – Gesetz vom 12.12.2001, BGBl. I, S. 3721; zum Entwurf *Bröhl*, MMR 2001, 67 ff.; vgl. auch *Tettenborn*, K&R 2000, 386 ff.

C. Anspruchsverpflichtete   Kap. 7

Erst seit Inkrafttreten des TMG am 1.3.2007 ist die Trennung von Teledien- **37**
sten und Mediendiensten aufgehoben worden. Für beide Bereiche enthält das
TMG nunmehr in §§ 7–10 TMG einheitliche Haftungsprivilegierungen.
Das TMG ist trotz dieser positiven Ansätze bis heute umstritten. Dabei wird
für den Bereich der Verantwortlichkeit insb. kritisiert, dass Regelungen für
den Bereich der Suchmaschinen und den Einsatz von Hyperlinks fehlen.[62]
Auch hat der Gesetzgeber von der Regelung eines Notice-And-Take-Down-
Verfahrens abgesehen.

Im Rahmen der „Digitalen Agenda 2014–2017" hat der Bundestag am **37a**
11.6.2015 nun das IT-Sicherheitsgesetz[63] beschlossen. Es verpflichtet die
Betreiber besonders gefährdeter, sog. „kritischer Infrastrukturen", wie Ener-
gie, Wasser, Gesundheit oder Telekommunikation, ihre Netze besser vor
Hackerangriffen zu schützen. Neben einer obligatorischen Meldung von IT-
Sicherheitsvorfällen werden zudem Mindeststandards für die IT-Sicherheit
branchenweit festgelegt. Mit § 13 Abs. 7 TMG n. F. soll die Verbreitung von
Schadsoftware über Drive-By-Downloads eingedämmt werden, indem der
Dienstanbieter „technische und organisatorische Vorkehrungen" auf dem
Stand der Technik zum Schutz des Zugriffs auf seine Telemedienangebote
trifft. Als Maßnahme schlägt § 13 Abs. 7 S. 2 TMG n. F. den Einsatz von
Verschlüsselungstechniken vor.[64] Vielfach kritisiert wurde das Gesetz wegen der Unbestimmtheit seiner Regelungen. Insbesondere sei nicht klar,
welche Bereiche und Unternehmen unter die „Kritischen Infrastrukturen"
fallen sollen.[65]

Im Juni 2016 hat der Bundestag das Zweite Telemedienänderungsgesetz[66] **37b**
verabschiedet, das den Ausbau drahtloser Internetzugänge im öffentlichen
Raum vorantreiben soll. Betreiber von lokalen Funknetzwerken werden
nunmehr gem. § 8 Abs. 3 TMG n. F. ausdrücklich als Zugangsvermittler angesehen, so dass auch ihnen zukünftig die Haftungsprivilegierungen des § 8
TMG zu Gute kommen. Der ursprüngliche Gesetzesentwurf sah darüber hinaus einen Absatz 4 vor. Dieser Absatz 4 regelte, dass der WLAN-Anbieter
wegen einer rechtswidrigen Handlung eines Nutzers nur dann nicht auf Beseitigung oder Unterlassung in Anspruch genommen werden könne, wenn
der WLAN-Anbieter zumutbare Maßnahmen ergriffen habe, um eine
Rechtsverletzung durch die Nutzer zu verhindern. Als Beispiel für solche
Maßnahmen wurden eine angemessene Sicherung des WLAN-Anschlusses

---

62 Vgl. *Spindler*, CR 2007, 239, 245.
63 Gesetz zur Erhöhung der Sicherheit informationstechnischer Systeme vom 17.7.2015,
BGBl. I 2015, S. 1324, in Kraft getreten am 25.7.2015.
64 Näheres hierzu siehe *Roos*, MMR 2015, 636.
65 Vgl. *Heckmann*, MMR 2015, 289.
66 Zweites Gesetz zur Änderung des Telemediengesetzes, BT-Drs. 18/6745, 18/8645.

Kap. 7 Haftungsfragen

und die Abgabe einer sogenannten Rechtstreueerklärung durch den Nutzer genannt.[67]

37c Im März 2016 hat sich der Generalanwalt am EuGH im Fall McFadden/Sony Music vor dem Hintergrund mehrerer Vorlagefragen des LG München[68] grundlegend zur Haftung des Betreibers eines freizugänglichen WLAN-Netzwerks für Rechtsverstöße der Nutzer geäußert. Der Generalanwalt führte in seinen Schlussanträgen[69] aus, dass das Haftungsprivileg des Art. 12 Abs. 1 E-Commerce-Richtlinie (Parallelregelung zu § 8 Abs. 1 TMG) auf den Anbieter eines freien WLAN-Zugangs anwendbar sei und dass Art. 12 Abs. 1 E-Commerce-Richtlinie u. a. einer Inanspruchnahme des WLAN-Anbieters auf Erstattung der Abmahnkosten für eine Abmahnung des WLAN-Anbieters wegen Rechtsverletzungen der Anschlussnutzer – im Wege stehe. Denn der Anspruch auf Erstattung der Abmahnkosten sei einem Schadensersatzanspruch vergleichbar, der durch Art. 12 Abs. 1 E-Commerce-Richtlinie ausgeschlossen werde. Anders als der Schadensersatzanspruch bzw. der Anspruch auf Ersatz der Abmahnkosten seien Unterlassungsansprüche gegen den WLAN-Anbieter hingegen nicht grundsätzlich ausgeschlossen, diese dürften aber das zulässige Geschäftsmodell des Anbieters eines offenen WLAN-Netzes nicht gefährden. Jedenfalls unzulässig seien deshalb solche Anordnungen, die auf die Stilllegung des Internetanschlusses gerichtet sind oder zu einer Sicherung des Anschlusses durch ein Passwort verpflichten. Der EuGH ist dem nur eingeschränkt gefolgt.[70] Auch der EuGH hält Unterlassungsansprüche gegen den WLAN-Betreiber grundsätzlich für möglich. Dabei seien die betroffenen Grundrechte abzuwägen, wobei Ergebnis der Abwägung nicht sein könne, dem Grundrecht auf geistiges Eigentum jeden Schutz zu entziehen. Hierauf liefe aber die Auffassung hinaus, die vom Anbieter eines Kommunikationsnetzes nicht verlange, den Internetanschluss zu sichern. Vielmehr sei die Sicherung des Internetanschlusses durch ein Passwort als erforderlich anzusehen, um einen wirksamen Schutz des Grundrechts auf Schutz des geistigen Eigentums zu gewährleisten. Unzulässige Anordnungen seien hingegen die Stilllegung des Internetanschlusses oder die Überwachung sämtlicher über diesen Anschluss laufender Kommunikation.

37d Noch vor Verkündung des EuGH-Urteils hat die Bundesregierung unter ausdrücklichem Hinweis auf die Ausführungen des Generalanwaltes ihren Gesetzesentwurf überarbeitet und hat den ursprünglich vorgesehenen Absatz 4

---

67 Entwurf eines Zweiten Gesetzes zur Änderung des Telemediengesetzes (Zweites Telemedienänderungsgesetz – 2. TMGÄndG) vom 18.11.2015, BT-Drs. 18/6745.
68 LG München, ZUM 2015, 344 – Bring mich nach Hause.
69 EuGH, Schlussantrag (EuGH) vom 16.3.2016, C-484/14, BeckRS 2016, 80483.
70 EuGH, Urteil vom 15.9.2016 – C-484/14, BeckRS 2016, 80483.

ersatzlos aus dem später verabschiedeten Entwurf gestrichen. Damit fehlt nunmehr eine ausdrückliche Regelung zur Frage, ob auch der Unterlassungsanspruch vom Haftungsprivileg des § 8 TMG erfasst wird. Dies ist umso misslicher, als gerade die Frage der Anwendung der Haftungsprivilegierungen des TMG auf Unterlassungsansprüche umstritten ist.[71] Die Gesetzesbegründung ist insoweit nicht eindeutig.[72] Dort heißt es in der Beschlussempfehlung des Ausschusses für Wirtschaft und Energie, dass die Beschränkung der Haftung „horizontal" jede Form der Haftung für rechtswidriges Verhalten jeder Art und z.b. auch die verschuldensunabhängige Haftung im Zivilrecht nach der sog. Störerhaftung umfassen soll.[73] Bezug genommen wird dann weiter auf die Stellungnahme des Generalanwalts sowie die Haftung für Abmahnkosten und gerichtliche Kosten im Zusammenhang mit der von einem Dritten durch die Übermittlung von Informationen begangenen Rechtsverletzung, die durch § 8 TMG ausgeschlossen sei. Die wichtigste Rechtsfolge der Störerhaftung – der Unterlassungsanspruch – wird hier hingegen nicht ausdrücklich genannt. Stattdessen wird dann im nächsten Absatz klargestellt, dass der Erlass einer gerichtlichen Anordnung gegen den Anbieter eines WLAN-Netzes, eine bestimmte *Rechtsverletzung abzustellen oder zu verhindern, grundsätzlich weiterhin möglich sein soll. Diese* Anordnung dürfe allerdings nicht zu einer allgemeinen Überwachungspflicht führen. Auch seien Anordnungen unzulässig, wenn der WLAN-Anbieter diesen nur dadurch nachkommen könne, „dass er den Internetzugang stilllegt, mit einem Passwortschutz oder Verschlüsselung sichert oder sämtliche über den Anschluss laufende Kommunikation auf Rechtsverletzungen hin untersucht". Da der Gesetzgeber die Neufassung des § 8 TMG im Wesentlichen auf die Ausführungen des Generalanwaltes im Fall McFadden gestützt hat, der EuGH den Ausführungen des Generalanwalts im Punkt „Abmahnkosten" und „Passwortsicherung" jedoch gerade nicht gefolgt ist, bleibt abzuwarten, wie die Gerichte den neuen § 8 TMG anwenden werden.[74] Da die Gesetzesbegründung keinen hinreichenden Niederschlag im Wortlaut des § 8 TMG gefunden hat und das Urteil des EuGH im Fall McFadden nicht unberücksichtigt bleiben wird, ist damit zu rechnen, dass die Anbieter ungesicherter WLAN-Netze weiterhin als Störer auf Unterlassung für Rechtsverletzungen der Nutzer in Anspruch genommen werden können.

---

71 *Sesing*, MMR 2016, 507, 511; *Weiden*, GRUR 2016, 678, 679; *Conraths/Peintinger*, GRUR-Prax 2016, 297, 299; vgl. auch Rn. 58 ff.
72 Zur praktischen Bedeutung der Gesetzesbegründung: *Sesing*, MMR 2016, 507, 509 f.
73 Beschlussempfehlung und Bericht des Ausschusses für Wirtschaft und Energie, BT-Drucks. 18/8645, S. 10.
74 In dieser Frage schon vor Erlass des McFadden Urteils kritisch: *Spindler*, NJW 2016, 2449, 2452.

Kap. 7 Haftungsfragen

2. Die Vorgaben der E-Commerce-Richtlinie

38 Die deutschen Haftungsprivilegierungen für Diensteanbieter im TMG sollen die europäischen Vorgaben aus der E-Commerce-Richtlinie umsetzen. Die Haftung von Diensteanbietern richtet sich somit – soweit der Anwendungsbereich der Richtlinie reicht – nach den Vorgaben des Europäischen Gemeinschaftsrechts. Dabei sind die Regelungen der E-Commerce-Richtlinie zur Verantwortlichkeit von Diensteanbietern abschließend und bezwecken eine Vollharmonisierung. Für die verbindliche Auslegung von bestimmten Begriffen im TMG ist somit der EuGH zuständig.

39 Nachdem die Europäische Kommission bereits im April 1997 eine „Europäische Initiative im elektronischen Geschäftsverkehr"[75] angekündigt hatte, legte sie am 18.11.1998 einen ersten Vorschlag für eine Richtlinie über bestimmte rechtliche Aspekte des elektronischen Geschäftsverkehrs im Binnenmarkt vor,[76] der sich zumindest bei den Haftungsregelungen eng an den Digital Millenium Copyright Act der USA anlehnte.[77] Im August 1999 wurde ein überarbeiteter Entwurf veröffentlicht,[78] über den nach weiteren Änderungen und Beratungen politische Einigkeit erzielt wurde. Der daraufhin erzielte Gemeinsame Standpunkt vom 28.2.2000 wurde am 4.5.2000 vom Europäischen Parlament einstimmig gebilligt, die Richtlinie am 17.7.2000 veröffentlicht.[79]

40 Der Anwendungsbereich der Richtlinie erstreckt sich auf „Dienste der Informationsgesellschaft". Für die Definition wird verwiesen auf die sog. Transparenzrichtlinie.[80] Danach findet die Richtlinie Anwendung auf alle Dienstleistungen, die in der Regel gegen Entgelt elektronisch im Fernabsatz und

---

75 KOM(1997)157 vom 16.4.1997.
76 KOM(1998)586 endg., 98/0325 (COD), ABlEG Nr. C 30 vom 5.2.1999.
77 Hierzu *Freytag*, MMR 1999, 207 ff.; *Lubitz*, GRUR Int. 2001, 283 ff., und *Rosenberg*, K&R 1999, 399 ff. Kritisch *Waldenberger*, EuZW 1999, 296, 302. Wichtig ist allerdings die Feststellung, dass der DCMA einen wesentlich engeren Anwendungsbereich hat als die ECRL oder das TMG und nur für das Urheberrecht gilt.
78 KOM(1999)427 endg., 98/0325 (COD).
79 ABlEG Nr. L 178 vom 17.7.2000, 1 ff. Zur Richtlinie und den Entwürfen siehe *Bender/Sommer*, RIW 2000, 260 ff.; *Brisch*, CR 1999, 235 ff.; *Hamann*, ZUM 2000, 290 ff.; *Hoeren*, MMR 1999, 192 ff.; *Holznagel/Holznagel*, K&R 1999, 103 ff.; *Lehmann*, EuZW 2000, 517, 518 ff.; *ders.*, ZUM 1999, 180 ff.; *Maennel*, MMR 1999, 187, 191; *Spindler*, MMR-Beilage 7/2000, 4; *Tettenborn*, K&R 1999, 252 ff., 442 ff.; *Tettenborn/Bender/Lübben/Karenfort*, Beilage 1 zu K&R Heft 12/2001; *Waldenberger*, EuZW 1999, 296 ff. Speziell zu den Haftungsregelungen *Spindler*, MMR 1999, 199 ff.
80 Richtlinie 98/34/EG des Europäischen Parlaments und des Rates über ein Informationsverfahren auf dem Gebiet der Normen und technischen Vorschriften vom 22.6.1998, ABlEG Nr. L 204 vom 21.7.1998, 37, i.d.F. der Richtlinie 98/48/EG, ABlEG Nr. L 217 vom 5.8.1998, 18.

auf individuellen Abruf eines Empfängers erbracht werden. Grob gesprochen erfasst die Richtlinie somit kommerzielle Abrufdienste. Ziel ist die Erfassung eines möglichst weiten Bereichs wirtschaftlicher, d. h. gewerblicher, geschäftlicher oder beruflicher Tätigkeiten, die online vonstattengehen. Das umfasst nicht nur Dienste, die gegen Entgelt genutzt werden können, sondern auch Dienste, die nicht von den Nutzern vergütet werden und sich z. B. über kommerzielle Kommunikation finanzieren.[81] Nicht erfasst werden von der E-Commerce-Richtlinie hingegen sämtliche nicht-kommerzielle Anbieter wie z. B. private Content Provider oder gemeinnützige Organisationen. Auch Internet-Rundfunk oder reine Telekommunikationsleistungen wie z. B. Telefon- oder Telefaxdienste sollen nicht dem Anwendungsbereich der Richtlinie unterfallen.[82] Eine Ausnahme gilt für Access Provider, denen die Privilegierungen nach der Richtlinie zugutekommen sollen.

Die Richtlinie begründet oder erweitert – ebenso wie die §§ 7 bis 10 TMG – **41** nicht verbindlich Haftungstatbestände, sondern statuiert lediglich Einschränkungen für die Verantwortlichkeit. Sind die Einschränkungen nicht erfüllt, beurteilt sich die Haftung des Diensteanbieters nach dem jeweils anwendbaren allgemeinen nationalen Recht. Dabei regelt die Richtlinie eine gestufte Verantwortlichkeit der Diensteanbieter nach der Art ihrer Tätigkeit. Geregelt wird von vornherein nur die Haftung von Vermittlern oder Übermittlern von Informationen, nicht aber von Content Providern oder Nutzern. Zum Bereithalten eigener Informationen trifft die Richtlinie – im Unterschied zum TMG – keine Regelung.

Konkret wird unterschieden zwischen der reinen Durchleitung von Informationen einschließlich der automatischen Zwischenspeicherung für die Übermittlung (Art. 12 ECRL), dem Caching (Art. 13 ECRL) und dem Hosting (Speicherung von Informationen, Art. 14 ECRL). Die Diensteanbieter sollen nicht verpflichtet sein, aktiv und allgemein die von ihnen übermittelten oder gespeicherten Daten zu überwachen. Für das reine Durchleiten von Informationen sollen sie nicht haften; ebenso wenig wie für die Zugangsvermittlung zu Kommunikationsnetzen sowie für automatische Zwischenspeicherungen, sofern bestimmte Voraussetzungen erfüllt sind. Erst wenn die Diensteanbieter Informationen speichern und damit selbst eine Zugriffsmöglichkeit haben, sollen sie bei Kenntnis bzw. grob fahrlässiger Unkenntnis haften, wobei zwischen strafrechtlichen und zivilrechtlichen Ansprüchen unterschieden wird. **42**

---

81 Vgl. Erwägungsgrund 18.
82 Vgl. Erwägungsgrund 17 mit Bezugnahme auf Anhang V der Richtlinie 98/48/EG. Skeptisch auf der Basis früherer Entwürfe noch *Hoeren*, MMR 1999, 192, 194; *Tettenborn*, K&R 1999, 252, 255; *Waldenberger*, EuZW 1999, 296, 297 sowie – zur Richtlinie – *Spindler*, MMR-Beilage 7/2000, 4, 5.

Kap. 7 Haftungsfragen

43 Diese Bestimmungen sind Querschnittsregelungen, die sämtliche Haftungsbereiche und damit auch das Urheberrecht erfassen sollen.[83] Art. 13 ECRL (Caching) wurde sogar vor allem aus Gründen des Urheberrechts in die Richtlinie aufgenommen.[84] Deutlich wird das auch an den Formulierungen in Art. 15 Abs. 1 und 2 der Richtlinie, in denen nicht nur von „Informationen", sondern auch von „Tätigkeiten" die Rede ist.

44 Die Richtlinie belässt den Mitgliedstaaten ausdrücklich die Möglichkeit, durch ihre nationalen Gerichte oder Verwaltungsbehörden Rechtsverletzungen abzustellen oder zu verhindern, Art. 12 Abs. 3, 13 Abs. 2, 14 Abs. 3 ECRL. Damit steht die E-Commerce-Richtlinie in Einklang mit der Richtlinie 2001/29/EG, die in Art. 8 Abs. 3 ausdrücklich die Störerhaftung des bloßen Zwischenvermittlers verlangt.[85] In diesem Punkt kam es während der Beratungen zu Erweiterungen des Richtlinientextes. Der ursprüngliche Entwurf der E-Commerce-Richtlinie hatte nur vorgesehen, Unterlassungsansprüche vom Anwendungsbereich auszunehmen. Nunmehr bleiben ausdrücklich auch behördliche Verfügungen unberührt.

3. Haftungsregelungen der §§ 7–10 TMG

45 Die §§ 7–10 TMG enthalten Haftungsregelungen für „Informationen". Den Vorgaben der E-Commerce-Richtlinie folgend, gilt ein weiter Informationsbegriff. Informationen im Sinne des TMG sind alle Daten, die transportiert oder gespeichert werden können, unabhängig davon, ob sie unmittelbar oder mit Hilfsmitteln gelesen, angehört oder angesehen werden können.[86] Maßgeblichen Einfluss auf die haftungsrechtliche Beurteilung hat dabei die Nähe des Diensteanbieters zur Information. § 7 TMG enthält die Allgemeinen Grundsätze für die Haftung der Diensteanbieter. Darüber hinaus bestehen besondere Haftungsregelungen für die Durchleitung von Informationen (§ 8 TMG), die Zwischenspeicherung zur beschleunigten Übermittlung von Informationen (§ 9 TMG) und die Speicherung von Informationen (§ 10 TMG).

---

83 So ausdrücklich auch Erwägungsgrund 16 der Richtlinie 2001/29/EG. Indirekt ergibt sich das auch aus der ausdrücklichen Freistellung des Urheberrechts vom sog. Herkunftslandprinzip, Art. 3 der E-Commerce-Richtlinie. Vgl. auch Begründung des Regierungsentwurfs zu § 10 TDG n. F., BT-Drs. 14/6098, S. 24.
84 *Tettenborn*, K&R 1999, 252, 258.
85 Die Haftung betrifft allerdings nur Unterlassungsansprüche, nicht auch Ansprüche auf Schadensersatz. Konformität besteht daher auch nur für den Fall, dass sich die Verpflichtung des Art. 8 Abs. 3 nur auf Unterlassungsansprüche bezieht.
86 Vgl. noch zum Begriff der Inhalte im TDG a. F.: *Spindler*, NJW 2002, 921, 922.

a) Vorfilterfunktion

Die Regelungen in den §§ 7–10 TMG haben die Funktion eines Vorfilters. **46**
Nur wenn dieser Vorfilter überwunden ist, stellt sich anschließend die Frage
nach der Haftung aufgrund der allgemeinen Vorschriften. Greift hingegen
eine Haftungsprivilegierung des TMG ein, kommt jedenfalls eine weitere
Prüfung anderer auf Schadensersatz gerichteter Anspruchsgrundlagen nicht
mehr in Betracht.

Die Vorfilterfunktion war lange Zeit für die Vorgängerregelungen im TDG **47**
und MDStV umstritten.[87] Für das TDG hatte der Bundesgerichtshof jedoch
noch klargestellt, dass es sich bei den Haftungsprivilegierungen um einen
Vorfilter handelt.[88] Die Zusammenführung der Haftungsregelungen aus
dem TDG und den MDStV im TMG hat hieran nichts geändert.

Wird im Zusammenhang mit den Regelungen der §§ 7–10 TMG von einer **48**
„Haftungsprivilegierung" gesprochen, dann ist das untechnisch als rein faktisches Ergebnis zu verstehen, nicht jedoch streng juristisch im Sinne einer
vom Anspruchsgegner zu beweisenden Ausnahmeregelung. Die Tatbestandsvoraussetzungen der verletzten Norm und die Voraussetzungen der
Verantwortlichkeit nach den §§ 7–10 TMG sind grundsätzlich von demjenigen zu beweisen, der sich auf die Verletzung beruft und daraus Ansprüche
geltend macht.[89]

b) Anwendungsbereich

Auch wenn die §§ 7–10 TMG an den Wortlaut der E-Commerce-Richtlinie **49**
angepasst wurden, sind die Anwendungsbereiche nicht deckungsgleich. So
gelten die Haftungsbeschränkungen des TMG im Unterschied zur Richtlinie
nicht nur für kommerzielle Dienste, sondern auch für private Diensteanbieter (vgl. § 1 Abs. 1 Satz 2 TMG). Im Einzelnen gilt Folgendes:

aa) Telemedien

Das TMG gilt für alle Telemedien. Dies sind nach der Legaldefinition in § 1 **50**
Abs. 1 Satz 1 TMG alle elektronischen Informations- und Kommunikationsdienste, soweit sie nicht Telekommunikationsdienste nach § 3 Nr. 24 TKG,
die ganz in der Übertragung von Signalen über Telekommunikationsnetze

---

87 LG München, CR 2000, 117, 119; *Hoeren/Pichler,* in: Loewenheim/Koch, Praxis des
 Online-Rechts, 1998, S. 428 ff.; *Schaefer/Rasch/Braun,* ZUM 1998, 451, 454; strafrechtliche Ansätze nutzt *Vassilaki,* MMR 1998, 630, 633 f.; kritisch dazu *Spindler,*
 MMR 1998, 639, 641 ff.
88 Vgl. BGH, MMR 2004, 166, 167 noch zu § 5 TDG a. F.
89 Vgl. hierzu ausführlich unten Rn. 101 ff. (lit. g).

Kap. 7 Haftungsfragen

bestehen, telekommunikationsgestützte Dienste nach § 3 Nr. 25 TKG oder Rundfunk nach § 2 des Rundfunkstaatsvertrages sind.

51 Alle Dienste, die Tele- oder Mediendienste sind, fallen in den Anwendungsbereich des TMG. Auf die noch unter dem TDG und dem MDStV umstrittene Abgrenzung zwischen Telediensten einerseits und Mediendiensten andererseits kommt es nicht mehr an. Schwierigkeiten gibt es hingegen bei der Abgrenzung des TMG zum TKG. Telekommunikationsdienste im Sinne des TKG beziehen sich auf die bloßen technischen Übertragungsleistungen. Auf den rein technischen Zugang, der z. B. über einen Telefonanschluss hergestellt wird, ist nach der Gesetzessystematik das TKG anwendbar. Im Unterschied hierzu fällt der Access Provider in den Anwendungsbereich des TMG.[90] Dies gilt, obwohl der Access Provider regelmäßig allein den technischen Zugang zum Internet über einen Einwahlknoten vermittelt. Der Begriff des Diensteanbieters kann nicht so ausgelegt werden, dass er der auf den Access Provider zugeschnittenen Regelung des § 8 TMG den Anwendungsbereich abschneidet. Ebenfalls lässt Art. 12 Abs. 1 ECRL, der durch § 8 TMG umgesetzt wird, den Rückschluss zu, dass gerade auch Unternehmen, die nur den Zugang zum Internet vermitteln, als Diensteanbieter in den Anwendungsbereich des TMG fallen sollen. Bestätigt hat dies nun auch der EuGH, der die Regelung in Art 12 Abs. 1 ECRL auf den Betreiber eines freien WLAN-Netzes anwenden will.[91] Die öffentliche Zugänglichmachung eines Internetzugangs über ein WLAN-Netz, auch wenn es nur nebengewerblich erfolgt, stelle einen Dienst i. S. d. Art. 2 lit. a ECRL dar.

bb) Diensteanbieter

52 §§ 7–10 TMG regeln die Verantwortlichkeit von „Diensteanbietern". Wer Diensteanbieter in diesem Sinne ist, ergibt sich aus der Legaldefinition in § 2 Satz 1 Nr. 1 TMG. Diensteanbieter ist hiernach jede natürliche oder juristische Person, die eigene oder fremde Telemedien zur Nutzung bereithält oder den Zugang zu deren Nutzung vermittelt.

53 Der Ersteller von Inhalten, also z. B. der private Anbieter einer Webseite, der sich zu dessen Verbreitung Dritter bedient, sowie der Nutzer selbst fallen nicht hierunter.[92] Es fehlt bereits an einem Angebot von Informations- oder

---

[90] OLG Frankfurt a. M., MMR 2005, 241, 243; LG Frankfurt a. M., MMR 2008, 121; LG Kiel, MMR 2008, 123.
[91] EuGH, Urteil vom 15.9.2016 – C-484/14, BeckRS 2016, 80483.
[92] Noch zum TDG: *Bleisteiner*, Rechtliche Verantwortlichkeit im Internet, 1999, S. 159 f.; *Hoeren*, in: Lehmann (Hrsg.), Rechtsgeschäfte im Netz – Electronic Commerce, 1999, S. 47; *Hoeren/Pichler*, in: Loewenheim/Koch, Praxis des Online-Rechts, 1998, Ziff. 9.5.3.2.; *Pichler*, MMR 1998, 79; a. A. *Altenhain*, AfP 1998, 457, 459; *Sieber*, MMR-Beilage 2/1999, S. 9; *Spindler*, in: Hoeren/Sieber/Holznagel, Multimedia-

Kommunikationsdiensten im Sinne des TMG. Ersteller und Nutzer können sich folglich nicht auf die Privilegierungen des TMG berufen, sondern haften nach den allgemeinen Vorschriften.[93] Für die Haftung des Erstellers und des Nutzers, der Inhalte aus dem Internet abruft, ergeben sich somit durch das TMG keine Besonderheiten. Entsprechendes gilt auch für den Domain-Name-Server.[94]

Der Content Provider hingegen wird vom TMG erfasst; ebenso der Access Provider und der Network Provider.[95] Ob der Anbieter nur gelegentlich und privat oder geschäftsmäßig mit einer gewissen Nachhaltigkeit auftritt, ist für die Qualifizierung als „Diensteanbieter" unerheblich.[96] **54**

Unanwendbar ist das TMG hingegen auf denjenigen, der einen Hyperlink setzt (Link-Setzer).[97] Dies gilt auch für Suchmaschinenbetreiber und die automatische Darstellung von Hyperlinks in den Trefferlisten. Obwohl der Hyperlink vergleichbar dem Access Provider dem Nutzer ein Werkzeug an die Hand gibt, ohne dessen Hilfe dem Nutzer häufig ein Zugang zu fremden Inhalten im Internet überhaupt nicht möglich wäre, scheidet selbst eine analoge Anwendung des TMG aus.[98] Es fehlt hierfür an der planwidrigen Regelungslücke. Bereits die E-Commerce-Richtlinie[99] klammerte Hyperlinks und Suchmaschinen von ihrem Anwendungsbereich aus. Dem ist der Gesetzgeber ausweislich der Begründung für das TDG gefolgt und hat dieses Thema der weiteren Entwicklung in Wissenschaft und Rechtsprechung **55**

Recht, 42. EL Juni 2015: Bereithalten eines eigenen Servers oder das Vorhalten eigener Speicherkapazitäten sei nicht erforderlich. In der Praxis kommt es auf diese Differenzierung zumeist nicht an, da auch der Diensteanbieter für eigene Inhalte nach Maßgabe der allgemeinen Vorschriften haftet, § 7 Abs. 1 TMG.

93 *Koch*, CR 1997, 193, 195; *Pichler*, MMR 1998, 79 f.
94 Noch zum TDG: OLG Hamburg, MMR 2000, 92, 93 – Glücksspiel im Internet. Das OLG Hamburg wendet allerdings den „Gedanken" der Regelung in § 5 Abs. 4 TDG a. F. an. Offengelassen von LG Bremen, MMR 2000, 375, 376.
95 Noch zum TDG: *Altenhain*, AfP 1998, 457, 459; *Bleisteiner*, Rechtliche Verantwortlichkeit im Internet, 1999, S. 167; *Sieber*, MMR-Beilage 2/1999, S. 9. Gegen die Anwendbarkeit des TDG, sondern für die Anwendbarkeit des TKG auf Router und Access Provider: *Koch*, CR 1997, 193, 199; *Hoeren*, NJW 1998, 2792. Gegen die Anwendbarkeit auf Content Provider: *Koch*, CR 1997, 193, 197.
96 Vgl. Amtliche Begründung des Regierungsentwurfs zum TDG, BR-Drs. 966/96, 21; BT-Drs. 13/7385, S. 19.
97 Zuletzt BGH, BeckRS 2016, 00094, Tz. 25 – Haftung für Hyperlink = GRUR-Prax 2016, 45.
98 *Volkmann*, GRUR 2005, 200; *Spindler*, MMR Beilage 7/2000, S. 4, 20.
99 Art. 21 Abs. 2 ECRL; Erwägungsgrund 42 ECRL.

Kap. 7 Haftungsfragen

überlassen.[100] Nichts anderes gilt für die in weiten Zügen wortgleichen Nachfolgeregelungen des TMG. Auf die Haftung des Link-Setzers ebenso wie die Haftung des Suchmaschinenbetreibers für die in der Ergebnisliste gesetzten Hyperlinks finden ausschließlich die allgemeinen Grundsätze Anwendung.[101]

cc) Vertragliche Ansprüche und gesetzliche Unterlassungsansprüche

56 Die §§ 7–10 TMG begründen keine eigenständige Haftung, sondern legen nur einschränkend fest, unter welchen Voraussetzungen überhaupt eine Haftung in Betracht kommt. Dabei soll die Verantwortlichkeit für alle Rechtsgebiete einschließlich des Strafrechts geregelt werden.

57 Das bedeutet allerdings nicht, dass §§ 7–10 TMG auch für sämtliche Anspruchsarten gelten. So bleibt die *vertragliche* Haftung von Diensteanbietern gegenüber ihren Kunden unberührt.[102] Auch finden §§ 7–10 TMG keine Anwendung in Schuldverhältnissen, die durch gerichtliche Entscheidungen begründet werden. Wer einer gerichtlichen Verfügung auf Unterlassung zuwider handelt, soll sich im anschließenden Ordnungsmittelverfahren nicht auf die Privilegierungen der §§ 7–10 TMG berufen können.[103]

58 Nicht abschließend geklärt ist, ob die Haftungsprivilegierungen des TMG auch für gesetzliche Unterlassungsansprüche gelten. Durch die Regelungen in der E-Commerce-Richtlinie[104] und auch § 7 Abs. 2 Satz 2 TMG schien dies zunächst geklärt. Danach sollen Verpflichtungen zur Entfernung oder Sperrung nach den allgemeinen Gesetzen unberührt bleiben. In früheren Entscheidungen hatte der BGH daher angenommen, dass die Haftungsprivilegien des TMG jedenfalls keine uneingeschränkte Anwendung auf Unterlassungsansprüche finden.[105] Da aber der EuGH[106] die zugrundeliegenden Bestimmungen der E-Commerce-Richtlinie mehrfach, wenn auch ohne

---

100 BT-Drs. 14/6098, S. 37, zitiert auch bei *Spindler*, MMR 2002, 498.
101 Für eigene Informationen (dazu zählen bspw. Suchwortergänzungsvorschläge) bzw. für zu eigen gemachte Informationen (bspw. in Form von Thumbnail-Bildern) haftet der Suchmaschinenbetreiber als Diensteanbieter ebenfalls nach den allgemeinen Vorschriften gem. § 7 TMG. Näheres hierzu siehe unten Rn. 234 ff.
102 *Freytag*, ZUM 1999, 185, 190; a. A. *Bleisteiner*, Rechtliche Verantwortlichkeit im Internet, 1999, S. 151; *Engel-Flechsig/Maennel/Tettenborn*, NJW 1997, 2981, 2984; alle zu § 5 TDG a. F.
103 LG München I, MMR 2000, 489 zu § 5 TDG a. F.
104 Art. 14 Abs. 3 ECRL; vgl. auch Erwägungsgrund 45 zur ECRL.
105 BGH, GRUR 2004, 860, 862 – Internet-Versteigerung I; GRUR 2007, 708 – Internet-Versteigerung II; GRUR 2008, 702 – Internet-Versteigerung III; BGH, MMR 2012, 124, Rn. 19 – Blog-Eintrag; A. A. *Berger/Janal*, CR 2004, 917, 919; *Gercke*, CR 2005, 233 f.; *Leible/Sosnitza*, BB 2005, 725, 728; *Rücker*, CR 2005, 347, 350.
106 EUGH, GRUR 2010, 445 – Google France; ZUM 2012, 307 – SABAM/Netlog.

Erörterung des Problems, in Fällen angewandt hat, in denen Unterlassungsklagen erhoben worden waren, dürfte diese Rechtsprechung mit dem Unionsrecht nicht ohne Weiteres vereinbar sein.[107] Auch der BGH scheint von dieser Rechtsprechung wieder abzurücken. Jedenfalls finden sich in den jüngeren Entscheidungen des BGH keine Ausführungen mehr, die ausdrücklich die Anwendbarkeit der Haftungsprivilegierung des TMG auf den Unterlassungsanspruch ausschließen.[108]

58a Ob die Haftungsprivilegierung für Access Provider nach § 8 Abs. 1 TMG auf Unterlassungsansprüche Anwendung findet, war Gegenstand eines Vorabentscheidungsverfahrens vor dem Europäischen Gerichtshof.[109] Gegenstand des Falles war ein vom LG München zu entscheidender Fall, in dem es darum ging, ob der Betreiber eines im Rahmen seiner gewerblichen Tätigkeit frei zugänglich zur Verfügung gestellten WLAN-Netzwerkes für illegales Filesharing eines anonymen Nutzers haftet. In seinen Schlussanträgen vertrat der Generalanwalt zwar die Ansicht, dass das Haftungsprivileg des Art. 12 Abs. 1 E-Commerce-Richtlinie (bzw. § 8 Abs. 1 TMG) jedenfalls einer Inanspruchnahme des Providers auf Erstattung der Abmahnkosten im Wege stehe. Das käme in seiner Wirkung einem Schadensersatzanspruch gleich. Der EuGH ist dem jedoch nicht gefolgt und hat vielmehr klargestellt, dass Art. 12 Abs. 1 ECRL die Möglichkeit zur Geltendmachung von Unterlassungsansprüchen sowie der Abmahn- und Gerichtskosten für die Geltendmachung von Unterlassungsansprüchen unberührt lässt.[110] Es bleibt jedoch dabei, dass der Unterlassungsanspruch nicht zu einer allgemeinen Überwachungspflicht führen darf.

59 Ob §§ 7–10 TMG auf bereicherungsrechtliche Ansprüche anwendbar sind, erscheint auf den ersten Blick fraglich,[111] denn hierbei handelt es sich wie bei den Unterlassungsansprüchen um verschuldensunabhängige Ansprüche, und es geht auch nicht um eine etwaige „Verantwortlichkeit", sondern um die Abschöpfung einer Bereicherung. Allerdings sind die Folgen eines sol-

---

107 So auch *Ohly*, ZUM 2015, 308, 312; *Köhler*, in: Köhler/Bornkamm, UWG, 33. Aufl. 2015, § 8 Rn. 2.28; *v. Ungern-Sternberg*, GRUR 2012, 321, 327.
108 BGH, GRUR 2013, 1229, Tz. 35, 47 – Kinderhochstühle im Internet II; BGH, GRUR 2013, 370, Rn. 19 ff. – Alone in the Dark.
109 Vgl. den Vorlagebeschluss des LG München, ZUM 2015, 344 – Bring mich nach Hause. Zuvor hatte das AG Hamburg, ZUM-RD 2015, 207, 208, die Anwendbarkeit auf den Unterlassungsanspruch bejaht; verneinend hingegen OLG Saarbrücken, MMR 2015, 120, 121; nicht in Erwägung gezogen in LG Frankfurt/M., MMR 2011, 401. Vgl. auch oben Rn. 37c.
110 EuGH, Urteil vom 15.9.2016 – C-484/14, BeckRS 2016, 80483.
111 Gegen die Anwendbarkeit *Freytag*, ZUM 1999, 185, 190; im Ansatz wohl auch *Kreuzer*, in: Schwerdtfeger/Evertz/Kreuzer/Peschel-Mehner/Poeck, Cyberlaw, 1999, Kap. 7.1.6.; alle zu § 5 TDG a. F.

Kap. 7 Haftungsfragen

chen Anspruchs für den Diensteanbieter wirtschaftlich dieselben wie bei einer Schadensersatzverpflichtung. Dies gilt jedenfalls dann, wenn der Anspruchsteller Schadensersatz in Form der Lizenzanalogie begehrt. Würden die Regelungen des TMG nicht für Bereicherungsansprüche und hier insb. die Eingriffskondiktion gelten, würde im Bereich des Zivilrechts ein beachtlicher Teil der beabsichtigten Privilegierung ausgehöhlt. Der Diensteanbieter müsste zwar nicht auf Schadensersatz haften, wohl aber angemessene und übliche Lizenzgebühren zahlen. Dieses Ergebnis entspricht nicht der Intention des Gesetzgebers.

c) Die allgemeinen Grundsätze für die Verantwortlichkeit der Diensteanbieter (§ 7 TMG)

60 Entscheidend für die Verantwortlichkeit der Diensteanbieter ist, ob für eigene oder für fremde Informationen gehaftet werden soll. Diensteanbieter sind für eigene Informationen, die sie selbst zur Nutzung bereithalten, gemäß § 7 Abs. 1 TMG nach den allgemeinen Gesetzen verantwortlich. Ein praktisch relevanter Fall ist etwa der Betreiber eines Weblogs, der seine Beiträge selbst schreibt. Die Haftungsprivilegierungen des TMG greifen für eigene Informationen nicht. Für die Haftung derjenigen, die unmittelbar und eigenverantwortlich Inhalte in das Internet einstellen bzw. bereithalten, ergeben sich durch das TMG somit keine Änderungen im Vergleich zur allgemeinen Rechtslage. Für fremde Informationen gelten hingegen die Entpflichtung des § 7 Abs. 2 Satz 1 TMG für die allgemeinen Prüf- und Überwachungspflichten sowie die Spezialtatbestände der §§ 8–10 TMG.

aa) Eigene Informationen (§ 7 Abs. 1 TMG)

61 Da die Abgrenzung von eigenen Informationen und fremden Informationen für die Haftungsprivilegierungen des TMG ausschlaggebend ist, überrascht es wenig, dass über diese Abgrenzung im Einzelfall häufig gestritten wird.

62 Eigene Informationen sind zunächst die Informationen, die der Diensteanbieter selbst erstellt und zur Nutzung bereithält. Unstrittig ist, dass der Begriff der eigenen Informationen in § 7 Abs. 1 TMG jedoch nicht zwingend erfordert, dass der jeweilige Diensteanbieter die Information selbst erstellt hat. Eine eigene Information kann vielmehr auch dann vorliegen, wenn sich der Diensteanbieter die von einem Dritten erstellten Informationen zu eigen macht.[112] Umstritten ist jedoch, wann von einem solchen Zueigenmachen auszugehen ist. Jedenfalls kann allein die Tatsache, dass der Anbieter einen

---

112 Vgl. hierzu OLG Hamburg, ZUM 2009, 642.

fremden Inhalt als solchen kenntlich gemacht hat, noch nicht ausreichen, um ein Zueigenmachen auszuschließen.[113]

Nach Ansicht des Bundesgerichtshofes[114] liegt jedenfalls dann kein Zueigenmachen fremder Informationen vor, wenn Informationen (z.B. für Zwecke einer Auktionsplattform) in einem automatisierten Verfahren in das Internet eingestellt werden.[115] Verlässt der Anbieter hingegen seine neutrale Vermittlerposition und spielt eine aktive Rolle, in der er Kenntnis von bestimmten Informationen oder gar die Kontrolle über diese erlangt, ist von einem Zueigenmachen regelmäßig auszugehen. Dies ist jedoch noch nicht dann der Fall, wenn der Betreiber eines Online-Marktplatzes die Verkaufsangebote auf seinem Server speichert, die Modalitäten für seinen Dienst festlegt, für diesen eine Vergütung erhält und seinen Kunden Auskünfte allgemeiner Art erteilt.[116] Anders sieht es hingegen aus, wenn ein Suchmaschinen-betreiber Verkaufsangebote seiner Kunden durch AdWord-Anzeigen optimiert und bewirbt.[117] Auch strukturelle Vorgaben, die für alle Einträge gelten, d.h. Vorgaben zu Schriftgröße, Schriftfarbe, Formatierung und thematischer Ausrichtung einzelner Rubriken in einem Meinungsforum, führen nicht dazu, dass der Betreiber des entsprechenden Forums sich die einzelnen Inhalte zu eigen macht.[118] Ebenfalls kommt es nicht darauf an, in welchem Umfang der Anbieter aus den Diensten einen wirtschaftlichen Vorteil zieht.[119] Das bloße Überprüfen der von Dritten eingestellten Informationen führt ebenfalls nicht dazu, dass die fraglichen Einträge nunmehr als eigene Einträge zu qualifizieren sind.[120] Zutreffend hat auch der Bundesgerichtshof[121] entschieden, dass ein Zueigenmachen dann vorliegt, wenn der Diensteanbieter die fremden Informationen redaktionell überprüft, vor der Freischaltung mit dem eigenen Namen und Logo seines Dienstes kennzeichnet und sich in den eigenen Allgemeinen Geschäftsbedingungen die Nutzungsrechte an den Informationen einräumen lässt.

---

113 OLG Hamburg, ZUM 2009, 642.
114 BGH, GRUR 2004, 860, 862 – Internet-Versteigerung I; BGH, GRUR 2007, 890 – Jugendgefährdende Medien bei eBay.
115 Kritisch: OLG Hamburg, ZUM 2009, 642.
116 BGH, GRUR 2011, 1038, Rn. 23 f. – Stiftparfüm.
117 EuGH, GRUR 2011, 1025, Rn. 116 – L'Oréal/eBay; EuGH, GRUR 2010, 445, Rn. 116 – Google und Google France.
118 KG, MMR 2004, 673.
119 KG, MMR 2004, 673.
120 OLG München, Urt. v. 9.11.2006 – 6 U 1675/06; LG München I, MMR 2006, 179.
121 BGH, GRUR 2010, 616, Tz. 25 ff. – Marions Kochbuch; BGH, GRUR 2010, 616 – Chefkoch, so auch schon OLG Hamburg, K&R 2008, 456. OLG Hamburg, ZUM-RD 2009, 317; vgl. auch BGH, GRUR 2013, 370, Rn. 28 – Alone in the Dark; BGH, GRUR 2012, 74 – Coaching Newsletter; BGH, GRUR 2012, 751, Rn. 11 – RSS-Feeds.

Allein die positive Kenntnis der Information kann somit für das Zueigenmachen nicht ausreichen. Erforderlich ist darüber hinaus, dass der Diensteanbieter die Informationen bewusst auswählt und beherrscht.[122]

64 Die Instanzgerichte haben demgegenüber teilweise vorschnell das Tatbestandsmerkmal der eigenen Information bejaht. So ging etwa das LG Trier[123] davon aus, dass sich der Anbieter eines Internet-Gästebuchs die Beiträge Dritter zu eigen mache, wenn er diese längere Zeit nicht kontrolliere. Das LG Hamburg[124] entschied, dass es sich bei Meinungsbeiträgen Dritter in einem Internetforum um eigene Informationen des Betreibers dieses Forums handele, da dieser seinen eigenen Internetauftritt hierfür zur Verfügung gestellt habe. Etwas anderes gelte nur dann, wenn der Betreiber der Internetseite sich von der betreffenden Äußerung nicht bloß pauschal, sondern konkret und ausdrücklich distanziere. Diese Entscheidungen dürften angesichts der oben dargestellten Rechtsprechung mittlerweile zu Recht überholt sein.[125]

bb) Keine allgemeinen Prüfpflichten (§ 7 Abs. 2 TMG)

65 § 7 Abs. 2 Satz 1 TMG stellt klar, dass die Diensteanbieter im Sinne der §§ 8 bis 10 TMG nicht verpflichtet sind, die von ihnen übermittelten oder gespeicherten Informationen zu überwachen oder nach Umständen zu forschen, die auf eine rechtswidrige Tätigkeit hinweisen. Den Diensteanbieter treffen keine allgemeinen Prüf- und Überwachungspflichten für fremde Informationen. Das TMG folgt hiermit den Vorgaben in Art. 15 ECRL, der die Diensteanbieter für fremde Informationen von allgemeinen Überwachungspflichten freistellt.

66 Eingeschränkt wird § 7 Abs. 2 Satz 1 TMG jedoch durch § 7 Abs. 2 Satz 2 TMG. Gemäß § 7 Abs. 2 Satz 2 TMG bleiben Verpflichtungen zur Entfernung und Sperrung der Nutzung von Informationen nach den allgemeinen Grundsätzen auch im Fall der Nichtverantwortlichkeit gemäß §§ 8–10 TMG unberührt. Das TMG erwähnt die Möglichkeiten gerichtlichen oder behördlichen Handelns nicht ausdrücklich, sondern stellt allgemein klar, dass unbeschadet der fehlenden Überwachungspflicht Verpflichtungen zur Entfernung oder Sperrung der Nutzung von Informationen unberührt bleiben.

67 Unberührt bleibt von der Entpflichtung des § 7 Abs. 2 Satz 1 TMG insb. der Unterlassungsanspruch, soweit dieser nicht auf allgemeine Überwachungs- und Prüfpflichten hinausläuft und zulässige Geschäftsmodelle nicht gefähr-

---

122 *Heckmann*, in: jurisPK-Internetrecht, Kap. 1.7 Rn. 24.
123 LG Trier, MMR 2002, 694, 695.
124 LG Hamburg, MMR 2007, 450.
125 Im Ergebnis ebenso *Libertus/Schneider*, CR 2006, 626, 628.

det. Eine Verbotsverfügung darf daher nicht dazu führen, dass der Diensteanbieter zukünftig sämtliche Inhalte allgemein zu überwachen hat, um eine Zuwiderhandlung gegen ein spezielles Verbot zu vermeiden. Die Rechtsprechung des Bundesgerichtshofes zur Störerhaftung wird vor diesem Hintergrund kritisiert.[126] So hat der Bundesgerichtshof[127] dem Betreiber einer Internetauktionsplattform aufgegeben, nicht nur das rechtsverletzende Angebot zu sperren, sondern auch Vorsorge zu treffen, dass es nicht zu weiteren gleichartigen Rechtsverletzungen kommt. Auch die Vorsorgepflichten des Internetauktionshauses führen jedoch nicht zu einer allgemeinen Prüfungs- und Überwachungspflicht. Vielmehr bleiben die Vorsorgepflichten auf mit dem konkreten Rechtsverstoß vergleichbare Verstöße beschränkt. Ohne konkreten Anlass trifft den Betreiber eines Internetauktionshauses keine Pflicht, alle auf seiner Plattform durch die Nutzer eingestellten Angebote zu prüfen. Die Grenze zur allgemeinen Prüfpflicht ist hingegen überschritten, wenn Diensteanbieter dazu verpflichtet werden, mittels eines Filtersystems „fast alle" Daten sämtlicher Nutzer zu überwachen, um künftig Rechtsverletzungen vorzubeugen.[128]

Weitergehende Prüfpflichten können allerdings nach Ansicht des BGH bei einer besonderen Gefahrengeneigtheit des angebotenen Dienstes bestehen, die nach Auffassung des Bundesgerichtshofs anzunehmen ist, wenn das Geschäftsmodell von vornherein auf Rechtsverletzungen durch die Nutzer angelegt ist oder der Gewerbetreibende durch eigene Maßnahmen die Gefahr einer rechtsverletzenden Nutzung fördert.[129] Die praktischen Auswirkungen dieser Prüfpflichten und deren Reichweite sind jedoch noch weitgehend ungeklärt.[130]

67a

d) Verantwortlichkeit für die Durchleitung von Informationen (§ 8 TMG)

Für die reine Durchleitung fremder Informationen trifft den Diensteanbieter keine Verantwortung, wenn er die Übermittlung nicht veranlasst, die Adressaten der Informationen nicht auswählt[131] und die übermittelten Informationen nicht auswählt oder verändert, § 8 TMG. Die Bestimmung zielt auf den

68

---

126 Vgl. *Volkmann*, CR 2004, 767, 769.
127 BGH, GRUR 2004, 860 – Internet-Versteigerung I; BGH, GRUR 2007, 708, 711 – Internetversteigerung II; BGH, GRUR 2008, 702 – Internetversteigerung III.
128 EuGH, MMR 2012, 174, Rn. 40 – SABAM/Scarlet Extended; EuGH, MMR 2012, 334, Rn. 38 – SABAM/Netlog.
129 BGH, GRUR 2013, 1030, Rn. 31 – File-Hosting-Dienst; vgl. auch BGH, GRUR 2013, 370, Rn. 22 – Alone in the Dark.
130 Vgl. *Spindler/Volkmann*, in: Spindler/Schuster, Recht der elektronischen Medien, 3. Aufl. 2015, § 1004 BGB Rn. 25.
131 Unschädlich ist nach der Begründung des ersten Entwurfs der E-Commerce-Richtlinie die automatische Reaktion auf Aufforderungen des Informationsgebers, z. B. zur

Kap. 7 Haftungsfragen

Access Provider und den Netzwerk Provider ab, ist auf diese jedoch nicht beschränkt. Anwendung finden kann § 8 TMG auch auf den Inhaber eines WLAN-Netzwerkes, der anderen Nutzern Zugang zu den Diensten des Internets vermittelt.[132] Ebenfalls kann der Anbieter von Webdialerdiensten durch die Regelung des § 8 TMG privilegiert sein, wenn er sich lediglich auf die Herstellung des Kontaktes zwischen Nutzer und Content Provider beschränkt.[133]

aa) Durchleitung/Zugangsvermittlung

69 Entscheidend für die Haftungsfreistellung ist, dass der Diensteanbieter keine Kontrolle über die weitergeleiteten Informationen besitzt und er die Integrität der übermittelten Informationen nicht verändert. Dabei ist der Begriff der Durchleitung selbst rein technisch zu verstehen. Erfasst werden sowohl die Zugangsvermittlung zu einem Kommunikationsnetz, d.h., das typische Access Providing sowie der Betrieb von Einwahlknoten, als auch die Übermittlung von Informationen in einem Netzwerk, also die Tätigkeit eines Netzwerk Providers einschließlich des Routing.

70 Der Diensteanbieter darf die Übermittlung der Information nicht initiiert haben. Ferner ist die Privilegierung ausgeschlossen, wenn der Diensteanbieter die Adressaten der fremden Information selbst auswählt. Eine solche Auswahl liegt jedoch nicht bereits vor, wenn auf Aufforderung des Informationsgebers automatisch reagiert wird, z.B. durch automatische Eintragung einer Adresse in eine Verteilerliste oder durch automatische Weiterleitung einer E-Mail an ein Adressenlistensystem.[134] Moderierte E-Mail-Listen hingegen unterfallen wegen der erforderlichen Auswahl von Informationen nicht dem Anwendungsbereich von § 8 TMG.[135]

71 Auf eine etwaige Kenntnis des Diensteanbieters kommt es nicht an,[136] ein kollusives Zusammenwirken mit dem Nutzer schließt die Haftungsfreistellung jedoch aus. Die Haftungsfreistellung gilt nicht, wenn ein Diensteanbie-

---

Weiterleitung einer E-Mail an ein Adressenlistensystem, KOM(1998)586 endg., 98/0325 (COD), S. 31.
132 EuGH, Urteil vom 15.9.2016 – C-484/14, BeckRS 2016, 80483; *Hoffmann*, in: Spindler/Schuster, (Fn. 136) § 8 TMG, Rn. 17; *Hornung*, CR 2007, 88, 92; zur Frage der Reichweite der Privilegierung siehe oben Rn. 58a (C.II.3 b.cc).
133 AG Mönchengladbach, MMR 2003, 606, 607.
134 Begründung des ersten Entwurfs der Richtlinie, KOM(1998)586 endg., 98/0325 (COD), S. 31.
135 *Spindler*, MMR-Beilage 7/2000, 4, 17; *Tettenborn/Bender/Lübben/Karenfort*, K&R Beilage 1 zu Heft 12/2001, 29.
136 VG Düsseldorf, ZUM-RD 2012, 362, 366f.; VG Düsseldorf, ZUM-RD 2012, 570, 575; VG Köln, ZUM-RD 2012, 168, 171.

ter mit einem Nutzer seines Dienstes zusammenarbeitet, um rechtswidrige Handlungen zu begehen, indem er z.B. diesen Dritten rechtswidrige Inhalte entwickeln lässt und diese dann weiterleitet. In diesem Fall handelt es sich nicht mehr um eine „reine" Durchleitung,[137] die unter die Privilegierung fällt. Dadurch sollen Rechtsschutzlücken vermieden werden, die sich andernfalls ergeben könnten.

Diskutiert wurde darüber hinaus, ob die Regelung des § 8 TMG teleologisch zu reduzieren ist, wenn der Diensteanbieter tatsächlich die Möglichkeit zur Kontrolle des Nutzers hat, diese jedoch nicht ausübt. Nicht in den Genuss der Privilegierung des § 8 TMG soll hiernach etwa der Arbeitgeber[138] oder der Betreiber eines Internet-Cafés[139] kommen. Tatsächlich dürfte aber auch in diesem Fall eine teleologische Reduktion des § 8 TMG nicht gerechtfertigt sein, da Arbeitgeber und Betreiber von Internet-Cafés nicht zuletzt vor dem Hintergrund der Persönlichkeitsrechte der Nutzer nur begrenzte Möglichkeiten haben, den Nutzer zu kontrollieren.[140]

bb) Zwischenspeicherung

Gemäß § 8 Abs. 2 TMG wird die automatische kurzzeitige Zwischenspeicherung der Informationen der reinen Durchleitung gleichgestellt, soweit dies allein während und zur Durchführung der Übermittlung geschieht und nicht länger als für die Übertragung üblicherweise erforderlich. Der Nutzer hat keinen direkten Zugriff auf die Information. Auf eine etwaige Kenntnis bzw. Unkenntnis kommt es nicht an. Die Zwischenspeicherung muss allerdings allein der technischen Ermöglichung der Übermittlung dienen. Eine Zwischenspeicherung zu anderen Zwecken, z.B. zur Erhöhung der Übertragungsgeschwindigkeit, unterliegt nicht § 8 Abs. 2 TMG, kann aber nach § 9 TMG privilegiert sein. Unklar bleibt, welche Dauer für die Übermittlung als „üblicherweise erforderlich" anzusehen ist. Angesichts des zunehmenden technischen Fortschritts wäre es allerdings nicht sinnvoll, hier konkrete Zeiträume festzulegen. Die Entscheidung muss jeweils im Einzelfall getroffen werden.

Bei der Datenübermittlung im Internet sind nur sehr kurze Zeiträume erforderlich, wohingegen die Speicherung auf E-Mail-Servern auch für eine

---

137 Vgl. Erwägungsgrund 44 ECRL. Hierzu *Frey*, ZUM 2001, 466, 476.
138 *Barton*, CR 2003, 592, 597f.
139 *Liesching/Knupfer*, MMR 2003, 562, 565, a. A. *Altenhain*, in: MüKo-StGB, § 8 TMG Rn. 6.
140 S. zur Abwägung etwa LAG Brandenburg, BB 2016, 891.

Kap. 7 Haftungsfragen

längere Zeit möglich sein muss, da der Betreiber keinen Einfluss darauf hat, wann der empfangende Server die E-Mail entgegennimmt.[141]

e) Zwischenspeicherung (Caching) (§ 9 TMG)

74 § 9 TMG gilt für Zwischenspeicherungen, die nicht allein zur Durchführung der Übermittlung dienen (§ 8 Abs. 2 TMG). Dies betrifft insb. das sog. Proxy Caching.[142] Während es bei § 8 Abs. 2 TMG um die Privilegierung der übermittelten Information auch für bestimmte Zwischenspeicherungen geht, bezieht sich § 9 TMG auf die Zwischenspeicherung als solche. Der deutsche Gesetzgeber übernimmt in § 9 TMG die Regelung des Art. 13 Abs. 1 ECRL fast wörtlich, gestaltet sie jedoch – mit Ausnahme der Überschrift[143] – sprachlich teilweise einfacher. Der Diensteanbieter ist für die automatische, zeitlich begrenzte Zwischenspeicherung nicht verantwortlich, wenn insgesamt sieben Voraussetzungen erfüllt sind:

(1) Die Zwischenspeicherung dient allein dem Zweck, die Übermittlung der Informationen effizienter zu gestalten;

(2) der Diensteanbieter verändert die fremden Informationen nicht; rein technische Eingriffe schaden nicht, solange die Integrität der Information unverändert bleibt (§ 9 Satz 1 Nr. 1 TMG);

(3) der Diensteanbieter beachtet die Bedingungen für den Zugang zur Information – d.h., er darf durch das Zwischenspeichern nicht etwaige Zugangskontrollen (z.B. aus Gründen des Jugendschutzes oder zur Bezahlung) unterlaufen – (§ 9 Satz 1 Nr. 2 TMG);

(4) der Diensteanbieter beachtet die Regeln für die Aktualisierung der Information, die in weithin anerkannten und verwendeten Industriestandards festgelegt sind (§ 9 Satz 1 Nr. 3 TMG);

(5) der Diensteanbieter beeinträchtigt nicht die erlaubte Anwendung von Technologien zur Datensammlung, die in weithin anerkannten und verwendeten Industriestandards festgelegt sind (§ 9 Satz 1 Nr. 4 TMG);

(6) der Diensteanbieter handelt unverzüglich, um zwischengespeicherte fremde Informationen zu entfernen oder den Zugang zu ihnen zu sperren,

---

141 *Sieber/Höfinger*, in: Hoeren/Sieber/Holznagel, Multimedia-Recht, 42. EL Juni 2015, Teil 18.1 Rn. 66. Vorgeschlagen werden beim E-Mail-Versand bis zu 15 Minuten.
142 Beim Proxy-Caching werden vom Diensteanbieter von einem Nutzer abgerufene Inhalte auf einem separaten Server gespeichert, um sie bei anschließender Abfrage demselben oder einem anderen Nutzer beschleunigt übermitteln zu können, ohne erneut eine Verbindung zum Ursprungsort aufbauen zu müssen.
143 Die Überschrift lautet: „Zwischenspeicherung zur beschleunigten Übermittlung von Informationen".

sobald er Kenntnis davon hat, dass die Informationen am ursprünglichen Ausgangsort der Übertragung aus dem Netz entfernt wurden oder der Zugang zu ihnen gesperrt wurde oder ein Gericht oder eine Verwaltungsbehörde die Entfernung oder Sperrung angeordnet hat (§ 9 Satz 1 Nr. 5 TMG), und

(7) der Diensteanbieter wirkt mit dem Nutzer nicht kollusiv zusammen und speichert die Informationen nicht absichtlich zur Begehung rechtswidriger Handlungen (§ 9 Satz 2 TMG).

Damit ist nicht nur eine „kurzzeitige" Zwischenspeicherung erlaubt, sondern eine „zeitlich begrenzte", sofern für die Aktualisierung die „weithin anerkannten und verwendeten Industriestandards" beachtet werden. Diese Regelung ist vor allem deshalb sinnvoll, weil gerade für die Informationen, auf die am häufigsten zugegriffen wird, das Zwischenspeichern nützlich ist. Zugleich kann der häufige Zugriff aber auch dazu führen, dass die entsprechenden Informationen länger zwischengespeichert werden als andere Informationen. Ein Abstellen auf die Dauer der Zwischenspeicherung allein hätte dazu führen können, die Privilegierung gerade dort leerlaufen zu lassen, wo sie am nützlichsten wäre. Auf einen nach Tagen und Wochen ausgedrückten Verbleib der Zwischenkopien kann es daher nicht ankommen. Maßgeblich ist vielmehr, dass die Speicherung nicht wie bei § 10 TMG zum Zweck des dauerhaften Verbleibs erfolgt.[144] Je nach dem Zweck der technischen Vorgänge ergeben sich unterschiedliche Zeiträume, in denen eine Zwischenspeicherung im Anwendungsbereich von § 9 TMG möglich ist.[145] **75**

Trotz des detaillierten Anforderungskatalogs, lässt der Tatbestand des § 9 TMG eine Reihe von Fragen offen. Umstritten ist, ob unter die Zugangsbedingungen im Sinne des **§ 9 Satz 1 Nr. 2 TMG** auch urheberrechtliche Vorgaben des Content Provider fallen.[146] D.h., ob der Cache Provider insoweit den Willen des Inhaltsanbieters respektieren muss. Problematisch ist hier jedoch, dass die Zwischenkopien vollautomatisch angelegt werden müssen. Darüber hinaus entzieht § 44a UrhG dem Rechteinhaber das Verfügungsrecht in Bezug auf vorübergehende technische Vervielfältigungshandlungen.[147] Im Regelfall dürfte es daher bereits an einer Urheberrechtsverletzung fehlen. **76**

---

144 Ebenso LG München I, K&R 2007, 330, für die Anwendung von § 9 TMG auf den Anbieter eines News Servers. Vgl. zum Usenet und News Server auch unten Rn. 203 ff. (Ziffer IV. 7).
145 OLG Hamburg, MMR 2009, 631, 631, 634 – Spring nicht – Usenet I: 32 Stunden bei Usenet-Anbieter noch erfasst; OLG Düsseldorf, MMR 2008, 254, 255 – Haftung des Usenet-Providers: sogar 30 Tage wären noch erfasst.
146 Vgl. *Spindler*, in: Spindler/Schmitz/Geis, TDG, 2004, § 10 Rn. 12.
147 *Heckmann*, in: jurisPK-Internetrecht, Kap. 1.9 Rn. 21.

Kap. 7 Haftungsfragen

77 Diskutiert wird in **§ 9 Satz 1 Nr. 3 TMG** vor allem, welche „Industriestandards" bei der Aktualisierung der Informationen konkret zu beachten sind, und wann von einer „weithin" Anerkennung und Verwendung dieser Standards gesprochen werden kann.[148] Bisher haben die Industriestandards in der Rechtsprechung noch keine wesentliche Rolle gespielt. Eine Konkretisierung des Begriffs durch den EuGH steht noch aus. Kritiker befürchteten hier ein neues Betätigungsfeld für Sachverständige,[149] bislang ist diese Befürchtung allerdings nicht eingetreten. *Heckmann*[150] definiert die Industriestandards in Anlehnung an den Terminus der „allgemein anerkannten Regeln der Technik"[151] als Anleitungen für technische Verfahren, die in einschlägigen Branchenkreisen von Fachleuten anerkannt und für eine gewisse Dauer praktiziert werden. Als Indizien sollen technische Normungen oder Empfehlungen von Interessenverbänden in Frage kommen. Im Ergebnis wird jedoch nur der EuGH die Auslegung des Begriffs der Industriestandards verbindlich klären können.

78 Fraglich ist weiterhin, ob es für die Aktualisierung der Information nach § 9 Satz 1 Nr. 3 TMG auf die Aktualität der Kopie im Zwischenspeicher oder auf die Aktualität der schließlich an den Nutzer gelieferten Version des jeweiligen Dokuments ankommt. Nach Sinn und Zweck des § 9 TMG kann hier nur eine nachfragegesteuerte Aktualisierung gemeint sein, anderenfalls würde § 9 TMG weitgehend seine Wirkung verlieren, da der Diensteanbieter ohne Veranlassung die Aktualität der Zwischenkopien stets überprüfen und aktualisieren müsste.[152]

79 **§ 9 Satz 1 Nr. 4 TMG** sieht eine Pflicht zur Rücksichtnahme auf Technologien zur Datensammlung vor, die in weithin anerkannten und verwendeten Industriestandards festgelegt sind. Wie in § 9 Satz 1 Nr. 3 TMG stellt sich auch hier zunächst die Frage nach den Industriestandards. Darüber hinaus erscheint die allgemeine Pflicht zur Beachtung von Technologien zur Daten-

---

148 Das erste veröffentlichte Arbeitspapier zu § 10 TDG sprach von „standardmäßig festgelegten" Regeln, ohne dass dadurch mehr Deutlichkeit gewonnen wurde. Bereits das EGG/TDG hat die Terminologie der Richtlinie übernommen, die nunmehr auch in § 9 TMG enthalten ist. Der Bundesrat bemängelte in seiner Stellungnahme zum EGG/TDG die Unbestimmtheit der vorgesehenen Formulierungen in § 10 TDG. Die Bundesregierung erwiderte hierauf in der Sache nicht, sondern verwies auf Wünsche der beteiligten Wirtschaftsverbände auf eine möglichst wörtliche Umsetzung der Richtlinie. Anlässlich der Überführung der Regelung in das TMG wurde dieser Punkt nicht erneut diskutiert.
149 *Härting*, CR 2001, 271, 276.
150 *Heckmann*, in: jurisPK-Internetrecht, Kap. 1.9 Rn. 26 f.
151 Vgl. Bundesministerium der Justiz, Handbuch der Rechtsförmlichkeit, 2. Aufl. 1999, abrufbar unter http://www.bmj.de/rechtsfoermlichkeit/allg/inhalt.htm.
152 *Spindler*, in: Spindler/Schmitz/Geis, TDG, 2004, § 10 Rn. 16; *Heckmann*, in: jurisPK-Internetrecht, Kap. 1.9 Rn. 28 f.

sammlung aber auch sehr weitgehend. § 9 Satz 1 Nr. 4 TMG soll vermeiden, dass die Erfassung von Zugriffszahlen („Hits") durch Cache-Kopien unterlaufen wird. Denn der Wert der Original-Webseite kann sich in Einzelfällen nach der Häufigkeit der Zugriffe bestimmen, wenn davon z. B. Werbeeinnahmen abhängen.

§ 9 Satz 1 Nr. 5 TMG soll schließlich die Umgehung von Sperrungen durch Spiegelung auf andere Rechner verhindern. Gemäß § 9 Satz 1 Nr. 5 TMG ist die Zwischenspeicherung zu löschen, wenn der Diensteanbieter Kenntnis davon erhält, dass der gespeicherte Inhalt am ursprünglichen Ausgangsort nicht mehr zugänglich ist oder ein Gericht oder eine Behörde die Entfernung oder Sperrung angeordnet hat. Auf eine Kenntnis des Diensteanbieters von der Rechtswidrigkeit der zwischengespeicherten Information kommt es hingegen nicht an.[153] Der Cache Provider muss erst reagieren, wenn er Kenntnis von der Löschung oder Sperrung der zwischengespeicherten Information am Ausgangsort bzw. von einer entsprechenden gerichtlichen oder behördlichen Anordnung hat. Dies gilt auch dann, wenn der Diensteanbieter die Rechtswidrigkeit der zwischengespeicherten Information bereits vorher kannte. Anderenfalls würde das Haftungssystem der §§ 7–10 TMG unzulässig zu Lasten des Cache Providers verschoben. Kenntnis von der gespeicherten Information bzw. der Rechtswidrigkeit der gespeicherten Information schadet nur dem Host Provider.[154]

80

Der Diensteanbieter muss im Fall des § 9 Satz 1 Nr. 5 TMG „unverzüglich" handeln. Der Gesetzgeber verwendet hier den in Deutschland gesetzlich definierten Begriff „unverzüglich" (§ 121 Abs. 1 BGB). Die Richtlinie verlangt vom Diensteanbieter in Art. 13 Abs. 1 lit. e ECLR hingegen ein „zügiges" Handeln, lässt aber offen, was damit konkret gemeint ist. Ob „unverzüglich" und „zügig" dasselbe sind, bleibt abzuwarten und ist vom EuGH zu entscheiden; es spricht jedoch einiges dafür. So verwendet die Richtlinie den Begriff „unverzüglich" etwa auch in Art. 14 Abs. 1 lit. b ECRL; offen bleibt aber auch hier, ob das dem deutschen „unverzüglich" entspricht. Ein Unterschied zum Terminus „zügig" wird dabei jedoch nicht erkennbar.[155]

81

f) Speicherung (Hosting) (§ 10 TMG)

§ 10 TMG sieht eine Haftungsbefreiung für den Diensteanbieter vor, der fremde Informationen speichert. Umgesetzt werden mit § 10 TMG die Vorgaben von Art. 14 ECRL. Gemäß § 10 TMG ist der Diensteanbieter für die

82

---
153 Ebenso *Heckmann*, in: jurisPK-Internetrecht, Kap. 1.9 Rn. 34.
154 Vgl. hierzu unten Rn. 82 ff. (lit. f).
155 So auch BGH, GRUR 2015, 1129, Tz. 37 – Hotelbewertungsportal.

Kap. 7 Haftungsfragen

Speicherung fremder Informationen nicht verantwortlich, wenn er keine Kenntnis von der rechtswidrigen Handlung oder der[156] Information hat und er nach Kenntnis unverzüglich tätig wird, um die Information zu entfernen oder den Zugang zu ihr zu sperren. Für zivilrechtliche Schadensersatzansprüche – für Unterlassungsansprüche ist die Geltung der Freistellung umstritten[157] – setzt die Privilegierung zusätzlich voraus, dass der Anbieter sich auch keiner Tatsachen oder Umstände bewusst ist, aus denen die rechtswidrige Handlung oder die Information offensichtlich wird. Es wird daher unterschieden zwischen der strafrechtlichen Verantwortlichkeit einerseits und der zivilrechtlichen Schadensersatzhaftung andererseits. Für Letztgenannte soll bereits grobe Fahrlässigkeit die Privilegierung verhindern, wobei unklar ist, worauf sich die grobe Fahrlässigkeit konkret bezieht.

83 § 10 TMG unterscheidet dem Wortlaut nach zwischen der gespeicherten fremden Information als solcher und einer etwaigen rechtswidrigen Handlung.[158] Damit wird klargestellt, dass auch die Haftung für Urheberrechtsverletzungen eingeschränkt sein kann, weil hier der Inhalt als solcher nicht zu beanstanden ist, wohl aber bestimmte Nutzungshandlungen, wie z. B. das Einstellen in das Internet ohne Erlaubnis des Rechteinhabers.[159]

aa) Keine Kenntnis von der rechtswidrigen Handlung oder der Information (§ 10 Satz 1 Nr. 1 Alt. 1 TMG)

84 Umstritten ist im Tatbestand des § 10 Satz 1 Nr. 1 Alt. 1 TMG die Bedeutung einer etwaigen Rechtswidrigkeit der Information bzw. Handlung für die Privilegierung. Konkret ist zweifelhaft, ob sich das Adjektiv „rechtswidrig" allein auf eine beanstandete Handlung bezieht oder auch auf eine Information als solche und ob bzw. in welchem Umfang eine Kenntnis der Rechtswidrigkeit erforderlich ist. Anlass für diese Auslegungsprobleme ist die deutsche Fassung von Art. 14 ECRL, die lautet: *„Der Anbieter hat keine tatsächliche Kenntnis von der rechtswidrigen Tätigkeit oder Information..."*.

85 Der deutsche Gesetzgeber hat die Richtlinie so interpretiert, dass sich die Rechtswidrigkeit nicht auf die Informationen beziehen muss, und dies durch Einfügen eines Artikels („der") vor dem Wort „Informationen" deutlich gemacht. § 10 Satz 1 Nr. 1 TMG lautet: *„sofern sie* <erg.: die Diensteanbieter> *keine Kenntnis von der rechtswidrigen Handlung oder der Information haben..."*.

---

156 Der Artikel findet sich allein im Text des TMG, nicht aber in Art. 14 ECRL.
157 Siehe hierzu oben Rn. 58 ff. (C.II.3.b.cc).
158 Art. 14 ECRL spricht von „Tätigkeit", das TMG von „Handlung", ohne dass eine Unterscheidung gewollt zu sein scheint.
159 Ebenso LG Kiel, Urt. v. 14.7.2005 – 4 O 70/05.

C. Anspruchsverpflichtete **Kap. 7**

Das TMG unterscheidet also deutlich zwischen der rechtwidrigen Tätigkeit **86** einerseits und der Information als solcher andererseits. Die Begründung des Regierungsentwurfs zum EGG führt aus, dass bei zu beanstandenden Informationen die Kenntnis der Information als solcher – also unabhängig von einer etwaigen Kenntnis ihrer Rechtswidrigkeit – ausreichend sein soll.[160]

Vor dem EEG haftete der Diensteanbieter bereits bei positiver Kenntnis des **87** Inhalts, der Rechtswidrigkeit musste er sich nicht bewusst sein. Nunmehr könnte der Diensteanbieter sich darauf berufen, von einer etwaigen Rechtswidrigkeit der Handlung keine Kenntnis gehabt zu haben. Etwaige Prüfungen der Rechtmäßigkeit wären nur schädlich, denn woher der Anbieter die Kenntnis erlangt hat, ob aufgrund eigener Tätigkeit (trotz § 7 Abs. 2 TMG) oder nach Mitteilung durch Dritte, wäre nach der gesetzlichen Regelung unerheblich. Besser wäre es somit, rechtsunkundig zu sein und zu bleiben.[161] Zumindest gilt das für die strafrechtliche Verantwortlichkeit, für die § 10 Satz 1 Nr. 1 Alt. 2 TMG nicht gilt. Praktisch hat sich diese Ausweitung allerdings bisher nicht erkennbar ausgewirkt, da die meisten der im Internet relevanten Delikte Vorsatzdelikte sind.

Allerdings spricht viel dafür, dass die Privilegierung noch weiter geht und **88** sich das Adjektiv rechtswidrig auch auf die Information bezieht.[162] Für diese Ansicht hat sich offenbar auch der EuGH[163] und inzwischen auch der BGH[164] ohne weitere Begründung ausgesprochen. Hierfür sprechen jedenfalls sowohl der deutsche Wortlaut des Art. 14 ECRL als auch die engli-

---

160 BT-Drs. 14/6098, S. 25. Gemeint seien Fälle „*in denen die Information als solche bereits zu beanstanden ist; insoweit lässt die (positive) Kenntnis von der Information bzw. von diesbezüglichen Tatsachen oder Umständen die Haftungsprivilegierung entfallen. Zum anderen sind die Fälle erfasst, in denen die Information als solche nicht zu beanstanden ist, sondern die insoweit entfaltete Tätigkeit, nämlich (insb.) die Verwendung von Informationen ohne Erlaubnis des Rechteinhabers. Da sich insoweit die Kenntnis auf den Umstand beziehen muss, dass eine Erlaubnis fehlt, wird insoweit auf die Kenntnis von der rechtswidrigen Handlung abgestellt.*"
161 Vgl. etwa OLG München, MMR 2002, 611, 612. Der Verfügungsbeklagte hatte hier vorgetragen, dass er seine Angebote alle zwei bis drei Tage überprüfe. Das OLG München wies seine Behauptung als unglaubwürdig zurück, er habe trotzdem eingestellte rechtswidrige Beiträge nicht zur Kenntnis genommen.
162 Ebenso *Eck/Ruess*, MMR 2003, 363, 365; *Sobola/Kohl*, CR 2005, 443, 447; *Hoffmann*, MMR 2002, 284, 288.
163 EuGH, MMR 2010, 315, 320, Tz. 109 – Google France: Der Dienstanbieter müsse „*von der Rechtswidrigkeit dieser information oder Tätigkeit des Nutzers Kenntnis erlangt*" haben; so auch *Fritz*, MMR 2011, 83, 85.
164 BGH, MMR 2010, 475, 480, Tz. 39 zu Art. 14 ECRL unter Verweis auf EuGH, MMR 2010, 315, 319, Tz. 109; a.A. *Sieber*, in: Hoeren/Sieber/Holznagel, Multimedia-Recht, 42. EL Juni 2015, Teil 18.1 Rn. 84ff; *Althain*, in: MüKo-StGB, § 10 TMG Rn. 10.

sche[165] und die französische[166] Fassung der Richtlinie. In beiden Fällen bezieht sich die Rechtswidrigkeit nicht allein auf die Tätigkeit, sondern auch auf die Information.[167] Insoweit bestehen Zweifel, ob Art. 14 ECRL durch § 10 TMG korrekt umgesetzt wurde; die Bestimmung ist daher nur noch durch eine entsprechende richtlinienkonforme Auslegung zu retten.

89 Im Fall der Urheberrechtsverletzungen im Internet hat dieser Streit nur begrenzt Bedeutung, da hier regelmäßig die Kenntnis von der rechtswidrigen Verwertungshandlung maßgeblich sein wird.[168] Bedeutung hat die Unterscheidung hingegen in Fällen, in denen die Rechtswidrigkeit der Information nicht so evident ist, wie beispielsweise in Fällen der Kinderpornographie oder Beleidigung, von denen die Gesetzesbegründung wahrscheinlich ausgeht. Was gilt beispielsweise bei Werbung, die möglicherweise unlauter ist? Genügt hierfür das Passieren des Haftungsfilters neben den übrigen Voraussetzungen bereits die Kenntnis der Werbung als solcher (der „Information") – so die Rechtslage, wenn es auf die Rechtswidrigkeit bei der Information nicht ankommt. Oder sollte der Provider sich – vergleichbar dem Verleger – nicht darauf berufen können, dass er die Rechtswidrigkeit nicht kannte und diese auch nicht offensichtlich war – so die Gesetzeslage, wenn sich das Element der Rechtswidrigkeit auch auf die Information bezieht. Auch das Argument, der Provider könne im Zweifelsfall den Zugang sperren, um seiner Haftung zu entgehen, hilft insoweit nicht weiter, weil dann im Zweifelsfall auch rechtmäßige Inhalte gelöscht werden und Schadensersatzansprüche entstehen könnten.

bb) Kenntnis der Umstände (§ 10 Satz 1 Nr. 1 Alt. 2 TMG)

90 Problematisch ist auch die zweite Alternative in § 10 Satz 1 Nr. 1 TMG. In dieser Regelung wird darauf abgestellt, dass dem Diensteanbieter *„im Falle von Schadensersatzansprüchen auch keine Tatsachen oder Umstände bekannt sind, aus denen die rechtswidrige Handlung oder die Information offensichtlich wird"*.

91 Dabei erscheint zunächst sogar eine Auslegung dieser Regelung im Sinne einer Ausweitung der Haftungsprivilegierung und nicht als Beschränkung möglich: Neben der Kenntnis der Handlung/Information dürfe auch die Rechtswidrigkeit der Handlung oder Information nicht offensichtlich gewesen sein. Dagegen spricht allerdings der Wortlaut der Regelung. Es ist gera-

---

165 Die englische Fassung lautet: „not have actual knowledge of illegal activity or information".
166 Die französische Fassung lautet: „ pas effectivement connaissance de l'activité ou de l'information illicites".
167 *Spindler*, NJW 2002, 921, 923.
168 Vgl. LG Kiel, Urt. v. 14.7.2005, 4 O 70/05.

de nicht von einer Kenntnis der Rechtswidrigkeit die Rede, sondern von einer Kenntnis der rechtswidrigen Handlung. Auf der anderen Seite gibt der Wortlaut der deutschen Regelung – wie vorstehend gezeigt – ohnehin Anlass zu Zweifeln. Gegen dieses Verständnis spricht aber vor allem ein kaum verständlicher Wertungswiderspruch: Versteht man die zweite Alternative – die ausdrücklich nur „im Falle von Schadensersatzansprüchen" gelten soll – als Ausweitung der Privilegierung, dann wären Schadensersatzansprüche etwa gegenüber strafrechtlicher Verantwortung privilegiert. Es wäre leichter, einen Provider strafrechtlich zu verfolgen, als von ihm Schadensersatz zu verlangen. Das kann nicht gewollt sein.

Vorzugswürdig ist daher ein Verständnis der Regelung, wonach die Privilegierung für Schadensersatzansprüche in Fällen grober Fahrlässigkeit nicht mehr eingreift. D.h., kannte der Provider zwar positiv nicht die rechtswidrige Handlung oder Information, kannte er aber Umstände, aus denen dies offensichtlich wurde, dann kommt eine Privilegierung nicht in Betracht. Die Haftung wäre insoweit identisch zur Haftung eines Verlegers, der ebenfalls – aber auch immerhin – nur bei evidenten Rechtsverstößen in Anzeigen haftet. **92**

Im Hinblick auf Informationen wird bei diesem Verständnis die Privilegierung der Anbieter allerdings der Papierform nach deutlicher beschränkt, wenn nunmehr bereits die grob fahrlässige Unkenntnis von Informationen (als solchen) genügen soll, um die Haftungsprivilegierung auszuschließen. Unklar ist dabei allerdings, wann von einer solchen grob fahrlässigen Unkenntnis ausgegangen werden kann. Das gilt vor allem in Abgrenzung zur Regelung in § 7 Abs. 2 TMG, nach der den Diensteanbieter keine allgemeine aktive Pflicht trifft, die gespeicherten Daten zu überwachen oder nach Umständen zu forschen, die auf eine rechtswidrige Tätigkeit hinweisen.[169] Bekommt der Anbieter Kenntnis von solchen Umständen, muss er dem nachgehen und darf sich weiteren Erkenntnissen nicht verschließen. Es ist also eine tatsächliche Kenntnis des Anbieters erforderlich, allerdings muss sich diese Kenntnis nicht auf die Existenz einer beanstandeten Information oder die Rechtswidrigkeit einer Handlung als solcher erstrecken, sondern es genügen Hinweise, die einen entsprechenden Rückschluss zulassen. Zudem müssen diese Hinweise konkret und nachprüfbar sein, so dass sie eine Identifikation und Prüfung des Inhalts und die Einleitung der erforderlichen Maßnahmen ermöglichen. Pauschale Angaben genügen nicht.[170] **93**

Die Einbeziehung der groben Fahrlässigkeit ist zur Verhinderung einer zu weiten Haftungsfreistellung sicherlich sinnvoll. Allerdings geht damit die **94**

---

169 Wobei hier interessanterweise von „Informationen" keine Rede ist.
170 Ebenso *Sobola/Kohl*, CR 2005, 443, 446.

Kap. 7 Haftungsfragen

mit den Regelungen ursprünglich bezweckte Rechtssicherheit für Diensteanbieter noch ein Stück mehr verloren. Für den Host Provider stellt sich der Konflikt zwischen verfrühter Sperrung von Inhalten und einer daraus möglicherweise resultierenden Schadensersatzpflicht gegenüber seinem Kunden einerseits und einer verspäteten Sperrung und einer daraus möglicherweise resultierenden Haftung gegenüber Dritten andererseits. Ein formalisiertes Verfahren zur Meldung und Entfernung rechtswidriger Informationen („Notice-and-Take-down-Verfahren"[171]), das zu erheblichen Erleichterungen für den Host Provider führen könnte, enthält das TMG nicht. Diensteanbietern ist daher dringend zu empfehlen, sich vertraglich gegenüber den Kunden das Recht vorzubehalten, rechtlich zweifelhafte Inhalte bis zu einer Klärung der Rechtslage aus dem Angebot zu nehmen und gegebenenfalls Filtersoftware einzusetzen.[172] Das gilt insb. im Hinblick auf eine Entscheidung des LG München,[173] bei der es um Angebote von Übersetzungen lateinischer Übungstexte ging, die ohne Zustimmung des Urhebers der Übungstexte angefertigt und vertrieben wurden. eBay wurde auf die konkreten Angebote aufmerksam gemacht und obwohl auch die Angebotstexte Indizien für Urheberrechtsverletzungen boten, reagierte eBay zunächst nicht. Das LG München verurteilte eBay zur Auskunftserteilung, da eBay nicht die urkundlichen Belege sämtlicher potenziell bestreitbarer Tatbestandsmerkmale einer Urheberrechtsverletzung verlangen könne. Vielmehr sei der Diensteanbieter nach Ansicht des LG München gehalten, mit dem Rechteinhaber eine Klärung der konkreten Punkte herbeizuführen. Eine Klärung der Rechtslage ist im Gesetz allerdings nicht vorgesehen. Dies widerspricht auch dem Tatbestandsmerkmal der „Offensichtlichkeit" in § 10 TMG. Denn was offensichtlich ist, muss nicht weiter aufgeklärt werden. D.h., entweder man bejaht die Offensichtlichkeit und dann muss der Diensteanbieter unverzüglich sperren oder man verneint die Offensichtlichkeit, so dass die Privilegierung greift. Das gleiche gilt für Unterlassungsansprüche, für welche die Privilegierung des § 10 TMG nach neuer BGH-Rechtsprechung ebenfalls greift.[174] Ab Kenntnis der Rechtsverletzung gelten aber auch hier die allgemeinen Grundsätze zur Störerhaftung.[175] In diesem Zusammenhang ist nach der Rechtsprechung des Bundesgerichtshofes insb. auf die Verletzung von

---

171 Vgl. hierzu *Ott*, GRUR Int. 2008, 563, 565; *Rücker*, CR 2005, 347, 354. Der Digital Millennium Copyright Act (DMCA) regelt für das US-amerikanische Recht detailliert ein „Notice-and-Take-down-Verfahren". Das Verfahren ist darauf ausgelegt, dass Rechtsinhaber Rechtsverletzungen schnell abstellen können und Provider, die auf die sog. „Take-down-Notice" mit der Entfernung des beanstandeten Materials reagieren, von einer Haftung freigestellt werden.
172 Vgl. zu Vertragsgestaltung *Redeker*, ITRB 2008, 227.
173 LG München, MMR 2006, 332, 335 f.
174 Vgl. oben Rn. 58 ff. (C.II.3.b.cc).
175 Vgl. hierzu unten Rn. 104 ff. (III.)

Prüfpflichten abzustellen, so dass insoweit der Ansatz des LG München zutreffend war.

cc) Handlungsobliegenheit (§ 10 Satz 1 Nr. 2 TMG)/Kriterium der Zumutbarkeit?

Sobald der Diensteanbieter Kenntnis im Sinne von § 10 Satz 1 Nr. 1 TMG erlangt hat, muss er gemäß § 10 Satz 1 Nr. 2 TMG unverzüglich tätig werden, um die Information zu entfernen oder den Zugang zu ihr zu sperren. Dabei sind die Informationen vom Server zu löschen oder zumindest effektiv unzugänglich zu machen. Nicht ausreichend ist es hingegen, wenn nur die interne Verlinkung auf die Information gelöscht wird.[176] Zugestanden wird dem Diensteanbieter dabei, abhängig von der Schwere und Offensichtlichkeit der Rechtsverletzung, eine Beseitigungsfrist von 24 Stunden[177] bis zu einer Woche.[178] Nach dem OLG Saarbrücken[179] soll der Provider seiner Handlungsobliegenheit aus § 10 Satz 1 Nr. 2 TMG im Falle einer geringfügigen Urheberrechtsverletzung im nichtkommerziellen Bereich auch dann genügen, wenn er den Verletzer unmittelbar nach Kenntnis der Verletzung zur Entfernung auffordert, diese Aufforderung nach acht Tagen wiederholt und weitere vierzehn Tage später selbst die Entfernung veranlasst. Ob hier noch ein unverzügliches Handeln vorliegt, erscheint jedoch eher zweifelhaft. **95**

Die Entfernung oder Sperrung muss dem Diensteanbieter technisch möglich und zumutbar sein.[180] Die bis 1997 geltende Fassung des TDG erwähnte das Kriterium der Zumutbarkeit noch ausdrücklich. Sowohl in der E-Commerce-Richtlinie als auch im TMG fehlt es hingegen an einer ausdrücklichen Normierung der Zumutbarkeit. Die Zumutbarkeit ist jedoch Ausfluss des Verhältnismäßigkeitsgrundsatzes und begrenzt daher die Handlungsobliegenheiten des Diensteanbieters nach § 10 Satz 1 Nr. 2 TMG. Entsprechend hat der Bundesgerichtshof das Kriterium der Zumutbarkeit auch für § 10 TMG anerkannt.[181] Hinzu kommt, dass die Zumutbarkeit einer Maßnahme auch bei der Prüfung der „Unverzüglichkeit" der Reaktion, die nach der Richtlinie und dem TMG erforderlich ist, berücksichtigt werden kann. Die Erwägungsgründe der E-Commerce-Richtlinie[182] erwähnen zudem aus- **96**

---

176 Ebenso *Heckmann*, in: jurisPK-Internetrecht, Kap. 1.10 Rn. 35.
177 AG Winsen, CR 2005, 682.
178 *Strömer/Grootz*, K&R 2006, 553, 555; *Köster/Jürgens*, K&R 2006, 108, 111.
179 OLG Saarbrücken, ITRB 2008, 220.
180 Vgl. BT-Drs. 14/6098, S. 25.
181 BGH, GRUR 2013, 370, Tz. 31 – Alone in the Dark; BGH, GRUR 2013, 1030, Tz. 40 – File-Hosting-Dienst.
182 ABlEG Nr. L 178 vom 17.7.2000, 1 ff.

Kap. 7 Haftungsfragen

drücklich, dass bei der Entfernung oder Sperrung des Zugangs auch der Grundsatz der freien Meinungsäußerung zu beachten ist. Dies könnte bedeuten, dass es auch im Rahmen des Gemeinschaftsrechts nicht möglich ist, wegen eines einzelnen rechtswidrigen Inhalts einen Dienst vollständig zu sperren. Zwingend ist das allerdings nicht.

dd) Ausschluss der Haftungsfreistellung (§ 10 Satz 2 TMG)

97 Die Haftungsfreistellung ist nach § 10 Satz 2 TMG ausgeschlossen, wenn der Nutzer, dessen Informationen gespeichert werden, dem Diensteanbieter untersteht oder von ihm beaufsichtigt wird. „Aufsicht" meint dabei Aufsicht über die handelnde Person, nicht über die Informationen.

98 Die Bestimmung des § 10 Satz 2 TMG soll etwa die Internetplattformen von Schulen erfassen, da die Schulen die Aufsichtspflicht über die Schüler tragen.[183] Ebenfalls sollen Weblogs erfasst sein, in denen Mitarbeiter als Teil der ihnen übertragenen Tätigkeiten über ihr Unternehmen berichten.[184] Für die Plattformen von Hochschulen greift § 10 Satz 2 TMG hingegen nicht, da es hier regelmäßig an einem Aufsichtsverhältnis fehlt.[185]

99 § 10 Satz 2 TMG umfasst die Arbeitnehmer des Diensteanbieters, geht aber darüber hinaus und kann auch das Verhalten selbstständiger juristischer Personen erfassen, sofern diesen gegenüber Steuerungsmöglichkeiten aufgrund wirtschaftlicher Abhängigkeit bestehen.[186] Durch § 10 Satz 2 TMG wird Art. 14 Abs. 2 ECRL in nationales Recht umgesetzt. Mit Art. 14 Abs. 2 ECRL wollte der Richtliniengeber auch das Problem der Zurechnung im Konzern erfassen.[187] Damit ist die Haftungsprivilegierung insb. im Fall der Zurechnung von Handlungen im Konzern ausgeschlossen.[188]

100 Gleichstehen soll dem Ausschluss des § 10 Satz 2 TMG der Fall, dass der Diensteanbieter keine Vorkehrungen zur Feststellung der Identität seiner Nutzer trifft und damit die Rechteinhaber willentlich und systematisch im

---

183 *Spindler*, MMR 2004, 440, 443.
184 *Heckmann*, in: jurisPK-Internetrecht, Kap. 1.10 Rn. 60.
185 Vgl. OLG Braunschweig, MMR 2001, 608, 609 (zu § 5 TDG a. F.)
186 *Spindler*, MMR 1999, 199, 203.
187 Vgl. *Eck*, MMR 2005, 7, 8.
188 *Tettenborn/Bender/Lübbert/Karenfort*, K&R Beilage 1 zu Heft 12/2001, 33. Umstritten ist, ob bereits das Vorliegen einer Aufsichtsratsmehrheit ausreicht, um § 10 Satz 2 TMG auszulösen. Hiergegen spricht, dass der Aufsichtsrat gegenüber dem Vorstand nicht weisungsbefugt ist; so *Spindler*, in: Spindler/Schmitz/Geis, TDG, 2004, § 11 Rn. 44. Nach anderer Auffassung setzt § 10 Satz 2 TMG nicht zwingend eine Weisungsbefugnis voraus, da anderenfalls die zweite Alternative in § 10 Satz 2 TMG (beaufsichtigen) weitgehend leer laufen würde; so zutreffend *Stadler*, Haftung für Informationen im Internet, 2. Aufl. 2005, Rn. 116a.

Fall von Wiederholungen einzelner Rechtsverletzungen der Beliebigkeit preisgibt.[189] Diese Analogie ist jedoch problematisch. Bei § 10 Satz 2 TMG handelt es sich um eine nicht analogiefähige Ausnahmevorschrift.

g) Darlegungs- und Beweislast

Grundsätzlich trifft im Zivilrecht den Anspruchsteller die Beweislast für alle ihm günstigen Tatsachen. Daran ändern auch die Regelungen im TMG nichts. Diese Regelungen enthalten keine Umkehr der Darlegungs- und Beweislast.[190] Der Anspruchsteller, dessen Rechte angeblich verletzt sind, hat also zunächst alle Tatsachen darzulegen und zu beweisen, die nach den allgemeinen Haftungstatbeständen anspruchsbegründend sind. Zu den allgemeinen Tatbestandsvoraussetzungen zählen insb. das Vorliegen eines urheberrechtlich geschützten Werkes und dessen Verwertung durch den Anspruchsgegner. Dabei hat das LG Hamburg[191] nunmehr entschieden, dass allein die Vorlage von selbstgefertigten Ausdrucken eines Online-Ermittlers nicht ausreicht, um etwa die Teilnahme an einem Filesharing-System zu beweisen. Nach anderer Auffassung können Screenshots im Rahmen der freien richterlichen Beweiswürdigung berücksichtigt werden.[192]

101

Darüber hinaus hat der Anspruchsteller nach der Rechtsprechung des Bundesgerichtshofes[193] auch zu beweisen, dass der Vorfilter der §§ 7–10 TMG passiert ist, d.h., auch nach dem TMG eine Verantwortlichkeit des Anspruchsgegners möglich ist. Der Anspruchsteller selbst hat den Filter des TMG zu überwinden, ihn trifft insoweit grundsätzlich die Darlegungs- und Beweislast. Dies betrifft insb. die Kenntnis des Diensteanbieters im Fall des § 10 Satz 1 Nr. 1 TMG und des § 9 Satz 1 Nr. 5 TMG. Sind hingegen im Fall der §§ 8, 9 TMG rein interne Vorgänge des Diensteanbieters betroffen, trifft den Diensteanbieter eine sekundäre Darlegungslast. Nur der Diensteanbieter selbst hat die technischen und organisatorischen Kenntnisse über den Einsatz der Verfahren, die er bei der Zwischenspeicherung anwendet.[194] Die Gesetzesbegründung[195] geht entsprechend davon aus, dass die Beweislast für die Haftungsbefreiungsvoraussetzungen insoweit den Anspruchsgegner treffen soll.

102

---

189 OLG Hamburg, Urt. v. 2.7.2008 – 5 U 73/07; *Flechsig*, MMR 2002, 347, 348.
190 So für das TDG a.F. BGH, MMR 2004, 166, 167; OLG Düsseldorf, WRP 2004, 631, 637; *Spindler*, NJW 1997, 3193, 3198.
191 LG Hamburg, MMR 2008, 418.
192 OLG Köln, MMR 2014, 338, 339.
193 BGH, MMR 2004, 166, 167.
194 Vgl. *Spindler*, in: Spindler/Schmitz/Geis, TDG, 2004, § 10 Rn. 23.
195 BT-Drs. 14/6098, S. 24. Vgl. auch *Spindler*, in: Spindler/Schmitz/Geis, TDG, 2004, § 9 Rn. 54.

Kap. 7 Haftungsfragen

103 Wenn im Zusammenhang mit den Regelungen der §§ 7–10 TMG von einer „Haftungsprivilegierung" gesprochen wird, dann ist das nach der hier vertretenen Beweislastverteilung untechnisch als rein faktisches Ergebnis zu verstehen, und nicht streng juristisch im Sinne einer Ausnahmeregelung, für deren Vorliegen der Anspruchsgegner allein beweispflichtig wäre.

III. Anwendung der allgemeinen Grundsätze

104 Greift der Vorfilter des TMG nicht ein, kommen die allgemeinen Haftungsgrundsätze zur Anwendung. Dies gilt insb. für den praktisch besonders wichtigen Bereich der Unterlassungsansprüche. Nach den allgemeinen Grundsätzen haften Täter, Teilnehmer und auch der Störer für Urheberrechtsverletzungen. Dabei hat bei der Haftung für Urheberrechtsverletzungen im Internet insb. die Störerhaftung für mittelbare Urheberrechtsverletzungen eine besondere Bedeutung. Denn bei Urheberrechtsverletzungen im Internet ist der unmittelbare Verletzer häufig nicht greifbar, der Provider hingegen leicht ermittelbar.

105 Mit der Umsetzung der Enforcement-Richtlinie durch das Gesetz zur Verbesserung der Durchsetzung der Rechte des geistigen Eigentums[196] hat der Rechteinhaber zwar mit den Auskunftsansprüchen neue Mittel in die Hand bekommen, um den unmittelbaren Verletzer ermitteln zu können. Zu weiteren Begrenzungen der Störerhaftung im Fall mittelbarer Urheberrechtsverletzungen im Internet hat das allerdings bislang nicht geführt. Das war aber auch nicht erforderlich, weil sich solche Beschränkungen auch schon aus der Rechtsprechung ergeben. Während die Störerhaftung nämlich mittlerweile vom BGH für das Lauterkeitsrecht vollständig aufgegeben wurde und der BGH stattdessen auf die Verletzung von Verkehrspflichten durch Täter oder Teilnehmer abstellt,[197] ergeben sich für die Verletzung absoluter Schutzrechte, wie dem Urheberrecht, Beschränkungen daraus, dass der etwaigen Verletzung von Prüfpflichten eine erhöhte Bedeutung beigemessen wird.

1. Haftung für unmittelbare Urheberrechtsverletzungen

106 Bei der Haftung für unmittelbare Urheberrechtsverletzungen gelten die allgemeinen Grundsätze des Deliktsrechts zur Täterschaft und Teilnahme.[198]

---

196 BGBl. I 2008, S. 1191.
197 Beginnend mit BGH, GRUR 2007, 890 – Jugendgefährdende Medien bei eBay; deutlich dann BGH, GRUR 2011, 152 Rn. 48 – Kinderhochstühle im Internet.
198 OLG Köln, MMR 2000, 365, 367.

Besonderheiten existieren hier für die Haftung im Internet nicht. Typischer Fall einer unmittelbaren Urheberrechtsverletzung ist etwa die Wiedergabe oder Vervielfältigung eines urheberrechtlich geschützten Werkes im Internet ohne Erlaubnis des Urhebers. Derjenige, der das Werk in das Internet gestellt hat, haftet als unmittelbarer Verletzer. In den Kategorien des allgemeinen Deliktsrechts ist er Täter. Wirken mehrere Personen bei der Verletzung des Urheberrechts bewusst und gewollt zusammen, haften sie als Mittäter.

2. Haftung für mittelbare Urheberrechtsverletzungen

Die Frage nach der Haftung für mittelbare Urheberrechtsverletzungen stellt sich immer dann, wenn der in Anspruch Genommene für etwaige Urheberrechtsverletzungen haften soll, die er selbst nicht unmittelbar begangen hat. Das Problem stellt sich insbesondere bei den Betreibern von Plattformen und Auktionshäusern. Unmittelbarer Verletzer ist hier in der Regel der Nutzer, der etwa unter Verletzung von Urheberrechten ein Angebot in einem Internetauktionshaus einstellt. Das Auktionshaus trägt hingegen nur mittelbar zur Urheberrechtsverletzung bei, indem es dem Nutzer die Möglichkeit eröffnet, über das Internet unter Verletzung von Schutzrechten Dritter Waren zu vertreiben. **107**

Auch im Fall der mittelbaren Urheberrechtsverletzung gelten zunächst die allgemeinen Grundsätze des Deliktsrechts. Darüber hinaus haben die Gerichte eine verschuldensunabhängige Störerhaftung entwickelt. **108**

a) Haftung als Täter

Auch im Fall mittelbarer Urheberrechtsverletzungen kann eine täterschaftliche Haftung nicht ausgeschlossen werden. So hat der Bundesgerichtshof im Fall „Jugendgefährdende Medien bei eBay" für das Wettbewerbsrecht (UWG) entschieden, dass auch der mittelbare Verletzer als Täter haften kann.[199] Die Entscheidung wurde in der Literatur mit großer Zustimmung aufgenommen.[200] Gegenstand der Entscheidung war der Vertrieb jugendgefährdender Computerspiele und Tonträger durch Dritte über das Internetauktionshaus eBay. Dabei ging der Bundesgerichtshof von einem Unterlassungsanspruch gegen eBay aus. Gestützt wurde dieser jedoch nicht auf die Störerhaftung. Vielmehr begründete der Bundesgerichtshof unter Zuhilfenahme der aus dem allgemeinen Deliktsrecht stammenden Lehre von den Verkehrspflichten eine täterschaftliche Haftung. Jeder, der in seinem Ver- **109**

---

199 BGH, GRUR 2007, 890 – Jugendgefährdende Medien bei eBay.
200 *Köhler*, GRUR 2008, 1, 6 f.; *Volkmann*, CR 2008, 232; *Ahrens*, WRP 2007, 1281, 1287.

antwortungsbereich eine Gefahrenquelle eröffne, müsse die ihm zumutbaren Maßnahmen treffen, um Gefahren für Dritte abzuwehren. Bei konkretem Hinweis auf eine Rechtsverletzung konkretisiere sich diese allgemeine Verkehrspflicht für eBay zur Prüfpflicht.[201] Verletze eBay diese Prüfpflicht, sei eine täterschaftliche Haftung ausgelöst. Dabei ist für die Haftung von Internet-Providern von besonderer Bedeutung, dass Verkehrspflichten bereits dann entstehen, wenn Dritte sich eine geschaffene Gefahrenquelle für Rechtsverletzungen zunutze machen und damit die Gefahr einer Verletzung durch sie als unmittelbar Handelnde erhöht ist.[202]

110 Der Ausschluss der Störerhaftung bzw. die geänderte dogmatische Begründung von Ansprüchen betrifft allerdings nur das Lauterkeitsrecht als Verhaltensunrecht. Er betrifft nicht das Urheberrecht, bei dem es als Erfolgsunrecht um die Verletzung absoluter Schutzrechte geht.[203] D.h., obwohl eine Übertragung der Rechtsprechung zum Lauterkeitsrecht in der Literatur vielfach gefordert wurde,[204] ist im Urheberrecht die Störerhaftung grds. weiterhin anwendbar, allerdings wird auch im Rahmen der Störerhaftung verstärkt nach der Verletzung von Prüfpflichten gefragt.[205]

111 Allerdings dürfte die Unterscheidung in der Praxis häufig keine Rolle spielen. Bei dem besonders wichtigen Unterlassungsanspruch ergeben sich jedenfalls für das Urheberrecht keine Unterschiede. Täter und Störer haften gleichermaßen auf Unterlassung und Beseitigung. Abweichungen ergeben sich hingegen beim Auskunfts- und Schadensersatzanspruch. Im Unterschied zum Täter haftet der Störer nicht auf Auskunft und Schadensersatz. Dennoch ergeben sich auch hier für mittelbare Urheberrechtsverletzungen im Internet häufig keine Unterschiede, da der Vorfilter des TMG in einer Vielzahl der Fälle den Schadensersatzanspruch bereits ausschließen wird.

b) Haftung als Teilnehmer

112 Mittelbare Urheberrechtsverletzer können als Anstifter und Gehilfen wie der Täter selbst haften. Im Unterschied zum Störer haften Teilnehmer nicht nur auf Unterlassung, sondern auch auf Schadensersatz und Auskunft. Teilnehmer ist, wer selbst vorsätzlich handelnd eine fremde Vorsatztat unter-

---

201 BGH, GRUR 2007, 890 – Jugendgefährdende Medien bei eBay.
202 BGH, GRUR 2007, 890 – Jugendgefährdende Medien bei eBay; vgl. auch BGH, CR 2009, 450 – Halzband; *Ahrens*, WRP 2007, 1281, 1288.
203 BGH, GRUR 2013, 370 Rn. 19 – Alone in the Dark.
204 Für eine Übertragung: *Köhler*, GRUR 2008, 1, 6 f.; *Volkmann*, CR 2008, 232; *Ahrens*, WRP 2007, 1281, 1287; *Ohly/Sosnitza*, UWG, 6. Aufl. 2014, § 8 Rn. 122.
205 BGHZ 185, 330 Rn. 19 – Sommer unseres Lebens; GRUR 2013, 370, Rn. 19 – Alone in the Dark; GRUR 2013, 511 Rn. 41 – Morpheus; GRUR 2013, 1229 Rn. 34 – Kinderhochstühle im Internet III; GRUR 2014, 657 Rn. 22 – Bear Share.

stützt. Dabei ist Anstifter, wer beim unmittelbaren Verletzer den Tatentschluss weckt. Für die Beihilfe reicht hingegen jedes bewusste Fördern der Haupttat aus.

In der Praxis scheiterten Ansprüche gegen Provider als Teilnehmer rechtswidriger Handlungen Dritter häufig am erforderlichen – zumindest bedingten – Vorsatz des Gehilfen. Das gilt insb. für die automatisierte Veröffentlichung von Inhalten Dritter etwa durch den Betreiber einer Plattform.²⁰⁶ Denn für den Vorsatz reicht es nicht aus, dass der Provider mit gelegentlichen Rechtsverletzungen durch seine Nutzer rechnet. Erforderlich ist vielmehr eine Kenntnis von konkret drohenden Rechtsverletzungen.²⁰⁷ **113**

Dennoch haben einige Instanzgerichte eine Haftung von Providern als Teilnehmer bei hartnäckigen und andauernden Verletzungen von Prüfpflichten angenommen.²⁰⁸ Bejaht wurde dies bislang in Fällen, in denen der Diensteanbieter (z.B. eBay) trotz konkreter Hinweise auf Rechtsverletzungen nicht dafür Sorge getragen hat, dass solche Angebote zukünftig nicht mehr eingestellt werden, obwohl die entsprechenden Rechtsverletzungen bereits aufgrund der äußeren Gestaltung der Angebote als solche erkennbar waren und daher durch Filter erfassbar gewesen wären.²⁰⁹ **114**

c) Haftung als Störer

Wichtigste Haftung im Fall mittelbarer Urheberrechtsverletzungen bleibt die Störerhaftung. Auch wenn die Störerhaftung für das Wettbewerbsrecht mittlerweile vom BGH aufgegeben wurde,²¹⁰ hält die Bedeutung der Störerhaftung für das Urheberrecht ebenso wie für das Markenrecht ungebrochen an.²¹¹ **115**

Dabei kann die Störerhaftung Unterlassungsansprüche begründen, nicht aber Schadensersatzansprüche.²¹² Hinter den von der Rechtsprechung entwi- **116**

---

206 BGH, MMR 2015, 507, 509 – Internetversteigerung II.
207 BGH, GRUR 2013, 370 Rn. 17 – Alone in the Dark.
208 OLG Hamburg, GRUR-RR 2013, 382, 384; LG München, ZUM-RD 2015, 118, 121; LG Frankfurt, ZUM 2015, 160, 163; LG München, MMR 2006, 332, 334 f, vom OLG München im Berufungsurteil (Urt. v. 21.9.2006, 29 U 2119/06) mangels nachhaltiger Verletzung der Prüfpflichten aufgehoben.
209 Der BGH geht hingegen auch in solchen Fällen – jedenfalls solange nicht das Geschäftsmodell auf die Verletzung von Rechten Dritter ausgelegt ist – von einer Störerhaftung aus, BGH, GRUR 2013, 370, Rn. 19 ff. – Alone in the Dark.
210 Beginnend mit BGH, GRUR 2007, 890 – Jugendgefährdende Medien bei eBay; deutlich dann BGH, GRUR 2011, 152 Rn. 48 – Kinderhochstühle im Internet.
211 Vgl. hierzu bereits ausführlich oben Rn. 109 ff. (lit. a).
212 BGH, GRUR 2004, 860, 864 – Internet-Versteigerung I; BGH, GRUR 2002, 618, 619 – Meißner Dekor.

ckelten Begrenzungen der Störerhaftung für mittelbare Urheberrechtsverletzungen im Internet stehen dabei dieselben Erwägungen wie hinter dem TMG und der E-Commerce-Richtlinie, nämlich das Anliegen, den elektronischen Handel nicht übermäßig zu belasten. Schließlich ist § 7 Abs. 2 TMG auch im Rahmen der Störerhaftung zu berücksichtigen. Durch die Störerhaftung dürfen keine allgemeinen Prüf- und Überwachungspflichten eingeführt werden.[213]

aa) Entwicklung der Störerhaftung außerhalb des Internets

117 Auch wenn die Frage der Haftung für mittelbare Urheberrechtsverletzungen bei der Providerhaftung eine wichtige Rolle spielt, ist das Problem der mittelbaren Urheberrechtsverletzung selbst nicht neu. Hergeleitet hat der Bundesgerichtshof die Haftung für mittelbare Urheberrechtsverletzungen ursprünglich aus § 97 UrhG (bzw. den Vorgängernormen) und § 1004 BGB.[214] Inzwischen spricht der Bundesgerichtshof im Zusammenhang mit der Verletzung von Urheberrechten und Markenrechten auch ausdrücklich von einer Störerhaftung.[215]

118 Das Problem der mittelbaren Urheberrechtsverletzung trat vor der Internetproblematik vor allem im Zusammenhang mit der Haftung von Veranstaltern auf. Nach der Rechtsprechung des Bundesgerichtshofs kann ein Veranstalter für Urheberrechtsverletzungen Dritter auf der entsprechenden Veranstaltung haften. „Veranstalter" in diesem Sinne ist, wer in organisatorischer und finanzieller Hinsicht für die Aufführung verantwortlich ist.[216] Entscheidend sind dabei insb. ein maßgebender Einfluss auf die Programmgestaltung sowie ein gewerbsmäßiger wirtschaftlicher Nutzen. Das Treffen bloßer äußerlicher Vorkehrungen soll hingegen nicht ausreichen.[217] Der Veranstalter muss insb. dafür sorgen, dass die erforderlichen Aufführungserlaubnisse vorliegen. Nicht verantwortlich ist der Veranstalter allerdings für etwaiges Notenmaterial, das während der Aufführung benutzt wird und das nicht vom Veranstalter beschafft wurde oder zu beschaffen war.[218] Begründet wurde dieses vom Bundesgerichtshof damit, dass der Veranstalter regelmäßig keine Kenntnis über die Umstände hat, von denen abhängt, ob die Herstellung

---

213 EuGH, Schlussantrag (EuGH) vom 16.3.2016, C-484/14, BeckRS 2016, 80483.
214 Zur Entwicklung der Störerhaftung *Ohly/Sosnitza*, UWG, 6. Aufl. 2014, § 8 Rn. 121.
215 Vgl. hierzu etwa bereits BGH, GRUR 1999, 418, 419 – Möbelklassiker.
216 BGH, GRUR 1960, 253, 255 – Auto-Scooter; BGH, GRUR 1972, 141, 142 – Konzertveranstalter; OLG München, GRUR 1979, 152 – Transvestiten-Show; KG, GRUR 1959, 150, 151 – Musicbox-Aufsteller; *Fromm/Nordeman* (Fn. 26), § 97 Rn. 146.
217 KG, GRUR 1959, 150, 151.
218 BGH, GRUR 1972, 141, 142 – Konzertveranstalter.

C. Anspruchsverpflichtete   **Kap. 7**

der Noten rechtmäßig erfolgte. Außerdem sei eine rechtliche Prüfung der entsprechenden Vorgänge schwierig.

Problematisiert wurde die Haftung für mittelbare Urheberrechtsverletzungen auch in Entscheidungen zu Herstellern bzw. Händlern von Tonbändern bzw. Tonbandgeräten. Danach war[219] der Hersteller von Tonbandgeräten ebenso verantwortlich für rechtswidrige Benutzungshandlungen durch Erwerber solcher Geräte[220] wie der Händler solcher Geräte[221] und die Hersteller von Tonbändern.[222] Die Folge dieser grundsätzlichen Verantwortlichkeit war allerdings nicht die vollständige Unterlassung des Vertriebs bzw. der Werbung hierfür, sondern die Verpflichtung zur Vornahme zumutbarer Sicherungsmaßnahmen gegen eine urheberrechtsverletzende Benutzung, insb. in Form eines Hinweises auf den Erwerb der erforderlichen Rechte von der GEMA.[223] Ob dieser Hinweis die Verletzung mit Sicherheit verhindern konnte, war irrelevant. Der Bundesgerichtshof sah es als ausreichend an, dass der Hinweis nach der Lebenserfahrung mit dazu beitragen konnte, die Rechtsgefährdung zu mindern.[224]   **119**

Entsprechendes galt für die Haftung der Betreiber von Kopierläden.[225] Auch hier sah der Bundesgerichtshof für ausreichend an, dass zwischen dem Anbieten der Kopiergeräte und dem befürchteten rechtswidrigen Verhalten der Kunden ein adäquater Kausalzusammenhang bestand, da bei objektiver Betrachtung der rechtsverletzende Gebrauch nicht außerhalb aller Wahrscheinlichkeit liege. Daraus folge die Verpflichtung zu Maßnahmen, durch die   **120**

---

219 Die Entscheidungen ergingen vor Einführung der §§ 54, 54a UrhG.
220 BGH, GRUR 1955, 492, 499 f. – Grundig-Reporter; BGH, GRUR 1960, 340, 343 f. – Werbung für Tonbandgeräte; vgl. auch OLG Düsseldorf, CR 1996, 728, 729 f. – Elektronische Archive.
221 BGH, GRUR 1964, 94, 96 – Tonbandgeräte-Händler; BGH, GRUR 1965, 104, 106 – Personalausweise.
222 BGH, GRUR 1964, 91, 93 – Tonbänder-Werbung.
223 BGH, GRUR 1955, 492, 500 – Grundig-Reporter; BGH, GRUR 1960, 340, 343 f. – Werbung für Tonbandgeräte; BGH, GRUR 1964, 91, 93 – Tonbänder-Werbung; BGH, GRUR 1964, 94, 96 – Tonbandgeräte-Händler; *Braun*, ZUM 1990, 487, 490. Wobei aus den Entscheidungen nicht unmissverständlich klar wird, ob der Rechteinhaber tatsächlich einen rechtlichen Anspruch auf Einhaltung von Sicherungsmaßnahmen haben soll – wofür der Wortlaut der Entscheidungen oftmals spricht – oder ob dies nur die praktische Konsequenz zur Vermeidung einer uneingeschränkten Unterlassungspflicht ist *(zur Unterlassung verpflichtet, es sei denn, Sicherheitsmaßnahmen werden beachtet).* Vgl. auch OLG München, GRUR-RR 2003, 365, zur Störerhaftung eines Aufstellers von CD-Münzkopierautomaten.
224 BGH, GRUR 1964, 91, 93 – Tonbänder-Werbung; vgl. OLG Hamburg, MMR 2000, 92, 96 – Glücksspiel im Internet.
225 Hierzu *Haedicke*, GRUR 1999, 397 ff. Vgl. auch BGH, GRUR 1994, 363, 365 – Holzhandelsprogramm; BGH, GRUR 1987, 37, 39 – Videolizenzvertrag.

Kap. 7 Haftungsfragen

eine Gefährdung der Rechte ausgeschlossen oder doch ernsthaft gemindert werden können. Art und Umfang der Maßnahmen würden sich nach Treu und Glauben unter Berücksichtigung der Zumutbarkeit für den Verletzer bestimmen.[226] Interessant war dabei die konkrete Beurteilung der erforderlichen Maßnahmen und deren Begründung. Danach war es nicht erforderlich, das Angebot des Selbstkopierens schlechthin aufzugeben, „weil ein großer Teil der Kunden der Beklagten die Fotokopiergeräte für Zwecke verwendet, durch die die Vervielfältigungsrechte der Klägerin nicht berührt werden". Auch eine generelle Kontrolle des Fotokopierguts käme nicht in Betracht. Ausreichend sei ein Hinweis in den im Ladenlokal deutlich sichtbaren Allgemeinen Geschäftsbedingungen auf die Verpflichtung der Kunden zur Beachtung fremder Urheberrechte.[227]

bb) Voraussetzungen der Störerhaftung

121 Nach der aktuellen Rechtsprechung des Bundesgerichtshofes ist Störer, wer in irgendeiner Weise willentlich und adäquat kausal zu einer Urheberrechtsverletzung beiträgt.[228] Die Mitwirkung kann auch in der Veranlassung, Unterstützung oder Ausnutzung der Handlungen eines eigenverantwortlich handelnden Dritten bestehen.[229]

122 Die Störerhaftung ist ebenso wie die Teilnahme akzessorisch. Sie setzt einen voll verwirklichten Rechtsverstoß durch einen Dritten voraus.[230] Ebenso wie die Teilnahme ist auch die zivilrechtliche Störerhaftung aber nicht subsidiär. Ob neben oder sogar vor dem Störer auch der unmittelbare Rechtsverletzer in Anspruch genommen wird, ist somit irrelevant. Hieran hat sich auch durch die Ausweitung der Auskunftsansprüche zur Umsetzung der Enforcement-Richtlinie nichts geändert. Insbesondere kann der Host Provider im Verhältnis zum Verletzten nicht der eigenen Inanspruchnahme durch Auskunftserteilung entgehen.[231]

---

226 BGH, GRUR 1984, 54, 55 – Kopierläden; ebenso bereits BGH, GRUR 1965, 104, 107 – Personalausweise.
227 BGH, GRUR 1984, 54, 55.
228 BGHZ 185, 330 Rn. 19 – Sommer unseres Lebens; BGH, GRUR 2009, 841, Rn. 24 – Cybersky; GRUR 2013, 370, Rn. 19 – Alone in the Dark; GRUR 2013, 511 Rn. 41 – Morpheus; GRUR 2013, 1229 Rn. 34 – Kinderhochstühle im Internet III; GRUR 2014, 657 Rn. 22 – Bear Share
229 Vgl. auch OLG Köln, MMR 2000, 365, 367 – Verletzung durch Vertragsschluss einer Verwertungsgesellschaft.
230 BGH, GRUR 1997 313, 315 – Architektenwettbewerb; BGH, GRUR 1999, 418, 419 – Möbelklassiker.
231 A. A. *Volkmann*, CR 2008, 232, 237. Vgl. auch OLG Hamburg, MMR 2008, 823; KG, MMR 2006, 392.

Auf die Art der vertraglichen Beziehungen zwischen den beteiligten Unternehmen oder auf ein Verschulden des Störers kommt es ebenfalls nicht an. Eine Störerhaftung scheidet jedoch aus, wenn dem in Anspruch Genommenen die rechtliche Möglichkeit zur Verhinderung der rechtswidrigen Handlung des Dritten fehlt.[232]

123

cc) Einschränkung der Störerhaftung (Hauptfilter)

Der Kreis der Verantwortlichen wird bei der Störerhaftung im Interesse der Rechteinhaber zunächst weit gefasst. Dies führt allein bei Anwendung der oben unter Rn. 121 ff. genannten Voraussetzungen zu einer uferlosen Haftung. Bereits früh hat der Bundesgerichtshof daher versucht, die Störerhaftung einzuschränken. Dabei erfolgte beim Veranstalter und Kopierladeninhaber die Haftungseinschränkung – jedenfalls dem Wortlaut der Entscheidungen nach – nicht auf der Tatbestandsebene, sondern erst auf der Rechtsfolgenseite an Hand des Kriteriums der „Zumutbarkeit".[233]

124

Im Gegensatz zur früheren Rechtsprechung setzt der Bundesgerichtshof der Störerhaftung nunmehr nicht erst (bzw. nicht nur) bei den Rechtsfolgen Grenzen, sondern schränkt die Störerhaftung bereits auf der Tatbestandsebene ein. Eine Störerhaftung kommt nur in Betracht, wenn der Anspruchsgegner zumutbare Prüfpflichten verletzt (vgl. hierzu unten Rn. 126 ff. Ziff. 1, 2), gegen Vorsorgepflichten verstößt (vgl. hierzu unten Rn. 133 ff. Ziff. 3) oder die Rechtsverletzung des Dritten provoziert hat (vgl. hierzu unten Rn. 141 ff. Ziff. 4).

125

(1) Verletzung von Prüfpflichten

Der Anspruchsgegner muss zumutbare Prüfpflichten verletzt haben.[234] Deren Umfang bestimmt sich nach der Rechtsprechung danach, ob und inwieweit dem als Störer in Anspruch Genommenen nach den konkreten Umständen eine Prüfung zugemutet werden kann. Maßgeblich ist also eine Einzelfallbetrachtung, die dazu führen kann, dass für unterschiedliche Diensteanbieter unterschiedliche Prüfpflichten bestehen. Umfang und Inhalt von

126

---

232 So zumindest BGH, GRUR 1999, 418, 419 – Möbelklassiker, zum Urheberrecht unter Hinweis auf BGH, GRUR 1997, 313, 315 – Architektenwettbewerb, zum Wettbewerbsrecht. Anders allerdings OLG Dresden, WRP 1998, 1191, 1200.
233 Vgl. aber auch zur Bedeutung der Zumutbarkeitsprüfung im Ordnungsmittelverfahren: BGH, GRUR 2008, 702 – Internet-Versteigerung III.
234 BGH, GRUR 1999, 418, 419 f. – Möbelklassiker; GRUR 2008, 702 Rn. 50 – Internetversteigerung III; GRUR 2009, 841, Rn. 24 – Cybersky; BGHZ 185, 330 Rn. 19 – Sommer unseres Lebens; GRUR 2013, 370, Rn. 19 – Alone in the Dark; GRUR 2013, 511 Rn. 41 – Morpheus; GRUR 2013, 1229 Rn. 34 – Kinderhochstühle im Internet III; GRUR 2014, 657 Rn. 22 – Bear Share.

Kap. 7 Haftungsfragen

Prüfpflichten für ein und denselben Anbieter können sich dabei durch einen konkreten Hinweis auf eine Rechtsverletzung verändern. **Vor** und **nach** einem solchen Hinweis können unterschiedliche Prüfpflichten bestehen bzw. sich die Intensität der Prüfpflichten verändern.

127 Vorrangig ist zunächst zu prüfen, ob dem in Anspruch Genommenen auch ohne einen konkreten Hinweis auf eine Rechtsverletzung Prüfpflichten obliegen. Bestehen solche Vorabprüfpflichten und hat der Anspruchsgegner diese verletzt, haftet er als Störer.

128 Allerdings sollte man insoweit besser von Verhaltenspflichten sprechen als von Prüfpflichten. Hinzu kommt, dass einem Diensteanbieter im Internet bereits nach § 7 Abs. 2 Satz 1 TMG (der auf Art. 15 Abs. 1 der E-Commerce Richtlinie beruht) keine *allgemeine* Prüfpflicht auferlegt werden kann, da er nicht verpflichtet ist, die von ihm übermittelten oder gespeicherten Informationen zu überwachen oder nach Umständen zu forschen, die auf eine rechtswidrige Tätigkeit hindeuten. Dementsprechend hat die Rechtsprechung auch Vorabprüfpflichten im Fall von Internetauktionshäusern bei Fremdversteigerungen wiederholt abgelehnt.[235] Dem Betreiber sei es nicht zuzumuten, vorab alle Fremdangebote auf Rechtsverletzungen zu untersuchen, da solche Prüfpflichten das Geschäftsmodell eines Internetauktionshauses selbst in Frage stellen würden. Ebenfalls lehnt die Rechtsprechung Vorabprüfpflichten der Betreiber von Meinungsforen für die bei ihnen eingestellten Beiträge ab.[236] Anders sieht es hingegen aus, wenn das Geschäftsmodell des Antragsgegners von vornherein auf Rechtsverletzungen durch die Nutzer ausgelegt ist oder der Gewerbetreibende durch eigene Maßnahmen die Gefahr einer Rechtsverletzung fördert.[237] Bei „Rapidshare", soll das allerdings nach Auffassung des BGH nicht der Fall sein.[238] Rapidshare ist ein Filehosting-Dienst. D.h., Nutzer können auf den Servern von Rapidshare Dateien speichern und durch die Versendung eines entsprechenden Links mit anderen Nutzern „teilen". Von einigen Usern wurde der Dienst genutzt, um urheberrechtlich geschützte Werke illegal zu verbreiten. Dies vor allem, weil die Entdeckungswahrscheinlichkeit aufgrund der „Zwischenschaltung" des Filehosters deutlich geringer sein dürfte als bei Peer-to-Peer-Tauschbörsen. Legale Nutzungsmöglichkeiten dieses Dienstes seien aber nach Auffassung des BGH durchaus ebenfalls üblich und in großer Zahl vorhanden. Auch die Vergabe von sogenannten Premium-Punkten als Beloh-

---

235 BGH, GRUR 2004, 860, 864 – Internet-Versteigerung I; BGH, GRUR 2008, 702 – Internet-Versteigerung III.
236 BGH, K&R 2007, 396; OLG Düsseldorf, CR 2006, 682.
237 BGH, GRUR 2009, 841, Rn. 24 – Cybersky; GRUR 2013, 370 Rn. 22 – Alone in the Dark.
238 BGH, GRUR 2013, 370 Rn. 22 – Alone in the Dark.

nung für eine hohe Downloadzahl durch Rapidshare könne nicht als Förderung illegaler Nutzungsmöglichkeiten angesehen werden.[239]

Allgemeine Überwachungspflichten sind ausgeschlossen. Wohl aber sind Überwachungspflichten in *spezifischen* Fällen möglich. Die Ablehnung von Vorabprüfpflichten führt nicht dazu, dass jegliche Störerhaftung ausscheidet. Auch wenn vorab keine Prüfpflichten bestehen, können Prüfpflichten nachträglich durch einen konkreten Hinweis auf eine Rechtsverletzung ausgelöst werden (sog. ex-post-Prüfpflichten). Wird etwa der Betreiber eines Internetauktionshauses konkret auf eine Urheberrechtsverletzung hingewiesen, müssen alle zumutbaren Schritte eingeleitet werden, um diese Verletzung zu unterbinden. Unternimmt der Betreiber/Provider diese Schritte im Fall eines konkreten Hinweises nicht, haftet er jedenfalls als Störer.[240] Im Fall hartnäckiger Verstöße kann sogar eine Haftung als Täter oder Teilnehmer möglich sein.[241] Da mit diesen ex-post-Prüfungen zukünftige weitere Verletzungen vermieden werden sollen, wirken sie insoweit auch als „Vorabprüfpflichten", aber eben nur für spezielle Fälle und nicht als allgemeine Vorabprüfpflichten.

129

Vom Einzelfall hängt ab, ob ein Hinweis konkret genug ist, um Prüfpflichten auszulösen. Unsubstanziierte Hinweise auf das Vorhandensein von Plagiaten reichen jedenfalls nicht aus, um Prüfpflichten zu begründen oder Prüfpflichten entscheidend zu erhöhen.[242] Auf der anderen Seite kann etwa ein Host Provider sein Tätigwerden aber auch nicht davon abhängig machen, dass ihm urkundliche Belege für sämtliche potenziell bestreitbare Tatbestandsmerkmale einer behaupteten Rechtsverletzung vorgelegt werden.[243] Ebenso wenig kann er verlangen, dass die behauptete Rechtsverletzung durch eine eidesstattliche Versicherung des Rechtsinhabers belegt wird. Auch kann die Teilnahme an dem VeRI-Programm von eBay oder vergleichbaren Programmen nicht Voraussetzung dafür sein, dass eBay rechtsverletzende Inhalte sperrt.

130

---

239 BGH, GRUR 2013, 370 Rn. 25 ff – Alone in the Dark.
240 BGH, GRUR 2013, 1229, Rn. 36 – Kinderhochstühle im Internet II; GRUR 2013, 370, Rn. 28 – Alone in the Dark; GRUR 2012, 751, Rn. 20 – RSS Feeds; GRUR 2011, 1038, Rn. 39 – Stiftparfüm; GRUR 2008, 702, Rn. 51 – Internet-Versteigerung III; BGH, GRUR 2004, 860, 864 – Internet-Versteigerung I; BGH, NJW 2004, 2158, 2160 – Schöner Wetten; GRUR 1997, 313, 315 f. – Architektenwettbewerb; BGH, GRUR 1994, 841, 842 f. – Suchwort; BGH, GRUR 1999, 418, 419 f. – Möbelklassiker; BGHZ 148, 13, 17 f. – ambiente.de, jew. m. w. Nachw.; ebenso EuGH, GRUR 2012, 265, Rn. 47 ff. – Scarlet/SABAM; GRUR 2012, 382, Rn. 33 – Netlog/SABAM
241 Vgl. hierzu oben Rn. 114 (Ziffer III. 2. lit. b).
242 BGH, GRUR 1999, 418, 420 – Möbelklassiker.
243 LG München, MMR 2006, 332, 334.

Kap. 7 Haftungsfragen

130a Der Hinweis ist vielmehr dann konkret genug gefasst, wenn der Adressat des Hinweises den Rechtsverstoß unschwer, d.h. ohne eingehende rechtliche und tatsächliche Überprüfung, feststellen kann.[244] Belege der Rechtsverletzung sind nur dann beizubringen, wenn schutzwürdige Interessen des Providers dies rechtfertigen. Dies kann der Fall sein, wenn berechtigte Zweifel an der Existenz des Schutzrechtes, an der Befugnis zur Geltendmachung des Schutzrechts oder am Wahrheitsgehalt der mitgeteilten tatsächlichen Umstände bestehen und deshalb aufwendige eigene Recherchen anzustellen wären, um die Rechtsverletzung hinreichend feststellen zu können. Hat der Betreiber solche Zweifel, ist er gehalten, diese Zweifel mitzuteilen und nach den Umständen angemessene Belege für die behauptete Rechtsverletzung zu verlangen.[245]

(2) Umfang der Prüfpflichten: Kriterium der Zumutbarkeit

131 Ob und im welchen Umfang Prüfpflichten bestehen, hängt von der Zumutbarkeit für den Anspruchsgegner ab. Wie weit diese Zumutbarkeit reicht, kann nur im Einzelfall entschieden werden. Die Rechtsprechung hat hierzu in den letzten Jahren bereits diverse Fallgruppen entwickelt, ist aber weiterhin gefordert, das Kriterium der Zumutbarkeit zu präzisieren.[246] Folgende Kriterien können bei der Beurteilung der Zumutbarkeit eine entscheidende Rolle spielen:[247]

– Welche technischen und wirtschaftlichen Möglichkeiten kann der Anspruchsgegner zumutbar einsetzen, um die Gefahren von Rechtsgutverletzungen zu vermeiden oder zu beherrschen?[248] Maßgeblich ist dabei insbesondere, welcher Aufwand zu betreiben ist und welcher Erfolg dabei vernünftigerweise erwartet werden kann.[249] Die Grenze des Zumutbaren ist erreicht, wenn die Prüfpflichten dazu führen, dass ein erlaubtes und für die Entwicklung des Marktes gewünschtes Geschäftsmodell des Anspruchsgegners in Frage gestellt wird.[250] Handelt es sich hingegen um ein von der Rechtsordnung nicht gewünschtes Geschäftsmodell, kann sich der Diensteanbieter nicht auf die Unzumutbarkeit umfassender Prüf-

---

244 BGH, GRUR 2013, 370, Rn. 29 – Alone in the Dark; BGH, GRUR 2011, 1038, Rn. 28 – Stiftparfüm; BGH, GRUR 2012, 311, Rn. 26 – Blog-Eintrag.
245 BGH, MMR 2012, 178, Rn. 31 ff. – Stiftparfüm.
246 Vgl. hierzu ausführlich unten Rn. 161 ff. (Ziffer IV).
247 Vgl. auch *Heckmann*, in: jurisPK – Internetrecht, Vorbem. Kap. 1.7 Rn. 85.
248 BGH, GRUR 2008, 702 – Internet-Versteigerung III.
249 Weitere Kriterien bei *Rössel/Rössel*, CR 2005, 809, 811.
250 BGH, GRUR 2004, 860 – Internet-Versteigerung I; GRUR 2007, 708, 712 – Internetversteigerung II; GRUR 2011, 152, Rn. 38 – Kinderhochstühle im Internet; EuGH, GRUR 2011, 1025, Rn. 139 – L'Oréal/eBay; EuGH, Schlussantrag (EuGH) vom 16.3.2016, C-484/14, BeckRS 2016, 80483.

pflichten berufen.²⁵¹ Zumutbar sind insbesondere der Einsatz von Wortfiltern und Suchmaschinen, die den bereits gespeicherten Dateienbestand nach gleichartigen Rechtsverletzungen überprüfen. Bei dem Einsatz derartiger Filter besteht die Gefahr, dass auch andere, nicht rechtsverletzende Dateien herausgefiltert werden. Der Hostprovider ist deshalb gehalten, die ermittelten Treffer manuell darauf zu überprüfen, ob es sich tatsächlich um die rechtsverletzende Datei handelt. Wird z.B. vom Anbieter eine sog. Linksammlung zur Verfügung gestellt, also eine Reihe von Links, die auf andernorts gespeicherte Dateien verweisen, sei eine manuelle Nachkontrolle nach Ansicht des BGH jedenfalls dann zumutbar, wenn die Linkanzahl sich im einstelligen Bereich bewegt.²⁵² Die Eignung des Wortfilters mit manueller Nachkontrolle wird auch nicht dadurch in Frage gestellt, dass er möglicherweise nicht alle Verletzungshandlungen vollständig erfasst.²⁵³ Schafft die konkrete Ausgestaltung des Dienstes einen erheblichen Anreiz, Rechtsverletzungen zu begehen (etwa durch Vergabe von Premiumkonten, die ein massenhaftes Herunterladen rechtswidriger Dateien erleichtern), treffen den Anbieter auch weitergehende Prüfpflichten. Ihm kann dann eine allgemeine „Marktbeobachtungspflicht" auferlegt werden, die ihn dazu verpflichtet, über allgemeine Suchmaschinen wie Google oder unter Einsatz von Webcrawlern rechtsverletzende Links auf seinem Dienst zu ermitteln.²⁵⁴ Ein kompliziertes, kostspieliges und auf Dauer angelegtes Informatiksystem, das die gespeicherten Inhalte proaktiv überwacht und sich auch auf jede zukünftige Beeinträchtigung einstellt, muss der Hostprovider allerdings nicht einrichten.²⁵⁵ Den Anbieter trifft insoweit regelmäßig die sekundäre Darlegungslast, welche technischen Schutzmaßnahmen zumutbar sind und welche nicht.²⁵⁶

– Welche Vorteile zieht der Anbieter aus seinen Diensten (z.B. wirtschaftlicher Gewinn oder nur uneigennützige Information der Allgemeinheit)?²⁵⁷ So können für den Betreiber eines Internet-Auktionshauses, das auch von rechtsverletzenden Angeboten unmittelbar profitiert, andere Pflichten zumutbar sein als für den Betreiber eines Meinungsforums, in dem nur fremde Meinungen wiedergegeben werden.

---

251 BGH, GRUR 2009, 841, Rn. 24 – Cybersky; OLG Hamburg, Urt. v. 2.7.2008, 5 U 73/07.
252 BGH, GRUR 2013, 370, Rn. 39 – Alone in the Dark; u.U. kann aber auch die händische Nachprüfung einer größeren Zahl an Linksammlungen geboten sein, BGH, MMR 2013, 733, Rn. 58 – File-Hosting-Dienst.
253 BGH, GRUR 2013, 370, Rn. 32ff – Alone in the Dark.
254 BGH, GRUR 2013, 1030, Rn. 40, 60 – File-Hosting-Dienst.
255 EuGH, GRUR 2012, 382, Rn. 46 – Netlog/SABAM m. Anm. *Metzger*.
256 BGH, GRUR 2008, 1097, Tz 20 – Namensklau im Internet.
257 LG München, MMR 2006, 179; LG Köln, Urt. v. 21.3.2007 – 28 O 19/07.

Kap. 7 Haftungsfragen

- Welche Wertigkeit haben die gefährdeten Rechtsgüter und welche Sicherheitserwartungen darf der betroffene Verkehrskreis berechtigterweise hegen? Zu berücksichtigen ist dabei insbesondere, welche Risiken vorhersehbar sind und welche Rechtsgutverletzungen drohen.[258]
- Welche Funktion und Aufgabenstellung erfüllt der als Störer in Anspruch Genommene in der Gesellschaft (Sozialadäquanz des Providerhandelns)? Erfüllt der Provider keine sozialadäquate Funktion, kann er sich auch nicht auf die Unzumutbarkeit der ihm obliegenden Prüfpflichten berufen. Anerkannt etwa ist die Sozialadäquanz von Internetauktionshäusern. Das OLG Hamburg[259] hatte demgegenüber die Sozialadäquanz des Webhosters „Rapidshare" verneint. Wer in Kenntnis einer Vielzahl begangener Urheberrechtsverletzungen weiterhin einschränkungslos eine anonyme Nutzung von Sharehosting-Diensten ermögliche und damit dem verletzten Urheber sehenden Auges den erforderlichen Nachweis wiederholter Begehungshandlungen abschneide, könne sich nicht auf die Unzumutbarkeit allgemeiner Prüfpflichten berufen. Der BGH folgte dem OLG jedoch nicht, da Rapidshare auch legale Nutzungsmöglichkeiten im Bereich des „Cloud Computing" anbot. Allerdings legte der BGH Rapidshare relativ strenge Pflichten zur Vermeidung weiterer Rechtsverletzungen nach einem konkreten Hinweis auf eine Rechtsverletzung auf, insbesondere den Einsatz von Wortfiltern mit manueller Nachkontrolle der Linksammlungen.[260]
- Welche Bedeutung kommt den Grundrechten der Meinungs-, Presse- und Rundfunkfreiheit im konkreten Fall zu?[261] Einem Internetauktionshaus können u. U. andere Prüfpflichten auferlegt werden als einem der Pressefreiheit unterliegenden Verlagshaus bei der Prüfung von Werbeanzeigen.
- Ein weiteres Kriterium soll die Eigenverantwortung desjenigen sein, der die rechtswidrige Beeinträchtigung selbst vorgenommen hat.[262] Dies erscheint jedoch zweifelhaft, da bei der Störerhaftung bereits per Definition ein eigenverantwortlich handelnder Dritter als unmittelbarer Verletzer existiert.
- Welchen Einfluss hat die durch die VO (EU) 2015/2120[263] geregelte Netzneutralität auf die Beurteilung von Prüfungspflichten? Die Verord-

---

258 OLG Düsseldorf, MMR 2006, 618, 620.
259 OLG Hamburg, Urt. v. 2.7.2008 – 5 U 73/07, aufgehoben durch BGH, GRUR 2013, 370 – Alone in the Dark.
260 BGH, GRUR 2013, 370, Rn. 32 ff. – Alone in the Dark; BGH, GRUR 2013, 1030, Rn. 41 – File-Hosting-Dienst.
261 Vgl. hierzu *Steinle*, MMR 2006, 180, 181.
262 BGH, NJW 2004, 2158, 2160 – Schöner Wetten. *Rössel/Rössel*, CR 2005, 809, 811. A. A. *Rücker*, CR 2005, 347, 353.
263 Verordnung (EU) 2015/2120 des Europäischen Parlaments und des Rates vom 25.11.2015 über Maßnahmen zum Zugang zum offenen Internet und zur Änderung

nung regelt die Gleichbehandlung von Inhalten. So ist es Accessprovidern nach Art. 3 Abs. 3 Unterabsatz 3 VO (EU) 2015/2210 verboten, bestimmte Inhalte, Anwendungen oder Dienste – oder bestimmte Kategorien von diesen – zu blockieren oder einzuschränken. Dieses Verbot steht allerdings unter dem Vorbehalt, dass derartige Maßnahmen ergriffen werden können, um europäischen und nationalen Rechtsvorschriften oder bestimmten Anordnungen der nationalen Gerichte nachzukommen. Teilweise wird hieraus geschlussfolgert, dass jedenfalls proaktive Überprüfungen und Sperrungen ausgeschlossen seien, weil diese nicht durch gerichtliche Anordnungen gedeckt seien.[264]

Im Fall von ex-post-Prüfpflichten wird der Umfang und die Intensität der Prüfpflichten darüber hinaus durch die bereits vorhandenen bzw. vermittelten tatsächlichen und rechtlichen Erkenntnisse über die Schutzfähigkeit des Inhalts und die Rechtswidrigkeit der Nutzung der fraglichen Inhalte beeinflusst. Je detaillierter und substantiierter der Hinweis eines Dritten auf eine Rechtsverletzung ist, desto höher sind die Prüfpflichten. Nach Auffassung des LG München kann der Provider dabei sogar verpflichtet sein, zusammen mit dem Rechteinhaber eine Klärung konkreter Punkte zur Rechtslage herbeizuführen. Der Provider könne sich nicht auf seine eigene Rechtsunkenntnis berufen, sondern müsse gegebenenfalls rechtlichen Sachverstand unternehmensintern oder extern verfügbar halten, um eine zutreffende Beurteilung klarer Verstöße sicherzustellen.[265] Ob dies noch mit der aktuellen Rechtsprechung des BGH vereinbar ist, erscheint fraglich. So verlangt der BGH, dass der Hinweis auf die Rechtsverletzung so konkret gefasst sein muss, dass der Provider den Rechtsverstoß unschwer, d. h. ohne eingehende rechtliche oder tatsächliche Überprüfung, feststellen kann. Gegebenenfalls ist der Provider gehalten, dem Anspruchsinhaber Zweifel mitzuteilen und nach den Umständen angemessene Belege für die behauptete Rechtsverletzung zu verlangen. Eine aufwendige eigene Recherche muss der Provider hingegen gerade nicht anstellen.[266] **132**

(3) Sonderproblem: Vorsorgemaßnahmen/Vorsorgepflichten

Eine Sonderrolle nehmen bei den ex-post-Prüfpflichten die sog. Vorsorgemaßnahmen ein. Dabei geht es um die Frage, ob der Störer bei einem konkreten Hinweis auf eine Rechtsverletzung nicht nur diese Rechtsverletzung **133**

---

der Richtlinie 2002/22/EG über den Universaldienst und Nutzerrechte bei elektronischen Kommunikationsnetzen und -diensten sowie der Verordnung (EU) Nr. 531/2012 über das Roaming in öffentlichen Mobilfunknetzen in der Union.
264 *Weissert/Färber*, BB 2016, 776, 778.
265 LG München, MMR 2006, 332, 334.
266 BGH, GRUR 2012, 178, 180, Rn. 31 – Stiftparfüm.

Kap. 7 Haftungsfragen

abstellen, sondern darüber hinaus auch Vorsorgemaßnahmen aktiv ergreifen muss, um künftige gleichartige Rechtsverstöße zu verhindern. Der Bundesgerichtshof geht davon aus, dass den Störer grundsätzlich auch die Pflicht trifft, solche Vorsorgemaßnahmen zu ergreifen.[267] Grenzen setzt auch dieser Pflicht die Zumutbarkeit. Es gelten die oben unter Rn. 131 Ziff. (2) genannten Kriterien.

134 Vorsorgepflichten sollen den Störer nicht nur in Bezug auf die Person, die Datei oder das Produkt treffen, auf dessen Rechtsverletzung der Störer hingewiesen wurde, sondern auch in Bezug auf gleichartige Rechtsverletzungen Dritter/anderer Produkte.[268] Gleichartig sind dabei solche Verletzungshandlungen, durch die das konkret angezeigte Urheberrecht erneut verletzt wird. Dabei kommt es nicht auf die Person desjenigen an, der durch das Zugänglichmachen des geschützten Werkes den Verletzungstatbestand erfüllt. So hat der Provider im Rahmen des technisch und wirtschaftlich Zumutbaren auch zu verhindern, dass andere Nutzer das konkret benannte urheberrechtlich geschützte Werk rechtswidrig anbieten.[269]

135 Zur Verhinderung erneuter Verstöße kann der Einsatz von technischen Filtersystemen, insbesondere von Content-ID-Filtern und Wortfiltern, erforderlich sein.[270] Dabei soll der Wortfilter zum einen dazu dienen, das Hochladen weiterer rechtsverletzender Dateien mit dem gefilterten Schlüsselbegriff zu verhindern. Zum anderen sind mithilfe dieses Filters aber auch bereits gespeicherte Dateien zu überprüfen. Stößt der Filter auch auf Dateien, die gar nicht rechtsverletzend sind, kann gegebenenfalls auch eine manuelle Nachkontrolle der herausgefilterten Ergebnisse geboten sein.[271]

136 Die Vorsorgepflicht kann unter Umständen aber auch so weit gehen, dass dem Diensteanbieter eine allgemeine „Marktbeobachtungspflicht" auferlegt wird, die ihn dazu verpflichtet, über allgemeine Suchmaschinen wie Google oder unter Einsatz von Webcrawlern rechtsverletzende Links auf seinem

---

267 BGH, GRUR 2004, 860, 864 – Internet-Versteigerung I; BGH, GRUR 2008, 702 – Internet-Versteigerung III.
268 BGH, GRUR 2011, 1038, 1042 – Stiftparfüm; BGH, GRUR 2013, 370, 372 – Alone in the Dark. BGH, GRUR 2013, 1030, Rn. 41 – File-Hosting-Dienst; BGH, GRUR 2013, 1229, Rn. 34 – Kinderhochstühle II; ähnlich auch EuGH, GRUR 2011, 1025, Rn. 144 – L'Oréal/eBay; *Leible/Sosnitza*, BB 2005, 725, 728; *Rössel/Rössel*, CR 2005, 809, 810.
269 BGH, GRUR 2013, 370, 372, Rn. 32 – Alone in the Dark.
270 BGH, GRUR 2013, 370 – Alone in the Dark, für Wortfilter; BGH, GRUR 3013, 1030, Rn. 61 ff. – File-Hosting-Dienst; OLG Hamburg, MMR-aktuell 2015, 370306 – YouTube/GEMA.
271 BGH, GRUR 2013, 370 – Alone in the Dark; dazu *Obergfell*, NJW 2013, 1995. Vgl. auch schon LG München, MMR 2006, 332, 334; ebenso *Lehment*, GRUR 2005, 210, 212; *Rössel/Rössel*, CR 2005, 809, 812. A. A. *Rachlock*, MMR 2005, 328, 329.

Dienst zu ermitteln.[272] Mit üblichen Filtermethoden und manueller Nachkontrolle nicht ermittelbare Rechtsverletzungen können dem Diensteanbieter hingegen nicht angelastet werden. Nicht entgegen gehalten werden kann der Pflicht zur Ergreifung von Vorsorgemaßnahmen hingegen die Größe des betroffenen Unternehmens oder die hohe Anzahl möglicherweise betroffener Angebote. Würde man in solchen Fällen geringere Prüfpflichten verlangen, würden gerade die Anbieter privilegiert, die in großem Umfang die Rechte anderer gefährden.[273] Auch das Argument, Filterverfahren können nicht alle rechtsverletzenden Angebote erfassen, rechtfertigt es nicht, diese Verfahren von vornherein nicht anzuwenden. Vielmehr müssen die vorhandenen technischen Mittel im Rahmen der jeweiligen Zumutbarkeit ausgeschöpft werden.[274] Das OLG Hamburg[275] geht etwa davon aus, dass YouTube sämtliche Werkfassungen des urheberrechtlich geschützten Werkes zu sperren habe. Es genüge daher nicht, die Referenzdatei in das von YouTube entwickelte Content-ID-Verfahren einzustellen. Zusätzlich müsse durch den Einsatz eines Wortfilters die von der Referenzdatei abweichenden Aufnahmen desselben Werks ermittelt werden. Um nicht auch solche Videos herauszufiltern, die keine Schutzrechte verletzen, habe YouTube ein Dispute-Verfahren zu unterhalten, bei dem der Nutzer die Mitteilung über die mögliche Rechtswidrigkeit seines Content erhält. Schaltet der Nutzer den Content frei, kann der Rechtsinhaber dann überprüfen, ob tatsächlich eine Rechtsverletzung vorliegt.

Schwierig zu beurteilen sind die Fälle, in denen der Einsatz technischer Mittel nicht weiterhilft, z. B. bei der Beurteilung von Äußerungen in einem Meinungsforum oder bei der Beurteilung von Urheberrechtsverletzungen, die durch den Angebotstext allein häufig nicht deutlich zu erkennen sind. Hier ist eine effiziente vorherige Kontrolle wesentlich schwieriger zu bewerkstelligen. Nach Ansicht des OLG Düsseldorf kann eine solche Kontrolle selbst bei massiven Persönlichkeitsverletzungen nicht gefordert werden. Das gelte insb. dann, wenn der jeweilige Provider von seinem Angebot wirtschaftlich nicht profitiere.[276] Dagegen hat der EGMR bei hetzerischen und drohenden Äußerungen durch anonyme Nutzer auf einem Nachrichtenportal eine Vorsorgepflicht des Betreibers bejaht. Dieser solle durch Filterung bestimmter Begriffe und durch Warnsysteme, mithilfe derer andere Nutzer auf rechts-

137

---

272 BGH, GRUR 3013, 1030 – File-Hosting-Dienst.
273 Im Ergebnis ebenso *Rössel/Rössel*, CR 2005, 809, 810.
274 *Rössel/Rössel*, CR 2005, 809, 811; BGH, GRUR 2013, 370, 373, Rn. 35 – Alone in the Dark.
275 OLG Hamburg, MMR-Aktuell 2015, 370306 = GRUR-Prax 2016, 44, Revision anhängig unter Az. I ZR 156/15.
276 BGH, NJW 2012, 148, 150, Rn. 24; OLG Düsseldorf, MMR 2006, 618, 620 m. w. N. zu anderen Kontrollmöglichkeiten.

Kap. 7 Haftungsfragen

widrige Inhalte hinweisen können, die Kommentare auch ohne vorherige Abmahnung entfernen.[277] Die Rechtsprechung des BGH bei persönlichkeitsrechtsverletzenden Äußerungen begrenzt sich hingegen auf Prüfpflichten ab Kenntnis einer klaren Rechtsverletzung.[278] Unerheblich ist dabei, ob der Verletzte auch den Autor des Beitrags selbst in Anspruch nehmen könnte, da die Störerhaftung nicht subsidiär ist.[279]

138 Auch nach Ansicht des LG Hamburg und des OLG Hamburg besteht ohne konkreten Anlass für den Betreiber von Foren zur Meinungsäußerung keine Verpflichtung zur allgemeinen Überwachung aller Beiträge. Allerdings soll der Betreiber im Fall vergangener Verstöße in einem bestimmten Forum verpflichtet sein, zumindest die Beiträge dieses konkreten Forums laufend auf erneute Rechtsverstöße zu überprüfen. Dies könne jedenfalls dann verlangt werden, wenn mit weiteren erheblichen Rechtsverletzungen konkret zu rechnen sei und dadurch ein schwerer wirtschaftlicher Schaden drohe.[280] Zudem haben sich Internetunternehmen wie Facebook, Twitter und Youtube Mitte 2016 zur Einhaltung eines Verhaltenskodexes verpflichtet, der u.a. eine Meldesystem für sog. „Hasskommentare" vorsieht.[281] Eine allgemeine, proaktive Kontrollpflicht des User-Generated-Content ist aber abzulehnen.[282]

139 Nicht ausreichend zur Vermeidung erneuter Verletzungen ist im Regelfall der Hinweis auf ein etwaiges Verbot rechtswidriger Inhalte und/oder auf das Gebot der Beachtung von Urheberrechten in den Nutzungsbedingungen eines Providers. Eine Anwendung der Grundsätze aus der „Kopierläden-Entscheidung" des Bundesgerichtshofes[283] kommt nicht in Betracht. In dieser Entscheidung hielt der Bundesgerichtshof es für die Haftungsbefreiung bereits für ausreichend, dass Kunden in den Nutzungsverträgen zur Beachtung der Urheberrechte angehalten wurden. Zentrales Argument war hier,

---

277 EGMR, MMR-Aktuell 2015, 370333 – Delfi AS v. Estonia; bestätigt durch die Große Kammer des EGMR, GRUR Int. 2016, 81; siehe dazu unten Rn. 191 ff.
278 BGH, MMR 2012, 124 – Blog-Eintrag; BGH, GRUR 2012, 751 – RSS-Feeds; so auch LG Nürnberg-Fürth, ZUM 2013, 70, 71; LG Berlin, MMR 2007, 668 – meinprof.de.
279 BGH, K&R 2007, 396. A.A. OLG Düsseldorf, AfP 2006, 267. Das OLG Düsseldorf geht davon aus, dass grundsätzlich vorrangig derjenige in Anspruch zu nehmen ist, der sich selbst geäußert hat. Der Betreiber des Forums soll hingegen nur dann haften, wenn er den Verletzten nicht über die Identität des Verletzers informiert. Diese Entscheidung kann jedoch vor dem Hintergrund der aktuellen Rechtsprechung des Bundesgerichtshofes keinen Bestand haben.
280 OLG Hamburg, MMR 2006, 744, 746 – heide.de; ebenso OLG Brandenburg, BeckRS 2007, 17174, Rn. 13; a.A. *Stadler*, K&R 2006, 253, 254.
281 „Code of Conduct on Countering Illegal Hate Speech Online", abrufbar unter http://ec.europa.eu/justice/fundamental-rights/files/hate_speech_code_of_conduct_en.pdf.
282 *Härting*, ZRP 2015, 222.
283 BGH, NJW 1984, 1106 ff.

dass eine Kontrolle des Kopiermaterials dem Kunden gegenüber zum Schutz seiner Privatsphäre nicht zumutbar war. Für das Bereithalten von Inhalten im Internet gilt dies jedoch nicht in demselben Maße. Mit dem Einstellen in das Internet sind die Daten im Regelfall nicht mehr privat; jedenfalls wäre eine Kontrolle nicht mehr unzumutbar.[284] Der bloße Hinweis in den allgemeinen Geschäftsbedingungen eines Host Providers auf die Beachtung von Urheberrechten genügt daher im Regelfall zur Haftungsvermeidung nicht.[285]

In der Literatur ist die Rechtsprechung des Bundesgerichtshofes und der Instanzgerichte zum Teil auf starke Kritik gestoßen. Kritisiert wird dabei vor allem, dass über das Instrument der Vorsorgepflicht eine allgemeine Überwachungspflicht eingeführt würde.[286] Dem stehe jedoch sowohl § 7 Abs. 2 TMG als auch die E-Commerce-Richtlinie entgegen.[287] Auch sei eine rechtssichere Abgrenzung der Verantwortlichkeiten auf Basis des Kriteriums der Zumutbarkeit nicht möglich.[288] Die mit dem Kriterium der Zumutbarkeit verbundenen Unsicherheiten sind der Störerhaftung jedoch immanent. Dies gilt nicht nur für die Frage der Vorsorgepflichten, sondern für die Prüfpflichten allgemein. Die dem Diensteanbieter vom Bundesgerichtshof auferlegten Vorsorgepflichten sind mit § 7 Abs. 2 TMG vereinbar, soweit die Vorsorgepflichten an eine konkrete Rechtsverletzung anknüpfen. Solange dies der Fall ist, werden dem Diensteanbieter abweichend von § 7 Abs. 2 TMG keine allgemeinen Prüfpflichten auferlegt. 140

(4) Provokation

Neben der Verletzung von Prüfungs- oder Vorsorgepflichten kommt eine Störerhaftung auch in Betracht, wenn der als Störer in Anspruch Genommene die Rechtsverletzung des Dritten über den bloßen Vertrieb der technischen Mittel für die Begehung der Urheberrechtsverletzung hinaus provoziert hat. 141

So hat das OLG Hamburg zwar entschieden, dass nicht bereits die bloße Möglichkeit ausreicht, ein für rechtmäßige Zwecke geeignetes Produkt 142

---

284 Ebenso *Gounalakies/Rhode*, NJW 2000, 2168, 2170.
285 Aber auch hier kommt es auf die Zumutbarkeit im Einzelfall an. Etwas anderes hat beispielsweise zu gelten für die Betreiber von Internet-Cafés, die ihren Kunden das Herunterladen von Daten aus dem Internet erlauben. Diese Situation ist vergleichbar mit derjenigen, die der Entscheidung „Kopierläden" zugrunde lag.
286 *Gercke*, CR 2005, 233, 234; *Sobola/Kohl*, CR 2005, 443; *Rücker*, CR 2005, 347; *Hoeren/Sieber*, Handbuch Multimedia-Recht, 2008, 18.2 Rn. 103; *Metzger*, GRUR 2012, 384, 385; *Nolte/Wimmers*, GRUR 2014, 16, 21.
287 *Stadler*, K&R 2006, 253; *Gercke*, MMR 2002, 695.
288 *Hoeren*, MMR 2004, 672, 673.

Kap. 7 Haftungsfragen

auch zum Rechtsmissbrauch verwenden zu können, um die Störerhaftung des Herstellers zu begründen.[289] Anders sehe es hingegen aus, wenn der Hersteller eines Produktes dessen Eignung zum Missbrauch nicht nur kennt, sondern hiermit sogar wirbt und die Möglichkeit zur Begehung von Urheberrechtsverletzungen damit ausdrücklich zum Anwendungsbereich seines Programms erklärt[290] – oder anders ausgedrückt: Wenn er seine Produkte Nutzern gezielt jedenfalls auch zum Zweck einer Urheberrechtsverletzung anbietet. So geschehen beim Vertrieb einer Software und der technischen Einrichtungen, mit denen – unter anderem auch – Verschlüsselungen des „Premiere-Programms" umgangen werden konnten. In einem solchen Fall haftet der Hersteller für entsprechende Urheberrechtsverletzungen Dritter jedenfalls als Störer. Daran ändern auch etwaige Vorbehalte/Disclaimer und Rechtehinweise nichts, wenn bekannt ist, dass diese Hinweise in der Praxis kaum beachtet werden und wenn hierzu im Widerspruch gezielt mit rechteverletzenden Einsatzmöglichkeiten geworben wird. Der BGH hat diese Rechtsprechung des OLG Hamburg zu Recht bestätigt.[291] Im Fall „Rapidshare" entschied der BGH, dass auch dann, wenn das Geschäftsmodell eines File-Hosting-Dienstes nicht von vornherein auf Rechtsverletzungen angelegt ist, diesem strenge Prüfpflichten auferlegt werden können, wenn die Gefahr von Urheberrechtsverletzungen durch eigene Maßnahmen des File-Hosting-Dienstes gefördert wird, etwa durch Vergabe von Premiumkonten, die ein massenhaftes Herunterladen rechtswidriger Dateien erleichtern.[292]

143 Konsequenz der Störerhaftung ist, dass der jeweilige Hersteller alles Erforderliche und Geeignete tun muss, um Urheberrechtsgefährdungen zu beseitigen und Rechtsverletzungen zu verhindern. Das kann sogar zu einem Vertriebsverbot führen, wenn Disclaimer oder andere Schutzvorrichtungen die Gefahr eines Missbrauchs praktisch nicht mindern und auch die bloße Einstellung der strittigen Werbung nicht genügt, weil die früheren Werbeaussagen weiterwirken. Ein Werbeverbot allein wäre dann nicht ausreichend; umgekehrt kann mit einem Vertriebsverbot zugleich auch ein Werbeverbot einhergehen.[293]

144 Das OLG Hamburg und der Bundesgerichtshof liegen mit diesen Entscheidungen auf einer Wellenlänge mit dem US Supreme Court. Dieser hatte noch in den 80er Jahren eine Haftung der Firma Sony für Urheberrechtsver-

---

289 OLG Hamburg, NJW-RR 2006, 1054, 1056 – Cybersky; BGH, GRUR 2009, 841 – Cybersky. Vgl. auch OLG Hamburg, MMR 2009, 405 – Alphalog.
290 OLG Hamburg, NJW-RR 2006, 1054, 1056 – Cybersky.
291 BGH, GRUR 2009, 841 – Cybersky.
292 BGH, MMR 2013, 733, Rn. 36 ff. – File-Hosting-Dienst.
293 OLG Hamburg, NJW-RR 2006, 1054, 1060 – Cybersky; OLG Köln, GRUR-RR 2006, 5, 6 – Personal Video Recorder, wobei dieses Werbeverbot sowohl auf § 97 UrhG als auch § 3 UWG gestützt wurde.

letzung durch den Einsatz von Betamax Rekordern mit dem Argument abgelehnt, dass diese Rekorder in wesentlichem Umfang auch zu nicht-urheberrechtsverletzenden Nutzungen imstande seien.[294] Im sog. „Grokster-Fall",[295] bei dem es um die (sekundäre) Verantwortung der Hersteller von File-Sharing-Software für Rechtsverletzungen durch Nutzer von Peer-to-Peer Tauschbörsen ging, entschied er dann allerdings im Jahr 2006, dass dies anders zu beurteilen sei, wenn über den bloßen Vertrieb hinaus der rechtswidrige Einsatz durch Erklärungen, z. B. in der Werbung, absichtlich gefördert bzw. veranlasst würde (sog. „inducement of infringement"). Bei der Beurteilung einer entsprechenden Absicht könne auch berücksichtigt werden, was der Hersteller getan habe, um Rechtsverletzungen zu vermeiden. Ob damit die Sony-Betamax Rechtsprechung völlig an Bedeutung verloren hat, erscheint zweifelhaft. Sie dürfte weiterhin wichtig sein in Fällen, in denen ein Verleiten („inducement") nicht vorliegt, wobei dann allerdings weiterhin offen bleibt, in welchem Umfang eine rechtmäßige Nutzung gegeben sein muss.[296]

d) Beweislast

Für die Störerhaftung gelten die allgemeinen Grundsätze der Beweislastverteilung. Es obliegt dem Anspruchsteller zu beweisen, dass der Anspruchsgegner Prüfungs- oder Vorsorgepflichten verletzt bzw. die Rechtsverletzung provoziert hat. Stützt der Anspruchsteller seinen Anspruch auf die Verletzung von Prüfpflichten, muss der Anspruchsteller beweisen, dass der Anspruchsgegner einen konkreten Hinweis auf die Rechtsverletzung erhalten hat. Entsprechendes gilt, wenn der Anspruchsteller die Verletzung von Vorsorgepflichten behauptet. 145

Auch obliegt es grundsätzlich dem Anspruchsteller zu beweisen, dass es dem Anspruchsgegner technisch möglich und zumutbar war, weitere Verletzungen zu verhindern.[297] Diese Darlegungs- und Beweislast wird allerdings dadurch gemildert, dass den Anspruchsgegner insoweit eine sekundäre Darlegungslast trifft.[298] Die sekundäre Darlegungslast des Anspruchsgegners kommt dann zum Tragen, wenn der Anspruchsteller keinen Einblick in die technischen Möglichkeiten des Anspruchsgegners hat und daher nicht er- 146

---

294 Sony Corp. of America v. Universal City Studios, 464 U.S. 417, 104 S. Ct. 774 (1984) S. 440.
295 US Supreme Court, GRUR Int. 2005, 859 ff. Dazu im deutschen Schrifttum *Gampp*, ZUM 2005, 794 ff.; *Naumann/Illmer*, K&R 2005, 550 ff.; *Spindler/Leistner*, GRUR Int. 2005, 773 ff.
296 *Naumann/Illmer*, K&R 2005, 550, 553.
297 *Solmecke/Rüther/Herkens*, MMR 2013, 217, 218.
298 LG München, ZUM 2013, 583 ff.

kennen kann, ob dem Anspruchsgegner ein bestimmtes Verhalten ausnahmsweise unzumutbar ist. Beruft sich der Diensteanbieter in einer solchen Situation etwa auf Besonderheiten seines Dienstes, die eine Unmöglichkeit oder Unzumutbarkeit der Sperrung begründen sollen, so obliegt es ihm, im Einzelnen vorzutragen, welche Schutzmaßnahmen er ergreifen kann und weshalb ihm, sollten diese Maßnahmen keinen lückenlosen Schutz gewährleisten, weitergehende Maßnahmen nicht zuzumuten sind.[299] Besondere Bedeutung hat die sekundäre Darlegungslast in Fällen, bei denen es um die Verletzung von Rechten über einen Internet-Anschluss in dem Wohnhaus einer Familie geht. Der Anschlussinhaber muss die Vermutung seiner Täterschaft widerlegen, indem er vorträgt, ob und ggf. welche anderen Personen selbstständigen Zugang zum Internetanschluss hatten und als Täter in Betracht kommen. Kommt der Inhaber dieser sekundären Darlegungslast nach, wird in der Regel keine täterschaftliche Haftung des Anschlussinhabers in Betracht kommen, sondern allenfalls noch eine Störerhaftung.[300]

3. Haftung mehrerer

147 Mehrere Verletzer haften bei Vorliegen der entsprechenden Voraussetzungen als Gesamtschuldner nach §§ 830, 840 i.V. m. §§ 421 ff. BGB. Das gilt insb. für den Fall, dass mehrere durch eine gemeinschaftlich begangene Handlung oder im Verhältnis von Täter und Teilnehmer einen Schaden verursacht haben, § 830 Abs. 1 BGB. Die Haftung als Gesamtschuldner greift entsprechend den allgemeinen deliktsrechtlichen Grundsätzen aber auch dann ein, wenn feststeht, dass die Anspruchsverpflichteten an der rechtsverletzenden Handlung beteiligt waren, sich aber nicht ermitteln lässt, wer durch welche Handlung oder zu welchem Anteil den Schaden verursacht hat, § 830 Abs. 1 Satz 2 BGB.

148 Folge der Haftung als Gesamtschuldner ist, dass der Anspruchsberechtigte bis zur Höhe der Gesamtschuld nach Belieben, aber selbstverständlich nicht rechtsmissbräuchlich, jeden Gesamtschuldner ganz oder teilweise in Anspruch nehmen kann. Einwendungen und Einreden wirken grundsätzlich nur im Einzelverhältnis zwischen Anspruchsberechtigtem und dem in Anspruch genommenen Gesamtgläubiger, § 422 BGB. Ganze oder teilweise Erfüllung oder eine Leistung an Erfüllungsstatt durch einen Gesamtgläubiger hingegen wirken auch für die übrigen Gläubiger, § 425 BGB. Im Prozess sind die Gesamtschuldner nur einfache Streitgenossen.

---

299 LG Köln, GRUR 2014, 1081, 1090 – Goldesel.
300 BGH, GRUR 2014, 657, 685, Rn. 18 – BearShare. Siehe hierzu unten Rn. 167 ff. (C. IV. 2. a).

4. Zurechnung fremden Verhaltens/Verschuldens

Für die Zurechnung fremden Verhaltens und Verschuldens gelten die allgemeinen Grundsätze. Zusätzlich findet sich in § 99 UrhG eine Sonderregelung zur Haftung von Inhabern eines Unternehmens für Unterlassungsansprüche aufgrund des Verhaltens von Arbeitnehmern oder Beauftragten in diesem Unternehmen.   **149**

a) §§ 31, 831, 278 BGB

Im Rahmen von Schuldverhältnissen, z. B. nach Abgabe strafbewehrter Unterlassungserklärungen, kommt eine Zurechnung fremden Verschuldens nach § 278 BGB in Betracht.   **150**

Für deliktische Ansprüche richtet sich die Zurechnung fremden Verhaltens nach §§ 831, 31 BGB. Dies bedeutet, dass juristische Personen für das Verhalten ihrer Organe sowie für das Fehlen eines gesetzmäßig bestellten Vertreters nach § 31 BGB haften.[301] Für das Verhalten von Verrichtungsgehilfen wird nach § 831 BGB gehaftet. Im Vergleich zu den allgemeinen Regelungen des Deliktsrechts gelten insoweit für das Urheberrecht keine Besonderheiten. Das gilt auch für die Möglichkeit des Entlastungsbeweises.[302]   **151**

Auch die Regelungen zur Amtshaftung nach § 839 BGB, Art. 34 GG sind mit der Folge anwendbar, dass für Urheberrechtsverletzungen, die ein Beamter in Ausübung eines öffentlichen Amts begeht, (nur) der Staat auf Schadensersatz haftet.[303] Auf Unterlassung hingegen kann auch der Beamte in Anspruch genommen werden, soweit sein Handeln (auch) als privatrechtlich qualifiziert werden kann und nicht im Kernbereich hoheitlichen Handelns liegt.[304]   **152**

Keine Zurechnung fremden Verhaltens, sondern Haftung für die Verletzung eigener Prüfpflichten erfolgt hingegen bei der Störerhaftung.   **153**

b) § 99 UrhG

Die Regelung entspricht im Wesentlichen derjenigen in § 8 Abs. 2 UWG. Sie dient auch demselben Zweck: Der Inhaber eines Unternehmens soll sich   **154**

---

301 BGHZ 17, 376, 383 – Betriebsfeier; 24, 200, 212 – Spätheimkehrer; 49, 19, 21 – Teilzahlungsverkäufer; NJW 1980, 2810, 2811.
302 *Klaka*, GRUR 1988, 729.
303 BGH, GRUR 1993, 37, 38 f. – Seminarkopien, mit Verweis auf BGHZ 34, 99, 104; BGH, VersR 1966, 262, 264; NJW 1971, 43, 44; OLG Düsseldorf, GRUR 1987, 909, 910 – Stadtarchiv.
304 BGH, GRUR 1993, 37, 38 f. – Seminarkopien; OLG Düsseldorf, GRUR 1987, 909, 910 – Stadtarchiv.

Kap. 7 Haftungsfragen

nicht hinter der Verantwortung von Dritten verstecken, wenn diese von ihm abhängig sind und wenn deren Verhalten auch ihm bzw. dem Unternehmen zugutekommt.[305] Dass im Einzelfall bereits nach § 31 oder § 831 BGB eine Zurechnung möglich ist, schließt die Anwendbarkeit von § 99 UrhG nicht aus.[306] Allerdings schneidet § 99 UrhG dem Haftenden die Möglichkeit der Exkulpation nach § 831 BGB ab. Die Haftung des Unternehmensinhabers tritt neben die Haftung des eigentlich Handelnden.

155 Voraussetzung für die Haftung nach § 99 UrhG ist, dass sämtliche Voraussetzungen eines objektiven Verletzungstatbestands durch einen Arbeitnehmer oder Beauftragten des Unternehmens erfüllt sind, wobei grundsätzlich eine weite Auslegung geboten ist. „Arbeitnehmer" im Sinne dieser Vorschrift sind alle Personen, die aufgrund eines Beschäftigungsverhältnisses im Unternehmen Dienste leisten, sei es aus Dienstvertrag, Werkvertrag oder Auftrag.[307] „Beauftragter" ist nach der Rechtsprechung jeder, der im oder für das Unternehmen eines anderen tätig ist aufgrund (irgend-)eines vertraglichen oder sonstigen, funktionsgleichen Rechtsverhältnisses, das ihn in die betriebliche Organisation eingliedert und aufgrund dessen der Unternehmensinhaber einen bestimmenden und durchsetzbaren Einfluss besitzt oder sich zumindest sichern könnte.[308] „Beauftragte" können sowohl natürliche als auch juristische Personen sein. Es kommt sogar eine mehrstufige Zurechnung in Betracht, wenn der Unternehmensinhaber mit der Einschaltung von Angestellten oder Beauftragten seines Beauftragten einverstanden war.[309] Ob der Beauftragte selbstständig ist oder nicht, spielt keine Rolle. Maßgeblich ist allein, dass er in die betriebliche Organisation des Unternehmens eingegliedert ist und seine Tätigkeit diesem Unternehmen tatsächlich zugutekommt.

156 Das Tatbestandsmerkmal der Verletzung „in einem Unternehmen" ist nicht räumlich, sondern funktional zu verstehen. Es muss ein innerer Zusammenhang zu dem Unternehmen bestehen. Das ist nicht der Fall, wenn Angestellte oder Beauftragte Betriebsmittel oder geschäftliche Einrichtungen für private Zwecke missbrauchen, was insb. bei der Internetnutzung oftmals der Fall sein wird. Anderseits ist aber auch nicht erforderlich, dass die Verlet-

---

305 BT-Drs. 4/270, S. 104.
306 Vgl. *Dreier*, in: Dreier/Schulze, UrhG, 5. Aufl. 2015, § 99 Rn. 9 ff.
307 BGH, GRUR 1993, 37, 39 – Seminarkopien; *Wild*, in: Schricker/Loewenheim, Urheberrecht, 4. Aufl. 2010, § 99 Rn. 5.
308 BGHZ 28, 1, 12 – Buchgemeinschaft II; BGH, GRUR 1963, 434, 435 – Reiseverkäufer; BGH, GRUR 1963, 438, 439 f. – Fotorabatt; BGH, GRUR 1964, 88, 89 – Verona-Gerät; BGH, GRUR 1964, 263, 267 – Unterkunde; BGH, GRUR 1990, 1039, 1040 – Anzeigenauftrag; BGH, GRUR 2009, 1167 – Partnerprogramm; GRUR 2005, 864, 865 – Meißner Dekor II.
309 BGHZ 28, 1, 12 – Buchgemeinschaft II.

zungshandlung in den Geschäftsräumen des Unternehmens vorgenommen wird. Es genügt, dass die Verletzungshandlung in den Geschäftskreis des Unternehmens fiel und diesem tatsächlich zugutekam. Bei Handlungen, die nicht dem Unternehmen, sondern allein dem Handelnden zugutekommen, scheidet eine Zurechnung nach § 99 UrhG hingegen aus.[310]

„Inhaber des Unternehmens" ist derjenige, unter dessen Namen das Unternehmen geführt wird und der damit die Verantwortung übernimmt; das ist nicht stets der Eigentümer, sondern der betreibende Kaufmann.[311] Bei der BGB-Gesellschaft sind alle Gesellschafter gemeinsam Unternehmensinhaber; der Bundesgerichtshof erkennt aber auch die Aktiv- und Passivlegitimation der BGB-Gesellschaft als solche an.[312] Bei OHG und KG sind Unternehmensinhaber die Gesellschaften als solche, aber auch alle persönlich haftenden Gesellschafter; bei AG, GmbH, Genossenschaft und rechtsfähigem Verein sind Unternehmensinhaber hingegen nur die juristischen Personen als solche, nicht aber Gesellschafter oder gesetzliche Vertreter. Das gilt selbst für Ein-Mann-GmbHs. Rechtlich selbstständige Tochterunternehmen haben ihren eigenen Unternehmensinhaber; rechtlich unselbstständige Niederlassungen hingegen sind Teil des Gesamtunternehmens.[313] **157**

Rechtsfolge des § 99 UrhG ist eine Erfolgshaftung des Unternehmensinhabers ohne Exkulpationsmöglichkeit. Ob die Handlung mit Wissen und Wollen des Unternehmensinhabers stattfand, ist unerheblich. Es genügt, dass die Handlung im Tätigkeitsbereich des Beauftragten/Arbeitnehmers stattfand und dem Unternehmen zu Gute kam. Zu beachten ist allerdings, dass sich die Zurechnung nicht auf Schadensersatzansprüche bezieht, sondern nur auf Ansprüche auf Unterlassung, Beseitigung, Vernichtung oder Überlassung nach §§ 98 ff. UrhG. **158**

5. Anspruchsgegner nach § 98 UrhG

Anspruchsgegner der Ansprüche nach § 98 UrhG auf Vernichtung, Rückruf oder Überlassung ist in jedem Fall der Verletzer,[314] der Eigentümer der Vervielfältigungsstücke oder Einrichtungen ist. Zur Duldung der Vernichtung von Vervielfältigungsstücken verpflichtet ist im Fall des § 98 Abs. 1 UrhG **159**

---
310 BGH, Urt. v. 19.4.2007, I ZR 92/04 – Gefälligkeit; LG München I, CR 2008, 49.
311 *Wild*, in: Schricker/Loewenheim, Urheberrecht, 4. Aufl. 2010, § 99 Rn. 2.
312 BGH, NJW 2001, 1056. Anders noch kurz vorher der I. Senat des BGH, NJW-RR 2001, 114 – Ballermann, zur Rechtsinhaberschaft an Marken; allerdings hat der I. Senat des BGH mittlerweile mitgeteilt, dass er an dieser Rechtsprechung zukünftig nicht festhalten wird.
313 *Dreier*, in: Dreier/Schulze, UrhG, 5. Aufl. 2015, § 99 UrhG Rn. 7.
314 Zur Erweiterung des Kreises der Anspruchsverpflichteten durch §§ 830, 840 BGB siehe *Fromm/Nordemann*, Urheberrecht, 11. Aufl. 2014, § 98 Rn. 12.

Kap. 7 Haftungsfragen

darüber hinaus der Verletzer, der die schutzrechtsverletzenden Gegenstände zumindest mittelbar in Besitz hat. Der Anspruch auf Vernichtung der Einrichtungen gemäß § 98 Abs. 1 Satz 2 UrhG ebenso wie der Anspruch auf Überlassung von Vervielfältigungsstücken gemäß § 98 Abs. 2 UrhG besteht hingegen nur gegen den Verletzer, der auch Eigentümer der Gegenstände ist. Besitz reicht hier nicht aus. Ebenfalls ist der nichtbesitzende Eigentümer nicht passivlegitimiert.

160 Der Vernichtungsanspruch richtet sich nicht gegen den Besitz oder das Eigentum von Personen, die keine Urheberrechtsverletzung begangen haben. Zwar wird im Zusammenhang mit Art. 10 Abs. 1 der Enforcement-Richtlinie diskutiert, ob sich der Vernichtungsanspruch auch gegen unbeteiligte Dritte richten kann. Bei entsprechendem Drittbezug hat der europäische Gesetzgeber diesen jedoch – wie etwa in Art. 8 Enforcement-Richtlinie – stets ausdrücklich in den Wortlaut aufgenommen. Nicht erfasst wäre hiernach etwa der nichtverletzende User, der sich eine Datei bereits zu privaten Zwecken auf seinen Rechner geladen hat, so dass dem Verletzer weder Eigentum noch Besitz an der konkreten Kopie verbleiben.[315] Für Raubkopien enthält § 69f. UrhG jedoch eine ausdrückliche Ausnahme. Gemäß § 68f. UrhG kann der Rechtsinhaber vom Eigentümer oder Besitzer verlangen, dass alle rechtswidrig hergestellten, verbreiteten oder zur rechtswidrigen Verbreitung bestimmten Vervielfältigungsstücke vernichtet werden.

IV. Fallgruppen

161 So einfach die allgemeinen Grundsätze klingen, so schwierig ist ihre Umsetzung für die Verantwortlichkeit im Internet. Im Fall der mittelbaren Verantwortlichkeit und der Störerhaftung kommt es maßgeblich auf die Verletzung von zumutbaren Prüfpflichten an. Diese Beurteilung ist sehr stark durch den Einzelfall geprägt, allerdings haben sich mittlerweile durch die vielen Entscheidungen – auch des BGH – gewisse Leitlinien herausgebildet: Im Einzelnen lassen sich die folgenden Fallgruppen unterscheiden:

1. Nutzer, der selbst Inhalte aus dem Internet abruft

162 Für die Haftung des Nutzers gelten keine Besonderheiten. Der Vorfilter des TMG greift nicht. Der Nutzer ist kein Diensteanbieter im Sinne des § 2 Satz 1 Nr. 1 TMG. Auch kommt keine Begrenzung der Haftung nach den allgemeinen Grundsätzen in Betracht. Der Nutzer ist in der Regel unmittel-

---

315 Vgl. *Wild*, in: Schricker/Loewenheim, Urheberrecht, 4. Aufl. 2010, § 98 Rn. 8.

barer Verletzer und haftet für die von ihm begangenen Urheberrechtsverletzungen als Täter und nicht bloß als Störer.

Als Verletzungshandlungen kommen vor allem dem Herunterladen und dem Ausdruck von Material aus dem Internet Relevanz zu.[316] Das bloße Browsen stellt allerdings, ebenso wie das bloße Streaming – unbeschadet seiner Qualifizierung als urheberrechtsrelevante Verwertungshandlung – im Regelfall keine Urheberrechtsverletzung dar.[317] Durch die Einführung des § 44a UrhG hat der Gesetzgeber klargestellt, dass vorübergehende Vervielfältigungshandlungen zulässig sind, die flüchtig und begleitend sind und keine eigenständige wirtschaftliche Bedeutung haben. Davon kann beim Streaming weitestgehend ausgegangen werden. Bisher vom EuGH unbeantwortet bleibt aber die Frage, ob Streaming auch dann eine „rechtmäßige Nutzung" i. S. v. § 44a Nr. 2 UrhG darstellt, wenn eine rechtswidrige Vorlage verwendet wird, die ohne Zustimmung des Rechteinhabers hochgeladen wurde. In der Entscheidung „FAPL/Murphy" wendet der EuGH die Schranke auf flüchtige Vervielfältigungen an, die beim Empfang von Satellitensendungen in einem Satellitendecoder erzeugt werden, wobei der EuGH allein auf die Rechtmäßigkeit des Empfangs, und nicht auf die Rechtmäßigkeit der Sendung abstellt.[318] Diese Entscheidung lässt sich auf die Wiedergabe von Werken in Form des Streaming übertragen,[319] weil auch dort nur eine flüchtige Kopie des Werks im Arbeitsspeicher des Computers bzw. im Browser Cache gespeichert wird, die nicht ohne Weiteres – nach Beendigung des Streams – erneut abgerufen werden kann. Für die Rechtmäßigkeit der Nutzung spricht zudem, dass Streaming eine Form des rezeptiven Werkgenusses ist, der auch sonst vom Gesetzgeber unabhängig von der Rechtswidrigkeit der Vorlage gestattet wird.[320] Auch die deutschen Instanzgerichte gingen in den Urteilen in Sachen

---

316 *Spindler*, ZUM 1996, 533, 543; *Waldenberger*, ZUM 1997, 176, 179; *Schneider*, GRUR 2000, 969, 970.
317 In Bezug auf das Streaming jedenfalls dann, wenn der gestreamte Inhalt für den Nutzer nicht offensichtlich rechtswidrig ist: LG Köln, GRUR-RR 2014, 114, 114 – Redtube; LG Hamburg, MMR 2014, 267, 268; AG Hannover, MMR-Aktuell 2014, 359520. Die Rechtsprechung des EuGH hierzu ist nicht eindeutig: EuGH, EuZW 2012, 466 – FAPL/Murphy; EuGH, EuZW 2014, 388 – UPC Telekabel Wien; EuGH, MMR, 2014, 541, 544 – PRCA/NLA; Näheres dazu unter D. II. 1. (Rn. 252).
318 EuGH, EuZW 2012, 466, 474 – FAPL/Murphy.
319 *Stieper*, GRUR 2012, 12, 15; *Dustmann*, in: Fromm/Nordemann, Urheberrecht, 11. Aufl. 2014, § 44a Rn. 18.
320 So auch *Stieper*, MMR 2012, 12, 15ff; *Redlich*, K&R 2012, 713; *Fangerow/Schulz*, GRUR 2010, 677, 681; *Galetzka/Stamer*, MMR 2014, 292, 296; *Mitsdörffer/Gutfleisch*, MMR 2009, 731, 733; *Gercke*, ZUM 2012, 625, 634; *Hilgert/Hilgert*, MMR 2014, 85, 87, *Dustmann*, in: Fromm/Nordemann, Urheberrecht, 11. Aufl. 2014, § 44a Rn. 18; a. A. *Leistner*, JZ 2011, 1040, 1145; *Radmann*, ZUM 2010, 387, 389 ff.

Kap. 7 Haftungsfragen

„Redtube" überwiegend von der Freiheit des rezeptiven Werkgenusses aus.[321] Letztlich konnte dies aber dahingestellt bleiben, da die Rechtswidrigkeit der Vorlagen für die Nutzer jedenfalls nicht offensichtlich war.[322] Beim Browsen kommt hinzu, dass es in der Regel durch die Einwilligung des Berechtigten gedeckt sein wird[323] und darüber hinaus auch häufig die Schranke des § 53 Abs. 1 UrhG (Nutzung zu privaten Zwecken) greifen dürfte.

2. Öffnung des Internetzugangs für Dritte

164 Problematischer ist hingegen die Frage, ob derjenige, der einem Dritten den eigenen Internetzugang überlässt, für die im Internet begangenen Urheberrechtsverletzungen des Dritten haften muss. Beispiele für diese Fallgruppe sind die gemeinsame Nutzung eines Internetzugangs durch die Familie, die Öffnung des Internetzugangs des Arbeitgebers für seine Arbeitnehmer, aber auch die unfreiwillige Öffnung eines WLAN-Anschlusses für Dritte.

165 In all diesen Fallgruppen greift der Vorfilter des TMG ein. Der Inhaber des Internetanschlusses ist Diensteanbieter im Sinne des § 2 Satz 1 Nr. 1 TMG.[324] Er vermittelt den Zugang zur Nutzung fremder Telemedien. Der Begriff des Diensteanbieters ist weit auszulegen. Das TMG gilt gemäß § 1 Abs. 1 Satz 2 TMG auch für private und unentgeltliche Dienste wie etwa die Eröffnung des Internetzugangs für andere Familienmitglieder. Dabei sollen selbst solche Anschlussinhaber als Diensteanbieter anzusehen sein, die ihren Internetzugang unbewusst zur Verfügung stellen.[325] Dies ist relevant im Fall der unfreiwilligen Öffnung des WLAN-Anschlusses für Dritte. Da die Öffnung des Internetzugangs selbst keine Urheberrechte verletzt, kommt es maßgeblich auf die Störerhaftung und hier auf die Frage der zumutbaren Prüf- und Vorsorgepflichten an.

166 Weitgehend unstritting ist, dass demjenigen, der Dritten einen Internetzugang eröffnet, nach einem konkreten Hinweis auf eine Rechtsverletzung durch den Dritten ex-post-Prüfpflichten obliegen. Nach einem konkreten Hinweis auf eine Rechtsverletzung müssen alle zumutbaren Maßnahmen ergriffen werden, um die Rechtsverletzung abzustellen.[326] Wird diese Verpflichtung verletzt, greift im Fall einer Urheberrechtsverletzung die Störerhaftung. Vorabprüfungspflichten bestehen damit – jedenfalls im familiären Umfeld – nach

---

321 LG Köln, GRUR-RR 2014, 114, 114 – The Archive; LG Hamburg, MMR 2014, 267, 268; AG Hannover, ZUM-RD 2014, 667.
322 Näheres dazu siehe unten Rn. 252a ff. (D. II. 1.)
323 *Bechtold*, ZUM 1997, 427, 430; *Waldenberger*, ZUM 1997, 176, 179.
324 A. A. *Volkmann*, CR 2008, 232, 237.
325 *Stang/Hühner*, GRUR-RR 2008, 273, 275; *Gietl*, MMR 2007, 630, 631.
326 BGH, GRUR 2013, 511, Tz. 24 – Morpheus; BGH, GRUR 2014, 657, Tz. 26 – BearShare.

Auffassung des BGH nicht. Dies wurde teilweise von den Instanzgerichten anders gesehen.

a) Gemeinsame Nutzung des Internetzugangs durch die Familie

Bei der gemeinsamen Nutzung eines Internetzugangs durch die Familie überraschten die Entscheidungen der Instanzgerichte teilweise durch eine sehr strenge, die Anforderungen an die Eltern überspannende Rechtsprechung. So ging das LG Hamburg[327] bei der Überlassung des Internetzugangs an Jugendliche davon aus, dass Eltern auch ohne konkreten Hinweis auf eine Rechtsverletzung vorab Prüfpflichten obliegen. Die Eltern seien verpflichtet, wirksame Maßnahmen zur Verhinderung von Rechtsverletzungen zu treffen. Bei der Überlassung von Internetzugängen an Jugendliche sei nach dem gewöhnlichen Lauf der Dinge damit zu rechnen, dass Jugendliche Dritten rechtswidrig geschützte Werke im Rahmen von Tauschbörsen oder Social Networks zugänglich machen.[328] Das LG Köln[329] entschied, dass derjenige, der auf seinem privaten Computer den Benutzernamen und das Kennwort zu einem Internetforum so abspeichert, dass im Rahmen des Einlogvorgangs das Passwort automatisch eingefügt wird, als Störer haftet für beleidigende Äußerungen, die ein anderes Familienmitglied in seiner Abwesenheit in das Forum einstellt. **167**

Die jüngere Rechtsprechung schränkt die Störerhaftung hingegen zu Recht weiter ein. Bereits das LG Mannheim[330] entschied, dass ohne konkreten Anlass für eine rechtswidrige Nutzung des Anschlusses durch Familienmitglieder keine ständige Überwachung oder gar Sperrung der Familienmitglieder in Betracht kommt. Verlangt werden könne auch ohne konkreten Hinweis auf eine Rechtsverletzung von den Eltern jedoch eine einweisende Belehrung bei Eröffnung des Internetverkehrs für Kinder, wenn deren Alter dies gebiete.[331] **168**

---

327 LG Hamburg, ZUM 2006, 661.
328 LG Hamburg, ZUM 2006, 661. Ebenso jetzt auch LG Köln, BeckRS 2009, 22519 = CR 2009, 684.
329 LG Köln, K&R 2007, 51.
330 LG Mannheim, MMR 2007, 267. Für Österreich hat der OGH, K&R 2008, 326, festgestellt, dass Eltern nicht verpflichtet sind, von vornherein die Internetaktivitäten ihrer Kinder zu überwachen. Dem österreichischen Recht ist allerdings die Störerhaftung fremd. Wer selbst nicht tatbestandsmäßig handelt, sondern nur einen sonstigen Tatbeitrag leistet, soll nur dann haften, wenn er den Täter bewusst fördert.
331 Vgl. auch LG München I, K&R 2008, 474, das unabhängig von der Notwendigkeit eines einleitenden Belehrungsgespräches auch verlangt hat, dass die Eltern ihr Kind laufend dahingehend überwachen, ob sich das Kind in dem von ihnen gesteckten Rahmen bewegt. Die Entscheidung wurde inzwischen aufgehoben durch OLG München, Urt. v. 24.12.2008 – 6 U 3881/08.

Kap. 7 Haftungsfragen

Bei volljährigen Kindern soll eine solche Belehrung aufgrund deren Wissensvorsprungs hingegen nicht erforderlich sein.[332]

168a Für minderjährige Kinder bestätigte nun auch der BGH, dass Eltern ihrer Aufsichtspflicht bereits dadurch genügen, dass sie ihre Kinder über die Rechtswidrigkeit von Tauschbörsen belehren und ihnen eine Teilnahme daran verbieten.[333] Eine Verpflichtung der Eltern, die Nutzung des Internets durch das Kind zu überwachen, den Computer des Kindes zu überprüfen oder dem Kind den Zugang zum Internet (teilweise) zu sperren, besteht hingegen grundsätzlich nicht. Zu derartigen Maßnahmen seien die Eltern erst verpflichtet, wenn sie konkrete Anhaltspunkte dafür haben, dass ihre Kinder dem Verbot zuwiderhandeln.[334]

168b Auch hinsichtlich von Urheberrechtsverletzungen durch volljährige Familienangehörige entlastet der BGH den Anschlussinhaber.[335] Aufgrund der Eigenverantwortlichkeit für ihr Handeln und dem grundrechtlich geschützten Vertrauensverhältnis zwischen Familienangehörigen (Art. 6 Abs. 1 GG) sind diese weder zu belehren noch zu überwachen, solange es an konkreten Anhaltspunkten für einen Missbrauch des Internetanschlusses fehlt.[336] Diese Grundsätze gelten ebenfalls für die Überlassung des Internetanschlusses durch einen Ehepartner an den anderen.[337] Ausdrücklich offengelassen hat der BGH die Frage, ob diese Grundsätze auch auf sonstige volljährige Personen, die dem Anschlussinhaber nahestehen, wie etwa Freunde oder Mitbewohner, entsprechend anwendbar sind.[338] Auch hier besteht jedenfalls keine gesetzliche Aufklärungspflicht. Eine anlasslose Belehrungspflicht gegenüber volljährigen Besuchern der Wohnung des Anschlussinhabers, wie es das LG Hamburg[339] fordert, überzeugt jedenfalls nicht.

---

332 LG Mannheim, MMR 2007, 267, 268. Bestätigt in LG Mannheim, K&R 2007, 287f.
333 BGH, MMR 2013, 388, 390, Rn. 24 – Morpheus m. Anm. *Hoffmann*; BGH, GRUR 2016, 184, Rn. 38 – Tauschbörse II.
334 BGH, MMR 2013, 388, 390, Rn. 29 – Morpheus.
335 BGH, GRUR 2014, 657, 659, Rn. 24 – BearShare m. Anm. *Neurauter*; BGH, Urt. v. 12.5.2016, I ZR 86/15.
336 BGH, GRUR 2014, 657, 659, Rn. 27 – BearShare; dazu *Borges*, NJW 2014, 2305, 2307f.; *Hofmann*, ZUM 2014, 654, 659f.; *Spindler/Volkmann*, in: Spindler/Schuster, Recht der elektronischen Medien, 3. Aufl. 2015, § 1004 Rn. 54ff.
337 BGH, GRUR 2014, 657, 659, Rn. 28 – BearShare; OLG Frankfurt a. M., GRUR-RR 2008, 73, 74; GRUR-RR 2013, 246; OLG Köln, GRUR-RR 2012, 329, 331.
338 Dafür: OLG Frankfurt a.M., GRUR-RR 2008, 73, 74; OLG Düsseldorf, BeckRS 2013, 11234; LG Mannheim, MMR 2007, 267, 268; a.A. OLG Köln, GRUR-RR 2012, 329, 331; LG Köln, GRUR-RR 2013, 286, 287.
339 LG Hamburg, GRUR-RS 2015, 08634.

In Bezug auf die Darlegungs- und Beweislast für die Voraussetzungen der **168c**
Haftung des Anschlussinhabers entwickelte der BGH drei Stufen.[340] Zunächst besteht zugunsten des grundsätzlich darlegungs- und beweispflichtigen Rechtsinhabers eine tatsächliche Vermutung dahingehend, dass der Anschlussinhaber als Täter für die begangene Rechtsverletzung verantwortlich ist (erste Stufe). Kann der Anschlussinhaber diese Vermutung nicht widerlegen, haftet er als Täter für eigenes Verhalten. Die Vermutung ist widerlegt, wenn der Anschlussinhaber darlegen kann, dass die ernsthafte Möglichkeit besteht, dass andere Personen zum Tatzeitpunkt Zugang zu seinem Anschluss hatten und damit als Täter der Rechtsverletzung in Betracht kommen, wobei der Anschlussinhaber im Rahmen des Zumutbaren auch zu Nachforschungen verpflichtet ist[341] (zweite Stufe). Im Rahmen einer sekundären Beweislast hat der Anschlussinhaber dazu vorzutragen, ob und ggf. welche anderen Personen selbstständigen Zugang zum Internetanschluss hatten. Gelingt dies dem Anschlussinhaber, ist es wieder Sache des Anspruchstellers darzulegen und zu beweisen, dass der Anschlussinhaber dennoch Täter der Rechtsverletzung ist (dritte Stufe). Ansonsten wird in der Regel keine täterschaftliche Haftung des Anschlussinhabers in Betracht kommen, sondern allenfalls nur noch eine Störerhaftung.

b) Eröffnung des Internetzugangs für Arbeitnehmer

Die Störerhaftung des Arbeitgebers für die von seinen Mitarbeitern am Arbeitsplatz begangenen Urheberrechtsverletzungen wird von den Instanzgerichten zu Recht zurückhaltend beurteilt. So entschied das LG München I,[342] dass der Arbeitgeber grundsätzlich nicht für die illegale Teilnahme seiner Mitarbeiter an einem Filesharing-System haftet. Es existiere keine Lebenserfahrung, dass Mitarbeiter bereitgestellte Computer für Urheberrechtsverletzungen benutzen werden. Daher sei dem Arbeitgeber eine Filterung oder sogar manuelle Kontrolle des Internetzugriffs seiner Mitarbeiter ohne konkrete Anhaltspunkte für eine Rechtsverletzung nicht zumutbar. Im konkreten Fall kam hinzu, dass der betroffene Mitarbeiter mit dem Aufbau der Internetpräsenz des Arbeitgebers betraut war und daher einen unbeschränkten Internetzugang zur Erfüllung seiner Pflichten benötigte. Prüfungs- und Sicherungspflichten treffen den Arbeitgeber erst nach Erhalt eines konkreten Hinweises auf eine Rechtsverletzung durch einen seiner Mitarbeiter.[343] **169**

---

340 BGH, GRUR 2010, 633, Rn. 12 – Sommer unseres Lebens; BGH, GRUR 2013, 511, Rn. 33 – Morpheus; BGH, GRUR 2014, 656, Rn. 15 – BearShare; BGH, GRUR 2016, 176, Rn. 52 – Tauschbörse I; BGH, GRUR 2016, 191 Rn. 37 – Tauschbörse III.
341 BGH, GRUR 2014, 657, 658, Rn. 17 – BearShare.
342 LG München I, CR 2008, 49.
343 Zustimmend auch *Mantz*, CR 2008, 52.

Kap. 7 Haftungsfragen

c) Eröffnung eines unzureichend geschützten WLAN-Anschlusses

170 Die Eröffnung eines unzureichend geschützten WLAN-Anschlusses hat die Instanzgerichte in der jüngeren Vergangenheit immer wieder beschäftigt. Dabei gingen die Instanzgerichte[344] bisher davon aus, es sei allgemein bekannt, dass ungeschützte WLAN-Verbindungen von Dritten missbraucht werden können. Dies löse auch ohne konkreten Anlass Prüf- und Sicherungspflichten aus. Der Anschlussinhaber müsse einem Missbrauch etwa durch Einrichtung eines Passwortschutzes, Abschalten des Routers während des Urlaubs und Verschlüsselung der Kommunikation zwischen Router und PC vorbeugen. So entschied etwa das LG Mannheim,[345] dass eine Dreiundsiebzigjährige als Störerin hafte, weil Dritte über ihren ungeschützten WLAN-Anschluss urheberrechtlich geschützte Dateien im Internet angeboten hatten.

171 Von dieser Rechtsprechung war das OLG Frankfurt am Main[346] abgewichen und hatte entschieden, dass den Inhaber eines WLAN-Anschlusses Prüf- und Sicherungspflichten erst nach einem konkreten Hinweis auf eine Rechtsverletzung treffen. Zutreffend erscheint es, den WLAN-Anschluss nicht anders als jeden anderen Internetzugang zu behandeln. Prüfungs- und Sicherungspflichten, deren Verletzung zur Störerhaftung führen kann, sollten auch hier erst angenommen werden, wenn der Anschlussinhaber konkrete Anhaltspunkte auf eine Rechtsverletzung erhält.[347]

171a In der Entscheidung „Sommer unseres Lebens" klärte dann der BGH, welche Maßnahmen der private Anschlussinhaber ergreifen muss, um einer Störerhaftung zu entgehen.[348] Hiernach konkretisiert sich die Prüfpflicht des Betreibers dahin, dass dieser die im Kaufzeitpunkt des Routers für den privaten Bereich marktüblichen Sicherungen ihrem Zweck entsprechend wirksam einzusetzen hat. Diese Pflicht soll bereits im Zeitpunkt der Inbetriebnahme des Routers entstehen. Eine laufende Aktualisierung der Hardware hingegen wird vom privaten Anschlussinhaber nicht verlangt.[349] Nach heutigem Stand wäre daher die Verschlüsselung mit dem WPA2-Standard ausrei-

---

344 OLG Düsseldorf, MMR 2008, 256; OLG Karlsruhe, BeckRS 2008, 14865; LG Düsseldorf, GRUR-RR 2008, 279; LG Hamburg, CR 2006, 780; LG Mannheim, MMR 2007, 537.
345 LG Mannheim, MMR 2007, 537.
346 OLG Frankfurt a. M., K&R 2008, 113, 114 f. Aufgehoben wurde dadurch LG Frankfurt a. M., MMR 2007, 675 f. Kritisch hierzu *Stang/Hühner*, GRUR-RR 2008, 273.
347 Ebenso *Ernst*, MMR 2007, 538, 539; *Volkmann*, K&R 2008, 329, 332 (dort Fn. 64); a. A. *Stang/Hühner*, GRUR-RR 2008, 273.
348 BGH, GRUR 2010, 633 – Sommer unseres Lebens m. Anm. *Stang* und *Hühner*.
349 BGH, GRUR 2010, 633, Rn. 23 f.

chend, aber auch erforderlich.³⁵⁰ Die (Neu-)Vergabe individueller Passwörter wäre hingegen nur notwendig, wenn der Router nicht bereits mit einem zufallsgenerierten Passwort ausgeliefert wird.³⁵¹

Offen ist, wie diese Rechtsprechung vor dem Hintergrund des im Juni 2016 verabschiedeten Zweiten Telemedienänderungsgesetzes und des McFadden-Urteils des EuGH zu bewerten ist.³⁵² Zwar ist das Urteil des EuGH nur auf gewerbliche Betreiber offener WLAN-Netzwerke gerichtet, die ihr Netzwerk Dritten bewusst und gewollt zur Verfügung stellen. Soweit gewerbliche Betreiber von WLAN-Netzwerken von der Haftungsprivilegierung profitieren, ließe sich einwenden, dass dann auch Privatpersonen bei „nur" schlecht gesicherten Internetzugängen jedenfalls keiner strengeren Haftung unterliegen sollten.

171b

d) Betreiber von WLAN-Netzwerken

Weitgehende Ratlosigkeit herrschte bislang bei der Frage, inwieweit Anschlussinhaber haften, die ihren Anschluss bewusst und gewollt außerhalb der Familie oder eines Arbeitsverhältnisses Dritten zur Verfügung stellen.³⁵³ Das betrifft etwa Hotels, Cafés, Flughäfen und Betreiber von Freifunknetzwerken. In den wenigen Entscheidungen hierzu lehnten die Gerichte eine Störerhaftung des Anschlussinhabers im Ergebnis regelmäßig ab, meist gestützt auf die Verschlüsselung des WLANs und die Erfüllung einer Hinweispflicht. So entschied das LG Frankfurt a. M., dass ein Hotelbetreiber, der seinen Gästen eine rechtswidrige Internetnutzung untersagt, nicht als Störer haftet.³⁵⁴ Auch der Vermieter einer Ferienwohnung hafte nicht, wenn er sich vom Mieter zusichern lasse, dass dieser das Internet nicht zu illegalen Zwecken nutze.³⁵⁵ In der Literatur wird eine allgemeine Belehrungspflicht zumeist abgelehnt.³⁵⁶ Die Wertung des BGH, dass der Anschlussinhaber grundsätzlich nicht verpflichtet ist, Ehegatten und volljährige Kinder zu belehren, sei auf alle volljährigen Personen zu übertragen, da von einem allgemeinen Verständnis hinsichtlich der Unzulässigkeit von Rechtsverletzungen

171c

---

350 AG Hamburg, MMR-Aktuell 2014, 360796; AG Koblenz, MMR-Aktuell 2014, 361339.
351 AG Frankfurt am Main, MMR 2013, 605, 607.
352 Zweites Gesetz zur Änderung des Telemediengesetzes, BT-Drs. 18/6745, 18/8645.
353 *Borges*, NJW 2014, 2305, 2308.
354 LG Frankfurt a. M., MMR 2011, 401, 402; ebenso AG Hamburg, MMR-Aktuell 2014, 360792; AG Koblenz, MMR-Aktuell 2014, 3361339; AG Hamburg, MMR-Aktuell 2014, 360796.
355 LG Frankfurt a. M., GRUR-RR 2013, 507, 509; so auch AG München, MMR-Aktuell 2012, 337242 für Wohnungsvermieter.
356 *Borges*, NJW 2014, 2305, 2308; *Mantz*, GRUR-RR 2013, 497, 499.

Kap. 7 Haftungsfragen

im Internet ausgegangen werden könne.[357] Auch Betreiber von offenen WLAN-Netzen sollen nach Ansicht des AG Berlin-Charlottenburg nicht zu einer Belehrungs- und Verschlüsselungspflicht verpflichtet sein, da sie das zulässige Geschäftsmodell des Betreibers eines für jedermann zugänglichen, offenen WLANs gefährde.[358]

171d Das oben bereits angesprochene Zweite Telemedienänderungsgesetz hat hier nun zumindest in Teilbereichen Klarheit geschaffen und die Betreiber lokaler Funknetzwerke von einer eventuellen strafrechtlichen wie zivilrechtlichen Schadensersatzhaftung befreit. § 8 Abs. 3 TMG n. F. wurde dahingehend erweitert, dass die bestehenden Regelungen des § 8 Abs. 1 und Abs. 2 TMG auf Diensteanbieter Anwendung finden, die Nutzern einen Internetzugang über ein drahtloses lokales Netzwerk zur Verfügung stellen.[359] Der ursprüngliche Gesetzentwurf erklärte darüber hinaus in § 8 Abs. 4 TMG-E Unterlassungs- und Beseitigungsansprüche für ausgeschlossen unter der Voraussetzung, dass die Betreiber ihren WLAN-Anschluss „angemessen gesichert" haben und die Nutzer per Mausklick eingewilligt haben, dass sie keine Rechtsverletzungen über den WLAN-Anschluss begehen werden.[360] Dieser § 8 Abs. 4 TMG-E wurde jedoch aus dem jedoch Entwurf gestrichen, nachdem der Generalanwalt am EuGH zu einer Vorlagefrage des LG München[361] Stellung bezog.[362] Das LG München wollte in dem Verfahren geklärt haben, ob die Privilegierung des Art. 12 ECRL bzw. § 8 TMG bei Betreibern von WLAN-Hostspots zur Anwendung kommt, ob die Haftungsprivilegierung auch Unterlassungsansprüche einschließt und welche Sicherungsmaßnahmen auferlegt werden können, um einem eventuellen Unterlassungsanspruch zu entgehen. In seiner Stellungnahme ging der Generalanwalt davon aus, dass das Haftungsprivileg jedenfalls einer Inanspruchnahme des Providers auf Erstattung der Abmahnkosten im Wege stehe. Diese käme in ihrer Wirkung einem Schadensersatzanspruch gleich. Allerdings solle das nicht bedeuten, dass der Rechteinhaber nicht auf Unterlassung klagen könne. Ein Anspruch darauf, eine bestimmte Rechtsverletzung abzustellen

---

357 *Borges*, NJW 2014, 2305, 2310.
358 AG Berlin-Charlottenburg BeckRS 2015, 02858; ebenso *Mantz/Sassenberg*, NJW 2014, 3537, 3542; kritisch: *Sesing*, MMR 2015, 423, 424.
359 Der BGH hat die Frage, ob Betreiber von lokalen Funknetzwerken als Zugangsvermittler i. S. v. § 8 TMG anzusehen sind, zuletzt offen gelassen, GRUR 2010, 633, 635, Rn. 24 – Sommer unseres Lebens; dafür: *Hoeren/Jakopp*, ZRP 2014, 72, 75; *Mantz*, MMR 2006, 764, 765; *Borges*, NJW 2014, 2305, 2310.
360 Entwurf eines Zweiten Gesetzes zur Änderung des Telemediengesetzes (Zweites Telemedienänderungsgesetz – 2. TMGÄndG), BT-Drs. 18/6745.
361 LG München I, MMR 2014, 772; ausf. zum Vorlageverfahren Mantz/Sassenberg, MMR 2015, 85.
362 EuGH, Schlussantrag (EuGH) vom 16.3.2016, C-484/14, BeckRS 2016, 80483.

oder zu verhindern bestehe unter der Voraussetzung, dass die zu ergreifende Maßnahme verhältnismäßig ist und das Geschäftsmodell des WLAN-Betreibers nicht gefährde. Unzulässig, weil das Geschäftsmodell gefährdend, seien Anordnungen, die auf die Stilllegung des Internetanschlusses, dessen Sicherung durch ein Passwort oder die Überwachung sämtlicher über diesen Anschluss laufender Kommunikation gerichtet sind. Diese Rechtsauffassung des Generalanwalts fand laut Gesetzesbegründung Einzug in den neugefassten § 8 TMG,[363] ist in dieser Form vom EuGH jedoch nicht bestätigt worden.[364] Der EuGH hat vielmehr klargestellt, dass Art. 12 Abs. 1 ECRL die Möglichkeit zur Geltendmachung von Unterlassungsansprüchen sowie der Abmahn- und Gerichtskosten für die Geltendmachung von Unterlassungsansprüchen unberührt lässt. Auch sei die Sicherung des Internetanschlusses durch ein Passwort als erforderlich anzusehen, um einen wirksamen Schutz des Grundrechts auf Schutz des geistigen Eigentums zu gewährleisten. Unzulässige Anordnungen seien hingegen die Stilllegung des Internetanschlusses oder die Überwachung sämtlicher über diesen Anschluss laufender Kommunikation.

e) Überlassung eines eBay-Accounts

Darüber hinaus kann eine Haftung auch denjenigen treffen, der einem Dritten seinen eBay-Account zur Nutzung überlässt. Die Instanzgerichte gingen hier von einer Störerhaftung aus, wenn der Inhaber des eBay-Accounts konkrete Anhaltspunkte für eine Rechtsverletzung hatte.[365] Darüber hinaus ist eine Teilnehmerhaftung möglich, wenn der eBay-Account einem Dritten in dem Wissen zur Verfügung gestellt wird, dass mit Hilfe des eBay-Accounts Rechtsverletzungen begangen werden.[366] Noch weiter geht nun die aktuelle Rechtsprechung des Bundesgerichtshofs.[367] In dem vom Bundesgerichtshof zu entscheidenden Fall hatte der Beklagte sein Passwort zum Mitgliedskonto nicht unter Verschluss gehalten, sondern in dem auch seiner Ehefrau zugänglichen Schreibtisch verwahrt. Der Bundesgerichtshof entschied, dass der Beklagte hier als Täter hafte. Der Beklagte habe seine Pflicht, die Zugangsdaten so geheim zu halten, dass Dritte davon keine Kenntnis erlangen

172

---

363 Beschlussempfehlung und Bericht des Ausschusses für Wirtschaft und Energie, BT-Drs. 18/8645, S. 10.
364 EuGH, Urteil vom 15.9.2016 – C-484/14, BeckRS 2016, 80483; *Hoffmann*, in: Spindler/Schuster (Fn. 136) § 8 TMG Rn. 17; *Hornung*, CR 2007, 88, 92; zur Frage der Reichweite der Privilegierung siehe oben Rn. 56 ff. (C.II.3 b.cc).
365 OLG Frankfurt a. M., Urt. v. 16.5.2006 – 11 U 45/05, aufgehoben durch BGH, CR 2009, 450 – Halzband. Vgl. auch OLG Stuttgart, WRP 2007, 1114.
366 Vgl. zur strafrechtlichen Haftung: BGH, K&R 2008, 533.
367 BGH, CR 2009, 450 – Halzband; bestätigt in BGH, GRUR 2012, 304, 306, Rn. 34 – Basler Haar-Kosmetik.

Kap. 7 Haftungsfragen

können, in einer Weise verletzt, die seine täterschaftliche Haftung für die von seiner Ehefrau unter Verwendung der Zugangsdaten begangenen Rechtsverletzungen begründen könne. Auf den Verstoß gegen weitere Prüfungspflichten komme es für den Unterlassungsanspruch nicht an. Die für die Störerhaftung entwickelten Privilegierungen sollen hier also ausscheiden. Grund für diese strenge Haftung soll nach dem Bundesgerichtshof vor allem die mit dem Missbrauch der Zugangsdaten verbundene Identitätsverwirrung sein.[368]

3. Netzbetreiber

173 Schadensersatzansprüche gegen den Netzbetreiber scheitern regelmäßig am mangelnden Verschulden. Den Netzbetreiber trifft aber auch keine Störerhaftung. Der Netzbetreiber stellt lediglich die technische Infrastruktur zur Verfügung. Ihm ist es gemäß § 88 TKG verboten, sich Kenntnis von den über sein Netz übermittelten Inhalten zu verschaffen. Er kann die Rechtsverletzung nicht mit zumutbarem Aufwand vermeiden.

174 Nichts anderes ergibt sich im Übrigen auch aus der vom Bundesgerichtshof[369] entwickelten Rechtsprechung zur Veranstalterhaftung. Zwar soll nach dem Bundesgerichtshof für die Verantwortlichkeit bereits genügen, dass ein Veranstalter Räume zur Verfügung stellt und einen bestimmenden Einfluss auf den organisatorischen Ablauf einer Veranstaltung hat, während der rechtswidrige Handlungen begangen werden. Das ist beim Netzwerkbetreiber jedoch nicht der Fall; das bloße Bereitstellen der äußeren technischen Grundlagen genügt zur Begründung der Verantwortlichkeit nicht.[370] Es fehlt der erforderliche Einfluss auf die organisatorische Durchführung und die Auswahl der Inhalte.

4. Access Provider

175 Auch bei Access Providern scheidet eine Schadensersatzhaftung gemäß § 97 Abs. 2 UrhG in der Regel aus. Dabei dürfte es in den meisten Fällen bereits am Verletzungstatbestand selbst fehlen. Mangels Einflussnahme und Steuerungsmöglichkeiten handelt es sich bei der bloßen Zugangsvermittlung nicht um eine öffentliche Zugänglichmachung im Sinne von § 19a UrhG. Darüber hinaus greifen zu Gunsten der Access Provider beim Schadensersatzanspruch auch die Haftungsprivilegierungen des TMG ein. Ge-

---

368 Vgl. hierzu auch *Rössel*, CR 2009, 453, 454.
369 BGH, NJW 1956, 1553 f. – Tanzkurse.
370 *Hoeren/Pichler*, in: Loewenheim/Koch, Praxis des Online-Rechts, 1998, Ziff. 9.5.4.3.1.

mäß § 8 Abs. 1 TMG sind Access Provider für fremde Informationen nicht verantwortlich, die sie in einem Kommunikationsnetz übermitteln oder zu denen sie den Zugang zur Nutzung vermitteln, sofern sie die Übermittlung nicht veranlasst, den Adressaten der übermittelten Information nicht ausgewählt und die übermittelte Information nicht ausgewählt oder verändert haben.[371]

Das OLG Hamburg[372] hielt hingegen bereits frühzeitig eine Störerhaftung des Access Providers für denkbar. Noch weiter gingen das LG Köln[373] und das LG Frankfurt am Main.[374] Beide Gerichte bejahten eine Störerhaftung des Access Providers für Inhalte, zu denen der Access Provider Zugang vermittelt hatte. Im Ergebnis konnten sich das LG Köln und das LG Frankfurt am Main mit ihrer Rechtsauffassung dann allerdings nicht durchsetzen.[375] Auch der ganz überwiegende Teil der Literatur ging davon aus, dass den Access Provider nach allgemeiner Ansicht keine Störerhaftung treffe.[376] Der Access Provider verfüge nur über eine begrenzte Herrschaftsgewalt[377] und habe in der Regel auch keinen Zugang zu den verletzenden Inhalten. Die vom Bundesgerichtshof zur Störerhaftung von Internetauktionshäusern aufgestellten Grundsätze seien daher auf den Access Provider nicht übertragbar.[378] Hinzu trete die wichtige Funktion des Access Providers für das Funktionieren des Internets. Dem Access Provider sei es nicht zumutbar, Inhalte als rechtswidrig zu erkennen oder nach einem entsprechenden konkreten Hinweis zu sperren.[379]

176

---

371 Vgl. auch AG Mönchengladbach, MMR 2003, 606, 607, das diese Grundsätze auch auf die Anbieter von Webdialerdiensten anwendet. Auch der Webdialer ermöglicht eine inhaltsneutrale technische Herstellung des Kontakts zwischen Nutzer und Content Provider.
372 OLG Hamburg, MMR 2005, 453.
373 LG Köln, ZUM 2007, 873.
374 LG Frankfurt a. M., Beschl. vom 17.10.2007 – 2-06 O 477/07. Verfügung wurde aufgehoben durch LG Frankfurt a. M., Urt. v. 8.2.2008 – 3-12 O 171/07.
375 OLG Frankfurt a. M., GRUR-RR 2008, 94; LG Düsseldorf, MMR 2008, 349; LG Kiel, K&R 2008, 61; LG Flensburg, GRUR-RR 2006, 174.
376 *Engel*, AfP 96, 220, 227; *Freitag*, in: Kröger/Gimmy, Handbuch zum Internetrecht, 2002, Kap. 10 B VI 2 c; *Hoeren/Pichler*, in: Loewenheim/Koch, Praxis des Online-Rechts, 1998, Ziff. 9.5.5.1.1.; *Jäger/Collardin*, CR 1996, 236, 240; *Schwarz*, in: Becker (Hrsg.), Rechtsprobleme internationaler Datennetze, 1995, S. 32; *Sieber*, JZ 1996, 429, 442; *Spindler*, ZUM 1996, 533, 554 f. Vgl. auch *Nordemann/Schaufer*, GRUR 2009, 583, 584, zur Störerhaftung des Access Providers für Urheberrechtsverletzungen der eigenen Kunden des Access Providers.
377 Vgl. *Schnabel*, K&R 2008, 26, 27.
378 OLG Frankfurt a. M., GRUR-RR 2008, 94, 95.
379 Ebenso *Döring*, WRP 2008, 1155.

Kap. 7 Haftungsfragen

177 In diese Diskussion ist dann durch mehrere Entscheidungen des EuGH erhebliche Bewegung gekommen. Zunächst entschied der EuGH im Fall „Scarlet Extended/SABAM",[380] dass ein Access Provider grundsätzlich Adressat von bestimmten Anordnungen sein kann, um eine Verletzung von Urheberrechten zu verhindern. Wie diese Anordnungen im Einzelfall auszusehen haben, ließ er allerdings offen. Eine Anordnung an den Access Provider, ein Filtersystem einzurichten, dass den Access Provider zu einer präventiven, allgemeinen und unbegrenzten Kontrolle verpflichten würde, also eine generelle Sperranordnung, stelle jedenfalls einen Verstoß gegen das Verbot der allgemeinen Überwachungspflicht nach Art. 15 Abs. 1 E-Commerce-Richtlinie (Parallelregelung zu § 7 Abs. 2 TMG) dar und beeinträchtige zudem die unternehmerische Freiheit der Access Provider, die durch Art. 16 der Charta der Grundrechte der Europäischen Union geschützt werde.[381] In der Folgeentscheidung „UPC Telekabel"[382] sollte dem Access Provider dann ohne Anordnung konkreter Maßnahmen untersagt werden, seinen Kunden den Zugang zu einer bestimmten Webseite zu ermöglichen. Gestützt auf Art. 8 III InfoSoc-RL hielt der EuGH diese Anordnung für zulässig. Nach dieser Bestimmung müssen die EU-Mitgliedstaaten sicherstellen, dass die Rechteinhaber gerichtliche Anordnungen gegen Vermittler beantragen können, deren Dienste von einem Dritten zur Verletzung eines Urheberrechts genutzt werden. Die Rechtslage werde dabei, wie der EuGH bereits in der „Scarlet"-Entscheidung festhielt, maßgeblich von den Grundrechten der Beteiligten beeinflusst. So seien die in Art. 17 II der Charta geschützten Rechte des Urhebers, die durch Art. 16 der Charta geschützte unternehmerische Freiheit des Access Providers sowie die durch Art. 11 der Charta geschützte Informationsfreiheit der Internetnutzer in Abwägung zu bringen.[383] Eine Sperrverfügung, die es dem Access Provider selbst überlasse, welches Mittel er zur Erreichung des Zwecks anwenden wolle, sei mit den vorstehenden Grundrechten vereinbar.[384] Könne der Access Provider darlegen, dass er alle zumutbaren Maßnahmen zur Unterbindung des Zugriffs auf die Webseite getroffen habe, so dürfe auch keine Beugestrafe (als weiter gehende Anordnung) verhängt werden. Hinsichtlich der Frage, welche Maßnahmen als zumutbar anzusehen seien, spielt der EuGH den Ball allerdings zurück an die nationalen Gerichte. Diese müssten im Einzelfall einen Ausgleich zwischen den betroffenen Rechtspositionen der Beteiligten herbeiführen.[385] Dabei sollen die zu ergreifenden Maßnahmen zum einen

---

380 EuGH, ZUM 2012, 29 – Scarlet Extended/SABAM.
381 EuGH, ZUM 2012, 29, 33, Rn. 48.
382 EuGH, GRUR 2014, 468 – UPC Telekabel, m. Anm. *Marly*.
383 EuGH, GRUR 2014, 468, 471, Rn. 45; EuGH, ZUM 2012, 29, 33, Rn. 41.
384 EuGH, GRUR 2014, 468, 472, Rn. 64.
385 EuGH, GRUR 2014, 468, 471, Rn. 46.

den Internetnutzern nicht unnötig die Möglichkeit vorenthalten, in rechtmäßiger Weise Zugang zu verfügbaren Informationen zu erlangen. Zum anderen habe die Maßnahme sicherzustellen, dass ein unerlaubter Zugriff auf urheberrechtlich geschützte Werke verhindert oder zumindest erschwert werde.

Noch im November 2013 urteilte das OLG Hamburg, dass es einem Access-Provider nicht zumutbar sei, technische Maßnahmen zum Schutz gegen den Aufruf rechtsverletzender Inhalte im Internet zu treffen.[386] Nicht zuletzt deshalb, weil eine Sperrmaßnahme die Gefahr des Eingriffs in das Fernmeldegeheimnis mit sich bringe, Art. 10 GG, § 88 TMG, und somit einer gesetzlichen Grundlage bedürfe.[387] Inzwischen haben sich die deutschen Gerichte allerdings der Rechtsprechung des EuGH angeschlossen und konkretisiert, welche Anordnungen gegen den Access Provider in Betracht kommen können. So kam das OLG Köln zu dem Ergebnis, dass Rechteinhabern grundsätzlich auch nach deutschem Recht auf der Grundlage der Störerhaftung Sperransprüche gegen Access Provider zustehen.[388] Dabei sah das OLG Köln im Fall der DNS-Sperre[389] und der IP-Adressen-Sperre[390] keinen Eingriff in das Fernmeldegeheimnis, so dass eine Sperranordnung in diesen Fällen auch ohne ausdrückliche Gesetzesgrundlage zulässig sei. Jedoch sei die Sperrmaßnahme dann unverhältnismäßig, wenn auf der zu blockierenden Webseite auch im nennenswerten Umfang legale Inhalte verfügbar seien.[391] Unverhältnismäßig sind in solchen Fällen DNS- und IP-Adressen-Sperre, weil durch diese Maßnahmen der Zugriff auf die gesamte Internetseite blockiert wird. Eine gezielte Sperrung ist zwar durch eine URL-Sperre möglich, mit der nur einzelne Unterseiten der Webseite gesperrt werden (z. B. Unterseiten mit urheberrechtsverletzenden Inhalten). Problematisch sei nach Auffassung des OLG Köln allerdings, dass diese URL-Sperre eine Überwachung und Filterung des Datenverkehrs des

177a

---

386 OLG Hamburg, GRUR-RR 2014, 140 – 3dl.am, Entscheidung liegt dem BGH zur Revision vor.
387 OLG Hamburg, GRUR-RR 2014, 140, 144 – 3dl.am.
388 OLG Köln, GRUR 2014, 1081 – Goldesel.
389 Eine DNS-Sperre erfolgt dadurch, dass auf den DNS-Servern der Eintrag des zu sperrenden Domain-Namens geändert wird. Anfragen, die sich auf diesen Domain-Namen beziehen, können nicht mehr beantwortet werden, da der Domain-Name nicht mehr in die ihm zugewiesene IP-Adresse aufgelöst werden kann. Hierbei handelt es sich nach Auffassung des OLG Köln um eine schlichte Verhinderung der Kommunikation mit der angefragten Domain, die vom Schutzbereich des Fernmeldegeheimnisses nicht erfasst werde, OLG Köln, GRUR 2014, 1081, 1088.
390 Bei einer IP-Adressensperre werden die sogenannten Routing-Tabellen auf den Routern so verändert, dass der Nutzer die angefragte IP-Adresse nicht mehr erreichen kann. Dieser Eingriff sei rechtlich nicht anders zu beurteilen als eine DNS-Sperre.
391 OLG Köln, GRUR 2014, 1081, 1092.

Kap. 7 Haftungsfragen

Users voraussetze, was wiederum einen Eingriff in das Fernmeldegeheimnis darstelle und daher grundsätzlich einer spezialgesetzlichen Ermächtigungsgrundlage bedürfe.[392]

177b Auch der BGH bejaht inzwischen unter sehr engen Voraussetzungen eine Störerhaftung von Access Providern.[393] Im Wesentlichen schloss er sich dem Urteil des OLG Köln an. Der Rechteinhaber müsse aber zunächst versuchen, den Content Provider und den Host Provider in Anspruch zu nehmen und dürfe nur als ultima ratio den Access Provider zur Sperrung der Website verpflichten. Der Access Provider haftet also nur subsidiär.[394] Dafür spricht, dass erstere wesentlich näher an der Rechtsgutsverletzung dran sind als derjenige, der nur allgemein den Zugang zum Internet vermittelt.[395] Zumutbare Nachforschungsmaßnahmen für die Ermittlung der Identität des Betreibers sind etwa die Einschaltung staatlicher Ermittlungsbehörden im Wege der Strafanzeige oder die Beauftragung eines Detektivs. Der Zumutbarkeit der Sperranordnung stehe jedoch nicht entgegen, dass diese Sperren umgangen werden können. Ebenso wenig stehe entgegen, dass die zu sperrende Webseite auch rechtmäßige Inhalte enthält, solange die rechtswidrigen Inhalte überwiegen. Auch ein Eingriff in das Fernmeldegeheimnis nach Art. 10 GG bestehe nicht, unabhängig davon ob es sich um eine DNS-, IP-Adressen- oder URL-Sperre handle. Der Schutzbereich des Art. 10 GG sei schon deshalb nicht berührt, weil das öffentliche Angebot von Dateien zum Download und auch der Zugriff darauf keine von dieser Vorschrift geschützte Individualkommunikation sei. Ein solcher Zugriff stelle sich vielmehr als öffentliche, der Nutzung von Massenmedien vergleichbare Kommunikationsform dar.[396]

177c Abzuwarten bleibt, ob und wie sich die Verpflichtung der Accesss Provider zur Einhaltung der Netzneutralität auf diese Rechtsprechung auswirken wird. Die Verordnung 2015/2120[397] regelt seit April 2016 die Gleichbehandlung von Inhalten. So ist es Accessprovidern nach Art. 3 Abs. 3 Unterabsatz 3 VO (EU) 2015/2210 verboten, bestimmte Inhalte, Anwendungen oder Dienste – oder bestimmte Kategorien von diesen – zu blockieren oder ein-

---

392 OLG Köln, GRUR 2014, 1081, 1096.
393 BGH, GRUR 2016, 268 – Störerhaftung des Access-Providers; dazu *Hofmann*, in: NJW 2016, 769.
394 So auch Spindler, GRUR 2016, 451, 458.
395 BGH, GRUR 2016, 268, Rn. 83.
396 BGH, GRUR 2016, 268, Rn. 67 ff.
397 Verordnung (EU) 2015/2120 des Europäischen Parlaments und des Rates vom 25.11.2015 über Maßnahmen zum Zugang zum offenen Internet und zur Änderung der Richtlinie 2002/22/EG über den Universaldienst und Nutzerrechte bei elektronischen Kommunikationsnetzen und -diensten sowie der Verordnung (EU) Nr. 531/2012 über das Roaming in öffentlichen Mobilfunknetzen in der Union.

zuschränken. Dieses Verbot steht allerdings unter dem Vorbehalt, dass derartige Maßnahmen ergriffen werden können, um europäischen und nationalen Rechtsvorschriften oder bestimmten Anordnungen der nationalen Gerichte nachzukommen. Teilweise wird hieraus geschlussfolgert, dass jedenfalls proaktive Überprüfungen und Sperrungen ausgeschlossen seien, weil diese nicht durch gerichtliche Anordnungen gedeckt seien.[398]

Unabhängig von einer möglichen Störerhaftung treffen den Access Provider Auskunftspflichten gemäß § 101 Abs. 2 Satz 1 Nr. 3 UrhG.[399] Darüber hinaus haben Verwaltungsbehörden mehrfach gegen Access Provider Verfügungen mit dem Inhalt erlassen, den Zugang zu bestimmten Angeboten zu sperren.[400] Die Befreiung des Access Providers von allgemeinen Prüf- und Überwachungspflichten gemäß § 7 Abs. 2 Satz 1 TMG steht dem nicht entgegen. § 7 Abs. 2 Satz 2 TMG sieht ausdrücklich vor, dass Verpflichtungen zur Entfernung und Sperrung der Nutzung von Informationen nach den allgemeinen Gesetzen auch im Fall der Nichtverantwortlichkeit des Diensteanbieters unberührt bleiben. Umfasst sind von § 7 Abs. 2 Satz 2 TMG auch behördliche Verfügungen. Bestätigt wird dies ausdrücklich durch Art. 12 Abs. 3 ECRL. Hiernach lassen die Haftungsregelungen der ECRL die Möglichkeit unberührt, dass ein nationales Gericht oder eine Verwaltungsbehörde vom Diensteanbieter verlangt, eine Rechtsverletzung abzustellen oder zu verhindern. **178**

5. Ersteller und Content Provider

Die Haftung derjenigen, die unmittelbar und eigenverantwortlich Inhalte in das Internet einstellen bzw. bereithalten (Ersteller und Content Provider), ist unproblematisch. Der Content Provider hält die von ihm selbst erstellten Inhalte auf eigenen Rechnern zur Nutzung durch Dritte im Internet bereit. Der Ersteller bedient sich hingegen eines Host Providers, um die von ihm selbst erstellten Inhalte im Internet bereitzuhalten. **179**

Die Haftungsprivilegierungen des TMG finden weder auf den Ersteller noch auf den Content Provider Anwendung. Der Ersteller ist bereits kein Diensteanbieter im Sinne von § 2 Satz 1 Nr. 1 TMG, da er keine eigenen oder fremden Telemediendienste zur Nutzung bereithält. Der Ersteller speichert die Informationen nur auf dem Rechner des Host Providers. **180**

Der Content Provider ist hingegen Diensteanbieter im Sinne von § 2 Satz 1 Nr. 1 TMG, da er die erstellten Inhalte auf eigenen Rechnern speichert und **181**

---
398 Weisser/Färber, BB 2016, 776, 778.
399 Vgl. LG Hamburg, BeckRS 2009, 12887 = MMR 2009, 570.
400 OVG Münster, NJW 2003, 2183; VG Arnsberg, CR 2005, 301; VG Köln, MMR 2005, 399; VG Düsseldorf, MMR 2005, 794.

Kap. 7   Haftungsfragen

zur Nutzung durch Dritte bereithält.[401] Das Haftungsregime des TMG findet daher auf den Content Provider grundsätzlich Anwendung. § 7 Abs. 1 TMG stellt jedoch ausdrücklich klar, dass der Content Provider für eigene Inhalte nach den allgemeinen Gesetzen haften muss. Die Haftungsprivilegierungen des TMG greifen insoweit nicht ein.

182 Gleiches gilt, wenn der Content Provider die Inhalte zwar nicht selbst erstellt hat, sich die Inhalte aber etwa mittels Framing zu eigen macht. Auch macht es nach den allgemeinen Gesetzen für die Passivlegitimation keinen Unterschied, ob ein Buch rechtswidrig kopiert und dann als Hardcopy verkauft wird, oder ob ein Buch rechtswidrig gescannt und anschließend in das Internet eingestellt wird. Ebenso kommt es für die rechtliche Beurteilung nicht darauf an, ob ein Online-Angebot eines Wettbewerbers direkt übernommen wird (z. B. durch einen Inline-Link auf einen Internet-Anzeigenmarkt),[402] oder ob man entsprechende Angaben aus einer Zeitung übernimmt und in das Internet einstellt.[403] Das gilt sowohl für den Ersteller als auch für den Content Provider. Eine Rechtfertigung des Einstellens der Inhalte nach § 53 UrhG kommt nicht in Betracht. § 53 Abs. 6 UrhG untersagt ausdrücklich die Verbreitung und die öffentliche Wiedergabe von Privatkopien (Ausnahmen gelten nur beim Verleihen von rechtmäßigen Kopien vergriffener Werke). Möglich wäre allenfalls eine Berufung auf das Zitatrecht des § 51 UrhG, soweit es sich bei erstelltem Inhalt um ein selbstständiges Werk handelt und das Zitat im Verhältnis zum Ganzen nur eine untergeordnete Rolle spielt.[404]

6. Host Provider

183 Hält der Host Provider eigene Informationen zur Nutzung durch Dritte bereit, gelten auch für den Host Provider gemäß § 7 Abs. 1 TMG die allgemeinen Gesetze. Stellt etwa ein Internetauktionshaus eigenständig einen Katalog mit Auktionsware in das Internet, so haftet das Auktionshaus nicht bloß als Störer, sondern als Täter für das Anbieten rechtsverletzender Ware i. S. v. § 17 Abs. 1 UrhG.[405]

184 Große Bedeutung hat die Haftung von Host Providern für fremde Inhalte. Dies gilt insb. dann, wenn der unmittelbare Rechtsverletzer z. B. im Ausland sitzt oder aus anderen Gründen nicht greifbar oder nicht solvent ist. Nach Ansicht des Bundesgerichtshofes machen sich Plattformbetreiber die von

---

401 *Hoeren/Sieber*, Handbuch Multimedia-Recht, 2015, Teil 18.2 Rn. 66.
402 LG Köln, AfP 1999, 96.
403 *Schmidt/Stolz*, AfP 1999, 146, 147.
404 *Hoeren/Sieber*, Handbuch Multimedia-Recht, 2015, Teil 18.2 Rn. 30 ff.
405 OLG Frankfurt a. M., GRUR-RR 2006, 43, 45.

den Nutzern eingestellten Inhalte nicht zu eigen.[406] Jedenfalls gilt das dann, wenn die Inhalte der Nutzer automatisiert eingestellt werden. Selbst strukturelle Vorgaben, die für alle Einträge gelten, d. h., Vorgaben zu Schriftgröße oder Schriftfarbe, zur Formatierung oder zur thematischen Ausrichtung einzelner Rubriken oder die Vorgaben bestimmter Masken für die Eingabe, führen nicht dazu, dass der Plattformbetreiber sich die von Dritten eingestellten Informationen zu eigen macht.[407] Etwas anderes kann allerdings gelten, wenn das Auktionshaus mit solchen Angeboten gezielt Eigenwerbung betreibt. Letztlich kommt es darauf an, ob einem verständigen Internetnutzer der Eindruck vermittelt wird, dass auch der Betreiber der Internetseite die inhaltliche Verantwortung für die auf der Seite eingestellten Inhalte übernimmt. Allein der Umstand, dass erkennbar ist, dass ein Inhalt nicht von dem Betreiber stammt, schließt die Zurechnung des Inhalts noch nicht zwingend aus.[408] Ein Zueigenmachen kann daher bejaht werden, wenn der Betreiber die redaktionelle Kontrolle der eingestellten Inhalte übernimmt, die Inhalte vor der Freischaltung mit dem eigenen Namen oder Logo kennzeichnet und sich in den eigenen Allgemeinen Geschäftsbedingungen die Nutzungsrechte an den Inhalten einräumen lässt, um diese Inhalte selbst kommerziell nutzen zu können.[409] Im Hinblick auf die nur schwache wirtschaftliche Vereinnahmung der Videos (nur für die Platzierung von Werbung) wird ein Zueigenmachen der Videos durch Youtube überwiegend verneint.[410]

a) Internetauktionsplattformen

Internetauktionsplattformen wie eBay bieten Telemediendienste im Sinne des § 1 Abs. 1 Satz 1 TMG an. Der Betreiber der Auktionsplattform ist Diensteanbieter im Sinne des § 2 Satz 1 Nr. 1 TMG. Eine Haftungsprivilegierung nach § 10 TMG für die Speicherung fremder Informationen ist daher möglich. Das Internetauktionshaus haftet auf Schadensersatz und Auskunft für die von den Nutzern eingestellten Angebote gemäß § 10 Satz 1 Nr. 1 TMG erst, wenn trotz Kenntnis einer rechtswidrigen Handlung oder von Umständen, aus denen die rechtswidrige Handlung offensichtlich wird, nicht unverzüglich nach Kenntniserlangung das betreffende Angebot gesperrt wird. Dabei genügt es, wenn sich aus allen vorhandenen Angaben –

---

406 BGH, GRUR 2008, 702 – Internet-Versteigerung III.
407 KG, MMR 2004, 673, 674; vgl. zum Zueigenmachen von Informationen Dritter die Ausführungen oben unter Rn. 61 ff. (Ziff. II. 3. lit. c. aa).
408 BGH, GRUR 2010, 616, Rn. 23 – Marions Kochbuch.
409 BGH, GRUR 2010, 616, Rn. 25 ff.; BGH, GRUR 2010, 616 – Chefkoch.
410 OLG Hamburg, GRUR-Prax 2016, 44; LG München, MMR 2015, 831; LG Hamburg, ZUM 2012, 596, 600 – Haftung eines UGC-Streaming-Dienstes; OLG Hamburg, MMR 2011, 49, 51 – sevenload; a. A. LG Hamburg, MMR 2010, 833, 834 – YouTube.

Kap. 7 Haftungsfragen

ihre Wahrheit unterstellt – eine Rechtsverletzung ergibt. Das gilt erst recht, wenn Angaben in dem Angebot selbst die Rechtswidrigkeit nahelegen.

186 Was Unterlassungsansprüche betrifft, geht der BGH für den Regelfall weiterhin davon aus, dass das Auktionshaus weder als Täter noch als Teilnehmer für Urheberrechtsverletzungen der Nutzer haftet.[411] Eine täterschaftliche Haftung scheidet in der Regel aus, da der Auktionshausbetreiber die Waren nicht selbst anbietet.[412] Für eine Haftung als Teilnehmer fehlt dem Auktionshaus bei automatisierten Verfahren der Vorsatz in Bezug auf die Haupttat.[413] Auch bedingter Vorsatz kann nicht angenommen werden, wenn die Angebote ohne vorherige Kenntnisnahme durch das Auktionshaus in das Internet eingestellt werden. Nicht ausreichend ist das Bewusstsein des Auktionshausbetreibers, dass es gelegentlich über seine Plattform auch zu Rechtsverletzungen kommt. Entscheidend ist daher im Fall von Urheberrechtsverletzungen die Störerhaftung und die Frage nach der Verletzung zumutbarer Prüf- und Vorsorgepflichten.

187 Nach Auffassung des Bundesgerichtshofs ist es dem Betreiber einer Auktionsplattform für Fremdversteigerung nicht zuzumuten, jedes Angebot vor Veröffentlichung im Internet auf eine mögliche Rechtsverletzung hin zu untersuchen. Eine solche Obliegenheit würde das gesamte Geschäftsmodell des Internetauktionshauses in Frage stellen. Dies ist nicht gewollt, da das Geschäftsmodell des Internetauktionshauses als solches von der Rechtsordnung gebilligt wird.[414]

188 Wird der Auktionshausbetreiber auf eine klare Rechtsverletzung hingewiesen, so hat er nicht nur unverzüglich das konkrete Angebot zu sperren, sondern auch Vorsorge dafür zu treffen, dass es nicht zu weiteren derartigen Verletzungen kommt.[415] Gleichartige Rechtsverletzungen sind dabei nicht notwendigerweise nur Angebote, die mit den bekannt gewordenen Fällen identisch sind. Die Vorsorgepflichten gehen über die Verhinderung desselben Angebots über denselben Account hinaus. Anderenfalls könnte der Nutzer, dessen Angebot gesperrt worden ist, ohne Weiteres unter einem anderen Mitgliedsnamen dasselbe oder vergleichbare Angebote wiederholen.

---

411 Vgl. zu Verstößen gegen das UWG aber BGH, GRUR 2007, 890 – Jugendgefährdende Medien bei eBay.
412 EuGH, MMR 2011, 596, Rn. 102 f – L'Oréal/eBay.
413 Einer Haftung für Beihilfe durch Unterlassen hat der BGH zwar keine grundsätzliche Absage erteilt, die Voraussetzungen hierfür sind derzeit aber noch völlig offen, vgl. BGH, GRUR 2011, 152, 154 Rn. 36 – Kinderhochstühle im Internet.
414 BGH, GRUR 2004, 860, 864 – Internet-Versteigerung I, unter Hinweis auf Erwägungsgrund 42 der E-Commerce-Richtlinie 2000/31/EG über den elektronischen Geschäftsverkehr.
415 BGH, GRUR 2007, 890 – Jugendgefährdende Medien bei eBay; OLG Düsseldorf, MMR 2009, 402.

189 Andererseits soll das Auktionshaus jedoch auch keine Prüfpflicht für sämtliche Angebote all derjenigen Nutzer treffen, die bereits durch irgendein rechtswidriges Angebot aufgefallen sind. Eine Erweiterung der Prüfpflichten auf Inhalte derselben Produktkategorie soll hingegen möglich sein.[416] Weitergehende Prüfpflichten können den Betreiber des Auktionshauses dann treffen, wenn er seine neutrale Stellung verlässt und eine aktive Rolle einnimmt, indem er seinen Kunden bei der Verkaufsförderung Hilfe leistet, etwa durch Schaltung von Werbung über Google AdWords mit Links auf rechtsverletzende Inhalte.[417] Er hat dann diejenigen Angebote, für deren Bewerbung er AdWords gebucht hat, auf Schutzrechtsverletzungen hin zu prüfen. Dies gilt jedenfalls dann, wenn er vom Inhaber der Schutzrechte auf klare Rechtsverletzungen hingewiesen worden ist.[418]

190 Umfang und Intensität der Prüf- und Vorsorgepflichten hängen von den Umständen des Einzelfalls ab. Unsubstanziierte Hinweise auf das Vorhandensein von Plagiaten reichen jedoch nicht aus, um Prüf- und Vorsorgepflichten auszulösen.[419] Der Hinweis muss so konkret gefasst sein, dass das Auktionshaus den Rechtsverstoß ohne eingehende rechtliche und tatsächliche Überprüfung feststellen kann. Der konkrete Prüfungsaufwand des Betreibers ist im Einzelfall zu prüfen, wobei insbesondere das Gewicht der Rechtsverletzung und die Erkenntnismöglichkeiten des Betreibers zu berücksichtigen sind.[420] Umgekehrt sind die Rechteinhaber auch nicht verpflichtet, durch Eigenvorsorge den Diensteanbieter von der Erfüllung der notwendigen Prüf- und Vorsorgepflichten zu entlasten.[421] Dementsprechend kann die Teilnahme an dem VeRI-Programm von eBay nicht Voraussetzung dafür sein, dass eBay rechtsverletzende Inhalte sperrt. Vielmehr kann der Anbieter der Plattform sogar gehalten sein, etwaige verbleibende Unklarheiten bei ansonsten eindeutigen Meldungen mit dem Melder der Rechtsverletzung zu klären;[422] zudem sei ihm zuzumuten, rechtlichen Sachverstand unternehmensintern oder unternehmensextern verfügbar zu halten, um klare Verstöße rechtlich zutreffend beurteilen zu können – womit zugleich gesagt wird, dass ein „kla-

---

416 BGH, GRUR 2007, 890 – Jugendgefährdende Medien bei eBay.
417 BGH, GRUR 2011, 152 – Kinderhochstühle im Internet; BGH, GRUR 2013, 1229 – Kinderhochstühle II; EuGH, MMR 2011, 596 – L'Oréal/eBay.
418 Offen bleibt, ob vom Provider eine Überprüfung automatisiert generierter und beworbener Angebotslisten auch dann verlangt werden kann, wenn ein konkreter Hinweis auf eine Schutzrechtsverletzung noch nicht vorliegt.
419 EuGH, MMR 2011, 596, Rn. 122 – L'Oréal/eBay.
420 BGH, GRUR 2011, 1038, 1040, Rn. 28 – Stiftparfüm.
421 Vgl. OLG Hamburg, Urt. v. 2.7.2008 – 5 U 73/07.
422 BGH, GRUR 2011, 1038, 1041, Rn. 32 – Stiftparfüm.

Kap. 7 Haftungsfragen

rer" Verstoß nicht nur ein solcher ist, der für jedermann sofort als rechtswidrige Handlung erkennbar ist.[423]

b) Haftung von Webforenbetreibern

191 Für die Anbieter von Webforen, die sich auf die Wiedergabe von Dritten eingestellter Meinungsbeiträge beschränken, gelten vergleichbare Grundsätze wie für das Internetauktionshaus. Es greift in der Regel die Haftungsprivilegierung des § 10 TMG für den Schadensersatzanspruch ein, im Übrigen gelten die allgemeinen Grundsätze. Dabei finden auf die Störerhaftung der Betreiber von Meinungsforen die Grundsätze der medialen Privilegierung[424] für Live-Sendungen in Rundfunk und Fernsehen keine Anwendung.[425] Anders als im Fall einer Live-Sendung hat der Forenbetreiber auch nachträglich die Möglichkeit, einen Beitrag aus seinem Forum zu löschen.

192 Wie das Internetauktionshaus treffen auch den Betreiber eines Meinungsforums für die von Dritten in sein Forum eingestellten Meinungsbeiträge in der Regel keine Vorabprüfpflichten.[426] Ohne konkreten Anlass ist der Betreiber eines Meinungsforums daher im Regelfall nicht verpflichtet, alle von ihm betriebenen Foren allgemein zu überwachen.[427] So ist der Betreiber einer Plattform, die Dritten die Einstellung von Terminen ermöglicht, nicht verpflichtet, jeden Termineintrag vor Veröffentlichung im Internet auf mögliche Verletzungen fremder Urheberrechte zu überprüfen.[428]

193 Prüfpflichten bestehen jedoch auch für den Betreiber eines nicht kommerziellen Meinungsforums ab Kenntnis von einer konkreten Rechtsverletzung.[429] Erfährt der Forenbetreiber etwa durch eine Abmahnung von einer konkreten Rechtsverletzung und löscht er die fraglichen Informationen

---

423 LG München, MMR 2006, 332, 334.
424 BGH, NJW 1976, 1198 – Panorama.
425 BGH, K&R 2007, 396.
426 BGH, MMR 2012, 124, Rn. 26 – Blog-Eintrag, m. Anm. *Hoeren*; BGH, GRUR 2012, 751, Rn. 19 – RSS-Feeds; OLG Stuttgart, MMR 2014, 132; OLG Zweibrücken, MMR 2009, 541; OLG Hamburg, NJOZ 2009, 2835.
427 OLG Hamburg, ZUM-RD 2009, 317; LG Berlin, MMR 2007, 668; *Stadler*, K&R 2006, 255; *Sobola/Kohl*, CR 2005, 443, 449; *Gercke*, MMR 2002, 695, 696. A. A. LG Hamburg, MMR 2007, 450, 451. Das LG Hamburg sah hingegen die rechtsverletzenden Meinungsbeiträge Dritter als eigene Beiträge des Forumsbetreibers an. Unerheblich sei, dass ein Dritter die Beiträge eingestellt habe, solange sich der Forumsbetreiber vom fraglichen Beitrag nicht konkret und ausdrücklich distanziert habe. Nach dem LG Hamburg soll der Forumsbetreiber für sämtliche in seinem Forum eingestellte Beiträge als Störer ohne Haftungsprivilegierung haften.
428 LG Müchen I, CR 2006, 496.
429 BGH, NJW 2015, 3443 – Hotelbewertungsportal m. Anm. *Ernst*; BGH, MMR 2012, 124, Rn. 24 – Blog-Eintrag; BGH, K&R 2007, 396; OLG Düsseldorf, CR 2006, 682.

nicht, so haftet er als Störer.[430] Unerheblich ist dabei, ob der Verletzte auch den Autor des Beitrags selbst in Anspruch nehmen könnte, da die Störerhaftung grundsätzlich nicht subsidiär ist.[431] Allerdings trägt der Betrieb eines anonymen Bewertungsportals im Vergleich zu anderen Portalen von vornherein ein gesteigertes Risiko von (Persönlichkeits-)Rechtsverletzungen in sich. Der BGH entschied vor diesem Hintergrund, dass die Betreiberin eines Arztbewertungsportals ihre Prüfungspflichten verletzt, wenn sie nicht die Beanstandungen des betroffenen Arztes dem Bewertenden übersendet und ihn dazu anhält, den angeblichen Behandlungskontakt zu belegen.[432] Ein Anspruch des Betroffenen auf Auskunft über die Identität des anonymen Nutzers besteht hingegen nicht, vgl. § 12 Abs. 2 TMG.[433] Eine Haftung des Portalbetreibers wegen Zueigenmachens der eingestellten Äußerungen scheidet in der Regel auch aus, weil er die Äußerungen nicht inhaltlich-redaktionell aufbereitet oder ihren Wahrheitsgehalt überprüft. Die Anwendung eines automatischen Wortfilters sowie eine manuelle Durchsicht mit dem Zweck, Schmähkritik und Eigenbewertungen aufzufinden, genügt hierfür nicht.[434] Eine proaktive Überwachungspflicht bejahte der EGMR ausnahmsweise in dem Fall, dass auf einem Nachrichtenportal hetzerische und drohende Äußerungen durch anonyme Nutzer getätigt werden.[435] Auch ohne den Hinweis des Betroffenen hätte der Kommentar mithilfe der zur Verfügung stehenden Filtersoftware in einem angemessenen Zeitraum entfernt werden müssen. Eine generelle Pflicht zur Überprüfung aller Kommentare wurde aber auch vom EGMR als unangemessene Einschränkung der Meinungsfreiheit gewertet. Darüber hinaus sei das Urteil nicht auf andere Portale oder Online-Netzwerke übertragbar.

---

430 LG Berlin, MMR 2007, 668; AG Leipzig, MMR 2009, 507.
431 BGH, K&R 2007, 396. In der Entscheidung des BGH heißt es: „*Der gegen ihn (= Betreiber eines Internetforums) gerichtete Unterlassungsanspruch des Verletzten besteht (...) unabhängig von dessen Ansprüchen gegen den Autor eines dort eingestellten Beitrags.*" A.A. OLG Düsseldorf, AfP 2006, 267. Das OLG Düsseldorf geht davon aus, dass grundsätzlich vorrangig derjenige in Anspruch zu nehmen ist, der sich selbst geäußert hat. Der Betreiber des Forums soll hingegen nur dann haften, wenn er den Verletzten nicht über die Identität des Verletzers informiert. Diese Entscheidung kann jedoch vor dem Hintergrund der aktuellen Rechtsprechung des Bundesgerichtshofes keinen Bestand haben.
432 BGH, Urt. v. 1.3.2016 – VI ZR 34/15, MMR-Aktuell 2016, 376243 – jameda.
433 BGH, GRUR 2014, 902 – Ärztebewertung; zu Datenschutz- und Persönlichkeitsrecht im Internet *Spindler*, GRUR 2013, 996; bzgl. eines Anspruchs auf vollständige Löschung aus einem Bewertungsportal vgl. BGH, GRUR 2014, 1228 – Ärztebewertung II.
434 BGH, NJW 2015, 3443 – Hotelbewertungsportal, m. Anm. *Ernst*; siehe dazu auch *Lauber-Rönsberg*, MMR 2014, 10, 11.
435 EGMR, MMR-Aktuell 2015, 370333 – Delfi AS v. Estonia; bestätigt durch die Große Kammer des EGMR, GRUR Int. 2016, 81; krit. *Schapiro*, in: ZUM 2014, 201.

Kap. 7 Haftungsfragen

194 Übertragen lassen sich diese Grundsätze auch auf die Haftung der Betreiber von virtuellen Welten und Online-Spielen für vom Nutzer dieser Spiele erstellte Informationen.[436] Übertragbar sind die zur Haftung von Forenbetreibern entwickelten Grundsätze darüber hinaus auch auf die Internetplattform „Wikipedia". Die Internetplattform Wikipedia ist aufgrund der fehlenden redaktionellen Kontrolle mit einem Meinungsforum vergleichbar, auch wenn bei Wikipedia keine Begrenzung auf einen bestimmten inhaltlichen Themenbereich gegeben ist.[437]

c) Sharehosting

195 Sharehoster sind Diensteanbieter, die Speicherplatz zum Hochladen beliebiger Dateien zur Verfügung stellen und den Nutzern durch Mitteilung des Download-Links die Möglichkeit geben, auch anderen Nutzern Zugriff auf die gespeicherten Dateien zu verschaffen.[438] Teilweise werden Sharehoster auch Webhoster genannt.

196 Der Kunde nutzt den Server des Sharehosters als externen Speicher. Soweit der Sharehoster selbst keine Listing-Möglichkeiten anbietet, hängt es allein vom Nutzer ab, ob und wie leicht Dritte auf dem Server des Sharehosters Inhalte abrufen können. Auch wenn der Sharehoster selbst kein Verzeichnis der auf seinem Server gespeicherten Inhalte anbietet, gibt es häufig Internetseiten Dritter, die entsprechende Download-Links zugänglich und den Inhalt der betreffenden Dateien über Index- und Suchfunktionen identifizierbar machen (sog. Linksammlungen).

197 Auf den Sharehoster als Diensteanbieter für die Speicherung fremder Informationen finden die Haftungsprivilegierungen des § 10 TMG Anwendung. Auf Schadensersatz haftet der Sharehoster daher in der Regel nur bei positiver Kenntnis oder grob fahrlässiger Unkenntnis einer urheberrechtsverletzenden Handlung (§ 10 Satz 1 Nr. 1 TMG). Für den Unterlassungsanspruch gelten hingegen die allgemeinen Grundsätze. Eine täterschaftliche Haftung des Sharehosters scheidet in der Regel aus. Der Sharehoster greift typischerweise nicht selbst in die Rechte aus § 19a UrhG ein. Er stellt nur den Speicherplatz zur Verfügung, die Veröffentlichung der Inhalte erfolgt hingegen durch den Nutzer, der den entsprechenden Link zu den beim Sharehoster hinterlegten Informationen weitergibt. Für eine Teilnehmerhaftung wird dem Sharehoster regelmäßig der bedingte Vorsatz fehlen. Nicht ausreichend

---

436 Vgl. *Lober/Karg*, CR 2007, 647.
437 LG Hamburg, CR 2008, 523.
438 Vgl. hierzu *Wilmer*, NJW 2008, 1845.

ist hier, dass der Sharehoster mit gelegentlichen Urheberrechtsverstößen seiner Nutzer rechnet.[439]

Für den Unterlassungsanspruch kommt es maßgeblich auf die Störerhaftung an. Dabei stellte das OLG Hamburg[440] unter Bezugnahme auf seine Entscheidung im Fall Cybersky[441] zutreffend darauf ab, dass die Dienste eines Sharehosters gleichermaßen Gelegenheit für rechtmäßige als auch rechtswidrige Benutzungsformen bieten. Eine Rechtsverletzung liegt beim Sharehoster nicht außerhalb jeder Wahrscheinlichkeit. Entscheidend ist damit, welche Prüf- und Vorsorgepflichten dem Sharehoster zumutbar auferlegt werden können. **198**

Vorabprüfpflichten treffen den Sharehoster ebenso wie das Internetauktionshaus in der Regel nicht.[442] Nach einem konkreten Hinweis auf eine Rechtsverletzung muss der Sharehoster jedoch im Rahmen des technisch und wirtschaftlich Zumutbaren verhindern, dass derselbe oder andere Nutzer das konkret betroffene Werk erneut über seinen Server anbieten. Diese Pflicht erstreckt sich auf vergangene und zukünftige Uploads dieses Werkes.[443] Zumutbar ist hierfür der Einsatz eines Wortfilters mit manueller Nachkontrolle der Treffer. Dass dadurch möglicherweise nicht alle Verletzungshandlungen erfasst werden, weil beispielsweise der Name der Datei abgewandelt wurde, steht dem nicht im Wege.[444] Eine umfassendere Prüfpflicht kann nur dann angenommen werden, wenn ein Filehosting-Dienst durch sein konkretes Geschäftsmodell Urheberrechtsverletzungen in erheblichem Umfang Vorschub leistet, indem er etwa „Premium-Konten" verkauft, mit denen die Downloadgeschwindigkeit erhöht werden kann. Weil der Betreiber hierbei durch eigene Maßnahmen die Gefahr der Rechtsverletzung fördert, ist ihm eine umfassende regelmäßige Kontrolle der Linksammlungen zuzumuten, die auf seine Dienste verweisen. Zumutbar sei auch die Suche gleichartiger Rechtsverstöße über Online-Suchmaschinen wie Google, Facebook oder Twitter, auch unter Einsatz von Webcrawlern.[445] **199**

Das OLG Hamburg ging noch weiter und entschied, dass dem Sharehoster bei Informationen der ihm als Rechtsverletzer bekannten Nutzer eine konkrete inhaltliche Prüfung in Bezug auf das konkrete urheberrechtlich geschützte Werk abverlangt werden kann, bevor die Informationen dieser Nut- **200**

---

439 OLG Köln, CR 2008, 41, 42.
440 OLG Hamburg, MMR 2008, 823.
441 OLG Hamburg, GRUR-RR 2006, 148.
442 OLG Hamburg, MMR 2008, 823; LG Köln, Urt. v. 21.3.2007 – 28 O 15/07.
443 BGH, GRUR 2013, 370, 372, Rn. 32 – Alone in the Dark.
444 BGH, GRUR 2013, 370, 372, Rn. 35; OLG Köln, CR 2008, 41, 43. Kritisch hierzu: Wilmer, NJW 2008, 1845.
445 BGH, GRUR 2013, 1030, Rn. 53ff – File-Hosting-Dienst.

Kap. 7   Haftungsfragen

zer auf den Server hochgeladen werden. Der Sharehoster „Rapidshare" wendete dagegen ein, dass ihm eine solche Prüfung nicht zumutbar sei. Sein Geschäftsmodell baue auf einer anonymen Nutzung seiner Dienste auf. Er vergebe anders als etwa das Internetauktionshaus eBay keine Nutzerkennungen und könne daher auch die von ihm geforderte Prüfung vor dem Hochladen der Informationen nicht leisten. Dies ließ das OLG Hamburg jedoch nicht gelten. Ein Sharehoster könne sich auf die Unzumutbarkeit umfassender Prüf- und vor allem Vorsorgepflichten jedenfalls dann nicht berufen, wenn dem von ihm angebotenen Dienst die Billigung der Rechtsordnung fehlt. Dies sei nach dem OLG Hamburg zumindest dann der Fall, wenn der Sharehoster die ihm zumutbare und naheliegende Möglichkeit willentlich und systematisch ungenutzt lässt, die Identität der Nutzer zum Nachweis etwaiger Wiederholungshandlungen festzustellen, und damit die Interessen der Schutzrechtsinhaber der Beliebigkeit preisgibt.[446] Diese Entscheidung hält gegenüber den jüngeren Rapidshare-Entscheidungen des BGH nur bedingt stand. Die Möglichkeit der anonymen Nutzung eines derartigen „virtuellen Schließfaches" führt nach Auffassung des BGH allein noch nicht zu einer besonderen Gefahrgeneigtheit dieses Dienstes. Fördert der Diensteanbieter aber darüber hinaus Urheberrechtsverletzungen, indem er Nutzer belohnt, die rechtsverletzende Inhalte massenhaft zur Verfügung stellen, obliegen ihm im Rahmen der Störerhaftung grundsätzlich weitgehende Prüfpflichten hinsichtlich des konkreten urheberrechtlich geschützten Werkes.[447]

d) Videoplattformen

201 Für Videoplattformen wie z. B. „YouTube" oder „MyVideo" gelten die oben zum Sharehoster dargestellten Grundsätze entsprechend. Videoplattformen ermöglichen ihren Nutzern den Upload und das Anschauen von Videos. Der Plattformanbieter genießt für die von Dritten auf die Plattform hochgeladenen Videos die Haftungsprivilegierung des § 10 TMG. Für Unterlassungsansprüche ist die Störerhaftung und hier die Frage der Verletzung von zumutbaren Prüf- und Vorsorgepflichten maßgeblich.

---

446 OLG Hamburg, MMR 2008, 823: *„Tatsächlich lassen die Antragsgegner die unkontrollierte Nutzung ihres Systems in einem Umfang zu, welcher die vollständig anonyme Einstellung von Dateien ermöglicht, ohne dass im Nachhinein nachvollzogen werden kann, von welcher Person bzw. aus welcher Quelle diese stammen. Ein Geschäftsmodell, das auf derartigen Grundsätzen beruht, verdient nicht den Schutz der Rechtsordnung, weil es letztlich die berechtigten Interessen von Inhabern absoluter Schutzrechte bewusst und sehenden Auges vollständig schutzlos stellt."*
447 BGH, GRUR 2013, 1030, Rn. 44 – File-Hosting-Dienst; BGH, GRUR 2013, 370, 372 – Alone in the Dark.

Eine Pflicht zur Vorabprüfung der auf der Plattform durch Dritte gespeicher- **202** ten Videos wird in der Regel ausscheiden. Prüf- und auch Vorsorgepflichten bestehen hingegen, sobald der konkrete Hinweis auf eine Rechtsverletzung erfolgt.[448] Über die Frage der Zumutbarkeit muss im Einzelfall entschieden werden. Auf die Unzumutbarkeit der Prüf- und Vorsorgepflichten wird sich der Plattformbetreiber jedoch nicht berufen können, wenn das Geschäftsmodell von der Rechtsordnung missbilligt wird. Dies erscheint bei Videoplattformen nach der Rechtsprechung des BGH[449] im Fall „Cybersky" möglich, wenn der Plattformbetreiber nicht nur die Eignung zum Missbrauch seiner Plattform kennt, sondern hiermit auch wirbt.

In welchem Umfang die Prüfpflichten nach einem konkreten Hinweis auf **202a** eine Rechtsverletzung noch zumutbar sind, ist nicht umfassend geklärt. Unstreitig ist, dass nach einem Hinweis nicht nur das konkrete Angebot unverzüglich zu sperren ist, sondern auch Vorsorge getroffen werden muss, dass es möglichst nicht zu weiteren derartigen Rechtsverletzungen kommt.[450] Insoweit sind die Grundsätze, die der BGH in Bezug auf die Verletzung von Markenrechten auf einer Auktionsplattform im Internet aufgestellt hat, übertragbar. Über die Reichweite der Prüf- und Vorsorgepflichten von Youtube urteilte das OLG Hamburg.[451] Im Fall wurden Musiktitel, die Gegenstand von Videoclips sind, durch Dritte unerlaubt auf die Videoplattform „Youtube" hochgeladen. Eine Täterhaftung des Plattforminhabers Google verneinte das Gericht, da er sich die Videos nicht zu eigen mache, wie dies der BGH in den Fällen „Chefkoch"[452] und „Marions Kochbuch"[453] annahm.[454] Google hafte aber ab Mitteilung der Rechtsverletzung als Störer. Nach Ansicht des Gerichts reicht diese Störerhaftung so weit, dass Google nicht nur die beanstandete Aufnahme, sondern jegliche Werkfassungen des betreffenden Musikwerks, und seien es nur kurze Ausschnitte in einem Amateurvideo, zu entfernen habe. Dies solle mithilfe des sog. Content-ID-Verfahrens[455] und durch Wortfiltereinsatz bewerkstelligt werden. Um zu ver-

---

448 OLG Hamburg. GRUR-Prax 2016, 44 – GEMA gegen YouTube; Ebenso *Ott*, GRUR Int. 2008, 563, 568.
449 BGH, GRUR 2009, 841 – Cybersky; OLG Hamburg, MMR 2006, 398, 400.
450 BGH, GRUR 2011, 1038, 1042, Rn. 21, 26 – Stiftparfüm.
451 OLG Hamburg. MMR-Aktuell 2015, 370306 – GEMA gegen YouTube; LG Hamburg, MMR 2012, 404.
452 BGH, GRUR 2010, 616 – Chefkoch.
453 BGH, GRUR 2010, 616. – Marions Kochbuch.
454 So auch OLG Hamburg, MMR 2011, 49, 51 – sevenload; LG Hamburg, MMR 2012, 404, 405 – GEMA gegen YouTube; LG Hamburg, ZUM 2012, 596, 600 – Haftung eines UGC-Streaming-Dienstes.
455 Das gemeldete Video wird als Referenzdatei in das Content-ID-Verfahren eingestellt und sperrt sämtliche künftig hochgeladene Videos mit übereinstimmenden Musikaufnahmen.

Kap. 7 Haftungsfragen

hindern, dass durch den Wortfilter auch Videos herausgefiltert werden, die keine Schutzrechte verletzen, soll YouTube im Rahmen des „Dispute-Verfahrens" der Verwertungsgesellschaft einen Videolink übermitteln, der diese in die Lage versetzten soll, selbst zu prüfen, ob das Video ihre Rechte verletzt. Ob auch der BGH diese Prüfpflichten für zumutbar hält, bleibt abzuwarten.[456]

7. Vermittlung von Zugang zum Usenet

203 Die Haftung der Vermittler von Zugängen zum Usenet war in jüngerer Vergangenheit mehrfach Gegenstand der instanzgerichtlichen Rechtsprechung. Das Usenet ist ein Teil des Internets, das zum Austausch von Nachrichten und Meinungen genutzt wird. Eine Vielzahl von Inhalten einschließlich urheberrechtlich geschützten Materials wie z. B. Audio- und Videodateien werden dem Nutzer auf sog. Newsservern zur Verfügung gestellt. Die Zugangsvermittler zum Usenet unterhalten eigene Newsserver, auf denen die vom Nutzer abgerufenen Inhalte gespiegelt und für einen begrenzten Zeitraum gespeichert werden.

204 Umstritten ist, ob es sich beim Zugangsvermittler zum Usenet um einen Host Provider handelt, auf den die vom Bundesgerichtshof für Internetauktionshäuser entwickelten Haftungsgrundsätze Anwendung finden, oder ob der Zugangsvermittler zum Usenet eher einem Access oder Cache Provider nahesteht. Das LG Hamburg[457] hielt den Zugangsvermittler zum Usenet für einen Host Provider. Dies soll jedenfalls dann gelten, wenn der Zugangsvermittler die Daten für einen längeren Zeitraum auf dem Newsserver zwischenspeichert. Auch profitiere der Zugangsvermittler ebenso wie das Internetauktionshaus selbst vom rechtsverletzenden Angebot. Auf die zwischengespeicherten Inhalte habe der Zugangsvermittler unmittelbar Zugriff und müsse daher jedenfalls bei konkreten Hinweisen auf eine Urheberrechtsverletzung einschreiten.

205 Demgegenüber gehen das OLG Düsseldorf[458] und das LG München I[459] zutreffend davon aus, dass es sich beim Zugangsvermittler zum Usenet um

---

456 Revision anhängig unter dem Az. I ZR 156/15; krit. *Leupold* in der Anm. zu LG Hamburg, MMR 2012, 404.
457 LG Hamburg, MMR 2007, 333, 334. Vgl. auch die Entscheidung zum Usenet des LG Düsseldorf, MMR 2007, 534, 535, die inzwischen durch das OLG Düsseldorf, K&R 2008, 138, aufgehoben worden ist.
458 OLG Düsseldorf, K&R 2008, 138.
459 LG München I, K&R 2007, 330.

einen Cache Provider im Sinne des § 9 TMG handelt.[460] Die Speicherung der vom Nutzer abgerufenen Inhalte erfolgt auf dem Newsserver nicht dauerhaft.[461] Auch hat der Zugangsvermittler zum Usenet – ähnlich wie ein Access Provider – nur begrenzte Möglichkeiten, einen Rechtsverstoß abzustellen. Zwar hat der Zugangsvermittler – wie das LG Hamburg zutreffend festgestellt hat – für die Zeit der Zwischenspeicherung unmittelbar Zugriff auf die auf seinem Newsserver befindlichen Inhalte. Die Löschung aus dem Zwischenspeicher führt jedoch nicht dazu, dass die fremden Inhalte auch aus dem Usenet selbst getilgt sind. Im Fall eines neuen Abrufs werden die Inhalte wieder auf den Newsserver übertragen. Im Unterschied zum Internetauktionshaus oder auch dem Forenbetreiber fehlt dem Zugangsvermittler die Kontrolle über die ins Usenet eingestellten Inhalte. Hinzu tritt, dass das Usenet selbst über ein erhebliches Datenvolumen verfügt, das vom Zugangsvermittler in den meisten Fällen aber wohl nur händisch auf Urheberrechtsverletzungen kontrolliert werden könnte. Jedenfalls ist es bisher den Rechteinhabern nicht gelungen, die Existenz einer geeigneten Filtersoftware zu beweisen.[462] Der Aufwand des Zugangsvermittlers bei der händischen Prüfung wäre hier wohl ungleich größer als der Aufwand etwa des Sharehosters bei der Prüfung der seinen Server betreffenden Linksammlungen. Eine Störerhaftung des Zugangsvermittlers muss daher ausscheiden, wenn der Zugangsvermittler auch nach einem konkreten Hinweis künftige Urheberrechtsverletzungen nur verhindern kann, indem er den Datenverkehr auf dem Server händisch kontrolliert oder den Server ganz abschaltet. Dies ist dem Zugangsvermittler nicht zumutbar. Verschärfte Prüfpflichten können dem Zugangsvermittler jedoch dann obliegen, wenn er mit der Möglichkeit von Urheberrechtsverletzungen aktiv und offensiv für seinen Dienst wirbt.[463]

8. Haftung bei Peer-to-Peer(P2P)-File-Sharing-Systemen

Viel Aufmerksamkeit hat in der Vergangenheit auch die Haftung für die Verletzung von Urheberrechten in P2P-Netzwerken erregt.[464] Das betraf die

206

---

460 Für eine Einstufung als Access Provider: *Hoeren*, MMR 2007, 334, 335. Für eine Einstufung als Cache und Access Provider: *Mantz*, MMR 2007, 456, 457. Vgl. auch OLG Hamburg, MMR 2009, 405 – Alphaload.
461 Im Fall des OLG Düsseldorf wurden die Inhalte auf dem Newsserver für eine Zeit von 32 Stunden zwischengespeichert. Im Einzelfall dürfte die Abgrenzung hier zur dauerhaften Speicherung jedoch fließend sein.
462 Vgl. LG München I, K&R 2007, 330.
463 OLG Hamburg, MMR 2009, 405 – Alphaload; OLG Hamburg, BeckRS 2014, 02166 – Zugangsvermittlung zum Usenet.
464 Vgl. hierzu auch *Verweyen*, MMR 2009, 590.

Kap. 7 Haftungsfragen

Verantwortlichkeit der einzelnen Nutzer (Anbieter oder Nachfrager), der Serverbetreiber ebenso wie die Haftung der Softwarehersteller.

207 P2P-Netzwerke ermöglichen die direkte Weitergabe von Dateien zwischen Benutzern des Internets. Dabei befinden sich die Dateien nicht auf Netzwerkservern, sondern auf den Computern der einzelnen Teilnehmer (Peers) und werden auch von dort aus verteilt. Unterscheiden lassen sich zentralisierte P2P-Systeme und dezentrale P2P-Systeme. Zentralisierte Systeme wie z.B. Napster benötigen einen zentralen Indexserver zur Verwaltung der bei den einzelnen Peers verfügbaren Informationen. Die dezentralen P2P-Systeme kommen hingegen ohne zentralen Server aus. Suchanfragen werden hier direkt an die einzelnen Peers im System weitergeleitet.

208 Darüber hinaus existieren aber auch Mischformen aus beiden Systemen, wie etwa das File-Sharing-System eDonkey 2000. In gemischten Systemen kommen zwar Indexserver zum Einsatz, die Suchanfragen bearbeiten. An die Stelle des zentralen Indexservers treten innerhalb des Netzes jedoch einzelne Peers, die zu dezentralen Indexservern bestimmt werden.[465]

a) Haftung desjenigen, der Dateien herunterlädt

209 Die Haftung desjenigen, der Dateien (z.B. Musik oder Videos) aus dem Internet zu privaten Zwecken herunterlädt, hängt vor allem von der Anwendbarkeit des § 53 UrhG ab.[466] Hier kam es mit dem sog. 1. Korb bereits zu Änderungen. Voraussetzung war, dass es sich bei dem eingestellten Werk nicht um eine „offensichtlich rechtswidrig hergestellte Vorlage" handelt. Allein das Abstellen auf die rechtswidrige Herstellung der Vorlage greift beim Download von Werken aus dem Internet jedoch häufig zu kurz. Bei den P2P-Diensten werden vielfach Werke zum Download angeboten, deren Grundlage eine an sich zulässige Privatkopie war. Die öffentliche Zugänglichmachung im Sinne des § 19a UrhG erfolgt hingegen regelmäßig ohne Zustimmung des Rechtsinhabers.[467] Im Zuge des zweiten Korbes wurde § 53 UrhG daher erneut geändert. Es kommt nunmehr darauf an, dass nicht eine offensichtlich rechtswidrig hergestellte *oder* öffentlich zugänglich gemachte Vorlage verwendet wird. Hierdurch soll der Download aus illegalen Tauschbörsen deutlicher als bisher verboten werden.[468]

---

465 Vgl. OLG Düsseldorf, MMR 2008, 675; *Spindler/Leissner*, GRUR Int. 2005, 773, 774.
466 Hierzu unten Rn. 253 (D.II.2.b).
467 *Czychowski*, GRUR 2008, 586.
468 Vgl. *Zypries*, MMR 2007, 545.

b) Haftung desjenigen, der Dateien in Netzwerke einstellt

Derjenige, der ohne Zustimmung der Rechteinhaber urheberrechtlich geschützte Werke zum Download in das Internet einstellt, verletzt unstrittig § 97 i.V. m. § 19a UrhG und haftet als Täter. Das gilt unabhängig davon, ob die eingestellte Kopie rechtmäßig erstellt wurde oder nicht. Eine Verletzung des § 19a UrhG scheidet lediglich dann aus, wenn eine Einschränkung des Nutzerkreises auf ein privates Umfeld wie z. B. den engen Freundeskreis vorgesehen ist. **210**

Auch § 53 UrhG kann dieses Verhalten nicht rechtfertigen, da es nur das Vervielfältigen erfasst, nicht aber das öffentliche Zugänglichmachen, § 53 Abs. 6 UrhG. Eine Privilegierung nach TMG kommt ebenfalls nicht in Betracht. Die Haftung für eigene Inhalte richtet sich gemäß § 7 Abs. 1 TMG nach den allgemeinen Gesetzen. **211**

c) Haftung desjenigen, der den Index-Server betreibt

Strittig ist, ob den Betreibern von Index-Servern die Haftungsprivilegierungen des TMG zugutekommen. Soweit die Systeme lediglich Daten übermitteln, die sie nicht auswählen oder verändern, greifen die Grundsätze des § 8 TMG. Der Indexserver wird darüber hinaus jedoch ähnlich wie eine Suchmaschine benutzt, um Informationen bei den einzelnen Peers zu lokalisieren. Hierfür kommt eine Anwendung des TMG nicht in Betracht.[469] Insoweit und auch für den wichtigen Unterlassungsanspruch gelten die allgemeinen Grundsätze. **212**

Zutreffend hat das OLG Düsseldorf[470] für das Mischsystem eDonkey 2000 festgestellt, dass der Betreiber des Indexservers selbst nicht als Täter einer Urheberrechtsverletzung haftet. Der Indexserver bietet nur einen elektronischen Nachweisdienst, der selbst nicht in urheberrechtliche Verwertungsrechte eingreift. Den Betreiber des Indexservers trifft jedoch eine Störerhaftung, wenn er zumutbare Prüfpflichten verletzt. Eine Vorabprüfpflicht trifft den Betreiber eines Indexservers für ein P2P-Netzwerk jedoch ebenso wenig wie den Betreiber eines Internetauktionshauses. Nach einem konkreten Hinweis auf eine Rechtsverletzung setzen hingegen Prüf- und Vorsorgepflichten ein. Im Fall des eDonkey-Servers entschied das OLG Düsseldorf[471] jedoch, dass vom Betreiber eines dezentralen Indexservers nicht verlangt werden könne, großflächig Wortfilter z. B. mit dem Namen eines Musikers einzusetzen und sodann im Wege einer händischen Kontrolle illegale Inhalte auszusortieren. Im konkreten Fall war dem Betreiber des Indexservers die Einstel- **213**

---

469 *Heckmann*, jurisPK-Internetrecht, Kap. 1.8 Rn. 19.
470 OLG Düsseldorf, MMR 2008, 675.
471 OLG Düsseldorf, MMR 2008, 675.

Kap. 7 Haftungsfragen

lung von Personal für die händische Kontrolle wirtschaftlich nicht zumutbar. Dabei konnte sich der Betreiber des eDonkey-Servers im Unterschied zum Sharehoster „Rapidshare" auf die Unzumutbarkeit einer händischen Prüfung berufen, da die Antragstellerin im konkreten Fall eine überwiegend illegale Nutzung des eDonkey-Netzes nicht glaubhaft machen konnte.

d) Haftung der Hersteller von Software für dezentrale P2P-Netzwerke

214 Insb. bei dezentralen Systemen ist die Haftung des Herstellers von Software für P2P-Netzwerke relevant. Sie richtet sich nach den allgemeinen Grundsätzen und hier insb. der Rechtsprechung des Bundesgerichtshofes zur Verantwortlichkeit bei mittelbaren Urheberrechtsverletzungen und der Störerhaftung. Eine Anwendung der §§ 7–10 TMG kommt nicht in Betracht. Der Softwarehersteller ist kein Diensteanbieter im Sinne des § 2 Satz 1 Nr. 1 TMG.

215 In Deutschland liegt zur Haftung des Herstellers von Software für dezentrale P2P-Netzwerke bisher nur das „Cybersky-Urteil" des OLG Hamburg[472] vor. Premiere klagte gegen die von der Gegenseite entwickelte und für die Nutzung durch Privatkunden geplante kostenlose „Cybersky TV"-Software. Mit ihr könnten über ein dezentral aufgebautes P2P-Netzwerk mit hoher Übertragungsrate Fernsehsendungen eingespeist und von anderen Teilnehmern des Netzes fast in Echtzeit auf dem Computer empfangen werden. Ein Abonnement für das Bezahlfernsehen benötigten die Nutzer hingegen nicht. Beschrieben wurde das Programm als kostenloses Pay-TV. Außerdem verwies der Hersteller auch auf urheberrechtsneutrale Nutzungen und entsprechend warnende AGB.

216 Das OLG Hamburg entschied, dass derjenige, der Software oder andere technische Einrichtungen zum Betrieb eines solchen Netzwerks zur Verfügung stellt, nicht per se als Störer handelt. Eine Störerhaftung greife jedoch dann ein, wenn wie im vorliegenden Fall der Hersteller die Möglichkeit des Rechtsbruchs werbend herausstellt und zur Zweckbestimmung des Produktes oder Dienstes erhebt.[473] Auch der Disclaimer für die Online-Inhalte ändere hieran nichts. Überträgt man die Grundsätze aus der Kopierläden-Entscheidung des Bundesgerichtshofes, dann wäre außerdem zu berücksichtigen, in welchem Umfang die Software auch für rechtmäßige Zwecke verwendet wird und durch welche Maßnahmen eine Gefährdung fremder

---

472 OLG Hamburg, GRUR-RR 2006, 148; mit dem gleichen Ergebnis in der Vorinstanz LG Hamburg, MMR 2005, 547.
473 Die Frage der generellen Zulässigkeit von P2P-Filesharing-Systemen hat das Gericht jedoch ausdrücklich offengelassen; OLG Hamburg, GRUR-RR 2006, 148, 150. Vgl. hierzu auch *Spindler*, MMR 2006, 403, 405; *Leistner*, GRUR 2006, 801.

Rechte zumindest ernsthaft gemindert werden kann, insb., ob insoweit Hinweispflichten ausreichend wären.⁴⁷⁴ Je höher der Anteil rechtmäßiger Nutzung, desto eher dürften bloße Hinweispflichten ausreichend sein und umgekehrt.⁴⁷⁵ Damit liegt das OLG Hamburg auf einer Linie mit der „Grokster"-Entscheidung des US Supreme Court.⁴⁷⁶

Der Anbieter eines Filesharing-Programms ist darüber hinaus verpflichtet, **216a** seine Nutzer darauf hinzuweisen, dass die bei Einsatz seiner Software vom Nutzer heruntergeladenen und in dem Ordner „My Downloads" gespeicherten Dateien automatisch ohne weiteres Zutun des Nutzers zum Upload in das Peer-to-Peer-Netzwerk zur Verfügung stehen. Fehlt dieser Hinweis, macht sich der Anbieter schadensersatzpflichtig gegenüber seinen Nutzern, die von Dritten aufgrund der öffentlichen Zugänglichmachung geschützter Werke in Anspruch genommen werden.⁴⁷⁷

9. Haftung für Links

Der deutsche Gesetzgeber hat die Haftungsregelungen der E-Commerce- **217** Richtlinie zunächst im TDG und später auch im TMG fast wörtlich übernommen. Damit geht der Gesetzgeber den einfachsten und am wenigsten aufwändigen Weg. Übernommen werden hierdurch aber auch die Unzulänglichkeiten der Richtlinie. So enthält das TMG ebenso wie die E-Commerce-Richtlinie keine Haftungsregelungen für Links. Die Haftungsprivilegierungen der §§ 7–10 TMG sind auf Unterlassungsansprüche gegen denjenigen, der einen Link setzt (der „Link-Setzer"), nicht anwendbar. Auch eine analoge Anwendung dieser Regelungen scheidet mangels planwidriger Regelungslücke aus.⁴⁷⁸ Die Haftung richtet sich vielmehr nach den allgemeinen Regelungen. Wesentliche Fragen wurden aber durch den Bundesgerichtshof

---

474 Vgl. auch BGH, NJW 2004, 2158 – Schöner Wetten: Kenntnis des den Link Setzenden von Umständen, dass die Webseite, auf die der Link verweist, rechtswidrigem Handeln dient, und welche Möglichkeiten er hat, die Rechtswidrigkeit dieses Handelns in zumutbarer Weise zu erkennen.
475 Umfassend zur Abwägung *Spindler/Leistner*, GRUR Int. 2005, 773, 791 ff.
476 Metro-Goldwyn-Mayer Studios Inc., et al., v. Grokster, Ltd., et al., 125 S. Ct. 2764, 2770 (2005) = GRUR Int. 2005, 859 ff.; dazu *Gampp*, ZUM 2005, 794 ff., *Naumann/Illmer*, K&R 2005, 550 ff., und *Rösler*, MMR 2006, 503. Zur Rechtslage in anderen Ländern: *Spindler/Leistner*, GRUR Int. 2005, 773, 786 ff. Siehe oben Rn. 144 (III.2.c) cc) (4)).
477 OLG Frankfurt, MMR 2012, 668 – Bearshare.
478 BGH, MMR 2008, 400 – „über18.de"; BGH, NJW 2004, 2158 – Schöner Wetten; KG, MMR 2006, 392; OLG München, K&R 2005, 467, 469; OLG Hamburg, K&R 2005, 42, 44. Offengelassen in BVerfG, MMR 2009, 459.

Kap. 7 Haftungsfragen

in den Entscheidungen „Paperboy",[479] „Schöner Wetten",[480] „über18.de",[481] „AnyDVD"[482] und „Die Realität II"[483] geklärt. Auch der EuGH äußerte sich zur Haftung für Links in den Entscheidungen „Svensson",[484] „BestWater"[485] und „GS Media/Sanoma Media Netherlands".[486]

218 Bei der Haftung für Links muss unterschieden werden zwischen der Haftung für das Setzen eines Links, der Haftung für die Inhalte, auf die der Link gesetzt wird, und der Haftung desjenigen, auf dessen Webseite ein Link gesetzt wird.

a) Haftung für das Link-Setzen

219 In der Regel besteht keine Haftung des Link-Setzers wegen der Verletzung etwaiger Rechte desjenigen, auf dessen Werk verwiesen wird solange der Link auf eine Webseite oder auf einzelne Inhalte einer Webseite gesetzt wird, die ohne technische Schutzmaßnahmen versehen und daher mit Zustimmung des Rechteinhabers frei zugänglich sind. Unerheblich ist, ob die Inhalte urheberrechtlich geschützt sind und ob derjenige, der den Link aktiviert, sich auf die Rechtfertigung des § 53 UrhG berufen kann.[487] Eine täterschaftliche Haftung scheidet grundsätzlich aus.[488] Der Link als solcher greift

---

479 BGH, GRUR 2004, 958 – Paperboy.
480 BGH, NJW 2004, 2158, 2160 – Schöner Wetten.
481 BGH, MMR 2008, 400 – „über18.de".
482 BGH, NJW 2011, 2436 – AnyDVD.
483 BGH, GRUR 2016, 171 – Die Realtät II.
484 EuGH, MMR 2014, 260 – Svensson u. a./Retriever Sverige.
485 EuGH, GRUR 2014, 1196 – BestWater International.
486 EuGH, NJW 2016, 3149.
487 Dagegen *Schack*, MMR 2001, 9, 13 f.; ebenso im Ergebnis *Plaß*, WRP 2000, 599, 604 (allerdings nur mit Bezug auf Urheberpersönlichkeitsrechte). A. A. OLG Köln, MD 2001, 170, 175 f.; *Dieselhorst*, CR 2001, 704, 706; *Sosnitza*, CR 2001, 693, 699, die eine akzessorische Teilnehmerhaftung annehmen. Gegen die Anwendbarkeit spricht insb., dass nach der Rechtsprechung des BGH für die Unterlassungsverpflichtung des mittelbaren Störers die naheliegende, nicht auszuschließende Gefahr einer Urheberrechtsverletzung genügt, BGH, GRUR 1984, 54, 55 – Kopierläden. Selbst wenn daher zugunsten einzelner Nutzer bei Aktivierung eines Links § 53 UrhG eingreifen würde, kann dies dem Link-Setzer nicht zugutekommen, solange nicht ausgeschlossen ist, dass eine Aktivierung auch in einer Weise erfolgt, die nicht mehr durch § 53 UrhG gedeckt ist. Auch in der Entscheidung BGH, GRUR 1984, 54, 55 – Kopierläden, wurde im Ergebnis erfolglos vorgetragen, dass § 53 UrhG zugunsten der Kunden des Kopierladens eingreife.
488 Täterschaft ist nur dann anzunehmen, wenn der Betreiber einer Internetseite über den Link urheberrechtliche Inhalte zugänglich macht, die er zuvor auf einem eigenen Server abgelegt hat, BGH, GRUR 2014, 180 – Terminhinweis mit Kartenausschnitt.

nicht in die urheberrechtlichen Verwertungsrechte ein.[489] Der Link-Setzer vervielfältigt weder das Werk (§ 16 UrhG), noch macht er das Werk öffentlich zugänglich (§ 19a UrhG).[490] In das Recht der öffentlichen Zugänglichmachung i. S. d. § 19a UrhG wird allenfalls dann eingegriffen, wenn ein Deep Link technische Schutzmaßnahmen umgeht, die den öffentlichen Zugang zum Werk nur auf dem Weg über die Startseite einer Website ermöglichen sollen.[491] In allen anderen Fällen ist der Link lediglich ein Hinweis auf das Werk im Internet.

Aber auch eine Haftung des Link-Setzers für etwaige Urheberrechtsverletzungen des Nutzers als Teilnehmer oder Störer scheidet aus. Dies gilt unabhängig davon, ob es sich um einen normalen Hyperlink, einen Deep Link[492] oder einen Inline bzw. Frame Link[493] handelt.[494] Die Instanzgerichte haben demgegenüber im Fall von Deep Links, Frame und Inline Links Urheberrechtsverletzungen des Link-Setzers bejaht. Dies überzeugt nicht. Beschränkt sich der Nutzer auf das Hochladen des Werkes im Arbeitsspeicher, fehlt es bereits an der sowohl für die Teilnehmer- als auch für die Störerhaftung erforderlichen rechtswidrigen Haupttat.[495] § 44a UrhG erlaubt dem Nutzer ausdrücklich die Vervielfältigung im Arbeitsspeicher. Darüber hinaus erteilt ein Rechtsinhaber, der das Werk im Internet selbst abrufbar macht, zumindest konkludent seine Einwilligung in die Vervielfältigung im Arbeitsspeicher. 220

Aber auch, wenn der Nutzer über das bloße Hochladen im Arbeitsspeicher hinausgeht, gilt im Ergebnis nichts anderes. Die Teilnehmerhaftung trifft den Link-Setzer in der Regel mangels auch nur bedingten Vorsatzes nicht. Ebenfalls scheidet eine Haftung des Link-Setzers als Störer für etwaige Urheberrechtsverletzungen durch den Nutzer aus. Denn nach Ansicht des Bun- 221

---

489 BGH, GRUR 2004, 958, 961 – Paperboy; BGH, GRUR 2011, 56 – Session-ID; OLG Köln, MD 2001, 170, 174. Für die Webseite, *in* der ein Link eingefügt wird, kann eine Umgestaltung i. S. v. § 23 UrhG vorliegen, allerdings erfolgt der Eingriff hier im Regelfall durch oder mit Zustimmung des Rechteinhabers.
490 *Heydn*, NJW 2004, 1361.
491 BGH, GRUR 2011, 56 – Session-ID.
492 Deep Links sind Links, die direkt auf die darunterliegenden Seiten der fremden Webseite führen.
493 Bei Inline und Frame Links wird der fremde Inhalt im Rahmen der eigenen Webseite angezeigt, ohne dass der eigentliche Anbieter der Webseite ohne Weiteres ersichtlich wird.
494 BGH, GRUR 2004, 958, 961 – Paperboy; LG Berlin, Urt. v. 30.1.2001 – 16 O 792; *Klett*, Urheberrecht im Internet aus deutscher und amerikanischer Sicht, 1998, S. 187; *Plaß*, WRP 2001, 195, 202 f.; *Schack*, MMR 2001, 9, 13; *Völker/Lührig*, K&R 2000, 20, 25; a. A. *Marwitz*, K&R 1998, 369, 372. Für das österreichische Recht OGH, K&R 2003, 420 – METEO-data.
495 A. A. OLG Hamburg, ZUM 2001, 512, 513; LG Köln, ZUM 2001, 714, 715.

Kap. 7 Haftungsfragen

desgerichtshofes wird grundsätzlich kein urheberrechtlicher Störungszustand geschaffen, wenn der Zugang zu dem Werk durch das Setzen von Hyperlinks (auch in der Form von Deep Links) erleichtert wird.[496] Die Gefahr rechtswidriger Nutzungen eines vom Berechtigten selbst im Internet öffentlich bereitgehaltenen Werks wird durch Hyperlinks Dritter nicht qualitativ verändert, sondern nur insofern erhöht, als dadurch einer größeren Zahl von Nutzern der Zugang zum Werk eröffnet wird. Der Link ersetzt die sonst vorzunehmende Eingabe der URL im Adressfeld des Webbrowsers und das Betätigen der Eingabetaste. Er stellt somit nur einen Fundstellennachweis dar, ein technisches Hilfsmittel für den kurzen Zugriff auf andere Inhalte.

221a Für den Fall des Setzens von Frame-Links, relativierte der Bundesgerichtshof diese Rechtsprechung jedoch in einem Vorlagebeschluss an den EuGH.[497] Zwar verneinte er wegen des fehlenden Zugriffs des Linksetzers auf den Ausgangsserver eine Verletzung des Rechts der öffentlichen Zugänglichmachung nach § 19a UrhG. Dies gelte unabhängig davon, ob der Zugriff in Form eines Frame-Links erfolgt, wo dem Nutzer der Eindruck vermittelt wird, als sei der verlinkte Inhalt auf der Plattform des Verlinkenden integriert.[498] Zugleich hielt er es aber für denkbar, dass eine richtlinienkonforme Auslegung des Art. 3 Abs. 1 InfoSoc-Richtlinie es gebiete, ein unbenanntes Verwertungsrecht i.S.d. § 15 Abs. 2 UrhG anzunehmen. Dieses „digitale Integrationsrecht" solle dem Umstand Rechnung tragen, dass sich der Linkprovider den Inhalt durch Framing zu eigen mache, indem er es als integralen Bestandteil in seine Seite einbettet. Dadurch erspare er sich das eigene Bereithalten des Werks, für das er die Zustimmung des Rechteinhabers benötigen würde.[499]

221b Diesen Einschätzungen ist der EuGH nicht gefolgt.[500] Die Tatsache, dass durch das Framing des Werks der Eindruck vermittelt wird, das Werk werde von der Webseite aus vorgehalten, auf der sich der eingebettete Link befindet, ist nach seiner Auffassung nicht von Bedeutung. Eine Einbettung eines fremden Werks stelle nur dann eine öffentliche Wiedergabe dar, wenn ein neues technisches Verfahren angewandt wird oder ein neues Publikum er-

---

496 BGH, GRUR 2003, 958, 961 – Paperboy.
497 BGH, MMR 2013, 596 – Die Realität, m. Anm. *Ott*.
498 Damit erteilte der BGH zugleich den Instanzgerichten eine Absage, die eine Beeinträchtigung des § 19a UrhG im Fall des Framing annahmen, wenn der Link so gestaltet ist, dass der Nutzer die Fremdheit des Inhalts verkennt (OLG Düsseldorf, ZUM 2012, 327 – Embedded Content) bzw. wenn auf die Fremdheit des Links nicht ausdrücklich hingewiesen wird (so zumindest angedeutet vom OLG Köln, ZUM-RD 2012, 369 – Online-Katalog).
499 BGH, MMR 2013, 596, Rn. 26 – Die Realität.
500 EuGH, MMR 2014, 260 – Svensson u.a./Retriever Sverige, m. Anm. *Dietrich*; EuGH, GRUR 2014, 1196 – BestWater International.

reicht wird, welches der Urheber für die Nutzung seines Werkes nicht vorgesehen hatte. Letzteres ist nicht der Fall, wenn das Werk bereits auf einer anderen Webseite mit Erlaubnis des Urheberrechtsinhabers für alle Internetnutzer frei zugänglich ist.

Fehlt hingegen diese Erlaubnis des Urheberrechtsinhabers zur öffentlichen Wiedergabe auf der verlinkten Webseite, so ist nach Ansicht des BGH dennoch eine Verletzung des Rechts zur „öffentlichen Wiedergabe" nach § 15 Abs. 2 UrhG bzw. Art. 3 Abs. 1 InfoSoc-Richtlinie anzunehmen.[501] Dies würde jedoch bedeuten, dass Linksetzer in Zukunft beurteilen müssten, ob beispielsweise ein bei YouTube hochgeladenes Video mit Zustimmung des Urhebers der Öffentlichkeit zugänglich gemacht wurde. Diese Frage wird der Linksetzer jedoch typischerweise nicht beantworten können, z.B. weil er die Lizenzsituation nicht kennt.[502] Zu einer entsprechenden Vorlagefrage vom niederländischen Hoge Raad hierzu hat der EuGH mittlerweile Stellung genommen. Grundsätzlich soll nach dem EuGH eine Verletzung des Rechts zur öffentlichen Wiedergabe vorliegen, wenn das Werk auf der verlinkten Website nicht mit Zustimmung des Rechteinhabers veröffentlicht worden ist.[503] Das Gleiche soll gelten, wenn der Rechteinhaber das Werk nur unter Zuhilfenahme von den Zugriff einschränkender Schutzmaßnahmen veröffentlicht hat und diese durch den Link umgangen werden.[504] Die Zustimmung des Rechteinhabers zur grundsätzlichen Verbreitung seines Werkes im Internet soll demnach nunmehr entscheiden.[505] Als zweites, bisher unbekanntes Kriterium soll nach dem EuGH dazu die Gewinnerzielungsabsicht des Linksetzenden entscheidend sein.[506] Konkret soll derjenige, der einen Link auf ohne die Zustimmung des Rechteinhabers veröffentliche Werke setzt, zwar in der Regel von dieser fehlenden Zustimmung weder gewusst haben, noch haben können.[507] Wenn das Setzen des Links mit Gewinnerzielungsabsicht erfolgt, soll jedoch eine widerlegliche Vermutung dafür bestehen, dass dem Linksetzenden die fehlende Zustimmung des Rechtein-

221c

---

501 BGH, GRUR 2016, 171 Rn. 31 – Die Realtät II; vgl. *Leistner*, in: GRUR 2014, 1145, 1154; *Höfinger*, ZUM 2014, 293, 295; *Solmecke*, MMR 2015, 48; a.A. *Abrar*, GRUR-Prax 2014, 506; unterscheidend danach, ob die Rechtswidrigkeit des ohne Zustimmung des Rechtsinhabers erfolgten Zugänglichmachens offensichtlich ist, *Grünberger*, ZUM 2015, 273, 280 ff.
502 *Spindler*, GRUR 2016, 157; *Jani/Leenen*, GRUR 2014. 362, 363; *Grünberger*, ZUM 2015, 273, 279 f.
503 EuGH, NJW 2016, 3149, 3152, 3153. Der Generalanwalt vertrat in den Schlussanträgen dagegen die Ansicht, dass die Zustimmung des Rechteinhabers zur Veröffentlichung unerheblich sei.
504 EuGH, NJW 2016, 3149, 3152.
505 Siehe oben.
506 Siehe oben.
507 Siehe oben.

Kap. 7 Haftungsfragen

habers bekannt war und eine öffentliche Widergabe vorliegen.[508] Die Gewinnerzielungsabsicht dürfte vom EuGH als notwendiges Korrektiv gedacht sein, um die Haftungsrisiken gerade für Private einzuschränken. Angesichts des ausdrücklichen Hinweises des EuGH, dass auch bei diesen eine öffentliche Wiedergabe vorliegen soll, wenn erwiesen ist „dass der Betreffende wusste oder hätte wissen müssen, dass der von ihm gesetzte Hyperlink Zugang zu einem unbefugt im Internet veröffentlichten Werk verschafft"[509] bleibt aber abzuwarten, ob nicht in Gewinnerzielungsabsicht handelnde Linksetzer wirklich weitgehend vor Haftung geschützt sind. Hier ist insbesondere für die Fallgruppe des „Wissenmüssens" weitere Konkretisierung durch die Rechtsprechung erforderlich.[510]

222 Umstritten ist ebenfalls die Haftung für editierte Links,[511] die technisch den direkten Zugriff auf Dateien in Internet-Tauschbörsen ermöglichen und zugleich durch zusätzliche Informationen die Suche nach bestimmten Dateien erleichtern. Das LG Hamburg hat die Störerhaftung bejaht,[512] die Literatur lehnt die Störerhaftung in diesen Fällen hingegen überwiegend ab.[513] Hier sollten keine Besonderheiten im Vergleich zu „normalen" Hyperlinks gelten. Die Tatsache, dass noch zusätzliche Informationen geliefert werden und sich ein Downloadvorgang über den jeweils verwendeten Client auf dem Rechner des Nutzers vollzieht, ändert an der urheberrechtlichen Beurteilung nichts.

223 Durch Links können Urheberpersönlichkeitsrechte verletzt werden. Unstrittig ist es verboten, durch die Einbindung mittels Link ein Werk i.S.v. § 14 UrhG zu entstellen, z.B. durch Verkürzung im Rahmen eines Frames oder durch Einbindung in einen diskreditierenden Zusammenhang. Bei der Verwendung von Frames und Inline Links wird zudem häufig das Urheberpersönlichkeitsrecht auf Benennung als Autor (§ 13 UrhG) verletzt. Denn bei einem Inline Link in einem Frame ändert sich die Adresskennung nicht, der Nutzer kann daher eventuell nicht erkennen, von wem der gelinkte Inhalt stammt. Von einem Einverständnis des „Gelinkten" kann hier im Regelfall nicht ausgegangen werden. In der Praxis haben die Urheberpersönlichkeitsrechte bei Links bisher allerdings wenig Bedeutung erlangt. Das liegt vor allem auch daran, dass sie dem Urheber persönlich zustehen, die Webseiten

---

508 Siehe oben.
509 Siehe oben.
510 Erste Ansätze zu einer möglichen Auslegung dieser Begriffe bei *Jani/Leenen*, NJW 2016, 3135, 3137.
511 Die Terminologie ist hier nicht einheitlich. Je nach Tauschbörse heißen diese Links ed2k-Links (eDonkey), sig2dat-Links (KaZaA) oder Magnet-Links (Gnutella). Das LG Hamburg, CR 2006, 68, spricht als Oberbegriff von sog. Hash-Links.
512 LG Hamburg, CR 2006, 68.
513 *Gercke*, CR 2006, 210, 213 mit weiteren Nachweisen.

aber meist nicht vom Urheber selbst, sondern von Lizenznehmern betrieben werden.

b) Haftung für den verlinkten Inhalt

Andere Probleme entstehen, wenn der Inhalt, auf welchen der Link verweist, seinerseits urheberrechtswidrig ist, z. B. weil ein geschütztes Werk ohne Zustimmung des Berechtigten in das Internet eingestellt wurde. Fraglich ist, ob der Link-Setzer für weitere urheberrechtsrelevante Nutzungen dieses Inhalts durch diejenigen haftet, die den Link aktivieren. Auch hier gelten allein und ausschließlich die allgemeinen Grundsätze.[514] 224

aa) Allgemeine Grundsätze

Der Link-Setzer haftet als Störer, wenn er in irgendeiner Weise an der Herbeiführung einer rechtswidrigen Beeinträchtigung durch einen Dritten mitwirkt und dabei ihn treffende Prüfpflichten verletzt. Der Umfang der Prüfpflichten richtet sich nach dem Gesamtzusammenhang, in dem der Hyperlink verwendet wird, dem Zweck des Hyperlinks sowie danach, welche Kenntnis der Link-Setzer von Umständen hat, die dafür sprechen, dass die verlinkte Website oder der verlinkte Internetauftritt rechtswidrigem Handeln dient, und welche Möglichkeiten er hat, die Rechtswidrigkeit dieses Handelns in zumutbarer Weise zu erkennen.[515] Zu unterscheiden ist zwischen der Vorabprüfung vor Aktivierung des Links und dem späteren Aufrechterhalten des Links, insb. nach dem Eingang von konkreten Meldungen über Rechtsverletzungen. 225

Ähnlich wie etwa ein Internetauktionshaus trafen den Link-Setzer vor dem Hinweis auf eine konkrete Rechtsverletzung in der Regel keine Prüfpflichten, es sei denn der rechtsverletzende Inhalt der verlinkten Internetseite ist deutlich erkennbar.[516] Dieses Ergebnis muss nach der EuGH-Entscheidung GS Media/Sanoma Media Netherlands nun möglicherweise revidiert werden. Nach dem EuGH soll es nunmehr vor allem auf die Gewinnerzielungsabsicht des Linksetzenden ankommen.[517] Handelte er mit einer solchen, so soll eine widerlegbare Vermutung für seine Kenntnis der Rechtswidrigkeit 225a

---

514 BGH, MMR 2008, 400 – „über18.de"; LG Berlin, MMR 2005, 785, 786.
515 BGH, GRUR 2016, 209, Rn. 24 – Haftung für Hyperlink; BGH, NJW 2004, 2158, 2160 – Schöner Wetten; LG Berlin, MMR 2005, 786, 787. Vgl. aber auch LG Hamburg, CR 2008, 523. Das LG Hamburg entschied, dass ein Webseitenbetreiber, der Inhalte von Wikipedia in seine Präsenz einbindet, für mögliche Verstöße erst ab Kenntnis des Verstoßes haftet.
516 BGH, GRUR 2016, 209, Rn. 25 – Haftung für Hyperlink.
517 EuGH, NJW 2016, 3149, 3152.

gelten.[518] Bei fehlender Gewinnerzielungsabsicht macht sich der Linksetzende dagegen nur dann haftbar, „wenn der Betreffende wusste oder hätte wissen müssen, dass der von ihm gesetzte Hyperlink Zugang zu einem unbefugt im Internet veröffentlichten Werk verschafft".[519] Der genaue Maßstab dieses „Wissenmüssens" wird allerdings erst noch zu klären sein. Grundsätzlich ist davon auszugehen, dass ohne Gewinnerzielungsabsicht handelnde Linksetzer regelmäßig keine Kenntnis haben dürften (und zwar auch dann nicht, wenn das Werk anderswo nur gegen Entgelt angeboten wird, es sei denn der Linksetzende hätte gerade diese konkrete andere Stelle gekannt oder kennen müssen).

226 Eine Störerhaftung kann allerdings begründet sein, wenn der Hyperlink aufrechterhalten bleibt, wenn der Link-Setzer einen konkreten Hinweis auf eine Rechtsverletzung erhält, insb. nach einer Abmahnung oder Klageerhebung.[520] Im Gegensatz zu Internet-Marktplätzen und File-Hosting-Diensten ist nicht erforderlich, dass die Rechtsverletzung klar erkennbar ist. Das Risiko der rechtlichen Beurteilung, ob eine beanstandete Äußerung auf dem verlinkten Internetauftritt tatsächlich rechtswidrig ist, trägt demnach der Link-Setzer. Er ist – jedenfalls nach einem entsprechenden Hinweis – zur Prüfung dieses Inhalts verpflichtet.[521] Eine Haftung für Inhalte, die sich erst nach dem Setzen der Links verändert haben, scheint nach der Rechtsprechung des Bundesgerichtshofes und auch des neuen Urteils des EuGH hingegen auszuscheiden. Dies kann wiederum jedoch nur solange gelten, wie der Link-Setzer keine Kenntnis von den neuen rechtswidrigen Inhalten etwa durch eine Abmahnung erhalten hat.

bb) Grundrechtsrelevanz von Hyperlinks

227 Allerdings dürfen nach Auffassung des Bundesgerichtshofes im Interesse der Meinungs- und Pressefreiheit an die (nachträgliche) Prüfung eines verlinkten Inhalts keine zu strengen Anforderungen gestellt werden, wenn der Hyperlink nur den Zugang zu ohnehin allgemein zugänglichen Quellen erleichtern soll.[522] Diese Aussage ist insofern missverständlich, als es tatsächlich nicht darum geht, ob der jeweilige Inhalt allgemein zugänglich ist oder nur wenigen Personen. Denn warum soll bei einem Link auf allgemein zu-

---

518 EuGH, NJW 2016, 3149, 3152.
519 EuGH, NJW 2016, 3149, 3152.
520 BGH, GRUR 2016, 209 – Haftung für Hyperlink; OLG Köln, ZUM-RD 2013, 8 – Kirschkerne. Ausreichend ist ebenfalls die Kenntnis vom gerichtlichen Vorgehen gegen die verlinkte Datei, LG Hamburg, MMR 2012, 554.
521 BGH, GRUR 2016, 209, Rn. 27 – Haftung für Hyperlink.
522 BGH, NJW 2004, 2158, 2160 – Schöner Wetten; LG Berlin, MMR 2005, 786.

gängliche Inhalte eine geringere Prüfpflicht bestehen als bei Inhalten, die nur bestimmten Personen zugänglich sind?

Maßgeblich für die Reichweite der Prüfpflichten ist vielmehr, welche Funktion und Aufgabenstellung der Link-Setzer erfüllt. Eben dies scheint auch das Urteil des Bundesgerichtshofes beeinflusst zu haben. Denn in der Entscheidung „Schöner Wetten" ging es um den Link eines Presseunternehmens im Rahmen eines redaktionellen Artikels und der Beschränkung der Prüfpflichten durch die Informations- und Pressefreiheit (Art. 5 GG). 228

Aus diesem Grund hatte auch ein entgegenstehendes Urteil des OLG München[523] keinen Bestand. In dem Verfügungsverfahren ging es um einen Link aus einem redaktionellen Artikel auf einer Webseite, auf der Software zur Umgehung technischer Schutzmaßnahmen angeboten wurde. Das OLG München verurteilte den betroffenen Verlag (Heise) unter anderem mit dem Argument, dass es bei dem Link weniger um die Mitteilung einer Meinung oder Tatsache gegangen sei als um einen zusätzlichen Service über die eigentliche Informationsverschaffung hinaus. Dies widerspricht der Entscheidung des Bundesgerichtshofes im Fall „Schöner Wetten". Dort wurde die Verantwortlichkeit des Link-Setzers gerade mit dem Argument begrenzt, dass der Hyperlink von einem Presseunternehmen in Ergänzung eines redaktionellen Artikels gesetzt worden war, man sich den Inhalt der gelinkten Seite aber im Übrigen nicht zu eigen gemacht und auch außerhalb des Berichts nicht den Inhalt unterstützt habe.[524] Wie erwartet, teilte der Bundesgerichtshof in seiner „AnyDVD"-Entscheidung die Ansicht des OLG München nicht.[525] Sofern der Link dazu dient, einzelne Angaben des Beitrags zu belegen oder diese durch zusätzliche Informationen zu ergänzen, scheidet eine Haftung des Presseunternehmens aus. Selbst positive Kenntnis von der Rechtswidrigkeit der verlinkten Datei zieht dann keine Störerhaftung nach sich. Voraussetzung ist, dass ein überwiegendes Informationsinteresse besteht und der Linksetzer sich ausreichend von dem verlinkten Inhalt distanziert.[526] Der „AnyDVD"-Bericht auf heise online habe deutlich auf die Rechtswidrigkeit des Angebots hinter dem Link hingewiesen. Gerade die Schwere des in Frage stehenden Rechtsverstoßes könne ein besonderes Informationsinteresse begründen, das auch die Verlinkung rechtfertige.[527] 229

---

523 OLG München, MMR 2005, 768, 772. Vgl. ebenso LG München I, MMR 2008, 192.
524 Kritisch gegenüber der Entscheidung des OLG München auch *Spindler*, CR 2005, 741, 746, da eine Beihilfe zu Tathandlungen, die bereits mittelbare Rechtsgutverletzungen betreffen, fraglich sei.
525 BGH, NJW 2011, 2436 – AnyDVD, m. Anm. *Bölke*.
526 BGH, NJW 2011, 2436, Rn. 26.
527 vgl. auch BVerfG, GRUR 2007, 1064 – Kopierschutzumgehung.

Kap. 7 Haftungsfragen

Eine hiergegen eingelegte Verfassungsbeschwerde der Rechtsinhaberin blieb erfolglos.[528]

230 Wird der Link von einem Unternehmen gesetzt, das sich nicht auf die Pressefreiheit berufen kann, sind die Anforderungen an die Prüfung nach Kenntnis eines Rechtsverstoßes strenger, wenngleich auch hier einige Autoren argumentieren, bei Links käme eine Berufung auf die allgemeine Meinungsfreiheit in Betracht. Dagegen spricht jedoch, dass die Meinungsfreiheit nicht das Setzen eines Links auf einen Inhalt rechtfertigen kann, der als solcher nicht vom Recht der Meinungsfreiheit geschützt ist bzw. bei dem der Urheberrechtsschutz vorrangig wäre. Daran ändern auch die in der Praxis so beliebten Disclaimer nichts.

c) Haftung desjenigen, auf dessen Webseite ein Link gesetzt wird

231 Im Regelfall wird derjenige, auf dessen Webseite ein Link gesetzt wird, nicht für ein etwaiges rechtswidriges Verhalten des Link-Setzers haften. Das gilt insb. dann, wenn er von diesem Link keine Kenntnis hat. Mittäterschaftliche Haftung kommt hingegen in Betracht, wenn die Links aufgrund einer bewussten Zusammenarbeit gesetzt werden, z. B. weil der Webseiteninhaber seine Werbung auf den Dritten auslagert (teilweise als „Affiliate Marketing" oder „Associate Marketing" bezeichnet). Der Dritte setzt dann den Link und erhält dafür je nach Anzahl der Clicks oder sonstiger vermittelter Geschäftsaktivitäten eine Provision. Hier kommt eine Haftung als Störer in Betracht, wobei der Umfang und der Inhalt der konkreten Prüfpflichten von der Ausgestaltung des jeweiligen Geschäftsmodells und den tatsächlichen Möglichkeiten zur Prüfung abhängen.[529]

10. Domainparking

232 Umstritten ist schließlich auch das sog. Domainparking. Der Domainparker bietet auf seiner Internetseite fremde Domains zum Verkauf an und schaltet auf diesen Domains zugleich Werbung, um damit Einnahmen zu erzielen, an denen die Inhaber der Domains beteiligt werden. Das OLG Hamburg[530] entschied, dass der Domainparker als Störer in Anspruch genommen werden kann, wenn der Domaininhaber auf der Webseite rechtsverletzende Inhalte vorhält. Das LG Düsseldorf schränkt die Prüfpflichten des Domainparkers hingegen weiter ein. Den Domainparker sollen nach zutreffender Auffas-

---

528 BVerfG, NJW 2012, 1205 – AnyDVD.
529 Sehr weitgehend LG Köln, MMR 2006, 115. Die Entscheidung wurde bestätigt durch OLG Köln – 6 U 200/05, hielt aber der Revision beim BGH nicht stand, BGH, GRUR 2009, 1167, Rn. 30; dagegen *Ernst*, CR 2006, 66, 67. LG Hamburg, MMR 2006, 120.
530 OLG Hamburg, K&R 2005, 42.

sung des LG Düsseldorf vorab hinsichtlich des Internetseiteninhalts keine Prüfpflichten treffen.[531] Eine Vorabprüfung der Internetseiteninhalte jeder einzelnen geparkten Domain dürfte dem Domainparker unzumutbar sein und dessen von der Rechtsordnung gebilligtes Geschäftsmodell in Frage stellen. Der Bundesgerichtshof bestätigt diese überwiegende instanzgerichtliche Rechtsprechung. Der Anbieter einer Domain-Parking-Plattform hafte vor einem eindeutigen Hinweis auf die Rechtsverletzung weder als Täter oder Teilnehmer, noch als Störer auf Unterlassung. Es bestehe keine allgemeine Prüfpflicht in Bezug auf Rechtsverletzungen, weil hierdurch das Geschäftsmodell erheblich gefährdet würde.[532] Eine elektronische Filterung von Bezeichnungen anhand von Wörterbüchern ist für die Aufdeckung von Kennzeichenverletzungen regelmäßig ungeeignet, weil diese eine komplexe Prüfung voraussetzen.[533] Geht es hingegen um Rechtsverletzungen durch die Domain selbst (Domain-Grabbing), wird man zumindest eine Evidenzprüfung verlangen können.[534]

233 Der Domainparker haftet jedenfalls als Störer, wenn er nach einem konkreten Hinweis auf eine Rechtsverletzung nicht alles ihm Zumutbare unternimmt, um die Rechtsverletzung abzustellen. Dies umfasst die Sperrung des entsprechenden Links. Ob darüber hinaus auch Vorsorgepflichten bestehen, erscheint eher zweifelhaft, da gegenwärtig keine Filtertechnologie zur Verfügung steht, mit deren Hilfe verlinkte Seiten auf etwaige Rechtsverstöße untersucht werden könnten.[535]

11. Haftung der Betreiber von Suchmaschinen

234 Suchmaschinen durchsuchen das Netz ständig mit Programmen (Robots, Crawlern) und nehmen durch diese eine automatische Katalogisierung vor. Ebenso wie die Haftung für Hyperlinks ist auch die Haftung des Suchmaschinenbetreibers – insofern sie sich auf die automatische Darstellung von Hyperlinks in Trefferlisten bezieht – nicht im TMG geregelt. Eine analoge Anwendung der Vorschriften zum Access Provider scheidet mangels Regelungslücke aus.[536] Es gelten daher auch hier die allgemeinen Grundsätze. Die Vorschriften des TMG sind hingegen auf Suchmaschinenbetreiber anwendbar, wenn er eigene Inhalte anbietet (etwa Suchwortergänzungsvor-

---

531 Vgl. auch *Leistner*, in: Brandi-Dohrm/Lejeune, Recht 2.0 – Informationsrecht zwischen virtueller und realer Welt, 2008, S. 75.
532 BGH, GRUR 2011, 617 – Sedo, m. Anm. *Hühner*.
533 BGH, GRUR 2011, 617, 620, Rn. 49.
534 Einschränkend: LG Frankfurt a. M., MMR 2009, 364.
535 Ebenso *Leistner*, in: Brandi-Dohrm/Lejeune, Recht 2.0 – Informationsrecht zwischen virtueller und realer Welt, 2008, S. 75.
536 KG, MMR 2006, 393, 394. Vgl. hierzu oben unter Rn. 55 (Ziffer II. 3. lit. b. bb).

Kap. 7 Haftungsfragen

schläge im Rahmen der Autocomplete-Funktion[537]) oder sich die Suchergebnisse zu eigen macht (beispielsweise in Form von Thumbnail-Bildern oder Textausschnitten, den sog. Snippets[538]). Dann haftet der Suchmaschinenanbieter über § 7 TMG allerdings auch wieder nach den allgemeinen Vorschriften. Für bezahlte Werbelinks (sog. „AdWords") haften Suchmaschinenbetreiber hingegen wie Hostprovider gem. § 10 TMG.[539]

a) Täterschaftliche Haftung

235 Der Suchmaschinenbetreiber haftet als Täter, wenn er den Urheberrechtsverstoß selbst verwirklicht. Eine täterschaftliche Haftung kommt in Betracht im Fall der Buchsuche, bei der urheberrechtlich geschützte Werke eingescannt werden.[540] Diskutiert wird täterschaftliche Haftung auch bei der sog. Nachrichtensuche.[541] Hier werden auf einer Seite Nachrichten zusammengefasst, die einen Überblick über das aktuelle Tagesgeschehen geben sollen. Besondere Aufmerksamkeit hat die Frage erlangt, ob im Fall der sog. Bildersuche der Suchmaschinenbetreiber als Täter einer Urheberrechtsverletzung haftet (siehe hierzu auch unten Rn. 265 (D. II. 4. a)).

236 Im Fall der Bildersuche werden in der Trefferliste im Zusammenhang mit der Worteingabe aufgefundene Bilder verkleinert und in bezüglich ihrer Pixelzahl reduzierter, komprimierter Form „daumennagelgroß" als Miniaturansichten angezeigt (sog. Thumbnails). Wenn überhaupt ist hier von einer täterschaftlichen Haftung und nicht von einer Störerhaftung auszugehen.[542] Der Suchmaschinenbetreiber nutzt die streitgegenständlichen Werke selbst im Sinne des § 19a UrhG. Die vom Bundesgerichtshof in der Entscheidung „Paperboy" entwickelten Grundsätze zur Haftung für Hyperlinks sind nicht anwendbar. Die Bildersuche beschränkt sich nicht auf einen bloßen Hyperlink, vielmehr wird das Werk selbst verkleinert als grafischer Link wiedergegeben.

237 Umstritten war im Fall der Thumbnails jedoch, ob überhaupt eine Urheberrechtsverletzung vorliegt. US-amerikanische Gerichte haben die Bildersuchmaschine auf der Grundlage der „fair use-Schranke" erlaubt.[543] Nach deutschem Recht führt das Heraufladen der Thumbnails auf den Server der

---

537 BGH, MMR 2012, 393, Rn. 20 – Autocomplete.
538 *Czychowski/Nordemann*, GRUR 2013, 986, 992.
539 EuGH, GRUR 2010, 445, Rn. 106 ff. – Google und Google France, der Google AdWords als Dienst gem. Art. 14 E-Commerce-RL (§ 10 TMG) begreift.
540 *Heckmann*, AfP 2007, 314.
541 *Kazemi*, CR 2007, 94.
542 OLG Jena, K&R 2008, 301; ebenso jetzt auch ausdrücklich LG Hamburg, MMR 2009, 55. Ebenso *Ott*, K&R 2008, 306.
543 280 F.3d 934 (9th Cir. May 16, 2007) Kelly v. Arriba Soft Corp.

Suchmaschine zu einer Vervielfältigung, für deren Bereithalten zum Abruf es der Zustimmung des Rechteinhabers bedarf.[544] Außerdem greift der Suchmaschinenbetreiber durch die Wiedergabe der Thumbnails in das dem Urheber vorbehaltene Recht aus § 23 UrhG ein. Das LG Hamburg[545] hat daher eine Rechtsverletzung bejaht. In der Literatur stieß die Entscheidung auf Kritik. Wer ein Bild ins Internet stellt, will regelmäßig so viele Zugriffe wie möglich erzielen.[546] Durch das Einstellen des Bildes ins Internet willigt der Rechteinhaber konkludent in die Wiedergabe als Thumbnail ein.[547] Dieser Auffassung ist der Bundesgerichtshof in den Entscheidungen „Vorschaubilder I" und „Vorschaubilder II" gefolgt. Ein Urheber, der eine Abbildung eines urheberrechtlich geschützten Werkes ins Internet einstellt, ohne technisch mögliche Vorkehrungen gegen ein Auffinden und Anzeigen dieser Abbildung durch die Suchmaschine zu treffen, erklärt durch schlüssiges Verhalten seine Einwilligung in eine Wiedergabe der Abbildung als Thumbnail und ein dadurch bewirktes öffentliches Zugänglichmachen des abgebildeten Werkes durch eine Suchmaschine.[548] Dabei genügt es, wenn ein Dritter mit Zustimmung des Urhebers die Abbildung ins Internet eingestellt hat.[549]

b) Störerhaftung

Beschränkt sich die Suchmaschine hingegen auf die Wiedergabe von Hyperlinks und in der Ergebnisliste automatisch erzeugter „Textschnipsel" (sog. „Snippets"), greifen die Grundsätze zur Störerhaftung ein.[550] Dabei gelten für einfache Suchmaschinen und sog. Metasuchmaschinen[551] die gleichen Grundsätze.[552]

238

---

544 LG Erfurt, MMR 2007, 394; LG Hamburg MMR 2004, 558; BHG, GRUR 2010, 628 – Vorschaubilder I; BGH, GRUR 2012, 602 – Vorschaubilder II.
545 LG Hamburg, GRUR-RR 2004, 313.
546 Vgl. BGH, GRUR 2008, 245, 247 – Drucker und Plotter.
547 *Berberich*, MMR 2005, 145, 147; *Ott*, ZUM 2007, 119, 126 f.
548 BHG, GRUR 2010, 628, 631, Rn. 34 ff.– Vorschaubilder I; BGH, GRUR 2012, 602, 604 – Vorschaubilder II; so auch schon LG Erfurt MMR 2007, 394; anders noch OLG Jena, K&R 2008, 301, Kritisch hierzu *Ott*, K&R 2008, 306; kritisch zur Konstruktion der konkludenten Einwilligung *Spindler*, GRUR 2010, 785, 789.
549 BGH, GRUR 2012, 602, Rn. 39 – Vorschaubilder II.
550 LG Berlin, MMR 2005, 786, 787; KG, ZUM 2006, 403. A. A. AG Bielefeld, MMR 2005, 556, zur Haftung eines Betreibers einer Bildsuchmaschine für die Zwischenspeicherung und Wiedergabe von Thumbnails.
551 Eine Metasuchmaschine leitet eine Suchanfrage an mehrere Suchmaschinen gleichzeitig weiter, sammelt die Ergebnisse und bereitet sie neu auf. Vgl. hierzu *Ott*, K&R 2007, 623.
552 Vgl. LG Berlin, MMR 2005, 324. Kritisch *Ott*, K&R 2007, 623.

Kap. 7 Haftungsfragen

239 Fraglich ist, welche Prüfpflichten den Betreiber einer Suchmaschine treffen. Zu berücksichtigen ist die wichtige Funktion der Suchmaschine für die Nutzung des Internets. Nicht zuletzt wegen der immer weiter ansteigenden Zahl von Domains kommt der Suchmaschine eine Schlüsselfunktion zu, um das Internet funktionsfähig zu halten.[553] Eine Domain, die für Suchmaschinen nicht auffindbar ist, ist für die breite Öffentlichkeit praktisch nicht erreichbar.[554] Es besteht daher ein Allgemeininteresse daran, dass die Leistungsfähigkeit der Suchmaschine als netznotwendiger Einrichtung erhalten bleibt.

240 Vorabprüfpflichten scheiden vor diesem Hintergrund aus.[555] So trifft den Betreiber einer Suchmaschine nicht die Pflicht, Snippets vorab auf ihre Rechtmäßigkeit zu prüfen.[556] Der Betreiber einer Suchmaschine ist im Regelfall jedoch verpflichtet, nach Mitteilung einer konkreten Verletzung dafür zu sorgen, dass der konkret angemahnte Eintrag aus der Trefferliste verschwindet und dieser konkrete Eintrag auch zukünftig nicht wieder auftaucht.[557] In der Regel wird dies auch durch bloße technische Mittel möglich sein, wie z.B. eine entsprechende Programmierung des Crawlers. Eine Ausdehnung auf kerngleiche Verstöße wie beim Auktionshaus, d.h., Vermeidung des Verweises auf andere URL, aber mit demselben beanstandeten Inhalt, kann

---

553 LG Frankfurt a. M., NJW-RR 2002, 545, 546.
554 LG Frankfurt a. M., NJW-RR 2002, 545, 546.
555 Vgl. für Metasuchmaschinen: KG, MMR 2006, 393. Offengelassen hingegen vom LG Berlin, ZUM-RD 2006, 519.
556 Vgl. OLG Hamburg, K&R 2007, 210. Das OLG entschied, dass der nach ständiger Rechtsprechung anzunehmende Grundsatz, dass schon eine von mehreren Deutungsmöglichkeiten ausreicht, um eine Rechtswidrigkeit zu bejahen, bei Suchmaschinen ausnahmsweise nicht eingreift. Dies ergebe sich aus der gebotenen Abwägung zwischen dem allgemeinen Persönlichkeitsrecht und der Meinungsäußerungs- und Informationsfreiheit, die durch eine Suchmaschine in entscheidendem Maß gefördert wird. Ohne den Einsatz von Suchmaschinen wäre nämlich eine sinnvolle Nutzung der Informationsfülle im World Wide Web nicht möglich. Zum Teil wird vertreten, dass Snippets überhaupt kein ehrverletzender Aussagegehalt zukommt, da der Nutzer dem Inhalt eines Snippets wegen dessen bekannter Verkürzung keine Bedeutung beimesse. vgl. KG, MMR 2012, 129; OLG Hamburg, MMR 2011, 685, 687; OLG Hamburg, MMR 2010, 490, 492; OLG Stuttgart, MMR 2009, 190; a. A. KG, MMR 2010, 495, 496; kritisch *Seitz*, in: Hoeren/Sieber, Multimedia-Recht, Teil 8 B I 6, Rn. 18a.
557 LG Berlin, MMR 2005, 786, 787; inzident auch KG, ZUM 2006, 461; LG Hamburg, MMR 2005, 631; LG Regensburg, MMR 2005, 478; LG München I, CR 2004, 704. Ebenso *Spindler*, CR 2005, 741, 746; *Volkmann*, CR 2008, 232, 238; so auch BGH, GRUR 2010, 628, Rn. 39 – Vorschaubilder I für den Fall, dass Bilder von dazu nicht berechtigten Personen eingestellt werden; OLG Hamburg, MMR 2012, 62, 63; OLG Braunschweig, GRUR 2014, 1002 – Posterlounge I und OLG Braunschweig, GRUR 2014, 1002 – Posterlounge II für den Fall von Markenverletzungen durch Preissuchmaschinen.

hingegen im Einzelfall schwierig und daher unzumutbar sein.[558] In besonders krassen Fällen wie z. B. Kinderpornographie und erkennbar organisierter Computerkriminalität haben die Instanzgerichte hingegen die Haftung des Suchmaschinenbetreibers auch unabhängig von einem konkreten Hinweis bejaht.[559]

Eine Störerhaftung von Suchmaschinenbetreibern bejahte der Bundesgerichtshof auch in dem Fall, dass automatisch generierte Suchergänzungsvorschläge persönlichkeitsverletzenden Inhalt haben.[560] Die angezeigten Suchvorschläge werden auf der Basis eines Algorithmus ermittelt, der die von anderen Nutzern eingegebenen Suchanfragen einbezieht (sog. „Autocomplete"-Funktion). Der BGH rechnet hier dem Suchmaschinenbetreiber die durch die Ergänzung erzeugte unwahre Behauptung als eigenen Inhalt i. S. d. § 7 TMG zu.[561] Allerdings lässt er den Betreiber nicht als Täter, sondern systemwidrig als Störer haften.[562] Dies begründet er mit einer Abwägung der widerstreitenden Grundrechtspositionen aus Art. 2 und 14 GG und dem Argument, dass die Software nicht von vornherein auf Rechtsverletzungen abziele. Eine Haftung des Betreibers kommt daher nur in Betracht, wenn zumutbare Prüfpflichten verletzt werden. Eine Prüfpflicht trifft ihn erst dann, wenn er Kenntnis von der Rechtsverletzung hat.[563]

240a

Abzuwarten bleibt, wie sich die neue Rechtsprechung des EuGH im Fall GS Media/Sanoma Media Netherlands[564] auf die Haftung von Suchmaschinenbetreibern auswirken wird. Da Suchmaschinenbetreiber mit Gewinnerzielungsabsicht handeln, wird nach dem Wortlaut des EuGH-Urteils bei ihnen die Kenntnis von der Rechtswidrigkeit von ohne Zustimmung des Rechteinhabers in das Netz gestellten Inhalten widerleglich vermutet.[565] Angesichts der praktisch kaum zu bewältigenden Recherchepflichten, die Suchmaschinenbetreiber damit treffen würde, ist aber fraglich, ob der EuGH diese Rechtsprechung auch auf Suchmaschinenbetreiber erweitern wird.

240b

---

558 Vgl. LG Berlin, MMR 2005, 785, 786; a. A. LG Hamburg, MMR 2015, 61.
559 LG Frankfurt a. M., NJW-RR 2002, 545, 546.
560 BGH, GRUR 2013, 751 – Autocomplete, m. Anm. *Pfeifer/Becker*; Eine Persönlichkeitsverletzung hatten die Vorinstanzen noch verneint mit der Begründung, der Nutzer erkenne, dass die Ergänzung keine eigenständige inhaltliche Aussage bilde, sondern auf technischem Wege entstehe, LG Köln, BeckRS 2012, 16333; OLG Köln, GRUR-RR 2012, 486.
561 So auch *Pfeiffer/Becker*, GRUR 2013, 751, 755.
562 Kritisch hierzu *Spindler/Volkmann*, in: Spindler/Schuster, Recht der elektronischen Medien, 3. Aufl. 2015, § 1004 Rn. 16.
563 BGH, GRUR 2013, 751, Rn. 30 – Autocomplete.
564 EuGH, NJW 2016, 3149.
565 So auch *Jani/Leenen*, NJW 2016, 3135, 3137.

Kap. 7 Haftungsfragen

241 Stimmen aus der Literatur wollen die Haftung des Suchmaschinenbetreibers weiter eingrenzen. Eine Störerhaftung des Suchmaschinenbetreibers soll in Anlehnung an § 8 TMG nur möglich sein, wenn der Suchmaschinenbetreiber die verletzenden Inhalte selbst ausgewählt oder kollusiv mit dem Täter zusammengewirkt hat.[566] Ein Rückgriff auf die Haftungsprivilegien des TMG für Hostprovider ist aber jedenfalls dann nicht möglich, wenn der Suchmaschinenbetreiber eine aktive Rolle spielt, die ihm eine Kenntnis der gespeicherten Daten oder eine Kontrolle über sie verschaffen kann, etwa im Fall bezahlter Werbelinks.[567]

12. Drittwerbung auf Webseiten mit urheberrechtsverletzendem Inhalt

242 Eine weitere Fallgruppe ist die Drittwerbung auf rechtsverletzenden Webseiten. Fraglich ist, ob denjenigen eine Haftung trifft, der Werbung auf einer Webseite mit urheberrechtsverletzendem Inhalt schaltet.

243 Die Haftungsprivilegierungen des TMG greifen hier nicht ein, da der Werbende selbst kein Diensteanbieter im Sinne des § 2 Satz 1 Nr. 1 TMG ist. In Betracht kommt eine Störerhaftung. Für die Störerhaftung reicht bereits das Ausnutzen einer rechtsverletzenden Handlung aus. Dies ist hier der Fall. Der Werbende nutzt die Rechtsverletzung des Webseitenbetreibers für seinen eigenen wirtschaftlichen Erfolg aus. Hinzutreten muss eine Verletzung von zumutbaren Prüfpflichten. Viel spricht hier dafür, dass der Werbende verpflichtet ist, vorab zumindest eine grobe Prüfung der Webseite vorzunehmen, auf der er seine Werbung schalten will. Spätestens treffen den Werbenden Prüfpflichten jedenfalls dann, wenn er einen konkreten Hinweis auf die Rechtsverletzungen erhält. Wird die Werbung trotz Abmahnung aufrechterhalten, steht dem Rechteinhaber ein Anspruch auf Unterlassung der Werbung auf der fraglichen Webseite zu.[568]

13. Haftung des Admin-C

244 Der Admin-C ist nach Ziffer VIII der Denic-Domainrichtlinien[569] als Bevollmächtigter des Domaininhabers berechtigt und verpflichtet, sämtliche die Domain betreffenden Angelegenheiten verbindlich zu entscheiden. Sofern der Domaininhaber seinen Sitz nicht in Deutschland hat, ist der Admin-

---

566 *Volkmann*, GRUR 2005, 205.
567 EuGH, GRUR 2010, 445, Rn. 106 ff. – Google Adwords.
568 Ebenso LG Frankfurt a. M., MMR 2008, 346 (zu Wettbewerbsverstößen). Einschränkend hingegen LG München I, ZUM 2009, 592.
569 Abrufbar am 18.2.2006 unter http://www.denic.de/de/richtlinien.html.

C zugleich auch dessen Zustellungsbevollmächtigter i. S. v. §§ 174 f. ZPO. Das ist insb. wichtig für einstweilige Verfügungen, die innerhalb einer Frist von einem Monat (§ 929 ZPO) durch den Antragsteller zugestellt werden müssen, damit sie wirksam werden.

Die Haftungsprivilegierungen des TMG finden auf den Admin-C keine Anwendung. Der Admin-C ist selbst nicht Diensteanbieter. Es gelten daher auch hier die allgemeinen Grundsätze. Nach Ansicht zahlreicher Gerichte kommt – jedenfalls bei „.de"-Domains – eine Haftung des Admin-C als Störer in Betracht. Zutreffend ist dies, wenn die Kennzeichenrechte Dritter durch die Domain selbst verletzt werden.[570] Der Admin-C leistet durch das Einverständnis in seine Eintragung als Admin-C einen Tatbeitrag und hat auch die rechtliche Möglichkeit, auf den Eintragungsinhalt einzuwirken.[571] Er haftet daher als Störer insb. für Markenrechtsverletzungen durch sog. Tippfehler-Domains.[572] **245**

Teilweise haben die Instanzgerichte darüber hinaus auch angenommen, dass den Admin-C Prüfpflichten hinsichtlich der Webseiteninhalte treffen, z. B. hinsichtlich Verstößen gegen das UWG oder das UrhG. Verletze der Admin-C diese Prüfpflichten, soll eine Störerhaftung möglich sein.[573] Die jüngere Rechtsprechung ist hier hingegen zurückhaltender. So verneinte das OLG Hamburg[574] eine Störerhaftung des Admin-C für Webseiteninhalte. Der Admin-C habe keine zumutbare Einflussmöglichkeit auf die Gestaltung der Webseite. Auch stünden dem Admin-C in der Regel keine besonderen Hilfsmittel zum Auffinden rechtswidriger Inhalte zur Verfügung. Eine manuelle Überwachung für eine Fülle von zu erwartenden Rechtsverletzungen sei dem Admin-C nicht zumutbar. Ebenfalls entschied das LG Dresden,[575] dass der Admin-C nicht für die Wettbewerbsverstöße des Domaininhabers unter der Domain verantwortlich sei. Die Entscheidungskompetenzen des Admin-C seien auf die Angelegenheiten der Domain begrenzt. Der Admin-C könne nicht verhindern, dass der Domaininhaber auf seiner Internetseite Wettbewerbsverstöße begehe. Er könne in diesem Fall allein seine Funktion als Admin-C aufgeben, die Störung jedoch nicht beseitigen. Daher treffen den Admin-C auch keine Prüfpflichten hinsichtlich der Webseiteninhalte. **246**

---

570 Vgl. OLG Koblenz, MMR 2009, 549; OLG Stuttgart, K&R 2004, 599; OLG Hamburg, GRUR-RR 2004, 175 ff.; KG, ZUM 2006, 403; OLG München, MMR 2000, 277; LG München, CR 2005, 532; LG Bonn, CR 2005, 527, 529; a. A. OLG Düsseldorf, MMR 2009, 336, 337; OLG Koblenz, MMR 2002, 466; LG Kassel, JurPC WebDok. 329/2003; vgl. auch *Volkmann*, K&R 245, 246.
571 Vgl. auch *Hoeren/Eustergerling*, MMR 2006, 132, 135.
572 LG Stuttgart, MMR 2009, 271.
573 LG Hamburg, K&R 2007, 333; LG Bonn, CR 2005, 527, 529.
574 OLG Hamburg, K&R 2007, 407.
575 LG Dresden, MMR 2007, 394.

Kap. 7 Haftungsfragen

247 Das OLG Köln[576] wendet hingegen zu Recht die vom Bundesgerichtshof zu den Internetauktionshäusern entwickelte Rechtsprechung auch auf den Admin-C an. Der Admin-C, der an der Verbindung der Domain mit einem inhaltlichen Auftritt nicht mitgewirkt hat, haftet vor einer Kenntniserlangung nicht als Störer für Verletzungen, die in inhaltlichen Auftritten unter diesem Domainnamen ihre Ursache haben. Zu weit geht das OLG Köln jedoch, wenn es diese Grundsätze nicht nur auf den Webseiteninhalt, sondern auch auf Markenrechtsverletzungen durch die Domain selbst ausweiten will. Hier sollte es bei den oben dargestellten Grundsätzen bleiben.[577] In diesem Sinne entschied auch der Bundesgerichtshof. Eine Störerhaftung des Admin-C auch ohne vorherigen Hinweis sei bei besonderem, gefahrerhöhendem Verhalten des Admin-C möglich, etwa wenn der im Ausland ansässige Anmelder frei werdende Domainnamen jeweils in einem automatisierten Verfahren ermittelt und registriert und der Admin-C sich dementsprechend pauschal bereiterklärt hat, diese Funktion für eine große Zahl an Registrierungen zu übernehmen.[578] Der Admin-C könne nämlich den Domainvertrag jederzeit kündigen mit der Folge, dass der Domainname gelöscht und damit die Verletzung des Namensrechts beseitigt wird.[579]

D. Rechtswidriger Eingriff

248 Sämtliche Ansprüche nach §§ 97 ff. UrhG setzen einen rechtswidrigen Eingriff in geschützte Rechtspositionen voraus. Solche Rechtspositionen können insb. sein das Urheberrecht und die daraus abgeleiteten Urheberpersönlichkeitsrechte, Verwertungsrechte und ausschließliche Nutzungsrechte sowie andere nach dem UrhG geschützte Rechtspositionen, wie z. B. der sui generis-Schutz von Datenbanken nach §§ 87a ff. UrhG, dem für das Internet eine besondere Bedeutung zukommt.

---

576 OLG Köln, Urt. v. 15.8.2008 – 6 U 51/08.
577 Vgl. auch OLG Koblenz, MMR 2009, 549, das eine Prüfungspflicht des Admin-C auf Namensverletzungen bejaht, wenn sich der Admin-C zur Übernahme dieser Funktion für eine unbekannte Vielzahl automatisiert angelegter Domains gegen Entgelt bereiterklärt hat. Ebenso LG Berlin, MMR 2009, 348. A. A. OLG Düsseldorf, MMR 2009, 336, 337.
578 BGH, GRUR 2012, 304, Rn. 63 – Basler Haar-Kosmetik, m. Anm. *Spindler*; OLG Koblenz, MMR 2009, 549, 500 f.; OLG Stuttgart, GRUR-RR 2010, 12, nur für den Fall offenkundiger Namensrechtsverletzungen; vgl. auch OLG Frankfurt a. M., MMR 2014, 134.
579 BGH, GRUR 2012, 304, Rn. 50 – Basler Haar-Kosmetik.

D. Rechtswidriger Eingriff   **Kap. 7**

I. Umfang der geschützten Rechtsposition

Ob und unter welchen Voraussetzungen überhaupt ein Eingriff vorliegt, **249**
hängt vom Umfang der jeweiligen Rechtsposition ab. So stellt z. B. das bloße
Setzen eines Links im Regelfall keinen unmittelbaren Eingriff in Urheberrechte dar,[580] wohl aber dessen Aktivierung, die zu einer Vervielfältigung führt.[581] Bei Datenbanken muss unter anderem geprüft werden, ob überhaupt Schutz nach dem UrhG in Betracht kommt,[582] ob wesentliche Teile übernommen werden[583] und ob die Übernahme von Daten der normalen Auswertung zuwiderläuft.[584] Das bloße Bestreiten der Inhaberschaft an ausschließlichen Nutzungsrechten bedeutet für sich genommen noch keinen Eingriff in diese Rechte.[585]

An einem Eingriff fehlt es auch, wenn das vermeintlich verletzte Recht bereits **erschöpft** ist, z. B. nach §§ 17 Abs. 2 UrhG allgemein, nach 69c Nr. 3 Satz 2 UrhG für Computerprogramme oder nach § 87b Abs. 2 UrhG für Datenbanken. **250**

---

580 Dies gilt auch für Verlinkungen im Wege des „Framing", vgl. EuGH, MMR 2014, 260 – Svensson u. a./Retriever Sverige; GRUR 2014, 1196 – BestWater International, vorausgesetzt der verlinkte Inhalt wurde zuvor mit Zustimmung des Rechteinhabers im Internet öffentlich zugänglich gemacht, BGH, GRUR 2016, 171 Rn. 31 ff. – Die Realität II; s. o. Rn. 221c.
581 BGH, GRUR 2003, 958, 961 – Paperboy. Vgl. hierzu ausführlich oben Rn. 217 ff. (C. IV. 9).
582 Bejaht vom BGH z. B. für eine Gedichttitelliste, NJW 2008, 755, 756 – Gedichttitelliste I (siehe hierzu auch EuGH, MMR 2008, 807); für eine Bodenrichtwertsammlung GRUR 2007, 137 – Bodenrichtwertsammlung; für Musik-Charts GRUR 2005, 857, 858 – HIT BILANZ; offengelassen für die sog. Michel-Nummern, BGH, GRUR 2006, 493, 495 – Michel-Nummer; verneint vom OLG München für den Stellenmarkt in der Wochenendausgabe der Süddeutschen Zeitung, OLG München, MD 2001, 200, 202.
583 Verneint z. B. vom KG bei Übernahme von Daten eines Veranstalters aus einer Datenbank mit Daten von 300 bis 400 Veranstaltern, KG, NJW-RR 2000, 1495, 1496 – EDV-gesteuerter Ticketverkauf. Bejaht vom BGH bei Übernahme von 98 % einer Datenbank, NJW 2008, 755, 757 – Gedichttitelliste I (vgl. auch EuGH, MMR 2008, 807); ebenso bejaht bei andersartiger Anordnung der entnommenen Daten BGH, GRUR 2005, 857, 859 – HIT BILANZ. Hinsichtlich des Begriffs der „Entnahme" siehe EuGH, MMR 2008, 807 – Gedichttitelliste I, und hinsichtlich der Bestimmung wesentlicher Teile siehe EuGH, GRUR 2005, 244, 248 – BHB-Pferdewetten.
584 Verneint vom OLG Köln bei Wiedergabe von Ausschnitten aus Zeitungsartikeln, die in das Internet eingestellt wurden, OLG Köln, MD 2001, 170, 174; bejaht durch BGH, GRUR 2005, 857, 859 – HIT BILANZ; BGH, GRUR 2005, 940, 942 – Marktstudien; OLG Köln, MMR 2007, 443, 445.
585 BGH, GRUR 1997, 896, 897 – Mecki-Igel III.

Kap. 7 Haftungsfragen

250a Dabei ist zu beachten, dass die Erschöpfung grundsätzlich (nur, aber auch immerhin) gemeinschaftsweit eintritt.[586] Allerdings sieht die Richtlinie 2001/29/EG über Urheberrechte in der Informationsgesellschaft (die sog. InfoSoc-Richtlinie) vor, dass gerade bei den für das Internet besonders relevanten Rechten der öffentlichen Wiedergabe sowie der öffentlichen Zugänglichmachung keine Erschöpfung eintreten soll, Art. 3 Abs. 3, sowie Erwägungsgrund 29.[587] Jedoch hatte man dabei wohl vor allem nur den Geschäftsverkehr gegenüber der Öffentlichkeit, also eins-zu-viele, im Blick, nicht aber den Geschäftsverkehr eins-zu-eins, so dass sich bereits frühzeitig die Frage stellte, ob nicht doch trotz der Regelung in Art. 3 Abs. 3 eine Regelungslücke bestand, die zumindest eine analoge Anwendung der Regelungen zur Erschöpfung in Eins-zu-Eins-Situationen erlaubte.[588] Eine entsprechende Frage stellte sich für Software nach Art. 4 Abs. 2 der Richtlinie 2009/24/EG (die sog. Software-Richtlinie), auf dem § 69c Nr. 3 S.2 UrhG beruht und der die Erschöpfung des Verbreitungsrechts von Computerprogrammen regelt. Dieser Regelung kam und kommt angesichts der Tatsache, dass immer weniger Programme physisch auf Datenträgern vertrieben, sondern zunehmend zum Download auf Servern bereitgestellt werden, eine erhebliche praktische Bedeutung zu.[589] Auf die Vorlage des BGH hin, der die Ausdehnung der Erschöpfung noch kritisch beurteilte,[590] entschied der EuGH in einer Aufsehen erregenden und viel diskutierten Entscheidung,

---

586 Speziell zur Erschöpfung im Rahmen der Richtlinie zum Urheberrecht in der Informationsgesellschaft, EuGH EuZW 2006, 662 ff. – Laserdisken.
587 Erwägungsgrund 29 lautet: „*Die Frage der Erschöpfung stellt sich weder bei Dienstleistungen allgemein noch bei Online-Diensten im Besonderen. Dies gilt auch für materielle Vervielfältigungsstücke eines Werks oder eines sonstigen Schutzgegenstands, die durch den Nutzer eines solchen Dienstes mit Zustimmung des Rechtsinhabers hergestellt worden sind. Dasselbe gilt daher auch für die Vermietung oder den Verleih des Originals oder von Vervielfältigungsstücken eines Werks oder eines sonstigen Schutzgegenstands, bei denen es sich dem Wesen nach um Dienstleistungen handelt. Anders als bei CD-ROM oder CD-I, wo das geistige Eigentum in einem materiellen Träger, d. h. einem Gegenstand, verkörpert ist, ist jede Bereitstellung eines Online-Dienstes im Grunde eine Handlung, die zustimmungsbedürftig ist, wenn das Urheberrecht oder ein verwandtes Schutzrecht dies vorsieht.*"
588 Dafür LG Hamburg, CR 2006, 812, 814; *Hoeren*, CR 2006, 573 f.; *Grützmacher*, in: Wandtke/Bullinger, Praxiskommentar UrhR, 4. Aufl. 2014, § 69c Rn. 31 f.; dagegen OLG München, CR 2006, 655; LG München, CR 2007, 356, 358 f.; *Spindler*, CR 2008, 69; *Schack*, GRUR 2007, 639, 643 f.
589 Ebenfalls heftig umstritten ist die Frage, ob und ggf. unter welchen konkreten Umständen der Vertrieb bzw. die Nutzung „gebrauchter Software" in Deutschland aufgrund etwaiger Erschöpfung rechtmäßig ist oder nicht. Siehe hierzu OLG München, MMR 2008, 601; MMR 2006, 748 m. Anm. *Stögmüller*, entgegen LG München, MMR 2006, 175; OLG Hamburg, MMR 2007, 317 ff.
590 BGH, GRUR 2011, 418 – Used Soft I.

dass sich das Verbreitungsrecht auch bei einer Software erschöpfe, die per Download in den Verkehr gelangt sei und an welcher der Erwerber gegen Zahlung eines Entgelts ein unbefristetes Nutzungsrecht erworben habe.[591] Die Software-Richtlinie sei lex specialis gegenüber der InfoSoc-Richtlinie und in dieser Richtlinie spreche der Unionsgesetzgeber ausdrücklich von einer Programmkopie, was keinen physischen Datenträger erfordere und nicht von einem Vervielfältigungs*stück*, wie es bei § 69c UrhG der Fall sei. Der BGH hat diese Entscheidung dann nachfolgend noch dahingehend präzisiert, dass auch ein etwaiger Nacherwerber, der das Programm von dem Ersterwerber erwerbe, dieses nutzen dürfe, sofern der Weiterverkauf der Lizenz mit dem Weiterverkauf der heruntergeladenen Programmkopie verbunden sei und der Ersterwerber seine Kopie unbrauchbar gemacht habe. Nicht erforderlich sei, dass der Nacherwerber von dem Ersterwerber gerade den Datenträger erhalte, auf dem sich die „erschöpfte" Programmkopie befindet, sondern es sei auch möglich, dass der Nacherwerber seine Programmkopie aus dem Internet herunterlade. Enthält diese Programmkopie mittlerweile Aktualisierungen oder Verbesserungen, so sei erforderlich, dass deren Nutzung von einem Wartungs- oder Pflegevertrag zwischen Rechteinhaber und Ersterwerber gedeckt sei.[592] Bei Volumenlizenzen, die im Gegensatz zu Client-Server-Lizenzen zur Nutzung mehrerer eigenständiger Programmkopien berechtigen, können einzelne Lizenzen zulässigerweise weiterveräußert werden. Es genügt hierbei, wenn der Erwerber eine entsprechende Anzahl von Kopien unbrauchbar gemacht hat.[593] Vom Erschöpfungsgrundsatz gedeckt sind darüber hinaus auch die nach dem Herunterladen des Programms durch den Erwerber selbst angefertigten Kopien.[594] Im Anschluss an die UsedSoft-Rechtsprechung bekräftigte der BGH im Fall Green-IT,[595] dass es für die Erschöpfung des Verbreitungsrechts unerheblich ist, ob die Programmkopie durch Übergabe eines körperlichen Datenträgers oder in der Weise weiterveräußert wird, dass der Erwerber selbst die verkaufte Kopie mithilfe eines Produktschlüssels herunterlädt. Dies soll auch dann gelten, wenn das Computerprogramm ursprünglich als Box-Produkt mit Datenträger und Produktschlüssel in den Verkehr gebracht wurde und der Ersterwerber allein den Produktschlüssel weiterverkauft.[596] Letztlich ausschlaggebend ist, dass der Vorerwerber seine Kopien zum Zeitpunkt des Weiterverkaufs unbrauchbar gemacht hat und so sichergestellt werden kann, dass der Datenbestand beim Weiterverkauf nicht vermehrt wird. Auch

---

591 EuGH, GRUR 2012, 904 – UsedSoft/Oracle.
592 BGH, GRUR 2014, 264 – UsedSoft II.
593 BGH, GRUR 2015, 772, Rn. 45 – UsedSoft III.
594 BGH, GRUR 2015, 772, Rn. 32 f. – UsedSoft III.
595 BGH, GRUR 2015, 1108 – Green-IT.
596 BGH, GRUR 2015, 1108, Rn. 39 – Green IT.

Kap. 7 Haftungsfragen

eine Vereinbarung zwischen Softwarehersteller und Ersterwerber, wonach der Weiterverkauf der Software nur im Gesamtpaket erfolgen darf, kann gegenüber dem Nacherwerber nicht geltend gemacht werden.[597] Zudem erstreckte der BGH die Erschöpfung auf zeitlich begrenzte Nutzungsrechte, wenn sie auf einer technischen Laufzeitbegrenzung basieren und nach Ablauf der Servicezeit automatisch deaktiviert werden.[598]

250b Bei anderen online Nutzungen außerhalb von Computerprogrammen wird die Erschöpfung von den deutschen Gerichten hingegen weiterhin sehr zurückhaltend beurteilt. Verneint wurde die Erschöpfung beispielsweise für Hörbücher, die aus dem Internet heruntergeladen werden.[599]

II. Rechtmäßige Ausübung eines Nutzungsrechts/Schranken

251 An einem Eingriff fehlt es außerdem bei rechtmäßiger Ausübung eines Nutzungsrechts mit dinglicher Wirkung durch den Berechtigten sowie bei Nutzung im Rahmen der gesetzlich vorgesehenen Schranken nach §§ 44a ff. UrhG.[600] Insb. bei den Schrankenregelungen gab es in den letzten Jahren, bedingt durch den rasanten technischen Fortschritt und die zunehmende digitale Nutzung, umfangreiche Änderungen, sowohl auf nationaler als auch auf gemeinschaftsrechtlicher Ebene. Die für das Internet wichtigsten Bestimmungen sind die Privilegierung nur vorübergehender, technisch bedingter Vervielfältigungen (§ 44a UrhG) sowie von sog. Privatkopien (§ 53 Abs. 1 UrhG). Diese werden nachfolgend kurz dargestellt. Daneben gibt es zahlreiche weitere Schrankenbestimmungen, die hier nicht alle im Detail dargestellt werden können, wie z.B. das Zitatrecht (§ 51 UrhG), die öffentliche Zugänglichmachung für Unterricht und Forschung (§ 52a UrhG), die Wiedergabe von Werken an elektronischen Leseplätzen in öffentlichen Bibliotheken, Museen und Archiven (§ 52b UrhG) sowie der Kopienversand auf Bestellung (§ 53a UrhG). Für Datenbanken bzw. Datenbankwerke finden sich Sonderregelungen in §§ 53 Abs. 5 und 87c UrhG. Es ist zu erwarten, dass gerade auch diese Schrankenbestimmungen in Zukunft immer mehr an Bedeutung gewinnen werden und es vermutlich auch neue gesetzliche Regelungen geben wird, speziell zu den elektronischen Leseplätzen in öffentli-

---

597 BGH, GRUR 2015, 1108, Rn. 38 – Green IT; GRUR 2015, 772, Rn. 36 – UsedSoft III.
598 BGH, GRUR 2015, 1108, Rn. 37 – UsedSoft III; krit. *Stieper/Henke*, NJW 2015, 3548.
599 OLG Hamm, NJW 2015, 3659, 3661; OLG Stuttgart, GRUR-RR 2012, 243, 246.
600 Zu den Schranken siehe Kap. 4.

chen Bibliotheken.[601] Hier hat auch eine EuGH-Entscheidung zur InfoSoc Richtlinie (2001/29/EG) Einiges in Bewegung gebracht.[602] Nach dieser Entscheidung darf öffentlich zugänglichen Bibliotheken nach nationalem Recht erlaubt werden (über eine Schrankenbestimmung), ihre Werke zu digitalisieren, um sie den Nutzern auf eigens hierfür eingerichteten Terminals in diesen Bibliotheken zugänglich zu machen. Das Ausdrucken auf Papier oder Speichern auf USB-Sticks ist hingegen nicht möglich.

1. Vorübergehende Vervielfältigungshandlungen (§ 44a UrhG)

Eine der für das Internet wichtigsten Schrankenbestimmungen enthält § 44a UrhG. Danach sind vorübergehende Vervielfältigungshandlungen, die flüchtig oder (alternativ, nicht kumulativ) begleitend sind und einen integralen und wesentlichen Teil eines technischen Verfahrens darstellen, die keine eigenständige wirtschaftliche Bedeutung haben und die allein bestimmten Zwecken dienen (Übertragung im Netz durch einen Vermittler oder rechtmäßige Nutzung), zulässig. Mit dieser Regelung soll Art. 5 Abs. 1 der Richtlinie zum Urheberrecht in der Informationsgesellschaft umgesetzt werden. „Flüchtig" ist danach eine Vervielfältigung, wenn sie nur sehr kurzlebig ist, wie dies z.B. der Fall ist bei Zwischenspeicherungen im Arbeitsspeicher eines Computers, die mit dem Abschalten des Geräts oder der Beendigung der Arbeitssitzung automatisch gelöscht werden.[603] „Begleitend" sind Vervielfältigungen, die lediglich beiläufig während eines technischen Vorgangs entstehen. Nicht erfasst wird daher z.B. die Aufnahme von Fernsehsendungen und deren Speicherung zum Zwecke der zeitversetzten Wiedergabe mit einem „Online-Videorekorder".[604] Ebenfalls nicht erfasst wird die Anzeige von Miniaturansichten, sog. thumbnails, in Trefferlisten von Suchmaschinen.[605] Begünstigt von dieser Regelung sind somit insb. Zwi-

252

---

601 Dazu *Steinbeck*, NJW 2010, 2852.
602 EuGH, NJW 2014, 1078 ff.
603 KG, GRUR-RR 2004, 228, 231 – Ausschnittsdienst.
604 OLG Dresden, NJOZ 2008, 160, 163 – Zeitversetztes Fernsehen; GRUR-RR 2007, 138, 139 – Online-Videorekorder; bestätigt durch BGH, GRUR 2009, 845, 846. Fertigt der Internetdienstleister eine Masterkopie einer Sendung an, weil die Sendung von mehreren Nutzern aufgenommen wird, dann ist diese Kopie als Zwischenschritt zu vollautomatisch hergestellten Kundenkopie nach § 44a UrhG zulässig, vgl. OLG Dresden, GRUR-RR 2011, 413, 415 – shift.tv. Ebenso nicht erfasst ist die Speicherung von Musiktiteln, um sie später Nutzern des Dienstes im sog. Streamingverfahren vorübergehend zur Verfügung zu stellen, OLG Hamburg, MMR 2006, 173, 175 – staytuned.
605 BGH, GRUR 2012, 604, Rn. 14 – Vorschaubilder II; in BGH, GRUR 2010, 628 – Vorschaubilder I nicht erörtert, da § 44a UrhG jedenfalls wegen wirtschaftlicher Bedeutung abgelehnt; OLG Jena, GRUR-RR 2008, 223, 224.

Kap. 7 Haftungsfragen

schenspeicherungen im Rahmen des Client-Caching und des Browsing.[606] Ob das Proxy-Caching auch begünstigt wird, ist hingegen umstritten.[607] Da die Ausnahmeregelung auf die Vorgaben der Richtlinie zurückzuführen ist, unterfällt sie auch dem dort in Art. 5 Abs. 5[608] geregelten sog. 3-Stufen-Test, nach dem erstens die Schrankenbestimmungen nur in bestimmten Sonderfällen angewandt werden dürfen, in denen zweitens die normale Verwertung des Werkes oder des sonstigen Schutzgegenstandes nicht beeinträchtigt wird und drittens die berechtigten Interessen des Rechtsinhabers nicht ungebührlich verletzt werden. Der Test wurde in das deutsche Gesetz bewusst nicht aufgenommen, da nach Auffassung des Gesetzgebers die Schrankenregelungen den Bestimmungen bereits entsprechen. Zudem ist zu beachten, dass die Schrankenbestimmung des § 44a UrhG nicht die Inanspruchnahme von Vermittlern ausschließt, deren Dienste zur Rechtsverletzung benutzt werden, Art. 8 Abs. 3 der Richtlinie. Allerdings gibt es für diese auch besondere Haftungsregelungen, insb. § 9 TMG.

252a Die Frage nach der Zulässigkeit von Cachekopien und Bildschirmkopien, die bei Betrachtung einer Internetseite erstellt werden, hat der EuGH inzwischen ausdrücklich bejaht.[609] Insbesondere halten sie dem Drei-Stufen-Test stand, weil die berechtigten Interessen der Urheberrechtsinhaber nicht ungebührlich verletzt werden, sofern deren Zustimmung für die öffentliche Zugänglichmachung des Werkes im Internet eingeholt wurde.

252b Im Zuge der „Redtube-Affäre" und den Urteilen in Sachen „kino.to" wurde die Diskussion um die Rechtfertigung des Streamings nach § 44a UrhG neu entfacht.[610] Weitgehende Einigkeit herrscht darüber, dass Streaming eine vorübergehende Vervielfältigungshandlung[611] ist, die flüchtig und begleitend ist und einen integralen und wesentlichen Teil eines technischen Verfahrens darstellt. Die weiteren Voraussetzungen des § 44a UrhG sind hingegen streitig. Eine „eigenständige wirtschaftliche Bedeutung" liegt u. E., aber die Meinung ist umstritten, nicht vor. Eigenständig ist die wirtschaftliche

---

606 Hierzu *Werner*, Kap. 3. Rn. 76 ff. (C.I.1.).
607 Dafür: *Dreier*, in: Dreier/Schulze, UrhG, 5. Aufl. 2015, § 44a Rn. 4; *v. Welser*, in: Wandtke/Bullinger, Praxiskommentar UrhR, 4. Aufl. 2014, § 44a Rn. 9.
608 Ebenso auch schon Art. 10 Abs. 1 WCT und Art. 16 Abs. 2 WPPT.
609 EuGH, GRUR 2014, 654, Rn. 25 ff. – PRCA/NLA.
610 Hierzu *Werner*, Kap. 3 Rn. 85 (C.IV.1).
611 Während der EuGH bei der Frage nach einer schützenswerten Vervielfältigungshandlung i. S. d. § 16 UrhG darauf abstellt, ob der jeweils gepufferte Teil eine persönliche geistige Schöpfung darstellt (EuGH, ZUM 2009, 945, Rn. 45 – Infopaq; EuGH, EuZW 2012, 466, Rn. 159 – FAPL), halten Teile in der Literatur es für sachgerechter, auf die Schutzfähigkeit des gestreamten Werkes insgesamt abzustellen, so: *Wiebe*, in: Spindler/Schuster, Recht der elektronischen Medien, 3. Aufl. 2015, § 44a UrhG Rn. 7.

D. Rechtswidriger Eingriff   Kap. 7

Bedeutung der Vervielfältigung nur, wenn sie über den mit der Werkwiedergabe ohnehin verbundenen wirtschaftlichen Vorteil hinausgeht.[612] Eine eigenständige Nutzungsmöglichkeit der gespeicherten Daten besteht im Regelfall jedoch nicht, da die Zwischenspeicherung beim Streaming keine weitere Verwertung der empfangenen Datenpakete ermöglicht.[613] Ungeklärt ist allerdings, ob Streaming eine „rechtmäßige Nutzung" i. S. d. § 44a Nr. 2 UrhG darstellt. Ausgangspunkt hierfür ist Erwägungsgrund 33 der InfoSoc-Richtlinie, wonach eine Nutzung rechtmäßig ist, „soweit sie vom Rechtsinhaber zugelassen bzw. nicht durch Gesetz beschränkt ist". Teilweise wird vertreten, dass „nicht vom Gesetz beschränkte" Nutzungen nur solche sind, die durch urheberrechtliche Schranken wie § 53 I UrhG gedeckt sind.[614] Dem ist entgegenzuhalten, dass sich die Privilegierung bereits aus der jeweiligen Schrankenregelung ergebe und § 44a Nr. 2 UrhG in dieser Variante weitgehend leerliefe.[615] Nach zutreffender herrschender Ansicht ist die Nutzung vielmehr auch dann „nicht durch Gesetz beschränkt", wenn sie von vornherein nicht von den Verwertungsrechten des Urhebers (§§ 15 ff. UrhG) erfasst wird, was bei der Wiedergabe eines Werkes zum privaten Werkgenuss der Fall ist.[616] Dieser Auslegung des dem § 44a UrhG zugrunde liegenden Art. 5 I lit. b InfoSoc-Richtlinie hat sich nunmehr auch der EuGH angeschlossen. In der Entscheidung „FAPL/Murphy" wendet er die Schranke auf flüchtige Vervielfältigungen an, die beim Empfang von Satellitensendungen den ordnungsgemäßen Betrieb des Satellitendecoders oder Fernsehbildschirms ermöglichen.[617] Diese Entscheidung lässt sich auf den Empfang und die Wiedergabe von Werken in Form des Streamings übertragen.[618] Vom EuGH offen gelassen bleibt die Frage, ob sich dies auch auf rechtswidrige Vorlagen bezieht, wenn der Upload des Streams mangels Zustimmung des

---

612 EuGH, MMR 2011, 817, 823, Rn. 174 – FAPL/Murphy, m. Anm. *Stieper.*
613 *Wiebe,* in: Spindler/Schuster, Recht der elektronischen Medien, 3. Aufl. 2015, § 44a Rn. 9; *Stieper,* MMR 2012, 12, 16; A. A. *Enstahler,* NJW 2014, 1553, 1555; *Radmann,* ZUM 2010, 387 (391).
614 *Dreier,* in: Dreier/Schulze, UrhG, 5. Aufl. 2015, § 44a Rn. 8; *Loewenheim,* in: Schricker/Loewenheim, Urheberrecht, 4. Aufl. 2010, § 44a Rn. 9; *Radmann,* ZUM 2010, 387, 390.
615 So auch *Busch,* GRUR 2011, 496, 502; *Lauber/Schwipps,* GRUR 2004, 293, 295; *Fangerow/Schulz,* GRUR 2019, 677, 681; *Galetzka/Stamer,* MMR 2014, 292, 296.
616 *Heerma,* in: Wandtke/Bullinger, Praxiskommentar UrhR, 4. Aufl. 2014, § 15 Rn. 10.
617 EuGH, EuZW 2012, 466, 474 – FAPL/ Murphy, mit der Begründung, dass der bloße Empfang der Sendung einschließlich ihrer visuellen Darstellung im privaten Kreis „keine durch die Regelung der Union oder die des Vereinten Königreichs beschränkte Handlung" und somit rechtmäßig sei, Rn. 174.
618 *Stieper,* GRUR 2012, 12, 15; *Dustmann,* in: Fromm/Nordemann, Urheberrecht, 11. Aufl. 2014, § 44a Rn. 18.

Kap. 7 Haftungsfragen

Urhebers gegen das Urheberrecht verstößt.[619] Für die ausschließliche Privilegierung von nicht offensichtlich rechtswidrig hergestellten oder öffentlich zugänglich gemachten Vorlagen lässt sich eine Parallele zu § 53 I UrhG anführen, der die Privilegierung privater Vervielfältigungen von selbigen Kriterien abhängig macht.[620] Andererseits macht der Gesetzgeber die Freiheit des Werkgenusses nicht von der Rechtmäßigkeit der Vorlage abhängig.[621] Auch der EuGH stellt in der „Murphy"-Entscheidung allein auf die Rechtmäßigkeit des Empfangs ab, und nicht auf die Rechtmäßigkeit der Sendung.[622] Ob daraus auf die grundsätzliche Privilegierung selbst offensichtlich rechtswidriger Streaming-Vorlagen geschlossen werden kann, ist allerdings bedenklich.[623] Auch in der Entscheidung „PRCA/NLA", die in Bezug auf die beim Internet-Browsing angefertigten Bildschirm-Kopien erging, betonte der EuGH, dass im Rahmen des Drei-Stufen-Test des Art. 5 Abs. 5 InfoSoc-Richtlinie die berechtigten Interessen des Rechtsinhabers deshalb nicht ungebührlich verletzt werden, weil die Zustimmung der Urheber vor Veröffentlichung der Werke eingeholt wurde.[624] Ein Umkehrschluss darauf, dass bei fehlender Zustimmung des Rechtsinhabers die rechtwidrig zugänglich gemachten Streaming-Inhalte dem Drei-Stufen-Test nicht standhielten, ist im Ergebnis aber abzulehnen. Nicht der Nutzer, sondern der Anbieter des Streams greift rechtswidrig in die Interessen des Urhebers ein. Schließlich kann der Internetnutzer auch oftmals nicht erkennen, ob die auf einer Internetseite enthaltenen Inhalte rechtswidrig zugänglich gemacht worden sind.[625]

252c Auch die deutschen Instanzgerichte ließen in den „Redtube"-Entscheidungen zumeist die Frage offen, ob § 44a Nr. 2 UrhG den rezeptiven Werkgenuss auch illegaler Streaming-Inhalte umfasst, da jedenfalls in den betroffenen

---

619 Eine dahingehende vom österreichischen OGH vorgelegte Frage ließ der EuGH mangels Entscheidungserheblichkeit unbeantwortet; OGH, GRUR Int 2012, 934 – UPC Telekabel Wien; EuGH, EuZW 2014, 388 – UPC Telekabel Wien GmbH/Constantin Film Verleih GmbH u. a.
620 *Busch*, GRUR 2011, 496, 502.
621 *Stieper*, MMR 2012, 12, 15ff; *Redlich*, K&R 2012, 713; *Fangerow/Schulz*, GRUR 2010, 677, 681; *Galetzka/Stamer*, MMR 2014, 292, 296; *Mitsdörffer/Gutfleisch*, MMR 2009, 731, 733; *Gercke*, ZUM 2012, 625, 634; *Hilgert/Hilgert*, MMR 2014, 85, 87, *Dustmann*, in: Fromm/Nordemann, Urheberrecht, 11. Aufl. 2014, § 44a Rn. 18; a. A. *Leistner*, JZ 2011, 1040, 1145; *Radmann*, ZUM 2010, 387, 389 ff.
622 EuGH, EuZW 2012, 466, 474 – FAPL/ Murphy: „Der bloße Empfang dieser Sendung als solcher [...] stellt aber keine durch die Regelung der Union oder die des Vereinigten Königreichs beschränkte Handlung dar [...]; diese Handlung ist demzufolge rechtmäßig."
623 *Dreier*, in: Dreier/Schulze, UrhG, 5. Aufl. 2015, § 44a Rn. 8.
624 EuGH, MMR, 2014, 541, 544 – PRCA/NLA, Rn. 56 ff.
625 *Solmecke* in der Anm. zu EuGH, MMR 2014, 541, 545.

Fällen eine nicht offensichtlich rechtswidrige Vorlage gestreamt wurde.[626] Der Nutzer dürfe nicht mit unerfüllbaren Prüfpflichten belastet werden.[627] Nur wenn aktuelle Kinofilme oder Fernsehserien bereits vor oder kurz nach dem offiziellen Kinostart bzw. vor der Erstausstrahlung im deutschen Fernsehen kostenlos angeboten würde, wäre von einer offensichtlich rechtswidrigen Vorlage auszugehen.[628]

2. Vervielfältigung zum privaten Gebrauch (sog. Privatkopie) (§ 53 Abs. 1 UrhG)

253 Als weitere Schrankenbestimmung ist bei Nutzungen im Internet insb. an § 53 Abs. 1 UrhG zu denken. Diese Regelung betrifft die sog. Privatkopie und beruht auf der Überlegung, dass ein Verbot von Vervielfältigungen im privaten Bereich kaum durchsetzbar ist. Neben der Privatkopie regelt § 53 UrhG noch weitere Fälle von Vervielfältigungen zum eigenen Gebrauch, wie z.B. zum eigenen wissenschaftlichen Gebrauch (§ 53 Abs. 2 Nr. 1 UrhG), zur Aufnahme in ein eigenes Archiv (§ 53 Abs. 2 Nr. 2 UrhG), zum Schulunterricht (§ 53 Abs. 2 Nr. 3 UrhG), zum sonstigen eigenen Gebrauch (§ 53 Abs. 2 Nr. 4), wobei die jeweiligen Anforderungen teilweise sehr komplex sind.

254 Nach § 53 Abs. 1 UrhG sind einzelne (nach der Rechtsprechung: bis zu sieben Stück)[629] Vervielfältigungen eines Werkes zum privaten Gebrauch unter bestimmten Voraussetzungen zulässig. Ein privater Gebrauch liegt grundsätzlich in dem Gebrauch in der Privatsphäre zur Befriedigung rein persönlicher Bedürfnisse.[630] Im Einzelnen waren jedoch viele Fragen umstritten, insb. für Nutzungen im Rahmen von Archiven oder das private Herunterladen von Dateien im Rahmen des sog. Filesharing.[631] Hier gab es vor allem durch die beiden sog. „Körbe"[632] zur Änderung des deutschen Urheberrechts Änderungen,[633] wobei der „Erste Korb" ausdrücklich klarstellte, dass die

---

626 LG Köln, GRUR-RR 2014, 114, 114 – The Archive; LG Hamburg, MMR 2014, 267, 268; AG Hannover, ZUM-RD 2014, 667; im Ergebnis ebenso das BMJ in seiner Antwort auf eine Anfrage der LINKEN, BT-Drs. 18/195; vorbehaltslose Anwendung des § 44a Nr. 2 UrhG durch AG Postdam, ZUM-RD 2014, 587, 588.
627 AG Hannover, ZUM-RD 2014, 667, 668.
628 Vgl. AG Leipzig, BeckRS 2012, 06777 – kino.to; AG Hannover, ZUM-RD 2014, 667, 668.
629 BGH, GRUR 1978, 474, 476 – Vervielfältigungsstücke.
630 BGH, GRUR 1978, 474, 475 – Vervielfältigungsstücke.
631 Vgl. hierzu ausführlich oben Rn. 209 ff. (C. IV. 8).
632 1. Korb: BGBl. Nr. 46 vom 12.9.2003, S. 1774–1788; 2. Korb: BGBl. Nr. 54 vom 31.10.2007, S. 2512–2522.
633 Statt vieler siehe *Czychowski*, NJW 2003, 2409; *Czychowski/Nordemann*, NJW 2008, 1571, 1573; *Spindler*, NJW 2008, 9 ff. jeweils m. w. N.

Kap. 7 Haftungsfragen

Privilegierung des § 53 UrhG auch für digitale Vervielfältigungen gilt, sich allerdings nicht auf kopiergeschützte Werke (§ 95a UrhG) erstreckt. Weiter wurde geregelt, dass die Kopie weder mittelbar noch unmittelbar Erwerbszwecken dienen darf und dass die aus einer offensichtlich illegalen Quelle stammende Kopie keine Grundlage für eine rechtmäßige Privatkopie sein kann. Der „Zweite Korb" ergänzte speziell im Hinblick auf den Download aus illegalen Tauschbörsen dann, dass die für die Privatkopie verwendete Quelle auch nicht offensichtlich rechtswidrig öffentlich zugänglich gemacht worden sein darf.[634]

255 Die Schrankenregelung in § 53 UrhG ist nach bislang überwiegender Ansicht grundsätzlich eng auszulegen.[635] Der BGH begründet dies damit, dass der Urheber an der wirtschaftlichen Nutzung seiner Werke tunlichst angemessen zu beteiligen ist und daher die ihm hinsichtlich der Werkverwertung zustehenden Ausschließlichkeitsrechte nicht übermäßig beschränkt werden dürfen. Sie gilt allerdings sowohl für analoge als auch für digitale Vervielfältigungen. Auch kommt es nicht auf die Art des Zielmediums an; dies kann grundsätzlich jeder Datenträger sein. Eine Anwendung des § 53 UrhG kommt jedoch nicht in Betracht beim *Einstellen* von Inhalten in das Internet, weil einerseits die Vervielfältigung zur Zugänglichmachung im Internet nicht zu privaten Zwecken geschieht[636] und andererseits – und vor allem – die Regelung ohnehin nur die Herstellung einzelner Vervielfältigungen erlaubt, nicht aber das öffentliche Zugänglichmachen i.S.v. § 19a UrhG.[637] § 53 Abs. 6 UrhG stellt zusätzlich fest, dass die (erlaubt hergestellten privaten) Vervielfältigungen weder verbreitet noch für öffentliche Wiedergaben benutzt werden dürfen, d.h., auch die zulässig erstellte Privatkopie darf anschließend nicht in das Internet eingestellt werden. Die Schranke kann sich daher allenfalls auf private *Downloads* aus dem Internet beziehen. Auch darf aus einem zum privaten Gebrauch erstellten Archiv nicht das Informationsbedürfnis Dritter befriedigt werden.[638]

---

634 Zu Kopien für den Schulunterricht wurde in § 53 Abs. 3 UrhG geregelt, dass die Schrankenbestimmung nun auch die Vor- und Nachbereitung des Unterrichts durch Lehrer erfasst, und für Kopien zum wissenschaftlichen Gebrauch wurde geregelt, dass diese weder unmittelbar noch mittelbar gewerblichen Zwecken dienen dürfen, § 53 Abs. 2 Nr. 1 UrhG.
635 BGH, GRUR 1997, 459, 461 – CB Infobank I; vgl. auch BGH, GRUR 2002, 963, 966 – Elektronischer Pressespiegel; KG, GRUR 2000, 49 – Mitschnitt-Einzelangebot; vgl. auch Kap. 4 Rn. 31 ff. (B. I).
636 *Braun*, GRUR 2001, 1106, 1107; *Hoeren/Pichler*, in: Loewenheim/Koch, Praxis des Online-Rechts, 1998, Ziff. 9.5.2.2.1.; a.A. *Cichon*, K&R 1999, 547, 548; offengelassen von *Ahrens*, ZUM 2000, 1029, 1032.
637 *Dreier*, in: Dreier/Schulze, UrhG, 5. Aufl. 2015, § 53 Rn. 11.
638 BGH, GRUR 1997, 459, 461 – CB Infobank I; GRUR 1999, 325, 327 – Elektronische Pressearchive.

D. Rechtswidriger Eingriff **Kap. 7**

§ 53 Abs. 1 UrhG setzt nicht voraus, dass das Werkstück, von dem die Vervielfältigung hergestellt wird (die Quelle oder das Ausgangsstück), im Eigentum des Vervielfältigers steht.[639] Er kann also auch eine fremde Kopie als Vorlage benutzen. Umstritten war jedoch, ob dieses Ausgangsstück rechtmäßig in den Besitz des Vervielfältigers gelangt sein musste.[640] In den Gesetzestext wurde im Rahmen des „Ersten Korbs" aufgenommen, dass die Schranke nicht gilt, d.h., die Vervielfältigung ist nicht erlaubt, wenn eine „offensichtlich rechtswidrig hergestellte Vorlage" verwendet wird, und der „Zweite Korb" stellte ergänzend klar, dass dies auch gilt, wenn eine „offensichtlich rechtswidrig öffentlich zugänglich gemachte Vorlage" verwendet wird. Das zielte vor allem auf die Peer-to-Peer Netzwerke ab. D.h. Dateien, die offensichtlich rechtswidrig in das Internet eingestellt wurden, dürfen selbst zu privaten Zwecken nicht heruntergeladen werden. Das betrifft insb. die neuesten Filme und Musiktitel, die zumeist schon kurz nach oder sogar vor ihrem offiziellen Erscheinen zum Download angeboten werden. Wann eine verwendete Vorlage offensichtlich rechtswidrig hergestellt oder öffentlich zugänglich gemacht wurde, wird allerdings nicht gesagt. *Offensichtlich* ist nach allgemeinem Sprachgebrauch, was jedermann auf den ersten Blick erkennt.[641] Hierzu muss die Rechtsprechung Kriterien entwickeln. Im Falle des Streaming ist eine offensichtlich rechtswidrige Zugänglichmachung für den Nutzer jedenfalls dann gegeben, wenn aktuelle Kinofilme oder Fernsehserien bereits vor oder kurz nach dem offiziellen Kinostart bzw. vor der Erstausstrahlung im deutschen Fernsehen kostenlos angeboten werden.[642] **256**

Der Upload von Dateien ist durch § 53 Abs. 1 UrhG in keinem Fall privilegiert. Auch kann durch § 53 Abs. 1 UrhG nicht eine Umgehung von (technischem) Kopierschutz (§ 95a UrhG) gerechtfertigt werden. Selbsthilfemaßnahmen, mit denen ein Kopierschutz umgangen werden soll, sind daher selbst dann rechtswidrig, wenn dadurch ein Privatgebrauch im Sinne von § 53 Abs. 1 UrhG ermöglicht werden soll. Verfassungsrechtlich bestehen gegen eine solche Regelung keine Bedenken,[643] zumal eine Strafandrohung in solchen Fällen nicht besteht, vgl. §§ 108b Abs. 1, 111a Abs. 1 Nr. 1 lit. a **257**

---

639 BGH, GRUR 1997, 464, 466 – CB-Infobank II.
640 So KG, GRUR 1992, 168, 169 – Dia-Kopien (vom BGH wurde diese Frage in der Revision allerdings ausdrücklich offengelassen, GRUR 1993, 899, 900); *Loewenheim*, in: Schricker/Loewenheim, Urheberrecht, 4. Aufl. 2010, § 53 Rn. 13; *Grübler*, in: BeckOK UrhG, 12.Ed.2016, § 53 Rn. 13.1.
641 *Fromm/Nordemann*, Urheberrecht, 11. Aufl. 2014, § 53 Rn. 20.
642 AG Hannover, ZUM-RD 2014, 667; so auch *Stieper*, MMR 2012, 12, 17; *Radmann*, ZUM 2010, 387, 389; a.A. *Fangerow/Schulz*, GRUR 2010, 677, 679. Allerdings könnte das Streaming unabhängig von seiner eventuellen Unzulässigkeit nach § 53 gleichwohl von der Schranke des § 44a gedeckt sein (s.o. Rn. 252ff.).
643 BVerfG, GRUR 2005, 1032, 1033.

Kap. 7 Haftungsfragen

UrhG, d.h., die Rechteinhaber und -verwerter müssen zivilrechtlich ihre Rechte geltend machen.

258 Die Vervielfältigung zu privatem Gebrauch kann auch durch *Dritte* erfolgen, § 53 Abs. 1 Satz 2 UrhG. Dabei kommt es für die Frage, wer Hersteller einer Vervielfältigung ist, zunächst allein auf eine technische Betrachtung an. Hersteller der Vervielfältigung ist derjenige, der diese körperliche Festlegung – ggf. unter Benutzung fremder Hilfsmittel (wie z.B. Automaten) – technisch bewerkstelligt. Hat der Hersteller die Vervielfältigungen allerdings im Auftrag eines Befugten für dessen privaten Gebrauch angefertigt, kann sie dem Befugten bei normativer Bewertung zugerechnet werden. Erforderlich ist dafür, dass die Organisationshoheit und die Bestimmung des zu kopierenden Inhalts bei dem Befugten verbleiben und der Hersteller sich darauf beschränkt, gleichsam „an die Stelle des Vervielfältigungsgeräts" zu treten und als „notwendiges Werkzeug" des anderen tätig zu werden.[644] Umstritten ist, ob sog. virtuelle Online-Videorekorder oder Personal Video Recorder nach § 53 Abs. 1 UrhG privilegiert sind. Bei diesen Videorekordern geht es darum, dass die Anbieter bestimmte Fernsehsender empfangen, Sendungen dann auf speziell dem jeweiligen Nutzer zugewiesenen Speicherplätzen gespeichert und dadurch dem Nutzer der jederzeitige (zeitversetzte) Abruf der Sendung ermöglicht wird. Nach Auffassung des OLG Köln unterfällt dies der Privilegierung des § 53 Abs. 1 Satz 2 UrhG,[645] nach Ansicht des OLG Dresden[646] und des LG Braunschweig[647] hingegen nicht, da es auf eine normative Bewertung ankomme und sich die Leistung des Anbieters als Gesamtpaket darstelle, das sich nicht auf die bloße Zurverfügungstellung eines Speicherplatzes für die Aufzeichnung von Sendungen reduzieren lasse, sondern z.B. auch den Empfang der Sendungen umfasse. Der BGH folgte dieser Auffassung allerdings nicht: Da die Sendungen erst nach der Auswahl durch den Kunden (vollautomatisiert) auf den Videorecordern der Kunden gespeichert werden, sei allein der Kunde Hersteller der Vervielfältigung, sodass diese vom Privileg der Privatkopie erfasst sei.[648] Allerdings greife der Internetdienstanbieter in das Recht der Weitersendung nach §§ 20, 87 Abs. 1 Nr. 1

---

644 BGH, GRUR 1997, 459, 461 – CB-Infobank I; GRUR 1997, 464, 466 – CB-Infobank II; GRUR 1999, 707, 709 f. – Kopienversanddienst; GRUR 2009, 845, 846 – Online-Videoaorecorder.
645 OLG Köln, GRUR-RR 2006, 5, 6 – Personal Video Rekorder.
646 OLG Dresden, GRUR-RR 2007, 138, 139 – Internet-Videorekorder; NJOZ 2008, 160, 164 – Zeitversetztes Fernsehen.
647 LG Braunschweig, ZUM-RD 2006, 396, 400 – Internet-Videorekorder.
648 BGH, GRUR 2009, 854 – Internet-Videorecorder; BGH, GRUR 2013, 618 – Internetvideorecorder II; so nunmehr auch OLG Dresden, BeckRS 2013, 07592; kritisch bzgl. der Einwilligung *Klass*, ZUM 2013, 1; a.A. *Haedicke*, ZUM 2016, 594, 602.

D. Rechtswidriger Eingriff Kap. 7

Alt. 1 UrhG ein.[649] Außerdem ist bei Vervielfältigungen durch Dritte zu unterscheiden, ob sie zum privaten Gebrauch (also § 53 Abs. 1 UrhG, Privatkopie) oder zum sonstigen eigenen Gebrauch (z.B. § 53 Abs. 2 UrhG) erfolgen. Die Erstellung einer Privatkopie durch Dritte ist nur erlaubt, wenn sie unentgeltlich erfolgt oder in (vormals) herkömmlicher Weise, d.h. auf Papier oder einem ähnlichen Träger mittels photomechanischer oder ähnlicher Verfahren. Bei der Herstellung von Vervielfältigungsstücken durch Dritte zum eigenen Gebrauch nach § 53 Abs. 2 UrhG hingegen kommt es auf eine etwaige Unentgeltlichkeit nicht an.

Werden digitale Vervielfältigungen durch Automaten angefertigt, so muss im Einzelfall geprüft werden, ob „Hersteller" im Sinne des § 53 UrhG der einzelne Kunde ist, der sich dann ggf. auf die Privilegierung des § 53 UrhG berufen kann, oder der Aufsteller des Automaten, bei dem eine Berufung auf § 53 UrhG nur in Betracht käme, wenn die Voraussetzungen dafür bei seinem Kunden erfüllt sind und die Vervielfältigung unentgeltlich erfolgt. Nach Ansicht des OLG München etwa ist der Hersteller von CD-Münzkopierautomaten, die an öffentlich zugänglichen Plätzen zur Benutzung durch das allgemeine Publikum aufgestellt werden und die es Kunden ermöglichen (ohne weitere Hilfestellung des Aufstellers), ihre mitgebrachten CDs auf ebenfalls mitgebrachte Rohlinge zu kopieren, nicht Hersteller der Kopien. Vielmehr sei Hersteller der Kunde, der sich seinerseits ggf. auf § 53 Abs. 1 UrhG berufen könne.[650] Entsprechend ist auch beim Cloud-Computing danach abzugrenzen, ob die Speicherung in der Cloud auf Initiative eines privilegierten Nutzers erfolgt, oder der Dienstanbieter seinerseits Kopien auf seinem Server abspeichert, um den Kunden den Zugriff darauf zu ermöglichen.[651] **259**

Umstritten war lange Zeit, ob und in welchem Umfang der elektronische Kopienversand, z.B. durch *Subito*, der Privilegierung durch § 53 UrhG unterfällt. Das OLG München hat das für die Zeit nach dem 13.9.2003 verneint.[652] Nunmehr ist der elektronische Versand allerdings in § 53a UrhG gesondert geregelt. **260**

---

649 Diese Auslegung von § 20 UrhG wurde vom EuGH bestätigt, EuGH, ZUM 2013, 390, 392 – ITV Broadcasting/TV Catchup. Dort hat der EuGH festgestellt, dass eine Weitersendung an die Öffentlichkeit auch dann vorliegt, wenn die Sendesignale über Punkt-zu-Punkt-Verbindung weitergeleitet werden, also nicht nur dann wenn eine Punkt-zu-Multipunkt-Verbindung erfolgt, Rn. 34.
650 OLG München, GRUR-RR 2003, 365, 366. Ebenso BGH, GRUR 2009, 845, 846 – Internet-Videorecorder.
651 *Dreier*, in: Dreier/Schulze, UrhG, 5. Aufl. 2015, § 53 Rn. 14.
652 OLG München, MMR 2007, 525 (nicht rechtskräftig, Revision beim BGH anhängig unter Az. I ZR 81/07).

Kap. 7 Haftungsfragen

3. Datenbankwerke, Datenbanken (§§ 53 Abs. 5, 87c UrhG)

261 Besonderheiten gelten – auch im Hinblick auf die Privatkopie – für Vervielfältigungen von elektronisch zugänglichen (schöpferischen) Datenbank*werken*. Diese dürfen weder zum privaten Gebrauch noch zur Aufnahme in ein eigenes Archiv, zur Unterrichtung in Tagesfragen oder zu sonstigem eigenen Gebrauch vervielfältigt werden, § 53 Abs. 5 UrhG.[653] Entsprechendes gilt für die Vervielfältigung elektronischer Datenbanken, d.h., von Datenbanken, die (nur) dem sui generis-Schutz der §§ 87a ff. unterfallen und deren Elemente einzeln mit Hilfe elektronischer Mittel zugänglich sind. Auch sie dürfen nach § 87c Abs. 1 Satz 1 Nr. 1 HS 2 UrhG insgesamt oder in wesentlichen Teilen selbst zu Privatzwecken nicht vervielfältigt werden. Ob die hergestellten Vervielfältigungsstücke selbst elektronisch oder nicht elektronisch sind, ist dabei unerheblich.

262 Erlaubt sind hingegen Kopien von Datenbanken in folgenden Fällen:
- Die Vervielfältigung nur *unwesentlicher* Teile[654] einer (digitalen oder analogen) Datenbank;
- die Vervielfältigung wesentlicher Teile[655] einer *analogen* Datenbank (deren Elemente also nicht einzeln mit Hilfe elektronischer Mittel zugänglich sind) zum privaten Gebrauch, § 87c Abs. 1 Nr. 1 UrhG;[656] insoweit gilt die Rechtsprechung zu § 53 Abs. 1 UrhG entsprechend; nicht in § 87c UrhG geregelt und auch noch ungeklärt ist allerdings die Frage, ob und ggf. unter welchen Voraussetzungen eine Vervielfältigung durch Dritte erfolgen darf;[657]
- die Vervielfältigung wesentlicher Teile[658] einer (digitalen oder analogen) Datenbank zum eigenen wissenschaftlichen Gebrauch zu nicht gewerblichen Zwecken, § 87c Abs. 1 Nr. 2 UrhG; wobei es jeweils auf den Zweck der konkreten Handlung ankommt, so dass auch die Forschung eines kommerziellen Unternehmens zu nicht gewerblichen Zwecken er-

---

653 Hierzu auch OLG Hamburg, GRUR 2001, 831 – Roche Lexikon Medizin.
654 Ein Anteil von zehn Prozent des Datenvolumens ist nicht wesentlich, BGH, GRUR 2011, 724 – Zweite Zahnarztmeinung II. Für sich genommen unwesentliche Teile einer Datenbank können in ihrer Gesamtheit einen wesentlichen Teil der Datenbank bilden, wenn mehrere Nutzer die Vervielfältigungen in bewusstem und gewolltem Zusammenwirken vorgenommen haben, BGH, GRUR 2011, 1018 – Automobil-Onlinebörse.
655 Also nicht der gesamten Datenbank.
656 Vgl. BGH, GRUR 2006, 493 ff. – Briefmarkenkatalog, zur Erstellung von Konkordanzlisten zu den sog. Michel-Nummern.
657 Dafür: *Dreier*, in: Dreier/Schulze, UrhG, 5. Aufl. 2015, § 87c Rn. 5; *Koch*, in: Beck-OK UrhG, 12.Ed.2016, § 87c Rn. 3; *Thum*, in: Wandtke/Bullinger, Praxiskommentar UrhR, 4. Aufl. 2014, § 87c Rn. 16.
658 Also nicht der gesamten Datenbank.

folgen kann, während umgekehrt auch eine Hochschule z. B. im Rahmen der Auftragsforschung durchaus auch zu gewerblichen Zwecken tätig werden kann;[659]
- die Vervielfältigung zu nicht gewerblichen Unterrichtszwecken, § 87c Abs. 1 Nr. 3 UrhG.

Wie auch schon bei § 53 UrhG gilt auch für die Privilegierungen in § 87c UrhG, dass die Privilegierung nur für die Vervielfältigung gilt, nicht aber für die Verbreitung oder gar öffentliche Zugänglichmachung einer Datenbank, wesentlicher Teile davon oder Vervielfältigungen hiervon. **263**

4. Rechtfertigungsgründe

Wie allgemein im Deliktsrecht indiziert auch im Urheberrecht der positive Eingriff in das geschützte Recht die Rechtswidrigkeit. Ein Unterlassen hingegen ist nur rechtswidrig, wenn eine Pflicht zum Handeln bestand. Die Rechtswidrigkeit entfällt bei Vorliegen eines Rechtfertigungsgrundes. Beweispflichtig für das Vorliegen eines Rechtfertigungsgrunds ist derjenige, der sich darauf beruft, zumeist also der Verletzer. Den Wegfall eines Rechtfertigungsgrunds hat der Verletzte zu beweisen. Als Rechtfertigungsgründe kommen die allgemeinen Gründe in Betracht, nämlich Einwilligung oder Genehmigung des Rechteinhabers, die Regelungen in den §§ 226 ff. BGB (Schikaneverbot, Notwehr, Notstand, Selbsthilfe) sowie der als allgemeiner Rechtsgrundsatz auch für das Zivilrecht anerkannte übergesetzliche Notstand.[660] Vom Ansatz her bestehen hier keine Besonderheiten gegenüber dem allgemeinen Deliktsrecht. Das OLG Hamburg hat darüber hinaus „überragende Interessen der Allgemeinheit" als Rechtfertigungsgrund für die Veröffentlichung eines Anwaltsschriftsatzes anerkannt.[661] Auch die Meinungs- und Pressefreiheit können in Wechselwirkung mit dem geistigen Eigentum treten und einen Eingriff in das Urheberrecht rechtfertigen.[662] **264**

---

659 *Vogel*, in: Schricker/Loewenheim, Urheberrecht, 4. Aufl. 2010, § 87c Rn. 16; *Thum*, in: Wandtke/Bullinger, Praxiskommentar UrhR, 4. Aufl. 2014, § 87c Rn. 29.
660 *Fromm/Nordemann*, Urheberrecht, 11. Aufl. 2014, § 97 Rn. 23; *Wild*, in: Schricker/Loewenheim, Urheberrecht, 4. Aufl. 2010, § 97 Rn. 34 ff. Dagegen *Schack*, Urheber- und Urhebervertragsrecht, 7. Aufl. 2015, Rn. 763; *v. Wolf*, in: Wandtke/Bullinger, Praxiskommentar UrhR, 4. Aufl. 2014, § 97 Rn. 34.
661 OLG Hamburg, GRUR 2000, 146, 147 – Berufungsschrift im Fall Havemann. Siehe auch OLG München, GRUR 2008, 337 ff. zur (fehlenden) Schutzfähigkeit eines Anwaltsschriftsatzes.
662 Vgl. EGMR, GRUR 2013, 859 – Ashby Donald u. a./Frankreich; BVerfG, NJW 2012, 1205 – AnyDVD.

Kap. 7 Haftungsfragen

a) Stillschweigende (konkludente) Einwilligung, insb. gegenüber Links und Thumbnails?

265 Wer Inhalte ohne Zugangsbeschränkung in das Internet stellt, erteilt damit zugleich seine Einwilligung dazu, dass Nutzer dieses Angebot einsehen. Die mit dem Aufruf solcher Informationen und dem Laden in den Arbeitsspeicher des eigenen Rechners verbundenen Verwertungshandlungen, insb. also entsprechende Vervielfältigungshandlungen, sind damit gedeckt; eine Urheberrechtsverletzung liegt nicht vor (unbeschadet etwaiger Privilegierungen in § 44a UrhG). Eine etwaige anderslautende Erklärung des Anbieters wäre unbeachtlich;[663] das gilt erst recht für das bloße Anbringen eines Copyrightvermerks, der nur als Hinweis auf die Urheberschaft zu verstehen ist, nicht aber auf den Umfang erlaubter oder verbotener Nutzungshandlungen.[664] Entsprechendes gilt für das Setzen eines Links auf diese Seite.[665] Auch insoweit wäre ein anderslautender Vorbehalt des Rechteinhabers unbeachtlich,[666] denn nach Ansicht des BGH in der sog. Paperboy-Entscheidung wird grundsätzlich kein urheberrechtlicher Störungszustand geschaffen, wenn der Zugang zu einer Webseite durch das Setzen von Hyperlinks erleichtert wird;[667] zumindest gilt das, solange dabei keine technischen Schutzmaßnahmen des Inhabers der verlinkten Webseite umgangen werden.[668] Das gilt sowohl für einfache Links als auch für sog. Deep Links, die direkt auf einen spezifischen Webseiteninhalt und nicht lediglich auf eine Hauptseite verweisen. Gleiches gilt für sog. Thumbnails, also die stark verkleinerte und mit einer wesentlich gröberen Auflösung erfolgende Wiedergabe von Bildern auf einer Webseite durch eine Suchmaschine.[669] In den Entscheidungen „Vorschaubilder" und „Vorschaubilder II" hat der BGH eine Einwilligung in die Nutzung durch eine Suchmaschine bejaht. Wer ohne technische Einschrän-

---

663 *Bechtold*, ZUM 1997, 427 432; *Ernst*, NJW-CoR 1997, 224, 224; *Hoeren/Pichler*, in: Loewenheim/Koch, Praxis des Online-Rechts, 1998, Ziff. 9.5.1.2.1.; *Sosnitza*, CR 2001, 693, 699; *Waldenberger*, ZUM 1997, 176, 179.
664 OLG Jena, GRUR-RR 2008, 223, 225.
665 *Leistner*, in: Bettinger/Leistner, Werbung und Vertrieb im Internet, 2002, S. 109 ff. m.w. Nachw. *Plaß*, WRP 2000, 599, 603. Offengelassen in BGH, GRUR 2003, 958, 961 – Paperboy.
666 A. A. *Koch*, GRUR 1997, 417, 430; *Leupold/Demisch*, ZUM 2000, 379, 385; *Marwitz*, K&R 1998, 369, 373 f.
667 BGH, GRUR 2011, 56 – Session-ID; BGH, GRUR 2003, 958, 961 – Paperboy. Streng genommen bedarf es hier also von vornherein gar keiner Einwilligung mehr, weil es bereits am Eingriff fehlt; vgl auch EuGH, MMR 2014, 260 – Svensson u. a./Retriever Sverige, m. Anm. *Dietrich*; EuGH, GRUR 2014, 1196 – BestWater International.
668 Was im Umkehrschluss aber nicht bedeutet, dass allein im Unterlassen der Verwendung von technischen Schutzmaßnahmen stets eine Einwilligung mit urheberrechtlichen Verwertungshandlungen gesehen werden kann.
669 Siehe bereits oben Rn. 236 ff. (C. IV. 10. a).

kungen ein Werk frei zugänglich macht, erklärt sich durch schlüssiges Verhalten mit den üblichen Nutzungshandlungen einverstanden. Das Gegenteil erklärt nur, wer technische Einschränkungen ergreift, bei Suchmaschinen also bspw. den sog. Robot-Exclusion-Standard (robots.txt) verwendet.[670] Etwas anderes kann allerdings gelten bei sog. Inline Links, die zumeist in Verbindung mit Frames verwendet werden.[671] D. h. der Inhalt einer Webseite wird eingebunden in die Webseite eines anderen und kann vom Nutzer der Webseite des anderen eingesehen werden, ohne dessen Webseite zu verlassen. Hier kommt es auf die Gesamtumstände des Einzelfalls an, ob von einer stillschweigenden Zustimmung des Rechteinhabers zur Übernahme von urheberrechtlich geschützten Inhalten ausgegangen werden kann. Für den Regelfall ist eine zurückhaltende Beurteilung geboten, d. h. im Regelfall liegt keine konkludente Einwilligung vor. Das gilt im Hinblick auf die allgemein anerkannte Zweckübertragungslehre für die Annahme von Einwilligungen in ansonsten urheberrechtlich relevante Nutzungshandlungen. Entsprechend wurde auch in der Rechtsprechung entschieden.[672]

b) Verfügungsbefugnis

266 Eine wirksame Einwilligung liegt nur dann vor, wenn derjenige, der die urheberrechtsrelevante Leistung in das Internet stellt, hierüber auch verfügungsbefugt ist. Ein gutgläubiger Erwerb von Nutzungsrechten ist ebenso wenig möglich wie die wirksame Einwilligung eines Nichtberechtigten. Wer rechtswidrig (vgl. z. B. § 53 Abs. 6 UrhG) urheberrechtsrelevante Inhalte in das Internet stellt, haftet daher nicht nur selbst für diese Handlung, sondern setzt auch Dritte Unterlassungsansprüchen, möglicherweise sogar auch Schadensersatzansprüchen aus.[673]

---

[670] BGH, GRUR 2010, 628, 631 – Vorschaubilder I; BGH, GRUR 2012, 602, 605 – Vorschaubilder II; so auch schon LG Erfurt, MMR 2007, 393, 394; *Berberich*, MMR 2005, 145, 147; *Ott*, ZUM 2007, 119 ff.; verneinend OLG Jena, GRUR-RR 2008, 223, 224; LG Hamburg, Urt. v. 26.9.2008 – 308 O 248/07.
[671] Zur Frage, ob beim Framing überhaupt ein Eingriff in das Recht auf öffentliche Zugänglichmachung i. S. d. § 19a UrhG vorliegt s. o. Rn. 221, 249.
[672] Verneint in der Entscheidung LG Hamburg, CR 2000, 776, 777, mit zustimmender Anm. von *Metzger*; bestätigt durch OLG Hamburg, CR 2001, 704 ff., mit (insoweit) zustimmender Anm. von *Dieselhorst*. Ebenso gegen eine Einwilligung LG Köln, MMR 2001, 559; LG München, MMR 2007, 260, 262; OLG Hamburg, GRUR 2001, 831 – Roche Lexikon Medizin.
[673] Vgl. *Waldenberger*, ZUM 1997, 176, 181 f.

Kap. 7 Haftungsfragen

c) Kein „Interesse der Internetgemeinde"

267 Einen allgemeinen Rechtfertigungsgrund oder eine Schranke dergestalt, dass bestimmte Nutzungen „im Interesse der Internetgemeinde" seien, gibt es nicht.[674]

d) Informationsfreiheit/Presse- und Meinungsfreiheit

267a Das Urheberrecht ist ebenso wie das Sacheigentum ein sozialgebundenes Recht (vgl. Art. 14 Abs. 2 GG).[675] Es kann daher in Wechselwirkung mit anderen Grundrechten treten, insbesondere mit der Informations-, Presse- und Meinungsfreiheit. Im Wege einer umfassenden Güter- und Interessenabwägung müssen diese hinreichend Berücksichtigung finden, allerdings ist dabei grds. Zurückhaltung geboten, denn der Gesetzgeber hat mit den Schrankenbestimmungen im Urheberrecht bereits gewisse Wertung getroffen.[676] Dennoch hat das OLG Hamburg ein „überragendes Informationsinteressen der Allgemeinheit" als Rechtfertigungsgrund für die Veröffentlichung eines Anwaltsschriftsatzes anerkannt.[677] Weniger problematisch kann es hingegen sein, wenn Links im Rahmen einer Berichterstattung gesetzt werden.[678] Ein besonderes Informationsinteresse der Öffentlichkeit kann sich hier im Einzelfall gerade aus der Schwere der Urheberrechtsverletzung ergeben, über die mithilfe des Hyperlinks berichtet wird. Das öffentliche Informationsinteresse kann dann die urheberrechtlichen Interessen ausnahmsweise überwiegen, sodass eine Störerhaftung ausscheidet.[679] Aber auch insoweit müssen schon besondere Umstände vorliegen. Noch kritischer wird es, wenn es bei der Berichterstattung gar nicht um Urheberrechtsverletzungen geht. Auch bei der urheberrechtswidrigen Veröffentlichung von Modefotos zu überwiegend gewerblichen Zwecken hat der EGMR eine Abwägung mit der Meinungsfreiheit vorgenommen.[680] Ebenso nimmt der EuGH bei der Frage der Zumutbarkeit der Einrichtung von Filtersystemen eine Abwägung vor zwischen dem Recht am geistigen Eigentum einerseits und der unternehme-

---

674 LG Hamburg, GRUR-RR 2004, 313, 317.
675 *Lüft*, in: Wandtke/Bullinger, Praxiskommentar UrhR, 4. Aufl. 2014, vor §§ 44a UrhG Rn. 1.
676 Zu recht streng daher OLG Köln, GRUR-RR 2016, 59 ff. – *Afghanistan Papiere*.
677 OLG Hamburg, GRUR 2000, 146, 147 – Berufungsschrift im Fall Havemann. Siehe auch OLG München, GRUR 2008, 337 ff., zur (fehlenden) Schutzfähigkeit eines Anwaltsschriftsatzes; a. A. mit dem Hinweis darauf, dass der Gesetzgeber die Schranken abschließend geregelt hat: *Bornkamm*, in: FS Piper, 1996, 641, 648 ff.
678 BGH, GRUR 2011, 513, Rn. 19 ff. – AnyDVD; BVerfG, NJW 2012, 1205 – AnyDVD; BGH, NJW 2004, 2158 – Schöner Wetten; Näheres hierzu s. o. Rn. 228.
679 BGH, GRUR 2011, 513, Rn. 27 – AnyDVD.
680 EGMR, GRUR 2013, 859 – Ashby Donald u. a./Frankreich.

rischen Freiheit des Providers sowie der Informationsfreiheit der Nutzer andererseits.[681]

E. Anspruchsarten und -voraussetzungen

Der Katalog möglicher Ansprüche und Anspruchsarten in den §§ 97 ff. UrhG wurde insb. durch das Gesetz zur Umsetzung der Enforcement-Richtlinie erheblich erweitert. Eine der wichtigsten Erweiterungen betraf dabei den Auskunftsanspruch und die Erstreckung der Ansprüche auf Dritte. 268

Bei der Verletzung von Urheberrechten oder anderen nach Maßgabe des Urheberrechts geschützten Rechten kommen als Anspruchsarten nach §§ 97 ff. UrhG vor allem die nachfolgend dargestellten Ansprüche in Betracht: Unterlassungsanspruch, Anspruch auf Vernichtung, Rückruf, Überlassung, Schadensersatzanspruch, Auskunftsanspruch, Anspruch auf Vorlage einer Urkunde oder Besichtigung einer Sache, Anspruch auf Vorlage von Bank-, Handels- oder Finanzunterlagen sowie der Anspruch auf Veröffentlichung eines stattgebenden Urteils. 269

I. Unterlassung

Der praktisch wichtigste Anspruch ist der Unterlassungsanspruch. Das deutsche Urheberrecht sieht einen Unterlassungsanspruch in § 97 Abs. 1 UrhG vor. Daneben greift der bürgerlich-rechtliche quasi-negatorische Unterlassungsanspruch analog § 1004 BGB ein. Außerdem können sich Unterlassungsansprüche aufgrund vertraglicher Verpflichtung ergeben, insb. in Form strafbewehrter Unterlassungserklärungen. Die nachfolgende Darstellung konzentriert sich auf den gesetzlichen Unterlassungsanspruch. Er ist darauf gerichtet, dass eine rechtswidrige Handlung zukünftig nicht wiederholt oder – falls noch nicht geschehen – gar nicht erst begangen wird (sog. vorbeugender Unterlassungsanspruch). 270

1. Begehungsgefahr

Unabdingbare materielle Voraussetzung für jeden Unterlassungsanspruch ist, dass eine Begehungsgefahr vorliegt. Auf ein Verschulden kommt es für den Unterlassungsanspruch hingegen nicht an. Ob eine Begehungsgefahr 271

---

681 EuGH, GRUR 2008, 241 – Promuicae; EuGH, GRUR 2012, 382, Rn. 41 f. – SABAM/Netlog.

Kap. 7 Haftungsfragen

vorliegt, ist eine Tatfrage, kann also in der Revisionsinstanz nicht mehr überprüft werden. Je nachdem, ob bereits eine rechtswidrige Verletzung stattfand oder noch nicht, kommen in Betracht eine Erstbegehungsgefahr (nachfolgend unter a) oder eine Wiederholungsgefahr (nachfolgend unter b).

a) Erstbegehungsgefahr, vorbeugender Unterlassungsanspruch (§ 97 Abs. 1 Satz 2 UrhG)

272 Wurde in der Vergangenheit noch kein Verstoß begangen, kommt nur ein sog. vorbeugender Unterlassungsanspruch in Betracht. Bei diesem Anspruch handelt es sich nicht um einen erst zukünftig entstehenden Anspruch, so dass ein besonderes Rechtsschutzbedürfnis für die gerichtliche Geltendmachung (§ 259 ZPO) nicht erforderlich ist. Es handelt sich vielmehr um einen gegenwärtig bestehenden Leistungsanspruch, für den grundsätzlich ein Rechtsschutzbedürfnis besteht und nur im Ausnahmefall fehlen kann.[682] In § 97 Abs. 1 Satz 2 UrhG ist der vorbeugende Unterlassungsanspruch ausdrücklich geregelt. Danach genügt es, dass eine Zuwiderhandlung erstmalig droht. Der vorbeugende Unterlassungsanspruch kann sich aber auch gegen den (bloßen) Störer richten. Der BGH hatte dies in seiner Rechtsprechung lange offengelassen[683] bzw. tendenziell sogar eher verneint,[684] hat den vorbeugenden Unterlassungsanspruch dann aber gewährt.[685] Die ausdrückliche Regelung des Anspruchs in § 97 Abs. 1 Satz 2 UrhG steht dem nicht entgegen, sondern bestärkt diese Entwicklung. Eine Erstbegehungsgefahr kann sich auch dadurch ergeben, dass eine Verletzung durch Angestellte oder Mitarbeiter eines Unternehmens droht, für die der Inhaber des Unternehmens gemäß § 99 UrhG verantwortlich ist. Bei einer Verschmelzung dieses Unternehmens auf einen anderen Rechtsträger lassen sich aber weder eine Wiederholungsgefahr noch – erst recht – eine Erstbegehungsgefahr auf das übernehmende Unternehmen übertragen.[686] Es bedarf schon besonderer Umstände, die zu der früher begangenen Zuwiderhandlung hinzutreten, um eine neue Erstbegehungsgefahr zu begründen.

273 Zur Darlegung der Erstbegehungsgefahr muss vom Anspruchsteller durch *konkrete* tatsächliche Anhaltspunkte nachgewiesen werden, dass die unmittelbar bevorstehende Gefahr eines objektiv rechtswidrigen Eingriffs in ein geschütztes Recht oder Interesse vorliegt.[687] Nach der Rechtsprechung

---

682 *Teplitzky*, Wettbewerbsrechtliche Ansprüche, 11. Aufl. 2016, Kap. 9 Rn. 8.
683 BGH, GRUR 1997, 313, 315 – Architektenwettbewerb; GRUR 2002, 902, 904 – Vanity-Nummer; BGHZ 156, 1, 11 – Paperboy.
684 BGH, GRUR 1991, 540, 541 – Gebührenausschreibung.
685 BGH, GRUR 2007, 708, 711 – Internet-Versteigerung II.
686 BGH, GRUR 2007, 995, 996 – Schuldnachfolge.
687 Zuletzt BGH, GRUR 2009, 841, 842 – Cybersky, m. w. N.

reicht es aus, wenn aufgrund der vorliegenden Umstände eine Verletzung in Zukunft zu befürchten ist.[688] Ob dies tatsächlich der Fall ist, stellt eine Tatfrage dar und beurteilt sich nach objektiven Kriterien und somit nicht aus der Sicht des vermeintlich Verletzten. Nach der Begründung des Gesetzentwurfs zur Einführung von § 97 Abs. 1 Satz 2 UrhG (bzw. der entsprechenden Regelung in § 139 PatG) ist eine Erstbegehungsgefahr gegeben, wenn die drohende Verletzungshandlung in tatsächlicher Hinsicht so greifbar ist, dass eine zuverlässige rechtliche Beurteilung möglich erscheint.[689] Eine Vermutung für eine Erstbegehungsgefahr besteht, anders als bei der Wiederholungsgefahr, nicht. Ob bereits ein Schaden eingetreten ist oder ob der drohende Eingriff einen Schaden verursachen wird, ist für den Unterlassungsanspruch irrelevant.[690]

Häufig wird die Erstbegehungsgefahr nachgewiesen durch die Darlegung von Vorbereitungshandlungen, die wirtschaftlich nur einen Sinn ergeben, wenn sie zu einer Handlung führen, die Rechte eines Dritten verletzt.[691] Hierzu zählt z.B. der Auftrag an einen Provider, urheberrechtsrelevantes Material in das Internet einzustellen. Auch das Setzen eines Links, dessen Aktivierung zu rechtswidrigen Verwertungen führen würde,[692] begründet eine Erstbegehungsgefahr. Wurde der Link von anderen Nutzern schon aktiviert, liegt bereits Wiederholungsgefahr vor. Häufigster Fall der Erstbegehungsgefahr, da am einfachsten nachzuweisen, ist jedoch der, dass der vermeintliche Verletzer eine Verletzungshandlung (z.B. durch Werbung) ankündigt[693] oder sich – ausdrücklich oder konkludent – berühmt, entsprechende Handlungen rechtmäßig vornehmen zu dürfen.[694] Nach der alten Rechtsprechung des BGH konnte dafür bereits die Verteidigung einer be-

---

688 BGH, GRUR 2007, 708, 711 – Internet-Versteigerung II.
689 Amtl. Begr. des Gesetzentwurfs der Bundesregierung für das Gesetz zur Verbesserung der Durchsetzung von Rechten des geistigen Eigentums, BT-Drs. 16/5048, S. 87.
690 BGHZ 2, 394, 395 – Widia/Ardia; BGH, GRUR 1958, 86, 88 – Ei-fein. Zur Abwendungsbefugnis des schuldlos handelnden Verletzers siehe Rn. 401 ff. (E.VIII.).
691 Vgl. auch BGH, GRUR 1955, 492, 500 – Grundig-Reporter, und GRUR 1960, 340, 343 – Werbung für Tonbandgeräte (In-Verkehr-Bringen von Tonbandgeräten, die auf eine rechtsverletzende Benutzung zugeschnitten sind).
692 Vgl. Rn. 217ff. (C. IV. 9).
693 BGH, GRUR 2009, 841, Rn. 35 – Cybersky.
694 BGHZ 3, 270, 276 – Constanze I; BGH, GRUR 1987, 125, 126 – Berühmung; WRP 1988, 359, 360 – Auto F. GmbH; GRUR 1990, 678, 679 – Herstellerkennzeichen auf Unfallwagen; WRP 1992, 31, 312 – Systemunterschiede; WRP 1992, 640, 641 f. – Presseahaftung II. Amtl. Begr. des Gesetzentwurfs der Bundesregierung für das Gesetz zur Verbesserung der Durchsetzung von Rechten des geistigen Eigentums, BT-Drs. 16/5048, S. 87.

Kap. 7 Haftungsfragen

stimmten Handlungsweise in einem Gerichtsverfahren genügen.[695] Eine ausschließlich andere Zielsetzung war vom vermeintlichen Verletzer zweifelsfrei deutlich zu machen.[696] Mittlerweile hat der BGH diese Rechtsprechung aber aufgegeben und entschieden, dass allein durch die Verteidigung gegen eine Klage und die Äußerung, zu dem beanstandeten Verhalten berechtigt zu sein, keine Erstbegehungsgefahr begründet wird.[697] Eine Erstbegehungsgefahr liegt erst vor, wenn nach dem Stand der letzten mündlichen Verhandlung den Erklärungen bei Würdigung der Einzelumstände des Falls auch die Bereitschaft des Beklagten zu entnehmen ist, sich unmittelbar oder in naher Zukunft in der beanstandeten Weise zu verhalten.[698] Dennoch empfiehlt es sich auch weiterhin, zur Vermeidung einer Erstbegehungsgefahr in Schriftsätzen deutlich zu machen, dass es allein um ein Obsiegen in dem Prozess geht.

275 Beseitigt wird eine Erstbegehungsgefahr bereits durch einen „actus contrarius" gegenüber der Handlung, welche die Erstbegehungsgefahr begründet hat.[699] Bei Erstbegehungsgefahr aufgrund von Erklärungen entfällt diese daher mit einer glaubhaften, selbstverständlich ernst gemeinten, kontradiktorischen Erklärung; bei Erstbegehungsgefahr aufgrund Berühmung mithin mit Aufgabe oder Fallenlassen der Berühmung.[700] Wirbt der Anspruchsgegner damit, dass eine Ware für urheberrechtswidrige Zwecke verwendet werden kann, ist die Verwendung eines Disclaimers allerdings nicht ausreichend, um der Gefahr einer Rechtsverletzung entgegenzuwirken, da derartige Hinweise häufig als verdeckte Aufforderung zur Urheberrechtsverletzung verstanden werden.[701] Ebenso unzureichend ist ein bloßes Verbot in den Nutzungsbedingungen eines File-Hosters, wenn die sonstigen Rahmenbedingungen und die Anonymität der Nutzer Urheberrechtsverletzungen för-

---

695 Weniger strenge Maßstäbe mit Bezug auf eine Erstbegehungsgefahr galten hingegen bei Vergleichsverhandlungen, weil hier oftmals „Verhandlungspositionen" aufgebaut wurden, BGH, WRP 1992, 553, 556 f. – Pajero.
696 BGH, GRUR 1968, 49, 50 – Zentralschloßanlagen; GRUR 1973, 203, 204 – Badische Rundschau; WRP 1988, 359, 360 – Auto F. GmbH; WRP 1992, 31, 312 – Systemunterschiede; WRP 1992, 640, 641 – Pressehaftung II.
697 BGH, WRP 2001, 1076, 1079 – Berühmungsaufgabe; GRUR 2006, 429, 431 – Schlankheits-Kapseln; BGH, GRUR 2011, 1038, 1042 – Stiftparfüm.
698 BGH, GRUR 2011, 1038, 1042 – Stiftparfüm.
699 BGH, WRP 1987, 169, 170 – Berühmung; BGH, GRUR 2009, 841, Rn. 23 – Cybersky.
700 BGH, GRUR 2009, 841, Rn. 23 – Cybersky; BGH, WRP 2001, 1076, 1080 – Berühmungsaufgabe; WRP 1987, 169, 170 – Berühmung; WRP 1991, 719, 720 – Topfgucker-Scheck.
701 BGH, GRUR 2009, 841, Rn. 27 – Cybersky.

dern.⁷⁰² Die Abgabe einer strafbewehrten Unterlassungserklärung ist zur Beseitigung einer Erstbegehungsgefahr – anders als bei der Wiederholungsgefahr – hingegen nicht erforderlich.

Wird ein Unterlassungsanspruch außergerichtlich geltend gemacht, kann der Abgemahnte, der glaubt rechtmäßig zu handeln und sich auf einen ungewissen Rechtszustand nicht einlassen will, negative Feststellungsklage erheben. Das setzt allerdings voraus, dass tatsächlich ein entsprechender (verletzender oder vorbeugender) Unterlassungsanspruch geltend gemacht wurde oder Streit über den Umfang eines Unterlassungsvertrags besteht. Die bloße Befürchtung, dass Dritte Ansprüche geltend machen könnten, ist hingegen nicht ausreichend. Eine solche Feststellungsklage wäre nicht auf ein gegenwärtiges Rechtsverhältnis gerichtet, so wie es § 256 ZPO erfordert.⁷⁰³

276

b) Wiederholungsgefahr, (Verletzungs-)Unterlassungsanspruch

Wurde bereits ein rechtswidriger Verstoß begangen, so wird das Vorliegen einer Wiederholungsgefahr vermutet. Die Rechtsverletzung indiziert grundsätzlich die Wiederholungsgefahr. Das gilt jedenfalls, solange für diese Verletzung noch keine Verjährung eingetreten ist.⁷⁰⁴ Die Vermutung der Wiederholungsgefahr beschränkt sich nicht allein auf eine identische Verletzungshandlung, sondern umfasst auch alle im Kern gleichartigen Verletzungsformen.⁷⁰⁵ Die Vermutung kann sich selbst auf die Verletzung anderer Schutzrechte beziehen, soweit die Verletzungshandlungen trotz Verschiedenheit der Schutzrechte im Kern gleichartig sind. Das setzt bei einem Gerichtsverfahren allerdings voraus, dass die kerngleichen Verletzungshandlungen in das Erkenntnisverfahren und in die Verurteilung einbezogen sind.⁷⁰⁶ Es obliegt dem vermeintlichen Verletzer, diese Vermutung zu widerlegen. Dabei sind grundsätzlich strenge Anforderungen zu stellen. Bestehen Zweifel, muss der Verletzer diese auszuräumen.

277

---

702 OLG Hamburg, ZUM-RD 2008, 527, 540 – Rapidshare I; OLG Hamburg, ZUM 2010, 440, 448 – Rapidshare II; OLG Hamburg, ZUM-RD 2009, 439, 454 – Alphaload.
703 BGH, WRP 2001, 1231, 1232 – Kauf auf Probe.
704 BGH, WRP 1993, 749, 751 – Geld-zurück-Garantie. Auch eine Erstbegehungsgefahr kann aus einer Verletzungshandlung, die in verjährter Zeit liegt, nicht hergeleitet werden, BGH, WRP 2001, 1076, 1080 – Berühmungsaufgabe.
705 BGH, GRUR 1989, 445, 446 – Professorenbezeichnung in der Arztwerbung I; GRUR 1991, 772, 774 – Anzeigenrubrik I; GRUR 1993, 579, 581 – Römer GmbH; WRP 1996, 199, 202 – Wegfall der Wiederholungsgefahr.
706 BGH, GRUR 2014, 706, Rn. 12 – Reichweite des Unterlassungsanspruchs; BGH, GRUR 2013, 1235 – Restwertbörse II.

Kap. 7 Haftungsfragen

278 Nur aufgrund besonderer Umstände kann im Einzelfall die Vermutung der Wiederholungsgefahr entfallen.[707] Das kann etwa der Fall sein, wenn der Rechtsträger eines Unternehmens, dessen Arbeitnehmer oder Beauftragte Urheberrechtsverletzungen vorgenommen haben, auf eine andere Gesellschaft verschmolzen wurde. Denn die übertragende Gesellschaft erlischt aufgrund der Verschmelzung (§ 20 Abs. 1 Nr. 2 UmwG). Zwar muss der Inhaber des Unternehmens sich das Verhalten seiner Arbeitnehmer oder Beauftragten zurechnen lassen, § 99 UrhG. Der Zweck des § 99 UrhG rechtfertigt nach der Rechtsprechung des BGH (zur insoweit gleichen Norm des § 8 Abs. 2 UWG) aber nicht die Zurechnung beim neuen Unternehmen.[708] Insoweit besteht auch keine Erstbegehungsgefahr.

279 Die bloße Einstellung der Handlung oder das bloße Versprechen, die beanstandete Handlung zukünftig unterlassen zu wollen, hingegen genügen zur Beseitigung der Wiederholungsgefahr nicht.[709] Entsprechendes gilt für die bloße Sperrung des Zugriffs auf einen Rechner. Ebenso wenig ist es ausreichend, bei der Verantwortlichkeit Mehrerer zu versprechen, ein etwaiges Unterlassungsurteil gegen den jeweils anderen auch als verbindlich für sich selbst anzuerkennen. Bedeutung hat das z. B. in Fällen, in denen eine Werbeagentur rechtswidrig Werbung für einen Werbungtreibenden schaltet; hier kann der Verletzte selbstständig sowohl gegen die Werbeagentur als auch den Werbungtreibenden vorgehen.[710] Entsprechendes lässt sich übertragen für die Verantwortung eines Host Providers und seines Kunden, der über den Rechner des Providers rechtswidrige Inhalte in das Internet einstellt, oder die Verantwortlichkeit eines Link-Setzers und dem Verantwortlichen für die Homepage, auf die verwiesen wird und die Urheberrechtsverletzungen begründet.[711]

280 Zur Beseitigung der Wiederholungsgefahr ist nach ständiger Rechtsprechung grundsätzlich eine förmliche, eindeutig und hinreichend bestimmte, ernst gemeinte Unterlassungserklärung notwendig, die durch ein Vertragsstrafeversprechen angemessen gesichert sein muss.[712] Das gilt auch außer-

---

707 BGHZ 14, 163, 167 f. – Constanze II; *Fromm/Nordemann*, Urheberrecht, 11. Aufl. 2014, § 97 Rn. 31; vgl. auch BGH, NJW 2013, 593, 594; OLG München, ZUM-RD 2015, 275.
708 BGH, GRUR 2007, 995, 996 – Schuldnachfolge.
709 Vgl. BGH, WRP 1998, 739, 740 – Brennwertkessel.
710 BGH, GRUR 1973, 208, 210 – Neues aus der Medizin.
711 Hierzu oben Rn. 217 ff. (C.IV.9). Etwas anderes gilt bei der subsidiären Haftung des Access Providers (vgl. Rn. 175 ff.).
712 BGH, GRUR 1961, 138, 140 – Familie Schölermann; GRUR 1998, 1045, 1046 – Brennwertkessel; 1994, 443, 445 – Versicherungsvermittlung; GRUR 1990, 530, 532 – Unterwerfung durch Fernschreiben m. w. N. Im Ansatz (nicht aber im Ergebnis) etwas weniger streng: OLG Brandenburg, MMR 2006, 107, 109.

halb des geschäftlichen Verkehrs[713] und auch für öffentlich-rechtliche Körperschaften – zumindest dann, wenn diese nicht anders als ein privates Unternehmen am Geschäftsverkehr teilnehmen.[714] § 97a Abs. 1 UrhG erwähnt nunmehr ebenfalls ausdrücklich eine „mit einer angemessenen Vertragsstrafe bewehrte Unterlassungsverpflichtung".

Die Unterlassungserklärung muss zudem den bestehenden gesetzlichen Unterlassungsanspruch nach Inhalt und Umfang voll abdecken und dementsprechend uneingeschränkt, unwiderruflich, unbedingt und grundsätzlich auch ohne die Angabe eines Endtermins erfolgen.[715] Eine eingeschränkte Unterwerfungserklärung kann jedenfalls dann nicht zu einem (teilweisen) Wegfall des Unterlassungsanspruchs führen, wenn keine nachvollziehbaren Gründe des Schuldners für die Einschränkung erkennbar sind oder berechtigte Interessen des Gläubigers beeinträchtigt werden. So bleibt eine Wiederholungsgefahr in Fällen des Filesharing auch dann bestehen, wenn sich die angegebene Unterlassungserklärung lediglich auf die Täterhaftung bezieht, ohne dass die Störerhaftung des Filesharing-Dienstes mit einbezogen wurde.[716] Beschränkungen der Unterlassungserklärung, die lediglich einer Begrenzung des Unterlassungsanspruchs des Gläubigers nach materiellem Recht entsprechen, sind allerdings unbedenklich.[717] Dem Wegfall der Wiederholungsgefahr steht daher nicht entgegen, dass der Schuldner es ablehnt, seine Unterlassungserklärung auf ein Verhalten zu erstrecken, das ihm nicht verboten werden kann. Entgegen einer häufig vorherrschenden Fehlvorstellung muss sich das Unterlassungsversprechen auch *nicht* auf *jede* Zuwiderhandlung beziehen. Der Verletzte hat keinen Anspruch auf eine Garantiehaftung. Ausreichend ist es, die Vertragsstrafe für jeden Fall der *schuldhaften* Zuwiderhandlung zu versprechen.[718] Eine ausdrückliche Erwähnung im Text der Unterlassungserklärung hätte allerdings nur redaktionelle Bedeutung. Enthält die Unterlassungserklärung keine Angaben, kommt die Vertragsstrafe dennoch nur bei schuldhafter Zuwiderhandlung in Betracht. Da das Unterlassungsversprechen bei Annahme durch den Verletzer ein Schuldverhältnis begründet, ist § 278 BGB anzuwenden. Der Unterlassungsschuldner muss sich daher auch das Handeln von Erfüllungsgehilfen

281

---

713 BGH, NJW 1994, 1281, 1282.
714 BGH, GRUR 1991, 769, 771 – Honoraranfrage; WRP 1994, 506, 508 – Auskunft über Notdienste; vgl. auch LG Köln, ZUM 2014, 534, 536.
715 BGH, GRUR 1996, 290, 291 – Wegfall der Wiederholungsgefahr; GRUR 2002, 180 – Weit-Vor-Winter-Schluss-Verkauf; GRUR 2007, 870, 875 – Wagenfeld Leuchte; GRUR 2008, 815, 816 – Buchführungsbüro; vgl. auch OLG Köln, MMR 2011, 37.
716 LG Hamburg, ZUM 2013, 331, 332.
717 BGH, GRUR 2008, 815, 816 – Buchführungsbüro.
718 OLG Karlsruhe, ZUM 2013, 45, 46 – Lichtbild.

Kap. 7 Haftungsfragen

zurechnen lassen.[719] Aus diesem Grund kann es oftmals – trotz der möglicherweise höheren Kostenlast – empfehlenswert sein, trotz Vorliegens eines eindeutigen Verstoßes keine strafbewehrte Unterlassungserklärung abzugeben, sondern eine einstweilige Verfügung in Kauf zu nehmen, da hier im Rahmen der Vollstreckung nach § 890 ZPO die Grundsätze des § 278 BGB nicht anwendbar sind.[720]

282 Die Unterlassungserklärung muss im Regelfall unbefristet und unbedingt sein. Auf einen Verweis über den Ausgang eines bereits anhängigen Verfahrens (z. B. einer negativen Feststellungsklage) zwischen den Parteien braucht der Verletzte sich nicht einzulassen. Dadurch würden lediglich die Parteirollen auf ein anderes Verfahren verlagert werden. Zulässig ist jedoch eine auflösende Bedingung, die darauf abstellt, dass sich die Rechtslage ändert oder durch höchstrichterliche Rechtsprechung zweifelsfrei und allgemein verbindlich geklärt wird, so dass das streitbefangene Verhalten rechtmäßig bzw. dessen Rechtmäßigkeit geklärt wird. Durch diesen Vorbehalt verliert die Verpflichtungserklärung nicht ihre Ernsthaftigkeit.

283 In welcher Höhe eine Vertragsstrafe angemessen ist, hängt von den Umständen des Einzelfalls ab. Möglich ist auch, keinen festen Betrag für die Vertragsstrafe zu benennen, sondern dessen Bestimmung bei erneuter Verletzungshandlung dem Gläubiger der Vertragsstrafe zu überlassen, sog. „Hamburger Brauch".[721] Der Gläubiger hat die Höhe bei Verwirkung der Vertragsstrafe nach billigem Ermessen festzulegen, § 315 BGB. Im Streitfall über die Angemessenheit der Vertragsstrafe können die Gerichte zur Entscheidung angerufen werden.[722] Der Vorteil eines solchen Versprechens ist, dass bei erneuter Zuwiderhandlung auch die Schwere und das Ausmaß des zweiten Verstoßes, dessen Gefährlichkeit für den Gläubiger und das Verschulden des Verletzers bei der Bemessung der Vertragsstrafe Berücksichtigung finden können. Das kann für den Verletzer vorteilhaft, aber auch nachteilig sein. Darüber hinaus kommt es für die nachträgliche Bestimmung einer angemessenen Vertragsstrafe aber auch auf deren weitere Funktion als pauschalierten (Mindest-)Schadensersatz an,[723] was zu einer deutlichen Erhöhung führen kann. Eine in der Praxis ebenfalls anerkannte Variante des Hamburger Brauchs ist es deshalb, zwar grundsätzlich die Bestimmung der genauen Vertragsstrafe dem Verletzten zu überlassen, hierfür jedoch eine Obergrenze festzusetzen („bis zu"). Allerdings muss dieser Oberwert eut-

---

719 Vgl. BGH, GRUR 1985, 1065, 1066 – Erfüllungsgehilfe.
720 Vgl. OLG Frankfurt a. M., GRUR-RR 2003, 198, 199.
721 BGH, GRUR 1978, 192, 193 – Hamburger Brauch; BGH, NJW 2014, 2180, 2181.
722 Vgl. auch §§ 343 BGB, 348 HGB.
723 BGH, WRP 1994, 37 – Vertragsstrafebemessung.

lich über dem Wert liegen, der als fester Betrag angemessen wäre.[724] Der Grund dafür ist, dass bei einer Vertragsstrafe „bis zu" einem bestimmten Oberwert im erneuten Verletzungsfall der Verletzte zusätzlich das Risiko trägt, die Vertragsstrafe in angemessener Höhe festzusetzen. Eine Vertragsstrafe in fester Höhe könnte er hingegen relativ einfach durchsetzen, da er dem Verletzer allein die schuldhafte Zuwiderhandlung nachzuweisen braucht. Konkret bedeutet dies, dass beim Angebot einer Vertragsstrafe bis zu einem bestimmten Wert die Obergrenze nicht lediglich dem Wert einer fest bestimmten Vertragsstrafe entsprechen darf, sondern in der Regel diesen Betrag um das Doppelte übersteigen muss.[725]

284 Die gegenüber einem Gläubiger abgegebene Unterwerfungserklärung kann nach der Rechtsprechung des BGH zum UWG im Einzelfall die Wiederholungsgefahr auch gegenüber anderen Gläubigern beseitigen.[726] Die Darlegungs- und Beweislast hierfür trifft allerdings den Verletzer.[727] Maßgeblich ist, ob die versprochene oder eingegangene Unterlassungsverpflichtung geeignet erscheint, den Verletzer wirklich und ernsthaft von Wiederholungen der Verletzungshandlung abzuhalten. Dies muss nach der Rechtsprechung des BGH in umfassender Würdigung aller hierfür in Betracht kommenden Umstände des Einzelfalls sorgfältig und unter Anlegung der gebotenen strengen Maßstäbe geprüft werden.[728] Zweifel an der Ernsthaftigkeit entstehen regelmäßig vor allem deshalb, weil dem Neu-Gläubiger, dem gegenüber der Verletzer sich auf eine Unterwerfung gegenüber einem Dritten beruft, in diesem Fall keine eigenen Sanktionsmöglichkeiten zustehen. Es muss deshalb in besonderem Maße auf die Person und die Eigenschaften des Dritten abgestellt und insb. geprüft werden, ob dieser bereit und geeignet erscheint, seinerseits die (nur) ihm zustehenden Sanktionsmöglichkeiten auszuschöpfen, und ob dies vom Verletzer als so wahrscheinlich befürchtet werden muss, dass keine Zweifel an der Ernsthaftigkeit seiner Unterlassungsverpflichtung aufkommen können.[729] Ist das allerdings der Fall, so kommen sogar vorbeugende Unterlassungserklärungen in Betracht. Diese Unterlassungserklärungen stellen dann auch keinen Eingriff in den eingerichteten und ausgeübten Gewerbebetrieb der angeschriebenen Kanzleien dar, von denen eine Abmahnung erwartet wird.[730]

---

724 BGH, WRP 1985, 22, 23 – Vertragsstrafe bis zu ... I.
725 BGH, WRP 1985, 22, 24 – Vertragsstrafe bis zu ... I; OLG Hamburg, WRP 2015, 377, Rn. 4.
726 BGH, GRUR 1983, 186 f. – Wiederholte Unterwerfung.
727 BGH, WRP 1987, 557, 558 – Wiederholte Unterwerfung II.
728 BGH, GRUR 1983, 186 f. – Wiederholte Unterwerfung; WRP 1987, 557 – Wiederholte Unterwerfung II.
729 BGH, WRP 1987, 557, 558 – Wiederholte Unterwerfung II.
730 BGH, GRUR 2013, 917, Rn. 17 – Vorbeugende Unterwerfungserklärung.

Kap. 7 Haftungsfragen

285 Ist die Unterwerfungserklärung ernsthaft und ausreichend, kommt es nicht darauf an, ob der Verletzte sie auch annimmt. Die Wiederholungsgefahr für den Unterlassungsanspruch wird bereits mit Abgabe der Erklärung beseitigt. Die Annahme hat jedoch Bedeutung für die Vertragsstrafe, deren Verwirkung eine entsprechende Vereinbarung zwischen den Parteien voraussetzt. Handelt der Verletzer seiner Unterwerfungserklärung zuwider, so begründet das eine neue Vermutung der Wiederholungsgefahr, die durch eine neue Unterwerfungserklärung beseitigt werden muss.[731] Das Vertragsstrafeversprechen muss in diesem Fall deutlich erhöht werden, da die bisherige Höhe offensichtlich nicht zur Abschreckung geeignet war.[732]

286 Die Unterwerfung des Gläubigers begründet einen eigenständigen vertraglichen Anspruch auf Unterlassung, der allerdings innerhalb derselben Frist verjährt wie der gesetzliche Unterlassungsanspruch. Der Anspruch auf die verwirkte Vertragsstrafe unterlag nach altem Recht der 30-jährigen Verjährung,[733] nach neuem Recht hingegen gilt die Regelfrist, d.h. er verjährt drei Jahre ab Schluss des Jahres der Kenntnisnahme.[734]

2. Erfordernis einer Abmahnung?

287 Eine strafbewehrte Unterlassungserklärung wird der vermeintliche Verletzer im Regelfall nur abgeben, wenn er zuvor abgemahnt wurde. In § 97a Abs. 1 UrhG ist – wie auch schon vorher in § 12 UWG – geregelt, dass der Verletzte den Verletzer vor der Einleitung eines gerichtlichen Verfahrens abmahnen soll. Eine bestimmte Form ist dafür nicht vorgesehen. Um im Zweifel den Zugang beweisen zu können, empfiehlt sich aber eine schriftliche Abmahnung per Einschreiben mit Rückschein oder ein Einwurf/Einschreiben. Zudem sind seit Inkrafttreten des Gesetzes gegen unseriöse Geschäftspraktiken[735] nunmehr die in § 97a Abs. 2 UrhG vorgeschriebenen Informationspflichten zu beachten, die für die Wirksamkeit der Abmahnung erfüllt sein müssen.[736] Eine unwirksame Abmahnung kann aber in einem zweiten

---

731 LG Köln, ZUM-RD 2014, 222.
732 Vgl. BGH, GRUR 1990, 534 – Abruf-Coupon.
733 BGH, WRP 1995, 820, 824 – Kurze Verjährungsfrist.
734 Hierzu Rn. 425 ff.
735 Betroffen sind Abmahnungen ab dem 9.10.2013.
736 Danach hat die Abmahnung in klarer und verständlicher Weise 1. Name oder Firma des Verletzten anzugeben, wenn der Verletzte nicht selbst, sondern ein Vertreter abmahnt, 2. die Rechtsverletzung genau zu bezeichnen, 3. geltend gemachte Zahlungsansprüche als Schadensersatz- und Aufwendungsersatzansprüche aufzuschlüsseln und 4. wenn darin eine Aufforderung zur Abgabe einer Unterlassungsverpflichtung enthalten ist, anzugeben, inwieweit die vorgeschlagene Unterlassungsverpflichtung über die abgemahnte Rechtsverletzung hinausgeht; näher hierzu *Nordemann/Wolters*, ZUM 2014, 25.

Schreiben, das die Informationspflichten nachholt, grundsätzlich geheilt werden. Allerdings beseitigt die nachträgliche Heilung nicht die Ansprüche des Abgemahnten wegen unberechtigter oder unwirksamer Abmahnung nach § 97a Abs. 4 UrhG.[737] Soweit die Abmahnung berechtigt ist und die Voraussetzungen des Abs. 2 Satz 1 Nr. 1–4 vorliegen, kann der Ersatz der dafür erforderlichen Aufwendungen verlangt werden, § 97a Abs. 3 UrhG.

Die Kosten der Abmahnung sind auf Gebühren in einem etwaigen späteren Gerichtsverfahren anzurechnen, und zwar dergestalt, dass sich die Verfahrensgebühr für dieses Gerichtsverfahren verringert, während die außergerichtliche Geschäftsgebühr in voller Höhe bestehen bleibt.[738] Da diese Geschäftsgebühr jedoch nicht zu den Kosten des Rechtsstreits i. S. v. § 91 ZPO gehört,[739] hatte das für den Kläger den misslichen Nachteil, dass er im gerichtlichen Kostenfestsetzungsverfahren nur die verringerte Prozessgebühr festsetzen lassen konnte und die unbeschränkte, außergerichtliche Geschäftsgebühr als Klageanspruch gesondert geltend machen musste. § 15a RVG beseitigt nunmehr aber diesen Missstand. 288

Die Regelung zur vorherigen Abmahnung ist allerdings kein Muss, sondern nur eine Soll-Bestimmung. Mahnt der Verletzte vor der Einleitung eines gerichtlichen Verfahrens (Verfügungsantrag, Klage) nicht ab, so ändert das nichts am Bestehen des Unterlassungsanspruchs und an der vermuteten Wiederholungsgefahr. Allerdings riskiert der Verletzte, nach § 93 ZPO mit den Kosten des Rechtsstreits belastet zu werden, wenn der Verletzer den geltend gemachten Anspruch sofort anerkennt. 289

3. Erfordernis einer strafbewehrten Unterlassungserklärung für Verstöße im Internet; Kosten einer Abmahnung

Die vorstehend dargelegten Grundsätze zur Vermutung einer Wiederholungsgefahr lassen sich im Ansatz auch auf Unterlassungsansprüche für Rechtsverletzungen im Internet übertragen. Besonderheiten können sich allerdings bei der Störerhaftung ergeben, insb. bei der Haftung von Diensteanbietern für fremde Inhalte. Denn für diese gelten bei der Haftung besondere Privilegierungen, die an die (fehlende) Kenntnis der Diensteanbieter von den relevanten Inhalten anknüpfen. 290

Die Vermutung der Wiederholungsgefahr knüpft an einen bereits erfolgten Rechtsverstoß an. War ein Eingriff in der Vergangenheit nicht rechtswidrig, 291

---

737 Zu den unberechtigt geltend gemachten Ansprüchen können neben Unterlassungsansprüchen auch Beseitigungs-, Schadensersatz- oder Auskunftsansprüche zählen.
738 BGH, NJW 2007, 2049.
739 BGH, NJW-RR 2006, 501, 502.

Kap. 7 Haftungsfragen

kann eine Wiederholungsgefahr nicht vermutet werden. Es kommt allenfalls Erstbegehungsgefahr in Betracht, falls ein erneuter Eingriff rechtswidrig wäre.[740] Soweit Diensteanbieter privilegiert sind, kann es somit an einer etwaigen Wiederholungsgefahr fehlen.[741] Eine solche Privilegierung kann sich insb. aus den Regelungen in den §§ 7 ff. TMG ergeben (hierzu mehr oben unter Rn. 45 ff.). Nach § 10 TMG z. B. sind Diensteanbieter für fremde Informationen, die sie für einen Nutzer speichern, nicht verantwortlich, sofern sie keine Kenntnis von der rechtswidrigen Handlung oder der Information haben und ihnen auch keine Tatsachen oder Umstände bekannt sind, aus denen die rechtswidrige Handlung oder die Information offensichtlich wird, und sie unverzüglich tätig geworden sind, um die Information zu entfernen oder den Zugang zu ihr zu sperren, sobald sie diese Kenntnis erlangt haben. Allerdings hatte der BGH entschieden, dass diese Privilegierung nicht für Unterlassungsansprüche gilt.[742] Das bedeutet jedoch nicht, dass die Provider für rechtswidrige Inhalte Dritter uneingeschränkt haften. Maßgeblich ist vielmehr, ob und in welchem Umfang sie Prüfungspflichten verletzt haben. Deren Umfang bestimmt sich danach, ob und inwieweit dem Provider nach den Umständen eine Prüfung zuzumuten ist.[743] Nach Auffassung des BGH kann etwa dem Anbieter einer Auktionsplattform nicht zugemutet werden, jedes Angebot vor Veröffentlichung im Internet auf eine mögliche Rechtsverletzung hin zu untersuchen. Auch § 7 Abs. 2 TMG sieht vor, dass den Diensteanbieter keine allgemeine Pflicht zur Überwachung der gespeicherten oder übermittelten Informationen trifft. Allerdings muss er dann, wenn er auf eine klare Rechtsverletzung hingewiesen worden ist, nicht nur das konkrete Angebot unverzüglich sperren, sondern auch dafür Sorge tragen, dass es möglichst nicht zu weiteren Verletzungen kommt. Das bedeutet, dass im Regelfall vor der Kenntnis von dem konkreten Angebot noch keine Verletzung von Prüfungspflichten in Betracht kommt. Dementsprechend besteht auch keine Wiederholungsgefahr und auch eine Abmahnung (und erst recht eine strafbewehrte Unterlassungserklärung) wäre nicht erforderlich.

---

740 BGH, GRUR 1960, 500, 504 – Plagiatsvorwurf I; GRUR 1986, 248, 251 – Sporthosen.
741 Vgl. OLG Saarbrücken, MMR 2008, 343, 344.
742 BGHZ 158, 236, 248 – Internet-Versteigerung I; GRUR 2007, 708, 710 – Internet-Versteigerung II. Vgl. hierzu ausführlich oben Rn. 56 ff. (C. II. 3. b. cc); GRUR 2008, 702 – Internet-Versteigerung III.
743 BGH, GRUR 1997, 313, 315 f. – Architektenwettbewerb; GRUR 1999, 418, 419 f. – Möbelklassiker; BGHZ 148, 13, 17 f. – ambiente.de; BGHZ 158, 236, 251 – Internet-Versteigerung I; GRUR 2007, 708, 710 – Internet-Versteigerung II; GRUR 2011, 152 – Kinderhochstühle im Internet; MMR 2012, 178 – Stiftparfüm BGH, GRUR 2013, 370 – Alone in the Dark; GRUR 2013, 1030 – File-Hosting-Dienst.

Eine Erstattung von Anwaltskosten kann nicht gefordert werden, sofern erst mit der Abmahnung dem Provider Kenntnis von dem rechtsverletzenden Inhalt verschafft wird, weil auch erst ab dann eine Verletzung von Prüfungspflichten in Betracht kommt. Im Gegenteil kann eine unberechtigte Abmahnung vor Kenntniserlangung sogar einen Schadensersatzanspruch gegen den Abmahnenden auslösen, § 97a Abs. 4 S.1 UrhG. Bedient sich nämlich der zu Unrecht Abgemahnte zur Verteidigung gegen die Abmahnung anwaltlicher Hilfe, sind diese Anwaltskosten vom Abmahnenden zu erstatten, wenn er es versäumt hat, die Berechtigung der Abmahnung sorgfältig zu prüfen und dazu erfahrene Berater einzuschalten.[744] Soweit zum Zeitpunkt der Abmahnung die fehlende Berechtigung nicht erkennbar war, besteht der Anspruch dagegen nicht, § 97a Abs. 4 S.1 UrhG.[745] Nur wenn der zu Unrecht Abmahnende beweisen kann, dass er keine Kenntnis oder fahrlässige Unkenntnis[746] von der Nichtberechtigung der Abmahnung hatte, kann er den Schadensersatzanspruch des Abgemahnten abwehren. Etwas anderes gilt jedoch für den Zeitpunkt *nach* der Kenntnisverschaffung. Bleibt der Diensteanbieter inaktiv, so kann er seine Prüfungspflichten verletzen und als Störer haften. Das gilt nicht nur für das konkrete Angebot, sondern auch für gleichartige Verstöße in der Zukunft, die der Provider möglichst zu verhindern hat.[747] Da der BGH in solchen Fällen auch einen vorbeugenden Unterlassungsanspruch gegen den potenziellen Störer zuerkennt,[748] bedeutet dies, dass insoweit auch Abmahnungen berechtigt sein können und dann entsprechend § 97a Abs. 3 Satz 1 UrhG die Kosten dafür zu erstatten sind. Zur Erstattungsfähigkeit und zur Beschränkung der Erstattung vom Abmahnkosten siehe im Übrigen unten Rn. 412 ff.

---

744 LG Düsseldorf, MMR 2008, 625, 626.
745 Erfasst werden sollen insbesondere Fälle, in denen der zutreffende Anschlussinhaber abgemahnt wird, sich sodann jedoch herausstellt, dass dieser nicht der Verletzer war, BT-Drs. 17/14216, S. 7.
746 So auch *Kefferpütz*, in: Wandtke/Bullinger, Praxiskommentar UrhR, 4. Aufl. 2014, § 97a Rn. 41; *Nordemann/Wolters*, ZUM 2014, 25, 31; a.A. *Spindler*, in: Spindler/Schuster, Recht der elektronischen Medien, 3. Aufl. 2015, § 97a Rn. 27.
747 BGH, GRUR 2013, 370 – Alone in the Dark; BGH, GRUR 2013, 1030 – File-Hosting-Dienst; BGH, GRUR 2013, 1229 – Kinderhochstühle II.
748 BGH, GRUR 2007, 708, 710 – Internet-Versteigerung II.

Kap. 7 Haftungsfragen

II. Beseitigung, Vernichtung, Rückruf, Überlassung

1. Beseitigungsanspruch

292 Der Beseitigungsanspruch ist eng verknüpft mit dem Unterlassungsanspruch. Der Unterlassungsanspruch beschränkt sich nicht darauf, die beanstandete Handlung zukünftig zu unterlassen. Zusätzlich ist ein etwaiger fortdauernder Zustand zu beseitigen, der durch die rechtswidrige Handlung geschaffen wurde. Erreicht werden kann dadurch z. B., dass eine etwaige Entstellung des Werks rückgängig gemacht wird.

293 Ausdrücklich geregelt ist der Beseitigungsanspruch nunmehr in § 97 Abs. 1 Satz 1 UrhG. Er überschneidet sich mit dem Vernichtungsanspruch, der in § 98 Abs. 1 UrhG geregelt ist und ebenfalls auf die Beseitigung eines fortdauernden Störungszustands zielt. Er ist allerdings deutlich abzugrenzen gegenüber dem Schadensersatzanspruch auf Naturalrestitution (§ 249 BGB),[749] der ein Verschulden voraussetzt,[750] während für den Beseitigungsanspruch kein Verschulden erforderlich ist. Dennoch kann es zu demselben Ergebnis kommen, indem z. B. der Beseitigungsanspruch auf Beseitigung des Störzustands durch den Verletzer auf dessen Kosten zielt, der Schadensersatzanspruch hingegen auf Erstattung der Kosten, die der Verletzte zur Beseitigung von Schäden selbst aufgewendet hat. Allerdings kann der Verletzte nicht Beseitigung durch eine bestimmte Maßnahme verlangen, sondern nur Beseitigung der Störung als solcher. Etwas anderes gilt, wenn die Beseitigung nur und ausschließlich durch eine bestimmte Maßnahme in Betracht kommt.[751]

294 Der Beseitigungsanspruch setzt voraus, dass eine Rechtsverletzung aktuell noch vorliegt. Gegenüber einem reinen Access Provider kommt dieser Anspruch daher praktisch nicht in Betracht, weil hier die Rechtsverletzung nur so lange andauern kann, wie die technische Verbindung besteht. Liegt die Rechtsverletzung hingegen in dem Bereithalten rechtswidriger Inhalte, z. B. durch einen Host Provider, kommt ein Beseitigungsanspruch so lange in Betracht, wie diese Inhalte abgerufen werden können. Erst recht greift der Anspruch natürlich gegen den Anbieter, der die Dateien in das Internet eingestellt hat. Ob und wie lange die Inhalte tatsächlich abgerufen werden, ist unerheblich.[752] In der Regel bedarf es auch nicht eines konkreten Nachweises,

---

749 Eine strikte Abgrenzung nimmt der BGH jedoch nicht immer vor – etwa in BGH, GRUR 2016, 315, Tz. 26 – Intime Fotos, wo nur von „Löschungsansprüchen aus §§ 823 Abs. 1, 1004 BGB" gesprochen wird.
750 *Reber*, in: BeckOK UrhG, 12.Ed.2016, § 97 Rn. 99; *Wild*, in: Schricker/Loewenheim, Urheberrecht, 4. Aufl. 2010, § 97 Rn. 137.
751 BGHZ 29, 314, 317 – Autobahnschäden.
752 *Freytag*, Haftung im Netz, 1999, S. 213.

dass ein Dritter erneut Zugriff nehmen wird;⁷⁵³ diese Frage beurteilt sich allein nach den Grundsätzen zur Wiederholungsgefahr.

Der Beseitigungsanspruch muss notwendig, zur Störungsbeseitigung geeignet und dem Verletzer zumutbar sein, was aufgrund einer Interessenabwägung zu beurteilen ist.⁷⁵⁴ Hier kommt es auf den Einzelfall an. Zur Beseitigung einer Rechtsverletzung wegen Bereithaltens von Inhalten zum Abruf genügt, dass die Abrufmöglichkeit beseitigt wird, sei es durch Löschen des Inhalts auf dem Server des Anbieters oder durch Sperrung des Zugangs hierzu. Bei Ansprüchen wegen des Setzens eines Links besteht die Beseitigungshandlung in der Löschung dieses Links. **295**

Zum Anspruch auf Rückruf und Entfernung aus den Vertriebswegen, der zur Umsetzung der Enforcement-Richtlinie in § 98 Abs. 2 UrhG eingeführt wurde, siehe nachfolgend Punkt 2. d. (Rn. 311). **296**

2. Anspruch auf Vernichtung, Rückruf und Überlassung

Nach § 98 Abs. 1 Satz 1 UrhG kann der Verletzte verlangen, dass alle entweder rechtswidrig hergestellten oder verbreiteten oder zur rechtswidrigen Verbreitung bestimmten Vervielfältigungsstücke, die im Besitz oder Eigentum des Verletzers stehen,⁷⁵⁵ vernichtet werden. § 69f Abs. 1 UrhG erweitert diesen Anspruch bei Computerprogrammen sogar auf jeden Eigentümer oder Besitzer – unabhängig davon, ob der Besitzer oder Eigentümer auch der Verletzer ist. § 98 Abs. 1 Satz 2 UrhG erweitert diese Ansprüche auf Vorrichtungen des Verletzers, wenn diese Vorrichtungen vorwiegend zur rechtswidrigen Herstellung rechtswidriger Vervielfältigungsstücke gedient haben. Auch hier gibt es für Computerprogramme eine Spezialregelung: § 69f Abs. 2 UrhG erstreckt den Vernichtungsanspruch auf Tools, die allein⁷⁵⁶ dazu bestimmt sind, die unerlaubte Beseitigung oder Umgehung technischer Programmschutzmechanismen (z. B. Passwörter, Zeitsperren, Dongles) zu erleichtern. **297**

Anstelle der Vernichtung hat der Verletzte wahlweise einen Anspruch auf Überlassung der Vervielfältigungsstücke, die im Eigentum (nicht nur im Besitz) des Verletzers stehen, § 98 Abs. 3 UrhG. Allerdings hat er dann eine angemessene Vergütung zu bezahlen. **298**

---

753 So aber *Waldenberger*, ZUM 1997, 176, 182.
754 BGH, GRUR 1960, 500, 503 – Plagiatsvorwurf; GRUR 1962, 315, 318 – Deutsche Miederwoche; GRUR 1984, 54 – Kopierläden; *Wild*, in: Schricker/Loewenheim, Urheberrecht, 4. Aufl. 2010, § 97 Rn. 133. m. w. N.
755 Wobei sich die Vervielfältigungsstücke angesichts des Territorialitätsprinzips im Inland befinden müssen.
756 Insoweit ist die Regelung also enger als § 98 Abs. 1 Satz 2 UrhG.

Kap. 7 Haftungsfragen

299 § 98 Abs. 2 UrhG gibt dem Verletzten außerdem ein Recht auf Rückruf von rechtswidrig hergestellten, verbreiteten oder zur rechtswidrigen Verbreitung bestimmten Vervielfältigungsstücken oder auf das endgültige Entfernen solcher Kopien aus den Vertriebswegen.

300 Der Regelungsinhalt des § 98 Abs. 1 und 3 UrhG wurde 1990 – damals als §§ 98, 99 UrhG – durch das Produktpiraterie-Gesetz[757] in das UrhG, aber auch in andere Sonderschutzgesetze[758] eingefügt. § 69f UrhG wurde zur Umsetzung der EG-Computerrechts-Richtlinie eingefügt.[759] Der Rückrufanspruch wurde durch das Gesetz zur Umsetzung der Enforcement-Richtlinie 1998 ergänzt. Die Regelungen dienen vor allem der Aufhebung eines dem Zuweisungsgehalt des Immaterialgüterrechts widersprechenden Zustands;[760] mit ihnen soll aber auch ein Präventivschutz erreicht werden; ein Sanktionscharakter der Normen wurde dabei bewusst in Kauf genommen. Ein Verschulden ist für die Ansprüche nicht erforderlich. Allerdings dürfen die jeweiligen Maßnahmen nicht unverhältnismäßig sein, wobei insb. auch die berechtigten Interessen Dritter zu beachten sind, § 98 Abs. 4 UrhG. Ggf. kann der Verletzer den Anspruch aus § 98 UrhG auch durch eine Entschädigung in Geld abwenden, sofern die Voraussetzungen des § 100 UrhG gegeben sind, hierzu nachfolgend unter Punkt IV. 1. (Rn. 349).

301 Die Vernichtungs-, Rückruf- und Überlassungsansprüche bestehen selbstständig und unabhängig von einem etwaigen Schadensersatzanspruch des Verletzten. Sie haben keinen Einfluss auf die Berechnung des Schadensersatzes.[761] Zur Durchsetzung der Ansprüche siehe nachfolgend Punkt d. (Rn. 311).

a) Vernichtung rechtswidriger Vervielfältigungsstücke

302 Die Vernichtungsansprüche der §§ 98 Abs. 1 Satz 1, 69f Abs. 1 Satz 1 UrhG beziehen sich nur auf *Vervielfältigungsstücke*, nicht aber auf Originale, wie z.B. rechtsverletzende Bearbeitungen,[762] oder rechtmäßige Vervielfälti-

---

757 Gesetz zur Stärkung des Schutzes des geistigen Eigentums und zur Bekämpfung der Produktpiraterie (PrPG) vom 7.3.1990, BGBl. I, S. 422. Hierzu *Ensthaler*, GRUR 1992, 273 ff.
758 § 46 VII DesignG, wonach § 98 UrhG entsprechend anzuwenden ist; § 18 MarkenG, § 140a Abs. 1 PatG; § 24a GebrMG; § 9 Abs. 2 HalblSchG, wonach § 24a Abs. 1 GebrMG entsprechend anzuwenden ist; § 37a Abs. 1 SortSchG.
759 Richtlinie 91/250/EWG des Rates über den Rechtsschutz von Computerprogrammen vom 14.5.1991, ABl. EG 1991 Nr. L 122, S. 42. Hierzu *Dreier*, GRUR 1993, 781 ff.
760 BGH, GRUR 2003, 228, 230 – P-Vermerk.
761 Vgl. BGH, GRUR 1993, 899, 900 – Dia-Duplikate; *Bohne*, in: Wandtke/Bullinger, Praxiskommentar UrhR, 4. Aufl. 2014, § 98 UrhG Rn. 5.
762 Wohl aber werden Vervielfältigungsstücke unfreier Bearbeitungen erfasst, BGH, GRUR 1999, 984, 988 – Laras Tochter.

gungsstücke. Ob die Vervielfältigungsstücke rechtmäßig hergestellt wurden, ist irrelevant, solange nur die weitere Verbreitung rechtswidrig wäre. Ob die Verbreitung bereits erfolgte, ist ebenso unbeachtlich, da auch solche Vervielfältigungsstücke erfasst werden, die nur zur Verbreitung „bestimmt" sind, wobei die Bestimmung von der subjektiven Entscheidung desjenigen abhängt, der für die Vervielfältigung verantwortlich ist.[763] Damit wird der vorbeugende Unterlassungsanspruch ergänzt.[764] Der Nachweis über dieses subjektive Element kann regelmäßig nur über einen Anscheinsbeweis oder über Indizien erbracht werden.[765]

Anspruchsgegner ist der Verletzer, der die relevanten Gegenstände entweder im Eigentum oder auch nur im Besitz hat. Nur § 69f Abs. 1 Satz 1 UrhG erlaubt auch das Vorgehen gegen den Besitzer oder Eigentümer, der nicht zugleich Verletzer ist. Im Prozess muss dabei das Fortbestehen eines einmal festgestellten Eigentums des Verletzers an bestimmten Vervielfältigungsstücken nicht bewiesen werden, sondern kann ggf. auch im Vollstreckungsverfahren geklärt werden.[766] **303**

Herauszugeben sind die relevanten Vervielfältigungsstücke an den Verletzten, allerdings kann dieser auch Herausgabe an einen Gerichtsvollzieher verlangen.[767] **304**

b) Vernichtung von Vorrichtungen

Nach § 98 Abs. 1 Satz 2 UrhG kann der Verletzte auch die Vernichtung von Vorrichtungen verlangen, die im Eigentum[768] des Verletzers stehen und vorwiegend zur rechtswidrigen Herstellung von Vervielfältigungsstücken gedient haben.[769] Gegenüber der früheren Fassung der Vorschrift kam es im Zuge der Umsetzung der Enforcement-Richtlinie zu einer Erweiterung des Anspruchs, indem nicht mehr darauf abgestellt wird, ob die Vorrichtung „nahezu ausschließlich" zur rechtswidrigen Herstellung verwendet wird, sondern eine „vorwiegende" Nutzung bereits ausreichen soll. Von dem Ver- **305**

---

763 A.A. mit Bezug auf § 69f *Kaboth/Spieß*, in: BeckOK UrhG, 12.Ed.2016, § 69f Rn. 10.
764 *Wild*, in: Schricker/Loewenheim, Urheberrecht, 4. Aufl. 2010, §§ 98 a.F./99 a.F. Rn. 4.
765 *Dreier*, in: Dreier/Schulze, UrhG, 5. Aufl. 2015, § 98 Rn. 7; *Bohne*, in: Wandtke/Bullinger, Praxiskommentar UrhR, 4. Aufl. 2014, § 98 Rn. 24.
766 BGH, GRUR 2003, 228, 230 – P-Vermerk.
767 BGH, GRUR 2003, 228, 229 f. – P-Vermerk.
768 Bloßer Besitz reicht hier nicht aus, es sei denn, der Eigentümer der Sache ist selbst auch Teilnehmer der Verletzungshandlung.
769 Die *Überlassung* solcher Vorrichtungen wird nach der Neufassung des § 98 UrhG hingegen abgelehnt, siehe *Dreier*, in: Dreier/Schulze, UrhG, 5. Aufl. 2015, Rn. 18.

Kap. 7 Haftungsfragen

nichtungsanspruch in § 98 Abs. 1 Satz 2 UrhG werden daher auch handelsübliche Geräte wie z.B. Server, Festplatten oder Disketten erfasst, auf denen vorwiegend rechtswidrig urheberrechtsverletzende Inhalte angeboten oder gespeichert werden. Die Möglichkeit einer rechtmäßigen Nutzung schließt also die Anwendbarkeit des § 98 Abs. 1 Satz 2 UrhG nicht aus, sofern tatsächlich eine Nutzung vorwiegend zu rechtswidrigen Zwecken erfolgt. Eine subjektive Bestimmung zur Herstellung rechtswidriger Kopien – wie dies der Wortlaut des § 98 Abs. 1 Satz 2 UrhG vor Umsetzung der Enforcement-Richtlinie vorsah – genügt hingegen nicht. So entschied der BGH, dass Speichermedien, die noch nicht zur Vornahme von Vervielfältigungen verwendet worden sind, nicht zur Herstellung von Vervielfältigungsstücken „gedient haben", sondern allenfalls zukünftig dienen können. Eine entsprechende Anwendung von § 98 Abs. 1 Satz 2 UrhG auf Verrichtungen die lediglich dazu bestimmt sind, zur Herstellung rechtwidriger Vervielfältigungsstücke verwendet zu werden, komme auch unter Berücksichtigung des mit der Neuregelung verfolgten Zwecks, die Durchsetzung von Rechten des geistigen Eigentums zu verbessern, nicht in Betracht, da keine Anhaltspunkte für eine planwidrige Regelungslücke bestünden.[770]

306 Wann im Einzelnen eine *vorwiegende* Nutzung oder Bestimmung vorliegt, ist eine Tatfrage. *Fromm/Nordemann* ließen für eine „nahezu ausschließliche Nutzung" – wie sie in § 98 a. F. UrhG gefordert war – 75% bereits genügen.[771] Allerdings wurde selbst diese Quote bei Rechnern im Internet wegen der unproblematischen Möglichkeit zur Nutzung auch rechtmäßigen Materials oftmals kaum erreicht. Die neue Regelung wird eine niedrigere Quote zur Folge haben und somit eine Anwendung der Vernichtungsmöglichkeit von Vorrichtungen erleichtern. Indes gelten auch für Vorrichtungen die Einschränkungen des § 98 Abs. 3 und 4 UrhG, d.h. auch hier ist im Einzelfall der Verhältnismäßigkeitsgrundsatz zu beachten.[772]

307 Bei Computerprogrammen geht bei Mitteln zu Kopierschutzumgehungen der Vernichtungsanspruch nach § 69f Abs. 2 UrhG vor. Allerdings müssen diese Mittel „*allein*" dazu bestimmt sein, die unerlaubte Beseitigung oder Umgehung technischer Programmschutzmechanismen zu erleichtern, wobei auf die Sicht eines objektiven Betrachters abzustellen ist. Maßgeblich ist, ob die Software allein deshalb mit bestimmten Funktionen versehen

---

770 BGH, GRUR 2015, 672, Rn. 72 – Videospiel-Konsolen II; so auch *Dreier*, in: Dreier/Schulze, UrhG, 5. Aufl. 2015, § 98 Rn. 13; a. A. *Bohne*, in: Wandtke/Bullinger, Praxiskommentar UrhR, 4. Aufl. 2014, § 98 Rn. 32; allerdings wäre ein Vernichtungsanspruch nach § 69f II UrhG durchsetzbar, wenn die Speicherkarten „allein dazu bestimmt sind", die Umgehung des Programmschutzes der Software zu erleichtern, Rn. 108.
771 *Fromm/Nordemann*, Urheberrecht, 11. Aufl. 2014, §§ 98 a. F., 99 a. F. Rn. 7.
772 Siehe nachfolgend Rn. 312 ff. (E. II. 2. e).

wurde, um dadurch Kopierschutzmechanismen zu umgehen. Zusätzliche legale Funktionen lassen den Anspruch nach § 69f Abs. 2 UrhG dann nicht entfallen. Strittig ist allerdings, ob sich der Verwender auf ein Recht auf Erstellung einer Sicherungskopie berufen kann, wenn ihm eine solche von dem Hersteller nicht geliefert oder angeboten wurde. Wäre dies erlaubt, dann würde die Regelung des § 69f Abs. 2 UrhG viel an praktischer Relevanz verlieren.[773]

Mit „Vernichtung" i. S. d. §§ 98 Abs. 1, 69f Abs. 1 UrhG ist im Regelfall ein Eingriff in die Substanz gemeint, insb. also Einstampfen, Zerreißen, Verbrennen, Einwalzen, Löschen. Bei Daten auf Disketten kommt aber auch ein Neuformatieren in Betracht. Bei Content- und Host-Providern umfasst Vernichtung die Löschung des Inhalts vom Server sowie allen weiteren Speichermedien. Der Anspruch ist insoweit identisch mit dem auf Beseitigung. Die erforderlichen Kosten der Vernichtung hat der Verletzer zu tragen. Durch wen die Vernichtung erfolgt, lässt das Gesetz allerdings offen. Nahe liegt es, die Vernichtung durch den Verletzer zu fordern, da das Gesetz einen Herausgabeanspruch an den Verletzten nicht erwähnt.[774] In Betracht kommt aber auch die Herausgabe an den Gerichtsvollzieher zum Zwecke der Vernichtung, soweit der Verletzer nicht die bereits eigenmächtig vollzogene Vernichtung nachweist.[775]

308

c) Überlassung von Vervielfältigungsstücken

Wahlweise, d. h. im Sinne einer Wahlschuld, kann der Verletzte statt Vernichtung nach § 98 Abs. 1 UrhG von dem Verletzer die Überlassung der in seinem Eigentum stehenden Vervielfältigungsstücke gegen angemessene Entschädigung (maximal in Höhe der Herstellungskosten) verlangen, § 98 Abs. 3 UrhG (eventuell i. V. m. § 69f Abs. 1 Satz 2 UrhG, wobei hier der Besitz genügen würde). In Betracht kommt dieser Anspruch z. B. für Down-

309

---

773 Zum Meinungsstand *Grützmacher*, in: Wandtke/Bullinger, Praxiskommentar UrhR, 4. Aufl. 2014, § 69f Rn. 19 f.: Die h. M. lässt eine Berufung auf das Recht zur Anfertigung einer Sicherungskopie nicht zu; es bestehe stattdessen ein Anspruch auf Lieferung einer Sicherungskopie.
774 Allerdings hat der BGH (WRP 1997, 1189, 1192 – Vernichtungsanspruch) zur identischen Regelung in § 18 MarkenG entschieden, dass eine Herausgabe an den Verletzten zum Zwecke der Vernichtung jedenfalls dann in Betracht kommt, wenn die zu vernichtenden Waren bereits beschlagnahmt wurden und dem Verletzten nicht zumutbar wäre, diese Waren wieder an den Verletzer herauszugeben und damit das Risiko einzugehen, dass die Ware erneut in den Marktkreislauf gerät. Im konkreten Fall kam allerdings hinzu, dass der Verletzer zwischenzeitlich erneut Pirateriware von einer anderen Firma erworben hatte. Allgemein verbindliche Schlussfolgerungen lassen sich aus dieser Entscheidung daher nicht ziehen.
775 *Dreier*, in: Dreier/Schulze, UrhG, 5. Aufl. 2015, § 98 Rn. 15.

Kap. 7 Haftungsfragen

loads, die ein Nutzer von einem rechtswidrig in das Internet eingestellten Inhalt gemacht hat, also z.B. bei einem Download von einer Piratenseite.[776] Das Wahlrecht kann, muss aber nicht bereits mit der Klageerhebung ausgeübt werden, da sich die erforderliche Konkretisierung des Klageantrags auch durch einen wahlweisen Antrag verwirklichen lässt.[777]

310 Welche Entschädigung „angemessen" ist, beurteilt sich nach objektiven Kriterien und hat im Streitfall das Gericht nach freier Würdigung zu entscheiden, § 287 ZPO. Am besten stellt man die Entscheidung hierüber von vornherein in das Ermessen des Gerichts. Etwaige Rechte Dritter an den überlassenen Gegenständen sind zu beachten. Hierzu zählt auch ein etwaiges Bearbeiterurheberrecht des Verletzers.[778] Solche Rechte können die Nutzung und Verwertung dieser Gegenstände erheblich erschweren. Hinzu kommt, dass der Anspruch auf Überlassung von vornherein nur für solche Vervielfältigungsstücke gilt, die (noch) im Eigentum des Verletzers stehen;[779] bloßer Besitz genügt somit nicht (anders bei § 69f UrhG). Diese Einschränkungen dürften der wesentliche Grund sein, warum die Überlassung in der Praxis eher selten geltend gemacht wird. Hieran wird sich auch für Urheberrechtsverletzungen im Internet nichts ändern.

d) Rückruf oder Entfernung aus den Vertriebswegen

311 § 98 Abs. 2 UrhG gibt dem Verletzten einen Anspruch auf Rückruf von rechtswidrig hergestellten, verbreiteten oder zur rechtswidrigen Verbreitung bestimmten Vervielfältigungsstücken oder auf deren endgültiges Entfernen aus den Vertriebswegen. Dieser Anspruch ist ebenfalls auf die Vorgaben in der Enforcement-Richtlinie, Art. 10 Abs. 1, zurückzuführen. Auch er setzt ein Verschulden des Verletzers nicht voraus und besteht unabhängig von etwaigen Schadensersatzansprüchen gegen den Verletzer. Zuvor wurden im deutschen Recht Ansprüche auf Rückruf oder Entfernung aus den Vertriebswegen nur sehr selten zugesprochen, z.B. bei drohenden Gefahren für Leib oder Leben der Verbraucher, und zwar vornehmlich bei Fällen der Produkthaftung und weniger bei Fällen der Produktpiraterie.[780] Es ist daher bislang auch noch weitgehend unklar, wie der Anspruch in der Praxis konkret umzusetzen ist bzw. von den Gerichten umgesetzt wird. Das Hauptproblem des

---

776 Vorausgesetzt, selbstverständlich, dass auch die weiteren Tatbestandsvoraussetzungen erfüllt sind, insb. also kein Fall des § 53 UrhG vorliegt.
777 *Reber*, in: BeckOK UrhG, 12.Ed.2016, § 98 Rn. 4.; *Wild*, in: Schricker/Loewenheim, Urheberrecht, 4. Aufl. 2010, §§ 98 Rn. 32, dort auch zur Tenorierung; a.A. *Fromm/Nordemann*, Urheberrecht, 11. Aufl. 2014, § 98 Rn. 36.
778 *Wild*, in: Schricker/Loewenheim, Urheberrecht, 4. Aufl. 2010, §§ 98 Rn. 18.
779 Bei § 69f UrhG: im Eigentum des Anspruchsgegners.
780 Übersicht bei *Peukert/Kur*, GRUR Int. 2006, 292, 295 unter (1).

Anspruchs besteht darin, dass der Verletzer mit der Veräußerung der Ware häufig keinen rechtlichen Einfluss darauf haben wird, dass die bereits veräußerte rechtsverletzende Ware wieder zu ihm zurückkommt. Er kann daher zu einem Rückruf nur dergestalt verpflichtet werden, dass er die Waren zurückruft; ob die Waren dann aber auch zurückkommen, bleibt offen. Mit anderen Worten: Der Verletzer kann beim Rückruf somit wenigstens zu einer bestimmten Handlung verpflichtet werden, nicht aber zu einem bestimmten Erfolg. Bei dem Anspruch auf Entfernung aus den Vertriebswegen ist das allerdings nicht möglich, denn mit der Entfernung aus dem Vertriebsweg ist auch der gewünschte Erfolg eingetreten. Die Entfernung ist aber nicht möglich, wenn der Verletzer nicht mehr die entsprechende Verfügungsgewalt hat. In der Praxis wird es daher wohl so aussehen, dass der Verletzer verurteilt werden muss, seine Vertriebspartner anzuschreiben und ihnen anzubieten bzw. diese aufzufordern, die rechtsverletzenden Vervielfältigungsstücke auf Kosten des Verletzers an diesen zurückzusenden. Sollte sich dieser Weg durchsetzen, dann muss dem bereits bei der Antragstellung Rechnung getragen werden, damit die geltend gemachten Ansprüche nicht zu weitgehend, auf Unmögliches gerichtet oder zu unbestimmt sind.[781] Ein solcher Anspruch ist auch bei einem Verletzer, der schuldlos gehandelt hat, nicht von vornherein oder in der Regel unverhältnismäßig;[782] die Unverhältnismäßigkeit muss vielmehr jeweils im Einzelfall im Rahmen des § 98 Abs. 4 UrhG geprüft werden (hierzu nachfolgend unter Punkt e).[783]

e) Ausschluss bei Unverhältnismäßigkeit, schonendere Mittel

Die Ansprüche nach den Abs. 1–3 sind gemäß § 98 Abs. 4 Satz 1 UrhG ausgeschlossen, wenn die Maßnahme im Einzelfall unverhältnismäßig ist. Bei der Prüfung der Verhältnismäßigkeit sind auch die berechtigten Interessen Dritter zu berücksichtigen (§ 98 Abs. 4 Satz 2 UrhG), was z.B. dann relevant werden kann, wenn der Verletzer nur der Besitzer der relevanten Ware ist, aber nicht deren Eigentümer. Die Darlegungs- und Beweislast für das Vorliegen der Voraussetzungen trägt der Verletzer. Denn § 98 Abs. 4 UrhG statuiert die Ausnahme von der Regelmaßnahme, die in der Vernichtung besteht. Das ist auch bei der nach § 98 Abs. 4 UrhG gebotenen Interessenabwägung zu berücksichtigen. Ebenso ist zu beachten, dass dem Vernichtungsanspruch auch eine generalpräventive Wirkung zukommen kann und der Gesetzgeber bewusst in Kauf genommen hat, dass die Vernichtung je

312

---

781 Dies anscheinend nicht berücksichtigend LG Berlin, Urt. v. 25.3.2014, 16 O 564/12.
782 A.A. *Peukert/Kur*, GRUR Int. 2006, 292, 296.
783 Ebenso *Bohne*, in: Wandtke/Bullinger, Praxiskommentar UrhR, 4. Aufl. 2014, § 98 Rn. 38.

Kap. 7 Haftungsfragen

nach den Umständen des Einzelfalls auch über das hinausgehen kann, was zur Folgenbeseitigung notwendig wäre.[784]

313 Der Wortlaut der Regelung wurde im Rahmen der Umsetzung der Enforcement-Richtlinie im Vergleich zur früheren Fassung geändert. Nach der vor dem 1.9.2008 geltenden Fassung des § 98 UrhG hatte der Verletzer ausnahmsweise einen Anspruch darauf, dass im Einzelfall statt Vernichtung oder Überlassung eine Beseitigung durch schonendere Mittel erfolgte, § 98 Abs. 3 a.F. UrhG. Damit stellt sich die Frage, ob nach der Neufassung der Vernichtungsanspruch bei Unverhältnismäßigkeit vollständig ausgeschlossen wird oder ob als Minus nicht weiterhin mildere Mittel geltend gemacht werden können. Durch die Änderung des Gesetzeswortlautes sollte an der bestehenden Rechtslage ausweislich der Gesetzesbegründung nichts geändert werden; man wollte lediglich eine Anpassung an den Wortlaut des Art. 10 Abs. 3 der Enforcement-Richtlinie bewirken.[785] Somit besteht auch weiterhin ein Anspruch zumindest auf mildere Mittel. Voraussetzung ist allerdings, dass der durch die Rechtsverletzung verursachte Zustand auch durch schonendere Mittel beseitigt werden kann und – kumulativ – diese Mittel ihrerseits den Verletzten nicht unverhältnismäßig belasten. Der Verletzte kann also z.B. keine kostenaufwendige Beseitigung anstelle der Vernichtung verlangen, wenn die Beseitigung in keinem Verhältnis zum Wert des zu vernichtenden Gegenstands steht. Das könnte beispielsweise für den Fall gelten, dass Kopien rechtswidrig vervielfältigter Werke auf Disketten gezogen werden. Je nach der Anzahl der Disketten könnte es einfacher und günstiger sein, diese Disketten einzustampfen anstatt jeweils einzeln die Inhalte zu löschen.[786] Auch wird im Regelfall nicht verlangt werden können, dass eine Festplatte neu formatiert wird, sondern lediglich, dass die rechtswidrigen Dateien gelöscht werden.[787] Für das Gerichtsverfahren empfiehlt es sich daher, bei etwaigen Bedenken hinsichtlich der Verhältnismäßigkeit des Primäranspruchs schonendere Mittel geltend zu machen.

314 Ob die beantragte Maßnahme unverhältnismäßig ist, beurteilt sich nach den Umständen des jeweiligen Einzelfalls, unter Einbeziehung der angeführten generalpräventiven Erwägungen und unter umfassender Abwägung des Ver-

---

784 BGH, WRP 1997, 1189, 1190 – Vernichtungsanspruch, zu § 18 MarkenG: *„Der Gesetzgeber wollte mit der Anordnung der Vernichtung, soweit sie über die bloße Folgenbeseitigung hinausreicht, auch eine Art Sanktionscharakter erreichen, um mit den Maßnahmen zur Bekämpfung der Produktpiraterie im Gleichklang mit der internationalen Entwicklung auch einen generalpräventiven Effekt zu erzielen."*
785 Begründung des Gesetzentwurfs der Bundesregierung für das Gesetz zur Verbesserung der Durchsetzung von Rechten des geistigen Eigentums, BT-Drs. 16/5048, S. 74.
786 A.A. *Dreier*, GRUR 1993, 781, 787.
787 *Kaboth/Spies*, in: BeckOK UrhG, 12.Ed.2016, § 69f Rn. 7.

nichtungsinteresses des Verletzten und des Erhaltungsinteresses des Verletzers. Eine schematische Prüfung verbietet sich dabei.[788] Der Gesetzgeber hat in der Gesetzesbegründung noch zur Vorgängerregelung[789] bewusst auf die Nennung einzelner Beispiele verzichtet, sondern stattdessen folgende Kriterien genannt: Schuldlosigkeit oder der Grad der Schuld des Verletzers, die Schwere des Eingriffs – unmittelbare Übernahme oder Verletzung im Randbereich – und der Umfang des bei Vernichtung für den Verletzer entstehenden Schadens im Vergleich zu dem durch die Verletzung eingetretenen wirtschaftlichen Schaden des Rechtsinhabers.

f) Durchsetzung der Ansprüche

Durchgesetzt werden kann der Vernichtungsanspruch nur im Hauptsacheverfahren, da mit der Vernichtung endgültige Tatsachen geschaffen werden. Allerdings kann in einem einstweiligen Verfügungsverfahren die Sequestration der relevanten Gegenstände durch einen Gerichtsvollzieher gewählt werden. Eine vorherige Abmahnung ist selbst zur Vermeidung der Kostenfolge nach § 93 ZPO (hierzu bereits Rn. 289) dabei zumeist entbehrlich, zumal mit einer solchen Abmahnung der Zweck der Sequestration vereitelt werden könnte.[790] Zu vollstrecken sind der Vernichtungsanspruch und der Anspruch auf Rückruf oder Entfernung aus den Vertriebswegen nach §§ 887, 888 ZPO,[791] d.h. der Verletzer hat seine Einwilligung zu geben, auf die er aber verklagt werden kann. Die Kosten der Vernichtung und des Rückrufs hat der Verletzer zu tragen (vgl. Art. 10 der Enforcement-Richtlinie). Der Überlassungsanspruch aus § 98 Abs. 3 UrhG ist hinsichtlich der Herausgabe nach §§ 883, 756 ZPO und hinsichtlich der Eigentumsübertragung nach §§ 894 Abs. 1 Satz 2, 726 Abs. 2 ZPO zu vollstrecken. 315

Die Ansprüche auf Vernichtung oder Überlassung nach § 98 UrhG können nach § 110 Satz 2 UrhG auch im strafrechtlichen Adhäsionsverfahren geltend gemacht werden, wenn ihnen nach den Regeln der StPO über die Entschädigung des Verletzten (§§ 403 bis 406c StPO) stattgegeben wird; es kommt dann nicht zur Einziehung. Der Antrag kann schriftlich oder zu Protokoll in der Hauptverhandlung noch bis zu Beginn der Schlussvorträge gestellt werden. Der Antrag hat die Rechtshängigkeit des Anspruchs wie im Zivilprozess zur Folge. Besteht allerdings eine anderweitige Rechtshängigkeit, scheidet nach § 403 StPO das Adhäsionsverfahren aus. Gibt der Strafrichter dem Antrag nicht statt, kann dieser noch im Zivilprozess geltend gemacht werden. Aus diesem Grund steht dem Antragsteller gegen die Ent- 316

---

788 BGH, WRP 1997, 1189, 1190 – Vernichtungsanspruch.
789 BT-Drs. 11/74792, S. 15, 27.
790 LG Hamburg, GRUR-RR 2004, 191, 192.
791 *Bohne*, in: Wandtke/Bullinger, Praxiskommentar UrhR, 4. Aufl. 2014, § 98 Rn. 15.

scheidung des Strafrichters kein Rechtsmittel zu. Gibt der Strafrichter dem Antrag statt, so entspricht die Entscheidung dem zivilprozessualen Urteil über den Grund nach § 304 Abs. 1 ZPO. Nach § 406 Abs. 3 Satz 4 StPO folgt auf die rechtskräftige Entscheidung über den Grund vor dem zuständigen Zivilgericht die Verhandlung über den Betrag (§ 304 Abs. 2 ZPO).

III. Schadensersatz

317 Der Schadensersatzanspruch ist in § 97 Abs. 2 Satz 1 UrhG geregelt. Er entspricht im Wesentlichen § 823 Abs. 1 BGB. Auf das Verhältnis der beiden Regelungen zueinander kommt es daher im Regelfall nicht an.[792] Im Gegensatz zum Unterlassungsanspruch setzt der Anspruch auf Schadensersatz ein Verschulden des Verletzers voraus.[793] Das bedeutet allerdings nicht, dass ein Geldanspruch nur bei Verschulden in Betracht kommt. Bestimmte Schadensposten, insb. die Zahlung einer angemessenen und üblichen Lizenzgebühr, ergeben sich auch aus Bereicherungsrecht nach den §§ 812 ff. BGB; hierfür ist ein Verschulden irrelevant.[794] Der „bloße" Störer, der nicht (Mit-) Täter oder Teilnehmer einer Urheberrechtsverletzung ist, haftet hingegen nicht auf Schadensersatz, sondern nur auf Unterlassung.[795] Zudem ist bei Schadensersatzansprüchen immer auch die Privilegierung der §§ 8–10 TMG zu beachten.

1. Verschulden

318 Verschulden bedeutet vorsätzliches oder fahrlässiges Verhalten. Erforderlich ist die Kenntnis vom Vorhandensein des geschützten Rechtsguts[796] sowie entweder die Kenntnis der Rechtswidrigkeit oder zumindest die fahrlässige Verletzung von Prüfungspflichten. Ein Bewusstsein, rechtswidrig zu handeln, ist daher nicht zwingend notwendig. Die zivilrechtlichen Rechtsfolgen waren in beiden Fällen zumindest hinsichtlich des Schadensersatzes gleich, so dass es im Einzelfall zumeist keiner Entscheidung bedurfte, welche Verschuldensform konkret vorlag. Bedeutung haben kann die Art des Verschuldens allerdings u. a. bei den Ansprüchen des § 98 UrhG (siehe oben Rn. 292 ff.), bei der Bestimmung der Höhe des immateriellen Schadens und der Beurteilung der Verhältnismäßigkeit einer Maßnahme. Hinzu kommt,

---

792 *Wild*, in: Schricker/Loewenheim, Urheberrecht, 4. Aufl. 2010, § 97 Rn. 136.
793 Zur Rechtswidrigkeit des Eingriffs siehe Rn. 248 ff. (D.).
794 Siehe Rn. 349 ff. (E.IV.).
795 BGH, GRUR 2002, 618, 619 – Meißner Dekor; 2004, 860, 864 – Internet-Versteigerung I; BGH, MMR 2010, 565, Rn. 17 – Sommer unseres Lebens.
796 OLG Köln, GRUR 2000, 43, 45 – Klammerpose.

dass nach Erwägungsgrund 17 der Enforcement-Richtlinie die dort genannten Maßnahmen und Rechtsbehelfe so bestimmt sein sollen, dass den spezifischen Merkmalen des Falles einschließlich des vorsätzlichen oder nicht vorsätzlichen Charakters der Rechtsverletzung gebührend Rechnung getragen wird. Das könnte auch zu einer Differenzierung beim Schadensersatz führen (siehe unten Rn. 325 ff).

Vorsätzlich handelt der Verletzer, wenn er die Schutzrechtsverletzung entweder in Kenntnis aller Tatumstände bewusst und gewollt begeht oder das Vorliegen der Voraussetzungen einer Verletzung für möglich hält und die Verletzung billigend in Kauf nimmt. Bei einem Tatsachen- oder Rechtsirrtum ist der Vorsatz somit ausgeschlossen.[797] **319**

Fahrlässig handelt nach dem allgemeinen Maßstab des § 276 BGB, wer die im Verkehr erforderliche Sorgfalt außer Acht lässt. Dabei wird im Urheberrecht nicht zwischen grober und leichter Fahrlässigkeit unterschieden. Die Anforderungen der Rechtsprechung an die Sorgfaltspflichten sind hoch, jedenfalls soweit Urheberrechte in Frage stehen. Es gilt eine strenge Prüfungspflicht.[798] Maßstab für die Sorgfaltspflichten ist die erforderliche, nicht die in der Praxis oder verkehrsübliche Sorgfalt. Eine im Verkehr eingerissene Unsitte senkt den Sorgfaltsmaßstab nicht.[799] Das Maß der zu fordernden Sorgfalt ist abhängig von der Person sowie dem Lebens- und Tätigkeitsbereich, was eine typisierende Betrachtungsweise erfordert. Im Einzelnen unterscheidet die Rechtsprechung danach, welche Rechte betroffen sind, welche Fachkenntnis und welches kommerzielle Interesse der Verletzer hat und ob er für die Verletzung unmittelbar oder nur mittelbar verantwortlich ist. An Fachkreise werden grundsätzlich höhere Anforderungen gestellt und be- **320**

---

797 BGH, GRUR 1982, 102, 104 – Masterbänder; BGH, ZUM 1988, 245, 247 – Vorentwurf II; *Dreier*, in: Dreier/Schulze, UrhG, 5. Aufl. 2015, § 97 Rn. 56; *Reber*, in: BeckOK UrhG, 12.Ed.2016, § 97 Rn. 102; *Wild*, in: Schricker/Loewenheim, Urheberrecht, 4. Aufl. 2010, § 97 Rn. 137.

798 BGH, GRUR 2010, 616, Rn. 40 – marions-kochbuch.de; BGHZ 14, 163 – Constanze II; GRUR 1999, 49, 51 – Bruce Springsteen; 1998, 568, 569 – Beatles-Doppel-CD; OLG Frankfurt a. M., GRUR 1998, 47, 49 – La Bohème; KG, KG Report 20/2001, 341 – Pressefotos im Internet. Etwas geringere Anforderungen gelten bei Schadensersatzansprüchen wegen unberechtigter Schutzrechtsverwarnungen. Hier wird in Verschulden verneint, wenn der Verwarnende sich seine Überzeugung durch gewissenhafte Prüfung gebildet hat oder wenn er sich bei seinem Vorgehen von vernünftigen und billigen Überlegungen hat leiten lassen. Zwar werden bei ungeprüften Schutzrechten (wie z. B. Urheberrechten) an die Nachprüfung des Schutzrechtsbestands höhere Anforderungen gestellt. Allerdings müssen sich auch hier Zweifel an der Rechtslage aufgrund konkreter Anhaltspunkte ergeben, vgl. OLG München, ZUM-RD 2001, 522 m. w. N.

799 BGHZ 30, 7, 15 – Caterina Valente.

sondere Kenntnisse erwartet.[800] Bei eigenem kommerziellen Interesse und organisatorischem sowie finanziellem Einfluss kann auch ein Veranstalter für Rechtsverletzungen während der Veranstaltung haften.[801] Für mittelbare Verletzer galten hinsichtlich der Schadensersatzpflicht hingegen schon früher geringere Anforderungen, wenn ihnen z. B. eine Prüfung von Vertragsverhältnissen zwischen Dritten kaum möglich war;[802] nach der neueren BGH-Rechtsprechung haftet der Störer von vornherein nicht auf Schadensersatz. Darüber hinaus können eine unzureichende Verschiebung von Verantwortlichkeiten in Unternehmen oder fehlende Kontrolle ein Organisationsverschulden begründen.

321 In jedem Fall muss derjenige, der ein fremdes Geistesgut nutzen oder eine erteilte Einwilligung gebrauchen will, sich seiner Berechtigung hierzu vergewissern und sich dazu gegebenenfalls auch die Legitimation dessen, von dem er ein entsprechendes Recht erwirbt, nachweisen lassen.[803] Ein bloßes Vertrauen auf die Angaben Dritter genügt zumeist nicht.[804] Auch auf Angaben und Zusicherungen eines Vorlieferanten darf sich der Nutzer des Urheberrechts nicht unbesehen verlassen, sondern er muss sich überprüfbare Unterlagen und Nachweise geben lassen.[805] Allerdings kann sich aus den besonderen Umständen des Einzelfalls ergeben, dass sich der Verletzer auf die Berechtigung seines Lieferanten verlassen durfte.[806] Die Erkundigungspflicht entfällt nur, wenn sie unzumutbar ist, wobei die Anforderungen an die Unzumutbarkeit sehr hoch anzusetzen sind; die eventuelle Brüskierung des Vertragspartners genügt nicht.[807]

322 Das Risiko eines Rechtsirrtums trägt grundsätzlich der Handelnde. Zwar schließt ein Tatsachen- oder Rechtsirrtum des Verletzers seinen Vorsatz aus,

---

800 Vgl. BGH, GRUR 1991, 332, 333 – Lizenzmangel; GRUR 1987, 37, 39 – Videolizenzvertrag; GRUR 1960, 608, 609 – Eisrevue II; OLG Frankfurt, GRUR-RR 2006, 43, 45 – Panther mit Smaragdauge.
801 OLG München, GRUR 1979, 152 – Transvestiten-Show; KG, GRUR 1959, 150 f. – Musikbox-Aufsteller; OLG Düsseldorf, ZUM RD 2011, 105, 106 – Mitveranstalter von Musikaufführungen.
802 BGH, GRUR 1972, 141, 142, zur Haftung eines Konzertveranstalters für Noten aus der UdSSR. Vgl. auch BGH, GRUR 1964, 91, 94 – Tonbänder-Werbung, und GRUR 1955, 492, 501: Anspruch auf Unterlassung bejaht, auf Schadensersatz verneint.
803 BGH, GRUR 1988, 373, 375 – Schallplattenimport III; GRUR 1960, 606, 608 – Eisrevue II; GRUR 1959, 331, 334 – Dreigroschenroman II; OLG Hamm, MMR 2012, 119, 120; LG München, GRUR-RR 2009, 92, 93.
804 *Fromm/Nordemann*, Urheberrecht, 11. Aufl. 2014, § 97 Rn. 64; LG Köln, ZUM 2013, 973; LG Hamburg, ZUM-RD 2009, 403.
805 BGH, GRUR 1988, 373, 375 – Schallplattenimport III; OLG Köln, GRUR 1983, 568, 570 – Video-Kopieranstalt; OLG München, ZUM-RD 2011, 94.
806 OLG München, GRUR-RR 2004, 33, 35 – Pumuckl-Illustrationen.
807 OLG Frankfurt am Main, OLGZ 183, 16 f. – Das Millionenspiel.

da im Zivilrecht Vorsatz auch das Bewusstsein der Rechtswidrigkeit umfasst. Sie befreien jedoch nicht auch automatisch vom Vorwurf der Fahrlässigkeit. Fehlendes Unrechtsbewusstsein allein entlastet den Verletzer daher nicht.[808] So handelt etwa auch ein Minderjähriger schuldhaft, wenn er unberechtigt mittels einer Filesharing-Software Dateien zum Herunterladen anbietet, selbst wenn er vorgibt, die Funktion einer Tauschbörse nicht zu kennen. Denn ein Nutzer hat sich umfassend über die technische Ausgestaltung dieser Programme zu informieren.[809] Nach ständiger Rechtsprechung des BGH ist ein Rechtsirrtum nur dann entschuldigt, wenn der Irrende bei Anwendung der im Verkehr erforderlichen Sorgfalt mit einer anderen Beurteilung durch die Gerichte nicht zu rechnen brauchte.[810] Etwas anderes galt bei zweifelhafter Rechtslage z. B. nach einer Gesetzesänderung oder einem Wandel der Rechtsprechung, solange sich noch keine einheitliche Rechtsprechung gebildet hatte und die Rechtslage auch nicht durch höchstrichterliche Entscheidung geklärt war.[811] Allerdings will die jüngere Rechtsprechung durch strenge Anforderungen an die Sorgfalt des Verletzers verhindern, dass er das Risiko der zweifelhaften Rechtslage anderen zuschiebt.[812] Fahrlässig handelt nach dieser Rechtsprechung bereits, wer sich erkennbar im Grenzbereich des rechtlich Zulässigen bewegt, indem er eine von der eigenen Einschätzung abweichende Beurteilung der rechtlichen Zulässigkeit des fraglichen Verhaltens in Betracht ziehen muss.[813] Bei bestehenden Streitfragen – z. B. über das Bestehen einer Schutzrechtslücke – darf der Handelnde sich daher nicht einfach auf die ihm günstige Ansicht einlassen; das gilt insbesondere, wenn hierzu bereits Entscheidungsersuche an die höchsten Gerichte gerichtet sind.[814] Erst recht darf der Verletzer sich nicht über höchstrichterliche Entscheidungen hinwegsetzen, die der Rechtmäßigkeit seines Handelns entgegenstehen, und zwar auch nicht in der Erwartung, diese Rechtsprechung werde sich ändern.[815]

---

808 BGH, GRUR 1982, 102, 104 – Masterbänder.
809 OLG Düsseldorf, ZUM-RD 2011, 696, 697.
810 Vgl. BGH, GRUR 1999, 49, 51 – Bruce Springsteen.
811 BGH, GRUR 1955, 492, 501 – Grundig-Reporter; BGHZ 38, 356, 368 – Fernsehwiedergabe von Sprachwerken.
812 BGH, GRUR 1999, 49, 51 – Bruce Springsteen; GRUR 1987, 564, 565 – Taxi Genossenschaft; GRUR 1990, 474, 476 – Neugeborenentransporte.
813 BGH, WRP 1999, 831, 838 – Tele-Info-CD; GRUR 1999, 49, 51 – Bruce Springsteen; GRUR 1998, 568, 569 – Beatles-Doppel-CD; GRUR 1999, 984, 988 – Laras Tochter; GRUR 2002, 248, 252 – Spiegel CD-ROM; GRUR 2007, 870, 875 – Wagenfeld-Leuchte; BGH, GRUR 2010, 623, Rn. 55 – Restwertbörse; LG Hamburg, ZUM-RD 2009, 403.
814 BGH, GRUR 1998, 568, 569 – Beatles-Doppel-CD.
815 BGHZ 64, 183 – August Vierzehn; GRUR 1975, 667, 669 – Reichswehrprozess; *Wild*, in: Schricker/Loewenheim, Urheberrecht, 4. Aufl. 2010, § 97 Rn. 142.

Kap. 7 Haftungsfragen

323 Dies bedeutet, dass sich Provider angesichts der derzeit noch in vielen Einzelpunkten unklaren Rechtslage zur Haftung bzw. zur Haftungsprivilegierung[816] nicht einfach auf eine ihnen günstige Auslegung der Gesetze verlassen dürfen. Fast jede Nutzung urheberrechtlich geschützter Werke im Internet spielt sich derzeit (noch) im Grenzbereich des rechtlich Zulässigen ab. Der Host Provider, der Inhalte Dritter speichert und anderen über das Internet zugänglich macht, sollte sich daher grundsätzlich der Berechtigung desjenigen vergewissern, der die Rechte einspielt. Das gilt sowohl für die (fehlende) Einräumung ausschließlicher Rechte an andere als auch für den Erwerb abgeleiteter Rechte. Ein Bruch in der Lizenzierungskette und eine falsche Beurteilung der Verfügungsbefugnis des Kunden gehen zu Lasten des Providers.[817]

324 Der einfache Nutzer, der nur durch das Netz „browst", wird hingegen oftmals nicht wissen, dass er damit urheberrechtsrelevante Handlungen begeht. Aber selbst wenn dieses Bewusstsein besteht, ist der Inhalt einer Information und damit die mögliche Urheberrelevanz für den Nutzer jedenfalls beim ersten Aufruf dieses Inhalts zumeist nicht erkennbar. Damit scheidet im Regelfall ein Verschulden für den bloßen Nutzer aus.[818] Etwas anderes kann jedoch für den Fall gelten, dass im Anschluss daran und somit in Kenntnis des Inhalts weitere Verwertungshandlungen vorgenommen werden, wie z. B. der Ausdruck des Inhalts, die Speicherung auf dem eigenen Rechner oder der mehrfache nachfolgende Aufruf dieses Inhalts in Kenntnis der Rechtswidrigkeit.[819] Es ist kein Grund ersichtlich, warum der Nutzer im Internet, der z. B. Software auf seinen Rechner herunterlädt, anders gestellt werden sollte als ein Interessent außerhalb des Internets, der Software auf einer CD von einem ihm unbekannten Dritten erwirbt. Auch hier muss sich der Nutzer grundsätzlich Gewissheit über die Berechtigung des Veräußerers verschaffen. Jedenfalls bei Daten, die nach ihrer Art oder ihrem Umfang im Regelfall nur entgeltlich angeboten werden, ist daher eine erhöhte Sorgfalt geboten, wenn diese kostenlos zum Download angeboten werden.

2. Materieller Schaden

325 Wie allgemein im Zivilrecht ist der Schadensersatzanspruch zunächst auf Naturalrestitution gerichtet, § 249 Abs. 1 BGB. Daneben und vor allem kann eine Entschädigung in Geld verlangt werden, § 251 BGB. Bei der Ver-

---

816 Hierzu Rn. 33 ff. (C. I.1.) und 45 (C.II.3.).
817 Kritisch *Decker*, MMR 1999, 7, 12 f.
818 *Waldenberger*, ZUM 1997, 176, 181. Zur fehlenden Rechtswidrigkeit aufgrund konkludenter Einwilligung siehe Rn. 265 (D. II. 4.).
819 *Hoeren/Pichler*, in: Loewenheim/Koch, Praxis des Online-Rechts, 1998, Nr. 9.5.1.4.

letzung von Immaterialgüterrechten, wie insb. Urheberrechten, kommen grundsätzlich drei Arten zur Berechnung des Schadens in Betracht:[820] Der konkret entstandene Schaden einschließlich eines etwaigen entgangenen Gewinns oder – als sog. objektive Schadensberechnungen – eine übliche und angemessene Lizenzgebühr („Lizenzanalogie") oder der vom Verletzer erzielte Gewinn („Verletzergewinn"). Dies ist seit jeher in der Rechtsprechung anerkannt, hat mittlerweile aber auch seinen direkten Niederschlag im Gesetzestext gefunden: § 97 Abs. 2 Satz 1 UrhG regelt den Ersatz des konkret entstandenen Schadens, § 97 Abs. 2 Satz 2 UrhG nennt als weitere Berechnungsarten den Verletzergewinn und § 97 Abs. 2 Satz 3 UrhG die seit jeher anerkannte angemessene Lizenzgebühr. Alle drei Möglichkeiten sind Arten zur Bemessung des gleichen Schadens und nicht unterschiedliche Ansprüche.[821]

Einen Strafzuschlag wie etwa in Form von „punitive damages" nach US-Recht kennt das deutsche Recht hingegen grundsätzlich nicht.[822] Auch die Enforcement-Richtlinie sagt im Erwägungsgrund 26 ausdrücklich, dass ein als Strafe angelegter Schadensersatz nicht eingeführt werden soll. Auch haben sich Überlegungen zu einer doppelten Lizenzgebühr nicht durchsetzen können (hierzu mehr unter lit. c. (Rn. 333 ff.)). **326**

a) Konkrete Schadensberechnung

Als konkret berechenbarer Schaden kommen vor allem der durch Aufwendungen des Verletzten entstandene positive Schaden sowie entgangener Gewinn in Betracht. Der positive Schaden betrifft Aufwendungen des Verletzten, die er infolge der Urheberrechtsverletzung machen musste, wie z.B. Rechtsverfolgungskosten in Form von Gebühren für vorprozessuale Abmahnungen oder vorbereitende Handlungen für Prozesse, z.B. in Form von Testkäufen oder Sachverständigengutachten, soweit diese erforderlich waren. Der positive Schaden kann aber auch der sog. „Marktverwirrungsschaden" sein. Dies kann ein Schaden sein, der z.B. aus der Diskreditierung des geschützten Werkes folgt, oder ein Schaden, der dadurch eintritt, dass es zu Fehlvorstellungen im Markt kommt, z.B. weil der Verkehr eine Gleichwertigkeit von Produkten des Verletzten und des Verletzers vermutet, nachdem der Verletzer rechtswidrig Werke des Verletzten kopiert hat. Der Marktverwirrungsschaden umfasst damit die Vermögenseinbuße, die unmittelbar aufgrund der Beeinträchtigung eines Rechts oder des Ansehens des Verletz- **327**

---

820 Vgl. zuletzt BGH, GRUR 2008, 93, 94 – Zerkleinerungsvorrichtung; *v. Ungern-Sternberg*, GRUR 2008, 291, 295; *Loschelder*, NJW 2008, 375.
821 Zum Wahlrecht hinsichtlich der Berechnungsart siehe nachfolgend Rn. 339 ff. (lit. d).
822 BGH, GRUR 2005, 179, 180 – Tochter von Caroline von Hannover.

ten als Folge des vom Verletzer geschaffenen Zustands eintritt.[823] Solche Schäden sind nach allgemeinem Wettbewerbsrecht, z. B. nach §§ 3, 9 UWG, grundsätzlich erstattungsfähig. Für das Urheberrecht muss hingegen differenziert und nach dem Schutzzweck des Urheberrechts gefragt werden: Schäden aus einer Marktverwirrung, die aus einer Diskreditierung des geschützten Werkes entstanden ist, sind erstattungsfähig. Kosten für Aufklärungsmaßnahmen wegen etwaiger Irreführung der Verkehrskreise über die Vergleichbarkeit von Produkten hingegen nicht.[824] Sie sind vom Schutzbereich des Urheberrechts nicht mehr erfasst.[825] Darüber hinaus scheitert die Geltendmachung eines Marktverwirrungsschadens zumeist am fehlenden Nachweis einer etwaigen Marktverwirrung und der Notwendigkeit der geltend gemachten Kosten zur Beseitigung dieses Zustandes.

328 Auch die Geltendmachung von entgangenem Gewinn scheitert in der Praxis häufig an der Schwierigkeit, den vermeintlich entgangenen Gewinn zu definieren und zu beziffern – zumal dies im Regelfall die Offenlegung der eigenen Kalkulation erfordert – und die Kausalität zwischen dem Verlust dieses Gewinns und der Verletzungshandlung zu beweisen. Entgangen ist nach der Legaldefinition des § 252 Satz 2 BGB der Gewinn, welcher nach dem gewöhnlichen Lauf der Dinge oder nach den besonderen Umständen, insb. nach den getroffenen Anstalten und Vorkehrungen, mit Wahrscheinlichkeit erwartet werden konnte. Die Bestimmung ist am einfachsten in Fällen, in denen nach festen Tarifen abgerechnet wird. Bei pauschalierter Tarifvergütung stellt der entsprechende Betrag die Mindestsumme dar, die als entgangener Gewinn verlangt werden kann.[826] Im Übrigen kommt es auf den Einzelfall an.

b) Herausgabe des Verletzergewinns

329 Mittlerweile ist der Anspruch auf Herausgabe des Verletzergewinns in den meisten Gesetzen zum gewerblichen Rechtsschutz geregelt.[827] Lediglich im Wettbewerbsrecht wird der Anspruch auf Herausgabe des Verletzergewinns soweit anwendbar[828] aus § 687 Abs. 2 BGB hergeleitet. Im UrhG ist der Anspruch explizit geregelt, § 97 Abs. 2 Satz 2 UrhG. Danach ist der Verletzer-

---

823 Vgl. *Teplitzky*, Wettbewerbsrechtliche Ansprüche, 9. Aufl. 2007, Kap. 34 Rn. 5 ff.
824 BGH, WRP 2000, 101, 103 – Planungsmappe.
825 A. A. *v. Ungern-Sternberg*, GRUR 2009, 460, 459.
826 *Wild*, in: Schricker/Loewenheim, Urheberrecht, 4. Aufl. 2010, § 97 Rn. 59.
827 Vgl. § 139 Abs. 2 Satz 2 PatG; § 14 Abs. 6 Satz 2 MarkenG; § 42 Abs. 2 Satz 2 DesignG; § 24 Abs. 2 Satz 2 GebrMG.
828 Und hier insb. Fälle der wettbewerbswidrigen Leistungsübernahme, BGHZ 57, 116, 121 f. – Wandsteckdose II; 60, 168, 172 – Modeneuheit; 119, 20 ff. – Tchibo/Rolex II; BGH, WRP 1981, 514 – Rollhocker; GRUR 1991, 914, 917 – Kastanienmuster.

gewinn bei der Berechnung des Schadens zu berücksichtigen. Die Formulierung des deutschen Gesetzestextes ist dabei an die Vorgaben der Enforcement-Richtlinie angelehnt und insoweit etwas missverständlich, als man meinen könnte, es komme zu einer Verquickung des Verletzergewinns und des Schadens des Verletzten. Das ist – jedenfalls vom deutschen Gesetzgeber[829] – aber so nicht gemeint. Der deutsche Gesetzgeber wollte vielmehr nur klarstellen, dass es sich nicht um einen selbstständigen Gewinnabschöpfungsanspruch handelt,[830] sondern um eine Berechnungsart für einen einheitlichen Schaden. Der Anspruch auf Herausgabe des Verletzergewinns war auch schon vor der Umsetzung der Enforcement-Richtlinie in der Rechtsprechung des RG und des BGH anerkannt.[831] Nach der Rechtsprechung des BGH ging es dabei nicht um den Ersatz eines konkret entstandenen Schadens, sondern um den billigen Ausgleich eines Vermögensnachteils, den der Verletzte erlitten hat. Wegen der besonderen Schutzbedürftigkeit soll der Verletzte auch schon bei fahrlässigem Verhalten wie der Geschäftsherr bei der angemaßten Geschäftsführung nach § 687 Abs. 2 BGB gestellt werden. Dabei wird fingiert, dass der Verletzte ohne die Rechtsverletzung unter Ausnutzung der ihm ausschließlich zugewiesenen Rechtsposition in gleicher Weise Gewinn erzielt hätte wie der Verletzer.[832] Strittig war und ist dabei vor allem, ob und welche Kosten, insb. Gemeinkosten, der Verletzer bei der Berechnung seines vermeintlichen Gewinns abziehen darf. In einer älteren Entscheidung hat der BGH zugunsten des Verletzers den Abzug eines Anteils zur Deckung von Allgemeinkosten zugelassen.[833] Dadurch war die konkrete Schadensberechnung wesentlich erschwert, da betriebsinterne Verhältnisse und Kalkulation des Verletzers für den Anspruchsteller selbst nach Erfüllung des Auskunftsanspruchs oftmals nur schwer durchschaubar waren.[834] In späteren Entscheidungen hat der BGH nunmehr jedoch die Abzugsfähigkeit von Gemeinkosten stark beschränkt.[835] Nach diesen Entscheidungen dürfen bei der Ermittlung des Verletzergewinns Gemeinkosten nur abgezogen werden, wenn und soweit sie den schutzrechts-

---

829 Amtl. Begr. des Gesetzentwurfs der Bundesregierung für das Gesetz zur Verbesserung der Durchsetzung von Rechten des geistigen Eigentums, BT-Drs. 16/5048, S. 76.
830 So wie die frühere Formulierung im Gesetz es nahegelegt hatte, denn dort hieß es, der Verletzergewinn könne „an Stelle" des Schadensersatzes geltend gemacht werden.
831 RGZ 35, 63, 70 ff.; 50, 111, 115 f. (Gebrauchsmuster); BGH, GRUR 1959, 379, 382 – Gasparone.
832 Vgl. BGH, GRUR 2008, 93, 94 – Zerkleinerungsvorrichtung; BGHZ 145, 366, 371 f. – Gemeinkostenanteil.
833 BGH, GRUR 1962, 509, 511 – Dia-Rähmchen II; dagegen kritisch *Lehmann*, BB 1988, 1680, 1686.
834 *Pietzcker*, GRUR 1975, 55.
835 BGH, BGH Report 5/2001, 175, 176.

Kap. 7 Haftungsfragen

verletzenden Gegenständen unmittelbar zugerechnet werden können.[836] Somit können nur die variablen – d.h. vom Beschäftigungsgrad abhängigen – Kosten für die Herstellung und den Vertrieb der schutzrechtsverletzenden Gegenstände abgezogen werden. Die Darlegungs- und Beweislast dafür liegt beim Verletzer.[837] Nach dem BGH gehören bei dieser Berechnung zu den Kosten, die der Produktion des rechtsverletzenden Gegenstands unmittelbar zugerechnet werden können, neben den Produktions- und Materialkosten und den Vertriebskosten die Kosten des Personals, das für die Herstellung und den Vertrieb des Nachahmungsprodukts eingesetzt ist, sowie bei Investitionen in Anlagevermögen die Kosten für Maschinen und Räumlichkeiten (anteilig bezogen auf ihre Lebensdauer), die nur für die Produktion und den Vertrieb der Nachahmungsprodukte verwendet worden sind. Abzugsfähig sind ebenfalls solche Ersatzzahlungen, die der Lieferant seinen Abnehmern wegen deren Inanspruchnahme durch den Verletzten erbracht hat. Der Verletzte kann somit nicht uneingeschränkt kumulativ auf allen Absatzstufen die Herausgabe des jeweils erzielten Gewinns beanspruchen.[838] Nicht anrechenbar sind hingegen die Kosten, die unabhängig vom Umfang der Produktion und des Vertriebs durch die Unterhaltung des Betriebs entstanden sind. Hierzu zählen allgemeine Marketingkosten, die Geschäftsführergehälter, die Verwaltungskosten sowie die Kosten für Anlagevermögen, das nicht konkret der Rechtsverletzung zugerechnet werden kann. Nicht anrechenbar sind ferner Anlauf- und Entwicklungskosten sowie Kosten für die nicht mehr veräußerbaren Produkte.[839] Diese Grundsätze wurden vom BGH zunächst für Geschmacksmuster-/Designverletzungen aufgestellt.[840] Er hat sie dann aber auch auf Markenrechtsverletzungen,[841] auf den wettbewerbsrechtlichen Nachahmungsschutz und schließlich auch auf Urheberrechtsverletzungen[842] erstreckt.[843]

---

836 BGHZ 145, 366, 372 f. – Gemeinkostenanteil; GRUR 2007, 431, 433 – Steckverbindergehäuse; BGH, ZUM-RD 2009, 587, Rn. 11.
837 BGH, ZUM-RD 2009, 587.
838 BGH, GRUR 2009, 856, 73 ff. – Tripp-Trapp-Stuhl; krit. *Bergmann*, GRUR 2010, 874.
839 BGH, GRUR 2007, 431, 433 – Steckverbindergehäuse.
840 BGHZ 145, 366, 372 f. – Gemeinkostenanteil.
841 BGH, GRUR 2006, 419 – Noblesse.
842 BGH, GRUR 2009, 856, Rn. 36 – Tripp-Trapp-Stuhl; so auch schon gebilligt in GRUR 2007, 431, 433 – Steckverbindergehäuse: *„Für das Urheberrecht geht die Rechtsprechung der Oberlandesgerichte ebenfalls von der Anwendung dieser Grundsätze aus."*; vgl. auch OLG Düsseldorf, GRUR 2004, 53 – Gewinnherausgabeanspruch; OLG Köln, GRUR-RR 2005, 247 – Loseblattwerk. Ebenso v. *Ungern-Sternberg*, GRUR 2008, 291, 295.
843 BGH, GRUR 2007, 431, 433 – Steckverbindergehäuse.

Problematisch kann auch der Nachweis der Kausalität sein. Das gilt vor allem, wenn der Verletzergewinn nicht unmittelbar auf die urheberrechtsverletzende Handlung zurückzuführen ist, sondern nur mittelbar, z. B. bei urheberrechtsverletzender Werbung für ein als solches nicht urheberrechtlich geschütztes Produkt. Mit der Werbung selbst wird kein Gewinn erzielt, nur mit dem (als solchem erlaubten) Vertrieb des Produktes. Kann dieser Gewinn herausverlangt werden? Entscheidend sind die Umstände des Einzelfalls. Jedenfalls lässt sich eine Erstattungspflicht nicht pauschal und von vornherein verneinen. Ein weiteres Kausalitätsproblem stellt sich, wenn das gewinnbringende Produkt des Verletzers nicht durch die rechtsverletzenden Übernahmen geprägt ist, sondern sich dieser nur in Teilen bedient.[844] Der Gewinn des Verletzers ist hier ebenfalls nicht ausschließlich infolge der Rechtsverletzung entstanden. Zwar ist der Verletzergewinn nur insoweit herauszugeben, als er auf der Rechtsverletzung beruht. Jedoch ist dieses Erfordernis nach der Rechtsprechung des BGH nicht im Sinne einer adäquaten Kausalität, sondern wertend zu verstehen.[845] Der herauszugebende Gewinn muss somit nicht unmittelbar auf der Verletzungshandlung beruhen. Beruht ein vom Verletzer erzielter Gewinn auch auf der Wirkung der urheberrechtsverletzenden Werbung, so ist vielmehr zu fragen, ob und inwieweit diese Werbewirkung gerade Folge der Urheberrechtsverletzung ist.[846] Werden Werbeeinnahmen im Umfeld einer Nachrichtensendung platziert, die urheberrechtsverletzenden Inhalt aufweist, sind auch diese Einnahmen als mitursächlich anzusehen, selbst wenn der Werbekunde zum Zeitpunkt der Buchung des Werbeauftrags keine Kenntnis vom Inhalt der Nachrichtensendung hatte.[847]

330

Die Höhe des Anteils, zu dem die erzielten Gewinne auf der Rechtsverletzung beruhen, ist bei Streit hierüber vom zuständigen Gericht nach § 287 ZPO zu schätzen. Dem Tatrichter wird dabei Ermessen eingeräumt und im Revisionsverfahren nur geprüft, ob die tatrichterliche Schätzung auf grundsätzlich falschen oder offenbar unsachlichen Erwägungen beruht oder ob wesentliche, die Entscheidung bedingende Tatsachen außer Acht gelassen worden sind, insb. ob schätzungsbegründende Tatsachen, die von den Parteien vorgebracht worden sind oder sich aus der Natur der Sache ergeben, nicht

331

---

844 BGH, GRUR 1987, 37, 39 f. – Videolizenzvertrag; GRUR 1990, 353, 354 f. – Raubkopien.
845 BGH, GRUR 2007, 431, 433 – Steckverbindergehäuse; BGH, GRUR 2009, 856, Rn. 41 – Tripp-Trapp-Stuhl.
846 BGH, GRUR 1962, 509, 512 – Dia-Rähmchen II; zur Entscheidung des Gerichts über die Kausalität nach § 287 ZPO siehe auch BGH, GRUR 1959, 331, 333 – Dreigroschenroman.
847 BGH, ZUM 2010, 969, Rn. 23 – Werbung des Nachrichtensenders; BGH, ZUM 2013, 406 Rn. 24.

gewürdigt wurden.[848] Der dem Tatrichter hierdurch eingeräumte sehr weitgehende Ermessensspielraum erlaubt indes keine willkürliche Schätzung. Die Entscheidung über den Verletzergewinn muss vielmehr auf einer gesicherten Grundlage beruhen, in der alle für die Sachentscheidung unerlässlichen Erkenntnisse Berücksichtigung finden. Zugute kommt dem Richter die Beweiserleichterung nach § 287 ZPO. Die Beratung durch einen Sachverständigen wird umso eher entbehrlich, je mehr auch dieser ersichtlich auf eine grobe Schätzung angewiesen wäre. Dies kommt insb. bei Fragestellungen hinsichtlich der Kausalität zwischen Verletzungshandlung und Verletzergewinn in Betracht.[849]

332 Ob der Verletzte in der Lage gewesen wäre, den Verletzergewinn ebenfalls zu erzielen, ist unerheblich, genauso wie sog. „Opportunitätskosten" des Verletzers nicht berücksichtigt werden. Der Verletzer kann sich also nicht darauf berufen, dass er um der rechtswidrigen und zum Schadensersatz verpflichtenden Nutzung willen andere gewinnbringende Tätigkeiten unterlassen hat.[850] Ebenso wie bei der Lizenzanalogie handelt es sich bei dieser Art der objektiven Schadensberechnung um eine Fiktion. Umstritten ist jedoch, ob diese Berechnungsart auch greift, wenn es – ausnahmsweise – am Zusammenhang zwischen dem Verletzergewinn einerseits und eines Schadens auf Seiten des Verletzten andererseits fehlt und dem Verletzten durch die Verletzungshandlung möglicherweise überhaupt kein tatsächlicher Schaden entstanden ist. Zwar erlaubt das Vorliegen eines Verletzergewinns nach der Lebenserfahrung im Regelfall den Schluss, dass beim Verletzten ein Schaden eingetreten ist. Diesen Regelfall sah der BGH jedoch für das Wettbewerbsrecht als widerlegt an in einem Fall, in dem ein Händler (= Beklagter) Sonnenbrillen der Klägerin verkaufte, die er rechtswidrig unter Verwendung von Bildern aus dem Katalog der Klägerin bewarb. Jeder Verkauf der rechtswidrig beworbenen Sonnenbrillen kam wirtschaftlich auch der Klägerin zugute und führte daher nicht zu einer Gewinnschmälerung der Klägerin, sondern im Gegenteil zu einem Gewinn. Der BGH lehnte daher eine Verurteilung zur Herausgabe des Verletzergewinns ab.[851] Er betonte, dass die Herausgabe des Verletzergewinns lediglich eine Berechnungsart darstelle, nicht aber einen selbstständigen Schadensgrund, der die Feststellung eines tatsächlichen Schadens des Verletzten ohne Weiteres ersetzen kann.[852] Über-

---

848 BGH, GRUR 2007, 431 – Steckverbindergehäuse.
849 v. Ungern, GRUR 2008, 298.
850 Zur Irrelevanz eigener Vertriebsbemühungen des Verletzers siehe BGH, BGH Report 5/2001, 175, 176.
851 BGH, WRP 1995, 393, 395 – Objektive Schadensberechnung.
852 BGH, WRP 1995, 393, 395 – Objektive Schadensberechnung, mit Verweis auf BGHZ 57, 116, 118 – Wandsteckdose II; BGHZ 119, 20, 23 – Tchibo/Rolex II; *Köhler*, in: Köhler/Bornkamm, UWG, 34. Aufl. 2016, § 9 Rn. 1.46.

trägt man diese Grundsätze auf das Urheberrecht, können sich Probleme mit dieser Art der Schadensberechnung insb. ergeben, wenn Urheberrechtsverletzungen in Deutschland begangen werden, der Verletzte seine Produkte in Deutschland aber nicht vertreibt. Solche Fallgestaltungen sind gerade für das Internet leicht vorstellbar. Ein aktueller Schaden des Verletzten wäre in einer solchen Konstellation wegen des fehlenden Vertriebs ausgeschlossen. Kann der Verletzte trotzdem Herausgabe des Verletzergewinns verlangen? Keine Probleme bestehen, wenn man eine Übertragung der Entscheidungsgründe des BGH zum Wettbewerbsrecht auf das Urheberrecht ablehnt. Begründen lässt sich das vor allem damit, dass die Herausgabe des Verletzergewinns als Anspruchsgrundlage – anders als im Wettbewerbsrecht – in § 97 UrhG ausdrücklich im Gesetz statuiert wurde, und zwar ohne Bezugnahme auf einen etwaigen Schaden des Verletzten.[853]

c) Lizenzanalogie

Die praktisch am häufigsten zur Schadensberechnung herangezogene Methode ist die Geltendmachung einer angemessenen und üblichen Lizenzgebühr. Sie ist seit der Urheberrechts-Novelle vom 1.9.2008 zur Umsetzung der Enforcement-Richtlinie nunmehr ausdrücklich in § 97 Abs. 2 Satz 3 UrhG geregelt, wurde aber auch schon zuvor als Gewohnheitsrecht anerkannt.[854] Danach kann der Schadensersatz auch auf der Grundlage des Betrages berechnet werden, den der Verletzer als angemessene Vergütung hätte entrichten müssen, wenn er die Erlaubnis zur Nutzung des verletzten Rechts eingeholt hätte. Die Lizenzanalogie beruht ihrem gedanklichen Ansatz nach somit auf der Überlegung, dass der Verletzer eines Rechts, das seiner Art nach vermögensmäßig genutzt werden kann,[855] nicht besser stehen soll als der rechtmäßig Handelnde, der sich beim Rechteinhaber um eine Lizenz zur Nutzung des Schutzgegenstands bemüht.[856] Die Berechnung nach Schadensersatzrecht entspricht somit im Ansatz[857] derjenigen nach Bereicherungsrecht (wo allerdings kein Verschulden erforderlich ist). Auch bei der Lizenzanalogie handelt es sich um eine sog. objektive Berechnungsart, der

333

---

853 Wild, in: Schricker/Loewenheim, Urheberrecht, 4. Aufl. 2010, § 97 Rn. 168; offengelassen: OLG Düsseldorf, ZUM 2004, 307, 309.
854 Auch in den anderen Gesetzen zum gewerblichen Rechtsschutz ist die Lizenzanalogie mittlerweile ausdrücklich geregelt, vgl. § 139 Abs. 2 Satz 3 PatG; § 14 Abs. 6 Satz 3 MarkenG; § 42 Abs. 2 Satz 3 DesignG; § 24 Abs. 2 Satz 3 GebrMG.
855 Hierbei kann es sich um ein positives Benutzungsrecht, aber auch schon um ein Zustimmungsrecht handeln, BGH, GRUR 1987, 37, 38 – Videolizenzvertrag.
856 RG, GRUR 1934, 627; BGHZ 20, 345, 353 – Paul Dahlke; BGH, GRUR 1987, 37, 39 – Videolizenzvertrag.
857 Aufgrund der Vorgaben der Enforcement-Richtlinie aber möglicherweise nicht mehr im Ergebnis, siehe Rn. 342 (lit. d.)

Kap. 7 Haftungsfragen

teilweise Fiktionen zugrunde liegen. So ist es unerheblich, ob der Verletzte auch tatsächlich bereit gewesen wäre, bei korrektem Verhalten des Verletzers mit diesem einen Nutzungsvertrag zu den fingierten Konditionen abzuschließen.[858] Ob der Verletzer einen Lizenzvertrag zu üblichen und angemessenen Konditionen abgeschlossen hätte, ist ebenfalls irrelevant.[859] Der Verletzer muss sich an der von ihm geschaffenen Sachlage festhalten lassen. Das gilt selbst dann, wenn die im Einzelfall vom Verletzer zu zahlende Lizenzgebühr den Gewinn übersteigt, den er mit dem streitbefangenen Objekt erzielt hat.[860] Ob der Verletzte überhaupt einen Gewinn oder gar Verlust gemacht hat, ist unerheblich; der Abschluss eines Lizenzvertrags zu angemessenen Bedingungen wird fingiert.[861] Plausibel wird dieses Ergebnis, das für den Laien auf den ersten Blick oftmals befremdlich wirkt, vor allem dann, wenn man bedenkt, dass ein etwaiges „Verschleudern" eines urheberrechtlich geschützten und vermögenswerten Guts durch den Verletzer schwerlich zu Lasten des Rechteinhabers gehen kann.

334 Angemessen ist in der Regel die übliche Vergütung,[862] die jedoch mindestens der angemessenen Vergütung im Sinne von § 32 UrhG entsprechen muss. Lässt sich eine übliche Vergütung nicht feststellen, ist angemessen die Lizenzgebühr, die verständige Vertragspartner vereinbart hätten. Dabei ist von einem verobjektivierten Wert auszugehen. Im Geltungsbereich von Tarifvergütungen orientiert sich die Lizenzgebühr an den maßgeblichen Tarifen; jedoch stellen diese nicht zwingend die Obergrenze des zu ersetzenden Betrags dar;[863] insb. die Verkehrsgeltung ist kritisch zu prüfen. Ansonsten ist die angemessene Lizenzgebühr vom Gericht entweder unter Zuhilfenahme von Sachverständigen zu ermitteln oder gemäß § 287 ZPO unter Be-

---

858 BGHZ 44, 372, 379 f. – Meßmer-Tee II; 60, 206, 211 – Miss Petite; 119, 20, 27 – Tchibo/Rolex II; BGH, GRUR 1990, 1008, 1009 – Lizenzanalogie; 2006, 136, 137 – Pressefotos.
859 BGHZ 20, 345, 355 – Paul Dahlke. Die Einschränkung, dass eine Lizenzanalogie nicht in Betracht kommt, solange die Zustimmung zu der rechtswidrigen Nutzungshandlung von vornherein ausgeschlossen gewesen ist (BGHZ 26, 349, 352 f. – Herrenreiter), wurde vom BGH mittlerweile aufgehoben, BGH, GRUR 2007, 139, 141 – Rücktritt des Finanzministers.
860 BGH, GRUR 1987, 520, 523 – Chanel No. 5 (I); BGHZ 119, 20, 27 – Tchibo/Rolex II.
861 *Wild*, in: Schricker/Loewenheim, Urheberrecht, 4. Aufl. 2010, § 97 Rn. 152.
862 *Fromm/Nordemann*, Urheberrecht, 11. Aufl. 2014, § 97 Rn. 92 mit zahlreichen Nachweisen.
863 BGHZ 59, 286, 292 – Doppelte Tarifgebühr; LG München, GRUR 2005, 574, 576 – O Fortuna. Ausführlich zu Tarifwerken, Gebührenordnungen und Honorarrichtlinien: *Reber*, in: BeckOK UrhG, 12.Ed.2016, § 97 Rn. 124.

rücksichtigung aller Umstände des Einzelfalls zu schätzen.[864] Maßgeblich sind insb. der Umfang der Verletzungshandlungen – Dauer, Ort, Art, Intensität –, der Wert des verletzten Ausschlussrechts, die Nähe der Nachbildung, die Rechtsposition des Verletzten (einfaches oder ausschließliches Nutzungsrecht) sowie der Ruf des Autors oder des Werkes.[865] Bei der Frage der angemessenen Lizenz für die öffentliche Zugänglichmachung von Musikwerken mittels Tauschbörsen ist es nach der Rechtsprechung des BGH zulässig, verkehrsübliche Entgeltsätze für legale Downloadangebote im Internet und Rahmenvereinbarungen der Tonträgerbranche zur Grunde zu legen (konkret 0.50 Euro pro Abruf). Die Schätzung der Zahl der Zugriffe pro Musiktitel richtet sich dabei nach der Popularität der eingesetzten Tauschsoftware, der Zahl der Online-Nutzer zum Tatzeitpunkt und der Attraktivität der Aufnahme.[866] Ob eine solche Vergütung auch bei einer größeren Zahl von Musikdateien (vorliegend ging es jeweils um lediglich 15 Aufnahmen) angemessen sei, hat der BGH offengelassen. Abgelehnt wurde dies vom OLG Hamburg, welches eine einzeltitelbezogene Berechnung bei einer größeren Anzahl von Titeln für nicht vertretbar hielt.[867] Kritisiert wurde das Urteil dafür, dass es jugendliche Filesharer besser behandelt sehen will als Anbieter, die ein geschütztes Werk auf der Grundlage eines Lizenzvertrags zu nutzen bereit wären. Damit habe das OLG Hamburg den Grundsatz der Gleichbehandlung des Verletzers mit dem ordnungsgemäßen Lizenznehmer durchbrochen.[868]

Einen etwaigen „Verletzerzuschlag" oder „Strafzuschlag" wegen der ungefragten und deshalb rechtswidrigen Verwendung gibt es nach deutschem Recht bislang grundsätzlich nicht. Auch im Vorfeld der Enforcement-Richtlinie wurde ein solcher Strafzuschlag erörtert. Er wurde dann aber letzten Endes nicht umgesetzt. Im Gegenteil: Erwägungsgrund 26 stellt ausdrücklich klar, dass die Einführung einer Verpflichtung zu einem als Strafe angelegten Schadensersatz nicht gewollt sei. Bislang wird im deutschen Recht auch nur der GEMA zur Deckung der Kosten ihres Kontroll- und Überwachungsapparates bei Verletzung von unkörperlichen Wiedergaberechten ein

335

---

864 BGH, GRUR 1966, 570, 571 f. – Eisrevue III; GRUR 1987, 37, 40 – Videolizenzvertrag; BGHZ 44, 372, 380 f. – Meßmer Tee II.
865 *Wild*, in: Schricker/Loewenheim, Urheberrecht, 4. Aufl. 2010, § 97 Rn. 158 m. w. N.
866 BGH, GRUR 2016, 176, Rn. 61 – Tauschbörse I; BGH, GRUR 2016, 184, Rn. 48 – Tauschbörse II; BGH, GRUR 2016, 191, Rn. 54 – Tauschbörse III. Bei 15 Musikaufnahmen und 200 Euro pro Titel (0.50 Euro mal 400 Abrufe) beläuft sich die Schadensersatzhöhe auf 3.000 Euro.
867 OLG Hamburg, MMR 2014, 127, 130.
868 Kritisch hierzu *Pertersen*, MMR 2014, 127, 132; allgemein zur Gegenstandswerthöhe und Schadensersatzhöhe beim privaten Filesharing siehe auch *Forch*, GRUR-Prax, 2014, 217.

Kap. 7 Haftungsfragen

100 %iger Zuschlag zugestanden.[869] Im Übrigen beließ es der BGH bei der Feststellung, dass die Berücksichtigung allgemeiner Verwaltungskosten des Verletzten grundsätzlich nicht ausgeschlossen ist, dies jedoch das Vorliegen besonderer Voraussetzungen erfordert, z. B. ein gesonderter Geschäftszweig zur Abwicklung von Fremdschäden.[870] Daran soll sich auch durch die Enforcement-Richtlinie und deren Umsetzung in deutsches Recht nichts ändern,[871] auch wenn dies vor der Umsetzung von diversen Stimmen gefordert wurde.[872]

336 Im Einzelfall gewährt die Rechtsprechung allerdings auch schon bislang zum Ausgleich eines nachgewiesenen Verletzervorteils eine Erhöhung der normalerweise angemessenen Lizenzgebühr. So wird etwa eine Verdopplung der Lizenzgebühr vorgenommen, wenn vertraglich überlassene Lichtbilder nicht nur rechtswidrig, sondern auch noch ohne Urheberbenennung veröffentlicht bzw. der Öffentlichkeit zugänglich gemacht werden.[873] Erstattungsfähig sind ferner die fiktiv aufgelaufenen Zinsen.[874] Auch eine AGB-Klausel, die bei rechtswidriger Nutzung durch den Lizenznehmer einen Verletzerzuschlag von 100 % fordert, kann wirksam sein.[875] Auch sollte bei der Bemessung Berücksichtigung finden, ob und inwieweit dem Verletzten eine eigene Nutzung des verletzten Gegenstands nach dem Verhalten des Verletzers überhaupt noch möglich ist. Wird beispielsweise ein urheberrechtlich geschütztes Werk (z. B. Film oder Werbekampagne mit bestimmten Motiven) übernommen, das der Rechteinhaber bislang noch nicht in Deutschland genutzt hat, das nach den internationalen Abkommen bzw. § 120 Abs. 2 UrhG aber dennoch in Deutschland geschützt ist, so scheidet möglicherweise eine Nutzung dieses Werkes durch den Rechteinhaber in Deutschland de facto aus. Soweit in solchen Fällen nicht der Gewinn abgeschöpft werden kann, den der Verletzer durch die Verwendung des Films erzielt hat, sollte

---

869 BGHZ 17, 376, 383 – Betriebsfeier; 59, 286 ff. – Doppelte Tarifgebühr; 97, 37, 49 f. – Filmmusik; BGH, GRUR 1988, 296, 299 – GEMA-Vermutung IV; kritisch hierzu *Fromm/Nordemann*, Urheberrecht, 11. Aufl. 2014, § 97 Rn. 98 ff.; *Kochendörfer*, ZUM 2009, 389, 392 f.; *Wandtke*, GRUR 2000, 942, 945.
870 BGHZ 59, 286, 293 – Doppelte Tarifgebühr.
871 Amtl. Begr. des Gesetzentwurfs der Bundesregierung für das Gesetz zur Verbesserung der Durchsetzung von Rechten des geistigen Eigentums, BT-Drs. 16/5048, S. 114.
872 Z. B. *Bodewig/Wandtke*, GRUR 2008, 220, 225 ff.; *Nägele/Nitsche*, WRP 2007, 1047, 1054. Der Bundesrat forderte, „eine widerlegbare Gewinnvermutung in Höhe der doppelten Lizenzgebühr" einzuführen, BR-Drs. 64/07, S. 4.
873 BGH, NJW 2015, 3165, 3168 – Motorradteile; OLG Düsseldorf, GRUR-RR 2006, 393, 394 f.; AG Kassel, MMR 2014, 842.
874 BGHZ 82, 310, 321 – Fersenabstützvorrichtung; 82, 299, 309 f. – Kunststoffhohlprofil II.
875 LG Köln, ZUM 2015, 77.

die faktische Nutzungssperre zumindest bei der Bemessung der fiktiven Lizenzgebühr berücksichtigt werden. Entsprechendes gilt in Fällen, in denen der Rechteinhaber die Nutzung eines bestimmten Werkes bewusst zurückhält, ihm dann aber ein Konkurrent rechtswidrig zuvorkommt.[876] In Zukunft wird es noch mehr Erweiterungen geben können. Denn nach § 97 Abs. 2 Satz 3 UrhG kann der Schadensersatz „auf der Grundlage" einer angemessenen Lizenzgebühr berechnet werden. Das ist so zu verstehen, dass der Ersatz nicht gleich hoch sein muss wie die Lizenzgebühr, sondern diese stellt nur den Mindestbetrag dar. Deutlicher kommt das in der Formulierung der Enforcement-Richtlinie zum Ausdruck. Nach Art. 13 Abs. 1 lit. b) ist der Schadensersatz festzusetzen als Pauschalbetrag, und zwar auf der Grundlage von Faktoren wie „*mindestens*" dem Betrag der Vergütung oder Gebühr, die der Verletzer hätte entrichten müssen. Der Schadensersatz kann im Einzelfall somit auch höher sein als die Lizenzgebühr.[877] Zu berücksichtigen kann insb. sein, ob die Verletzung vorsätzlich oder fahrlässig erfolgte, ob es einen Marktverwirrungsschaden gab,[878] ob es Zinsschäden gibt und ob der Verletzer einen Vorteil im Vergleich zu anderen Lizenznehmern erlangt hat.[879]

Maßgeblicher Zeitpunkt für die Beurteilung der Lizenzgebühr ist der Tag der gerichtlichen Entscheidung. Es kommt also auf eine sog. ex post-Betrachtung an. Allerdings wird nicht jeder Umstand berücksichtigt. So berücksichtigte der BGH beispielsweise nicht als lizenzmindernd, dass sich nach Abschluss des fiktiven Vertrags und entgegen der auf diesen Zeitpunkt bezogenen Prognose das Vertragsrisiko zum Nachteil des fiktiven Lizenznehmers entwickelt hatte.[880]

337

Die Geltendmachung oder gar Zahlung einer angemessenen Lizenzgebühr als eine Art des Schadensersatzes schließt die gleichzeitige Geltendmachung von Unterlassungsansprüchen nicht aus. Die Zahlung von Schadensersatz für Verletzungen in der Vergangenheit führt mangels anderslautender Abreden nicht dazu, dass damit auch eine Erlaubnis zur Nutzung des Werkes für die Zukunft einhergeht.

338

---

876 Vgl. *Pietzcker*, GRUR 1975, 55, 56.
877 Amtl. Begr. des Gesetzentwurfs der Bundesregierung für das Gesetz zur Verbesserung der Durchsetzung von Rechten des geistigen Eigentums, BT-Drs. 16/5048, S. 114. *Tetzner*, GRUR 2009, 6, 8 ff.
878 BGH, GRUR 2010, 239, Rn. 29 – BTK.
879 *Wild*, in: Schricker/Loewenheim, Urheberrecht, 4. Aufl. 2010, § 97 Rn. 155; *Bohne*, in: Wandtke/Bullinger, Praxiskommentar UrhR, 4. Aufl. 2014, § 97 Rn. 83.
880 BGHZ 119, 20, 27 – Tchibo/Rolex II.

Kap. 7 Haftungsfragen

d) Verhältnis der Berechnungsarten zueinander

339 Die drei Bemessungsarten sind unterschiedliche Möglichkeiten zur Berechnung des gleichen Schadens; es sind aber nicht unterschiedliche Ansprüche. Dem Verletzten steht ein Wahlrecht zu, nach welcher der drei Berechnungsarten er Schadensersatz geltend macht.[881] Er ist nicht (jedenfalls nicht sofort) an die Berechnungsart gebunden, die er einer Klage zunächst zugrunde legt.[882] Ein Wechsel der Berechnungsart stellt auch keine Klageänderung dar, die der Zustimmung des Prozessgegners bedürfte. Das Wahlrecht des Verletzten erlischt vielmehr erst, wenn entweder der nach einer bestimmten Berechnungsweise geltend gemachte Anspruch erfüllt ist, er rechtskräftig zuerkannt worden ist[883] oder über den Schadensersatzanspruch nach einer Berechnungsart so entschieden wurde, dass jedenfalls der Verletzte diese Entscheidung nicht mehr angreifen kann.[884] Der Verletzte kann daher zur Berechnung seines Schadensersatzanspruchs eventuell auch verschiedene Berechnungsarten geltend machen und sogar noch während eines laufenden Gerichtsverfahrens von der einen auf die andere Berechnungsmethode übergehen. Er hat so die Möglichkeit, flexibel auf Änderungen der Sach- oder Beweislage zu reagieren, die sich insb. aufgrund der vom Verletzer gemachten Auskunft ergeben können.[885] Stützt sich die Klage im Eventualverhältnis auf mehrere Berechnungsarten, so ist ausschließlich die für den Verletzten günstigere Berechnungsart anzuwenden.

340 Nicht erlaubt ist die Verquickung der verschiedenen Berechnungsarten miteinander. Das bedeutet jedoch nicht, dass die Wahl einer objektiven Berechnungsart – also Herausgabe des Verletzergewinns oder fiktive Lizenzgebühr – die Geltendmachung jeglichen konkret berechneten Schadens ausschließt.[886] Eine Vermischung kommt nicht in Betracht für die Berechnung

---

881 BGH, GRUR 2008, 93, 94 – Zerkleinerungsvorrichtung.
882 So der BGH, zunächst in GRUR 1977, 539 – Prozessrechner I, dann jedoch ausdrücklich anders in BGHZ 119, 20, 23 f. – Tchibo/Rolex II; BGH, WRP 1993, 625 – Kollektion Holiday; GRUR 2008, 93, 94 – Zerkleinerungsvorrichtung.
883 BGH, GRUR 1966, 375, 379 – Meßmer-Tee II, insoweit nicht in BGHZ 44, 372 – Meßmer-Tee II, abgedruckt; BGH, GRUR 1974, 53, 54 – Nebelscheinwerfer; BGHZ 82, 299, 305 – Kunststoffhohlprofile II; BGH, WRP 2000, 101, 102 – Planungsmappe.
884 BGH, GRUR 2008, 93, 94 – Zerkleinerungsvorrichtung: Die Entscheidung betraf den Fall, dass der geltend gemachte Schadensersatzanspruch nach einer Berechnungsart nur teilweise zugesprochen wurde; gegen die Entscheidung hatte zunächst nur der Beklagte Berufung eingelegt und der Kläger nur Anschlussberufung, die nach der Rücknahme der Berufung durch die Beklagte aber wegfiel. Eine neue Klage des Klägers gestützt auf eine andere Berechnungsart war danach nicht möglich.
885 BGH, GRUR 2008, 93, 94 – Zerkleinerungsvorrichtung.
886 *Teplitzky*, Wettbewerbsrechtliche Ansprüche, 11. Aufl. 2016, Kap. 34 Rn. 21 f.; *Reber*, in: BeckOK UrhG, 12.Ed.2016, § 97 Rn. 109.

ein und desselben Schadens, wohl aber z.B. für die Erstattung von Rechtsverfolgungskosten einerseits und einer angemessenen Lizenzgebühr andererseits. Zwar hat der BGH noch im Jahr 1977 anders entschieden, allerdings dürfte diese Entscheidung mittlerweile überholt sein. Es wäre auch schwer verständlich, warum der Verletzte bei Geltendmachung einer angemessenen und üblichen Lizenzgebühr auf seinen Rechtsverfolgungskosten sitzen bleiben sollte und damit im Ergebnis dem Rechtsverletzer das Risiko des Entdecktwerdens abgenommen wird. Die Rechtsverfolgungskosten werden weder vom Wesen einer Lizenz noch vom Verletzergewinn erfasst.[887] Erst recht gilt das, wenn man zusätzlich bedenkt, dass die Kosten einer außergerichtlichen Abmahnung nicht zu den Kosten des Rechtsstreits gehören, die nach § 91 ZPO im Kostenfestsetzungsverfahren geltend gemacht werden können[888] und diese Kosten für die anwaltliche Geschäftsgebühr sogar zu einer Reduzierung der Verfahrensgebühr führen sollen. Auch ein Marktverwirrungs- oder Diskreditierungsschaden – soweit er nach Urheberrecht überhaupt erstattungsfähig ist – kann zusätzlich liquidiert werden bzw. ist bei der Bemessung der Lizenzgebühr zu berücksichtigen.[889] So ist nach der Rechtsprechung des BGH dem Risiko der Minderung des Prestigewerts des nachgeahmten Produkts durch eine angemessene Erhöhung der normalerweise üblichen Lizenz Rechnung zu tragen.[890]

An diesen Grundsätzen hat sich auch durch die Enforcement-Richtlinie und deren Umsetzung nichts geändert. Das Gegenteil ist der Fall. Zwar trifft die Richtlinie beim Schadensersatz in Art. 13 keine Dreiteilung, sondern unterscheidet zwischen einem konkreten Schadensersatz einerseits (Art. 13 Abs. 1 lit. a) und einem pauschalen Schadensersatz andererseits (Art. 13 Abs. 1 lit. b). Dabei sollen für den konkreten Schadensersatz alle in Frage kommenden Aspekte, wie etwa Gewinneinbußen für die geschädigte Partei und zu Unrecht erzielte Gewinne des Verletzers, berücksichtigt werden. Das könnte so verstanden werden, als ob der Verletzergewinn nur noch eine Indikation für den Schaden des Verletzten sei und die Richtlinie eine Verquickung der einzelnen Berechnungsarten konkreter Schaden/Verletzergewinn gerade vorschreibt. Dies entspricht aber nicht dem Verständnis des deutschen Gesetzgebers, der bei der Umsetzung der Richtlinie ausdrücklich davon ausging, dass das Verquickungsverbot der drei Berechnungsarten beibe- **341**

---

887 *Teplitzky*, Wettbewerbsrechtliche Ansprüche, 11. Aufl. 2016, Kap. 34 Rn. 23 m.w.N.
888 BGH, NJW-RR 2006, 501, 502.
889 BGH, GRUR 2006, 143, 146 – Catwalk; BGHZ 119, 20, 26f – Tchibo/Rolex II; GRUR 1959, 331, 334 – Dreigroschenroman; WRP 2000, 101, 103 – Planungsmappe; *Wild*, in: Schricker/Loewenheim, Urheberrecht, 4. Aufl. 2010, § 97 Rn. 155.
890 BGH, GRUR 2006, 143, 146 – Catwalk; BGHZ 119, 20, 26f – Tchibo/Rolex II.

Kap. 7 Haftungsfragen

halten bleiben soll.[891] Der etwas ungenaue Wortlaut des § 97 UrhG,[892] mit dem man sich an der Enforcement-Richtlinie orientieren wollte, ist daher entsprechend auszulegen. Auch nach der Enforcement-Richtlinie bleibt es somit beim Verquickungsverbot der drei Berechnungsarten.

342 Allerdings spricht die Regelung in Art. 13 Abs. 1 lit. b) der Enforcement-Richtlinie zur Lizenzgebühr als Mindesthöhe eines Schadens dafür, im Rahmen der Lizenzgebühr weitere Aspekte als lizenzerhöhend zu berücksichtigen. Das gilt für etwaige Rechtsverfolgungskosten ebenso wie für einen etwaigen Diskreditierungs- oder Marktverwirrungsschaden, einen Zinsschaden oder Vorteile gegenüber anderen Lizenznehmern. Letzten Endes wird im Streitfall aber der EuGH darüber zu entscheiden haben, wie der Schaden jeweils konkret zu berechnen ist und welche Aspekte in welchem Zusammenhang geltend gemacht werden können.

343 In der Praxis wird häufig auf Auskunft geklagt, ergänzt durch einen Feststellungsantrag zur Schadensersatzpflicht. Bei Erfüllung des Auskunftsanspruchs noch während des Verfahrens kann ohne Weiteres der Feststellungsanspruch auf einen Leistungsanspruch umgestellt werden (vgl. § 264 Nr. 2 ZPO). An den Nachweis eines Schadens sind dabei nur geringe Anforderungen zu stellen. Es genügt bereits die Wahrscheinlichkeit eines Schadenseintritts, die nicht einmal eine hohe Wahrscheinlichkeit zu sein braucht.[893] Auf die Feststellung konkreter Umstände kommt es nicht an. Eine Alternative (taktisch zumeist aber eher ungünstigere Alternative) wäre, im Rahmen einer Stufenklage auf Leistung zu klagen. Allerdings ist das bei Urheberrechtsverletzungen nicht zwingend erforderlich. Das erforderliche Feststellungsinteresse besteht hier nämlich schon dann, wenn die Feststellungsklage durch prozessökonomische Erwägungen geboten ist.[894] Diese Erwägungen betrafen in der Vergangenheit häufig Fragen der kurzen Verjährung und der Unterbrechung der Verjährung.

3. Immaterieller Schaden

344 Auch für einen Nicht-Vermögensschaden kann – zusätzlich zur Erstattung des materiellen Schadens[895] – ein Ausgleich verlangt werden, wenn und soweit das der Billigkeit entspricht, § 97 Abs. 2 Satz 4 UrhG. Der Anspruch

---

891 Amtl. Begr. des Gesetzentwurfs der Bundesregierung für das Gesetz zur Verbesserung der Durchsetzung von Rechten des geistigen Eigentums, BT-Drs. 16/5048, S. 76.
892 Kritisch dazu auch *Peukert/Kur*, GRUR Int. 2006, 293, 294.
893 BGH, GRUR 1980, 227, 232 – Monumenta Germaniae Historica.
894 Stete Rechtsprechung des BGH, zuletzt GRUR 2001, 1177, 1178 – Feststellungsinteresse II.
895 EuGH, GRUR 2016, 485, Tz. 28 – Liffers/Mandarina.

kann geltend gemacht werden vom Urheber sowie den im Gesetz aufgeführten Personen (Verfasser wissenschaftlicher Ausgaben, Lichtbildner, ausübender Künstler), nicht aber von Lizenznehmern.[896]

§ 97 Abs. 2 Satz 4 UrhG erfasst vor allem die Verletzung von Urheberpersönlichkeitsrechten, die zu Nicht-Vermögensschäden geführt hat. Ob die Verletzung von Verwertungsrechten einen immateriellen Schadensersatz auslösen kann, ist strittig.[897] Bei der Verletzung von Urheberpersönlichkeitsrechten muss nach der Rechtsprechung des BGH unterschieden werden zwischen dem Schutz vermögenswerter Interessen und dem Schutz ideeller Interessen.[898] 345

a) Die Verletzung vermögenswerter Interessen des Persönlichkeitsrechts führt auch dann zur Schadensersatzpflicht, wenn sie erst nach dem Tod des Rechteinhabers erfolgt. Sind solche Ansprüche bereits vor dem Tod entstanden, so sind sie vererbbar und übertragbar. Da es sich um Vermögensschäden handelt, richten sich diese Ansprüche nach § 97 Abs. 1 Satz 1 UrhG. Eine besondere Eingriffsintensität ist nicht erforderlich.[899] 346

b) § 97 Abs. 2 Satz 4 UrhG hingegen erfasst nur solche Schäden, die nicht Vermögensschäden sind. Diese können nur durch die Verletzung rein ideeller Interessen entstehen. In diesem Fall kommt eine Geldentschädigung nur in Betracht, wenn und soweit dies der Billigkeit entspricht. Das gilt sowohl für das Entstehen eines entsprechenden Anspruchs als auch für dessen Umfang. Im Streitfall ist zur Beurteilung der Billigkeit eine Vielzahl von Kriterien zu gewichten, insb.: Anlass und Beweggrund des Handelns, Art und Weise sowie Dauer und Intensität der Verletzung, Bedeutung und Tragweite des Eingriffs, Ausmaß der Verbreitung, künstlerische Stellung des Verletzten und seines Werkes, Möglichkeit der Schadensbeseitigung durch andere Mittel, Nachhaltigkeit und Dauer der Schädigung des Verletzten (insb. in Form von Rufschädigung) sowie Grad des Verschuldens des Verletzers.[900] 347

---

896 OLG Hamburg, UFITA 65 (1972), 284, 287; *Fromm/Nordemann*, Urheberrecht, 11. Aufl. 2014, § 97 Rn. 117; *Bohne*, in: Wandtke/Bullinger, Praxiskommentar UrhR, 4. Aufl. 2014, § 97 Rn. 85; *Wild*, in: Schricker/Loewenheim, Urheberrecht, 4. Aufl. 2010, § 97 Rn. 177.
897 Befürwortend: *Schack*, Urheber- und Urhebervertragsrecht, 6. Aufl. 2013, Rn. 785; ablehnend: OLG Hamburg, NJW-RR 1995, 562, 563 – Ile de France; *Fromm/Nordemann*, Urheberrecht, 11. Aufl. 2014, § 97 Rn. 119.
898 BGH, GRUR 2000, 709, 712 ff. – Marlene Dietrich.
899 BGH, GRUR 2000, 709, 712 ff. – Marlene Dietrich.
900 *Fromm/Nordemann*, Urheberrecht, 11. Aufl. 2014, § 97 Rn. 122 ff., *Reber*, in: Beck-OK UrhG, 12.Ed.2016, § 97 Rn. 131; *Wild*, in: Schricker/Loewenheim, Urheberrecht, 4. Aufl. 2010, § 97 Rn. 182, jeweils m. w. N. Für die Gewährung von Schmerzensgeld wegen ungenehmigter Übernahme juristischer Texte auf einer Internet-Homepage vgl. OLG Frankfurt, MMR 2004, 476, 477.

Kap. 7 Haftungsfragen

Der BGH berücksichtigt in seiner jüngeren Rechtsprechung zum allgemeinen Persönlichkeitsrecht darüber hinaus nicht nur die Genugtuungsfunktion des „Schmerzensgeldanspruchs",[901] sondern auch die Präventivfunktion, was sich insb. in der Höhe der zugesprochenen Entschädigungen deutlich niederschlägt.[902]

348 Ob der Anspruch auf Geldentschädigung nur zu Lebzeiten des Rechtsträgers entstehen kann oder ob auch Angehörige Ansprüche auf Ersatz immaterieller Schäden wegen postmortaler Verletzung des Urheberpersönlichkeitsrechts geltend machen können, ist umstritten.[903]

IV. Sonstige Zahlungsansprüche

1. Entschädigungsanspruch (§ 100 UrhG)

349 § 100 UrhG erlaubt dem nicht schuldhaft (vorsätzlich oder fahrlässig) handelnden Verletzer unter bestimmten Voraussetzungen zur Abwendung der Ansprüche auf Unterlassung, Beseitigung, Vernichtung, Überlassung, Rückruf oder Entfernung aus den Vertriebswegen, den Verletzten in Geld zu entschädigen. Dabei handelt es sich allerdings um einen Abwehranspruch zu Gunsten des Verletzers und nicht um einen Anspruch des Verletzten auf Zahlung, so dass dieser Anspruch unter Punkt VIII. (Rn. 401 ff.) gesondert dargestellt wird.

2. Ansprüche aus anderen gesetzlichen Vorschriften (§ 102a UrhG)

350 § 102a UrhG erklärt weitergehende gesetzliche Ansprüche für anwendbar. Bedeutung hat das insb. für Ansprüche aus Bereicherungsrecht nach den §§ 812 ff. BGB, die im Ergebnis dem Verletzten ebenfalls eine angemessene und übliche Lizenzgebühr zusprechen, allerdings kein Verschulden voraussetzen und zudem teilweise anderen Verjährungsfristen unterliegen.[904]

---

901 Der Ausdruck selbst wird vermieden und stattdessen von Geldentschädigung gesprochen.
902 BGHZ 128, 1, 16 – Caroline v. Monaco.
903 Dagegen OLG Düsseldorf, ZUM 2013, 678, 680; OLG Hamburg, ZUM 1995, 430, 433; siehe auch *Nordemann*, in: Fromm/Nordemann, Urheberrecht, 11. Aufl. 2014, § 97 Rn. 44; *v. Wolff*, in: Wandtke/Bullinger, Praxiskommentar UrhR, 4. Aufl. 2014, UrhG, § 97 Rn. 85, der die Vererbbarkeit des bereits entstandenen Entschädigungsanspruchs bejaht. Dafür *Schricker*, in: Schricker/Loewenheim, Urheberrecht, 4. Aufl. 2010, § 30 Rn. 3 *Schulze*, in: Dreier/Schulze, UrhG, 5. Aufl. 2015, § 97 Rn. 74; *Reber*, in: BeckOK UrhG, 12.Ed.2016, § 97 Rn. 129.
904 Zum alten Recht vgl. BGHZ 56, 317, 322 – Gasparone II. Zu den neuen Verjährungsfristen siehe Rn. 425 ff. (F.).

351 Konkret ergibt sich der Bereicherungsanspruch zumeist aus § 812 Abs. 1 Satz 1 Alt. 2 BGB (Eingriffskondiktion). Bereichert ist der Verletzer um die Aufwendungen in Form der üblichen Lizenzgebühren, die er durch den rechtswidrigen Eingriff erspart hat.[905] Ein Wegfall der Bereicherung nach § 818 Abs. 3 BGB ist nicht möglich, da es sich bei diesem Wert um einen rein rechnerischen Vermögenszuwachs handelt.[906] Soweit auch der Schadensersatzanspruch auf Zahlung einer angemessenen und üblichen Lizenzgebühr abzielt, ist es für den Anspruchsteller insoweit (hinsichtlich des Verschuldens) günstiger, auf Bereicherungsrecht abzustellen. Hierauf sollte bei der Formulierung der Klageanträge geachtet werden. Beantragt nämlich ein Rechteinhaber die Feststellung, der Verletzer sei zum Schadensersatz verpflichtet, so umfasst das nicht auch Ansprüche aus Bereicherungsrecht.[907] Bestehen Zweifel am Verschulden des Verletzers und damit am Bestehen einer Schadensersatzpflicht und begehrt der Rechteinhaber nur die Zahlung einer angemessenen und üblichen Lizenzgebühr, muss dem durch entsprechende Formulierungen Rechnung getragen werden. Auf der anderen Seite ist zu beachten, dass der Schadensersatzanspruch über die Zahlung der bloßen Lizenzgebühr hinausgehen kann, da der Schadensersatz nur „auf der Grundlage" der Lizenzgebühr zu berechnen ist und daher auch noch weitere Schadenspositionen umfassen kann. Wenn das Verschulden daher feststeht, so dürfte es für den Kläger im Regelfall günstiger sein, die Lizenzgebühr auf Basis des Schadensersatzanspruchs zu verlangen und nicht nach Bereicherungsrecht.

352 Nicht in Betracht kommt der Bereicherungsanspruch gegenüber demjenigen, der die Urheberrechtsverletzung nur fördert, aber die rechtsverletzende Nutzung nicht selbst vornimmt.[908] Das gilt – unbeschadet der Frage, ob sie überhaupt haften[909] – insb. für den Access Provider sowie den Netzwerkbetreiber, die nur den Zugang zum Internet vermitteln. Aber auch der Host Provider dürfte keinen Ansprüchen aus Bereicherungsrecht unterliegen, solange er sich der konkreten Benutzungshandlung nicht bewusst ist. Zwar kommt es für den Bereicherungsanspruch nicht darauf an, ob der „Nutzer" auch tatsächlich bereit gewesen wäre, die angemessene Lizenzgebühr zu be-

---

905 Soweit die Rechtsprechung sonstige Verletzervorteile bei der Berechnung der üblichen Lizenzgebühr einbezieht, wird man diese auch im Rahmen des Bereicherungsrechts in Ansatz bringen können, vgl. *Dreier*, in: Dreier/Schulze, UrhG, 5. Aufl. 2015, § 102a Rn. 4; LG Köln, NJOZ 2010, 988. Auf den konkret individuellen Wert des Erlangten für den Bereicherungsempfänger kommt es hingegen nicht an, LG Köln, ZUM-RD 2009, 472.
906 BGHZ 56, 317, 319 – Gasparone II.
907 OLG Köln, GRUR 2000, 43, 45 – Klammerpose.
908 BGH, GRUR 1955, 492, 501 – Grundig-Reporter.
909 Hierzu unter Rn. 175 ff. (C. IV. 4.)

Kap. 7 Haftungsfragen

zahlen.[910] Der hierfür zur Begründung maßgebliche Gedanke des venire contra factum proprium lässt sich auf den Host Provider allerdings nicht ohne Weiteres übertragen. Jedenfalls nicht, solange er keine Kenntnis von seiner Handlung hat.[911]

353 Aus den Erwägungsgründen 15 und 16 sowie aus Art. 2 Abs. 3 der Enforcement-Richtlinie ergibt sich außerdem, dass diverse weitere Bestimmungen nicht berührt werden sollen.

V. Auskunftsanspruch

354 Dem Auskunftsanspruch kommt insb. im Zusammenhang mit Urheberrechtsverletzungen im Internet eine zentrale Bedeutung zu, denn häufig lassen sich die eigentlichen Rechtsverletzer erst nach Auskunft weiterer Personen ermitteln. Man denke nur an Rechtsverletzungen durch Tauschbörsen, bei denen der eigentlich Handelnde ohne Angabe der IP-Adresse und den Informationen zur Zuteilung nicht ohne Weiteres identifizierbar ist. Es wundert daher nicht, dass der Auskunftsanspruch in letzter Zeit mehrfach geändert und erheblich erweitert wurde – vor allem durch das Produktpiraterie-Gesetz und durch das Gesetz zur Umsetzung der Enforcement-Richtlinie. Durch die Schaffung eines ausdrücklichen Anspruchs hat man sich auch insoweit der Rechtslage in den USA angenähert, wo ein Auskunftsanspruch mit dem Digital Millenium Copyright Act eingeführt wurde.[912]

355 Bei den Auskunftsansprüchen muss man grundsätzlich unterscheiden zwischen dem sog. akzessorischen Auskunftsanspruch und dem selbstständigen Auskunftsanspruch:

356 Der Rechteinhaber, dessen Rechte verletzt wurden, hat gegen den Verletzer zur Vorbereitung und Präzisierung seines Hauptanspruchs (insb. auf Schadensersatz) einen **akzessorischen**, heute gewohnheitsrechtlich anerkannten Auskunfts- und Rechnungslegungsanspruch.

357 Daneben gewährt § 101 UrhG bei Rechtsverletzungen in gewerblichem Ausmaß einen **selbstständigen** Auskunftsanspruch, der unabhängig von einem Verschulden des Verletzers ist. Dieser Auskunftsanspruch wurde durch die Enforcement-Richtlinie (Art. 8) umfangreich erweitert, wobei das deutsche Recht an einzelnen Stellen über die Vorgaben der Enforcement-Richtlinie sogar noch hinausgeht. Dieser Anspruch wurde bereits im Gesetzgebungsverfahren heftig diskutiert und ist schon Gegenstand diverser

---
910 Vgl. bereits BGHZ 20, 345, 355 – Paul Dahlke.
911 *Decker*, MMR 1999, 7, 13; vgl. auch *Freytag*, ZUM 1999, 185, 190.
912 17 U.S.C. § 512 (h), sog. Subpoena to Identify Infringer.

E. Anspruchsarten und -voraussetzungen   **Kap. 7**

Gerichtsentscheidungen geworden. Der Auskunftsanspruch kann sich **gegen den Verletzer** richten und Auskunft über dessen Handlungen und auch **über Dritte** erfassen, indem über die Herkunft und den Vertriebsweg der rechtsverletzenden Gegenstände Auskunft zu erteilen ist, § 101 Abs. 1 UrhG. Zusätzlich gewährt § 101 Abs. 2 UrhG nunmehr aber auch einen Auskunftsanspruch **gegen Dritte**, die eigentlich keine Urheberrechtsverletzung begangen haben. Bei offensichtlichen Rechtsverletzungen kann die Auskunft auch in einem einstweiligen Verfügungsverfahren beantragt werden, § 101 Abs. 7 UrhG (hierzu nachfolgend 2. g. (Rn. 382 ff.)). Kann die Auskunft nur unter Verwendung von Verkehrsdaten erteilt werden, so steht sie unter einem Richtervorbehalt, § 101 Abs. 9 UrhG. Spezielle Auskunftsansprüche, die jedoch nur von Verwertungsgesellschaften geltend gemacht werden können, sind in § 26 Abs. 4, 5, 6 UrhG geregelt.

1. Akzessorischer Auskunftsanspruch als Gewohnheitsrecht

Hintergrund für die Gewährung des akzessorischen Auskunftsanspruchs ist **358** die Überlegung, dass es Treu und Glauben widerspricht, wenn der Berechtigte unverschuldet über Bestehen oder Umfang seines Anspruchs im Ungewissen ist und sich die notwendigen Auskünfte auch nicht auf zumutbare Weise selbst beschaffen könnte, während der Verletzer unschwer Auskunft über seine eigenen Verhältnisse erteilen könnte.[913] Diese Voraussetzung ist im Internet leicht gegeben, da der Rechteinhaber zumeist keine Kenntnis über Umfang und Dauer der Rechteverletzung hat, weil es ihm z.B. nicht möglich ist, die Anzahl von Hits auf einen rechtswidrig bereitgestellten Inhalt zu prüfen. Auch weiß er häufig nicht, in welchem Umfang und für welchen Zeitraum Rechtsverletzungen begangen wurden.[914] Der zunächst vom RG aus §§ 687 Abs. 2, 667 BGB,[915] dann aus Treu und Glauben (§ 242 BGB)[916] und § 259 BGB abgeleitete und heute gewohnheitsrechtlich anerkannte[917] Anspruch auf Auskunft dient somit dazu, einen gegen den Auskunftspflichtigen selbst gerichteten Hauptanspruch vorzubereiten. Prozessual erfolgt die Umsetzung entweder im Wege der Stufenklage, § 254 ZPO,

---

913 Stete Rechtsprechung, siehe nur RGZ 108, 1, 7; 158, 377, 379; BGHZ 10, 385, 387; BGH, GRUR 1974, 53 – Nebelscheinwerfer; GRUR 1980, 227, 232 – Monumenta Germaniae Historica; GRUR 1986, 62, 64 – GEMA-Vermutung I; WRP 2001, 918, 919 – Entfernung der Herstellernummer II; BGH, ZUM 2010, 969 – Werbung des Nachrichtensenders; BGH, ZUM 2013, 406.
914 Vgl. LG Berlin, ZUM-RD 2001, 36, 41.
915 Vgl. RGZ 84, 146, 150 – Plättmuster; 130, 196, 209 – codex aureus. Zur Entwicklung siehe *Tilmann*, GRUR 1987, 251, 252.
916 RGZ 108, 1, 7.
917 BGH, GRUR 1980, 227, 232 – Monumenta Germaniae Historica; 1988, 604, 605 – Kopierwerk.

Kap. 7 Haftungsfragen

oder durch eine Kombination zwischen dem Anspruch auf Auskunft mit dem Anspruch auf Feststellung, dass der Verletzer den entstandenen oder zukünftig noch entstehenden Schaden zu ersetzen habe. Letztgenannte Alternative vermeidet eine Verzögerung der Verfahren durch Aufspaltung, birgt allerdings Risiken für den Fall, dass der Verletzer die Feststellungsentscheidung nicht respektiert.

359 Voraussetzung für den akzessorischen Auskunftsanspruch ist grundsätzlich, dass alle Tatbestandsmerkmale des Hauptanspruchs gegeben sind und lediglich der Inhalt des Hauptanspruchs noch offen ist. Der Hauptanspruch kann insb. ein Schadensersatzanspruch, ein Bereicherungsanspruch, ein Anspruch aus GoA oder auch ein Beseitigungsanspruch sein. Da gegen einen (bloßen) Störer kein Schadensersatzanspruch besteht, kommt insoweit auch kein vorbereitender, akzessorischer Auskunftsanspruch in Betracht.[918]

360 Je nach Hauptanspruch ist auch für den Auskunftsanspruch kein Verschulden erforderlich. Das Vorliegen einer rechtsverletzenden Handlung als solcher muss gesichert sein. Der Auskunftsanspruch dient nicht der Ausforschung, ob überhaupt eine rechtsverletzende Handlung stattgefunden hat – auch wenn der Wortlaut der Entscheidungen, in denen von einer Unsicherheit über „Bestehen oder Umfang" eines Rechts die Rede ist, anderes vermuten lässt. Aus diesem Grund war der Auskunftsanspruch nach der Rechtsprechung des I. Zivilsenats des BGH zum Urheber-, Marken- und Wettbewerbsrecht oftmals auch nur befristet und griff erst ab dem Zeitpunkt, zu dem eine Verletzungshandlung erstmalig nachgewiesen werden konnte.[919] Wurde mehr (unbeschränkte Auskunft) beantragt, kam das einem Teilunterliegen gleich. Eine gewisse Ausnahme von diesem Grundsatz galt allerdings in Fällen, in denen aus konkret festgestellten Rechtsverletzungen mit hoher Wahrscheinlichkeit auf weitere Rechtsverletzungen geschlossen werden konnte. Hier sprach nach Ansicht des BGH eine tatsächliche Vermutung für das Vorliegen weiterer Rechtsverletzungen; der Verletzer war deshalb – ausnahmsweise – verpflichtet, eine Grundauskunft über alle Angaben zu erteilen, die der Rechteinhaber zur Prüfung der Frage benötigte, ob weitere Verletzungen seiner Rechte in Betracht kamen.[920] Mittlerweile hat der I. Zivilsenat seine Rechtsprechung zur zeitlichen Beschränkung aber aufgegeben, und zwar unter Hinweis auf die anderslautende Rechtsprechung des X. Zi-

---

918 OLG München, MMR 2006, 739, 742; BGHZ 157, 236, 253 – Internet-Versteigerung.
919 BGH, GRUR 1988, 307, 308 – Gaby. A. A. bei nicht fernliegender fortlaufender Verletzung im Rahmen einer fortlaufenden Geschäftsbeziehung KG, KG Report 20/2001, 342 – Pressefotos im Internet. Vgl. auch BGH, BGH Report 20/2001, 842 – Entfernen der Herstellungsnummer II, zur Beschränkung der Drittauskunft auf den konkreten Verletzungsfall.
920 BGH, GRUR 1986, 66, 69 – GEMA-Vermutung II.

vilsenats in Patentstreitigkeiten und die Tatsache, dass für den selbstständigen Auskunftsanspruch eine zeitliche Beschränkung auch nicht vorgesehen ist.[921] Der Antrag auf Auskunft muss somit keine zeitliche Beschränkung mehr enthalten.[922]

Nach Art und Umfang erstreckt sich der Auskunftsanspruch auf alle Angaben, die geeignet und erforderlich sind, um dem Verletzten eine Berechnung seiner Ansprüche zu ermöglichen und die Richtigkeit einer Rechnungslegung nachzuprüfen.[923] Bei einem Anspruch auf Schadensersatz braucht sich der Verletzte deshalb nicht von vornherein für eine der drei möglichen Schadensberechnungsarten zu entscheiden. Er kann alle Angaben verlangen, die notwendig sind, um seinen Schaden nach jeder der drei Berechnungsarten zu errechnen.[924] Scheidet jedoch eine Berechnungsart von vornherein aus, so können insoweit auch keine Auskünfte verlangt werden. Im Einzelfall ist der Umfang des Auskunftsanspruchs stets unter Abwägung der Interessen beider Parteien und unter Berücksichtigung der Verhältnismäßigkeit[925] zu bestimmen. Maßgebend sind die Bedürfnisse des Verletzten unter schonender Rücksichtnahme auf die Belange des Verletzers, namentlich insb. seinem Geheimhaltungsinteresse und der wirtschaftlichen Zumutbarkeit einer Auskunftserteilung. Der Umfang des Aufwands, der dem Verletzer für die Auskunftserteilung zuzumuten ist, bestimmt sich dabei in erster Linie nach dem Ausmaß der Rechtsverletzung. Bei Urheberrechtsverletzungen in gewerblichem Ausmaß umfasst der Auskunftsanspruch auch Nachforschungen und Informationen über im Ausland befindliche Lieferanten, wenn die zugrundeliegende Rechtsverletzung ihren Ursprung im Ausland hat.[926] Notfalls muss der Rechtsweg bestritten werden.[927] Besteht zwischen Verletzer und Verletztem ein Wettbewerbsverhältnis, so führt das häufig dazu, dass Auskunft nur unter sog. Wirtschaftsprüfervorbehalt verlangt werden kann.[928] Das bedeutet, dass der Verletzer seine Angaben gegenüber einem vom Rechteinhaber ausgesuchten, aber zur Verschwiegenheit verpflichteten Wirtschaftsprüfer macht. Der Wirtschaftsprüfer hat dem Rechteinhaber dann auf konkrete Fragen zu antworten. Der Wirtschaftsprüfervorbehalt ist

361

---

921 BGH, GRUR 2007, 877, 879 – Windsor Estate; BGH, GRUR 2010, 623, Rn. 54 – Restwertbörse.
922 Vgl. OLG München, GRUR-RR 2008, 37, 39 – Pumuckl-Illustrationen II.
923 Zum Anspruch auf Drittauskunft siehe nachfolgend Rn. 362 ff. (E. V. 2.).
924 BGH, GRUR 1980, 227, 232 – Monumenta Germaniae Historica.
925 Hierzu *Köhler*, GRUR 1996, 82, 88 f.; *Wild*, in: Schricker/Loewenheim, Urheberrecht, 4. Aufl. 2010, § 97 Rn. 190.
926 OLG Köln, GRUR-Prax 2012, 65 – Auslandsauskunft.
927 BGH, GRUR 2009, 794 – Auskunft über Tintenpatronen.
928 Vgl. BGH, WRP 2000, 101, 103 – Planungsmappe; GRUR 1980, 227, 232 f. – Monumenta Germaniae Historica.

Kap. 7 Haftungsfragen

bei Vorliegen der Voraussetzungen von Amts wegen zu gewähren. Eines entsprechenden Hilfsantrags des Beklagten bedarf es nicht.[929] Der Beklagte trägt allerdings die Darlegungs- und Beweislast. Der Vorbehalt muss in der Urteilsformel ausdrücklich ausgesprochen werden, damit der Verletzte sich bei einer etwaigen Zwangsverletzung hierauf berufen kann. Gegenüber einem unbeschränkten Antrag ohne Vorbehalt stellt ein solches Urteil ein Minus und damit ein teilweises Unterliegen des Klägers dar.

2. Auskunftsanspruch nach § 101 UrhG

362 Eine zentrale und eine der vermutlich umstrittensten Normen für die Verfolgung von Rechtsverletzungen im Internet stellt § 101 UrhG dar.[930] Sie gewährt einen verschuldensunabhängigen[931] Anspruch auch über Dritte und sogar gegen (nichtverletzende) Dritte und kann bei offensichtlicher Rechtsverletzung auch im Wege einstweiliger Verfügung geltend gemacht werden.

363 Der Anspruch wurde zunächst als § 101a UrhG durch das Produktpiraterie-Gesetz eingeführt, wodurch erstmals Auskunftsansprüche über den Vertriebsweg urheberrechtsverletzender Gegenstände statuiert wurden. Der Umfang der Ansprüche war dennoch umstritten; das betraf insb. die Auskunft gegen Internet-Provider oder andere Störer. Durch das Gesetz zur Umsetzung der Enforcement-Richtlinie wurde dann der Anwendungsbereich des Anspruchs noch einmal signifikant erweitert. Dennoch verbleiben Zweifel, insb. im Hinblick auf den Richtervorbehalt und die Herausgabe von Verkehrsdaten.

364 Die Auskunftsansprüche beziehen sich dabei nicht nur auf etwaige rechtsverletzende Vervielfältigungsstücke, sondern auch auf „**sonstige Erzeugnisse**". Das erfasst auch Verletzungen in unkörperlicher Form. Damit sind insb. auch digitale Verwertungen und somit auch Ansprüche im Online-Bereich erfasst, was unter der Vorgängerregelung des § 101a UrhG a.F. noch umstritten war, weil dort nur von „Vervielfältigungsstücken" die Rede war.[932] Darüber hinaus wurde der Kreis der Auskunftsverpflichteten in § 101 Abs. 2 UrhG erweitert und erfasst nunmehr – anders als nach § 101a UrhG

---

929 BGH, GRUR 1980, 227, 233 – Monumenta Germaniae Historica mit zustimmender Anm. *Nordemann*.
930 Rechtsprechungsübersichten von *Jüngel/Geißler*, MMR 2008, 787; *Mantz*, K&R 2009, 21; *Musiol*, GRUR-RR 2009, 1; *Wilhelmi*, ZUM 2008, 942.
931 OLG Köln, GRUR 2000, 43, 45 – Klammerpose.
932 Dafür OLG München, MMR 2006, 739, 742; *Wild*, in: Schricker/Loewenheim, Urheberrecht, 4. Aufl. 2010, § 101 Rn. 19. Für eine analoge Anwendung *Dreier*, in: Dreier/Schulze, UrhG, 5. Aufl. 2015, § 101 Rn. 2 m.w.N. Dagegen OLG Hamburg, MMR 2005, 453, 454. Offengelassen von OLG Frankfurt, MMR 2005, 241, 242.

a. F.⁹³³ – unstrittig auch Auskunftsansprüche gegen Störer und somit insb. auch gegen Internet-Provider (hierzu unter Punkt C.III.2.c. (Rn. 115 ff.)). Ein Wirtschaftsprüfervorbehalt kommt hingegen bei den Fällen des § 101 UrhG auch weiterhin nicht in Betracht;⁹³⁴ das Gleiche gilt für einen Anspruch auf Rechnungslegung.

a) Handeln und Rechtsverletzung in gewerblichem Ausmaß

Die Auskunftsansprüche nach § 101 UrhG setzen eine Verletzung „in gewerblichem Ausmaß" voraus. Teilweise ist auch davon die Rede, dass ein „Handeln im geschäftlichen Verkehr" erforderlich sei,⁹³⁵ was aber insoweit ungenau ist, als im Gesetzestext nunmehr⁹³⁶ ausdrücklich von „gewerblichem Ausmaß" die Rede ist.⁹³⁷ Umstritten ist, ob sich das Merkmal des gewerblichen Ausmaßes auch auf die Drittauskunft nach § 101 Abs. 2 UrhG erstreckt und sich dort nicht nur auf die Handlung des Dritten, sondern auch auf die Rechtsverletzung beziehen muss. Der BGH verneinte dies mit der Begründung, dass der Verletzte in den Fällen des § 101 Abs. 2 UrhG das Ausmaß der Urheberrechtsverletzung regelmäßig erst nach dem Erhalt der Auskunft überblicken könne, weshalb geringere Anforderungen an die zu Grunde liegende Rechtsverletzung zu stellen seien.⁹³⁸ Gerade beim illegalen Filesharing würde die Vorschrift andernfalls leerlaufen, weil die Rechtein-

365

---

933 Gegen Auskunftsansprüche KG, MMR 2007, 116; OLG Frankfurt, MMR 2005, 241, 242; OLG Hamburg, MMR 2005, 453, 454. Dafür OLG München, MMR 2006, 739, 742.
934 Vgl. BGH, GRUR 1995, 338, 341 – Kleiderbügel, zu § 140b PatG n. F., mit gleichem Wortlaut; § 101 Rn. 1; *Wild*, in: Schricker/Loewenheim, Urheberrecht, 4. Aufl. 2010, § 101 Rn. 20.
935 *Bohne*, in: Wandtke/Bullinger, Praxiskommentar UrhR, 4. Aufl. 2014, § 101 Rn. 8; LG Oldenburg, MMR 2008, 832; selbst in der Gesetzesbegründung wird von „geschäftlichem Verkehr" gesprochen, BT-Drs. 16/5048, S. 49.
936 Anders als bei § 101a UrhG a. F. und in früheren Entwürfen des neuen Gesetzes, in denen noch von „geschäftlichem Verkehr" die Rede war. Vgl. auch OLG Köln, MD 2009, 489, 491.
937 Der Bundesrat hatte dieses Tatbestandsmerkmal im Gesetzgebungsverfahren sogar beanstandet und den Verzicht hierauf empfohlen (BR-Drs. 64/07, S. 16 f.), weil er befürchtete, dass dies ein zu strenger Maßstab sei. Der Bundestag hat die Formulierung aber beibehalten, vgl. BT-Drs. 16/8783, S. 44; 16/5048, S. 59/60. Hierzu *Kuper*, ITRB 2009, 12, 13.
938 BGH, GRUR 2012, 1026, Rn. 10 – Alles kann besser werden, m. w. N. zur früheren Respr; bestätigt in BGH, ZUM 2013, 38, 39 – Two Worlds II; BGH, GRUR 2013, 536, 539 – Die Heiligtümer des Todes; BGH, ZUM 2013, 950, 951; zust. *Czychowski/Nordemann*, GRUR 2013, 986, 994; so auch LG Bielefeld, MMR 2009, 870; *Bohne*, GRUR-Prax 2012, 405; krit. *Brüggemann*, MMR 2013, 278, 279 f.

Kap. 7 Haftungsfragen

haber technisch bedingt eine Verletzungshandlung eines Nutzers nur für eine einzige Datei nachweisen könnten.[939]

366 Der Begriff des „gewerblichen Ausmaßes" ist nicht wie im deutschen Handels- oder Gewerberecht zu verstehen. Da der Begriff aus Art. 8 I lit. c der Enforcement-Richtlinie übernommen wurde, ist er vielmehr europäisch auszulegen. D.h. letzten Endes wird der EuGH entscheiden müssen, wann ein gewerbliches Ausmaß gegeben ist. Nach Erwägungsgrund 14 der Enforcement-Richtlinie zeichnen sich in gewerblichem Ausmaß vorgenommene Rechtsverletzungen dadurch aus, dass sie zwecks Erlangung eines unmittelbaren oder mittelbaren wirtschaftlichen oder kommerziellen Vorteils vorgenommen werden. Dies schließe in der Regel Handlungen aus, die in gutem Glauben von Endverbrauchern vorgenommen werden.[940] Der deutsche Gesetzgeber hat sich dieser Begründung angeschlossen. D.h. es soll vor allem der gutgläubige private Nutzer geschützt werden. Dies ist bei der zukünftigen Auslegung des Tatbestandsmerkmals zu berücksichtigen.

367 § 101 Abs. 1 Satz 2 UrhG erläutert, dass sich das gewerbliche Ausmaß sowohl aus der Anzahl der Rechtsverletzungen als auch – alternativ – aus der Schwere (einer) Rechtsverletzung ergeben kann. Letzteres kann nach einer Beschlussempfehlung des Rechtsausschusses des Bundestages bereits dann der Fall sein, wenn ein vollständiges Musikalbum vor oder unmittelbar nach der Veröffentlichung in Deutschland über P2P-Plattformen zugänglich gemacht würde.[941] Zahlreiche Gerichte haben diese Wertung übernommen.[942]

368 Andere Gerichte und Kommentatoren orientieren sich hingegen an den Richtlinien einzelner Staatsanwaltschaften,[943] wobei man allerdings den Eindruck hat, dass hier mehr andere Stellen zitiert werden und die Original-Richtlinien nicht bekannt sind. So haben sich wohl die drei Generalstaatsanwaltschaften in Nordrhein-Westfalen auf eine Grenze von 200 Dateien oder

---

939 LG Bielefeld, MMR 2009, 870.
940 So auch die Beschlussempfehlung des Rechtsausschusses des Bundestages vom 9.4.2008, BT-Drs. 16/8783, S. 50. Weitergehend OLG Köln, MD 2009, 489, 492 f.
941 Beschlussempfehlung des Rechtsausschusses des Bundestages vom 9.4.2008, BT-Drs. 16/8783, S. 50.
942 OLG Köln, MMR 2008, 820, 822; MD 2009, 489, 491; LG Köln, MMR 2009, 645 (anders, wenn älter als 6 Monate); OLG Frankfurt, MMR 2009, 542, 543; LG Frankfurt, MMR 2008, 829; LG Oldenburg, MMR 2008, 832, 833 (aufgehoben durch OLG Oldenburg, MMR 2009, 188, 189). Noch weitergehend LG Bielefeld, MMR 2009, 70, wonach bereits die Veröffentlichung eines Tonträgers (unabhängig vom Zeitpunkt des Erscheinens) ausreichend sein soll. Ausdrücklich a.A. OLG Oldenburg, MMR 2009, 188, 189; LG Kiel, MMR 2009, 644. Sehr kritisch auch *Kuper*, ITRB 2009, 12, 13.
943 Z.B. LG Frankenthal, MMR 2008, 830; *Kindt*, NJW 2009, 147, 148; *Solmecke*, MMR 2008, 762, 763.

einen Gegenwert von 3.000 Euro festgelegt. Das schließt allerdings nicht aus, dass die Staatsanwaltschaften bei „brandaktuellen Kinofilmen, Hörbüchern oder Musiktiteln" auch weiterhin sofort einschreiten werden.[944] Ähnliche Schwellen sollen in Sachsen-Anhalt, Bayern und Baden-Württemberg gelten.[945] Stellt man allerdings allein auf eine so hohe Anzahl von Dateien ab, so wäre dies jedenfalls für das Zivilrecht ein zu strenger Maßstab.[946] Dabei ist zum einen zu beachten, dass die Festlegung dieses Maßstabes auch unter dem Gesichtspunkt der Arbeitsentlastung geschah, da sich die Rechteinhaber mangels hinreichender zivilrechtlicher Ansprüche vor allem an die Staatsanwaltschaften gewandt hatten, um so an die relevanten Daten zu gelangen. Ziel der Enforcement-Richtlinie war es aber gerade, den Schutz der Rechteinhaber zu verbessern und die Durchsetzung ihrer Rechte zu erleichtern. Dieses Ziel wird aber nicht erreicht, wenn zukünftig zivilrechtliche Auskunftsansprüche nur dann gegeben sein sollten, wenn diese auch über strafrechtliche Verfahren erlangt werden könnten, zumal das Strafverfahren für den Rechteinhaber ggf. noch günstiger wäre als das Zivilverfahren. Hinzu kommt, dass auch in anderen Gesetzen Auskunftsansprüche gewährt werden, wobei dort auf ein Handeln im geschäftlichen Verkehr abgestellt und dieses Merkmal grundsätzlich weit ausgelegt wird.[947] Zutreffend ist vielmehr, dass auch schon geringe Angebote genügen können, wenn diese Angebote zur Erlangung eines wirtschaftlichen oder kommerziellen Vorteils durch einen nicht gutgläubigen Anbieter erfolgen. Wobei das Kriterium der Gutgläubigkeit nicht so zu verstehen ist, dass der Verletzte dem Verletzer Bösgläubigkeit nachweisen muss. Das Merkmal ist vielmehr als Wertungskriterium für die Gerichte anzusehen.

Das LG Darmstadt hielt eine mehrstündige „Session" und das Bereithalten von 620 Audio Dateien für ausreichend.[948] Nach Ansicht des LG Frankenthal und des OLG Zweibrücken hingegen liegt beim Angebot eines 25 Euro teuren und 3 Monate alten Computerspiels auf einer Tauschplattform keine Verletzung in gewerblichem Ausmaß vor;[949] ebenso beim Angebot eines mehrere Jahre alten Programms mit einem Marktwert um die 400 Euro.[950] Dabei wird auch darauf abgestellt, dass es sich nicht um ein gut am Markt

369

---

944 Interview des NRW-Justizministers *Hermanski*, WAZ vom 4.8.2008, online abrufbar unter http://www.derwesten.de/nachrichten/nachrichten/politik/2008/8/4/news-66938457/detail.html. Zu den Richtlinien *Braun*, jurisPR-ITR 17/2008, Anm. 4.
945 *Braun*, jurisPR-ITR 17/2008, Anm. 4.
946 Ebenso OLG Zweibrücken, GRUR-RR 2009, 12, 13; *Grote*, MMR 2008, 830, 832.
947 Vgl. BGH, GRUR 2004, 860, 863 – Internet-Versteigerung zum Markenrecht. Ebenso LG München, MMR 2006, 332, 335, für das Urheberrecht.
948 LG Darmstadt, GRUR-RR 2009, 13, 15.
949 LG Frankenthal, MMR 2008, 830.
950 LG Frankenthal, Beschluss vom 26.9.2008, 6 O 340/08.

positioniertes Produkt handelte und es auch bewusst nicht mit einem Kopierschutz versehen war.[951] Nach Auffassung des OLG Oldenburg genügt weder das Angebot eines Albums – mag es auch aktuell sein – noch die Möglichkeit, dass dieses Album für längere Zeit zum Abruf bereitstehen könnte.[952] Inzwischen nimmt die Rechtsprechung mehrheitlich eine Rechtsverletzung im gewerblichen Ausmaß an, wenn ein einziges Werk zum Download zu Verfügung gestellt wird, soweit dieses Werk umfangreich ist (vollständiger Kinofilm, Musikalbum oder Hörbuch) und innerhalb der relevanten Verwertungsphase öffentlich zugänglich gemacht wird.[953] Wie lange diese Verwertungsphase dauern soll, wird unterschiedlich bemessen. Soweit nicht weitere Umstände hinzukommen soll diese 6 Monate betragen.[954] Eine längere Verwertungsphase kann sich allerdings aus besonderen Umständen ergeben, beispielsweise aus dem hohen Wert des angebotenen Werks[955] oder wenn das Werk auf dem Markt besonders erfolgreich war.[956] Teilweise wird das Erfordernis eines gewerblichen Ausmaßes schon dann bejaht, wenn ein urheberrechtliches Werk auf einer Internet-Tauschbörse angeboten wird, ohne dass weitere erschwerende Umstände hinzukommen.[957]

b) Auskunftsanspruch gegen den Verletzer

370   Der Auskunftsanspruch richtet sich zunächst gegen den Verletzer und die von ihm begangenen Verletzungshandlungen. Die Auskunft ist „unverzüglich", d.h. ohne schuldhaftes Zögern (§ 121 BGB) zu erteilen. Zum Umfang der Auskunft siehe nachfolgend Punkt c).

371   § 101 Abs. 2 UrhG gewährt ausdrücklich aber auch einen Anspruch auf Drittauskunft, d.h. auf Auskunft über die Herkunft und den Vertriebsweg der rechtsverletzenden Vervielfältigungsstücke. Gegenüber solchen Ansprüchen war und ist die Rechtsprechung vor Verabschiedung des Produkt-

---

951   OLG Zweibrücken, GRUR-RR 2009, 12, 13.
952   OLG Oldenburg, MMR 2009, 188, 189. Ausdrücklich a. A. OLG Köln, MD 2009, 389, 491.
953   OLG Köln, MMR 2011, 246 – Männersache, m. Anm. *Solmecke/Kahn*; OLG Schleswig, MMR 2011, 111 – Limited Edition; OLG Karlsruhe, MMR 2010, 419; OLG Köln, GRUR-RR 2012, 70 – Pronofilm.
954   OLG Köln, MMR 2011, 246; OLG Köln, MMR 2012, 482; OLG Hamburg, MMR 2010, 338; OLG Zweibrücken, MMR 2010, 214
955   OLG Köln, ZUM 2009, 425 – Die schöne Müllerin; OLG Köln, MMR 2012, 482.
956   OLG Köln, MMR 2011, 246; OLG Köln, Beschluss v. 30.9.2011, 6 W213/11; OLG Köln MMR 2011, 761 – The Hurt Locker, OLG Köln, MMR 2012, 482 – IP-Daten-Abfrage; krit. dazu *Bockslaff/Krause*, MMR 2012, 689, 693: Der Erfolg des Werkes sei ein sachfremdes Differenzierungskriterium und verstoße gegen Art. 3 GG.
957   OLG München, MMR 2011, 758 – Die Friseuse; OLG München, ZUM 2012, 590 – Echoes.

piraterie-Gesetzes und der damit verbundenen Einführung des § 101a UrhG a. F. grundsätzlich zurückhaltend. Ansprüche auf Drittauskunft waren danach zwar nicht grundsätzlich ausgeschlossen, unterlagen im Rahmen von § 242 BGB jedoch strengen Einschränkungen.[958] Erforderlich war neben der Abwägung der Interessen der Beteiligten, dass die Auskunft entweder geboten war, um einen fortwirkenden Störungszustand zu beseitigen,[959] oder um Schadensersatzansprüche unmittelbar gegen den Rechtsverletzer geltend zu machen.

c) Auskunftsanspruch gegen (nichtverletzende) Dritte

§ 101 Abs. 2 UrhG gewährt nunmehr allerdings auch einen Anspruch gegen Dritte, die selbst möglicherweise weder Täter noch Teilnehmer einer Urheberrechtsverletzung sind. Damit werden die Vorgaben in Art. 8 Abs. 1 der Enforcement-Richtlinie umgesetzt. Der unter § 101a UrhG a. F. herrschende Streit, ob sich die Auskunftsverpflichtung auch auf bloße Störer erstreckt,[960] hat sich damit erübrigt,[961] ohne dass § 101 Abs. 2 UrhG Aussagen dazu trifft, wann jemand ein Störer ist und in welchem Umfang er als solcher haftet. Allerdings greift der Auskunftsanspruch nicht unbeschränkt. 372

Voraussetzung ist entweder, dass der Verletzte **bereits** gegen den (eigentlichen) Verletzer **Klage erhoben** hat oder dass ein Fall **offensichtlicher Rechtsverletzung** vorliegt. Der erste Fall setzt voraus, dass der Verletzer bereits feststeht, denn eine Klage gegen Unbekannt ist nach deutschem Recht nicht möglich. Hinsichtlich der Offensichtlichkeit genügt es, dass die Rechtsverletzung als solche offensichtlich ist. Nicht erforderlich ist, dass die Verletzung offensichtlich durch eine bestimmte Person begangen wurde.[962] Die Anordnung kann daher auch dann ergehen, wenn die angegebenen IP-Adressen Anschlüssen zugeordnet sein können, deren Inhaber nicht selbst Störer im Sinne des Urheberrechts ist. Die zweite Variante setzt somit 373

---

958 BGH, GRUR 1987, 647, 648 – Briefentwürfe; GRUR 1994, 630, 633 – Cartier-Armreif; GRUR 1994, 635, 636 – Pulloverbeschriftung; GRUR 1995, 427, 429 – Schwarze Liste.
959 BGH, GRUR 1995, 427, 428 – Schwarze Liste.
960 *Czychowsti*, in: Fromm/Nordemann, Urheberrecht, 10. Aufl. 2008, § 101a Rn. 13.
961 Nur wenn die Rechtsverletzung zwar von gewerblichen Ausmaß, jedoch nicht offensichtlich ist, stellt sich die Frage, ob auch die Handlung des bloßen Störers eine Rechtsverletzung i. S. v. Abs. 1 ist. Bejahend OLG München ZUM-RD 2012, 88, 93, allerdings nur hinsichtlich Rechtsverletzungen, nachdem der als Störer haftende Diensteanbieter von einer klaren Rechtsverletzung in Kenntnis gesetzt worden ist, nicht hingegen derjenigen Verletzungshandlung, die Gegenstand einer Abmahnung war.
962 OLG Köln, MMR 2008, 820, 821; zweifelnd LG Frankenthal, Beschluss vom 26.9.2008, 6 O 340/08.

Kap. 7 Haftungsfragen

nicht voraus, dass der Verletzer bekannt ist, solange nur die Verletzung des Rechts als solche offensichtlich ist. Die zweite Variante ist dabei von der Enforcement-Richtlinie nicht vorgegeben,[963] so dass die Frage, wann eine „offensichtliche Rechtsverletzung" vorliegt, auch nicht vom EuGH, sondern von den nationalen deutschen Gerichten verbindlich zu entscheiden ist.

374 Das Kriterium der „offensichtlichen Rechtsverletzung" taucht im Zusammenhang mit Auskunftsansprüchen auch an anderer Stelle noch einmal auf, nämlich bei der Geltendmachung von Ansprüchen im einstweiligen Verfügungsverfahren, § 101 Abs. 7 UrhG. Es ist in beiden Fällen gleich auszulegen, so dass die Rechtsprechung zu § 101 Abs. 7 UrhG bzw. dessen Vorgängernorm § 101a Abs. 3 UrhG a. F. und den Parallelregelungen,[964] die aufgrund des Produktpiraterie-Gesetzes eingeführt wurden, auch auf § 101 Abs. 2 UrhG übertragen werden kann. Danach liegt eine offensichtliche Rechtsverletzung vor in den Fällen, in denen die Rechtsverletzung so eindeutig ist, dass eine Fehlentscheidung (oder eine andere Beurteilung im Rahmen des richterlichen Ermessens) und damit eine ungerechtfertigte Belastung des Anspruchsgegners kaum möglich ist.[965] Es darf weder die Rechtslage zweifelhaft sein, wie dies beispielsweise beim Streaming von rechtswidrig öffentlich zugänglich gemachten Inhalten der Fall ist,[966] noch dürfen Umstände erkennbar sein, deren Klärung dem Hauptsacheverfahren vorzubehalten wäre.[967] Es muss also offensichtlich sein, dass eine Rechtsverletzung vorliegt und dass diese Rechtsverletzung den ermittelten IP-Adressen bzw. den relevanten Verkehrsdaten zuzuordnen ist.[968] Dass auch schon die Person des Rechtsverletzers offensichtlich ist, ist nicht erforderlich.

375 Eine weitere Voraussetzung ist, dass die Person, die zur Auskunft in Anspruch genommen wird, in gewerblichem Ausmaß entweder die rechtsverletzenden Vervielfältigungsstücke in ihrem Besitz hatte (was bedeutet, dass sie diese nicht mehr notwendigerweise in Besitz haben muss), rechtsverlet-

---

963 Allerdings ist dies auch nicht verboten; Art. 8 Abs. 3 lit. a) der Enforcement-Richtlinie erlaubt vielmehr ausdrücklich weitergehende Auskunftsansprüche.
964 Insb. §§ 140b PatG, 24b GebrMG, 19 MarkenG, § 46 VII DesignG.
965 KG, GRUR 1997, 129, 130 – Verhüllter Reichstag II; NJW 1997, 1160, 1162 – Christo II, jeweils unter Bezugnahme auf die Begründung des Produktpiraterie-Gesetzes. Ähnlich *Spindler/Dorschel*, CR 2006, 341, 343. Ebenso Amtl. Begr. des Regierungsentwurfs, BT-Drs. 16/5048, S. 49, 39 (zu § 140b PatG).
966 LG Köln, MMR 2014, 183, 194 – Redtube; LG Köln, MMR 2012, 196 m. zust. Anm. *Maßen*.
967 OLG Hamburg, MMR 2005, 253, 256.
968 OLG Köln, MMR 2008, 820, 822; zu den Anforderungen an die Ermittlung einer offensichtlichen Rechtsverletzung siehe OLG Köln, WPR 2012, 850; OLG Köln, ZUM 2013, 951 – Life of Pi; OLG Köln, ZUM 2011, 421, 422.

zende Dienstleistungen in Anspruch nahm, selbst Dienstleistungen erbrachte, die für rechtsverletzende Tätigkeiten genutzt wurden – das erfasst insb. die Internet-Provider – oder nach den Angaben einer der vorstehend beschriebenen Personen an der Herstellung, Erzeugung oder dem Vertrieb solcher Vervielfältigungsstücke beteiligt war. Ziel ist es, diese Personen wie Zeugen in einem Zivilprozess gegen den Verletzer zu behandeln. Dementsprechend können sie sich auch auf ein etwaiges Zeugnisverweigerungsrecht für Zeugen berufen und können zudem von dem Verletzten (also dem Anspruchsteller) den Ersatz der für die Auskunft erforderlichen Aufwendungen verlangen, § 101 Abs. 2 Satz 3 UrhG. Einige Provider sind daher bereits dazu übergegangen, für die Mitteilung von IP-Adressen dem Anspruchsteller Pauschalgebühren zu berechnen.[969] Der Rechteinhaber kann diese Kosten im Wege des materiell-rechtlichen Kostenerstattungsanspruchs gegen den Rechtsverletzer geltend machen, nicht hingegen nach § 91 ZPO als Kosten des nachfolgenden Rechtsstreits im Kostenfestsetzungsverfahren.[970]

d) Verhältnismäßigkeit des Auskunftsverlangens

Wie die gesamte Enforcement-Richtlinie stehen auch die Auskunftsansprüche unter dem Vorbehalt der Verhältnismäßigkeit, § 101 Abs. 4 UrhG. Sie können ausgeschlossen sein, wenn ihre Durchsetzung im Einzelfall unverhältnismäßig wäre. Erforderlich ist eine Interessenabwägung, bei der die Eindeutigkeit der Rechtsverletzung, die Geheimhaltungsinteressen des Verletzers und bei Dritten deren Nähe zur Rechtsverletzung zu berücksichtigen sind. Die Auskunft muss unter diesen Gesichtspunkten geeignet und erforderlich sein, um die Rechtsposition des Verletzten zu wahren. Sie darf nicht lediglich zur Ausforschung dienen. Die Auskunftserteilung darf letztlich auch nicht unangemessen sein, obwohl nur ganz ausnahmsweise eine Unangemessenheit wegen eines nicht zumutbaren Arbeitsaufwands des Auskunftspflichtigen oder der Verletzung überragender Geheimhaltungsinteressen in Betracht kommen dürfte. Ein Auskunftsanspruch scheidet schließlich auch dann aus, wenn sich der Auskunftsberechtigte die Informationen in zumutbarer Weise selbst beschaffen kann.[971]

376

---

969 Vgl. *Solmecke*, K&R 2007, 138, 140.
970 OLG Hamburg, ZUM-RD 2013, 639, 640.Umstritten ist, ob nur die konkreten Auskunftskosten verlangt werden können oder auch die allgemeinen Kosten, die im Zusammenhang mit der Vorhaltung der Daten stehen.
971 Vgl. LG Hamburg, ZUM-RD 2010, 229.

Kap. 7 Haftungsfragen

e) Umfang der Auskunftsansprüche, Haftung

377 Der Umfang der Auskunftsansprüche ist in § 101 Abs. 3 UrhG geregelt. Danach sind Angaben zu machen über Namen und Anschrift[972] der Hersteller, Lieferanten und anderer Vorbesitzer der Vervielfältigungsstücke oder sonstigen Erzeugnisse, der Nutzer der Dienstleistungen sowie der gewerblichen Abnehmer und Verkaufsstellen, für die sie bestimmt waren, und die Menge der hergestellten, ausgelieferten, erhaltenen oder bestellten Vervielfältigungsstücke oder sonstigen Erzeugnisse sowie über die Preise, die für die betreffenden Vervielfältigungsstücke oder sonstigen Erzeugnisse bezahlt wurden. Neu ist dabei, dass nunmehr auch Angaben über die Preise verlangt werden können, was zuvor beim selbstständigen Auskunftsanspruch über den Vertriebsweg nicht möglich war.[973] Nicht geregelt wird, wie die Auskunft im Einzelnen zu erteilen ist. Das OLG Köln entschied zur Vorgängernorm (§ 101a UrhG a.F.), dass diese keinen Anspruch auf Vorlage von Geschäftsunterlagen gibt.[974] Zu beachten ist allerdings, dass § 101b UrhG unter den dort genannten Voraussetzungen nunmehr in bestimmten Fällen zur Sicherung von Schadensersatzansprüchen einen Anspruch auf Vorlage oder Zugang zu Bank-, Finanz- oder Handelsunterlagen gibt. Allerdings richtet sich dieser Anspruch nur gegen den Verletzer, nicht auch gegen den Dritten und setzt ein Verschulden des Verletzers voraus.

378 Davon unabhängig gelten auch weiterhin die Grundsätze, die bereits vor der Umsetzung der Enforcement-Richtlinie galten. Danach genügt eine zum Zweck der Auskunft gegebene Erklärung zur Erfüllung des Auskunftsanspruchs nicht, wenn sie nicht ernst gemeint ist, von vornherein unglaubhaft oder unvollständig ist. Hierbei ist auf die objektiv gegebenen Umstände abzustellen. Es kommt nicht darauf an, ob der Anspruchsteller die erteilte Auskunft für wahr und vollständig erachtet. Ist eine Auskunft erkennbar unvollständig, besteht ein Anspruch auf Vervollständigung, der mit den Zwangsmitteln des § 888 ZPO durchsetzbar ist. Ein Anspruch auf Vervollständigung einer Auskunft kann insb. gegeben sein, wenn weitere Tatsachen zutage treten, welche die bisher erteilte Auskunft als unvollständig erscheinen lassen,[975] oder wenn die bisherige Auskunft auf einer falschen tatsächlichen Grundlage gegeben wurde und deshalb nicht als ordnungsgemäße und vollständige Erfüllung der Auskunftspflicht angesehen werden kann.[976] Erklärt der Auskunftsverpflichtete aber im Bewusstsein des Umfangs seiner Aus-

---

972 Umfasst wird jede Art von Adresse, einschließlich E-Mail-Adressen; nicht hingegen Bank- und Telefondaten, OLG Köln, GRUR-RR 2011, 305.
973 BGH, GRUR 2008, 796, 797 – Hollister (zu § 19 MarkenG).
974 OLG Köln, GRUR 1995, 676, 677.
975 BGHZ 92, 62, 69 – Dampffrisierstab II.
976 RGZ 84, 41, 44; OLG Düsseldorf, GRUR 1963, 78, 79 – Metallspritzverfahren II.

kunftsverpflichtung, nur in einem bestimmten Umfang etwas zu wissen bzw. Einzelheiten nicht mehr zu wissen, so kann nicht ohne Weiteres von einer unvollständigen Erklärung gesprochen werden, die eine Anwendung von § 888 ZPO rechtfertigt. Auch genügt nicht allein der Verdacht, dass der Beklagte seine Erinnerungsfähigkeit unterdrückt, um eine Erklärung als von vornherein unglaubwürdig abzutun.[977]

379 In der Praxis kommt es häufiger vor, dass der Anspruch auf Auskunft trotz erteilter Auskunft weiter aufrechterhalten wird mit der Begründung, die Auskunft sei falsch. Damit droht ein Unterliegen. Denn auch eine möglicherweise falsche Auskunft kann den Auskunftsanspruch erfüllen, wenn nicht die vorstehend genannten Ausnahmen vorliegen.[978] Besteht allerdings Grund für die Annahme, dass die Auskunft nicht mit der erforderlichen Sorgfalt gemacht wurde, ist auf Verlangen des Rechteinhabers eine eidesstattliche Versicherung abzugeben, §§ 259 Abs. 2, 260 Abs. 2 BGB. Häufig wird ein entsprechender Antrag bereits mit Einreichung der Klage gestellt. Das ist jedoch nicht empfehlenswert, da zu diesem Zeitpunkt noch keine Anhaltspunkte dafür vorliegen können, dass die Auskunft nicht sorgfältig erteilt wurde. Der Antrag dokumentiert somit lediglich eine Voreingenommenheit des Klägers, die dem Antrag zum maßgeblichen Zeitpunkt seine Überzeugungskraft nehmen könnte. Stattdessen sollte lieber hilfsweise der Auskunftsanspruch mit Wirtschaftsprüfervorbehalt gestellt werden.

380 Wird die Auskunft vorsätzlich oder grob fahrlässig falsch oder unvollständig erteilt, so ist der zur Auskunft Verpflichtete nach § 101 Abs. 5 UrhG darüber hinaus dem *Verletzten* zum Ersatz des daraus entstehenden Schadens verpflichtet. Gegenüber Dritten haftet der Auskunfterteilende für eine wahre Auskunft, die er nicht erteilen musste, hingegen nur, wenn er wusste, dass er die Auskunft nicht erteilen muss, § 101 Abs. 6 UrhG. Dabei handelt es sich allerdings nicht um eine eigenständige Anspruchsgrundlage für die Dritten, sondern um einen Filter.[979] D.h. die Haftung des Auskunfterteilenden muss dem Grunde nach erst einmal aus einer anderen Anspruchsgrundlage hergeleitet werden. Dabei ist dann auch zu beachten, dass eine Haftung des Auskunfterteilenden auch dann ausscheiden muss, wenn er zwar nicht nach § 101 Abs. 1 oder 2 UrhG, wohl aber aufgrund eines akzessorischen Anspruchs auf Auskunfterteilung zur Aussage verpflichtet war oder dies zumindest annahm.

---

977 BGHZ 125, 322, 326 – Cartier-Armreif; BGH, WRP 2001, 918, 921 – Entfernung der Herstellernummer II.
978 OLG Hamburg, GRUR-RR 2001, 197.
979 Amtl. Begr. des Regierungsentwurfs, BT-Drs. 16/5048, S. 49, 39 (zu § 140b PatG).

Kap. 7 Haftungsfragen

f) Richtervorbehalt bei Verkehrsdaten

381 Eine der im Vorfeld der Gesetzgebung am meisten diskutierten und umstrittensten Regelungen des Auskunftsanspruchs war die Voraussetzung eines etwaigen Richtervorbehalts bei der Verwendung von Verkehrsdaten zur Auskunftserteilung gem. § 101 Abs. 9 UrhG. Dieser Fall ist für Internet-Provider besonders relevant. Auf ihn zielt auch die Gesetzesbegründung ausdrücklich ab. Nach § 3 Nr. 30 TKG sind „Verkehrsdaten" „Daten, die bei der Erbringung eines Telekommunikationsdienstes erhoben, verarbeitet oder genutzt werden." Das umfasst nach inzwischen herrschender Meinung insb. die Zuteilung von dynamischen IP-Adressen.[980] Solche Verkehrsdaten unterliegen dem besonders geschützten Fernmeldegeheimnis (§ 88 TKG, Art. 10 Abs. 1 GG) und dürfen daher nur auf gerichtliche Anordnung herausgegeben werden. Die Anordnung ist allerdings nicht in einem kontradiktorischen Verfahren zu erteilen, sondern durch das Landgericht am Sitz des zur Auskunft Verpflichteten nach Maßgabe der Bestimmungen in dem Gesetz über die Angelegenheiten der Freiwilligen Gerichtsbarkeit (FGG). Weitere Einzelheiten des Verfahrens sind in § 101 Abs. 9 UrhG geregelt. Kommt für den „eigentlichen" Auskunftsanspruch ein Eilverfahren in Betracht, dann muss das auch für das Verfahren nach § 101 Abs. 9 UrhG gelten.[981] Nach § 101 Abs. 9 Satz 8 UrhG bleiben die Vorschriften zum Schutz personenbezogener Daten unberührt. Daraus lässt sich allerdings nichts gegen den Auskunftsanspruch herleiten, soweit dieser nach dem Urheberrecht begründet ist. Denn nach § 14 Abs. 2 TMG darf der Diensteanbieter auf Anordnung der zuständigen Stellen im Einzelfall Auskunft über Bestandsdaten erteilen, soweit dies zur Durchsetzung der Rechte am geistigen Eigentum erforderlich ist. Darüber hinaus dürfen nach § 96 Abs. 1 Satz 2 TKG gespei-

---

980 BVerfG, ZUM-RD 2011, 396, Rn. 12 ff: Art. 10 Abs. 1 GG ist jedenfalls betroffen, wenn Daten während eines laufenden Telekommunikationsvorgangs erhoben werden und damit außerhalb des Herrschaftsbereichs der Kommunikationsteilnehmer liegen; BVerfG, ZUM-RD 2010, 181, Rn. 188 ff.; BGH, NJW 2012, 2958 – Alles kann besser werden; BGH, MMR 2011, 341, Rn. 23 m. Anm. *Karg*; OLG Köln, GRUR-RR 2011, 86 – Gestattungsanordnung I; a. A. noch BGH, GRUR 2010, 633, Rn. 29 – Sommer unseres Lebens: IP-Adressen nicht Verkehrs-, sondern Bestandsdaten; OLG Hamburg, MMR 2011, 281. Anderes gilt für die Erteilung von Auskünften im Hinblick auf statischen IP-Nummern; hierfür ist kein Beschluss nach § 101 Abs. 9 UrhG erforderlich, da es sich nicht um Verkehrs-, sondern um Bestandsdaten handelt, LG München I, GRUR-RR 2012, 71 – Statische IP; zust. *Dreier*, in: Dreier/Schulze, UrhG, 5. Aufl. 2015, § 101 Rn. 35. Bezüglich der Frage, ob dynamische IP-Adressen als personenbezogene Daten i. S. d. Datenschutz-Richtlinie 95/46/EG zu gelten haben siehe Vorlagefrage des BGH, GRUR 2015, 192 – IP-Adressen.
981 Ebenso LG Köln, MMR 2008, 761, 762, bestätigt durch OLG Köln, MMR 2008, 820, 821; OLG Köln, MMR 2009, 542, 544. Vgl. auch § 128c Abs. 1 Nr. 4 KostO, der ebenfalls den Antrag auf Erlass einer einstweiligen Anordnung regelt.

E. Anspruchsarten und -voraussetzungen   Kap. 7

cherte Verkehrsdaten über das Ende der Verbindung hinaus verwendet werden, soweit sie für die durch andere gesetzliche Vorschriften begründeten Zwecke erforderlich sind. Ein solcher Zweck ist im Fall einer richterlichen Anordnung nach § 101 Abs. 9 UrhG aber gegeben.[982] Eine andere Frage ist allerdings, wie lange die Diensteanbieter die relevanten Daten de facto überhaupt speichern und aufgrund welcher Ermächtigungsgrundlage dies (und die Weitergabe der Daten) geschieht. Grundsätzlich sind die Speicherfristen heute bereits kurz.[983] Berücksichtigt man die zunehmende Verbreitung von sog. Flatrates, für die Verkehrsdaten weitgehend unbedeutend sind, so stellt sich die Frage, ob insoweit eine Speicherung der Daten auf Grundlage von § 96 TKG überhaupt noch möglich ist.[984] Daneben sehen die EU-Richtlinie zur Vorratsdatenspeicherung[985] und § 113b Abs. 2 Nr. 5 TKG eine Speicherung der IP-Adressen für 10 Wochen vor.[986] Die ursprünglich vorgesehene 6-monatige, nicht anlassbezogene Vorratsdatenspeicherung hatte das BVerfG zuvor für verfassungswidrig erklärt.[987] § 101 Abs. 9 UrhG bleibt von der Entscheidung des BVerfG unberührt.[988] Ebenso hat der EuGH die Ungültigkeit der EU-Richtlinie zur Vorratsdatenspeicherung festgestellt.[989] Als Reaktion hierauf wurden die §§ 113a und 113b TKG neu gefasst. Eine Verpflichtung der Access Provider zur Speicherung von Verkehrsdaten be-

---

982 Ebenso OLG Köln, MMR 2008, 820, 821, unter Verweis auf die Gesetzesbegründung zu § 140b PatG, BT-Drs. 16/5048, S. 40; MMR 2001, 542, 544.
983 Vgl. LG Köln, MMR 2008, 761, 762 (nicht rechtskräftig): *„gerichtsbekannte Praxis, dass Verbindungsdaten binnen 7 Tagen gelöscht werden"*; bestätigt durch OLG Köln, MMR 2008, 820, 821, ebenso OLG Zweibrücken, GRUR-RR 2009, 12, 13.
984 Ablehnend LG Darmstadt, MMR 2006, 330, 331; Revision vom BGH wegen Nichterreichen der Mindestbeschwer abgelehnt, MMR 2007, 37. LG Darmstadt, CR 2007, 574 (7 Tage zulässig). Vgl. auch § 15 Abs. 9 TMG im Entwurf des Gesetzes zur Stärkung der Sicherheit in der Informationstechnik des Bundes.
985 Richtlinie 2006/24/EG des Europäischen Parlaments und des Rates vom 15.3.2006 über die Vorratsspeicherung von Daten, die bei der Bereitstellung öffentlich zugänglicher elektronischer Kommunikationsdienste erzeugt oder verarbeitet werden, und zur Änderung der Richtlinie 2002/58/EG, ABL. Nr. L 105, 54.
986 Diese Regelungen waren heftig umstritten und zwar auch hinsichtlich ihrer Auswirkungen auf den Auskunftsanspruch nach § 101 UrhG; hierzu insb. *Cychowski/Nordemann*, NJW 2008, 3095 ff., einerseits, und *Hoeren*, NJW 2008, 3099 ff., andererseits. Nach OLG Köln, MMR 2009, 542, 544, dürfen Daten nach § 113a TKG nicht für eine Auskunft an Private verwendet werden. Vgl. auch OLG Karlsruhe, MMR 2009, 412, 413 (Beweisverwertungsverbot im Zivilprozess).
987 BVerfG, ZUM-RD 2010, 181, Rn. 292.
988 OLG Köln, GRUR-RR 2011, 86 – Gestattungsanordnung I.
989 EuGH, Rs. C-293/12 und C-594/12, ECLI:EU:C:2014:238 – Digital Rights Ireland and Seitlinger ua.: betrifft Datenspeicherung für die Zwecke der Strafverfolgung.

steht hingegen nicht.⁹⁹⁰ Ebenso wurde ein weitergehender Anspruch der Rechteinhaber auf Speicherung von Verkehrsdaten „auf Zuruf" von der Rechtsprechung weitestgehend abgelehnt, auch wenn ein vorheriger Verstoß weitere Verstöße nahelegt. Es verbleibt damit bei der Speicherung nach § 113b TKG. Kann die Auskunft nicht erteilt werden, weil die Daten nicht gespeichert wurden, dann führt dies nicht zur Unbegründetheit des Gestattungsantrags gem. § 101 Abs. 9 UrhG. Die Frage, ob die Verkehrsdaten vorhanden sind, ist erst dann zu klären, wenn der Auskunftsanspruch selbst geltend gemacht wird.⁹⁹¹

g) Prozessuale Besonderheiten

382 Die Anordnung auf Auskunft unter Verwendung von Verkehrsdaten ist von der Zivilkammer des zuständigen Landgerichts nach Maßgabe der Regelung in § 101 Abs. 9 UrhG i.V. m. dem FGG zu treffen (siehe vorstehend). Gegen die Entscheidung ist die sofortige Beschwerde zum Oberlandesgericht möglich,⁹⁹² wobei dieses Recht auch dem zur Auskunft Verpflichteten⁹⁹³ sowie dem am Verfahren nicht beteiligten Anschlussinhaber⁹⁹⁴ zusteht.

383 Örtlich zuständig ist dabei das Gericht, in dessen Bezirk der zur Auskunft Verpflichtete seinen Wohnsitz (§ 13 ZPO), Sitz (§ 17 ZPO) oder seine Niederlassung (§ 21 ZPO) hat. Ein Forum-Shopping anknüpfend an die bundesweite Abrufbarkeit von Internetinhalten oder an mehrere Niederlassungen des zur Auskunft Verpflichteten ist insoweit nicht möglich.⁹⁹⁵

384 Für den Auskunftsanspruch ist eine **zeitliche Beschränkung** nicht mehr erforderlich, nachdem der I. Zivilsenat des BGH seine Rechtsprechung hierzu geändert hat.⁹⁹⁶ Allerdings muss der Antrag weiterhin hinreichend bestimmt sein. Dies erfordert, dass er unter Bezugnahme auf die konkrete Verletzungshandlung Gegenstand, Zeitraum sowie Art und Umfang der Auskunft bezeichnet.⁹⁹⁷ Vor allem ist anzugeben, welche Angaben der Anspruchsgeg-

---

990 *Czychowski/Nordemann/Waiblinger*, GRUR-RR 2013, 313, 323; gegen eine Speicherpflicht für WLAN-Betreiber LG München I, ZUM 2012, 557, 559; krit. *Rehbinder*, ZUM 2013, 241, 245 f.
991 OLG Düsseldorf, ZUM-RD 2013, 330.
992 Allerdings soll das nach Ansicht des OLG Köln nicht für den potenziellen Rechtsverletzer gelten, K&R 2009, 490 ff.
993 OLG Düsseldorf, MMR 2009, 186, 187; OLG Frankfurt, MMR 2009, 542, 543.
994 OLG Köln, GRUR-RR 2011, 86 – Gestattungsanordnung II, unter Aufgabe von OLG Köln, MMR 2009, 547 – John Bello Story 2; BGH, GRUR 2013, 536, 537 – Die Heiligtümer des Todes; *Brüggemann*, MMR 2013, 278, 282. Die Beschwerdefrist gem. § 63 Abs. 3 FamFG gilt für den Anschlussinhaber nicht.
995 OLG Düsseldorf, MMR 2009, 186, 187.
996 BGH, GRUR 2007, 877, 879 – Windsor Estate.
997 BGH, GRUR 2007, 871, 872 f. – Wagenfeld-Leuchte.

ner zur Erfüllung des Auskunftsanspruchs machen muss. Die Verwendung von „Insbesondere"-Sätzen ist dabei insoweit problematisch, als der Umfang der geschuldeten Auskunft über den „insb." präzisierten Teil hinaus unklar bleibt.[998]

Der Anspruch kann auch im **einstweiligen Verfügungsverfahren** durchgesetzt werden, wenn die Rechtsverletzung „offensichtlich" ist, § 101 Abs. 7 UrhG. Das entspricht den Regelungen, die es in anderen Gesetzen zum Schutz geistigen Eigentums schon seit längerem gibt. In Bezug auf die Ermittlung von IP-Adressen kann es an der Offensichtlichkeit fehlen, wenn erhebliche Zweifel daran bestehen, dass die IP-Adressen zutreffend ermittelt wurden.[999] Die früheren Bedenken des OLG Köln, das im Auskunftsanspruch eine Vorwegnahme der Hauptsache sah und deshalb nicht zur Auskunft verpflichtete, sondern lediglich die Löschung der gespeicherten Daten untersagte, um so den Auskunftsanspruch für die Hauptsache zu sichern, scheinen sich mittlerweile zerstreut zu haben. Obwohl das OLG diese Rechtsprechung nicht ausdrücklich aufgegeben hat, wurde in neueren Verfahren ein Auskunftsanspruch zugestanden, ohne die Vorwegnahme der Hauptsache zu erwähnen.[1000]

385

Bei den **Kosten** des Auskunftsverfahrens ist zu unterscheiden zwischen den Gerichtskosten und den Anwaltsgebühren bzw. den Gegenstandswerten zur Berechnung der Anwaltsgebühren: Die **Gerichtskosten** sind als Festgebühr festgelegt, d.h. sie sind unabhängig vom Gegenstandswert und fallen (erst) mit der Entscheidung an. Nach § 3 Abs. 2 GNotKG i.V.m. Nr. 15213 Anlage 1 zum GNotKG betragen sie 200 Euro je Antrag. D.h. bei mehreren Anträgen fallen auch mehrere Kosten an. Mehrere Anträge sind solche, denen im Wesentlichen nicht derselbe Lebenssachverhalt zu Grunde liegt, mögen sie auch formell in einem einzigen Schriftstück bei Gericht eingereicht werden.[1001] D.h. ein Antragsteller kann die Kosten nicht dadurch reduzieren, dass er unterschiedliche Lebenssachverhalte in einem Antrag bündelt. Mehrere Anträge liegen etwa vor, wenn sie sich auf Verletzungshandlungen stützen, die vermutlich mehrere Personen unabhängig voneinander begangen haben. Die Tatsache, dass ein Werk in einem P2P-Netzwerk unter Ver-

386

---

998 OLG München, GRUR-RR 2008, 37, 38 f. – Pumuckl-Illustrationen II.
999 OLG Köln, ZUM 2011, 421; ggf. ist die zur Ermittlung von IP-Adressen eingesetzte Software von einem Sachverständigen zu validieren, aber auch andere Beweis- und Glaubhaftmachungsmittel genügen, wenn eindeutig ist, dass eine ungerechtfertigte Belastung der Anschlussinhaber ausgeschlossen ist, OLG Köln, GRUR 2013, 67 – Ermittlungssoftware; OLG Köln, MMR 2014, 68.
1000 Zur Vorwegnahme der Hauptsache siehe OLG Köln, MMR 2008, 820, 823; ebenso OLG Karlsruhe, MMR 2010, 419; aus jüngerer Zeit hingegen OLG Köln, WRP 2016, 1164; OLG Köln, BeckRS 2015, 19422.
1001 OLG Köln, GRUR-RR 2009, 38; OLG Düsseldorf, K&R 2009, 346.

Kap. 7 Haftungsfragen

wendung unterschiedlicher IP-Adressen zum Download angeboten wurde, genügt dafür allerdings noch nicht, weil aus der Verwendung unterschiedlicher IP-Adressen nicht sicher darauf geschlossen werden kann, wie viele Personen eine Schutzrechtsverletzung begangen haben.[1002] Anders sieht es hingegen bei der Verwendung unterschiedlicher GUID[1003] aus oder bei Verwendung mehrerer Werke.[1004] Davon unabhängig sind die Kosten für eine oft mit dem Hauptvertrag verbundene einstweilige Anordnung gem. § 49 FamFG, mit der dem Access Provider verboten werden soll, die Daten zu löschen.[1005]

387 Die **Anwaltsgebühren** hingegen bestimmen sich nach dem Gegenstandswert, der vom Gericht festzusetzen ist. Das OLG Köln ging dabei für Verfügungsverfahren auf Drittauskunft[1006] unter Zugrundelegung des in § 30 Abs. 2 KostO von einem Regelstreitwert von 3.000 Euro je Werk aus, wobei ein Musikalbum (mit mehreren Musiktiteln) ein Werk in diesem Sinne sein soll.[1007] Nach dem neuen § 36 Abs. 3 GNotKG beträgt der vorgesehen Regelwert 5.000 Euro. Bei besonderen tatsächlichen Umständen kann dieser Wert allerdings höher oder niedriger sein.

VI. Anspruch auf Vorlage und Besichtigung

388 § 101a UrhG gibt dem Rechteinhaber einen Anspruch gegen den Verletzer auf Vorlage einer Urkunde oder Besichtigung einer Sache. Ist hinreichend wahrscheinlich, dass eine Rechtsverletzung in gewerblichem Ausmaß[1008] begangen wurde, kann sogar die Vorlage von Bank-, Finanz- oder Handelsunterlagen verlangt werden. Der Anspruch wurde im Rahmen der Umsetzung der Enforcement-Richtlinie (Art. 6, 7) sowie der Vorgaben im TRIPS (Art. 43, 50 Abs. 1) in das deutsche Urhebergesetz eingefügt. Im Wesentlichen geht es um Beweismittel und Beweissicherung. Dies wurde zuvor im

---

1002 OLG Düsseldorf, MMR 2009, 476, 477.
1003 Globally Unique ID, d.h. Kennungen, die das für den Datenaustausch verwendete Client-Programm bei der Installation erzeugt hat.
1004 OLG Karlsruhe, GRUR-RR 2012, 230, 232 – Kosten der IP-Abfrage; OLG Karlsruhe, MMR 2009, 263, 264; OLG Frankfurt, MMR 2009, 551, 552; a.A. OLG München, ZUM 2011, 75; ZUM-RD 2014, 211.
1005 Hierbei handelt es sich um ein eigenständiges Verfahren, gem. § 51 Abs. 3 FamFG, für das gesondert Gebühren anfallen, OLG Köln, FGPrax 2011, 37, 38; OLG Karlsruhe, GRUR-RR 2012, 230, 232; OLG Köln, MMR 2013, 257; a.A. LG Köln, ZUM-RD 2013, 208, 210.
1006 Bzw. auf weitere Speicherung der Daten zur Sicherung der Auskunft.
1007 OLG Köln, GRUR-RR 2009, 38.
1008 Siehe hierzu Rn. 365 ff. (V.2.a).

E. Anspruchsarten und -voraussetzungen   Kap. 7

Urheberrecht[1009] im Wesentlichen über §§ 142 ZPO und §§ 809–811 BGB und die dazu ergangene Rechtsprechung des BGH[1010] gelöst. Heute ähnelt das deutsche Recht hingegen auch Regelungen in anderen Ländern, in denen es vergleichbare Bestimmungen etwa in Form der sog. Anton Piller Order in England[1011] oder der saisie contrefaçon in Frankreich[1012] schon länger gibt.

Der Anspruch setzt die hinreichende Wahrscheinlichkeit einer rechtswidrigen Verletzung eines Urheberrechts oder eines anderen nach dem UrhG geschützten Rechts (z. B. Datenbankrecht) voraus. Die Voraussetzungen des Anspruchs müssen vom Kläger/Anspruchsteller glaubhaft gemacht werden. Er muss zu diesem Zweck alle ihm vernünftigerweise verfügbaren Beweismittel[1013] für eine Rechtsverletzung dem Gericht vorlegen.   389

Ein Verschulden des Verletzers ist hingegen nicht erforderlich. Die „hinreichende Wahrscheinlichkeit"[1014] soll nach der Gesetzesbegründung[1015] identisch sein zu der „gewissen Wahrscheinlichkeit", die der BGH in seiner „Faxkarten"-Entscheidung[1016] bei Urheberrechtsverletzungen gefordert hatte.[1017] Dies ist tendenziell weniger als ein „erheblicher Grad an Wahrscheinlichkeit", wie er vom BGH noch in der früheren „Druckbalken"-Entscheidung[1018] (die zum Patentrecht erging) verlangt worden war. Welcher Grad der Wahrscheinlichkeit konkret „hinreichend" ist, lässt sich allerdings nicht abstrakt festlegen, sondern muss jeweils im Einzelfall im Rahmen einer Interessenabwägung ermittelt werden, wobei auch die Geheimhaltungsinteressen des Anspruchsgegners berücksichtigt werden müssen.   390

1009 Im Patentrecht gibt es seit einiger Zeit bereits das sog. Düsseldorfer Verfahren, bei dem zum Zwecke der Beweissicherung ein Besichtigungsanspruch in einem selbstständigen Beweisverfahren mit einer einstweiligen Duldungsverfügung verknüpft wird, wenn die zu begutachtende Sache nicht frei zugänglich ist, während den Geheimhaltungsinteressen des Antragsgegners Rechnung getragen wird durch die Einschaltung eines Sachverständigen und die Beschränkung der Teilnahme an der Besichtigung nur auf Rechtsanwälte, die selbst gegenüber ihren Mandanten zur Geheimhaltung verpflichtet werden; hierzu *Kühnen*, GRUR 2005, 185 187.
1010 Insb. die Entscheidungen Druckbalken (BGH, GRUR 1985, 512) und Faxkarte (BGH, GRUR 2002, 1046).
1011 Hierzu *Götting*, GRUR Int. 1988, 729; House of Lords, GRUR Int. 1982, 262.
1012 Hierzu *Boval*, GRUR Int. 1993, 377; *Benhamou*, GRUR Int. 2008, 179.
1013 So ausdrücklich Art. 9 Abs. 3 der Enforcement-Richtlinie.
1014 In Art. 6 der Enforcement-Richtlinie ist von einer „hinreichenden Begründung" die Rede.
1015 Amtl. Begr. des Regierungsentwurfs, BT-Drs. 16/5048, S. 40.
1016 BGH, GRUR 2002, 1046, 1048.
1017 Vgl. auch BGH, GRUR 2013, 509, Rn. 19 – UniBasic-IDOS, wo der BGH von einem „gewissen Grad" an Wahrscheinlichkeit spricht.
1018 BGH, GRUR 1985, 512, 516.

Kap. 7 Haftungsfragen

391 Außerdem müssen die Herausgabe der Unterlagen bzw. der Zugang zu Sachen erforderlich sein, weil andernfalls die Erfüllung des Schadensersatzanspruchs gegen den Verletzer fraglich wäre. Dadurch soll eine allgemeine Ausforschung vermieden werden. Diese Voraussetzung ist weniger streng als bei einem „normalen" Arrest (§ 917 ZPO), bei dem eine Vereitelung oder wesentliche Erschwerung der Vollstreckung drohen muss.

392 Besteht der Schadensersatzanspruch „offensichtlich",[1019] so kann er auch in einem einstweiligen Verfügungsverfahren geltend gemacht werden, obwohl damit möglicherweise die Hauptsache vorweggenommen wird.

393 Die jeweils relevante Sache oder Urkunde muss im Fall einer Klage auf Vorlage oder Besichtigung möglichst genau beschrieben werden. Der Umfang der Vorlageverpflichtung ist weit auszulegen. Die vorzulegenden Geschäftsunterlagen müssen nicht unmittelbaren Bezug nehmen auf die Urheberrechtsverletzung, solange sie eine Überprüfung der Verlässlichkeit der erteilten Auskunft und Rechnungslegung ermöglichen.[1020] Die Unterlagen müssen sich außerdem noch in der Verfügungsgewalt des Verletzers befinden, wobei aber eine unmittelbare Verfügungsgewalt nicht erforderlich ist, sondern es genügt, wenn er sich die Sache beschaffen kann.

394 Macht der Anspruchsgegner geltend, dass es sich um vertrauliche Informationen handelt, so schließt das den Anspruch nicht von vornherein aus. Das Gericht kann aber die erforderlichen Maßnahmen treffen, um den gebotenen Schutz (Geheimhaltungsinteresse) sicherzustellen, § 101a Abs. 1 Satz 3 UrhG. In einem einstweiligen Verfügungsverfahren, in dem der Antragsgegner möglicherweise vorher nicht gehört wird, kann das Gericht diese Maßnahmen sogar von Amts wegen treffen, ohne dass der Antragsgegner sich auf die Vertraulichkeit berufen hat. Bei diesen Maßnahmen geht es weniger darum, dass vertrauliche Informationen grundsätzlich nicht herausgegeben werden, denn dann würde der Anspruch ins Leere laufen.[1021] Es geht vielmehr darum, dass Informationen, die nicht der Anspruchssicherung dienen, die aber von den anderen Informationen nicht getrennt werden können, geschwärzt oder sonst wie unkenntlich gemacht werden. In der Praxis wird das vermutlich durch einen Sachverständigen geschehen, der vom Gericht eingeschaltet wird und der ggf. Auskunft zu erteilen hat, ob und in welchem Umfang eine Verletzung vorliegt. Ob die Gerichte in der Praxis allerdings wirklich so weit gehen, im Rahmen eines Verfügungsverfahrens nicht nur Zugang zu der relevanten Sache zu gewähren, sondern sogar auch die Her-

---

1019 Siehe hierzu bereits zum Auskunftsanspruch unter Rn. 382 ff. (V. 2. G). Die Enforcement-Richtlinie spricht sogar nur von einer Überzeugung des Gerichts „mit ausreichender Sicherheit", Art. 9 Abs. 3; hierzu *Spindler/Weber*, ZUM 2007, 257, 266.
1020 OLG Jena, GRUR-RR 2015, 463 – Babybilder.
1021 Amtl. Begr. des Regierungsentwurfs, BT-Drs. 16/5048, S. 40.

ausgabe sonstiger Handelsunterlagen zu verlangen, muss abgewartet werden.

Ausgeschlossen ist der Herausgabeanspruch, wie auch der Auskunftsanspruch, bei Unverhältnismäßigkeit, 101a Abs. 2 UrhG. Das kann insb. dann der Fall sein, wenn das Geheimhaltungsinteresse des angeblichen Verletzers das Interesse des Rechteinhabers an der Vorlage oder Besichtigung bei Weitem überwiegt und dem Geheimhaltungsinteresse auch nicht durch bestimmte Maßnahmen Rechnung getragen werden kann.[1022]   **395**

Wird der Anspruch auf Besichtigung bzw. Herausgabe von Unterlagen geltend gemacht, obwohl keine Verletzung vorliegt oder droht, so kann der Anspruchsteller dem vermeintlichen Verletzer gegenüber zum Schadensersatz verpflichtet sein, § 101a V UrhG. Die Regelung entspricht § 945 ZPO, erweitert diese Vorschrift aber sogar noch. Hintergrund ist, dass Schadensersatz nach § 945 ZPO nur in Betracht kommt, wenn die vollzogene Verfügung von Anfang an unberechtigt war. Das ist bei den Ansprüchen nach § 101a UrhG aber regelmäßig nicht der Fall, da hier ja bereits der Anspruch bei Vorliegen einer bloßen hinreichenden Wahrscheinlichkeit gewährt wird.   **396**

VII. Veröffentlichung, Bekanntmachung eines Urteils

§ 103 UrhG ermöglicht, in einem Urteil über Ansprüche nach dem UrhG der obsiegenden Partei (Kläger oder Beklagter) die Befugnis zuzusprechen, das Urteil innerhalb von drei Monaten nach Rechtskraft auf Kosten der unterliegenden Partei (Kläger oder Beklagter) öffentlich bekanntzumachen. Erforderlich ist ein berechtigtes Interesse, das aufgrund einer Interessenabwägung festzustellen ist. Bei der Abwägung sind die Schwere und der Umfang der Verletzung abzuwägen, aber auch der Grad des Verschuldens und die Nachteile der unterliegenden Partei sind zu berücksichtigen.[1023] Maßgeblich ist der Zeitpunkt der letzten mündlichen Verhandlung.[1024]   **397**

Gegenstand der Veröffentlichung ist das Urteil, bestehend aus verfügendem Teil, Tatbestand und Gründen. Einzelheiten, gegebenenfalls auch Einschränkungen des Umfangs sind in dem Urteil zu bestimmen; ebenso die Art, die Größe, die Anzahl und der Ort der Bekanntmachung. Die Kosten der Veröffentlichung hat die unterliegende Partei zu tragen. Im Urteil ist hierzu von Amts wegen eine entsprechende Bestimmung aufzunehmen.[1025]   **398**

1022 Amtl. Begr. des Regierungsentwurfs, BT-Drs. 16/5048, S. 41.
1023 BGH, GRUR 1998, 568, 570 – Beatles-Doppel-CD.
1024 BGH, GRUR 2002, 799, 801 – Stadtfahrzeug.
1025 Wild, in: Schricker/Loewenheim, Urheberrecht, 4. Aufl. 2010, § 103 Rn. 10.

Kap. 7 Haftungsfragen

§ 103 UrhG steht einer Urteilsveröffentlichung auf eigene Initiative und Kosten des Verletzten nicht entgegen, allerdings sind hier die Grenzen des Wettbewerbsrechts zu beachten. Auch scheitert ein Anspruch auf Erstattung der dadurch entstandenen Kosten als Schadensersatz oftmals an der Grenze der Erforderlichkeit.[1026]

399 (Nur) wenn das Gericht dies ausdrücklich vorsieht, darf das Urteil auch schon vor Rechtskraft bekannt gemacht werden, § 103 Satz 4 UrhG. Durch diese Möglichkeit zur vorläufigen Vollstreckbarkeit soll den Fällen Rechnung getragen werden, bei denen eine Veröffentlichung nach Zeitablauf wertlos werden würde.[1027]

400 Die Enforcement-Richtlinie enthält in Art. 15 eine entsprechende Bestimmung. Auch wenn es die Regelung des § 103 UrhG schon vor der Enforcement-Richtlinie gab, ist sie doch zukünftig entsprechend auszulegen, wobei dem EuGH letzten Endes die Entscheidungshoheit zukommt.

VIII. Ablösungsrecht (§ 100 UrhG)

401 Nach § 100 UrhG ist der schuldlos (weder vorsätzlich noch fahrlässig) handelnde Verletzer berechtigt, die verschuldensunabhängig gewährten Ansprüche auf Beseitigung und/oder Unterlassung (§ 97 Abs. 1 UrhG) oder auf Vernichtung, Rückruf/Entfernung aus den Vertriebswegen oder Überlassung von Vervielfältigungsstücken oder Vorrichtungen (§ 98 UrhG) durch Entschädigung des Verletzten in Geld abzuwenden. Streng genommen bezieht sich die Abwendungsbefugnis auf alle Ansprüche aus den §§ 97 und 98 UrhG und somit auch auf den Schadensersatzanspruch. Da die Abwendungsbefugnis aber nur für den schuldlos handelnden Verletzer gelten soll und der Schadensersatzanspruch Verschulden voraussetzt, geht das Ablösungsrecht insoweit von vornherein ins Leere.

402 Bei der Ablösungsbefugnis nach § 100 UrhG handelt es sich um eine „Ausnahme", die eng auszulegen ist, die als Gegenrecht vom Verletzer geltend gemacht werden muss und deren Tatbestandsvoraussetzungen der Verletzer – bei mehreren Verletzern: jeder Verletzer jeweils einzeln – darlegen und beweisen muss. Zweifel am Vorliegen der Tatbestandsvoraussetzungen gehen also zu Lasten des Verletzers. Ob der Verletzer die Ablösungsbefugnis geltend macht, bleibt ihm überlassen. Der Verletzte hat kein Anrecht auf eine Ablösung.

1026 Vgl. *Wild*, in: Schricker/Loewenheim, Urheberrecht, 4. Aufl. 2010, § 103 Rn. 11.
1027 OLG Celle, GRUR-RR 2001, 126 – EXPO.

E. Anspruchsarten und -voraussetzungen Kap. 7

Anlass für die Aufnahme einer entsprechenden Vorschrift war ursprünglich **403** die vermeintliche Unsicherheit beim Erwerb von Rechten zu Gemeinschaftswerken, insb. Filmwerken. Wegen der Vielzahl an Rechten, die von zahlreichen verschiedenen Personen erworben werden müssen, kann es leicht sein, dass die Nutzungsrechte einzelner übersehen werden. Dieser Gedanke trifft häufig auch auf die Nutzung von Werken im Internet zu: Das gilt nicht nur für die Darstellung als solche, die oftmals eine Vielzahl selbstständig geschützter Werke mit verschiedenen Rechteinhabern umfasst und darüber hinaus als „Multimediawerk" eigenständigen Schutz genießt, sondern auch mit Bezug auf die automatisch weltweite Verbreitung des Internet-Inhalts. Damit einher geht die Gefahr, länderübergreifend wegen vermeintlicher Urheberrechtsverletzungen in Anspruch genommen zu werden. Es ist daher zu erwarten, dass insb. Ausländer, die wegen Urheberrechtsverletzungen in Deutschland in Anspruch genommen werden, sich verstärkt auf § 100 UrhG berufen werden. In Betracht käme § 100 UrhG theoretisch auch für schuldlos handelnde Host Provider, allerdings dürfte deren Haftung bei Vorliegen der Voraussetzungen des § 100 UrhG zumeist schon an §§ 7 Abs. 2, 10 TMG[1028] scheitern. Die Enforcement-Richtlinie enthält eine entsprechende Bestimmung in Art. 12. Umfang und Auslegung der Abwendungsbefugnis wird daher in Zukunft maßgeblich und letztendlich durch den EuGH bestimmt werden.

Die Anwendung von § 100 UrhG setzt voraus, dass der Verpflichtete schuldlos handelte. „Schuldlos" bedeutet, dass ihn auch kein Organisations-, Auswahl- oder Überwachungsverschulden treffen darf und auch eine etwaige Zurechnung des Verschuldens Dritter, z. B. nach §§ 31, 278 BGB, zu beachten ist, sofern dies dem Verletzer nach den allgemeinen Grundsätzen wie eigenes Verschulden anzurechnen ist.[1029] Kommt hingegen eine Exkulpationsmöglichkeit für den Verletzer in Betracht, z. B. nach § 831 BGB, so ist dies auch im Rahmen von § 100 UrhG zu beachten und führt bei erfolgreicher Exkulpation dazu, dass kein Verschulden vorliegt und der Anwendungsbereich des § 100 UrhG grundsätzlich eröffnet ist. Das gilt auch für eine etwaige Exkulpation bei einer Zurechnung nach § 99 UrhG.[1030] Bei mehreren Verpflichteten ist daher das Vorliegen einer Ablösungsbefugnis für jeden gesondert zu prüfen.[1031] **404**

Außerdem ist erforderlich, dass dem Verletzer durch die Erfüllung der Ansprüche ein unverhältnismäßig großer Schaden entstehen würde und dem **405**

1028 Hierzu Rn. 82 ff. (C. II. 3. f.)
1029 *Fromm/Nordemann*, Urheberrecht, 11. Aufl. 2014, § 100 Rn. 4; *Wild*, in: Schricker/Loewenheim, Urheberrecht, 4. Aufl. 2010, § 100 Rn. 4.
1030 *Bohne*, in: Wandtke/Bullinger, Praxiskommentar UrhR, 4. Aufl. 2014, § 100 Rn. 6.
1031 *Fromm/Nordemann*, Urheberrecht, 11. Aufl. 2014, § 100 Rn. 4.

Kap. 7 Haftungsfragen

Verletzten die Abfindung in Geld zuzumuten ist. Unverhältnismäßig groß ist ein Schaden, der zu der Bedeutung der Rechtsverletzung und zur üblicherweise zu zahlenden Lizenzgebühr ganz außer Verhältnis stehen würde. Das ist z. B. der Fall, wenn sich die Rechtsverletzung auf einzelne Teile eines umfangreichen Gesamtwerks beschränkt, deren Beseitigung aber die kostspielige Änderung des gesamten Werkes erfordert.[1032] Die Prüfung der Zumutbarkeit erfordert eine Abwägung der Interessen beider Parteien.[1033] Zumutbar ist eine Ablösung insb. dann, wenn eine Nutzungsberechtigung üblicherweise gegen Entgelt eingeräumt wird. Dies ergibt sich aus § 100 Satz 2 UrhG. Danach ist als Entschädigung der Betrag zu zahlen, der im Falle einer vertraglichen Lizenzierung als Vergütung angemessen wäre. Im Streitfall ist diese gemäß § 287 ZPO vom Gericht zu bestimmen. Bei der Verletzung von ideellen Urheberpersönlichkeitsrechten hingegen wird eine Ablösung im Regelfall nicht zumutbar sein.[1034] Auch kommt eine etwaige Aufbrauchsfrist als Alternative zur Entschädigung im Urheberrecht nicht in Betracht.

406 (Erst) *mit der Zahlung* des angemessenen Ablösebetrags wird die Einwilligung zur weiteren Verwertung im üblichen Umfang gemäß § 103 Satz 3 UrhG fingiert, wobei der übliche Umfang entsprechend der Zweckübertragungstheorie zu bestimmen ist. Das Risiko, dass der gezahlte Betrag nicht angemessen ist, trägt der Verletzer.[1035] Die Zahlung eines zu geringen Betrags schließt die Geltendmachung der Ansprüche nach den §§ 97, 98 UrhG durch den Verletzten nicht aus. Würde der Unterlassungsanspruch des Rechteinhabers bereits mit der *Inanspruchnahme* der Abwendungsbefugnis durch den Verletzer entfallen, würde ein Pattzustand für den Zeitraum zwischen Geltendmachung der Abwendungsbefugnis und Zahlung der angemessenen Entschädigung entstehen. Zur weiteren Verwertung wäre der Verletzer nämlich nach dem ausdrücklichen Wortlaut des Gesetzes erst mit der Zahlung berechtigt, bereits mit der Geltendmachung wäre jedoch der Unterlassungsanspruch erloschen. Der Verletzer dürfte somit (noch) nicht weiter nutzen, der Anspruchsteller hätte aber auch keinen Unterlassungsanspruch. Zudem würde bei dieser Auslegung dem Rechteinhaber zusätzlich das Liquiditätsrisiko des Verletzers aufgebürdet werden, nämlich für den Fall, dass der Verletzer sich zwar auf sein Abwendungsrecht beruft, dann aber die Entschädigung nicht oder nicht in angemessener Höhe bezahlen kann. Dies

---

1032 *Dreier*, in: Dreier/Schulze, UrhG, 5. Aufl. 2015, § 100 Rn. 4; *Wild*, in: Schricker/Loewenheim, Urheberrecht, 4. Aufl. 2010, § 100 Rn. 5, mit Verweis auf KG, UFITA 11 (1938) 287, 289 – Sefira.
1033 BGH, GRUR 1976, 317, 321 – Unsterbliche Stimmen.
1034 *Fromm/Nordemann*, Urheberrecht, 11. Aufl. 2014, § 100 Rn. 6; a. A. *Dreier*, in: Dreier/Schulze, UrhG, 5. Aufl. 2015, § 100 Rn. 5.
1035 *Fromm/Nordemann*, Urheberrecht, 11. Aufl. 2014, § 100 Rn. 6; *Wild*, in: Schricker/Loewenheim, Urheberrecht, 4. Aufl. 2010, § 100 Rn. 9.

kann nicht der Zweck einer Ausnahmeregelung sein, deren Zweck es evident ist, unbillige Härten für den Rechtsverletzer zu vermeiden. Vermieden wird diese Konsequenz, wenn die Hauptansprüche des Rechteinhabers erst mit Zahlung der Entschädigung in angemessener Höhe entfallen.

Dies hat für einen Prozess folgende Konsequenzen:[1036] Ausgangspunkt ist stets, dass der Verletzte (= Kläger) Klage auf Unterlassung, Beseitigung oder Vernichtung/Überlassung/Rückruf/Entfernung aus den Vertriebswegen (nachfolgend Hauptanspruch) erhebt und der Verletzer sich auf ein Ablöserecht beruft. Im Einzelnen ist dann zu unterscheiden, ob der Kläger die angebotene oder gezahlte Entschädigung dem Grunde und der Höhe nach akzeptiert oder nicht. **407**

Variante 1 – Rechteinhaber akzeptiert Ob und Höhe der Abwendung: Zahlt der Verletzer nach Rechtshängigkeit eine angemessene Abfindung und akzeptiert der Rechteinhaber diese, kann der Rechtsstreit übereinstimmend für erledigt erklärt werden. Der Hauptanspruch ist erloschen. Über die Kosten ist nach § 91a ZPO durch Beschluss zu entscheiden. Im Regelfall hat der Verletzer die Kosten zu tragen. Solange der Verletzer die Abfindung nicht gezahlt hat, besteht der Hauptanspruch des Rechteinhabers fort. Beide Parteien können sich jedoch darauf einigen, dass der Verletzer zur Abwendung durch Zahlung einer Abfindung in bestimmter Höhe verpflichtet ist. Für diesen Fall bietet es sich an, die Klage auf eine Leistungsklage auf Zahlung dieses Betrags umzustellen; der entsprechende Anspruch wird vom Verletzer anerkannt. Der Hauptanspruch des Rechteinhabers ist dann ebenfalls erloschen. Im Einzelfall muss darauf geachtet werden, dass die Erklärung des Verletzers zur Zahlung der Abfindung eindeutig ist, denn § 100 UrhG gibt allein dem Verletzer ein Recht auf Ablösung, nicht aber dem Rechteinhaber einen Anspruch auf Ablösung. Der Rechteinhaber muss deshalb darauf achten, dass er sich nicht seines Unterlassungsanspruchs begibt, ohne einen Zahlungstitel zu erlangen. **408**

Variante 2 – Rechteinhaber akzeptiert Ob, nicht aber Höhe der Abwendung: Solange der Verletzer nicht eine Abfindung in angemessener Höhe bezahlt hat, bleibt der Hauptanspruch des Rechteinhabers bestehen. Bezahlt der Verletzer eine angemessene Abfindung, erlischt der Unterlassungsanspruch. Für den weiteren Ausgang des Prozesses kommt es darauf an, ob die Zahlung vor Rechtshängigkeit oder danach erfolgte. Erfolgte sie vor Rechtshängigkeit, war die Klage von Anfang an unbegründet. Erfolgte die Zahlung in angemessener Höhe erst danach, hat sich die Klage erledigt. Der Rechteinhaber sollte den Rechtsstreit für erledigt erklären. Schließt sich der Verletzer der Erklärung an, ist über die Kosten nach § 91a ZPO zu entscheiden, **409**

1036 Hierzu auch *Fromm/Nordemann*, Urheberrecht, 11. Aufl. 2014, § 100 Rn. 10.

andernfalls ist die Klage umzustellen auf Feststellung, dass Erledigung eingetreten ist.

410 Bezahlt der Verletzer zwar eine Abfindung, allerdings nicht in angemessener Höhe, so bleibt der Hauptanspruch bestehen. Für den Verletzer empfiehlt sich jedoch der hilfsweise Antrag auf Feststellung, dass er zur Abwendung gegen Zahlung einer Entschädigung in genau benannter oder nach § 287 Abs. 2 ZPO in das Ermessen des Gerichts gestellter Höhe berechtigt ist.

411 *Variante 3* – Rechteinhaber akzeptiert bereits das Ob einer Ablösungsberechtigung nicht. Auch hier gilt zunächst: Solange der Verletzer nicht bezahlt, besteht der Hauptanspruch fort. Hat der Verletzer gezahlt, muss zunächst geklärt werden, ob ihm überhaupt ein Abwendungsrecht zusteht. Ist das nicht der Fall – z. B. weil dem Rechteinhaber nicht zumutbar – ist die Klage mit dem Hauptanspruch begründet. Dasselbe gilt für den Fall, dass dem Verletzer zwar ein Abwendungsrecht zusteht, die bezahlte Entschädigung aber zu niedrig war; insoweit kann auf die Ausführungen unter Variante 2 verwiesen werden. Steht dem Verletzer ein Abwendungsrecht zu und hat er in angemessener Höhe bezahlt, kommt es darauf an, wann diese Zahlung erfolgte: Vor Rechtshängigkeit, dann war die Klage von Anfang an unbegründet und ist abzuweisen. Nach Rechtshängigkeit, dann ist die Klage für erledigt zu erklären bzw. auf einen entsprechenden Feststellungsantrag umzustellen.

IX. Abmahnungen, Prozesse und Kosten dafür

412 Das Urheberrecht hat sich mit der zunehmenden Digitalisierung und der Möglichkeit, über das Internet scheinbar anonym und massenhaft urheberrechtlich geschützte Werke auszutauschen oder zu verwenden, auch zu einem vermeintlichen Eldorado für Anwälte entwickelt, die im Auftrag der jeweiligen Rechteinhaber Rechtsverletzungen durch Abmahnungen verfolgen. Da Verstöße oftmals gleich mehrere Werken betreffen, waren bzw. sind auch die für die Rechtsverfolgung entstehenden bzw. zu ersetzenden Kosten hoch. Das gilt nicht nur für die Verwendung von Kartenausschnitten auf einer Website, um Interessenten eine Anfahrtsskizze zur Verfügung zu stellen oder die Verwendung von Fotos Dritter, sondern insbesondere für das Herunterladen und vor allem Heraufladen von Filmen und Musik über P2P-Plattformen. So kamen sehr schnell erhebliche Summen zustande, und zwar nicht nur als Ersatz für die Verletzungshandlungen sondern auch in Form von Anwaltskosten. Vereinzelt wurden gar (durch Rechtsanwälte) spezielle Unternehmen gegründet, deren Zweck es war, Urheberrechtsverletzungen

aufzuspüren und gerichtsfest so zu dokumentieren, dass sie von einer Rechtsanwaltskanzlei ohne weiteres verfolgt werden können. Der Gesetzgeber versuchte (und versucht weiterhin), dem nach und nach Herr zu werden.

Zu diesen Mitteln gehört die Beschränkung des Gerichtsstands bei Verbraucherfällen. Ist vermeintlicher Verletzer eines Urheberrechts ein Verbraucher, so muss er grds. an seinem Wohnsitz in Deutschland verklagt werden, § 104a UrhG. Es gibt also keinen sog. fliegenden Gerichtsstand mehr, es sei denn, der Verletzer hat das geschützte Werk für seine gewerbliche oder seine selbständig berufliche Tätigkeit gewählt oder der Verletzer hat in Deutschland weder seinen Wohnsitz noch seinen gewöhnlichen Aufenthalt. Weitere Besonderheiten betreffen die Erstattungsfähigkeit von Anwaltskosten für die außergerichtliche Abmahnung sowie bestimmte inhaltliche Vorgaben an die jeweiligen Abmahnungen gem. § 97a UrhG (nachfolgend unter Punkt 1), sowie die Beschränkung der Erstattungspflicht von Anwaltskosten in bestimmten Fällen (nachfolgend unter Punkt 3): **413**

1. Erstattungsfähigkeit von Abmahnkosten; inhaltliche Anforderungen an Abmahnungen

§ 97a Abs. 1 UrhG sieht vor, dass der Verletzte (bzw. sein Anwalt) den Verletzer vor Einleitung eines gerichtlichen Verfahrens auf Unterlassung (Einstweiliges Verfügungsverfahren oder Unterlassungsklage) abmahnen soll, damit der Verletzer eine strafbewehrte Unterlassungserklärung abgeben kann – die ja die andernfalls zu vermutende Wiederholungsgefahr beseitigt. Es handelt sich allerdings um eine bloße Soll-Vorschrift. Sie bringt im Ergebnis zunächst – für sich genommen – nichts Neues. Denn auch ohne diese Regelung war es im Interesse des Verletzten, den Verletzer abzumahnen. Denn hätte der Verletzte sofort Klage erhoben und hätte der Verletzer den Anspruch sofort anerkannt, dann wäre der Verletzte möglicherweise auf den Kosten des Verfahrens sitzen geblieben, § 93 ZPO. **414**

Neu sind die inhaltlichen Vorgaben, die in § 97a Abs. 2 UrhG für die Abmahnung gemacht werden. Danach sind „in klarer und verständlicher Weise" (i) der Verletze anzugeben, (ii) die Rechtsverletzung genau zu bezeichnen und (iii) etwaige Zahlungsansprüche aufzuschlüsseln. Am wichtigsten ist aber die Pflicht anzugeben, ob eine – vom Verletzten – etwaig vorgeschlagene Unterlassungsverpflichtung über die abgemahnte Rechtsverletzung hinausgeht. Damit hat es folgendes auf sich: Nach der Rechtsprechung muss sich eine Abmahnung nicht auf die konkrete Verletzungshandlung beschränken, sondern es darf in einem gewissen Umfang abstrahiert werden. Für den Verletzer liegt darin insoweit ein Risiko, als er in Zukunft auch bei solchen Handlungen haften kann, die zwar nicht identisch sind wie die ab- **414a** gemahnte, sondern nur (aber immerhin) im Kern gleichartig sind. § 97a Abs. 2 UrhG weicht davon auch nicht ab. Allerdings muss der Abmahner nunmehr auf die Abweichung hinweisen. Geschieht das nicht oder ist eine der anderen inhaltlichen Vorgaben nicht erfüllt, so ist die Abmahnung unwirksam. Dabei muss der Verletzte nicht von sich aus eine Unterlassungserklärung formulieren. Das ist Aufgabe des Verletzers. Gibt jedoch der Verletzte eine Erklärung vor, so muss sie sich an den Anforderungen des § 97a Abs. 2 UrhG messen lassen. Erfüllt die Abmahnung diese Anforderungen nicht, dann ist sie unwirksam § 97a Abs. 2 Satz 2 UrhG. Der Abmahnende kann dafür keine Erstattung verlangen. Das ergibt sich im Umkehrschluss aus § 97a Abs. 3 Satz 1 UrhG. Und bei einem etwaigen Rechtsstreit droht dem Verletzten dann eine negative Kostenentscheidung nach § 93 ZPO, wenn der Verletzer nunmehr den geltend gemachten Anspruch unverzüglich anerkennen sollte. Mit anderen Worten: Der Verletzte muss nicht abmahnen. Will er allerdings Erstattung seiner Kosten verlangen, so muss er zuvor abmahnen und er muss dabei bestimmte inhaltliche Anforderungen einhalten.

414b Hinzu kommt, dass nach § 97a Abs. 4 UrhG der Verletzte im Fall einer unwirksamen Abmahnung – z.B. weil die Abmahnung die inhaltlichen Vorgaben nicht einhält – sogar Gefahr läuft, dass er seinerseits dem Abgemahnten die erforderlichen Aufwendungen für dessen Rechtsverteidigung erstatten muss. Entsprechendes gilt (erst recht) für den Fall, dass die Abmahnung von vornherein unberechtigt war, es sei denn der (abmahnende) Verletzte konnte das nicht erkennen. Ob der Verletzte auch erkennen konnte, dass die Abmahnung nicht den inhaltlichen Anforderungen entspricht, ist hingegen unerheblich.

2. Erstattungsfähigkeit von Abmahnkosten

415 Soweit eine Abmahnung berechtigt ist und sie die inhaltlichen Anforderungen des § 97a Abs. 2 UrhG einhält, kann der Verletzte eine Erstattung seiner Aufwendungen – das sind insbesondere etwaige Rechtsanwaltskosten – verlangen, soweit diese erforderlich waren. Allerdings sind die Kosten in bestimmten Fällen der Höhe nach beschränkt.

415a Dabei sind die (gesetzlichen) Honorarkosten eines Rechtsanwalts für eine Abmahnung grds. auch dann erstattungsfähig, wenn es sich bei dem Verletzten um ein Unternehmen mit eigener Rechtsabteilung handelt.[1037] Denn bei Unternehmen ist auf die tatsächliche Organisation abzustellen. So ist für das Wettbewerbsrecht anerkannt, dass auch ein Unternehmen mit eigener Rechtsabteilung nicht gehalten ist, die eigenen Juristen zur Überprüfung von Wettbewerbshandlungen der Mitbewerber einzusetzen und gegebenen-

---

1037 BGH, GRUR 2008, 996, 999 – Clone-CD; 2008, 928, 929 – Abmahnkostenersatz.

falls Abmahnungen auszusprechen. Denn die Verfolgung von Wettbewerbsverstößen gehört nicht zu den originären Aufgaben eines gewerblichen Unternehmens. Deswegen ist es nicht zu beanstanden, wenn ein Unternehmen sich für wettbewerbsrechtliche Abmahnungen der Anwälte bedient, mit denen es auch sonst in derartigen Angelegenheiten zusammenarbeitet.[1038] Handelt es sich um eine komplizierte Materie, wie das Urheberrecht, und ist die Bearbeitung der Streitigkeit zeitaufwendig, so bleibt es ohnehin – auch beim Vorhandensein einer eigenen Rechtsabteilung – beim Grundsatz der Ersatzfähigkeit von Anwaltsabmahnkosten.[1039] Zu beachten ist jedoch, dass *Reise*kosten eines auswärtigen Anwalts eventuell nur beschränkt erstattungsfähig bzw. nicht zu erstatten sind; das gilt insb. wenn der Sitz des Anwalts, der Sitz des Mandanten und der Sitz des entscheidenden Gerichts jeweils verschieden sind.[1040]

Ferner ist zu beachten, dass die Rechtsanwaltskosten für eine Abmahnung nicht zu den Prozesskosten im Sinne des § 91 ZPO zählen, die im gerichtlichen Kostenfestsetzungsverfahren geltend gemacht werden können.[1041] Sie sind vielmehr selbstständig im Rahmen eines materiellen Erstattungsanspruchs geltend zu machen. Zwar ist gem. Teil 3 Vorbemerkung 3 Abs. 4 VV RVG die Geschäftsgebühr für die Abmahnung zur Hälfte, max. mit 0,75, auf die Verfahrensgebühr anzurechnen. Wurde allerdings über die Abmahngebühr noch kein (gesonderter) Titel erwirkt,[1042] so kann im Kostenfestsetzungsverfahren zunächst Erstattung der Verfahrensgebühr in voller Höhe verlangt werden, § 15a Abs. 2 RVG; soll die Geschäftsgebühr dann später geltend gemacht werden, so ist sie entsprechend zu kürzen.[1043]   **415b**

War die **Abmahnung** wegen einer Schutzrechtsverletzung **unberechtigt**, kommen Schadensersatzansprüche des Abgemahnten wegen Eingriffs in den eingerichteten und ausgeübten Gewerbebetrieb[1044] bzw. im Urheberrecht nunmehr ausdrücklich gem. § 97 Abs. 4 UrhG in Betracht, die sich nicht nur gegen den Abmahnenden, sondern auch gegen den mit der Schutzrechtsverwarnung beauftragten Rechtsanwalt richten können.[1045]   **415c**

1038 BGH, GRUR 2008, 928, 929 – Abmahnkostenersatz; GRUR 2010, 1120, 1122 – Vollmachtsnachweis.
1039 LG Köln, MMR 2008, 127.
1040 BGH, Beschl. v. 20.5.2008, VIII ZB 92/07.
1041 BGH, GRUR 2006, 439, 440 – nicht anrechenbare Geschäftsgebühr; 2008, 639 – Kosten eines Abwehrschreibens.
1042 Und sollen Geschäftsgebühr und Verfahrensgebühr auch nicht in demselben Verfahren geltend gemacht werden.
1043 Vgl. BGH, IBRRS 2012, 1857; 2012, 4212.
1044 BGH, GSZ GRUR 2005, 882 – Unberechtigte Schutzrechtsverwarnung I.
1045 BGH, GRUR 2016, 630, Tz. 14 – Unberechtigte Schutzrechtsverwarnung II.

2. Beschränkung der Pflicht zur Erstattung von Rechtsanwaltskosten (§ 97a UrhG)

416 Die Erstattungsfähigkeit von Rechtsanwaltskosten kann nach § 97a Abs. 3 UrhG beschränkt sein. Dabei ist allerdings von vornherein klarzustellen, dass es sich bei § 97a Abs. 3 UrhG nicht um eine Norm handelt, die den Erstattungsanspruch des Rechtsanwalts gegenüber seinem Mandanten regelt. § 97a Abs. 3 UrhG regelt (nur) den Erstattungsanspruch gegenüber dem Rechtsverletzer. Mit der Beschränkung der Abmahnkosten soll nach dem Willen des Gesetzgebers die Situation von Verbrauchern verbessert werden, die sich hohen Forderungen nach Erstattung von Anwaltskosten für eine Abmahnung wegen einer Urheberrechtsverletzung ausgesetzt sehen. Hintergrund dafür ist, dass es insb. im Zusammenhang mit Rechtsverletzungen im Internet in zahlreichen Fällen vorkam, dass Rechtsanwälte massenweise abgemahnt und dafür teilweise nicht unerhebliche Anwaltsgebühren geltend gemacht haben. Das gilt insb. auch für Rechtsverletzungen in P2P-Netzwerken. Einige Gerichte[1046] setzten hier pro Musikdatei einen Streitwert von 10.000 Euro an, was bei 100 Dateien bereits zu einem Gegenstandswert von 1 Million Euro führte. Die Abgemahnten, sehr häufig Jugendliche, sahen sich somit erheblichen Kosten ausgesetzt, nicht nur in Form von Schadensersatz (angemessene und übliche Lizenzgebühr), sondern auch hinsichtlich der Abmahnkosten, was in vielen Fällen dazu geführt hat, dass die Abgemahnten bereit waren, den Rechtsstreit gegen Zahlung eines nicht unerheblichen Pauschalbetrages zu erledigen.

417 Nachdem § 97a UrhG in einer früheren Fassung den Erstattungsbetrag auf 100 Euro beschränkt hatte, geht § 97a Abs. 3 UrhG nunmehr einen anderen Weg: Erstens knüpft es die Erstattungspflicht an bestimmte inhaltliche Vorgaben an die Abmahnung (siehe vorstehend Rn. 414a). Und zweitens beschränkt es für bestimmte Konstellationen den Gegenstandswert, nach denen sich die gesetzlichen Gebühren bemessen, für den außergerichtlichen Unterlassungs- und Beseitigungsanspruch auf 1.000 Euro. Bei einer 1,3 Geschäftsgebühr (VV 2300 RVG) und einer Auslagenpauschale von 20,00

[1046] LG Köln, MMR 2008, 126 ff.: 10.000 € pro Titel; LG Hamburg, ZUM 2007, 869: 6000 € für den ersten Titel, 3000 € für den zweiten bis fünften Titel, 1500 € für den sechsten bis zehnten Titel, 600 € für jeden weiteren Titel; OLG Hamburg, GRUR-RR 2007, 375; bei zehn angebotenen Musiktiteln 15.000 €, bei fünf angebotenen Musiktiteln 10.000 €; OLG Zweibrücken, ZUM 2009, 45: 10.000 € für ein Computerspiel. Eine schematische Bemessung des Gegenstandswertes, die sich bspw. nach dem Doppelten des anzunehmenden Lizenzschadens richtet, ist jedenfalls nicht sachgerecht. Dieser muss sich nach Ansicht des BGH vielmehr nach dem wirtschaftlichen Wert des verletzten Rechts, nach der Aktualität und Popularität des Werks, der Intensität und Dauer der Rechtsverletzung sowie nach den subjektiven Umständen auf Seiten des Verletzers bemessen, BGH, Urt. v. 12.5.2016, I ZR 272/14.

Euro (VV 7002 RVG) ergibt sich somit für die außergerichtliche Abmahnung somit ein Betrag von 124,00 Euro.[1047] Diese Beschränkung kommt allerdings nur unter bestimmten Voraussetzungen in Betracht:

Erstens muss es sich um „**erforderliche Aufwendungen**" handeln. Nicht erforderliche Aufwendungen sind überhaupt nicht zu erstatten; die Frage nach einer Reduzierung stellt sich dann nicht. Dabei ist auch zu beachten, dass Host-Provider für fremde Inhalte auf ihren Rechnern nach der Haftungsprivilegierung des § 10 TMG erst nach Kenntnis von der rechtswidrigen Handlung haften und daher die Kosten einer Abmahnung, mit der eine solche Kenntnis überhaupt erst verschafft wird, nicht zu erstatten sind. Vielmehr kann sich durch eine solche nicht erforderliche oder unwirksame Abmahnung sogar der Abmahnende gegenüber dem Abgemahnten schadensersatzpflichtig machen, vgl. § 97a Abs. 4 Satz 1 UrhG.[1048]

418

Zweitens muss der Abgemahnte eine **natürliche Person** sein, die das geschützte Werk **nicht** für **gewerbliche oder selbstständig berufliche Tätigkeit** verwendet, und nicht bereits wegen eines Anspruchs des Abmahnenden durch Vertrag, auf Grund einer rechtskräftigen Entscheidung oder einer einstweiligen Verfügung zur Unterlassung verpflichtet ist. Mit anderen Worten (grob vereinfacht gesagt): es muss sich um einen **Verbraucher als Ersttäter** handeln. Wer hingegen im Rahmen seiner gewerblichen oder freiberuflichen Tätigkeit Urheberrechte anderer verletzt, kann nicht mit einem Entgegenkommen bei der Berechnung der Anwaltskosten rechnen. „Gewerblich" ist dabei im Sinne des Schutzes des Abgemahnten so auszulegen, dass es wie im Handelsrecht eine Gewinnerzielungsabsicht voraussetzt.[1049]

419

Der Abgemahnte darf zudem nicht bereits gegenüber dem Abmahnenden zur Unterlassung verpflichtet sein, sei es durch Vertrag (insb. strafbewehrte Unterlassungserklärung), durch einstweilige Verfügung oder gar durch eine rechtskräftige gerichtliche Entscheidung). Dass der Verletzer bereits abgemahnt wurde, schließt die Beschränkung somit noch nicht aus, solange es danach nicht bereits zum Erlass einer einstweiligen Verfügung kam oder eine Unterlassungserklärung abgegeben wurde. Unproblematisch ist das, wenn es nur um die Rechte eines Rechteinhabers und auch nur um eine Rechtsverletzung geht, z.B. die einmalige Übernahme einer Straßenkarte auf die eigene Homepage. Schwieriger sind hingegen die Fälle, in denen mehrere Rechtsverletzungen zu Lasten mehrerer Rechteinhaber begangen werden, z.B. der Upload von Musiktiteln diverser Rechteinhaber.

1047 Der Streitwert für Unterlassungs- und Beseitigungs**klagen** wurde nicht gedeckelt. Dieser richtet sich weiterhin nach § 3 ZPO, vgl. BT-Drs. 17/14216, S. 7.
1048 Hierzu Rn. 415c.
1049 So auch *Spindler*, in: Spindler/Schuster, Recht der elektronischen Medien, 3. Aufl. 2015, § 97a Rn. 20; a. A. *Nordemann/Wolters*, ZUM 2014, 25, 28.

Kap. 7 Haftungsfragen

Auch hier kommt es auf die Sicht des Verletzten an. D. h. eine etwaige Beschränkung des Erstattungsanspruchs ist nicht allein deshalb ausgeschlossen, weil der Verletzer in einem der Art nach (Upload von Musikdateien) vergleichbaren Fall zuvor bereits von einem anderen Rechteinhaber abgemahnt wurde oder der andere Rechteinhaber gegen den Verletzer sogar schon einen rechtskräftigen Titel erwirkt hat. § 97a Abs. 3 Satz 2 Nr. 2 UrhG stellt ausdrücklich darauf ab, dass der Verletzer nicht bereits wegen eines Anspruchs „des Abmahnenden" zur Unterlassung verpflichtet ist. Umgekehrt ist es allerdings unerheblich, ob der erste Titel auch von demselben Rechtsanwalt erwirkt wurde, solange es nur derselbe Rechteinhaber ist. Mahnt ein Anwalt für mehrere Rechteinhaber ab, beurteilt sich aus Sicht jedes Rechteinhabers, ob es sich um eine erstmalige Abmahnung handelt. Dementsprechend kann für ein Abmahnschreiben evtl. auch mehrfach eine reduzierte Gebühr verlangt werden; auf keinen Fall kann jedoch mehr verlangt werden, als die Verletzten dem Anwalt nach RVG bezahlen müssen, ggf. unter Beachtung des § 7 RVG.

420 Drittens darf die Deckelung **nach den besonderen Umständen des Einzelfalls** nicht **unbillig** sein, § 97a Abs. 3 Satz 4 UrhG. Davon ist auszugehen, wenn die Anzahl und Schwere der Rechtsverletzungen vom üblichen Maß abweicht.[1050] Ähnliche Kriterien wurde bereits bei § 97a Abs. 2 UrhG a. F. unter dem Gesichtspunkt der „nur unerheblichen Rechtsverletzung" zugrunde gelegt. Es kommt entscheidend auf die Quantität und Qualität der Verletzung an. Begeht der Verletzer regelmäßig und in umfangreicher Weise Urheberrechtsverstöße wird eine Deckelung nicht in Betracht kommen. Als unerhebliche Rechtsverstöße werden vom Gesetzgeber die Beispielsfälle einer öffentlichen Zugänglichmachung eines Stadtplanausschnitts, eines Liedtextes oder eines Lichtbildes auf einer Internetauktionsplattform aufgeführt.[1051] Eine Unbilligkeit der Streitwertdeckelung auf 1.000 Euro wird teilweise dann angenommen, wenn der übliche Streitwert das 10-Fache von 1.000 Euro beträgt.[1052]

423 Die **Beweislast** dafür, dass die Voraussetzungen des § 97a UrhG gegeben sind, liegt bei demjenigen, der sich auf die Beschränkung der Kosten beruft, d. h. zumeist beim Verletzer. Zweifel gehen daher zu seinen Lasten.

424 Soweit die o. g. Voraussetzungen erfüllt sind, können Anwaltskosten nur bis zu der gesetzlichen Gebühr nach einem Streitwert von 1.000 Euro erstattet verlangt werden. Dies ist kein Pauschalbetrag, sondern ein Grenzwert. Bei der Grenzziehung sind nach der amtlichen Begründung Steuern und Ausla-

---

1050 BT-Drs. 17/13057, S. 29; näheres dazu *Nordemann/Wolters*, ZUM 2014, 25, 29 f.
1051 BT-Drs. 16/5048, S. 50; so auch schon OLG Brandenburg, MMR 2009, 258.
1052 *Nordemann/Wolters*, ZUM 2014, 25, 30.

F. Verjährung

gen (VV 7002 RVG) mit zu berücksichtigen.[1053] Hinsichtlich der Kosten im Rahmen von Auskunftsansprüchen siehe Rn. 386 f. (V. 2. g).

F. Verjährung

Im Rahmen der Schuldrechtsmodernisierung zum 1.1.2002 wurde die Verjährung für Ansprüche nach dem Urhebergesetz mit denjenigen des BGB gleichgestellt. Genau genommen wurden die Verjährungsregelungen des BGB so geändert, dass sie nunmehr im Ansatz – bei wichtigen Unterschieden im Detail – dem entsprechen, was zuvor bereits in § 102 UrhG a. f. geregelt war und dort weiterhin geregelt ist. § 102 UrhG beschränkt sich in seiner aktuellen Fassung darauf, auf die allgemeinen Verjährungsregelungen im BGB (§§ 194 ff. BGB) zu verweisen. § 102 Satz 1 UrhG gilt für Ansprüche wegen Verletzung des Urheberrechts oder eines anderen nach dem UrhG geschützten Rechts, mithin nur für das Urheberdeliktsrecht.[1054] Davon sind insb. Unterlassungs-, Beseitigungs- und Schadensersatzansprüche sowie Ansprüche auf Vernichtung und Bekanntmachung umfasst. Für Ansprüche aus Bereicherungsrecht gilt § 852 BGB, § 102 Satz 2 UrhG (siehe unten Rn. 429). D. h. hier beträgt die Verjährung nicht nur 3 Jahre, sondern 10 Jahre.

425

I. Regelmäßige Verjährungsfrist

Ansprüche wegen Urheberrechtsverletzungen verjähren in drei Jahren ab dem Schluss des Jahres, in dem der Anspruch entstanden ist und in dem der Berechtigte von den Anspruch begründenden Umständen (Verletzung von Rechten) sowie der Person des Schuldners Kenntnis erlangt hat oder ohne grobe Fahrlässigkeit erlangt haben müsste, §§ 195, 199 Abs. 1 BGB, § 102 UrhG. Bei mehreren Anspruchsberechtigten oder -verpflichteten können somit mehrere, verschiedene Verjährungsfristen laufen, je nach dem Zeitpunkt der Kenntniserlangung. Für die Zurechnung von Kenntnis gelten weiterhin die allgemeinen Grundsätze, d. h. die Kenntnis gesetzlicher Vertreter ist ebenso zuzurechnen wie die Kenntnis von sog. „Wissensvertretern" (das sind Personen, die mit der Erledigung bestimmter Aufgaben in eigener Verantwortung betraut wurden).[1055] Fehlt die Kenntnis bzw. Erkennbarkeit, ver-

426

1053 BT-Drs. 17/13057, S. 13.
1054 *Fromm/Nordemann*, Urheberrecht, 11. Aufl. 2014, § 102 Rn. 1.
1055 *Ellenberger*, in: Palandt, BGB, 74. Aufl. 2015, § 199 Rn. 25.

Kap. 7 Haftungsfragen

jähren die Ansprüche des Rechteinhabers in zehn Jahren von ihrer Entstehung (taggenau) an, § 199 Abs. 3 Nr. 1 BGB.[1056]

427 Die regelmäßigen Verjährungsfristen gelten über § 102 Satz 1 UrhG auch für die Ansprüche auf Vernichtung, Überlassung und Rückruf/Entfernung aus den Vertriebswegen nach § 98 UrhG, auf Bekanntmachung nach § 103 UrhG und auf (selbstständige) Auskunft und Rechnungslegung. Die akzessorischen Ansprüche auf Auskunft und Rechnungslegung verjähren mit den Hauptansprüchen. Auch die Verjährung des Entschädigungsanspruchs nach § 100 UrhG richtet sich nach § 102 Satz 1 UrhG. Sie beginnt jedoch frühestens mit der Geltendmachung der Abwendungsbefugnis durch den Verletzer. Der **vorbeugende Unterlassungsanspruch** unterliegt keiner Verjährung, allerdings ist bei längerem Zeitablauf kritisch zu hinterfragen, ob noch Erstbegehungsgefahr besteht. Auf eine etwaige kürzere Verjährung nach anderen Gesetzen, z. B. nach § 11 UWG, kommt es nicht an. Grundsätzlich verjähren konkurrierende Ansprüche in der für sie geltenden Frist.[1057]

428 Mit jedem neuen, in sich abgeschlossenen Verstoß beginnt eine neue, selbstständige Verjährungsfrist. Ein Fortsetzungszusammenhang wird für das Urheberrecht nicht anerkannt.[1058] Besonderheiten sind für die Verjährung bei Dauerhandlungen zu beachten: Bei Dauerhandlungen beginnt die Verjährungsfrist für die zukunftsbezogenen Unterlassungs- und Beseitigungsansprüche erst mit Beendigung der Dauerhandlung,[1059] also z. B. Löschung des streitbefangenen Objekts von der Webseite. Für die Beurteilung von Schadensersatzansprüchen unterstellt die Rechtsprechung hingegen zumeist, dass es sich um eine Vielzahl von Einzelhandlungen handelt, die vergangenheitsbezogen sind und je für sich ihre wirtschaftliche Bedeutung haben. In diesen Fällen knüpft der BGH für den Beginn der jeweiligen Verjährungsfrist jeweils an den Zeitpunkt jeder einzelnen Handlung an. Für jeden Teilakt läuft somit eine gesonderte Verjährungsfrist; es tritt sukzessive Verjährung für Handlungen und Schäden ein, die entsprechend lange zurückliegen.[1060]

1056 Wird zunächst keine Kenntnis erlangt bzw. grob fahrlässig nicht erlangt und entsteht der Anspruch zunächst nicht, verjährt er dennoch spätestens nach 30 Jahren von der Verletzungshandlung (taggenau) an, § 199 Abs. 3 Nr. 2 BGB. Diese Regelung erfasst z. B. Sachverhalte, in denen zunächst kein Schaden eintritt und damit auch kein Schadensersatzanspruch entsteht. Dieser Fall wird bei der Verletzung von Urheberrechten u. a. wegen der dreifachen Schadensberechnungsmöglichkeit aber kaum je relevant werden.
1057 BGH, GRUR 1984, 820, 822 – Intermarkt II m. w. N.
1058 BGH, GRUR 1968, 321, 326 – Haselnuß; AG Kassel, MMR 2014, 840, 841.
1059 BGH, GRUR 2003, 448, 450 – Gemeinnützige Wohnungsbaugesellschaft.
1060 BGH, NJW 2015, 3165 – Motorradteile.

F. Verjährung **Kap. 7**

II. Verjährung bei Bereicherung

Soweit der Verletzer durch unerlaubte Handlung etwas auf Kosten des Verletzten erlangt hat und somit der deliktische Schadensersatzanspruch auch die Herausgabe einer ungerechtfertigten Bereicherung umfasst,[1061] verjährt er – unabhängig von einer etwaigen Kenntnis oder grob fahrlässigen Unkenntnis – erst in zehn Jahren von seiner Entstehung an bzw. in 30 Jahren ab Begehung der Verletzungshandlung, § 102 Satz 2 UrhG, § 852 Satz 2 BGB. D. h. trotz Verjährung des Schadensersatzanspruchs kann dieser „deliktische Bereicherungsanspruch"[1062] noch fortbestehen, ist aber in seinem Umfang insoweit auf die ungerechtfertigte Bereicherung beschränkt.[1063] Auf den ersten Blick steht im Widerspruch zu dieser langen Verjährungsfrist der Umstand, dass der bereicherungsrechtliche Anspruch auf Zahlung einer angemessenen und üblichen Lizenzgebühr, sowie der Anspruch auf Herausgabe des Erlangten nach GoA (§§ 687 Abs. 2, 667 BGB) innerhalb der regelmäßigen Verjährungsfrist verjähren, d. h. innerhalb von drei Jahren ab Schluss des Jahres, in dem Kenntnis erlangt wurde, spätestens aber nach zehn Jahren von ihrer Entstehung an, §§ 195, 199 Abs. 4 BGB. Allerdings setzen der Anspruch aus Bereicherungsrecht und aus GoA auch kein Verschulden voraus. Die unterschiedliche Verjährung ist durch den Sinn und Zweck des § 852 BGB gerechtfertigt. Denn durch § 852 BGB soll verhindert werden, dass derjenige, der einen anderen durch eine unerlaubte Handlung schädigt und dadurch sein eigenes Vermögen vermehrt, im Besitz dieses Vorteils bleibt.[1064] Dieser Grundsatz muss auch für die deliktischen Ansprüche des Urheberrechts gelten. So hat der BGH die zehnjährige Verjährungsfrist nach §§ 102 Satz 2 UrhG, 852 BGB auf Schadensersatzforderungen der GEMA gegen einen Standbetreiber wegen der unerlaubten Nutzung urheberrechtlich geschützter Werke angewendet.[1065] Umstritten ist, ob diese Entscheidung auch auf Filesharingfälle übertragbar ist.[1066]

429

1061 Zur Rechtsnatur dieses Anspruchs nach altem Recht – nämlich Anspruch aus unerlaubter Handlung, der jedoch in Höhe der Bereicherung erst später verjährt – siehe BGH, WRP 1999, 816, 821 – Güllepumpen.
1062 BGH, NJW 2015, 3165, 3167 – Motorradteile; *Bohne*, in: Wandtke/Bullinger, Praxiskommentar UrhR, 4. Aufl. 2014, § 102 Rn. 10.
1063 BAG, NJW 2002, 1066, 1068.
1064 *Sprau*, in: Palandt, 74. Aufl. 2015, § 852 Rn. 2.
1065 BGH, GRUR 2012, 715 – Bochumer Weihnachtsmarkt.
1066 Dagegen: LG Bielefeld, Beschl. v. 6.2.2015 – 20 S 65/14, BeckRS 2015, 07600; AG Bielefeld, NJW 2015, 1187; AG Düsseldorf, Urteil v. 24.7.2014 – 57 C 25659/13, BeckRS 2014, 22659; AG Kassel, Urteil v. 26.8.2014 – 410 C 1875/14, BeckRS 2015, 07878 mit der Begründung, dass Musik- oder Filmwerke nicht dergestalt lizensiert werden, dass sie im Wege des Filesharing angeboten werden, sodass auch keine Lizenzgebühr erspart wurde; dafür: LG Frankfurt a. M., MMR 2015, 746 –

III. Verjährung vertraglicher Ansprüche

430 *Vertragliche* Unterlassungsansprüche, insb. solche aus strafbewehrten Unterlassungserklärungen, unterliegen ebenfalls der regelmäßigen Verjährung, d. h. sie verjähren in drei Jahren mit Schluss des Jahres, in dem der Anspruch entstanden ist und der Anspruchsberechtigte Kenntnis von der Person des Anspruchsverpflichteten erlangt hat oder ohne grobe Fahrlässigkeit hätte erlangen müssen, maximal in zehn Jahren ab Entstehung des Anspruchs, §§ 195, 199 Abs. 4 BGB. Auch die weiteren urhebervertraglichen Ansprüche (z. B. Zahlungsansprüche, Vertragsstrafenansprüche) unterliegen der regelmäßigen Verjährung. Die §§ 194 ff. BGB gelten hier direkt. Ergeben sich die vertraglichen Ansprüche aus vollstreckbaren Vergleichen, gilt eine Verjährungsfrist von 30 Jahren, § 197 Abs. 1 Nr. 4 BGB.

IV. Verjährungshemmung

431 Die Verjährung ist *gehemmt* für den Zeitraum, in dem Vergleichsverhandlungen über die Ansprüche geführt werden, § 102 UrhG, § 203 BGB. Der Begriff der „Verhandlung" ist dabei weit auszulegen; insb. ist keine ausdrückliche Erklärung der Vergleichsbereitschaft erforderlich.[1067] Eine bloße Prüfung der geltend gemachten Ansprüche genügt allerdings nicht. Die Hemmung dauert an, bis ein Teil die Fortsetzung der Verhandlungen verweigert. Schlafen die Verhandlungen ein, so soll die Hemmung nach der Begründung des Regierungsentwurfs in dem Zeitpunkt enden, in dem der nächste Schritt nach Treu und Glauben zu erwarten gewesen wäre.[1068] Nach dem Ende der Verhandlungen steht dem Anspruchsberechtigten in jedem Fall eine Karenzzeit von drei Monaten zu, ehe die Verjährung eintritt, § 203 Satz 2 BGB.

432 Hemmung tritt außerdem ein durch Erhebung einer Leistungs- oder Feststellungsklage, § 204 Abs. 1 Nr. 1 BGB,[1069] oder auch durch Einreichung eines Verfügungsantrags, sofern die Verfügung innerhalb eines Monats seit Verkündung[1070] dem Schuldner zugestellt wird, § 204 Abs. 1 Nr. 9 BGB.[1071] Die

---

Verjährung der Schadensersatzanspruchs bei Filesharing-Fällen, m. zust. Anm. *Issa*. Siehe dazu auch *Geier*, NJW 2015, 1149.

1067 *Heinrichs*, in: Palandt, 74. Aufl. 2015, § 203 Rn. 2.
1068 Vgl. auch BGH, NJW 1986, 1337, 1338.
1069 Nach altem Recht kam es zur Unterbrechung, § 209 Abs. 1 BGB a. F.
1070 Bei Beschlüssen: seit Zustellung an den Gläubiger.
1071 Nach altem Recht hatte das Verfügungsverfahren auf die Verjährung keine Auswirkung. Erforderlich war vielmehr die Vornahme von Vollstreckungshandlungen, § 209 Abs. 2 Nr. 5 BGB a. F.; hierfür genügte die Parteizustellung der Verfügung nicht, und zwar selbst dann nicht, wenn sie bereits die Androhung von Ordnungsmit-

F. Verjährung Kap. 7

Hemmung endet sechs Monate nach rechtskräftiger Entscheidung oder anderweitiger Beendigung des eingeleiteten Verfahrens, § 204 Abs. 2 Satz 1 BGB.

Eine *Unterbrechung* der Verjährung gibt es nicht mehr. Das BGB spricht **433** stattdessen von einem „Neubeginn der Verjährung", § 212 BGB. Dieser Neubeginn tritt insb. ein, wenn ein Anspruch anerkannt oder eine gerichtliche Vollstreckungshandlung beantragt wird.

Die Hemmung oder der Neubeginn der Verjährung für einen Anspruch be- **434** gründen nicht automatisch die Hemmung oder den Neubeginn für andere Ansprüche, mögen sie auch auf derselben Handlung beruhen. Zwar bestimmt § 213 BGB, dass die Hemmung und der Neubeginn auch für Ansprüche gelten, die aus demselben Grund gegeben sind. Allerdings müssen diese Ansprüche wahlweise nebeneinander bestehen. Es muss um das gleiche wirtschaftliche Interesse gehen. Eine Klage auf Schadensersatz hemmt daher nicht die Verjährungsfrist für Unterlassungsansprüche. Ebenso wenig stellt die Abgabe einer Unterlassungserklärung ein Anerkenntnis eines Schadensersatzanspruchs dar.

V. Prozessuales, Verjährungsvereinbarungen

Die Verjährung begründet nur eine Einrede, § 214 Abs. 1 BGB. Sie ist nicht **435** von Amts wegen zu beachten, sondern muss vom Anspruchsverpflichteten geltend gemacht werden. Geschieht dies im Prozess, führt die Verjährungseinrede nach überwiegender Ansicht zur Erledigung der Hauptsache i. S. v. § 91a ZPO.

Vereinbarungen über eine von den gesetzlichen Vorschriften abweichende **436** Verjährung sind nunmehr nach § 202 BGB in größerem Umfang möglich als das vor einigen Jahren noch der Fall war. So ist z. B. eine im Voraus vereinbarte Erleichterung der Verjährung – dazu zählt insb. die Vereinbarung einer kürzeren Verjährungsfrist – nur noch für Vorsatz verboten. Eine Erschwerung (insb.: Verlängerung) der Verjährung ist ebenfalls grundsätzlich erlaubt, solange die Frist nicht 30 Jahre überschreitet. Damit wird es zukünftig nicht mehr nötig sein, die üblichen Verjährungsverzichtserklärungen dem Regime von Treu und Glauben (§ 242 BGB) zu unterstellen, sondern diese sind zukünftig unmittelbar wirksam.

Rechtskräftig festgestellte Ansprüche verjähren nach 30 Jahren, § 197 **437** Abs. 1 Nr. 3 BGB.

---

teln enthielt, BGH, GRUR 1979, 121, 122 – Verjährungsunterbrechung. Wohl aber unterbrach die *nachträgliche* Androhung oder Festsetzung von Ordnungsmitteln durch gesonderten Beschluss des Prozessgerichts nach § 890 Abs. 2 ZPO die Verjährung.

Kapitel 8
Außervertragliches Kollisionsrecht und Internationale Zuständigkeit

A. Einleitung

1 Das Internet ermöglicht, dass urheberrechtlich geschützte Werke und Informationen, die in digitalisierter Form irgendwo in der Welt verfügbar sind, von jedem Punkt der Erde in Sekundenschnelle abgerufen werden können, sofern nur ein Netzzugang besteht. Geistige Schöpfungen sind zeitlich und örtlich ungebunden („ubiquitär")[1] – sie sind allgegenwärtig; im Rahmen internationaler Datennetze zirkulieren sie unabhängig von nationalen Grenzen: „cyperspace knows no national borders".[2] Die grenzenlose internetbasierte Kommunikation in unserer heutigen Innovations- und Wissensgesellschaft sowie die Ubiquität der Geisteswerke und der generell bestehende Anspruch, Verwertungshandlungen möglichst global vornehmen zu können, führen dazu, dass bei urheberrechtlichen Sachverhalten (u. a. Werknutzung und -verletzung, Lizenzierungsangelegenheiten) häufig mehrere Rechtsordnungen zugleich tangiert werden und sich zwangsläufig kollisionsrechtliche Fragen stellen, wie etwa die nach dem anwendbaren Recht oder der Zuständigkeit des angerufenen Gerichts.

2 Gerade angesichts der Tatsache, dass das traditionelle Urheberrecht nach wie vor von einem Nebeneinander gleichberechtigter nationaler Urheberrechtsordnungen ausgeht und diese weltweit erheblich voneinander abweichen, kommt insbesondere der ersten Frage, namentlich der nach dem anwendbaren Recht, eine ganz wesentliche Bedeutung zu, wobei im Fokus der Rechtspraxis insbesondere das urheberrechtliche Verletzungsstatut steht.[3] Typisch ist dabei die folgende Konstellation, die zuletzt auch im Zusammenhang mit der Video-on-Demand-Website „Kino.to"[4] in Erscheinung getreten

---

1 *Rehbinder*, Urheberrecht, 2010, Rn. 3; *Haedicke*, Jura 1996, 64, 66; *Lehmann*, in: Lehmann, Internet- und Multimediarecht (Cyberlaw), 1997, S. 25, 31.
2 *Ginsburg*, in: Hugenholtz (ed.), The Future of Copyright in a Digital Environment, 1996, S. 189, 190.
3 *Sandrock*, in: v. Caemmerer, Vorschläge und Gutachten zur Reform des deutschen internationalen Privatrechts der außervertraglichen Schuldverhältnisse, 1983, S. 380, 386.
4 Zu dem streitgegenständlichen Sachverhalt siehe u. a. AG Leipzig, Urt. v. 21.12.2011, 200 Ls 390 Js 184/11 – „kino.to"; LG Leipzig, Urt. v. 14.12.2015, 11 KLs 390 Js 9/15 – „kinox.to" sowie OGH Wien, Beschl. v. 24.6.2014, 4 Ob 71/14s, GRUR Int. 2014, 1074 – „kino.to".

ist: Auf einem Server im Land X befindet sich die Website eines Anbieters (z.B. einer Privatperson oder eines Online-Dienstes), dessen Niederlassung sich im Land Y befindet. Über diese Website gelangt man zu einer Datenbank mit literarischen, musikalischen oder filmischen Werken, auf welche die Internetnutzer jederzeit und aus allen Ländern der Welt interaktiv zugreifen können, indem sie die Daten entweder nur vorübergehend in ihrem Arbeits- oder Cachespeicher zwischenspeichern (Streaming, Browsen) oder sie dauerhaft auf ihrer Festplatte sichern (Downloaden). Im angesprochenen Sachverhalt „Kino.to" war Anbieter des gleichnamigen Filmportals eine Privatperson mit Wohnsitz in Deutschland, welche eine Website mit dem Domainkürzel „to" im Südsee-Archipel Tonga unterhielt („Kino.to"). Über die Website wurde der Zugang zu mehr als einer Million Raubkopien von urheberrechtlich geschützten Filmwerken eröffnet, die der Anbieter zuvor auf den Servern, sog. Filehoster, in den Niederlanden, der Schweiz und später auch in Russland im Wege des Uploading platzierte. Die Filmwerke ließen sich anschließend weltweit und kostenlos über die Website abrufen, wobei den Internetnutzern sowohl das Streaming als auch das Downloaden möglich war. Um nun bei einer solchen typischen Konstellation die Rechtmäßigkeit der diversen Nutzungshandlungen beurteilen und eine Urheberrechtsverletzung ausmachen zu können, muss zuvor geklärt werden, welche der berührten Urheberrechtsordnungen überhaupt zur Anwendung kommt. Ist es die Rechtsordnung des Serverstandortes, von dem aus die digitale Übertragung ihren Ursprung nahm (hier: Tonga), des Wohn- bzw. Geschäftssitzes des Anbieters (hier: Deutschland), die Rechtsordnungen der zwischengeschalteten Filehoster-Dienste (hier: Niederlande, Schweiz und Russland) oder all derjenigen Länder, in denen die Nutzer weltweit die Werke abrufen?

B. Anzuwendendes Kollisionsrecht

Zur Beantwortung der Frage, welches nationale Urheberrecht über den Schutz eines Werkes entscheidet, d.h. nach welcher Urheberrechtsordnung sich die Frage nach seiner Entstehung, der Inhaberschaft, des Inhalts und der Schranken und damit der Rechtmäßigkeit der diversen Nutzungshandlungen bestimmt, ist das Internationale Privatrecht (IPR) berufen, welches die Aufgabe hat, bei Sachverhalten mit Auslandsberührung mittels Kollisionsnormen aus den mehreren in Betracht kommenden Rechtsordnungen diejenige auszuwählen, welche die engste Beziehung zu dem zu beurteilenden Sachverhalt aufweist. 3

Kap. 8 Außervertragliches Kollisionsrecht und Internationale Zuständigkeit

4 Das IPR ist dabei – entgegen seiner Bezeichnung – kein internationales Recht, das einheitlich für alle Staaten gilt und den nationalen Gesetzen vorgeht, sondern das IPR und sein Kollisionsrecht gehören vielmehr zum nationalen Recht der einzelnen Staaten.[5] Es ist nur insoweit international, als dass es Sachverhalte mit Auslandsberührung anbetrifft. Deshalb fällt auch die Antwort auf die Frage nach der anwendbaren Rechtsordnung von Staat zu Staat oft unterschiedlich aus und richtet sich allein danach, wo der Urheber als Anspruchsteller seine Rechte geltend macht.[6] Würde also im oben geschilderten Ausgangsfall eine Klage vor einem deutschen Gericht – dessen internationale Zuständigkeit nach den Regeln des Internationalen Zivilprozessrechts hier unterstellt werden soll – erhoben, so würde das Gericht von Amts wegen deutsches IPR und dessen Kollisionsrecht zur Lösung der Frage nach der anzuwendenden Urheberrechtsordnung heranziehen;[7] das deutsche Gericht ginge vom deutschen IPR als der lex fori aus. Käme der Rechtsstreit dagegen vor ein australisches Gericht, so würde dieses automatisch australisches Kollisionsrecht berücksichtigen, ein französisches Gericht französisches Kollisionsrecht usw. Da sich nun, aufgrund der nur nationalen Natur der verschiedenen kollisionsrechtlichen Regelungen, diese erheblich voneinander unterscheiden, kommt man, je nach anwendbarem IPR, zumeist zu ganz anderen Ergebnissen, als wenn man deutsches Kollisionsrecht zugrunde legen würde. Allein die Wahl des Gerichtsstandes führt infolge national abweichender Kollisionsregeln schon zur Anwendung unterschiedlicher Rechtsordnungen und in der Folge materiell-rechtlicher Vorschriften auf ein und denselben Sachverhalt.[8]

C. Deutsches Kollisionsrecht und internationales Urheberrecht

5 Ebenso wie in vielen anderen Staaten findet sich auch in der deutschen Rechtsordnung keine gesetzliche Regel, welche die Frage nach dem anzuwendenden Urheberrecht bei internationalen Sachverhalten mit urheberrechtlicher Prägung präzise beantworten könnte.

---

5 *Kropholler*, Internationales Privatrecht, 2006, § 1 I; *Kegel/Schurig*, Internationales Privatrecht, 2004, S. 5; *Lüderitz*, Internationales Privatrecht, 1992, Rn. 9.
6 *Schack*, MMR 2000, 59.
7 BGHZ 44, 46, 50 = NJW 1965, 1665; BGH, NJW 1996, 54; BGH, NJW 1993, 2305; *Kegel/Schurig*, Internationales Privatrecht, 2004, S. 5.
8 *Hoeren*, in: Hoeren/Sieber/Holznagel, Multimedia-Recht, Stand: 2015, Kap. 7.8 Rn. 3.

C. Deutsches Kollisionsrecht und internationales Urheberrecht **Kap. 8**

Insbesondere weisen die §§ 120 ff. UrhG, welche nur den persönlichen und 6
nicht den räumlichen Geltungsbereich des Urheberrechtsgesetzes festlegen,
allein fremdenrechtlichen Gehalt auf.⁹ Geregelt ist dort lediglich, welche
Personen unter welchen Voraussetzungen den urheberrechtlichen Schutz
nach dem deutschen Urheberrechtsgesetz genießen. Sie legen fest, inwieweit die Urheber aus fremden Ländern (z. B. Ausländer und Staatenlose) im
Inland geschützt sind. Damit setzen sie allerdings voraus, dass die kollisionsrechtliche Frage, ob deutsches Urheberrecht überhaupt anwendbar ist,
schon vorab geklärt ist; deutsches Sachrecht (UrhG) muss durch das Kollisionsrecht eines anderen Staates schon berufen sein,¹⁰ bevor die §§ 120 ff.
UrhG zur Anwendung kommen.

Auch die Revidierte Berner Übereinkunft (RBÜ), der wohl bedeutendste 7
Staatsvertrag zum Schutz der Urheberrechte auf internationaler Ebene, regelt die kollisionsrechtliche Frage nach dem anwendbaren Recht nicht unmittelbar.¹¹ Die RBÜ gewährleistet ausländischen Urhebern für die von
ihnen geschaffenen Werke Schutz auf der Basis des Inländerbehandlungsgrundsatzes (Assimilationsprinzip) und der Festlegung bestimmter Mindestrechte (Art. 5 Abs. 1 RBÜ).¹² Der Inländerbehandlungsgrundsatz ordnet dabei an, dass ausländische Urheber in jedem Verbandsland dieselben Rechte
erhalten sollen wie inländische Urheber. Mit dieser Gleichstellungsanordnung wirkt der Grundsatz einer im Bereich des Immaterialgüterrechts weltweit¹³ auszumachenden Diskriminierung von Ausländern entgegen und
stellt daher ohne Weiteres eine fremdenrechtliche – aber keine kollisionsrechtliche – Regelung dar.¹⁴ Soweit einige Vertreter in der Literatur dennoch

---

9   Ganz h. M. *Katzenberger*, in: Schricker/Loewenheim, Urheberrecht, 4. Aufl. 2010, vor §§ 120 ff. Rn. 125; *Schack*, Urheber- und Urhebervertragsrecht, 2013, Rn. 889; *Nordemann-Schiffel*, in: Fromm/Nordemann, Urheberrecht, 11. Aufl. 2014, Vor § 120 Rn. 1; *v. Welser*, in: Wandtke/Bullinger, Praxiskommentar UrhR, 4. Aufl. 2014, vor §§ 120 ff. Rn. 1 f.; BGH, GRUR 1986, 69, 71 – Puccini; NJW 1986, 1253 f. – Bob-Dylan.
10 *v. Bar*, Kollisionsrecht, Fremdenrecht und Sachrecht für internationale Sachverhalte im Internationalen Urheberrecht, UFITA 108 (1988), 27, 32 f.; *Ulmer*, Die Immaterialgüterrechte im internationalen Privatrecht, 1975, S. 35.
11 *Katzenberger*, in: Schricker/Loewenheim, Urheberrecht, 4. Aufl. 2010, vor §§ 120 ff. Rn. 41 ff.; *Drexl*, in: MüKo-BGB, IntImmGR Rn. 30; *Petry*, GRUR 2014, 536 ff.
12 S.o. *Lührig*, Kap. 1 Rn. 20 ff.
13 Es gibt nur wenige Staaten, die eine generelle Gleichstellung von In- und Ausländern ohne Weiteres vornehmen, wie z. B. die Schweiz in Art. 1 URG oder Luxemburg in Art. 47 URG.
14 *Kegel*, in: Soergel, BGB, 1996, Anh. Art. 12 EGBGB Rn. 26; *Knörzer*, Das Urheberrecht im internationalen Privatrecht, 1992, S. 84; *Schack*, Zur Anknüpfung des Urheberrechts im Internationalen Privatrecht, 1979, S. 28, 33; *Neuhaus*, RabelsZ 40 (1976), 191, 193; *Zweigert/Puttfarken*, GRUR Int. 1973, 573, 575.

Kap. 8 Außervertragliches Kollisionsrecht und Internationale Zuständigkeit

den Bestimmungen der RBÜ über die Inländerbehandlung (Art. 5 Abs. 1 und 2 Satz 2 RBÜ) eine konkludente, international-privatrechtliche Verweisung auf das Recht des Schutzlands entnehmen wollen,[15] ist diese Ansicht für „Multistate"-Sachverhalte im Internet zumindest solange ohne Bedeutung, wie das autonome innerstaatliche IPR gerade diesem, auf dem Territorialprinzip aufbauenden Schutzlandprinzip als Anknüpfungsregel, folgt.[16]

8 In kollisionsrechtlicher Sicht unbrauchbar sind ferner alle anderen internationalen Vereinbarungen auf dem Gebiet des Urheberrechts, wie etwa das TRIPs-Übereinkommen der World Trade Organization (WTO) oder der World Copyright Treaty. Sie haben zwar ihrerseits dazu beigetragen, das materielle Urheberrecht weltweit auf die Bedürfnisse des Internets anzupassen,[17] aber keine Aussagen darüber getroffen, welches Recht bei kollidierenden Urheberrechtsordnungen zur Anwendung gelangen soll.

9 Dieser bekannten und schon häufig kritisierten Nachlässigkeit in Bezug auf das Urheberkollisionsrecht hat der europäische Gesetzgeber wenigstens zu einem kleinen Teil abgeholfen, indem er in der Rom II-Verordnung (Rom II-VO),[18] die seit dem 1.1.2009 in Kraft ist, das Kollisionsrecht bei Urheberrechtsverletzungen zumindest mitberücksichtigt. Nach deren Art. 8 Abs. 1 ist auf außervertragliche Schuldverhältnisse aus einer Verletzung von Rechten des geistigen Eigentums das Recht des Staates anzuwenden, „für den" der Schutz beansprucht wird. Damit bestätigt die europäische Kollisionsregel, die nach dem nationalen Recht ohnehin geltende Anknüpfung an das Recht des Schutzlandes (s.u.), ohne jedoch – darauf sei an dieser Stelle bereits hingewiesen – die besondere Problematik von Urheberrechtsverletzungen im Internet zu lösen.

---

15 *Katzenberger*, in: Schricker/Loewenheim, Urheberrecht, 4. Aufl. 2010, vor 120 ff. Rn. 125; *Ulmer*, Die Immaterialgüterrechte im internationalen Privatrecht, 1975, S. 10 f., 30 ff.
16 Dies ist derzeit der Fall, siehe dazu unten Rn. 10 ff. (C. I.). Wenn jedoch – wie bereits im Gange – andere Anknüpfungsregeln für Internetsachverhalte als das Schutzlandprinzip diskutiert werden (siehe dazu Rn. 59 ff. (C. II.)), wird die Auffassung, dass Art. 5 RBÜ einen direkten Verweis auf das Schutzland darstellt, relevant; dann müsste nämlich die Frage aufgeworfen werden, ob die alternativen Anknüpfungsregeln im Rahmen eines Sonderabkommens gemäß Art. 20 RBÜ vereinbart werden können oder gar eine Revision der RBÜ erforderlich würde.
17 S.o. *Lührig*, Kap. 1 Rn. 28 ff.
18 Verordnung (EG) Nr. 864/2007 v. 11.7.2007 über das auf außervertragliche Schuldverhältnisse anwendbare Recht (Rom II), ABl. L 199, S. 40 v. 31.7.2007, dazu: *Leible/Lehmann*, RIW 2007, 721 ff.; *Obergfell*, IPRax, 2005, 9 ff.; *Huber/Bach*, IPRax 2005, 73, 80.

C. Deutsches Kollisionsrecht und internationales Urheberrecht **Kap. 8**

I. Maßgeblichkeit des Rechts des Schutzlands

1. Schutzlandprinzip

Die Rechtsprechung[19] und die herrschende Meinung[20] des autonomen deutschen IPR folgen seit jeher dem Schutzlandprinzip (lex loci protectionis) als einer ungeschriebenen Anknüpfungsregel bei internationalen Urheberrechtsstreitigkeiten. 10

Dieses Prinzip – dem sich auch die europäische Staatengemeinschaft in Art. 8 Abs. 1 Rom II-VO verschrieben hat[21] – besagt, dass sich die Entstehung, die erste Inhaberschaft, die Übertragbarkeit, der Inhalt und der Umfang, die Schutzdauer eines Urheberrechts sowie die Ansprüche aus Urheberrechtsverletzungen nach dem Recht desjenigen Landes richten, „*für*" dessen Gebiet Schutz in Anspruch genommen wird.[22] Dabei ist das Schutzland nicht zu verwechseln mit dem Staat, „*in*" dem um Schutz nachgesucht wird (lex fori). Soweit vor einem inländischen Gericht Verletzungen ausländischer Urheberrechte geltend gemacht werden, haben die berufenen Gerichte vielmehr das ausländische Urheberrecht als Schutzlandrecht anzuwenden. Nach dem inländischen Recht (lex fori) ist in einem solchen Fall lediglich das Verfahren – dann unter Anwendung des jeweiligen inländischen Verfahrensrechts – zu betreiben.[23] 11

---

19 BGH, GRUR 1982, 727, 729 – Altverträge; BGHZ 64, 183, 191 – August Vierzehn; BGHZ 118, 394, 397 f. – ALF; BGHZ 126, 252, 255 – Folgerecht bei Auslandsbezug; BGH, MMR 1998, 35, 36 f. – Spielbankaffäre; BGH, GRUR 2003, 328, 329 – Sender Felsberg; BGH, ZUM 2003, 955 – Hundertwasserhaus; BGH, GRUR 2003, 876 f. – Sendeformat; BGH, GRUR 2004, 421 f. – CD-Export; BGH, GRUR 2007, 691, 692 – Staatsgeschenk; BGH, WRP 2007, 1219, 1222 – Wagenfeld-Leuchte; BGH, GRUR 2011, 227, 228 – Italienische Bauhausmöbel; BGH, GRUR 2015, 264, 265 – HiHotel II; *Drexl*, in: MüKo-BGB, IntImmGR Rn. 6 ff.
20 *Katzenberger*, in: Schricker/Loewenheim, Urheberrecht, 4. Aufl. 2010, vor §§ 120 ff. Rn. 124 ff., 129 ff.; *Ulmer*, Die Immaterialgüterrechte im internationalen Privatrecht, 1975, S. 10 ff.; *Thum*, GRUR Int. 2001, 9, 15; *Grosheide*, GRUR Int. 2000, 310, 313 f.
21 Vorbild waren IPR-Regelungen aus Österreich und der Schweiz (§ 34 Abs. 1 österr. IPRG; Art. 110 schweiz. IPRG), in denen bereits vor der Rom II-VO die Anknüpfung an das Schutzland positiv-rechtlich verankert war.
22 BGH, MMR 1998, 35, 37 – Spielbankaffaire; BGHZ 126, 252, 256 f. – Folgerecht bei Auslandsbezug. Das Schutzlandprinzip wird von der h. M. (siehe Fn. 20) als *sachlich umfassend und zwingend* angesehen, d. h. es gilt auch für Vorfragen hinsichtlich des Bestehens des angeblich verletzten Rechts sowie der Rechtsinhaberschaft des Verletzten, und es steht außerdem nicht zur Disposition desselben – er kann weder eine Rechtswahl treffen, noch können Vereinbarungen über das anwendbare Recht geschlossen werden.
23 BGH, NJW 1985, 552 f.; *Kegel/Schurig*, Internationales Privatrecht, 2004, S. 684; ausführlich s.u. Rn. 83 ff. (Teil D.).

Kap. 8 Außervertragliches Kollisionsrecht und Internationale Zuständigkeit

2. Territorialprinzip

12 Ausgangsbasis für die Anknüpfung von Urheberrechtsverletzungen an das Recht des Schutzlandes ist das sog. Territorialprinzip, das historisch im Privilegienwesen (ab dem 14. Jahrhundert) verankert ist. Städte, Landesherren oder Kaiser garantierten zur damaligen Zeit den Druckern, Verlegern und Autoren den Schutz ihrer wirtschaftlichen Tätigkeiten und geistigen Schöpfungen für das von ihnen kontrollierte Herrschaftsgebiet; sie vergaben territorial beschränkte Privilegien zum Schutz der verschiedenen Werke.[24]

13 Obwohl sich die Art der Zuteilung eines Urheberrechts im Lauf der Jahrzehnte veränderte und das Urheberrecht nicht mehr durch die Verleihung von Privilegien, sondern unmittelbar mit der Schöpfung eines Werkes kraft Gesetzes entsteht, gilt das Territorialprinzip auch heute noch als zentraler Begriff des Internationalen Immaterialgüterrechts. Zwar ist der rechtliche Gehalt dieses Grundprinzips weitgehend unbestimmt, und über seine rechtspolitische Berechtigung besteht ebenfalls keine Einigung,[25] doch lassen sich aus ihm zwei wichtige Grundsätze des internationalen Urheberrechts entnehmen, auf denen auch – mit Ausnahme des Abkommens von Montevideo[26] – die internationalen Urheberrechtskonventionen aufbauen.

14 Zum einen besagt es, dass die Schutzwirkung der nationalen Urheberrechte auf das Territorium des schutzgewährenden Staates räumlich beschränkt ist; subjektive Rechte – wie das Urheberrecht – sind in Wirkung und Geltung auf das Gebiet des Staates beschränkt, der sie verliehen hat. Die Befugnis eines Landes zur Rechtssetzung und -durchsetzung erstreckt sich nur auf das eigene Territorium – an der Grenze beginnt die Geltung der Rechtsordnung des Nachbarstaates. Diese räumliche Beschränkung hat zur Konsequenz, dass Verwertungshandlungen, die im Ausland stattfinden, ein inländisches Urheberrecht nicht verletzen können, da dieses über die Staatsgrenzen hinaus keine Gültigkeit hat. Inländische Schutzrechte können nur im Inland, ausländische Schutzrechte nur im jeweiligen Ausland verletzt werden.[27] Demgemäß schützt den deutschen Autor ein in Deutschland er-

---

24 Zur Entwicklung des Territorialprinzips siehe *Weigel*, Gerichtsbarkeit, internationale Zuständigkeit und Territorialprinzip im deutschen gewerblichen Rechtsschutz, 1973, S. 81 ff.; *Schack*, Urheber- und Urhebervertragsrecht, 2013, Rn. 92 ff.; *Rehbinder*, Urheberrecht, 2010, Rn. 14 ff.; *Sack*, WRP 2000, 269, 270.
25 Siehe die Nachweise bei *Thum*, in: Bartsch/Lutterbeck, Neues Recht für neue Medien, 1998, S. 117, 124 (dort Fn. 14); *Koumantos*, in: ALAI, Copyright in Cyperspace, 1996, S. 257, 261.
26 Das Abkommen von Montevideo – RGBl. II 1927, 95 – folgt dem Ursprungslandprinzip.
27 *Katzenberger*, in: Schricker/Loewenheim, Urheberrecht, 4. Aufl. 2010, vor §§ 120 ff. Rn. 123 m. w. N.; *Schack*, Urheber- und Urhebervertragsrecht, 2013, Rn. 802 m. w. N.;

worbenes deutsches Urheberrecht nicht vor Benutzungs- und Verwertungshandlungen in Frankreich; davor wäre er nur dann geschützt, wenn er – aus welchen Gründen auch immer: aus einer internationalen Konvention oder aus innerstaatlichen französischen Regeln – auch ein französisches Urheberrecht erworben hätte. Ein deutsches Urheberrecht kann allein durch eine inländische Benutzungs- und Verwertungshandlung verletzt werden; bei Vornahme derselben Handlung in Frankreich kann dagegen allenfalls die Verletzung eines nach französischem Recht bestehenden Immaterialgüterrechts in Betracht kommen[28] usw.

Zum anderen stehen diese einzelnen nationalen Urheberrechte selbstständig nebeneinander; d. h. jeder Staat bestimmt in seiner Urheberrechtsordnung die Voraussetzungen, den Inhalt, den Umfang sowie die Schutzdauer seiner Urheberrechte jeweils selbst.[29] **15**

Folgerichtig erwirbt der Urheber an einem Werk der Literatur, Wissenschaft oder Kunst nicht etwa ein weltweit (oder wenigstens ein europaweit) einheitliches Urheberrecht, sondern er wird Inhaber eines ganzen „Bündels"[30] territorial beschränkter und inhaltlich unterschiedlich ausgestalteter nationaler Urheberrechte.[31] Man spricht insoweit auch von einem „Flickenteppich"[32] oder von einem „Mosaik aus verschiedenen nationalen Urheberrechtsbausteinen".[33] Der Schöpfer eines Werkes kann daher bezogen auf sein Werk und sofern es die verschiedenen nationalen Rechtsordnungen zulassen, beispielsweise ein deutsches, ein französisches und ein südafrikanisches Urhe- **16**

BGH, GRUR 2011, 227, 228 – Italienische Bauhausmöbel; GRUR 2007, 691 – Staatsgeschenk; GRUR 2004, 421, 422 – Tonträgerpiraterie durch CD-Export; GRUR 2003, 328, 329 – Sender Felsberg; GRUR 1999, 152, 153 – Spielbankaffaire; NJW 1975, 1220 ff. – August Vierzehn; BGHZ 126, 252, 256 – Folgerecht bei Auslandsbezug; BGH, GRUR 1980, 227, 230 – Monumenta Germaniae Historica; OLG München, GRUR 1990, 677 – Postvertrieb.

28 Klargestellt sei jedoch, dass es das Territorialprinzip durchaus zulässt, ausländische Sachverhalte bei der Anwendung inländischen Rechts zu berücksichtigen. So kann ein inländisches Urheberrecht auch durch eine ausländische Werkschöpfung entstehen, siehe *Katzenberger*, in: Schricker/Loewenheim, Urheberrecht, 4. Aufl. 2010, vor §§ 120 ff. Rn. 123.

29 *Katzenberger*, in: Schricker/Loewenheim, Urheberrecht, 4. Aufl. 2010, vor §§ 120 ff. Rn. 120, 132.

30 Sogenannte „*Kegelsche* Bündeltheorie", *Kegel*, in: Soergel, BGB, 1996, Anh. nach Art. 7 EGBGB Rn. 23, Anh. Art. 12 EGBGB Rn. 16.

31 BGHZ 64, 183, 191 – August Vierzehn; BGHZ 72, 63, 67 – Jeannot.

32 *Katzenberger*, in: FS Schricker, 1995, S. 225, 239.

33 *Bappert/Maunz/Schricker*, Verlagsrecht, 1984, Einl. Rn. 30; so auch: OLG Hamburg, NJW-RR 1995, 790; *Kegel/Schurig*, Internationales Privatrecht, 2004, S. 541; *Spindler*, ZUM 1996, 533, 559.

berrecht erlangen, die alle selbstständig nebeneinander stehen und einen unterschiedlichen Schutzumfang aufweisen.

17 Für den Urheber bedeutet dies aber gleichfalls, dass er aus dem Bündel der verschiedenen Rechte das Recht des Landes heraussuchen muss, für dessen Territorium er Schutz sucht. Daraus wiederum folgt die Rechtsprechung ebenso wie der Großteil der Literatur als Regel des Internationalen Privatrechts, dass sich die Fragen des Urheberrechts bei Sachverhalten mit Auslandsberührung grundsätzlich nach dem Recht desjenigen Staates richten, *„für"* dessen Gebiet Immaterialgüterrechtsschutz beansprucht wird. Das Schutzlandprinzip ist gemeinhin als zwingende Konsequenz der Territorialität der Immaterialgüterrechte anerkannt.[34]

3. Bedeutung des Schutzlandprinzips für die Bestimmung des Begehungsorts

18 Die Definition des Schutzlands als das Land, *„für"* dessen Gebiet Schutz begehrt wird, legt es vom Wortlaut her nahe, dass der Schutzbegehrende selbst darüber entscheidet, wo sich „sein Schutzland" befindet, d. h. für welchen Staat ihm der Schutz seines Werkes wichtig erscheint.[35] Die Schutzlandanknüpfung erlaubt dem Kläger prinzipiell die Wahl des anwendbaren Rechts;[36] sein Klägervortrag grenzt den Betrachtungsrahmen ein. In der Regel werden es das Land bzw. die Länder sein, in denen eine Urheberrechtsverletzung stattgefunden hat. Daher wird das Schutzland auch als das Land bezeichnet, in dem die Verletzungshandlung oder eine sonstige Eingriffshandlung vorgenommen wurde.[37] Diese Konkretisierung des Schutzlandbegriffs darf jedoch nur bedingt mit der allgemeinen Anknüpfungsregel des Internationalen Deliktsrechts gleichgesetzt werden,[38] obschon ein Rückgriff auf dieses naheliegend wäre, weil auch die Urheberrechtsverletzung eine unerlaubte Handlung darstellt.

---

34 Dies gilt im Übrigen unabhängig von der umstrittenen Frage, ob man dem Territorialprinzip einen kollisionsrechtlichen Gehalt zuweisen will oder nicht. Zur Darstellung dieses Streitstandes siehe *Knörzer*, Das Urheberrecht im internationalen Privatrecht, 1992, S. 91 ff.

35 *Martiny*, RabelsZ 40 (1976), 218, 223; *Muth*, Die Bestimmung des anwendbaren Rechts bei Urheberrechtsverletzungen im Internet, 2000, S. 60; *Beckstein*, Einschränkungen des Schutzlandprinzips, 2010, S. 82 ff.

36 *Drexl*, in: MüKo-BGB, IntImmGR Rn. 12; *Klass*, GRUR Int. 2007, 373, 376.

37 *Ulmer*, Die Immaterialgüterrechte im internationalen Privatrecht, 1975, S. 9; *v. Bar*, Kollisionsrecht, Fremdenrecht und Sachrecht für internationale Sachverhalte im Internationalen Urheberrecht, UFITA 108 (1988), 27, 29; *Kreuzer*, in: MüKo-BGB, nach Art. 38 EGBGB Anh. II Rn. 26, 125.

38 S. auch die Begründung des Vorschlags der Kommission vom 22.7.2003 zur Rom II-VO, KOM (2003) 427 endg., S. 22 f.

Die allgemeine international-privatrechtliche Grundregel für die deliktische **19**
Haftung geht vielmehr von der Maßgeblichkeit des am Begehungsort (=
Tatort; lex loci delicti commissi) geltenden Rechts aus.[39] Dabei kann Begehungsort sowohl der Handlungs- als auch der Erfolgsort sein (vgl. Art. 40
Abs. 1 Satz 2 EGBGB; Art. 4 Abs. 1 Rom II-VO). Fallen Handlungs- und
Erfolgsort auseinander (Distanzdelikte) oder tritt der Erfolg an mehreren
Orten gleichzeitig ein (Streudelikte), so wird – je nach verletztem Recht
(z. B. bei Persönlichkeitsverletzungen, Markenrechtsverletzungen) – dem
Geschädigten grundsätzlich die Wahl zwischen den verschiedenen Tatortrechten gelassen.

Bei unerlaubten Handlungen im Internet handelt es sich regelmäßig um solche **20**
Distanz- oder Streudelikte, bei denen Handlungs- und Erfolgsort auseinanderfallen.[40] Der Server bzw. Rechner wird im Ausland aufgestellt (Handlungsort), der deliktische Erfolg (z. B. das Abrufen einer Homepage) tritt
weltweit an den verschiedensten Orten ein. Bei einer solchen Konstellation
kommen daher beide Orte als Anknüpfungspunkte für die Bestimmung des
Tatorts in Betracht. Das anzuwendende Deliktsrecht kann daher sowohl das
des Handlungsorts als auch das des Erfolgsorts sein. Dieser sog. Ubiquitätsgrundsatz, der sich in der deutschen Gerichtspraxis durchgesetzt hat, führt
u. U. zur alternativen Anwendbarkeit einer Vielzahl nationaler Rechtsordnungen, unter denen sich der Verletzte dann diejenige heraussuchen kann,
die ihm am günstigsten erscheint (forum shopping).[41] Dies führt regelmäßig
zur Anwendung des deutschen Deliktsrechts, da sich die Prüfung ausländischen Rechts erübrigt, wenn der geltend gemachte Anspruch bereits nach
deutschem Recht begründet ist.[42] Allerdings könnte sich der Geschädigte
angesichts der weltweiten Abrufbarkeit von Homepages auch auf das ihm
weltweit günstigste Recht berufen; der Anbieter müsste seinerseits sein Verhalten nach dem jeweils strengsten Recht ausrichten.

Das Schutzlandprinzip des Internationalen Urheberrechts unterscheidet sich **21**
nun von dieser im Internationalen Deliktsrecht geltenden Tatortregelung vor

---

39 BGH, NJW 1992, 3091 ff.; BGH, NJW-RR 1990, 604, 605; *Katzenberger*, in: Schricker/Loewenheim, Urheberrecht, 4. Aufl. 2010, vor §§ 120 ff. Rn. 130; *Junker*, in: MüKo-BGB, Art. 40 EGBGB Rn. 1; *Hoeren*, in: Hoeren/Sieber/Holznagel, Multimedia-Recht, Stand: 2015, Kap. 7.8 Rn. 11.
40 BGH, NJW 1992, 3091 ff.; BGH, NJW-RR 1990, 604, 605; *Katzenberger*, in: Schricker/Loewenheim, Urheberrecht, 4. Aufl. 2010, vor §§ 120 ff. Rn. 130. *Hoeren*, in: Hoeren/Sieber/Holznagel, Multimedia-Recht, Stand: 2015, Kap. 7.8 Rn. 11.
41 *Kreuzer*, in: MüKo-BGB, Art. 38 EGBGB Rn. 43, 50 ff.; *Lüderitz*, in: Soergel, BGB, 1996, Art. 38 EGBGB Rn. 16; *Kropholler*, Internationales Privatrecht, 2006, § 53 IV; BGH, NJW 1981, 1606 – Benomyl; BGH, NJW 1964, 2012.
42 *Hoeren*, in: Hoeren/Sieber/Holznagel, Multimedia-Recht, Stand: 2015, Kap. 7.8 Rn. 11; *Kropholler*, Internationales Privatrecht, 2006, § 53 IV.

Kap. 8 Außervertragliches Kollisionsrecht und Internationale Zuständigkeit

allem dadurch, dass es die ubiquitäre Aufspaltung des Tatorts in einen Handlungs- und einen Erfolgsort nicht kennt.[43] Beim Internationalen Urheberrecht gibt es nur den Handlungsort, der zum anwendbaren Recht führt.[44] Denn urheberrechtliche Befugnisse und mit ihnen die Verwertungsrechte sind ausschließlich durch Handlungen wie dem Vervielfältigen, Verbreiten, öffentlichen Zugänglichmachen und der öffentlichen Wiedergabe definiert; der Ort, an dem der Erfolg eingetreten ist, spielt dafür keine Rolle.[45] Ebenso wenig kann es einen vom Handlungsort verschiedenen Erfolgsort am Wohnsitz oder Ort des gewöhnlichen Aufenthalts des Urhebers geben, da Immaterialgüter mangels Substrat nirgendwo belegen sind und folglich schon keinem geographischen Ort zugeordnet werden können.[46] Die Verletzungstatbestände des Urheberrechts normieren daher ausschließlich Handlungsunrecht. Echte Distanzdelikte, bei denen alternativ an einen Handlungs- oder Erfolgsort angeknüpft werden könnte, gibt es dort nicht. Infolgedessen werden nach dem deutschen autonomen Kollisionsrecht die internationalen Urheberrechtsverletzungen nur dem Recht des Handlungsorts, der sich nach Art. 8 Abs. 2 Rom II-VO im Schutzland befindet, unterstellt.

4. Notwendigkeit und Probleme bei der Lokalisierung der Verletzungshandlung

22 Wenn für den Schutz eines Werkes bei internationalen Sachverhalten das Recht des Schutzlands und mit ihm – wie aufgezeigt – das Recht des Handlungsorts bestimmend ist, so muss stets festgestellt werden, wo die in Frage stehende Verletzungshandlung vorgenommen wurde; d. h. entscheidend ist die Lokalisierung desjenigen Orts, an dem die Verletzungshandlung oder zumindest ein Teilakt derselben stattgefunden hat.[47]

23 Dabei kommt es zu der für das Kollisionsrecht eigentlich ganz untypischen Situation, dass bei der Frage nach dem Ort der Verletzungshandlung, also der nach dem anwendbaren Recht, bereits vorab die Frage des materiellen

---

43 *Lüderitz*, in: Soergel, BGB, 1996, Art. 38 EGBGB Rn. 21; *Katzenberger*, in: Schricker/Loewenheim, Urheberrecht, 4. Aufl. 2010, vor §§ 120 ff. Rn. 130; BGH, NJW 1994, 2888, 2889.
44 *v. Bar*, Kollisionsrecht, Fremdenrecht und Sachrecht für internationale Sachverhalte im Internationalen Urheberrecht, UFITA 108 (1988), 27, 47 f.
45 *Beier/Schricker/Ulmer*, GRUR Int. 1985, 104, 106.
46 *Katzenberger*, in: Schricker/Loewenheim, Urheberrecht, 4. Aufl. 2010, vor §§ 120 ff. Rn. 130; *Schack*, MMR 2000, 135, 137.
47 *Katzenberger*, in: Schricker/Loewenheim, Urheberrecht, 4. Aufl. 2010, vor §§ 120 ff. Rn. 135; zuletzt BGH, GRUR Int. 2005, 433, 434 – Hotel Maritim; BGH, GRUR 2011, 227, 228 Rn. 20 – Italienische Bauhausmöbel; BGH, GRUR 2015, 264, 266 f. Rn. 34 ff. – HiHotel II.

Rechts gestellt werden muss. Denn bevor ermittelt werden kann, wo etwas geschehen ist, muss geklärt sein, was geschehen ist.[48] Der Handlungsort einer Vervielfältigung, Verbreitung, öffentlichen Zugänglichmachung oder der öffentlichen Wiedergabe kann nicht unabhängig von der Eigenart der Verwertungsrechte bestimmt werden.[49] Außerdem begründet nicht jede Handlung eines Verletzers einen selbstständigen Handlungsort, sondern nur solche, die über reine Vorbereitungsmaßnahmen hinausgehen.[50] Ob allerdings eine Vorbereitungshandlung oder eine Verletzungshandlung im Inland vorliegt, entscheidet das Recht des Handlungsorts, also des potenziellen Schutzlands. Zur Feststellung des Handlungsorts werden folglich die in Frage stehenden Verwertungstatbestände ausgelegt, und zwar nach dem materiellen Urheberrecht des berufenen Schutzlands.[51] So legt beispielsweise das deutsche materielle Recht, wenn es als Schutzland berufen ist, fest, ob das Herunterladen von Daten, die in den USA abgerufen wurden, und in den Arbeitsspeicher eines Computers, der in Berlin steht, hochgeladen werden, eine Vervielfältigung darstellt und von daher der Handlungsort dieser Benutzungs- oder Verletzungshandlung in Deutschland liegt. Im Ergebnis entscheidet also materielles Recht über das anzuwendende Kollisionsrecht – es steckt sich seinen räumlichen Anwendungsbereich sozusagen selbst ab – wobei eigentlich umgekehrt das materielle Recht erst mit Hilfe des Kollisionsrechts ermittelt werden sollte.[52]

Lokalisiert man nun die urheberrechtlich relevanten Handlungen im Internet,[53] insbesondere das Einspeisen der geistigen Schöpfung auf einen Server (Uploading), das Zugänglichmachen dieses Werkes durch den privaten oder kommerziellen Anbieter (digitale Übermittlung), das Durchsuchen des Internets und das Aufrufen des Werkes (Browsing) sowie das Herunterladen und Fixieren desselben durch den Nutzer (Downloading), so ergibt sich das folgende Bild: **24**

---

48 *Thum*, in: Bartsch/Lutterbeck, Neues Recht für neue Medien, 1998, S. 117, 127; *Intveen*, Internationales Urheberrecht und Internet, 1999, S. 47.
49 *Geimer*, Internationales Zivilprozessrecht, 2001, Rn. 1515 ff.
50 BGH, MDR 1957, 31, 32; BGHZ 126, 252 – Folgerecht bei Auslandsbezug = JZ 1995, 354 mit Anm. v. *Schack*; *Schack*, MMR 2000, 135, 137.
51 *Katzenberger*, in: Schricker/Loewenheim, Urheberrecht, 4. Aufl. 2010, vor §§ 120 ff. Rn. 135; *Kreuzer*, in: MüKo-BGB, Art. 38 EGBGB Anh. II Rn. 26; *Martiny*, RabelsZ 40 (1976), 218, 226 ff.
52 *Czempiel*, Das bestimmbare Deliktsstatut, 1981, S. 120 ff.
53 Zu den Handlungsvorgängen im Internet und deren urheberrechtliche Einordnung/Bewertung, s. o. *Werner*, Kap. 3 Rn. 20 ff.

Kap. 8 Außervertragliches Kollisionsrecht und Internationale Zuständigkeit

a) Uploading

aa) Uploading als Vervielfältigung

25 Unter Uploading ist die Speicherung eines Werkes von dem ursprünglichen Datenträger (z. B. CD-Rohling, USB-Stick, aus einer Cloud) auf den Server-Rechner oder in die Server-Cloud zu verstehen, die regelmäßig mit der Möglichkeit des Abrufs durch die Nutzer zusammenfällt.[54] Technisch handelt es sich beim Uploading daher um eine Vervielfältigung in digitaler Form, denn beim „Heraufladen" des Werkes vom Datenträger auf den Rechner bzw. in die Cloud wird eine digitale Kopie der eingespeisten Datei(en) erstellt und gespeichert. Dass dabei sowohl die dem Uploading vorausgehende Digitalisierung des Werkes als auch das Uploading des Werkes als jeweils eigenständige Vervielfältigungen im Sinne des § 16 UrhG anzusehen sind, ist inzwischen allgemeine Meinung.[55]

bb) Handlungsort

26 Die auf eine derartige Vervielfältigung als Nutzungshandlung anwendbare Rechtsordnung bestimmt sich nach dem Handlungsort als dem Ort, an dem das Werk tatsächlich entsteht. Dabei ist die Vervielfältigung unabhängig von einer nachfolgenden öffentlichen Zugänglichmachung zu beurteilen, auch wenn die Vervielfältigung zum Zwecke der Online-Nutzung keine selbstständige, im Sinne einer eigenständig lizenzierbaren Nutzungsart darstellt.[56]

27 Handlungsort ist der geographische Standort des Server-Rechners auf den das Werk in digitaler Form abgespeichert wird und die Vervielfältigung stattgefunden hat.[57] Bei Cloud-Services kommt es auf den Sitz des die Cloud-Dienstleistung anbietenden Unternehmens an. Auf den Vorgang des widerrechtlichen Uploading durch einen privaten oder kommerziellen An-

---

54 *Diestelhorst*, ZUM 1998, 293, 298 f.; *Waldenberger*, ZUM 1997, 176, 177 f.; s. o. *Werner*, Kap. 3 Rn. 36 f.
55 OLG München, GRUR 2001, 499, 503; *Loewenheim*, in: Schricker/Loewenheim, Urheberrecht, 4. Aufl. 2010, § 16 Rn. 22 m. w. N.; *Klett*, Urheberrecht im Internet aus deutscher und amerikanischer Sicht, 1998, S. 74; *Diestelhorst*, ZUM 1998, 293, 300; *Waldenberger*, ZUM 1997, 176, 177; *Koch*, GRUR 1997, 417, 423 m. w. N.; *Becker*, ZUM 1995, 231, 243; weitere Nachweise s. o. *Werner*, Kap. 3 Rn. 37.
56 OLG München, ZUM 2010, 709, 712 – Mechanische Rechte im Online-Bereich; *Kroitzsch/Götting*, in: Ahlberg/Götting, Beck-OK Urheberrecht, § 16 Rn. 22.
57 *Intveen*, Internationales Urheberrecht und Internet, 1999, S. 31; *Muth*, Die Bestimmung des anwendbaren Rechts bei Urheberrechtsverletzungen im Internet, 2000, S. 79; *Hoeren*, in: Hoeren/Sieber/Holznagel, Multimedia-Recht, Stand: 2015, Kap. 7.8 Rn. 16; *Katzenberger*, in: Schricker/Loewenheim, Urheberrecht, 4. Aufl. 2010, vor §§ 120 ff. Rn. 145; *Junker*, in: MüKo-BGB, Art. 40 EGBGB Rn. 174.

bieter fände daher deutsches Recht Anwendung, wenn der vervielfältigende Server-Rechner auf deutschem Staatsgebiet stünde oder die Server-Cloud von einem Unternehmen mit Sitz in Deutschland betrieben wird.

b) Digitale Übermittlung, insbes. Zugänglichmachen

aa) Zugänglichmachen als öffentliche Wiedergabe

Mit dem Uploading steht den potenziellen Nutzern das Werk abrufbereit zur **28** Verfügung – sie können nunmehr von einem Ort ihrer Wahl und zu jeder Zeit auf das Werk zugreifen. Greifen sie darauf zu, so kommt es zu einer digitalen Übermittlung, bei der das Werk nicht als Ganzes, sondern in kleine Einheiten zerlegt und unabhängig voneinander über die verschiedensten Rechner und Leitungen an die Zieladresse verschickt (Routing) und dort wieder zusammengesetzt wird (Reassembly).[58]

Die Übermittlung in digitaler Form war bis 2003 nur schwer in das bestehen- **29** de System der urheberrechtlichen Verwertungsformen einzuordnen. Zu klären war nämlich, ob schon das der eigentlichen Übermittlung vorausgehende Bereithalten des Materials zum Abruf (Verfügbarmachen) einen eigenen Eingriff in Verwertungsrechte darstellte und wie etwaige Verwertungs- und Verletzungshandlungen räumlich lokalisiert werden konnten. Die Antwort hing maßgeblich davon ab, ob das Bereithalten von Inhalten über das Internet das Verbreitungsrecht (§§ 15 Abs. 1, 17 UrhG), das Senderecht als Verwertung in unkörperlicher Form (§§ 15 Abs. 2, 20 UrhG) oder das unbenannte Recht der öffentlichen Wiedergabe berührte. Zwar bestand Einigkeit darüber, dass das Recht, Multimedia-Produkte online anbieten und übertragen zu dürfen, schon de lege lata dem Urheber bzw. dem ausschließlich zur Verwertung Berechtigten zustehen musste, doch wie dieses Recht genau in das bestehende System der urheberrechtlichen Verwertungsrechte einzuordnen war, war umstritten.[59]

Nachdem allerdings auf internationaler Ebene entschieden wurde, dass das **30** Zugänglichmachen von Werken zum (zeitversetzten) Abruf als öffentliche Wiedergabe zu klassifizieren ist (Art. 8 WCT)[60] und auch die Kommission der Europäischen Union in ihrer Richtlinie 2001/29/EG „zur Harmonisierung bestimmter Aspekte des Urheberrechts und der verwandten Schutz-

---

58 *Intveen*, Internationales Urheberrecht und Internet, 1999, S. 32; *Koch*, Internet-Recht, 1998, S. 439.
59 Zu den verschiedenen Lösungsansätzen: *Kreuzer*, in: Schwarz, Recht im Internet, Stand: 1999, Kap. 3-2.2, S. 32; *Ernst*, GRUR 1997, 592, 593 ff. m. w. N.; *Waldenberger*, ZUM 1997, 176, 178 ff.
60 Art. 8 WCT hat innerhalb eines weit gefassten Rechts auf öffentliche Wiedergabe ein ausschließliches Recht des „making available to the public" eingeführt.

Kap. 8 Außervertragliches Kollisionsrecht und Internationale Zuständigkeit

rechte in der Informationsgesellschaft"[61] diese internationalen Verpflichtungen umgesetzt hat, wird seit 2003 auch auf nationaler Ebene dieser dogmatischen Einstufung gefolgt (§ 19a UrhG).[62] Daher ist für den Handlungsort beim Verfügbarmachen von Informationen über das Medium Internet auf den entsprechenden Handlungsort der öffentlichen Wiedergabe abzustellen.

bb) Handlungsort

31 Indem man die digitale Übermittlung von Werken auf Abruf als eine öffentliche Wiedergabe begreift (§ 19a UrhG), könnte dieser Vorgang – ähnlich wie im Senderecht (§ 20 UrhG) – sowohl am Standort des Servers als auch in all denjenigen Ländern, in denen sich die Nutzer befinden, lokalisiert werden.[63]

32 Das der Serverstandort als Handlungsort in Betracht kommt, ist dabei unumstritten; hier liegt ein Schwerpunkt der Verwertungs- bzw. Verletzungshandlung. Auf dem Server wird das urheberrechtlich geschützte Werk für die Öffentlichkeit bereitgehalten – hier ist der Ort, an dem der Verwerter/ Verletzer tätig wird, indem er fortlaufend ein Werk zum Abruf anbietet. Sofern der Anbieter keine Zugriffsbeschränkungen eingebaut hat, ermöglicht er, dass von dem Angebot zum Abruf auch ausgiebig Gebrauch gemacht und das Werk in allen Staaten der Erde abgerufen (und dabei in urheberrechtlich relevanter Weise vervielfältigt) werden kann. Der Akt des „making available to the public" findet also technisch am Serverstandort statt, d. h. an diesem Ort wird das Werk für die Öffentlichkeit wiedergegeben.[64] Folglich verwirklicht der Anbieter am Serverstandort eine Urheberrechtsverletzung, wenn ihm der Urheber die Nutzung des Werkes nicht gestattet hat. Insofern wäre Deutschland Schutzstaat, wenn eben dort der Server stünde, auf dem das urheberrechtlich geschützte Werk widerrechtlich für die Öffentlichkeit bereitgehalten würde.

33 Über die Frage, wo der Verstoß gegen das Wiedergaberecht außerdem noch lokalisiert werden kann, insbes. ob es neben dem Ort, an dem der Server be-

---

61 Nach Art. 3 der Richtlinie 2001/29/EG vom 22.5.2001 (Multimedia-Richtlinie) abgedr. in: ABlEG Nr. L 167, S. 10ff. vom 22.6.2001 (basierend auf Richtlinienvorschlag – KOM(97)628 endg. vom 10.12.1997, geändert durch KOM(99)250 endg. vom 21.5.1999) – wird das Zugänglichmachen von Werken in der Weise, dass sie Mitgliedern der Öffentlichkeit von Orten und zu Zeiten ihrer Wahl zugänglich sind, in das Recht der öffentlichen Wiedergabe mit eingeschlossen.
62 *Bullinger*, in: Wandtke/Bullinger, Praxiskommentar UrhR, 4. Aufl. 2014, § 19a Rn. 12; s.a. *Werner*, Kap. 3 Rn. 38ff.
63 *Katzenberger*, in: Schricker/Loewenheim, Urheberrecht, 4. Aufl. 2010, vor §§ 120ff. Rn. 145.
64 *Diestelhorst*, ZUM 1998, 293, 299.

legen ist, noch andere Handlungsorte gibt, wird in der Literatur gestritten.[65] Zum Teil wird dafür plädiert, den einzelnen Abruf durch den Nutzer, also dessen notwendige Mitwirkungshandlung (im Wege des „Browsing" als Vervielfältigung oder aber als „echtes Downloading") als Teil des Bereitstellungsvorgangs anzusehen und damit auch das Land, in dem sich der Nutzer befindet, als Handlungsort auszuweisen.[66] Damit handelt man zwar der territorial beschränkten Anknüpfungsregel des Schutzlandprinzips zuwider, kann aber die Gefahr, dass der Anbieter mit seinem Server in ein Land mit einem sehr niedrigen oder gar keinem Urheberrechtsschutz ausweichen könnte, um Urheberrechtsverletzungen zu begehen, einschränken; den „Schutzlücken-Piraten" wird hierdurch die Möglichkeit genommen, in sogenannte „Urheberrechtsparadiese" zu flüchten. Begründet wird diese Auffassung damit, dass die Wiedergabe erst durch den Empfänger zu einer solchen wird und demnach als Handlungsorte der Wiedergabe alle Empfangsorte in Betracht kommen müssen, also die Orte des tatsächlichen Abrufs durch den Nutzer.[67] Ferner damit, dass das Recht der öffentlichen Wiedergabe im WCT und WPPT („making available to the public", Art. 8 WCT, Art. 10, 14 und 15 WPPT) auch den Zugriff auf das Werk auf einer nach Ort und Zeit individuell gewählten Weise mit einschließt und infolgedessen der einzelne Abruf durch den Nutzer Teil des Bereitstellungsvorgangs wird.[68] Die Europäische Kommission interpretiert in ihrer Multimedia-Richtlinie[69] den Art. 8 WCT in ähnlicher Weise. Zwar greift sie in Art. 3 der Multimedia-Richtlinie die WIPO-Formulierung lediglich auf, ohne deren kollisionsrechtliche Bedeutung im Detail zu diskutieren, doch setzt sie sich zumindest einleitend mit dem Internationalen Privatrecht auseinander und betont den oben angeführten Gründen entsprechend, dass sie jede Anlehnung an den Serverstandort als nicht sachgerecht ablehnt, weil dies nur zu einer Verlagerung der angebotenen Dienste in das Land mit dem niedrigsten Schutzniveau für Urheber und verwandte Schutzrechte führen würde.[70] Zu demsel-

---

65 *Hoeren/Thum*, in: Dittrich, Beiträge zum Urheberrecht, Bd. V, 1997, S. 78, 86 m.w.N.
66 In diesem Sinne, wenngleich nicht auf Urheberrechtsverletzungen bezogen KG, NJW 1997, 3321 (zum Namensrecht); OLG Frankfurt a.M., CR 1999, 450f. (zum Wettbewerbsrecht).
67 *Pichler*, in: Hoeren/Sieber/Holznagel, Multimedia-Recht, Stand: 2015, Kap. 25 Rn. 186.
68 Vgl. oben Fn. 58, 59; *Hoeren*, in: Hoeren/Sieber/Holznagel, Multimedia-Recht, Stand: 2015, Kap. 7.8 Rn. 19; *Muth*, Die Bestimmung des anwendbaren Rechts bei Urheberrechtsverletzungen im Internet, 2000, S. 82ff.; sich nicht festlegend *Intveen*, Internationales Urheberrecht und Internet, 1999, S. 37f.; *v. Ungern-Sternberg*, in: Schricker/Loewenheim, Urheberrecht, 4. Aufl. 2010, § 15 Rn. 22ff. und vor §§ 20ff. Rn. 48.
69 Vgl. Fn. 61.
70 ABlEG Nr. L 167, S. 10ff. vom 22.6.2001.

ben Ergebnis gelangt man auch auf nationaler Ebene, wo man sich bereits im Diskussionsentwurf zur Änderung des Urheberrechtsgesetzes für eine Lokalisierung des Rechts der Wiedergabe am Ort des Abrufs aussprach, indem man sowohl die Pull-Dienste (pull media) als auch die Push-Dienste (push media), also sowohl die Abrufdienste durch den Empfänger als auch solche, bei denen der Werkverwerter den Akt der Zugänglichmachung steuert, unter das Übertragungsrecht fasste.[71] Folgt man der Auffassung, die den Abruf als Teil des Bereitstellungsvorgangs ansieht, so ist die Verletzung des Wiedergaberechts auch am Ort des Abrufs zu lokalisieren; zum Handlungsort wird daher auch jedes Land, in welchem der Abruf des urheberrechtlich geschützten Werkes möglich ist. Deutschland ist daher Schutzland, d. h. seine Urheberrechtsordnung ist berufen, wenn im Inland ein Abruf des im In- oder Ausland zur Verfügung gestellten Angebots stattfinden kann.

34 Zusammenfassend liegt nach deutschem Recht der Handlungsort der digitalen Übermittlung, insbesondere des Verfügbarmachens eines Werkes in Deutschland, wenn sich dort der Server befindet, auf dem das Werk dauerhaft angeboten wird, oder, wenn der betreffende Server zwar im Ausland steht, jedoch der Abruf des Angebots auch in Deutschland möglich ist.

c) Browsing

aa) Browsing als Vervielfältigung

35 Damit der Nutzer die Daten und Informationen im Internet abrufen kann, bedient er sich einer Software, die fremde Homepages auffindet, kopiert und auf den eigenen Bildschirm transportiert. Die Software ist der sogenannte Browser, nach welchem auch die Tätigkeit des Nutzers, im Internet „herumzustöbern" und sich Informationsseiten auf dem Bildschirm anzusehen (Browsen), benannt ist.[72] Je nach Browsertyp entsteht beim Abrufen einer Website zumindest eine temporäre[73] Kopie der übermittelten Daten, entweder im Arbeitsspeicher oder auf der Festplatte des Empfängerrechners. Ob es sich bei dieser nur vorübergehenden Speicherung um eine im urheberrechtlichen Sinne relevante Nutzung handelt, ist streitig, wird aber bislang noch herrschend dahingehend gelöst, dass man den Vorgang als Vervielfältigung i. S. d. § 16 UrhG begreift.[74]

---

71 Vgl. dazu: Information des Bundesministerium der Justiz, Diskussionsentwurf zum 5. Gesetz zur Änderung des Urheberrechtsgesetzes.
72 Vgl. oben *Werner*, Kap. 3 Rn. 76 ff.
73 Im Unterschied zum Downloading, bei dem der Nutzer eine *dauerhafte* Kopie anfertigt, indem er die Webpage ausdruckt oder die Informationen auf der Festplatte bzw. einem Speichermedium speichert.
74 *Loewenheim*, in: Schricker/Loewenheim, Urheberrecht, 4. Aufl. 2010, § 16 Rn. 19 m. w. N.; *Waldenberger*, ZUM 1997, 176, 178, 180; *Diestelhorst*, ZUM 1998, 293, 299,

bb) Handlungsort

Geht man davon aus, dass der Nutzer beim Browsing Vervielfältigungshandlungen vornimmt, ist Ort der Verwertungs- bzw. Verletzungshandlung sein jeweiliger Aufenthaltsort während des Browsingvorgangs – sei es sein Büro, sein Wohnsitz oder ein Internetcafé. An seinem Aufenthaltsort setzt der Nutzer die Vervielfältigung durch einen entsprechenden Maus-Klick in Gang. Indem er eine Kopie anfordert, hat er eine willensabhängige Betätigung im Sinne des Handlungsbegriffs vorgenommen. Daraus folgt unter Anwendung des Schutzlandprinzips für die Frage des anzuwendenden Rechts, dass in jedem Fall das Urheberrecht des Landes anwendbar ist, in dem sich der Nutzer gerade aufhält; Deutschland wäre Schutzland, wenn der Nutzer in Deutschland „browsen" würde.

36

Ob daneben die Urheberrechtsordnung des Serverstandorts Anwendung findet, ist fraglich. Ein Abstellen auf den Anbieter des Werkes und damit auf den Ort des Serverstandorts wäre vertretbar, wenn man das Bereitstellen bzw. das Betreiben des Servers als eine eigene Mitwirkungshandlung des Anbieters begreifen dürfte, welche die urheberrechtlich relevante Handlung des Nutzers – z.B. die widerrechtliche Vervielfältigung – erst ermöglicht. Der Anbieter könnte so gesehen Mittäter oder Teilnehmer der Urheberrechtsverletzung sein, da er eine Situation schafft, in welcher der Nutzer nur noch die entsprechende Web-Adresse anzugeben bzw. einen Hyperlink anzuklicken braucht, um das abgelegte Material sichten zu können.[75] Gegen diese Auffassung spricht allerdings, dass der Anbieter zumeist keine Kenntnis davon hat, wer welche Informationen von seinem Server abruft; er nimmt daher schon nicht wissentlich an der Vervielfältigungshandlung des Nutzers teil. Außerdem würde die Einführung eines weiteren Handlungsortes am Serverstandort zu einer doppelten Bewertung des Zugänglichmachens führen. Denn die Handlung des Providers, namentlich das Anbieten auf Abruf, ist bereits durch das Recht der öffentlichen Wiedergabe abgedeckt.[76] Hinzu kommt, dass die Handlung des Nutzers erst in seinem Staat zur Gefährdung des rechtlich geschützten Interesses des Urhebers wird. Denn die Nutzung selbst, d.h. der Genuss und die Verwertung des Werkes, kann nur in dem Staat stattfinden, in dem der Nutzer die Vervielfältigung vor- und wahrnimmt. Die der Wahrnehmungsmöglichkeit vorangeschalte-

37

---

m.w.N.; *Schack*, Urheber- und Urhebervertragsrecht, 2013, Rn. 379f.; *Intveen*, Internationales Urheberrecht und Internet, 1999, S. 40; a.A. *Ernst*, GRUR 1997, 592f.; *Wandtke/Schäfer*, GRUR Int. 2000, 187, 189; OLG Hamburg, GRUR 2001, 831 – Roche Lexikon; LG Hamburg, GRUR-RR 2004, 313, 315 – thumbnails.

75 In diesem Sinne wohl *Intveen*, Internationales Urheberrecht und Internet, 1999, S. 42; im Ansatz auch *Diestelhorst*, ZUM 1998, 293, 300.

76 Vgl. oben *Werner*, Kap. 3 Rn. 76 ff.

Kap. 8 Außervertragliches Kollisionsrecht und Internationale Zuständigkeit

ten zahlreichen Kopien während des Übermittlungsvorgangs sowie das Bereithalten des Werkes durch den Anbieter sind zwar ebenfalls für den Nutzer erforderlich, da erst sie ermöglichen, dass der Nutzer eine Kopie des Werkes auf seinem Rechner sichtbar machen kann, doch kann der Nutzer faktisch nur die letzte Vervielfältigung auch tatsächlich wahrnehmen, während er auf die anderen Kopien zu keiner Zeit zugreifen kann.

38 In diesem Sinne kann die Handlung des Anbieters auch kein wesentlicher Teilakt des Browsingvorgangs darstellen.[77] Handlungsort ist daher allein der jeweilige Aufenthaltsort des Nutzers während des Browsingvorgangs.

cc) Exkurs: Push-Dienste

39 Die Festlegung des Handlungsorts auf den Staat, von dem aus der Nutzer auf die Webseite zugreift, muss auch für die Inanspruchnahme der neueren Push-Dienste im Internet gelten.[78] Zahlreiche Internetnutzer legen sich für die von ihnen regelmäßig abgefragten Webseiten eine Adressenliste an (sogenannte Bookmarks). Zur Pflege und Aktualisierung dieser Bookmarks können die Nutzer nunmehr auf sogenannte Push-Dienste zurückgreifen, die jedes Mal, wenn der Nutzer ins Internet geht, selbstständig tätig werden und die vom Nutzer ausgewählten Bookmarks auf veränderte Inhalte hin untersuchen und gegebenenfalls aktualisieren. Der Internetteilnehmer erhält sodann automatisiert eine aktualisierte Version des Webangebots, ohne dass er selbst jede Bookmark einzeln abfragen müsste.

40 Obwohl nun die Push-Dienste den Prozess des interaktiven Abrufs automatisieren und nach außen hin der Eindruck entsteht, als ob der Anbieter die jeweils neueste Fassung seiner Angebote an den Nutzer schicken würde, handelt es sich dennoch um einen individuellen Abruf durch den Nutzer und nicht um eine Sendung des Anbieters im Sinne des § 20 UrhG.[79] Der Nutzer entscheidet nämlich sowohl über das Aktivieren und den Einsatz des Push-Dienstes als auch über den exakten Inhalt der ihm zu übertragenden Datenpakete, indem er seine Bookmarks persönlich und nach eigenen Kriterien sowie unabhängig von jedem Dritten zusammenstellt. Aus demselben Grund fehlt es an einer virtuell gleichzeitigen Öffentlichkeit, mithin an einer

---

77 Eine andere Auffassung ließe sich m.E. nur dann vertreten, wenn die mitursächliche Verursachung der Urheberrechtsverletzung durch den Anbieter positiv festgestellt worden ist, z.B. weil ein kollusives Zusammenwirken zwischen Anbieter und Nutzer zum Schaden des Urhebers nachzuweisen ist.
78 *Koch*, NJW-CoR 1998, 45 ff.; *Zscherpe*, MMR 1998, 404, 408.
79 *Kreuzer*, in: Schwarz, Recht im Internet, Stand: 1999, Kap. 3-2.2, S. 62; *Flechsig*, ZUM 1998, 139, 144; *Muth*, Die Bestimmung des anwendbaren Rechts bei Urheberrechtsverletzungen im Internet, 2000, S. 88; a.A. *Klett*, Urheberrecht im Internet aus deutscher und amerikanischer Sicht, 1998, S. 88.

C. Deutsches Kollisionsrecht und internationales Urheberrecht   **Kap. 8**

öffentlichen Wiedergabe.[80] Der Push-Dienst ist daher lediglich als eine besondere Variante des Browsens anzusehen, die automatisch erfolgt. Dementsprechend ist der Handlungsort widerrechtlicher Abrufvorgänge – entsprechend dem Browsing – der Standort des Rechners, von dem aus der Abruf vorgenommen wird; nach dem Schutzlandprinzip wären daher die Rechtsordnungen der Staaten anzuwenden, in denen sich der Nutzerrechner befindet – Deutschland wäre Schutzland, wenn der Rechner des den Push-Dienst auslösenden Nutzers in Deutschland stünde.[81]

d) Downloading

aa) Downloading als Vervielfältigung

Beim Downloading fixiert der Nutzer ein Werk, das er über das Netz geladen hat, auf der Festplatte seines Rechners, in der Cloud, auf einem Speichermedium oder auf Papier. Indem der Nutzer eine Kopie des aufgerufenen Werkes herstellt, handelt es sich – wie beim Uploading auch – um eine Vervielfältigung in digitaler Form gemäß § 16 UrhG,[82] die jedoch diesmal im Land des Nutzers stattfindet.   **41**

bb) Handlungsort

Die Vervielfältigungshandlung wird – in welcher Form auch immer – in dem Land begangen, in welchem sich der Nutzer befindet, der das Werk auf seinen Rechner, in die Cloud oder auf ein Speichermedium herunterlädt oder auf Papier fixiert. Ort der Verwertungshandlung ist daher zumindest immer dieses Land, sodass auch dessen Urheberrechtsordnung darüber entscheidet, ob die Verwertungshandlung rechtmäßig ist oder aber eine Urheberrechtsverletzung mit sich bringt.   **42**

Als Urheberrechtsstatut ist das Recht des Landes berufen, von dem aus der Nutzer das Downloading betreibt. Das deutsche Vervielfältigungsrecht wäre daher betroffen, wenn der Internetnutzer von Deutschland aus die Werke auf seinen Rechner, in die Cloud bzw. auf ein Speichermedium laden oder auf Papier fixieren würde.   **43**

---

80 *Kreuzer*, in: Schwarz, Recht im Internet, Stand: 1999, Kap. 3-2.2, S. 62; *Koch*, NJW-CoR 1998, 45 ff.
81 Würde man an dieser Stelle den Push-Dienst als Eingriff in das Senderecht qualifizieren, so wäre unter Fortschreibung der *Bogsch*-Theorie die Handlung in all denjenigen Ländern zu lokalisieren, wo sich die Nutzer befinden, oder aber am Standort des Servers. *Katzenberger*, in: Schricker/Loewenheim, Urheberrecht, 4. Aufl. 2010, vor §§ 120 ff. Rn. 141; *Drexl*, in MüKo-BGB, IntImmGR Rn. 157 ff.; *v. Zimmermann*, MMR 2007, 553, 556.
82 Vgl. dazu oben *Werner*, Kap. 3 Rn. 81 ff.

Kap. 8 Außervertragliches Kollisionsrecht und Internationale Zuständigkeit

e) Ergebnis

44 Fasst man das Dargestellte zusammen, so stehen auf der einen Seite die Vervielfältigungen im Internet (z. B. beim Uploading, Browsen und Downloading), deren Handlungsorte sich in gleicher Weise lokalisieren lassen wie der Begehungsort bei Urheberrechtsverletzungen durch Vervielfältigungen, die der Täter mittels herkömmlicher Medien vornimmt. Denn ebenso wie beim Drucken von Büchern, Brennen von CDs oder dem Kopieren von Texten gilt bei Vervielfältigungen, die beim Uploading, Browsen oder Downloading vorgenommen werden, als Handlungsort der Staat, in dem sich die vervielfältigende Handlung ereignet hat. Die Kehrseite dieser zunächst „einfachen" Lokalisierbarkeit besteht allerdings darin, dass der Täter (widerrechtlich Nutzender oder Anbieter) den Handlungsort des Verwertungsakts und damit das Schutzland als dem Land, nach dessen Urheberrecht sich die Frage beantwortet, ob er eine Urheberrechtsverletzung begangen hat oder nicht, selbst bestimmen kann. Damit besteht allerdings die Gefahr, dass er sich zu Lasten des Urhebers ein Land mit einem für ihn günstigen Urheberrechtsstatut aussucht. Diese Gefahr gilt – im Unterschied zu den Vervielfältigungen mittels herkömmlicher Medien – in besonderem Maße für das Internet, weil es dort für den Täter (widerrechtlich Nutzender oder Anbieter) relativ einfach möglich ist, Inhalte auf verschiedene Rechner oder in die Cloud zu spiegeln und auf diese Weise das Schutzland seiner Wahl zu bestimmen und in Länder mit einem geringeren Schutzniveau – sogenannten Urheberrechtsoasen[83] – zu flüchten.

45 Auf der anderen Seite stehen die internetspezifischen Nutzungen, wie das Angebot auf Abruf oder die digitale Übermittlung, bei denen, im Gegensatz zu den Vervielfältigungen, die Zuordnung zu einem bestimmten Staatsgebiet – also die genaue Lokalisierung der Verletzungshandlung – nicht mehr möglich ist.[84] Diese Kommunikationsprozesse wirken sich nämlich gleichzeitig in mehreren Staaten aus; es handelt sich um sogenannte „multistate"-Delikte oder Streudelikte. Bei solchen liegt der Handlungs- und Schutzort im Inland, wenn das urheberrechtlich geschützte Werk, das ein kommerzieller oder privater Anbieter von einem ausländischen Staat aus widerrechtlich über das Internet zur Verfügung stellt, auch im Inland abrufbar ist; dies wird bei Internetangeboten zumeist der Fall sein. Da in anderen Staaten ein paralleler Standpunkt eingenommen wird, d. h. eine ähnliche kollisionsrechtliche Einordnung dieser internetspezifischen Nutzungshandlungen stattfindet,

---

83 Solche Rechtsoasen des Internets sind beispielsweise San Marino, Brunei und Hongkong, *Hoeren*, MMR 1998, 297 f.; im Ausgangsfall „kino.to" bspw. das Südsee-Archipel Tonga.

84 Ähnlich – wenngleich nicht so eindeutig – *Dreier*, in: Schwarz, Recht im Internet, Stand: 1999, Kap. 3-2.4, S. 29.

gibt es eine Vielzahl von Handlungs- und Schutzorten, nach denen sich das anzuwendende Urheberrecht bestimmt. Angesichts der Verbreitung des Internets ist sogar davon auszugehen, dass sich die Bereitstellung und Übertragung von Inhalten an sämtlichen Urheberrechtsordnungen der Welt messen lassen muss.[85] Daraus folgt für den Urheber, dass er in sämtlichen Staaten um seinen Urheberrechtsschutz nachzusuchen, für den Anbieter, dass er die Urheberrechtsordnungen aller Staaten zu beachten hat, um möglichen Ansprüchen des Urhebers, der praktisch überall Urheberrechtsschutz einklagen kann und muss,[86] zu entgehen – eine Leistung die der Internetanbieter in der alltäglichen Praxis wohl kaum zu erbringen vermag und die für die künftige kommerzielle Nutzung des Internets ein Hemmnis darstellen könnte. Im Ergebnis steht daher fest, dass bei mehrstaatlichen Verwertungsvorgängen das anwendbare Urheberrecht weder für den Urheber, noch für den Anbieter der urheberrechtlich geschützten Werke vorhersehbar und kalkulierbar,[87] das überragende kollisionsrechtliche Interesse an Rechtssicherheit und Vorhersehbarkeit daher nicht gewahrt ist, woraus sich die Forderung der Literatur[88] ergibt, das internationale Urheberrecht entsprechend den Herausforderungen des globalen Mediums Internet sachgerecht fortzuentwickeln.

5. Weitere Konsequenzen des Schutzlandprinzips für Urheberrechtsverletzungen im Internet

Das Nebeneinander von Handlungsorten bereitet außerdem auf der sachrechtlichen Ebene[89] Schwierigkeiten, denn die Urheberrechtsstatute der verschiedenen Schutzlandstaaten sind unterschiedlich ausgestaltet. Zwar mildern die internationalen Übereinkünfte zum Urheberrechtsschutz[90] diese Unterschiede ab, doch da sie lediglich einen Mindestschutz garantieren, heben sie diese nicht vollständig auf:

a) Entstehung des Urheberrechts

Ist im Rahmen einer Internetnutzung beispielsweise die Frage zu klären, ob an einer geistigen Schöpfung überhaupt ein schützenswertes Urheberrecht besteht – sie urheberrechtsfähig ist, so ist nach dem Schutzlandprinzip – wie

---

85 *Hoeren/Thum*, in: Dittrich, Beiträge zum Urheberrecht, Bd. V, 1997, S. 78, 89; *Lehmann*, in: Lehmann, Internet- und Multimediarecht (Cyberlaw), 1997, S. 25, 31; *Köster*, in: Götting, Multimedia, Internet und Urheberrecht, 1998, S. 153, 161 f.
86 *Klett*, Urheberrecht im Internet aus deutscher und amerikanischer Sicht, 1998, S. 57 f.
87 *Muth*, Die Bestimmung des anwendbaren Rechts bei Urheberrechtsverletzungen im Internet, 2000, S. 101.
88 Siehe unten Rn. 59 ff.
89 Zur prozessualen Seite siehe unten Rn. 83 ff.
90 Siehe dazu *Lührig* Kap. 1 Rn. 19 ff.

Kap. 8 Außervertragliches Kollisionsrecht und Internationale Zuständigkeit

bereits ausgeführt[91] – auf das Recht am jeweiligen Ort des Nutzers, der das Werk dauerhaft festlegt oder abruft, abzustellen. Obgleich nun hinsichtlich der Schutzfähigkeit von Werken und der Entstehung von Urheberrechten eine weltweite Annäherung stattgefunden hat, kann die Frage nach der Urheberrechtsfähigkeit nicht immer einheitlich beantwortet werden; vielmehr bleiben Unterschiede bestehen, die in der Praxis Probleme bereiten:

48 So zeigen sich z.B. Unterschiede bei den Anforderungen, die für die Gestaltungshöhe von Werken zu erfüllen sind. Zwar legt die Revidierte Berner Übereinkunft (RBÜ) in Art. 2 Abs. 1 den Kreis der geschützten Werke der Kunst und Literatur für die Verbandsstaaten fest, sie enthält jedoch keine Aussage darüber, welches Mindestmaß an Originalität die Werke erfüllen müssen. Jeder Verbandsstaat bestimmt daher die Voraussetzungen für das Erreichen der Gestaltungshöhe selbst, sodass einige Schöpfungen im Verbandsstaat X als urheberrechtlich schützenswert gelten, die im Verbandsstaat Y jedoch noch nicht die erforderliche Gestaltungshöhe erreichen und ihnen dort kein urheberrechtlicher Schutz zukommt. Im Internet ist diese Problematik insbesondere bei Sounds, Bassläufen und Layouts von Bedeutung, mit denen Multimediawerke erschaffen oder Homepages gestaltet werden; sie genießen z.B. in Großbritannien umfassenden Urheberrechtsschutz, während er ihnen in Deutschland noch weitestgehend versagt bleibt.[92] Ein deutscher Homepage-Ersteller, der seine Seiten über das Internet zum Abruf bereit hält, könnte danach in Großbritannien die Verletzung von Urheberrechten einklagen und Rechte geltend machen, die ihm in Deutschland de facto versagt wären. Gleichzeitig wäre ein abrufender und kopierender Nutzer in Großbritannien als Täter einer Urheberrechtsverletzung anzusehen, während dem Nutzer in Deutschland, der exakt die gleiche Ausführungshandlung begeht, keine Tätereigenschaft zukäme.

49 Auch bei der Einordnung von Tonträgeraufnahmen zeigen sich deutliche Unterschiede innerhalb der verschiedenen Urheberrechtssysteme. Gewähren die meisten Staaten bei Schallplatten und CDs ein Leistungsschutzrecht, so genießen diese Tonträger in den USA lediglich einen Copyright-Schutz.[93]

50 Ferner kann jedes Land selbstständig und frei darüber entscheiden, ob Werke der Kunst oder Literatur, die nicht in dauerhafter Form festgelegt sind, urheberrechtlichen Schutz genießen sollen (Art. 2 Abs. 2 RBÜ). Diese Regelung der RBÜ erlangt nun gerade für Werkschöpfungen im Internet an Bedeutung, da genau dort solche „flüchtigen" Werke entstehen können.

---

91 Siehe oben Rn. 10 ff., 18 ff.
92 *Muth*, Die Bestimmung des anwendbaren Rechts bei Urheberrechtsverletzungen im Internet, 2000, S. 105 m.w.N.; *Köhler/Arndt/Fetzer*, Recht des Internet, 2008, S. 78.
93 17 U.S.C. § 102 a (7); *Hoeren*, in: Hoeren/Sieber/Holznagel, Multimedia-Recht, Stand: 2015, Kap. 7.8 Rn. 24.

Schließen sich z.B. mehrere Internetteilnehmer zusammen, um ein Referat oder einen Bericht zu schreiben, und legen sie dieses Dokument für einen Monat auf einem Server oder in einer Cloud ab, so fehlt diesem Werk die dauerhafte Form, sodass nach Art. 2 Abs. 2 RBÜ jeder Staat unabhängig und frei bestimmen kann, ob dieses Werk urheberrechtsfähig ist oder nicht; von daher löst sich die Frage nach der Urheberrechtsfähigkeit der Werkschöpfung auch hier in unterschiedlicher Weise.

Probleme ergeben sich außerdem beim Schutz von Datenbanken gegen unberechtigte Entnahmen, die nach europäischem Recht von dem durch die Datenbankrichtlinie[94] geschaffenen sui generis-Recht erfasst werden (Art. 7 i.V.m. Art. 11; §§ 87a ff. UrhG), während der Hersteller im außereuropäischen Rechtsraum keinen entsprechenden Schutz gegen unberechtigte Entnahmen von Daten aus seiner Datenbank genießt.[95] Auch in diesem Bereich besteht also ein gravierendes Schutzgefälle zwischen den verschiedenen Staaten.

Für den Anbieter führen diese Unterschiede in der Entstehung des Urheberrechts zu dem merkwürdigen Ergebnis, dass er das Werk eines anderen, das nach seiner Rechtsordnung nicht geschützt wird, zwar zum Abruf freigeben kann, ohne dass er eine Urheberrechtsverletzung begeht. Falls er allerdings dieses Werk in anderen Rechtsordnungen, die dem Werk die Urheberrechtsfähigkeit zugestehen, gebraucht (z.B. über das Internet verfügbar macht), maßt er sich eine Rechtsposition an, die nur dem Urheber dieses Werkes zusteht; der Anbieter wertet daher in diesen Schutzlandstaaten das Recht der öffentlichen Wiedergabe, das allein dem Schöpfer zusteht, aus, sodass mit dem Abruf durch den Nutzer – einer Handlung, die sich eigentlich dem Einfluss des Anbieters völlig entzieht – auch eine Urheberrechtsverletzung des Anbieters in Betracht kommen kann.

b) Inhaberschaft und Übertragbarkeit des Urheberrechts

Das Schutzlandprinzip ist auch heranzuziehen, soweit es um die Inhaberschaft und die Übertragbarkeit des Urheberrechts geht.[96] Dabei liegen den nebeneinander anwendbaren Urheberrechtsordnungen verschiedene Konzepte darüber zugrunde, wer der erste Inhaber des Urheberrechts sein soll.

---

94 Richtlinie 96/9/EG des Europäischen Parlaments und des Rates der Europäischen Union v. 11.3.1996 über den rechtlichen Schutz von Datenbanken, ABlEG Nr. L 77, S. 20.
95 *Muth*, Die Bestimmung des anwendbaren Rechts bei Urheberrechtsverletzungen im Internet, 2000, S. 106.
96 *Katzenberger*, in: Schricker/Loewenheim, Urheberrecht, 4. Aufl. 2010, vor §§ 120 ff. Rn. 129; BGH, GRUR Int. 1998, 427, 429 – Spielbankaffaire; OLG Düsseldorf, ZUM 2006, 326, 328 – Bauhaushocker.

Kap. 8 Außervertragliches Kollisionsrecht und Internationale Zuständigkeit

In einigen Staaten, wie z. B. Deutschland und Frankreich, ist Inhaber des Urheberrechts immer der Schöpfer selbst, auch wenn er in einem Arbeitsverhältnis steht,[97] in anderen Rechtskreisen, wie z. B. Großbritannien oder den USA,[98] kann auch eine juristische Person das Urheberrecht originär erwerben („works made for hire") oder, wie z. B. in Spanien für Gemeinschaftsproduktionen geregelt,[99] von einer natürlichen Person von Gesetzes wegen übertragen bekommen.[100]

54 Geben nun Internetanbieter Werke bei ausländischen Unternehmen in Auftrag, um sie später auf ihrem Server zum Abruf anzubieten, so hängt die Inhaberschaft des Urheberrechts von der jeweils anwendbaren Rechtsordnung ab. Dass dabei der Urheber von Land zu Land ein anderer sein kann, gab bisher nur im Bereich der Filmproduktion Anlass zur Kritik,[101] weil sich gerade dort die Auswertung der Filme wegen des Wechsels in der Inhaberschaft der Urheberrechte als unübersichtlich darstellte. Während nämlich im kontinentaleuropäischen Rechtsraum der Regisseur als Urheber angesehen wird, steht im angloamerikanischen Rechtskreis dem Produzenten die Urheberschaft zu. Für jedes Ausstrahlungsland muss daher gesondert geklärt werden, wer zustimmungspflichtiger Inhaber des Urheberrechts ist. Diese Problematik lässt sich ohne Weiteres auf das Internet übertragen, da ein Video-on-Demand-Anbieter vor derselben Aufgabe stehen wird, wie ein Kinobesitzer oder Filmverleiher. Auch er wird ermitteln müssen, wer – von Land zu Land in unterschiedlicher Weise – Urheberrechtsinhaber der von ihm ins Netz gestellten Filmwerke ist.

55 Der Wechsel in der Inhaberschaft des Urheberrechts wirkt sich jedoch nicht nur im Filmsektor aus, sondern erstreckt sich auch auf andere Werke und schafft bezogen auf das Internet auch hier ganz eigene, neue Probleme: Bietet beispielsweise ein amerikanisches Unternehmen unter Verweis auf sein US-Urheberrecht über das Internet eine Datenbank und darüber den Erwerb von Bildrechten an, so ist dies unproblematisch, sofern sich der Nutzer in den USA aufhält. Die amerikanischen Urheberrechte des Unternehmens reichen hingegen nicht mehr aus, wenn ein deutscher Nutzer auf die Datenbank zugreift und ein Bild herunterlädt. Denn für diesen Fall bestimmt das

---

97 Deutschland: § 7 UrhG; Frankreich: Art. L 111-1.1 Code de propriété intelectuelle.
98 Großbritannien: Copyright, Designs and Patent Act – 1988, Part I, Chap. I § 11 Abs. 2; USA: 17 U.S.C. §§ 101, 201.
99 Spanien: Art. 5.2, 8 Ley de Probiedad Intelectual.
100 *Muth*, Die Bestimmung des anwendbaren Rechts bei Urheberrechtsverletzungen im Internet, 2000, S. 107 f.; *Hoeren*, in: Hoeren/Sieber/Holznagel, Multimedia-Recht, Stand: 2015, Kap. 7.8 Rn. 25.
101 *Schack*, Zur Anknüpfung des Urheberrechts im Internationalen Privatrecht, 1979, S. 44 f.; *Ulmer*, Die Immaterialgüterrechte im internationalen Privatrecht, 1975, S. 39 f.

Schutzlandprinzip, dass deutsches Urheberrecht darüber entscheidet, ob das Unternehmen das Urheberrecht bzw. die erforderlichen Verwertungsrechte besitzt.[102] Da aber nach deutschem Urheberrecht die juristische Person nicht Urheber sein kann, sondern nur eine natürliche Person, kommt es weiter darauf an, ob die amerikanischen Arbeitnehmer, die beim Erstellen der Datenbank mitgewirkt oder kollektiv zusammengewirkt haben, ihre Urheber- und Verwertungsrechte an das Unternehmen übertragen haben. Dafür wiederum müssen die jeweiligen Arbeits- und Lizenzverträge überprüft werden, wobei sich die Rechtmäßigkeit dieser Verträge erneut an dem Recht des Schutzlandes, d. h. an deutschem Recht, messen lassen muss.[103] Bestehende Verträge müssten also nach deutschem Recht ausgelegt werden, um die Übertragung eines ausschließlichen Nutzungsrechts an das Unternehmen nachweisen zu können.[104] In die Praxis übertragen, erscheint es jedoch äußerst fraglich, ob ein amerikanisches Unternehmen die Übersicht über sämtliche einschlägige Rechtsvorschriften – im Internet wären dies weltweit alle Rechtsordnungen – erlangen kann, um seine Arbeits- und Lizenzverträge, welche die Urheberrechtsinhaberschaft weltweit ausweisen könnten, unangreifbar zu machen.

c) Inhalt und Umfang der Verwertungsrechte

Sofern die internationalen Verträge zum Urheberrechtsschutz[105] die Ausgestaltung eines Verwertungsrechtes nicht abschließend regeln, bleibt es den nationalen Gesetzgebern überlassen, die Ausgestaltung der Urheberrechte selbst vorzunehmen. Da außerdem Art. 19 RBÜ einen über die Mindestrechte hinausgehenden Schutz ausdrücklich zulässt, können auch die gewährten Rechte des Urhebers in den einzelnen Schutzlandstaaten stark voneinander abweichen. So können dem Urheber im Land X ausschließliche Verwertungsrechte zustehen, während sie im Land Y durch gesetzliche Lizenzen oder Zwangslizenzen zu bloßen Vergütungsansprüchen reduziert sind.[106] Dies wiederum ist für den Internetanbieter von Belang, da er im Land X die Einwilligung des Urhebers zur Werknutzung benötigt, während er im Land Y lediglich eine Vergütung an die Verwertungsgesellschaft zu entrichten hat. Da sich außerdem die nationalen Urheberrechtsstatute in ihren Schrankenbestimmungen, dem sachlichen Umfang der Freistellung von bestimmten Werknutzungen – z.B. dem für das Internet so bedeutsamen

56

---

102 BGHZ 70, 268, 271 f. – Buster Keaton-Filme; BGH, GRUR 1978, 300, 303 – Wolfsblut; OLG Koblenz, UFITA 70 (1974), 331, 333 – Liebeshändel in Chioggia.
103 *Kreuzer*, in: MüKo-BGB, Art. 38 EGBGB Anh. II Rn. 20; *Katzenberger*, in: Schricker/Loewenheim, Urheberrecht, 4. Aufl. 2010, vor §§ 120 ff. Rn. 150.
104 *Hoeren*, in: Hoeren/Sieber/Holznagel, Multimedia-Recht, Stand: 2015, Kap. 7.8 Rn. 26.
105 Siehe dazu *Lührig*, Kap. 1 Rn. 19 ff.
106 *Spoendlin*, Der internationale Schutz des Urhebers, UFITA 107 (1988), 11, 21 f.

Recht zur privaten Vervielfältigung, dem Zitierrecht, dem Schulgebrauch – und dem gewährten Urheberpersönlichkeitsrecht unterscheiden,[107] bedeutet dies für den Internetanbieter, der aufgrund des Schutzlandprinzips die Rechtsordnungen sämtlicher Nutzerländer zu beachten hat, dass er sich selbst nach dem höchsten Schutzniveau richten muss, um gesetzeskonform zu agieren. Während dies für den Anbieter heißt, dass an eine wirtschaftlich sinnvolle Nutzung von geschütztem Material kaum noch zu denken ist, stellt sich die Situation für den Urheber natürlich als vorteilhaft heraus, da insoweit eine Angleichung an den weltweit höchsten Schutzstandard stattfindet.[108]

d) Schutzdauer

57 Folgenschwer sind auch die Auswirkungen des Schutzlandprinzips auf die Frage nach der Schutzdauer eines Urheberrechts. Zwar hat die Schutzdauerrichtlinie[109] europaweit zu einer Harmonisierung geführt, indem sie die Schutzdauer des Urheberrechts und verwandter Schutzrechte auf 70 Jahre nach dem Tode des Urhebers festlegt, doch finden sich in außereuropäischen Staaten auch andere Schutzfristen. In Kanada und China besteht – wie in einigen anderen Verbandsstaaten auch – entsprechend der Regelung in Art. 7 RBÜ nur die Mindestschutzdauer von 50 Jahren nach Tod des Urhebers. Aus diesem Grund können Werke in einem Staat durchaus 20 Jahre länger geschützt sein als im Nachbarstaat. Auch der Schutzfristenvergleich in Art. 7 Abs. 8 RBÜ, der vorschreibt, dass die Schutzfrist eines Werkes die im Ursprungsland gewährte Schutzdauer nicht übersteigen soll, führt zu keiner Verbesserung dieser misslichen Situation, da es zum einen möglich ist, den Schutzfristenvergleich durch einzelstaatliche Bestimmungen zu durchbrechen[110] und zum anderen für die Verwertung im Internet ein kaum durchzuführender weltweiter Schutzfristenvergleich durch den Anbieter erfolgen müsste.[111] Der Internetanbieter müsste daher selbst innerhalb der RBÜ-Mit-

---

107 *Sterling*, Copyright and Conflicts of Law: some Problems raised by Internet, 1996, S. 9f.
108 *Hoeren*, in: Hoeren/Sieber/Holznagel, Multimedia-Recht, Stand: 2015, Kap. 7.8 Rn. 28; *Muth*, Die Bestimmung des anwendbaren Rechts bei Urheberrechtsverletzungen im Internet, 2000, S. 111.
109 Richtlinie 93/98/EWG des Rates zur Harmonisierung der Schutzdauer des Urheberrechts und bestimmter verwandter Schutzrechte (sogenannte Schutzdauerrichtlinie) vom 29.10.1993, AB1EG Nr. L 290, S. 9.
110 23. Erwägungsgrund der Schutzdauerrichtlinie. In diesem Sinne sieht z.B. die USA einen Schutzfristenvergleich nicht vor, sondern gewährt ausländischen Werken ausnahmslos dieselben Schutzfristen wie inländischen Werken (17 U. S. C. § 104).
111 *Hoeren*, in: Hoeren/Sieber/Holznagel, Multimedia-Recht, Stand: 2015, Kap. 7.8 Rn. 29.

gliedstaaten immer mit einer Diskrepanz von 20 Jahren rechnen, selbst wenn er die Gemeinfreiheit eines Werkes im Ursprungsland[112] ermittelt hat. Wechseln aufgrund nationaler Bestimmungen noch die Inhaber des Urheberrechts (siehe oben Rn. 53 ff.), dann wird die Schutzdauer für den Anbieter noch unüberschaubarer. Stellt beispielsweise ein kanadischer Anbieter ein literarisches Werk ins Internet, weil die Schutzfrist von 50 Jahren nach kanadischem Recht gerade abgelaufen ist, es sich also aus kanadischer Sicht um ein gemeinfreies Werk handelt, so kann es dennoch zu einer Urheberrechtsverletzung durch diesen Anbieter kommen, weil das Werk in Deutschland, wo dem Urheber noch weitere 20 Jahre Schutz gewährt werden, von einem Nutzer abgefragt wird. Erhebt also der Urheber Klage im „Ursprungsland Deutschland" (Art. 5 Abs. 4 RBÜ), so wird nach dem Schutzlandprinzip deutsches Recht angewandt und der Klage des Urhebers stattgegeben, weil das Werk in Deutschland eben noch ausreichend geschützt ist. Der kanadische Internetanbieter könnte daher das Werk nicht weiter anbieten, es sei denn, es wäre ihm möglich, den Zugang technisch so zu beeinflussen, dass Nutzer aus Ländern mit einer längeren Schutzdauer keinen Zugriff mehr auf die Werke erhalten. Demzufolge reicht es heute nicht aus, dass der Anbieter das Ursprungsland des Werkes sowie die dort geltende Schutzdauer ermittelt, sondern er muss vielmehr auch die Schutzfrist-Regelungen aller anderen, als Schutzland in Betracht kommenden Länder kennen und sich darauf einstellen.

6. Ergebnis

Wendet man das Schutzlandprinzip auf die Kommunikationsvorgänge des Internets an, dann beurteilen sich die vorstellbaren Urheberrechtsverletzungen nach einer Vielzahl von Rechtsordnungen. Daraus folgt für den Internetanbieter, dass er seine Verhaltensweisen, insbesondere das Verfügbarmachen von Werken und die digitale Übermittlung derselben, an den strengsten Vorschriften zu messen hat, um keine Urheberrechte zu verletzen. Zwar könnte man dieses Nebeneinander von anwendbaren Urheberrechtsordnungen als Instrumentarium dafür auffassen, die Rechte des Urhebers im eigenen Land gegen gezielte und widerrechtliche Auswertung in sogenannten Urheberrechtsparadiesen zu schützen, doch stehen diesem Gedanken die Schwierigkeiten gegenüber, die sich gerade aus der Anwendung des Schutzlandprinzips auf das Medium Internet in sachrechtlicher Hinsicht ergeben. Hier verursacht die kumulative Anwendung mehrerer Rechtsordnungen

58

---

112 Schon die Bestimmung des Ursprungslands gemäß Art. 5 Abs. 4 RBÜ kann Schwierigkeiten bereiten, wenn ein Werk im Internet gleichzeitig auf mehreren Rechnern veröffentlicht wird.

nicht nur Wertungswidersprüche,[113] sondern führt auch zu einer erheblichen Rechtsunsicherheit bei der Verwertung selbst. Insoweit passen die Anknüpfungsmodelle des internationalen Urheberrechts, die in erster Linie für die Verwertung von Urheberrechten auf nationaler Basis konzipiert sind, nicht mehr; sie erschweren vielmehr den internationalen Urheberrechtsverkehr. Daher ist es durchaus legitim, angesichts dieser Widersprüchlichkeit zwischen der territorial beschränkten Anknüpfungsregel des Schutzlandprinzips und der charakteristischen Globalität des Internets auch andere Anknüpfungsmodelle zu diskutieren; nachfolgend sollen einige dieser Lösungsansätze vorgestellt werden.

II. Alternative Lösungsansätze[114]

59 Die Diskussion um alternative internetspezifische Anknüpfungsregeln kann im Schrifttum als sehr weit fortgeschritten angesehen werden.[115] Dennoch hat sich noch kein „best-practice"-Modell herauskristallisiert. Gemeinsam ist allerdings allen Konstellationen die Forderung nach der Anwendung nur einer Rechtsordnung bei Urheberrechtsverletzungen im Internet. Das Bestreben geht dahin, das jetzt bestehende Territorialprinzip durch ein Universalitätsprinzip zu ersetzen und damit die Entstehung des Rechts, die Ausgestaltung des Rechtsschutzes einschließlich aller Folgen der Verletzungshandlung nach einer einheitlichen Rechtsordnung zu beurteilen.[116] Statt eines „Bündels" nationaler Rechte soll der Urheber eines Werkes nur ein universales – ein nach der Rechtsordnung nur eines Staates entstandenes – Urheberrecht in den Händen halten.

1. Country of upload-Regel

60 Die gedanklich naheliegendste Möglichkeit, wie man die Vielzahl der nach dem Schutzlandprinzip anwendbaren Rechtsordnungen auf nur eine reduzieren kann, liegt darin, den gesamten Nutzungssachverhalt – vom Upload-

---

113 *Drexl*, in: MüKo-BGB, IntImmGR Rn. 149.
114 Im Rahmen dieser Abhandlung können nur die bedeutendsten Lösungsansätze wiedergegeben werden – weitere nennt und erläutert z. B. *Intveen*, Internationales Urheberrecht und Internet, 1999, S. 56 ff.; *Regelin*, Kollisionsrecht der Immaterialgüterrechte, 1999; *Plenter*, Internetspezifische Urheberechtsverletzungen – eine kollisionsrechtliche Herausforderung für Europa, 2003.
115 *Drexl*, in: MüKo-BGB, IntImmGR Rn. 206.
116 *Drexl*, in: MüKo-BGB, IntImmGR Rn. 206; ausführlich: *Klass*, Das Urheberkollisionsrecht der ersten Inhaberschaft – Plädoyer für einen universalen Ansatz, GRUR Int. 2007, 373, 380.

ing bis zum Downloading – dem Recht desjenigen Landes zu unterstellen, in welchem das Werk abrufbereit auf einem Server abgespeichert wird (country of upload). Von diesem Ansatz waren daher auch die ersten Überlegungen zur Lösung der urheberkollisionsrechtlichen Problematik in internationalen Datennetzen ausgegangen.[117] Insbesondere die Europäische Union verfolgte diesen Ansatz noch in ihrem „Grünbuch über Urheberrechte und verwandte Schutzrechte in der Informationsgesellschaft" vom Juli 1995, indem sie eine Anknüpfung an das Recht des Mitgliedstaats vorschlug, „in dem die Dienstleistung ihren Ursprung hat".[118] Dabei hat die Kommission nicht auf das Ursprungsland im Sinne des Universalitätsprinzips (siehe unten Rn. 66 ff.) verwiesen, sondern lediglich eine Anknüpfung an das Land des Uploading im Sinne einer „country of upload-Regel" herbeiführen wollen.[119]

Vorbild dieses Ansatzes war die Kabel- und Satellitenrichtlinie,[120] die – nach Auffassung der Kommission – in ihrem Art. 1 Abs. 2 lit. b die „multistate"-Problematik bei grenzüberschreitenden Sendungen mittels Satellit dahingehend auflöste, dass sie auf den gesamten Sendevorgang, der sich durch die neue Satellitentechnik nicht mehr auf ein eingegrenztes nationales Territorium beschränken lässt (Ausleuchtzone oder footprint), nur noch das Recht des Staates für anwendbar erklärt, von dem aus die Programmsignale zum Satelliten geschickt werden (sogenanntes Sendelandprinzip).[121] Die öffentliche Wiedergabe einer Satellitenausstrahlung würde damit verbindlich für alle Mitgliedstaaten im Ausstrahlungsland lokalisiert, was gleichzeitig bedeute, dass ein Sendeunternehmen nicht mehr die Senderechte sämtlicher in der Ausleuchtungszone liegender Staaten erwerben müsse, um Urheberrechtsverletzungen zu vermeiden, sondern nur noch das Senderecht des Ausstrahlungslands. Da das Ausstrahlen von Satellitensendungen wie auch das Zugänglichmachen und die digitale Übermittlung von Werken im Internet öffentliche Wiedergaben darstellen, die ihren Ursprung in nur einem Staat haben, aber in verschiedenen Ländern durch die Konsumenten genutzt bzw. verwertet werden können, lag es für die Kommission nahe, aus dem 61

---

117 *Dreier*, ZUM 1996, 69 ff.; *Thum*, in: Bartsch/Lutterbeck, Neues Recht für neue Medien, 1998, S. 117, 136.
118 KOM(95)382 endg. v. 19.7.1995, S. 38, 41 f.
119 *Köster*, in: Götting, Multimedia, Internet und Urheberrecht, 1998, S. 153, 164.
120 Richtlinie 93/83/EWG des Rates zur Koordinierung bestimmter urheber- und leistungsschutzrechtlicher Vorschriften betreffend Satellitenrundfunk und Kabelweiterverbreitung vom 27.9.1993, in: ABlEG Nr. L 248, S. 15; die Satellitenrichtlinie ist durch Gesetz vom 16.7.1998, BGBl. I, S. 1822, in nationales Recht umgesetzt worden (§ 20a Abs. 1 UrhG).
121 *v. Lewinski*, GRUR Int. 1995, 831, 833; *Köster*, Urheberrechtskollisionsrecht im Internet, S. 153, 167 f.

Kap. 8 Außervertragliches Kollisionsrecht und Internationale Zuständigkeit

Sendelandprinzip eine „country of upload-Regel" für das Internet zu konstruieren.

62 Von dieser rechtlichen Lösung ist die Kommission allerdings durch eine Klarstellung im Nachfolgepapier zum Grünbuch[122] wieder abgerückt. Die Anknüpfung an den Ort des Uploading beruhte nämlich auf einer Fehlinterpretation der Satellitenrichtlinie, die gerade keine Lösung auf die Frage bereithält, welches Recht auf den grenzüberschreitenden Sendevorgang (öffentliche Wiedergabe über Satellit) anwendbar sein soll, sondern lediglich auf der Ebene des materiellen Rechts entscheidet, dass es nicht auf die Empfangsstaaten und ihre Rechtsordnungen ankommen kann, sondern nur auf die des Ausstrahlungsorts. Die Kommission hat mit dem Sendelandprinzip nur den Begriff der „öffentlichen Wiedergabe" präzisieren wollen – eine kollisionsrechtliche Regel war hingegen nicht beabsichtigt,[123] was zuletzt auch der EuGH bestätigte.[124]

63 Ferner hat die Kommission, wie zuvor schon die kritischen Stimmen in der Literatur,[125] nun auch sachliche Bedenken gegen die Anknüpfung an eine „country of upload-Regel" vorgebracht.[126] So bestünde die Gefahr, dass bei einer Anknüpfung an die „country of upload-Regel" der Urheber nicht mehr effektiv geschützt werden könne. Denn durch Standortverlagerungen des Servers könnten die Anbieter eine „Ausgangsstaat"-Rechtsordnung wählen, die nur einen geringen Urheberrechtsschutz gewährleiste. Gerade diese Gefahr, namentlich die Flucht in sogenannte Urheberrechtsoasen, sei im Internet viel höher einzuschätzen als im Bereich der Satellitensendungen, da die Verlagerung der Sendestation einen weitaus höheren technischen Aufwand erfordere als die Veränderung des Ausgangsstaates im Internet, wo die Datei lediglich auf einen anderen Server überspielt, oder der Server (Computer) an einen anderen Ort gebracht werden müsste. Verhindern ließe sich eine solche Fluchtmöglichkeit nur dadurch, dass ein europa- und weltweit harmonisierter Urheberrechtsschutz geschaffen würde, der mit einer weitgehenden Harmonisierung der nationalen Urheberrechte, vor allem im Hinblick auf die Entstehung, die Schrankenregelungen und die Schutzdauer,

---

122 KOM(96)596 endg. v. 20.11.1996, S. 23.
123 *Dreier*, in: Hugenholtz (ed.), The Future of Copyright in a Digital Environment, 1996, S. 57, 61; *Köster*, in: Götting, Multimedia, Internet und Urheberrecht, 1998, S. 153, 165 f.
124 EuGH, Urt. v. 3.2.2000, Rs. C-293/98, NJW 2000, 1020.
125 *Kreile/Becker*, GRUR Int. 1996, 677, 689; *v. Lewinski*, GRUR Int. 1995, 831, 833; *Schønning*, ZUM 1997, 34, 37 f.
126 *v. Lewinski*, MMR 1998, 115, 116; *Mankowski*, GRUR Int. 1999, 909, 914.

C. Deutsches Kollisionsrecht und internationales Urheberrecht   Kap. 8

einhergehen müsste – hiervon sei man jedoch bislang noch weit entfernt,[127] der Weg über die „country of upload-Regel" schon daher nicht gangbar.[128]

Gegen die „country of upload-Regel", die von der Satellitenrichtlinie abgeleitet wurde, spräche überdies die unterschiedliche Beschaffenheit der Nutzungsvorgänge. Die digitale Übermittlung sei mit dem Sendevorgang nämlich nur bedingt vergleichbar. Während bei der Satellitensendung das Sendeunternehmen die Sendefolge zusammenstelle, kreiere der Internetnutzer aus dem digitalen Angebot seine Sendefolge völlig eigenständig. Zwar könne er viele Inhalte des Internets (z.B. eine Homepage mit einem urheberrechtlich geschützten Werk) nur ebenso passiv abrufen wie der Fernsehzuschauer sein Fernsehprogramm, doch entscheidet er selbst, welche Abfolge die Materialien haben sollen und wann er die von ihm begehrten Informationen abruft, während der Fernsehzuschauer an die festen Programmvorgaben und -abfolgen des Sendeunternehmens gebunden bleibt. Ein weiterer Unterschied läge darin, dass das Sendeunternehmen die Ausleuchtstaaten durch entsprechende Positionierung des Satelliten bestimmen kann, während die Abrufstaaten im globalen Internet überhaupt nicht oder nur unter sehr hohem technischen Aufwand vom Provider ausgewählt werden können.[129] Und schließlich müsse die Vergleichbarkeit des Sendevorgangs mit der digitalen Übermittlung häufig mit dem Argument abgelehnt werden, dass es sich beim Sendevorgang um eine Punkt-zu-Multipunkt-Kommunikation handelt, während die digitale Übermittlung eine Punkt-zu-Punkt- bzw. Multipunkt-zu-Punkt-Kommunikation darstellt, die von daher einer Kabelweiterverbreitung gleiche, bei der jedoch – anders als beim Sendelandprinzip – das Recht sämtlicher an das Netz angeschlossener Länder anwendbar ist.[130]

64

Im Ergebnis ist die „country of upload-Regel", die sich beim Satellitenfernsehen als brauchbar erwiesen hat, daher nicht ohne Weiteres auf das Internet übertragbar; die Rahmenbedingungen der einzelnen Vorgänge sind zu unterschiedlich und die Manipulationsgefahr zum Nachteil des Urhebers ist zu groß.

65

---

127 Vgl. auch *Dreier*, in: Schwarz, Recht im Internet, Stand: 1999, Kap. 3-2.4, S. 28.
128 Die mögliche Alternative, unter Anwendung der „country of upload-Regel" die Länder mit einem geringen urheberrechtlichen Schutzniveau durch technische Zugangssperren auszunehmen (intendiertes Abrufgebiet), ist ebenso wenig zu empfehlen, da nur neue urheberrechtliche Lücken innerhalb des globalen Internets entstehen würden und ferner alle technischen Zugangsbeschränkungen wegen der zu erwartenden Weiterentwicklung von technischen Umgehungsmöglichkeiten nur als Übergangslösungen gelten können.
129 *Muth*, Die Bestimmung des anwendbaren Rechts bei Urheberrechtsverletzungen im Internet, 2000, S. 111.
130 *Hoeren*, in: Hoeren/Sieber/Holznagel, Multimedia-Recht, Stand: 2015, Kap. 7.8 Rn. 40 ff.; *Schønning*, ZUM 1997, 34, 38.

2. Ursprungslandprinzip

66 Als Alternative zum Schutzlandprinzip und der aus ihm folgenden strengen territorialen Betrachtungsweise wird für internationale Urheberrechtsverletzungen ferner die Anknüpfung an das Recht des Ursprungslands (lex originis) erwogen.[131] Hinter diesem Ansatz, der bislang nur in der Übereinkunft von Montevideo[132] Berücksichtigung fand, steht das Ideal, ein weltweit gültiges Urheberrecht zu schaffen, das in jedem Staat gleichermaßen Anerkennung findet. Nicht ein ganzes „Bündel" territorial beschränkter, inhaltlich unterschiedlicher nationaler Urheberrechte sollen den Urheber vor Urheberrechtsverletzungen schützen, sondern nur ein einziges, universell anzuerkennendes Urheberrecht, das sich nach dem Land bestimmt, in welchem das Werk seinen Ursprung hat – dem Land der Erstveröffentlichung oder bei unveröffentlichten Werken nach dem Heimatstaat/Personalstatut des Urhebers (Universalitätsprinzip).[133]

67 Scheint die Anknüpfung an die lex originis auf den ersten Blick für den internationalen Urheberrechtsverkehr sinnvoll, weil die Entstehung, die erste Inhaberschaft und die Übertragbarkeit des Urheberrechts einheitlich und für den Urheber überschaubar nur einem Recht unterstellt wird[134] und auch insofern Stabilität bietet, als dass der Anbieter oder der Nutzer nicht durch örtliche Verlagerung ihrer Handlungen die Rechtslage manipulieren können, so erweist sie sich bei näherer Betrachtung, insbesondere dort, wo Inhalt und Schranken des Urheberrechts, also das sogenannte Verletzungsstatut, dem Recht des Ursprungslands unterstellt würden, als problematisch: Denn in diesem Fall könnten sich der Anbieter oder der Nutzer nicht mehr darauf verlassen, dass für ihre Handlungen das heimische Urheberrecht einschlägig wäre. Sie müssten vielmehr, um sich rechtmäßig zu verhalten, bei jedem Bild, Text, Film- oder Musikstück, das sie zum Abruf bereitstellen oder her-

---

131 Befürworter dieses Prinzips sind: *Schack*, Urheber- und Urhebervertragsrecht, 2013, Rn. 900 ff.; *ders.*, Zur Anknüpfung des Urheberrechts im Internationalen Privatrecht, 1979, S. 36 ff.; *ders.*, GRUR Int. 1985, 523 ff.; *ders.*, MMR 2000, 59, 63 f.; *Drobnig*, RabelsZ 40 (1976), 195 ff.; *Neuhaus*, RabelsZ 40 (1976), 191 ff. (differenzierend); *Siehr*, Das Urheberrecht in neueren IPR-Kodifikationen, UFITA 108 (1988), 9, 25; *Intveen*, Internationales Urheberrecht und Internet, 1999, S. 85 ff.
132 Siehe oben *Lührig*, Kap. 1 Rn. 36.
133 *Schack*, Zur Anknüpfung des Urheberrechts im Internationalen Privatrecht, 1979, S. 23, 51 ff.; *Drobnig*, RabelsZ 40 (1976), 195, 197; *Neuhaus*, RabelsZ 40 (1976), 191, 194; *Intveen*, Internationales Urheberrecht und Internet, 1999, S. 86 ff.; *Drexl*, in: MüKo-BGB, IntImmGR Rn. 204 ff.
134 Unter den Vertretern des Universalitätsprinzips herrscht allerdings keine Übereinstimmung bezüglich der Reichweite des Anknüpfungsgegenstands; sofern einzelne Bereiche nicht der Herrschaft des Ursprungslands unterstellt werden, soll dann das Schutzlandprinzip zur Anwendung kommen.

unterladen, das Ursprungsland dieser Materialien (etwa den Staat der Erstveröffentlichung) recherchieren, was schon für sich allein schwierig genug sein kann, wenn man bedenkt, dass zahlreiche Homepages mit sogenannten „inline graphics" und „Frames" angereichert sind, die fremde Werke integrieren. Die Situation verschärft sich außerdem, wenn nicht nur ein einzelnes Werk, sondern eine Zusammenstellung von mehreren Werken, die außerdem von unterschiedlichen Urhebern verschiedener Nationalität stammen z. B. über Datenbanken oder FTP-Angeboten vom Nutzer in Anspruch genommen werden. Die einzelnen Beiträge können dann ganz unterschiedliche Erstveröffentlichungsorte haben, mit der weiteren Konsequenz, dass auf diesen einen Vorgang die Rechtsordnungen aller Ursprungsländer Anwendung finden würden, die dann noch daraufhin untersucht werden müssten, ob und in welchem Umfang die Handlung als Downloading, Ausdruckvorgang, Verlinkung usw. erlaubt ist oder nicht. Es liegt auf der Hand, dass die sich daraus ergebenden Rechtsunsicherheiten für den Anbieter und Nutzer unzumutbar wären. Jedenfalls soweit das Verletzungsstatut betroffen ist, erweist sich das Ursprungslandprinzip, das die bestehenden Probleme nicht löst, sondern nur auf eine andere Ebene verlagert, für das Internet als eine nicht ernstzunehmende Alternative.

Das Bild rundet sich ab, wenn man die Konsequenzen für die angerufenen Gerichte bedenkt.[135] Erklärt sich ein Gericht für international zuständig, weil die Nutzungs- oder Verwertungshandlung auf seinem Territorium stattgefunden hat, so müsste es nach dem Universalitätsprinzip das Recht des Ursprungslands anwenden. Dies führt bei einer multinationalen Urheberrechtsverletzung unter Umständen dazu, dass der einzelne nationale Richter eine Vielzahl von Rechtsordnungen anzuwenden hat[136] – sei es das arabische Heimatrecht eines Urhebers oder die Rechtsordnung des Landes der Erstveröffentlichung in China. Unabhängig von der Tatsache, dass für die Richter ein erheblicher organisatorischer Aufwand zu betreiben wäre, um Gesetzestexte, Übersetzungen und Kommentierungen zu erhalten, verschärft sich die Problematik weiter, wenn mehrere Urheber von der Verletzungshandlung betroffen sind und jeweils an ihrem Wohnort Klage erheben. Denn dann käme es nicht nur zu einem Prozess, bei dem der Richter eine Vielzahl von Rechtsordnungen anwenden müsste, sondern derselbe Sachverhalt würde durch mehrere Prozesse in verschiedenen Ländern erfasst, in denen die Gerichte autonom die Gesetze auslegen und entscheiden können. Die Rechtsunsicherheit für den Verwerter, der seine Rechte nach den zahlrei- **68**

---

135 Siehe dazu ausführlich *Muth*, Die Bestimmung des anwendbaren Rechts bei Urheberrechtsverletzungen im Internet, 2000, S. 148 f.
136 *Spoendlin*, Der internationale Schutz des Urhebers, UFITA 107 (1988), 11, 15, 23; *Intveen*, Internationales Urheberrecht und Internet, 1999, S. 119 f.

Kap. 8 Außervertragliches Kollisionsrecht und Internationale Zuständigkeit

chen Rechtsordnungen erwerben und dabei auch die Entscheidungspraxis der jeweiligen Gerichte kennen müsste, ist offenkundig und wird dem kollisionsrechtlichen Anspruch nach Rechtsklarheit nicht mehr gerecht.[137] Gerade diese Aspekte führen dazu, dass sich das Ursprungslandprinzip als Anknüpfungsregel bislang nicht hat durchsetzen können.[138]

3. Lex fori-Regel

69 Schließlich bestünde die Möglichkeit, die internetspezifischen Nutzungshandlungen dem Recht des Gerichtsorts (lex fori) zu unterstellen. Dabei würde sich das internationale Urheberrecht in dreifacher Hinsicht vereinfachen: Erstens bündelt der lex fori-Ansatz multinationale Urheberrechtsverletzungen und lässt nur eine Rechtsordnung, namentlich die des Forumstaates, über alle rechtswidrigen Nutzungen entscheiden. Zweitens kann der Richter, dem das eigene Recht vertrauter ist, schneller und gezielter über den vorgelegten Fall befinden, was drittens den beteiligten Parteien zugutekommt, weil die Gerichtskosten niedriger und der Rechtsschutz effektiver werden.[139]

70 Die Kehrseite dieser Anknüpfungsregel wäre jedoch, dass durch sie mit den erklärten Prinzipien des Internationalen Privatrechts gebrochen würde. Denn während das System des Internationalen Privatrechts davon ausgeht, dass bei Sachverhalten mit Auslandsberührung das Recht zur Anwendung gelangen soll, welches zum Sachverhalt die engste Verbindung aufweist, gleichgültig ob es sich dabei um inländisches oder ausländisches Recht handelt,[140] stellt die lex fori-Regel das so verstandene Kollisionsrecht geradewegs auf den Kopf. Nicht mehr die Sachnähe würde über die Anwendung einer passenden oder fallangemessenen Rechtsordnung entscheiden, sondern allein der Ort der Klageerhebung und die Bejahung der internationalen Zuständigkeit; das Vorhandensein anderer Rechtsordnungen mit einem engeren Sachverhaltsbezug würde demnach völlig ignoriert. Aus eben dieser Tatsache, dass die anzuwendende Rechtsordnung nach der lex fori-Regel keinerlei Beziehung mehr zu den in Frage stehenden Urheberrechtsverletzungen aufweisen müsste, folgt weiter, dass sich den Beteiligten eine fast unbegrenzte Möglichkeit zum sogenannten „forum shopping" böte. Der Ur-

---

137 *Spoendlin*, Der internationale Schutz des Urhebers, UFITA 107 (1988), 11, 23; *Muth*, Die Bestimmung des anwendbaren Rechts bei Urheberrechtsverletzungen im Internet, 2000, S. 152 f.; a. A. *Intveen*, Internationales Urheberrecht und Internet, 1999, S. 120 f.
138 *Kreuzer*, in: MüKo-BGB, nach Art. 38 EGBGB Anh. II Rn. 13; *Katzenberger*, in: Schricker/Loewenheim, Urheberrecht, 4. Aufl. 2010, vor §§ 120 ff. Rn. 122.
139 *Kropholler*, Internationales Privatrecht, 2006, § 7 II 1.
140 *Kropholler*, Internationales Privatrecht, 2006, § 2 III.

heber bzw. Verletzte könnte seine Klage, vorausgesetzt die internationale Zuständigkeit läge vor (Art. 1 Abs. 1, 7 Nr. 2 EuGVVO, § 32 ZPO), wegen der Globalität des Internets in nahezu sämtlichen Staaten der Welt erheben; er könnte sich somit den Staat als Forum aussuchen, der ihm ein hohes Urheberrechtsniveau bietet und ihm die besten Entschädigungsansprüche gewährleistet. Mag dies in Anbetracht eines möglichst hohen Urheberrechtsschutzes noch hinnehmbar sein,[141] so wird die Situation jedoch völlig absurd, wenn man sich vergegenwärtigt, dass demgegenüber auch der Verletzer ein ihm günstiges Forum – sprich eine Urheberrechtsoase – auswählen könnte, indem er der Klage des Urhebers durch das Erheben einer Feststellungsklage vorgreift und damit das anwendbare Recht festlegt;[142] der zunächst gewonnene Urheberrechtsschutz wäre so wieder außer Kraft gesetzt. Die Verweisung auf die lex fori kann daher keine wirkliche Alternative zum Schutzlandprinzip sein.

4. Lösungsansatz von Jane Ginsburg

In Anbetracht der Tatsache, dass alle traditionellen Anknüpfungsmodelle deutliche Schwachpunkte aufweisen, hat die New Yorker Professorin *Jane Ginsburg* versucht, eine Kollisionsregel für Urheberrechtsverletzungen in Datennetzen zu entwickeln, welche die verschiedenen Anknüpfungsmodelle unter Auslassung ihrer Nachteile miteinander vereint.[143] Danach sollen auf grenzüberschreitende Urheberrechtsverletzungen der Reihe nach die folgenden Rechtsordnungen zur Anwendung kommen: **71**

Infringements alleged to occur in multiple territories: **72**

(1) In the absence of an applicable treaty supplying a substantive rule, the law applicable to determine the existence and scope of copyright protection, as well as available remedies, shall be the law of the forum country, if that country is either

(a) the country from which the infringing act or acts originated; or

---

141 Die Verordnung (EG) Nr. 1215/2012 über die gerichtliche Zuständigkeit und Anerkennung von Entscheidungen in Zivil- und Handelssachen (EuGVVO) – ABlEG Nr. L 351, S. 1, ber. 2016 Nr. L 264, S. 43.
142 *Hoeren*, in: Hoeren/Sieber/Holznagel, Multimedia-Recht, Stand: 2015, Kap. 7.8 Rn. 43 ff.; *Muth*, Die Bestimmung des anwendbaren Rechts bei Urheberrechtsverletzungen im Internet, 2000, S. 156 f.
143 *Ginsburg*, in: WIPO Worldwide Symposium Mexico City 1995, S. 402; *dies.*, Global Use/Territorial Rights: Private International Law Questions of the Global Information Infrastructure, Journal of Copyright Society of the USA 42 (1995), S. 318, 338. Inspirieren ließ sich *Ginsburg* von der europäischen Satellitenrichtlinie vom 27.9.1993, der Haager Konvention über das auf die Produkthaftpflicht anwendbare Recht vom 2.10.1973 und dem Restatement Second of Conflicts, siehe S. 402 f. bzw. 337 f.

Kap. 8 Außervertragliches Kollisionsrecht und Internationale Zuständigkeit

(b) the country in which the defendant resides or of which it is a national or domiciliary; or

(c) the country in which the defendant maintains an effective business establishment.

(2) If under this provision, the law of the forum does not apply, then the applicable law shall be the law of the country from which the infringing act or acts originated, if that country is also

(a) the country in which the defendant resides or of which it is a national or domiciliary; or

(b) the country in which the defendant maintains an effective business establishment.

(3) For the purpose of this provision, the „country from which the infringing act or acts originated" includes the country from which an unauthorised copy of the work was first made or first communicated, including by any means of transmission.

73 Nach dieser von *Ginsburg* konzipierten Anknüpfungsleiter[144] richtet sich das anwendbare Recht für multinationale Urheberrechtsverletzungen also zunächst nach dem Gerichtsort (Forum), sofern die von ihr genannten Kriterien – die Urheberrechtsverletzung geht ebenfalls vom Forumstaat aus, oder der Beklagte hat dort seinen gewöhnlichen Aufenthalt/Wohnsitz bzw. gehört diesem Staat an, oder der Beklagte unterhält im Forumstaat eine geschäftliche Niederlassung, in der er tatsächlich Tätigkeiten entfaltet – alternativ vorliegen (Abs. 1). Liegen die Voraussetzungen nicht vor, dann greift subsidiär Abs. 2 ein, wonach die Entstehung, der Umfang und die Entschädigungsansprüche dem Recht des Landes unterstellt werden, von dem die Verletzungshandlung herrührt (Ausgangsstaat), allerdings nur, sofern dieses Land zugleich der Staat ist, in dem der Beklagte seinen gewöhnlichen Aufenthalt/Wohnsitz hat bzw. dem er angehört oder in dem er eine geschäftliche Niederlassung unterhält. Abs. 3 stellt schließlich klar, dass all jene Staaten, von denen aus eine ungenehmigte Kopie oder Fassung des Werkes zum ersten Mal hergestellt oder weitergeleitet wurde, als „Land, von dem die Verletzungshandlung herrührt" in Betracht kommen.

74 Nach dem Ansatz von *Ginsburg* soll – entsprechend der lex fori-Regel[145] oder dem europäischen Sendelandprinzip[146] – nur eine Rechtsordnung, entweder die des Forum- oder die des Ausgangsstaats, über die multinationalen

---

144 *Kropholler*, Internationales Privatrecht, 2006, § 20 III. Unter Anknüpfungsleiter versteht man im Internationalen Privatrecht den Weg von der Hauptanknüpfung zur subsidiären Ersatzanknüpfung usw.
145 S.o. Rn. 60.
146 S.o. Rn. 69.

C. Deutsches Kollisionsrecht und internationales Urheberrecht   Kap. 8

Urheberrechtsverletzungen entscheiden. Indem *Ginsburg* dabei die jeweils in Betracht kommende Rechtsordnung des Forum- oder Ausgangsstaats nur unter der Prämisse für anwendbar erklärt, dass neben der Klageerhebung weitere Beziehungen zum Forum- bzw. Ausgangsstaat bestehen, vermeidet sie einen wesentlichen Nachteil der bereits bekannten Anknüpfungsmodelle – sie minimiert nämlich die Möglichkeiten des forum shoppings auf der Klägerseite. Für den Kläger kann daher nur die Rechtsordnung streitentscheidend sein, zu der er eine enge Verbindung hat, wobei *Ginsburg* die Kriterien, die diese enge Verbindung begründen, in der Kollisionsnorm selbst festlegt.

Dennoch verbleiben auch nach dem Ginsburg'schen Modell Wahl- und Manipulationsmöglichkeiten für die Beteiligten:[147] So kann sich der Kläger (z. B. der Urheber, der Schadensersatz oder Unterlassung fordert) nach Abs. 1 des Vorschlags die anwendbare Rechtsordnung zumindest insoweit aussuchen, als dass er sich in den von *Ginsburg* selbst vorgegebenen Alternativen bewegt. Je nachdem, ob er sich – bezogen auf unseren Ausgangsfall – auf die Verletzungshandlung am Serverstandort im Staat A, auf den Sitz und die Tätigkeit des Online-Dienstes im Staat B beruft oder auf die Staatsangehörigkeit bzw. den gewöhnlichen Aufenthalt des Providers abstellt, kommen unterschiedliche Rechtsordnungen zum Tragen, zwischen denen der Kläger dann die für ihn günstigste auswählen kann. Außerdem bleiben auch nach dem Ansatz von *Ginsburg* die Probleme bestehen, die sich daraus ergeben, dass sich der Internetanbieter in eine Urheberrechtsoase zurückzieht, indem er den Serverstandort und – wenngleich mit mehr Schwierigkeiten verbunden als bei der „country of upload-Regel" – den Hauptverwaltungssitz seines Unternehmens in ein Land mit einem niedrigen Urheberrechtsstandard verlegt und von dort aus seine Urheberrechtsverletzungen begeht.

75

Kritik erfährt die Lösung von *Ginsburg* schließlich auch deshalb, weil nach ihrer Kollisionsregel der Urheber hinsichtlich des zu berufenden Rechts ausschließlich von den Eigenschaften und Vorgehensweisen der Verwerter seiner Werke (Anbieter und Nutzer) abhängig wäre.[148] Ursächlich dafür ist, dass es nach dem Ginsburg'schen Vorschlag nicht mehr auf Kriterien wie des Entstehungs- und Veröffentlichungsorts ankommt, sondern ausschließlich solche Merkmale über das anwendbare Recht entscheiden, die in der Person oder der Firma des Anbieters und des Nutzers begründet sind. So kommt es regelmäßig auf den Sitz des Providers und den gewöhnlichen Auf-

76

---

147 Siehe dazu ausführlich *Muth*, Die Bestimmung des anwendbaren Rechts bei Urheberrechtsverletzungen im Internet, 2000, S. 164 ff.
148 *Muth*, Die Bestimmung des anwendbaren Rechts bei Urheberrechtsverletzungen im Internet, 2000, S. 169 f.; *Intveen*, Internationales Urheberrecht und Internet, 1999, S. 78.

enthalt des Nutzers an. Außerdem legen diese Personen auch fest, von welchem Staat aus die Verletzungshandlung ihren Ausgang nimmt. Da sich folglich die Entstehung und der Umfang des Urheberrechts einzig und allein nach verwerterbezogenen Kriterien bemessen, sind die Interessen des Urhebers zumindest insofern betroffen, als dass es bei einer Klage durch denselben keine territorial aufgesplitterte Betrachtungsweise mehr gäbe.[149] Vielmehr käme, da bei der derzeitigen Internetrealität, in der weitgehend die US-amerikanischen Provider das Inhaltsangebot der Datennetze bestimmen, indem sie von den USA aus die meisten Werke ins Netz einspeisen oder dort ihre geschäftliche Niederlassung haben, fast ausschließlich US-amerikanisches Recht zur Anwendung. Für den Urheber bliebe daher die Wahl des Forumrechts auf die Rechtsordnungen der US-amerikanischen Bundesstaaten begrenzt; der kontinentaleuropäische Urheberrechtsschutz würde fast gar keine Rolle mehr spielen. Ohne hier auf weitere Kritikpunkte[150] eingehen zu wollen, dürfte schon von daher der Vorschlag von *Ginsburg* weder eine praktikable noch international konsensfähige Anknüpfungsregel darstellen.

5. „Internetvertrag" im Rahmen der RBÜ

77 Eine Regelung auf der Ebene der Revidierten Berner Übereinkunft, zumindest aber – als zweitbeste Lösung – eine europäische Richtlinie, die das anwendbare Recht in Analogie zur Kabel- und Satellitenrichtlinie bestimmt, fordern *Hoeren/Thum*[151] um die kollisionsrechtlichen Probleme im Online-Bereich zu lösen.

78 Abgesehen davon, dass der Vorschlag recht abstrakt bleibt, indem als „kleine europäische Lösung" lediglich eine analoge Regelung zur Kabel- und Satellitenrichtlinie vorgeschlagen wird, bei der man das Land des Uploading für ausschlaggebend erklärt, wenn sich der Server innerhalb des Gebiets der EU befindet, und ansonsten auf das Schutzlandprinzip zurückgreifen will, lassen sich auch durch diesen gedanklichen Ansatz die bestehenden Probleme nicht lösen. Denn die zur „country of upload-Regel" geäußerte Kritik kann ohne Weiteres auf die beabsichtigte „kleine europäische Lösung" übertragen werden, d. h. die Bedenken sind dieselben, solange das Urheberrecht auch europaweit nicht endgültig harmonisiert ist (siehe nur die Entstehung, Inhaberschaft und Übertragbarkeit von Urheberrechten). Zur „großen weltweiten Lösung" ist anzumerken, dass – unabhängig vom noch nicht formu-

---

149 *Hoeren*, in: Hoeren/Sieber/Holznagel, Multimedia-Recht, Stand: 2015, Kap. 7.8 Rn. 45 ff.
150 Dazu *Muth*, Die Bestimmung des anwendbaren Rechts bei Urheberrechtsverletzungen im Internet, 2000, S. 164 ff.
151 *Hoeren/Thum*, in: Dittrich, Beiträge zum Urheberrecht, Bd. V, 1997, S. 78, 96 f. m. w. N.

lierten Inhalt eines solchen Vertrages – immer noch nicht alle Länder der Urheberrechtskonvention beigetreten sind und daher auch nicht davon ausgegangen werden kann, dass sie einem „Internetvertrag" beitreten würden. Wirken jedoch nur die Verbandsstaaten der RBÜ an einer kollisionsrechtlichen Lösung mit, so bleiben einige wesentliche Probleme (Rückzug in Urheberrechtsoasen; forum shopping) erhalten.

6. Annäherung an das wettbewerbsrechtliche Vorgehen?

Einen weiteren Lösungsansatz bieten neuerdings Rechtsprechung und Schrifttum an, indem sie darauf abstellen, die Anknüpfung an die Länder vorzunehmen, in denen das Internetangebot „bestimmungsgemäß abrufbar" ist.[152] Das Schutzland soll sich – ähnlich wie bei wettbewerbsrechtlichen Streitigkeiten[153] – danach bestimmen, an welche inländischen Internetnutzer sich ein Internetangebot richtet bzw. zu welchem Land es einen „Markt- bzw. Inlandsbezug" herstellt. Kriterien zur Bestimmung des Adressatenkreises sollen dabei u. a. die Sprache des Angebots, vorhandene Abruffreigaben und -beschränkungen sowie zugrunde liegende Zahlungs- und Versandmodalitäten liefern.[154]

79

Unabhängig davon, dass das Schutzland, selbst unter Zugrundelegung der angesprochenen Kriterien, nicht eindeutig ausmachbar ist, sondern allenfalls eine Reduzierung der betroffenen Urheberrechtsordnungen erfolgen könnte, hat der EuGH mit seiner jüngsten Rechtsprechung zur Beurteilung der internationalen Zuständigkeit von Urheberrechtsverstößen im Internet einer solchen Herangehensweise bei der Bestimmung des Schutzlandes eine Absage erteilt und damit zugleich das angesprochene und nicht auflösbare Dilemma bei Urheberrechtsverstößen im Internet bestätigt.[155]

80

---

152 *Köhler*, in: Köhler/Bornkamm, UWG, Einl. Rn. 5.8 m. w. N.; *Nordemann-Schiffel*, in: Fromm/Nordemann, Urheberrecht, 11. Aufl. 2014, vor § 120 Rn 70; EuGH, GRUR 2012, 1245, 1247 f. Rn. 31 ff. – Football Dataco.
153 Vgl. zum Wettbewerbsrecht auch BGH, GRUR 2014, 601, 603 Rn. 26 ff. – englischsprachige Pressemitteilung; GRUR 2006, 513, 515 – Arzneimittelwerbung im Internet; zum Kennzeichenrecht EuGH, GRUR 2011, 1025, 1028 f. Rn. 64 ff. – L'Oréal/eBay; BGH, GRUR 2005, 431, 432 – Hotel Maritime; BGH, GRUR 2012, 621, 624 – OSCAR.
154 EuGH, GRUR 2012, 1245, 1247 f. Rn. 31 ff. – Football Dataco; BGH, GRUR 2010, 628, 629 Rn. 14 – Vorschaubilder; vgl. auch *Katzenberger*, in: Schricker/Loewenheim, Urheberrecht, 4. Aufl. 2010, Vorb. §§ 120 ff. Rn. 141; *Dreier*, in: Dreier/Schulze, UrhG, 5. Aufl. 2015, Vorb. §§ 120 ff. Rn. 41 jeweils m. w. N.
155 EuGH, GRUR 2015, 296, 297 Rn. 27 ff. – Pez Hejduk/EnergieAgentur.NRW – Urheberrechtsverletzungen durch den Internetvertrieb von Bild- und Tonwerken; vgl. dazu auch die Anmerkung von *Lüft*, GRUR-Prax 2015, 89, 90 und *Picht/Kopp*, GRUR Int. 2016, 232 ff.

Kap. 8 Außervertragliches Kollisionsrecht und Internationale Zuständigkeit

7. Ergebnis

81 Als Ergebnis kann festgehalten werden, dass allen hier aufgezeigten Varianten gemeinsam ist, dass sie versuchen, die Vielzahl der nach dem Schutzlandprinzip anwendbaren Urheberrechtsordnungen für ein und denselben Verletzungssachverhalt auf nur eine oder wenige Rechtsordnungen zu begrenzen und dabei den Anspruch verfolgen, sowohl den Verwerterinteressen (Reduktion der anzuwendenden und damit zu beachtenden Urheberechtsordnungen) als auch dem Interesse des Rechteinhabers (Vereinfachung der Rechtsdurchsetzung und Ausschluss oder Minimierung der Fluchtmöglichkeit in Urheberrechtsoasen) gerecht zu werden. Allerdings ist bislang keine der vorgeschlagenen Lösungen in der Lage, die kollisionsrechtlichen Probleme des internationalen Urheberrechts im Internet vollkommen zu beseitigen. Zwar gelingt es zumeist noch, die Anzahl der maßgebenden Rechtsordnungen zu reduzieren, allerdings nur um den Preis, dass die Beteiligten – Urheber, Anbieter und Nutzer – in unterschiedlicher Ausprägung benachteiligt werden. Aus diesem Grund hängt die Entscheidung, für den einen oder anderen alternativen Ansatz zu plädieren, maßgeblich davon ab, welche Interessen man für schützenswerter erachtet.

82 Daher ist zu konstatieren, dass – solange es keine wirkliche Alternative zu der Vielzahl von anwendbaren Rechtsordnungen gibt – in diesem Bereich weiterer Forschungs- und Harmonisierungsbedarf für die Zukunft besteht.[156] Dabei werden – dies zeichnet sich bereits ab – einheitliche universelle Grundsätze im Fokus stehen, welche die internetspezifischen Anknüpfungsregeln ersetzen könnten. Erste konkrete Vorschläge unterbreiteten *Dinwoodie*[157] und *Beckstein*,[158] allerdings fehlt ihnen bislang – dies räumen die Wissenschaftler sogar selbst ein[159] – die breite Akzeptanz und damit auch die Aussicht auf Erfolg.

---

156 Einen Überblick über die Diskussion in nationalen und internationalen Gremien gewährt *Drexl*, in: MüKo-BGB, IntImmGR Rn. 313 ff.
157 *Dinwoodie*, Conflictes and International Copyright Litigation – The Role of Inernational Norms, in: Basedow/Drexl/Kur/Metzger, Intellectual Property in the Conflict of Laws, 2005, S. 195.
158 *Beckstein*, Einschränkungen des Schutzlandprinzips, 2010; dazu auch *Drexl*, MüKo-BGB, IntImmGR Rn. 320.
159 *Dinwoodie*, in: Basedow/Drexl/Kur/Metzger, Intellectual Property in the Conflict of Laws, 2005, S. 195, 210.

D. Internationale Zuständigkeit deutscher Gerichte bei Urheberrechtsverletzungen im Internet

Für Prozesse, die urheberrechtliche Sachverhalte mit Auslandsberührung betreffen, stellt sich die Frage nach der internationalen Zuständigkeit der deutschen Gerichte.[160]

I. Bestimmung und Eingrenzung des Gerichtsstands

Da das Urheberrecht in den §§ 120 ff. UrhG keine ausdrückliche Regelung zur internationalen Zuständigkeit für Urheberrechtsverletzungen mit Auslandsberührung bereithält, gilt – wie in den meisten anderen Staaten auch – zum einen die allgemeine Regel, dass die Gerichte des Staates zuständig sind, in dem der Beklagte seinen Wohnsitz oder seine geschäftliche Niederlassung hat (Art. 4 Abs. 1 EuGVVO,[161] §§ 12 ff. ZPO). Bei Urheberrechtsverletzungen tritt ferner der besondere Gerichtsstand der unerlaubten Handlung hinzu (Art. 7 Nr. 2 EuGVVO, § 32 ZPO), wonach sich die internationale Zuständigkeit nach dem Begehungsort als dem Ort bestimmt, „an dem das schädigende Ereignis eingetreten ist oder einzutreten droht" (Art. 7 Nr. 2 EuGVVO)[162] bzw. nach dem Ort, an dem „die Handlung begangen" wurde (§ 32 ZPO). Erfasst sind damit sowohl der Ort, an dem der Schaden eingetreten ist oder einzutreten droht (Erfolgsort), als auch der Ort des ursächlichen Geschehens (Handlungsort), nicht jedoch der Ort des nur mittelbaren (weiteren) Vermögensschadens.[163] Bei sog. Distanz- und Streudelikten, bei denen Erfolgs- und Handlungsort auseinanderfallen, hat der Kläger demnach die Wahl, an welchem Ort er die Klage einreicht – der Beklagte

---

160 *Kubis*, Internationale Zuständigkeit bei Persönlichkeits- und Immaterialgüterrechtsverletzungen, 1998; *Bachmann*, IPrax 1998, 179 ff.; *Kuner*, CR 1996, 453 ff.
161 Verordnung (EG) Nr. 1215/2012 des Rates v. 12.12.2012 über die gerichtliche Entscheidung in Zivil- und Handelssachen (EuGVVO), ABl. Nr. L 351, S. 1 ff. v. 12.12.2012, mit Wirkung zum 10.1.2015; zuvor ABlEG Nr. L 12 vom 16.1.2001, S. 1 ff. (EuGVO), welche das vormals geltende Europäische Gerichtsstands- und Vollstreckungsübereinkommen (EuGVÜ) ersetzt hat.
162 *Kropholler*, Internationales Privatrecht, 2006, § 58 II 2 b.; BGH, GRUR 2007, 871 – Wagenfeld-Leuchte; BGH, GRUR 1994, 530, 532 – Beta; GRUR 1980, 227, 229 f. – Monumenta Germaniae Historica; OLG Hamburg, GRUR 1987, 403 – Informationsschreiben.
163 St. Rspr. EuGH, VersR 1977, 485 ff. – Mines de Potasse; GRUR 2014, 599, 600 – Hi-Hotel.

Kap. 8 Außervertragliches Kollisionsrecht und Internationale Zuständigkeit

kann nach Wahl des Klägers grundsätzlich vor den Gerichten beider Orte verklagt werden.[164]

85 Da es im Internationalen Immaterialgüterrecht eigentlich keine echten Distanzdelikte gibt, bei denen alternativ auf einen Handlungs- oder einen Erfolgsort abgestellt werden könnte, hat eine Einschränkung der lex loci delicti dahingehend zu erfolgen, dass nur ein im Inland (Schutzland) eingetretener Erfolg oder eine im Inland begangene Handlung durch ein deutsches Gericht verfolgt werden kann.[165]

86 Demnach kann ein deutsches Gericht aufgrund seiner territorial beschränkten Kognitionsbefugnis international zuständig sein, wenn die konkrete rechtswidrige Verwertungshandlung, die eine Urheberrechtsverletzung begründet, im Inland vorgenommen wurde, d.h. der Handlungsort im Inland liegt. Um Letzteres feststellen zu können, müssen die via Internet möglichen Verwertungshandlungen identifiziert und im Anschluss daran lokalisiert werden. Denn erst wenn sich die rechtswidrige Verwertungshandlung einwandfrei in Deutschland lokalisieren lässt, ist das deutsche Gericht auch international zuständig.

87 Im Hinblick auf die Identifizierung und Lokalisierung der auftretenden Verletzungshandlungen im Internet kann auf die Ausführungen im Zusammenhang mit der Bestimmung des maßgeblichen Schutzlands verwiesen werden, da hier wie dort der Begehungsort ausschlaggebend ist,[166] sodass Folgendes gilt: Bei Urheberrechtsverletzungen im Wege der Vervielfältigung, z.B. beim Uploading, Browsing und Downloading, ist ein deutsches Gericht international zuständig, wenn sich in Deutschland die rechtswidrige Vervielfältigungshandlung ereignet hat, also die Verkörperung des Werkes dort auch technisch bewirkt wurde. Dies ist auf der Anbieterseite dann der Fall, wenn der Standort des (Tat-)Rechners als der Ort des Einscannens oder Eingebens von Texten, Bildern, Fotos, Musikwerken und Filmsequenzen oder des Heraufladens von Computerprogrammen in Deutschland liegt; auf der Nutzerseite, wenn sich in Deutschland der Ort befindet, an dem das Material aus dem Netz auf die Festplatte, in die Cloud oder auf einen anderen Datenträger heruntergeladen, die Inhalte ausgedruckt oder nur kurzfristig – wie beim Browsen – im Arbeitsspeicher des Nutzerrechners abgelegt werden.

88 Bei internetspezifischen Nutzungen, wie dem Angebot auf Abruf (Zugänglichmachen der Informationen) oder der digitalen Übermittlung (Werkver-

---

164 EuGH, GRUR 2015, 296, 297 – Pez Hejduk/EnergieAgentur.NRW; GRUR 2014, 806, 808 – Coty Germany; GRUR 2014, 599, 600 – HiHotel; BGH, GRUR 2015, 264, 265 – HiHotel II.
165 Vgl. oben Rn. 18 ff.
166 Siehe oben Rn. 19.

D. Internationale Zuständigkeit deutscher Gerichte   Kap. 8

breitung durch digitale Netze bzw. Einwahlknoten), gestaltet sich die Bestimmung des verfahrensrechtlichen Handlungsorts, mangels aktiven Tatbeitrags, dagegen ebenso schwierig, wie in materiell- bzw. sachrechtlicher Hinsicht. Zum Teil wird daher vertreten, dass der Standort des Servers oder eines in sonstiger Weise in das Weiterleiten eingeschalteten Rechners, von dem aus die urheberrechtsverletzenden Werke ohne vorherige Tathandlung lediglich durchgeleitet werden, noch keinen Handlungsort im vorgenannten Sinne begründen könne.[167]

Allerdings gewährt das internationale Zivilprozessrecht – wie bereits erwähnt – auch die Möglichkeit am Erfolgsort zu klagen und eröffnet damit einen Gerichtsstand, neben dem Belegenheitsort des (Tat-)Rechners oder dem Wohn- oder Geschäftssitz des die Wiedergabe/Vervielfältigung tatsächlich Steuernden, überall dort, wo der Abruf der Werke möglich ist und das urheberrechtliche Nutzungsrecht verletzt wird („fliegender Gerichtsstand"),[168] d. h. in Deutschland, wenn auch von hier aus ein Abruf der Informationen erfolgen kann. Da Letzteres aufgrund der Ubiquität der Informationen im Medium Internet regelmäßig der Fall sein wird, lässt sich in Deutschland fast immer eine internationale Zuständigkeit für eine Urheberrechtsverletzung im Internet begründen. Wenn also beispielsweise ein amerikanischer Anbieter (Content Provider) Bilder von englischen Künstlern digitalisiert und über seine Homepage widerrechtlich ins Internet einstellt, können sich die Künstler, sofern die Homepage auch in Deutschland abrufbar ist, an das dortige Gericht wenden, um ihre Ansprüche gegen den amerikanischen Anbieter gerichtlich geltend zu machen. Das deutsche Gericht wäre international zuständig, und zwar unabhängig davon, ob in Deutschland weitere Vervielfältigungshandlungen stattgefunden haben oder nicht.   89

Aufgrund dieser Globalität, respektive Vervielfachung der Gerichtsstände bei Urheberrechtsverletzungen im Internet, ergibt sich für den Kläger die Möglichkeit, ein nahezu unbegrenztes „forum shopping" zu betreiben,[169]   90

---

167 *Banholzer*, in: Hoeren/Sieber/Holznagel, Multimedia-Recht, Stand: 2015, Kap. 25, Rn. 64.
168 *v. Welser*, in: Wandtke/Bullinger, Praxiskommentar UrhR, 4. Aufl. 2014, vor 120 ff. Rn. 34; ausführlich *Berger*, Die internationale Zuständigkeit bei Urheberrechtsverletzungen in Internet-Websites aufgrund des Gerichtsstandes der unerlaubten Handlung, GRUR Int. 2005, 465, 468; *v. Ungern-Sternberg*, Die Rspr. des BGH zum Urheberrecht und zu den verwandten Schutzrechten in den Jahren 2006-2007, GRUR 2008, 291, 300 f.
169 Wegen der gegebenen konkurrierenden internationalen Zuständigkeit mehrerer Staaten hat der Kläger die Wahl zwischen mehreren Gerichtsständen. Da das Internationale Privatrecht des Gerichtsstands (Forum) über das anwendbare materielle Recht entscheidet, wird der Kläger sich für das Forum entscheiden, welches das ihm günstigste Sachrecht bereithält und wo die Vollstreckbarkeit keine Schwierigkeiten bereitet. Ein

Kap. 8 Außervertragliches Kollisionsrecht und Internationale Zuständigkeit

dagegen läuft der Anbietende Gefahr, weltweit gerichtspflichtig zu werden.[170] Außerdem droht den Gerichten die Belastung mit Rechtsstreitigkeiten, denen ein erkennbarer Bezug zum Forum fehlt,[171] sodass sich die Frage nach einer sinnvollen Eingrenzung der möglichen Anknüpfungspunkte und damit der internationalen Zuständigkeiten stellt.

91 Vorgeschlagen wurde daher zunächst – ähnlich wie bei der Einschränkung des bestimmungsgemäßen und nicht bloß zufälligen Vertriebs von Presseerzeugnissen[172] – Empfangsstaaten außer Betracht zu lassen, die nur Objekt eines gelegentlichen „spill over" sind, der unter einer beachtlichen Spürbarkeitsgrenze bleibt.[173] Dabei sollte, ähnlich wie auch bei den Äußerungsdelikten, die Bestimmungsgemäßheit der Verbreitung entscheidende Bedeutung erlangen, die man anhand objektiver Kriterien ermitteln wollte.[174] War danach eine tatsächliche Beeinträchtigung des Urhebers nicht zu befürchten, weil die Empfänger/Abrufenden in einem Land mit dem wiedergegebenen Werk typischerweise nichts anfangen konnten (u. a. wegen der Sprache, gesetzter Disclaimer etc.), sollte ein zuständigkeitsbegründender Tatort und Gerichtsstand nicht gegeben sein.[175] Diesen vorsichtigen Eingrenzungsversuchen über die Spürbarkeit bzw. Bestimmungsgemäßheit eines Angebots hat der EuGH jedoch eine Absage erteilt.[176] Er hat entschieden, dass ein Ge-

---

solches „forum shopping" wegen der fliegenden Gerichtsstände ist die logische Konsequenz konkurrierender internationaler Zuständigkeiten und des entsprechenden klägerischen Wahlrechts und wird daher grundsätzlich als legitim anerkannt – vgl. *Schack*, Internationales Zivilverfahrensrecht, 1996, Rn. 222; *Geimer*, Internationales Zivilprozessrecht, 2001, Rn. 1096; *Linke*, Internationales Zivilprozessrecht, 1995, Rn. 196; kritisch *Berger*, GRUR Int. 2005, 465, 466.

170 KG, NJW 1997, 3321 – concert_concept.de. Das System der internationalen Zuständigkeiten muss sich jedoch eigentlich von dem Gedanken der möglichst gleichmäßigen Abwägung der Parteiinteressen leiten lassen, d. h. der Beklagte muss vor unzumutbaren Foren und einer grenzenlosen Ausweitung seiner Gerichtspflichtigkeit geschützt werden – vgl. *Schack*, Internationales Zivilverfahrensrecht, 1996, Rn. 228; *Geimer*, Internationales Zivilprozessrecht, 2001, Rn. 856, 1126. Eventuell kann dies durch den Einsatz sog. *Digital-Rights-Management-Systeme* erreicht werden, die den digitalen Abruf klarer steuern können, s. *Berger*, GRUR Int. 2005, 465, 468 f.

171 *Geimer*, Internationales Zivilprozessrecht, 2001, Rn. 855; *v. Welser*, in: Wandtke/Bullinger, Praxiskommentar UrhR, 4. Aufl. 2014, vor §§ 120 ff. Rn. 34.

172 *Pichler*, in: Hoeren/Sieber/Holznagel, Multimedia-Recht, Stand: 2015, Kap. 25 Rn. 203 m. w. N.

173 *Schricker*, GRUR Int. 1984, 592, 594; *Herrmann*, GRUR Int. 1984, 578, 586.

174 OLG München, ZUM 2012, 587; OLG Köln, NJW-RR 2008, 359; KG, MMR 2007, 652; LG Berlin, MMR 2007, 608; LG Köln, MMR 2007, 610; *Schack*, Urheber- und Urhebervertragsrecht, 2007, Rn. 721.

175 Kritisch *Dreier*, in: Dellebeke, Copyright in Cyberspace, 1997, S. 300, 305.

176 EuGH, GRUR 2015, 296, 297 – Pez Hejduk/EnergieAgentur.NRW; *Lüft*, GRUR-Prax 2015, 89 ff.

richt im Fall der Geltendmachung einer Urheberrechtsverletzung im Internet zuständig sei, sobald das urheberrechtsverletzende Angebot in seinem Bezirk, z. B. über eine Website, abrufbar ist. Ob der Anbietende das Angebot auf den Staat des angerufenen Gerichts ausgerichtet habe, sei irrelevant. Darauf komme es gerade nicht an. Allerdings sei das angerufene Gericht lediglich zur Entscheidung über den Schaden in seinem Hoheitsgebiet aufgerufen,[177] was im Ergebnis zu einer „faktischen" Einschränkung führt und die Folgen der weiten Auslegung des Erfolgsortes abmildert.[178]

Zuweilen wird außerdem diskutiert,[179] die Eingrenzung der internationalen Zuständigkeiten dadurch zu erreichen, dass man diese aufgrund von einzelfallbezogenen Erwägungen des „forum non conveniens"[180] verneint, wie dies insbesondere in den USA und anderen „Common Law-Staaten" geschieht.[181] Allerdings kommt ein solcher Ansatz in Rechtsordnungen wie der deutschen sowie des EuGVVO, die auf festen, vorhersehbaren Zuständigkeitsregeln beruhen, nur bedingt in Betracht – Einschränkungen müssen schon wegen der Garantie des gesetzlichen Richters in Art. 101 Abs. 1 Satz 2 GG generell-abstrakt formuliert sein,[182] sodass sich das „forum shopping" des Rechteinhabers sowie die weltweite Gerichtspflichtigkeit des Anbietenden weder sinnvoll noch überzeugend durch das Prozessrecht eingrenzen lassen. 92

Von den gesetzlich vorgesehenen Gerichtsständen kann ohne Weiteres durch Gerichtsstandvereinbarungen abgewichen werden, sofern die Voraussetzungen sowie die Form des Art. 25 EuGVVO bzw. der §§ 38–40 ZPO beachtet werden. 93

---

177 EuGH, GRUR 2015, 296, 298 – Pez Hejduk/EnergieAgentur.NRW; GRUR 2014, 599, 600 – HiHotel; NJW 2013, 3627, 3629 – Pinckney, m. krit. Anm. *Schack*, NJW 2013, 3629; BGH, GRUR 264, 265 – HiHotel II.
178 *Lüft*, GRUR-Prax 2015, 89 ff.
179 *Kropholler*, Internationales Privatrecht, 2006, § 58 II 4 m. w. N.
180 Die Lehre vom forum non conveniens besagt, dass Gerichte, die an sich international zuständig sind, ihre Zuständigkeit ablehnen können, wenn der Sachverhalt bedeutend engere Beziehungen zu einem anderen Staat aufweist, *Kropholler*, Internationales Privatrecht, 2006, § 58 II 4.
181 Zur Einschränkung der globalen Klagemöglichkeit über das Merkmal der Sprache, der Angabe zu Zahlungsmodalitäten s. auch *Danckwerts*, GRUR 2007, 104, 107.
182 *Schack*, MMR 2000, 135, 138; wobei unlängst der BGH die Zuständigkeit deutscher Gerichte unter anderem damit begründete, dass Plagiate auf der Website in deutscher Sprache angeboten wurden, vgl. BGH, WRP 2007, 1219, 1221 Rn. 18 – Wagenfeld-Leuchte.

II. Rechtsfolge für Schadensersatz und Unterlassung

94 Liegt eine Verletzungshandlung im Inland vor und erklärt sich ein nationales Gericht für zuständig, so spricht es dem verletzten Rechteinhaber (Urheber) einen Ersatz für den durch die Verletzungshandlung weltweit eingetretenen Schaden in der Regel nur dann zu, wenn es seine Zuständigkeit mit dem Wohnsitz bzw. der Niederlassung des Beklagten begründet hat, d.h. wenn der beklagte Verletzer (z. B. Anbieter, tatsächlicher oder faktischer Nutzer) seinen Wohnsitz oder seine Niederlassung im Inland (in Deutschland) hat.[183]

95 In allen anderen Fällen wird sich das nationale Gericht – wie bereits erwähnt – nicht des gesamten grenzüberschreitenden Sachverhalts annehmen, sondern nur über den auf das nationale Territorium entfallenden Teilbereich entscheiden.[184] Das Gericht erklärt sich also nur für den Teilbereich als international zuständig, der sich innerhalb des eigenen Staatsgebiets ereignet hat. Daher wird es auch nur über den Teil des Schadens befinden, der auf das Staatsgebiet entfällt, in welchem das angerufene Gericht seinen Sitz hat. Diese Regelung, die nach den meisten nationalen Prozessordnungen und nach der EuGVVO gilt, hat jedoch zur Folge, dass es zu einer Aufspaltung einer an sich einheitlichen Urheberrechtsverletzung kommt (Mosaikbetrachtung[185]) und der Verletzte eine Vielzahl von Gerichten anrufen und in den verschiedensten Staaten seine auf dieses Land entfallenden Schadensersatzansprüche ermitteln und geltend machen muss. Hierdurch werden nicht nur der Urheber und die sonstigen Berechtigten stark belastet, weil eine umfassende Rechtsverfolgung wegen der Vielzahl der in Betracht kommenden Staaten nicht mehr möglich ist,[186] sondern die Situation stellt sich auch als besonders unökonomisch dar, wenn es sich um eindeutige, offensichtliche Verletzungshandlungen handelt, die in keinem der betroffenen Staaten zu schwierigen und/oder umstrittenen Rechtsfragen Anlass geben.[187]

96 Gleiches gilt im Grundsatz auch für Beseitigungs- und Unterlassungsansprüche; auch hier kann der Rechteinhaber seine Beseitigungs- und Unterlassungsansprüche hinsichtlich des weltweiten Vertriebs durch einen Verletzer nur in dessen Heimatstaat gerichtlich durchsetzen lassen. Ansonsten, insbesondere wenn er endgültige Rechtssicherheit anstrebt und eine Flucht

---

183 *Lütje/Paul*, in: Hoeren/Sieber/Holznagel, Multimedia-Recht, Stand: 2015, Kap. 7.2 Rn. 246.
184 EuGH, GRUR 2015, 296, 297 – Pez Hejduk/EnergieAgentur.NRW.
185 *Spindler*, ZUM 1996, 533, 559.
186 So wohl auch *Muth*, Die Bestimmung des anwendbaren Rechts bei Urheberrechtsverletzungen im Internet, 2000, S. 102.
187 *Dreier*, in: Schwarz, Recht im Internet, Stand: 1999, Kap. 3-2.4, S. 31, wohl abstellend auf die dem Urheber entstehenden Prozesskosten und die lange Verfahrensdauer.

des Verletzers in sogenannte Urheberrechtsoasen vereiteln will, wird er in jedem einzelnen Staat, in welchem die Verletzungshandlungen erfolgen oder drohen, gerichtliche Hilfe in Form gesonderter Beseitigungs- und Untersagungsanordnungen in Anspruch nehmen müssen.[188]

Durch die Einbeziehung des drohenden Schadensereignisses in Art. 7 Nr. 2 EuGVVO wird klargestellt, dass auch vorbeugende Unterlassungsansprüche mit umfasst sind. Außerdem umfasst der Gerichtsstand der unerlaubten Handlung auch positive und negative Feststellungsklagen.[189]

III. Vollstreckung und Anerkennung

1. Rechtsdurchsetzung im Ausland

Hat der Rechteinhaber im Inland ein Urteil gegen einen ausländischen Verletzer erwirkt, hat er damit sein Ziel häufig noch nicht erreicht, denn die Entscheidung bedarf der Vollstreckung, wenn sie der Verletzer nicht von sich aus befolgt. Hat der Verletzer im Inland weder Wohnsitz noch Vermögen oder kann nur im Ausland die ausgesprochene Unterlassungsverpflichtung – z. B. das Sperren bestimmter Internetinhalte auf einem ausländischen Server – durchgesetzt werden, so bleibt dem Rechteinhaber nichts anderes übrig, als den im Inland erwirkten Titel im Ausland zu vollstrecken, was allerdings, da die Vollstreckungsgewalt eines Staates an der Grenze seines Territoriums endet, der Mitwirkung des ausländischen Staates bedarf. Ob und in welchen Fällen diese Mitwirkung in Form der Anerkennung der ergangenen Entscheidung und der sich daran anschließenden Vollstreckung gewährt wird, entscheidet außerhalb von entsprechenden multi- und bilateralen Staatsverträgen das autonome Recht eines jeden Staates.[190] Dabei sind die Verfahren zur Anerkennung ausländischer Entscheidungen zum Teil recht umständlich und zeitraubend. Selbst im Rahmen der Europäischen Zuständigkeits- und Vollstreckungsverordnung (§§ 36 ff. EuGVVO) und des Lugano-Abkommens (LugÜ), die eigens zu dem Zweck geschaffen worden sind, um die Vollstreckung nationaler Titel im Raum der EU und der EFTA zu erleichtern, sind noch so komplex, dass es in der Praxis häufig der einfachere und schnellere Weg ist, direkt ein ausländisches Urteil zu erwirken, d.h. in dem Staat zu klagen, in dem der Beklagte vermögenswerte Güter be-

---

188 *Lütje/Paul*, in: Hoeren/Sieber/Holznagel, Multimedia-Recht, Stand: 2015, Kap. 7.2 Rn. 247; *Dreier*, in: Schwarz, Recht im Internet, Stand: 1999, Kap. 3-2.4, S. 32.
189 EuGH, BeckRs 2004, 74722 – DFDS Torlinie; GRUR 2013, 98 – Folien Fischer.
190 *Schack*, Internationales Zivilverfahrensrecht, 1996, Rn. 831; *Geimer*, Internationales Zivilprozessrecht, 2001, Rn. 3115; *Linke*, Internationales Zivilprozessrecht, 1995, Rn. 338 ff.

sitzt oder eine sonstige Vollstreckung sofort möglich ist, anstatt ein inländisches Urteil im Ausland anerkennen zu lassen; das gilt insbesondere bei Verfahren des einstweiligen Rechtsschutzes.[191] Dieser direkte Weg empfiehlt sich ferner immer dann, wenn man außerhalb der/des EuGVVO/LugÜ die Nachteile vermeiden will, die sich aus dem Recht des Anerkennungsstaats ergeben können, die Voraussetzungen der Urteilsanerkennung autonom zu bestimmen. So ist beispielsweise in den USA die internationale Zuständigkeit des Entscheidungsstaats Voraussetzung für die Anerkennung des ausländischen Urteils. Zur Ermittlung, ob der ausländische Staat international zuständig war, wenden die amerikanischen Gerichte allerdings ihre eigenen Grundsätze, insbesondere den „minimum contacts-Test", an.[192] Zu Schwierigkeiten kann es jetzt kommen, wenn die deutschen Gerichte eine umfassende internationale Zuständigkeit annehmen, was – wie dargelegt – im Online-Bereich beim Gerichtsstand der unerlaubten Handlung durchaus möglich ist. Denn fehlt nun, unter Zugrundelegung der „minimum contacts-Regel", ein hinreichender Bezug des Rechtsstreites zu Deutschland, dann ist die Vollstreckung in den USA mangels Anerkennungsfähigkeit des deutschen Urteils ausgeschlossen, obschon das deutsche internationale Zivilprozessrecht die Bejahung der internationalen Zuständigkeit der deutschen Gerichte zulässt. Dem Kläger hilft daher ein eröffneter, ihm besonders günstiger Gerichtsstand in Deutschland nichts, wenn die Vollstreckung im Heimatland des Beklagten – hier der USA – nicht möglich sein wird, weil die Urteilsanerkennung an der aus Sicht des Anerkennungsstaats fehlenden internationalen Zuständigkeit des Urteilsstaates scheitert.[193]

---

191 Zwar eröffnet Art. 35 EuGVVO/Art. 31 LugÜ noch ein breites Spektrum von Eilzuständigkeiten, die sich grundsätzlich nach dem nationalen Recht der Mitgliedstaaten – in Deutschland also nach den §§ 919, 937, 942 ZPO – richten, doch müssen nach dem EuGH (EuGHE 1980, 1553 Rn. 17 – Denilauler/Couchet Frères) solche einstweiligen Maßnahmen nicht anerkannt werden, die ohne vorherige Anhörung des Schuldners ergangen sind oder die vor ihrer Zustellung an den Schuldner vollstreckt werden sollen. Damit aber bleibt gerade der für einstweilige Maßnahmen oft unverzichtbare Überraschungseffekt auf der Strecke. Da außerdem ausländische Maßnahmen des einstweiligen Rechtsschutzes nach autonomem deutschen internationalen Zivilverfahrensrecht nicht und nach anderen Staatsverträgen nur selten anerkennungsfähig sind, ist der Antragsteller praktisch darauf angewiesen, die Maßnahme (überall) dort zu beantragen, wo sie auch vollstreckt werden soll. *Schack*, MMR 2000, 135, 139 f.; *Remien*, WRP 1994, 25 ff.
192 *Born*, International Civil Litigation in United States Courts, 1996, Kap. 12, S. 968 ff.
193 *Pichler*, in: Hoeren/Sieber/Holznagel, Multimedia-Recht, Stand: 2015, Kap. 31 Rn. 30, 216 ff.

2. Anerkennung gerichtlicher Entscheidungen in Deutschland

Geht es umgekehrt um die Anerkennung und Vollstreckung von ausländischen Entscheidungen in Deutschland, so kommt neben der/das EuGVVO/ LugÜ und den multi- und binationalen Staatsverträgen, vor allem dem autonomen deutschen Anerkennungsrecht der §§ 328, 722 f. ZPO eine besondere Bedeutung zu. Eine wichtige Anerkennungsvoraussetzung ist hierbei das Vorliegen der „spiegelbildlichen Anerkennungszuständigkeit"[194] in § 328 Abs. 1 Nr. 1 ZPO, die besagt, dass aus der Sicht des anerkennenden und vollstreckenden Staates (hier Deutschland) die internationale Zuständigkeit des ausländischen Urteilsstaats gegeben sein muss. Geprüft wird, ob bei hypothetischer Verlagerung der zuständigkeitsbegründenden Merkmale (z. B. Wohnsitz, Deliktsort) nach Deutschland die internationale Zuständigkeit der deutschen Gerichte gegeben wäre. Wenn das bejaht werden kann, erfolgt die Anerkennung, gleichgültig aus welchen Gründen das ausländische Gericht seine internationale Zuständigkeit angenommen hat. Aus der weltweit in Anspruch genommenen Entscheidungszuständigkeit bei Streudelikten im Online-Bereich folgt also eine ebenso weltweite Anerkennungszuständigkeit.[195] Die Anerkennung kann daher aus deutscher Sicht nur noch aus einem der in § 328 Abs. 1 Nrn. 2–5 ZPO genannten Gründe scheitern, insbesondere an einer Verletzung des rechtlichen Gehörs oder des ordre public, gelegentlich auch an fehlender Verbürgung der Gegenseitigkeit.[196]

99

3. Alternative: Schiedsgerichtsbarkeit?

Wesentlich leichter als staatliche Gerichtsurteile können ausländische Schiedssprüche anerkannt und vollstreckt werden. Für sie gilt nahezu weltweit das New Yorker UN-Übereinkommen über die Anerkennung und Vollstreckung ausländischer Schiedssprüche (UNÜ).[197] Daher wird in der Literatur hin und wieder der Aufbau von Online-Schiedsgerichten („Cyber-Courts") zur Diskussion gestellt.[198] Da jedoch den Internetdelikten in aller Regel eine vorausgegangene Schiedsvereinbarung (oder Gerichtsstandsver-

100

---

194 *Schack*, Internationales Zivilverfahrensrecht, 1996, Rn. 828 ff.; *Geimer*, Internationales Zivilprozessrecht, 2001, Rn. 2896; *Linke*, Internationales Zivilprozessrecht, 1995, Rn. 392.
195 *Pichler*, in: Hoeren/Sieber/Holznagel, Multimedia-Recht, Stand: 2015, Kap. 25 Rn. 20; *Schack*, MMR 2000, 135, 140.
196 *Schack*, MMR 2000, 135, 140.
197 Vom 10.6.1958, BGBl. II 1961, S. 121.
198 *Jung*, K&R 1999, 65 ff.

einbarung[199]) fehlt und sich der Beklagte in solchen Fällen wohl auch kaum rügelos einlassen wird (§ 1031 Abs. 6 ZPO), sind Online-Schiedsgerichte in Bezug auf Urheberrechtsverletzungen keine brauchbare Lösung. Vielmehr werden sich in der Zukunft auch weiterhin die staatlichen Gerichte mit den Urheberrechtsstreitigkeiten im Internet beschäftigen müssen.

IV. Ergebnis

101 Als Ergebnis kann festgehalten werden, dass die prozessuale Durchsetzung von Urheberrechtsverletzungen im Internet ebenso problematisch ist, wie deren sachrechtliche Einordnung. Urheberrechtsverletzungen im Internet führen regelmäßig zu einer weltweiten gerichtlichen Zuständigkeit, sodass die den prozessualen Gerichtsstand tragenden Kriterien der Sach- und Beweisnähe dort aufgegeben werden müssen. Der Anbieter verliert jede Steuerungsmöglichkeit seiner Gerichtspflichtigkeit; dem Verletzten/Kläger wird aufgrund der „fliegenden Gerichtsstände" ein weltweites forum-shopping ermöglicht.

---

199 Zu Gerichtsstandsvereinbarungen, die im Rahmen dieses Beitrages nicht behandelt wurden, siehe ausführlich *Pichler*, in: Hoeren/Sieber/Holznagel, Multimedia-Recht, Stand: 2015, Kap. 25 Rn. 140 ff.

Literaturverzeichnis

I. Monographien; Kommentare
Inhaltsübersicht

Bappert/Maunz/Schricker	Verlagsrecht, 1984
Bartsch/Lutterbeck (Hrsg.)	Neues Recht für neue Medien, 1998
Baumbach/Hefermehl	Wettbewerbsrecht, 22. Aufl. 2001
Bechtold	GWB, 5. Aufl. 2008
Bechtold/Bosch/Brinker/Hirsbrunner	EG-Kartellrecht, 2. Aufl. 2009
Becker (Hrsg.)	Rechtsprobleme internationaler Datennetze, 1995
Becker/Dreier (Hrsg.)	Urheberrecht und digitale Technologie, 1994
Beier/Götting/Lehmann/Moufang (Hrsg.)	Urhebervertragsrecht. Festgabe für Gerhard Schricker zum 60. Geburtstag, 1995
Bensinger	Sui-generis Schutz für Datenbanken: Die EG-Datenbankrichtlinien vor dem Hintergrund des nordischen Rechts, 1999
Bing	Die Verwertung von Urheberrechten. Eine ökonomische Analyse unter besonderer Berücksichtigung der Lizenzvergabe durch Verwertungsgesellschaften, 2002
Bleisteiner	Rechtliche Verantwortlichkeit im Internet, 1999
Block	Die Lizenzierung von Urheberrechten für die Herstellung und den Vertrieb von Tonträgern im Europäischen Binnenmarkt, 1997
Born	International Civil Ligitation in United States Courts, 1996
Börner/Heitmann/Sengpiel/Strunk/Zöllkau	Der Internet Rechtsberater, 1999
Brühl	Das kartellrechtliche Preis- und Konditionenbindungsverbot (§ 15 GWB), 1982
v. Caemmerer	Vorschläge und Gutachten zur Reform des deutschen internationalen Privatrechts der außervertraglichen Schuldverhältnisse, 1983
Cooter/Ulen	Law & Economics, 4. Aufl. 2004
Czempiel	Das bestimmbare Deliktsstatut, 1981
Dellebeke (Hrsg.)	Copyright in Cyperspace, 1998

Literaturverzeichnis

Deutscher Bundestag (Hrsg.)	Neue Medien und Urheberrecht – Enquête-Kommission Zukunft der Medien in der Wirtschaft und Gesellschaft, 1997
Deutsches Patent- und Markenamt	Jahresberichte 1999, 2000, 2004, 2005, 2006 und 2007
Dietz	Cultural Functions of Collecting Societies, in: Drexl, Josef/Hilty, Reto (Hrsg.), Law of Collective Rights Management Organisations (erscheint demnächst), abrufbar unter http://www.ip.mpg.de/shared/data/pdf/2_dietz_-_cultural_functions.pdf
ders.	Das Urheberrecht in der Europäischen Gemeinschaft, 1978
Dittrich (Hrsg.)	Beiträge zum Urheberrecht, Bd. V, 1997
Dreier/Schulze	Urheberrechtsgesetz, Kommentar, 3. Aufl. 2008
Drexl	Das Recht der Verwertungsgesellschaften in Deutschland nach Erlass der Kommissionsempfehlung über die kollektive Verwertung von Online-Musikrechten, in: Hilty/Geiger (Hrsg.), Impulse für eine europäische Harmonisierung des Urheberrechts, 2007, S. 369 ff.
Engel-Flechsig/Maennel/Tettenborn	Neue gesetzliche Rahmenbedingungen für Multimedia, 1997
Ensthaler	Gewerblicher Rechtsschutz und Urheberrecht, 1997
Erdmann/Gloy/Herber (Hrsg.)	Festschrift für Henning Piper, 1996
Erdmann/Mees/Piper/Teplitzky/Hefermehl/Ulmer (Hrsg.)	Festschrift für Otto Friedrich Freiherr von Gamm, 1990
Fromm/Nordemann (Hrsg.)	Kommentar zum Urheberrechtsgesetz und zum Urheberrechtswahrnehmungsgesetz, 9. Aufl. 1998, 10. Aufl. 2008
Freytag	Haftung im Netz, 1999
Gaster	Der Rechtsschutz von Datenbanken: Kommentar zur Richtlinie 96/9/EG mit Erläuterungen zur Umsetzung in das deutsche und österreichische Recht, 1999
Geimer	Internationales Zivilprozessrecht, 1997
Geimer/Schütz	Europäisches Zivilverfahrensrecht – Kommentar zum EuGVÜ und zum Lugano-Übereinkommen, 1997
GEMA	Jahrbuch 2008/2009
Gleiss/Hirsch	Kommentar zum EG-Kartellrecht, 4. Aufl. 1993
Gloy (Hrsg.)	Handbuch des Wettbewerbsrecht, 1997
Götting (Hrsg.)	Multimedia, Internet und Urheberrecht, 1998

Literaturverzeichnis

Grützmacher	Urheber-, Leistungs- und sui generis-Schutz von Datenbanken: Eine Untersuchung des europäischen, deutschen und britischen Rechts, 1999
Haberstumpf	Handbuch des Urheberrechts, 1999
Härting	Internetrecht, 3. Aufl. 2008
Hoeren	Rechtsfragen des Internets, 1998
Hoeren/Sieber (Hrsg.)	Handbuch Multimedia-Recht, Stand: Juni 2009 (Loseblatt)
Hollander	Decompilation of object programs, 1973
Hornung	Die EU-Datenbank und ihre Umsetzung in das deutsche Recht: Eine Untersuchung unter besonderer Berücksichtigung des Schutzrechts sui generis nach der EU-Datenbank-Richtlinie, 1998
Hugenholtz	The Future of Copyright in a Digital Environment, 1996
Immenga/Mestmäcker/ Emmerich	GWB, 3. Aufl. 2001
Integrated Computer Systems Inc. (Hrsg.)	Micro Computers, 1991
Intveen	Internationales Urheberrecht und Internet, 1999
Jacobs/Lindacher/Teplitzky	Großkommentar UWG, Lieferungen 1–14
Johnson-Laird	Reverse Engineering of Software: separating Legal Mythology from Modern Day Technology, 1991
Kappes	Rechtsschutz computergestützter Informationssammlungen, 1996
Katzenberger	Elektronische Printmedien und Urheberrecht, 1996
Kegel	Internationales Privatrecht, 1997
Kilian/Heussen (Hrsg.)	Computerrechtshandbuch, 1989 ff. (Loseblatt)
Kleinke	Pressedatenbanken und Urheberrecht, 1999
Klett	Urheberrecht im Internet aus deutscher und amerikanischer Sicht, 1998
Knörzer	Das Urheberrecht im internationalen Privatrecht, 1992
Koch	Internet-Recht, 1998
Köhler/Arndt	Recht des Internet, 1999
Köhler/Piper	Gesetz gegen den unlauteren Wettbewerb, 2. Aufl. 2001
Krieger/Schricker (Hrsg.)	Festschrift für Friedrich Karl Beier, 1996
Kröger/Gimmy	Handbuch zum Internetrecht, 2000

Literaturverzeichnis

Kropholler	Europäisches Zivilprozessrecht – Kommentar zu EuGVÜ und Luganoübereinkommen, 1998
ders.	Internationales Privatrecht – einschließlich der Grundbegriffe des Internationalen Zivilverfahrensrechts, 2001
Kubis	Internationale Zuständigkeit bei Persönlichkeits- und Immaterialgüterverletzungen, 1998
Kuner	Internet für Juristen, 2. Aufl. 1999
Langen/Bunte/Bräutigam	Kommentar zum deutschen und europäischen Kartellrecht, 9. Aufl. 2001
Lawson/Neuhold	Das subjektive Recht und der Rechtsschutz der Persönlichkeit, 1959
Lehmann (Hrsg.)	Internet- und Multimediarecht (Cyberlaw), 1997
ders.	Rechtsgeschäfte im Netz – Electronic Commerce, 1999
ders.	Rechtsschutz und Verwertung von Computerprogrammen, 2. Aufl. 1993
Leistner	Der Rechtsschutz von Datenbanken im deutschen und europäischen Recht: Eine Untersuchung zur Richtlinie 96/9/EG und zu ihrer Umsetzung in das deutsche Urheberrechtsgesetz, 2000
Linke	Internationales Zivilprozessrecht, 1995
Loewenheim/Koch (Hrsg.)	Praxis des Online-Rechts, 1998
Loewenheim/Meessen/Riesenkampff (Hrsg.)	Kartellrecht, Band 2 GWB, 2006
Lohse	Verantwortung im Internet, 2000
Lüderitz	Internationales Privatrecht, 1992
Lutterbeck/Bärwolf/Gehring	Open Source Jahrbuch 2007
dies.	Open Source Jahrbuch 2008
Marly	Urheberrechtsschutz für Computersoftware in der Europäischen Union, 1995
Mauhs	Der Wahrnehmungsvertrag, 1991
Maunz/Dürig/Scholz	Grundgesetz, Stand: März 2001 (Loseblatt)
Mestmäcker	Gegenseitigkeitsverträge von Verwertungsgesellschaften im Binnenmarkt, Die Leistungsschutzrechte der Tonträgerhersteller als Testfall (Simulcasting), WuW 2004, 754 ff.
Möhring/Nicolini (Hrsg.)	Urheberrechtsgesetz, 2. Aufl. 2000

Möhring/Schulze/Ulmer/Zweigert	Quellen des Urheberrechts, 1999
Moser/Scheuermann	Handbuch der Musikwirtschaft, 4. Aufl. 1997
Müller (Hrsg.)	Lexikon der Datenverarbeitung, 1988
Muth	Die Bestimmung des anwendbaren Rechts bei Urheberrechtsverletzungen im Internet, 2000
Nérisson	Social Functions of Collective Rights Management Societies (CMS), in: Drexl/Hilty (Hrsg.), Law of Collective Rights Management Organisations (erscheint demnächst), abrufbar unter http://www.ip.mpg.de/shared/data/pdf/3_nerisson_-_social_functions.pdf
Nippe	Urheber und Datenbank: Schutz des Urhebers bei der Verwendung seiner Werke in elektronischen Datenbanken, 2000
Pahlow/Eisfeld	Grundlagen und Grundfragen des Geistigen Eigentums, 2008
Palandt	BGB, Kommentar, 68. Aufl. 2009
Peeperkorn/van Rij (Hrsg.)	Collecting Societies in the Music Business, 1989
Pfeiffer/Kummer/Scheuch (Hrsg.)	Festschrift für Erich Brandner, 1996
Rehbinder	Urheberrecht, 10. Aufl. 1998; 11. Aufl. 2001
Richter/Furubotn	Neue Institutionenökonomik, 3. Aufl., 2003
Rigopoulos	Die digitale Werknutzung nach dem griechischen und deutschen Urheberrecht, 2004
Roßnagel (Hrsg.)	Recht der Multimedia-Dienste, Stand: Januar 2000 (Loseblatt)
Schack	Urheber- und Urhebervertragsrecht, 3. Aufl. 2005
ders.	Zur Anknüpfung des Urheberrechts im internationalen Privatrecht, 1979
Scheuermann/Strittmatter (Hrsg.)	Urheberrechtliche Probleme der Gegenwart, Festschrift für Ernst Reichardt zum 70. Geburtstag, 1990
Schippan	Die Harmonisierung des Urheberrechts in Europa im Zeitalter von Internet und digitaler Technologie, 1999
Schmidt	Geschichte der musikalischen Verwertungsgesellschaften in Deutschland, in: Kreile/Becker/Riesenhuber, Recht und Praxis der GEMA, Handbuch und Kommentar, 2005, S. 5 ff.
Schricker (Hrsg.)	Urheberrecht auf dem Weg zur Informationsgesellschaft, 1997
ders.	Urheberrecht, Kommentar, 3. Aufl. 2006

Literaturverzeichnis

Schulmann	Undocumented DOS: A Programmer's Guide to Reversed MS-DOS Functions and Data Structures, 1991
Schulmann/Maxey	Undocumented Windows. A Programmer's Guide to Reversed Microsoft API-Functions, 1992
Schwarz/Peschel-Mehner	Recht im Internet, Stand: 2009 (Loseblatt)
Schwarze (Hrsg.)	Rechtsschutz gegen Urheberrechtsverletzungen und Wettbewerbsverstöße in grenzüberschreitenden Medien, 2000
Schwerdtfeger/Evertz/ Kreuzer/Peschel-Mehner/ Poeck	Cyberlaw, 1999
Sterling	Copyright and Conflicts of Law: some Problems raised by Internet, 1996
Strömer	Online-Recht. Rechtsfragen im Internet, 2. Aufl. 1999
Tades/Danzl/Grauinger (Hrsg.)	Festschrift für Robert Dittrich, 2000
Theiselmann	Geistiges Eigentum in der Informationsgesellschaft, 2004
Tiedemann	Internet für Juristen, 1999
Ulmer	Der Urheberrechtsschutz wissenschaftlicher Werke unter besonderer Berücksichtigung der Programme elektronischer Rechenanlagen, 1967
ders.	Die Immaterialgüterrechte im internationalen Privatrecht, 1975
ders.	Urheber- und Verlagsrecht, 3. Aufl. 1980
Ulmer/Brandner/Hensen	AGBG, 8. Aufl. 1997
Ventroni	Rechteerwerb über Verwertungsgesellschaften, in: Schwarz/Peschel-Mehner (Hrsg.), Recht im Internet, Stand Oktober 2008 (Loseblatt, 20. Ergänzungslieferung)
Weigel	Gerichtsbarkeit, internationale Zuständigkeit und Territorialprinzip im deutschen gewerblichen Rechtsschutz, 1973
Weinknecht/Bellinghausen	Multimedia-Recht, 1997
Weßling	Der zivilrechtliche Schutz gegen digitales Sound-Sampling, 1995
Wiedemann	Handbuch des Kartellrechts, 1999
Williamson	Transaktionskostenökonomik, 1993
WIPO	Publication-No. 688 (E) „Collective Administration of Copyright and Neighbouring Rights", 1990
ders.	Worldwide Symposium Mexico City, 1995

Wolf/Horn/Lindacher	AGBG, 4. Aufl. 1999
Zimmer	Bibliothek der Zukunft, 2000

II. Aufsätze

Inhaltsübersicht

Ahrens	Napster, Gnutella, FreeNet und Co. – Die immaterialgüterrechtliche Beurteilung von Internet-Musiktauschbörsen, ZUM 2000, 1029 ff.
Alich	Neue Entwicklungen auf dem Gebiet der Lizenzierung von Musikrechten durch Verwertungsgesellschaften in Europa, GRUR Int. 2008, 996 ff.
ders.	Europäische Union – Kartellrechtliche Beurteilung der Gegenseitigkeitsverträge zwischen Verwertungsgesellschaften durch die Europäische Kommission, GRUR Int. 2009, 91 ff.
Apel/Steden	Urheberrechtsverletzungen durch Werbeblocker im Internet?, WRP 2001, 112 ff.
Bachmann	Der Gerichtsstand der unerlaubten Handlung im Internet, IPrax 1998, 179 ff.
v. Bar	Kollisionsrecht, Fremdenrecht und Sachrecht für internationale Sachverhalte im Internationalen Urheberrecht, UFITA 108 (1988), 27 ff.
Bechtold	Der Schutz des Anbieters von Information – Urheberrecht und gewerblicher Rechtsschutz im Internet, ZUM 1997, 427 ff.
ders.	Multimedia und Urheberrecht – einige grundsätzliche Anmerkungen, GRUR 1998, 18 ff.
Becker	Neue Übertragungstechniken und Urheberrechtsschutz, ZUM 1995, 231 ff.
ders.	Online-Videorecorder im deutschen Urheberrecht, AfP 2007, 5 ff.
Beier/Schricker/Ulmer	Stellungnahme des Max-Planck-Instituts für ausländisches und inländisches Patent-, Urheber- und Wettbewerbsrecht zum Entwurf des Gesetzes zur Ergänzung des internationalen Privatrechts, GRUR Int. 1985, 104 ff.
Berger	Der Schutz elektronischer Datenbanken nach der EG-Richtlinie vom 11.3.1996, GRUR 1997, 169 ff.
ders.	Elektronische Pressespiegel und Informationsrichtlinie, CR 2004, 360 ff.

Literaturverzeichnis

ders.	Verträge über unbekannte Nutzungsarten nach dem „Zweiten Korb", GRUR 2005, 907 ff.
Berlit	Kennzeichenmäßige Benutzung durch Verwendung eines Metatag, LMK 2006, II, 109 f.
Bettinger/Freytag	Privatrechtliche Verantwortlichkeit für Links, CR 1998, 545 ff.
Bohr	Fragen der Abgrenzung und inhaltlichen Bestimmung der Filmurheberschaft, UFITA 78 (1977), 95 ff.
ders.	Die urheberrechtliche Rolle des Drehbuchautors, ZUM 1992, 121 ff.
v. Bonin/Köster	Internet im Lichte neuer Gesetze, ZUM 1997, 821 ff.
Bornkamm	Erwartungen von Urhebern und Nutzern an den Zweiten Korb, ZUM 2003, 1010 ff.
Bortloff	Tonträgersampling als Vervielfältigung, ZUM 1993, 476 ff.
ders.	Internationale Lizenzierung von Internet-Simulcasts durch die Tonträgerindustrie, GRUR Int. 2003, 669 ff.
ders.	Neue Urteile in Europa betreffend die Frage der Verantwortlichkeit von Online-Diensten, ZUM 1997, 167 ff.
Bosak	Urheberrechtliche Zulässigkeit privaten Downloadings von Musikdateien, CR 2001, 176 ff.
Braun	Bedeuten Herstellung und Vertrieb von Doppel-Videorekordern eine Urheberrechtsverletzung?, ZUM 1990, 487 ff.
ders.	„Filesharing"-Netze und deutsches Urheberrecht, GRUR 2001, 1106 ff.
Brauneck	Zur Verantwortlichkeit des Telediensteanbieters für illegal ins Netz gestellte Musikdateien nach § 5 TDG, ZUM 2000, 480 ff.
Brisch	EU-Richtlinienvorschlag zum elektronischen Geschäftsverkehr, CR 1999, 235 ff.
Bröhl	Rechtliche Rahmenbedingungen für neue Informations- und Kommunikationsdienste, CR 1997, 73 ff.
Cichon	Urheberrecht an Webseiten, ZUM 1998, 897 ff.
Coase	The Problem of Social Cost, 3 Journal of Law and Economics, 1 ff. (1960)
Cornish	Harmonisierung des Rechts der privaten Vervielfältigung in Europa, GRUR 1997, 305 ff.
Czychowski	Das Gesetz zur Regelung des Urheberrechts in der Informationsgesellschaft, NJW 2003, 2409 ff.

Literaturverzeichnis

ders.	Wenn der dritte Korb aufgemacht wird ..., Das zweite Gesetz zur Regelung des Urheberrechts in der Informationsgesellschaft, GRUR 2008, 586 ff.
Däubler-Gmelin	Zur Notwendigkeit eines Urhebervertragsgesetzes, GRUR 2000, 764 ff.
Decker	Haftung für Urheberrechtsverletzungen im Internet, MMR 1999, 7 ff.
Degenhardt	Rundfunk und Internet, ZUM 1998, 333 ff.
Deutsche Vereinigung für gewerblichen Rechtsschutz und Urheberrecht e.V.	Stellungnahme zur Empfehlung und zur Studie der Europäischen Kommission über die Lizenzierung von Musik für das Internet vom 18.10.2005, GRUR 2006, 303 ff.
Dieselhorst	Anwendbares Recht bei Internationalen Online-Diensten, ZUM 1998, 293 ff.
Dietrich	Rechtliche Probleme bei der Verwendung von Metatags, K&R 2006, 71 ff.
Dietz	Die Schutzdauer-Richtlinie der EU, GRUR Int. 1995, 670 ff.
ders.	Die EU-Richtlinie zum Urheberrecht und zu den Leistungsschutzrechten in der Informationsgesellschaft, ZUM 1998, 438 ff.
ders.	Die Pläne der Bundesregierung zu einer gesetzlichen Regelung des Urhebervertragsrecht, ZUM 2001, 276 ff.
Dornis	Zur Verletzung von Urheberrechten durch Betrieb eines Music-on-Demand-Dienstes im Internet, CR 2008, 321 f.
Dougherty	RIP, MIX and BURN: Bemerkungen zu aktuellen Entwicklungen im Bereich des digitalen Sampling nach US-amerikanischem und internationalem Recht, GRUR Int. 2007, 481 ff.
Dreier	Die Harmonisierung des Rechtsschutzes von Datenbanken in der EG, GRUR Int. 1993, 208 ff.
ders.	Die Umsetzung der Richtlinie zum Satellitenrundfunk und zur Kabelweiterleitung, ZUM 1995, 458 ff.
ders.	Harmonisierung des Urheberrechts in der Informationsgesellschaft, ZUM 1996, 69 ff.
ders.	Urheberrecht auf dem Weg zur Informationsgesellschaft – Anpassung des Urheberrechts an die Bedürfnisse der Informationsgesellschaft, GRUR 1997, 859 ff.

Literaturverzeichnis

Drobnig	Originärer Erwerb und Übertragung von Immaterialgüterrechten im Kollisionsrecht, RabelsZ 40 (1976), 195 ff.
Dünnwald	Die Leistungsrechte im TRIPS-Abkommen, ZUM 1996, 725 ff.
Eberle	Medien und Medienrecht im Umbruch, GRUR 1995, 790 ff.
Eichler	Anmerkung zum Urteil des AG München vom 28.5. 1998 – 8340 Ds 465 Js 173158/95, K&R 1998, 412 ff.
v. Einem	Grenzüberschreitende Lizenzierung von Musikwerken in Europa. Auswirkungen der Empfehlung der EU-Kommission zur Rechtewahrnehmung auf das System der Gegenseitigkeitsverträge, MMR 2006, 647 ff.
Engel	Inhaltskontrolle im Internet, AfP 1996, 220 ff.
Engel-Flechsig	Das Informations- und Kommunikationsdienstegesetz des Bundes und der Medienstaatsvertrag der Bundesländer – Einheitliche Rahmenbedingungen für Multimedia, ZUM 1997, 231 ff.
Engel-Flechsig/Maennel/ Tettenborn	Das neue Informations- und Kommunikationsdienste-Gesetz, NJW 1997, 2981 ff.
Ensthaler/Möllenkamp	Reichweite des urheberrechtlichen Softwareschutzes nach der Umsetzung der EG-Richtlinie zum Rechtsschutz der Computerprogramme, GRUR 1994, 151 ff.
Erdmann	Schutz von Werbeslogans, GRUR 1996, 550 ff.
Erdmann/Bornkamm	Schutz von Computerprogrammen, GRUR 1991, 877 ff.
Ernst	Rechtliche Fragen bei der Verwendung von Hyperlinks im Internet, NJW-CoR 1997, 224 ff.
ders.	Urheberrechtliche Probleme bei der Veranstaltung von On-Demand-Diensten, GRUR 1997, 592 ff.
ders.	Internet und Recht, JuS 1997, 776 ff.
ders.	Urheberrechtliche Probleme bei der Veranstaltung von On-Demand-Diensten, ZUM 1997, 176 ff.
ders.	Rechtsprobleme im Internet: Urheber-, wettbewerbs- und markenrechtliche Sicht, K&R 1998, 536 ff.
Euler	Zur Langzeitarchivierung digital aufgezeichneter Werke und ihrer urheberrechtlichen Einordnung und Beurteilung, AfP 2008, 474 ff.
Fischer	Zur Zulässigkeit des Vertriebs traditioneller und elektronisierter Pressespiegel durch kommerzielle Anbieter, ZUM 1995, 117 ff.

Flechsig	Rechtmäßige private Vervielfältigung und gesetzliche Nutzungsgrenzen, GRUR 1993, 532 ff.
ders.	Speicherung von Printmedien in betriebseigene Datenbankarchive und die Grenze ihrer betrieblichen Nutzung, ZUM 1996, 833 ff.
ders.	Der rechtliche Rahmen der europäischen Richtlinie zum Schutz von Datenbanken, ZUM 1997, 577 ff.
ders.	EU-Harmonisierung des Urheberrechts und der verwandten Schutzrechte in der Informationsgesellschaft, ZUM 1998, 139 ff.
ders.	Urheberrecht und verwandte Schutzrechte in der Informationsgesellschaft, CR 1998, 139 ff.
ders.	Der Entwurf eines Gesetzes zur Stärkung der vertragsrechtlichen Stellung von Urhebern und ausübenden Künstlern, ZUM 2000, 484 ff.
ders.	Der Zweite Korb zur Verbesserung der Urheber- und Leistungsschutzrechte, ZRP 2006, 145 ff.
Flechsig/Fischer	Speicherung von Printmedien in betriebseigene Datenbankarchive und die Grenze ihrer betrieblichen Nutzung, ZUM 1996, 833 ff.
Flechsig/Gabel	Strafrechtliche Verantwortlichkeit im Netz durch Einrichten und Vorhalten von Hyperlinks, CR 1998, 351 ff.
Freytag	Urheberrechtliche Haftung im Netz, ZUM 1999, 185 ff.
ders.	Digital Millenium Copyright Act und europäisches Urheberrecht für die Informationsgesellschaft, MMR 1999, 207 ff.
Frohne	Filmverwertung im Internet und deren vertragliche Gestaltung, ZUM 2000, 810 ff.
Gaster	Urheberrecht und verwandte Schutzrechte in der Informationsgesellschaft, ZUM 1995, 740 ff.
ders.	Zur anstehenden Umsetzung der EG-Datenbankrichtlinie (I), CR 1997, 669 ff.
ders.	Zur anstehenden Umsetzung der EG-Datenbankrichtlinie (II), CR 1997, 717 ff.
ders.	Zum Schutz von Webseiten durch das Urherberrecht und durch das Wettbewerbsrecht, MMR 1999, 733 ff.
ders.	European Sui Generis Right for Databases, CRi 2001, 74 ff.
Gerlach	„Making available right" – Böhmische Dörfer?, ZUM 1999, 278 ff.

Literaturverzeichnis

ders.	Lizenzrecht und Internet – Statement aus der Sicht der GVL, ZUM 2000, 856 ff.
Gersdorf	Multi-Media: Der Rundfunkbegriff im Umbruch? – Insbesondere zur verfassungsrechtlichen Einordnung der Zugriffs- und Abrufdienste, AfP 1995, 565 ff.
Ginsburg	Global Use/Territorial Rights: Private International Law Questions of the Global Information Infrastructure, Journal of Copyright Society of the USA 42 (1995), 318 ff.
Gounalakies/Rhode	Das Informations- und Kommunikationsdienste-Gesetz, K&R 1998, 321 ff.
Grohmann	Die Übertragungsfiktion für unbekannte Nutzungsrechte nach dem Zweiten Korb am Beispiel des Musikverlagsvertrags, GRUR 2008, 1056 ff.
Haberstumpf	Grundsätzliches zum Urheberrechtsschutz von Computerprogrammen nach dem Urteil des BGH vom 9.5.1985, GRUR 1986, 222 ff.
ders.	Die Zulässigkeit des Reverse Engineering, CR 1991, 129 ff.
Haedicke	Einführung in das Internationale Urheberrecht, JURA 1996, 64 ff.
ders.	Die Haftung für mittelbare Urheber- und Wettbewerbsrechtsverletzungen, GRUR 1998, 397 ff.
Hansen/Schmidt-Bischoffshausen	Ökonomische Funktionen von Verwertungsgesellschaften – Kollektive Wahrnehmung im Lichte von Transaktionskosten- und Informationsökonomik, GRUR Int. 2007, 461 ff.
Hartwig	Zur Verwendung eines fremden Kennzeichens als Metatag, EWiR 2007, 473 f.
Haupt	Der Abschluss von Verträgen über unbekannte Nutzungsarten, MR-Int. 2008, 1 ff.
Heckmann	Zum Erfordernis der Einwilligung in eine retrospektive Digitalisierung von Printwerken zu Werbezwecken, AfP 2007, 314 ff.
Heermann	Urheberrechtliche Probleme bei der Nutzung von E-Mail, MMR 1999, 3 ff.
Heim	Zur Markenbenutzung durch Metatags, CR 2005, 200 ff.
Hoeren	Sounds von der Datenbank – Zur urheber- und wettbewerbsrechtlichen Beurteilung des Samplings in der Popmusik, GRUR 1989, 11 ff.

ders.	Nochmals: Sounds von der Datenbank – Zur urheber- und wettbewerbsrechtlichen Beurteilung des Samplings in der Popmusik, GRUR 1989, 580 ff.
ders.	Multimedia = Multilegia, Die immaterialgüterrechtliche Stellung des Multimediaherstellers, CR 1994, 390 ff.
ders.	Multimedia als noch nicht bekannte Nutzungsart, CR 1995, 710 ff.
ders.	Urheberrecht in der Informationsgesellschaft – Überlegungen zu einem Rechtsgutachten von Gerhard Schricker et al., GRUR 1997, 866 ff.
ders.	Rechtsoasen im Internet, MMR 1998, 297 ff.
ders.	Internet und Recht – Neue Paradigmen des Informationsrechts, NJW 1998, 2849 ff.
ders.	Vorschlag für eine EU-Richtlinie über E-Commerce, MMR 1999, 192 ff.
ders.	Zivilrechtliche Haftung im Internet, Phi 1999, 82 ff.
ders.	Urheberrecht 2000 – Thesen für eine Reform des Urheberrechts, MMR 2000, 3 ff.
ders.	Entwurf einer EU-Richtlinie zum Urheberrecht in der Informationsgesellschaft, MMR 2000, 515 ff.
ders.	Keine wettbewerbsrechtlichen Bedenken mehr gegen Hyperlinks?, GRUR 2004, 1 ff.
ders.	Der Zweite Korb – Eine Übersicht zu den geplanten Änderungen im Urheberrechtsgesetz, MMR 2007, 615 ff.
Hoffmann	Anmerkung zum Urteil des LG München I vom 30.3.2000 – 7 O 3625/98, MMR 2000, 434 ff.
Hoffmann-Riem	Der Rundfunkbegriff in der Differenzierung kommunikativer Dienste, AfP 1996, 9 ff.
Hohagen	WIPO-Sitzung zum zukünftigen internationalen Schutz von Datenbanken, GRUR Int. 1998, 54 ff.
Holznagel/Holznagel	Zukunft der Haftungsregeln für Internet-Provider, K&R 1999, 103 ff.
Hüsch	Kennzeichenrechtliche Gleichbehandlung von Adwords und Metatags, CR 2007, 190 f.
Jaeger/Metzger	Open Content-Lizenzen nach deutschem Recht, MMR 2003, 431 ff.
Jäger/Collardin	Die Inhaltsverantwortlichkeit von Online-Diensten, CR 1996, 236 ff.

Literaturverzeichnis

Janik	Der deutsche Rundfunkbegriff im Spiegel technischer Entwicklungen, AfP 2000, 7 ff.
Jobs	Thoughts on Music, abrufbar unter http://www.apple.com/hotnews/thoughtsonmusic/
Jung	Rechtsfragen der Online-Schiedsgerichtsbarkeit, K&R 1999, 65 ff.
Kamps/Koops	Online-Videorecorder im Lichte des Urheberrechts, CR 2007, 581 ff.
Kappes	Gesetzliche Vergütungsansprüche bei der privaten Nutzung von computergeschützten Informationssammlungen, GRUR 1997, 338 ff.
Karnell	Die Verwertungsgesellschaften in einem zusammenwachsenden Europa, GRUR Int. 1991, 583 ff.
Katzenberger	Urheberrechtsfragen der elektronischen Telekommunikation, GRUR Int. 1983, 895 ff.
ders.	TRIPS und das Urheberrecht, GRUR 1995, 447 ff.
ders.	Elektronische Printmedien und Urheberecht, AfP 1997, 434 ff.
ders.	Harmonisierung des Folgerechts in Europa, GRUR Int. 1997, 309 ff.
ders.	Nutzung von Zeitungen und Zeitschriften für das Internet, AfP 1998, 479 ff.
Kazemi	Die Verwendung von Marken und geschäftlichen Bezeichnungen in Metatags, MarkenR 2006, 192 ff.
Kindermann	Technik und Urheberrecht – Wechselwirkungen und gegenseitige Abhängigkeiten, ZUM 1987, 219 ff.
ders.	Reverse Engineering von Computerprogrammen, CR 1990, 638 ff.
Kindler	Leistungsschutz für Datenbanken ohne Werkcharakter – Eine Zwischenbilanz, K&R 2000, 265 ff.
Klaka	Persönliche Haftung des gesetzlichen Vertreters für die im Geschäftsbetrieb der Gesellschaft begangenen Wettbewerbsverstöße und Verletzungen von Immaterialgüterrechten, GRUR 1988, 729 ff.
Kleinwächter	ICANN als United Nations der Informationsgesellschaft? Der lange Weg zur Selbstregulierung des Internets, MMR 1999, 452 ff.
Klett	Die Entwicklung des Urheberrechts im Jahr 2003, K&R 2004, 257 ff.
ders.	Anmerkung zum Urteil des BGH vom 19.5.2005 – I ZR 285/02 – Der Zauberberg, K&R 2005, 555 ff.

ders.	Das zweite Gesetz zur Regelung des Urheberrechts in der Informationsgesellschaft (Zweiter Korb), K&R 2008, 1 ff.
Klosterfelde	Durchlaufende Vertriebsbindungen – generell nichtig nach § 15 GWB, WuW 1978, 419 ff.
Koch	Rechtsschutz für Benutzeroberflächen von Software, GRUR 1991, 180 ff.
ders.	Das neue Softwarerecht und die praktischen Konsequenzen, NJW-CoR 1994, 293 ff.
ders.	Software-Urheberrechtsschutz für Multimedia- Anwendungen, GRUR 1995, 459 ff.
ders.	Rechtsfragen der Nutzung elektronischer Kommunikationsdienste, BB 1996, 2049 ff.
ders.	Zivilrechtliche Anbieterhaftung für Inhalte in Kommunikationsnetzen, CR 1997, 193 ff.
ders.	Grundlagen des Urheberrechtsschutzes im Internet und in Online-Diensten, GRUR 1997, 417 ff.
ders.	Neue Rechtsprobleme der Internet-Nutzung, NJW-CoR 1998, 45 ff.
ders.	Strafrechtliche Verantwortlichkeit beim Setzen von Hyperlinks auf mißbilligte Inhalte, MMR 1999, 704 ff.
Kotthoff	Zum Schutz von Datenbanken beim Einsatz von CD-ROMs in Netzwerken, GRUR 1997, 597 ff.
ders.	Fremde Kennzeichen in Metatags: Marken- und Wettbewerbsrecht, K&R 1999, 157 ff.
Kreile	Bericht über die WIPO-Sitzungen zum möglichen Protokoll zur Berner Konvention und zum „Neuen Instrument" vom 1. bis 9. 2. 1996, ZUM 1996, 564 ff.
Kreile/Becker	Multimedia und die Praxis der Lizenzierung von Urheberrechten, GRUR Int. 1996, 677 ff.
Kreile/Wallner	Schutz der Urheberpersönlichkeitsrechte im Multimediazeitalter, ZUM 1997, 625 ff.
Kreutzer	Napster, Gnutella und Co. – Rechtsfragen zu Filesharing – Netze aus Sicht des deutschen Urheberrechts de lege lata und de lege ferenda – Teil I, GRUR 2001, 193 ff.
Kröger	Die Urheberrechtsrichtlinie für die Informationsgesellschaft – Bestandsaufnahme und kritische Bewertung, CR 2001, 316 ff.
Kröger/Moos	Regelungsansätze für Multimediadienste – Medienstaatsvertrag und Teledienstegesetz, ZUM 1997, 462 ff.

Literaturverzeichnis

Kuner	Internationale Zuständigkeitskonflikte im Internet, CR 1996, 453 ff.
Kuch	Der Staatsvertrag über Mediendienste, ZUM 1997, 225 ff.
v. Lackum	Verantwortlichkeit der Betreiber von Suchmaschinen, MMR 1999, 697 ff.
Lapp	Zulässigkeit von Deep-Links, ITRB 2004, 114 ff.
Lauber/Schwipps	Das Gesetz zur Regelung des Urheberrechts in der Informationsgesellschaft, GRUR 2004, 293 ff.
Lejeune	Haftung für Hyperlinks, CR 2005, 463 ff.
Leupold	„Push" und „Narrowcasting" im Lichte des Medien- und Urheberrechts, ZUM 1998, 99 ff.
ders.	Auswirkungen der Multimedia-Gesetzgebung auf das Urheberrecht, CR 1998, 234 ff.
v. Lewinski	Die Umsetzung der Richtlinie zum Vermiet- und Verleihrecht, ZUM 1995, 442 ff.
ders.	Das europäische Grünbuch über das Urheberrecht und neue Technologien, GRUR Int. 1995, 831 ff.
ders.	Die WIPO-Verträge zum Urheberrecht und zu verwandten Schutzrechten vom Dezember 1996, CR 1997, 438 ff.
ders.	Die diplomatische Konferenz der WIPO 1996 zum Urheberrecht und zu verwandten Schutzrechten, GRUR 1997, 667 ff.
ders.	Die Multimedia-Richtlinie, MMR 1998, 115 ff.
ders.	Der EG-Richtlinienvorschlag zum Urheberrecht und zu verwandten Schutzrechten in der Informationsgesellschaft, GRUR Int. 1998, 637 ff.
v. Lewinski/Gaster	Urheberrechtliche Probleme bei Multimediaanwendungen, GRUR 1996, 830 ff.
Libertus	Rechtsfragen der Abwehr unerwünschter Hyperlinks, TMR 2004, 60 ff.
Lietz	Technische Aspekte des Reverse Engineering, CR 1991, 564 ff.
Lober/Neumüller	Zur Verwendung einer fremden Marke als Metatag, EWiR 2008, 285 f.
Loewenheim	Der urheberrechtliche Schutz der Computer-Software – Die neuere Rechtsprechung in der Bundesrepublik Deutschland unter Berücksichtigung der Rechtsentwicklung bei Videospielen, ZUM 1985, 26 ff.

ders.	Der Schutz der kleinen Münze im Urheberrecht, GRUR 1987, 761 ff.
ders.	Urheberrechtliche Probleme bei Multimediaanwendungen, GRUR 1996, 830 ff.
Maaßen	Urheberrechtliche Probleme der elektronischen Bildverarbeitung, ZUM 1992, 338 ff.
Maennel	Elektronischer Geschäftsverkehr ohne Grenzen – der Richtlinienvorschlag der Europäischen Kommission, MMR 1999, 187 ff.
Mäger	Der urheberrechtliche Erschöpfungsgrundsatz bei der Veräußerung von Software, CR 1996, 522 ff.
Mankowski	Internet und Internationales Wettbewerbsrecht, GRUR Int. 1999, 909 ff.
Mann	Zur äußerungsrechtlichen Verantwortlichkeit für Hyperlinks in Online-Angeboten, AfP 1998, 129 ff.
Marly	Die Verteilung von Artikeln und Programmen in Datennetzen aus urheber- und wettbewerbsrechtlicher Sicht, jur-pc 1992, 1442 ff.
ders.	Der neue Urheberrechtsschutz für Computersoftware, NJW-CoR 1993, 21 ff.
Martiny	Verletzung von Immaterialgüterrechten im Internationalen Privatrecht, RabelsZ 40 (1976), 218 ff.
Marwitz	Haftung für Hyperlinks, K&R 1998, 369 ff.
Max-Planck-Institut für Geistiges Eigentum	Wettbewerbs- und Steuerrecht, Stellungnahme des Max-Planck-Instituts für Geistiges Eigentum, Wettbewerbs- und Steuerrecht zuhanden des Bundesministeriums der Justiz betreffend die Empfehlung der Europäischen Kommission über die Lizenzierung von Musik für das Internet vom 18. Oktober 2005 (2005/737/EG), GRUR Int. 2006, 222 ff.
Mehrings	Vertragsrechtliche Aspekte der Nutzung von Online- und CD-ROM-Datenbanken, NJW 1993, 3102 ff.
Meier	Zum Begriff der „Geschäftsbedingungen" in § 15 GWB, BB 1979, 297 ff.
Melichar	Virtuelle Bibliotheken und Urheberrecht, CR 1995, 756 ff.
Metzger	Erschöpfung des urheberrechtlichen Verbreitungsrechts bei vertikalen Vertriebsbindungen, GRUR 2001, 210 ff.

Literaturverzeichnis

Moritz	Anmerkung zum Urteil des AG München vom 28.5.1998 – 8340 Ds 465 Js 173158/95, CR 1998, 505 ff.
Müller	Die Klage gegen unberechtigtes Sampling, ZUM 1999, 555 ff.
Müller	Rechtewahrnehmung durch Verwertungsgesellschaften bei der Nutzung von Musikwerken im Internet, ZUM 2009, 121 ff.
Neuhaus	Freiheit und Gleichheit im Internationalen Immaterialgüterrecht, RabelsZ 40 (1976), 191 ff.
Niemann	Urheberrechtsabgaben – Was ist im Korb?, CR 2008, 205 ff.
Nordemann	Bildschirmspiele – eine neue Werkart im Urheberrecht, GRUR 1981, 891 ff.
Nordemann/Goddar/ Tönhardt/Czychowski	Gewerblicher Rechtsschutz und Urheberrecht im Internet, CR 1996, 645 ff.
v. Olenhusen/Steyert	Die Reform des Urhebervertragsrechts, ZRP 2000, 526 ff.
Ory	Blick in den „2. Korb" des Urheberrechts in der Informationsgesellschaft, AfP 2004, 500 ff.
Ostermaier	Urheberrechtliche Einordnung von Abrufdiensten. Darstellung am Beispiel Video on Demand, CR 1998, 539 ff.
Ott	To link or not to link – This was (or still is?) the question – Anmerkung zum Urteil des BGH vom 17.7.2003 – I ZR 259/00 (Paperboy), WRP 2004, 52 ff.
ders.	Die urheberrechtliche Zulässigkeit des Framing nach der BGH-Entscheidung im Fall Paperboy, ZUM 2004, 357 ff.
ders.	Zulässigkeit der Erstellung von Thumbnails durch Bilder- und Nachrichtensuchmaschinen?, Eine Analyse der US-amerikanischen und deutschen Rechtsprechung, ZUM 2007, 119 ff.
ders.	Framing als Urheberrechtsverletzung, MMR 2007, 260 ff.
ders.	Haftung für Embedded Videos von YouTube und anderen Videoplattformen im Internet, ZUM 2008, 556 ff.
Pichler	Haftung des Host Providers für Persönlichkeitsrechtsverletzungen vor und nach dem TDG, MMR 1998, 79 ff.

Plaß	Hyperlinks im Spannungsfeld von Urheber-, Wettbewerbs- und Haftungsrecht, WRP 2000, 599 ff.
ders.	Der Aufbau und die Nutzung eines Online-Volltextsystems durch öffentliche Bibliotheken aus urheberrechtlicher Sicht, WRP 2001, 195 ff.
Poll	Neue internetbasierte Nutzungsformen, GRUR 2007, 476 ff.
ders.	CELAS, PEDL & Co: Metamorphose oder Anfang vom Ende der kollektiven Wahrnehmung von Musik-Online-Rechten in Europa?, ZUM 2008, 500 ff.
Polley	Verwendungsbeschränkungen in Softwareüberlassungsverträgen, CR 1999, 345 ff.
Polley/Seliger	Anwendung der neuen Gruppenfreistellungsverordnung für Vertikalverträge Nr. 2790/1999 auf Softwareverträge, CR 2001, 1 ff.
Raubenheimer	Vernichtungsanspruch gemäß § 69f UrhG, CR 1994, 129 ff.
ders.	Softwareschutz nach dem neuen Urheberrecht, CR 1994, 69 ff.
Raue/Bensinger	Umsetzung des sui generis-Rechts an Datenbanken in den §§ 87a ff. UrhG, MMR 1997, 507 ff.
Reber	Digitale Verwertungstechniken – neue Nutzungsarten: Hält das Urheberrecht der technischen Entwicklung noch stand?, GRUR 1998, 792 ff.
ders.	Das neue Urhebervertragsrecht, ZUM 2000, 729 ff.
ders.	Die Pläne der Bundesregierung zu einer gesetzlichen Regelung des Urhebervertragsrechts, ZUM 2001, 282 ff.
Rehbinder	Die urheberrechtlichen Verwertungsrechte nach der Einführung des Vermietrechts, ZUM 1996, 349 ff.
Reinbothe	Der Schutz des Urheberrechts und der Leistungsschutzrechte im Abkommensentwurf GATT/TRIPS, GRUR Int. 1992, 707 ff.
ders.	Der EU-Richtlinienentwurf zum Urheberrecht und zu den Leistungsschutzrechten in der Informationsgesellschaft, ZUM 1998, 429 ff.
Remien	Einseitige Unterlassungsverfügungen im europäischen Binnenmarkt und das EuGVÜ, WRP 1994, 25 ff.
Renck	Kennzeichenrechte versus Domain-Names – Eine Analyse der Rechtsprechung?, NJW 1999, 3587 ff.

Literaturverzeichnis

ders.	Scheiden allgemeine Begriffe und Gattungsbezeichnungen als Internet-Domains aus? Eine Anmerkung zur Entscheidung des OLG Hamburg vom 13.7.1999 – „mitwohnzentrale.de", WRP 2000, 264 ff.
Renner	Metatags und Keyword-Advertising mit fremden Kennzeichen im Marken- und Wettbewerbsrecht, WRP 2007, 49 ff.
Reupert	Der Film im Urheberrecht: Neue Perspektiven nach hundert Jahren Film, UFITA (1995), Schriftenreihe 134
v. Rosenberg	Liability of Internet providers in the framework of the U.S. Digital Millenium Copyright Act, K&R 1999, 399 ff.
Säcker	Die Haftung von Diensteanbietern nach dem Entwurf des EGG, MMR Beilage 9/2001, S. 2 ff.
Schack	Urheberrechtsverletzung im internationalen Privatrecht, GRUR Int. 1985, 523 ff.
ders.	Neue Techniken und geistiges Eigentum, JZ 1998, 753 ff.
ders.	Internationale Urheber-, Marken- und Wettbewerbsverletzungen im Internet, MMR 2000, 59 ff.
ders.	Urheberrechtliche Gestaltung von Webseiten unter Einsatz von Links und Frames, MMR 2001, 9 ff.
ders.	Neuregelung des Urhebervertragsrechts, ZUM 2001, 453 ff.
ders.	Rechtsprobleme der Online-Übermittlung, GRUR 2007, 639 ff.
ders.	Anmerkung zum Urteil des OLG Jena vom 27.2.2008 (2 U 319/07, MMR 2008, 408) – Urheberrechtliche Unzulässigkeit von Thumbnails, MMR 2008, 414 ff.
Schaefer/Rasch/Braun	Zur Verantwortlichkeit von Online-Diensten und Zugangsvermittlern für fremde urheberrechtsverletzende Inhalte, ZUM 1998, 451 ff.
Schardt	Musikverwertung im Internet und deren vertragliche Gestaltung, ZUM 2000, 849 ff.
Schimmel	Erwartungen aus der Sicht der ausübenden Künstler – Statement ver.di e. V., ZUM 2003, 1028 ff.
Schippan	Urheberrecht goes digital – Das Gesetz zur Regelung des Urheberrechts in der Informationsgesellschaft, ZUM 2003, 378 ff.
Schirmbacher	Metatags und Keyword-Advertising, ITRB 2007, 117 f.

Schmechel-Gaumé	§ 31 Abs. 4 UrhG und der Arbeitnehmerurheber – Ein Spannungsfeld, K&R 2001, 74 ff.
Schmidt/Hackenberger	Konkurrenzschutz in Mietverträgen und Kartellrecht, DB 1962, 957 ff.
Schønning	Anwendbares Recht bei grenzüberschreitenden Direktübertragungen, ZUM 1997, 34 ff.
Schricker	Grundfragen der künftigen Medienordnung, Urheberrechtliche Aspekte, FuR 1984, 63 ff.
ders.	Zum Urheberrechtsschutz und Geschmacksmusterschutz von Postwertzeichen (I), GRUR 1991, 563 ff.
Schulte	Der Referentenentwurf eines Zweiten Gesetzes zur Änderung des Urheberrechtsgesetzes, CR 1992, 588 ff.
ders.	Der Schutz der kleinen Münze im Urheberrecht, GRUR 1987, 769 ff.
ders.	Rechtsfragen von Printmedien im Internet, ZUM 2000, 432 ff.
Schwarz	Urheberrecht und unkörperliche Verbreitung multimedialer Werke, GRUR 1996, 836 ff.
ders.	Klassische Nutzungsrechte und Lizenzvergabe bzw. Rückbehalt von „Internet-Rechten", ZUM 2000, 816 ff.
ders.	Der 2. Korb aus der Sicht der Filmindustrie, ZUM 2003, 1032 ff.
Sieber	Die rechtliche Verantwortlichkeit im Internet, MMR-Beilage 2/1999, S. 17 ff.
ders.	Strafrechtliche Verantwortlichkeit für den Datenverkehr in internationalen Computernetzen – neue Herausforderung Internet, JZ 1996, 429 ff., 494 ff.
Siehr	Das Urheberrecht neuerer IPR-Kodifikationen, UFITA 108 (1988), 9 ff.
Sosnitza	Das Internet im Gravitationsfeld des Rechts: Zur rechtlichen Beurteilung so genannter Deep Links, CR 2001, 693 ff.
Spieß	Urheber- und wettbewerbsrechtliche Probleme des Samplings in der Popmusik, ZUM 1991, 524 ff.
Spindler	Deliktsrechtliche Haftung im Internet – nationale und internationale Rechtsprobleme, ZUM 1996, 533 ff.
ders.	Haftungsrechtliche Grundprobleme der neuen Medien, NJW 1997, 3193 ff.

Literaturverzeichnis

ders.	Dogmatische Strukturen der Verantwortlichkeit der Diensteanbieter nach TDG und MDStV, MMR 1998, 639 ff.
ders.	Die Haftung von Online-Diensteanbietern im Konzern, CR 1998, 745 ff.
ders.	E-Commerce in Europa, MMR-Beilage 7/2000, S. 4 ff.
ders.	Störerhaftung im Internet, K&R 1998, 177 ff.
ders.	Verantwortlichkeit von Diensteanbietern nach dem Vorschlag einer E-Commerce-Richtlinie, MMR 1999, 199 ff.
ders.	Reform des Urheberrechts im „Zweiten Korb", NJW 2008, 9 ff.
Spindler/Heckmann	Retrodigitalisierung verwaister Printpublikationen, GRUR Int. 2008, 271 ff.
Spoendlin	Der internationale Schutz des Urhebers, UFITA 107 (1988), 11 ff.
Sprang	Statement des Börsenvereins des Deutschen Buchhandels, ZUM 2003, 1035 ff.
Terhaag	Markenrechtlicher Schutz bei Verwendung von Metatags, K&R 2004, 450 ff.
Tettenborn	Europäischer Rechtsrahmen für den elektronischen Rechtsverkehr, K&R 1999, 252 ff.
ders.	Auf dem Weg zu einem einheitlichen Rechtsrahmen für den elektronischen Rechtsverkehr – der 2. Versuch, K&R 1999, 442 ff.
ders.	Die Evaluierung des IuKDG, MMR 1999, 516 ff.
ders.	E-Commerce-Richtlinie: Politische Einigung in Brüssel erzielt, K&R 2000, 59 ff.
Tettenborn/Bender/Lübben/Karenfort	Rechtsrahmen für den elektronischen Geschäftsverkehr, K&R Beilage 1 zu Heft 12/2001
Tietge	Ist die Verwendung fremder Marken im Rahmen des Keyword-Advertising nach jüngster Rechtsprechung zulässig?, K&R 2007, 503 ff.
Tilmann	Der Auskunftsanspruch, GRUR 1987, 251 ff.
Tyra	Alter Hut bleibt in Mode – Rechtliche Aspekte des Samplings im Bereich der sog. Dancemusic, ZUM 2001, 49 ff.
Ullmann	Erstbegehungsgefahr durch Vorbringen im Prozess?, WRP 1996, 1007 ff.

Ulmer/Kolle	Der Urheberrechtsschutz von Computerprogrammen, GRUR Int. 1982, 489 ff.
v. Ungern-Sternberg	Zur Frage der Pflicht zur Zahlung einer Gerätevergütung für Drucker und Plotter, GRUR 2008, 247 ff.
Ventroni	CELAS – Revolution bei der Musikrechtewahrnehmung?, MMR 2008, 273 ff.
Viefhues	Internet und Kennzeichenrecht: Meta-Tags, MMR 1999, 336 ff.
Vogel	Die Umsetzung der Richtlinie zur Harmonisierung der Schutzdauer des Urheberrechts und bestimmter verwandter Schutzrechte, ZUM 1995, 451 ff.
ders.	Die Umsetzung der Richtlinie 96/9/EG über den rechtlichen Schutz von Datenbanken in Art. 7 des Regierungsentwurfs eines Informations- und Kommunikationsdienstegesetzes, ZUM 1997, 592 ff.
Völker/Lührig	Abwehr unerwünschter Inline-Links, K&R 2000, 20 ff.
Völker/Weidert	Domain-Namen im Internet, WRP 1997, 652 ff.
Volkmann	Haftung für fremde Inhalte: Unterlassungs- und Beseitigungsansprüche gegen Hyperlinksetzer im Urheberrecht, GRUR 2005, 200 ff.
Waldenberger	Zur zivilrechtlichen Verantwortung für Urheberrechtsverletzungen im Internet, ZUM 1997, 176 ff.
ders.	Teledienste, Mediendienste und die „Verantwortlichkeit" ihrer Anbieter, MMR 1998, 124 ff.
ders.	Electronic Commerce: Der Richtlinienvorschlag der EG-Kommission, EuZW 1999, 296 ff.
Wandtke/Schäfer	Music on Demand – Neue Nutzungsart im Internet?, GRUR Int. 2000, 187 ff.
Weber	Statement ZDF, ZUM 2003, 1037 ff.
Welker	Anmerkung zum Urteil des KG vom 24.7.2001 – 5 U 9427/99, K&R 2002, 154 f.
Wiebe	Rechtsschutz von Datenbanken und europäische Harmonisierung, CR 1996, 198 ff.
ders.	„Deep Links" – Neue Kommunikationsformen im Wettbewerb aus lauterkeitsrechtlicher Sicht, WRP 1999, 734 ff.
Wiebe/Funkat	Multimedia-Anwendungen als urheberrechtlicher Schutzgegenstand, MMR 1998, 69 ff.
Wild	Die zulässige Wiedergabe von Presseberichten und -artikeln in Pressespiegeln, AfP 1989, 701 ff.

Literaturverzeichnis

Wimmer	Die Verantwortlichkeit des Online-Providers nach dem neuen Multimediarecht, ZUM 1999, 436 ff.
Wimmer/Kleineidamm/ Zang	Die Verantwortlichkeit für die Verletzung von Urheberrechten im Internet, K&R 2001, 456 ff.
Wimmers/Schulz	Wer nutzt? Zur Abgrenzung zwischen Werknutzer und technischem Vermittler im Urheberrecht, CR 2008, 170 ff.
Zscherpe	Urheberrechtsschutz digitalisierter Werke im Internet, MMR 1998, 404 ff.
Zweigert/Puttfarken	Zum Kollisionsrecht der Leistungsschutzrechte, GRUR Int. 1973, 573 ff.

Sachregister

Ablösungsrecht 7 401
Abmahnung 7 315
– Form 7 287
– Kosten 7 288, 291, 412
– Kostenbeschränkung 7 416
– Massenabmahnung 7 416
– Rechtsabteilung 7 414
– Schadensersatz 7 291
Abschlusszwang 6 93 f., 167, 176 f.
Abtretung 7 18, 24
Access Provider 7 175 ff., 294, 352
– Auskunftspflichten 7 178
– Störer 7 167 ff.
– TMG 7 175 ff.
– Usenet 7 204
– Verwaltungsbehörden 7 178
Adhäsionsverfahren 7 316
Admin-C 7 244 ff.
– Denic-Domainrichtlinien 7 244
– Störer 7 246
– TMG 7 245
AGICOA 6 22
Altverträge
– besondere Vergütung 5 32
– Fiktion der Einräumung von Nutzungsrechten 5 32
– Übergangsregelung 5 32
– Widerrufsrecht, zeitlich befristet 5 32
Anerkennung ausländischer Entscheidungen 8 94
Anerkennungszuständigkeit 8 94
angemessene Vergütung
– Anpassung, Forderung der 5 49
– gemeinsame Vergütungsregel 5 48
– gesondert für neue Form der Nutzung 5 48
– Internet-Nutzungsumstände 5 49
– Pflicht des Verwenders 5 45
– Redlichkeit 5 48
– Schuldner der 5 49
– tarifvertragliche Abreden 5 49
– Üblichkeit 5 48
– Verwertungsgesellschaften, an 5 49

Anspruchsberechtigte 7 8
– ausschließlicher Nutzungsberechtigter 7 21
– des Urhebers 7 12
– einfaches Nutzungsrecht 7 24
– Erscheinen eines Werkes 7 9
– Vererblichkeit 7 14
– Vermutung 7 9, 10
– von Dritten 7 13
– von Verwertungsgesellschaften 7 10
Anspruchsverpflichtete 7 25 ff.
– Access Provider 7 175 ff.
– Admin-C 7 244 ff.
– allgemeine Grundsätze 7 104 ff.
– Content Provider 7 179 ff.
– E-Commerce-Richtlinie 7 38 ff.
– Ersteller von Inhalten 7 179 ff.
– Haftung Mehrerer 7 147 f.
– Host Provider 7 183 ff.
– Inhaber verlinkter Webseiten 7 233
– Link-Setzer 7 219 ff.
– Meinungsforen 7 191 ff.
– mittelbare Urheberrechtsverletzungen 7 107 ff.
– Netzbetreiber 7 173 f.
– Nutzer 7 162 f.
– Peer-to-Peer Tauschbörsen 7 206 ff.
– Sharehosting 7 195 ff.
– Suchmaschinenbetreiber 7 234 ff.
– Täterschaft 7 109 ff.
– Teilnahme 7 112 ff.
– TMG 7 33 ff.
– unmittelbare Urheberrechtsverletzungen 7 106
– Unternehmensinhaber 7 99 ff.
– Usenet 7 203 ff.
– Vernichtung, Rückruf und Überlassung 7 159 f.
– Videoplattformen 7 201 f.
– Zurechnung fremden Verhaltens/Verschuldens 7 149 ff.
Anton Piller Order 7 388
Arbeitsverhältnis 7 169

Sachregister

ARESA GmbH 6 138
Armonia 6 140
ARPA 1 4,7
Arpanet 1 4,7
Assimilationsprinzip 8 7
Audio-on-Demand 3 46
Audio-Stream 3 46
Audit-Rechte 6 162
Aufsicht 6 154, 170 f.
Ausdrückliche vertragliche Regelung
– andere Speichermedien 5 8
– beabsichtigte Nutzung 5 5
– Detailtiefe 5 7
– erschöpfende Standardkataloge 5 7
– Individualvereinbarung 5 7
– Nutzungsarten 5 6
– pauschale Rechteeinräumung 5 7
– Schriftlichkeit 5 6
– Umgestaltungen 5 8
– Zulässigkeit der Digitalisierung 5 8
– Zweckbezeichnung 5 6
Ausgestaltung von Nutzungsrechten
– Nutzungsarten 5 4
– schuldrechtliche Ausgestaltung 5 4
Auskunftsanspruch 7 354
– akzessorisch 7 356, 358
– Art und Umfang 7 361
– Bankunterlagen 7 377
– einstweiliges Verfügungsverfahren 7 385
– Form 7 377
– Gebühren 7 375
– gegen Dritte 7 371 f.
– gegen Störer 7 372
– gegen Verwertungsgesellschaften 6 157
– Haftung von 7 377
– IP-Adressen 7 381
– Kosten 7 386
– Offensichtlichkeit 7 385, 392
– Preise 7 377
– Richtervorbehalt 7 381
– Schadensersatz 7 380
– selbstständig 7 357
– Umfang 7 377
– Verfügungsverfahren 7 362
– Verhältnismäßigkeit 7 376

– Verschulden 7 362
– Vollständigkeit 7 378
– Wahlrecht 7 361
– zeitliche Beschränkung 7 360, 384
Auskunftspflichten
– Access Provider 7 178
Ausübende Künstler 6 40, 50, 71, 117

Barcelona-Abkommen 6 130 f.
Bearbeitung
– Digitalisierung 3 34
– Framing 3 70
Begehungsgefahr 7 271
Berechtigungsvertrag 6 42 ff., 166, 175
Bereicherungsanspruch 7 351
Beseitigungsanspruch 7 292, 388
Bestandsdaten 7 381
Beteiligungsgrundsatz 6 102
Beweislast 7 11, 312, 329, 402, 423
BIEM 6 88
Bildersuche (Thumbnails) 7 235, 236
Bildtonträger 6 50 f.
BITKOM 6 120
Browsing 3 76 ff.; 7 252; 8 35
– Lokalisierung der Verletzungshandlung 8 36
– Vervielfältigung 8 37
BUMA 6 140
Buy-out 6 127

Cache Provider 7 205
Caching 3 96 ff.; 7 74 ff.
CELAS GmbH 6 137
Chat-Room 3 104, 107
CISAC-Verfügung 6 142
Client Caching 7 252
Computerprogramm 7 298
– Vernichtung 7 307
Computerprogramme 2 71 ff.
– „FASH"-Entscheidung (BGH) 2 77
– „Inkassoprogramm"-Entscheidung (BGH) 2 71, 78
– Algorithmen 2 80 f.
– Basisalgorithmen/Komplexalgorithmen 2 81

672

Sachregister

- Bearbeitungsrecht **2** 96 ff.
- Dekompilierung von Computerprogrammen **2** 102 ff.
- Erschöpfungsgrundsatz im Softwarebereich **2** 101
- im Datenbankwerk **2** 250 ff.
- in Datenbank **2** 299
- Schutzrechtsentwicklung **2** 71 ff.
- Verbreitungsrecht **2** 98 f.
- Vervielfältigungsrecht **2** 86 ff.
- zustimmungsbedürftige Handlungen **2** 83 ff.

Content Provider **7** 179 ff.
- TMG **7** 180 f.

Copyrightvermerk **7** 265
costumer allocation clause **6** 130 f.
Country-of-upload-Regel **8** 60
Creative Commons Lizenzen **2** 137 ff.
- Basislizenz **2** 142
- Grundlizenz/Basisversion **2** 146 ff.
- Lizenzierung ohne Bearbeitungsrecht **2** 162 f.
- nicht kommerzielle Nutzung **2** 160 f.
- Share-Alike-Lizenzierung **2** 164 f.

Cyber-Courts **8** 95

D.E.A.L. **6** 140
Darlegungs- und Beweislast **7** 101 ff., 145 f.
Datenbanken **2** 209 ff.; **6** 44, 155
- Datenbankwerk **2** 212
- Erscheinungsformen **2** 209 ff.
- Europäische Datenbankrichtlinie **2** 213 ff.
- Leistungsschutzrecht **2** 212
- Privatkopie **7** 261
- Richtlinie über den rechtlichen Schutz von Datenbanken **2** 212
- Schutz für Altdatenbanken (Übergangsregelungen) **2** 218 ff.
- UWG-Schutz **2** 221

Datenbank (Leistungsschutzrecht)
- Bedeutung in der Praxis **2** 279 ff.
- Beschaffung des Materials **2** 294
- Beweislast für Übernahme **2** 326
- Darstellung des Materials **2** 294
- Datenbankhersteller **2** 307
- Dauer des Leistungsschutzrechts **2** 337 ff.
- Kosten der Datengewinnung als Investition **2** 298
- Kosten für das zugrunde liegende Computerprogramm **2** 299
- Lizenzzahlung als Investition **2** 297
- Neuheitsbegriff **2** 304 ff.
- Parallelität mit Datenbankwerk **2** 341 f.
- Sammlung von Werken, Daten oder anderen unabhängigen Elementen **2** 284 ff.
- Schranken **2** 329 ff.
- Schutzvoraussetzungen **2** 283 ff.
- systematische und methodische Anordnung der Elemente **2** 287 f.
- Übernahme wesentlicher Teile **2** 320 ff.
- Überprüfung des Materials **2** 266
- unabhängige Elemente **2** 285
- vertragliche Regelung über die Nutzung **2** 339 ff.
- Verwertungsrechte **2** 315 ff.
- wesentliche Investition **2** 292 ff.
- wiederholte und systematische Vervielfältigung **2** 320 ff.
- Zugänglichkeit der Einzelelemente mit Hilfe elektronischer Mittel **2** 289 ff.

Datenbankrichtlinie
- Rechtslage vor der Richtlinie **2** 222
- richtlinienkonforme Auslegung **2** 213
- Übergangsregelungen **2** 218 ff.
- Umsetzung **2** 212 f.

Datenbankwerk
- Abgrenzung von Datenanhäufung **2** 245
- Abgrenzung zum zugrunde liegenden Computerprogramm **2** 250 ff.
- als Sammelwerk **2** 224 ff.
- Nutzungsrecht für Teile des Sammelwerkes **2** 233
- Nutzungsrechte am zugrunde liegenden Computerprogramm **2** 253

673

Sachregister

- Parallelität mit Datenbank (Leistungsschutzrecht) **2** 341 f.
- persönlich geistige Schöpfung **2** 234 ff.
- Sammlung von Werken, Daten oder anderen unabhängigen Elementen **2** 227 ff.
- Schranken **2** 271 ff.
- Schutzgegenstand **2** 254 ff.
- Schutzvoraussetzungen **2** 226 ff.
- systematische und methodische Anordnung der Elemente **2** 242 ff.
- unabhängige Elemente **2** 230
- Urheberpersönlichkeitsrecht **2** 264
- Urheberschaft **2** 259 ff.
- Verwertungsrechte **2** 265 ff.
- Websites **2** 232
- Zugänglichkeit der Einzelelemente mit Hilfe elektronischer Mittel **2** 247 ff.
- Zugangs- und Abfragesystem **2** 239

Datenbankwerke und Datenbank
- paralleler Schutz **2** 341 f.

Datenträger **6** 18, 82, 97 ff., 115
DDEX-Format **6** 158
Deep Links (s.a. Links) **3** 66; **7** 220
Deutsches Patent- und Markenamt **6** 14 ff., 134
Diensteanbieter **7** 52
Dienstleistungsfreiheit **6** 168 f.
Digitale Übermittlung **8** 28
- Lokalisierung der Verletzungshandlung **8** 31
- öffentliche Wiedergabe **8** 29

Digitales Rechtemanagement (DRM) **4** 115
Digitalisierung **3** 28 ff.
- Bild- oder Tonfolgen **3** 32
- Photocomposing **3** 35
- Sampling **3** 33

Distanzdelikt **8** 19
Dokumentation **6** 151, 182
Dokumentationssystem **6** 44,
Domainparking **7** 231 f.
Download **6** 35, 38, 109 ff.; **7** 309
Downloading **3** 81 ff.; **8** 41

- Lokalisierung der Verletzungshandlung **8** 42

DPMA **6** 16 ff., 22
Drei-Stufen-Test **4** 18; **7** 252
Drittauskunft **7** 371
Drittwerbung **7** 242 ff.
- TMG **7** 243

Durchleitung von Informationen **7** 68 ff.
Düsseldorfer Verfahren **7** 390

eBay-Account **7** 172
E-Commerce Richtlinie **7** 6, 38 ff.
Economic residence clause **6** 130
Editierte Links (s.a. Links) **7** 222
Eidesstattliche Versicherung **7** 379
Eigene Informationen **7** 61 ff.
Eigener Gebrauch
- eigener wissenschaftlicher **4** 45
- Voraussetzungen **4** 38

Eigenständige Nutzungsart
- absolutes Verbietungsrecht **5** 13
- ausschließliche Lizenzen, Vergabe und Beschaffung **5** 13
- äußere Gestaltung **5** 15
- Bereitstellung im Internet **5** 15
- qualitative Verbesserung **5** 12
- quantitative Erweiterung **5** 12
- technische Eigenständigkeit **5** 15
- Verbesserung, technische und wirtschaftliche **5** 15
- Vertriebsweg, Ausschluss bei **5** 18

Eingebietslizenz **6** 125 ff., 146, 152, 163, 172, 178

Einräumung von Nutzungsrechten, Verbot
- Aufhebung **5** 30
- Hindernis wirtschaftlicher Verwertung **5** 30
- Kosten des Nacherwerbs **5** 30

Einwilligung **7** 265
- Browsing **7** 265
- konkludent **7** 265
- Links **7** 265
- Thumbnails **7** 265

Elektronischer Pressespiegel **4** 79
E-Mail **3** 101 ff.

674

Sachregister

Enforcement-Richtlinie 7 7, 305
Entschädigungsanspruch 7 349
Erledigung 7 408
Erscheinen 3 119
Erschöpfung 7 250
– bei Download 7 250
– bei öffentlicher Zugänglichmachung 7 250
Erschöpfungsgrundsatz
– gegenständliche Beschränkung des Verbreitungsrechts 4 105
– online-Erstverbreitung 4 106
Erstbegehungsgefahr 7 271
– Beseitigung 7 275
– durch Klagevortrag 7 274
– Nachweis 7 273
– Vermutung 7 273
Ersteller von Inhalten 7 179 ff.
– TMG 7 180
Essential-facility-Rechtsprechung 2 109 ff.
Europäische Kommission 6 131, 132 ff., 142 ff., 166
– Generaldirektion Binnenmarkt 6 132 ff.
– Generaldirektion Wettbewerb 6 142 ff.
Europäische Union
– Harmonisierung des Urheberrechts 1 38

Fahrlässigkeit 7 320, 322
Familie 7 164 ff.
Feststellungsklage 7 343
File-Sharing (s.a. Peer-to-Peer Tauschbörsen) 3 38; 7 144, 254
File-Transfer-Protocol (FTP) 1 8
Filmhersteller
– analoge Anwendung auf Hersteller von Multimediawerken 2 204 ff.
Filterverfahren 7 135 f., 199, 205
Flatrate 7 381
Fortsetzungszusammenhang 7 428
forum non conviniens 8 89
forum shopping 8 33, 44, 63, 78
Frame Link (s. a. Links) 7 220, 223, 265

Framing 3 69 ff.
– Anerkennung der Urheberschaft 3 121
Free Software 2 114 ff., 123
Freizeichenuntermalungsmelodie 6 48
FTP 1 8

Gebrauchte Software 7 251
Gebühren 7 375
Gegenseitigkeitsvertrag 6 126 f., 136
Geheimhaltung 7 394
GEMA 6 63 ff.; 7 10, 335
Gemeinkosten 7 329
Genfer-Tonträger-Abkommen 1 35
Gesamtvertrag 6 119 f., 179
Gesellschaft für musikalische Aufführungs- und mechanische Vervielfältigungsrechte 6 22
Gesellschaft zur Übernahme und Wahrnehmung von Filmaufführungsrechten mbH 6 22
Gesellschaft zur Verwertung der Urheber- und Leistungsschutzrechte von Medienunternehmen mbH 6 22
Gesellschaft zur Verwertung von Leistungsschutzrechten mbH 6 22
Gesellschaft zur Wahrnehmung von Film- und Fernsehrechten mbH 6 22
Gewerbliches Ausmaß 7 365
Ginsburg-Modell 8 71
Gleichbehandlungsgebot
– Lizenznehmer 6 95 ff., 99, 101, 167, 176 f., 178
– Rechtsinhaber 6 166, 174 f.
Google Buchsuche 4 53 f.
GÜFA 6 22
GVL 6 22, 37 ff., 49 ff., 117 f.; 7 10
GWFF 6 22

Haftung Mehrerer 7 147 f.
Hamburger Brauch 7 283
Harmonisierung des Urheberrechts 3 9 ff.

675

Sachregister

Host Provider 7 130, 179, 183 ff., 204, 294, 323, 352, 403
– Internetauktionsplattformen 7 185 ff.
– Meinungsforen 7 191 ff.
– TMG 7 183 ff.
– Usenet 7 204
Hub 6 146 ff., 180 ff.
Hyperlinks 3 66; 4 74; 7 217 ff.
– Anerkennung der Urheberschaft 3 121

ICANN 1 10
IFRRO 6 88
Immaterieller Schaden 7 345
Index-Server 7 212 f.
Informationspflichten
– Repräsentationsvereinbarung 6 150, 157
Inline Links 7 220, 223
Interested Parties Information 6 156
Instant Messaging 3 106
Interaktive Nutzung von Werken 6 38 ff.
International Copyright Enterprise 6 180 ff.
International Standard Work Code 6 156
Internationales Privatrecht 6 168 ff.
Internet
– Ausgestaltung 5 37
– Bedeutung 1 1 ff.
– Bewegtbilder, Online-Nutzung von 5 38
– elektronische Zeitungen 5 37
– Geschichte 1 4 ff.
– Illustrationen, öffentliche Zugänglichmachung von 5 37
– kommerzielle Nutzung 5 37
– Presseartikel, Online-Nutzung von 5 38
Internet Corporation for Assigned Name and Numbers (ICANN) 1 10
Internetauktionsplattformen 7 185 ff., 225, 240
– Prüfpflichten 7 187 ff.
– Störer 7 186 ff.

– TMG 7 185 ff.
– VeRI-Programm 7 190
– Vorsorgemaßnahmen/Vorsorgepflichten 7 188 ff.
Internet-Nutzung
– Branchenüblichkeit bei Vertragsschluss 5 28
– Dritter, Betroffenheit von Interessen 5 43
– fehlende Benennung im Vertrag 5 26
– Fiktion der Übertragung von Nutzungsrechten 5 45
– Gegenstand von Altverträgen 5 23
– Hinweispflicht bei unbekannter Nutzungsart 5 42
– im Gebrauch für Werke dieser Art 5 28
– Nachweisbarkeit einer Verständigung der Parteien 5 29
– Rechteeinräumung 5 23
– Übertragung von Rechten, alte Rechtslage 5 39
– Vertragszweck durch Auslegung 5 27
– Werkgesamtheit 5 47
– Widerspruch 5 41
– Widerspruchsfrist 5 42
– Zweckübertragungslehre, Auslegung nach 5 24
Internetradio 3 49 ff.; 6 66, 118
Internet-Relay Chat 3 105, 107
Internet-TV 3 49 ff.
Intranet 3 43
IP-Adressen 7 381

Joint Venture 6 180

Kabel- und Satellitenrichtlinie 8 61
Kartell
– abgestimmtes Verhalten 6 142
– Kartellverbot 6 131
– wettbewerbsbeschränkende Vereinbarung 6 131
Katalogbildfreiheit
– Thumbnails 4 81
Kollektive Wahrnehmung von Urheberrechten

– Empfehlung der EU-Kommission für legale Online-Musikdienste 1 44
Kollisionsrecht 8 1 ff.
– anzuwendendes 8 3
– außervertragliches 8 1
– deutsches 8 5
Komponisten 6 22, 39, 71, 80
Kontrahierungszwang 6 93 f., 148 ff., 166, 172
Kopienversand 7 260
Kopierschutz 7 257
Kosten 7 386
– Abmahnung 7 413
– Beschränkung 7 416
– Rechtsabteilung 7 414

Leistungsschutzrecht 6 117 f., 144
– Übertragbarkeit 7 20
level playing field 6 164 ff.
lex fori 8 11, 69
lex loci delicti 8 19, 82
lex loci protectionis 8 10
lex originis 8 66
Lex-fori-Regel 8 74
Links 3 65 ff.; 7 217 ff., 249, 265, 274, 279, 294
– Affiliate Marketing/Associate Marketing 7 233
– Deep Links 7 221
– Domainparking 7 231
– editierte Links 7 222
– Frame Link 7 220, 223
– Grundrechte 7 227 ff.
– Inline Links 7 220, 223
– Link-Setzen 7 219 ff.
– TMG 7 217
– Urheberpersönlichkeitsrecht 7 223
– verlinkte Webseite 7 233
– verlinkter Inhalt 7 223
Lizenz, ausschließliche
– Ausschließlichkeitsrecht, dinglich wirkendes 5 12
– Besonderheiten 5 10
– Erkennbarkeit zugewiesener Nutzungsarten 5 12
– Nutzungsarten, Abgeschlossenheit 5 12

– Nutzungsarten, Abgrenzbarkeit 5 12
– Verbietungsrecht 5 11
– Wiedergabe eines Fotos im Internet 5 16
Lizenzanalogie 7 325, 333, 339
– Schätzung 7 334
Lizenzgebühr
– Lizenzanalogie 7 351
Lizenzierung
– angemessenen Bedingungen 6 95 f.
– Direktlizenzierung 6 144, 168
– gebietsübergreifend 6 121 ff., 144 ff.
– neuartige Online-Dienste 6 97 ff., 178
– Sendeunternehmen 6 145
– USA 6 127, 134

Mailing List 3 102
Marktverwirrungsschaden 7 327
Matching 6 160 f., 182
MCPS 6 137
Mehrgebietslizenz 6 173 ff.
Meinungsforen 7 137, 191 ff.
– Prüfpflichten 7 193
– Störer 7 193
– TMG 7 191
– Vorabprüfpflichten 7 192
Milnet 1 7
Mindestvergütung 6 108
Mirroring 3 96
Monopol 6 93, 164
Multicasting 3 49
Multimediaprodukt
– als Datenbankwerk 2 232
Multimedia-Richtlinie 8 30, 33
Multimediawerk 2 166 ff.
– als eigenständige Werkart 2 179 ff.
– Bedeutung in der Praxis 2 166 ff.
– Gegenstand des Schutzes 2 196
– Hersteller des Werkes 2 202 ff.
– Individualität 2 190 ff.
– nicht schutzbegründende Merkmale 2 194 f.
– Schutzvoraussetzungen 2 182 ff.
– Umfang des Schutzes 2 196
– Urheberschaft 2 197 ff.

Sachregister

- wahrnehmbare Formgestaltung **2** 188 f.
- Zusammentreffen mehrerer Werkarten **2** 171 ff.

Multistate-Sachverhalte 8 7, 61
Münzkopierautomaten 7 259
must carry 6 149

National Science Foundation 1 7
NCP 1 6
Network-Control-Protocol (NCP) 1 6
Netzbetreiber 7 173 f.
Newsgroup 3 107
Notice-and-Take-down-Verfahren 7 94
Nutzer 7 162
Nutzungsmeldungen 6 158 ff.
Nutzungsrechte 7 20
- ausschließliche **7** 21
- einfache **7** 24

Offensichtlichkeit 7 373, 385, 393
Öffentliche Zugänglichmachung 2 100; **3** 38 ff.; **6** 39 ff., 44, 49, 91, 117, 144
- E-Mail **3** 109
- Framing **3** 70
- Internet-Radio, Internet-TV **3** 52
- Push-Dienst **3** 75
- Thumbnail **3** 62

öffentliche Zugänglichmachung, Recht
- Gestattung in Nutzungsverträgen **5** 4
- unkörperliche Verwertung **5** 4

Öffentliches Zugänglichmachen
- Privatkopie **7** 255

Öffentlichkeit
- Öffentliche Zugänglichmachung **3** 43
- Veröffentlichungsrecht **3** 117

Öffnung des Internetzugangs für Dritte 7 164 ff.
- Arbeitsverhältnis **7** 167 f.
- eBay-Account **7** 172
- Familie **7** 169

On-Demand 3 46 ff.; **6** 63 ff., 109 ff.
One-Stop-Shop 6 123, 125 ff., 130 ff.
Online-Spiele 7 194
Online-Benutzung 3 81 ff.
Online-Datenbanknutzung
- Zeitungs- und Zeitschriftenbeiträge **5** 39

Online-Empfehlung 6 132 ff.
Online-Rechte
- Rückruf **6** 152 f.

Online-Schiedsgericht 8 95
Online-Übertragung
- bewegte Bilder **5** 39

Online-Videorekorder 3 53 ff.; **4** 43; **7** 252, 258
Open Content 2 126 ff.
Open Source Software 2 114 ff.
Option 3 6 122 f., 132 ff., 136 ff., 175

PAECOL GmbH 6 137
Paperboy-Entscheidung 7 265
Passport Modell 6 147, 154 ff.
P.E.D.L. 6 140
Peer to Peer 7 254, 256, 367, 416
Peer-to-Peer Tauschbörsen 7 144, 206 ff.
- Einstellen **7** 210 f.
- Herunterladen **7** 209
- Index-Server **7** 212 f.

Personal Video Recorder 7 258
Persönlichkeitsrecht 7 346
- allgemeines **7** 17
- des Urhebers **7** 14

Podcast 3 46
Privatkopie 7 253
- Archiv **7** 254
- Datenbanken **7** 261
- digitale **4** 41
- Download **7** 254
- durch Dritte **7** 258
- Filesharing **7** 254
- Hersteller **7** 259
- Kopierschutz **7** 257
- Online-Videorekorder **7** 258
- Recht auf **4** 30
- Upload **7** 254, 257

Privilegierung 7 291

Sachregister

Proxy Caching 7 252
Proxy-Server 3 96
Prozessstandschaft 7 18, 24
PRS 6 137ff., 180
Prüfpflichten 7 126ff.
Prüfungspflichten
– ex-post Prüfpflichten 7 129, 291, 320
– Filterverfahren 7 135f., 199
– Vorabprüfpflichten 7 127f.
– Vorsorgemaßnahmen/Vorsorgepflichten 7 133ff.
– Zumutbarkeit 7 131ff.
Pseudonym 3 120
Public-Domain-Software 2 61
Punitive Damages 7 326
Push-Dienste 3 72ff.; 8 39
– Lokalisierung der Verletzungshandlung 8 39

RBÜ 1 20ff.; 7 4
Rechtfertigungsgründe 7 264
Rechtsirrtum 7 322
Regelvergütung 6 107
Repertoireabzug 6 134f., 152
Repräsentationsvereinbarung 6 148f.
Revidierte Berner Übereinkunft (RBÜ) 1 20ff.
Richtervorbehalt 7 381
Richtlinie
– über das Folgerecht des Urhebers des Originals eines Kunstwerkes 1 43
– über den rechtlichen Schutz von Datenbanken 1 40; 2 212
– über den Rechtsschutz von Computerprogrammen 1 39
– über den Satellitenrundfunk 1 39
– über die Schutzdauer 1 39
– zum Vermiet- und Verleihrecht 1 39
– zur Durchsetzung der Rechte des geistigen Eigentums 1 42
– zur Harmonisierung bestimmter Aspekte des Urheberrechts und der verwandten Schutzrechte in der Informationsgesellschaft 1 41
Richtlinie zum Urheberrecht in der Informationsgesellschaft 7 5
Rom-Abkommen 1 34ff.

Routing 3 93ff.
Rückruf 7 311
– Online-Rechte 6 152f.
Rückrufanspruch 7 297

SACEM 6 40, 55, 63f.
Sachverständigengutachten 7 327
Saisie contrefacon 7 388
Santiago-Abkommen 6 130f.
Scannen 3 28, 31
Schadensersatz 7 317
– Auskunftsanspruch 7 396
– bei falscher Auskunft 7 380
– Berechnung 7 327
– Enforcement-Richtlinie 7 341
– entgangener Gewinn 7 328
– Gemeinkosten 7 329
– immaterieller Schaden 7 344
– Kausalität 7 330
– Lizenzanalogie 7 333
– Marktverwirrungsschaden 7 340
– Opportunitätskosten 7 332
– Punitive Damages 7 326
– Schätzung 7 331
– Störer 7 317
– Strafzuschlag 7 335
– Verhältnis der Berechnungsarten 7 339
– Verletzergewinn 7 329
– Verletzerzuschlag 7 335
– Vermögensschaden 7 347
– Verschulden 7 318
– Wahlrecht 7 361
– wegen postmortaler Verletzungen 7 15
Schätzung 7 334, 406
Schiedsgerichtsbarkeit 8 95
Schranken 7 251
Schranken des Urheberrecht
– Datenbank (Leistungsschutzrecht) 2 329ff.
– Datenbankwerk 2 271ff.
Schrankenregelung 4 1ff.
– Arten 4 10
– Auslegung 4 26
– Begünstigung des eigenen Gebrauchs 4 30ff.

679

Sachregister

- Begünstigung des geistigen Meinungsaustauschs 4 68 ff.
- Computerprogramm 4 94
- Datenbank 4 100
- Datenbankwerk 4 101
- Erschöpfungsgrundsatz 4 102 ff.
- innere Begründung 4 15
- öffentliche Bibliotheken etc. 4 66; 4 87
- technische Schutzmaßnahmen 4 115
- Vergütungsansprüche 4 55 ff.
- zugunsten von Unterricht und Forschung 4 83
- zukünftige Bedeutung 4 28
- Zwecke 4 19 ff.

Schutzdauer 4 111
Schutzfristenvergleich 8 57
Schutzland 8 10
Schutzlandprinzip 8 18
Schweizerische Gesellschaft für die Rechte der Urheber musikalischer Werke 6 40
Sendelandprinzip 8 61, 74
Sendeprivileg 6 116 f.
Senderecht 6 22, 39 f.
- Internet-Radio, Internet-TV 3 51
- On-Demand-Dienste 3 48
- Push-Dienst 3 74, 94
- Routing 3 94

Sendeunternehmen 6 22, 90, 145
SGAE 6 140
Sharehosting 7 195 ff.
- Prüfpflichten/Filtersysteme 7 199 f.
- Störer 7 198 ff.
- TMG 7 197
- Vorabprüfpflichten 7 199

Shareware 2 61 f.
SIAE 6 140
Simulcasting 3 50; 6 38, 49 ff., 144
Sitzlandprinzip 6 170 ff.
SOLAR Ltd. 6 138
Sorgfaltspflichten 7 320
SPA 6 140
Speicherung (Hosting) 7 82 ff.
STEMRA 6 140
STIM 6 139 f.

Störer 7 115 ff., 290
- Access Provider 7 175 ff.
- Admin-C 7 246
- Arbeitsverhältnis 7 169
- Auskunftsanspruch 7 364
- Darlegungs- und Beweislast 7 145 f.
- eBay-Account 7 172
- Einschränkung 7 124 ff.
- ex-post Prüfpflichten 7 129
- Familie 7 167 f.
- File-Sharing 7 144
- Haftung außerhalb des Internets 7 117 ff.
- Host Provider 7 130, 183 ff.
- Internetauktionsplattformen 7 185 ff.
- Links 7 217 ff.
- Meinungsforen 7 137, 192 f.
- Online-Spiele 7 194
- Peer-to-Peer Tauschbörsen 7 144
- Provokation 7 141 ff.
- Prüfungspflichten 7 126 ff., 291
- Schadensersatz 7 317
- Sharehosting 7 198 ff.
- Suchmaschinen 7 238 ff.
- Usenet 7 205
- Videoplattformen 7 202
- Virtuelle Welten 7 194
- Vorabprüfpflichten 7 127 f.
- Voraussetzung 7 121 ff.
- Vorsorgemaßnahmen/Vorsorgepflichten 7 133 ff.
- WLAN-Anschluss 7 127, 170 f.
- Zumutbarkeit 7 131 ff.

Streaming 3 47, 50, 85 ff.; 6 35, 38, 63 ff., 111 ff., 120
Streitwert 7 416
Streudelikt 8 19
Stufenklage 7 358
Subverlage 6 129, 134
Suchmaschinen 7 234 ff.
- Bildersuche (Thumbnails) 7 235 f.
- Crawler 7 237
- Fair Use Schranke 7 237
- Haftung von 7 265
- Snippets 7 238
- Störer 7 238 ff.

– Täterschaft 7 235
– TMG 7 234, 241
SUISA 6 140

tag on 6 149
Tarife
– Ad-funded-Streaming 6 113
– Aufstellung 6 98 f., 101 ff., 167, 178
– GVL 6 177 f.
– Music-on-Demand Download 6 103, 110
– Music-on-Demand Streaming 6 103, 111 ff.
– Ruftonmelodien, Hintergrund und Funktionsmusik 6 115
– Video-on-Demand 6 114
– Webradios 6 116
Täterschaft 7 109 ff.
– Suchmaschinenbetreiber 7 234
Tauschbörse 7 354
Technische Schutzmaßnahmen 4 115
Teilnahme 7 112 ff.
Territorialitätsprinzip 1 19; 6 121; 8 12
Testkauf 7 327
Textdichter 6 3, 22, 39, 71, 160
Thumbnail 3 59 ff.; 4 81, 73; 7 265
TMG 7 45 ff.
– Access Provider 7 175 ff.
– Admin-C 7 245
– allgemeine Grundsätze der Verantwortlichkeit 7 60 ff.
– allgemeine Prüfpflichten 7 65 ff.
– Anwendungsbereich 7 49 ff.
– Bereicherungsrecht 7 59
– Content Provider 7 180
– Darlegungs- und Beweislast 7 101 ff.
– Diensteanbieter 7 52
– Drittwerbung 7 242 ff.
– Durchleitung von Informationen 7 68 ff.
– eigene Informationen 7 61 ff.
– Ersteller von Inhalten 7 180
– Haftungsprivilegierung 7 103
– Hostprovider 7 183 ff.
– Industriestandards 7 77

– Informationen 7 45
– Internetauktionsplattformen 7 185 ff.
– Links 7 217
– Meinungsforen 7 191
– Notice-and-Take-down-Verfahren 7 94
– Peer-to-Peer Tauschbörsen 7 211 f., 214
– Sharehosting 7 197
– Speicherung (Hosting) 7 82 ff.
– Telekommunikationsdienste 7 50
– Telemedien 7 50
– Unterlassungsansprüche 7 58
– Usenet 7 205
– vertragliche Ansprüche 7 57
– Videoplattformen 7 201
– Vorfilterfunktion 7 46 ff.
– Zwischenspeicherung (Caching) 7 73 ff.
Tonträgerhersteller 6 22, 40, 51, 117, 144
TPM 6 9
Transaktionskosten 6 6 f.,125, 141
TRIPS 1 28 ff.; 7 3, 7

Übereinkunft von Montevideo 1 36
Ubiquität 8 1
Umfassende Nutzungserlaubnis
– Übertragung auf Dritte 5 44
– Widerspruch ggü. Dritten 5 44
– Widerspruch ggü. urspr. Vertragspartner 5 44
Unbekannte Nutzungsart
– Adresswechsel des Urhebers 5 42
– als eigenständige Nutzungsart 5 33
– Änderung des Übermittlungswegs 5 35
– angemessene Vergütung 5 22
– aus der Perspektive des Endverbrauchers 5 34
– Ausdehnung des Empfangsbereichs 5 34, 35
– Bekanntwerden 5 36, 37
– Entfallen gesonderter Zustimmung 5 41
– Erweiterung oder Verstärkung üblicher Nutzung 5 35

681

Sachregister

- Fortführung gestatteter Nutzungsarten **5** 35
- Framing **3** 70
- Hinweis, Fristbeginn durch **5** 42
- Hinweispflicht **5** 42
- Kenntnis von Fachleuten **5** 36
- Klimbim-Entscheidung **5** 33
- nicht abschätzbare Verwertungsformen **5** 34
- Rechtssicherheit nach Fristablauf **5** 42
- Schriftform **5** 20, 31
- Steigerung der Intensität **5** 34
- technisch neue Verwertungsform **5** 34
- technische Möglichkeit einer Nutzung **5** 36
- Unwirksamkeit der Einräumung, Aufhebung der **5** 41
- Vergütungsvereinbarung **5** 22
- Verträge über **5** 20
- Widerruf **5** 20
- Widerrufsrecht **5** 21
- wirtschaftlich neue Verwertungsform **5** 34
- Zeitpunkt des Bekanntwerdens **5** 37
- Zeitpunkt des Vertragsschlusses **5** 20
- Zustimmung des Urhebers, alte Rechtslage **5** 40

Universitalitätsprinzip 8 60, 66
Unterlassung 7 270 ff.
- Anspruch auf **7** 270
- bei Verschmelzung **7** 272
- Privilegierung **7** 291
- vorbeugend **7** 272

Unterlassungserklärung
- „bis zu" **7** 283
- Annahme **7** 285
- Beendigung **7** 282
- Befristung **7** 282
- gegenüber Dritten **7** 284
- Verjährung **7** 430
- Verschulden **7** 281
- Vertragsstrafe **7** 280, 283

Upload 7 257, 419
Uploading 3 36 ff.; **8** 25
- Lokalisierung der Verletzungshandlung **8** 25

Urheberbezeichnung 3 120

Urheberpersönlichkeitsrecht
3 120 ff.; **6** 48; **7** 14, 405
- Anerkennung der Urheberschaft **3** 120 ff.
- Datenbankwerk **2** 264
- Übertragung **7** 19
- Werkentstellung **3** 122 ff.

Urheberrecht
- Entstehung **8** 47
- Inhaberschaft **8** 53
- Inhalt **8** 56
- Schutzdauer **8** 57
- Übertragbarkeit **8** 53
- Umfang **8** 56
- Urheberrechtsfähigkeit **8** 47
- zeitliche Begrenzung **4** 111

Urheberrecht und Internet 2 51 ff.
- Bulletin Board Systeme **2** 56
- Digitalisierung von geschützten Werken **2** 57
- Homepages/Webpages **2** 54 f.
- netzgenerierende Werke **2** 58 ff.

Urheberrechtlicher Werkbegriff
2 1 ff.
- „kleine Münze" **2** 22 ff.
- Bedeutung des Werkkatalogs **2** 4 ff.
- Inhalt und innere Form **2** 28 ff.
- persönliche geistige Schöpfung **2** 8 ff.
- wissenschaftliche Werke **2** 30 ff.

Urheberrechtsgesetz 1 11 ff.
Urheberrechtsoase 8 44, 33
Urheberrechtswahrnehmungsgesetz
1 16; **6** 8 ff.

Urkunde 7 388
Ursprungslandprinzip 8 66
Usenet 7 203 ff.
- Acess Provider **7** 204
- Cache Provider **7** 204
- Filterverfahren **7** 205
- Host Provider **7** 204
- Störer **7** 205
- TMG **7** 205

Verbreitungsrecht 6 47 f.
Vereniging BUMA 6 140
Vererblichkeit 7 14
Verfügungsverfahren 7 315, 381

Vergütungsregel
– Angemessenheit 5 48
– der Verbände 5 48
Verhältnismäßigkeit 7 312, 376, 395, 405
Verjährung 7 425
– Einrede 7 435
– Hemmung 7 431
– Prozess 7 435
– Unterlassungsanspruch 7 430
– Vereinbarung 7 435
– vertragliche Ansprüche 7 430
Verkehrsdaten 7 381
Verlage 6 46f., 76, 122, 125ff., 134ff., 181f.
Verleger 6 5, 22
Verletzergewinn 7 339
Verletzungshandlung 8 22
– Lokalisierung der 8 22
Vernichtungsanspruch 7 297, 401
Veröffentlichung 3 115ff.
– Anspruch auf 7 397
– eines Urteils 7 397
– Erscheinen 3 119
– News-Group 3 118
– Internet-Forum 3 118
Verschmelzung 7 278
Verschulden 7 318
– Ablösungsrecht 7 404
– Irrtum 7 322
Verteilungspläne 6 53ff.
Vertragsstrafe 7 283
Vervielfältigung 7 252
– Arbeitsspeicher 3 83
– Ausgabe durch Drucker 3 92
– Browsing 3 77f.
– Caching 3 98f.
– Digitalisierung 3 30f.
– Download 3 82
– E-Mail 3 107
– Framing 3 70
– Online-Videorecorder 3 55
– Push-Dienst 3 73
– Routing 3 95
– Thumbnail 3 61
– Uploading 3 37
– vorübergehend 7 252

Vervielfältigungsrecht 6 22, 39f., 127, 144
Verwertungsgesellschaft BILD-KUNST 6 22
Verwertungsgesellschaft der Film- und Fernsehproduzenten mbH 6 22
Verwertungsgesellschaft für Nutzungsrechte an Filmwerken mbH 6 22
Verwertungsgesellschaft Musikedition 6 22
Verwertungsgesellschaft Treuhandgesellschaft Werbefilm GmbH 6 22
Verwertungsgesellschaft WORT 6 22
Verwertungsgesellschaften 6 22; 7 10
– Aufsichtsbehörde 6 19ff.
– deutsche 6 22
– Vergütung, Abführung von 5 45
Verwertungsgesellschaftengesetz 6 143ff.
Verwertungsgesellschaften-Richtlinie 6 143ff.
Verwertungsrechte 8 56
VFF 6 22
VG Bild-Kunst 6 22; 7 10
VG Media 6 22
VG Musikedition 6 22

VG Wort 6 22; 7 10
VGF 6 22
Video-on-Demand 3 46
Videoplattformen 7 201f.
– Registrierungsverfahren 7 202
– Störer 7 202
– TMG 7 202
Virtuelle Bibliotheken 4 53
– Google-Buchsuche 4 53
Virtuelle Welten 7 194
Vollharmonisierung 6 165, 172
Vorführungsrecht 3 79
Vorlageanspruch 7 388
Vorratsdatenspeicherung 7 381
Vorrichtungen 7 305
Vorsatz 7 319

Sachregister

Vorübergehende Vervielfältigungshandlungen 4 89 ff.
VPRT 6 120

Wahrnehmungsverträge 6 27 ff., 49 ff.
Wahrnehmungszwang 6 166, 174 f.
WCT 1 23 ff.
Webcam 3 28
Webcasting 3 50; 6 38, 49 ff., 118
Weltrepertoire 6 83, 90 ff., 122, 125 ff., 133 ff.
Welturheberrechtsabkommen (WUA) 1 32 ff.
Werbebanner 3 128
Werkentstellung 3 122 ff.
– Digitalisierung 3 123 f.
Widerrufsrecht
– Abdingbarkeit 5 21
– Erlöschen 5 21
– Erschwerende Klauseln 5 21
– individuell 5 21
– pauschal 5 21
– Vererblichkeit 5 21
– Voraussetzungen 5 20
– Zugang 5 21
Widerspruchsrecht
– Befristung 5 45
– vertragliche Einigung, Verzicht durch 5 46
Wiedergabe
– auf Bildschirm 3 79 ff.
– durch Lautsprecher 3 79 ff.
– körperliche 3 21
– unkörperliche 3 21, 79
Wiederholungsgefahr
– Störer 7 291
– Vermutung 7 277
– Vermutung 7 291
– Wegfall 7 277, 280
WIPO Copyright Treaty 3 3
WIPO Performances and Phonograms Treaty 3 6
WIPO-Urheberrechtsvertrag 7 4

Wipo-Urheberrechtsvertrag (WCT) 1 23 ff.
Wipo-Vertrag über Darbietungen und Tonträger (WPPT) 1 23 ff.
Wirtschaftsprüfervorbehalt 7 361, 364
Wissensvertreter 7 426
WLAN-Anschluss 7 127, 170 f.
worke made for hire 6 127
World-Wide-Web (WWW)
– Geschichte 1 8
– wirtschaftliche Bedeutung 1 2
WPPT 1 23 ff.; 7 4
WUA 1 32 ff.

Zeitungsartikel und Rundfunkkommentare 4 75
Zitatrecht 4 69; 7 182
Zugänglichmachen
– als öffentliche Wiedergabe 8 28
– Handlungsort 8 31
Zugangsvermittler 7 175 ff.
Zurechnung von Wissen 7 426
Zuständigkeit
– Begehungsort 8 83
– Gerichtsstand 8 82, 90
– internationale 8 81
– Schadensersatzansprüche 8 90
– Unterlassungsansprüche 8 90
Zweckübertragungslehre
– Auslegung 5 25
– bei umfassender Rechtseinräumung 5 25
– Reduzierung 5 25
– Verbleib urheberrechtlicher Befugnisse 5 24
– vertragliche Erfassung einer Nutzungsart 5 24
Zweiter Korb 3 15
Zweitverwertungsrechte 6 22
Zwischenspeicherung (Caching) 7 74 ff.